DAS CORE TEAM

DIE WIRTSCHAFT

VOLKSWIRTSCHAFTSLEHRE FÜR EINE SICH ÄNDERNDE WELT

DIE WIRTSCHAFT

ISBN 978-3-11-129307-3

Library of Congress Control Number: 2023949489

Bibliografische Information der Deutschen Nationalbibliothek
Die Deutsche Nationalbibliothek verzeichnet diese Publikation in der
Deutschen Nationalbibliografie; detaillierte bibliografische Daten sind im
Internet über http://dnb.dnb.de abrufbar.

Design und Layout von Electric Book Works

Druck und Bindung: CPI books GmbH, Leck

www.degruyter.com

INHALTE

VORWORT

Als wir 2014 die erste Beta-Version von *The Economy* (die englische Version von *Die Wirschaft*) online veröffentlichten, schrieb Camila Cea ein Vorwort. Damals war sie gerade Absolventin der Volkswirtschaftslehre, aber bereits Veteranin einer erfolgreichen Protestbewegung in Chile, die sich für politische Maßnahmen zur Verbesserung der wirtschaftlichen Gerechtigkeit eingesetzt hat. Sie und ihre Mitstudierenden an der Universität von Chile waren geschockt, als sie feststellten, dass in ihren Volkswirtschaftslehre-Kursen keines ihrer Anliegen zu den Problemen der chilenischen Wirtschaft behandelt wurde. Sie forderten Änderungen im Lehrplan. Der damalige Direktor der Fakultät für Volkswirtschafts- und Betriebswirtschaftslehre, Oscar Landerretche, ging auf ihre Forderungen ein. Camila ist heute Kuratoriumsmitglied von CORE Economics Education.

Seitdem werden Kurse, die auf dem CORE-Text basieren, als Standardeinführung in die Volkswirtschaftslehre am University College London, an der Sciences Po (Paris), der Toulouse School of Economics, der Azim Premji University (Bangalore), der Humboldt-Universität (Berlin), der Lahore University of Management Sciences und vielen anderen Hochschulen auf der ganzen Welt unterrichtet. Im Juli 2017, während wir diese Zeilen schreiben, haben sich 3000 Lehrpersonen der Volkswirtschaftslehre aus 89 Ländern für den Zugang zu unseren ergänzenden Unterrichtsmaterialien registriert.

Camilas Perspektive auf das CORE-Projekt zu Beginn unserer Reise fängt die Motivation ein, die uns weiterhin inspiriert. Sie schrieb:

Wir wollen die Art und Weise, wie Volkswirtschaftslehre gelehrt wird, verändern. Studierende und Lehrende berichten uns, dass dies längst überfällig ist. Als die britische *Financial Times*

Camila Cea

im November 2013 über CORE (https://tinyco.re/4161856) schrieb, löste dies eine Online-Debatte (https://tinyco.re/9857489) über das Lehren und Lernen der Volkswirtschaftslehre aus, die innerhalb von 48 Stunden 1214 Beiträge umfasste. Studierende der Volkswirtschaftslehre auf der ganzen Welt fragten sich, wie ich es einige Jahre zuvor getan hatte: ‚Warum hat sich das Fach Volkswirtschaftslehre von unseren Erfahrungen im wirklichen Leben abgekoppelt?'

Nataly Grisales, wie ich eine Studentin aus Lateinamerika, schrieb kürzlich in ihrem Blog über ihr Studium der Volkswirtschaftslehre: ‚Bevor ich mich für die Volkswirtschaftslehre entschied, erwähnte ein Professor, dass die Volkswirtschaftslehre mir die Möglichkeit geben würde, menschliches Verhalten mit mathematischen Werkzeugen zu beschreiben und vorherzusagen. Diese Möglichkeit erscheint mir immer noch fantastisch. Doch nach einigen Semestern hatte ich zwar viele mathematische Werkzeuge, aber alle Menschen, deren Verhalten ich untersuchen wollte, waren von der Bildfläche verschwunden.'

Wie Nataly habe auch ich mich gefragt, ob der Unterricht in Volkswirtschaftslehre jemals auf die Fragen eingehen würde, die mich motiviert haben, Volkswirtschaftslehre zu studieren.

Und deshalb haben meine Kolleginnen und Kollegen im CORE-Team dieses Lern- und Lehrmaterial erstellt. Es hat mich wieder davon überzeugt, dass ein Studium der Volkswirtschaftslehre dabei helfen kann, die wirtschaftlichen Herausforderungen der realen Welt zu verstehen und sich darauf vorzubereiten, ihnen zu begegnen.

Machen Sie mit.

Camila und Nataly haben nicht das Beste bekommen, was die Volkswirtschaftslehre zu bieten hat. CORE hat es sich zur Aufgabe gemacht, Studierenden zu vermitteln, was Ökonominnen und Ökonomen heute tun und was sie wissen. Heutzutage ist die Volkswirtschaftslehre ein empirisches Fach, das Modelle verwendet, um Daten zu verstehen. Diese Modelle dienen Regierungen, Unternehmen und vielen anderen Organisationen als Orientierungshilfe für die Abwägungen, die sie bei der Gestaltung ihrer Entscheidungen treffen müssen.

Die Volkswirtschaftslehre kann Instrumente, Konzepte und Wege zum Verständnis der Welt liefern, die uns helfen die Herausforderungen anzugehen, die Studierende

wie Nataly und Camila zum Studium der Volkswirtschaftslehre bewegt haben. Leider spielen sie in den Kursen, die Tausende von Studierenden belegen, oft keine große Rolle.

In den vier Jahren, in denen das CORE-Projekt läuft, haben wir in Hörsälen auf der ganzen Welt ein Experiment durchgeführt. Wir fragen die Studierenden: ‚Welches ist das dringendste Problem, das die Volkswirtschaftslehre angehen sollte?' Die folgende Wortwolke zeigt die Antworten, die uns die Studierenden der Humboldt-Universität zu Berlin am ersten Tag ihrer ersten Vorlesung in Volkswirtschaftslehre gegeben haben. Die Größe des Wortes spiegelt die Häufigkeit wider, mit der das Wort oder der Satz genannt wurde.

Die Wortwolken von Studierenden in Sydney und Bogota unterscheiden sich kaum von dieser (Sie können sie auf unserer Website unter www.core-econ.org betrachten). Noch bemerkenswerter ist, dass, als wir 2016 Berufseinsteiger:innen—überwiegend nach einem Studium der Volkswirtschaftslehre—bei der Bank of England und anschließend Beschäftigte des neuseeländischen Finanzministeriums und der Reserve Bank befragten, beide Personengruppen auf die gleiche Weise antworteten: Ungleichheit war das häufigste Wort, das ihnen in den Sinn kam.

Lokale und globale soziale Probleme beschäftigen junge Studierende ständig. In Frankreich, wo wir dasselbe Experiment durchführten, wurde Arbeitslosigkeit häufiger als Ungleichheit genannt. Klimawandel und Umweltprobleme, Automatisierung und finanzielle Instabilität wurden überall auf der Welt häufig genannt.

Unser Fokus auf diese realen Probleme erklärt, warum wir dieses Buch *The Economy* (*Die Wirtschaft*) und nicht *Volkswirtschaftslehre* genannt haben, was der Standardtitel

Die dringendsten Probleme, mit denen sich die Volkswirtschaftslehre nach Ansicht von Studierenden der Humboldt-Universität befassen sollten.

für einführende Lehrbücher ist. Die Wirtschaft ist etwas in der realen Welt. Sie regelt, wie wir miteinander und mit unserer natürlichen Umgebung interagieren, um die Güter und Dienstleistungen zu produzieren, von denen wir leben. Im Gegensatz dazu ist die Volkswirtschaftslehre eine Art, diese Wirtschaft auf der Grundlage von Fakten, Konzepten und Modellen zu verstehen.

The Economy ist ein Kurs in Volkswirtschaftslehre. Wir beginnen immer mit einer Frage oder einem Problem der realen Wirtschaft—zum Beispiel, warum das Aufkommen des Kapitalismus mit einem starken Anstieg des durchschnittlichen Lebensstandards verbunden ist—und vermitteln dann die Werkzeuge der Volkswirtschaftslehre, die zu einer Antwort beitragen.

Auf jede Frage folgt das Material in der gleichen Reihenfolge. Wir beginnen mit einem historischen oder aktuellen Problem, auch wenn es ein komplexes ist, und verwenden dann Modelle, um das Problem zu beleuchten. Der pädagogische Ansatz von CORE stellt damit die Konvention der Volkswirtschaftslehre auf den Kopf. Traditionell werden die Modelle zuerst besprochen. Vielleicht beinhaltet die Einführung in die Modelle einen einfachen Anwendungsfall, wie zum Beispiel dem Einkaufen von Lebensmitteln und das Versprechen, dass das Modell entweder später im Kurs oder eher in späteren Kursen auf wirtschaftliche Probleme in der realen Welt angewendet wird.

Da CORE von großen Problemen und Fragen aus der Geschichte und dem aktuellen Zeitgeschehen ausgeht, müssen die Modelle und Erklärungen, die wir verwenden, reale Phänomene berücksichtigen. Zum Beispiel haben Beteiligte nie vollständige Informationen über alles, was für ihre Entscheidungen relevant ist, sie haben andere Motive als Eigeninteresse, und die Ausübung von Macht in strategischem Verhalten muss oft Teil der Erklärung für die Ergebnisse sein, die wir sehen.

Jüngste Fortschritte in der Volkswirtschaftslehre haben uns die Werkzeuge dafür an die Hand gegeben. Und da wir ökonomische Modelle auf wichtige, komplexe und schwierige Probleme anwenden, lernen die Studierenden, die mit CORE lernen, sofort sowohl die aus der Modellierung gewonnenen Erkenntnisse als auch die unvermeidlichen Unzulänglichkeiten von Modellen.

EIN GLOBALES ENGAGEMENT

CORE ist in zweierlei Hinsicht ein globales Projekt. Seine Entwicklung erstreckt sich über die ganze Welt, und es steht allen offen, die es nutzen möchten, egal wo.

Ein Großteil unseres Designs und der interaktiven Funktionen wurde in Bangalore entwickelt. Die Open-Source-Plattform für unsere Texte und Online-Materialien wurde in Kapstadt erstellt. Die gedruckte Buchversion des Materials wird von der Oxford University Press veröffentlicht. Übersetzungen und lokale Adaptionen von *The Economy* in Französisch, Italienisch, Farsi, Spanisch, Hindi, Kannada, Russisch und anderen Sprachen sind in Vorbereitung. CORE entwickelt inzwischen auch Materialien für den Unterricht in der Sekundarstufe.

Unsere Online-Materialien stehen unter einer Creative-Commons-Lizenz, die eine nicht-kommerzielle kostenlose Nutzung in der ganzen Welt ermöglicht. Das Material wurde von Hunderten von Ökonominnen und Ökonomen beigesteuert, bearbeitet und überprüft. Die wichtigsten Autorinnen und Autoren unserer Einheiten— die alle ihr Fachwissen kostenlos zur Verfügung stellen— stammen aus 13 Ländern.

Wir sind eine Gruppe von Wissensproduzierenden, die sich für den freien digitalen Zugang zu *The Economy* einsetzen, um eine globale Gesellschaft aufzubauen, die durch Sprache, Fakten und Konzepte der Volkswirtschaftslehre gestärkt wird. Wir wollen, dass so viele Menschen wie möglich in der Lage sind, über die Herausforderungen der Wirtschaft, der Gesellschaft und der Biosphäre des einundzwanzigsten Jahrhunderts nachzudenken und entsprechend zu handeln. Wir hoffen, dass das Beste der Volkswirtschaftslehre dazu beitragen kann, dass alle Menschen die Probleme, mit denen wir konfrontiert sind, verstehen und zu lösen versuchen.

Derzeit hat die Volkswirtschaftslehre in der Öffentlichkeit, in den Medien und bei Studierenden den Ruf eines abstrakten Fachs, das nichts mit der realen Welt zu tun hat. Dabei ging es in der Geschichte der Volkswirtschaftslehre die meiste Zeit darum, die Funktionsweise der Welt zu verstehen und zu verändern, und wir wollen diese Tradition fortsetzen. Die frühen Ökonomen—zum Beispiel die Merkantilisten im 16. und 17. Jahrhundert oder die Physiokraten in den Jahren vor der Französischen Revolution—waren Beratende der Herrschenden ihrer Zeit. Das Gleiche gilt für wichtige Vorläufer der Volkswirtschaftslehre wie Ibn Khaldun im vierzehnten Jahrhundert. Heute setzen makroökonomische Entscheidungsträger:innen, Ökonominnen und Ökonomen des privaten Sektors, die Plattformen für die Online-Wirtschaft schaffen, Beratende für wirtschaftliche Entwicklung und Expertinnen und Experten von Think-Tanks führen dieses Engagement fort, um die reale Welt besser zu machen. Alle Ökonominnen und Ökonomen können hoffen, dass ihr Fach dazu beiträgt, die Armut zu lindern und die Bedingungen zu sichern, unter denen die Menschen sich entwickeln können. Dies ist sowohl die inspirierendste Berufung als auch die größte Herausforderung des Fachs.

Wenn Sie als studierende oder lehrende Person Interesse an unserer Herangehensweise an die Volkswirtschaftslehre haben und sich von den jüngsten

Entwicklungen in diesem Fachgebiet inspirieren lassen möchten, finden Sie weitere Informationen in dem Artikel ‚Looking forward to economics after CORE', den Sie am Ende des Buches finden.

Die Veröffentlichung unseres fertigen Online-Textes und die Veröffentlichung desselben Materials als gedrucktes Buch im Rahmen einer Partnerschaft mit Oxford University Press sind zwei zufriedenstellende Meilensteine für uns. Aber sie sind erst der Anfang. CORE ist nicht nur ein Buch oder ein Kurs. Es ist eine wachsende globale Gemeinschaft von Lehrenden und Lernenden, und wir freuen uns über Ihre Neugier, Kommentare, Vorschläge und Verbesserungen unter www.core-econ.org.

Wie Camila schon vor vier Jahren sagte: Machen Sie mit!

Das CORE Team
Juli 2017

VORWORT ZUR DEUTSCHEN ÜBERSETZUNG

Die Volkswirtschaftslehre kann zur Lösung der großen Probleme unserer Zeit beitragen. Dennoch scheint dies in der Öffentlichkeit nicht immer wahrgenommen zu werden. Das ist erstaunlich, denn ein Großteil unserer täglichen Interaktionen ist wirtschaftlicher Natur und die Hintergründe dieser Interaktionen werden in der Volkswirtschaftslehre beschrieben und erforscht. Warum ist das so?

Ich bin überzeugt, dass einer der Gründe in der Art und Weise liegt, wie wir das Fach unterrichten. Meistens unterrichten wir die Grundlagen der Mikro- und Makroökonomie anhand von theoretischen Modellen, die unsere Welt unter ganz bestimmten Annahmen abbilden. Viele dieser Annahmen sind aber für die Studierenden nicht überzeugend und der Sprung zu realen Problemen ist groß. Viel zu oft werden Anwendungsbeispiele nur am Rande diskutiert. Meist müssen die Studierenden bis zum Master- oder Promotionsstudium warten, bis sie mit realen Problemen konfrontiert werden.

Die Wirtschaft geht einen anderen Weg: Jedes Kapitel ist durch reale Probleme und Daten motiviert, rationale Entscheidungsfindung wird früh durch Erkenntnisse aus der Verhaltensökonomie ergänzt, Marktversagen spielt eine größere Rolle als das Modell des vollkommenen Wettbewerbs, ökonomische Effizienz wird durch Diskussionen über Fairness und Ungleichheit reflektiert, Ungleichheit und Klimawandel sind wiederkehrende Themen, … Dieses Buch zeigt, dass die Volkswirtschaftslehre viele Antworten auf aktuelle Fragen geben kann und eine vielfältige und sich wandelnde Disziplin ist.

Seit Sommer 2019 verwende ich *The Economy* in den Grundlagenvorlesungen eines englischsprachigen Studiengangs. Im Vergleich zum entsprechenden deutschsprachigen Studiengang, in dem ich das Buch lange nicht einsetzen konnte, habe ich mehr Beteiligung, mehr (auch kritische) Diskussionen und bessere Transferleistungen der Studierenden festgestellt. Natürlich ist dieser Effekt anekdotisch und nicht kausal, aber er hat mich motiviert, *The Economy* gemeinsam mit Studierenden zu übersetzen.

HINTERGRÜNDE ZU DIESER ÜBERSETZUNG

Diese Übersetzung von *The Economy* entstand über einen Zeitraum von ca. 2 Jahren hauptsächlich an der Hochschule Bonn-Rhein-Sieg. Neun Studierende und ich haben die Texte mit Hilfe einer Übersetzungssoftware erstellt. Viele Kolleginnen und Kollegen anderer Hochschulen haben dann die fertigen Kapitel Korrektur gelesen und Verbesserungsvorschläge gemacht. Wir haben uns bemüht, mit unseren begrenzten Mitteln das bestmögliche Ergebnis zu erzielen. Wir sind uns jedoch bewusst, dass trotz unserer Bemühungen einige Textpassagen nicht perfekt geworden sind. Informationen über das an dieser Übersetzung beteiligte Team finden Sie unter Erstellung von *Die Wirtschaft*.

Wir haben uns bemüht, die Übersetzung so nah wie möglich am Original zu halten. Das bedeutet, dass alle englischsprachigen Quellen und Verweise aus *The Economy* übernommen wurden. Lediglich in den Einheiten 2 und 9 haben wir den Originaltext geringfügig ergänzt. Bestimmte Begriffe haben wir bewusst im Englischen belassen. Solche Ausnahmen sind einige Bezeichnungen für historische Ereignisse (z.B. Great Depression) sowie in der Praxis gebräuchliche Anglizismen (z.B. Commodity).

In dieser Übersetzung wird eine diskriminierungssensible und geschlechtergerechte Sprache verwendet. Bei der diskriminierungssensiblen

Sprache orientieren wir uns am „Glossar für diskriminierungssensible Sprache" von Amnesty International[1] Bei der geschlechtergerechten Sprache vermeiden wir das generische Maskulinum. Mit dem Ziel, den Lesefluss möglichst wenig zu beeinträchtigen, haben wir verschiedene Ansätze gewählt: Neben der Doppelnennung verwenden wir auch geschlechtsneutrale Formulierungen (z.B. nominalisierte Partizipien) sowie den Gender-Doppelpunkt. Manche Bezeichnungen mögen zunächst ungewohnt erscheinen, aber man gewöhnt sich schnell daran. In zwei Fällen haben wir auf eine geschlechtergerechte Sprache verzichtet: Erstens, wenn im historischen Kontext davon auszugehen ist, dass nur ein Geschlecht genannt werden muss (z.B. waren Frauen auf den Schiffen von Bartholomew Roberts verboten). Zweitens wurde bei zusammengesetzten Wörtern mit dem generischen Maskulinum am Wortanfang auf geschlechtsneutrale Alternativen verzichtet (z.B. Verbraucherpreisindex oder Prinzipal-Agenten-Beziehung).

UNTERSCHIEDE ZWISCHEN DER PRINT- UND ONLINEAUSGABE VON *DIE WIRTSCHAFT*

Diese Printausgabe von *Die Wirtschaft* basiert auf der Onlineausgabe vom September 2023, unterscheidet sich jedoch geringfügig von dieser. Der größte Unterschied besteht darin, dass sich die Printausgabe auf die inhaltlichen Kernkapitel (Lektionen 1 bis 16) beschränkt und die Schwerpunktkapitel (Lektionen 17 bis 22) nicht Teil dieser Ausgabe sind. Wir hätten gerne alle Kapitel in die Printausgabe aufgenommen, aber der Umfang des Textes machte dies unmöglich. Wie in der englischen Ausgabe sind auch die Leibniz-Abschnitte nicht Bestandteil dieser Printausgabe. Selbstverständlich stehen Ihnen die Schwerpunktkapitel und die Leibniz-Abschnitte in der Onlineausgabe kostenlos zur Verfügung.

Wir hoffen, dass diese Übersetzung Ihr Studium der Volkswirtschaftslehre nicht nur interessanter und einfacher, sondern auch unterhaltsamer macht.

Christian Tode
Hochschule Bonn-Rhein-Sieg
(Projektleiter der Übersetzung)
September 2023

HINWEISE FÜR LEHRENDE

Die vielen Wege mit *Die Wirtschaft* zu lehren und zu lernen

Die Wirtschaft wurde im Unterricht in einer Vielzahl von Umgebungen erprobt, von Sekundarschulen bis hin zu Kursen für Doktorandinnen und Doktoranden. Mehr über die vielfältigen Einsatzmöglichkeiten des CORE-Materials erfahren Sie unter www.core-econ.org.

FLEXIBEL STRUKTURIERT
Mehrere Eigenschaften machen unseren Text besonders flexibel und anpassungsfähig.

Schwerpunkt-Einheiten
Die Einheiten 17 bis 22 können als eigenständige Einheiten am Ende eines Kurses unterrichtet werden. Dies erlaubt es Zeit für Themen zu verwenden, die für die Studierenden oder Lehrenden von besonderem Interesse sind. Die Themen dieser Schwerpunkte wurden bereits in früheren Abschnitten des Textes behandelt (bereits ab Einheit 1). Die Schwerpunkt-Einheiten nutzen konzeptionelle und empirische Werkzeuge, die in früheren Einheiten entwickelt wurden. Obwohl sie also in Bezug aufeinander modular aufgebaut sind, können sie nicht unterrichtet werden, ohne dass das frühere Material behandelt wurde.

Aufeinander aufbauendes Lernen der Grundkonzepte
Die Einheiten 1 bis 16 bauen aufeinander auf. Jede Einheit erweitert stückweise das Wissen zu Konzepten und Werkzeugen der Volkswirtschaftslehre.

WARUM *DIE WIRTSCHAFT* VON CORE ANDERS IST
Der Buch konzentriert sich durchgehend auf Erkenntnisse aus der realen Wirtschaft, aus der ganzen Welt und aus der Geschichte. Es ist durch Fragen motiviert—wie können wir erklären, was wir sehen? Der Ansatz ist, zunächst interessante Fragen zu stellen und dann Modelle einzuführen, die helfen, diese Fragen zu beantworten. Standardwerkzeuge wie die beschränkte Optimierung werden gelehrt, indem gezeigt wird, wie sie Einblicke in reale Probleme geben. Die Volkswirtschaftslehre als Disziplin ist in einen sozialen, politischen und ethischen Kontext eingebettet, in dem Institutionen eine Rolle spielen.

CORE lehrt die Studierenden, Ökonominnen und Ökonomen zu sein:

- Beginnen Sie mit einer Frage und sehen Sie sich die Fakten an.
- Erstellen Sie ein Modell, das Ihnen hilft zu verstehen, was Sie sehen.
- Kritische Bewertung des Modells: Gibt es uns Erkenntnisse zu der Frage und erklärt es die Fakten?

Abbildung A bietet eine Möglichkeit, die Struktur des Textes zu verstehen, indem man ihn mit Standardlehrbüchern vergleicht.

Betrachten wir nun die acht Teile auf der rechten Seite von Abbildung A genauer, und fassen die zentralen Konzepte jeder Einheit zusammen.

- **Die Wirtschaft**
  Einheit 1 *Das Gesamtbild* darüber, wie es dazu kam, dass die globale Wirtschaft so aussieht, wie sie es heute tut.
- **Wirtschaftliche Entscheidungsfindung (einer Person)**
  Einheit 2 *Wahl einer Technologie bei gegebenen Inputpreisen:* Das Bestmögliche tun: Anreize, Innovationsrenten. Gleichgewicht.
  Einheit 3 *Wahl der Arbeitsstunden:* Das Bestmögliche innerhalb einer realisierbaren Menge tun: Indifferenzkurven, Machbarkeitsgrenze, GRS = GRT
- **Wirtschaftliche Beziehungen und Interaktionen**
  Einheit 4 *Strategische Interaktionen:* Das Beste tun, was man kann, angesichts dessen, was andere tun: soziale Dilemmas, Eigeninteresse, soziales Interesse, Altruismus, öffentliche Güter, externe Effekte
  Einheit 5 *Der bilaterale Handel:* Das Beste tun, in Anbetracht dessen, was Andere tun, und angesichts der Regeln des Spiels: Institutionen, Verhandlungsmacht, Pareto-Effizienz, Fairness
  Einheit 6 *Das Beschäftigungsverhältnis:* Bei unvollständigen Verträgen das Beste tun, was man angesichts des Verhaltens anderer und der Regeln des Spiels tun kann
- **Märkte**
  Einheit 7 *Die Preissetzung eines Unternehmens, das ein differenziertes Gut produziert:* Gewinnmaximierung (Nachfrage- und Isogewinnkurven); Kosten, Wettbewerb, Marktversagen
  Einheit 8 *Angebot und Nachfrage; Preis als gegeben nehmen und Wettbewerbsmärkte:* Preise als Botschaften.

Marktgleichgewicht; preisnehmende Unternehmen und Pareto-Effizienz.
Einheit 9 *Der Arbeitsmarkt:* Von der Lohnsetzung (Einheit 6) und der Preissetzung (Einheit 7) bis zur gesamten Wirtschaft.
Einheit 10 *Der Kreditmarkt:* Konsumglättung; Darlehensaufnahme und -vergabe; unvollständige Verträge; Geld und Banken

- **Marktdynamik, wie Märkte funktionieren oder auch nicht funktionieren können**
  Einheit 11 *Rent-Seeking, Preissetzung und Marktdynamik:* Ökonomische Renten und das Erreichen eines kurz- und langfristigen Gleichgewichts. Preise als Signale. Blasen. Nicht-räumende Märkte.
  Einheit 12 *Märkte, Effizienz und öffentliche Politik:* Eigentumsrechte, unvollständige Verträge, externe Effekte
- **Die Gesamtwirtschaft in der kurzen und mittleren Frist**
  Einheit 13 *Wirtschaftsschwankungen und aggregierte Nachfrage:* Konsumglättung und ihre Grenzen, Volatilität der Investitionen als Koordinationsproblem, Messung der aggregierten Wirtschaft
  Einheit 14 *Fiskalpolitik und Beschäftigung:* Komponenten der aggregierten Nachfrage, Multiplikator, Nachfrageschocks, Finanzen der Regierungen, Fiskalpolitik
  Einheit 15 *Geldpolitik, Arbeitslosigkeit und Inflation:* Phillipskurve, Erwartungen und Angebotsschocks, Inflationstargeting, Übertragungsmechanismen, einschließlich Wechselkurse
- **Die gesamtwirtschaftliche Situation in der langen Frist**
  Einheit 16 *Technologischer Wandel und Beschäftigung:*

Standardlehrbuch	*Die Wirtschaft* von CORE
Teil 1. Was ist Volkswirtschaftslehre?	Einheit 1. Die großen Fragen der Wirtschaft
Teil 2. Angebot und Nachfrage	Einheiten 2–3. Wirtschaftliche Entscheidungen treffen
Teil 3. Die Produktionsentscheidung und die Märkte für Produktionsfaktoren	Einheiten 4–6. Wirtschaftliche Beziehungen und Interaktionen
Teil 4. Jenseits des perfekten Wettbewerbs	Einheiten 7–10. Märkte
Teil 5. Mikroökonomie und öffentliche Politik	Einheiten 11–12. Marktdynamik, wie Märkte funktionieren und wie sie nicht funktionieren
Teil 6. Langfristiges Wachstum	Einheiten 13–15. Die Gesamtwirtschaft in der kurzen und mittleren Frist
Teil 7. Kurzfristige Schwankungen und Stabilisierungspolitik	Einheit 16. Die Gesamtwirtschaft in der langen Frist
Teil 8. Makroökonomische Anwendungen	Schwerpunkte - Einheiten 17–22

Abbildung A Standardlehrbücher und *Die Wirtschaft* im Vergleich.

Aggregierte Produktionsfunktion und Produktivitätswachstum. Verlust und Schaffung von Arbeitsplätzen. Institutionen und komparative Wirtschaftsleistung.

- **Schwerpunkt-Einheiten von CORE**
  Einheit 17 *Einhundert Jahre Volkswirtschaftslehre von der Great Depression bis zur globalen Finanzkrise*
  Einheit 18 *Globalisierung - Handel, Migration und Investitionen*
  Einheit 19 *Ungleichheit*
  Einheit 20 *Umweltverträglichkeit und Zusammenbruch*
  Einheit 21 *Innovation, geistiges Eigentum und die vernetzte Wirtschaft*
  Einheit 22 *Politik, Volkswirtschaftslehre und öffentliche Politik*

OPTIONEN FÜR DEN KURSAUFBAU

Dieses Buch ist die Grundlage für viele verschiedene Arten von Kursen gewesen. Auf unserer Website finden Sie Fallstudien von Lehrkräften, die *Die Wirtschaft* an spezifische Bedürfnisse angepasst haben.

Als Grundlagenkurs der Volkswirtschaftslehre (ein Jahr)

Die Wirtschaft kann als einjähriger Grundkurs in Volkswirtschaftslehre unterrichtet werden, wie es mit früheren Versionen dieses Materials am University College London (UCL), Birkbeck, University of London, Azim Premji University (Bangalore) und anderswo gemacht wurde. Ein typischer einjähriger Kurs würde die ersten 16 Einheiten unterrichten und mit einer bis zu allen Schwerpunkt-Einheiten abschließen (wobei jeder Einheit zwei oder mehr Wochen gewidmet werden können, wenn es die Zeit erlaubt). Die drei- oder vierwöchige Arbeit an einem der Schwerpunkte bietet die Möglichkeit, zusätzliche Materialien, Forschungsarbeiten oder Berichte der Studierenden einzubringen.

Als Einführung in die Mikroökonomie (ein Semester)

Die Toulouse School of Economics und die Lahore University of Management Sciences verwenden *Die Wirtschaft* als Einführung in die Mikroökonomie. In diesem Kurs könnten Einheit 1 und die Einheiten 3 bis 12 unterrichtet werden, wobei die verbleibenden Wochen des Kurses einer Kombination aus Einheit 2 und der Schwerpunkt-Einheit 21 oder den Schwerpunkt-Einheiten 17 bis 20 gewidmet werden könnten.

Als Einführung in die Makroökonomie (ein Semester)

Eine einsemestrige Einführung in die Makroökonomie auf der Grundlage des CORE-Textes wurde an der Sciences Po in Paris und am Middlebury College in Vermont, USA, unterrichtet. Eine mögliche Zusammensetzung eines solchen Kurses sind die Einheiten 1 und 2; Wiederholung der realisierbaren Menge und der Indifferenzkurven aus Einheit 3; Einheit 6 (Lohnsetzungskurven); Einheit 7 (Preissetzungskurven); Einheiten 9 und 10 sowie 13 bis 17, plus eine Auswahl der Schwerpunkt-Einheiten 18–22, möglicherweise einschließlich des Materials zur Ungleichgewichtsdynamik aus Einheit 11.

Als Einführung in die Volkswirtschaftslehre (ein Semester)

Ein solcher Kurs wurde an der Humboldt-Universität (Berlin), der University of Sydney und der University of Bristol angeboten. Die Vermittlung der grundlegenden Konzepte des Fachs in einem einzigen Semester ist eine Herausforderung, aber sie kann (in 14 Wochen) mit den Einheiten 1, 3 bis 10 sowie 12 bis 16 bewältigt werden, wobei der Kurs mit Einheit 17 (einer Anwendung der Makroökonomie) oder einer der anderen Schwerpunkte auf mikroökonomischen Anwendungen abgeschlossen wird.

Masterstudiengänge in Public Policy

Dieser Text wurde unter anderem an der School of International and Public Affairs der Columbia University, an der School of Public Policy der Central European University und an der Sol Price School of Public Policy der University of Southern California verwendet. In den Kursen wurden Varianten der oben genannten Kursstrukturen umgesetzt, wobei die Behandlung politischer Probleme in den Schwerpunkt-Einheiten genutzt wurde.

Kurse in der Sekundarstufe

Schulen wie die St. Paul's School, London, und die Melville Senior High School, Westaustralien, haben Teile des Textes für erweiternde Aktivitäten für Schülerinnen und Schüler der Oberstufe verwendet.

DIDAKTISCHE OPTIONEN

Die Wirtschaft ermöglicht auch eine Reihe von Unterrichtsansätzen, die den jüngsten Entwicklungen der Didaktik entsprechen.

Traditionelle Lehre

Der Stoff kann auf herkömmliche Weise unterrichtet werden, wobei die wesentlichen theoretischen Inhalte jeder Einheit durch Vorlesungen vermittelt und im Unterricht durch Probleme und Übungen vertieft und ausgearbeitet werden.

Spiele und Experimente im Hörsaal

Der empirische Fokus eines Großteils des Materials in *Die Wirtschaft* und die umfassende Einbettung der

Spieltheorie fördern einen aktiveren Ansatz für das Lernen der Studierenden durch den Einsatz von Spielen und Experimenten im Hörsaal und problemorientiertes Lernen anhand realer Daten. Datensätze und Ideen für Spiele im Hörsaal werden auf unserer Website bereitgestellt, um Lehrenden zu helfen, diese Methoden in ihren Unterricht zu integrieren.

Flipped Classroom

Aktives Lernen kann durch den gezielten Einsatz von „flipped" oder „inverted Classroom"-Ansätzen gefördert werden, bei denen traditionelle Vorlesungen durch interaktive Sitzungen auf der Grundlage von Problemen, Spielen, Experimenten oder Diskussionen ersetzt werden. Bei diesen Lehrmethoden wird den Studierenden vor dem Unterricht Material zugewiesen (zum Beispiel Lesestoff, Quizfragen oder Videos), das dann als Grundlage für Diskussionen und Aktivitäten im Unterricht verwendet wird. Mit Hilfe von Umfrageprogrammen können die Studierenden in Form von Quizfragen getestet werden. Spiele und Arbeit mit Daten kann eingesetzt werden, um das Verständnis zu vertiefen und zu festigen. *Die Wirtschaft* eignet sich gut für diesen Ansatz, da die Einheiten von realen Fallstudien und Erzählungen zur Auswahl und Verwendung geeigneter theoretischer Instrumente zum Verständnis dieser Fallstudien und dann zur detaillierten zugrunde liegenden Theorie übergehen.

Ein Ansatz zum „Flippen" des Unterrichts besteht darin, die Studierenden zu ermutigen, die Erzählungen und historischen Fallstudien außerhalb des Unterrichts vorzubereiten und über die volkswirtschaftlichen Werkzeuge nachzudenken, mit denen diese Fälle erklärt werden können. Die Anwendung und das Verständnis der Theorie kann dann innerhalb des Hörsaals durch problemorientierte Arbeit mit Daten und Spielen oder Experimenten vertieft werden. Die Erfahrung in vielen Veranstaltungen mit den Beta-Versionen von *Die Wirtschaft* zeigt, dass sich die Studierenden eher auf die Lektüre des interaktiven E-Books vor dem Unterricht einlassen als in früheren Einführungskursen in die Volkswirtschaftslehre. Die Gewohnheit, vor dem Unterricht zu lesen, kann durch ein multimediales Gruppenprojekt, das an mehreren CORE-Pilotuniversitäten eingesetzt wurde (https://tinyco.re/6576000) entwickelt werden.

WIE MAN *DIE WIRTSCHAFT* ZITIERT

Um *Die Wirtschaft* zu zitieren, empfehlen wir, den Zitationsstil für ein E-Book zu verwenden und jede Einheit als Kapitel zu behandeln (zum Beispiel im Harvard-Stil): Bowles, S., Carlin, W. und Stevens, M. (2017). ‚Eigentum und Macht: Gegenseitige Vorteile und Konflikte'. Einheit 5 in CORE Team, *Die Wirtschaft*. Verfügbar unter: https://www.core-econ.org. [Abgerufen am (Datum)].

ERSTELLUNG VON *DIE WIRTSCHAFT*

Die Wirtschaft wurde von einer Gruppe von Autorinnen und Autoren—dem CORE-Team—gemeinsam mit Lehr- und Lernfachleuten, Forschenden, Gutachter:innen, Dozierenden, Studierenden der Pilotuniversitäten sowie Redakteur:innen, Designer:innen und Webentwickler:innen erstellt.

DAS CORE-TEAM

Die Inhalte wurden vom CORE-Team unter der Leitung von Samuel Bowles, Wendy Carlin und Margaret Stevens produziert; die Hauptautorinnen und -autoren der einzelnen Einheiten sind unten aufgeführt.

Einheit 1 Samuel Bowles, Wendy Carlin, Arjun Jayadev, Margaret Stevens; **Einheit 2** Kevin O'Rourke, Samuel Bowles, Wendy Carlin, Margaret Stevens; **Einheit 3** Margaret Stevens, Samuel Bowles, Robin Naylor, David Hope; **Einheit 4** Antonio Cabrales, Daniel Hojman, Samuel Bowles, Wendy Carlin, Margaret Stevens; **Einheit 5** Samuel Bowles, Wendy Carlin, Margaret Stevens; **Einheit 6** Samuel Bowles, Wendy Carlin, Margaret Stevens; **Einheit 7** Margaret Stevens, Samuel Bowles, Wendy Carlin; **Einheit 8** Margaret Stevens, Samuel Bowles, Wendy Carlin; **Einheit 9** Samuel Bowles, Wendy Carlin, Margaret Stevens; **Einheit 10** Wendy Carlin, Paul Segal, Samuel Bowles; **Einheit 11** Rajiv Sethi, Samuel Bowles, Wendy Carlin, Margaret Stevens; **Einheit 12** Margaret Stevens, Samuel Bowles, Rajiv Sethi; **Einheit 13** Yann Algan, Wendy Carlin, Paul Segal; **Einheit 14** Yann Algan, Wendy Carlin, Paul Segal; **Einheit 15** Yann Algan, Wendy Carlin, Paul Segal; **Einheit 16** Yann Algan, Wendy Carlin, Samuel Bowles, Paul Segal; **Einheit 17** Wendy Carlin, Samuel Bowles, Paul Segal; **Einheit 18** Kevin O'Rourke, Samuel Bowles, Wendy Carlin, David Hope, Paul Segal; **Einheit 19** Suresh Naidu, Samuel Bowles, Wendy Carlin, Paul Segal; **Einheit 20** Juan Camilo Cárdenas, Marion Dumas, Cameron Hepburn, Begüm Özkaynak, Alexander Teytelboym, Samuel Bowles, Wendy Carlin; **Einheit 21** Diane Coyle, Georg von Graevenitz, Samuel Bowles, Wendy Carlin; **Einheit 22** Suresh Naidu, Samuel Bowles, Wendy Carlin, Timothy Besley. Die Leibnize wurden von Malcolm Pemberton und Nicholas Rau bereitgestellt. Rajiv Sethi ist Redakteur der CORE-Features „Große Ökonominnen und Ökonomen".

DER LEHR- UND LERNAUSSCHUSS

Yann Algan (Sciences Po, Paris), Alvin Birdi (Vorsitzender des CORE Lehr- und Lernausschusses, University of Bristol), Parama Chaudhury (University College London), Kenjiro Hori (Birkbeck University of London), Peter Howells (University of the West of England), Arjun Jayadev (Azim Premji University), Ashley Lait (The Economics Network), Christian Spielmann (University College London), Margaret Stevens (University of Oxford), Andrew Sykes (St Paul's School, London).

Yann Algan
Sciences Po, Paris

Timothy Besley
LSE

Samuel Bowles
Santa Fe Institute

Antonio Cabrales
UCL

Juan Camilo Cárdenas
Universidad de los Andes

Wendy Carlin
UCL

Diane Coyle
University of Manchester

Marion Dumas
Santa Fe Institute; LSE

Cameron Hepburn
University of Oxford

Daniel Hojman
University of Chile; Harvard University

David Hope
King's College London

Arjun Jayadev
Azim Premji University

Suresh Naidu
Columbia University

Robin Naylor
University of Warwick

Kevin O'Rourke
University of Oxford

Begüm Özkaynak
Boğaziçi University

Malcolm Pemberton
UCL

Nicholas Rau
UCL

Paul Segal
King's College London

Rajiv Sethi
Barnard College, Columbia University

Margaret Stevens
University of Oxford

Alexander Teytelboym
University of Oxford

Georg von Graevenitz
Queen Mary University of London

CORE FORSCHER:INNEN SOWIE PRAKTIKANTINNEN UND PRAKTIKANTEN

Maria Balgova (University of Oxford), Jack Blundell (Stanford University and University of Oxford), Clemens Blab (University College London), Stefan Gitman (University College London), David Goll (University College London), Zoe Helding (University of Oxford), Stanislas Lalanne (University of Oxford), Becky McCann (University of Oxford), Ali Merali (University College London), Victoria Monro (University College London), Adam Nadzri (University College London), Karl Overdick (University College London), Valeria Rueda (University of Oxford), Alvaro Salamanca (University of Oxford), Shiva Sethi (University of North Carolina), Shreya Singh (University College London).

PRODUKTIONSTEAM FÜR DIE WIRTSCHAFT 1.0

Luka Crnjakovic (Projektmanager), Aashika Doshi (Assistentin der Leitung), Davide Melcangi (Ökonom), Tim Phillips (Editor), Eileen Tipoe (Ökonomin) Redaktion, Design und Software-Entwicklung: Arthur Attwell, Steve Barnett, Jennifer Jacobs, David Le Page, Karen Lilje, Craig Mason-Jones, Dione Mentis, Christina Tromp, Derika van Biljon

CORE „ÖKONOMINNEN UND ÖKONOMEN IN AKTION" VIDEOS

Anat Admati (Stanford University), Robert Allen (University of Oxford), Juan Camilo Cardenas (Universidad de los Andes), Arin Dube (University of Massachusetts Amherst), Esther Duflo (MIT), Barry Eichengreen (University of California Berkeley), Richard Freeman (Harvard University), Kathryn Graddy (Brandeis University), James Heckman (University of Chicago), Petra Moser (New York University), Suresh Naidu (Columbia University), Thomas Piketty (Paris School of Economics), Dani Rodrik (Harvard University), Alvin Roth (Stanford University), F. M. Scherer (Harvard University), Juliet Schor (Boston College), John Van Reenen (MIT), Joseph Stiglitz (Columbia University). Regie: Bob Denham (Econ Films)

MITWIRKENDE

Philippe Aghion, Manuel Agosin, Karishma Ajmera, David Alary, Philippe Alby, Gerhard Altmann, Alberto Andrade, Simon Angus, Hannes Ansorg, Rhys Ap Gwilym, Belinda Archibong, Janine Aron, the late Kenneth Arrow, the late Tony Atkinson, Orazio Attanasio, Rob Axtell, Peter Backus, Dani Ball, Faisal Bari, Abigail Barr, Kaushik Basu, Ralf Becker, Wilfred Beckerman, Anurag Behar, Eric Beinhocker, Alan Bennett, Richard Berg, Christoph Berger, Erik Berglof, V. Bhaskar, Rhian Bilclough, Neal Bobba, Olivier Blanchard, Jo Blanden, Nick Bloom, Richard Blundell, Eric Bottorff, Danielle Boudville, Sinéad Boultwood, Clara Bowyer, James Boyce, Andrei Bremzen, Stephen Broadberry, Clair Brown, Claudia Buch, Michael Burda, Gabriel Burdin, Aisha Burke, Esther Carlin, Sarah Caro, Andrea Carvallo, Jennifer Case, John Cassidy, Allan Castro, Camila Cea, Oscar Cervantes, Jagjit Chadha, Kah Kit Chan, Bruce Chapman, Axelle Charpentier, Ali Cheema, Syngjoo Choi, Adam Cockburn, Mihai Codreanu, Maeve Cohen, Chris Colvin, Ed Conway, Ian Corrick, Nicolas Courdacier, Nicholas Crafts, Kenneth Creamer, Martin Cripps, Edward Crutchley, Martha Curtis, Reza Daniels, Massimo D'Antoni, Richard Davies, Rahul De, David de Meza, Simon DeDeo, Marc Defosse, Richard Dietz, Andrew Dilnot, Ngan Dinh, Edgaras Dockus, Manfred Doll, Michael Dorsch, Peter Dougherty, Mirco Draca, Arnaud Dyevre, Ben Dyson, Joe Earle, Fabian Eckert, The Economics Network, Pinar Ertor, Husnain Fateh, Rana Fayez, Raphael Fischer, Stuart Foster, Matthew Furnell, David Garber, Nicolas Garrido, Maximilian Gerstenkorn, Bunt Ghosh, Abigail Gibson, Daniele Girardi, Jonathan Glyn, Ian Goldin, Christian Gollier, Mariusz Górski, Andrew Graham, Liam Graham, John Greenwood, Joe Grice, Arthur Grimes, Florian Grosset, Caterina Guidi, Marco Gundermann, Bishnupriya Gupta, Sergei Guriev, Andrew Gurney, Andrew Haldane, Simon Halliday, Gill Hammond, Emily Hanchett, Matthew Harding, Tim Harford, Colm Harmon, Pippa Harries, Roby Harrington, Ben Hartridge, Jerry Hausman, Teresa Healy, David Hendry, Frederic Henwood, Josh Hillman, William Hines, Carinna Hockham, Richard Holcroft, Sam Huby, Jimena Hurtado, Will Hutton, Zoulfikar Issop, David James, Cloda Jenkins, Colin Jennings, Sajaad Jetha, Rob Johnson, Noah Johnson, Anatole Kaletsky, Girol Karacaoglu, Alexei Karas, John Kay, Jeong Hoon Keem, Lyyla Khalid, Bilal Khan, Julie Kilcoyne, Alan Kirman, Paul Klemperer, Amairisa Kouki, Pradeep Kumar, Oscar Landerretche, Philip Lane, Manfred Laubichler, Samuel Law, Jonathan Leape, Valerie Lechene, Howon Lee, Margaret Meyer, Murray Leibbrandt, Rob Levy, Peter Lindert, Bao Linh Le, Jose Lobo, Philipp Lohan, Deborah Mabbett, Stephen Machin, Rod Maddock, Lisa Magnani, Kamil Majczak, Alan Manning, Cecile Markarian, Jaime Marshall, Peter Matthews, Patrick McKenna, John McLaughlin, Hugh McLean, Rashid Memon, Atif Mian, Tom Michl, Branko Milanovic, Jennifer Miller, Catherine Mole, Bruno Momont, Alejandro Moyano, John Muellbauer, Anand Murugesan, Houda Nait El Barj, Venu Narayan, Andy Norman, Paul Novosad, Thomas O'Sullivan, Martha Olney, Jeremy Oppenheim, Andrew Oswald, Emily Pal, Stefania Paredes Fuentes, Jung Hoon Park, Marii Paskov, Bhavin Patel, Sean Payne, PEPS-Economie, Jonathan Pincus, Ashby Plant, Laura Povoledo, Ian Preston, Stefan Pricopie, Tim Prizeman, Stefan Prochnow, Louis

Putterman, John Raiss, Ranjita Rajan, Wolfgang Reinicke, Derek Rice, Rebecca Riley, Federico Rocchi, Max Roser, Andy Ross, Alessandra Rossi, Jannie Rossouw, Robert Rowthorn, Phil Ruder, Tripti Rungta, Steve Russell, Michael Rybarczyk, Cristina Santos, Mark Schaffer, Philipp Schmidt, Monika Schnitzer, Paul Seabright, Anil Shamdasani, Eddie Shore, Gordon Shukwit, Jason Shure, Adrian Slack, Beatrice Smith, Stephen Smith, Neil Smith, Dennis Snower, Robert Solow, Daniel Sonnenstuhl, George Soros, David Soskice, Teresa Steininger, Nicholas Stern, Lucy Stewart, Joseph Stiglitz, Bob Sutcliffe, Peter Temin, Stefan Thewissen, Caroline Thomas, Sarah Thomas, Leith Thompson, Keith Thomson, Ahmet Tonak, Kautuk Trivedi, David Tuckett, Adair Turner, Burak Unveren, Romesh Vaitilingam, Imran Valodia, Philippe Van Parijs, Samo Varsik, Julia Veglesi, Andres Velasco, Paul Vertier, Nirusha Vigi, Charles Vincent, David Vines, Snjezana Voloscuk, Victoria Waldersee, Ian Walker, Danielle Walker Palmour, James Watson, Christopher Webb, Jorgen Weibull, Stephen Whelan, Ryan Wilson, Glenn Withers, Martin Wittenberg, Martin Wolf, Nikolaus Wolf, Cornelia Woll, Renbin Woo, Meredith Woo, Elisabeth Wood, Chris Wood, Ingrid Woolard, Stephen Wright, Kiichiro Yagi, Peyton Young, Homa Zarghamee.

DEUTSCHE ÜBERSETZUNG – *DIE WIRTSCHAFT*

Christian Tode
Hochschule Bonn-Rhein-Sieg
(Projektleitung)

Clara Hochwald
Hochschule Bonn-Rhein-Sieg
(Studentin)

Christian Kurscheid
Hochschule Bonn-Rhein-Sieg
(Student)

Karim Nasr
Hochschule Bonn-Rhein-Sieg
(Student)

Nico Schwark
Hochschule Bonn-Rhein-Sieg
(Student)

Valeria Varkentin
Hochschule Bonn-Rhein-Sieg
(Studentin)

Shirin Vosoughi
Hochschule Bonn-Rhein-Sieg
(Studentin)

sowie **Stella Böhle**, **Nicole Jordan** und **Rebecca Ramm** (alle Hochschule Bonn-Rhein-Sieg, Studentinnen)

REVIEW UND UNTERSTÜTZUNG DER DEUTSCHEN ÜBERSETZUNG — *DIE WIRTSCHAFT*

Katja Bender
Hochschule Bonn-Rhein-Sieg

Christoph Feldhaus
Ruhr-Universität Bochum

Nicolas Fugger
Universität zu Köln

Marcus Giamattei
Bards College Berlin

Sebastian Heinen
Hochschule Bonn-Rhein-Sieg

Maria Kotzias
Universität zu Köln

Antje Mertens
Hochschule für Wirtschaft und Recht Berlin

Paul Schweinzer
Universität Klagenfurt

Kirsten Wandschneider
Universität Wien

sowie **Christina Elberg (FH Dortmund), Katja Fuder, Georg Gebhardt (Universität Ulm), Simona Helmsmüller (Hochschule Bonn-Rhein-Sieg)** und **anonyme Reviewer:innen**.

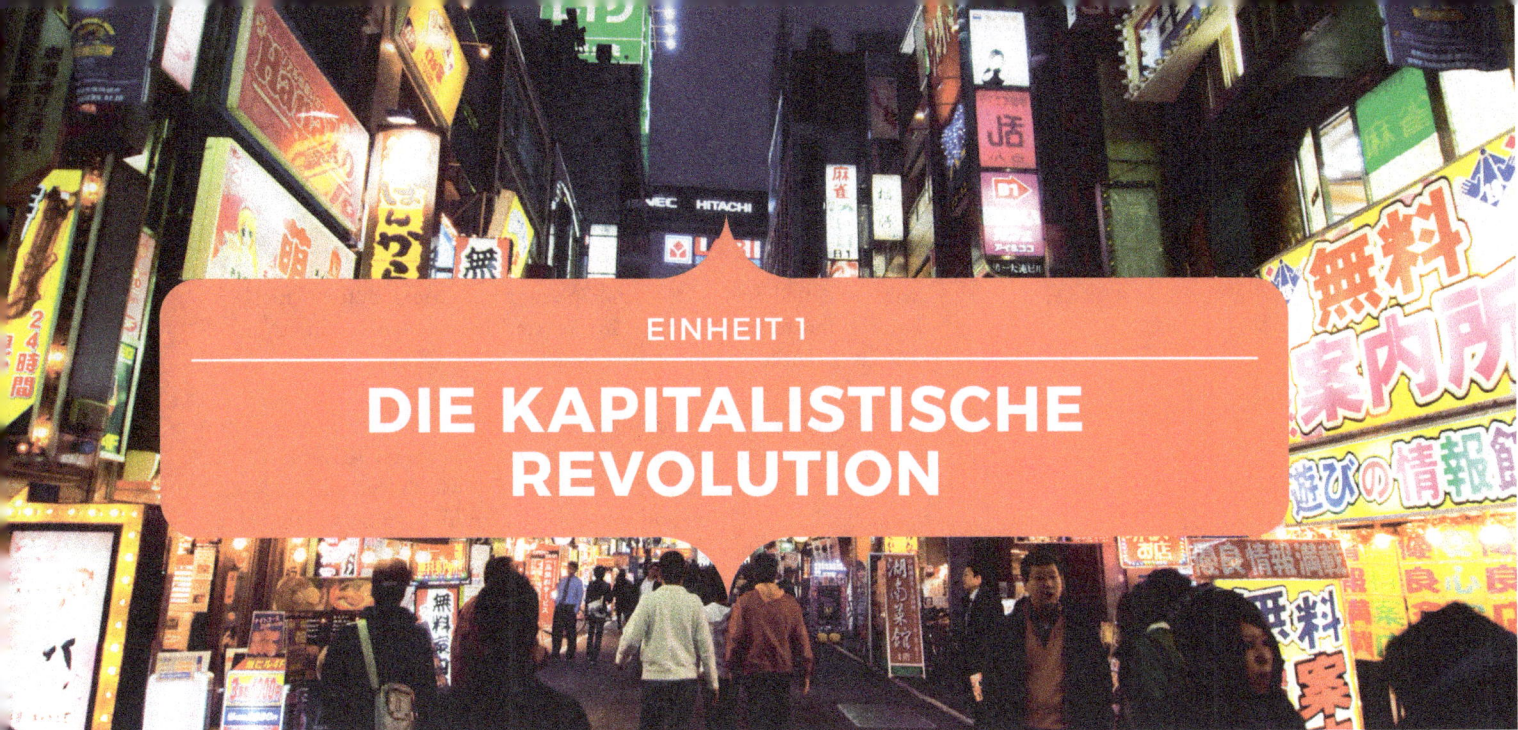

DIE KAPITALISTISCHE REVOLUTION

Shinjuku, Tokio

WIE DER KAPITALISMUS UNSERE LEBENSWEISE REVOLUTIONIERT HAT UND WIE DIE VOLKSWIRTSCHAFTSLEHRE VERSUCHT, DIESES UND ANDERE WIRTSCHAFTSSYSTEME ZU VERSTEHEN

- Seit dem Beginn des 18. Jahrhunderts wurde der Anstieg des durchschnittlichen Lebensstandards in vielen Ländern zu einem festen Bestandteil des Wirtschaftslebens.
- Dies ging mit der Etablierung eines neuen Wirtschaftssystems einher, dem Kapitalismus, in dem Privateigentum, Märkte und Unternehmen eine wichtige Rolle spielen.
- Diese neue Art der wirtschaftlichen Organisation, führte durch technologische Fortschritte und Spezialisierung bei der Herstellung von Dingen sowie der Erfüllung von Aufgaben zu einer Steigerung der Menge, die in einem Arbeitstag produziert werden konnte.
- Dieser Prozess, den wir als kapitalistische Revolution bezeichnen, ging mit einer zunehmenden Bedrohung unserer natürlichen Umwelt und mit einer noch nie dagewesenen weltweiten wirtschaftlichen Ungleichheit einher.
- Die Volkswirtschaftslehre ist die Lehre davon, wie Menschen miteinander und mit der natürlichen Umwelt interagieren, um ihren Lebensunterhalt zu bestreiten.

Im 14. Jahrhundert beschrieb der marokkanische Gelehrte Ibn Battuta Bengalen Indien als „ein Land von großer Ausdehnung und ein Land, in dem es sehr viel Reis gibt. In der Tat habe ich keine Region der Erde mit so vielen Vorräten gesehen".

Und er hatte viel von der Welt gesehen, denn er war nach China, Westafrika, in den Nahen Osten und nach Europa gereist. Drei Jahrhunderte später drückte der französische Diamantenhändler Jean Baptiste Tavernier, der im siebzehnten Jahrhundert lebte, die gleiche Empfindung aus und schrieb über Indien:

Jean Baptiste Tavernier, *Reisen in Indien* (1676).

> Selbst in den kleinsten Dörfern kann man Reis, Mehl, Butter, Milch, Bohnen und anderes Gemüse, Zucker und Süßigkeiten, trockene und flüssige, in Hülle und Fülle bekommen.

Zur Zeit von Ibn Battutas Reisen war Indien nicht reicher als andere Teile der Welt. Aber Indien war auch nicht viel ärmer. In einer international vergleichenden Beobachtung der damaligen Zeit wäre aufgefallen, dass es den Menschen in Italien, China und England im Durchschnitt besser ging als in Japan oder Indien. Aber die großen Unterschiede zwischen Arm und Reich innerhalb einer Region, die Reisende überall feststellten, waren noch viel auffälliger als diese Unterschiede zwischen den Regionen. Reiche und Arme trugen oft unterschiedliche Titel: An manchen Orten waren sie Feudalherren und Leibeigene, an anderen Königinnen oder Könige und ihre Untertanen, Eigentümer:innen und Versklavte oder Kaufleute und Seeleute, die ihre Waren transportierten. Damals wie heute hingen die eigenen Aussichten davon ab, welcher Tätigkeit die Eltern nachgingen und ob man ein Mann oder eine Frau war. Der Unterschied zwischen dem vierzehnten Jahrhundert und heute bestand darin, dass es damals viel weniger wichtig war, in welchem Teil der Welt man geboren wurde.

Spulen wir bis heute vor. Den Menschen in Indien geht es heute weitaus besser als vor sieben Jahrhunderten, wenn wir an ihren Zugang zu Lebensmitteln, medizinischer Versorgung, Unterkünften und anderen lebensnotwendigen Dingen denken. Im weltweiten Vergleich sind die meisten von ihnen aber arm.

Ibn Battuta (1304–1368) war ein marokkanischer Reisender und Kaufmann. Seine Reisen, die 30 Jahre dauerten, führten ihn durch Nord- und Westafrika, Osteuropa, den Nahen Osten, Süd- und Zentralasien und China.

Die Abbildung 1.1a zeigt einen Teil dieser Geschichte. Um den Lebensstandard in den einzelnen Ländern zu vergleichen, verwenden wir das sogenannte Pro-Kopf-BIP. Die Menschen erzielen ihr Einkommen durch die Produktion und den Verkauf von Waren und Dienstleistungen. Das BIP (Bruttoinlandsprodukt) ist der Gesamtwert aller in einem bestimmten Zeitraum, zum Beispiel einem Jahr, produzierten Güter, sodass das Pro-Kopf-BIP hier dem durchschnittlichen Jahreseinkommen entspricht. Das BIP wird auch als Bruttoinlandseinkommen bezeichnet. In Abbildung 1.1a ist die Höhe jeder Linie eine Schätzung des durchschnittlichen Einkommens zu dem Zeitpunkt auf der horizontalen Achse.

Im Durchschnitt geht es den Menschen in Großbritannien nach diesem Maßstab sechsmal besser als den Menschen in Indien. Die japanische Bevölkerung ist genauso reich wie die Britische. Aber heute sind die Amerikaner:innen sogar noch besser dran als die Japaner:innen und die Norweger:innen haben nochmal ein höheres höheres Pro-Kopf-BIP.

Dass wir die Kurven in Abbildung 1.1a zeichnen können, verdanken wir der Arbeit von Angus Maddison (https://tinyco.re/4376799), der sein Arbeitsleben der Suche nach den spärlichen Daten gewidmet hat, die nötig sind, um nützliche Vergleiche darüber anzustellen, wie die Menschen über mehr als 1000 Jahre hinweg gelebt haben (seine Arbeit wird im Maddison-Projekt (https://tinyco.re/9843804) fortgesetzt). In diesem Buch werden Sie sehen, dass solche Daten über die Regionen der Welt und die in diesen Regionen lebenden Menschen der Ausgangspunkt der Volkswirtschaftslehre sind. In unserem Video erklären die Ökonomen James Heckman und Thomas Piketty, wie das Sammeln von Daten grundlegend für ihre Arbeit über Ungleichheit und die Maßnahmen zu deren Verringerung war.

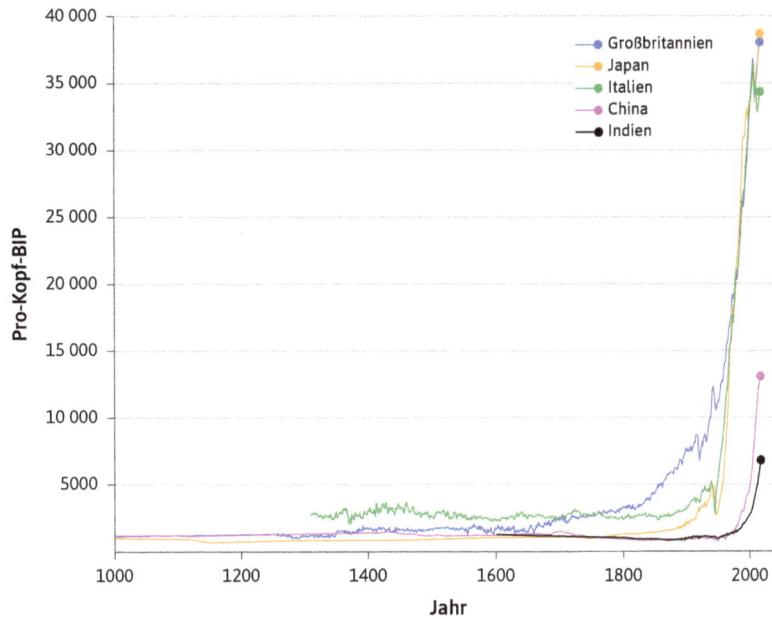

Abbildung 1.1a Der Hockeyschläger der Geschichte: Bruttoinlandsprodukt pro Kopf in fünf Ländern (1000–2018).

Aktuelle Daten bei OWiD anzeigen
https://tinyco.re/3290463

Jutta Bolt und Jan Luiten van Zanden. 2020. 'Maddison style estimates of the evolution of the world economy. A new 2020 update'. Maddison Project Database, version 2020.

1.1 EINKOMMENSUNGLEICHHEIT

Vor tausend Jahren war die Welt, wirtschaftlich gesehen, flach. Es gab zwar Einkommensunterschiede zwischen den einzelnen Regionen der Welt, aber wie Sie in Abbildung 1.1a sehen können, waren die Unterschiede im Vergleich zu dem, was noch folgen sollte, gering.

Wenn es um Einkommen geht, glaubt niemand, dass die Welt heute flach ist.

Abbildung 1.2 zeigt die Verteilung des Einkommens zwischen und innerhalb der Länder. Die Länder sind nach dem Pro-Kopf-BIP geordnet, vom ärmsten auf der linken Seite des Diagramms (Liberia) bis zum reichsten auf der rechten Seite (Singapur). Die Breite der Balken eines jeden Landes entspricht seiner Bevölkerung.

Für jedes Land gibt es zehn Balken, die den zehn Dezilen des Einkommens entsprechen. Die Höhe jedes Balkens entspricht dem durchschnittlichen Einkommen von 10 % der Bevölkerung, von den ärmsten 10 % der Bevölkerung im vorderen Teil des Diagramms bis zu den reichsten 10 % im hinteren Teil, gemessen in USD 2005. Beachten Sie, dass damit nicht die „reichsten 10 % der Einkommensbezieher:innen" gemeint sind. Es handelt sich um die reichsten 10 % der Menschen, wobei davon ausgegangen wird, dass jede Person in einem Haushalt, einschließlich Kinder, den gleichen Anteil am Einkommen des Haushalts hat.

Die Wolkenkratzer (die höchsten Balken) auf der Rückseite der rechten Seite der Abbildung stellen das Einkommen der reichsten 10 % in den reichsten Ländern dar. Der höchste Wolkenkratzer steht für die reichsten 10 % der Menschen in Singapur. Im Jahr 2014 verfügte diese exklusive Gruppe über ein Pro-Kopf-Einkommen von mehr als 67 000 USD. Norwegen, das Land mit dem zweithöchsten Pro-Kopf-BIP, hat keinen besonders hohen Wolkenkratzer (er liegt zwischen den Wolkenkratzern von Singapur und dem drittreichsten Land, den USA), weil das Einkommen in Norwegen gleichmäßiger verteilt ist als in einigen anderen reichen Ländern.

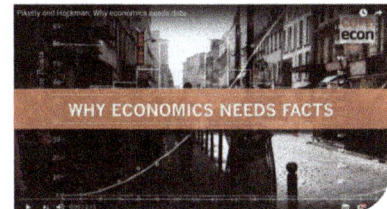

Thomas Piketty und James Heckman erklären, warum Daten für ihre Arbeit von grundlegender Bedeutung sind
https://tinyco.re/2893455

Die Analyse in Abbildung 1.2 zeigt, wie sich die Verteilung des Einkommens seit 1980 verändert hat.

Das hier verwendete Arm/Reich-Verhältnis ähnelt einem häufig verwendeten Maß für Ungleichheit, dem 90/10-Verhältnis (https://tinyco.re/7590416), ist aber nicht genau dasselbe. Das 90/10-Verhältnis ist definiert als das Verhältnis zwischen dem Einkommen der beiden Personen am neunzigsten und zehnten Perzentil. Wir nehmen stattdessen das Verhältnis des durchschnittlichen Einkommens des zehnten („reichen") und des ersten („armen") Dezils. Das zehnte Dezil setzt sich aus allen Personen zusammen, die ein höheres Einkommen als die Person am neunzigsten Perzentil haben, sodass sein Durchschnitt größer ist als das Einkommen dieser Person. Das erste Dezil besteht aus allen Personen mit einem geringeren Einkommen als die Person am zehnten Perzentil, sodass sein Durchschnitt niedriger ist als das Einkommen dieser Person. Daher ist unser Verhältnis zwischen Arm und Reich höher als das Verhältnis 90/10 für dasselbe Land.

Zwei Dinge sind aus der Verteilung von 2014 klar ersichtlich. Erstens: In jedem Land haben die Reichen viel mehr als die Armen. Wir können das Verhältnis zwischen den Höhen der vorderen und hinteren Balken als ein Maß für die Ungleichheit in einem Land verwenden. Wir nennen es aus offensichtlichen Gründen das Verhältnis zwischen Reich und Arm. Selbst in einem relativ ausgeglichenen Land wie Norwegen beträgt das Verhältnis zwischen Arm und Reich 5,4; in den USA liegt es bei 16 und in Botswana im südlichen Afrika bei 145. Die Ungleichheit innerhalb der ärmsten Länder ist in der Grafik nur schwer zu erkennen, aber sie ist definitiv vorhanden: Das Verhältnis zwischen Arm und Reich beträgt in Nigeria 22 und in Indien 20.

Die zweite Sache, die aus Abbildung 1.2 heraussticht, ist der enorme Unterschied der Einkommen zwischen den Ländern. Das durchschnittliche Einkommen in Norwegen ist 19 Mal so hoch wie das durchschnittliche Einkommen in Nigeria. Und die ärmsten 10 % in Norwegen erhalten fast das Doppelte des Einkommens der reichsten 10 % in Nigeria.

Stellen Sie sich die Reise des Reisenden Ibn Battuta durch die Regionen der Welt im vierzehnten Jahrhundert vor und überlegen Sie, wie dies in einem Diagramm wie Abbildung 1.2 aussehen würde. Er würde natürlich feststellen, dass es überall, wo er hinkam, Unterschiede zwischen den reichsten und den ärmsten Bevölkerungsgruppen der jeweiligen Region gab. Er würde berichten, dass die Einkommensunterschiede zwischen den Ländern der Welt im Vergleich dazu relativ gering waren.

Die enormen Einkommensunterschiede zwischen den Ländern der heutigen Welt führen uns zurück zu Abbildung 1.1a, wo wir beginnen können zu verstehen, wie es dazu kam. Die Länder, die vor 1900 einen wirtschaftlichen Aufschwung erlebten—Großbritannien, Japan, Italien—sind heute reich. Sie (und ähnliche Länder) befinden sich in der Abbildung 1.2 im Bereich der Wolkenkratzer. Die Länder, die erst vor kurzem oder überhaupt nicht aufgestiegen sind, befinden sich im Flachland.

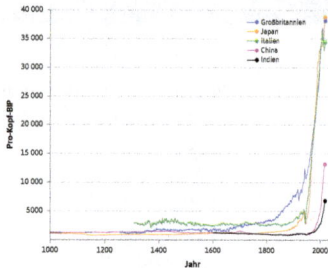

Die Länder, die vor 1900 einen wirtschaftlichen Aufschwung erlebten (Abbildung 1.1a), befinden sich im ‚Wolkenkratzer'-Teil von Abbildung 1.2.

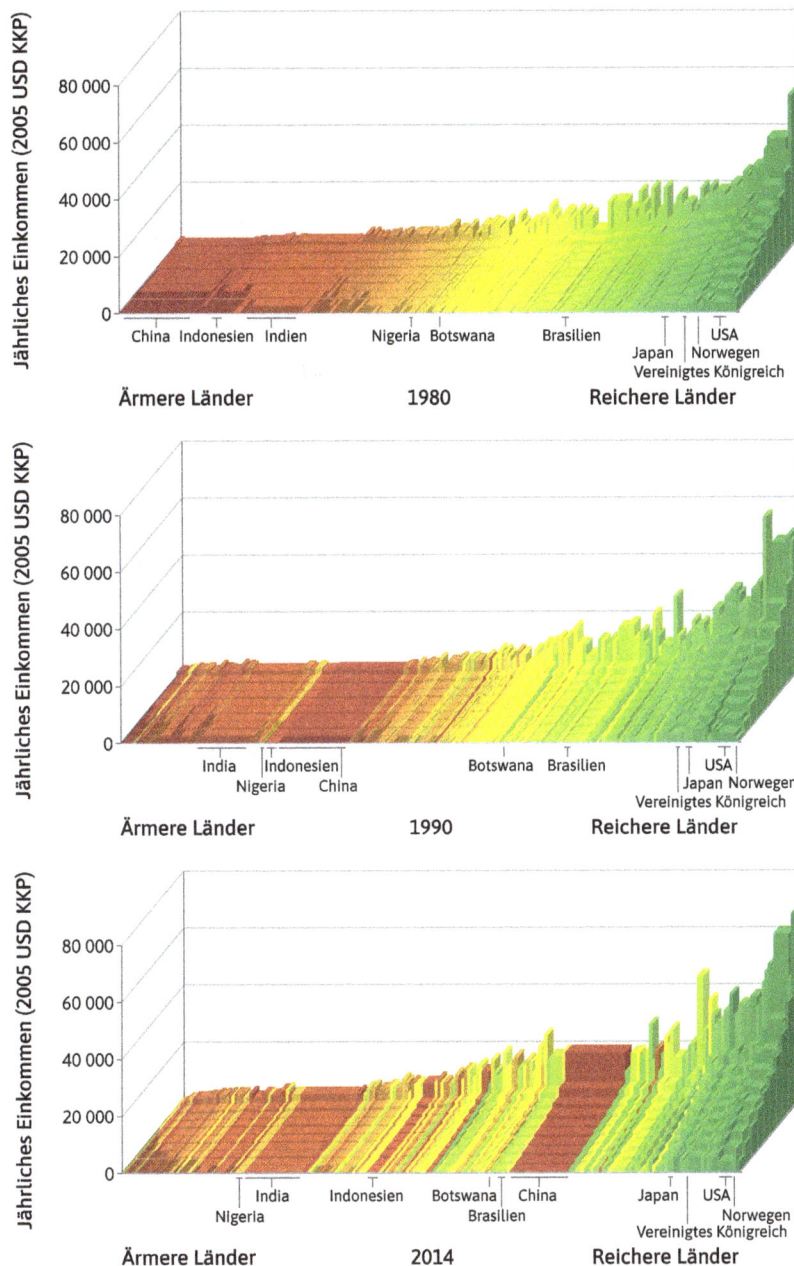

GCIP 2015. Global Consumption and Income Project. Bob Sutcliffe hat die Darstellung der globalen Ungleichheit in Abbildung 1.2 entworfen. Eine erste Version wurde veröffentlicht in: Robert, B. Sutcliffe. 2001. *100 Ways of Seeing an Unequal World*. London: Zed Books. Eine größere Version dieses Diagramms (https://tinyco.re/7434364) und eine interaktive Visualisierung (https://tinyco.re/4877569) davon sind verfügbar.

Abbildung 1.2 Die Länder sind von links nach rechts nach dem Pro-Kopf-BIP geordnet. Für jedes Land zeigen die Höhen der Balken das durchschnittliche Einkommen für die Dezile der Bevölkerung an, von den ärmsten 10 % am Anfang bis zu den reichsten 10 % am Ende. Die Breite des Balkens gibt die Größe der Bevölkerung des Landes an.

1. Die Reichsten und die Ärmsten

In Singapur, dem reichsten Land ganz rechts, liegen die durchschnittlichen Einkommen der reichsten und ärmsten 10 % bei 67 436 USD beziehungsweise 3 652 USD. In Liberia, dem am weitesten links gelegenen Land, liegen die entsprechenden Einkommen bei 994 USD und 17 USD.

2. Wolkenkratzer

Die Wolkenkratzerbalken hinten rechts in der Abbildung sind die reichsten 10 % in einigen der reichsten Länder.

3. Weltweite Einkommensverteilung im Jahr 1980

1980 war die Rangfolge der Länder nach dem BIP anders. Die ärmsten Länder, die am dunkelsten rot eingefärbt sind, waren Lesotho und China. Die reichsten (dunkelgrün) waren die Schweiz, Finnland und dann die USA. Damals waren die Wolkenkratzer noch nicht so hoch: Die Unterschiede zwischen den reichsten 10 % und dem Rest der Bevölkerung eines Landes waren nicht so ausgeprägt.

4. Weltweite Einkommensverteilung im Jahr 1990

Anhand der Farben können Sie erkennen, dass einige Länder ihren PLatz in der Rangfolge zwischen 1980 und 1990 geändert haben. China (dunkelrot) ist jetzt reicher; Uganda, ebenfalls rot, befindet sich in der Mitte der Verteilung unter den gelb gefärbten Ländern. Es sind einige höhere Wolkenkratzer entstanden: die Ungleichheit hat in vielen Ländern in den 1980er Jahren zugenommen.

5. Weltweite Einkommensverteilung im Jahr 2014

Bis 2014 haben viele Länder ihre Position in der Rangfolge geändert. China ist seit 1990 schnell gewachsen. Aber die Länder, die 1980 am reichsten waren (dunkelgrün), stehen 2014 immer noch an der Spitze.

6. Die Ungleichheit innerhalb der Länder hat zugenommen

Die Einkommensverteilung ist in vielen der reicheren Länder ungleicher geworden: einige sehr hohe Wolkenkratzer sind entstanden. Auch in den Ländern mit mittlerem Einkommen gibt es auf der Rückseite der Abbildung einen großen Sprung nach oben: die Einkommen der reichsten 10 % sind jetzt im Vergleich zum Rest der Bevölkerung hoch.

ÜBUNG 1.1 UNGLEICHHEIT IM VIERZEHNTEN JAHRHUNDERT

Wie hätte eine Abbildung wie Abbildung 1.2 (Seite 5) zur Zeit von Ibn Battuta (Anfang bis Mitte des 14. Jahrhunderts) ausgesehen?

ÜBUNG 1.2 ARBEIT MIT EINKOMMENSDATEN

Gehen Sie zu unserer interaktiven Visualisierung, die die Daten enthält, die zur Erstellung von Abbildung 1.2 verwendet wurden. Wählen Sie fünf Länder aus, an denen Sie interessiert sind.

1. Verwenden Sie in der Visualisierung den Tab 'Rich/poor income ratios', um das Verhältnis zwischen Arm und Reich in den Jahren 1980, 1990 und 2014 für jedes der von Ihnen ausgewählten Länder zu ermitteln.
2. Beschreiben Sie die Unterschiede zwischen den Ländern und die Veränderungen, die Sie im Laufe der Zeit feststellen.
3. Haben Sie eine Erklärung für die Unterschiede?

1.2 MESSUNG VON EINKOMMEN UND LEBENSSTANDARD

Die Schätzung des Lebensstandards, die wir in Abbildung 1.1a (Seite 3) verwendet haben (Pro-Kopf-BIP), ist ein Maß für die gesamten in einem Land produzierten Waren und Dienstleistungen (genannt **Bruttoinlandsprodukt** oder **BIP**), das dann durch die Bevölkerung des Landes geteilt wird.

Das BIP misst den Marktwert der Produktion von Endprodukten und Dienstleistungen in einer Volkswirtschaft in einem bestimmten Zeitraum, zum Beispiel einem Jahr. Die Ökonomin Diane Coyle sagt, dass es „alles zusammenzählt, von Nägeln über Zahnbürsten, Traktoren, Schuhe, Haarschnitte, Unternehmensberatung, Straßenreinigung, Yogastunden, Teller, Pflaster, Bücher und die Millionen anderer Dienstleistungen und Produkte in der Wirtschaft".

Wenn man diese Millionen von Dienstleistungen und Produkten zusammenzählen will, muss man ein Maß dafür finden, wie viel ein Yogakurs im Vergleich zu einer Zahnbürste wert ist. Ökonominnen und Ökonomen müssen zunächst entscheiden, was einbezogen werden soll, aber auch, wie man jedem dieser Dinge einen Wert beimisst. In der Praxis ist es am einfachsten, dafür die Preise dieser Dinge zu verwenden. Weil auf diese Weise der Wert aller Ausgaben für den Kauf von Endprodukten und Dienstleistungen ermittelt wird, entspricht das BIP auch dem Gesamteinkommen aller Menschen in einem Land.

Dividiert durch die Bevölkerung ergibt sich das Pro-Kopf-BIP—das durchschnittliche Einkommen der Menschen in einem Land. Aber ist das der richtige Weg, um den Lebensstandard oder das Wohlergehen der Menschen zu messen?

Verfügbares Einkommen

Das Pro-Kopf-BIP misst das durchschnittliche Einkommen, aber das ist nicht dasselbe wie das **verfügbare Einkommen** einer typischen Person.

Das verfügbare Einkommen ist die Summe von Löhnen oder Gehältern, Gewinnen, Mieten, Zinsen und Transferzahlungen von der Regierung (zum Beispiel Arbeitslosengeld oder Erwerbsunfähigkeitsrente) oder von anderen Personen (zum Beispiel Geschenke), die in einem bestimmten Zeitraum, zum Beispiel einem Jahr, empfangen wurden, abzüglich aller Transferzahlungen, die die Person an andere geleistet hat (einschließlich der an die Regierung gezahlten Steuern). Das verfügbare Einkommen gilt als gutes Maß für den Lebensstandard, da es die maximale Menge an Nahrungsmitteln, Wohnraum, Kleidung und anderen Waren und Dienstleistungen angibt, die eine Person kaufen kann, ohne ein Darlehen aufnehmen zu müssen, das heißt ohne sich zu verschulden oder Besitztümer zu verkaufen.

Ist unser verfügbares Einkommen ein guter Maßstab für unser Wohlergehen?

Das Einkommen hat einen großen Einfluss auf das Wohlergehen, weil es uns erlaubt, die Waren und Dienstleistungen zu kaufen, die wir brauchen oder die uns gefallen. Aber es ist ein unzureichendes Maß, denn viele Aspekte unseres Wohlergehens hängen nicht mit dem zusammen, was wir kaufen können.

Beispielsweise berücksichtigt das verfügbare Einkommen nicht:

- Die Qualität unseres sozialen und physischen Umfelds, wie Freundschaften und saubere Luft.
- Die Freizeit, die wir haben, um uns zu entspannen oder Zeit mit Bekannten und Familie zu verbringen.

Bruttoinlandsprodukt (BIP) Ein Maß für den Marktwert der Produktion von Endprodukten und Dienstleistungen in einer Volkswirtschaft in einem bestimmten Zeitraum. Die Produktion von Vorleistungsgütern, die als Input für die Endproduktion dienen, wird nicht berücksichtigt, um Doppelzählungen zu vermeiden.

Diane Coyle. 2014. *GDP: A Brief but Affectionate History*. Princeton, NJ: Princeton University Press.

Hören Sie sich Diane Coyle an, die über die Vorteile und Grenzen der Messung des BIP spricht (https://tinyco.re/1216717).

verfügbares Einkommen Einkommen, das nach Zahlung von Steuern und Erhalt von Transferzahlungen (von der Regierung) zur Verfügung steht.

Jennifer Robison. 2011. „Happiness Is Love – and USD 75 000" (https://tinyco.re/6313076). *Gallup Business Journal*. Aktualisiert am 17. November 2011.

- Waren und Dienstleistungen, die wir nicht kaufen, wie zum Beispiel Gesundheitsfürsorge und Bildung, weil sie von einer Regierung bereitgestellt werden.
- Waren und Dienstleistungen, die im Haushalt erbracht werden, wie zum Beispiel Mahlzeiten oder Kinderbetreuung (welche überwiegend von Frauen übernommen wird).

Durchschnittliches verfügbares Einkommen und durchschnittliches Wohlergehen

Ist das durchschnittliche verfügbare Einkommen einer Gruppe von Menschen (zum Beispiel einer Nation oder einer ethnischen Gruppe) ein guter Maßstab dafür, wie wohlhabend die Gruppe ist? Stellen Sie sich eine Gruppe vor, in der jede Person über ein verfügbares Einkommen von 5000 USD pro Monat verfügt und stellen Sie sich vor, dass das Einkommen—bei unveränderten Preisen für Güter und Dienstleistungen—für jede Person in der Gruppe gestiegen ist. Dann würden wir sagen, dass der durchschnittliche Wohlstand gestiegen ist.

Aber nun stellen Sie sich eine andere Situation vor. In einer zweiten Gruppe beträgt das monatlich verfügbare Einkommen der Hälfte der Personen 10 000 USD. Die andere Hälfte hat jeden Monat nur 500 USD zur Verfügung. Das durchschnittliche Einkommen in dieser zweiten Gruppe (5250 USD) ist höher als in der ersten Gruppe (die vor dem Einkommensanstieg 5000 USD hatte). Aber würden wir sagen, dass der Wohlstand der zweiten Gruppe größer ist als der der ersten Gruppe, in der jeder 5000 USD pro Monat hat? Das zusätzliche Einkommen in der zweiten Gruppe dürfte für die reichen Personen kaum eine Rolle spielen, aber die arme Hälfte würde ihre Armut als ernsthafte Benachteiligung empfinden.

Das absolute Einkommen ist für das Wohlergehen von Bedeutung, aber wir wissen aus der Forschung auch, dass für Menschen auch ihre relative Position in der Einkommensverteilung relevant ist. Sie berichten von geringerem Wohlergehen, wenn sie feststellen, dass sie weniger verdienen als andere in ihrer Gruppe.

Da sich die Einkommensverteilung auf das Wohlbefinden auswirkt und dasselbe durchschnittliche Einkommen aus einer sehr unterschiedlichen Verteilung des Einkommens zwischen Arm und Reich innerhalb einer Gruppe resultieren kann, spiegelt das durchschnittliche Einkommen möglicherweise nicht wider, wie gut es einer Gruppe von Menschen im Vergleich zu einer anderen Gruppe geht.

Bewertung von Gütern und Dienstleistungen der Regierung

Das BIP umfasst auch die von der Regierung produzierten Waren und Dienstleistungen, wie Schulbildung, Landesverteidigung und Strafverfolgung. Sie tragen zum Wohlstand bei, sind aber nicht im verfügbaren Einkommen enthalten. In dieser Hinsicht ist das Pro-Kopf-BIP ein besseres Maß für den Lebensstandard als das verfügbare Einkommen.

Dienstleistungen der Regierung sind jedoch schwer zu bewerten, schwieriger noch als Dienstleistungen wie Haarschnitte und Yogastunden. Bei Waren und Dienstleistungen, die die Menschen kaufen, nehmen wir ihren Preis als groben Maßstab für ihren Wert (wenn Sie den Haarschnitt weniger wertschätzen würden als seinen Preis, würden Sie Ihr Haar einfach wachsen lassen). Aber die von der Regierung produzierten Waren und Dienstleistungen werden in der Regel nicht verkauft und das einzige Maß für ihren Wert ist für uns, wie viel es kostet, sie zu produzieren.

Die Diskrepanz zwischen dem, was wir unter Wohlstand verstehen und dem, was das Pro-Kopf-BIP misst, sollte uns vorsichtig stimmen, das Pro-Kopf-BIP als einziges Maß dafür zu nehmen, wie gut es den Menschen geht.

Aber wenn die Veränderungen im Laufe der Zeit oder die Unterschiede zwischen den Ländern bei diesem Indikator so groß sind wie in Abbildung 1.1a (Seite 3) (und in den Abbildungen 1.1b, 1.8 und 1.9 später in dieser Einheit), sagt uns das Pro-Kopf-BIP zweifellos etwas über die Unterschiede in der Verfügbarkeit von Waren und Dienstleistungen.

Im Einstein-Abschnitt am Ende dieses Unterkapitels gehen wir näher darauf ein, wie das BIP berechnet wird, damit wir es im Zeitverlauf vergleichen und Vergleiche zwischen Ländern anstellen können. (Viele der Einheiten haben Einstein-Abschnitte. Sie müssen diese nicht verwenden, aber sie zeigen Ihnen, wie Sie viele der von uns verwendeten Statistiken berechnen und verstehen können.) Mit diesen Methoden können wir das Pro-Kopf-BIP verwenden, um Ideen wie „Die Menschen in Japan sind im Durchschnitt viel reicher als vor 200 Jahren und viel reicher als die Menschen in Indien heute" eindeutig zu vermitteln.

,Quality of Life Indicators-Measuring Quality of Life' (https://tinyco.re/8771109). Eurostat. Aktualisiert im 5 November 2015.

ÜBUNG 1.3 WAS SOLLTEN WIR MESSEN?

Während seines Wahlkampfs für die US-Präsidentschaft hielt Senator Robert Kennedy am 18. März 1968 eine berühmte Rede, in der er die „bloße Anhäufung materieller Dinge" in der amerikanischen Gesellschaft in Frage stellte und fragte, warum unter anderem Luftverschmutzung, Zigarettenwerbung und Gefängnisse bei der Messung des Lebensstandards in den USA berücksichtigt würden, nicht aber Gesundheit, Bildung oder Hingabe an das eigene Land. Er argumentierte, dass „kurz gesagt, alles gemessen wird, außer dem, was das Leben lebenswert macht".

Lesen Sie seine Rede in voller Länge (https://tinyco.re/9533853) oder hören Sie eine Tonaufnahme (https://tinyco.re/6486668) davon.

1. Welche Güter nennt er im vollständigen Text, die in einer Messung des BIP enthalten sind?
2. Sind Sie der Meinung, dass diese in ein solches Maß einbezogen werden sollten und warum?
3. Welche Güter führt er auf, die in der Messung fehlen?
4. Sind Sie der Meinung, dass sie einbezogen werden sollten und warum?

FRAGE 1.1 WÄHLEN SIE DIE RICHTIGE(N) ANTWORT(EN)

Was misst das Pro-Kopf-BIP des Vereinigten Königreichs?

☐ die Gesamtproduktion der Londoner Wirtschaft
☐ das durchschnittlich verfügbare Einkommen einer Einwohnerin oder eines Einwohners des Vereinigten Königreichs
☐ die Gesamtproduktion der Einwohner:innen des Vereinigten Königreichs, geteilt durch die Anzahl der Einwohner:innen
☐ die Gesamtleistung der Wirtschaft des Vereinigten Königreichs, geteilt durch die Bevölkerung des Landes

EINSTEIN

Vergleich des Einkommens zu verschiedenen Zeiten und zwischen verschiedenen Ländern

Die Vereinten Nationen erheben und veröffentlichen (https://tinyco.re/ 5263669) Schätzungen des BIP von statistischen Ämtern aus aller Welt. Anhand dieser Schätzungen und der Schätzungen von Wirtschaftshistoriker:innen lassen sich Diagramme wie Abbildung 1.1a (Seite 3) erstellen, in denen der Lebensstandard in verschiedenen Ländern und zu verschiedenen Zeitpunkten verglichen und untersucht wird, ob sich die Kluft zwischen reichen und armen Ländern im Laufe der Zeit verringert oder vergrößert hat. Bevor wir eine Aussage treffen können wie: „Im Durchschnitt sind die Menschen in Italien reicher als die Menschen in China, aber die Kluft zwischen ihnen wird kleiner", müssen Statistiker:innen und Ökonominnen und Ökonomen versuchen drei Probleme zu lösen:

- Wir müssen das, was wir messen wollen—Veränderungen oder Unterschiede in den Mengen von Waren und Dienstleistungen—von Dingen trennen, die für den Vergleich nicht relevant sind, insbesondere Veränderungen oder Unterschiede in den Preisen der Waren und Dienstleistungen.
- Beim Vergleich der Produktion in einem Land zu zwei Zeitpunkten müssen die Preisunterschiede zwischen den beiden Zeitpunkten berücksichtigt werden.
- Beim Vergleich der Produktion zwischen zwei Ländern zu einem bestimmten Zeitpunkt müssen die Preisunterschiede zwischen den beiden Ländern berücksichtigt werden.

Beachten Sie, wie ähnlich die beiden letzten Aussagen sind. Die Messung von Produktionsänderungen zu verschiedenen Zeitpunkten stellt uns vor die gleichen Herausforderungen wie der Vergleich von Ländern durch die Messung von Unterschieden in der Produktion zum gleichen Zeitpunkt. Die Herausforderung besteht darin, eine Reihe von Preisen für diese Berechnung zu finden, die es uns ermöglichen, Veränderungen oder Unterschiede in der Produktion festzustellen. Dabei darf nicht fälschlicherweise angenommen werden, dass, wenn der Preis für etwas in einem Land steigt, in einem anderen aber nicht, die Produktionsmenge in diesem Land gestiegen ist.

Der Ausgangspunkt: Nominales BIP

Bei der Schätzung des Marktwerts der gesamtwirtschaftlichen Produktion für einen bestimmten Zeitraum, zum Beispiel ein Jahr, werden in der Statistik die Preise verwendet, zu denen Waren und Dienstleistungen auf dem Markt verkauft werden. Durch Multiplikation der Mengen der zahlreichen verschiedenen Waren und Dienstleistungen mit ihren Preisen können sie in Geld, das heißt in Nominalwerte, umgerechnet werden. Da alles in der gemeinsamen Einheit der nominalen (oder Geld-)Werte ausgedrückt ist, können sie addiert werden. Das nominale BIP wird wie folgt geschrieben:

(Preis für eine Yogastunde)× (Anzahl der Yogastunden)
+ (Preis eines Buches) × (Anzahl der Bücher) + ...
+ (Preis) × (Menge) für alle anderen Waren und Dienstleistungen

Im Allgemeinen schreiben wir, dass:

$$\text{nominales BIP} = \sum_i p_i q_i$$

Wobei p_i der Preis der Ware i ist, q_i die Menge der Ware i ist und Σ die Summe von Preis mal Menge für alle gezählten Waren und Dienstleistungen darstellt.

Berücksichtigung von Preisänderungen im Zeitablauf: Reales BIP

Um zu beurteilen, ob die Wirtschaft wächst oder schrumpft, benötigen wir ein Maß für die Menge der gekauften Waren und Dienstleistungen. Dieses Maß wird als reales BIP bezeichnet. Vergleicht man die Wirtschaft in zwei verschiedenen Jahren und bleiben alle Mengen gleich, aber die Preise steigen von einem Jahr zum nächsten um zum Beispiel 2 %, dann steigt das nominale BIP um 2 %, aber das reale BIP bleibt unverändert, weil sich die Mengen nicht verändert haben. Die Wirtschaft ist nicht gewachsen.

Da man die Anzahl der Computer, Schuhe, Gerichte in Restaurants, Flüge, Gabelstapler und so weiter nicht addieren kann, ist es nicht möglich, das reale BIP direkt zu messen. Um eine Schätzung des realen BIP zu erhalten, müssen wir stattdessen mit dem nominalen BIP, wie oben definiert, beginnen.

Auf der rechten Seite der Gleichung für das nominale BIP stehen die Preise der einzelnen Güter und Dienstleistungen beim Verkauf, multipliziert mit der Menge.

Um zu verfolgen, was mit dem realen BIP geschieht, wählen wir zunächst ein Basisjahr: zum Beispiel das Jahr 2010. Wir definieren dann das reale BIP zu Preisen von 2010 als gleich dem nominalen BIP dieses Jahres. Im darauffolgenden Jahr wird das nominale BIP für 2011 wie üblich zu den Preisen des Jahres 2011 berechnet. Anschließend können wir sehen, was mit dem realen BIP geschehen ist, indem wir die Mengen von 2011 mit den Preisen von 2010 multiplizieren. Wenn das BIP zu den Preisen des Basisjahres gestiegen ist, kann man daraus schließen, dass das reale BIP gestiegen ist.

konstante Preise Preise, die um Preiserhöhungen (Inflation) oder Preissenkungen (Deflation) bereinigt sind, sodass eine Währungseinheit in verschiedenen Zeiträumen die gleiche Kaufkraft darstellt. *Siehe auch: Kaufkraftparität.*

Wenn Sie eine aktuelle Statistik wünschen, eine Website namens Numbeo (https://tinyco.re/6386280) zeigt Vergleiche der Lebenshaltungskosten.

Kaufkraftparität (KKP) Eine statistische Korrektur, die es ermöglicht, die Menge der Güter zu vergleichen, die man in verschiedenen Ländern mit unterschiedlichen Währungen kaufen kann. *Siehe auch: konstante Preise.*

Wenn diese Methode zu dem Ergebnis führt, dass das BIP 2011 in Preisen von 2010 gleich hoch ist wie 2010, kann man daraus schließen, dass sich zwar die Zusammensetzung der Produktion geändert hat (zum Beispiel weniger Flüge, aber mehr verkaufte Computer), die Gesamtmenge der produzierten Waren und Dienstleistungen aber gleich geblieben ist. Die Schlussfolgerung wäre, dass das reale BIP, das auch als BIP zu **konstanten Preisen** bezeichnet wird, unverändert geblieben ist. Die reale Wachstumsrate der Wirtschaft ist gleich Null.

Berücksichtigung der Preisunterschiede zwischen den Ländern: Internationale Preise und Kaufkraft
Um Länder zu vergleichen, müssen wir eine Reihe von Preisen wählen und sie auf beide Länder anwenden.

Stellen wir uns zunächst eine einfache Volkswirtschaft vor, die nur ein einziges Produkt herstellt. Als Beispiel wählen wir einen normalen Cappuccino, weil wir den Preis dieses Standardprodukts in verschiedenen Teilen der Welt leicht herausfinden können. Und wir wählen zwei Länder, die sich in ihrem Entwicklungsstand stark unterscheiden: Schweden und Indonesien.

Zum Zeitpunkt der Erstellung dieses Texts kostete ein normaler Cappuccino in Stockholm 3,90 USD und in Jakarta 2,63 USD, wenn man die Preise mit dem aktuellen Wechselkurs in US-Dollar umrechnet.

Aber es reicht nicht aus, die beiden Cappuccinos in einer gemeinsamen Währung auszudrücken, denn der internationale aktuelle Wechselkurs, den wir zur Ermittlung dieser Zahlen verwendet haben, ist kein guter Maßstab dafür, wie viel eine Rupiah in Jakarta und wie viel eine Krone in Stockholm kostet.

Aus diesem Grund werden beim Vergleich des Lebensstandards zwischen Ländern Schätzungen des Pro-Kopf-BIP in einem gemeinsamen Preisindex verwendet, der als **Kaufkraftparität (KKP)**-Preise bekannt ist. Wie der Name schon sagt, geht es darum, eine Parität (Gleichheit) in der realen Kaufkraft zu erreichen.

Die Preise sind in der Regel in reicheren Ländern höher—wie in unserem Beispiel. Ein Grund dafür ist, dass die Löhne höher sind, was sich in höheren Preisen niederschlägt. Da die Preise für Cappuccinos, Restaurantbesuche, Haarschnitte, die meisten Lebensmittel, Verkehrsmittel, Mieten und die meisten anderen Waren und Dienstleistungen in Schweden teurer sind als in Indonesien, ist der Unterschied zwischen dem Pro-Kopf-BIP in Schweden und Indonesien bei KKP geringer als bei einem Vergleich zu den aktuellen Wechselkursen, sobald ein gemeinsamer Preisindex verwendet wird.

Bei aktuellen Wechselkursen beträgt das Pro-Kopf-BIP in Indonesien nur 6 % des schwedischen Niveaus; bei KKP, bei denen für den Vergleich internationale Preise verwendet werden, beträgt das Pro-Kopf-BIP in Indonesien 21 % des schwedischen Niveaus.

Dieser Vergleich zeigt, dass die Kaufkraft der indonesischen Rupiah im Vergleich zur schwedischen Krone mehr als dreimal so hoch ist, wie es der aktuelle Wechselkurs zwischen den beiden Währungen vermuten lässt.

Wir werden die Messung des BIP (und andere Messgrößen der Gesamtwirtschaft) in Einheit 13 genauer untersuchen.

1.3 DER HOCKEYSCHLÄGER DER GESCHICHTE: WACHSTUM DES EINKOMMENS

Eine andere Art, die Daten in Abbildung 1.1a (Seite 3) zu betrachten, besteht darin, eine Skala zu verwenden, die zeigt, dass sich das Pro-Kopf-BIP verdoppelt, wenn man sich auf der vertikalen Achse nach oben bewegt (von 250 USD pro Kopf und Jahr auf 500 USD, dann auf 1000 USD und so weiter). Dies wird als Verhältnisskala bezeichnet und ist in Abbildung 1.1b dargestellt. Die Verhältnisskala wird für den Vergleich von Wachstumsraten verwendet.

Unter der Wachstumsrate des Einkommens oder einer anderen Größe, zum Beispiel der Bevölkerung, versteht man die Veränderungsrate:

$$\text{Wachstumsrate} = \frac{\text{Einkommensveränderung}}{\text{ursprüngliches Einkommensniveau}}$$

Wenn das Pro-Kopf-BIP 31 946 USD im Jahr 2000 beträgt, wie es in Großbritannien in den Daten in Abbildung 1.1a dargestellt ist, und 32 660 USD im Jahr 2001, dann können wir die Wachstumsrate berechnen:

$$
\begin{aligned}
\text{Wachstumsrate} &= \frac{\text{Einkommensänderung}}{\text{ursprüngliches Einkommensniveau}} \\
&= \frac{y_{2001} - y_{2000}}{y_{2000}} \\
&= \frac{32\,660 - 31\,946}{31\,946} \\
&= 0,022 \\
&= 2,2\%
\end{aligned}
$$

Ob wir Niveaus oder Wachstumsraten vergleichen wollen, hängt von der Frage ab, die wir stellen. Abbildung 1.1a erleichtert den Vergleich des Pro-Kopf-BIPs in verschiedenen Ländern und zu verschiedenen Zeiten in der Geschichte. In Abbildung 1.1b wird eine Verhältnisskala verwendet, die einen Vergleich der Wachstumsraten zwischen den Ländern und in verschiedenen Zeiträumen ermöglicht. Bei Verwendung einer Verhältnisskala sieht eine Datenreihe, die mit einer konstanten Rate wächst, wie eine gerade Linie aus. Das liegt daran, dass der Prozentsatz (oder die proportionale Wachstumsrate) konstant ist. Eine steilere Linie im Diagramm der Verhältnisskala bedeutet eine schnellere Wachstumsrate.

Um dies zu erkennen, stellen Sie sich eine Wachstumsrate von 100 % vor: Das bedeutet eine Verdoppelung des Niveaus. In Abbildung 1.1b können Sie anhand der Verhältnisskala prüfen, ob sich das Pro-Kopf-BIP innerhalb von 100 Jahren von 500 auf 1000 USD verdoppelt hat, das heißt ob die Linie die gleiche Steigung aufweist wie eine Verdoppelung von 2000 auf 4000 USD oder von 16 000 auf 32 000 USD innerhalb von 100 Jahren. Würde sich das Niveau nicht verdoppeln, sondern vervierfachen (zum Beispiel von 500 USD auf 2000 USD in 100 Jahren), wäre die Linie doppelt so steil, was eine doppelt so hohe Wachstumsrate widerspiegelt.

In einigen Volkswirtschaften kam es erst nach der Unabhängigkeit von der Kolonialherrschaft oder dem Ende der Einmischung europäischer Staaten zu wesentlichen Verbesserungen des Lebensstandards der Menschen:

• *Indien*: Laut Angus Deaton, einem Ökonomen, der sich auf die Analyse von Armut spezialisiert hat, als die 300-jährige britische Herschafft Indiens in 1947 endete: „Es ist möglich, dass die Entbehrungen in der Kindheit der Inder:innen … so schwerwiegend waren wie bei keiner anderen großen Gruppe in der Geschichte". In den letzten Jahren der britischen Herrschaft

Falls Sie noch nie einen Eishockeyschläger gesehen haben (oder Eishockey (https://tinyco.re/5637337) erlebt haben), hier ein Foto. Aufgrund der Form des Schlägers, nennen wir diese Abbildungen „Hockeyschlägerkurven".

konnte ein Kind, das in Indien geboren wurde, mit einer Lebenserwartung von 27 Jahren rechnen. Fünfzig Jahre später war die Lebenserwartung bei der Geburt in Indien auf 65 Jahre gestiegen.

- *China*: Einst war das Land reicher als Großbritannien, doch Mitte des 20. Jahrhunderts betrug das Pro-Kopf-BIP in China nur noch ein Vierzehntel des britischen Pro-Kopf-BIPs.
- *Lateinamerika*: Weder die spanische Kolonialherrschaft noch die Zeit nach der Unabhängigkeit der meisten lateinamerikanischen Länder zu Beginn des 19. Jahrhunderts brachten einen ähnlichen Anstieg des Lebensstandards mit sich wie die Länder in den Abbildungen 1.1a und 1.1b.

Aktuelle Daten bei OWiD anzeigen
https://tinyco.re/3125412

Jutta Bolt und Jan Luiten van Zanden. 2020. 'Maddison style estimates of the evolution of the world economy. A new 2020 update'. Maddison Project Database, version 2020.

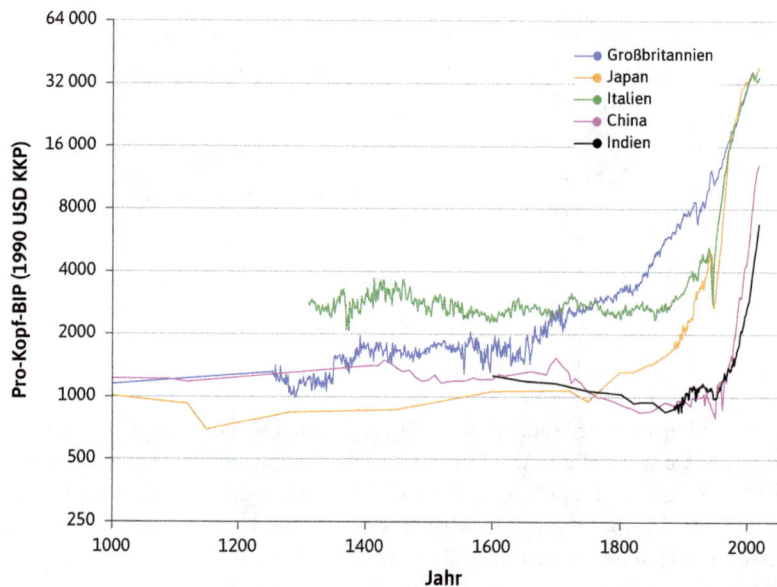

Abbildung 1.1b Der Hockeyschläger der Geschichte: Lebensstandard in fünf Ländern (1000–2018) unter Verwendung der Verhältnisskala.

1. Vor 1800 haben wir weniger Datenpunkte
Für die Zeit vor 1800 haben wir weniger Informationen über das Pro-Kopf-BIP, weshalb es in diesem Teil der Abbildung weniger Datenpunkte gibt.

Für jedes Land wurden die im vorherigen Schritt gezeigten Datenpunkte durch gerade Linien verbunden. Vor 1800 können wir nicht sehen, wie der Lebensstandard von Jahr zu Jahr schwankte.

Der Knick im Hockeyschläger ist in Großbritannien weniger abrupt, wo das Wachstum um 1650 begann.

4. Japan
In Japan ist der Knick stärker ausgeprägt und tritt um 1870 auf.

5. China und Indien
Der Knick für China und Indien erfolgte in der zweiten Hälfte des zwanzigsten Jahrhunderts. In Indien ging das Pro-Kopf-BIP während der britischen Kolonialherrschaft sogar zurück. Man kann sehen, dass dies auch für China im gleichen Zeitraum gilt, als europäische Nationen Chinas Politik und Wirtschaft dominierten.

6. Vergleich der Wachstumsraten in China und Japan
Anhand der Verhältnisskala lässt sich erkennen, dass die jüngsten Wachstumsraten in Japan und China höher waren als anderswo.

Aus den Abbildungen 1.1a (Seite 3) und 1.1b können wir zwei Dinge lernen:

- Der Lebensstandard ist lange Zeit nicht kontinuierlich gestiegen.
- Wenn ein konstantes Wachstum auftrat, begann es in den verschiedenen Ländern zu unterschiedlichen Zeiten, was zu großen Unterschieden im Lebensstandard auf der Welt führte.

Zu verstehen, wie es dazu kam, war eine der wichtigsten Fragen, die sich Ökonominnen und Ökonomen gestellt haben, angefangen mit einem der Begründer des Fachs, Adam Smith, der seinem wichtigsten Buch den Titel *An Inquiry into the Nature and Causes of the Wealth of Nations* gab.

Ein unterhaltsames Video (https://tinyco.re/3761488) von Hans Rosling, einem Statistiker, zeigt, wie einige Länder viel früher reicher und gesünder wurden als andere.

Adam Smith. (1776) 2003. *An Inquiry into the Nature and Causes of the Wealth of Nations.* New York, NY: Random House Publishing Group.

GROSSE ÖKONOMINNEN UND ÖKONOMEN

Adam Smith

Adam Smith (1723–1790) wird von vielen als Begründer der modernen Volkswirtschaftslehre angesehen. Er wuchs bei einer verwitweten Mutter in Schottland auf und studierte Philosophie an der Universität von Glasgow und später in Oxford, wo er schrieb: „Der größte Teil der Professoren hat sogar den Anschein des Lehrens aufgegeben".

Er reiste durch Europa und besuchte Toulouse in Frankreich, wo er behauptete, „sehr wenig zu tun" zu haben und so begann er, „ein Buch zu schreiben, um sich die Zeit zu vertreiben". Es sollte das berühmteste Buch der Volkswirtschaftslehre werden.

In *An Inquiry into the Nature and Causes of the Wealth of Nations*, das 1776 veröffentlicht wurde, stellte Smith die Frage: Wie kann die Gesellschaft die unabhängigen Aktivitäten einer großen Zahl von Personen, die durch Produktion, Transport, Kauf oder Verkauf von Gütern und Dienstleistungen in einem ökonomischen Austausch miteinander stehen, koordinieren, obwohl sie einander oft nicht kennen und weit über die Welt verstreut sind? Seine radikale Behauptung lautete, dass eine Koordination zwischen all diesen Personen spontan entstehen könnte, ohne dass eine Person oder Institution bewusst versucht, eine bestimmte Koordination zu schaffen oder aufrechtzuerhalten. Dies stellte frühere Vorstellungen von politischer und wirtschaftlicher Organisation in Frage, die Herrschende ihren Untergebenen auferlegten.

Noch radikaler war seine Vorstellung, dass dies als Ergebnis der Verfolgung von individuellem Eigeninteresse geschehen könnte: „Nicht vom Wohlwollen der Metzger, der Brauer, oder der Bäcker erwarten wir unser Abendessen, sondern von ihrer Rücksicht auf ihr eigenes Interesse", schrieb er.

An anderer Stelle im *Wealth of Nations (Wohlstand der Nationen)* führte Smith eine der beständigsten Metaphern in der Geschichte der Volkswirtschaftslehre ein, nämlich die der unsichtbaren Hand. Geschäftsleute, so schrieb er, „beabsichtigen nur ihren eigenen Gewinn und sie werden in diesem, wie in vielen anderen Fällen, von einer unsichtbaren

Hand dazu gebracht, einen Zweck zu fördern, der nicht Teil ihrer Absicht war. Dies ist auch nicht immer mit einem Nachteil für die Gesellschaft verbunden. Indem sie ihren eigenen Interessen folgen, fördern Geschäftsleute die Absichten der Gesellschaft häufig wirksamer, als wenn sie es explizit zu fördern beabsichtigten."

Zu Smiths Erkenntnissen gehört die Idee, dass eine wichtige Quelle des Wohlstands die Arbeitsteilung oder Spezialisierung ist und dass diese wiederum durch das "Ausmaß des Marktes" eingeschränkt wird. Smith veranschaulichte diesen Gedanken in einer berühmten Passage über die Stecknadelfabrik, in der er feststellte, dass zehn Männer, von denen jeder auf eine oder zwei von 18 verschiedenen Tätigkeiten spezialisiert war, fast 50 000 Stecknadeln pro Tag herstellen konnten. Aber "wenn sie alle einzeln und unabhängig voneinander gearbeitet hätten, hätte jeder von ihnen sicherlich nicht zwanzig, vielleicht nicht einmal eine Stecknadel am Tag herstellen können".

Eine so große Anzahl von Stecknadeln konnte aber nur dann einen ausreichend großen Absatz finden, wenn sie auch weit entfernt von ihrem Herstellungsort verkauft wurden. So wurde die Spezialisierung durch den Bau von schiffbaren Kanälen und die Ausweitung des Außenhandels begünstigt. Der daraus resultierende Wohlstand vergrößerte die "Ausdehnung des Marktes" in einem positiven Kreislauf der wirtschaftlichen Expansion.

Smith war nicht der Meinung, dass sich die Menschen ausschließlich von ihrem Eigeninteresse leiten lassen. Siebzehn Jahre vor *The Wealth of Nations* hatte er ein Buch über ethisches Verhalten mit dem Titel *The Theory of Moral Sentiments* veröffentlicht.

Er erkannte auch, dass das System des Marktes einige Mängel aufwies, vor allem wenn sich Verkaufende zusammenschlossen, um nicht miteinander zu konkurrieren. „Leute, die im selben Gewerbe tätig sind, treffen sich selten", schrieb er, „nicht einmal zur Belustigung und Ablenkung, sondern das Gespräch endet in einer Verschwörung gegen die Öffentlichkeit oder in irgendeiner Findigkeit zur Erhöhung der Preise".

Er nahm insbesondere Monopole ins Visier, die von Regierungen geschützt wurden, wie die Britische Ostindien-Kompanie, die nicht nur den Handel zwischen Indien und Großbritannien kontrollierte, sondern auch einen Großteil der britischen Kolonie dort verwaltete.

Er stimmte mit seinen Zeitgenossinnen und Zeitgenossen darin überein, dass eine Regierung ihre Nation vor äußeren Feinden schützen und durch Polizei und Gerichtswesen für Gerechtigkeit sorgen sollte. Er befürwortete auch Investitionen der Regierung in das Bildungswesen und in öffentliche Bauten wie Brücken, Straßen und Kanäle.

Smith wird oft mit der Idee in Verbindung gebracht, dass Wohlstand aus der Verfolgung von Eigeninteressen unter den Bedingungen des freien Marktes entsteht. Sein Denken zu diesen Fragen war jedoch weitaus differenzierter, als ihm zugestanden wird.

Smith, Adam. 1759. *The Theory of Moral Sentiments* (https://tinyco.re/6582039). London: Gedruckt für A. Millar, und A. Kincaid und J. Bell.

ÜBUNG 1.4 DIE VORTEILE DER VERHÄLTNISSKALEN

In Abbildung 1.1a (Seite 3) wurde eine konventionelle Skala für die vertikale Achse verwendet, in Abbildung 1.1b (Seite 14) eine Verhältnisskala.

1. Bestimmen Sie für Großbritannien einen Zeitraum, in dem die Wachstumsrate anstieg und einen weiteren Zeitraum, in dem die Wachstumsrate ungefähr konstant war. Welche Abbildung haben Sie verwendet und warum?
2. Bestimmen Sie einen Zeitraum, in dem das Pro-Kopf-BIP in Großbritannien schneller schrumpfte (also eine negative Wachstumsrate hatte) als in Indien. Welche Abbildung haben Sie verwendet und warum?

FRAGE 1.2 WÄHLEN SIE DIE RICHTIGE(N) ANTWORT(EN)

Das Pro-Kopf-BIP Griechenlands lag 2012 bei 22 494 USD und 2013 bei 21 966 USD. Ausgehend von diesen Zahlen betrug die Wachstumsrate des BIP zwischen 2012 und 2013 (auf zwei Dezimalstellen):

☐ −2,40 %
☐ 2,35 %
☐ −2,35 %
☐ −0,24 %

FRAGE 1.3 WÄHLEN SIE DIE RICHTIGE(N) ANTWORT(EN)

Stellen Sie sich vor, das Pro-Kopf-BIP eines Landes hätte sich alle 100 Jahre verdoppelt. Sie sollen sowohl lineare als auch Diagramme mit der Verhältnisskala zeichnen, in denen das BIP auf der vertikalen Achse und das Jahr auf der horizontalen Achse dargestellt sind. Welche Formen werden die Kurven haben?

Diagramm mit linearer Skala	Diagramm mit Verhältnisskala
☐ Eine steigende Kurve mit zunehmender Steigung (konvexe Form genannt)	Eine steigende Gerade
☐ Eine steigende Gerade	Eine gerade horizontale Linie
☐ Eine steigende Gerade	Eine steigende Kurve mit abnehmender Steigung (konkave Form genannt)
☐ Eine steigende konvexe Kurve	Eine steigende konvexe Kurve

Anmerkung: Lineare Skalendiagramme sind ‚normale' Diagramme, bei denen der Höhenunterschied zwischen 1 und 2 und der Unterschied zwischen 2 und 3 auf der vertikalen Achse gleich groß ist.

1.4 DIE PERMANENTE TECHNOLOGISCHE REVOLUTION

Die Science-Fiction-Serie *Star Trek* spielt im Jahr 2264, in dem die Menschen mit freundlichen Außerirdischen durch die Galaxis reisen und ihr Leben von intelligenten Computern, Überlichtgeschwindigkeitsantrieben und Replikatoren, die Nahrung und Medizin auf Abruf herstellen, erleichtert werden. Ob wir die Geschichten nun albern oder inspirierend finden, die meisten von uns können sich vorstellen, dass sich unsere Zukunft durch den technischen Fortschritt moralisch, sozial und materiell verändern wird.

Auf die Kinder der bäuerlichen Bevölkerung des Jahres 1250 wartete keine *Star Trek*-Zukunft. Die nächsten 500 Jahre würden vergehen, ohne dass sich der Lebensstandard einer normalen Person nennenswert verändert hätte. Während Science-Fiction im 17. Jahrhundert auftauchte (Francis Bacons *Neu-Atlantis* war eines der ersten Werke, 1627), konnte sich jede neue Generation erst im 18. Jahrhundert auf ein anderes Leben freuen, das von neuen Technologien geprägt war.

Bemerkenswerte wissenschaftliche und technologische Fortschritte traten mehr oder weniger zeitgleich mit dem Aufwärtsknick des Hockeyschlägers in Großbritannien in der Mitte des 18. Jahrhunderts auf.

Es wurden wichtige neue Technologien in den Bereichen Textilien, Energie und Transport eingeführt. Ihr kumulativer Charakter führte dazu, dass sie als **Industrielle Revolution** bezeichnet wurde. Noch um 1800 wurden in den meisten Produktionsprozessen traditionelle handwerkliche Techniken eingesetzt, bei denen die Fertigkeiten von einer Generation zur nächsten weitergegeben wurden. Das neue Zeitalter brachte neue Ideen, neue Entdeckungen, neue Methoden und neue Maschinen, die alte Ideen und alte Werkzeuge überflüssig machten. Diese neuen Methoden wurden wiederum durch noch neuere überflüssig gemacht.

Im alltäglichen Sprachgebrauch bezieht sich ‚Technologie' auf Maschinen, Anlagen und Geräte, die mit Hilfe wissenschaftlicher Erkenntnisse entwickelt werden. In der Volkswirtschaftslehre ist **Technologie** ein Prozess, der aus einer Reihe von Materialien und anderen Inputs—einschließlich der Arbeit von Menschen und Maschinen—ein Ergebnis erzeugt. Eine Technologie zur Herstellung eines Kuchens kann beispielsweise durch das Rezept beschrieben werden, das die Kombination von Inputs (Zutaten wie Mehl und Tätigkeiten wie Rühren) angibt, die zur Herstellung des Outputs (des Kuchens) erforderlich sind. Eine andere Technologie zur Herstellung von Kuchen verwendet große Maschinen, Zutaten und Arbeitskräfte (maschinenbedienende Personen).

Bis zur Industriellen Revolution haben sich die Technologien insbesondere für die Produktion von Gütern, ebenso wie die zur Nutzung der Technologien erforderlichen Fähigkeiten, nur langsam verändert und wurden von Generation zu Generation weitergegeben. Als der **technische Fortschritt** die Produktion revolutionierte, verringerte sich der Zeitaufwand für die Herstellung eines Paars Schuhe innerhalb weniger Jahrzehnte um die Hälfte; dasselbe galt für das Spinnen und Weben sowie für die Herstellung von Kuchen in einer Fabrik. Dies war der Beginn einer permanenten technologischen Revolution, denn der Zeitaufwand für die Herstellung der meisten Produkte sank von Generation zu Generation.

Technischer Wandel in der Beleuchtung

Um eine Vorstellung von dem beispiellosen Tempo dieses Wandels zu bekommen, betrachten wir die Art und Weise, wie wir Licht produzieren. Während des größten Teils der Menschheitsgeschichte verlief der technische Fortschritt bei der Beleuchtung langsam. Unsere entfernten Ahnen hatten in der Regel nichts Helleres als ein nächtliches Lagerfeuer.

Industrielle Revolution Eine Welle von technologischen Fortschritten und organisatorischen Veränderungen, die im 18. Jahrhundert in Großbritannien einsetzte und eine landwirtschaftliche und handwerkliche Wirtschaft in eine kommerzielle und industrielle Wirtschaft verwandelte.

Technologie Die Beschreibung eines Prozesses, bei dem eine Reihe von Materialien und anderen Inputs, einschließlich der Arbeit von Menschen und Maschinen, verwendet werden, um einen Output zu erzeugen.

technischer Fortschritt Eine Veränderung in der Technologie, die den Einsatz von Ressourcen (Arbeit, Maschinen, Land, Energie, Zeit) verringert, die für die Produktion einer bestimmten Menge des Outputs erforderlich sind.

Das Rezept zur Lichterzeugung (wenn es denn eines gegeben hätte) hätte gelautet: viel Brennholz sammeln, einen Anzündstock von einem anderen Ort leihen, an dem ein Feuer aufrechterhalten wird und ein Feuer entfachen und aufrechterhalten.

Der erste große technologische Durchbruch bei der Beleuchtung erfolgte vor 40 000 Jahren mit der Verwendung von Lampen, die mit tierischen oder pflanzlichen Ölen betrieben wurden. Wir messen den technischen Fortschritt bei der Beleuchtung daran, wie viele Einheiten an Helligkeit, Lumen genannt, mit einer Arbeitsstunde erzeugt werden können. Wir bezeichnen dieses Maß als Arbeitsproduktivität. Ein Lumen entspricht ungefähr der Helligkeit eines Quadratmeters Mondlicht. Eine Lumenstunde (lm-h) ist diese Menge an Helligkeit für eine Stunde. Die Erzeugung von Licht durch ein Lagerfeuer erforderte zum Beispiel etwa eine Stunde Arbeit, um 17 lm-h zu erzeugen, aber Tierfettlampen erzeugten 20 lm-h für den gleichen Arbeitsaufwand. In babylonischer Zeit (1750 v. Chr.) bedeutete die Erfindung einer verbesserten Lampe mit Sesamöl, dass eine Stunde Arbeit 24 lm-h ergab. Der technische Fortschritt ging nur langsam voran: Diese bescheidene Verbesserung dauerte 7000 Jahre.

Dreitausend Jahre später, zu Beginn des 19. Jahrhunderts, lieferten die effizientesten Beleuchtungsformen (mit Talgkerzen) etwa neunmal so viel Licht für eine Arbeitsstunde wie die Tierfettlampen der Vergangenheit. Seitdem wurde die Beleuchtung mit der Entwicklung von Stadtgaslampen, Petroleumlampen, Glühbirnen, Leuchtstoffröhren und anderen Beleuchtungsformen immer effizienter. Die 1992 eingeführten Kompaktleuchtstofflampen sind in Bezug auf die aufgewendete Arbeitszeit etwa 45 000 Mal effizienter als die Lampen vor 200 Jahren. Die Arbeitsproduktivität bei der Herstellung von Licht ist heute eine halbe Million Mal höher als bei unseren Ahnen am Lagerfeuer.

Abbildung 1.3 zeigt dieses bemerkenswerte Hockeyschläger-Wachstum der Effizienz bei der Beleuchtung anhand der Verhältnisskala, die wir in Abbildung 1.1b (Seite 14) eingeführt haben.

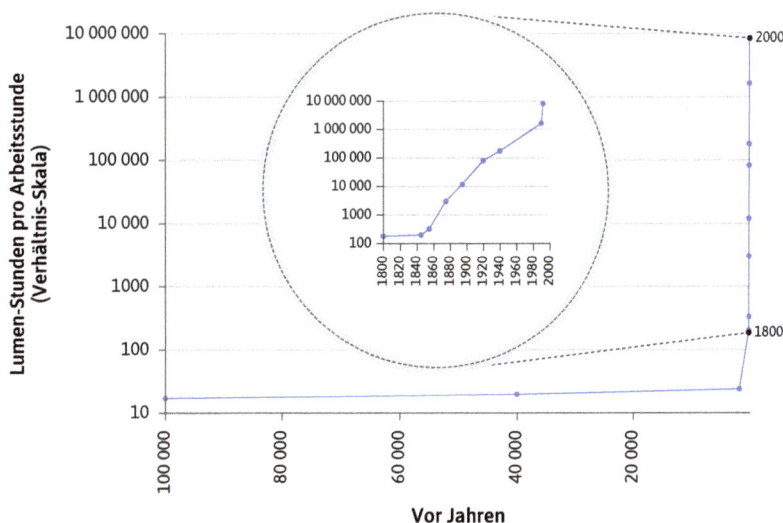

Aktuelle Daten bei OWiD anzeigen
https://tinyco.re/7246817

William Nordhaus. 1998. „Do Real Output and Real Wage Measures Capture Reality? The History of Lighting Suggests Not". Cowles Foundation For Research in Economics Paper 1078.

Abbildung 1.3 Die Arbeitsproduktivität bei der Produktion von Licht.

Der technische Fortschritt vollzieht sich nach wie vor. Hans Rosling behauptet (https://tinyco.re/7334115), dass wir der Industrialisierung dafür danken sollten, dass sie die Waschmaschine hervorgebracht hat, ein Gerät, das das Wohlbefinden von Millionen von Menschen verändert hat.

David S. Landes. 2003. *The Unbound Prometheus: Technological Change and Industrial Development in Western Europe from 1750 to the Present*. Cambridge: Cambridge University Press.

Der Prozess der Innovation endete nicht mit der Industriellen Revolution, wie das Beispiel der Arbeitsproduktivität in der Beleuchtung zeigt. Er hat sich mit der Anwendung neuer Technologien in vielen Industrien fortgesetzt, zum Beispiel mit der Dampfmaschine, der Elektrizität, dem Transportwesen (Kanäle, Eisenbahnen, Automobile) und in jüngster Zeit mit der Revolution in der Informationsverarbeitung und Kommunikation. Diese breit anwendbaren technologischen Innovationen geben dem Wachstum des Lebensstandards einen besonders starken Impuls, weil sie die Arbeitsweise großer Teile der Wirtschaft verändern.

Durch die Verringerung des Arbeitsaufwands für die Produktion der Dinge, die wir brauchen, ermöglichten die technologischen Veränderungen einen erheblichen Anstieg des Lebensstandards. David Landes, Wirtschaftshistoriker, schrieb, dass die Industrielle Revolution „eine zusammenhängende Folge von technologischen Veränderungen" war, die die Gesellschaften, in denen diese Veränderungen stattfanden, veränderten.

Eine vernetzte Welt

Im Juli 2012 wurde der koreanische Hit „Gangnam Style" (https://tinyco.re/3997214) veröffentlicht. Bis Ende 2012 war er in 33 Ländern, darunter Australien, Russland, Kanada, Frankreich, Spanien und das Vereinigte Königreich, der meistverkaufte Song. Mit 2 Milliarden Aufrufen bis Mitte 2014 wurde „Gangnam Style" auch das meistgesehene Video auf YouTube. Die permanente technologische Revolution hat eine vernetzte Welt hervorgebracht.

Jede und jeder ist ein Teil von ihr. Die Materialien dieser Einführung in die Volkswirtschaftslehre wurden von Teams aus Ökonomminen und Ökonomen, Designerinnen und Designern, Programmierer:innen sowie Redakteurinnen und Redakteuren geschrieben, die—oft gleichzeitig—an Computern im Vereinigten Königreich, in Indien, den USA, Russland, Kolumbien, Südafrika, Chile, der Türkei, Frankreich und vielen anderen Ländern arbeiteten. Wenn Sie online sind, erfolgt die Übertragung von Informationen zum Teil fast mit Lichtgeschwindigkeit. Während die meisten Commodities, die rund um den Globus gehandelt werden, immer noch mit der Geschwindigkeit eines Ozeanfrachters, das heißt mit etwa 21 Meilen (33 km) pro Stunde, transportiert werden, werden internationale Finanztransaktionen in weniger Zeit abgewickelt, als Sie zum Lesen dieses Satzes benötigt haben.

Die Geschwindigkeit, mit der sich Informationen verbreiten, ist ein weiterer Beleg für die Neuartigkeit der permanenten technologischen Revolution. Durch den Vergleich des bekannten Datums eines historischen Ereignisses mit dem Datum, an dem das Ereignis erstmals an anderer Stelle (in Tagebüchern, Zeitschriften oder Zeitungen) vermerkt wurde, können wir die Geschwindigkeit bestimmen, mit der sich Nachrichten verbreiteten. Als Abraham Lincoln 1860 zum US-Präsidenten gewählt wurde, verbreitete sich die Nachricht per Telegraf von Washington nach Fort Kearny, das sich am westlichen Ende der Telegrafenlinie befand. Von dort aus wurde die Nachricht von einer Reiterstaffel, dem so genannten Pony Express, über 1260 Meilen (2030 km) nach Fort Churchill in Nevada gebracht, von wo aus sie per Telegraf nach Kalifornien übermittelt wurde. Dieser Vorgang dauerte 7 Tage und 17 Stunden. Auf dem Pony-Express-Abschnitt der Strecke wurden die Nachrichten mit einer Geschwindigkeit von 7 Meilen (11 km) pro Stunde transportiert. Ein Brief von einer halben Unze (14 Gramm), der auf dieser Strecke befördert wurde, kostete 5 USD oder den Gegenwert von fünf Tageslöhnen.

Aus ähnlichen Berechnungen wissen wir, dass Nachrichten zwischen dem antiken Rom und Ägypten mit etwa 1 Meile (1,6 km) pro Stunde transportiert wurden, und 1500 Jahre später zwischen Venedig und anderen Städten rund um das Mittelmeer war es, wenn überhaupt, etwas langsamer. Doch ein paar Jahrhunderte später, wie Abbildung 1.4 zeigt, begann sich das Tempo zu beschleunigen. Es dauerte ,nur' 46 Tage, bis die Nachricht von der Meuterei der indischen Truppen gegen die britische Herrschaft im Jahr 1857 London erreichte und die Leser:innen der Londoner *Times* wussten von der Ermordung Lincolns (https://tinyco.re/4295517) nur 13 Tage nach diesem Ereignis. Ein Jahr nach Lincolns Tod verkürzte ein transatlantisches Kabel die Zeit für die Nachrichtenübermittlung zwischen New York und London auf wenige Minuten.

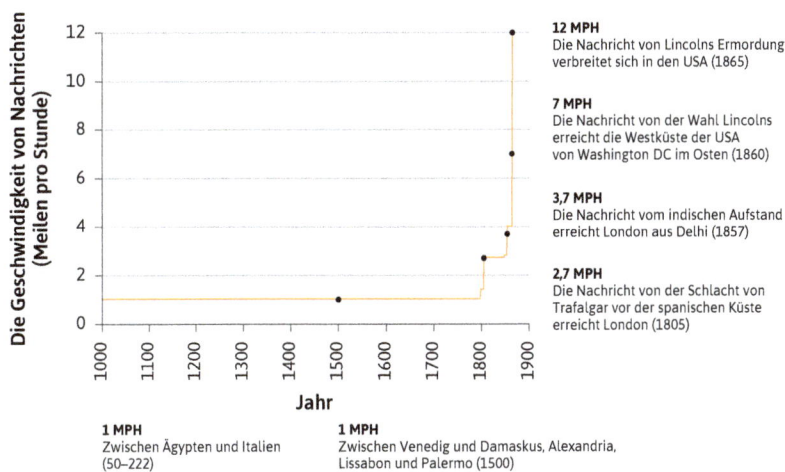

12 MPH
Die Nachricht von Lincolns Ermordung verbreitet sich in den USA (1865)

7 MPH
Die Nachricht von der Wahl Lincolns erreicht die Westküste der USA von Washington DC im Osten (1860)

3,7 MPH
Die Nachricht vom indischen Aufstand erreicht London aus Delhi (1857)

2,7 MPH
Die Nachricht von der Schlacht von Trafalgar vor der spanischen Küste erreicht London (1805)

1 MPH
Zwischen Ägypten und Italien (50–222)

1 MPH
Zwischen Venedig und Damaskus, Alexandria, Lissabon und Palermo (1500)

Tabellen 15.2 und 15.3 von Gregory Clark. 2007. *A Farewell to Alms: A Brief Economic History of the World.* Princeton, NJ: Princeton University Press.

Abbildung 1.4 Die Geschwindigkeit, mit der sich Informationen verbreiteten (1000–1865).

1.5 DIE WIRTSCHAFT UND DIE UMWELT

Der Mensch ist seit jeher auf seine Umwelt angewiesen, wenn es um die Ressourcen geht, die er zum Leben und zur Produktion seines Lebensunterhalts benötigt: Die physische Umwelt und die Biosphäre, das heißt die Gesamtheit aller Lebensformen auf der Erde, liefern lebensnotwendige Güter wie Luft, Wasser und Nahrung. Die Umwelt liefert auch die Rohstoffe, die wir für die Herstellung anderer Güter verwenden, wie Holz, Metalle und Öl.

Abbildung 1.5 zeigt eine Möglichkeit, über die Wirtschaft nachzudenken: Sie ist Teil eines größeren sozialen Systems, das wiederum Teil der Biosphäre ist. Die Menschen interagieren miteinander und auch mit der Natur, um ihren Lebensunterhalt zu verdienen.

Während des größten Teils ihrer Geschichte haben die Menschen die natürlichen Ressourcen als kostenlos (abgesehen von den Kosten für ihre Gewinnung) und in unbegrenzter Menge vorhanden betrachtet. Doch mit dem Anstieg der Produktion (siehe Abbildungen 1.1a und 1.1b) haben auch die Nutzung unserer natürlichen Ressourcen und die Verschlechterung unserer natürlichen Umwelt zugenommen. Elemente des ökologischen Systems wie Luft, Wasser, Boden und Wetter wurden durch den Menschen radikaler als je zuvor verändert.

Die auffälligste Auswirkung ist der Klimawandel. Die Abbildungen 1.6a und 1.6b zeigen, dass unsere Nutzung fossiler Brennstoffe—Kohle, Erdöl und Erdgas—die natürliche Umwelt tiefgreifend verändert hat. Nachdem die Emissionen von Kohlendioxid (CO_2) in die Luft über viele Jahrhunderte hinweg relativ unverändert geblieben waren, haben die zunehmenden Emissionen im zwanzigsten Jahrhundert zu messbar größeren Mengen an CO_2 in der Erdatmosphäre geführt (Abbildung 1.6a) und einen spürbaren Anstieg der Durchschnittstemperaturen auf der Nordhalbkugel bewirkt (Abbildung 1.6b). Abbildung 1.6a zeigt auch, dass die CO_2-Emissionen aus dem Konsum fossiler Brennstoffe seit 1800 dramatisch angestiegen sind.

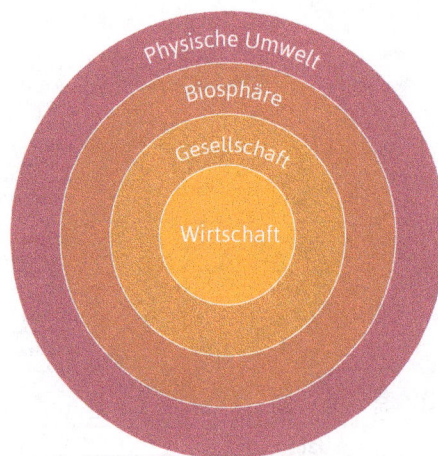

Abbildung 1.5 Die Wirtschaft ist ein Teil der Gesellschaft, die wiederum ein Teil der Biosphäre ist.

ÜBUNG 1.5 WIE GROSS IST DER UNTERSCHIED ZWISCHEN EIN PAAR GRAD WÄRMER ODER KÄLTER?

Zwischen 1300 und 1850 gab es eine Reihe von außergewöhnlich kalten Perioden, wie Sie in Abbildung 1.6b (Seite 24) sehen können. Untersuchen Sie diese so genannte „kleine Eiszeit" in Europa und beantworten Sie die folgenden Fragen.

1. Beschreiben Sie die Auswirkungen dieser außergewöhnlichen Kälteperioden auf die Wirtschaft dieser Länder.
2. Innerhalb eines Landes oder einer Region waren einige Bevölkerungsgruppen besonders stark von der Änderung des Klimas betroffen, während andere weniger betroffen waren. Nennen Sie Beispiele.
3. Wie „extrem" waren diese Kälteperioden im Vergleich zu den Temperaturanstiegen seit Mitte des zwanzigsten Jahrhunderts und den für die Zukunft prognostizierten?

Abbildung 1.6b zeigt, dass die Durchschnittstemperatur der Erde von Jahrzehnt zu Jahrzehnt schwankt. Viele Faktoren verursachen diese Schwankungen, darunter auch vulkanische Ereignisse wie der Ausbruch des Mount Tambora in Indonesien 1815. Der Mount Tambora spuckte so viel Asche aus, dass die Temperatur der Erde durch die kühlende Wirkung dieser feinen Partikel in der Atmosphäre gesenkt wurde und das Jahr 1816 wurde als das „Jahr ohne Sommer" bekannt.

Seit 1900 sind die Durchschnittstemperaturen als Reaktion auf immer höhere Konzentrationen von Treibhausgasen angestiegen. Diese sind hauptsächlich auf die CO_2-Emissionen zurückzuführen, die bei der Verbrennung fossiler Brennstoffe entstehen.

Die menschlichen Ursachen und die Existenz des Klimawandels sind in der wissenschaftlichen Gemeinschaft weithin nicht mehr umstritten. Die wahrscheinlichen Folgen der globalen Erwärmung sind weitreichend: das Abschmelzen der Polkappen, der Anstieg des Meeresspiegels, der große Küstengebiete unter Wasser setzen kann und mögliche Veränderungen des Klimas und der Regenmuster, die die Nahrungsmittelanbaugebiete der Welt zerstören können. Die langfristigen physischen und wirtschaftlichen Folgen dieser Veränderungen und die entsprechenden politischen Maßnahmen, die die Regierungen daraufhin ergreifen könnten, werden in Einheit 20 ausführlich erörtert.

Der Klimawandel ist eine globale Veränderung. Viele der Umweltauswirkungen der Verbrennung fossiler Brennstoffe sind jedoch lokaler Natur: Menschen, die in Städten leben, leiden unter Atemwegs- und anderen Krankheiten als Folge der hohen Schadstoffemissionen von Kraftwerken, Fahrzeugen und anderen Emissionsquellen. Auch ländliche Gemeinden sind von der Abholzung der Wälder (eine weitere Ursache des Klimawandels) und der Erschöpfung der Versorgung mit sauberem Wasser und der Fischbestände betroffen.

Vom globalen Klimawandel bis hin zur Erschöpfung lokaler Ressourcen sind diese Auswirkungen das Ergebnis sowohl der Expansion der Wirtschaft (abzulesen am Wachstum der Gesamtproduktion) als auch der Art und Weise, wie die Wirtschaft organisiert ist (zum Beispiel welche Arten von Dingen geschätzt und erhalten werden). Die in Abbildung 1.5 dargestellte Beziehung zwischen Wirtschaft und Umwelt ist wechselseitig: Wir nutzen natürliche Ressourcen für

Die maßgebliche Quelle für Forschung und Daten über den Klimawandel ist das Intergovernmental Panel on Climate Change (https://tinyco.re/8844088).

die Produktion, was sich wiederum auf die Umwelt, in der wir leben und ihre Fähigkeit, zukünftige Produktion zu unterstützen, auswirken kann.

Aber die permanente technologische Revolution—die eine Abhängigkeit von fossilen Brennstoffen mit sich brachte—kann auch Teil der Lösung der heutigen Umweltprobleme sein.

Schauen Sie sich Abbildung 1.3 (Seite 19) an, die die Arbeitsproduktivität bei der Herstellung von Licht darstellt. Die enormen Zuwächse, die im Laufe der Geschichte und insbesondere seit der Mitte des 19. Jahrhunderts zu verzeichnen waren, sind vor allem darauf zurückzuführen, dass die produzierte Lichtmenge pro Einheit Wärme (zum Beispiel durch ein Lagerfeuer, eine Kerze oder eine Glühbirne) dramatisch anstieg.

Bei der Beleuchtung brachte uns die ständige technologische Revolution mehr Licht für weniger Wärme, wodurch die natürlichen Ressourcen—von Brennholz bis zu fossilen Brennstoffen—für die Wärmeerzeugung geschont wurden. Heutige Fortschritte in der Technologie können eine stärkere Nutzung von Wind, Sonne und anderen erneuerbaren Energiequellen ermöglichen.

Jahre 1010–1975: David M. Etheridge, L. Paul Steele, Roger J. Francey, und Ray L. Langenfelds. 2012. ‚Historical Record from the Law Dome DE08, DE08-2, and DSS Ice Cores'. Division of Atmospheric Research, CSIRO, Aspendale, Victoria, Australien. Jahre 1976–2020: Dr. Pieter Tans, NOAA/GML (https://tinyco.re/3830762) and Dr. Ralph Keeling, Scripps Institution of Oceanography (https://tinyco.re/3208553). Carbon Dioxide Information Analysis Center (CDIAC) Datasets.

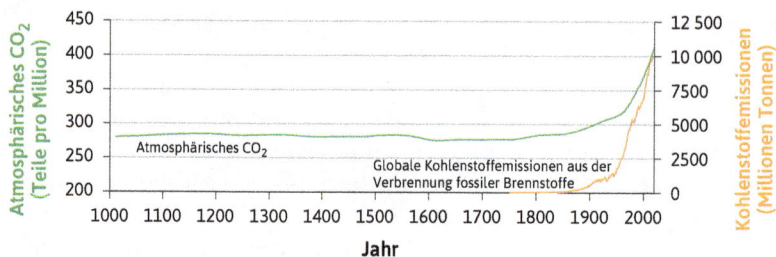

Abbildung 1.6a Kohlendioxid in der Atmosphäre (1010–2020) und globale Kohlenstoffemissionen aus der Verbrennung fossiler Brennstoffe (1750–2018).

Aktuelle Daten bei OWiD anzeigen
https://tinyco.re/8926412

Michael E. Mann, Zhihua Zhang, Malcolm K. Hughes, Raymond S. Bradley, Sonya K. Miller, Scott Rutherford, and Fenbiao Ni. 2008. „Proxy-based reconstructions of hemispheric and global surface temperature variations over the past two millennia". *Proceedings of the National Academy of Sciences* 105 (36): pp. 13252–13257; Morice, C. P., J. J. Kennedy, N. A. Rayner, and P. D. Jones (2012). 'Quantifying uncertainties in global and regional temperature change using an ensemble of observational estimates: The HadCRUT4 dataset'. *Journal of Geophysical Research*. Aktualisiert 15. September 2016

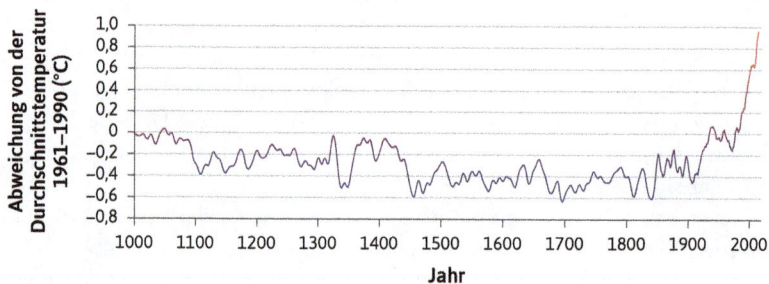

Abbildung 1.6b Temperaturen der nördlichen Hemisphäre über die lange Frist (1000–2019).

FRAGE 1.4 WÄHLEN SIE DIE RICHTIGE(N) ANTWORT(EN)

Welche der folgenden Variablen folgte dem so genannten ‚Hockeyschläger'—Verlauf, das heißt geringes oder gar kein Wachstum während des größten Teils der Geschichte, gefolgt von einem plötzlichen und starken Wechsel zu einer positiven Wachstumsrate?

☐ Pro-Kopf-BIP
☐ Arbeitsproduktivität
☐ Ungleichheit
☐ CO_2 in der Atmosphäre

1.6 KAPITALISMUS DEFINIERT: PRIVATEIGENTUM, MÄRKTE UND UNTERNEHMEN

Ein Blick zurück auf die Daten in Abbildungen 1.1a (Seite 3), 1.1b (Seite 14), 1.3 (Seite 19), 1.4 (Seite 21) und 1.6 (Seite 24) zeigt, dass sich der Knick in unserem Hockeyschläger in folgenden Daten zeigt:

- Bruttoinlandsprodukt pro Kopf
- Arbeitsproduktivität (Licht pro Arbeitsstunde)
- Vernetzung der verschiedenen Teile der Welt (Geschwindigkeit, mit der sich Nachrichten verbreiten)
- Auswirkungen der Wirtschaft auf die globale Umwelt (Kohlenstoffemissionen und Klimawandel)

Wie lässt sich der Wandel der Welt, in der sich über Jahrhunderte die Lebensbedingungen kaum änderten, es sei denn, es gab eine Epidemie oder einen Krieg, zu einer Welt erklären, in der es jeder Generation merklich und vorhersehbar besser geht als der vorhergehenden?

Ein wichtiger Teil unserer Antwort wird das sein, was wir die kapitalistische Revolution nennen: der Durchbruch im 18. Jahrhundert und die spätere weltweite Verbreitung einer Organisation der Wirtschaft, die wir heute Kapitalismus nennen. Der Begriff ‚Kapitalismus'—den wir in Kürze definieren werden—war vor einem Jahrhundert kaum bekannt, aber wie Sie in Abbildung 1.7 sehen können, ist seine Verwendung seitdem sprunghaft angestiegen. Die Abbildung zeigt den Anteil aller Artikel in der *New York Times* (ohne den Sportteil), die den Begriff „Kapitalismus" enthalten.

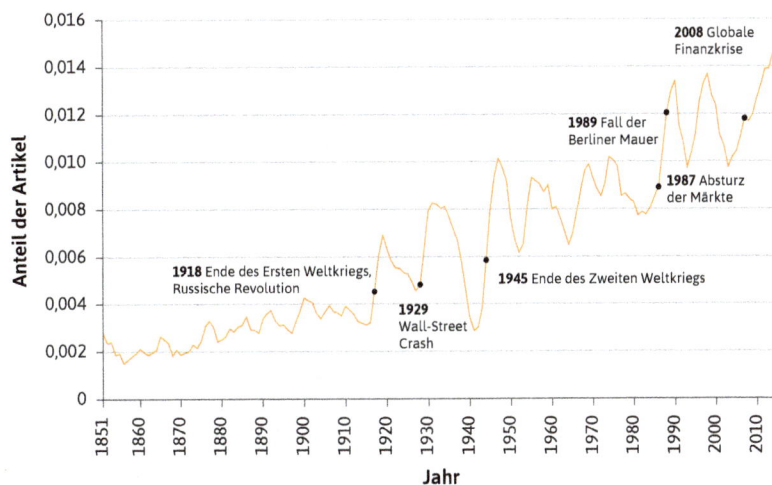

View this data at OWiD https://tinyco.re/2871984

Berechnungen von Simon DeDeo, Santa Fe Institute, aus *New York Times*. 2016. „NYT article archive".

Abbildung 1.7 Erwähnung des Wortes ‚Kapitalismus' in *New York Times* Artikeln (1851–2015).

Kapitalismus Ein Wirtschaftssystem, in dem die wichtigste Form der wirtschaftlichen Organisation das Unternehmen ist. Wo Personen, die Investitionsgüter besitzen, Arbeitskräfte anstellen, um Waren und Dienstleistungen für den Verkauf auf Märkten mit der Absicht der Gewinnerzielung zu produzieren. Die wichtigsten wirtschaftlichen Institutionen in einem kapitalistischen Wirtschaftssystem sind also Privateigentum, Märkte und Unternehmen.

Wirtschaftssystem Eine Art der Organisation der Wirtschaft, die sich durch ihre grundlegenden Institutionen auszeichnet. Zu den Wirtschaftssystemen der Vergangenheit und Gegenwart gehören: zentrale Wirtschaftsplanung (zum Beispiel in der Sowjetunion im 20. Jahrhundert), Feudalismus (zum Beispiel in weiten Teilen Europas im frühen Mittelalter), Sklavereiwirtschaft (zum Beispiel im Süden der USA und in der karibischen Plantagenwirtschaft vor der Abschaffung der Sklaverei im 19. Jahrhundert) und Kapitalismus (die meisten heutigen Volkswirtschaften der Welt).

Institution Die Gesetze und informellen Regeln, die die sozialen Interaktionen und Interaktionen zwischen Menschen und der Biosphäre regeln, im Buch manchmal auch als Spielregeln bezeichnet.

PRIVATEIGENTUM

Privateigentum bedeutet, dass Sie das folgende können:

- Ihren Besitz auf die von Ihnen gewählte Weise nutzen
- andere von der Nutzung ausschließen (wenn Sie es wünschen)
- durch Schenkung oder Verkauf ihren Besitz an eine andere Person veräußern ...
- ... der oder die anschließend Eigentümer:in wird

Investitionsgüter Die langlebigen und kostspieligen Vorleistungen, die nicht der Arbeit dienen und in der Produktion eingesetzt werden (zum Beispiel Maschinen und Gebäude), mit Ausnahme einiger wesentlicher Vorleistungen, zum Beispiel Luft, Wasser, Wissen, die in der Produktion ohne Kosten verwendet werden.

Kapitalismus ist ein **Wirtschaftssystem**, das durch eine bestimmte Kombination von **Institutionen** gekennzeichnet ist. Ein Wirtschaftssystem ist eine Art und Weise, die Produktion und Verteilung von Gütern und Dienstleistungen in einer gesamten Wirtschaft zu organisieren. Und mit Institutionen meinen wir die verschiedenen Gesetze und sozialen Bräuche, die die Produktion und Verteilung innerhalb von Familien, privaten Unternehmen und dem Staat auf unterschiedliche Weise regeln.

In einigen Volkswirtschaften der Vergangenheit waren die wichtigsten wirtschaftlichen Institutionen **Privateigentum** (Eigentum an Dingen), Märkte (wo Waren gekauft und verkauft werden können) und Familien. Waren wurden in der Regel von Familien produziert und nicht von Unternehmen mit Eigentümer:innen und Beschäftigten.

In anderen Gesellschaften war die Regierung diejenige Institution, die die Produktion kontrollierte und entschied, wie die Güter verteilt werden sollten und an wen. Dies nennt man ein zentral geplantes Wirtschaftssystem. Dieses System gab es beispielsweise in der Sowjetunion, in Ostdeutschland und in vielen anderen osteuropäischen Ländern vor dem Ende des Regierens der kommunistischen Partei in den frühen 1990er Jahren.

Obwohl Regierungen und Familien ein wesentlicher Bestandteil jeder Wirtschaft sind, sind die meisten Volkswirtschaften heute kapitalistisch. Da die meisten von uns in kapitalistischen Volkswirtschaften leben, wird die Bedeutung von Institutionen, die für das gute Funktionieren des Kapitalismus von grundlegender Bedeutung sind, leicht übersehen. Sie sind uns so vertraut, dass wir sie kaum noch wahrnehmen. Bevor wir sehen, wie Privateigentum, Märkte und Unternehmen im kapitalistischen Wirtschaftssystem zusammenwirken, müssen wir sie definieren.

Im Laufe der Menschheitsgeschichte hat sich das Ausmaß des Privateigentums verändert. In einigen Gesellschaften, etwa bei den Jäger:innen und Sammler:innen, die unsere Ahnen waren, besaßen die Menschen fast nichts außer persönlichem Schmuck und Kleidung. In anderen Gesellschaften waren Feldfrüchte und Tiere Privateigentum, nicht aber Land. Das Recht, das Land zu nutzen, wurde den Familien im Konsens zwischen den Mitgliedern einer Gruppe oder von einem Häuptling verliehen, ohne dass die Familie das Grundstück verkaufen durfte.

In anderen Wirtschaftssystemen waren einige Menschen (Versklavte) Privateigentum.

In einer kapitalistischen Wirtschaft sind eine wichtige Art von Privateigentum die Ausrüstungen, Gebäude und andere langlebige Betriebsmittel, die bei der Produktion von Waren und Dienstleistungen eingesetzt werden. Diese werden als **Investitionsgüter** bezeichnet.

Privateigentum kann sich im Besitz einer Einzelperson, einer Familie, eines Unternehmens oder einer anderen Organisation als der Regierung befinden. Einige Dinge, die wir schätzen, sind kein Privateigentum: Die Luft, die wir atmen und das meiste Wissen, das wir nutzen, können wir nicht besitzen oder kaufen und verkaufen.

FRAGE 1.5 WÄHLEN SIE DIE RICHTIGE(N) ANTWORT(EN)

Welche der folgenden Beispiele zählen als Privateigentum?

☐ Computer, die Ihrer Hochschule gehören
☐ das Land einer Landwirtin oder eines Landwirtes in der Sowjetunion
☐ Aktien eines Unternehmens
☐ die Fähigkeiten der Arbeitskräfte

Märkte sind ein Mittel zur Übertragung von Waren oder Dienstleistungen von einer Person zur anderen. Es gibt dafür auch andere Wege, zum Beispiel durch Diebstahl, ein Geschenk oder eine Anordnung der Regierung. **Märkte** unterscheiden sich von diesen in dreierlei Hinsicht:

- Sie beruhen auf Gegenseitigkeit: Im Gegensatz zu Geschenken und Diebstahl wird die Übertragung einer Ware oder Dienstleistung von einer Person an eine andere unmittelbar durch eine Übertragung in die andere Richtung erwidert (entweder durch eine andere Ware oder Dienstleistung wie beim Tauschhandel oder durch Geld oder durch das Versprechen einer späteren Übertragung, wenn man auf Kredit kauft).
- Sie sind freiwillig: Beide Übertragungen - durch die kaufende Person und die verkaufende Person - sind freiwillig, weil es sich bei den getauschten Dingen um Privateigentum handelt. Der Tausch muss also aus Sicht beider Parteien vorteilhaft sein. Darin unterscheiden sich Märkte von Diebstahl und auch von den Übertragungen von Waren und Dienstleistungen in einer zentral geplanten Wirtschaft.
- Auf den meisten Märkten gibt es Wettbewerb. Ein Unternehmen, das einen hohen Preis verlangt, wird zum Beispiel feststellen, dass die kaufenden Personen lieber bei anderen konkurrierenden Unternehmen kaufen.

MÄRKTE

Märkte sind:

- eine Art, Menschen zusammenzubringen, die voneinander profitieren können, dadurch dass sie
- Waren und Dienstleistungen austauschen
- durch den Prozess des Kaufens und Verkaufens

ÜBUNG 1.6 DAS HÄUSCHEN DES ÄRMSTEN MANNES

„Der ärmste Mann mag in seinem Häuschen allen Kräften der Krone trotzen. Es mag brüchig sein, sein Dach mag wackeln, der Wind mag hindurchblasen, die Stürme mögen eindringen, der Regen mag eindringen—aber der König von England kann nicht eindringen; all seine Kräfte wagen es nicht, die Schwelle des verfallenen Hauses zu überschreiten."—William Pitt, 1. Earl of Chatham, Rede vor dem britischen Parlament (1763).

1. Was sagt uns dies über die Bedeutung des Privateigentums?
2. Gilt das auch für die Häuser in Ihrem Land?

ÜBUNG 1.7 MÄRKTE UND SOZIALE NETZWERKE

Denken Sie an ein soziales Netzwerk, das Sie nutzen, zum Beispiel Facebook. Schauen Sie sich nun unsere Definition eines Marktes an.

Welche Gemeinsamkeiten und Unterschiede gibt es zwischen diesem sozialen Netzwerk und einem Markt?

FRAGE 1.6 WÄHLEN SIE DIE RICHTIGE(N) ANTWORT(EN)
Welche der folgenden Beispiele können als Märkte interpretiert werden?

☐ Lebensmittelrationierung in Kriegszeiten
☐ Auktions-Webseiten wie eBay
☐ Personen, die Eintrittskarten vor Konzerthallen verkaufen
☐ Verkauf von illegalen Waffen

UNTERNEHMEN
Ein Unternehmen ist eine Art der Produktionsorganisation mit den folgenden Merkmalen:

- Eine oder mehrere Personen besitzen eine Reihe von Investitionsgütern, die in der Produktion eingesetzt werden (Eigentümer:innen).
- Sie zahlen Löhne und Gehälter an die Beschäftigten.
- Sie leiten die Beschäftigten (über das ebenfalls von ihnen angestellte Management) bei der Produktion von Waren und Dienstleistungen an.
- Die Waren und Dienstleistungen sind das Eigentum der Eigentümer:innen des Unternehmens.
- Die Eigentümer:innen verkaufen die Waren und Dienstleistungen auf Märkten mit der Absicht, einen Gewinn zu erzielen.

Arbeitsmarkt Auf diesem Markt bieten die Unternehmen den Personen, die sich bereit erklären, unter dessen Leitung zu arbeiten, Löhne an. Ökonominnen und Ökonomen sagen, dass die Unternehmen auf der Nachfrageseite dieses Marktes stehen, während die potenziell Beschäftigten auf der Angebotsseite stehen. *Siehe auch: Erwerbspersonen.*
Nachfrageseite Die Seite eines Marktes, auf der die Teilnehmenden Geld als Gegenleistung für eine andere Ware oder Dienstleistung anbieten (zum Beispiel die Personen die Brot kaufen). *Siehe auch: Angebotsseite.*
Angebotsseite Die Seite eines Marktes, auf die Personen/ Unternehmen etwas als Gegenleistung für Geld anbieten (zum Beispiel Bäckerein auf dem Markt für Brot). *Siehe auch: Nachfrageseite.*

Doch Privateigentum und Märkte allein machen den Kapitalismus nicht aus. Vielerorts waren sie schon lange vor dem Kapitalismus wichtige Institutionen. Die jüngste der drei Komponenten, aus denen die kapitalistische Wirtschaft besteht, ist das **Unternehmen**.

Zu den Unternehmen, die eine kapitalistische Wirtschaft ausmachen, gehören Restaurants, Banken, große landwirtschaftliche Betriebe, die andere dafür bezahlen, dort zu arbeiten, Industriebetriebe, Supermärkte und Internetdienstleistungsunternehmen. Zu den anderen produktiven Organisationen, die keine Unternehmen sind und in einer kapitalistischen Wirtschaft eine geringere Rolle spielen, gehören Familienbetriebe, in denen die meisten oder alle Beschäftigten der Familie angehören, gemeinnützige Organisationen, Genossenschaften im Besitz der Beschäftigten und Unternehmen im Besitz der Regierung (zum Beispiel Eisenbahnen, Energie- oder Wasserversorgungsunternehmen). Es handelt sich dabei nicht um Unternehmen, entweder weil sie keinen Gewinn erzielen oder weil die Eigentümer:innen keine Privatpersonen sind, die das Vermögen des Unternehmens besitzen und andere Personen als Mitarbeiter:innen beschäftigen. Hinweis: Ein Unternehmen zahlt den Beschäftigten und dem Management Löhne oder Gehälter, aber wenn es unbezahlte Studierende als Praktikantinnen und Praktikanten einstellt, ist es dennoch ein Unternehmen.

Unternehmen spielten lange in vielen Volkswirtschaften eine untergeordnete Rolle, bevor sie, wie in einer kapitalistischen Wirtschaft, zu den vorherrschenden Organisationen für die Produktion von Waren und Dienstleistungen wurden. Die erweiterte Rolle der Unternehmen führte zu einem Aufschwung auf einer anderen Art von Markt, der in früheren Volkswirtschaften eine begrenzte Rolle gespielt hatte: der **Arbeitsmarkt**. Eigentümer:innen von Unternehmen (oder deren Manager:innen) bieten Arbeitsplätze zu Löhnen und Gehältern an, die hoch genug sind, um Arbeitssuchende anzuziehen.

In der Volkswirtschaftslehre sind die Unternehmen die **Nachfrageseite** des Arbeitsmarktes (sie fragen Arbeitskraft nach), während die Beschäftigten die **Angebotsseite** darstellen, da sie unter der Leitung der Eigentümer:innen sowie Manager:innen, die sie einstellen, arbeiten.

Ein auffälliges Merkmal von Unternehmen, das sie von Familien und Regierungen unterscheidet, ist, wie schnell sie entstehen, expandieren, Verträge schließen und untergehen können. Ein erfolgreiches Unternehmen kann sich innerhalb weniger Jahre von einigen wenigen Beschäftigten zu einem globalen Unternehmen mit Hunderttausenden von Kundinnen und Kunden entwickeln, das Tausende von Menschen beschäftigt. Unternehmen können dies tun, weil sie in der Lage sind, zusätzliche Beschäftigte auf dem Arbeitsmarkt einzustellen und Mittel für den Kauf von Investitionsgütern zu beschaffen, die sie zur Ausweitung ihrer Produktion benötigen.

Unternehmen können aber auch innerhalb weniger Jahre untergehen. Das liegt daran, dass ein Unternehmen, das keine Gewinne erwirtschaftet, nicht genug Geld hat (und sich kein Geld leihen kann), um weiterhin Beschäftigte einzustellen und zu produzieren. Das Unternehmen schrumpft, und einige der dort Beschäftigten verlieren ihren Arbeitsplatz.

Im Gegensatz dazu steht ein erfolgreicher (landwirtschaftlicher) Familienbetrieb. Der Familie mag es besser gehen als den Familien in der Nachbarschaft; aber wenn sie den Familienbetrieb nicht in ein Unternehmen umwandelt und andere Personen für die Arbeit auf dem Hof einstellt, wird die Expansion des Betriebs begrenzt sein. Wenn die Familie hingegen nicht sehr gut in der Landwirtschaft ist, wird es ihr einfach weniger gut gehen als ihrer Nachbarschaft. Das Familienoberhaupt kann die Kinder nicht entlassen, wie ein Unternehmen unproduktive Arbeitskräfte loswerden kann. Solange die Familie sich selbst ernähren kann, gibt es keinen Mechanismus, der mit dem Scheitern eines Unternehmens vergleichbar wäre und es automatisch in den Ruin treiben würde.

Auch die Regierung kann im Erfolgsfall nur begrenzt expandieren und ist in der Regel vor dem Scheitern geschützt, wenn sie schlechte Leistungen erbringt.

Kapitalismus genau definieren

In der Alltagssprache wird das Wort „Kapitalismus" auf unterschiedliche Weise verwendet, was zum Teil darauf zurückzuführen ist, dass die Menschen sehr unterschiedliche Vorstellungen davon haben. In der Sprache der Volkswirtschaftslehre verwenden wir den Begriff präzise, weil er uns die Kommunikation erleichtert: Wir definieren den Kapitalismus als ein Wirtschaftssystem, das drei Institutionen umfasst, von denen wir jede für sich definieren müssen.

Der Begriff „Kapitalismus" bezieht sich nicht auf ein einziges bestimmtes Wirtschaftssystem, sondern auf eine Klasse von Systemen, die bestimmte Merkmale teilen. Die Art und Weise, wie die Institutionen des Kapitalismus—Privateigentum, Märkte und Unternehmen—miteinander und mit Familien, Regierungen und anderen Institutionen kombiniert werden, ist von Land zu Land sehr unterschiedlich. So wie Eis und Dampf beide „Wasser" sind (chemisch definiert als eine Verbindung aus zwei Wasserstoffatomen und einem Sauerstoffatom), sind China und die USA beide kapitalistische Volkswirtschaften. Sie unterscheiden sich jedoch in dem Ausmaß, in dem die Regierung Einfluss auf die Wirtschaft und viele andere Bereiche nimmt. Dies zeigt, dass Definitionen in den Sozialwissenschaften (zu denen die Wirtschaftswissenschaften gehören) oft nicht so präzise sind wie in den Naturwissenschaften.

Einige Leute könnten sagen, dass ‚Eis nicht wirklich Wasser ist', und einwenden, dass die Definition nicht der ‚wahren Bedeutung' des Wortes entspricht. Doch bei Debatten über die wahre Bedeutung (vor allem, wenn es

29

um komplexe abstrakte Ideen wie Kapitalismus oder Demokratie geht) wird vergessen, warum Definitionen so wertvoll sind. Betrachten Sie die Definition von Wasser oder Kapitalismus nicht als Ausdruck der wahren Bedeutung, sondern vielmehr als ein Hilfsmittel, das die Kommunikation erleichtert.

In den Sozialwissenschaften können Definitionen oft nicht so präzise sein wie in den Naturwissenschaften. Im Gegensatz zu Wasser können wir ein kapitalistisches Wirtschaftssystem nicht anhand einfach zu messender physikalischer Merkmale identifizieren.

ÜBUNG 1.8 KAPITALISMUS

Betrachten Sie noch einmal Abbildung 1.7 (Seite 25).

1. Können Sie eine Erklärung dafür finden, warum die Verwendung des Begriffs „Kapitalismus" so stark ansteigt?
2. Warum, glauben Sie, ist er seit den späten 1980er Jahren so hoch geblieben?

1.7 DER KAPITALISMUS ALS WIRTSCHAFTSSYSTEM

Abbildung 1.8 zeigt, dass die drei Teile der Definition eines kapitalistischen Wirtschaftssystems ineinander verschachtelte Konzepte sind. Der linke Kreis beschreibt eine Wirtschaft mit isolierten Familien, die ihre Investitionsgüter und die von ihnen produzierten Waren besitzen, aber wenig oder keinen Austausch mit anderen haben.

In einem kapitalistischen System findet die Produktion in Unternehmen statt. Märkte und Privateigentum sind aus zwei Gründen wesentliche Bestandteile der Funktionsweise von Unternehmen:

- *Inputs und Outputs sind Privateigentum*: Die Gebäude, Anlagen, Patente und anderen Produktionsmittel des Unternehmens sowie die daraus resultierenden Produkte gehören den Eigentümerinnen und Eigentümern.
- *Die Unternehmen nutzen Märkte, um ihre Produkte zu verkaufen*: Die Gewinne der Eigentümer:innen hängen von Märkten ab, auf denen Kaufende bereit sind, die Produkte zu einem Preis zu kaufen, der die Produktionskosten mehr als deckt.

Historisch gesehen haben Volkswirtschaften wie die des linken Kreises existiert, waren aber weitaus weniger wichtig als ein System, in dem Märkte

Paul Seabright. 2010. *The Company of Strangers: A Natural History of Economic Life* (Revised Edition). Princeton, NJ: Princeton University Press.

Ein Wirtschaftssystem mit Privateigentum — und Märkten — und Unternehmen

Selbstversorgende Produktion in der Familie — **Marktwirtschaft mit familiärer Produktion** — **Kapitalistisches Wirtschaftssystem**

Abbildung 1.8 Kapitalismus: Privateigentum, Märkte und Unternehmen.

und Privateigentum kombiniert sind (mittlerer Kreis). Privateigentum ist eine wesentliche Voraussetzung für das Funktionieren von Märkten: Kaufende werden nicht für Waren bezahlen wollen, wenn sie nicht das Recht haben, sie zu besitzen. Im mittleren Kreis wird der größte Teil der Produktion entweder von Einzelpersonen (zum Beispiel in Handwerksbetrieben) oder in Familien (zum Beispiel auf einem Bauernhof) durchgeführt. Vor 1600 sahen viele Volkswirtschaften der Welt so aus.

Ein charakteristischer Aspekt der Definition des Kapitalismus als Wirtschaftssystem ist, dass in diesem System der größte Teil der Produktion mit im **Privateigentum** befindlichen **Investitionsgütern** stattfindet, die von Arbeitskräften betrieben werden, die dafür Lohn erhalten. Dies steht im Gegensatz zum Eigentum der Regierung an Investitionsgütern in einer zentralen Planwirtschaft, in der private Unternehmen und Märkte relativ unwichtig sind.

Ein weiterer Gegensatz ist ein als Sklavereiwirtschaft definiertes Wirtschaftssystem, in dem die meiste Arbeit von Menschen verrichtet wird, die nicht gegen Lohn angestellt sind, sondern (wie das Land auf dem sie arbeiten) Eigentum einer anderen Person sind. Über diese Definitionen hinaus umfassen kapitalistische Wirtschaftssysteme auch die Arbeit von Regierungsbeamtinnen und Regierungsbeamten als auch die unbezahlte Arbeit im Haushalt sowie—historisch gesehen—die Arbeit von Versklavten.

Der Kapitalismus ist ein Wirtschaftssystem, das Zentralisierung und Dezentralisierung miteinander verbindet. Es konzentriert die Macht in den Händen von Eigentümerinnen, Eigentümern, Managerinnen und Managern von Unternehmen, die dann in der Lage sind, die Kooperation einer großen Zahl von Beschäftigten im Produktionsprozess zu sichern. Es schränkt jedoch die Macht einzelner Individuen ein, da sie auf den Märkten im Wettbewerb stehen, um zu kaufen und zu verkaufen.

Wenn also die Eigentümer:innen eines Unternehmens mit Beschäftigten interagieren, sind sie ‚Chef:in'. Aber wenn dieselben Eigentümer:innen mit einer potenziellen Kundin oder einem Kunden interagieren, sind sie einfach eine weitere Person, die versucht, im Wettbewerb mit anderen Unternehmen einen Verkauf zu tätigen. Es ist diese ungewöhnliche Kombination aus Wettbewerb zwischen Unternehmen und Konzentration von Macht und Kooperation innerhalb der Unternehmen, die den Erfolg des Kapitalismus als Wirtschaftssystem ausmacht.

Wie konnte der Kapitalismus zu einem Anstieg des Lebensstandards führen?

Mit dem dauerhaften Durchsetzen des Kapitalismus gingen zwei wichtige Veränderungen einher, die beide die Produktivität der Arbeitskräfte erhöhten:

Technologie

Wie wir gesehen haben, fiel die permanente technologische Revolution mit dem Übergang zu Unternehmen als der vorherrschenden Art der Produktionsorganisation zusammen. Das bedeutet nicht, dass Unternehmen notwendigerweise den technologischen Wandel verursacht haben. Aber Unternehmen, die auf den Märkten miteinander konkurrierten, hatten starke Anreize, neue und produktivere Technologien zu übernehmen, zu entwickeln und in Investitionsgüter zu investieren, die für kleine Familienunternehmen unerschwinglich gewesen wären.

> **Eigentum** Das Recht, etwas zu nutzen und andere von der Nutzung auszuschließen, sowie das Recht, die Sache, die man besitzt, zu verkaufen.

Spezialisierung

Das Wachstum von Unternehmen, die viele Arbeitskräfte beschäftigten, und die Ausweitung der Märkte, die die ganze Welt in einem Austauschprozess miteinander verbanden, ermöglichten eine historisch beispiellose Spezialisierung bei den Aufgaben und Produkten, an denen die Menschen arbeiteten. Im nächsten Abschnitt werden wir sehen, wie diese Spezialisierung die Arbeitsproduktivität und den Lebensstandard erhöhen kann.

ÜBUNG 1.9 UNTERNEHMEN ODER NICHT?

Erläutern Sie anhand unserer Definition, ob jedes der folgenden Unternehmen ein Unternehmen ist, indem Sie untersuchen, ob es die Merkmale erfüllt, die ein Unternehmen definieren. Recherchieren Sie online, wenn Sie nicht weiterkommen.

1. John Lewis Partnership (Vereinigtes Königreich)
2. Ein Familienbetrieb in Vietnam
3. Die Praxis Ihrer derzeitigen Ärztin oder Ihres Arztes
4. Walmart (USA)
5. Ein Piratenschiff aus dem achtzehnten Jahrhundert (siehe unsere Beschreibung von *The Royal Rover* in Einheit 5)
6. Google (USA)
7. Manchester United plc (Vereinigtes Königreich)
8. Wikipedia

1.8 DIE VORTEILE DER SPEZIALISIERUNG

Kapitalismus und Spezialisierung

Sehen Sie sich die Gegenstände in Ihrem Arbeitsbereich an. Kennen Sie die Person, die sie hergestellt hat? Was ist mit Ihrer Kleidung? Oder irgendetwas anderes, das Sie von Ihrem Platz aus sehen können?

Stellen Sie sich nun vor, es sei 1776, das Jahr, in dem Adam Smith *The Wealth of Nations* schrieb. Die gleichen Fragen, irgendwo auf der Welt gestellt, hätten andere Antworten ergeben.

Damals produzierten viele Familien eine breite Palette von Gütern für den Eigenbedarf, darunter Feldfrüchte, Fleisch, Kleidung und sogar Werkzeuge. Viele der Dinge, die Sie zu Adam Smiths Zeiten gesehen haben könnten, wurden von einem Mitglied der Familie oder des Dorfes hergestellt. Einige Gegenstände hätten Sie selbst hergestellt, andere wären vor Ort hergestellt und auf dem dörflichen Markt gekauft worden.

> **Skaleneffekte** Sie treten auf, wenn die Verdoppelung aller Inputs in einem Produktionsprozess den Output mehr als verdoppelt. Die Form der Kurve der langfristigen Durchschnittskosten eines Unternehmens hängt sowohl von den Skalenerträgen in der Produktion als auch von den Auswirkungen der Skalenerträge auf die Preise ab, die das Unternehmen für seine Inputs zahlt. *Auch bekannt als: steigende Skalenerträge, negative Skaleneffekte.*

Eine der Veränderungen, die schon zu Lebzeiten von Adam Smith im Gange war, sich aber seitdem stark beschleunigt hat, ist die Spezialisierung bei der Produktion von Waren und Dienstleistungen. Wie Smith erklärte, werden wir besser darin, Dinge zu produzieren, wenn sich jede Person auf eine begrenzte Anzahl von Aktivitäten konzentriert. Dies ist aus drei Gründen der Fall:

- *Learning by Doing*: Wir erwerben Fähigkeiten, während wir Dinge produzieren.
- *Unterschiede in den Fähigkeiten*: Aus Gründen des Könnens oder der natürlichen Umgebung, wie zum Beispiel der Qualität des Bodens, sind einige Menschen besser darin, bestimmte Dinge zu produzieren als andere.
- *Skaleneffekte*: Die Produktion einer großen Anzahl von Einheiten eines Gutes ist oft kostengünstiger als die Produktion einer kleineren Anzahl. Wir gehen in Einheit 7 näher darauf ein.

Dies sind die Vorteile der Arbeit an einer begrenzten Anzahl von Aufgaben oder Produkten. Die Menschen produzieren in der Regel nicht die gesamte Palette der Waren und Dienstleistungen, die sie in ihrem täglichen Leben nutzen oder konsumieren. Stattdessen spezialisieren wir uns, einige produzieren ein Gut, andere produzieren andere Güter, einige arbeiten in einem Handwerk, andere als Lehrer:in oder in der Landwirtschaft.

Aber die Menschen werden sich nicht spezialisieren, wenn sie nicht die Möglichkeit haben, die anderen Güter, die sie brauchen, zu erwerben.

Aus diesem Grund stellt die Spezialisierung—die Arbeitsteilung—die Gesellschaft vor ein Problem: Wie sollen die Waren und Dienstleistungen von den produzierenden Personen auf die Endverbraucher:innen verteilt werden? Im Laufe der Geschichte geschah dies auf unterschiedliche Weise, von der direkten Beschlagnahme und Verteilung durch die Regierung, wie es in den USA und vielen anderen Volkswirtschaften während des Zweiten Weltkriegs der Fall war, bis hin zu Geschenken und freiwilligem Teilen, wie wir es heute in Familien tun und wie es unsere Ahnen, die von der Jagd und dem Sammeln von Waldfrüchten lebten, selbst unter nicht verwandten Mitgliedern einer Gemeinschaft praktizierten. Der Kapitalismus verbesserte unsere Möglichkeiten zur Spezialisierung, indem er die wirtschaftliche Bedeutung von Märkten und Unternehmen ausweitete.

Spezialisierung gibt es in Regierungen und auch in Familien, wo die Frage, wer welche Hausarbeit erledigt, oft mit Alter und Geschlecht zusammenhängt. Im Folgenden betrachten wir die Arbeitsteilung in Unternehmen und auf Märkten.

Die Arbeitsteilung in Unternehmen

Adam Smith beginnt *The Wealth of Nations* mit dem folgenden Satz:

> Die größte Verbesserung der Produktivität der Arbeit und der größte Teil der Fertigkeit, der Geschicklichkeit und des Urteilsvermögens, mit denen sie angewandt wird, scheinen die Auswirkungen der Arbeitsteilung zu sein.

Er beschrieb eine Stecknadelfabrik, in der die Spezialisierung der Aufgaben unter den Beschäftigten ein Produktivitätsniveau—pro Tag produzierte Stecknadeln—ermöglichte, das ihm außergewöhnlich erschien. Unternehmen können Tausende oder sogar Hunderttausende von Menschen beschäftigen, von denen die meisten unter der Leitung der Eigentümer:innen oder des Managements des Unternehmens an spezialisierten Aufgaben arbeiten.

Diese Beschreibung des Unternehmens unterstreicht seine hierarchische Struktur von oben nach unten. Man kann sich das Unternehmen aber auch als ein Mittel vorstellen, mit dem eine große Anzahl von Menschen mit unterschiedlichen Fähigkeiten und Fertigkeiten zu einem gemeinsamen Ergebnis, dem Produkt, beitragen. Das Unternehmen ermöglicht also eine Art Kooperation zwischen spezialisierten produzierenden Personen, die die Produktivität erhöht.

Auf die Frage, wer was im Unternehmen tut und warum, kommen wir in Einheit 6 zurück.

Märkte, Spezialisierung und komparativer Vorteil

Kapitel 3 in *The Wealth of Nations* trägt den Titel: „Die Teilung der Arbeit hat ihre Schranken an der Ausdehnung des Marktes", in dem Smith erklärt:

> Wenn der Markt sehr klein ist, kann Niemand sich ermutigt finden, sich gänzlich einer Beschäftigung zu widmen, weil es an der Möglichkeit

fehlt, den ganzen Überschuß des Erzeugnisses seiner Arbeit, der über seinen eigenen Verbrauch hinausgeht, für solche Teile der Erzeugnisse Anderer, die er gerade braucht, auszutauschen.

Wenn Sie das Wort ‚Markt' hören, an welches Wort denken Sie dann? Wahrscheinlich denken Sie an ‚Wettbewerb'. Und Sie hätten Recht, wenn Sie diese beiden Wörter assoziieren würden.

Aber vielleicht fällt Ihnen auch ‚Kooperation' ein. Warum? Weil Märkte es allen von uns ermöglichen, bei der Verfolgung der privaten Ziele zusammenzuarbeiten und Waren und Dienstleistungen auf eine Weise zu produzieren und zu verteilen, die zwar bei weitem nicht perfekt, aber in vielen Fällen besser ist als die Alternativen.

Märkte erzielen ein außergewöhnliches Ergebnis: eine ungewollte Kooperation auf globaler Ebene. Die Menschen, die das Telefon auf Ihrem Schreibtisch produziert haben, kannten Sie nicht und interessierten sich auch nicht für Sie; sie produzierten es eher als Sie, weil sie besser darin sind, Telefone zu produzieren als Sie und Sie bekamen es schließlich, weil Sie sie bezahlten und es ihnen ermöglichten, Waren zu kaufen, die sie brauchen und die ebenfalls von völlig Fremden produziert wurden.

Ein einfaches Beispiel veranschaulicht, wie Märkte eine Spezialisierung ermöglichen, wenn sich Menschen in ihrer Fähigkeit unterscheiden, verschiedene Güter zu produzieren. Es zeigt etwas Überraschendes: Alle Produzierenden können von einer Spezialisierung und dem Handel mit Gütern profitieren, selbst wenn dies bedeutet, dass sich eine Person auf ein Gut spezialisiert, das eine andere zu niedrigeren Kosten herstellen könnte.

Stellen Sie sich eine Welt mit nur zwei Individuen (Greta und Carlos) vor, die beide zwei Güter, Äpfel und Weizen, benötigen, um zu überleben. Sie unterscheiden sich darin, wie produktiv sie beim Anbau von Äpfeln und Weizen sind. Wenn Greta ihre gesamte Zeit, sagen wir 2000 Stunden im Jahr, mit der Produktion von Äpfeln verbringen würde, würde sie 1250 produzieren. Wenn sie nur Weizen produzieren würde, käme sie auf 50 Tonnen pro Jahr. Carlos verfügt über weniger fruchtbares Land als Greta, auf dem er beide Kulturen anbauen kann: Wenn er seine gesamte Zeit (die gleiche Zeit wie Greta) dem Apfelanbau widmen würde, würde er 1000 pro Jahr produzieren und wenn er nur Weizen produzieren würde, würde er 20 Tonnen produzieren. Siehe Abbildung 1.9a für eine Zusammenfassung.

Obwohl Carlos' Land für die Produktion beider Feldfrüchte schlechter ist, ist sein Nachteil im Vergleich zu Greta bei Äpfeln geringer als bei Weizen. Greta kann zweieinhalbmal so viel Weizen produzieren wie er, aber nur 25 % mehr Äpfel.

Ökonominnen und Ökonomen unterscheiden auf zwei Arten, wer was besser produzieren kann: absoluter Vorteil und komparativer Vorteil.

	Produktion, wenn 100 % der Zeit für ein Gut aufgewendet wird
Greta	1250 Äpfel oder 50 Tonnen Weizen
Carlos	1000 Äpfel oder 20 Tonnen Weizen

Abbildung 1.9a Absoluter und komparativer Vorteil bei der Produktion von Äpfeln und Weizen.

Greta hat bei beiden Feldfrüchten einen **absoluten Vorteil**. Carlos hat einen absoluten Nachteil. Greta kann von beiden Feldfrüchten mehr produzieren als Carlos.

Greta hat einen komparativen Vorteil bei Weizen; Carlos hat einen **komparativen Vorteil** bei Äpfeln. Obwohl sie besser ist, ist Carlos bei der Produktion von Äpfeln am wenigsten benachteiligt. Greta hat einen komparativen Vorteil bei der Produktion von Weizen.

Zunächst können Carlos und Greta nicht miteinander handeln. Beide müssen sich selbst versorgen und genau das verbrauchen, was sie produzieren, also wird jeder von ihnen beide Güter herstellen, um zu überleben. Greta entscheidet sich dafür, 40 % ihrer Zeit für die Apfelproduktion und den Rest für die Weizenproduktion zu verwenden. Spalte 1 von Abbildung 1.9b zeigt, dass sie 500 Äpfel und 30 Tonnen Weizen produziert und verbraucht. Der Konsum von Carlos ist ebenfalls dargestellt: Er verbringt 30 % seiner Zeit mit der Produktion von Äpfeln und 70 % mit der Produktion von Weizen.

Nehmen wir nun an, dass es Märkte gibt, auf denen Äpfel und Weizen gekauft und verkauft werden können und dass 40 Äpfel für den Preis von 1 Tonne Weizen gekauft werden können. Wenn Greta sich nur auf den Anbau von Weizen spezialisiert und 50 Tonnen Weizen und keine Äpfel produziert, während Carlos sich auf Äpfel spezialisiert, wird die Gesamtproduktion beider Personen höher sein als bei der Selbstversorgung (Spalte 2). Dann kann jeder von ihnen einen Teil der eigenen Ernte auf dem Markt verkaufen und etwas von der Ware kaufen, die der andere produziert hat.

Wenn Greta zum Beispiel 15 Tonnen Weizen verkauft (Spalte 3), um 600 Äpfel zu kaufen, kann sie jetzt mehr Äpfel und mehr Weizen verbrauchen als vorher (Spalte 4). Und die Tabelle zeigt, dass der Kauf der von Greta produzierten 15 Tonnen Weizen im Gegenzug für 600 Äpfel es Carlos ebenfalls ermöglicht, mehr von beiden Gütern zu konsumieren, als es ohne Spezialisierung und Handel möglich gewesen wäre.

Bei der Konstruktion dieses Beispiels haben wir angenommen, dass die Marktpreise so sind, dass 1 Tonne Weizen gegen 40 Äpfel getauscht werden kann. Wir werden in den Einheiten 7 bis 12 darauf zurückkommen, wie Märkte funktionieren, aber Übung 1.10 zeigt, dass diese Annahme nicht entscheidend war. Es gibt andere Preise, bei denen sowohl Greta als auch Carlos vom Handel profitieren würden.

> **absoluter Vorteil** Eine Person oder ein Land hat einen absoluten Vorteil bei der Produktion eines Gutes, wenn die Inputs, die es zur Produktion dieses Gutes verwendet, geringer sind als bei einer anderen Person oder einem anderen Land. *Siehe auch: komparativer Vorteil.*
>
> **komparativer Vorteil** Eine Person oder ein Land hat einen komparativen Vorteil bei der Produktion eines bestimmten Gutes, wenn die Kosten für die Produktion einer zusätzlichen Einheit dieses Gutes im Verhältnis zu den Kosten für die Produktion eines anderen Gutes niedriger sind als die Kosten einer anderen Person oder eines anderen Landes für die Produktion der gleichen zwei Güter. *Siehe auch: absoluter Vorteil.*

		Selbstversorgung	Vollständige Spezialisierung und Handel		
			Produktion	Handel	Konsum
		1	2	3	4
Greta	Äpfel	500	0		600
	Weizen	30	50 =	15 +	35
Carlos	Äpfel	300	1000 =	600 +	400
	Weizen	14	0		15
Gesamtmenge	Äpfel	800	1000	600	1000
	Weizen	44	50	15	50

Abbildung 1.9b Selbstversorgung und Spezialisierung im Vergleich. Bei Selbstversorgung verbrauchen beide genau das, was sie produzieren. Bei vollständiger Spezialisierung produziert Greta nur Weizen, Carlos nur Äpfel und sie handeln mit dem Überschuss ihrer Produktion, der über dem liegt, was sie konsumieren.

Die Möglichkeit zum Handel, das heißt das Vorhandensein eines Apfelmarktes und eines Weizenmarktes, hat sowohl Greta als auch Carlos Vorteile gebracht. Dies war möglich, weil die Spezialisierung auf die Produktion eines einzigen Gutes die Gesamtmenge jedes produzierten Gutes von 800 auf 1000 Äpfel und von 44 auf 50 Tonnen Weizen erhöhte. Überraschend ist, dass Greta am Ende 600 Äpfel von Carlos kaufte, obwohl sie diese Äpfel selbst zu geringeren Kosten (in Bezug auf die Arbeitszeit) hätte herstellen können. Dies war die bessere Lösung, denn während Greta einen absoluten Vorteil bei der Produktion beider Güter hatte, besaß Carlos einen komparativen Vorteil bei der Produktion von Äpfeln.

Märkte tragen zur Steigerung der Arbeitsproduktivität bei—und können daher helfen, den Hockeyschläger der Geschichte zu erklären—, indem sie es den Menschen ermöglichen, sich auf die Produktion von Gütern zu spezialisieren, für die sie einen komparativen Vorteil haben, das heißt die Dinge, in denen sie—relativ gesehen—am wenigsten schlecht sind!

ÜBUNG 1.10 ÄPFEL UND WEIZEN

Angenommen, die Marktpreise wären so, dass man für 1 Tonne Weizen 35 Äpfel kaufen könnte.

1. Wenn Greta 16 Tonnen Weizen verkaufen würde, wären sie und Carlos dann immer noch besser dran?
2. Was würde passieren, wenn nur 20 Äpfel für den Preis einer Tonne Weizen gekauft werden könnten?

1.9 KAPITALISMUS, KAUSALITÄT UND DER HOCKEYSCHLÄGER DER GESCHICHTE

Wir haben gesehen, dass die mit dem Kapitalismus verbundenen Institutionen das Potenzial haben, den Menschen durch Möglichkeiten der Spezialisierung und der Einführung neuer Technologien zu mehr Wohlstand zu verhelfen und dass die permanente technologische Revolution mit dem dauerhaften Durchsetzen des Kapitalismus zusammenfiel. Aber können wir daraus schließen, dass der Kapitalismus die Ursache für den Knick im Hockeyschläger ist?

Wir sollten skeptisch sein, wenn jemand behauptet, dass etwas Komplexes (der Kapitalismus) etwas anderes ‚verursacht' (einen höheren Lebensstandard, technologische Verbesserungen, eine vernetzte Welt oder Umweltprobleme).

In der Wissenschaft stützen wir die Behauptung, dass X die Ursache für Y ist, indem wir die Beziehung zwischen Ursache (X) und Wirkung (Y) verstehen und Experimente durchführen, um durch Messung von X und Y Beweise zu sammeln.

Kausalität Die Beziehung einer Ursache zu einer Wirkung, die besagt, dass eine Veränderung in einer Variablen eine Veränderung in einer anderen bewirkt. Während eine Korrelation einfach die Feststellung ist, dass sich zwei Dinge zusammen bewegt haben, impliziert die Kausalität einen Mechanismus, der für die Verbindung verantwortlich ist, und ist daher ein restriktiveres Konzept. *Siehe auch: natürliches Experiment, Korrelation.*

In der Volkswirtschaftslehre wollen wir **kausale** Aussagen machen, um zu verstehen, warum etwas passiert oder um Wege zu finden, etwas zu ändern, damit die Wirtschaft besser funktioniert. Das bedeutet, dass man eine kausale Aussage darüber trifft, dass Politik X wahrscheinlich zu einer Veränderung Y führt. Ökonominnen und Ökonomen könnten beispielsweise behaupten: ‚Wenn die Zentralbank den Zinssatz senkt, werden mehr Menschen Häuser und Autos kaufen'.

Aber eine Wirtschaft besteht aus den Interaktionen von Millionen von Menschen. Wir können sie nicht alle messen und verstehen und es ist nur selten möglich, Beweise durch Experimente zu sammeln (obwohl wir in

Einheit 4 Beispiele für den Einsatz herkömmlicher Experimente in einem Bereich der Volkswirtschaftslehre geben werden). Wie können Ökonominnen und Ökonomen also Wissenschaft betreiben? Dieses Beispiel zeigt, wie die Dinge, die wir in der Welt beobachten, uns helfen können, Ursachen und Wirkungen zu untersuchen.

WIE ÖKONOMINNEN UND ÖKONOMEN AUS FAKTEN LERNEN

Spielen Institutionen eine Rolle beim Wachstum des Einkommens?
Wir können feststellen, dass der Kapitalismus gleichzeitig mit oder kurz vor der Industriellen Revolution und dem Aufwärtsknick unseres Hockeyschlägers aufkam. Dies würde mit der Hypothese übereinstimmen, dass kapitalistische Institutionen eine der Ursachen für die Ära des kontinuierlichen Produktivitätswachstums waren. Aber auch das Aufkommen eines frei denkenden kulturellen Umfelds, das als ‚Aufklärung' (https://tinyco.re/8903951) bekannt ist, ging dem Aufschwung der Hockeyschläger voraus oder fiel mit ihm zusammen. Lag es also an den Institutionen oder an der Kultur, an beidem oder an anderen Ursachen? Ökonominnen und Ökonomen sowie Historiker:innen sind sich uneinig, wie Sie in Einheit 2 sehen werden, wenn wir fragen: „Was waren die Ursachen der Industriellen Revolution?"

Wissenschaftler:innen aller Fachrichtungen versuchen, den Bereich, in dem sie sich nicht einig sind, mit Hilfe von Fakten einzugrenzen. Bei komplizierten wirtschaftlichen Fragen wie „Spielen Institutionen in der Wirtschaft eine Rolle?" können Fakten genügend Informationen liefern, um zu einer Schlussfolgerung zu gelangen.

Eine Methode hierfür ist das **natürliche Experiment**. Dabei handelt es sich um eine Situation, in der es Unterschiede bei etwas von Interesse gibt— zum Beispiel bei der Veränderung von Institutionen—, die nicht mit Unterschieden bei anderen möglichen Ursachen verbunden sind.

Die Teilung Deutschlands am Ende des Zweiten Weltkriegs in zwei getrennte Wirtschaftssysteme—planwirtschaftlich im Osten, kapitalistisch im Westen—stellte ein natürliches Experiment dar. Während dieser Zeit teilte ein politischer ‚Eiserner Vorhang', wie ihn der britische Premierminister Winston Churchill nannte, das Land. Er trennte zwei Bevölkerungsgruppen, die bis dahin dieselbe Sprache, Kultur und kapitalistische Wirtschaft geteilt hatten.

Im Jahr 1936, vor dem Zweiten Weltkrieg, war der Lebensstandard im späteren Ost- und Westdeutschland gleich. Dies ist ein geeigneter Rahmen für die Anwendung der Methode des natürlichen Experiments. Vor dem Krieg waren sächsische und thüringische Unternehmen weltweit führend in der Automobil- und Flugzeugproduktion, in der Chemie, der Optik und der Feinmechanik.

Mit der Einführung der zentralisierten Wirtschaftsplanung in Ostdeutschland verschwanden Privateigentum, Märkte und Unternehmen praktisch. Die Entscheidungen darüber, was, wie viel und in welchen Betrieben, Büros, Bergwerken und Landwirtschaftsbetrieben produziert werden sollte, wurden nicht von Privatpersonen, sondern von Regierungsangestellten getroffen. Die Manager:innen, die diese Organisation der Wirtschaft leiteten, brauchten nicht dem Prinzip des Kapitalismus zu folgen und Waren und Dienstleistungen zu produzieren, die Kundinnen und Kunden zu einem Preis kaufen würden, der über den Herstellungskosten lag.

Westdeutschland blieb eine kapitalistische Wirtschaft.

natürliches Experiment Eine empirische Studie, die natürlich vorkommende statistisch messbare Ereignisse ausnutzt, bei der die Forschenden nicht die Möglichkeit haben, die Teilnehmenden einer Treatment- und einer Kontrollgruppe zuzuordnen (wie es bei herkömmlichen Experimenten der Fall ist). Stattdessen können Unterschiede in der Gesetzgebung, der Politik, dem Wetter oder anderen Ereignissen die Möglichkeit bieten, dass Populationen so analysiert werden, als wären sie Teil eines Experiments gewesen. Die Gültigkeit solcher Studien hängt von der Voraussetzung ab, dass die Zuordnung der teilnehmenden Individuen zu den natürlich vorkommenden Treatment- und Kontrollgruppen plausibel als zufällig dargestellt werden kann.

Mehr Details über Winston Churchills Rede zum „Eisernen Vorhang" (https://tinyco.re/6053919).

Da wir die Vergangenheit nicht ändern können, selbst wenn es praktisch wäre, Experimente an ganzen Bevölkerungen durchzuführen, sind wir auf natürliche Experimente angewiesen. Wie Jared Diamond, ein Biologe, und James Robinson, ein Ökonom und Politikwissenschaftler (https://tinyco.re/8903951) in einem Interview erklären.

Die Kommunistische Partei Ostdeutschlands prognostizierte 1958, dass der materielle Wohlstand bis 1961 das Niveau Westdeutschlands übersteigen würde. Das Scheitern dieser Vorhersage war einer der Gründe für den Bau der Berliner Mauer, die 1961 Ost- und Westdeutschland trennte. Als die Berliner Mauer 1989 fiel und Ostdeutschland die zentrale Planung aufgab, war das Pro-Kopf-BIP weniger als halb so hoch wie das des kapitalistischen Westdeutschlands. Abbildung 1.10 zeigt die unterschiedlichen Wege, die diese und zwei weitere Volkswirtschaften seit 1950 eingeschlagen haben. Dabei wird die Verhältnisskala verwendet.

Aktuelle Daten bei OWiD anzeigen
https://tinyco.re/6997062

The Conference Board. 2015. *Total Economy Database*. Angus Maddison. 2001. ‚The World Economy: A Millennial Perspective'. Development Centre Studies. Paris: OECD.

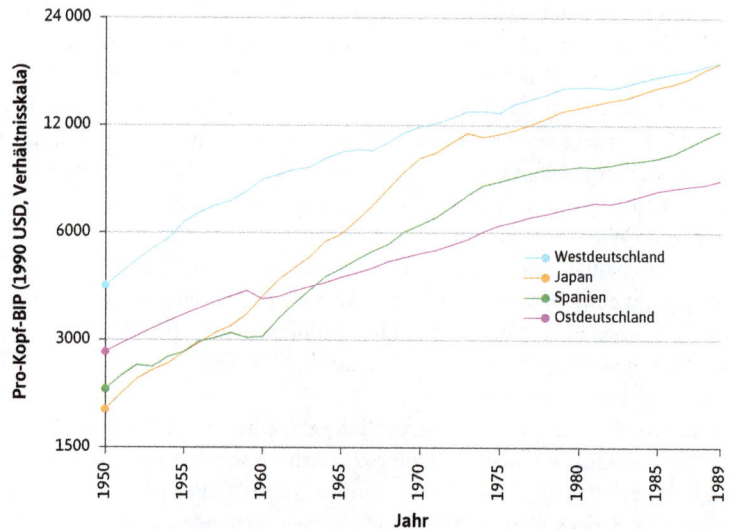

Abbildung 1.10 Die beiden deutschen Staaten: Planung und Kapitalismus (1950–89).

Hartmut Berghoff and Uta Andrea Balbier. 2013. 'From Centrally Planned Economy to Capitalist Avant-Garde? The Creation, Collapse, and Transformation of a Socialist Economy'. In *The East German Economy, 1945–2010: Falling behind or Catching Up?* Cambridge: Cambridge University Press.

Aus Abbildung 1.10 ist ersichtlich, dass Westdeutschland im Jahr 1950 eine günstigere Ausgangsposition hatte als Ostdeutschland. Doch 1936, vor Kriegsbeginn, war der Lebensstandard in beiden Teilen Deutschlands nahezu identisch. Beide Regionen hatten eine erfolgreiche Industrialisierung erreicht. Die relative Schwäche Ostdeutschlands im Jahr 1950 war nicht in erster Linie auf Unterschiede bei der Kapitalausstattung oder den verfügbaren Qualifikationen der Bevölkerung zurückzuführen, sondern darauf, dass die Struktur der Industrie in Ostdeutschland durch die Teilung des Landes stärker gestört war als in Westdeutschland.

Im Gegensatz zu einigen kapitalistischen Volkswirtschaften, die 1950 ein noch niedrigeres Pro-Kopf-Einkommen aufwiesen, konnte die ostdeutsche Planwirtschaft nicht zu den weltweit führenden Ländern aufschließen, zu denen auch Westdeutschland gehörte. Bis 1989 hatte die japanische Wirtschaft (die ebenfalls Kriegsschäden erlitten hatte) mit ihrer eigenen besonderen Kombination aus Privateigentum, Märkten und Unternehmen sowie einer starken koordinierenden Rolle der Regierung zu Westdeutschland aufgeschlossen und Spanien hatte einen Teil des Rückstands aufgeholt.

Wir können aus dem natürlichen Experiment in Deutschland nicht den Schluss ziehen, dass der Kapitalismus immer ein schnelles Wirtschaftswachstum fördert, während zentrale Planung ein Rezept für relative Stagnation ist. Was wir stattdessen ableiten können, ist begrenzter: In der zweiten Hälfte des zwanzigsten Jahrhunderts war die Divergenz der wirtschaftlichen Institutionen von Bedeutung für den Lebensunterhalt der deutschen Bevölkerung.

1.10 FORMEN DES KAPITALISMUS: INSTITUTIONEN, REGIERUNG UND DIE WIRTSCHAFT

Nicht jedes kapitalistische Land ist die Art von wirtschaftlicher Erfolgsgeschichte, wie sie in Abbildung 1.1a (Seite 3) am Beispiel Großbritanniens oder anderen Länder, die aufgeholt haben, dargestellt ist. Abbildung 1.11 zeigt die Entwicklung einer Reihe von Ländern in der ganzen Welt während des zwanzigsten Jahrhunderts. Sie zeigt zum Beispiel, dass in Afrika der Erfolg Botswanas bei der Erzielung eines nachhaltigen Wachstums in scharfem Kontrast zu Nigerias relativem Misserfolg steht. Beide sind reich an natürlichen Ressourcen (Diamanten in Botswana, Öl in Nigeria), aber Unterschiede in der Qualität ihrer Institutionen—zum Beispiel das Ausmaß der Korruption und die Fehlleitung von Regierungsgeldern—können dazu beitragen, ihre gegensätzlichen Entwicklungen zu erklären.

Der Spitzenreiter in Abbildung 1.11 ist Südkorea. Im Jahr 1950 war das Pro-Kopf-BIP des Landes genauso hoch wie das von Nigeria. Im Jahr 2020 war das Land nach diesem Maßstab mehr als sieben mal reicher.

Der Aufschwung Südkoreas vollzog sich im Rahmen von Institutionen und politischen Maßnahmen, die sich deutlich von denen in Großbritannien im 18. und 19. Jahrhundert unterschieden. Der wichtigste Unterschied besteht darin, dass die südkoreanische Regierung (zusammen mit einigen sehr großen Unternehmen) eine führende Rolle bei der Lenkung des Entwicklungsprozesses spielte, indem sie einige Industrien ausdrücklich förderte, die Unternehmen dazu verpflichtete, auf ausländischen Märkten zu konkurrieren und außerdem für eine hochwertige Ausbildung der Arbeitskräfte sorgte. Der Begriff **Entwicklungsstaat** wurde auf die führende Rolle der südkoreanischen Regierung beim wirtschaftlichen Aufschwung angewandt und bezieht sich nun auf jede Regierung, die diese Rolle in der Wirtschaft spielt. Japan und China sind weitere Beispiele für Entwicklungsstaaten.

Aus Abbildung 1.11 geht auch hervor, dass 1928, als der erste Fünfjahres-Wirtschaftsplan der Sowjetunion eingeführt wurde, das Pro-Kopf-BIP die Hälfte des Niveaus in Argentinien und ungefähr dem Doppelten des Niveaus in Brasilien und Südkorea betrug. Die zentrale Planung in der Sowjetunion führte fast 50 Jahre lang zu einem stetigen, aber unspektakulären Wachstum. Das Pro-Kopf-BIP in der Sowjetunion übertraf Südkorea bei weitem und überholte sogar Argentinien von den 1960er Jahren bis kurz vor dem Ende des Regierens der Kommunistischen Partei im Jahr 1990.

Entwicklungsstaat Eine Regierung, die eine führende Rolle bei der Förderung des wirtschaftlichen Entwicklungsprozesses durch öffentliche Investitionen, Subventionen für bestimmte Industrien, Bildung und andere öffentliche Maßnahmen übernimmt.

World Bank, The. 1993. *The East Asian miracle: Economic growth and public policy.* New York, NY: Oxford University Press.

Aktuelle Daten bei OWiD anzeigen
https://tinyco.re/2023925

Jutta Bolt und Jan Luiten van Zanden.
2020. 'Maddison style estimates of the
evolution of the world economy. A new
2020 update'. Maddison Project Database,
version 2020.

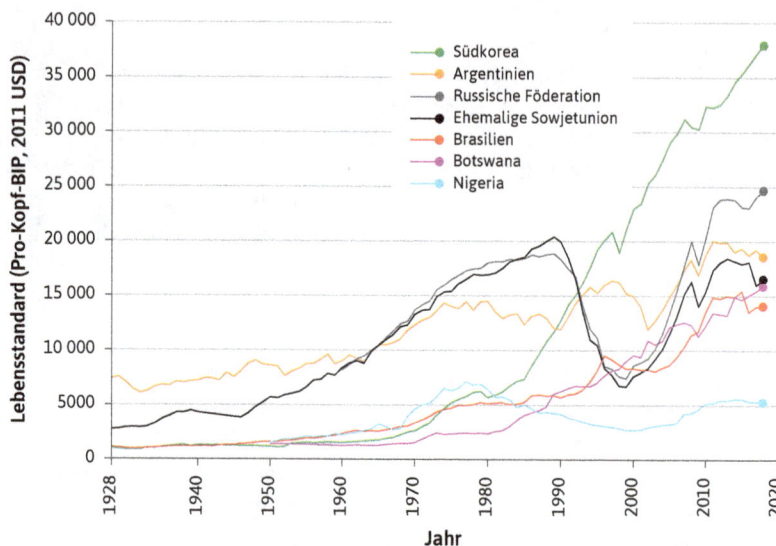

Abbildung 1.11 Divergenz des Pro-Kopf-BIP bei den Nachzüglern der kapitalistischen Revolution (1928–2018). Anmerkung: Die Datenreihe ehemalige Sowjetunion schließt die Russische Föderation nach 1992 aus.

Einige Forschende stellen die Gültigkeit (https://tinyco.re/5201040) historischer BIP-Schätzungen wie dieser außerhalb Europas in Frage, weil die Volkswirtschaften dieser Länder so unterschiedlich strukturiert waren.

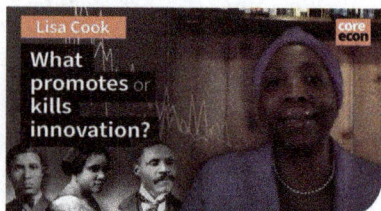

In unserem Video „Ökonominnen und Ökonomen in Aktion"; erklärt Lisa Cook, was Innovation fördert oder vernichtet. https://tinyco.re/5093842

Der Kontrast zwischen West- und Ostdeutschland zeigt, dass ein Grund dafür, dass die zentrale Planung als Wirtschaftssystem aufgegeben wurde, darin lag, dass sie im letzten Viertel des 20. Jahrhunderts nicht die Verbesserungen des Lebensstandards brachte, die in einigen kapitalistischen Volkswirtschaften erreicht wurden. Doch auch die Varianten des Kapitalismus, die in den Ländern der ehemaligen Sowjetunion an die Stelle der zentralen Planung traten, funktionierten nicht so gut. Das zeigt sich an dem deutlichen Rückgang des Pro-Kopf-BIP in der ehemaligen Sowjetunion nach 1990. Die Ökonomin Lisa Cook von der Michigan State University fragt, warum der Übergang zum Kapitalismus in Russland in den 1990er Jahren keine Welle der Innovation ausgelöst hat. Sie dokumentiert die Erfindungen afroamerikanischer Erfinder:innen aus dem späten 19. Jahrhundert, darunter Gasmasken, Verkehrsampeln und Glühbirnen-Technologie und zeigt, wie diese Welle von Innovationen durch eine Welle von Anschlägen und rassistischer Mobgewalt unterbrochen wurde. Ihre Erkenntnisse über die politischen und ökonomischen Bedingungen, unter denen Innovation gedeiht, sind wichtig, um die großen Unterschiede in der Innovationsaktivität in der heutigen Welt zu verstehen.

Wann ist der Kapitalismus dynamisch?

Die schleppende Entwicklung einiger Volkswirtschaften in Abbildung 1.11 zeigt, dass das Vorhandensein kapitalistischer Institutionen allein nicht ausreicht, um eine dynamische Wirtschaft zu schaffen, das heißt eine Wirtschaft, die ein anhaltendes Wachstum des Lebensstandards mit sich bringt. Zwei Gruppen von Bedingungen tragen zur Dynamik des kapitalistischen Wirtschaftssystems bei. Die eine Gruppe ist wirtschaftlicher Natur, die andere ist politischer Natur und betrifft die Regierung und ihre Arbeitsweise.

Wirtschaftliche Bedingungen

Wenn der Kapitalismus weniger dynamisch ist, könnte die Erklärung sein, dass:

- *Privateigentum nicht sicher ist*: Es gibt eine schwache Durchsetzung der Rechtsstaatlichkeit und von Verträgen oder Enteignungen entweder durch kriminelle Elemente oder durch staatliche Stellen.
- *Märkte nicht wettbewerbsfähig sind*: Sie bieten nicht ‚Zuckerbrot und Peitsche‘, die eine kapitalistische Wirtschaft dynamisch machen.
- *Unternehmen sich im Besitz und unter der Leitung von Personen befinden, die aufgrund ihrer Beziehungen zur Regierung oder ihrer privilegierten Herkunft überleben*: Sie wurden nicht zu Eigentümer:innen oder Manager:innen, weil sie gut darin waren, hochwertige Waren und Dienstleistungen zu einem wettbewerbsfähigen Preis zu liefern. Nicht sicheres Privateigentum sowie nicht-wettbewerbsfähige Märkte machen diese Erklärung wahrscheinlicher.

Eine Kombination aus dem Versagen der drei grundlegenden Institutionen des Kapitalismus bedeutet, dass Einzelpersonen und Gruppen oft mehr davon haben, wenn sie Zeit und Ressourcen in Lobbyarbeit, kriminelle Aktivitäten und andere Möglichkeiten investieren, um die Verteilung der Einkommen zu ihren Gunsten zu verändern. Sie profitieren weniger von der direkten Schaffung von wirtschaftlichem Wert.

Der Kapitalismus ist das erste Wirtschaftssystem in der Geschichte der Menschheit, in dem die Zugehörigkeit zur Elite häufig von einer hohen wirtschaftlichen Leistung abhängt. Wenn man als Eigentümer:in eines Unternehmens scheitert, ist man nicht mehr Teil des Clubs. Niemand schmeißt Sie raus, denn das ist nicht nötig: Sie gehen einfach bankrott. Ein wichtiges Merkmal der Marktdisziplin—gute Produkte gewinnbringend zu produzieren oder zu scheitern—ist, dass sie dort, wo sie gut funktioniert, automatisch greift. Denn eine befreundete Person an der Macht zu haben, ist keine Garantie dafür, dass man im Geschäft bleiben kann. Die gleiche Disziplin gilt für Unternehmen und für Einzelpersonen in Unternehmen: Verlierer:innen verlieren. Der Wettbewerb auf dem Markt bietet einen Mechanismus, um diejenigen auszusortieren, die zu wenig Leistung erbringen.

Denken Sie daran, wie sehr sich dies von anderen Wirtschaftssystemen unterscheidet. Ein Feudalherr, der seinen Besitz schlecht verwaltete, war nur ein schäbiger Herr. Aber die Eigentümer:innen eines Unternehmens, das nicht in der Lage war, Waren zu produzieren, die von den Menschen gekauft wurden und zwar zu Preisen, die die Kosten mehr als deckten, ist bankrott—und bankrotte Eigentümer:innen sind Ex-Eigentümer:innen.

Natürlich überleben Eigentümer:innen sowie Manager:innen kapitalistischer Unternehmen, wenn sie anfangs sehr wohlhabend oder politisch sehr gut vernetzt sind, und es kann vorkommen, dass Unternehmen trotz ihres Scheiterns im Geschäft bleiben, manchmal über lange Zeiträume oder sogar über Generationen hinweg. Verlierer:innen überleben manchmal. Aber es gibt keine Garantie: Um der Konkurrenz voraus zu sein, muss man ständig innovieren.

Politische Bedingungen

Auch die Regierung spielt eine wichtige Rolle. Wir haben gesehen, dass in einigen Volkswirtschaften—zum Beispiel in Südkorea—die Regierungen eine führende Rolle bei der kapitalistischen Revolution gespielt haben. Und in praktisch allen modernen kapitalistischen Volkswirtschaften sind die Regierungen ein wichtiger Teil der Wirtschaft, in einigen machen sie mehr als

János Kornai. 2013. *Dynamism, Rivalry, and the Surplus Economy: Two Essays on the Nature of Capitalism.* Oxford: Oxford University Press.

Dolores Augustine. 2013. ‚Innovation und Ideologie: Werner Hartmann and the Failure of the East German Electronics Industry'. In *The East German Economy, 1945–2010: Falling behind or Catching Up?* Cambridge: Cambridge University Press.

Daron Acemoglu und James A. Robinson. 2012. *Why Nations Fail: The Origins of Power, Prosperity, and Poverty.* New York, NY: Crown Publishing Group.

die Hälfte des BIP aus. Aber selbst dort, wo die Rolle der Regierung begrenzter ist, wie in Großbritannien zur Zeit der Industriellen Revolution, werden von den Regierungen Gesetze und Vorschriften, die das Funktionieren der Wirtschaft beeinflussen, festgelegt, durchgesetzt und geändert. Märkte, Privateigentum und Unternehmen werden allesamt durch Gesetze und politische Maßnahmen geregelt.

Damit Innovierende das Risiko der Einführung eines neuen Produkts oder Produktionsprozesses eingehen können, muss ihr Eigentum an den daraus resultierenden Gewinnen durch ein gut funktionierendes Rechtssystem vor Diebstahl geschützt werden. Die Regierungen entscheiden auch über Streitigkeiten über das Eigentum und setzen die Eigentumsrechte durch, die für das Funktionieren der Märkte erforderlich sind.

Monopol Ein Unternehmen, das als einziges Unternehmen ein Produkt ohne nahe Substitute verkauft. Bezieht sich auch auf einen Markt mit nur einem verkaufenden Unternehmen. *Siehe auch: Monopolmacht, natürliches Monopol.*

zu groß zum Scheitern Ein Merkmal großer Banken, deren zentrale Bedeutung in der Wirtschaft sicherstellt, dass sie von der Regierung gerettet werden, wenn sie in finanzielle Schwierigkeiten geraten. Die Bank trägt also nicht alle Kosten ihrer Tätigkeit und ist daher eher bereit, größere Risiken einzugehen. *Siehe auch: moralisches Risiko.*

Wie Adam Smith warnte, können Regierungen durch die Schaffung oder Zulassung von **Monopolen** wie der East India Company auch dem Wettbewerb die Zähne ziehen. Wenn ein großes Unternehmen in der Lage ist, ein Monopol zu errichten, indem es alle Konkurrierenden ausschließt, oder wenn eine Gruppe von Unternehmen in der Lage ist, Absprachen zu treffen, um den Preis hoch zu halten, werden die Anreize für Innovation und die Disziplin im Hinblick auf ein mögliches Scheitern abgeschwächt. Das Gleiche gilt in modernen Volkswirtschaften, wenn einige Banken oder andere Unternehmen als **zu groß zum Scheitern** angesehen werden und stattdessen von der Regierung gerettet werden, wenn sie andernfalls vielleicht gescheitert wären.

Die Regierung unterstützt nicht nur die Institutionen des kapitalistischen Wirtschaftssystems, sondern stellt auch wichtige Güter und Dienstleistungen wie physische Infrastruktur, das Bildungswesen und die nationale Verteidigung bereit. In den folgenden Einheiten untersuchen wir, warum die Regierung in Bereichen wie der Aufrechterhaltung des Wettbewerbs, der Besteuerung und Subventionierung zum Schutz der Umwelt, der Beeinflussung der Einkommensverteilung, der Schaffung von Vermögen sowie der Höhe der Beschäftigung und der Inflation auch wirtschaftlich sinnvoll sein kann.

Kurz gesagt, der Kapitalismus kann ein dynamisches Wirtschaftssystem sein, wenn er Folgendes kombiniert:

- *Private Anreize für kostensenkende Innovationen*: Diese ergeben sich aus dem Wettbewerb auf dem Markt und sicherem Privateigentum.
- *Unternehmen, die von Personen geführt werden, die nachweislich in der Lage sind, Güter zu niedrigen Kosten zu produzieren.*
- *Politik, die diese Bedingungen unterstützt*: Die öffentliche Hand stellt auch wesentliche Güter und Dienstleistungen bereit, die von privaten Unternehmen nicht angeboten werden.
- *Eine stabile Gesellschaft, biophysikalische Umwelt und Ressourcenbasis*: Wie in den Abbildungen 1.5 und 1.12.

kapitalistische Revolution Rasche Verbesserungen der Technologie in Verbindung mit der Entstehung eines neuen Wirtschaftssystems.

Dies sind die Bedingungen, die zusammen das ausmachen, was wir als **kapitalistische Revolution** bezeichnen, die zunächst in Großbritannien und dann in einigen anderen Volkswirtschaften die Art und Weise verändert hat, wie die Menschen bei der Produktion ihres Lebensunterhalts miteinander und mit der Natur interagieren.

Politische Systeme

Einer der Gründe, warum es den Kapitalismus in so vielen Formen gibt, ist die Tatsache, dass kapitalistische Volkswirtschaften im Laufe der Geschichte und bis heute mit vielen politischen Systemen koexistiert haben. Ein **politisches System**, wie **Demokratie** oder Diktatur, bestimmt, wie Regierungen ausgewählt werden und wie diese Regierungen Entscheidungen, die sich auf die Bevölkerung auswirken, treffen und umsetzen.

Der Kapitalismus entstand in Großbritannien, den Niederlanden und in den meisten der heutigen Länder mit hohem Einkommen lange vor der Demokratie. In keinem Land waren die meisten Erwachsenen vor dem Ende des 19. Jahrhunderts wahlberechtigt (Neuseeland war das erste Land). Selbst in der jüngeren Vergangenheit hat der Kapitalismus mit undemokratischen Formen der Regierung koexistiert, wie in Chile von 1973 bis 1990, in Brasilien von 1964 bis 1985 und in Japan bis 1945. Das heutige China hat eine Variante des kapitalistischen Wirtschaftssystems, aber sein Regierungssystem ist keine Demokratie im Sinne unserer Definition. In den meisten Ländern existieren heute jedoch Kapitalismus und Demokratie nebeneinander, wobei jedes System die Funktionsweise des anderen beeinflusst.

Wie den Kapitalismus gibt es auch die Demokratie in vielen Formen. In einigen Ländern wird das Staatsoberhaupt direkt von den Wähler:innen gewählt, in anderen wählt ein gewähltes Gremium, zum Beispiel ein Parlament, das Staatsoberhaupt. In einigen Demokratien gibt es strenge Beschränkungen für die Art und Weise, in der Einzelpersonen durch ihre finanziellen Beiträge Einfluss auf Wahlen oder die öffentliche Politik nehmen können; in anderen wiederum hat privates Geld durch Beiträge zu Wahlkampagnen, Lobbyarbeit und sogar illegale Beiträge wie Bestechung großen Einfluss.

Diese Unterschiede selbst zwischen Demokratien sind ein Teil der Erklärung dafür, warum die Bedeutung der Regierung in der kapitalistischen Wirtschaft von Land zu Land so unterschiedlich ist. In Japan und Südkorea zum Beispiel spielen die Regierungen eine wichtige Rolle bei der Ausrichtung ihrer Wirtschaft. Der Gesamtbetrag der von der Regierung (sowohl auf lokaler als auch auf nationaler Ebene) erhobenen Steuern ist jedoch gering im Vergleich zu einigen reichen Ländern in Nordeuropa, wo er fast die Hälfte des BIPs ausmacht. In Einheit 19 werden wir sehen, dass in Schweden und Dänemark die Ungleichheit des verfügbaren Einkommens (nach einem der gebräuchlichsten Maße) nur halb so groß ist wie die Ungleichheit des Einkommens vor der Zahlung von Steuern und dem Erhalt von Transferleistungen. In Japan und Südkorea verringern staatliche Steuern und Transfers die Ungleichheit des verfügbaren Einkommens ebenfalls, allerdings in einem weitaus geringeren Maße.

> **politisches System** Ein politisches System bestimmt, wie Regierungen ausgewählt werden und wie diese Regierungen Entscheidungen treffen und umsetzen, die alle oder die meisten Personen einer Bevölkerung betreffen.
>
> **Demokratie** Ein politisches System, das im Idealfall allen Bürger:innen die gleiche politische Macht verleiht, definiert durch individuelle Rechte wie Rede-, Versammlungs- und Pressefreiheit, faire Wahlen, bei denen praktisch alle Erwachsenen wahlberechtigt sind, und bei denen die Regierung ihr Amt verlässt, wenn sie Wahlen verliert.

FRAGE 1.7 WÄHLEN SIE DIE RICHTIGE(N) ANTWORT(EN)

Betrachten Sie noch einmal Abbildung 1.10 (Seite 38), die eine Grafik des Pro-Kopf-BIP für West- und Ostdeutschland, Japan und Spanien zwischen 1950 und 1990 zeigt. Welche der folgenden Aussagen ist richtig?

- ☐ Die viel niedrigere Ausgangsbasis im Jahr 1950 war der Hauptgrund für das schlechte Abschneiden Ostdeutschlands im Vergleich zu Westdeutschland.
- ☐ Die Tatsache, dass Japan und Westdeutschland 1990 das höchste Pro-Kopf-BIP aufweisen, deutet darauf hin, dass sie das optimale Wirtschaftssystem gefunden haben.
- ☐ Spanien konnte zwischen 1950 und 1990 eine höhere Wachstumsrate erzielen als Deutschland.
- ☐ Der Unterschied zwischen der wirtschaftlichen Performance Ost- und Westdeutschlands beweist, dass der Kapitalismus stets ein schnelles Wirtschaftswachstum fördert, während zentrale Planung ein Rezept für Stagnation ist.

FRAGE 1.8 WÄHLEN SIE DIE RICHTIGE(N) ANTWORT(EN)
Betrachten Sie noch einmal Abbildung 1.11 (Seite 40). Welche der folgenden Schlussfolgerungen legt das Diagramm nahe?

☐ Das Regieren der Kommunistischen Partei in der ehemaligen Sowjetunion vor 1990 war ein völliger Misserfolg.
☐ Die gegensätzlichen Leistungen von Botswana und Nigeria zeigen, dass reiche natürliche Ressourcen allein keine Garantie für ein höheres Wirtschaftswachstum bieten, sondern dass auch qualitativ bessere Institutionen (Regierung, Märkte und Unternehmen) erforderlich sein können.
☐ Die beeindruckende Leistung der südkoreanischen Wirtschaft legt nahe, dass andere Länder das dortige Wirtschaftssystem kopieren sollten.
☐ Die Belege aus der Russischen Föderation und der ehemaligen Sowjetunion nach 1990 zeigen, dass die Ersetzung der zentralen Planung durch den Kapitalismus zu einem sofortigen Wirtschaftswachstum führte.

1.11 VOLKSWIRTSCHAFTSLEHRE UND DIE WIRTSCHAFT

Volkswirtschaftslehre ist die Lehre davon, wie Menschen miteinander und mit ihrer natürlichen Umgebung interagieren, um ihren Lebensunterhalt zu bestreiten; und wie sich dies im Laufe der Zeit verändert. Es geht also um Folgendes:

Volkswirtschaftslehre Die Lehre davon, wie Menschen miteinander und mit ihrer natürlichen Umgebung interagieren, um ihren Lebensunterhalt zu bestreiten, und wie sich dies im Laufe der Zeit verändert.

- *Wie wir zu den Dingen kommen, die unseren Lebensunterhalt ausmachen*: Dinge wie Nahrung, Kleidung, Unterkunft oder Freizeit.
- *Wie wir miteinander interagieren*: Entweder als kaufende, beschäftigte Person oder Bürger:innen, Eltern, Kinder und andere Familienmitglieder.
- *Wie wir mit unserer natürlichen Umwelt interagieren*: Vom Atmen bis zur Gewinnung von Rohstoffen aus der Erde.
- *Wie sich jedes dieser Elemente im Laufe der Zeit verändert.*

In Abbildung 1.5 (Seite 22) haben wir gezeigt, dass die Wirtschaft Teil der Gesellschaft ist, die wiederum Teil der Biosphäre ist. Abbildung 1.12 zeigt die Stellung von Unternehmen und Familien in der Wirtschaft und die Flussgrößen, die innerhalb der Wirtschaft und zwischen der Wirtschaft und der Biosphäre stattfinden. Unternehmen kombinieren Arbeit mit Strukturen und Ausrüstung und produzieren Waren und Dienstleistungen, die am Ende von Haushalten und anderen Unternehmen genutzt werden.

Die Produktion von Waren und Dienstleistungen findet auch in den Haushalten statt, obwohl die Haushalte im Gegensatz zu den Unternehmen ihre Erzeugnisse nicht auf einem Markt verkaufen können.

Neben der Produktion von Waren und Dienstleistungen, werden in Haushalten auch Menschen geboren—die nächste Generation von Arbeitskräften. Die Arbeit von Eltern, Betreuenden und anderen Personen wird mit Einrichtungen (zum Beispiel ihrem Haus) und Ausrüstungen (zum Beispiel dem Ofen in diesem Haus) kombiniert, um die zukünftigen Arbeitskräfte, die in Unternehmen arbeiten und die Menschen, die in den Haushalten der Zukunft arbeiten und sich fortpflanzen werden, zu gebären und aufzuziehen.

All dies geschieht im Rahmen eines biologischen und physikalischen Systems, in dem Unternehmen und Haushalte unsere natürliche Umgebung und Ressourcen nutzen, von fossilen oder erneuerbaren Energieträgern bis hin zur Luft, die wir atmen. Dabei wandeln Haushalte und Unternehmen die Natur um, indem sie ihre Ressourcen nutzen, aber auch indem sie Inputs für die Natur produzieren. Zu den wichtigsten dieser Inputs gehören derzeit die Treibhausgase, die zu den Problemen des Klimawandels beitragen, die wir in Abschnitt 1.5 gesehen haben.

ÜBUNG 1.11 WO UND WANN WÄREN SIE GERNE GEBOREN WORDEN?

Nehmen wir an, Sie könnten sich aussuchen, in einem beliebigen Zeitraum in einem der Länder in Abbildung 1.1a (Seite 3), 1.10 (Seite 38) oder 1.11 (Seite 40) geboren zu werden. Sie wissen aber, dass Sie zu den ärmsten 10 % der Bevölkerung gehören würden.

1. In welchem Land würden Sie dann gerne geboren werden?
2. Nehmen wir stattdessen an, Sie wüssten, dass Sie anfangs zu den ärmsten 10 % der Bevölkerung gehören würden. Sie hätten aber eine 50 %-Chance, zu den oberen 10 % der Bevölkerung zu gehören, wenn Sie hart arbeiten. Für welches Land würden Sie sich nun entscheiden, um geboren zu werden?
3. Nehmen wir nun an, dass Sie sich nur für das Land und den Zeitraum Ihrer Geburt entscheiden können. Sie können nicht sicher sein, ob Sie in der Stadt oder auf dem Land geboren werden, welches Geschlecht Sie haben, reich oder arm sind. Für welche Zeit und welches Land würden Sie sich entscheiden, um geboren zu werden?
4. In welcher Zeit und in welchem Land würden Sie bei dem Szenario in (3) ungern geboren werden wollen?

Begründen Sie Ihre Wahl mit dem, was Sie in dieser Einheit gelernt haben.

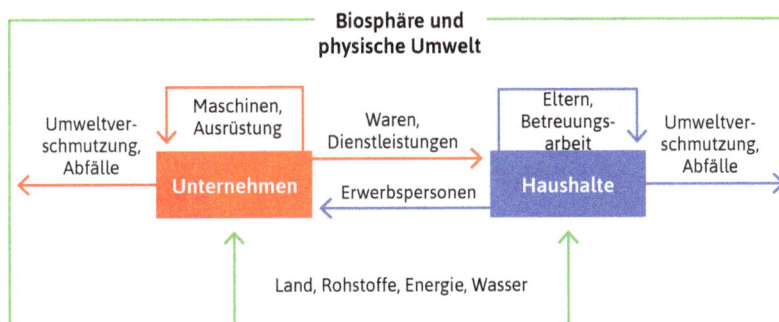

Abbildung 1.12 Ein Modell der Wirtschaft: Haushalte und Unternehmen.

1.12 SCHLUSSFOLGERUNG

Während des größten Teils der Geschichte war der Lebensstandard auf der ganzen Welt ähnlich und änderte sich von Jahrhundert zu Jahrhundert kaum. Seit 1700 ist er in einigen Ländern rasch angestiegen. Dieser Aufschwung fiel mit dem raschen technischen Fortschritt und dem Aufkommen eines neuen Wirtschaftssystems, des Kapitalismus, zusammen, in dem Privateigentum, Märkte und Unternehmen eine wichtige Rolle spielen. Die kapitalistische Wirtschaft bot Anreize und Möglichkeiten für technologische Innovationen und Gewinne durch Spezialisierung.

Die Länder unterscheiden sich in der Wirksamkeit ihrer Institutionen und ihrer Regierungspolitik: Nicht alle kapitalistischen Volkswirtschaften haben ein nachhaltiges Wachstum erlebt. Heute gibt es große Einkommensunterschiede zwischen den Ländern sowie zwischen den Reichsten und den Ärmsten innerhalb der Länder. Und der Produktionsanstieg ging mit der Erschöpfung der natürlichen Ressourcen und Umweltschäden, einschließlich des Klimawandels, einher.

In Einheit 1 eingeführte Konzepte

Bevor Sie fortfahren, sollten Sie die folgenden Definitionen durchgehen:

- Volkswirtschaftslehre
- Industrielle Revolution
- Technologie
- Wirtschaftssystem
- Kapitalismus
- Institutionen
- Privateigentum
- Markt
- Unternehmen
- Kapitalistische Revolution
- Demokratie

1.13 QUELLEN

Acemoglu, Daron, und James A. Robinson. 2012. *Why Nations Fail: The Origins of Power, Prosperity and Poverty*, 1st ed. New York, NY: Crown Publishers.

Augustine, Dolores. 2013. 'Innovation and Ideology: Werner Hartmann and the Failure of the East German Electronics Industry'. In *The East German Economy, 1945–2010: Falling behind or Catching Up?* by German Historical Institute, eds. Hartmut Berghoff and Uta Andrea Balbier. Cambridge: Cambridge University Press.

Berghoff, Hartmut, und Uta Andrea Balbier. 2013. 'From Centrally Planned Economy to Capitalist Avant-Garde? The Creation, Collapse, and Transformation of a Socialist Economy'. In *The East German Economy, 1945–2010 Falling behind or Catching Up?* von German Historical Institute, eds. Hartmut Berghoff und Uta Andrea Balbier. Cambridge: Cambridge University Press.

Coyle, Diane. 2014. *GDP: A Brief but Affectionate History*. Princeton, NJ: Princeton University Press.

Diamond, Jared, und James Robinson. 2014. *Natural Experiments of History*. Cambridge, MA: Belknap Press of Harvard University Press.

Eurostat. 2015. 'Quality of Life Indicators — Measuring Quality of Life' (https://tinyco.re/8871109). Aktualisiert am 5. November 2015.

Kornai, János. 2013. *Dynamism, Rivalry, and the Surplus Economy: Two Essays on the Nature of Capitalism*. Oxford: Oxford University Press.

Landes, David S. 2003. *The Unbound Prometheus: Technological Change and Industrial Development in Western Europe from 1750 to the Present*. Cambridge, UK: Cambridge University Press.

Robison, Jennifer. 2011. 'Happiness Is Love – and $75,000' (https://tinyco.re/6313076). *Gallup Business Journal*. Aktualisiert am 17. November 2011.

Seabright, Paul. 2010. *The Company of Strangers: A Natural History of Economic Life* (Revised Edition). Princeton, NJ: Princeton University Press.

Smith, Adam. 1759. *The Theory of Moral Sentiments* (https://tinyco.re/6582039). London: Gedruckt für A. Millar, und A. Kincaid und J. Bell.

Smith, Adam. (1776) 2003. *An Inquiry into the Nature and Causes of the Wealth of Nations* (https://tinyco.re/9804148). New York, NY: Random House Publishing Group.

Sutcliffe, Robert B. 2001. *100 Ways of Seeing an Unequal World*. London: Zed Books.

World Bank, The. 1993. *The East Asian miracle: Economic growth and public policy* (https://tinyco.re/3040506). New York, NY: Oxford University Press.

TECHNOLOGIE, BEVÖLKERUNG UND WACHSTUM

Automatisierter Montageprozess

WIE TECHNOLOGISCHE VERBESSERUNGEN ZUSTANDE KOMMEN UND WIE SIE DAS WACHSTUM DES LEBENSSTANDARDS UNTERSTÜTZEN

- Ökonomische Modelle helfen bei der Erklärung der Industriellen Revolution und geben eine Antwort auf die Frage, warum die Industrielle Revolution in Großbritannien begann.
- Löhne, Maschinenkosten und andere Preise spielen eine Rolle, wenn Menschen wirtschaftliche Entscheidungen treffen.
- In einer kapitalistischen Wirtschaft schaffen Innovationen zeitweilige Belohnungen für eine Innovatorin oder einen Innovator. Diese Belohnungen sind die Anreize für Verbesserungen der Technologie und dadurch Kostensenkungen.
- Diese Belohnungen werden durch den Wettbewerb zunichte gemacht, sobald sich die Innovation in der Wirtschaft verbreitet hat.
- Die Bevölkerung, die Arbeitsproduktivität und der Lebensstandard können zusammenwirken und einen Teufelskreis der wirtschaftlichen Stagnation hervorrufen.
- Die permanente technologische Revolution, die mit dem Kapitalismus einhergeht, ermöglichte einigen Ländern den Übergang zu einem anhaltenden Wachstum des Lebensstandards.

1845 trat in Irland zum ersten Mal eine mysteriöse Krankheit auf. Sie führte dazu, dass die Kartoffeln im Boden verfaulten. Als man erkannte, dass eine Pflanze infiziert war, war es bereits zu spät. Die ,Kartoffelfäule', wie sie genannt wurde, erschütterte die irische Lebensmittelversorgung für den Rest des Jahrzehnts. Eine Hungersnot breitete sich aus. Als die irische Hungersnot zu Ende ging, waren etwa eine Million der ursprünglich 8,5 Millionen Menschen gestorben, was prozentual gesehen der Sterblichkeit entspricht, die Deutschland durch die Niederlage im Zweiten Weltkrieg erlitt.

Die irische Hungersnot löste eine weltweite Hilfsaktion aus. Ehemalige Versklavte in der Karibik, Sträflinge im Sing-Sing-Gefängnis in New York, reiche und arme Bengalen und das indigene Volk der Choctaw (USA) (https://tinyco.re/0083498) spendeten Geld, ebenso wie prominente Persönlichkeiten wie der osmanische Sultan Abdulmecid und Papst Pius IX. Damals wie heute empfanden Menschen Mitgefühl für leidende Menschen und unternahmen unterstützende Handlungen.

Doch viele Ökonomen waren hartherziger. Einer der bekanntesten, Nassau Senior, sprach sich konsequent gegen die Hilfsleistungen der britischen Regierung aus und wurde von einem entsetzten Kollegen an der Universität Oxford mit den Worten zitiert, Senior befürchte, „dass die Hungersnot von 1848 in Irland nicht mehr als eine Million Menschen töten würde, und das würde kaum ausreichen, um viel Gutes zu tun".

Thomas R. Malthus. 1798. *An Essay on the Principle of Population* (https://tinyco.re/8473883). Library of Economics and Liberty. London: J. Johnson, in St. Paul's Church-yard.

Seniors Ansichten sind moralisch abstoßend, aber sie spiegeln nicht den Wunsch nach einem Völkermord an der irischen Bevölkerung wider. Vielmehr waren sie eine Folge einer der einflussreichsten Wirtschaftsdoktrinen des frühen 19. Jahrhunderts, des Malthusianismus. Einer Theorie, die der englische Geistliche Thomas Robert Malthus in seinem 1798 erstmals veröffentlichten *An Essay on the Principle of Population* entwickelt hatte.

Malthus vertrat die Ansicht, dass eine dauerhafte Steigerung des Pro-Kopf-Einkommens unmöglich sei.

Seine Logik war, dass die Menschen, selbst wenn sich die Technologie verbesserte und die Arbeitsproduktivität erhöhte, immer mehr Kinder bekommen würden, sobald es ihnen etwas besser ginge. Dieses Bevölkerungswachstum würde sich fortsetzen, bis der Lebensstandard auf das Existenzminimum sinkt und das Bevölkerungswachstum zum Stillstand kommt. Malthus Teufelskreis der Armut wurde weithin als unvermeidlich akzeptiert.

Mike Davis. 2000. *Late Victorian holocausts: El Niño famines and the making of the Third world*. London: Verso Books.

Es gibt Belege dafür, dass die viktorianischen Kolonialverwalter glaubten, dass Hungersnöte die Antwort der Natur auf Überbevölkerung seien. Mike Davis vertritt die Ansicht, dass ihre Einstellung ein vermeidbares und beispielloses Massensterben verursachte, das er als „kulturellen Völkermord" bezeichnet.

Der Malthusianismus lieferte eine Erklärung für die Welt, in der Malthus lebte und in der die Einkommen von Jahr zu Jahr oder sogar von Jahrhundert zu Jahrhundert schwanken konnten, aber nicht nach oben tendierten. Dies war in vielen Ländern schon mindestens 700 Jahre vor der Veröffentlichung von *An Essay on the Principle of Population* der Fall gewesen, wie wir in Abbildung 1.1a gesehen haben.

Im Gegensatz zu Adam Smith, dessen Buch *The Wealth of Nations* nur 22 Jahre zuvor erschienen war, bot Malthus keine optimistische Vision des wirtschaftlichen Fortschritts—zumindest was die Landwirtschaft und die Arbeitskräfte betraf. Selbst wenn es den Menschen gelänge, die Technologie zu verbessern, würde die überwiegende Mehrheit zwar auf lange Frist mit ihrer Arbeit oder ihrem Betrieb genug verdienen, um zu überleben, mehr aber nicht.

Doch zu Malthus Lebzeiten geschah etwas Großes um ihn herum: Veränderungen, die es Großbritannien bald ermöglichen würden, dem von ihm beschriebenen Teufelskreis aus Bevölkerungswachstum und stagnierendem Einkommen zu entkommen. Die Veränderung, die Großbritannien aus der Malthus'schen Falle befreite und die in den folgenden 100 Jahren in vielen Ländern dasselbe bewirken sollte, ist als **Industrielle Revolution** bekannt—eine außergewöhnliche Blüte radikaler Erfindungen, die es ermöglichten, die gleiche Menge an Gütern und Dienstleistungen mit weniger Arbeitseinsatz zu produzieren.

Die berühmtesten Erfindungen im Textilbereich betrafen das Spinnen (das traditionell von Frauen ausgeführt wurde, die als Spinnerinnen bekannt waren, ein Begriff, der heute eine ältere unverheiratete Frau bezeichnet) und das Weben (das traditionell von Männern ausgeführt wurde). Im Jahr 1733 erfand John Kay das ‚fliegende Schiffchen‘, wodurch die Menge, die ein Weber in einer Stunde produzieren konnte, erheblich gesteigert wurde. Dadurch stieg die Nachfrage nach dem Garn, das zum Weben verwendet wurde, so stark an, dass es für die Spinnerinnen schwierig wurde, mit der damaligen Technologie des Spinnrads ausreichende Mengen zu produzieren. James Hargreaves Spinning Jenny, die 1764 eingeführt wurde, war eine Antwort auf dieses Problem.

Die technologischen Verbesserungen in anderen Bereichen waren ebenso dramatisch. Die Dampfmaschine von James Watt, die zeitgleich mit der Veröffentlichung von Adam Smiths *The Wealth of Nations* eingeführt wurde, ist ein Beispiel. Diese Maschinen wurden über einen langen Zeitraum hinweg schrittweise verbessert und schließlich in der gesamten Wirtschaft eingesetzt: nicht nur im Bergbau, wo die erste Dampfmaschine Wasserpumpen antrieb, sondern auch in der Textilindustrie, im verarbeitenden Gewerbe, bei Eisenbahnen und Dampfschiffen. Sie sind ein Beispiel für das, was man als **Allzweck-Innovation** oder **Basistechnologie** bezeichnet. In den letzten Jahrzehnten ist das offensichtlichste Äquivalent der Computer.

Kohle spielte eine zentrale Rolle in der Industriellen Revolution, und Großbritannien verfügte über große Mengen davon. Vor der Industriellen Revolution wurde der größte Teil der in der Wirtschaft verbrauchten Energie letztlich durch essbare Pflanzen erzeugt, die das Sonnenlicht in Nahrung für Tiere und Menschen umwandelten, oder durch Bäume, deren Holz verbrannt oder in Holzkohle umgewandelt werden konnte. Durch die Umstellung auf Kohle konnte der Mensch eine riesige Reserve an gespeichertem Sonnenlicht nutzen. Der Preis dafür waren die Auswirkungen der Verbrennung fossiler Brennstoffe auf die Umwelt, wie wir in Einheit 1 gesehen haben und in Einheit 20 wieder aufgreifen werden.

Diese Erfindungen durchbrachen zusammen mit anderen Innovationen der Industriellen Revolution den Teufelskreis von Malthus. Fortschritte in der Technologie und die verstärkte Nutzung nicht erneuerbarer Ressourcen steigerten die Menge, die eine Person in einem bestimmten Zeitraum produzieren konnte (Produktivität), so dass die Einkommen stiegen, obwohl die Bevölkerung zunahm. Und solange sich die Technologie schnell genug weiterentwickelte, konnte sie das Bevölkerungswachstum, das sich aus dem höheren Einkommen ergab, übertreffen. Der Lebensstandard konnte dann steigen. Viel später würden die Menschen kleinere Familien bevorzugen, selbst wenn sie genug verdienten, um sich viele Kinder leisten zu können. So war es in Großbritannien und später in vielen Teilen der Welt.

Abbildung 2.1 zeigt einen **Index** des durchschnittlichen **Reallohns** (der Geldlohn in jedem Jahr, bereinigt um Preisänderungen) von Fachkräften im Handwerk in London von 1264 bis 2001, aufgetragen zusammen mit der Bevölkerung Großbritanniens im selben Zeitraum. Es gibt eine lange Periode,

Industrielle Revolution Eine Welle von technologischen Fortschritten und organisatorischen Veränderungen, die im 18. Jahrhundert in Großbritannien einsetzte und eine landwirtschaftliche und handwerkliche Wirtschaft in eine kommerzielle und industrielle Wirtschaft verwandelte.

Basistechnologien Technologischer Fortschritt, der in vielen Sektoren angewendet werden kann und weitere Innovationen hervorbringt. Informations- und Kommunikationstechnologie und Elektrizität sind zwei gängige Beispiele.

Robert C. Allen. 2001. „The Great Divergence in European Wages and Prices from the Middle Ages to the First World War". *Explorations in Economic History* 38 (4): pp. 411–447; Stephen Broadberry, Bruce Campbell, Alexander Klein, Mark Overton and Bas van Leeuwen. 2015. *British Economic Growth, 1270–1870*, Cambridge University Press.

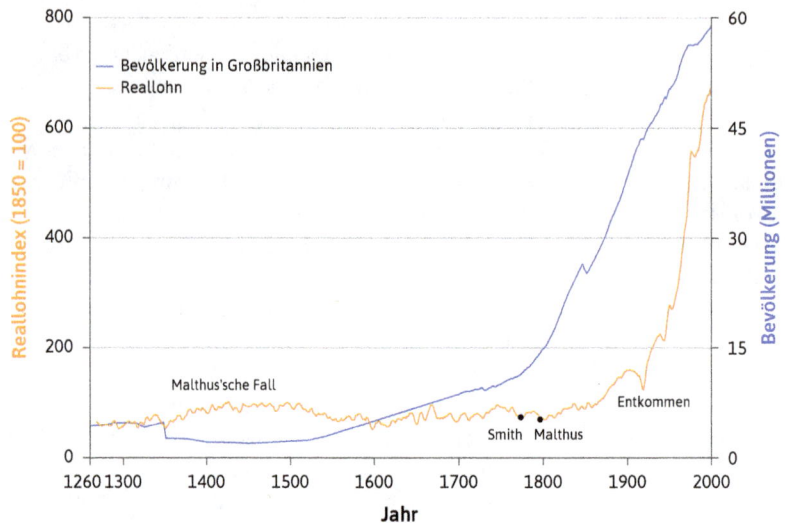

Abbildung 2.1 Reallöhne über sieben Jahrhunderte: Löhne von Arbeitskräften im Handwerk (Fachkräfte) in London (1264–2001) und die Bevölkerung Großbritanniens.

in der der Lebensstandard gemäß der Malthus'schen Logik gefangen war, gefolgt von einem dramatischen Anstieg nach 1830. Sie können sehen, dass ab dieser Zeit beide Werte stiegen.

INDEX DER REALLÖHNE

Der Begriff ‚Index' bezeichnet den Wert einer bestimmten quantitativen Größe im Verhältnis zu ihrem Wert zu einem anderen Zeitpunkt (dem Bezugszeitraum), der in der Regel auf 100 normiert wird.

Der Begriff ‚real' bedeutet, dass der Geldlohn (zum Beispiel sechs Schilling pro Stunde) in jedem Jahr angepasst wurde, um den Preisänderungen im Laufe der Zeit Rechnung zu tragen. Das Ergebnis stellt die reale Kaufkraft des Geldes dar, das die Arbeitskräfte verdient haben.

Das Bezugsjahr ist in diesem Fall 1850, aber die Kurve hätte die gleiche Form, wenn ein anderes Jahr gewählt worden wäre. Sie wäre höher oder niedriger positioniert, würde aber immer noch wie unser vertrauter Hockeyschläger aussehen.

FRAGE 2.1 WÄHLEN SIE DIE RICHTIGE(N) ANTWORT(EN)

Abbildung 2.1 zeigt einen Index der durchschnittlichen Reallöhne von qualifizierten Arbeitskräften in London zwischen 1264 und 2001. Was können wir aus dieser Grafik schließen?

☐ Im Jahr 1408 erhielten die qualifizierten Arbeitskräfte etwa 100 GBP.
☐ Der Durchschnittslohn im Jahr 1850 entsprach in etwa dem Nominallohn des Jahres 1408 (GBP).
☐ Der durchschnittliche Reallohn war zwischen 1264 und 1850 mehr oder weniger konstant.
☐ Der durchschnittliche Reallohn ist zwischen 1850 und 2001 um etwa 600 % gestiegen.

Warum kamen die Spinnmaschine, die Dampfmaschine und eine ganze Reihe anderer Erfindungen auf und verbreiteten sich in der britischen Wirtschaft zu dieser Zeit? Dies ist eine der wichtigsten Fragen der Volkswirtschaftslehre, und Historiker:innen streiten sich noch immer darüber.

In dieser Einheit untersuchen wir eine Erklärung dafür, wie diese Verbesserungen in der Technologie zustande kamen und warum sie zuerst nur in Großbritannien und während des 18. Jahrhunderts auftraten. Wir werden auch untersuchen, warum der lange flache Teil des Hockeyschlägers in Abbildung 2.1 nicht nur in Großbritannien, sondern in den folgenden 200 Jahren in der ganzen Welt so schwer zu entkommen war. Zu diesem Zweck werden wir Modelle erstellen: vereinfachte Darstellungen, die uns helfen zu verstehen, was vor sich geht, indem sie die Aufmerksamkeit auf das Wesentliche lenken. Modelle helfen uns, sowohl den Knick im Hockeyschläger als auch den langen flachen Stiel zu verstehen.

2.1 WIRTSCHAFTS- UND GESCHICHTSWISSENSCHAFTEN UND DIE INDUSTRIELLE REVOLUTION

Warum fand die Industrielle Revolution im achtzehnten Jahrhundert auf einer Insel vor der europäischen Küste statt?

In den folgenden Abschnitten dieser Einheit wird ein Modell für den plötzlichen und dramatischen Anstieg des Lebensstandards vorgestellt, der im 18. Jahrhundert in Großbritannien begann. Auf der Grundlage der Argumente von Robert Allen, einem Wirtschaftshistoriker, räumt dieses Modell zwei Merkmalen der britischen Volkswirtschaft zu jener Zeit eine zentrale Rolle ein. Demnach waren die relativ hohen Lohnkosten in Verbindung mit den niedrigen Kosten der lokalen Energiequellen die treibende Kraft für die strukturellen Veränderungen der Industriellen Revolution.

Was wir als Industrielle Revolution bezeichnen, war mehr als nur das Ausbrechen aus der Malthus'schen Falle: Es war eine komplexe Kombination aus miteinander verbundenen intellektuellen, technologischen, sozialen, wirtschaftlichen und moralischen Veränderungen. Historiker:innen sowie Ökonominnen und Ökonomen sind sich über die relative Bedeutung jedes dieser Elemente uneins und haben seit Beginn der Revolutionen mit Erklärungen für die Vorrangstellung Großbritanniens im Speziellen und Europas im Allgemeinen gerungen. Robert Allens Erklärung ist bei weitem nicht die einzige.

- Joel Mokyr, der sich eingehend mit der Geschichte der technologischen Veränderung befasst hat, behauptet, dass die wahren Quellen des technologischen Wandels in der wissenschaftlichen Revolution und der Aufklärung in Europa im vorigen Jahrhundert zu finden sind. Mokyr zufolge wurden in dieser Zeit neue Möglichkeiten entwickelt, um das wissenschaftliche Wissen der Elite in praktische Ratschläge und Werkzeuge für das Ingenieurwesen und Handwerk umzuwandeln, die es zum Bau der Maschinen jener Zeit nutzten. Er behauptet, dass Löhne und Energiepreise zwar die Richtung der Erfindungen in die eine oder andere Richtung lenken können, dass sie aber eher ein Steuerrad als der Motor des technischen Fortschritts sind.
- David Landes, ein Historiker, betont die politischen und kulturellen Merkmale von Nationen als Ganzes (Mokyr hingegen konzentriert sich auf das Handwerk und Unternehmen). Er vertritt die Auffassung, dass die europäischen Länder China vorausliefen, weil der chinesische Staat zu mächtig war und Innovationen im Keim erstickte, und weil die chinesische Kultur zu jener Zeit Stabilität gegenüber Veränderungen bevorzugte.
- Gregory Clark, ein Wirtschaftshistoriker, führt den Aufstieg Großbritanniens ebenfalls auf die Kultur zurück. Der Schlüssel zum Erfolg waren für Clark jedoch kulturelle Eigenschaften wie harte Arbeit und Sparen, die an die nachfolgenden Generationen weitergegeben wurden. Clarks Argumentation steht in einer langen Tradition, zu der auch der Soziologe Max Weber gehört, der die protestantischen Länder Nordeuropas, in denen die Industrielle Revolution ihren Anfang nahm, als die besondere Heimat der Tugenden ansah, welche mit dem „Geist des Kapitalismus" verbunden sind.
- Der Historiker Kenneth Pomeranz behauptet, dass das überdurchschnittliche Wachstum in Europa nach 1800 eher auf den Kohlereichtum Großbritanniens zurückzuführen ist, als auf kulturelle oder institutionelle Unterschiede zu anderen Ländern. Pomeranz argumentiert auch, dass Großbritanniens Zugang zur landwirtschaftlichen Produktion in seinen Kolonien in der Neuen Welt

Robert C. Allen. 2011. *Global Economic History: A Very Short Introduction.* New York, NY: Oxford University Press.

Joel Mokyr. 2004. *The gifts of Athena: Historical origins of the knowledge economy,* 5th ed. Princeton, NJ: Princeton University Press.

David S. Landes. 2006. 'Why Europe and the west? Why not China?' *Journal of Economic Perspectives* 20 (2) (June): pp. 3–22.

Gregory Clark. 2007. *A farewell to alms: A brief economic history of the world.* Princeton, NJ: Princeton University Press.

Kenneth L. Pomeranz. 2000. *The great divergence: Europe, China, and the making of the modern world economy.* Princeton, NJ: Princeton University Press.

(insbesondere Zucker und dessen Nebenprodukte) die wachsende Klasse, der in der Industrie tätigen Arbeitskräfte, ernährte und ihnen so half, der Malthus'schen Falle zu entkommen.

Wissenschaftler:innen werden sich wahrscheinlich nie ganz einig darüber sein, was die Industrielle Revolution ausgelöst hat. Ein Problem ist, dass dieser Wandel nur einmal stattfand, was es für Sozialwissenschaftler:innen schwieriger macht, diesen zu erklären. Außerdem war der Aufschwung in Europa wahrscheinlich das Ergebnis einer Kombination aus wissenschaftlichen, demografischen, politischen, geografischen und militärischen Faktoren. Mehrere Wissenschaftler:innen vertreten die Auffassung, dass dies zum Teil auch auf die Wechselwirkungen zwischen Europa und dem Rest der Welt zurückzuführen ist und nicht nur auf die Veränderungen innerhalb Europas.

Historiker:innen wie Pomeranz geht es eher um die Besonderheiten von Zeit und Ort. Sie kommen eher zu dem Schluss, dass die Industrielle Revolution auf eine einzigartige Kombination günstiger Umstände zurückzuführen ist (wobei sie sich nicht einig sind, welche das sind).

Ökonominnen und Ökonomen wie Allen suchen eher nach allgemeinen Mechanismen, die Erfolg oder Misserfolg über Zeit und Raum hinweg erklären können.

Ökonominnen und Ökonomen können viel von Historikerinnen und Historikern lernen, aber oft sind die Argumente der Historiker:innen nicht präzise genug, um mit einem Modell überprüft werden zu können (der Ansatz, den wir in dieser Einheit verwenden werden). Andererseits können Historiker:innen die Modelle der Ökonominnen und Ökonomen als vereinfachend erscheinen und wichtige historische Fakten außer Acht lassen. Diese kreative Spannung macht die Wirtschaftsgeschichte so faszinierend.

In jüngster Zeit haben Wirtschaftshistoriker:innen Fortschritte bei der Quantifizierung des Wirtschaftswachstums über eine sehr lange Frist gemacht. Ihre Arbeit trägt dazu bei, zu klären, was passiert ist; was es uns erleichtert, darüber nachzudenken, warum es passiert ist. Ein Teil ihrer Arbeit besteht darin, die Reallöhne in den Ländern über eine lange Frist zu vergleichen. Dazu wurden sowohl die Löhne als auch die Preise der von den Arbeitskräften verbrauchten Waren (https://tinyco.re/5317537) erhoben. In einer noch ehrgeizigeren Reihe von Projekten wurde das Pro-Kopf-BIP bis zurück ins Mittelalter berechnet.

Wir werden uns auf die wirtschaftlichen Bedingungen konzentrieren, die zum Aufschwung Großbritanniens beigetragen haben, aber jede Wirtschaft, die aus der Malthus'schen Falle ausbrach, nahm einen anderen Ausweg. Die nationalen Entwicklungen der frühen Nachfolger wurden zum Teil durch die dominierende Rolle beeinflusst, die Großbritannien in der Weltwirtschaft einnahm. Deutschland zum Beispiel konnte im Textilbereich nicht mit Großbritannien konkurrieren, aber die Regierung und die großen Banken spielten eine wichtige Rolle beim Aufbau der Stahl- und anderer Schwerindustrien. Japan übertraf sogar Großbritannien auf einigen asiatischen Textilmärkten und profitierte dabei von der Isolation, die es durch die schiere Entfernung zu den ersten Ländern der Industriellen Revolution genoss (was damals eine wochenlange Reise bedeutete).

Japan kopierte selektiv sowohl Technologie als auch Institutionen, führte das kapitalistische Wirtschaftssystem ein und behielt gleichzeitig viele traditionelle japanische Institutionen bei, darunter die Herrschaft des Kaisers, die bis zur japanischen Niederlage im Zweiten Weltkrieg Bestand haben sollte.

Wenn Sie wissen wollen, was diese Forscher von der Arbeit des jeweils anderen halten, suchen Sie nach „Gregory Clark review Joel Mokyr" (https://tinyco.re/6957763) oder „Robert Allen review Gregory Clark" (https://tinyco.re/4009062).

Indien und China bieten noch größere Kontraste. China erlebte die kapitalistische Revolution, als die Kommunistische Partei die Abkehr von der zentralen Planwirtschaft einleitete. Die Planwirtschaft ist die Antithese zum Kapitalismus und wurde damals von der Partei selbst eingeführt. Indien hingegen ist die erste große Volkswirtschaft in der Geschichte, die vor ihrer kapitalistischen Revolution die Demokratie, einschließlich des allgemeinen Wahlrechts, eingeführt hat.

Wie wir in Einheit 1 gesehen haben, hat die Industrielle Revolution nicht überall zu wirtschaftlichem Wachstum geführt. Da sie ihren Ursprung in Großbritannien hatte und sich nur langsam auf den Rest der Welt ausbreitete, führte sie auch zu einem enormen Anstieg der Einkommensungleichheit zwischen den Ländern. Mit Blick auf das Wirtschaftswachstum in der ganzen Welt im 19. und 20. Jahrhundert fragte David Landes einmal: „Warum sind wir so reich und sie so arm?"

Mit „wir" meinte er die reichen Gesellschaften Europas und Nordamerikas. Mit „sie" meinte er die ärmeren Gesellschaften in Afrika, Asien und Lateinamerika. Landes schlug ein wenig verschmitzt vor, dass es im Grunde zwei Antworten auf diese Frage gibt:

> Die eine besagt, dass wir so reich und sie so arm sind, weil wir so gut und sie so schlecht sind; das heißt, wir sind fleißig, kenntnisreich, gebildet, gut regiert, effizient und produktiv, und sie sind das Gegenteil. Die andere besagt, dass wir so reich und sie so arm sind, weil wir so schlecht und sie so gut sind: Wir sind gierig, rücksichtslos, ausbeuterisch, aggressiv, während sie schwach, unschuldig, tugendhaft, missbraucht und verletzlich sind.

Wenn Sie glauben, dass die Industrielle Revolution in Europa aufgrund der protestantischen Reformation oder der Renaissance oder der wissenschaftlichen Revolution oder der Entwicklung von überlegenen Eigentumsrechten oder einer günstigen Politik der Regierung stattfand, dann gehören Sie zum ersten Lager. Wenn Sie der Meinung sind, dass dies aufgrund des Kolonialismus, der Sklaverei oder der Anforderungen ständiger Kriege geschah, dann gehören Sie zum zweiten Lager.

Sie werden feststellen, dass dies alles nicht-ökonomische Kräfte sind, die nach Ansicht einiger Wissenschaftler:innen wichtige wirtschaftliche Folgen hatten. Sie können wahrscheinlich auch sehen, wie die Frage, welche der beiden Antworten von Landes richtig ist, ideologisch aufgeladen werden könnte. Und das obwohl, wie Landes betont, „es nicht klar ist … dass eine Argumentationslinie die andere notwendigerweise ausschließt".

David S. Landes. 1990. 'Why are We So Rich and They So Poor?'. *The American Economic Review* 80 (May): pp. 1–13.

2.2 ÖKONOMISCHE MODELLE: WIE MAN MEHR SIEHT, WENN MAN WENIGER BETRACHTET

Was in der Wirtschaft geschieht, hängt davon ab, was Millionen von Menschen tun und wie ihre Entscheidungen das Verhalten anderer beeinflussen. Es wäre unmöglich, die Wirtschaft zu verstehen, wenn man jedes Detail ihres Handelns und ihrer Interaktion beschreiben würde. Wir müssen in der Lage sein, zurückzutreten und das große Ganze zu betrachten. Zu diesem Zweck verwenden wir Modelle.

Um ein effektives Modell zu erstellen, müssen wir zwischen den für die zu beantwortende Frage relevanten, wesentlichen Merkmalen und unwichtigen Details unterscheiden. Nur erstere sollten in das Modell aufgenommen werden. Unwichtige Details können wir ignorieren.

Modelle gibt es in vielen Formen—drei davon haben Sie bereits in den Abbildungen 1.5, 1.8 und 1.12 in Einheit 1 gesehen. Abbildung 1.12 veranschaulicht, dass wirtschaftliche Interaktionen **Flussgrößen** von Gütern (zum Beispiel beim Kauf einer Waschmaschine), Dienstleistungen (beim Kauf eines Haarschnitts oder einer Busfahrt) und auch Personen (wenn man einen Tag lang für ein Unternehmen arbeitet) umfassen.

Abbildung 1.12 war ein schematisches Modell, das die Flussgrößen innerhalb der Wirtschaft sowie zwischen der Wirtschaft und der Biosphäre veranschaulicht. Das Modell ist nicht ‚realistisch'—die Wirtschaft und die Biosphäre sehen nicht so aus wie dargestellt—, aber es veranschaulicht die Beziehungen zwischen ihnen. Die Tatsache, dass das Modell viele Details auslässt—und in diesem Sinne unrealistisch ist—, ist ein Feature des Modells und kein Bug.

Malthus Erklärung, warum Verbesserungen in der Technologie den Lebensstandard nicht erhöhen konnten, basierte ebenfalls auf einem Modell: einer einfachen Beschreibung der Beziehungen zwischen Einkommen und Bevölkerung.

Immer wieder wurden in der Volkswirtschaftslehre auch physikalische Modelle verwendet, um zu veranschaulichen und zu erforschen, wie die Wirtschaft funktioniert. Für seine Doktorarbeit an der Universität Yale im Jahr 1891 entwarf Irving Fisher einen hydraulischen Apparat (Abbildung 2.2), um die Flussgrößen in der Wirtschaft darzustellen. Sie bestand aus miteinander verbundenen Hebeln und schwimmenden Wasserzisternen, um zu zeigen, wie die Preise von Gütern von der Menge jedes angebotenen Gutes, dem Einkommen der Verbrauchenden und dem Wert jedes Gutes abhängen. Der gesamte Apparat bleibt stehen, wenn der Wasserstand in den Zisternen gleich dem Wasserstand im umgebenden Tank ist. Wenn er zur Ruhe kommt, entspricht die Position einer Trennwand in jeder Zisterne dem Preis für jedes Gut. In den folgenden 25 Jahren nutzte er die Vorrichtung, um Studierenden zu zeigen, wie Märkte funktionieren.

Flussgröße Eine pro Zeiteinheit gemessene Größe, wie zum Beispiel das Jahreseinkommen oder der Stundenlohn.

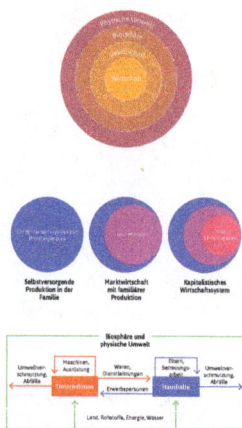

Modelle gibt es in vielen Formen. Drei davon haben Sie bereits in den Abbildungen 1.5, 1.8 und 1.12 in Einheit 1 gesehen.

William C. Brainard und Herbert E. Scarf. 2005. 'How to Compute Equilibrium Prices in 1891'. *American Journal of Economics and Sociology* 64 (1): pp. 57-83

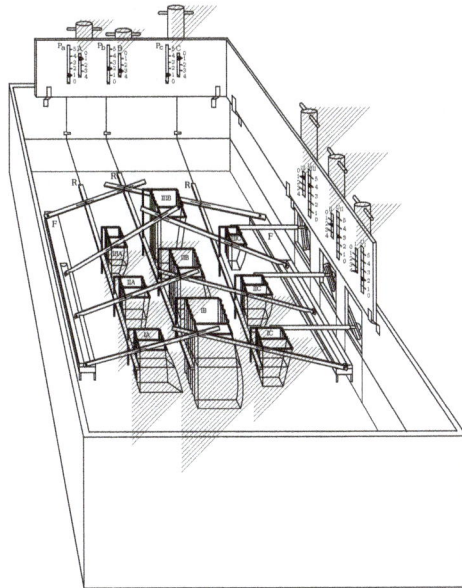

Abbildung 2.2 Irving Fishers Skizze seines hydraulischen Modells des wirtschaftlichen Gleichgewichts (1891).

Wie Modelle in der Volkswirtschaftslehre verwendet werden

Fishers Studie über die Wirtschaft veranschaulicht, wie alle Modelle verwendet werden:

1. Zunächst baute er ein Modell, um die Elemente der Wirtschaft zu erfassen, die seiner Meinung nach für die Preisbildung von Bedeutung sind.
2. Dann nutzte er das Modell, um zu zeigen, wie die Wechselwirkungen zwischen diesen Elementen zu einer Reihe von Preisen führen können, die sich nicht ändern.
3. Schließlich führte er mit dem Modell Experimente durch, um die Auswirkungen veränderter wirtschaftlicher Bedingungen herauszufinden: Wenn sich beispielsweise das Angebot eines der Güter erhöht, was würde dann mit dessen Preis geschehen? Was würde mit den Preisen aller anderen Güter geschehen?

Irving Fisher stellte in seiner Dissertation die Wirtschaft als einen großen Wassertank dar. Auch wenn man dies vermuten könnte, er war kein exzentrischer Erfinder. Im Gegenteil: Paul Samuelson, selbst einer der bedeutendsten Ökonomen des 20. Jahrhunderts, bezeichnete seine Arbeit als die ‚größte Doktorarbeit in der Volkswirtschaftslehre, die je geschrieben wurde'. Fisher wurde später zu einem der angesehensten Ökonomen des zwanzigsten Jahrhunderts, und seine Beiträge bildeten die Grundlage für die modernen Theorien der Darlehensaufnahme und -vergabe, die wir in Einheit 10 beschreiben werden.

Gleichgewicht Ein Modellergebnis, das sich selbst aufrechterhält. In diesem Fall ändert sich etwas von Interesse nicht, es sei denn, es wird eine äußere oder externe Kraft eingeführt, welche die Situation innerhalb des Modells verändert.

Existenzminimum Das Niveau des Lebensstandards (gemessen an Konsum oder Einkommen), bei dem die Bevölkerung weder wächst noch abnimmt.

Fishers Maschine veranschaulicht ein wichtiges Konzept in der Volkswirtschaftslehre. Ein **Gleichgewicht** ist eine Situation, die sich selbst aufrechterhält. Das bedeutet, dass sich etwas von Interesse nicht ändert, es sei denn, es wird eine äußere oder externe Kraft zur Veränderung eingeführt, welche die Beschreibung der Situation durch das Modell verändert. Fishers hydraulischer Apparat stellte das Gleichgewicht in seiner Modellwirtschaft durch den Ausgleich von Wasserständen dar, die konstante Preise repräsentierten.

Wir werden das Konzept des Gleichgewichts zur Erklärung der Preise in späteren Einheiten verwenden. Aber wir werden es auch auf das Malthus'sche Modell anwenden. Ein Einkommen am **Existenzminimum** ist ein Gleichgewicht, denn genau wie bei den unterschiedlichen Wasserständen in den verschiedenen Zisternen in Fishers Maschine, sind Bewegungen weg vom Existenzminimum selbstkorrigierend: Sie führen automatisch zurück zum Existenzminimum, wenn die Bevölkerung steigt.

Beachten Sie, dass Gleichgewicht bedeutet, dass eine oder mehrere Dinge in dem Modell konstant sind. Es muss nicht bedeuten, dass sich nichts ändert. So könnte beispielsweise ein Gleichgewicht vorliegen, bei dem das BIP oder die Preise zwar steigen, aber zu einer konstanten Rate.

Es ist zwar unwahrscheinlich, dass Sie selbst ein hydraulisches Modell erstellen, dennoch werden Sie mit vielen bestehenden Modellen auf Papier oder am Bildschirm arbeiten und manchmal auch eigene Wirtschaftsmodelle erstellen.

Bei der Erstellung eines Modells gehen wir in folgenden Schritten vor:

1. Wir konstruieren eine vereinfachte Beschreibung der Bedingungen, unter denen die Menschen handeln.
2. Dann beschreiben wir in einfachen Worten, was die Handlungen der Menschen bestimmt.
3. Wir bestimmen, wie jede ihrer Handlungen sich gegenseitig beeinflusst.
4. Wir bestimmen das Ergebnis dieser Handlungen. Dies ist oft ein Gleichgewicht (etwas ist konstant).
5. Schließlich versuchen wir, weitere Erkenntnisse zu gewinnen, indem wir untersuchen, was mit bestimmten Variablen geschieht, wenn sich die Bedingungen ändern.

Ökonomische Modelle verwenden oft mathematische Gleichungen und Grafiken sowie Worte und Bilder.

Die Mathematik ist Teil der Sprache der Volkswirtschaftslehre und kann uns helfen, unsere Aussagen über Modelle anderen präzise zu vermitteln. Ein Großteil des Wissens der Wirtschaftswissenschaften kann jedoch nicht allein mit Hilfe der Mathematik ausgedrückt werden. Es erfordert klare Beschreibungen unter Verwendung von Standarddefinitionen von Begriffen.

Wir werden Modelle nicht nur mit Worten, sondern auch mit Mathematik beschreiben, meist in Form von Diagrammen. Wenn Sie möchten, können Sie sich auch einige der Gleichungen ansehen, die hinter den Diagrammen stehen. Achten Sie einfach auf die Verweise auf unsere Leibniz-Abschnitte.

ÖKONOMISCHE MODELLE

Ein gutes Modell hat vier Eigenschaften:

- Es ist klar: Es hilft uns, etwas Wichtiges besser zu verstehen.
- Es macht genaue Vorhersagen: Seine Vorhersagen stimmen mit den Fakten überein.
- Es verbessert die Kommunikation: Sie hilft uns zu verstehen, worin wir übereinstimmen (und worin wir nicht übereinstimmen).
- Es ist nützlich: Wir können es nutzen, um Wege zu finden, die Funktionsweise der Wirtschaft zu verbessern.

Ein Modell geht von einigen Annahmen oder Hypothesen darüber aus, wie sich Menschen verhalten, und gibt uns oft Vorhersagen darüber, was wir in der Wirtschaft beobachten werden. Das Sammeln von Daten über die Wirtschaft und der Vergleich mit den Vorhersagen eines Modells hilft uns zu entscheiden, ob die Annahmen, die wir bei der Erstellung des Modells gemacht haben—was wir einbezogen, und was wir weggelassen haben—gerechtfertigt sind.

Regierungen, Zentralbanken, Unternehmen, Gewerkschaften und alle anderen, die politische Entscheidungen treffen oder Prognosen erstellen, verwenden eine Art vereinfachtes Modell.

Wie wir später sehen werden, können schlechte Modelle zu einer katastrophalen Politik führen. Um Vertrauen in ein Modell zu haben, müssen wir sehen, ob es mit den Fakten übereinstimmt.

Wir werden sehen, dass unsere ökonomischen Modelle des Teufelskreises des Malthus'schen Lebensstandards und der permanenten technologischen Revolution diese Prüfung bestehen—auch wenn sie viele Fragen offen lassen.

Einführung in die Leibnize
(https://tinyco.re/8739045)

ÜBUNG 2.1 EIN MODELL ENTWERFEN

Schlagen Sie für ein Land (oder eine Stadt) Ihrer Wahl eine Karte des Eisenbahn- oder öffentlichen Verkehrsnetzes nach.

Ähnlich wie ökonomische Modelle sind Karten vereinfachte Darstellungen der Realität. Sie enthalten relevante Informationen, abstrahieren aber von irrelevanten Details.

1. Wie haben die Designer:innen Ihrer Meinung nach die Merkmale der Realität ausgewählt, die in der von Ihnen ausgewählten Karte enthalten sind?
2. Inwiefern ist eine Karte nicht mit einem Wirtschaftsmodell vergleichbar?

2.3 GRUNDLEGENDE KONZEPTE: PREISE, KOSTEN UND INNOVATIONSRENTEN

In dieser Einheit werden wir ein ökonomisches Modell erstellen, um die Umstände zu erklären, unter denen neue Technologien sowohl in der Vergangenheit als auch in heutigen Volkswirtschaften eingeführt werden. Wir verwenden vier Schlüsselbegriffe der Ökonomie:

- *Ceteris paribus* und andere Vereinfachungen helfen uns, uns auf die Variablen zu konzentrieren, die uns interessieren. Wir sehen mehr, wenn wir weniger betrachten.
- **Anreize** spielen eine Rolle, weil sie sich auf den Nutzen und die Kosten einer bestimmten Handlung im Vergleich zu einer anderen auswirken.
- **Relative Preise** helfen uns, Alternativen zu vergleichen.
- Die **ökonomische Rente** ist die Grundlage dafür, wie Menschen Entscheidungen treffen.

Zum Erlernen der Volkswirtschaftslehre gehört auch das Erlernen einer neuen Sprache. Die folgenden Begriffe werden in den folgenden Einheiten häufig vorkommen, und es ist wichtig, dass Sie lernen, diese präzise und sicher zu verwenden.

Ceteris paribus *und Vereinfachung*

Wie in der Wissenschaft üblich, vereinfachen Ökonominnen und Ökonomen oft eine Analyse, indem sie Dinge, die für die interessierende Frage als weniger wichtig erachtet werden, beiseite lassen. Dafür verwenden sie die Formulierung „andere Dinge konstant halten" oder den lateinischen Ausdruck *ceteris paribus* („andere Dinge gleich"). Im weiteren Verlauf des Buchs vereinfachen wir beispielsweise eine Analyse der Kaufentscheidungen der Menschen, indem wir die Auswirkungen einer Preisänderung untersuchen und dabei andere Einflüsse auf unser Verhalten wie Markentreue oder die Meinung anderer über unsere Entscheidungen außer Acht lassen. Wir fragen uns: Was würde passieren, wenn sich der Preis ändert, aber alle anderen Faktoren, die die Entscheidung beeinflussen könnten, gleich bleiben. Diese *ceteris paribus* Annahmen können Zusammenhänge verdeutlichen, wenn sie richtig eingesetzt werden, ohne die wichtigsten Fakten zu verzerren.

Bei der Untersuchung der Art und Weise, wie ein kapitalistisches Wirtschaftssystem technologische Verbesserungen fördert, werden wir uns ansehen, wie sich Lohnänderungen auf die Wahl der Technologie durch die Unternehmen auswirken. Für das einfachste mögliche Modell halten wir andere Faktoren, die die Unternehmen beeinflussen, ‚konstant'. Wir nehmen also an:

- Die Preise für alle Inputs oder Produktionsfaktoren sind für alle Unternehmen gleich.
- Alle Unternehmen kennen die Technologien, die von anderen Unternehmen verwendet werden.
- Die Eigentümer:innen der Unternehmen haben ähnliche Einstellungen zum Risiko.

ceteris paribus Ökonominnen und Ökonomen vereinfachen oft eine Analyse, indem sie Dinge beiseitelassen, von denen sie glauben, dass diese für die Frage, die sie interessiert, weniger wichtig sind. Die wörtliche Bedeutung des Ausdrucks ist „andere Dinge sind gleich". In einem ökonomischen Modell bedeutet dies, dass die Analyse „andere Dinge konstant hält".

Anreiz Ökonomische Belohnung oder Bestrafung, die den Nutzen und die Kosten von Handlungsalternativen beeinflusst.

relativer Preis Der Preis einer Ware oder Dienstleistung im Vergleich zu dem Preis einer anderen Ware oder Dienstleistung (normalerweise als Verhältnis ausgedrückt).

ökonomische Rente Eine Zahlung oder ein anderer Nutzen, der über das hinausgeht, was eine Person bei ihrer nächstbesten Alternative (oder Reservationsoption) erhalten hätte. *Siehe auch: Reservationsoption.*

Anreize sind wichtig

Warum bewegte sich das Wasser in Fishers hydraulischer Wirtschaftsmaschine, wenn er die Menge des ‚Angebots' oder der ‚Nachfrage' für eine oder mehrere der Waren veränderte, sodass die Preise nicht mehr im Gleichgewicht waren?

- Die Schwerkraft wirkt auf das Wasser, sodass es den niedrigsten Stand findet.
- Kanäle ermöglichen es dem Wasser, sich den niedrigsten Stand zu suchen, schränken aber Fließmöglichkeiten des Wassers ein.

In allen ökonomischen Modellen gibt es ein Äquivalent zur Schwerkraft und eine Beschreibung der möglichen Bewegungsarten. Das Äquivalent zur Schwerkraft ist die Annahme, dass die Menschen versuchen, so gut wie möglich (nach einem bestimmten Standard) zu handeln, indem sie eine bestimmte Vorgehensweise einer anderen vorziehen.

Die Analogie zur freien Bewegung des Wassers in Fishers Maschine besteht darin, dass die Menschen die Freiheit haben, verschiedene Handlungsoptionen zu wählen, anstatt dass ihnen einfach gesagt wird, was sie tun sollen. Hier wirken sich also wirtschaftliche Anreize auf unsere Entscheidungen aus. Aber wir können nicht alles tun, was wir tun wollen: Wie in Fishers hydraulischem Modell, indem Kanäle die Bewegung des Wasser einschränken, müssen wir Restriktionen bei unseren Entscheidungen berücksichtigen.

Wie viele andere ökonomische Modelle basiert auch das Modell, mit dem wir die permanente technologische Revolution erklären, auf der Vorstellung, dass Menschen oder Unternehmen auf wirtschaftliche Anreize reagieren. Wie wir in Einheit 4 sehen werden, werden Menschen nicht nur durch den Wunsch nach materiellem Gewinn motiviert, sondern auch durch Liebe, Hass, Pflichtgefühl und dem Wunsch nach Anerkennung. Materieller Komfort ist jedoch ein wichtiges Motiv, und wirtschaftliche Anreize sprechen dieses Motiv an.

Wenn diejenigen, die das Management eines Unternehmens entscheidet, wie viele Arbeitskräfte sie einstellen wollen, oder wenn Kaufende entscheiden, was und wie viel sie kaufen wollen, werden die Preise ein wichtiger Faktor sein, der ihre Entscheidung bestimmt. Wenn die Preise im Discount-Supermarkt viel niedriger sind als im Laden an der Ecke und dieser nicht allzu weit entfernt ist, dann ist das ein gutes Argument dafür, im Supermarkt einzukaufen und nicht im Laden.

Relative Preise

Ein drittes Merkmal vieler ökonomischer Modelle ist, dass wir uns oft für das Verhältnis von Dingen interessieren und nicht für ihre absolute Höhe. In der Volkswirtschaftslehre geht es um Alternativen und Wahlmöglichkeiten. Wenn Sie sich entscheiden, wo Sie einkaufen wollen, sind nicht die Preise im Laden an der Ecke allein ausschlaggebend, sondern vielmehr die Preise im Verhältnis zu denen im Supermarkt und zu den Kosten für den Weg zum Supermarkt. Wenn sowohl die Preise im Supermarkt, im Laden an der Ecke und auch die Kosten für den Weg zum Supermarkt um 5 % steigen würden (das heißt, die absolute Höhe verändert sich), würde sich Ihre Entscheidung wahrscheinlich nicht ändern (denn das Verhältnis bleibt gleich).

Relative Preise sind einfach der Preis einer Handlungsoption im Verhältnis zu einer anderen. Wir drücken den relativen Preis oft als das Verhältnis zweier Preise aus. Wir werden sehen, dass sie eine wichtige Rolle spielen, wenn es darum geht, nicht nur die Kaufentscheidungen der Kaufenden (oder Verbrauchenden) zu erklären, sondern auch die Hintergründe für Unternehmensentscheidungen zu verstehen. Wenn wir uns mit der Industriellen Revolution beschäftigen, werden wir sehen, dass das Verhältnis zwischen Energiepreisen (zum Beispiel dem Preis für Kohle zum Antrieb einer Dampfmaschine) und dem Stundenlohn (dem Preis für eine Stunde der Arbeitszeit einer Arbeitskraft) eine wichtige Rolle in der Geschichte der Industriellen Revolution spielt.

Reservationsoptionen und Renten

Stellen Sie sich vor, Sie haben eine neue Methode entwickelt, um Musik oder Töne in hoher Qualität wiederzugeben. Ihre Erfindung ist viel billiger als die eines anderen Unternehmens. Ihre Konkurrenz kann ihre Technologie nicht kopieren. Entweder weil sie nicht verstehen, wie es geht, oder weil Sie ein Patent auf das Verfahren haben (was es ihnen illegal macht, Sie zu kopieren). Also bietet ihre Konkurrenz ihre Dienstleistungen weiterhin zu einem Preis an, der viel höher ist als Ihre Kosten (Ihre Kosten sind durch die neue Technologie niedriger).

Wenn Sie den gleichen Preis wie ihre Konkurrenz verlangen oder deren Preis nur ein wenig unterbieten, können Sie so viel verkaufen, wie Sie produzieren können. Da Sie (fast) den gleichen Preis wie Ihre Konkurrenz verlangen, aber niedrigere Kosten haben, können Sie einen Gewinn erzielen, der weit über dem der Konkurrenz liegt. In diesem Fall erzielen Sie eine Innovationsrente. Innovationsrenten sind eine Form der ökonomischen Rente—und ökonomische Renten gibt es überall in der Volkswirtschaftslehre. Sie sind einer der Gründe, warum der Kapitalismus ein so dynamisches System sein kann.

Wir werden die Idee der Innovationsrenten nutzen, um einige der Faktoren zu erklären, die zur Industriellen Revolution beigetragen haben. Die **ökonomische Rente** ist jedoch ein allgemeines Konzept, mit dem sich viele andere Merkmale der Volkswirtschaftslehre erklären lassen.

Wenn Sie durch eine bestimmte Handlung (nennen wir sie Handlung A) einen größeren Nutzen für sich selbst erzielen als durch die nächstbeste Handlung, dann sagen wir, dass Sie eine ökonomische Rente erhalten haben.

$$\text{ökonomische Rente} = \text{Nutzen aus der ergriffenen Option}$$
$$- \text{Nutzen aus der nächstbesten Option}$$

Der Begriff kann leicht mit der alltäglichen Verwendung des Wortes verwechselt werden; insbesondere dem regelmäßigen Einkommen aus unterschiedlichen Instrumenten der Altersvorsorge. Um diese Verwechslung zu vermeiden, betonen wir das Wort ‚ökonomisch', wenn wir von ökonomischer Rente sprechen. Denken Sie daran, dass eine ökonomische Rente etwas ist, das Sie als Folge einer Handlung erhalten, nicht etwas, was Ihr Einkommen im Ruhestand beschreibt.

Die Handlungsalternative mit dem nächstgrößten Nettonutzen (Handlung B) wird oft als ,nächstbeste Alternative' oder als **Reservationsoption** (der von uns verwendete Begriff) bezeichnet. Sie ist ,in Reserve' für den Fall, dass Sie sich nicht für A entscheiden. Oder, wenn Sie A bevorzugen, aber dann jemand Sie davon ausschließt, ist Ihre Reservationsoption Ihr Plan B. Deshalb wird sie auch als ,Ausweichoption' bezeichnet.

Die ökonomische Rente liefert uns eine einfache Entscheidungsregel:

- *Wenn Ihnen Aktion A eine ökonomische Rente einbringen würde (und niemand sonst darunter leiden würde)*: Tun Sie es!
- *Wenn Sie Aktion A bereits ausführen und sie Ihnen eine ökonomische Rente einbringt*: Tun Sie es weiter!

Anhand dieser Entscheidungsregel lässt sich erklären, warum ein Unternehmen durch den Wechsel von einer Technologie zu einer anderen innovieren kann. Wir beginnen im nächsten Abschnitt mit einem Vergleich von Technologien.

> **Reservationsoption** Die nächstbeste Alternative einer Person unter allen Optionen in einer bestimmten Transaktion. *Auch bekannt als: Fallback-Option. Siehe auch: Reservationspreis.*

FRAGE 2.2 WÄHLEN SIE DIE RICHTIGE(N) ANTWORT(EN)
Welcher der folgenden Sachverhalte beschreibt eine ökonomische Rente?

☐ Der Betrag, den Sie Ihrer Vermieterin oder Ihrem Vermieter für die Nutzung einer Wohnung zahlen.

☐ Der Betrag, den Sie für die Anmietung eines Autos für ein Wochenende zahlen.

☐ Der zusätzliche Gewinn, den eine erfolgreiche Innovatorin oder ein erfolgreicher Innovator erzielt, wenn sie oder er ein neues Produkt vor der Konkurrenz auf den Markt bringt.

☐ Der zusätzliche Gewinn, den ein Unternehmen erzielt, wenn es seine Größe verdoppelt und sich die Kosten oder der Preis für jede Einheit seines Outputs nicht ändern.

2.4 MODELLIERUNG EINER DYNAMISCHEN WIRTSCHAFT: TECHNOLOGIE UND KOSTEN

Wir wenden diese Modellierungsideen nun an, um den technischen Fortschritt zu erklären. In diesem Abschnitt gehen wir der Frage nach:

- Was ist eine Technologie?
- Wie bewertet ein Unternehmen die Kosten der verschiedenen Technologien?

Was ist eine Technologie?

Nehmen wir an, wir bitten eine Ingenieurin oder einen Ingenieur, über die Technologien zu berichten, die für die Herstellung von 100 Metern Stoff zur Verfügung stehen. Dabei sind die Inputs Arbeit (Anzahl der Arbeitskräfte, die jeweils einen Standard-Achtstundentag arbeiten) und Energie (Tonnen Kohle). Die Antwort wird in dem Diagramm und der Tabelle in Abbildung 2.3 dargestellt. Die fünf Punkte in der Tabelle stehen für fünf verschiedene Technologien. Bei der Technologie E werden zum Beispiel 10 Arbeitskräfte und 1 Tonne Kohle benötigt, um 100 Meter Stoff zu produzieren.

Folgen Sie den Schritten in Abbildung 2.3, damit Sie die fünf Technologien verstehen können.

Wir beschreiben die Technologie E als relativ arbeitsintensiv und die Technologie A als relativ energieintensiv. Wenn eine Volkswirtschaft die Technologie E verwendet und dann zur Technologie A oder B übergeht, würden wir sagen, dass sie eine arbeitsparende Technologie eingeführt hat, weil der Arbeitsaufwand für die Herstellung von 100 Metern Stoff bei diesen beiden Technologien geringer ist als bei der Technologie E. Dies ist während der Industriellen Revolution geschehen.

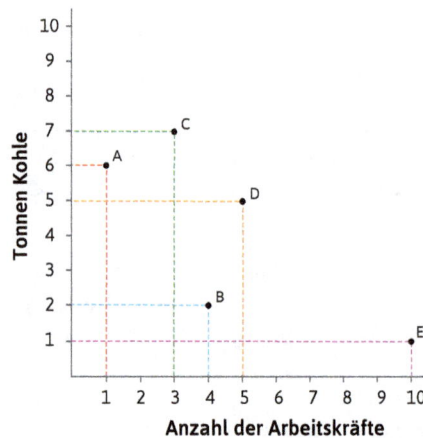

Technologie	Anzahl der Arbeitskräfte	Kohlebedarf (Tonnen)
A	1	6
B	4	2
C	3	7
D	5	5
E	10	1

Abbildung 2.3 Verschiedene Technologien zur Herstellung von 100 Metern Stoff.

1. Fünf Technologien zur Herstellung von 100 Metern Stoff im Vergleich
Die Tabelle beschreibt fünf verschiedene Technologien, auf die wir uns im weiteren Verlauf dieses Abschnitts beziehen. Sie verwenden unterschiedliche Mengen an Arbeitskräften und Kohle als Input für die Produktion von 100 Metern Stoff.

2. Technologie A: energieintensiv
Die Technologie A ist mit einer Arbeitskraft und 6 Tonnen Kohle die energieintensivste.

3. Technologie B
Die Technologie B benötigt 4 Arbeitskräfte und 2 Tonnen Kohle: Sie ist eine arbeitsintensivere Technologie als A.

4. Technologie C
Bei der Technologie C werden 3 Arbeitskräfte und 7 Tonnen Kohle eingesetzt.

5. Technologie D
Bei der Technologie D werden 5 Arbeitskräfte und 5 Tonnen Kohle eingesetzt.

6. Technologie E: Arbeitsintensiv
Bei der Technologie E werden schlussendlich 10 Arbeitskräfte und 1 Tonne Kohle benötigt. Dies ist die arbeitsintensivste der fünf Technologien.

Für welche Technologie wird sich das Unternehmen entscheiden? Der erste Schritt zur Beantwortung der Frage besteht darin, Technologien auszuschließen, die offensichtlich minderwertig sind. Wir beginnen in Abbildung 2.4 mit der Technologie A und prüfen, ob eine der alternativen Technologien mindestens genauso viel Arbeit und Kohle verbraucht. Die Technologie C ist der Technologie A unterlegen: Um 100 Meter Stoff zu produzieren, werden mehr Arbeitskräfte (drei statt einer) und mehr Kohle (sieben statt sechs Tonnen) benötigt. Wir sagen, dass die Technologie C von der Technologie A **dominiert** wird: unter der Annahme, dass alle Inputs bezahlt werden müssen, wird kein Unternehmen die Technologie C verwenden, wenn A verfügbar ist. Die Schritte in Abbildung 2.4 zeigen Ihnen, wie Sie erkennen können, welche der Technologien dominiert werden und welche Technologien dominieren.

Wenn wir nur die technischen Informationen über die Inputs verwenden, haben wir die Auswahlmöglichkeiten eingegrenzt: Die Technologien C und D würden niemals gewählt werden. Aber wie wählt das Unternehmen zwischen A, B und E? Dies erfordert eine Annahme darüber, was das Unternehmen zu

> **dominiert** Wir beschreiben ein Ergebnis so, wenn mehr von etwas, das positiv bewertet wird, ohne weniger von etwas anderem, das positiv bewertet wird, erreicht werden kann. Kurz gesagt: Ein Ergebnis wird dominiert, wenn es eine Win-Win-Alternative gibt.

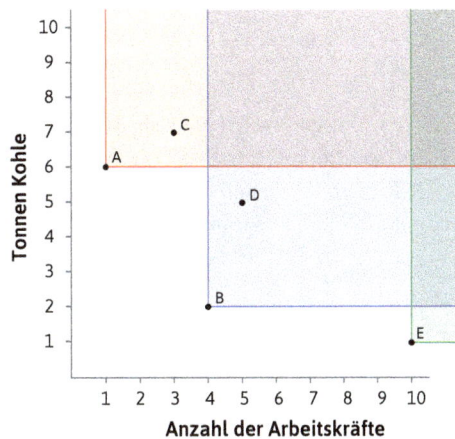

Abbildung 2.4 Technologie A dominiert C; Technologie B dominiert D.

1. Welche Technologien dominieren die anderen?

Die fünf Technologien zur Herstellung von 100 Metern Stoff werden durch die Punkte A bis E dargestellt. Anhand dieser Abbildung können wir zeigen, welche Technologien die anderen dominieren.

2. A dominiert C

Es ist offensichtlich, dass Technologie A die Technologie C dominiert: Die gleiche Menge Stoff kann mit A mit weniger Arbeits- und Energieeinsatz produziert werden. Das bedeutet, dass man, wenn A verfügbar ist, niemals C verwenden würde.

3. B dominiert D

Technologie B dominiert die Technologie D: Die gleiche Menge Stoff kann mit B mit weniger Arbeits- und Energieeinsatz produziert werden. Beachten Sie, dass B jede andere Technologie dominieren würde, die sich in dem schattierten Bereich über und rechts von Punkt B befindet.

4. E ist nicht dominierend

Technologie A dominiert C; Technologie B dominiert D. Die Technologie E dominiert keine der anderen verfügbaren Technologien. Das wissen wir, weil keine der anderen vier Technologien in dem Bereich über und rechts von E liegt.

tun versucht. Wir gehen davon aus, dass das Ziel des Unternehmens darin besteht, so viel Gewinn wie möglich zu erzielen, was bedeutet, dass der Stoff zu den geringstmöglichen Kosten produziert wird.

Um eine Entscheidung über die Technologie zu treffen, sind auch ökonomische Informationen über relative Preise erforderlich—die Kosten für die Einstellung einer Arbeitskraft im Vergleich zu den Kosten für den Kauf einer Tonne Kohle. Intuitiv würde man sich für die arbeitsintensive Technologie E entscheiden, wenn die Arbeitskraft im Verhältnis zu den Kohlekosten sehr günstig ist; die energieintensive Technologie A wäre in einer Situation vorzuziehen, in der Kohle relativ günstig ist. Mit Hilfe eines ökonomischen Modells können wir präzisere Aussagen treffen.

Wie bewertet ein Unternehmen die Kosten der Produktion mit verschiedenen Technologien?

Das Unternehmen kann die Kosten für jede beliebige Kombination von Inputs berechnen, indem es die Zahl der Arbeitskräfte mit dem Lohn und die Tonnen Kohle mit dem Kohlepreis multipliziert. Wir verwenden das Symbol w für den Lohn, L für die Zahl der Arbeitskräfte, p für den Kohlepreis und R für die Tonnen Kohle:

$$\text{Kosten} = (\text{Lohn} \times \text{Arbeitskräfte}) + (\text{Preis einer Tonne Kohle} \times \text{Anzahl der Tonnen})$$
$$= (w \times L) + (p \times R)$$

> **Isokostengerade** Eine Gerade, die alle Kombinationen darstellt, die einen bestimmten Gesamtbetrag kosten.

Nehmen wir an, der Lohn beträgt 10 GBP und der Kohlepreis 20 GBP pro Tonne. In der Tabelle in Abbildung 2.5 haben wir die Kosten für zwei Arbeitskräfte und drei Tonnen Kohle berechnet, die 80 GBP betragen. Dies entspricht der Kombination P_1 im Diagramm. Würde das Unternehmen mehr Arbeitskräfte beschäftigen, zum Beispiel sechs, aber den Einsatz von Kohle auf eine Tonne reduzieren (Punkt P_2), würde dies ebenfalls 80 GBP kosten. Folgen Sie den Schritten in Abbildung 2.5, um zu sehen, wie wir **Isokostengeraden** konstruieren, um die Kosten aller Kombinationen von Inputs zu vergleichen.

Isokostengeraden verbinden alle Kombinationen von Arbeitskräften und Kohle, die den gleichen Betrag kosten. Mit ihrer Hilfe können wir die Kosten der drei Technologien A, B und E vergleichen, die noch zur Auswahl stehen (weil keine dieser Technologien dominiert wird).

Die Tabelle in Abbildung 2.6 zeigt die Kosten für die Produktion von 100 Metern Stoff mit jeder Technologie, wenn der Lohn 10 GBP und der Kohlepreis 20 GBP beträgt. Mit der Technologie B kann das Unternehmen eindeutig zu niedrigeren Kosten Stoff produzieren.

Im Diagramm haben wir die Isokostengerade durch den Punkt gezeichnet, der die Technologie B repräsentiert. Dies zeigt unmittelbar, dass bei diesen Inputpreisen (der Lohn ist der ‚Preis‘ der Arbeit) die beiden anderen Technologien teurer sind.

Aus Abbildung 2.6 geht hervor, dass B die kostengünstigste Technologie ist, wenn $w = 10$ und $p = 20$. Die anderen verfügbaren Technologien werden bei diesen Inputpreisen nicht gewählt. Beachten Sie, dass es auf den relativen Preis und nicht auf den absoluten Preis ankommt: Wenn sich beide Preise verdoppeln würden, sähe das Diagramm fast genauso aus: Die Isokostengerade durch B hätte die gleiche Steigung, obwohl die Kosten 160 GBP betragen würden.

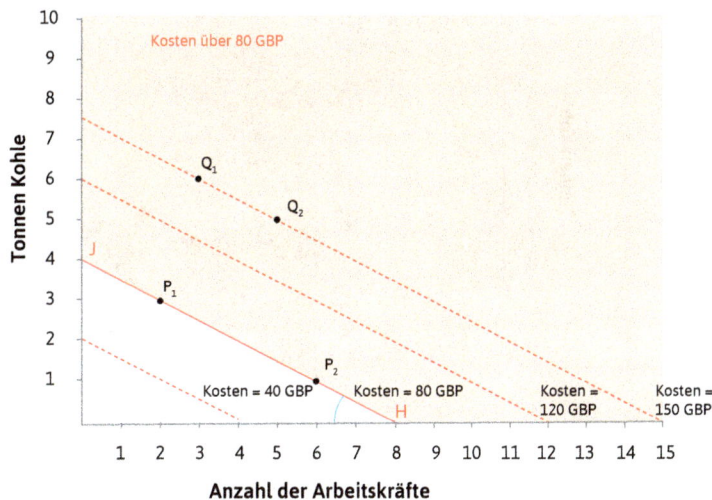

Abbildung 2.5 Isokostengerade, wenn der Lohn 10 GBP und der Kohlepreis 20 GBP beträgt.

1. Die Gesamtkosten bei P_1

Die Gesamtkosten für die Beschäftigung von 2 Arbeitskräften mit 3 Tonnen Kohle betragen $(2 \times 10) + (3 \times 20) = 80$ GBP.

2. P_2 kostet auch 80 GBP

Wenn die Anzahl der Arbeitskräfte auf 6 erhöht wird, was 60 GBP kostet, und der Einsatz von Kohle auf eine Tonne reduziert wird, betragen die Gesamtkosten immer noch 80 GBP.

3. Die Isokostengerade für 80 GBP

Die gerade Linie durch P_1 und P_2 verbindet alle Punkte, bei denen die Gesamtkosten 80 GBP betragen. Wir nennen dies eine **Isokostengerade**: iso ist das griechische Wort für ‚gleich'. Beim Zeichnen der Linie gehen wir vereinfachend davon aus, dass Bruchteile von Arbeitskräften beschäftigt und von Kohle gekauft werden können.

4. Eine höhere Isokostengerade

Im Punkt Q_1 (3 Arbeitskräfte, 6 Tonnen Kohle) betragen die Gesamtkosten 150 GBP. Um die Isokostengerade von 150 GBP zu finden, suchen Sie einen anderen Punkt, der 150 GBP kostet: Wenn zwei weitere Arbeitskräfte eingestellt werden, sollte der Kohleeinsatz um eine Tonne verringert werden, damit die Kosten bei 150 GBP bleiben. Dies ist der Punkt Q_2.

5. Weitere Isokostengeraden

Man könnte Isokostengeraden durch beliebige andere Punkte im Diagramm ziehen. Wenn die Preise der Inputs fest sind, sind die Isokostengeraden parallel. Eine einfache Möglichkeit, eine beliebige Linie zu zeichnen, besteht darin, die Endpunkte zu finden: zum Beispiel verbindet die Linie 80 GBP die Punkte J (4 Tonnen Kohle und keine Arbeitskräfte) und H (8 Arbeitskräfte, keine Kohle).

6. Die Steigung jeder Isokostengerade ist: $-(w/p)$

Die Steigung der Isokostengeraden ist negativ (sie fällt nach unten). In diesem Fall beträgt die Steigung $-0{,}5$, denn an jedem Punkt würden die Gesamtkosten unverändert bleiben, wenn man eine weitere Arbeitskräfte einstellt, was 10 GBP kostet, und die Kohlemenge um 0,5 Tonnen reduziert, was 10 GBP einspart. Die Steigung ist gleich $-(w/p)$, der Lohn geteilt durch den Kohlepreis.

7. Punkte oberhalb einer Isokostengerade kosten mehr

Wenn wir eine Isokostengerade betrachten—die für 80 GBP—, können wir sehen, dass alle Punkte oberhalb der Geraden mehr als 80 GBP kosten und alle Punkte unterhalb weniger.

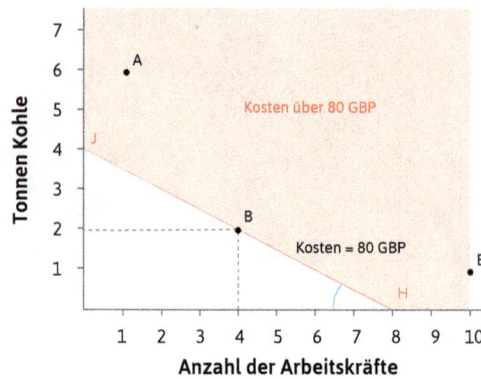

Technologie	Anzahl der Arbeitskräfte	Kohlebedarf (Tonnen)	Gesamtkosten (GBP)
B	4	2	80
A	1	6	130
E	10	1	120

Lohn GBP 10, Kosten für Kohle GBP 20 pro Tonne

Abbildung 2.6 Die Kosten für den Einsatz verschiedener Technologien zur Herstellung von 100 Metern Stoff: Niedrige relative Kosten der Arbeit.

Wir können nun die Isokostengeraden für jeden beliebigen Lohn w und Kohlepreis p als Gleichungen darstellen. Zu diesem Zweck schreiben wir c für die Produktionskosten. Wir beginnen mit der Gleichung für die Produktionskosten:

$$c = (w \times L) + (p \times R)$$

das heißt:

$$c = wL + pR$$

Dies ist eine Möglichkeit, die Gleichung der Isokostengerade für einen beliebigen Wert von *c* zu schreiben. Um eine Isokostengerade zu zeichnen, kann es hilfreich sein, sie in der folgenden Form auszudrücken:

$$y = a + bx$$

Dabei ist a, eine Konstante, der Schnittpunkt der vertikalen Achse (der y-Achsenabschnitt) und b die Steigung der Linie. In unserem Modell befinden sich die Tonnen Kohle, R, auf der vertikalen Achse, die Anzahl der Arbeitskräfte, L, auf der horizontalen Achse, und wir werden sehen, dass die Steigung der Linie der Lohn im Verhältnis zum Kohlepreis ist, $-(w/p)$. Die Isokostengerade fällt nach unten ab, so dass der Term der Steigung in der Gleichung $-(w/p)$ negativ ist.
Die Gleichung:

$$c = wL + pR$$

kann umgeschrieben werden in:

$$pR = c - wL$$

und weiter umgeschrieben werden als:

$$R = \frac{c}{p} - \frac{w}{p}L$$

Wenn also $w = 10$ und $p = 20$ ist, hat die Isokostengerade für $c = 80$ einen vertikalen Achsenabschnitt von $80/20 = 4$ und eine negative Steigung von $-(w/p) = -1/2$. Die Steigung ist der relative Preis der Arbeit.

ÜBUNG 2.3 ISOKOSTENGERADEN

Angenommen, der Lohn beträgt 10 GBP, der Kohlepreis aber nur 5 GBP.

1. Wie hoch ist der relative Preis der Arbeit?
2. Schreiben Sie die Gleichung der Isokostengerade für c = GBP 60 nach der im Text beschriebenen Methode auf und schreiben Sie sie in die Standardform $y = a + bx$ um. Schreiben Sie die Gleichungen der Isokostengeraden für 30 GBP und 90 GBP ebenfalls in der Standardform und zeichnen Sie alle drei Geraden in ein Diagramm. Wie verhält sich die Isokostengerade für diese Inputpreise im Vergleich zu derjenigen für $w = 10$ und $p = 20$?

2.5 MODELLIERUNG EINER DYNAMISCHEN WIRTSCHAFT: INNOVATION UND GEWINN

Wir haben gesehen, dass bei einem Lohn von 10 GBP und einem Kohlepreis von 20 GBP die Technologie B die kostengünstigste ist.

Jede Änderung des relativen Preises dieser beiden Inputs verändert die Steigung der Isokostengeraden. Betrachtet man die Positionen der drei Technologien in Abbildung 2.7, so kann man sich vorstellen, dass, wenn die Isokostengerade steil genug wird (wenn der Lohn im Verhältnis zu den Kohlekosten steigt), B nicht mehr die kostengünstigste Technologie ist: Das Unternehmen wird zu A wechseln. Das geschah im England des 18. Jahrhunderts.

Schauen wir uns an, wie eine Änderung der relativen Preise dies bewirken könnte. Nehmen wir an, der Preis für Kohle fällt auf 5 GBP, während der Lohn bei 10 GBP bleibt.

Betrachtet man die Tabelle in Abbildung 2.7, so kann das Unternehmen bei den neuen Preisen mit der Technologie A 100 Meter Stoff zu den geringsten Kosten herstellen. Die günstigere Kohle macht jede Produktionsmethode günstiger, aber die energieintensive Technologie ist jetzt am kostengünstigsten.

Um die Isokostengerade durch einen beliebigen Punkt, zum Beispiel A, zu ziehen, muss man die Kosten bei A (40 GBP) berechnen und dann einen anderen Punkt mit denselben Kosten suchen. Am einfachsten ist es, einen der Endpunkte F oder G zu finden. Wenn zum Beispiel keine Kohle verwendet wurde, könnten vier Arbeitskräfte für 40 GBP eingestellt werden. Dies ist der Punkt F.

Aus Abbildung 2.7 geht hervor, dass bei dem neuen relativen Preis die Technologie A auf der Isokostengerade von 40 GBP liegt, während die beiden anderen verfügbaren Technologien darüber liegen. Sie werden nicht gewählt, wenn die Technologie A verfügbar ist.

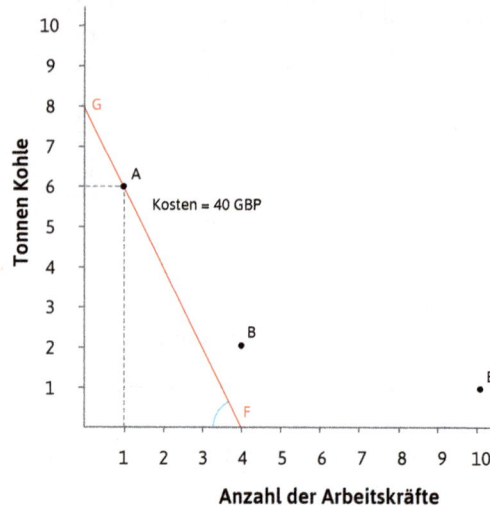

Technologie	Anzahl der Arbeitskräfte	Kohlebedarf (Tonnen)	Gesamtkosten (GBP)
B	4	2	50
A	1	6	40
E	10	1	105

Lohn GBP 10, Kosten für Kohle GBP 5 pro Tonne

Abbildung 2.7 Die Kosten für den Einsatz verschiedener Technologien zur Herstellung von 100 Metern Stoff: hohe relative Arbeitskosten.

1. Technologie A kostet am wenigsten, wenn Kohle relativ günstig ist

Bei einem Lohn von 10 GBP und einem Kohlepreis von 5 GBP zeigt die Tabelle, dass die Technologie A, die energieintensiver ist als die anderen, 100 Meter Stoff zu geringeren Kosten produzieren kann als B oder E.

2. Die Isokostenkurve für GBP 40, wenn $w = 10$ und $p = 5$

Die Technologie A liegt auf der Isokostengeraden FG. An jedem Punkt dieser Linie betragen die Gesamtkosten der Inputs 40 GBP. Die Technologien B und E liegen oberhalb dieser Linie und haben höhere Kosten.

3. Die Steigung der Isokostengerade

Die Steigung der Isokostengerade lässt sich durch Berechnung des relativen Preises der Arbeit ermitteln. Sie ist gleich $-(10/5) = -2$. Wenn man 10 GBP für Arbeit ausgibt, indem man eine zusätzliche Arbeitskraft einstellt, kann man die Kohle um 2 Tonnen reduzieren und die Gesamtkosten bei 40 GBP halten.

Wie steigert eine kostensenkende Innovation die Gewinne des Unternehmens?

Der nächste Schritt ist die Berechnung der Gewinne des ersten Unternehmens, das die kostengünstigste Technologie (A) einsetzt, wenn der relative Preis von Arbeit und Kohle steigt. Wie die gesamte Konkurrenz setzt das Unternehmen zunächst die Technologie B ein und minimiert die Kosten: Dies ist in Abbildung 2.8 durch die gestrichelte Isokostengerade durch B (mit den Endpunkten H und J) dargestellt.

Sobald sich die relativen Preise ändern, ist die neue Isokostengerade durch die Technologie B steiler und die Produktionskosten liegen bei 50 GBP. Die Umstellung auf die Technologie A (die energieintensiver, aber weniger arbeitsintensiv ist) zur Herstellung von 100 Metern Stoff reduziert die Kosten auf 40 GBP. Folgen Sie den Schritten in Abbildung 2.8 um zu sehen, wie sich die Isokostengeraden mit den neuen relativen Preisen verändern.

Der Gewinn des Unternehmens ist gleich den Einnahmen aus dem Verkauf der Produktion abzüglich der Kosten.

Unabhängig davon, ob die neue oder die alte Technologie verwendet wird, müssen die gleichen Preise für Arbeit und Kohle gezahlt werden, und es wird der gleiche Preis für den Verkauf von 100 Meter Stoff erzielt. Die Veränderung des Gewinns entspricht also dem Rückgang der Kosten, die mit der Einführung der neuen Technologie verbunden sind, und der Gewinn steigt um 10 GBP pro 100 Meter Stoff:

$$\text{Gewinn} = \text{Umsatz} - \text{Kosten}$$

Veränderung des Gewinns von

$$\text{Wechsel von B zu A} = \text{Änderung der Einnahmen} - \text{Änderung der Kosten}$$
$$= 0 - (40 - 50)$$
$$= 10$$

In diesem Fall beträgt die ökonomische Rente für ein Unternehmen, das von B auf A umsteigt, 10 GBP pro 100 Meter Stoff, dies entspricht der Kostensenkung, die durch neue Technologie ermöglicht wurde. Die Entscheidungsregel (wenn die ökonomische Rente positiv ist, tu es!) sagt dem Unternehmen, dass es innovieren soll.

In unserem Beispiel war die Technologie A zwar verfügbar, wurde aber erst dann eingesetzt, als ein Unternehmen auf den Anreiz reagierte, der durch den Anstieg des relativen Preises für Arbeit geschaffen wurde. Erstandwendende einer neuen Technologie werden als **Gründer:innen** bezeichnet. Wenn wir sagen, dass eine Person oder ein Unternehmen als unternehmerisch handelt, bezieht sich dies auf die Bereitschaft, neue Technologien auszuprobieren und neue Unternehmen zu gründen.

Der Ökonom Joseph Schumpeter (siehe unten) machte die Übernahme von technologischen Verbesserungen durch Gründer:innen zu einem wichtigen Teil seiner Erklärung für die Dynamik des Kapitalismus. Aus diesem Grund werden Innovationsrenten oft als Schumpetersche Renten bezeichnet.

Innovationsrenten werden nicht ewig anhalten. Andere Unternehmen, die bemerken, dass die Gründer:innen ökonomische Renten erzielen, werden die neue Technologie ebenfalls übernehmen. Auch sie werden ihre Kosten senken und ihre Gewinne werden steigen.

> **Gründer:in** Eine Person, die neue Technologien, Organisationsformen und andere Möglichkeiten schafft oder sich frühzeitig aneignet. *Auch bekannt als: Entrepreneur:in.*

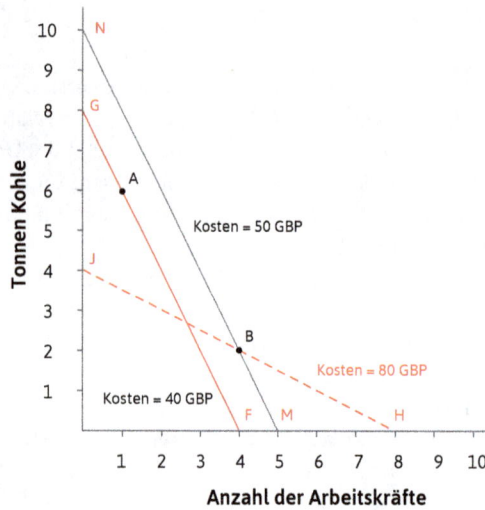

Technologie	Anzahl der Arbeitskräfte	Bedarf an Kohle (Tonnen)	Gesamtkosten (GBP)
Lohn GBP 10, Kohlekosten GBP 20 pro Tonne			
B	4	2	80
Lohn GBP 10, Kosten für Kohle GBP 5 pro Tonne			
B	4	2	50
A	1	6	40

Abbildung 2.8 Die Kosten für den Einsatz verschiedener Technologien zur Herstellung von 100 Metern Stoff.

1. Bei dem ursprünglichen relativen Preis ist B die kostengünstigere Technologie

Wenn der Lohn 10 GBP beträgt und der Kohlepreis mit 20 GBP relativ hoch ist, betragen die Kosten für die Produktion von 100 Metern Stoff mit der Technologie B 80 GBP: Die Wahl der Technologie B bringt das Unternehmen auf die Isokostenkurve HJ.

2. Der Kohlepreis fällt auf GBP 5

Wenn der Kohlepreis im Verhältnis zum Lohn fällt, wie die Isokostenkurve FG zeigt, dann kostet der Einsatz der Technologie A, die energieintensiver ist als B, 40 GBP. Aus der Tabelle geht hervor, dass bei diesen relativen Preisen A nun die kostengünstigste Technologie ist.

3. B kostet jetzt mehr als A

Bei den neuen relativen Preisen liegt die Technologie B auf der Isokostengeraden MN, wo die Kosten 50 GBP betragen. Der Wechsel zur Technologie A ist kostengünstiger.

In diesem Fall werden die Unternehmen mit niedrigeren Kosten aufgrund der höheren Gewinne pro 100 Meter Stoff florieren. Sie werden ihre Produktion von Stoffen erhöhen. Je mehr Unternehmen die neue Technologie einführen, desto größer wird das Angebot an Stoffen auf dem Markt, und der Preis beginnt zu sinken. Dieser Prozess wird sich fortsetzen, bis alle die neue Technologie nutzen und die Preise so weit gesunken sind, dass niemand mehr Innovationsrenten erzielt. Die Unternehmen, die an der alten Technologie B festhielten, werden nicht in der Lage sein, ihre Kosten bei dem neuen, niedrigeren Preis für Stoffe zu decken, und sie werden in Konkurs gehen. Joseph Schumpeter nannte dies **schöpferische Zerstörung**.

schöpferische Zerstörung Joseph Schumpeters Bezeichnung für den Prozess, bei dem alte Technologien und die Unternehmen, die sich nicht anpassen, von neuen verdrängt werden, weil sie auf dem Markt nicht konkurrenzfähig sind. Seiner Ansicht nach ist das Scheitern unrentabler Unternehmen schöpferisch, weil es Arbeit und Investitionsgüter für neue Tätigkeiten freisetzt.

FRAGE 2.3 WÄHLEN SIE DIE RICHTIGE(N) ANTWORT(EN)

Abbildung 2.3 (Seite 64) zeigt verschiedene Technologien zur Herstellung von 100 Metern Stoff.

Was lässt sich aus dem Diagramm schließen?

☐ Technologie D ist energieintensiver als Technologie C.
☐ Technologie B dominiert Technologie D.
☐ Technologie A ist bei allen Preisen für Kohle und Löhne die kostenminimierende Technologie.
☐ Technologie C kann manchmal eine günstigere Technologie sein als A.

FRAGE 2.4 WÄHLEN SIE DIE RICHTIGE(N) ANTWORT(EN)

Betrachten Sie die drei Isokostengeraden in Abbildung 2.8.

Was können wir aus diesen Informationen schließen?

☐ Bei einem Lohn von 10 GBP und einem Kohlepreis von 5 GBP ist die Kombination der Inputs am Punkt N teurer als die am Punkt B.
☐ Die Isokosten MN und FG stehen für dasselbe Preisverhältnis (Lohn/ Preis der Kohle), aber unterschiedliche Gesamtproduktionskosten.
☐ Die Isokosten HJ stellen ein höheres Preisverhältnis (Lohn/Preis der Kohle) dar als die Isokosten FG.
☐ Die Isokosten HJ repräsentieren alle Punkte, die 100 Meter Stoff zu einem bestimmten Preisverhältnis produzieren können.

Lynne Kiesling, eine Wirtschaftshistorikerin, spricht über Joseph Schumpeter. https://tinyco.re/ 1519059

GROSSE ÖKONOMINNEN UND ÖKONOMEN

Joseph Schumpeter

Joseph Schumpeter (1883–1950) entwickelte eines der wichtigsten Konzepte der modernen Volkswirtschaftslehre: **Schöpferische Zerstörung**.

Schumpeter brachte die Idee der Gründer:innen als zentrale Agierende des kapitalistischen Wirtschaftssystems in die Ökonomie ein. Sie sind Agierende des Wandels, die neue Produkte und neue Produktionsmethoden einführen und neue Märkte erschließen. Es folgen Nachahmende, und die Innovation verbreitet sich in der Wirtschaft. Neue Gründer:innen und eine neue Innovation leiten den nächsten Aufschwung ein.

Für Schumpeter war die schöpferische Zerstörung das Wesentliche am Kapitalismus: Alte Technologien und Unternehmen, die sich nicht anpassen, werden von den neuen verdrängt, weil sie auf dem Markt nicht konkurrenzfähig sind, indem sie ihre Produkte zu einem Preis verkaufen, der die Produktionskosten deckt. Durch das Scheitern unrentabler Unternehmen werden Arbeitskräfte und Investitionsgüter frei, die in neuen Kombinationen eingesetzt werden können.

Dieser dezentralisierte Prozess führt zu einer kontinuierlichen Verbesserung der Produktivität, die zu Wachstum führt, so Schumpeter. Sowohl die Zerstörung alter Unternehmen als auch die Gründung neuer Unternehmen brauchen Zeit, was zu Aufschwüngen und Abschwüngen in der Wirtschaft führt. Der als **Evolutionsökonomik** bekannte Zweig des ökonomischen Denkens (Sie können Artikel zu diesem Thema im *Journal of Evolutionary Economics* (https://tinyco.re/0746014) lesen) kann seine Ursprünge eindeutig auf Schumpeters Arbeit zurückführen, ebenso wie die meisten modernen Wirtschaftsmodelle, die sich mit Unternehmertum und Innovation beschäftigen. Lesen Sie Schumpeters Ideen und Meinungen in seinen eigenen Worten: .

Schumpeter wurde in Österreich-Ungarn geboren, wanderte aber in die USA aus, nachdem die Nazis 1932 die Wahlen gewonnen hatten, die 1933 zur Gründung des Dritten Reichs führten. Er hatte auch den Ersten Weltkrieg und die Great Depression der 1930er Jahre miterlebt und starb, während er einen Aufsatz mit dem Titel „Der Marsch in den Sozialismus" schrieb, in dem er seine Besorgnis über die zunehmende Rolle der Regierung in der Wirtschaft und die daraus resultierende „Verlagerung der wirtschaftlichen Angelegenheiten der Menschen vom privaten in den öffentlichen Bereich" festhielt. Als junger Professor in Österreich hatte er sich ein Säbelduell mit dem Universitätsbibliothekar geliefert und gewonnen, um sicherzustellen, dass die Studierenden Zugang zu Büchern hatten. Er behauptete auch, dass er als junger Mann drei Ziele im Leben hatte: der größte Ökonom der Welt, der größte Liebhaber der Welt und der größte Reiter der Welt zu werden. Er fügte hinzu, dass nur der Niedergang der Kavallerie ihn davon abgehalten habe, alle drei Ziele zu erreichen.

Evolutionsökonomik Ein Ansatz, der den Prozess des wirtschaftlichen Wandels untersucht, einschließlich technologischer Innovationen, der Diffusion neuer sozialer Normen und der Entwicklung neuer Institutionen.

Joseph A. Schumpeter. 1949. 'Science and Ideology' (https://tinyco.re/4561610). *The American Economic Review* 39 (March): pp. 345–59.

Joseph A. Schumpeter. 1997. *Ten Great Economists*. London: Routledge.

Joseph A. Schumpeter. 1962. *Capitalism, Socialism, and Democracy*. New York: Harper & Brothers.

2.6 DIE BRITISCHE INDUSTRIELLE REVOLUTION UND ANREIZE FÜR NEUE TECHNOLOGIEN

Vor der Industriellen Revolution waren Weben, Spinnen und die Herstellung von Kleidung für den Haushalt für die meisten Frauen eine zeitraubende Aufgabe. Alleinstehende Frauen wurden als „Spinsters" (Spinnerinnen) bezeichnet, weil das Spinnen ihre Hauptbeschäftigung war.

Wozu dienten Erfindungen wie die Spinning Jenny? Die ersten Spinning-Jennys hatten acht Spindeln. Eine Maschine, die von nur einem Erwachsenen bedient wurde, ersetzte also acht Spinnerinnen, die an acht Spinnrädern arbeiteten. Im späten 19. Jahrhundert konnte ein einziges Spinnrad, das von einer sehr kleinen Anzahl von Menschen bedient wurde, mehr als 1000 Spinnerinnen ersetzen. Diese Maschinen waren nicht auf menschliche Energie angewiesen, sondern wurden zunächst von Wasserrädern und später von mit Kohle betriebenen Dampfmaschinen angetrieben. Abbildung 2.9 fasst diese Veränderungen während der Industriellen Revolution zusammen.

Das Modell im vorangegangenen Abschnitt liefert eine Hypothese (eine mögliche Erklärung) dafür, warum sich jemand die Mühe machen würde, eine solche Technologie zu erfinden, und warum jemand sie nutzen wollte. In diesem Modell haben Unternehmen die Wahl zwischen Technologien, die nur zwei Inputs benötigen - Energie und Arbeit. Dies ist eine Vereinfachung, zeigt aber, wie wichtig die relativen Kosten der Inputs für die Wahl der Technologie sind. Wenn die Arbeitskosten im Verhältnis zu den Energiekosten stiegen, konnte man mit der Umstellung auf die energieintensive Technologie Innovationsrenten erzielen.

Dies ist nur eine Hypothese. Ist sie tatsächlich eingetreten? Wenn wir uns ansehen, wie sich die relativen Preise in den einzelnen Ländern unterschieden und wie sie sich im Laufe der Zeit veränderten, können wir verstehen, warum Technologien wie die Spinning Jenny in Großbritannien und nicht anderswo erfunden wurden, und zwar im 18. Jahrhundert und nicht zu einem früheren Zeitpunkt.

Abbildung 2.10 zeigt den relativen Preis von Arbeit im Verhältnis zum Energiepreis in verschiedenen Städten um 1700—das heißt, die Löhne von Arbeitskräften im Bauhandwerk geteilt durch den Preis von 1 Million BTU (British Thermal Units, eine Einheit für Energie, die etwas mehr als 1000 Joule entspricht). Sie sehen, dass die Löhne im Verhältnis zu den Energiekosten in England und den Niederlanden teurer waren als in Frankreich (Paris und Straßburg), und viel teurer als in China.

Eve Fisher, eine Historikerin, berechnete, dass die Herstellung eines Hemdes zu dieser Zeit 500 Stunden Spinnarbeit und insgesamt 579 Stunden Arbeit erforderte (https://tinyco.re/2933051) - was beim heutigen Mindestlohn in den USA USD 4197,25 kostet.

Alte Technologie	Neue Technologie
viele Arbeitskräfte	wenige Arbeitskräfte
wenig Maschinen (Spinnräder)	viele Investitionsgüter (Spinning Mule, Fabrik Gebäude, Wasserräder oder Dampfmaschinen)
… benötigt nur menschliche Energie	… benötigt Energie (Kohle)
arbeitsintensiv	arbeitsparend
kapitalintensiv	kapitalsparend
energiesparend	energieintensiv

Abbildung 2.9 Der Wandel der Technologie in einer Spinnerei während der Industriellen Revolution.

Aktuelle Daten bei OWiD anzeigen
https://tinyco.re/2761827

Seite 140 von Robert C. Allen. 2008. „The British Industrial Revolution in Global Perspective", Cambridge: Cambridge University Press.

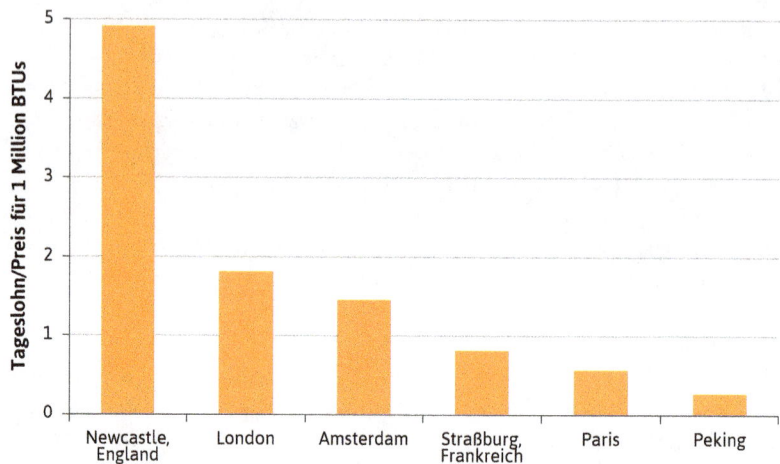

Abbildung 2.10 Löhne im Verhältnis zum Energiepreis (frühe 1700er Jahre).

Die Löhne im Verhältnis zu den Energiekosten waren in England hoch, zum einen, weil die englischen Löhne höher waren als die Löhne in anderen Ländern, zum anderen, weil die Kohle im kohlereichen Großbritannien günstiger war als in den anderen Ländern, die in Abbildung 2.10 dargestellt sind.

Abbildung 2.11 zeigt die Entwicklung der Arbeitskosten im Verhältnis zu den Kosten für Investitionsgüter in England und Frankreich vom späten 16. bis zum frühen 19. Jahrhundert. Sie zeigt die Löhne von Arbeitskräften im Bauhandwerk geteilt durch die Kosten für die Nutzung von Investitionsgütern. Diese Kosten errechnen sich aus den Preisen für Metall, Holz und Ziegel, den Kosten für die Kreditaufnahme und berücksichtigen dabei die Abnutzungsrate beziehungsweise den Wertverlust der Investitionsgüter.

Wie Sie sehen, waren die Löhne im Verhältnis zu den Kosten von Investitionsgütern in England und Frankreich in der Mitte des 17.

Aktuelle Daten bei OWiD anzeigen
https://tinyco.re/7417234

Seite 138 in Robert C. Allen. 2008. The British Industrial Revolution in Global Perspective. Cambridge: Cambridge University Press.

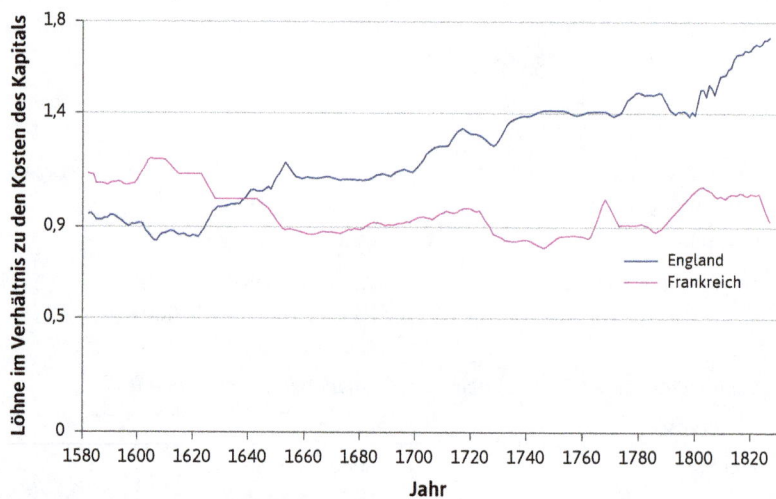

Abbildung 2.11 Löhne im Verhältnis zu den Kosten von Investitionsgütern (Ende des 16. bis Anfang des 19. Jahrhunderts).

Jahrhunderts ähnlich, aber von da an wurden die Arbeitskräfte in England, nicht aber in Frankreich, im Verhältnis zu den Investitionsgütern immer teurer. Mit anderen Worten: Der Anreiz, Arbeitskräfte durch Maschinen zu ersetzen, nahm in England in dieser Zeit zu, während dies in Frankreich nicht der Fall war. In Frankreich war der Anreiz, durch Innovationen Arbeit zu sparen, im späten 16. Jahrhundert stärker als 200 Jahre später, als die Industrielle Revolution begann technische Veränderungen in Großbritannien zu bringen.

Aus dem Modell im vorherigen Abschnitt haben wir gelernt, dass die gewählte Technologie von den relativen Preisen der Inputs abhängt. Kombiniert man die Vorhersagen des Modells mit den historischen Daten, erhält man eine Erklärung für Zeitpunkt und Ort der Industriellen Revolution:

- Die Löhne im Verhältnis zu den Kosten für Energie und Investitionsgüter stiegen im 18. Jahrhundert in Großbritannien im Vergleich zu früheren historischen Perioden.
- Die Löhne im Verhältnis zu den Kosten für Energie und Investitionsgüter waren im 18. Jahrhundert in Großbritannien höher als anderswo.

Zweifellos war es auch hilfreich, dass Großbritannien ein so erfinderisches Land war. Es gab viele qualifizierte Arbeitskräfte im Handwerk, Ingenieurwesen und Maschinenbau, die anhand der Entwürfe von Erfinder:innen funktionsfähige Maschinen bauen konnten.

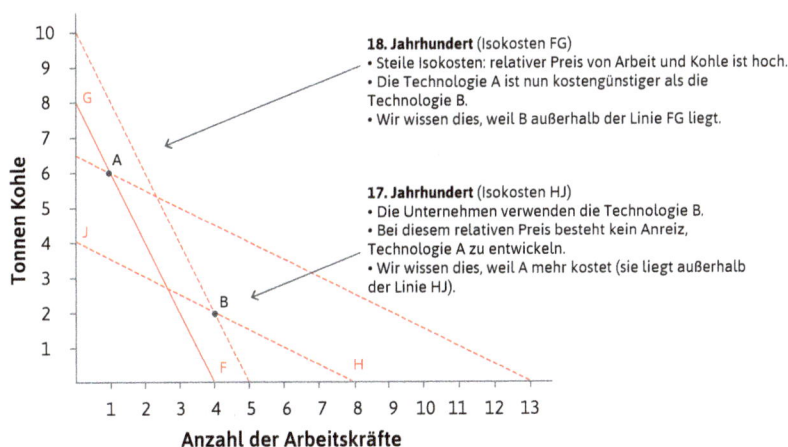

18. Jahrhundert (Isokosten FG)
- Steile Isokosten: relativer Preis von Arbeit und Kohle ist hoch.
- Die Technologie A ist nun kostengünstiger als die Technologie B.
- Wir wissen dies, weil B außerhalb der Linie FG liegt.

17. Jahrhundert (Isokosten HJ)
- Die Unternehmen verwenden die Technologie B.
- Bei diesem relativen Preis besteht kein Anreiz, Technologie A zu entwickeln.
- Wir wissen dies, weil A mehr kostet (sie liegt außerhalb der Linie HJ).

Abbildung 2.12 Die Kosten für den Einsatz verschiedener Technologien zur Herstellung von 100 Metern Stoff in Großbritannien im 17. und 18. Jahrhundert.

1. Technologie im 17. Jahrhundert

Im 17. Jahrhundert werden die relativen Preise durch die Isokostengerade HJ dargestellt. Die Technologie B wurde verwendet. Bei diesen relativen Preisen gab es keinen Anreiz, eine Technologie wie A zu entwickeln, die außerhalb der Isokostengerade HJ liegt.

2. Technologie in den 1700er Jahren

In den 1700er Jahren waren die Isokostengeraden wie FG viel steiler, weil der relative Preis von Arbeit zu Kohle höher war. Die relativen Kosten waren so hoch, dass die Technologie A kostengünstiger war als die Technologie B.

3. Warum ist die Technologie A kostengünstiger?

Wir wissen, dass bei einem hohen relativen Preis für Arbeit die Technologie A kostengünstiger ist, weil die Technologie B außerhalb der Isokostengerade FG liegt.

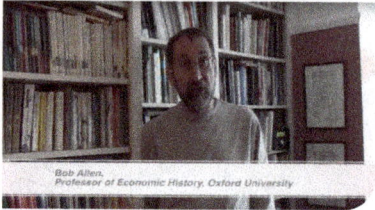

Wirtschaftshistoriker Bob Allen beschäftigt sich mit der Frage, warum Großbritannien sich industrialisierte, während andere dies nicht taten.
https://tinyco.re/7830352

Robert C. Allen. 2009. 'The industrial revolution in miniature: The spinning Jenny in Britain, France, and India'. *The Journal of Economic History* 69 (04) (November): p. 901.

David S. Landes. 2003. *The unbound Prometheus: Technological change and industrial development in western Europe from 1750 to the present.* Cambridge, UK: Cambridge University Press.

ÜBUNG 2.4 GROSSBRITANNIEN, ABER NICHT FRANKREICH
Sehen Sie sich unser Video an, in dem Bob Allen, Wirtschaftshistoriker, seine Theorie erklärt, warum, wann und wo die Industrielle Revolution stattgefunden hat.

1. Fassen Sie Allens Behauptung anhand des Konzepts der ökonomischen Rente zusammen. Welche *ceteris paribus* Annahmen treffen Sie dabei?
2. Welche anderen wichtigen Faktoren können den Aufstieg energieintensiver Technologien in Großbritannien im 18. Jahrhundert erklären?

Die relativen Preise von Arbeit, Energie und Kapital können helfen zu erklären, warum die arbeitsparenden Technologien der Industriellen Revolution zuerst in England eingeführt wurden und warum die Technologie zu dieser Zeit dort schneller voranschritt als auf dem europäischen Kontinent und sogar noch schneller als in Asien.

Wie erklärt sich die spätere Übernahme dieser neuen Technologien in Ländern wie Frankreich und Deutschland und schließlich in China und Indien? Eine Antwort ist der weitere technische Fortschritt, bei dem eine neue Technologie entwickelt wird, die die bereits genutzte dominiert. Technischer Fortschritt würde bedeuten, dass man noch weniger Input benötigt, um 100 Meter Stoff zu produzieren. Wir können dies anhand eines Modells veranschaulichen. In Abbildung 2.13 führt der technische Fortschritt zur Erfindung einer überlegenen energieintensiven Technologie, die mit A' bezeichnet wird. Die Analyse in Abbildung 2.13 zeigt, dass die Technologie A', sobald sie verfügbar ist, sowohl in Ländern, die A verwenden, als auch in solchen, die B verwenden, gewählt werden würde.

Ein zweiter Faktor, der die weltweite Diffusion der neuen Technologien förderte, war das Lohnwachstum und die sinkenden Energiekosten (zum Beispiel aufgrund kostengünstiger Transportmittel, die es den Ländern ermöglichten, Energie günstig aus dem Ausland zu importieren). Dadurch wurden die Isokostengeraden in den armen Ländern steiler, was wiederum einen Anreiz bot, auf eine arbeitsparende Technologie umzusteigen.

So oder so verbreiteten sich die neuen Technologien, und die Divergenz der Technologien und des Lebensstandards wurde schließlich durch Konvergenz ersetzt—zumindest in den Ländern, in denen die kapitalistische Revolution in Gang gekommen war.

Dennoch werden in einigen Ländern noch immer Technologien eingesetzt, die in Großbritannien während der Industriellen Revolution ersetzt wurden. Das Modell sagt voraus, dass der relative Preis der Arbeit in solchen Situationen sehr niedrig sein muss, sodass die Isokostengerade sehr flach verläuft. In Abbildung 2.13 könnte die Technologie B auch dann bevorzugt werden, wenn die Technologie A' verfügbar ist, wenn die Isokostengerade flacher als HJ ist, so dass sie durch B, aber unter A' verläuft.

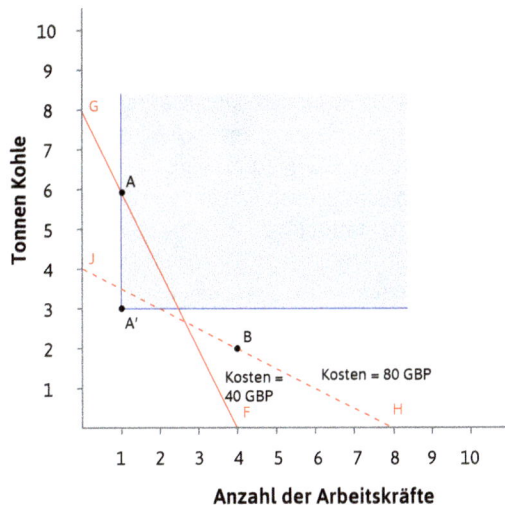

Abbildung 2.13 Die Kosten für den Einsatz verschiedener Technologien zur Herstellung von 100 Metern Stoff.

1. Energie- oder arbeitsintensiv?

Wenn der relative Preis der Arbeit hoch ist, wird die energieintensive Technologie A gewählt. Wenn der relative Preis der Arbeit niedrig ist, wird die arbeitsintensive Technologie B gewählt.

2. Eine Verbesserung der Technologie

Die Technologie zur Herstellung von Stoffen wird verbessert und führt zu einer neuen Technologie, die mit A' bezeichnet wird. Diese Technologie verbraucht nur halb so viel Energie pro Arbeitskraft, um 100 Meter Stoff zu produzieren. Die neue Technologie dominiert die Technologie A.

3. A' ist am kostengünstigsten

Die Technologie A' ist sowohl in Ländern mit relativ hohen Löhnen (Isokostengerade FG) als auch in Ländern mit niedrigen Löhnen und teurer Energie (Isokostengerade HJ) günstiger als A und B. Die neue arbeit- und energiesparende Technologie A' liegt innerhalb von FG und HJ, so dass sie in beiden Volkswirtschaften übernommen wird.

FRAGE 2.5 WÄHLEN SIE DIE RICHTIGE(N) ANTWORT(EN)

Betrachten Sie noch einmal Abbildung 2.12, welche die Isokostengeraden in Großbritannien im 17. und 18. Jahrhundert zeigt.

Welche der folgenden Aussagen ist richtig?

☐ Die flachere Isokostengerade HJ für das Großbritannien des 17. Jahrhunderts weist auf höhere Löhne im Verhältnis zum Kohlepreis hin.

☐ Der Anstieg der Löhne im Verhältnis zu den Energiekosten in dem 18. Jahrhundert wird durch die Verschiebung der Isokostengeraden von HJ nach außen zur parallelen Isokostengeraden durch A dargestellt.

☐ Wäre das Lohnniveau zusammen mit den sinkenden Energiekosten gesunken (zum Beispiel aufgrund kostengünstiger Transportmittel), dann wäre Großbritannien im 18. Jahrhundert definitiv bei Technologie B geblieben.

☐ Der Vergleich zwischen der Isokostengerade FG und der durch B verlaufenden parallelen Isokostengerade deutet darauf hin, dass in Großbritannien des 18. Jahrhunderts eine Innovationsrente erwirtschaftet wurde, als die Unternehmen von der Technologie B zu A wechselten.

ÜBUNG 2.5 WARUM FAND DIE INDUSTRIELLE REVOLUTION NICHT IN ASIEN STATT?

Lesen Sie die Antwort von David Landes auf diese Frage (https://tinyco.re/5958995), und diese Zusammenfassung der Forschung über die Great Divergence (https://tinyco.re/6223568), um zu diskutieren, warum die Industrielle Revolution in Europa und nicht in Asien und in Großbritannien und nicht in Kontinentaleuropa stattfand.

1. Welche Argumente finden Sie am überzeugendsten, und warum?
2. Welche Argumente finden Sie am wenigsten überzeugend, und warum?

2.7 MALTHUS'SCHE ÖKONOMIE: ABNEHMENDES DURCHSCHNITTSPRODUKT DER ARBEIT

Die historischen Belege stützen unser Modell, das relative Preise und Innovationsrenten verwendet, um eine einfache Erklärung für den Zeitpunkt und die geografische Ausbreitung der permanenten technologischen Revolution zu liefern.

Dies ist ein Teil der Erklärung für den aufwärts gerichteten Knick im Hockeyschläger. Die Erklärung des langen flachen Teils des Schlägers ist eine andere Sache und erfordert ein anderes Modell.

Malthus lieferte ein ökonomisches Modell, das ein Muster der wirtschaftlichen Entwicklung vorhersagt, das mit dem flachen Teil des Hockeyschlägers des Pro-Kopf-BIP aus Abbildung 1.1a in Einheit 1 übereinstimmt. Sein Modell führt Konzepte ein, die in der Ökonomie weit verbreitet sind. Eines der wichtigsten Konzepte ist die Idee des abnehmenden Durchschnittsprodukts eines Produktionsfaktors.

Abnehmendes Durchschnittsprodukt der Arbeit

Um zu verstehen, was dies bedeutet, stellen Sie sich eine Agrarwirtschaft vor, die nur ein einziges Gut, nämlich Getreide, produziert. Nehmen wir an, dass die Getreideproduktion sehr einfach ist—sie umfasst nur Arbeitskräfte in der Landwirtschaft, die auf dem Land arbeiten. Mit anderen Worten: Ignorieren Sie die Tatsache, dass für die Getreideproduktion auch Spaten, Mähdrescher, Getreidesilos, Silos und andere Gebäude und Ausrüstungen benötigt werden.

Arbeit und Boden (und die anderen Inputs, die wir nicht berücksichtigen) werden als **Produktionsfaktoren** bezeichnet, das heißt als Inputs für den Produktionsprozess. In dem obigen Modell des technologischen Wandels sind die Produktionsfaktoren Energie und Arbeit.

Gregory Clark, ein Wirtschaftshistoriker, argumentiert, dass die ganze Welt von der Vorgeschichte bis zum achtzehnten Jahrhundert malthusianisch war. Gregory Clark. 2007. *A farewell to alms: A brief economic history of the world.* Princeton, NJ: Princeton University Press. James Lee und Wang Feng erörtern, inwiefern sich Chinas demografisches System von dem Europas unterscheidet, und stellen die Malthus'sche Hypothese in Frage, dass die chinesische Armut auf das Bevölkerungswachstum zurückzuführen sei. James Lee and Wang Feng. 1999. 'Malthusian models and Chinese realities: The Chinese demographic system 1700–2000'. *Population and Development Review* 25 (1) (March): pp. 33–65.

Produktionsfaktoren Arbeit, Maschinen und Anlagen (in der Regel als Kapital bezeichnet), Grund und Boden und andere Inputs für einen Produktionsprozess.

Wir werden eine weitere vereinfachende *ceteris paribus* Annahme verwenden: dass die Menge des Bodens fix ist und alle Böden von gleicher Qualität sind. Stellen Sie sich vor, dass das Land in 800 Betriebe aufgeteilt ist, die jeweils von einer einzigen Arbeitskraft bewirtschaftet werden. Jede arbeitet während eines Jahres die gleiche Anzahl von Stunden. Zusammen produzieren diese 800 Arbeitskräfte insgesamt 500 000 kg Getreide. Das **Durchschnittsprodukt** der Arbeit einer Arbeitskraft ist:

$$\text{Durchschnittsprodukt der Arbeit} = \frac{\text{Gesamtproduktion}}{\text{Gesamtzahl der Arbeitskräfte}}$$

$$= \frac{500\,000 \text{ kg}}{800 \text{ Arbeitskräfte}}$$

$$= 625 \text{ kg pro Arbeitskraft}$$

> **Durchschnittsprodukt** Gesamtoutput geteilt durch einen bestimmten Input, zum Beispiel pro Arbeitskraft (geteilt durch die Anzahl der Arbeitskräfte) oder pro Arbeitsstunde einer Arbeitskraft (Gesamtoutput geteilt durch die Gesamtzahl der geleisteten Arbeitsstunden).

Um zu verstehen, was passiert, wenn die Bevölkerung wächst und es mehr Arbeitskräfte in der Landwirtschaft auf der gleichen begrenzten landwirtschaftlichen Fläche gibt, brauchen wir etwas, das Ökonominnen und Ökonomen die **Produktionsfunktion** für die Landwirtschaft nennen. Sie gibt die Produktionsmenge an, die von einer bestimmten Anzahl von Arbeitskräften auf einer bestimmten Menge Land erzeugt wird. In diesem Fall halten wir alle anderen Inputs, einschließlich des Bodens, konstant, so dass wir nur betrachten, wie der Output mit der Menge an Arbeit variiert.

> **PRODUKTIONSFUNKTION**
> Sie beschreibt den Zusammenhang zwischen der Menge des produzierten Outputs und der Menge der zu seiner Erzeugung eingesetzten Inputs.

In den vorangegangenen Abschnitten haben Sie bereits sehr einfache Produktionsfunktionen gesehen, in denen der Arbeits- und Energieaufwand für die Produktion von 100 Metern Stoff angegeben wurde. In Abbildung 2.3 (Seite 64) besagt die Produktionsfunktion für Technologie B beispielsweise, dass bei einem Einsatz von vier Arbeitskräften und zwei Tonnen Kohle 100 Meter Stoff produziert werden. Die Produktionsfunktion für die Technologie A liefert eine weitere ‚Wenn-dann'-Aussage: Wenn eine Arbeitskraft und sechs Tonnen Kohle genutzt werden, um mit dieser Technologie zu produzieren, dann werden 100 Meter Stoff produziert. Die Produktionsfunktion für Getreide ist eine ähnliche ‚Wenn-dann'-Aussage: Wenn es X Arbeitskräfte in der Landwirtschaft gibt, werden sie Y Getreide ernten.

In Abbildung 2.14a sind einige Werte für den Arbeitseinsatz und die entsprechende Getreideproduktion aufgeführt. In der dritten Spalte haben wir das Durchschnittsprodukt der Arbeit berechnet. In Abbildung 2.14b zeichnen wir die Funktion ein, unter der Annahme, dass die Beziehung für alle Arbeitskräfte in der Landwirtschaft gilt und die Getreideproduktion zwischen den in der Tabelle angegebenen Werten liegt.

Wir nennen dies eine Produktionsfunktion, weil eine Funktion eine Beziehung zwischen zwei Größen (in diesem Fall Inputs und Outputs) ist, mathematisch ausgedrückt als:

$$Y = f(X)$$

Wir sagen, dass 'Y eine Funktion von X ist'. X ist in diesem Fall die in der Landwirtschaft eingesetzte Arbeit. Y ist der Output an Getreide, der sich aus diesem Input ergibt. Die Funktion f(X) beschreibt die Beziehung zwischen X und Y, dargestellt durch die Kurve in der Abbildung.

Leibniz: Malthus'sche Ökonomie: Abnehmendes Durchschnittsprodukt der Arbeit (https://tinyco.re/ 10563884)

Arbeitseinsatz (Anzahl der Arbeitskräfte)	Getreideertrag (kg)	Durchschnittsprodukt der Arbeit (kg/Arbeitskraft)
200	200 000	1000
400	330 000	825
600	420 000	700
800	500 000	625
1000	570 000	570
1200	630 000	525
1400	684 000	490
1600	732 000	458
1800	774 000	430
2000	810 000	405
2200	840 000	382
2400	864 000	360
2600	882 000	340
2800	894 000	319
3000	900 000	300

Abbildung 2.14a Aufgezeichnete Werte der Produktionsfunktion einer Arbeitskraft in der Landwirtschaft: Abnehmendes Durchschnittsprodukt der Arbeit.

Unsere Produktionsfunktion für Getreide ist hypothetisch, aber sie weist zwei Merkmale auf, die plausible Annahmen darüber sind, wie der Output von der Anzahl der Arbeitskräfte in der Landwirtschaft abhängt:

Arbeit in Kombination mit Land ist produktiv. Das ist keine Überraschung. Je mehr Arbeitskräfte es gibt, desto mehr Getreide wird produziert; zumindest bis zu einem bestimmten Punkt (in diesem Fall 3000 Arbeitskräfte).

Je mehr Arbeitskräfte in der Landwirtschaft auf einer bestimmten Fläche arbeiten, desto mehr sinkt das Durchschnittsprodukt der Arbeit. Dieses **abnehmende Durchschnittsprodukt der Arbeit** ist eine der beiden Grundlagen des Modells von Malthus.

Erinnern Sie sich, dass das Durchschnittsprodukt der Arbeit der Getreideertrag geteilt durch die Menge des Arbeitseinsatzes ist. Aus der Produktionsfunktion in Abbildung 2.14b oder der Tabelle in Abbildung 2.14a (beide zeigen dieselben Informationen) geht hervor, dass ein jährlicher Input von 800 Arbeitskräften einen durchschnittlichen Pro-Kopf-Output von 625 kg Getreide ergibt, während eine Erhöhung des Arbeitseinsatzes auf 1600 Arbeitskräfte einen durchschnittlichen Output pro Arbeitskraft von 458 kg ergibt. Das Durchschnittsprodukt der Arbeit sinkt, wenn mehr Arbeit für die Produktion aufgewendet wird. Dies beunruhigte Malthus.

Um zu verstehen, warum er besorgt war, stellen Sie sich vor, dass eine Generation später jede Arbeitskraft in der Landwirtschaft viele Kinder bekommen hat, so dass statt einer Arbeitskraft nun zwei Arbeitskräfte auf jedem Hof arbeiten. Der gesamte Arbeitseinsatz in der Landwirtschaft betrug 800, aber jetzt sind es 1600. Statt einer Ernte von 625 kg Getreide pro Arbeitskraft beträgt die durchschnittliche Ernte nun nur noch 458 kg.

Man könnte nun einwenden, dass in der realen Welt mit wachsender Bevölkerung mehr Land für die Landwirtschaft genutzt werden kann. Malthus wies jedoch darauf hin, dass frühere Generationen von Arbeitskräften in der Landwirtschaft sich das beste Land ausgesucht hätten, so dass jedes neue Land

abnehmendes Durchschnittsprodukt der Arbeit Eine Situation, in der das Durchschnittsprodukt der Arbeit typischerweise sinkt, je mehr Arbeit in einem bestimmten Produktionsprozess eingesetzt wird.

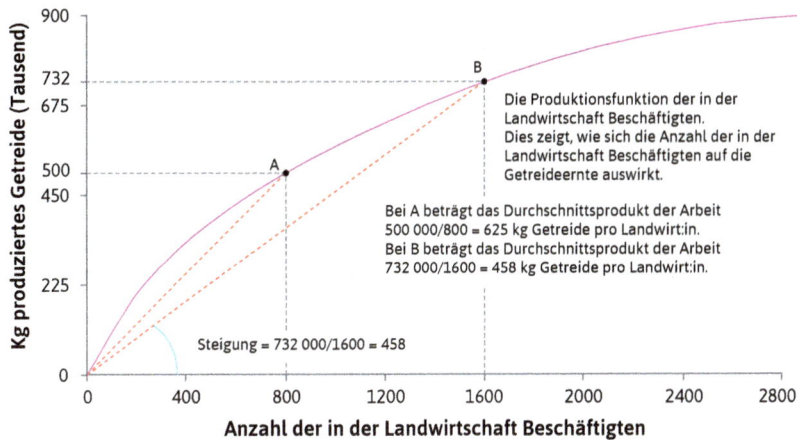

Abbildung 2.14b Die Produktionsfunktion der Arbeitskräfte in der Landwirtschaft: Abnehmendes Durchschnittsprodukt der Arbeit.

1. Die Produktionsfunktion der Arbeitskräfte in der Landwirtschaft

Die Produktionsfunktion zeigt, wie sich die Anzahl der Arbeitskräfte in der Landwirtschaft, die das Land bearbeiten, in die am Ende der Vegetationsperiode produzierte Getreidemenge umsetzt.

2. Output bei 800 Arbeitskräften

Der Punkt A der Produktionsfunktion zeigt die von 800 Arbeitskräften produzierte Getreidemenge.

3. Output bei 1600 Arbeitskräften

Der Punkt B auf der Produktionsfunktion zeigt die von 1600 Arbeitskräften produzierte Getreidemenge an.

4. Das Durchschnittsprodukt nimmt ab

Bei A beträgt das Durchschnittsprodukt der Arbeit 500 000 ÷ 800 = 625 kg Getreide pro Arbeitskraft. Bei B beträgt das Durchschnittsprodukt der Arbeit 732 000 ÷ 1.600 = 458 kg Getreide pro Arbeitskraft.

5. Die Steigung des Fahrstrahls ist das Durchschnittsprodukt

Die Steigung des Fahrstrahls vom Ursprung zum Punkt B auf der Produktionsfunktion zeigt das Durchschnittsprodukt der Arbeit am Punkt B. Die Steigung ist 458, was ein Durchschnittsprodukt von 458 kg pro Arbeitskraft bedeutet, wenn 1600 Arbeitskräfte das Land bearbeiten.

6. Der Fahrstrahl nach A ist steiler als der Fahrstrahl nach B

Die Steigung des Fahrstrahls zu Punkt A ist steiler als zu Punkt B. Wenn nur 800 Arbeitskräfte das Land bearbeiten, ist das Durchschnittsprodukt der Arbeit höher. Die Steigung beträgt 625, das Durchschnittsprodukt, was wir zuvor berechnet haben, liegt bei 625 kg pro Arbeitskraft.

ÜBUNG 2.6 DIE PRODUKTIONSFUNKTION DER ARBEITSKRÄFTE IN DER LANDWIRTSCHAFT.

In Einheit 1 haben wir erklärt, dass die Wirtschaft Teil der Biosphäre ist. Stellen Sie sich die Landwirtschaft biologisch vor.

1. Finden Sie heraus, wie viele Kalorien eine Arbeitskraft in der Landwirtschaft verbrennt und wie viele Kalorien in 1 kg Getreide enthalten sind.
2. Erzeugt die Landwirtschaft einen Kalorienüberschuss—mehr Kalorien im Output als im Arbeitsinput verbraucht werden—unter Verwendung der Produktionsfunktion in Abbildung 2.14b?

schlechter sein würde. Dadurch sinkt auch das Durchschnittsprodukt der Arbeit.

Abnehmendes Durchschnittsprodukt der Arbeit kann also verursacht werden durch:

- mehr Arbeitskräfte für eine bestimmte Menge an Land
- mehr (minderwertiges) Land welches kultiviert wird

Da das Durchschnittsprodukt der Arbeit abnimmt, wenn mehr Arbeitskräfte in der Landwirtschaft eingesetzt werden, sinkt zwangsläufig ihr Einkommen.

FRAGE 2.6 WÄHLEN SIE DIE RICHTIGE(N) ANTWORT(EN)

Betrachten Sie noch einmal Abbildung 2.14b in der die Produktionsfunktion von Getreide für Arbeitskräfte in der Landwirtschaft unter durchschnittlichen Anbaubedingungen mit der derzeit verfügbaren Technologie dargestellt ist.

Wir können feststellen, dass:

☐ In einem Jahr mit außergewöhnlich guten Witterungsbedingungen wird die Kurve der Produktionsfunktion höher und parallel zur obigen Kurve verlaufen.
☐ Die Entdeckung neuen Saatguts mit hohen Erträgen würde die Kurve der Produktionsfunktion am Ursprung gegen den Uhrzeigersinn drehen.
☐ In einem Jahr mit großer Trockenheit kann die Produktionsfunktion für eine große Zahl von Arbeitskräften in der Landwirtschaft eine negative Steigung haben.
☐ Wenn es eine Obergrenze für die zu produzierende Getreidemenge gibt, verläuft die Kurve für viele Fachkräfte in der Landwirtschaft horizontal.

2.8 MALTHUS'SCHE ÖKONOMIE: DIE BEVÖLKERUNG WÄCHST, WENN DER LEBENSSTANDARD STEIGT

Das abnehmende Durchschnittsprodukt der Arbeit allein erklärt noch nicht den langen, flachen Teil des Hockeyschlägers. Es bedeutet lediglich, dass der Lebensstandard von der Größe der Bevölkerung abhängt. Sie sagt nichts darüber aus, warum sich der Lebensstandard und die Bevölkerungszahl über lange Zeiträume hinweg nicht wesentlich verändert haben. Dazu brauchen wir den anderen Teil des Modells von Malthus: sein Argument, dass ein höherer Lebensstandard einen Bevölkerungsanstieg bewirkt.

Malthus war nicht der erste Mensch, der diese Idee hatte. Jahre bevor Malthus seine Theorien entwickelte, hatte Richard Cantillon, ein irischer Ökonom, festgestellt, dass ‚Menschen sich wie Mäuse in einem Stall vermehren, wenn sie unbegrenzte Mittel zum Lebensunterhalt haben'.

Die Malthus'sche Theorie sah den Menschen im Wesentlichen als ein Wesen, das sich nicht von anderen Tieren unterscheidet:

Thomas Robert Malthus, 1830. *A Summary View on the Principle of Population.* London: J. Murray.

Obwohl der Mensch durch seine intellektuellen Fähigkeiten über alle anderen Tiere erhaben ist, ist nicht anzunehmen, dass die physikalischen Gesetze, denen er unterworfen ist, sich wesentlich von denen unterscheiden, die in anderen Teilen der belebten Natur vorherrschen.

Die beiden Schlüsselideen im Modell von Malthus sind also:

- Das Gesetz des abnehmenden Durchschnittsprodukts der Arbeit.
- Die Bevölkerung nimmt zu, wenn der Lebensstandard steigt.

Stellen Sie sich eine Antilopenherde in einer weiten, ansonsten leeren Ebene vor. Stellen Sie sich außerdem vor, dass es keine Raubtiere gibt, die ihr Leben (oder unsere Analyse) erschweren. Wenn die Antilopen besser ernährt sind, leben sie länger und haben mehr Nachkommen. Wenn die Herde klein ist, können die Antilopen alles fressen, was sie wollen, und die Herde wird größer.

Irgendwann wird die Herde im Verhältnis zur Größe der Ebene so groß, dass die Antilopen nicht mehr so viel fressen können, wie sie wollen. Da die Landfläche pro Tier abnimmt, sinkt der Lebensstandard der Tiere. Diese Verringerung des Lebensstandards wird sich fortsetzen, solange die Herde immer größer wird.

Da jedes Tier weniger zu fressen hat, werden die Antilopen weniger Nachkommen haben und jünger sterben, sodass sich das Bevölkerungswachstum verlangsamt. Schließlich wird der Lebensstandard so weit sinken, dass die Herde nicht mehr wächst. Die Antilopen haben die Ebene ausgefüllt. Zu diesem Zeitpunkt frisst jedes Tier eine bestimmte Menge an Nahrung, die wir als **Existenzminimum** (oder Subsistenzeinkommen) definieren. Wenn der Lebensstandard der Tiere aufgrund des Bevölkerungswachstums auf das Existenzminimum gesunken ist, wird die Herde nicht mehr wachsen.

Wenn Antilopen weniger als das Existenzminimum fressen, wird die Herde kleiner. Und wenn der Konsum das Existenzminimum übersteigt, wächst die Herde.

Die gleiche Logik würde, so Malthus, auch für eine menschliche Bevölkerung gelten, die in einem Land mit einem festen Angebot an landwirtschaftlichen Flächen lebt. Solange die Menschen gut genährt sind, würden sie sich vermehren wie Cantillons Mäuse in einer Scheune; aber schließlich würden sie das Land füllen, und ein weiteres Bevölkerungswachstum würde das Einkommen der meisten Menschen aufgrund des abnehmenden Durchschnittsprodukts der Arbeit nach unten drücken. Ein sinkender Lebensstandard würde das Bevölkerungswachstum verlangsamen, da die Sterberaten steigen und die Geburtenraten sinken würden; schließlich würden sich die Einkommen auf dem Existenzminimum, dem sogenannten Subsistenzeinkommen, einpendeln.

Das Modell von Malthus führt zu einem **Gleichgewicht**, in dem das Einkommensniveau gerade ausreicht, um ein Existenzminimum an Konsum zu ermöglichen. Die Variablen, die in diesem Gleichgewicht konstant bleiben, sind:

- die Größe der Bevölkerung
- das Einkommensniveau der Bevölkerung

Wenn sich die Bedingungen ändern, können sich auch die Bevölkerung und die Einkommen ändern, aber letztendlich wird die Wirtschaft zu einem Gleichgewicht mit einem Einkommen auf dem Existenzminimum zurückkehren.

ÜBUNG 2.7 SIND MENSCHEN WIRKLICH WIE ANDERE TIERE?

Malthus schrieb: ‚Es ist nicht anzunehmen, dass die physikalischen Gesetze, denen [die Menschheit] unterworfen ist, sich wesentlich von denen unterscheiden, die in anderen Teilen der belebten Natur vorherrschen.'

Stimmen Sie dem zu? Erläutern Sie Ihre Argumentation.

Malthus'sche Ökonomie: Die Auswirkungen des technischen Fortschritts

Wir wissen, dass es in den Jahrhunderten vor der Industriellen Revolution in vielen Regionen der Welt, darunter auch in Großbritannien, Verbesserungen in der Technologie gab, der Lebensstandard jedoch konstant blieb. Kann das Modell von Malthus dies erklären?

Abbildung 2.15 veranschaulicht, wie die Kombination aus abnehmendem Durchschnittsprodukt der Arbeit und der Auswirkung höherer Einkommen auf das Bevölkerungswachstum dazu führt, dass technologische Verbesserungen auf sehr lange Frist nicht zu höheren Einkommen für Arbeitskräfte in der Landwirtschaft führen werden. In der Abbildung sind die Dinge auf der linken Seite die Ursachen für die Dinge auf der rechten Seite.

Ausgehend von einem Gleichgewicht mit einem Einkommen am Existenzminimum erhöht eine neue Technologie, zum Beispiel ein verbessertes Saatgut, das Einkommen pro Person auf der vorhandenen festen Landmenge. Ein höherer Lebensstandard führt zu einem Anstieg der Bevölkerung. Wenn mehr Menschen auf dem Land leben, bedeutet ein abnehmendes Durchschnittsprodukt der Arbeit, dass das durchschnittliche Einkommen pro Person sinkt. Schließlich kehren die Einkommen auf das Existenzminimum zurück, mit einer höheren Bevölkerung.

Warum ist die Bevölkerung im neuen Gleichgewicht höher? Die Produktion pro Arbeitskraft in der Landwirtschaft ist jetzt für jede Anzahl von Arbeitskräften höher. Die Bevölkerung fällt nicht auf das ursprüngliche Niveau zurück, da das Einkommen über dem Existenzminimum liegen würde. Eine bessere Technologie kann das Existenzminimum für eine größere Bevölkerung sichern.

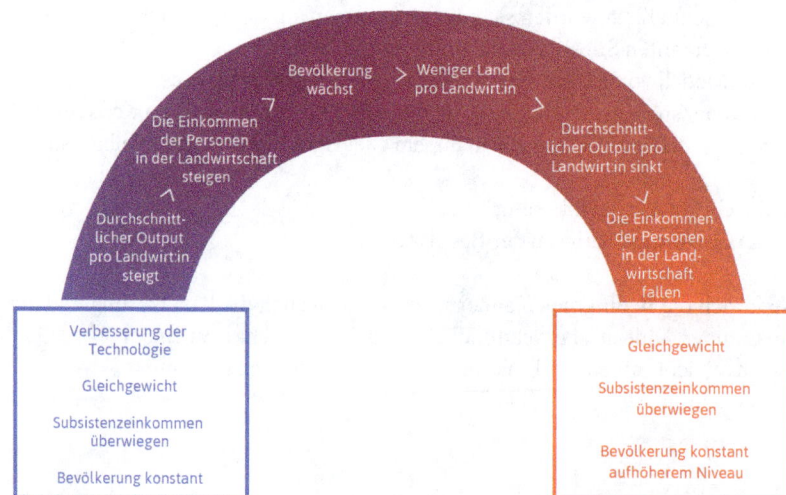

Abbildung 2.15 Malthus' Modell: Die Auswirkung einer Verbesserung der Technologie.

Der Einstein am Ende dieses Abschnitts zeigt, wie man das Modell von Malthus grafisch darstellt und wie man es zur Untersuchung der Auswirkungen einer neuen Technologie verwendet.

Das Modell von Malthus sagt voraus, dass Verbesserungen in der Technologie den Lebensstandard nicht erhöhen, wenn:

- das Durchschnittsprodukt der Arbeit abnimmt, wenn mehr Arbeit auf eine feste Menge Land eingesetzt wird
- die Bevölkerung als Reaktion auf den Anstieg der Reallöhne wächst

Auf lange Frist führt ein Produktivitätsanstieg zwar zu einer größeren Bevölkerung, aber nicht zu höheren Einkommen. Diese deprimierende Schlussfolgerung wurde einst als so allgemeingültig und unausweichlich angesehen, dass man sie Malthus' Gesetz nannte.

EINSTEIN

Modellierung von Malthus

Die Argumentation von Malthus wird in Abbildung 2.16 anhand von zwei Diagrammen zusammengefasst.

Die abwärts gerichtete Linie in der linken Abbildung zeigt, dass das Lohnniveau aufgrund des abnehmenden Durchschnittsprodukts der Arbeit umso niedriger ist, je höher die Bevölkerung ist. Die aufwärtsgerichtete Linie auf der rechten Seite zeigt die Beziehung zwischen Löhnen und Bevölkerungswachstum. Wenn die Löhne hoch sind, wächst die Bevölkerung, da ein höherer Lebensstandard zu mehr Geburten und weniger Todesfällen führt.

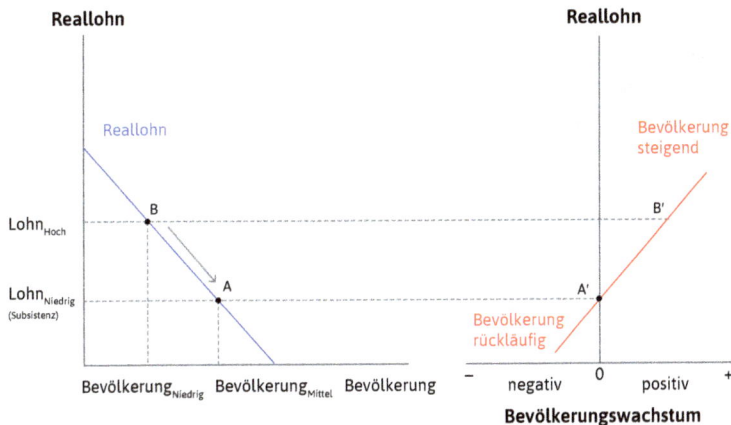

Abbildung 2.16 Eine Malthus'sche Wirtschaft.

1. Linkes Diagramm: Wie die Löhne von der Bevölkerungszahl abhängen

Bei einer mittleren Bevölkerungszahl liegt der Lohn der Menschen, die das Land bearbeiten, auf dem Existenzminimum (Punkt A). Im Punkt B, wo die Bevölkerung kleiner ist, ist der Lohn höher, weil das Durchschnittsprodukt der Arbeit höher ist.

2. Rechtes Diagramm: Wie das Bevölkerungswachstum vom Lebensstandard abhängt

Die Linie im rechten Diagramm ist steigend und zeigt, dass das Bevölkerungswachstum (auf der horizontalen Achse) positiv ist, wenn die Löhne (auf der vertikalen Achse) hoch sind (also die Bevölkerung steigt). Wenn die Löhne niedrig sind, ist das Bevölkerungswachstum negativ (die Bevölkerung sinkt).

3. Verknüpfung der beiden Diagramme

Am Punkt A, links, ist die Bevölkerung mittelgroß und der Lohn liegt am Existenzminimum. Wenn man zum Punkt A′ auf der rechten Seite übergeht, zeigt sich, dass das Bevölkerungswachstum gleich Null ist. Befindet sich die Wirtschaft also am Punkt A, ist sie im Gleichgewicht: Die Bevölkerung bleibt konstant und die Löhne bleiben auf dem Existenzminimum.

4. Eine niedrigere Bevölkerung

Angenommen, die Wirtschaft befindet sich am Punkt B, mit einem höheren Lohn und einer geringeren Bevölkerung. Der Punkt B′ auf der rechten Seite zeigt, dass die Bevölkerung zunehmen wird.

5. Die Wirtschaft kehrt zum Gleichgewicht zurück

Wenn die Bevölkerung steigt, bewegt sich die Wirtschaft auf der Linie im linken Diagramm nach unten: Die Löhne sinken, bis sie das Gleichgewicht bei A erreichen.

Die beiden Diagramme zusammen erklären die Malthus'sche Bevölkerungsfalle. Die Bevölkerung bleibt konstant, wenn der Lohn am Existenzminimum liegt, sie steigt, wenn der Lohn über dem Existenzminimum liegt, und sie sinkt, wenn der Lohn unter dem Existenzminimum liegt.

Abbildung 2.17 zeigt, wie das Malthus'sche Modell vorhersagt, dass selbst bei steigender Produktivität der Lebensstandard in der langen Frist nicht steigt.

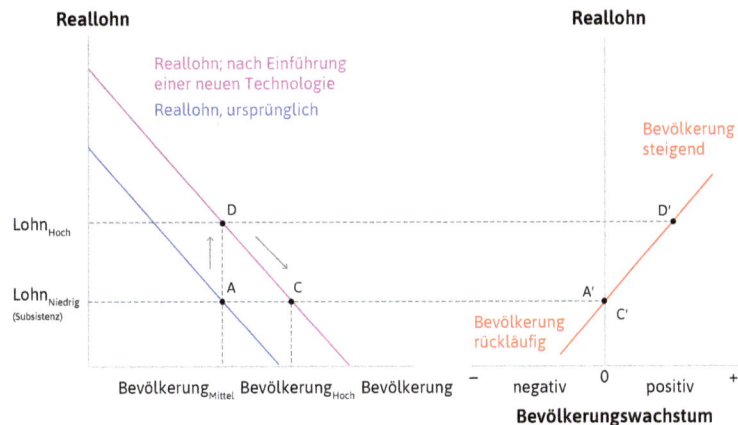

Abbildung 2.17 Die Einführung einer neuen Technologie in einer Malthus'schen Wirtschaft.

1. Zu Beginn befindet sich die Wirtschaft im Gleichgewicht

Die Wirtschaft beginnt im Punkt A, mit einer mittelgroßen Bevölkerung und einem Lohn am Existenzminimum.

2. Ein Fortschritt in der Technologie - die Löhne steigen

Eine technologische Verbesserung (zum Beispiel besseres Saatgut) erhöht das Durchschnittsprodukt der Arbeit, und der Lohn ist für jedes Bevölkerungsniveau höher. Die Linie der Reallöhne verschiebt sich nach oben. Bei der ursprünglichen Bevölkerungszahl steigt der Lohn und die Wirtschaft bewegt sich zu Punkt D.

3. Bevölkerung beginnt zu steigen

Am Punkt D ist der Lohn über das Existenzminimum gestiegen und daher beginnt die Bevölkerung zu wachsen (Punkt D').

4. Bevölkerung wächst

Wenn die Bevölkerung steigt, sinkt der Lohn aufgrund des abnehmenden Durchschnittsprodukts der Arbeit. Die Wirtschaft bewegt sich auf der Reallohnkurve von D nach unten.

5. C ist das Gleichgewicht mit der neuen Technologie

Bei C hat der Lohn wieder das Existenzminimum erreicht. Die Bevölkerung bleibt konstant (Punkt C'). Die Bevölkerung ist im Gleichgewicht C höher als im Gleichgewicht A.

ÜBUNG 2.8 LEBENSSTANDARD IN DER MALTHUS'SCHEN WELT

Stellen Sie sich vor, die Kurve des Bevölkerungswachstums im rechten Feld von Abbildung 2.16 würde sich nach links verschieben (wobei bei jedem Lohnniveau weniger Menschen geboren werden oder mehr Menschen sterben). Erläutern Sie, was mit dem Lebensstandard passieren würde, wenn man den Übergang zum neuen Gleichgewicht beschreibt.

2.9 DIE MALTHUS'SCHE FALLE UND LANGFRISTIGE WIRTSCHAFTLICHE STAGNATION

Die wichtigste langfristige Auswirkung der besseren Technologie in dieser Malthus'schen Welt war also die Zunahme der Bevölkerung. Der Schriftsteller H. G. Wells, Autor von *Krieg der Welten*, schrieb 1905, dass die Menschheit ‚die großen Gaben der Wissenschaft so schnell verbraucht, wie sie sie bekommen hat, in einer bloßen unsinnigen Vermehrung des gewöhnlichen Lebens'.

Damit haben wir nun eine mögliche Erklärung für den langen, flachen Teil des Hockeyschlägers. Der Mensch erfand in regelmäßigen Abständen bessere Herstellungsmethoden, sowohl in der Landwirtschaft als auch in der Industrie, und dies hob die Einkommen der Arbeitskräfte in der Landwirtschaft und der Beschäftigten regelmäßig über das Existenzminimum hinaus. Die Malthus'sche Interpretation lautete, dass höhere Reallöhne junge Paare dazu veranlassten, früher zu heiraten und mehr Kinder zu bekommen, und sie führten auch zu niedrigeren Sterberaten. Das Bevölkerungswachstum zwang die Reallöhne schließlich auf das Existenzminimum zurück, was erklären könnte, warum China und Indien, deren Volkswirtschaften zu jener Zeit relativ hoch entwickelt waren, am Ende zwar eine große Bevölkerung, aber—bis vor kurzem—sehr niedrige Einkommen hatten.

Wie bei unserem Modell der Innovationsrenten, relativen Preise und technologischen Verbesserungen müssen wir uns fragen: Gibt es Belege für die zentrale Vorhersage des Malthus'schen Modells, dass die Einkommen auf das Existenzminimum zurückgehen werden?

Abbildung 2.18 stimmt mit den Vorhersagen von Malthus überein. Vom Ende des 13. bis zum Beginn des 17. Jahrhunderts schwankte Großbritannien zwischen Perioden höherer Löhne, die zu einer größeren Bevölkerung führten, und niedrigeren Löhnen, die zu einer kleineren Bevölkerung führten, was zu … und so weiter.

Wir erhalten einen anderen Blick auf diesen Teufelskreis, wenn wir Abbildung 2.18 nehmen und uns auf den Zeitraum zwischen 1340 und 1600 konzentrieren, der in Abbildung 2.19 dargestellt ist. Infolge des Ausbruchs der Beulenpest, die als Schwarzer Tod (https://tinyco.re/8267483) bekannt ist, starb zwischen 1349 und 1351 ein Viertel bis ein Drittel der europäischen Bevölkerung. Der untere Teil der Abbildung zeigt die kausalen Zusammenhänge, die zu den im oberen Teil dargestellten Auswirkungen führten.

Der Rückgang der Zahl der auf den Bauernhöfen arbeitenden Menschen während des Schwarzen Todes erhöhte die landwirtschaftliche Produktivität nach dem Prinzip des abnehmenden Durchschnittsprodukts der Arbeit. Die Arbeitskräfte in der Landwirtschaft waren besser gestellt, unabhängig davon, ob sie ihr Land selbst besaßen oder eine feste Pacht an einen Grundherrn zahlten. Auch die Unternehmen in den Städten mussten höhere Löhne zahlen, um Arbeitskräfte vom Land anzuziehen.

Die kausalen Zusammenhänge in Abbildung 2.19 verbinden die beiden Merkmale des Malthus'schen Modells mit der Rolle politischer Entwicklungen als Reaktionen auf und Ursachen für Veränderungen in der Wirtschaft. Als König Edward in den Jahren 1349 und 1351 Gesetze erließ (die Statute of Labourers), um den Anstieg der Löhne einzudämmen, siegte die Wirtschaft (das verringerte Arbeitsangebot) über die Politik: Die Löhne stiegen weiter, und die Arbeitskräfte in der Landwirtschaft begannen, ihre gewachsene Macht auszuüben, indem sie insbesondere im Bauernaufstand von 1381 mehr Freiheit und niedrigere Steuern forderten.

Als sich die Bevölkerung im 16. Jahrhundert erholte, stieg das Arbeitskräfteangebot und die Löhne sanken. Auf der Grundlage dieser Belege ist

Wilhelm Abel. 1935. *Agrarkrisen und Agrarkonjunktur in Mitteleuropa vom 13. bis zum 19. Jahrundert.* Berlin.

Auch in Deutschland und in Europa wurden (schon vor Malthus) Zyklen aus hohen Löhnen, die zu einer größeren Bevölkerung führten, und niedrigen Löhnen, die zu einer kleineren Bevölkerung führten, identifiziert.

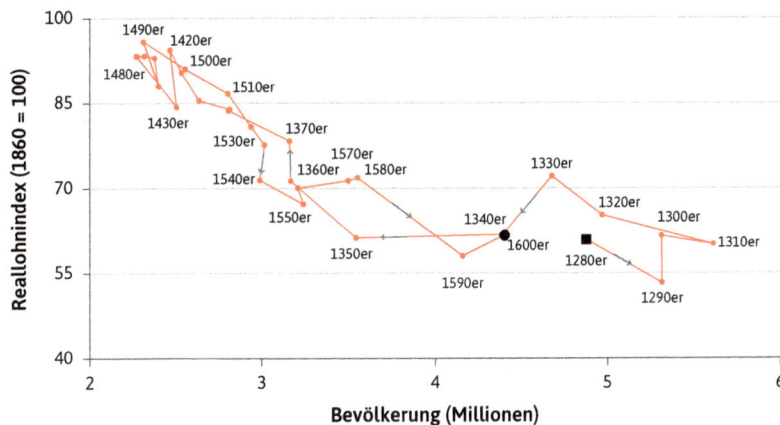

Aktuelle Daten bei OWiD anzeigen
https://tinyco.re/7264218

Robert C. Allen. 2001. 'The Great Divergence in European Wages and Prices from the Middle Ages to the First World War'. *Explorations in Economic History* 38 (4): pp. 411–447.

Abbildung 2.18 Die Malthus'sche Falle: Löhne und Bevölkerung (1280er–1600er).

die Malthus'sche Erklärung mit der Geschichte Englands zu dieser Zeit vereinbar.

ÜBUNG 2.9 WAS WÜRDEN SIE HINZUFÜGEN?

Das Ursache-Wirkungs-Diagramm, das wir in Abbildung 2.19 erstellt haben, beruht auf vielen *ceteris paribus* Annahmen.

1. Wie vereinfacht dieses Modell die Realität?
2. Was wurde weggelassen?
3. Versuchen Sie, die Abbildung umzugestalten, um andere Faktoren einzubeziehen, die Sie für wichtig halten.

FRAGE 2.7 WÄHLEN SIE DIE RICHTIGE(N) ANTWORT(EN)

Betrachten Sie noch einmal Abbildung 2.1 (Seite 52) und Abbildung 2.19, die Diagramme der Reallöhne in England zwischen 1300 und 2000 zeigen.

Außerdem werden Ihnen die folgenden Fakten mitgeteilt:

Während der Beulenpest zwischen 1348 und 1351 starben zwischen einem Viertel und einem Drittel der europäischen Bevölkerung.

Im 17. und 18. Jahrhundert betrug der Lohn von ungelernten Arbeitskräften im Verhältnis zu den Einkommen von Eigentümer:innen nur ein Fünftel dessen, was er im 16. Jahrhundert betragen hatte.

Was können wir aus diesen Informationen schließen?

☐ Nach dem Malthus'schen Modell hätte der durch die Beulenpest verursachte Bevölkerungsrückgang zu einem Anstieg der durchschnittlichen Produktivität der Arbeitskräfte geführt, was den beobachteten Anstieg des Reallohns nach der Seuche verursacht hätte.

☐ Die Verdoppelung und Halbierung des Reallohn-Indexes über einen Zeitraum von 250 Jahren ab etwa 1350 steht im Widerspruch zum Malthus'schen Modell.

☐ Der Rückgang des Anteils der ungelernten Arbeitskräfte am Output im 17. und 18. Jahrhundert ist auf den Rückgang ihres Durchschnittsprodukts zurückzuführen.

☐ Der Rückgang der relativen Löhne der ungelernten Arbeitskräfte im 17. und 18. Jahrhundert war einer der Faktoren, die schließlich zu dem in der Grafik dargestellten Anstieg der Reallöhne im 19. Jahrhundert führten.

Robert C. Allen. 2001. 'The Great Divergence in European Wages and Prices from the Middle Ages to the First World War'. *Explorations in Economic History* 38 (4): pp. 411–447.

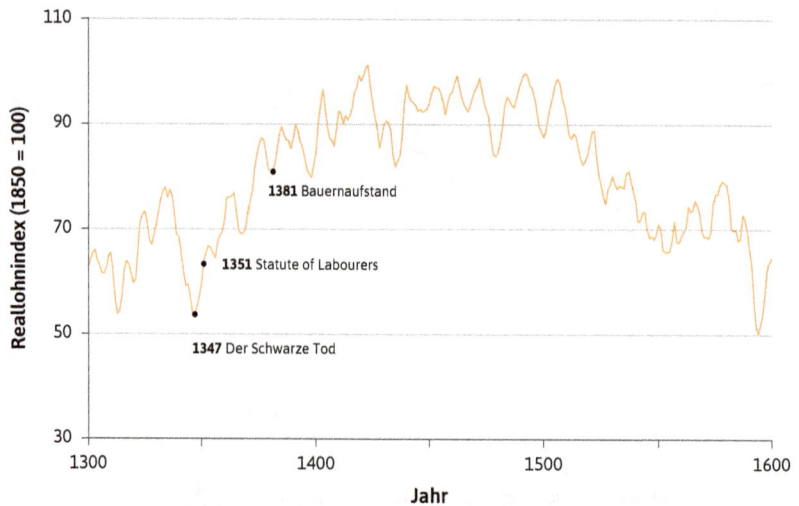

Abbildung 2.19 Der Schwarze Tod, das Arbeitsangebot, die Politik und der Lohn: Eine Malthus'sche Wirtschaft.

1. Eine Malthus'sche Wirtschaft in England (1300–1600)

In dieser Abbildung untersuchen wir die Malthus'sche Wirtschaft, die in England zwischen den Jahren 1300 und 1600 herrschte (siehe oben).

2. Der Schwarze Tod (1348–50)

Die Beulenpest von 1348–50 war als Schwarzer Tod bekannt. Sie tötete 1,5 Millionen Menschen bei einer geschätzten englischen Bevölkerung von 4 Millionen und führte zu einem dramatischen Rückgang des Arbeitsangebots.

3. Die Löhne stiegen nach der Seuche

Dieser Bevölkerungsrückgang hatte für die Arbeitskräfte in der Landwirtschaft und die Beschäftigten, die überlebten, einen wirtschaftlichen Vorteil: Die Arbeitskräfte verfügten über mehr und besseres Land, und die Beschäftigten konnten höhere Löhne fordern. Die Einkommen stiegen mit dem Abklingen der Pest.

4. Arbeitskräfte in der Landwirtschaft und Beschäftigte nutzten ihre Macht

1351 versuchte König Edward III. von England, den Lohnanstieg per Gesetz zu begrenzen, was zu einer Reihe von Aufständen gegen die Obrigkeit führte, insbesondere zum Bauernaufstand von 1381. Trotz der Maßnahmen des Königs stiegen die Einkommen weiter an.

5. Bevölkerungszunahme im sechzehnten Jahrhundert

Bis zur Mitte des 15. Jahrhunderts hatten sich die Reallöhne der Arbeitskräfte im englischen Baugewerbe verdoppelt. Die höheren Löhne trugen dazu bei, dass sich die Bevölkerung im 16. Jahrhundert erholte, aber das Gesetz von Malthus setzte sich durch: Während die Bevölkerung wuchs, sanken die Einkommen.

6. Malthus'sche Stagnation (1350–1600)

Um 1600 waren die Reallöhne auf das Niveau von vor 300 Jahren gefallen.

7. Ursache und Wirkung in der Malthus'schen Wirtschaft

Unser Modell der Malthus'schen Wirtschaft hilft, den Anstieg und Fall der Einkommen zwischen 1300 und 1600 in England zu erklären.

ÜBUNG 2.10 DEFINITION DES WIRTSCHAFTLICHEN FORTSCHRITTS

Die Reallöhne stiegen nach dem Schwarzen Tod auch an anderen Orten wie Spanien, Italien, Ägypten, dem Balkan und Konstantinopel (dem heutigen Istanbul) stark an.

1. Wie verhält sich das Wachstum der Reallöhne zum Wachstum des realen Pro-Kopf-BIP als Maß für den wirtschaftlichen Fortschritt?
2. Probieren Sie Ihre Argumente an anderen aus. Stimmen Sie sich zu oder nicht? Wenn Sie nicht zustimmen, gibt es irgendwelche Fakten, die Ihre Uneinigkeit auflösen könnten, und welche sind das? Wenn nicht, warum sind Sie anderer Meinung?

William H. McNeill. 1976. *Plagues and peoples*. Garden City, NY: Anchor Press.

Wir haben uns auf Arbeitskräfte in der Landwirtschaft und Beschäftigte konzentriert, aber nicht alle Personen in der Wirtschaft sind in eine Malthus'sche Falle geraten. Wenn die Bevölkerung weiter wächst, steigt auch die Nachfrage nach Nahrungsmitteln. Daher sollte die begrenzte Fläche, die für die Produktion von Nahrungsmitteln genutzt wird, wertvoller werden. In einer Malthus'schen Welt sollte eine steigende Bevölkerung daher zu einer Verbesserung der relativen wirtschaftlichen Position der grundbesitzenden Personen führen.

Dies geschah in England: Abbildung 2.19 zeigt, dass die Reallöhne langfristig nicht gestiegen sind (sie waren 1800 nicht höher als 1450). Und die Einkommenskluft zwischen Grundbesitzer:innen und Arbeitskräften vergrößerte sich. Im 17. und 18. Jahrhundert betrugen die Löhne ungelernter englischer Arbeitskräfte im Verhältnis zu den Einkommen der Grundbesitzer:innen nur ein Fünftel dessen, was sie im sechzehnten Jahrhundert betragen hatten.

Doch während die Löhne im Vergleich zu den Pachten der Grundbesitzer:innen niedrig waren, war ein anderer Vergleich der relativen Preise der Schlüssel zu Englands Entkommen aus der Malthus'schen Falle: Die Löhne blieben hoch im Vergleich zum Kohlepreis (Abbildung 2.10 (Seite 76)) und stiegen sogar im Vergleich zu den Kosten für die Nutzung von Investitionsgütern (Abbildung 2.11 (Seite 76)), wie wir gesehen haben.

2.10 AUSWEG AUS DER MALTHUS'SCHEN STAGNATION

Nassau Senior, der Ökonom, der beklagte, dass die Zahl der Toten in der irischen Hungersnot kaum ausreichen würde, um viel Gutes zu tun, wirkt nicht mitfühlend. Aber er und Malthus hatten Recht mit ihrer Einschätzung, dass Bevölkerungswachstum und ein abnehmendes Durchschnittsprodukt der Arbeit einen Teufelskreis aus wirtschaftlicher Stagnation und Armut auslösen können. Die Hockeyschläger-Grafiken des Lebensstandards zeigen jedoch, dass sie sich irrten, als sie glaubten, dies könne sich nie ändern.

Sie zogen nicht die Möglichkeit in Betracht, dass Verbesserungen in der Technologie schneller erfolgen könnten als das Bevölkerungswachstum und so das abnehmende Durchschnittsprodukt der Arbeit kompensieren könnten.

Die permanente technologische Revolution bedeutet, dass das Malthus'sche Modell die Welt nicht mehr angemessen beschreiben kann. Der durchschnittliche Lebensstandard stieg nach der kapitalistischen Revolution schnell und dauerhaft an.

Abbildung 2.20 zeigt die Reallohn- und Bevölkerungsdaten von den 1280er bis zu den 1860er Jahren. Wie wir in Abbildung 2.18 gesehen haben, bestand vom 13. bis zum 16. Jahrhundert ein klarer negativer Zusammenhang zwischen Bevölkerung und Reallohn: Wenn eins stieg, sank das andere, genau wie es die Malthus'sche Theorie nahelegt.

Zwischen dem Ende des 16. und dem Beginn des 18. Jahrhunderts stiegen die Löhne zwar an, aber die Bevölkerung wuchs relativ wenig. Um 1740 lässt der Malthus'sche Zusammenhang wieder erkennen, der in der Abbildung als ‚18. Jahrhundert' gekennzeichnet ist. Dann, um 1800, ging die Wirtschaft in ein scheinbar völlig neues System über, in dem sowohl die Bevölkerung als auch die Reallöhne gleichzeitig stiegen. Dies wird als „Entkommen" bezeichnet.

Abbildung 2.21 vergrößert diesen Teil der Lohndaten, der als ‚großes Entkommen' bezeichnet wird.

Aktuelle Daten bei OWiD anzeigen
https://tinyco.re/1902874

Robert C. Allen. 2001. 'The Great Divergence in European Wages and Prices from the Middle Ages to the First World War'. *Explorations in Economic History* 38 (4): pp. 411–447.

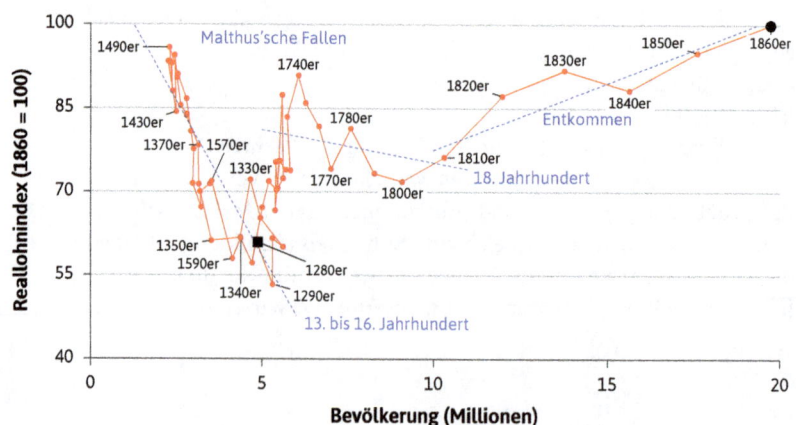

Abbildung 2.20 Entkommen aus der Malthus'schen Falle.

Robert C. Allen. 2001. 'The Great Divergence in European Wages and Prices from the Middle Ages to the First World War'. *Explorations in Economic History* 38 (4): pp. 411–447.

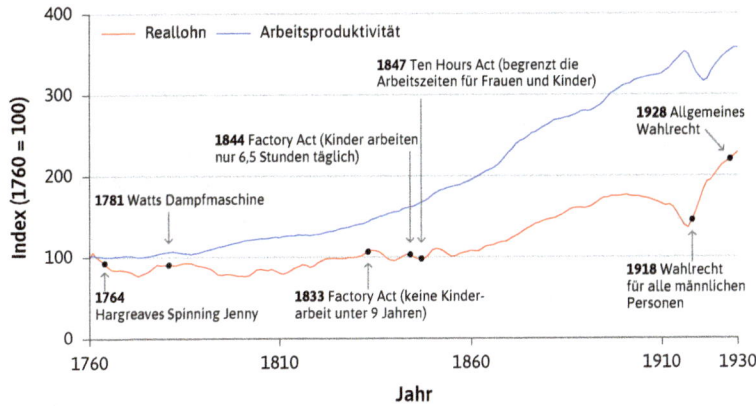

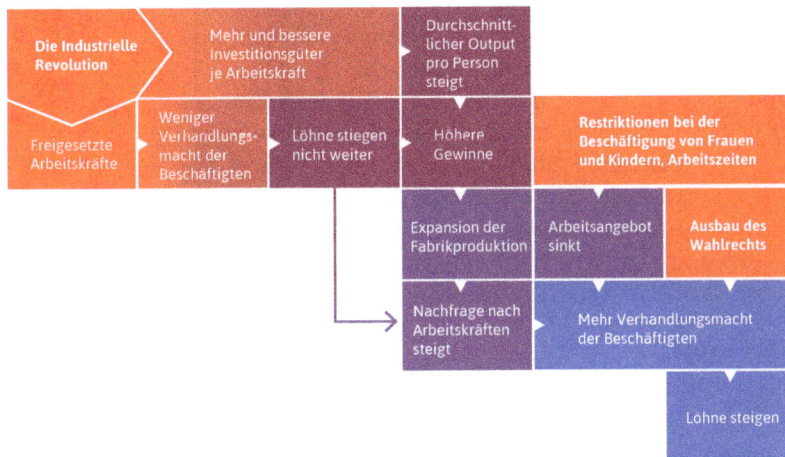

Abbildung 2.21 Der Malthus'schen Falle entkommen. Anmerkung: Arbeitsproduktivität und Reallöhne sind gleitende Durchschnitte über fünf Jahre.

1. Der Malthus'schen Falle entkommen

Im 18. Jahrhundert hielt der Malthus'sche Zusammenhang an. Im 19. Jahrhundert scheint die Wirtschaft zu einem nicht-Malthus'schen System zu werden, bei dem die Reallöhne steigen, während die Bevölkerung zunimmt.

2. Die permanente technologische Revolution

Die Geschichte beginnt mit technologischen Verbesserungen wie der Spinnmaschine und der Dampfmaschine, welche den Output pro Arbeitskraft erhöhten. Die Innovation setzte sich fort, als die technologische Revolution dauerhaft wurde und Tausende Arbeitskräfte der Spinnereien, Webereien und Arbeitskräfte in der Landwirtschaft verdrängte.

3. Städtische Arbeitslosigkeit

Der Verlust von Arbeitsplätzen verringerte die Verhandlungsmacht der Arbeitskräfte und hielt die Löhne niedrig, wie man an der flachen Linie zwischen 1750 und 1830 sieht. Die Größe des Kuchens nahm zu, aber der Anteil der Arbeitskräfte nicht.

4. Neue Möglichkeiten

In den 1830er Jahren führten die höhere Produktivität und die niedrigen Löhne zu einem sprunghaften Anstieg der Gewinne. Gewinne, Wettbewerb und Technologie trieben die Unternehmen zur Expansion an. Die Nachfrage nach Arbeitskräften nahm zu. Die Menschen verließen die Landwirtschaft, um in den neuen Fabriken zu arbeiten.

5. Die Verhandlungsmacht der Arbeitskräfte

Das Angebot an Arbeitskräften ging zurück, als die Eigentümer:innen von Unternehmen daran gehindert wurden, Kinder zu beschäftigen. Die Kombination aus höherer Arbeitsnachfrage und geringerem Angebot stärkte die Verhandlungsmacht der Arbeitskräfte.

6. Die Flucht vor dem Malthusianismus

Die Macht der Arbeitskräfte nahm zu, als sie das Wahlrecht erhielten und Gewerkschaften gründeten. Diese Arbeitskräfte waren in der Lage, einen konstanten oder steigenden Anteil an den Produktivitätssteigerungen zu beanspruchen, die durch die permanente technologische Revolution erzeugt wurden.

Die Geschichte der permanenten technologischen Revolution zeigt, dass es zwei Einflüsse auf die Löhne gibt.

- *Wie viel produziert wird*: Wir können uns dies als die Größe des Kuchens vorstellen, der zwischen Arbeitskräfte und Eigentümer:innen anderer Produktionsmittel (Land oder Maschinen) aufgeteilt wird.
- *Der Anteil, der an die Arbeitskräfte geht*: Dies hängt von ihrer Verhandlungsmacht ab, die wiederum davon abhängt, wie die Löhne festgelegt werden (individuell oder durch Verhandlungen mit Gewerkschaften, zum Beispiel) und von Angebot und Nachfrage nach Arbeitskräften. Wenn viele Arbeitskräfte um dieselbe Stelle konkurrieren, werden die Löhne wahrscheinlich niedrig sein.

Nach 1830 wuchs der Kuchen weiter, und mit ihm wuchs auch der Anteil den die Arbeitskräfte erhielten.

Großbritannien war aus der Malthus'schen Falle entkommen. Dieser Prozess sollte sich bald in anderen Ländern wiederholen, wie die Abbildungen 1.1a und 1.1b zeigen.

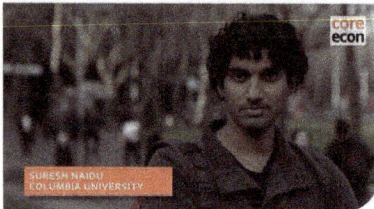

In unserem Video „Ökonominnen und Ökonomen in Aktion" erklärt Suresh Naidu, ein Wirtschaftshistoriker, wie Bevölkerungswachstum, technologische Entwicklung und politische Ereignisse zusammenwirkten, um den Reallohn-Hockeyschläger hervorzubringen.
https://tinyco.re/4539763

FRAGE 2.8 WÄHLEN SIE DIE RICHTIGE(N) ANTWORT(EN)

Sehen Sie sich noch einmal Abbildung 2.20 (Seite 94) an, in der die Reallöhne gegen die Bevölkerungszahl in England von den 1280er bis zu den 1860er Jahren aufgetragen sind.

Malthus zufolge führt ein Anstieg der Produktivität bei abnehmendem Durchschnittsprodukt der Arbeit in der Produktion und Bevölkerungswachstum als Reaktion auf steigende Reallöhne auf lange Frist zwar zu einer größeren Bevölkerung, aber nicht zu höheren Reallöhnen. Welche der folgenden Aussagen ist auf der Grundlage der obigen Informationen richtig?

☐ Zwischen den 1800er und 1860er Jahren wächst die Bevölkerung, wenn die Reallöhne steigen. Dies steht in völliger Übereinstimmung mit Malthus Beschreibung des Wachstums der Wirtschaft.

☐ Es gibt eindeutige Beweise für eine anhaltende und kontinuierliche Malthus'sche Falle zwischen den 1280er und 1800er Jahren.

☐ Die Malthus'schen Fallen scheinen in einem Zyklus von 60 Jahren aufzutreten.

☐ Das Malthus'sche Modell berücksichtigt nicht die Möglichkeit eines anhaltenden positiven Technologieschocks, der das abnehmende Durchschnittsprodukt der Arbeit ausgleichen kann.

ÜBUNG 2.11 DIE GRUNDLEGENDEN INSTITUTIONEN DES KAPITALISMUS

Der Ausbruch aus der Malthus'schen Falle, in der der technische Fortschritt die Auswirkungen des Bevölkerungswachstums übertraf, erfolgte nach der Entstehung des Kapitalismus. Betrachten Sie nacheinander die drei grundlegenden Institutionen des Kapitalismus:

1. Warum ist Privateigentum wichtig für den technischen Fortschritt?
2. Erläutern Sie, wie Märkte sowohl Zuckerbrot als auch Peitsche bieten können, um Innovationen zu fördern.
3. Wie kann die Produktion in Unternehmen und anders als in Familien zum Wachstum des Lebensstandards beitragen?

2.11 SCHLUSSFOLGERUNG

Wir haben ein ökonomisches Modell vorgestellt, in dem die Wahl der Produktionstechnologien durch die Unternehmen von den relativen Preisen der Inputs abhängt und die ökonomische Rente aus der Einführung einer neuen Technologie einen Anreiz für die Unternehmen darstellt, Innovationen einzuführen. Die Prüfung dieses Modells anhand historischer Daten zeigt, dass es zur Erklärung der Industriellen Revolution im Großbritannien des 18. Jahrhunderts beitragen könnte.

Wir haben gezeigt, wie das Malthus'sche Modell eines Teufelskreises, bei dem das Bevölkerungswachstum vorübergehende Einkommenszuwächse ausgleicht, die Stagnation des Lebensstandards in den Jahrhunderten vor der Industriellen Revolution erklären könnte, bis die permanente technologische Revolution ein Entkommen aufgrund von Verbesserungen in der Technologie ermöglichte.

In Einheit 2 eingeführte Konzepte

Bevor Sie fortfahren, sollten Sie die folgenden Definitionen durchgehen:

- Gleichgewicht
- *Ceteris paribus*
- Relative Preise
- Anreize
- Abnehmendes Durchschnittsprodukt der Arbeit
- Reservationsoption
- Ökonomische Rente
- Isokostengerade
- Innovationsrenten

2.12 QUELLEN

Abel, Wilhelm. 1935. *Agrarkrisen und Agrarkonjunktur in Mitteleuropa vom 13. bis zum 19. jahrundert.* Berlin

Allen, Robert C. 2009. 'The Industrial Revolution in Miniature: The Spinning Jenny in Britain, France, and India'. *The Journal of Economic History* 69 (04) (November): p. 901.

Allen, Robert C. 2011. *Global Economic History: A Very Short Introduction.* New York, NY: Oxford University Press.

Clark, Gregory. 2007. *A Farewell to Alms: A Brief Economic History of the World.* Princeton, NJ: Princeton University Press.

Davis, Mike. 2000. *Late Victorian holocausts: El Niño famines and the Making of the Third World.* London: Verso Books.

Landes, David S. 1990. 'Why are We So Rich and They So Poor?' (https://tinyco.re/5958995). *American Economic Review* 80 (May): pp. 1–13.

Landes, David S. 2003. *The Unbound Prometheus: Technological Change and Industrial Development in Western Europe from 1750 to the Present.* Cambridge, UK: Cambridge University Press.

Landes, David S. 2006. 'Why Europe and the West? Why not China?'. *Journal of Economic Perspectives* 20 (2) (June): pp. 3–22.

Lee, James, und Wang Feng. 1999. 'Malthusian models and Chinese realities: The Chinese demographic system 1700–2000'. *Population and Development Review* 25 (1) (March): pp. 33–65.

Malthus, Thomas R. 1798. *An Essay on the Principle of Population.* London: J. Johnson, in St. Paul's Church-yard. Library of Economics and Liberty (https://tinyco.re/8473883).

Malthus, Thomas R. 1830. *A Summary View on the Principle of Population.* London: J. Murray

McNeill, William Hardy H. 1976. *Plagues and Peoples.* Garden City, NY: Anchor Press.

Mokyr, Joel. 2004. *The Gifts of Athena: Historical Origins of the Knowledge Economy,* 5th ed. Princeton, NJ: Princeton University Press.

Pomeranz, Kenneth L. 2000. *The Great Divergence: Europe, China, and the Making of the Modern World Economy.* Princeton, NJ: Princeton University Press.

Schumpeter, Joseph A. 1949. 'Science and Ideology' (https://tinyco.re/4561610). *The American Economic Review* 39 (March): pp. 345–59.

Schumpeter, Joseph A. 1962. *Capitalism, Socialism, and Democracy.* New York: Harper & Brothers.

Schumpeter, Joseph A. 1997. *Ten Great Economists.* London: Routledge.

Skidelsky, Robert. 2012. 'Robert Skidelsky—portrait: Joseph Schumpeter' (https://tinyco.re/8488199). Aktualisiert am 1. Dezember 2007.

Uhrwerke

KNAPPHEIT, ARBEIT UND ENTSCHEIDUNGEN

WIE JEDE EINZELNE PERSON IHR BESTES GIBT UND WIE SIE DEN KONFLIKT ZWISCHEN EINKÜNFTEN UND FREIZEIT LÖST

- Entscheidungsfindung bei Knappheit ist ein häufiges Problem, da wir in der Regel nur begrenzte Mittel zur Verfügung haben, um unsere Ziele zu erreichen.
- Ökonominnen und Ökonomen modellieren diese Situationen, indem sie zunächst alle möglichen Handlungsoptionen definieren und dann bewerten, welche dieser Optionen angesichts der Ziele die Beste ist.
- Opportunitätskosten beschreiben die unvermeidlichen Trade-Offs bei Knappheit: ein Ziel mehr zu erreichen bedeutet, andere Ziele weniger zu erreichen.
- Ein Modell der Entscheidungsfindung bei Knappheit kann auf die Frage angewandt werden, wie viel Zeit man für seine Arbeit aufwenden sollte, wenn man vor der Wahl zwischen mehr freier Zeit und mehr Einkommen steht.
- Dieses Modell hilft auch dabei, die Unterschiede in den Arbeitszeiten der Menschen in verschiedenen Ländern und die Veränderungen der Arbeitszeiten im Laufe der Geschichte zu erklären.

Stellen Sie sich vor, Sie arbeiten in New York in einem Job, der Ihnen bei einer 40-Stunden-Woche 15 USD pro Stunde zahlt, was Einkünften von 600 USD pro Woche entspricht. Eine Woche hat 168 Stunden, das heißt nach 40 Stunden Arbeit bleiben Ihnen 128 Stunden für alle Aktivitäten außerhalb der Arbeit, einschließlich Freizeit und Schlaf.

Nehmen wir an, dass Ihnen durch einen glücklichen Zufall ein Job mit einem viel höheren Lohn angeboten wird—sechsmal so hoch. Ihr neuer Stundenlohn beträgt 90 USD. Und nicht nur das: das zukünftige Unternehmen lässt Ihnen die Wahl, wie viele Stunden Sie pro Woche arbeiten.

Werden Sie weiterhin 40 Stunden pro Woche arbeiten? Wenn Sie das tun, wird Ihr Wochenlohn sechsmal so hoch sein wie vorher: 3600 USD. Oder werden Sie entscheiden, dass Sie mit den Gütern zufrieden sind, die Sie mit

Ihrem wöchentlichen Einkünften von 600 USD kaufen können? Sie können diesen Lohn verdienen, indem Sie Ihre wöchentliche Arbeitszeit auf nur 6 Stunden und 40 Minuten (ein Sechs-Tage-Wochenende!) reduzieren und etwa 26 % mehr Freizeit genießen als vorher. Oder würden Sie diesen höheren Stundenlohn nutzen, um sowohl Ihre wöchentlichen Einkünfte als auch Ihre Freizeit um einen Betrag dazwischen zu erhöhen?

Die Vorstellung, plötzlich eine Versechsfachung Ihres Stundenlohns zu erhalten und Ihre Arbeitszeiten selbst wählen zu können, mag nicht sehr realistisch erscheinen. Aber wir wissen aus Einheit 2, dass der technologische Fortschritt seit der Industriellen Revolution mit einem dramatischen Anstieg der Löhne einhergegangen ist. Tatsächlich hat sich der durchschnittliche reale Stundenlohn der Beschäftigten in den USA im Laufe des zwanzigsten Jahrhunderts mehr als versechsfacht. Und obwohl die Beschäftigten den Unternehmen normalerweise nicht einfach sagen können, wie viele Stunden sie arbeiten wollen, ändern sich die typischen Arbeitszeiten über lange Zeiträume hinweg tatsächlich. Zum Teil ist das eine Reaktion darauf, wie viel wir lieber arbeiten möchten. Als Einzelpersonen können wir uns für eine Teilzeitbeschäftigung entscheiden, auch wenn dies unsere beruflichen Möglichkeiten einschränken könnte. Politische Parteien reagieren ebenfalls auf die Präferenzen der Wähler:innen. So haben sich die typischen Arbeitszeiten in vielen Ländern aufgrund von Gesetzen, die Höchstarbeitszeiten vorschreiben, geändert.

Haben die Menschen also den wirtschaftlichen Fortschritt genutzt, um mehr Güter zu konsumieren, mehr Freizeit zu genießen, oder beides? Die Antwort lautet: beides, aber in unterschiedlichem Ausmaß in den einzelnen Ländern. Während sich die Stundenlöhne in den USA im 20. Jahrhundert mehr als versechsfachten, sank ihre durchschnittliche jährliche Arbeitszeit um etwas mehr als ein Drittel. Die Menschen genossen also am Ende dieses Jahrhunderts eine Vervierfachung ihrer jährlichen Einkünfte, mit dem sie Güter und Dienstleistungen kaufen konnten, aber eine viel geringere Zunahme von etwas weniger als einem Fünftel ihrer Freizeit. (Der prozentuale Anstieg der Freizeit wäre höher, wenn man die Zeit, die man im Schlaf verbringt, nicht als Freizeit zählen würde, aber er ist immer noch gering im Vergleich zum Anstieg der Einkünfte.) Wie verhält sich das im Vergleich zu der Entscheidung, die Sie getroffen haben, als Ihnen unser hypothetisches Unternehmen eine sechsfache Gehaltserhöhung angeboten hat?

Abbildung 3.1 zeigt die Entwicklung der Einkommen und Arbeitszeiten in drei Ländern seit 1870.

Wie in Einheit 1 werden die Einkommen als Pro-Kopf-BIP in US-Dollar gemessen. Das ist nicht dasselbe wie die durchschnittlichen Einkünfte, gibt uns aber einen nützlichen Hinweis auf das durchschnittliche Einkommen für den Vergleich zwischen Ländern und im Laufe der Zeit. Im späten 19. und frühen 20. Jahrhundert verdreifachte sich das durchschnittliche Einkommen in etwa, und die Arbeitsstunden gingen deutlich zurück. In der restlichen Zeit des 20. Jahrhunderts stieg das Pro-Kopf-Einkommen um das Vierfache.

In den Niederlanden und Frankreich sank die Arbeitsstundenzahl weiter (wenn auch langsamer), während sie sich in den USA eingependelt und seit 1960 kaum noch verändert hat.

Obwohl viele Länder ähnliche Entwicklungen erlebt haben, gibt es immer unterschiedliche Ergebnisse. Abbildung 3.2 veranschaulicht die großen Differenzen bei Freizeit und Einkommen zwischen den Ländern im Jahr 2013. Hier haben wir die freie Zeit berechnet, indem wir die durchschnittlichen jährlichen Arbeitsstunden von der Anzahl der Stunden in einem Jahr abgezogen haben. Sie sehen, dass die Länder mit höherem Einkommen offenbar weniger Arbeitsstunden und mehr Freizeit haben, aber es gibt auch einige auffällige Unterschiede. Die Niederlande und die USA haben zum Beispiel ein ähnliches Pro-Kopf-BIP, aber die Arbeitskräfte in den Niederlanden haben viel mehr Freizeit. Die USA und die Türkei haben wiederum ähnlich viel Freizeit, aber die Einkommensunterschiede zwischen beiden Ländern sind groß.

In vielen Ländern ist der Lebensstandard seit 1870 enorm gestiegen. Allerdings haben die Menschen in einigen Ländern genauso hart gearbeitet wie vorher, aber mehr konsumiert, während die Menschen in anderen Ländern jetzt viel mehr Freizeit haben. Warum hat sich dies so entwickelt? Wir werden einige Antworten auf diese Frage geben, indem wir ein grundlegendes Problem der Volkswirtschaftslehre untersuchen—die Knappheit—und wie wir Entscheidungen treffen, wenn wir nicht alles haben können, was wir uns wünschen (wie etwa Güter und freie Zeit).

Studieren Sie das Modell der Entscheidungsfindung, das wir verwenden, sorgfältig! Wir werden es im Laufe des Kurses immer wieder verwenden, da es Einblicke in eine Vielzahl von Problemen der Volkswirtschaftslehre bietet.

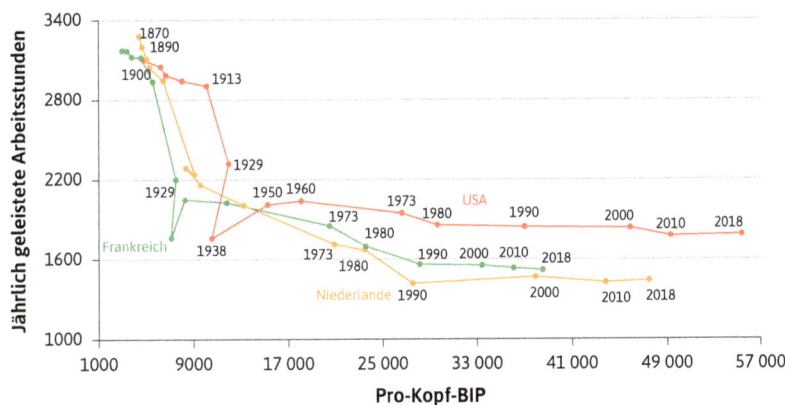

Aktuelle Daten bei OWiD anzeigen
https://tinyco.re/0762342

Jutta Bolt and Jan Luiten van Zanden. 2020. 'Maddison style estimates of the evolution of the world economy. A new 2020 update'. Maddison Project Database, version 2020. Michael Huberman und Chris Minns. 2007. 'The times they are not changin': Days and hours of work in Old and New Worlds, 1870–2000'. *Explorations in Economic History* 44 (4): pp. 538–567. Das BIP wird in internationalen Geary-Khamis-Dollar von 1990 bei Kaufkraftparität gemessen.

Abbildung 3.1 Jährliche Arbeitsstunden und Einkommen (1870–2018).

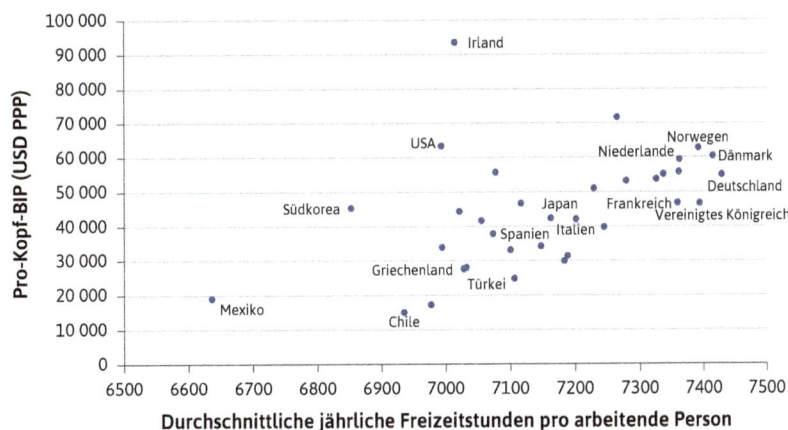

Aktuelle Daten bei OWiD anzeigen
https://tinyco.re/2903745

OECD. Average annual hours actually worked per worker (https://tinyco.re/6892498). OECD. Level of GDP per capita and productivity (https://tinyco.re/1840501). Letzter Zugriff: Juli 2022.

Abbildung 3.2 Jährliche Stunden Freizeit pro Arbeitskraft und Einkommen (2020).

FRAGE 3.1 WÄHLEN SIE DIE RICHTIGE(N) ANTWORT(EN)

Sie arbeiten derzeit 40 Stunden pro Woche zu einem Stundenlohn von 20 GBP pro Stunde. Ihre freien Stunden sind definiert als die Anzahl der Stunden, die Sie pro Woche nicht arbeiten. In diesem Fall sind das 24 Stunden × 7 Tage − 40 Stunden = 128 Stunden pro Woche. Nehmen wir nun an, dass Ihr Stundenlohn um 25 % gestiegen ist. Wenn Sie damit zufrieden sind Ihr wöchentliches Gesamteinkommen konstant zu halten, dann:

☐ sinkt Ihre Gesamtzahl der Arbeitsstunden pro Woche um 25 %.
☐ beträgt Ihre Gesamtzahl der Arbeitsstunden pro Woche 30 Stunden.
☐ erhöht sich Ihre Gesamtzahl der freien Stunden pro Woche um 25 %.
☐ erhöht sich Ihre Gesamtzahl der freien Stunden pro Woche um 6,25 %.

FRAGE 3.2 WÄHLEN SIE DIE RICHTIGE(N) ANTWORT(EN)

Sehen Sie sich noch einmal Abbildung 3.1 (Seite 101) an, in der die jährliche Zahl der geleisteten Arbeitsstunden im Vergleich zum Pro-Kopf-BIP in den USA, Frankreich und den Niederlanden zwischen 1870 und 2000 dargestellt ist. Welche der folgenden Aussagen ist richtig?

☐ Ein Anstieg des Pro-Kopf-BIP führt zu einem Rückgang der Zahl der geleisteten Arbeitsstunden.
☐ Das Pro-Kopf-BIP in den Niederlanden ist niedriger als das in den USA, weil die Bevölkerung der Niederlande weniger Stunden arbeitet.
☐ Zwischen 1870 und 2000 ist es der Bevölkerung Frankreichs gelungen, ihr Pro-Kopf-BIP mehr als zu verzehnfachen und gleichzeitig die Zahl der geleisteten Arbeitsstunden mehr als zu halbieren.
☐ Die Grafik zeigt, dass die französische Bevölkerung eines Tages in der Lage sein wird, mit weniger als 1000 Arbeitsstunden ein Pro-Kopf-BIP von über 30 000 USD zu erzielen.

3.1 ARBEIT UND PRODUKTION

In Einheit 2 haben wir gesehen, dass Arbeit als Input bei der Herstellung von Gütern und Dienstleistungen betrachtet werden kann. Zu Arbeit zählt, zum Beispiel das Schweißen, Zusammenbauen und Testen, das für die Herstellung eines Autos erforderlich ist. Die Arbeitsleistung ist oft schwer zu messen, was in späteren Einheiten ein wichtiger Punkt ist, da es für die Unternehmen schwierig ist, den genauen Arbeitsaufwand ihrer Beschäftigten zu bestimmen. Außerdem können wir den Arbeitseinsatz für verschiedene Tätigkeiten nicht auf vergleichbare Weise messen (zum Beispiel das Backen eines Kuchens im Vergleich zum Bau eines Autos). Ökonominnen und Ökonomen messen Arbeit daher oft einfach als die Anzahl der Arbeitsstunden, die von den an der Produktion beteiligten Personen geleistet werden, und gehen davon aus, dass mit der Anzahl der Arbeitsstunden auch die Menge der produzierten Güter steigt.

Als Studierende treffen Sie jeden Tag eine Entscheidung: wie viele Stunden Sie mit dem Lernen verbringen. Es gibt viele Faktoren, die Ihre Entscheidung beeinflussen: wie viel Spaß Ihnen das Lernen macht, wie schwer es Ihnen fällt, wie viel Ihre Freunde lernen und so weiter. Vielleicht kommt ein Teil der Motivation, sich dem Lernen zu widmen, von Ihrer Überzeugung, dass Sie am Ende des Kurses eine umso bessere Note erzielen können, je mehr Zeit Sie mit dem Lernen verbringen. In dieser Einheit konstruieren wir ein einfaches Modell für die Entscheidung einer studierenden Person, wie viele Stunden sie arbeiten möchte, basierend auf der Annahme, dass die Abschlussnote umso besser ausfällt, je mehr Zeit für das Studium aufgewendet wird.

Wir gehen von einer positiven Beziehung zwischen Arbeitsstunden und Abschlussnote aus, aber gibt es dafür auch Belege? Eine Gruppe von Bildungspsychologen und Bildungspsychologinnen untersuchte das Lernverhalten von 84 Studierenden der Florida State University, um die Faktoren zu ermitteln, die sich auf ihre Leistung auswirkten.

Auf den ersten Blick scheint es nur einen schwachen Zusammenhang zwischen der durchschnittlichen Lernstunden pro Woche der Studierenden und ihrem Notendurchschnitt am Ende des Semesters zu geben. Der Notendurchschnitt wird als Grade Average Point (GPAVG) gemessen, wobei höhere Werte besseren Noten entsprechen und 4,0 den höchsten Wert darstellt. Wir weichen in diesem Kurs bewusst von der üblichen Abkürzung für Grade Point Average ab, um Verwechslungen mit dem Grenzprodukt der Arbeit (GPA) zu vermeiden. Die Ergebnisse der Studie sind in Abbildung 3.3 dargestellt.

Die 84 Studierenden wurden entsprechend ihrer Lernzeit in zwei Gruppen aufgeteilt. Der Notendurchschnitt derjenigen, die viel Zeit mit Lernen verbringen, liegt bei 3,43—nur knapp über dem Notendurchschnitt derjenigen, die wenig Zeit mit Lernen verbringen.

Bei näherer Betrachtung zeigt sich, dass diese Studie ein interessantes Beispiel dafür ist, warum wir vorsichtig sein sollten, wenn wir *ceteris paribus* Annahmen treffen (erinnern Sie sich aus Einheit 2 daran, dass dies bedeutet, „andere Dinge konstant zu halten"). Innerhalb jeder Gruppe von 42 Studierenden gibt es viele potenziell wichtige Unterschiede. Die Bedingungen, unter denen sie lernen, sind ein offensichtlicher Unterschied, den es zu berücksichtigen gilt: eine Stunde Arbeit in einem hektischen, lauten Raum ist vielleicht nicht so ertragreich wie eine Stunde in der Bibliothek.

In Abbildung 3.4 sehen wir, dass Studierende, die in einem schlechten Umfeld studieren, eher dazu neigen, länger zu lernen. Von diesen 42 Studierenden haben 31 eine hohe Lernzeit in einem schlechten Umfeld, verglichen mit nur 11 Studierenden in einem guten Umfeld. Möglicherweise werden sie durch andere Personen um sie herum abgelenkt, sodass sie länger brauchen, um ihre Aufgaben zu erledigen als Studierende, die in der Bibliothek arbeiten.

Elizabeth Ashby Plant, Karl Anders Ericsson, Len Hill, und Kia Asberg. 2005. 'Why study time does not predict grade point average across college students: Implications of deliberate practice for academic performance.' (https://tinyco.re/7875663) *Contemporary Educational Psychology* 30 (1): pp. 96–116.

	Hohe Lernzeit (42 Studierende)	Niedrige Lernzeit (42 Studierende)
Notendurchschnitt (GPAVG)	3,43	3,36

Abbildung 3.3 Lernzeit und Noten.

Elizabeth Ashby Plant, Karl Anders Ericsson, Len Hill, und Kia Asberg. 2005. 'Why study time does not predict grade point average across college students: Implications of deliberate practice for academic performance.' (https://tinyco.re/7875663) *Contemporary Educational Psychology* 30 (1): pp. 96–116. Zusätzliche Berechnungen wurden von Ashby Plant, Florida State University, im Juni 2015 durchgeführt.

	Hohe Lernzeit	Niedrige Lernzeit
Gutes Umfeld	3,63 (11 Studierende)	3,43 (31 Studierende)
Schlechtes Umfeld	3,36 (31 Studierende)	3,17 (11 Studierende)

Abbildung 3.4 Notendurchschnitte (GPAVG) in guten und schlechten Studienumgebungen.

Plant *et al.* 'Why study time does not predict grade point average across college students', ebd.

Schauen Sie sich nun den Notendurchschnitt in der oberen Reihe an: Wenn das Umfeld gut ist, schneiden Studierende, die länger lernen, besser ab—und in der unteren Reihe können Sie sehen, dass sich eine hohe Lernzeit auch für diejenigen lohnt, die in einem schlechten Umfeld arbeiten. Dieser Zusammenhang war nicht so eindeutig, als wir die Auswirkungen des Lernumfelds nicht berücksichtigt haben.

Nach Berücksichtigung der Umgebung und anderer relevanter Faktoren (einschließlich der früheren Notendurchschnitte der Studierenden und der Stunden, die sie mit bezahlter Arbeit oder Partys verbrachten) schätzten die Forschenden, dass eine zusätzliche Stunde Lernzeit pro Woche den Notendurchschnitt der Studierenden am Ende des Semesters um durchschnittlich 0,24 Punkte erhöhte. Nehmen wir zwei Studierende, die in jeder Hinsicht gleich sind, mit Ausnahme der Lernzeit, so sagen wir voraus, dass der Notendurchschnitt derjenigen Person, die länger lernt, für jede zusätzliche Stunde um 0,24 Punkte höher ist: Die Lernzeit erhöht den Notendurchschnitt um 0,24 pro Stunde, *ceteris paribus*.

ÜBUNG 3.1 CETERIS PARIBUS ANNAHMEN

Sie wurden gebeten, an Ihrer Universität eine Forschungsstudie durchzuführen, genau wie die an der Florida State University.

1. Welche Faktoren, außer der Studienumgebung, sollten Ihrer Meinung nach in einem Modell für den Zusammenhang zwischen Lernzeit und Abschlussnote idealerweise konstant gehalten werden?
2. Welche Informationen über die Studierenden würden Sie über den Notendurchschnitt, die Lernzeiten und das Lernumfeld hinaus erfassen wollen?

Stellen Sie sich nun einen Studenten vor, den wir Alexei nennen wollen. Er kann die Anzahl der Stunden, die er mit Lernen verbringt, variieren. Wir nehmen an, dass wie in der Florida-Studie, die Anzahl der Stunden, die er während des Semesters lernt, die Note erhöht, die er am Ende erhält, *ceteris paribus*. Für diesen Fall nehmen wir an, dass die Note in Prozentpunkten gemessen wird und 100 dem besten und 0 dem schlechtesten Ergebnis entspricht. Die Beziehung zwischen Lernzeit und Abschlussnote ist in der Tabelle in Abbildung 3.5 dargestellt. In diesem Modell bezieht sich die Lernzeit auf die gesamte Zeit, die Alexei mit Lernen verbringt, sei es im Unterricht oder in Einzelarbeit, gemessen pro Tag (nicht pro Woche, wie bei den Studierenden in Florida). Die Tabelle zeigt, wie sich seine Note verändert, wenn er seine Lernzeiten ändert, sofern alle anderen Faktoren— zum Beispiel sein Sozialleben—konstant bleiben.

Das ist Alexeis **Produktionsfunktion**: Sie wandelt die Anzahl der Stunden pro Tag, die er mit Lernen verbracht hat (seinen Input), in eine prozentuale Note (seinen Output) um. In Wirklichkeit kann die Endnote auch von unvorhersehbaren Ereignissen beeinflusst werden (im Alltag fassen wir die Auswirkungen dieser Dinge normalerweise zusammen und nennen sie „Glück"). Man kann sich die Produktionsfunktion so vorstellen, dass sie uns sagt, was Alexei unter normalen Bedingungen erreichen wird (wenn er weder Glück noch Pech hat).

> **Produktionsfunktion** Ein grafischer oder mathematischer Ausdruck, der die Menge des Outputs beschreibt, die mit einer bestimmten Menge oder Kombination von Input(s) produziert werden kann. Die Funktion beschreibt unterschiedliche Technologien, mit denen dasselbe produziert werden kann.

Wenn wir diese Beziehung in ein Diagramm eintragen, erhalten wir die Kurve in Abbildung 3.5. Alexei kann eine bessere Note erreichen, wenn er mehr lernt, also steigt die Kurve nach oben. Bei 15 Stunden Arbeit pro Tag erhält er die höchste Note, die er erreichen kann, nämlich 90 %. Jede Stunde, die er darüber hinaus mit Lernen verbringt, hat keinen Einfluss auf sein Ergebnis in der Prüfung (er wird so müde sein, dass mehr Lernen pro Tag nichts bringt), und die Kurve wird flach.

Wie bei den Arbeitskräften in der Landwirtschaft in Einheit 2 können wir auch bei Alexei das Durchschnittsprodukt der Arbeit berechnen. Wenn er 4 Stunden pro Tag arbeitet, erreicht er eine (prozentuale) Note von 50. Das **Durchschnittsprodukt**—die durchschnittliche Anzahl von Prozentpunkten pro Stunde Lernen—ist 50 / 4 = 12,5. In Abbildung 3.5 ist es die Steigung des Fahrstrahls vom Ursprung zur Kurve bei 4 Stunden pro Tag:

> **Durchschnittsprodukt** Gesamtoutput geteilt durch einen bestimmten Input, zum Beispiel pro Arbeitskraft (geteilt durch die Anzahl der Arbeitskräfte) oder pro Arbeitsstunde einer Arbeitskraft (Gesamtoutput geteilt durch die Gesamtzahl der geleisteten Arbeitsstunden).

$$\text{Steigung} = \frac{\text{vertikaler Abstand}}{\text{horizontaler Abstand}} = \frac{50}{4} = 12,5$$

Das **Grenzprodukt** von Alexei ist die Verbesserung seiner Note durch die Erhöhung der Lernzeit um eine Stunde. Folgen Sie den Schritten in Abbildung 3.5, um zu sehen, wie man das Grenzprodukt berechnet und es mit dem Durchschnittsprodukt vergleicht.

> **Grenzprodukt** Die zusätzliche Produktionsmenge, die erzeugt wird, wenn ein bestimmter Input um eine Einheit erhöht wird, während alle anderen Inputs konstant bleiben.

An jedem Punkt der Produktionsfunktion ist das Grenzprodukt der Anstieg der Note, wenn man eine Stunde mehr lernt. Das Grenzprodukt entspricht der Steigung der Produktionsfunktion.

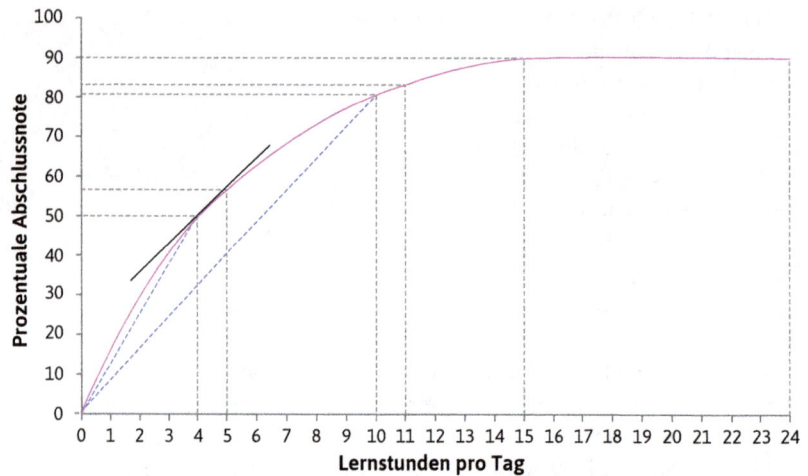

Lernzeit in Stunden	0	1	2	3	4	5	6	7	8	9	10	11	12	13	14	15 oder mehr
Note	0	20	33	42	50	57	63	69	74	78	81	84	86	88	89	90

Abbildung 3.5 Wie wirkt sich der Zeitaufwand für das Lernen auf die Note von Alexei aus?

1. Alexeis Produktionsfunktion

Die Kurve ist die Produktionsfunktion von Alexei. Sie zeigt, wie ein Input von Lernstunden den Output, die prozentuale Abschlussnote, erzeugt.

2. Vier Stunden lernen pro Tag

Wenn Alexei vier Stunden lang lernt, wird seine Note 50 sein.

3. Zehn Stunden pro Tag lernen

... und wenn er 10 Stunden lang lernt, wird er eine Note von 81 erreichen.

4. Alexeis Höchstnote

Bei 15 Stunden Lernen pro Tag erreicht Alexei seine maximal mögliche Note, 90. Danach haben weitere Stunden keinen Einfluss mehr auf sein Ergebnis: Die Kurve ist flach.

5. Erhöhung der Lernzeit von 4 auf 5 Stunden

Erhöhung der Lernzeit von 4 auf 5 Stunden: Wenn man die Lernzeit von 4 auf 5 Stunden erhöht, verbessert sich Alexeis Note von 50 auf 57. Bei 4 Stunden Lernzeit beträgt das Grenzprodukt einer zusätzlichen Stunde also 7.

6. Erhöhung der Lernzeit von 10 auf 11 Stunden

Erhöhung der Lernzeit von 10 auf 11 Stunden: Wenn man die Lernzeit von 10 auf 11 Stunden erhöht, steigt die Note von Alexei von 81 auf 84. Bei einer Lernzeit von 10 Stunden beträgt das Grenzprodukt einer zusätzlichen Stunde 3. Wenn wir uns entlang der Kurve bewegen, nimmt die Steigung der Kurve ab, so dass das Grenzprodukt einer zusätzlichen Stunde sinkt. Das Grenzprodukt ist abnehmend.

7. Das Durchschnittsprodukt einer Stunde, die man mit Lernen verbringt

Wenn Alexei vier Stunden am Tag lernt, beträgt sein Durchschnittsprodukt 50/4 = 12,5 Prozentpunkte, was der Steigung des Fahrstrahls von diesem Punkt zum Ursprung entspricht.

8. Das Grenzprodukt ist niedriger als das Durchschnittsprodukt

Bei 4 Stunden pro Tag beträgt das Durchschnittsprodukt 12,5. Bei 10 Stunden pro Tag ist es niedriger (81/10 = 8,1). Das Durchschnittsprodukt sinkt mit dem Verlauf der Kurve. An jedem Punkt ist das Grenzprodukt (die Steigung der Kurve) niedriger als das Durchschnittsprodukt (die Steigung des Fahrstrahls).

9. Das Grenzprodukt ist die Steigung der Tangente

Das Grenzprodukt bei vier Stunden Lernen beträgt etwa 7, was dem Anstieg der Note bei einer weiteren Stunde Lernen entspricht. Genauer gesagt, ist das Grenzprodukt die Steigung der Tangente an diesem Punkt, die etwas höher als 7 ist.

Alexeis Produktionsfunktion in Abbildung 3.5 wird flacher, je mehr Stunden er lernt, das heißt das Grenzprodukt einer zusätzlichen Stunde sinkt, je weiter wir uns auf der Kurve bewegen. Das Grenzprodukt ist **abnehmend**. Das Modell zeigt, dass eine zusätzliche Stunde Lernen viel hilft, wenn man nicht viel lernt, aber wenn man bereits viel lernt, dann hilft es nicht viel, noch mehr zu lernen.

In Abbildung 3.5 steigt der Output mit steigendem Input, aber das Grenzprodukt fällt—die Funktion wird allmählich flacher. Eine Produktionsfunktion mit dieser Form wird als **konkav** bezeichnet.

Vergleicht man das Grenzprodukt und das Durchschnittsprodukt an einem beliebigen Punkt der Produktionsfunktion von Alexei, so stellt man fest, dass das Grenzprodukt unter dem Durchschnittsprodukt liegt. Wenn er zum Beispiel 4 Stunden arbeitet, beträgt sein Durchschnittsprodukt 50/4 = 12,5 Punkte pro Stunde, aber eine zusätzliche Stunde Arbeit erhöht seine Note von 50 auf 57, so dass das Grenzprodukt 7 beträgt. Dies geschieht, weil das Grenzprodukt abnimmt: jede Stunde ist weniger produktiv als die vorhergehenden. Und das bedeutet, dass auch das Durchschnittsprodukt abnimmt: Jede zusätzliche Stunde Lernen pro Tag senkt das Durchschnittsprodukt seiner gesamten Lernzeit, wenn man es als Ganzes betrachtet.

Das ist ein weiteres Beispiel für das abnehmende Durchschnittsprodukt der Arbeit, das wir in Einheit 2 gesehen haben. In dem Fall sank das Durchschnittsprodukt der Arbeit in der Lebensmittelproduktion (die pro Arbeitskraft erzeugten Lebensmittel), da mehr Arbeitskräfte eine feste Fläche bewirtschafteten.

Schließlich ist zu beachten, dass das Grenzprodukt einer zusätzlichen Stunde gleich 0 wäre, wenn Alexei bereits 15 Stunden pro Tag lernt. Mehr zu lernen würde seine Note nicht verbessern. Wie Sie vielleicht aus Erfahrung wissen, könnte ein Mangel an Schlaf oder Zeit zum Entspannen Alexeis Note sogar verschlechtern, wenn er mehr als 15 Stunden pro Tag arbeiten würde. In diesem Fall würde sich seine Produktionsfunktion nach unten bewegen, und Alexeis Grenzprodukt würde negativ werden.

Die marginale Veränderung ist ein wichtiges und gängiges Konzept in der Volkswirtschaftslehre. Sie wird oft als Steigung in einem Diagramm dargestellt. Bei einer Produktionsfunktion wie der in Abbildung 3.5 ändert sich die Steigung kontinuierlich, wenn wir uns entlang der Kurve bewegen. Wenn Alexei 4 Stunden am Tag lernt, beträgt das Grenzprodukt 7, das heißt die Verbesserung der Note durch eine weitere Stunde Lernen. Da sich die Steigung der Kurve zwischen 4 und 5 Stunden auf der horizontalen Achse ändert, ist dies nur ein Näherungswert für das tatsächliche Grenzprodukt. Genauer gesagt ist das Grenzprodukt die Rate, mit der die Note pro Stunde zusätzlichen Lernens steigt. In Abbildung 3.5 ist das tatsächliche Grenzprodukt die Steigung der **Tangente** an der Kurve bei 4 Stunden. In dieser Einheit werden wir Näherungswerte verwenden, damit wir mit ganzen Zahlen arbeiten können, aber Sie werden vielleicht feststellen, dass diese Zahlen manchmal nicht ganz mit den Steigungen übereinstimmen.

Leibniz: Durchschnittsprodukt und Grenzprodukt (https://tinyco.re/3783420)

abnehmender Ertrag Eine Situation, in der der Einsatz einer zusätzlichen Einheit eines Produktionsfaktors (Input) zu einem geringeren Anstieg der Produktion (Output) führt als der vorherige Anstieg um eine Einheit. *Auch bekannt als: Abnehmendes Grenzprodukt der Produktion.*

Leibniz: Abnehmende Grenzproduktivität (https://tinyco.re/7845536)

konkave Funktion Eine Funktion zweier Variablen, bei der das Liniensegment zwischen zwei beliebigen Punkten der Funktion vollständig unterhalb der Funktion liegt (die Funktion ist konvex, wenn das Liniensegment oberhalb der Funktion liegt).

Leibniz: Konkave und konvexe Funktionen (https://tinyco.re/7834562)

Tangente Wenn zwei Kurven einen Punkt gemeinsam haben, sich aber nicht kreuzen. Die Tangente an einer Kurve in einem bestimmten Punkt ist eine Gerade, die die Kurve in diesem Punkt berührt, sie aber nicht schneidet.

ÜBUNG 3.2 PRODUKTIONSFUNKTIONEN

1. Zeichnen Sie eine Produktionsfunktion, die im Gegensatz zu der von Alexei steiler wird, wenn der Input steigt.
2. Fällt Ihnen ein Beispiel für einen Produktionsprozess ein, der diese Form haben könnte? Warum würde die Steigung steiler werden?
3. Was können Sie über das Grenzprodukt und das Durchschnittsprodukt in diesem Fall sagen?

GRENZPRODUKT

Das Grenzprodukt ist die Änderungsrate der Note bei vier Stunden Lernen. Nehmen wir an, Alexei hat vier Stunden pro Tag gelernt und lernt jeden Tag eine Minute länger (insgesamt 4,016667 Stunden). Dem Diagramm zufolge würde sich seine Note um einen sehr geringen Anteil —etwa 0,124— verbessern. Eine genauere Schätzung des Grenzprodukts (der Veränderungsrate) würde lauten:

$$\frac{0,124}{0,016667} = 7,44$$

Wenn wir noch kleinere Veränderungen in der Lernzeit betrachten würden (zum Beispiel den Anstieg der Note für jede zusätzliche Sekunde Lernen pro Tag), kämen wir dem wahren Grenzprodukt näher, welches die Steigung der Tangente an der Kurve bei vier Stunden Lernen ist.

Präferenzen Eine Beschreibung des Nutzens oder der Kosten, die wir mit jedem möglichen Ergebnis verbinden.

FRAGE 3.3 WÄHLEN SIE DIE RICHTIGE(N) ANTWORT(EN)

Abbildung 3.5 (Seite 106) zeigt die Produktionsfunktion von Alexei, bei der die Endnote (dem Output) mit der Anzahl der aufgewendeten Lernstunden (dem Input) zusammenhängt.

Welche der folgenden Aussagen ist richtig?

☐ Das Grenzprodukt und das Durchschnittsprodukt sind für die erste Stunde ungefähr gleich.
☐ Das Grenzprodukt und das Durchschnittsprodukt sind beide über 15 Stunden hinaus konstant.
☐ Die horizontale Produktionsfunktion über 15 Stunden hinaus bedeutet, dass das Lernen von mehr als 15 Stunden sich nachteilig auf Alexeis Leistung auswirkt.
☐ Das Grenzprodukt und das Durchschnittsprodukt liegen bei 20 Stunden beide bei 4,5.

3.2 PRÄFERENZEN

Wenn Alexei die in Abbildung 3.5 dargestellte Produktionsfunktion hat, wie viele Stunden pro Tag wird er dann lernen wollen? Die Entscheidung hängt von seinen **Präferenzen** ab—also von den Dingen, die ihm wichtig sind. Wenn ihm nur Noten wichtig wären, sollte er 15 Stunden am Tag lernen. Aber wie anderen Menschen auch ist Alexei seine Freizeit wichtig—er schläft gerne, geht raus oder sieht fern. Er wird also mit einem Trade-Off konfrontiert: Wie viele Prozentpunkte der Note ist er bereit aufzugeben, um seine Zeit mit anderen Dingen als Lernen zu verbringen?

Wir veranschaulichen seine Präferenzen anhand von Abbildung 3.6, wobei die Freizeit auf der horizontalen Achse und die Abschlussnote (in Prozent) auf der vertikalen Achse dargestellt ist. Als freie Zeit wird die gesamte Zeit definiert, die er nicht mit Lernen verbringt. Jeder Punkt im Diagramm steht für eine andere Kombination aus freier Zeit und Abschlussnote. In Anbetracht seiner Produktionsfunktion ist nicht jede Kombination möglich, die Alexei sich wünschen würde, aber im Moment werden wir nur die Kombinationen betrachten, die er bevorzugen würde.

Wir können annehmen:

- Bei einer bestimmten Note bevorzugt er eine Kombination mit mehr Freizeit gegenüber einer mit weniger Freizeit. Obwohl also sowohl A als auch B in Abbildung 3.6 einer Note von 84 entsprechen, bevorzugt Alexei A, weil er dadurch mehr Freizeit hat.
- Ähnlich verhält es sich, wenn zwei Kombinationen jeweils 20 Stunden Freizeit haben, dann bevorzugt er diejenige mit der besseren Note.
- Vergleichen Sie jedoch die Punkte A und D in der Tabelle. Würde Alexei D (niedrige Note, viel Zeit) oder A (höhere Note, weniger Zeit) bevorzugen? Eine Möglichkeit, das herauszufinden, wäre ihn zu fragen.

Angenommen, er ist indifferent zwischen A und D, was bedeutet, dass er mit beiden Ergebnissen gleichermaßen zufrieden wäre. Wir sagen, dass diese beiden Ergebnisse Alexei den gleichen **Nutzen** geben würden. Und wir wissen, dass er A gegenüber B bevorzugt, also bietet B einen geringeren Nutzen als A oder D.

Eine systematische Methode, Alexeis Präferenzen grafisch darzustellen, bestünde darin, zunächst nach allen Kombinationen zu suchen, die ihm den gleichen Nutzen wie A und D bringen. Wir könnten Alexei eine weitere Frage stellen: „Stellen Sie sich vor, Sie hätten die Kombination A (15 Stunden Freizeit, 84 Punkte). Wie viele Punkte wären Sie bereit, für eine zusätzliche Stunde Freizeit zu opfern?". Angenommen, er antwortet nach reiflicher Überlegung mit „neun". Dann wissen wir, dass er zwischen A und E (16 Stunden, 75 Punkte) indifferent ist. Dann könnten wir die gleiche Frage für die Kombination E stellen, und so weiter bis zum Punkt D. Schließlich könnten wir eine Tabelle wie in Abbildung 3.6 erstellen. Alexei ist indifferent zwischen A und E, zwischen E und F und so weiter, was bedeutet, dass er zwischen allen Kombinationen von A bis D indifferent ist.

Die Kombinationen in der Tabelle werden in Abbildung 3.6 dargestellt und zu einer abwärts verlaufenden Kurve, der so genannten **Indifferenzkurve**, zusammengefügt. Sie zeigt alle Kombinationen, die den gleichen Nutzen oder die gleiche „Zufriedenheit" bieten.

Wenn Sie sich die drei Kurven in Abbildung 3.6 ansehen, können Sie erkennen, dass die Kurve durch A einen höheren Nutzen ergibt als die Kurve durch B. Die Kurve durch C ergibt den niedrigsten Nutzen von allen dreien. Um Präferenzen zu beschreiben, müssen wir nicht den genauen Nutzen jeder Option kennen; wir müssen nur wissen, welche Kombinationen mehr oder weniger Nutzen bieten als andere.

Die Kurven, die wir gezeichnet haben, zeigen unsere typischen Annahmen über die Präferenzen der Menschen zwischen zwei Gütern. In anderen Modellen handelt es sich häufig um **Konsumgüter** wie Lebensmittel oder Kleidung, und wir bezeichnen die Person als verbrauchende Person. In unserem Modell der Präferenzen der Studierenden handelt es sich um die Güter ‚Abschlussnote' und ‚freie Zeit'. Beachten Sie folgendes:

- *Die Indifferenzkurven sind aufgrund von Trade-Offs abwärts gerichtet*: Wenn man zwischen zwei Kombinationen indifferent ist, muss die Kombination, die mehr von einem Gut hat, weniger von dem anderen Gut haben.
- *Höhere Indifferenzkurven entsprechen einem höheren Nutzen*: Wenn wir uns im Diagramm nach oben und nach rechts bewegen, weiter weg vom Ursprung, bewegen wir uns zu Kombinationen mit mehr von beiden Gütern.
- *Indifferenzkurven sind in der Regel glatt*: Kleine Veränderungen in der Menge der Güter führen nicht zu großen Sprüngen im Nutzen.
- *Indifferenzkurven kreuzen sich nicht*: Warum eigentlich? Siehe Übung 3.3.
- *Je weiter man sich auf einer Indifferenzkurve nach rechts bewegt, desto flacher wird sie.*

Um die letzte Eigenschaft in der Liste zu verstehen, sehen Sie sich Alexeis Indifferenzkurven noch einmal an, die in Abbildung 3.7 dargestellt sind. Wenn er sich bei A befindet, mit 15 Stunden Freizeit und einer Note von 84, wäre er bereit, neun Prozentpunkte für eine zusätzliche Stunde Freizeit zu opfern, die ihn zu E bringt (zur Erinnerung: er ist indifferent zwischen A und E). Wir sagen, dass seine **Grenzrate der Substitution (GRS)** zwischen Notenpunkten und Freizeit bei A neun beträgt; es ist die Verminderung seiner Note, die Alexeis Nutzen nach einer Stunde mehr Freizeit konstant halten würde.

Nutzen Ein numerischer Indikator für den Wert, den man einem Ergebnis beimisst, so dass höher bewertete Ergebnisse den niedriger bewerteten vorgezogen werden, wenn beide realisierbar sind.

Indifferenzkurve Eine Kurve mit den Punkten, die die Kombinationen von Gütern angeben, die dem Einzelnen den gleichen Nutzen bringen.

Konsumgut Eine Ware oder Dienstleistung, die die Bedürfnisse der Verbrauchenden über einen kurzen Zeitraum befriedigt.

Grenzrate der Substitution (GRS) Der Trade-Off, den eine Person zwischen zwei Gütern einzugehen bereit ist. Dies die Steigung der Indifferenzkurve an jedem Punkt. *Siehe auch: Grenzrate der Transformation.*

Wir haben die Indifferenzkurven so gezeichnet, dass sie allmählich flacher werden, weil es vernünftig erscheint anzunehmen, dass Alexei umso weniger bereit ist, weitere Prozentpunkte für Freizeit zu opfern, je mehr Freizeit er hat und je schlechter seine Note ist, sodass seine GRS niedriger sein wird.

In Abbildung 3.7 haben wir die GRS bei jeder Kombination entlang der Indifferenzkurve berechnet. Sie sehen, dass die GRS—die Anzahl der Prozentpunkte, die er für eine zusätzliche Stunde Freizeit aufgeben würde— allmählich sinkt, wenn Alexei mehr Freizeit und eine schlechtere Note hat.

Die GRS ist einfach die Steigung der Indifferenzkurve, und sie fällt, wenn wir uns entlang der Kurve nach rechts bewegen. Wenn Sie sich in Abbildung 3.7 von einem Punkt zum anderen bewegen, können Sie sehen, dass die Indifferenzkurven flacher werden, wenn Sie die Freizeit erhöhen, und steiler,

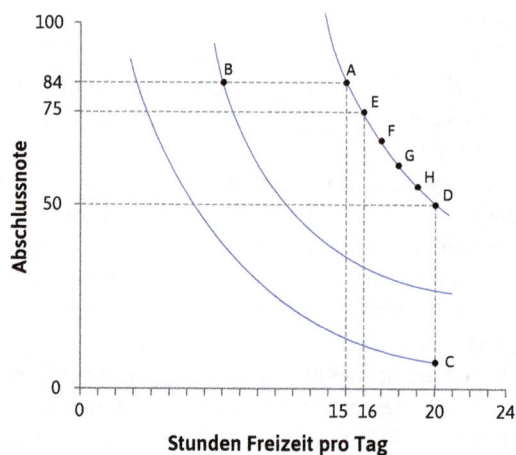

	A	E	F	G	H	D
Freizeit in Stunden	15	16	17	18	19	20
Abschlussnote	84	75	67	60	54	50

Abbildung 3.6 Abbildung von Alexeis Präferenzen.

1. Alexei bevorzugt mehr freie Zeit gegenüber weniger freier Zeit
Die Kombinationen A und B ergeben beide eine Note von 84, aber Alexei wird A vorziehen, weil er dadurch mehr Freizeit hat.

2. Alexei zieht eine hohe Note einer niedrigen Note vor
Bei den Kombinationen C und D hat Alexei 20 Stunden Freizeit pro Tag, aber er bevorzugt D, weil er damit eine bessere Note bekommt.

3. Indifferenz
... aber wir wissen nicht, ob Alexei A oder E bevorzugt, also fragen wir ihn: er sagt, er sei indifferent.

4. Weitere Kombinationen, die den gleichen Nutzen bringen
Alexei sagt, dass F eine weitere Kombination ist, die ihm den gleichen Nutzen wie A und E bringen würde.

5. Konstruktion der Indifferenzkurve
Indem wir weitere Fragen stellen, entdecken wir, dass Alexei zwischen allen Kombinationen zwischen A und D indifferent ist.

6. Konstruktion der Indifferenzkurve
Diese Punkte werden zu einer Indifferenzkurve zusammengefügt.

7. Andere Indifferenzkurven
Indifferenzkurven können durch jeden beliebigen Punkt im Diagramm gezeichnet werden, um andere Punkte zu zeigen, die den gleichen Nutzen haben. Wir können weitere Kurven konstruieren, die von B oder C ausgehen, indem wir herausfinden, welche Kombinationen den gleichen Nutzen bringen.

wenn Sie die Note erhöhen. Wenn die Freizeit im Verhältnis zu den Notenpunkten knapp ist, ist Alexei weniger bereit, eine Stunde für eine bessere Note zu opfern: seine GRS ist hoch und seine Indifferenzkurve steil.

Wie die Analyse in Abbildung 3.7 zeigt, werden die Indifferenzkurven steiler, wenn Sie sich auf der vertikalen Linie durch 15 Stunden nach oben bewegen: Die GRS steigt. Bei einer gegebenen Menge an Freizeit ist Alexei bereit, für eine zusätzliche Stunde mehr Notenpunkte aufzugeben, wenn er

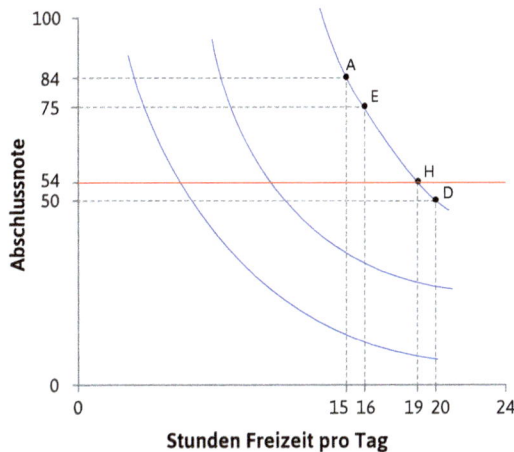

	A	**E**	**F**	**G**	**H**	**D**
Freizeit in Stunden	15	16	17	18	19	20
Abschlussnote	84	75	67	60	54	50
Grenzrate der Substitution zwischen Note und freier Zeit		9	8	7	6	4

Abbildung 3.7 Die Grenzrate der Substitution.

1. Die Indifferenzkurven von Alexei
Das Diagramm zeigt drei Indifferenzkurven für Alexei. Die Kurve, die am weitesten links liegt, bietet die geringste Zufriedenheit.

2. Punkt A
Bei A hat er 15 Stunden Freizeit und seine Note ist 84.

3. Alexei ist indifferent zwischen A und E
Er wäre bereit, von A nach E zu wechseln, wobei er 9 Prozentpunkte für eine zusätzliche Stunde Freizeit aufgeben würde. Seine Grenzrate der Substitution beträgt 9. Die Indifferenzkurve ist bei A steil.

4. Alexei ist indifferent zwischen H und D
Bei H ist er nur bereit, 4 Punkte für eine zusätzliche Stunde Freizeit aufzugeben. Seine GRS beträgt 4. Je weiter wir uns auf der Indifferenzkurve nach unten bewegen, desto geringer wird die GRS, weil die Punkte im Verhältnis zur Freizeit knapp werden. Die Indifferenzkurve wird flacher.

5. Alle Kombinationen mit 15 Stunden Freizeit
Sehen Sie sich die Kombinationen mit 15 Stunden Freizeit an. Auf der untersten Kurve ist die Note niedrig, und die GRS ist klein. Alexei wäre bereit, für eine Stunde Freizeit nur ein paar Punkte abzugeben. Je weiter wir uns auf der vertikalen Linie nach oben bewegen, desto steiler werden die Indifferenzkurven: Die GRS steigt.

6. Alle Kombinationen mit einer Note von 54
Schauen Sie sich nun alle Kombinationen mit einer Note von 54 an. Auf der Kurve, die am weitesten links liegt, ist die Freizeit knapp und die GRS hoch. Je weiter wir uns entlang der roten Linie nach rechts bewegen, desto weniger ist er bereit, Punkte für Freizeit zu opfern. Die GRS sinkt–die Indifferenzkurven werden flacher.

Leibniz: Indifferenzkurven und die Grenzrate der Substitution
(https://tinyco.re/78549923)

viele Punkte hat, als wenn er nur wenige hat (zum Beispiel, wenn er Gefahr läuft, den Kurs nicht zu bestehen). Wenn Sie bei A ankommen, wo seine Note 84 ist, ist die GRS hoch. Hier gibt es so viele Notenpunkte, dass er bereit ist, 9 Prozentpunkte für eine zusätzliche Stunde Freizeit aufzugeben.

Sie können den gleichen Effekt sehen, wenn Sie die Note fix halten und den Anteil der freien Zeit variieren. Wenn Sie sich entlang der horizontalen Linie bei einer Note von 54 nach rechts bewegen, wird die GRS bei jeder Indifferenzkurve niedriger. Je mehr freie Zeit zur Verfügung steht, desto weniger ist Alexei bereit, Notenpunkte für mehr Zeit aufzugeben.

ÜBUNG 3.3 WARUM INDIFFERENZKURVEN SICH NIE KREUZEN

In dem folgenden Diagramm ist IK_1 eine Indifferenzkurve, die alle Kombinationen verbindet, die den gleichen Nutzen haben wie A. Die Kombination B liegt nicht auf der IK_1.

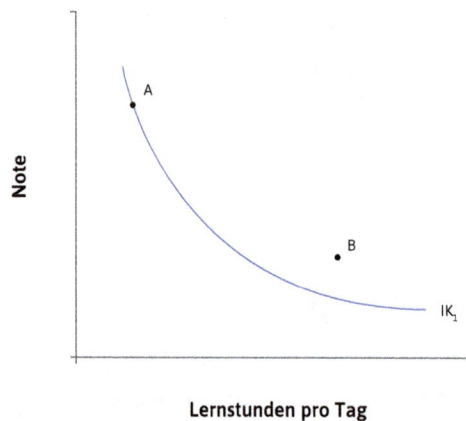

Lernstunden pro Tag

1. Ist der Nutzen von Kombination B höher oder niedriger als der von Kombination A? Woher wissen Sie das?
2. Zeichnen Sie eine Skizze des Diagramms und fügen Sie eine weitere Indifferenzkurve, IK_2, hinzu, die durch B verläuft und IK_1 kreuzt. Beschriften Sie den Punkt, an dem sie sich kreuzen, mit C.
3. Die Kombinationen B und C liegen beide auf der IK_2. Was sagt das über das Niveau ihres Nutzens aus?
4. Die Kombinationen C und A liegen beide auf der IK_1. Was sagt das über das Niveau ihres Nutzens aus?
5. Entsprechend Ihrer Antworten auf (3) und (4), wie verhalten sich das Nutzeniveau der Kombinationen A und B im Vergleich?
6. Vergleichen Sie nun Ihre Antworten auf (1) und (5) und erklären Sie, warum Sie wissen, dass sich Indifferenzkurven niemals kreuzen können.

ÜBUNG 3.4 IHRE GRENZRATE DER SUBSTITUTION

Stellen Sie sich vor, Sie erhalten am Ende Ihres Universitätsstudiums ein Jobangebot mit einem Stundenlohn (nach Steuern) von 12,50 GBP. Das zukünftige Unternehmen sagt dann, dass Sie 40 Stunden pro Woche arbeiten werden und Ihnen 128 Stunden Freizeit pro Woche zur Verfügung stehen. Sie sagen zu einem Freund: „Bei diesem Lohn sind 40 Stunden genau das, was ich möchte."

1. Zeichnen Sie ein Diagramm mit der freien Zeit auf der horizontalen Achse und dem wöchentlichen Lohn auf der vertikalen Achse, tragen Sie die Kombination aus Stunden und Lohn ein, die Ihrem Jobangebot entspricht, und nennen Sie diese A. Gehen Sie davon aus, dass Sie etwa 10 Stunden pro Tag zum Schlafen und Essen brauchen, so dass Sie die horizontale Achse mit 70 Stunden am Ursprung einzeichnen können.
2. Zeichnen Sie nun eine Indifferenzkurve, so dass A die Stunden darstellt, die Sie selbst gewählt hätten.
3. Stellen Sie sich nun vor, dass Ihnen eine andere Stelle angeboten wird, die 45 Stunden pro Woche erfordert. Schätzen Sie anhand der Indifferenzkurve, die Sie gezeichnet haben, die Höhe des Wochenlohns, bei der Sie zwischen diesem und dem ursprünglichen Angebot indifferent wären.
4. Machen Sie dasselbe für einen anderen Job, der 35 Stunden pro Woche erfordert. Bei welcher Höhe des Wochenlohns wären Sie zwischen diesem und dem ursprünglichen Angebot indifferent?
5. Schätzen Sie anhand Ihres Diagramms Ihre Grenzrate der Substitution zwischen Lohn und Freizeit bei A.

FRAGE 3.4 WÄHLEN SIE DIE RICHTIGE(N) ANTWORT(EN)

Abbildung 3.6 (Seite 110) zeigt die Indifferenzkurven von Alexei für die Freizeit und die Endnote. Welche der folgenden Aussagen ist richtig?

☐ Alexei bevorzugt C gegenüber B, weil er bei C mehr Freizeit hat.
☐ Alexei ist indifferent zwischen der Note 84 mit 15 Stunden Freizeit und der Note 50 mit 20 Stunden Freizeit.
☐ Alexei bevorzugt D gegenüber C, denn bei D hat er die gleiche Note und mehr Freizeit.
☐ Bei G ist Alexei bereit, für 10 zusätzliche Notenpunkte 2 Stunden Freizeit zu opfern.

FRAGE 3.5 WÄHLEN SIE DIE RICHTIGE(N) ANTWORT(EN)

Was ist die Grenzrate der Substitution (GRS)?

☐ Das Verhältnis der Mengen der beiden Güter an einem Punkt der Indifferenzkurve.
☐ Die Menge des einen Gutes, die die Person bereit ist, für eine Einheit des anderen Gutes zu tauschen.
☐ Die Veränderung des Nutzens für die Person, wenn ein Gut durch ein anderes substituiert wird.
☐ Der Betrag der Steigung der Indifferenzkurve.

3.3 OPPORTUNITÄTSKOSTEN

Opportunitätskosten Wenn die Durchführung einer Handlung den Verzicht auf die nächstbeste Handlungsalternative bedeutet, ist dies der Nettonutzen der aufgegebenen Alternative.

Alexei steht vor einem Dilemma: Anhand seiner Präferenzen wissen wir, dass er sowohl seine Note als auch seine Freizeit so hoch wie möglich haben möchte. Aber angesichts seiner Produktionsfunktion kann er seine Freizeit nicht erhöhen, ohne in der Prüfung eine schlechtere Note zu bekommen. Man könnte auch sagen, dass die Freizeit mit **Opportunitätskosten** verbunden ist: Um mehr Freizeit zu haben, muss Alexei auf die Möglichkeit verzichten, eine bessere Note zu bekommen.

In der Volkswirtschaftslehre sind Opportunitätskosten immer dann von Bedeutung, wenn wir untersuchen, wie Menschen zwischen alternativen und sich gegenseitig ausschließenden Handlungsmöglichkeiten wählen. Wenn wir die Kosten für Handlung A betrachten, beziehen wir die Tatsache mit ein, dass wir, wenn wir A tun, B nicht tun können. Das „Nicht-Tun von B" wird also zu einem Teil der Kosten für A. Dies wird als Opportunitätskosten bezeichnet, weil A zu tun bedeutet, auf die Möglichkeit zu verzichten, B zu tun.

Stellen Sie sich vor, ein Buchhalter und eine Ökonomin wurden gebeten, die Kosten für den Besuch eines Konzerts A in einem Theater zu ermitteln, das 25 USD Eintritt kostet. In einem nahe gelegenen Park findet zur gleichen Zeit das Konzert B statt, das kostenlos ist.

BUCHHALTER: Die Kosten für das Konzert A sind die Kosten, die Sie „aus der eigenen Tasche"" zahlen: Sie haben 25 USD für eine Eintrittskarte bezahlt, also betragen die Kosten 25 USD.

ÖKONOMIN: Aber was müssen Sie aufgeben, um zu Konzert A zu gehen? Sie verzichten auf 25 USD und auf das Vergnügen, den das kostenlose Konzert im Park bietet. Die Kosten für Konzert A sind für Sie also die 25 USD plus die Opportunitätskosten.

Nehmen wir an, dass Sie höchstens bereit gewesen wären, 15 USD für den Besuch des kostenlosen Konzerts im Park zu zahlen (wenn es nicht kostenlos gewesen wäre). Der Nutzen Ihrer nächstbesten Alternative zu Konzert A wäre der Spaß im Park für 15 USD. Dies sind die Opportunitätskosten für den Besuch von Konzert A.

ökonomische Kosten Die Kosten, die durch eine Handlung entstehen, zuzüglich der Opportunitätskosten.

Die **ökonomischen Kosten** des Konzerts A betragen also insgesamt 25 USD + 15 USD = 40 USD. Wenn das Vergnügen, das Sie sich vom Konzert A versprechen, größer ist als die ökonomischen Kosten, sagen wir 50 USD, dann werden Sie auf das Konzert B verzichten und eine Karte für das Theater kaufen. Wenn Sie sich hingegen von Konzert A ein Vergnügen im Wert von 35 USD versprechen, dann werden Sie sich aufgrund der ökonomischen Kosten von 40 USD nicht für den Besuch von Konzert A entscheiden. Einfach ausgedrückt: Da Sie 25 USD für die Eintrittskarte bezahlen müssen, entscheiden Sie sich stattdessen für das Konzert B. Sie stecken die 25 USD ein, um sie für andere Dinge auszugeben, und genießen den Vorteil des kostenlosen Konzerts im Park im Wert von 15 USD.

Warum denkt der Buchhalter nicht auf diese Weise? Weil es nicht seine Aufgabe ist. Er wird dafür bezahlt, den Überblick über das Geld zu behalten, und nicht dafür, Entscheidungsregeln zu liefern, wie man zwischen Alternativen wählen kann (von denen einige keinen Preis haben). Aber um bewusste Entscheidungen zu treffen und vorherzusagen, wie Menschen Entscheidungen treffen werden, gehört mehr dazu, als nur das Geld im Auge zu behalten. Der Buchhalter könnte argumentieren, dass das Parkkonzert irrelevant ist:

BUCHHALTER: Ob es ein kostenloses Konzert im Park gibt oder nicht, hat keinen Einfluss auf die Kosten des Konzerts A. Die Kosten für Sie betragen immer 25 USD.

ÖKONOMIN: Aber ob es ein kostenloses Parkkonzert gibt oder nicht, kann einen Einfluss darauf haben, ob Sie zum Konzert A gehen oder nicht, denn es ändert Ihre verfügbaren Optionen. Wenn Ihre Freude an Konzert A 35 USD beträgt und Ihre nächstbeste Alternative darin besteht, zu Hause zu bleiben, wo die Freude 0 USD beträgt, werden Sie sich für Konzert A entscheiden. Ist jedoch Konzert B verfügbar, werden Sie es A vorziehen.

In Einheit 2 haben wir gesagt, dass eine Handlung, die einen größeren Netto-Vorteil bringt als die nächstbeste Alternative, eine **ökonomische Rente** bringt. Anders ausgedrückt: Sie erhalten eine ökonomische Rente, wenn der Nutzen einer Handlung größer ist als die ökonomischen Kosten (die Summe aus direkten Kosten und Opportunitätskosten).

Die Tabelle in Abbildung 3.8 fasst das Beispiel Ihrer Entscheidung, welches Konzert Sie besuchen möchten, zusammen.

> **ökonomische Rente** Eine Zahlung oder ein anderer Nutzen, der über das hinausgeht, was eine Person bei ihrer nächstbesten Alternative (oder Reservationsoption) erhalten hätte. *Siehe auch: Reservationsoption.*

FRAGE 3.6 WÄHLEN SIE DIE RICHTIGE(N) ANTWORT(EN)

Sie fahren in Melbourne Taxi und verdienen 50 AUD für einen Tag Arbeit. Man hat Ihnen eine Tageskarte für die Australian Open für 40 AUD angeboten. Als tennisbegeisterte Person schätzen Sie den monetären Wert des Erlebnisses für Sie auf 100 AUD. Was können wir mit diesen Informationen sagen?

☐ Die Opportunitätskosten für den Tag bei den Australian Open betragen 40 AUD.

☐ Die ökonomischen Kosten für den Tag bei den Australian Open betragen 40 AUD.

☐ Die ökonomische Rente des Tages bei den Open beträgt 10 AUD.

☐ Sie hätten bis zu 100 AUD für die Eintrittskarte bezahlt.

	Ein hoher Wert für Konzert A	Ein niedriger Wert für Konzert A
Direkte Kosten (Preis des Tickets für A)	25	25
Opportunitätskosten (Verzicht auf das Vergnügen von Konzert B)	15	15
Ökonomische Kosten (Summe aus direkten und Opportunitätskosten)	40	40
Freude am Konzert A	50	35
Ökonomische Rente (Vergnügen abzüglich ökonomischer Kosten)	10	−5
Entscheidung	A: Zum Konzert A gehen.	B: Zum Konzert B gehen.

Abbildung 3.8 Opportunitätskosten und ökonomische Renten: Welches Konzert werden Sie wählen?

3.4 DIE REALISIERBARE MENGE

Kehren wir nun zu Alexeis Problem zurück, sich zwischen Noten und Freizeit zu entscheiden. Die Freizeit hat Opportunitätskosten in Form von verlorenen Prozentpunkten bei seiner Note (wir könnten auch sagen, dass die Prozentpunkte Opportunitätskosten in Form der Freizeit haben, die Alexei aufgeben muss, um Punkte zu erhalten). Bevor wir jedoch darlegen können, wie Alexei sein Dilemma auflöst, müssen wir genau herausfinden, welche Alternativen ihm zur Verfügung stehen.

Um diese Frage zu beantworten, schauen wir uns erneut die Produktionsfunktion an. Diesmal werden wir zeigen, wie die Endnote von der Menge an Freizeit und nicht von der Lernzeit abhängt. Ein Tag hat 24 Stunden. Alexei muss diese Zeit aufteilen in Lernzeit (alle Stunden, die er dem Lernen widmet) und Freizeit (den Rest seiner Zeit). Abbildung 3.9 zeigt die Beziehung zwischen seiner Abschlussnote und den Stunden Freizeit pro Tag—das Spiegelbild von Abbildung 3.5. Wenn Alexei 24 Stunden lang fleißig lernt, bedeutet das null Stunden Freizeit und eine Abschlussnote von 90. Wenn er sich für 24 Stunden Freizeit pro Tag entscheidet, gehen wir davon aus, dass er eine Note von null erhält.

In Abbildung 3.9 sind die Achsen die Endnote und die Freizeit, also die beiden Güter, die Alexei einen Nutzen bringen. Wenn wir uns vorstellen, dass er sich für eine Kombination dieser beiden Güter entscheidet, zeigt die gebogene Linie in Abbildung 3.9, was machbar ist. Sie stellt seine **Machbarkeitsgrenze** dar: die höchste Note, die er bei der Menge an freier Zeit, die er sich nimmt, erreichen kann. Folgen Sie den Schritten in Abbildung 3.9, um zu sehen, welche Kombinationen von Note und Freizeit realisierbar sind und welche nicht, und wie die Steigung der Machbarkeitsgrenze die Opportunitätskosten der freien Zeit darstellt.

Machbarkeitsgrenze Die aus Punkten bestehende Kurve, die die maximal realisierbare Menge eines Gutes für eine bestimmte Menge des anderen Gutes definiert. *Siehe dazu: realisierbare Menge.*

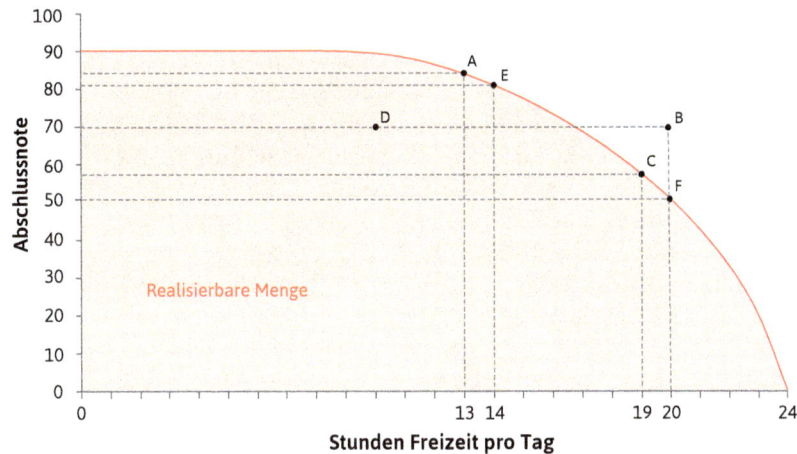

	A	E	C	F
Freizeit	13	14	19	20
Note	84	81	57	50
Opportunitätskosten	3		7	

Abbildung 3.9 Wie wirkt sich Alexeis Wahl der Freizeit auf seine Note aus?

1. Die Machbarkeitsgrenze

Diese Kurve wird Machbarkeitsgrenze genannt. Sie zeigt die höchste Endnote, die Alexei bei der Menge an Freizeit, die er sich nimmt, erreichen kann. Bei 24 Stunden Freizeit wäre seine Note null. Wenn er weniger Freizeit hat, kann Alexei eine bessere Note erreichen.

2. Eine realisierbare Kombination

Wenn Alexei 13 Stunden Freizeit pro Tag wählt, kann er eine Note von 84 erreichen.

3. Nicht realisierbare Kombinationen

Angesichts von Alexeis Fähigkeiten und Lernbedingungen kann er unter normalen Bedingungen nicht 20 Stunden Freizeit nehmen und erwarten, eine Note von 70 zu erhalten (wir gehen davon aus, dass Glück keine Rolle spielt). Daher ist B eine nicht realisierbare Kombination aus Freizeitstunden und Endnote.

4. Eine realisierbare Kombination

Die maximale Note, die Alexei mit 19 Stunden Freizeit pro Tag erreichen kann, ist 57.

5. Innerhalb der Machbarkeitsgrenze

Kombination D ist realisierbar, aber Alexei verschwendet Zeit oder Punkte in der Prüfung. Er könnte mit der selben Lernzeit pro Tag eine bessere Note erzielen oder mehr Freizeit haben und trotzdem eine Note von 70 erreichen.

6. Die realisierbare Menge

Der Bereich innerhalb der Machbarkeitsgrenze wird zusammen mit der Machbarkeitsgrenze selbst als **realisierbare Menge** bezeichnet. (Eine Menge ist eine Sammlung von Dingen–in diesem Fall alle realisierbaren Kombinationen von freier Zeit und Note.)

7. Die Opportunitätskosten der freien Zeit

Bei der Kombination A könnte Alexei eine zusätzliche Stunde Freizeit bekommen, wenn er 3 Punkte in der Prüfung aufgibt. Die Opportunitätskosten für eine Stunde Freizeit bei A betragen 3 Punkte.

8. Die Opportunitätskosten variieren

Je mehr Freizeit er sich nimmt, desto höher ist das Grenzprodukt des Lernens, also steigen die Opportunitätskosten der Freizeit. Bei C sind die Opportunitätskosten für eine Stunde Freizeit höher als bei A: Alexei müsste auf 7 Punkte verzichten.

9. Die Steigung der Machbarkeitsgrenze

Die Opportunitätskosten der freien Zeit bei C betragen 7 Punkte, was der Steigung der Machbarkeitsgrenze entspricht. Bei C müsste Alexei 7 Prozentpunkte aufgeben (die vertikale Veränderung ist –7), um seine Freizeit um eine Stunde zu erhöhen (die horizontale Veränderung ist 1). Die Steigung ist –7.

realisierbare Menge Die Gesamtheit der Kombinationen der betrachteten Güter, die eine entscheidende Person unter Berücksichtigung der wirtschaftlichen, physischen oder sonstigen Beschränkungen, wählen könnte. *Siehe auch: Machbarkeitsgrenze.*

Jede Kombination aus freier Zeit und Abschlussnote, die auf oder innerhalb der Machbarkeitsgrenze liegt, ist realisierbar. Kombinationen, die außerhalb der Machbarkeitsgrenze liegen, gelten angesichts von Alexeis Fähigkeiten und Lernbedingungen als nicht realisierbar. Andererseits würde eine Kombination, die innerhalb der Machbarkeitsgrenze liegt, auch wenn sie machbar ist, bedeuten, dass Alexei etwas wegwirft, das ihm wichtig ist. Wenn er 14 Stunden am Tag lernen würde, könnte er sich nach unserem Modell eine Note von 89 sichern. Er könnte aber auch eine schlechtere Note (zum Beispiel 70) erreichen, wenn er einfach vor dem Ende der Prüfung aufhört zu schreiben. Es wäre zwar unsinnig, solche Punkte grundlos zu verschenken, aber es wäre möglich. Eine andere Möglichkeit, eine Kombination innerhalb der Machbarkeitsgrenze zu erhalten, könnte darin bestehen, in der Bibliothek zu sitzen und nichts zu tun—Alexei würde sich weniger Freizeit nehmen, als ihm zur Verfügung steht, was ebenfalls keinen Sinn ergibt.

Wenn Alexei eine Kombination innerhalb der Machbarkeitsgrenze wählt, würde er auf etwas verzichten, das frei verfügbar ist—etwas, das keine Opportunitätskosten hat. Er könnte eine bessere Note erhalten, ohne Freizeit zu opfern, oder mehr Zeit haben, ohne seine Note zu verschlechtern.

Die Machbarkeitsgrenze ist eine Einschränkung für Alexeis Wahlmöglichkeiten. Sie stellt den Trade-Off dar, den er zwischen seiner Note und seiner Freizeit eingehen muss. An jedem beliebigen Punkt der Machbarkeitsgrenze ist die Inanspruchnahme von mehr Freizeit mit Opportunitätskosten in Form von entgangenen Notenpunkten verbunden, die der Steigung der Machbarkeitsgrenze entsprechen.

Eine andere Möglichkeit, dieselbe Idee auszudrücken, ist zu sagen, dass die Machbarkeitsgrenze die **Grenzrate der Transformation (GRT)** zeigt: die Rate, mit der Alexei freie Zeit in Notenpunkte umwandeln kann. Sehen Sie sich die Steigung der Grenze zwischen den Punkten A und E in Abbildung 3.9 an.

Grenzrate der Transformation (GRT) Die Menge eines Gutes, die geopfert werden muss, um eine zusätzliche Einheit eines anderen Gutes zu erwerben. Sie ist die Steigung der Machbarkeitsgrenze an jedem Punkt. *Siehe auch: Grenzrate der Substitution.*

- Die Steigung von AE (vertikale Entfernung geteilt durch horizontale Entfernung) beträgt −3.
- Am Punkt A könnte Alexei eine weitere Einheit Freizeit erhalten, wenn er 3 Notenpunkte aufgibt. Die Opportunitätskosten für eine Einheit Freizeit sind 3.
- Am Punkt E könnte Alexei eine Einheit Freizeit in 3 Notenpunkte umwandeln. Die Grenzrate, mit der er freie Zeit in Notenpunkte umwandeln kann, beträgt 3.

Beachten Sie, dass die Steigung von AE nur ein Näherungswert für die Steigung der Machbarkeitsgrenze ist. Genauer gesagt ist die Steigung an jedem beliebigen Punkt die Steigung der Tangente, und diese stellt sowohl die GRT als auch die Opportunitätskosten an diesem Punkt dar.

Beachten Sie, dass wir jetzt zwei Trade-Offs identifiziert haben:

Leibniz: Grenzraten der Transformation und Substitution (https://tinyco.re/3775488)

- *Die Grenzrate der Substitution (GRS):* Im vorherigen Abschnitt haben wir gesehen, dass sie den Trade-Off erfasst, den Alexei zwischen Abschlussnote und Freizeit einzugehen bereit ist.
- *Die Grenzrate der Transformation (GRT)* Im Gegensatz dazu wird hier der Trade-Off gemessen, zu dem Alexei durch die Machbarkeitsgrenze gezwungen ist.

Wie wir im nächsten Abschnitt sehen werden, wird Alexei bei der Wahl zwischen seiner Note und seiner Freizeit ein Gleichgewicht zwischen diesen beiden Trade-Offs herstellen.

FRAGE 3.7 WÄHLEN SIE DIE RICHTIGE(N) ANTWORT(EN)

Sehen Sie sich Abbildung 3.5 (Seite 106) an, die die Produktionsfunktion von Alexei zeigt: wie die Endnote (Output) von der Anzahl der Stunden abhängt, die für das Lernen aufgewendet wurden (Input).

Die freie Zeit pro Tag ergibt sich aus 24 Stunden abzüglich der Stunden, die er pro Tag lernt. Betrachten Sie Alexeis realisierbare Menge von Kombinationen aus Endnote und Stunden Freizeit pro Tag. Was können wir daraus schließen?

☐ Um die realisierbare Menge zu finden, muss man die Anzahl der Stunden kennen, die Alexei pro Tag schläft.
☐ Die Machbarkeitsgrenze ist ein Spiegelbild der obigen Produktionsfunktion.
☐ Die Machbarkeitsgrenze ist horizontal zwischen 0 und 10 Stunden Freizeit pro Tag.
☐ Das Grenzprodukt der Arbeit bei 10 Stunden Lernzeit entspricht der Grenzrate der Transformation bei 14 Stunden Freizeit.

3.5 ENTSCHEIDUNGSFINDUNG UND KNAPPHEIT

Der letzte Schritt in diesem Entscheidungsprozess besteht darin, die Kombination aus Abschlussnote und Freizeit zu bestimmen, die Alexei wählen wird. In Abbildung 3.10a sind seine Machbarkeitsgrenze (Abbildung 3.9) und seine Indifferenzkurven (Abbildung 3.6) zusammengefasst. Erinnern Sie sich daran, dass die Indifferenzkurven angeben, was Alexei bevorzugt, und ihre Steigungen zeigen den Trade-Off, den er bereit ist einzugehen. Die Machbarkeitsgrenze ist die Einschränkung seiner Wahl, und ihre Steigung zeigt den Trade-Off, zu dem er gezwungen ist.

Abbildung 3.10a zeigt vier Indifferenzkurven, die mit IK$_1$ bis IK$_4$ bezeichnet sind. IK$_4$ stellt den höchsten Nutzen dar, weil sie am weitesten vom Ursprung entfernt ist. Keine Kombination aus Note und Freizeit auf IK$_4$ ist jedoch realisierbar, da die gesamte Indifferenzkurve außerhalb der realisierbaren Menge liegt. Nehmen wir an, Alexei erwägt, eine Kombination irgendwo in der realisierbaren Menge, auf IK$_1$, zu wählen. Wenn Sie die Schritte in Abbildung 3.10a durchgehen, werden Sie sehen, dass er seinen Nutzen erhöhen kann, indem er sich zu Punkten auf höheren Indifferenzkurven bewegt, bis er eine machbare Wahl trifft, die seinen Nutzen maximiert.

Alexei maximiert seinen Nutzen am Punkt E, an dem seine Indifferenzkurve die Machbarkeitsgrenze tangiert. Das Modell sagt voraus, dass Alexei:

- jeden Tag 5 Stunden für das Lernen und 19 Stunden für andere Aktivitäten aufwenden wird
- als Ergebnis eine Note von 57 erhalten wird

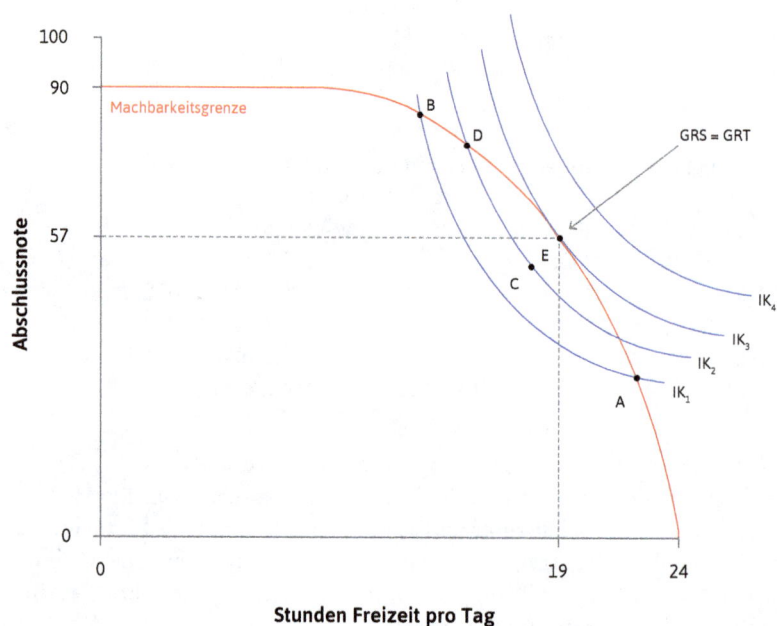

Abbildung 3.10a Wie viele Stunden beschließt Alexei zu lernen?

1. Welchen Punkt wird Alexei wählen?
Das Diagramm fasst Alexeis Indifferenzkurven und seine Machbarkeitsgrenze zusammen.

2. Realisierbare Kombinationen
Auf der Indifferenzkurve IK_1 sind alle Kombinationen zwischen A und B realisierbar, weil sie in der realisierbaren Menge liegen. Nehmen wir an, Alexei wählt einen dieser Punkte aus.

3. Könnte es besser machen
Alle Kombinationen in dem linsenförmigen Bereich zwischen IK_1 und der Machbarkeitsgrenze sind machbar und bieten einen höheren Nutzen als Kombinationen auf IK_1. Zum Beispiel würde eine Verschiebung nach C den Nutzen von Alexei erhöhen.

4. Könnte es besser machen
Ein Wechsel von IK_1 zu Punkt C auf IK_2 erhöht Alexeis Nutzen. Ein Wechsel von B nach D würde seinen Nutzen um den gleichen Betrag erhöhen.

5. Der beste realisierbare Kompromiss zwischen Note und Freizeit
Aber auch hier kann Alexei seinen Nutzen erhöhen, indem er sich in den linsenförmigen Bereich über IK_2 begibt. Er kann weiterhin realisierbare Kombinationen auf höheren Indifferenzkurven finden, bis er E erreicht.

6. Der beste realisierbare Kompromiss zwischen Note und Freizeit
Bei E hat er 19 Stunden Freizeit pro Tag und eine Note von 57. Alexei maximiert seinen Nutzen: Er befindet sich auf der höchsten Indifferenzkurve, die angesichts der Machbarkeitsgrenze erreichbar ist.

7. GRS = GRT
Bei E verläuft die Indifferenzkurve als Tangente an der Machbarkeitsgrenze. Die Grenzrate der Substitution (die Steigung der Indifferenzkurve) ist gleich der Grenzrate der Transformation (die Steigung der Machbarkeitsgrenze).

Aus Abbildung 3.10a geht hervor, dass bei E die Machbarkeitsgrenze und die höchste erreichbare Indifferenzkurve IK₃ einander tangieren (sie berühren sich, kreuzen sich aber nicht). Bei E ist die Steigung der Indifferenzkurve dieselbe wie die Steigung der Machbarkeitsgrenze. Denken Sie nun daran, dass die Steigungen die beiden Trade-Offs darstellen, die Alexei bewältigen muss:

- *Die Steigung der Indifferenzkurve ist die GRS*: Das ist der Trade-Off, den er zwischen freier Zeit und Prozentpunkten einzugehen bereit ist.
- *Die Steigung der Machbarkeitsgrenze ist die GRT*: Das ist der Trade-Off, den er zwischen freier Zeit und Prozentpunkten eingehen muss, weil es nicht möglich ist, über die Machbarkeitsgrenze hinauszugehen.

Alexei erzielt den höchstmöglichen Nutzen, wenn sich die beiden Trade-Offs gerade die Waage halten (E). Seine optimale Kombination aus Noten und Freizeit liegt an dem Punkt, an dem die Grenzrate der Transformation gleich der Grenzrate der Substitution ist.

Abbildung 3.10b zeigt die GRS (Steigung der Indifferenzkurve) und die GRT (Steigung der Machbarkeitsgrenze) an den in Abbildung 3.10a gezeigten Punkten. Bei B und D ist die Anzahl der Punkte, die Alexei bereit ist, für eine Stunde Freizeit zu tauschen (GRS), größer als die Opportunitätskosten dieser Stunde (GRT). Also zieht er es vor, seine Freizeit zu erhöhen. Bei A ist die GRT größer als die GRS, also zieht er es vor, seine Freizeit zu verringern. Und wie erwartet sind bei E die GRS und die GRT gleich.

Wir haben die Entscheidung des Studierenden über die Lernzeiten als ein sogenanntes **Knappheitsproblem** modelliert: Eine Entscheidungsträger (Alexei) verfolgt ein Ziel (in diesem Fall die Maximierung des Nutzens), das einer Einschränkung unterliegt (seiner Machbarkeitsgrenze).

In unserem Beispiel sind sowohl freie Zeit als auch Punkte in der Prüfung für Alexei knapp, denn:

- *Freie Zeit und Noten sind Güter*: Alexei schätzt beides.
- *Jedes Gut hat Opportunitätskosten*: Mehr von dem einen Gut bedeutet weniger von dem anderen.

Bei Knappheitsproblem ist die Lösung die optimale Wahl des Individuums. Wenn wir davon ausgehen, dass Alexeis Ziel die Maximierung des Nutzens ist, ist die optimale Kombination von Noten und Freizeit ein Punkt auf der Machbarkeitsgrenze, an dem:

$$GRS = GRT$$

Die Tabelle in Abbildung 3.11 fasst Alexeis mögliche Trade-Offs zusammen.

> Leibniz: Optimale Allokation der freien Zeit: GRT trifft GRS (https://tinyco.re/8945667)

> **Knappheitsproblem** Bei diesem Problem geht es darum, wie wir angesichts unserer Vorlieben und Beschränkungen die besten Entscheidungen treffen, wenn die Dinge, die wir wertschätzen, knapp sind. *Siehe auch: beschränktes Optimierungsproblem.*

	B	D	E	A
Freizeit	13	15	19	22
Note	84	78	57	33
GRT	2	4	7	9
GRS	20	15	7	3

Abbildung 3.10b Wie viele Stunden beschließt Alexei zu lernen?

	Trade-Off	Wo der Trade-Off sich auf dem Diagramm befindet	Er ist gleich …
GRS	*Grenzrate der Substitution*: Die Anzahl der Prozentpunkte, die Alexei bereit ist, für eine Stunde Freizeit einzutauschen	Die Steigung der Indifferenzkurve	
GRT, oder Opportunitätskosten der freien Zeit	*Grenzrate der Transformation*: Die Anzahl der Prozentpunkte, die Alexei gewinnen (oder verlieren) würde, wenn er eine weitere Stunde seiner Freizeit aufgibt (oder nimmt)	Die Steigung der Machbarkeitsgrenze	Dem Grenzprodukt der Arbeit

Abbildung 3.11 Alexeis Trade-Offs.

ÜBUNG 3.6 KNAPPHEIT UNTERSUCHEN

Beschreiben Sie eine Situation, in der Alexeis Notenpunkte und seine Freizeit nicht knapp wären. Denken Sie daran, dass die Knappheit sowohl von seinen Präferenzen als auch von der Produktionsfunktion abhängt.

FRAGE 3.8 WÄHLEN SIE DIE RICHTIGE(N) ANTWORT(EN)

Abbildung 3.10a (Seite 120) zeigt die Machbarkeitsgrenze von Alexei und seine Indifferenzkurven für die Endnote und die Stunden Freizeit pro Tag. Nehmen wir an, dass alle Studierenden dieselbe Machbarkeitsgrenze haben, ihre Indifferenzkurven aber je nach ihren Präferenzen eine unterschiedliche Form und Steigung aufweisen können.

Entscheiden Sie anhand des Diagramms, welche der folgenden Aussagen richtig ist (beziehungsweise sind).

- ☐ Alexei wird einen Punkt wählen, an dem die Grenzrate der Substitution gleich der Grenzrate der Transformation ist.
- ☐ C liegt unterhalb der Machbarkeitsgrenze, aber D liegt auf der Machbarkeitsgrenze. Daher kann Alexei den Punkt D als seine optimale Wahl treffen.
- ☐ Alle Studierenden fallenden Indifferenzkurven würden unabhängig von der Steigung den Punkt E wählen.
- ☐ Bei E hat Alexei das höchste Verhältnis von Endnote zu Freizeit pro Tag.

3.6 ARBEITSZEITEN UND WIRTSCHAFTSWACHSTUM

Im Jahr 1930 veröffentlichte der britische Ökonom John Maynard Keynes einen Aufsatz mit dem Titel „Economic Possibilities for our Grandchildren", in dem er die Ansicht vertrat, dass es uns in den folgenden 100 Jahren durch den technologischen Fortschritt im Durchschnitt etwa achtmal besser gehen würde. Das, was er als „das wirtschaftliche Problem, den Kampf um den Lebensunterhalt" bezeichnete, würde gelöst werden, und wir müssten nicht mehr als, sagen wir, 15 Stunden pro Woche arbeiten, um unsere wirtschaftlichen Bedürfnisse zu befriedigen. Die Frage, die sich ihm stellte, lautete: Wie würden wir mit all der zusätzlichen Freizeit zurechtkommen?

Keynes Vorhersage zum Tempo des technischen Fortschritts in Ländern wie Großbritannien und den USA war in etwa richtig, und die Arbeitsstunden sind in der Tat gesunken, wenn auch viel weniger als er erwartet hatte. Es scheint unwahrscheinlich, dass die durchschnittliche Arbeitszeit bis 2030 bei 15 Stunden pro Woche liegen wird. In einem Artikel von Tim Harford in der Kolumne „Undercover Economist" der *Financial Times* wird untersucht, warum Keynes Vorhersage falsch war.

Wie wir in Einheit 2 gesehen haben, erhöhen neue Technologien die Produktivität der Arbeit. Wir verfügen nun über die Mittel, um die Auswirkungen der erhöhten Produktivität auf den Lebensstandard zu analysieren, insbesondere auf die Einkommen und die Freizeit der Arbeitskräfte.

Bislang haben wir Alexeis Entscheidung zwischen Studium und Freizeit betrachtet. Jetzt wenden wir unser Modell der Knappheit auf Angela an, eine Landwirtin, die selbst entscheidet, wie viele Stunden sie arbeiten möchte. Wir nehmen an, dass Angela Getreide produziert, um es zu essen und es an niemanden sonst verkauft. Wenn sie zu wenig Getreide produziert, wird sie verhungern.

Was hält sie davon ab, so viel Getreide wie möglich zu produzieren? Wie der Student Alexei schätzt auch Angela ihre freie Zeit—sie hat einen Nutzen sowohl aus der freien Zeit als auch aus dem Konsum von Getreide.

Aber ihre Wahl ist eingeschränkt: Die Produktion von Getreide erfordert Arbeitszeit, und jede Stunde Arbeit bedeutet, dass Angela auf eine Stunde Freizeit verzichtet. Die geopferte Stunde Freizeit entspricht den Opportunitätskosten für das produzierte Getreide. Wie Alexei steht auch Angela vor einem Problem der Knappheit: Sie muss sich zwischen ihrem Konsum von Getreide und ihrem Konsum von Freizeit entscheiden.

Um zu verstehen, wie ihre Entscheidung ausfällt und wie sie vom technologischen Wandel beeinflusst wird, müssen wir ihre Produktionsfunktion und ihre Präferenzen modellieren.

Abbildung 3.12 zeigt die ursprüngliche Produktionsfunktion vor der Veränderung: die Beziehung zwischen der Anzahl der Arbeitsstunden und der produzierten Getreidemenge. Das Diagramm ist ähnlich konkav wie Alexeis Produktionsfunktion: Das Grenzprodukt einer zusätzlichen Arbeitsstunde, dargestellt durch die Steigung, nimmt mit steigender Stundenzahl ab.

Eine technologische Verbesserung, wie zum Beispiel Saatgut mit höherem Ertrag oder eine bessere Ausrüstung, die die Ernte beschleunigt, erhöht die Menge des in einer bestimmten Anzahl von Stunden produzierten Getreides. Die Analyse in Abbildung 3.12 veranschaulicht die Auswirkungen auf die Produktionsfunktion.

Beachten Sie, dass die neue Produktionsfunktion für jede gegebene Anzahl von Stunden steiler ist als die ursprüngliche. Durch die neue Technologie hat sich Angelas Grenzprodukt der Arbeit erhöht: In jedem Punkt wird mit einer zusätzlichen Arbeitsstunde mehr Getreide produziert als mit der alten Technologie.

John Maynard Keynes. 1963. 'Economic Possibilities for our Grandchildren'. In *Essays in Persuasion*, New York, NY: W. W. Norton & Co.

Tim Harford. 2015. 'The rewards for working hard are too big for Keynes's vision'. *The Undercover Economist*. First published by *The Financial Times*. Updated 3 August 2015.

Leibniz: Modellierung des technologischen Wandels (https://tinyco.re/3773324)

Abbildung 3.13 zeigt Angelas Machbarkeitsgrenze, die nur das Spiegelbild der Produktionsfunktion ist, für die ursprüngliche Technologie (MG) und die neue (MG$_{neu}$).

Wie schon zuvor ist das, was wir als freie Zeit bezeichnen, die gesamte Zeit, die nicht mit der Getreideproduktion verbracht wird. Sie beinhaltet Zeit zum Essen, Schlafen und alles andere, was wir nicht als landwirtschaftliche Arbeit zählen, sowie ihre Freizeitbeschäftigungen. Die Machbarkeitsgrenze zeigt, wie viel Getreide für jede mögliche Menge an Freizeit produziert und konsumiert werden kann. Die Punkte B, C und D stehen für die gleichen Kombinationen von Freizeit und Getreide wie in Abbildung 3.12. Die Steigung der Machbarkeitsgrenze stellt die GRT (die Grenzrate, mit der freie Zeit in Getreide umgewandelt werden kann) oder äquivalent die Opportunitätskosten der freien Zeit dar. Man kann sehen, dass der technologische Fortschritt die

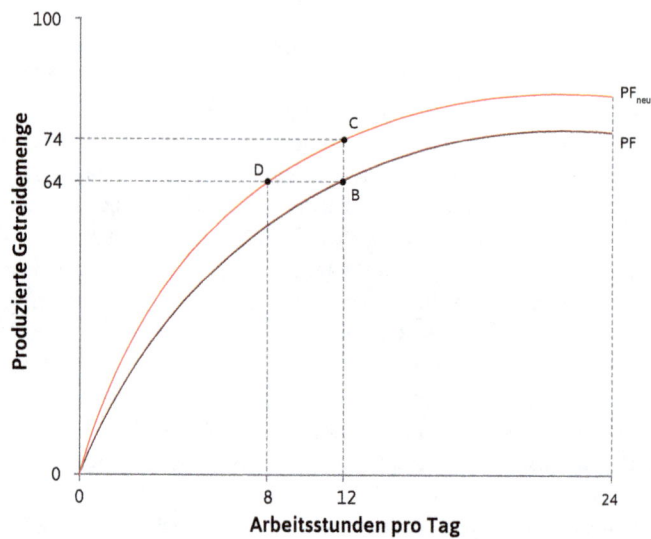

Arbeitsstunden	0	1	2	3	4	5	6	7	8	9	10	11	12	13	18	24
Getreide	0	9	18	26	33	40	46	51	55	58	60	62	64	66	69	72

Abbildung 3.12 Wie der technologische Wandel die Produktionsfunktion beeinflusst.

1. Die ursprüngliche Technologie
Die Tabelle zeigt, wie die Menge des produzierten Getreides von der Anzahl der Arbeitsstunden pro Tag abhängt. Wenn Angela zum Beispiel 12 Stunden pro Tag arbeitet, produziert sie 64 Einheiten Getreide. Dies ist der Punkt B in der Abbildung.

2. Eine technologische Verbesserung
Eine Verbesserung der Technologien bedeutet, dass mehr Getreide für eine bestimmte Anzahl von Arbeitsstunden produziert wird. Die Produktionsfunktion verschiebt sich nach oben, von PF zu PF$_{neu}$.

3. Mehr Getreide für den gleichen Arbeitsaufwand
Wenn Angela nun 12 Stunden pro Tag arbeitet, kann sie 74 Einheiten Getreide produzieren (Punkt C).

4. Oder gleiche Menge Getreide, weniger Arbeit
Alternativ kann sie bei einer Arbeitszeit von acht Stunden pro Tag 64 Einheiten Getreide produzieren (Punkt D), für die sie vorher 12 Stunden gebraucht hat.

realisierbare Menge erweitert: Er gibt ihr eine größere Auswahl an Kombinationen von Getreide und freier Zeit.

Nun fügen wir Angelas Indifferenzkurven in das Diagramm ein, die ihre Präferenzen für Freizeit und Getreidekonsum darstellen, um herauszufinden, welche Kombination in der realisierbaren Menge für sie am besten ist. Abbildung 3.14 zeigt, dass ihre optimale Wahl unter der ursprünglichen Technologie darin besteht, acht Stunden pro Tag zu arbeiten, was ihr 16 Stunden Freizeit und 55 Einheiten Getreide einbringt. Dies ist der Tangentenpunkt, an dem sich ihre beiden Trade-Offs ausgleichen: Ihre Grenzrate der Substitution (GRS) zwischen Getreide und Freizeit (die Steigung der Indifferenzkurve) ist gleich der GRT (die Steigung der Machbarkeitsgrenze). Wir können uns die Kombination aus freier Zeit und Getreide am Punkt A als Maß für ihren Lebensstandard vorstellen.

Folgen Sie den Schritten in Abbildung 3.14, um zu sehen, wie sich ihre Wahl als Folge des technischen Fortschritts ändert.

Der technologische Wandel steigert Angelas Lebensstandard: Er ermöglicht ihr einen höheren Nutzen. Beachten Sie, dass sie in Abbildung 3.14 sowohl ihren Konsum von Getreide als auch ihre Freizeit steigert.

Es ist wichtig zu verstehen, dass dies nur ein mögliches Ergebnis ist. Hätten wir die Indifferenzkurven oder die Grenze anders gezeichnet, wären die Trade-Offs, die Angela eingehen muss, anders ausgefallen. Wir können sagen, dass die Verbesserung der Technologie es definitiv möglich macht, sowohl mehr Getreide zu konsumieren als auch mehr Freizeit zu haben. Aber ob Angela sich für mehr von beidem entscheiden wird, hängt von ihren Präferenzen zwischen diesen beiden Gütern und ihrer Bereitschaft ab, das eine durch das andere zu ersetzen.

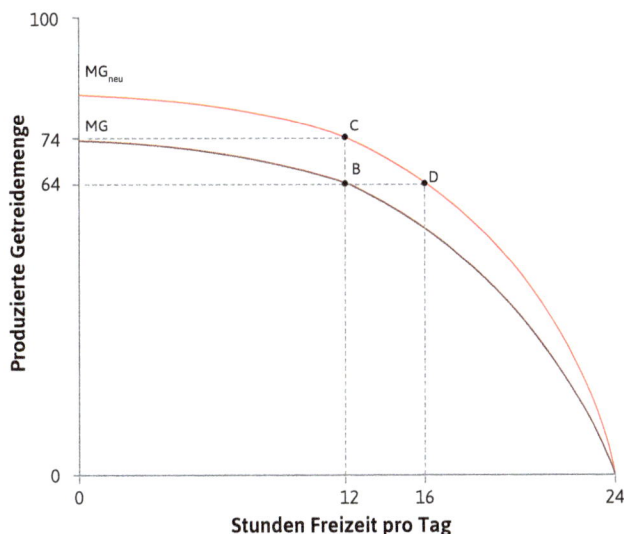

Abbildung 3.13 Eine Verbesserung der Technologie vergrößert Angelas realisierbare Menge.

Um zu verstehen, warum das so ist, muss man sich daran erinnern, dass der technologische Wandel die Produktionsfunktion steiler macht: Er erhöht Angelas Grenzprodukt der Arbeit. Das bedeutet, dass die Opportunitätskosten der freien Zeit höher sind, was ihr einen größeren Anreiz gibt, zu arbeiten. Da sie nun aber mehr Getreide für jede Stunde Freizeit haben kann, ist sie möglicherweise eher bereit, etwas Getreide für mehr Freizeit aufzugeben, das heißt, ihre Arbeitsstunden zu reduzieren.

Diese beiden Effekte des technischen Fortschritts wirken in entgegengesetzte Richtungen. In Abbildung 3.14 dominiert der zweite Effekt, und sie wählt den Punkt E mit mehr Freizeit und mehr Getreide. Im nächsten Abschnitt werden wir diese beiden gegensätzlichen Effekte anhand eines anderen Beispiels genauer betrachten und entwirren.

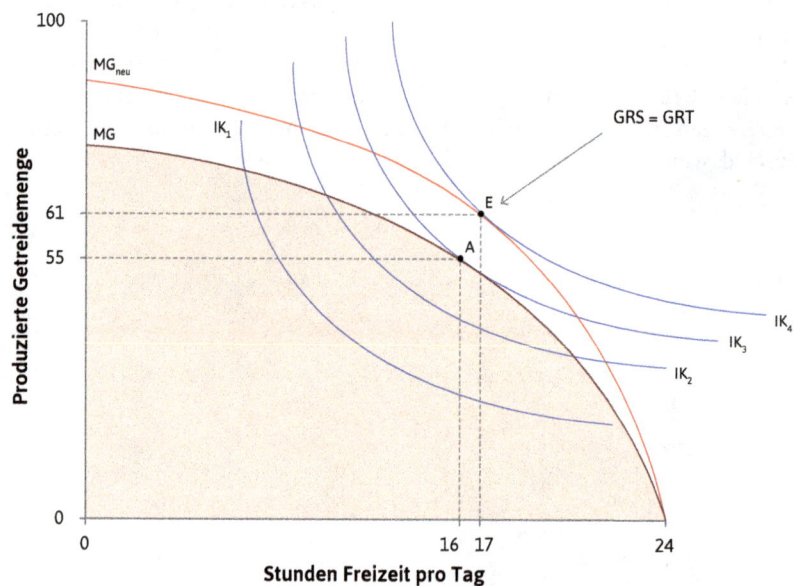

Abbildung 3.14 Angelas Wahl zwischen Freizeit und Getreide.

1. Maximierung des Nutzens mit der ursprünglichen Technologie

Das Diagramm zeigt die realisierbare Menge mit der ursprünglichen Produktionsfunktion und Angelas Indifferenzkurven für Kombinationen von Getreide und Freizeit. Die höchste Indifferenzkurve, die sie erreichen kann, ist IK_3, im Punkt A.

2. GRS = GRT für maximalen Nutzen

Ihre optimale Wahl ist Punkt A auf der Machbarkeitsgrenze. Sie verfügt über 16 Stunden Freizeit pro Tag und konsumiert 55 Einheiten Getreide. Am Punkt A ist ihre GRS gleich der GRT.

3. Technischer Fortschritt

Eine Verbesserung der Technologien erweitert die realisierbare Menge. Jetzt kann sie es besser machen als bei A.

4. Angelas neue optimale Wahl

Wenn sich die Technologie in der Landwirtschaft verbessert hat, ist Angelas optimale Wahl der Punkt E, wo MG_{neu} eine Tangente an die Indifferenzkurve IK_4 ist. Sie hat mehr freie Zeit und mehr Getreide als zuvor.

FRAGE 3.9 WÄHLEN SIE DIE RICHTIGE(N) ANTWORT(EN)

Die Abbildungen zeigen Alexeis Produktionsfunktion und seine entsprechende Machbarkeitsgrenze für die Abschlussnote und die Arbeits- bzw. Freizeitstunden pro Tag. Sie zeigen die Auswirkung einer Verbesserung seiner Lerntechnik, dargestellt durch das Ansteigen der beiden Kurven.

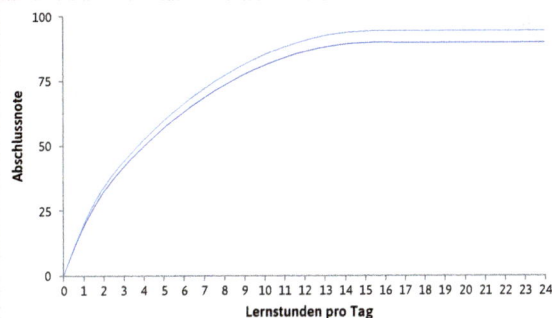

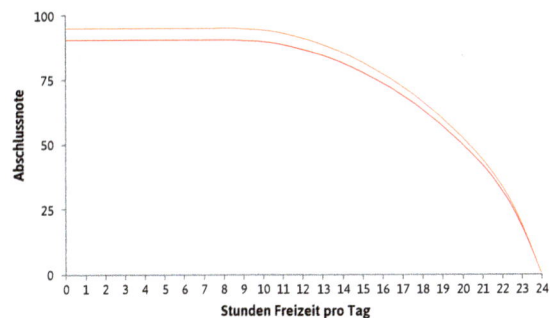

Betrachten wir nun zwei Fälle weiterer Veränderungen in Alexeis Lernumgebung:

Fall A. Er muss plötzlich vier Stunden am Tag für die Pflege eines Familienmitglieds aufwenden. (Sie können davon ausgehen, dass sein Grenzprodukt der Arbeit für die Stunden, die er lernt unverändert bleibt).

Fall B. Aus gesundheitlichen Gründen wird sein Grenzprodukt der Arbeit für alle Stunden um 10 % reduziert.

Dann:

☐ Für den Fall A verschiebt sich die Produktionsfunktion von Alexei nach rechts.
☐ Für den Fall A verschiebt sich die Machbarkeitsgrenze von Alexei nach links.
☐ Für den Fall B verschiebt sich Alexeis Produktionsfunktion parallel nach unten.
☐ Für Fall B dreht sich die Machbarkeitsgrenze von Alexei nach unten, wobei sie am Schnittpunkt mit der horizontalen Achse gedreht wird.

ÜBUNG 3.7 IHRE PRODUKTIONSFUNKTION

1. Was könnte eine technologische Verbesserung der Produktionsfunktion von Ihnen und ihren Mitstudierenden bewirken?
2. Zeichnen Sie ein Diagramm, um zu veranschaulichen, wie sich diese Verbesserung auf Ihre realisierbare Menge an Noten und Lernzeit auswirken würde.
3. Analysieren Sie, was mit Ihrer Wahl der Lernzeit und der Wahl Ihrer Mitstudierenden geschehen könnte.

3.7 EINKOMMENS- UND SUBSTITUTIONSEFFEKTE AUF ARBEITSZEITEN UND FREIZEIT

Stellen Sie sich vor, Sie suchen nach Ihrem Studienabschluss einen Job. Sie erwarten, Einkünfte von 15 USD pro Stunde verdienen zu können. Jobs unterscheiden sich in der Anzahl der Stunden, die Sie arbeiten müssen—was wäre also Ihre ideale Stundenzahl? Zusammen bestimmen Lohn und Arbeitsstunden, wie viel Freizeit Sie haben und wie hoch Ihre Einkünfte insgesamt sind.

Wir gehen von der durchschnittlichen täglichen Freizeit und dem Konsum aus, wie wir es bei Angela getan haben. Wir gehen davon aus—dass Ihre Ausgaben, das heißt Ihr durchschnittlicher Konsum von Lebensmitteln, Unterkunft und anderen Gütern und Dienstleistungen—Ihre Einkünfte nicht übersteigen dürfen (Sie können zum Beispiel kein Darlehen aufnehmen, um Ihren Konsum zu erhöhen). Wenn wir w für den Lohn schreiben und Sie t Stunden Freizeit pro Tag haben, dann arbeiten Sie $(24 - t)$ Stunden, und Ihr maximaler Konsum, k, ist gegeben durch:

$$k = w(24 - t)$$

Budgetbeschränkung Eine Gleichung, die alle Kombinationen von Waren und Dienstleistungen darstellt, die man erwerben könnte und die die eigenen budgetären Ressourcen (zum Beispiel das Vermögen) genau ausschöpfen.

Wir nennen das Ihre **Budgetbeschränkung**, denn sie zeigt, was Sie sich leisten können.

In der Tabelle in Abbildung 3.15 haben wir Ihre freie Zeit für Arbeitsstunden zwischen null und 16 Stunden pro Tag und Ihren maximalen Konsum berechnet, wenn Ihr Lohn $w = 15$ USD ist.

Abbildung 3.15 zeigt die beiden Güter dieses Problems: Freizeit (t) auf der horizontalen Achse und Konsum (k) auf der vertikalen Achse. Wenn wir die in der Tabelle gezeigten Punkte eintragen, erhalten wir eine abwärts verlaufende Gerade: Dies ist der Graph der Budgetbeschränkung. Die Gleichung der Budgetbeschränkung lautet:

$$k = 15(24 - t)$$

Die Steigung der Budgetbeschränkung entspricht dem Lohn: Für jede zusätzliche Stunde Freizeit muss der Konsum um 15 USD sinken. Die Fläche unter der Budgetbeschränkung ist Ihre realisierbare Menge. Ihr Problem ist dem von Angela sehr ähnlich, mit dem Unterschied, dass Ihre Machbarkeitsgrenze eine gerade Linie ist. Denken Sie daran, dass für Angela die Steigung der Machbarkeitsgrenze sowohl die GRT (die Rate, mit der freie Zeit in Getreide umgewandelt werden könnte) als auch die Opportunitätskosten einer Stunde freier Zeit (das entgangene Getreide) ist. Diese variieren, weil sich Angelas Grenzprodukt mit ihren Arbeitsstunden ändert. Für Sie sind die Grenzrate, mit der Sie freie Zeit in Konsum umwandeln können, und die Opportunitätskosten der freien Zeit konstant und entsprechen Ihrem Lohn (in absoluten Zahlen): Er beträgt 15 USD für Ihre erste Arbeitsstunde und weiterhin 15 USD für jede weitere Stunde.

Was wäre Ihr idealer Job? Ihre bevorzugte Wahl von Freizeit und Konsum wird die Kombination auf der Machbarkeitsgrenze sein, die auf der höchstmöglichen Indifferenzkurve liegt. Arbeiten Sie Abbildung 3.15 durch, um die optimale Wahl zu finden.

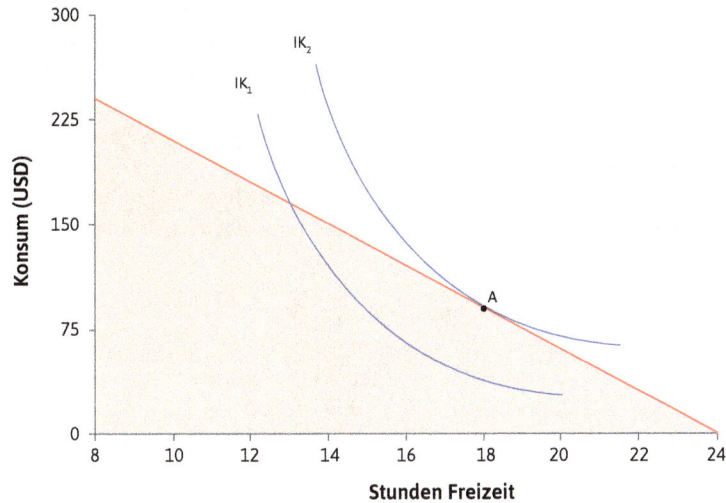

Arbeitsstunden	0	2	4	6	8	10	12	14	16
Freizeit, t	24	22	20	18	16	14	12	10	8
Konsum, k	0	30	60	90	120	150	180	210	240

Die Gleichung der Budgetbeschränkung lautet k = w(24 − t)
Der Lohn ist w = 15 also lautet die Budgetbeschränkung k = 15(24 − t)

Abbildung 3.15 Ihre Präferenzen in Bezug auf Freizeit und Konsum.

1. Die Budgetbeschränkung
Die gerade Linie ist Ihre Budgetbeschränkung: Sie zeigt die maximale Menge an Konsum, die Sie für jede Menge an freier Zeit haben können.

2. Die Steigung der Budgetbeschränkung
Die Steigung der Budgetbeschränkung ist gleich dem Lohn, 15 (in absoluten Werten). Dies ist Ihre GRT (die Rate, mit der Sie Zeit in Konsum umwandeln können), und es sind auch die Opportunitätskosten der freien Zeit.

3. Die realisierbare Menge
Die Budgetbeschränkung ist Ihre Machbarkeitsgrenze, und der Bereich darunter ist die realisierbare Menge.

4. Ihr idealer Arbeitsplatz
Ihre Indifferenzkurven zeigen, dass Ihr idealer Arbeitsplatz an Punkt A wäre, mit 18 Stunden Freizeit und täglichen Einkünften von 90 USD. An diesem Punkt ist Ihre GRS gleich der Steigung der Budgetbeschränkung, die dem Lohn (15 USD) entspricht.

Wenn Ihre Indifferenzkurven wie die in Abbildung 3.15 aussehen, dann würden Sie Punkt A wählen, mit 18 Stunden Freizeit. An diesem Punkt ist Ihre GRS—die Rate, bei der Sie bereit sind, Konsum gegen Zeit zu tauschen—gleich dem Lohn (15 USD, den Opportunitätskosten der Zeit). Sie würden gerne einen Arbeitsplatz finden, an dem Sie sechs Stunden pro Tag arbeiten können, und Ihre tägliche Einkünfte 90 USD betragen würden.

Wie Alexei zuvor wägen auch Sie zwei Trade-Offs ab:

Ihre optimale Kombination aus Konsum und Freizeit ist der Punkt auf der Budgetbeschränkung, an dem:

$$\text{GRS} = \text{GRT} = w$$

Während Sie über diese Entscheidung nachdenken, erhalten Sie eine E-Mail. Eine mysteriöse wohltätige Person möchte Ihnen ein lebenslanges Einkommen von 50 USD pro Tag schenken (Sie müssen nur Ihre Bankdaten weitergeben.) Ihnen ist sofort klar, dass sich dies auf Ihre Arbeitsplatzwahl auswirken wird. Die neue Situation ist in Abbildung 3.17 dargestellt: Für jede Höhe der Freizeit ist Ihr Gesamteinkommen (Einkünfte plus das mysteriöse Geschenk) um 50 USD höher als zuvor. Die Budgetbeschränkung hat sich also um 50 USD nach oben verschoben—die realisierbare Menge hat sich erweitert. Ihre Budgetbeschränkung lautet jetzt:

$$k = 15(24 - t) + 50$$

Beachten Sie, dass sich Ihre Opportunitätskosten für Zeit durch das zusätzliche Einkommen von 50 USD nicht ändern: Jede Stunde Freizeit reduziert Ihren Konsum immer noch um 15 USD (den Lohn). Ihr neuer idealer Arbeitsplatz befindet sich bei B, mit 19,5 Stunden freier Zeit. B ist der Punkt auf IK$_3$, an dem die GRS gleich 15 USD ist. Bei den in diesem Diagramm dargestellten Indifferenzkurven besteht Ihre Reaktion auf das zusätzliche Einkommen nicht einfach darin, 50 USD mehr auszugeben; Sie erhöhen den Konsum um weniger als 50 USD und nehmen sich etwas zusätzliche Freizeit. Jemand mit anderen Präferenzen würde sich vielleicht nicht für mehr Freizeit entscheiden: Abbildung 3.18 zeigt einen Fall, in dem die GRS bei jedem Wert der Freizeit sowohl auf der IK$_2$ als auch auf der höheren Indifferenzkurve IK$_3$ gleich ist. Diese Person entscheidet sich dafür, ihre freie Zeit gleich zu lassen und 50 USD mehr zu konsumieren.

	Der Trade-Off	Wo er sich im Diagramm befindet
GRS	*Grenzrate der Substitution*: Die Menge an Konsum, die Sie bereit sind, für eine Stunde Freizeit einzutauschen.	Die Steigung der Indifferenzkurve.
GRT	*Grenzrate der Transformation*: Die Menge an Konsum, die Sie durch den Verzicht auf eine Stunde Freizeit gewinnen können und die gleich dem Lohn w ist.	Die Steigung der Budgetbeschränkung (der Machbarkeitsgrenze), die gleich dem Lohn ist.

Abbildung 3.16 Ihre zwei Trade-Offs.

Die Auswirkung von zusätzlichem (unverdientem) Einkommen auf die Wahl der Freizeit wird als **Einkommenseffekt** bezeichnet. Ihr Einkommenseffekt, der in Abbildung 3.17 dargestellt ist, ist positiv— zusätzliches Einkommen erhöht Ihr Angebot an freier Zeit. Für die Person in Abbildung 3.18 ist der Einkommenseffekt null. Wir gehen davon aus, dass der Einkommenseffekt für die meisten Güter entweder positiv oder null ist, aber nicht negativ: Wenn Ihr Einkommen steigt, würden Sie sich nicht dafür entscheiden, weniger von etwas zu haben, das Ihnen wichtig ist.

Einkommenseffekt Der Effekt, den zusätzliches Einkommen hätte, wenn sich der Preis oder die Opportunitätskosten nicht ändern würden.

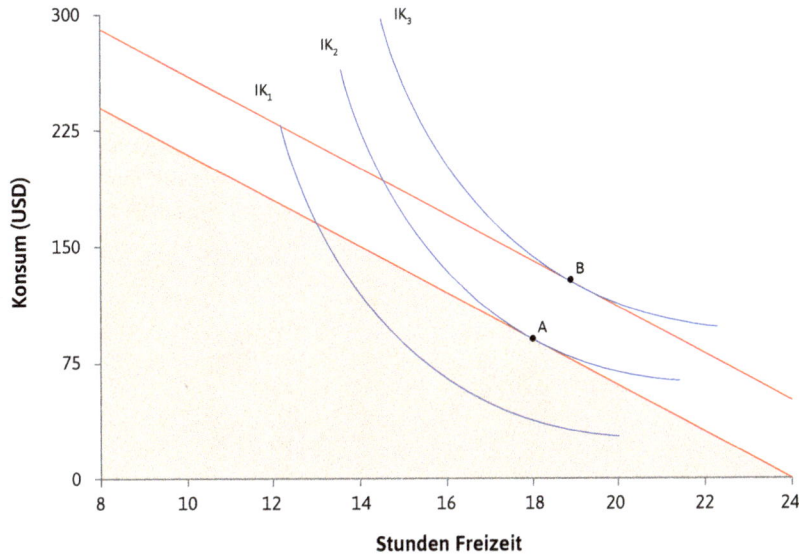

Abbildung 3.17 Die Auswirkung eines zusätzlichen Einkommens auf Ihre Freizeit und Ihren Konsum.

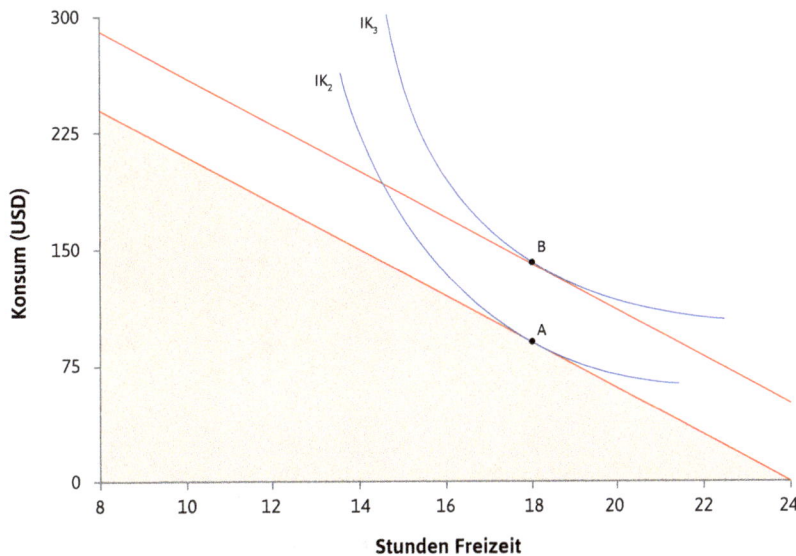

Abbildung 3.18 Der Effekt von zusätzlichem Einkommen für jemanden, dessen GRS sich nicht ändert, wenn der Konsum steigt.

Plötzlich wird Ihnen klar, dass es vielleicht nicht klug ist, der mysteriösen, fremden Person Ihre Bankdaten zu geben (vielleicht ist es ein Trick). Mit Bedauern kehren Sie zu Ihrem ursprünglichen Plan zurück und finden einen Arbeitsplatz, der sechs Stunden Arbeit pro Tag erfordert. Ein Jahr später bessert sich Ihr Glück: das Unternehmen bietet Ihnen eine Lohnerhöhung von 10 USD pro Stunde und die Möglichkeit, Ihre Arbeitszeiten neu zu verhandeln. Jetzt lautet Ihre Budgetbeschränkung:

$$k = 25(24 - t)$$

In Abbildung 3.19a können Sie sehen, wie sich die Budgetbeschränkungen ändern, wenn der Lohn steigt. Bei 24 Stunden Freizeit (und ohne Arbeit) würde Ihr Konsum unabhängig vom Lohn 0 betragen. Aber für jede Stunde Freizeit, die Sie aufgeben, kann Ihr Konsum nun um 25 USD statt um 15 USD steigen. Ihre neue Budgetbeschränkung ist also eine steilere Gerade durch (24, 0), mit einer Steigung gleich 25 USD Ihre realisierbare Menge hat sich erweitert. Und nun erreichen Sie den höchstmöglichen Nutzen am Punkt D, mit nur 17 Stunden Freizeit. Sie fragen also das Unternehmen, ob Sie länger arbeiten können—einen 7-Stunden-Tag.

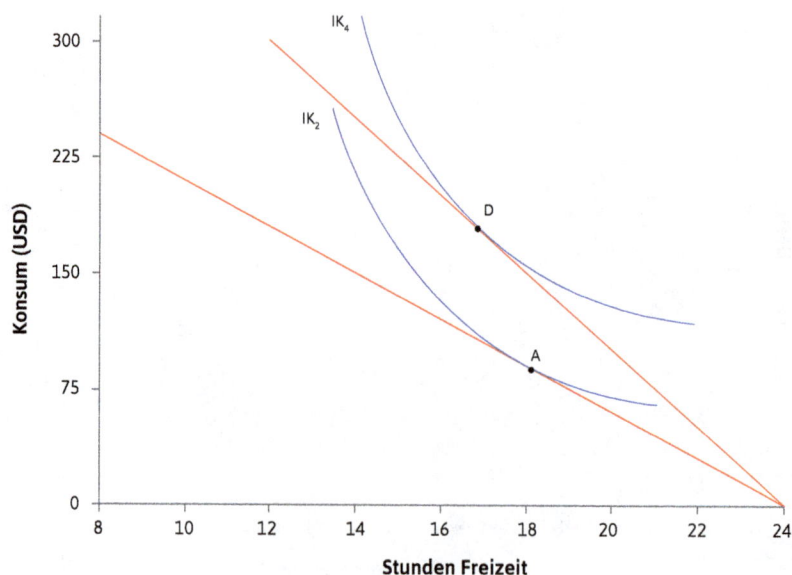

Abbildung 3.19a Die Auswirkungen einer Lohnerhöhung auf Ihre Freizeit und Ihren Konsum.

Vergleichen Sie die Ergebnisse in Abbildung 3.17 und 3.19a. Bei einem Anstieg des unverdienten Einkommens wollen Sie weniger Stunden arbeiten, während die Lohnerhöhung in Abbildung 3.19a Sie dazu veranlasst, Ihre Arbeitsstunden zu erhöhen. Warum ist das so? Weil es zwei Auswirkungen einer Lohnerhöhung gibt:

- *Mehr Einkommen für jede Arbeitsstunde*: Für jedes Level an Freizeit können Sie mehr Konsum haben und Ihre GRS ist höher: Sie sind nun eher bereit, für zusätzliche Freizeit auf Konsum zu verzichten. Dies ist der Einkommenseffekt, den wir in Abbildung 3.17 gesehen haben—Sie reagieren auf zusätzliches Einkommen mit mehr Freizeit und einem höheren Konsum.

- *Die Budgetbeschränkung ist steiler*: Die Opportunitätskosten der freien Zeit sind jetzt höher. Mit anderen Worten, die Grenzrate, mit der Sie Zeit in Einkommen umwandeln können (die GRT), ist gestiegen. Und das bedeutet, dass Sie einen Anreiz haben, mehr zu arbeiten und Ihre Freizeit zu reduzieren. Dies nennt man den **Substitutionseffekt**.

Der Substitutionseffekt beschreibt den Gedanken, dass man, wenn ein Gut im Vergleich zu einem anderen Gut teurer wird, sich dafür entscheidet, das relativ teurere Gut durch das relativ günstigere zu ersetzen. Dies ist der Effekt, den eine alleinige Änderung der Opportunitätskosten, bei einem gegebenen Nutzenniveau, hätte.

Wir können diese beiden Effekte in dem Diagramm darstellen. Vor der Lohnerhöhung befinden Sie sich bei A auf IK_2. Der höhere Lohn ermöglicht es Ihnen, den Punkt D auf IK_4 zu erreichen. Abbildung 3.19b zeigt, wie wir die Veränderung von A nach D in zwei Teile zerlegen können, die diesen beiden Effekten entsprechen.

In Abbildung 3.19b sehen Sie, dass bei Indifferenzkurven mit dieser typischen Form ein Substitutionseffekt immer negativ sein wird: Bei höheren Opportunitätskosten der Freizeit wählen Sie einen Punkt auf der Indifferenzkurve mit einer höheren GRS, also einen Punkt mit weniger Freizeit (und mehr Konsum). Der Gesamteffekt einer Lohnerhöhung hängt von der Summe der Einkommens- und Substitutionseffekte ab. In Abbildung 3.19b ist der negative Substitutionseffekt größer als der positive Einkommenseffekt, sodass die freie Zeit sinkt.

Technischer Fortschritt

Wenn Sie noch einmal auf Abschnitt 3.6 zurückblicken, werden Sie sehen, dass Angelas Reaktion auf einen Produktivitätsanstieg ebenfalls von diesen beiden gegensätzlichen Effekten bestimmt wurde: ein erhöhter Anreiz zu arbeiten, der durch den Anstieg der Opportunitätskosten für freie Zeit entsteht, und ein erhöhter Wunsch nach freier Zeit, wenn ihr Einkommen steigt.

Wir haben das Modell der selbstversorgenden Landwirtin verwendet, um zu sehen, wie sich der technologische Wandel auf die Arbeitszeit auswirken kann. Angela kann direkt auf die Steigerung ihrer Produktivität reagieren, die durch die Einführung einer neuen Technologie hervorgerufen wird. Auch

Substitutionseffekt Der Effekt, der nur auf Änderungen des Preises oder der Opportunitätskosten zurückzuführen ist, angesichts des neuen Nutzenniveaus.

Leibniz: Mathematik der Einkommens- und Substitutionseffekte (https://tinyco.re/8834559)

EINKOMMENS- UND SUBSTITUTIONSEFFEKTE

Eine Lohnerhöhung:

- erhöht Ihr Einkommen für jede Menge an freier Zeit, wodurch sich der Nutzen, den Sie erzielen können, erhöht
- erhöht die Opportunitätskosten der freien Zeit

Sie hat also zwei Effekte auf Ihre Wahl der Freizeit:

- *Der Einkommenseffekt* (weil sich die Budgetbeschränkung nach außen verschiebt): der Effekt, den das zusätzliche Einkommen hätte, wenn sich die Opportunitätskosten nicht ändern würden.
- *Der Substitutionseffekt* (weil die Steigung der Budgetbeschränkung, der GRT, ansteigt): die Auswirkung der Veränderung der Opportunitätskosten angesichts des neuen Niveaus des Nutzens.

Beschäftigte werden durch den technologischen Wandel produktiver, und wenn sie über eine ausreichende Verhandlungsmacht verfügen, werden ihre Löhne steigen. Das Modell in diesem Abschnitt legt nahe, dass der technische Fortschritt in diesem Fall auch zu einer Veränderung der gewünschten Arbeitszeit der Beschäftigten führen wird.

Der Einkommenseffekt eines höheren Lohns führt dazu, dass die Arbeitskräfte mehr Freizeit haben wollen, während der Substitutionseffekt einen Anreiz bietet, länger zu arbeiten. Wenn der Einkommenseffekt den Substitutionseffekt dominiert, werden die Arbeitskräfte weniger Arbeitsstunden bevorzugen.

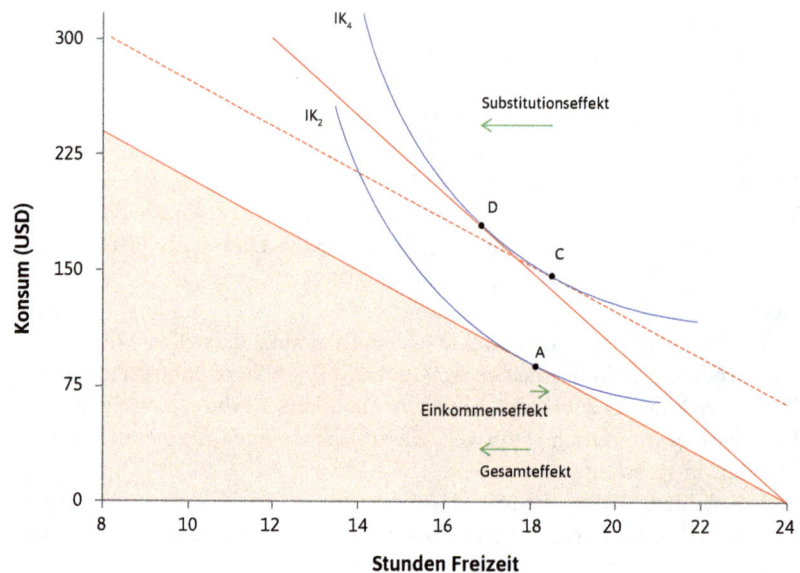

Abbildung 3.19b Die Auswirkungen einer Lohnerhöhung auf Ihre Freizeit und Ihren Konsum.

1. Ein Anstieg der Löhne
Wenn der Lohn 15 USD beträgt, liegt Ihre beste Wahl an Stunden und Konsum bei Punkt A. Die steilere Linie zeigt Ihre neue Budgetbeschränkung, wenn der Lohn auf 25 USD steigt. Ihre realisierbare Menge hat sich erweitert.

2. Jetzt können Sie eine höhere Indifferenzkurve erreichen
Punkt D auf IK_4 bietet Ihnen den höchsten Nutzen. Am Punkt D ist Ihre GRS gleich dem neuen Lohn, 25 USD. Sie haben nur noch 17 Stunden Freizeit, aber Ihr Konsum ist auf 175 USD gestiegen.

3. Wenn sich die Opportunitätskosten der freien Zeit nicht ändern würden
Die gestrichelte Linie zeigt, was passieren würde, wenn Sie genug Einkommen hätten, um IK_4 zu erreichen, ohne dass sich die Opportunitätskosten der Freizeit ändern. Sie würden dann C wählen, mit mehr Freizeit.

4. Der Einkommenseffekt
Die Verschiebung von A nach C wird als Einkommenseffekt der Lohnerhöhung bezeichnet; alleine genommen würde sie dazu führen, dass Sie sich mehr Freizeit nehmen.

5. Der Substitutionseffekt
Durch den Anstieg der Opportunitätskosten der freien Zeit wird die Budgetbeschränkung steiler. Dies führt dazu, dass Sie sich eher für D als für C entscheiden, mit weniger freier Zeit. Dies wird als Substitutionseffekt der Lohnerhöhung bezeichnet.

6. Die Summe der Einkommens- und Substitutionseffekte
Der Gesamteffekt der Lohnerhöhung hängt von der Summe der Einkommens- und Substitutionseffekte ab. In diesem Fall ist der Substitutionseffekt größer, so dass Sie sich mit dem höheren Lohn weniger Freizeit nehmen.

FRAGE 3.10 WÄHLEN SIE DIE RICHTIGE(N) ANTWORT(EN)

Abbildung 3.15 (Seite 129) zeigt Ihre Budgetbeschränkungen, wenn der Stundenlohn 15 USD beträgt.

Welche der folgenden Aussagen ist (sind) wahr?

☐ Die Steigung der Budgetbeschränkung ist der negative Wert des Stundenlohns (–15).

☐ Die Budgetbeschränkung ist eine Machbarkeitsgrenze mit einer konstanten Grenzrate der Transformation.

☐ Eine Erhöhung des Stundenlohns würde eine parallele Verschiebung der Budgetbeschränkung nach oben bewirken.

☐ Ein Geschenk von 60 USD würde die Budgetbeschränkung steiler werden lassen, wobei der Schnittpunkt auf der vertikalen Achse auf 300 USD ansteigen würde.

3.8 IST DAS EIN GUTES MODELL?

Wir haben uns drei verschiedene Kontexte angesehen, in denen Menschen entscheiden, wie lange sie arbeiten—ein Student (Alexei), eine Landwirtin (Angela) und eine beschäftigte Person. In jedem Fall haben wir ihre Präferenzen und realisierbaren Mengen modelliert, und das Modell sagt uns, dass ihre beste (nutzen-maximierende) Wahl das Level an Arbeitsstunden ist, bei dem die Steigung der Machbarkeitsgrenze gleich der Steigung der Indifferenzkurve ist.

Sie haben vielleicht gedacht: So entscheiden Menschen doch nicht!

Milliarden von Menschen organisieren ihr Arbeitsleben, ohne etwas über GRS und GRT zu wissen (wenn sie auf diese Weise Entscheidungen treffen würden, müssten wir möglicherweise die Stunden abziehen, die sie mit Berechnungen verbringen würden). Und selbst wenn sie ihre Entscheidungen mit Hilfe der Mathematik treffen würden, können die meisten von uns nicht einfach die Arbeit verlassen, wann immer sie wollen. Wie kann dieses Modell also nützlich sein?

Erinnern Sie sich an Einheit 2, dass Modelle uns helfen, „mehr zu sehen, indem wir weniger betrachten". Der Mangel an Realismus ist ein gewolltes Merkmal dieses Modells, kein Mangel.

Versuch und Irrtum ersetzt die Berechnungen

Kann ein Modell, das nicht berücksichtigt, wie wir denken, überhaupt ein gutes Modell dafür sein, wie wir Entscheidungen treffen?

Der Ökonom Milton Friedman erklärte, dass Ökonominnen und Ökonomen, wenn sie Modelle auf diese Weise verwenden, nicht behaupten, dass wir diese Berechnungen (wie zum Beispiel die Gleichsetzung von GRS mit GRT) bei jeder Entscheidung tatsächlich durchdenken. Stattdessen probieren alle von uns verschiedene Möglichkeiten aus (manchmal nicht einmal absichtlich) und wir neigen dazu, uns Gewohnheiten oder Faustregeln anzueignen, durch die wir uns zufrieden fühlen und unsere Entscheidungen nicht bereuen.

In seinem Buch *Essays in positive economics* beschreibt er dies dem Billardspielen ähnlich:

> Betrachten Sie das Problem der Vorhersage der Stöße von erfahrenen Billard Spieler:innen. Die Hypothese, dass die Spieler:innen ihre Stöße so ausführen, als ob sie die komplizierten mathematischen Formeln für die optimalen Bewegungsrichtungen kennen, die Winkel und so weiter mit dem Auge genau abschätzen können, anhand der Formeln blitzschnelle Berechnungen anstellen und die Kugeln dann in die von den Formeln angegebene Richtung stoßen, scheint nicht ganz abwegig zu sein.
>
> Unsere Zuversicht in diese Hypothese beruht nicht auf der Überzeugung, dass selbst erfahrene Spieler:innen den beschriebenen Prozess durchlaufen können oder tun. Sie leitet sich vielmehr aus der Überzeugung ab, dass sie, wenn sie nicht auf die eine oder andere Weise in der Lage wären, im Wesentlichen das gleiche Ergebnis zu erzielen, in der Tat keine Experten und Expertinnen unter den Spieler:innen wären.

Milton Friedman. 1953. *Essays in positive economics*, 7th ed. Chicago: University of Chicago Press.

Ähnlich verhält es sich, wenn wir sehen, dass eine Person regelmäßig nach der Vorlesung in die Bibliothek geht, anstatt auszugehen. Oder nicht viel auf ihrem Land arbeitet, oder nach einer Gehaltserhöhung um längere Schichten bittet. Wir brauchen nicht anzunehmen, dass diese Person die von uns aufgestellten Berechnungen durchgeführt hat. Wenn diese Person ihre Entscheidung später bereut, wird sie beim nächsten Mal vielleicht etwas mehr ausgehen, mehr auf dem Land arbeiten oder ihre Arbeitszeit reduzieren. Letztendlich könnten wir spekulieren, dass sie sich für eine Arbeitszeit entscheidet, die dem Ergebnis unserer Berechnungen nahe kommt.

Deshalb kann die Wirtschaftstheorie helfen, das Verhalten von Menschen zu erklären und manchmal sogar vorherzusagen—auch wenn diese Menschen nicht die mathematischen Berechnungen durchführen, die Ökonominnen und Ökonomen in ihren Modellen anstellen.

Der Einfluss von Kultur und Politik

Ein zweiter unrealistischer Aspekt des Modells: Die Unternehmen entscheiden in der Regel über die Arbeitszeiten, nicht die einzelnen Arbeitskräfte, und die Unternehmen schreiben oft einen längeren Arbeitstag vor, als den Arbeitskräften lieb ist. Infolgedessen sind die Arbeitszeiten vieler Menschen gesetzlich geregelt, sodass sich weder die Beschäftigten noch die Unternehmen dafür entscheiden können, über einen bestimmten Höchstbetrag hinaus zu arbeiten. In diesem Fall hat die Regierung die realisierbare Menge an Arbeitsstunden und Gütern begrenzt.

Obwohl die einzelnen Arbeitskräfte oft wenig Freiheit bei der Wahl ihrer Arbeitszeiten haben, kann es dennoch sein, dass die Veränderungen der Arbeitszeiten im Laufe der Zeit und die Unterschiede zwischen den Ländern teilweise die Präferenzen der Arbeitskräfte widerspiegeln. Wenn viele einzelne Arbeitskräfte in einer Demokratie ihre Arbeitszeit senken wollen, können sie dies indirekt als Wähler:innen ‚wählen‘, wenn auch nicht individuell als Arbeitskräfte. Oder sie können als Mitglieder einer Gewerkschaft Verträge aushandeln, die die Unternehmen verpflichten, für längere Arbeitszeiten höhere Überstundenzuschläge zu zahlen.

Bei dieser Erklärung stehen Kultur (das heißt Veränderungen der Präferenzen oder Unterschiede in den Präferenzen zwischen den Ländern) und Politik (das heißt Unterschiede in den Gesetzen oder der Stärke und den Zielen der Gewerkschaften) im Vordergrund. Sie tragen sicherlich dazu bei, die Unterschiede bei den Arbeitszeiten zwischen den Ländern zu erklären:

Kulturen scheinen sich zu unterscheiden. Einige nordeuropäische Kulturen legen großen Wert auf ihre Urlaubszeiten, während Südkorea für die langen Arbeitszeiten der Beschäftigten bekannt ist.

Die gesetzlichen Grenzen für die Arbeitszeit sind unterschiedlich. In Belgien und Frankreich ist die normale Wochenarbeitszeit auf 35–39 Stunden begrenzt, während sie in Mexiko 48 Stunden beträgt und in Kenia sogar noch höher ist.

Aber auch auf individueller Ebene können wir unsere Arbeitszeiten beeinflussen. So können beispielsweise Unternehmen, die Stellen mit den von den meisten Menschen bevorzugten Arbeitszeiten ausschreiben, feststellen, dass sie mehr Bewerber:innen haben als andere Unternehmen, die zu viele (oder zu wenige) Stunden anbieten.

Denken Sie daran, dass wir die Qualität eines Modells auch danach beurteilen, ob es Einblick in etwas gibt, das wir verstehen wollen. Im nächsten Abschnitt werden wir untersuchen, ob unser Modell der Wahl der Arbeitszeit uns helfen kann zu verstehen, warum die Arbeitszeiten in den einzelnen Ländern so unterschiedlich sind und warum sie sich, wie wir in der Einleitung gesehen haben, im Laufe der Zeit verändert haben.

ÜBUNG 3.8 EINE ANDERE DEFINITION DER VOLKSWIRTSCHAFTSLEHRE

Lionel Robbins, ein Ökonom, schrieb 1932: ‚Volkswirtschaftslehre ist die Wissenschaft, die menschliches Verhalten als Beziehung zwischen gegebenen Zielen und knappen Mitteln, welche alternative Verwendungsmöglichkeiten haben, untersucht.'

1. Nennen Sie ein Beispiel aus dieser Einheit, um zu verdeutlichen, wie die Volkswirtschaftslehre menschliches Verhalten als Beziehung zwischen ‚gegebenen Zielen und knappen Mitteln mit alternativen Verwendungsmöglichkeiten' untersucht.
2. Sind die ‚Ziele' der Wirtschaftstätigkeit, das heißt die Dinge, die wir uns wünschen, festgelegt? Verwenden Sie Beispiele aus dieser Einheit (Lernzeit und Noten oder Arbeitszeit und Konsum), um Ihre Antwort zu illustrieren.
3. Das Thema, auf das sich Robbins bezieht—in einer gegebenen Situation das Beste zu tun—ist ein wesentlicher Bestandteil der Volkswirtschaftslehre. Aber beschränkt sich die Volkswirtschaftslehre auf die Untersuchung von ‚knappen Mitteln, die alternative Verwendungsmöglichkeiten haben'? Stellen Sie bei der Beantwortung dieser Frage die Definition von Robbins der Definition aus Einheit 1 gegenüber und beachten Sie, dass Robbins diese Passage zu einer Zeit schrieb, als 15 % der britischen Arbeitskräfte arbeitslos waren.

Lionel Robbins. 1984. *An essay on the nature and significance of economic science*, 3rd ed. New York: New York University Press.

3.9 ERKLÄRUNG UNSERER ARBEITSZEITEN: VERÄNDERUNGEN IM LAUFE DER ZEIT

Im Jahr 1600 war die durchschnittliche Arbeitskraft in Großbritannien 266 Tage lang auf der Arbeit. Diese Statistik änderte sich bis zur Industriellen Revolution nicht wesentlich. Wie wir aus der vorherigen Einheit wissen, begannen dann die Löhne zu steigen und die Arbeitszeit nahm ebenfalls zu: auf 318 Tage im Jahr 1870.

Robert Whaples. 2001. 'Hours of work in U.S. History' (https://tinyco.re/1660378) EH.Net Encyclopedia.

In der Zwischenzeit stieg in den USA die Arbeitszeit vieler Arbeitskräfte, die von der Landwirtschaft in die Industrie wechselten. 1865 schafften die USA die Sklaverei ab, und ehemalige Versklavte nutzten ihre Freiheit, um viel weniger zu arbeiten. Vom späten 19. Jahrhundert bis zur Mitte des 20. Jahrhunderts nahm die Arbeitszeit in vielen Ländern nach und nach ab. Abbildung 3.1 zu Beginn dieser Einheit zeigt, wie die jährliche Arbeitsstundenzahl seit 1870 in den Niederlanden, den USA und Frankreich gesunken ist.

Die einfachen Modelle, die wir erstellt haben, können nicht die ganze Geschichte erzählen. Denken Sie daran, dass die *ceteris paribus* Annahme wichtige Details auslassen kann: Dinge, die wir in den Modellen konstant gehalten haben, können im wirklichen Leben variieren.

Wie wir im vorherigen Abschnitt erläutert haben, hat unser Modell zwei wichtige Erklärungen ausgelassen, die wir Kultur und Politik genannt haben. Unser Modell liefert eine weitere Erklärung: die Wirtschaft.

Sehen Sie sich die beiden Punkte in Abbildung 3.20 an, die Schätzungen der durchschnittlichen Menge an täglicher Freizeit und Gütern pro Tag für Beschäftigte in den USA im Jahr 1900 und im Jahr 2020 zeigen. Die Steigungen der Budgetbeschränkungen durch die Punkte A und D sind der reale Lohn (Güter pro Stunde) im Jahr 1900 und im Jahr 2020. Dies zeigt uns die realisierbaren Mengen an freier Zeit und Gütern, die diese Punkte möglich gemacht hätten. Dann betrachten wir die Indifferenzkurven der Arbeitskräfte, die dazu geführt hätten, dass die Arbeitskräfte die Stundenzahl gewählt hätten, die sie gewählt haben. Wir können die Indifferenzkurven nicht direkt messen: Wir müssen unsere beste Vermutung darüber anstellen, wie die Präferenzen der Arbeitskräfte angesichts der von ihnen unternommenen Handlungen ausgesehen hätten.

Wie erklärt unser Modell, wie wir von Punkt A zu Punkt D gekommen sind? Aus Abbildung 3.19b wissen Sie, dass ein Anstieg der Löhne sowohl zu einem Einkommenseffekt als auch zu einem Substitutionseffekt führen würde. In diesem Fall überwiegt der Einkommenseffekt den Substitutionseffekt, sodass sowohl die freie Zeit als auch die pro Tag konsumierten Güter steigen. Abbildung 3.20 ist also einfach eine Anwendung des in Abbildung 3.19b dargestellten Modells auf die Vergangenheit. Gehen Sie die Schritte durch, um die Einkommens- und Substitutionseffekte zu sehen.

Wie könnte man auf diese Weise die anderen uns vorliegenden historischen Daten erklären?

Betrachten wir zunächst die Zeit vor 1870 in Großbritannien, als sowohl die Arbeitsstunden als auch die Löhne stiegen:

- *Einkommenseffekt*: Bei dem relativ niedrigen Level des Konsums in der Zeit vor 1870 nahm die Bereitschaft der Arbeitskräfte, Freizeit für Güter zu substituieren, nicht sehr stark zu, als steigende Löhne einen höheren Konsum ermöglichten.
- *Substitutionseffekt*: Aber sie waren produktiver und wurden besser bezahlt, so dass jede Arbeitsstunde mehr Belohnung in Form von Gütern brachte als zuvor, was den Anreiz erhöhte, länger zu arbeiten.
- *Substitutionseffekt dominiert*: Vor 1870 war also der negative Substitutionseffekt (die Freizeit sinkt) größer als der positive Einkommenseffekt (die Freizeit steigt), so dass die Arbeitsstunden zunahmen.

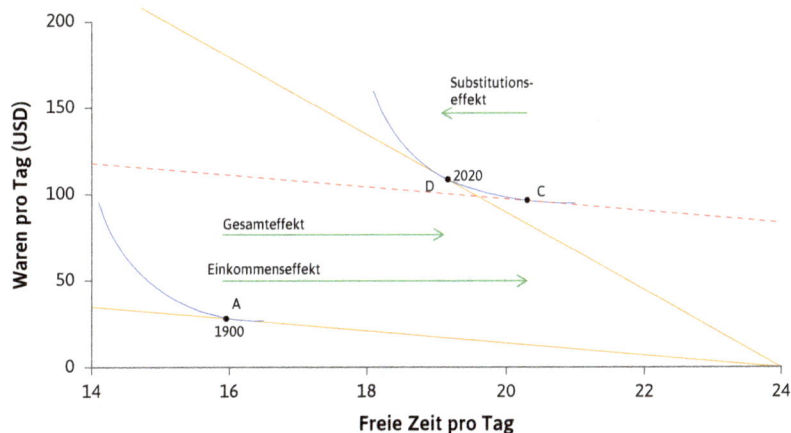

OECD. Average annual hours actually worked per worker (https://tinyco.re/6892498). Aufgerufen im Oktober 2020. Michael Huberman und Chris Minns. 2007. 'The times they are not changin': Days and hours of work in Old and New Worlds, 1870–2000'. *Explorations in Economic History* 44 (4): pp. 538–567.

Abbildung 3.20 Anwendung des Modells auf die Vergangenheit: Mehr Güter und mehr freie Zeit in den USA (1900–2020).

1. Verwendung des Modells zur Erklärung historischer Veränderungen
Anhand unseres Modells können wir die Veränderungen zwischen 1900 und 2020 in der täglichen Freizeit und den Gütern pro Tag für die Beschäftigten in den USA interpretieren. Die durchgezogenen Linien zeigen die realisierbaren Mengen für Freizeit und Güter in den Jahren 1900 und 2020, wobei die Steigung jeder Budgetbeschränkung dem realen Lohn entspricht.

2. Die Indifferenzkurven
Unter der Annahme, dass die Arbeitskräfte ihre Arbeitszeiten selbst gewählt haben, können wir auf die ungefähre Form ihrer Indifferenzkurven schließen.

3. Der Einkommenseffekt
Die Verschiebung von A nach C ist der Einkommenseffekt der Lohnerhöhung, welche alleine genommen die Arbeitskräfte in den USA dazu veranlassen würde, sich mehr Freizeit zu nehmen.

4. Der Substitutionseffekt
Der Anstieg der Opportunitätskosten für freie Zeit veranlasste die Arbeitskräfte in den USA, sich eher für D als für C zu entscheiden, mit weniger freier Zeit.

5. Einkommens- und Substitutionseffekte
Der Gesamteffekt der Lohnerhöhung hängt von der Summe der Einkommens- und Substitutionseffekte ab. In diesem Fall ist der Einkommenseffekt größer, so dass die Arbeitskräfte in den USA mit dem höheren Lohn mehr Freizeit und mehr Güter gekauft haben.

Im Laufe des 20. Jahrhunderts sahen wir, dass die Löhne stiegen und die Arbeitsstunden sanken. Unser Modell erklärt diesen Wandel wie folgt:

- *Einkommenseffekt*: Im späten 19. Jahrhundert hatten die Arbeitskräfte ein höheres Konsumniveau und schätzten ihre Freizeit verhältnismäßig mehr— ihre Grenzrate der Substitution war höher—so dass der Einkommenseffekt einer Lohnerhöhung größer war.
- *Substitutionseffekt*: Dies war konsistent mit der Zeit vor 1870.
- *Einkommenseffekt dominiert jetzt*: Als der Einkommenseffekt begann, den Substitutionseffekt zu überwiegen, sank die Arbeitszeit.

Wir sollten auch die Möglichkeit in Betracht ziehen, dass sich die Präferenzen im Laufe der Zeit ändern. Wenn man sich Abbildung 3.1 genau ansieht, kann man erkennen, dass in der letzten Hälfte des 20. Jahrhunderts die Arbeitsstunden in den USA zunahmen, obwohl die Löhne kaum stiegen. Auch in Schweden stieg die Arbeitsstundenzahl in diesem Zeitraum an.

Warum? Vielleicht legte die Bevölkerung Schwedens und Amerikas in diesen Jahren mehr Wert auf den Konsum. Mit anderen Worten, ihre Präferenzen änderten sich, so dass ihre GRS sank (sie wurden den heutigen Arbeitskräften in Südkorea ähnlicher). Dies könnte darauf zurückzuführen sein, dass sowohl in den USA als auch in Schweden die Anteile des Einkommens der sehr Reichen beträchtlich gestiegen sind und die verschwenderischen Konsumgewohnheiten der Reichen einen höheren Standard für alle anderen gesetzt haben. Infolgedessen versuchten viele Menschen mit geringeren Mitteln, die Konsumgewohnheiten der Reichen zu imitieren, eine Gewohnheit, die als **Geltungskonsum** bekannt ist. Dieser Erklärung zufolge wollte die Bevölkerung Schwedens und Amerikas „mit den Reichen mithalten". Diese wurden immer reicher, was dazu führte, dass alle anderen ihre Präferenzen änderten.

Die Kombination aus politischen, kulturellen und wirtschaftlichen Einflüssen auf unsere Entscheidungen kann zu überraschenden Trends führen. In unserem Video „Ökonominnen und Ökonomen in Aktion" fragt Juliet Schor, eine Soziologin und Ökonomin, die über das Paradoxon geschrieben hat, dass viele der wohlhabendsten Menschen der Welt trotz der Fortschritte in der Technologie mehr arbeiten, und was dies für unsere Lebensqualität sowie für die Umwelt bedeutet.

Geltungskonsum Der Kauf von Waren oder Dienstleistungen zur öffentlichen Darstellung des eigenen sozialen und wirtschaftlichen Status.

Der Begriff „Geltungskonsum" wurde von dem Ökonomen Thorstein Veblen (1857–1929) in seinem Buch *Theory of the Leisure Class* geprägt. Damals beschrieb er damit nur die Gewohnheiten der Oberschicht. Aufgrund des steigenden verfügbaren Einkommens im 20. Jahrhundert wird der Begriff heute auf alle Personen angewandt, die ostentativ teure Güter und Dienstleistungen konsumieren, um ihr Vermögen öffentlich zur Schau zu stellen.

Thorstein Veblen. (1899) 2007. *Theory of the Leisure Class*. Oxford: Oxford University Press.

Juliet Schor: Warum arbeiten wir so hart? https://tinyco.re/8362335

FRAGE 3.11 WÄHLEN SIE DIE RICHTIGE(N) ANTWORT(EN)

Abbildung 3.20 (Seite 139) zeigt ein Modell des Arbeitsangebots und des Konsums in den USA in den Jahren 1900 und 2020. Es wird gezeigt, dass der Lohn zwischen den beiden Jahren gestiegen ist.

Welche der folgenden Aussagen ist (sind) richtig?

☐ Der Substitutionseffekt entspricht der Zunahme der Steigung der Budgetbeschränkung. Dies wird durch die Verschiebung von Punkt A nach Punkt D dargestellt.

☐ Der Einkommenseffekt entspricht der parallelen Verschiebung der Budgetbeschränkung nach außen aufgrund des höheren Einkommens. Dies wird durch die Verschiebung von Punkt A nach C dargestellt.

☐ Wie dargestellt, dominiert der Einkommenseffekt den Substitutionseffekt und führt zu einer Verringerung der Arbeitsstunden.

☐ Hätte die Bevölkerung Amerikas andere Präferenzen gehabt, hätte sie auf diese Lohnerhöhung vielleicht mit einer Verringerung ihrer Freizeit reagiert.

Wie sieht die Zukunft aus? Die Volkswirtschaften mit hohem Einkommen werden weiterhin einen großen Wandel erleben: die abnehmende Rolle der Arbeit im Laufe unseres Lebens. Wir gehen in einem späteren Alter zur Arbeit, hören in einem früheren Alter unseres längeren Lebens auf zu arbeiten und verbringen in unseren Arbeitsjahren weniger Stunden am Arbeitsplatz. Robert Fogel, ein Wirtschaftshistoriker, hat die Gesamtarbeitszeit, einschließlich der Fahrten zur und von der Arbeit und der Hausarbeit, in der Vergangenheit geschätzt. Er erstellte Prognosen für das Jahr 2040 und definierte das, was er als diskretionäre Zeit bezeichnete, als 24 Stunden pro Tag abzüglich der Zeit, die wir alle für die biologische Aufrechterhaltung (Schlafen, Essen und Körperpflege) benötigen. Fogel berechnete die Freizeit als diskretionäre Zeit minus Arbeitszeit.

Robert William Fogel. 2000. *The fourth great awakening and the future of egalitarianism: The political realignment of the 1990s and the fate of egalitarianism.* Chicago: University of Chicago Press.

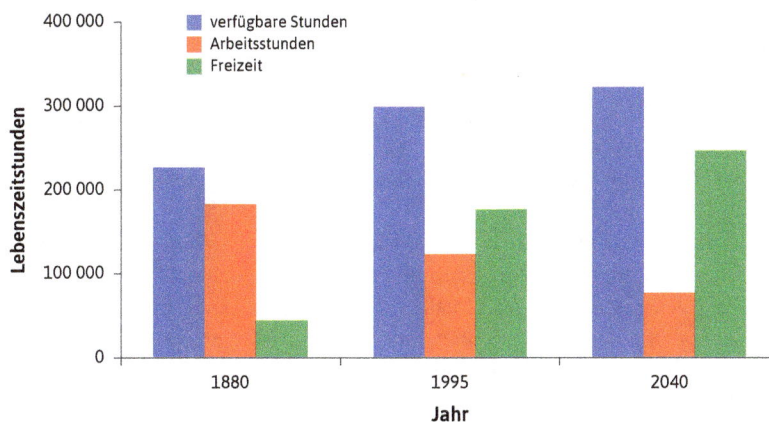

Abbildung 3.21 Geschätzte Lebensstunden für Arbeit und Freizeit (1880, 1995, 2040).

Robert William Fogel. 2000. *The Fourth Great Awakening and the Future of Egalitarianism.* Chicago: University of Chicago Press.

Im Jahr 1880 schätzte er, dass die Lebensfreizeit nur ein Viertel der Lebensarbeitszeit betrug. Im Jahr 1995 überstieg die Freizeit die Arbeitszeit im Laufe des gesamten Lebens eines Menschen. Er sagte voraus, dass die Lebensfreizeit bis zum Jahr 2040 das Dreifache der Lebensarbeitszeit betragen würde. Seine Schätzungen finden Sie in Abbildung 3.21.

Wir wissen noch nicht, ob Fogel den zukünftigen Rückgang der Arbeitszeit überschätzt hat, wie es Keynes einst tat. Aber er hat sicherlich Recht, dass eine der großen Veränderungen, die die technologische Revolution mit sich gebracht hat, darin besteht, dass die Rolle der Arbeit im Leben eines Durchschnittsmenschen stark reduziert wurde.

ÜBUNG 3.9 KNAPPHEIT UND WAHL

1. Liefern unsere Modelle von Knappheit und Wahl eine plausible Erklärung für die beobachteten Trends bei den Arbeitsstunden im 20. Jahrhundert?

2. Welche anderen Faktoren, die nicht im Modell enthalten sind, könnten wichtig sein, um zu erklären, was geschehen ist?

3. Erinnern Sie sich an Keynes Vorhersage, dass die Arbeitsstunden im Jahrhundert nach 1930 auf 15 Stunden pro Woche sinken würden. Warum haben sich die Arbeitsstunden Ihrer Meinung nach nicht wie von ihm erwartet verändert? Haben sich die Präferenzen der Menschen geändert? Das Modell konzentriert sich auf die Anzahl der Stunden, für die sich die Arbeitskräfte entscheiden würden. Glauben Sie also, dass viele Beschäftigte nun länger arbeiten, als sie es gerne würden?

4. In seinem Aufsatz sagte Keynes, dass die Menschen zwei Arten von wirtschaftlichen Bedürfnissen oder Wünschen haben: absolute Bedürfnisse, die nicht von der Situation anderer Mitmenschen abhängen, und relative Bedürfnisse, die er ‚den Wunsch nach Überlegenheit' nannte. Der Ausdruck ‚mit den Reichen mithalten' fasst eine ähnliche Idee zusammen, dass unsere Präferenzen durch die Beobachtung des Konsums anderer beeinflusst werden könnten. Könnten die relativen Bedürfnisse erklären, warum Keynes sich so sehr in Bezug auf die Arbeitszeiten geirrt hat?

3.10 ERKLÄRUNG UNSERER ARBEITSZEITEN: UNTERSCHIEDE ZWISCHEN DEN LÄNDERN

Abbildung 3.2 zeigte, dass die Arbeitskräfte in Ländern mit höherem Einkommen (Pro-Kopf-BIP) tendenziell mehr Freizeit haben, aber auch, dass es große Unterschiede bei den jährlichen Freizeitstunden zwischen Ländern mit ähnlichem Einkommensniveau gibt. Um diese Unterschiede anhand unseres Modells zu analysieren, benötigen wir ein anderes Maß für das Einkommen, das dem Erwerbseinkünften besser entspricht. Die Tabelle in Abbildung 3.22 zeigt die Arbeitsstunden für fünf Länder zusammen mit dem verfügbaren Einkommen einer durchschnittlichen beschäftigten Person (basierend auf den Steuern und Sozialleistungen für eine alleinstehende Person ohne Kinder).

Aus diesen Zahlen haben wir die jährliche Freizeit und den Durchschnittslohn berechnet (indem wir das Jahreseinkommen durch die jährlichen Arbeitsstunden geteilt haben). Schließlich wird die Freizeit pro Tag und der tägliche Konsum berechnet, indem die jährliche Freizeit und die Einkünfte durch 365 geteilt werden.

Abbildung 3.23 zeigt, wie wir diese Daten mit dem Modell aus Abschnitt 3.7 verwenden können, um die Unterschiede zwischen den Ländern zu verstehen. Ausgehend von den Daten in Abbildung 3.22 haben wir den täglichen Konsum und die Freizeit einer typischen Arbeitskraft in jedem Land aufgezeichnet, wobei die entsprechende Budgetbeschränkung wie zuvor konstruiert wurde, indem wir eine Linie durch (24, 0) mit einer Steigung in Höhe des Lohns verwendeten. Wir haben keine Informationen über die Präferenzen der Arbeitskräfte in den einzelnen Ländern und wir wissen nicht, ob die Kombinationen im Diagramm als Entscheidungen der Arbeitskräfte (anstatt der Entscheidungen der Unternehmen oder aufgrund gesetzlicher Vorgaben) interpretiert werden können. Wenn wir aber davon ausgehen, dass die Entscheidungen zur Höhe der Freizeit ihre Präferenzen widerspiegeln, können wir überlegen, was die Daten über die Präferenzen der Arbeitskräfte in den verschiedenen Ländern aussagen.

Folgen Sie den Schritten in Abbildung 3.23, um hypothetische Indifferenzkurven zu sehen, die Unterschiede zwischen den Ländern erklären könnten.

Der Punkt Q im letzten Schritt der Abbildung ist der Schnittpunkt der Indifferenzkurven für die Niederlande und die USA. An diesem Punkt ist die niederländische Indifferenzkurve steiler als die der USA. Das bedeutet, dass die Bevölkerung der Niederlande beim Konsum der durch Punkt Q angezeigten Menge (an Gütern und Freizeit) im Durchschnitt bereit wären, für eine Stunde Freizeit mehr Einheiten der täglich konsumierten Güter aufzugeben (dies ist die MRS) als die Bevölkerung der USA.

Dies steht im Einklang mit der Vorstellung, dass die Bevölkerung der Niederlande ihre freie Zeit im Verhältnis zum Wert der Güter mehr schätzen als die Bevölkerung der USA. Wenn sich zwei Indifferenzkurven kreuzen, wissen wir, dass sie auf unterschiedlichen Präferenzen beruhen, denn das bedeutet, dass die Dinge in der gleichen Situation (Menge an Freizeit und Gütern) unterschiedlich bewertet werden.

Die so genannten kulturellen Unterschiede zwischen zwei Ländern - sei es der Wert der Freizeit oder die Frage, was man gerne isst - lassen sich oft als Unterschiede in den Indifferenzkurven in den beiden Ländern ausdrücken. Da sich die Kulturen unterscheiden, kann es wichtig sein, die Unterschiede in den Präferenzen zwischen den Ländern oder zwischen den einzelnen Personen zu berücksichtigen.

Land	Durchschnittliche jährliche Arbeitsstunden pro beschäftigte Person	Durchschnittliches jährliches verfügbares Einkommen (Alleinstehende Person, keine Kinder)	Durchschnittliche jährliche Freizeit	Lohn (verfügbares Einkommen pro Arbeitsstunde)	Freizeit pro Tag	Konsum pro Tag
USA	1767	54 854	6777	31,04	19,16	150,28
Südkorea	1908	26 799	6636	14,05	18,77	73,42
Niederlande	1399	39 001	7145	27,88	20,17	106,85
Türkei	1832	21 800	6712	11,90	18,98	59,73
Mexiko	2124	17 384	6420	8,18	18,18	47,63

Abbildung 3.22 Freizeit und Konsum pro Tag in verschiedenen Ländern (2020).
OECD. Average annual hours actually worked per worker (https://tinyco.re/6892498). Aufgerufen im Oktober 2020. Nettoeinkommen nach Steuern, berechnet in US-Dollar zu KKP-Wechselkursen.

ÜBUNG 3.10 PRÄFERENZEN UND KULTUR

Nehmen wir an, dass die in Abbildung 3.23 eingezeichneten Punkte die Freizeit- und Konsumentscheidungen der Arbeitskräfte in diesen fünf Ländern entsprechend unserem Modell widerspiegeln.

1. Ist es möglich, dass die Menschen in der Türkei und in den USA dieselben Präferenzen haben? Wenn ja, wie wird sich eine Lohnerhöhung in der Türkei auf den Konsum und die Freizeit auswirken? Was sagt dies über die Einkommens- und Substitutionseffekte aus?
2. Nehmen wir an, dass die Menschen in der Türkei und in Südkorea die gleichen Präferenzen haben. Was können Sie in diesem Fall über die Einkommens- und Substitutionseffekte einer Lohnerhöhung sagen?
3. Wenn die Löhne in Südkorea steigen, würden Sie dann erwarten, dass der Konsum dort höher oder niedriger sein wird als in den Niederlanden? Und warum?

OECD. Average annual hours actually worked per worker (https://tinyco.re/6892498). Aufgerufen im Oktober 2020. Nettoeinkommen nach Steuern, berechnet in US-Dollar zu KKP-Wechselkursen.

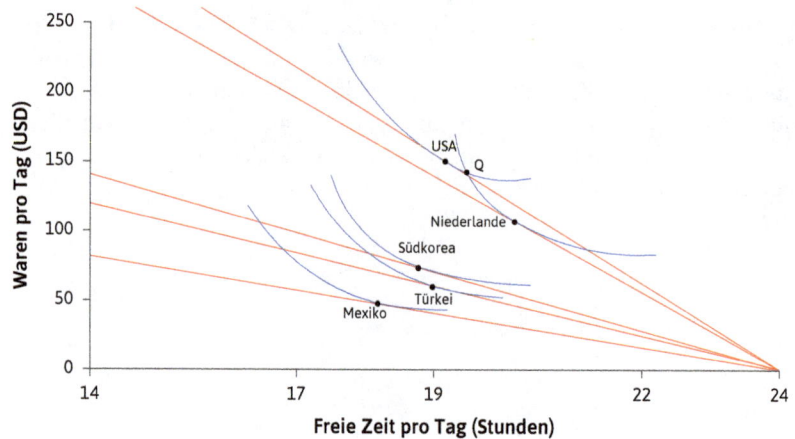

Abbildung 3.23 Verwendung des Modells zur Erklärung von Freizeit und Konsum pro Tag in verschiedenen Ländern (2020).

1. Unterschiede zwischen Ländern

Wir haben Indifferenzkurven gezeichnet, die erklären würden, warum die Beschäftigten diese Punkte gewählt haben. Die durchgezogenen Linien zeigen die realisierbaren Mengen an freier Zeit und Gütern für die fünf Länder in Abbildung 3.22.

2. Indifferenzkurven von Arbeitskräften

Diese Indifferenzkurven könnten die Unterschiede zwischen den Ländern erklären. Hinweis: Die Kurven basieren nicht auf Daten; wir haben Indifferenzkurven gezeichnet, die plausibel sind.

3. Die USA und die Niederlande

Der Punkt Q liegt am Schnittpunkt der Indifferenzkurven für die USA und die Niederlande. An diesem Punkt ist die Bevölkerung Amerikas bereit, für eine Stunde Freizeit weniger Einheiten der täglichen Güter aufzugeben als die Bevölkerung der Niederlande.

ÜBUNG 3.11 ARBEITSZEITEN IN VERSCHIEDENEN LÄNDERN UND ZEITEN

Die folgende Abbildung veranschaulicht, wie sich die Arbeitszeiten in vielen Ländern im Laufe des 20. Jahrhunderts entwickelt haben (das Vereinigte Königreich ist in beiden Diagrammen enthalten, um den Vergleich zu erleichtern).

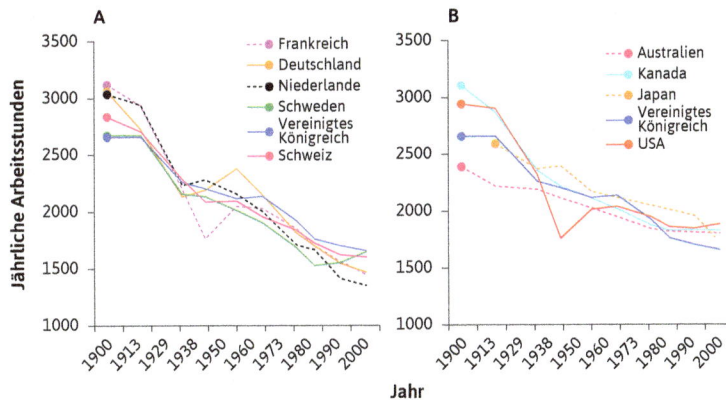

Michael Huberman und Chris Minns. 2007. 'The times they are not changin': Days and hours of work in Old and New Worlds, 1870–2000' (https://tinyco.re/2758271). *Explorations in Economic History* 44 (4): pp. 538–567.

1. Wie würden Sie das Geschehene beschreiben?
2. Wie unterscheiden sich die Länder in Feld A der Abbildung von denen in Feld B?
3. Welche möglichen Erklärungen können Sie vorschlagen, warum der Rückgang der Arbeitsstunden in einigen Ländern stärker war als in anderen?
4. Warum glauben Sie, dass der Rückgang der Arbeitsstunden in den meisten Ländern in der ersten Hälfte des Jahrhunderts schneller erfolgt ist?
5. Gibt es ein Land, in dem die Arbeitsstunden in den letzten Jahren zugenommen haben? Warum glauben Sie, ist dies geschehen?

3.11 SCHLUSSFOLGERUNG

Wir haben ein Modell der Entscheidungsfindung bei Knappheit verwendet, um die Wahl der Arbeitsstunden zu analysieren und zu verstehen, warum die Arbeitszeiten im letzten Jahrhundert gesunken sind. Die Präferenzen der Menschen in Bezug auf Güter und freie Zeit werden durch Indifferenzkurven beschrieben, und ihre Produktionsfunktion (oder Budgetbeschränkung) bestimmt ihre realisierbare Menge. Die Wahl, die den Nutzen maximiert, ist ein Punkt auf der Machbarkeitsgrenze, an dem die Grenzrate der Substitution (GRS) zwischen Gütern und Freizeit gleich der Grenzrate der Transformation (GRT) ist.

Ein Anstieg der Produktivität oder der Löhne verändert die GRT und erhöht die Opportunitätskosten der Freizeit. Dies bietet einen Anreiz, länger zu arbeiten (der Substitutionseffekt). Ein höheres Einkommen kann aber auch den Wunsch nach Freizeit erhöhen (der Einkommenseffekt). Die gesamte Veränderung der Arbeitsstunden hängt davon ab, welcher dieser Effekte größer ist.

In Einheit 3 eingeführte Konzepte

Bevor Sie fortfahren, sollten Sie diese Definitionen wiederholen:

- Knappheitsproblem
- Knappheit
- Opportunitätskosten
- Grenzprodukt
- Indifferenzkurve
- Grenzrate der Substitutionseffekt (GRS)
- Grenzrate der Transformation (GRT)
- Realisierbare Menge
- Budgetbeschränkung
- Einkommenseffekt
- Substitutionseffekt

3.12 QUELLEN

Fogel, Robert William. 2000. *The Fourth Great Awakening and the Future of Egalitarianism*. Chicago: University of Chicago Press.

Friedman, Milton. 1953. *Essays in Positive Economics*. Chicago: University of Chicago Press.

Harford, Tim. 2015. 'The rewards for working hard are too big for Keynes's vision' (https://tinyco.re/5829245). *The Undercover Economist*. First published by *The Financial Times*. Aktualisiert am 3. August 2015.

Keynes, John Maynard. 1963. 'Economic Possibilities for our Grandchildren'. In *Essays in Persuasion*, New York, NY: W. W. Norton & Co.

Plant, E. Ashby, K. Anders Ericsson, Len Hill, und Kia Asberg. 2005. 'Why study time does not predict grade point average across college students: Implications of deliberate practice for academic performance'. *Contemporary Educational Psychology* 30 (1): pp. 96–116.

Robbins, Lionel. 1984. *An Essay on the Nature and Significance of Economic Science* (https://tinyco.re/4002310). New York: New York University Press.

Schor, Juliet B. 1992. *The Overworked American: The Unexpected Decline Of Leisure*. New York, NY: Basic Books.

Veblen, Thorstein. 2007. *The Theory of the Leisure Class*. Oxford: Oxford University Press.

Whaples, Robert. 2001. 'Hours of work in U.S. History' (https://tinyco.re/1660378). EH.Net Encyclopedia.

Paul Cézanne's *Les Joueurs de Carte* (Kartenspieler)

SOZIALE INTERAKTIONEN

EINE KOMBINATION AUS EIGENINTERESSE, RÜCKSICHT AUF DAS WOHLERGEHEN ANDERER UND GEEIGNETEN INSTITUTIONEN KANN BEI DER INTERAKTION ZWISCHEN MENSCHEN ZU WÜNSCHENSWERTEN SOZIALEN ERGEBNISSEN FÜHREN

- Spieltheorie ist eine Methode die uns hilft zu verstehen, wie Menschen interagieren. Sie berücksichtigt die Handlungsoptionen, die Motive und die Vermutungen über das was andere tun werden.
- Experimente und weitere Forschung zeigen, dass Eigeninteresse, die Berücksichtigung Anderer und die Präferenz für Fairness wichtige Motive sind, die erklären, wie Menschen interagieren.
- Bei den meisten Interaktionen besteht ein gewisser Interessenkonflikt zwischen den Menschen, aber auch die Möglichkeit, dass beide Seiten profitieren.
- Das Verfolgen von Eigeninteressen kann manchmal zu Ergebnissen führen, die von allen Teilnehmenden als gut angesehen werden. Machmal aber auch zu Ergebnissen, die sich niemand wünscht.
- Eigeninteresse kann auf Märkten zum Wohle der Allgemeinheit genutzt werden, indem Regierungen den Handlungsspielraum der Menschen einschränken und Mitmenschen Handlungen, die zu schlechten Ergebnissen führen, bestrafen.
- Rücksichtnahme auf andere und Fairness ermöglichen es uns, die Auswirkungen unseres Handelns auf andere zu verstehen, und können so zu wünschenswerten sozialen Ergebnissen beitragen.

Die wissenschaftlichen Beweise sind inzwischen überwältigend: Der Klimawandel bringt sehr ernste globale Risiken mit sich und erfordert eine dringende globale Reaktion.

Das ist der unverblümte Anfang der Zusammenfassung des Stern-Berichts, der 2006 veröffentlicht wurde. Der britische Finanzminister beauftragte eine Gruppe von Ökonominnen und Ökonomen unter der Leitung des ehemaligen

Nicholas Stern. 2007. *The Economics of Climate Change: The Stern Review.* Cambridge: Cambridge University Press. Lesen Sie die Zusammenfassung (engl.) (https://tinyco.re/5785938).

Chef-Ökonomen der Weltbank, Sir Nicholas (jetzt Lord) Stern, die Beweise für den Klimawandel zu bewerten und zu versuchen, seine wirtschaftlichen Auswirkungen zu verstehen. Der Stern-Bericht sagt voraus, dass die Vorteile eines frühzeitigen Handelns zur Verlangsamung des Klimawandels die Kosten einer Vernachlässigung des Themas überwiegen werden.

IPCC. 2014. ‚Climate Change 2014: Synthesis Report'. Contribution of Working Groups I, II and III to the Fifth Assessment Report of the Intergovernmental Panel on Climate Change. Geneva, Switzerland: IPCC.

Der fünfte Bericht des Weltklimarats (IPCC) stimmt dem zu. Frühzeitiges Handeln würde eine deutliche Senkung der Treibhausgasemissionen bedeuten, indem wir unseren Konsum von energieintensiven Gütern reduzieren, auf andere Energietechnologien umsteigen, die Auswirkungen von Landwirtschaft und Landnutzungsänderungen verringern und die Effizienz der derzeitigen Technologien verbessern.

Aber nichts von alledem wird geschehen, wenn wir wie gewohnt weitermachen: ein Szenario, in dem Menschen, Regierungen und Unternehmen frei sind, ihr eigenes Vergnügen, ihre eigene Politik und ihre eigenen Gewinne zu verfolgen, ohne die Auswirkungen ihres Handelns auf andere, einschließlich zukünftiger Generationen, angemessen zu berücksichtigen.

Die Regierungen der einzelnen Länder sind sich uneinig über die zu ergreifenden Maßnahmen. Viele Industrieländer drängen auf eine strenge globale Kontrolle der Kohlenstoffdioxidemissionen, während andere, deren wirtschaftlicher Aufholprozess bis vor kurzem von kohleverbrennenden Technologien abhängig war, sich diesen Maßnahmen widersetzen.

soziales Dilemma Eine Situation, in der die Verfolgung individueller Interessen zu einem Ergebnis führt, das alle schlechter stellt als eine kooperative Lösung.

Das Problem des Klimawandels ist alles andere als einzigartig. Es ist ein Beispiel für ein sogenanntes **soziales Dilemma**. Soziale Dilemmas—wie der Klimawandel—treten auf, wenn Menschen die Auswirkungen ihrer Entscheidungen auf andere nicht angemessen berücksichtigen, egal ob diese positiv oder negativ sind.

Soziale Dilemmas kommen in unserem Leben häufig vor. Staus entstehen, wenn wir bei der Wahl unserer Fortbewegungsart—zum Beispiel allein zur Arbeit zu fahren, anstatt eine Fahrgemeinschaft zu bilden—nicht berücksichtigen, welchen Beitrag wir zur Verkehrsüberlastung leisten. Ähnlich verhält es sich mit dem übermäßigen Einsatz von Antibiotika bei leichteren Krankheiten; wodurch sich die kranke Person, die sie einnimmt, zwar schneller erholt, aber antibiotikaresistente Bakterien entstehen, die für viele andere eine viel schädlichere Wirkung haben.

Die Tragik der Allmende

Garrett Hardin. 1968. ‚The Tragedy of the Commons'. *Science* 162 (3859): pp. 1243–1248.

Im Jahr 1968 veröffentlichte der Biologe Garrett Hardin in der Zeitschrift *Science* einen Artikel über soziale Dilemmas mit dem Titel ‚The Tragedy of the Commons'. Er argumentierte, dass Ressourcen, die niemandem gehören (manchmal auch als ‚Gemeineigentum' oder ‚Gemeinschaftsgüter' bezeichnet), wie die Erdatmosphäre oder die Fischbestände, übermäßig beansprucht werden, wenn wir den Zugang nicht in irgendeiner Weise kontrollieren. Für die Fischer:innen als Gruppe wäre es besser, nicht so viel Thunfisch zu fangen, und für die verbrauchenden Personen als Gruppe wäre es besser, nicht zu viel davon zu essen. Die Menschheit wäre besser dran, wenn sie weniger Schadstoffe ausstoßen würde, aber wenn Sie als Einzelperson beschließen, Ihren Konsum einzuschränken, wird sich Ihr Kohlenstoffdioxid-Fußabdruck oder die Anzahl der von Ihnen gefangenen Thunfische kaum auf das globale Level auswirken.

Beispiele für Hardins Tragik und andere soziale Dilemmas sind überall um uns herum: Wenn Sie mit Mitbewohner:innen oder in einer Familie leben, wissen Sie, wie schwierig es ist, eine Küche oder ein Bad sauber zu halten. Wenn eine Person sauber macht, profitieren alle davon, aber es ist harte Arbeit. Wer aufräumt und putzt, trägt diese Kosten. Die anderen werden manchmal **Free-rider** oder Trittbrettfahrer genannt. Wenn Sie in Ihrem Studium schon einmal eine Gruppenarbeit gemacht haben, wissen Sie, dass der Aufwand (das Problem zu verstehen, Beweise zu sammeln oder die Ergebnisse aufzuschreiben) individuell ist, der Ertrag (eine bessere Note oder einfach die Bewunderung der Mitstudierenden) jedoch der ganzen Gruppe zugute kommt.

Auflösung sozialer Dilemmas

Soziale Dilemmas sind nichts Neues; wir sind seit der Vorgeschichte mit ihnen konfrontiert.

Vor mehr als 2500 Jahren schrieb der griechische Erzähler Äsop in seiner Fabel *Der Rat der Ratten* über ein soziales Dilemma. Eine Gruppe von Ratten braucht eines ihrer Angehörigen, um einer Katze eine Glocke um den Hals zu legen. Sobald die Glocke angelegt ist, kann die Katze die anderen Ratten nicht mehr fangen und fressen. Aber diejenige Ratte, die den Job übernimmt, könnte sterben. Es gibt zahllose Beispiele in Kriegen oder bei Naturkatastrophen, bei denen Menschen ihr Leben für andere opfern, die keine Familienangehörigen sind und sogar völlig fremd sein können. Diese Handlungen werden als **altruistisch** bezeichnet.

Altruistische Selbstaufopferung ist nicht die bedeutendste Art und Weise, wie Gesellschaften soziale Dilemmas lösen und Free-riding reduzieren. Manchmal können die Probleme durch Maßnahmen der Regierungen gelöst werden. So haben Regierungen beispielsweise erfolgreich Quoten eingeführt, um die Überfischung der Dorsch-Bestände im Nordatlantik zu verhindern. In Vereinigten Königreich wurde die Menge der Abfälle, die auf Mülldeponien landen, anstatt recycelt zu werden, durch eine Deponiesteuer (https://tinyco.re/8403762) drastisch reduziert.

Auch lokale Gemeinschaften schaffen Institutionen, um das Verhalten der Angehörigen zu steuern. Bewässerungsgemeinschaften brauchen Menschen, die für die Instandhaltung der Kanäle arbeiten, von denen die ganze Gemeinschaft profitiert. Auch einzelne Personen müssen mit knappem Wasser sparsam umgehen, damit die Saaten anderer gedeihen können, auch wenn dies für sie selbst zu geringeren Erträgen führt. Im spanischen Valencia haben landwirtschaftliche Arbeitskräfte seit Jahrhunderten eine Reihe von Gewohnheitsregeln aufgestellt, um die gemeinschaftlichen Aufgaben zu regeln und zu vermeiden, dass zu viel Wasser verbraucht wird. Seit dem Mittelalter gibt es ein Schiedsgericht namens *Tribunal de las Aguas* (https://tinyco.re/8410208) (Wassergericht), das Konflikte zwischen Arbeitskräften in der Landwirtschaft über die Anwendung der Regeln löst. Die Entscheidung des *Tribunals* ist rechtlich nicht durchsetzbar. Seine Macht beruht allein auf dem Respekt der Gemeinschaft, doch seine Entscheidungen werden fast überall befolgt.

Selbst die heutigen globalen Umweltprobleme wurden zuweilen wirksam angegangen. Das Montrealer Protokoll (https://tinyco.re/8364376) war bemerkenswert erfolgreich. Es wurde geschaffen, um die Nutzung von Fluorchlorkohlenwasserstoffen (FCKW) schrittweise abzubauen und schließlich zu verbieten. FCKW drohte die Ozonschicht zu zerstören, die uns vor schädlicher ultravioletter Strahlung schützt.

Free-ride Von den Beiträgen anderer zu einem Kooperationsprojekt zu profitieren, ohne selbst einen Beitrag zu leisten.

Elinor Ostrom. 2008. ‚The Challenge of Common-Pool Resources'. *Environment: Science and Policy for Sustainable Development* 50 (4): pp. 8–21.

Altruismus Die Bereitschaft, Kosten auf sich zu nehmen, um jemand anderem einen Vorteil zu verschaffen.

Aesop. ‚Belling the Cat'. In *Fables*, retold by Joseph Jacobs. XVII, (1). The Harvard Classics. New York: P. F. Collier & Son, 1909–14; Bartleby.com, 2001.

Spieltheorie Ein Teilgebiet der Mathematik, das sich mit strategischen Interaktionen befasst, das heißt mit Situationen, in denen jeder Teilnehmende weiß, dass der Nutzen, den er erhält, von den Handlungen aller abhängt. *Siehe auch: Spiel.*

soziale Interaktionen Situationen, in denen sich die Handlungen einer Person nicht nur auf ihre eigenen, sondern auch auf die Ergebnisse anderer Personen auswirken.

In dieser Einheit werden wir die Instrumente der **Spieltheorie** nutzen, um **soziale Interaktionen** zu modellieren, bei denen die Entscheidungen der einzelnen Personen nicht nur sie selbst, sondern auch andere Menschen betreffen. Wir werden uns Situationen ansehen, die zu sozialen Dilemmas führen und wie Menschen diese manchmal lösen können—manchmal aber auch nicht (oder noch nicht), wie im Fall des Klimawandels.

Aber nicht alle sozialen Interaktionen führen zu sozialen Dilemmas, selbst wenn der einzelne Mensch nur die eigenen Interessen verfolgt. Im nächsten Abschnitt beginnen wir mit einem Beispiel, bei dem die von Adam Smith beschriebene „unsichtbare Hand" des Marktes das Eigeninteresse so leitet, dass unabhängig voneinander handelnde Individuen ein für beide Seiten vorteilhaftes Ergebnis erzielen.

ÜBUNG 4.1 SOZIALE DILEMMAS

Anhand der Schlagzeilen der letzten Woche:

1. Nennen Sie zwei soziale Dilemmas, über die berichtet wurde (versuchen Sie, Beispiele zu verwenden, die oben nicht genannt wurden).
2. Erläutern Sie jeweils, inwiefern sie der Definition eines **sozialen Dilemmas** entsprechen.

4.1 SOZIALE INTERAKTIONEN: SPIELTHEORIE

Auf welcher Seite der Straße sollten Sie fahren? Wenn Sie in Japan, im Vereinigten Königreich oder in Indonesien leben, fahren Sie auf der linken Seite. Wenn Sie in Südkorea, Frankreich oder den USA leben, fahren Sie auf der rechten Seite. Wenn Sie in Schweden aufgewachsen sind, fuhren Sie bis zum 3. September 1967 um 17:00 Uhr links und ab 17:01 Uhr fuhren Sie rechts. Im Falle der Fahrspuren gibt die Regierung eine Regel vor, und wir befolgen sie.

Aber nehmen wir einmal an, wir überließen es den Autofahrenden, ihr eigenes Interesse zu verfolgen und die eine oder andere Straßenseite zu wählen. Wenn alle anderen bereits auf der rechten Seite fahren würden, wäre das Eigeninteresse (einen Zusammenstoß zu vermeiden) ausreichend, um Fahrende zu motivieren, ebenfalls auf der rechten Seite zu fahren. Rücksichtnahme auf andere Fahrende oder der Wunsch, das Gesetz zu befolgen, wären nicht erforderlich.

Wenn wir Maßnahmen entwickeln wollen, die das Wohlbefinden der Menschen fördern, müssen wir den Unterschied zwischen Situationen, in denen Eigeninteresse das Allgemeinwohl fördern kann, und Fällen, in denen es zu unerwünschten Ergebnissen führt, verstehen. Um dies zu analysieren, werden wir zunächst die Spieltheorie einführen, eine Methode zur Modellierung der Interaktion zwischen Menschen.

In Einheit 3 haben wir gesehen, wie Alexei entscheidet, wie viel er lernen will, und Angela, wie hart sie arbeiten will. Die Optionen von beiden wurden durch eine Produktionsfunktion bestimmt. Beide Personen trafen dann Entscheidungen, um das bestmögliche Ergebnis zu erzielen. In diesen Modellen, die wir bisher untersucht haben, hing das Ergebnis nicht davon ab, was jemand anderes tat. Weder Alexei noch Angela waren in eine soziale Interaktion verwickelt.

Soziale und strategische Interaktionen

In dieser Einheit betrachten wir soziale Interaktionen: Situationen, in denen es zwei oder mehr Personen gibt und die Handlungen aller Personen sowohl das eigene Ergebnis als auch die Ergebnisse anderer Personen beeinflussen. Beispielsweise wirkt sich die Entscheidung einer Person, wie stark sie ihr Haus heizt, auf die Entwicklung des globalen Klimawandels für alle aus.

Wir verwenden vier Begriffe:

- Wenn Menschen in eine soziale Interaktion verwickelt sind und sich bewusst sind, wie sich ihre Handlungen auf andere auswirken und umgekehrt, nennen wir dies eine **strategische Interaktion**.
- Eine **Strategie** ist definiert als eine Handlung (oder ein Handlungsverlauf), die eine Person vornehmen kann, wenn sie sich der gegenseitigen Abhängigkeit der Ergebnisse für sich selbst und für andere bewusst ist. Die Ergebnisse hängen nicht nur von den Handlungen dieser Person ab, sondern auch von den Handlungen der anderen.
- Modelle strategischer Interaktionen werden als **Spiele** bezeichnet.
- Die Spieltheorie ist eine Reihe von Modellen strategischer Interaktionen. Sie ist in der Volkswirtschaftslehre und anderen Sozialwissenschaften weit verbreitet.

Um zu sehen, wie die Spieltheorie strategische Interaktionen verdeutlichen kann, stellen Sie zwei Landwirte vor, die wir Anil und Bala nennen wollen. Sie stehen vor einem Problem: Sollen sie Reis oder Maniok anbauen? Wir nehmen an, dass sie die Möglichkeit haben, beide Arten von Saatgut anzubauen, aber jeweils nur eine Art auf einmal anbauen können.

Anils Land ist besser für den Anbau von Maniok geeignet, während Balas Land besser für Reis geeignet ist. Beide müssen die **Arbeitsteilung** festlegen, das heißt wer sich auf welches Saatgut spezialisieren wird. Sie entscheiden dies unabhängig voneinander: Sie treffen sich nicht, um gemeinsam die Vorgehensweise zu besprechen.

(Die Annahme der Unabhängigkeit mag in diesem Modell mit nur zwei Landwirten seltsam erscheinen, aber später wenden wir die gleiche Logik auf Situationen wie den Klimawandel an, in denen Hunderte oder sogar Millionen von Menschen interagieren, von denen die meisten einander völlig fremd sind. Die Annahme, dass Anil und Bala sich nicht einig sind, bevor sie handeln, ist also nützlich für uns.)

Beide verkaufen die von ihnen produzierte Ernte auf einem Markt in einem nahe gelegenen Dorf. Wenn sie am Markttag weniger Reis auf den Markt bringen, wird der Preis höher sein. Das Gleiche gilt für Maniok. Abbildung 4.1 beschreibt ihre Interaktion, die wir ein Spiel nennen. Lassen Sie uns erklären, was Abbildung 4.1 bedeutet, denn solche Abbildungen werden Sie noch oft sehen.

---

strategische Interaktion Eine soziale Interaktion, bei der sich die teilnehmenden Personen der Art und Weise bewusst sind, wie sich ihre Handlungen auf andere auswirken (und wie sich die Handlungen der anderen auf sie auswirken).

Strategie Eine Handlung (oder ein Handlungsablauf), die eine Person vornehmen kann, wenn sie sich der gegenseitigen Abhängigkeit der Ergebnisse für sich und für andere bewusst ist. Die Ergebnisse hängen nicht nur von den Handlungen dieser Person ab, sondern auch von den Handlungen anderer.

Spiel Ein Modell der strategischen Interaktion, das die Spieler:innen, die realisierbaren Strategien, die Informationen, über die die Spieler:innen verfügen, und ihre Auszahlungen beschreibt. *Siehe auch: Spieltheorie.*

Arbeitsteilung Die Spezialisierung der produzierenden Personen auf verschiedene Aufgaben im Produktionsprozess. *Auch bekannt als: Spezialisierung.*

SPIEL
Eine Beschreibung einer sozialen Interaktion, die folgendes angibt:

- *Die Spieler:innen*: Wer mit wem interagiert
- *Die realisierbaren Strategien*: Welche Aktionen den Spieler:innen zur Verfügung stehen
- *Die Informationen*: Was die jeweiligen Spieler:innen wissen, wenn sie ihre Entscheidungen treffen
- *Die Auszahlungen*: Was die Ergebnisse für jede der möglichen Handlungskombinationen sein werden

Die Entscheidungen von Anil sind die Zeilen der Tabelle und die von Bala die Spalten. Wir nennen Anil den ‚Zeilenspieler' und Bala den ‚Spaltenspieler'.

Wenn eine Interaktion in einer Tabelle wie Abbildung 4.1 dargestellt wird, beschreibt jeder Eintrag das Ergebnis einer hypothetischen Situation. Die Zelle oben links sollte zum Beispiel wie folgt interpretiert werden:

> Angenommen, Anil hat (aus welchen Gründen auch immer) Reis gepflanzt und Bala hat auch Reis gepflanzt. Was würden wir sehen?

Es gibt vier mögliche hypothetische Situationen. In Abbildung 4.1 wird beschrieben, was in jedem Fall passieren würde.

Um das Modell zu vereinfachen, gehen wir davon aus, dass:

- Keine anderen Personen involviert oder in irgendeiner Weise betroffen sind.
- Die Wahl der Ernte die einzige Entscheidung ist, die Anil und Bala treffen müssen.
- Anil und Bala nur ein einziges Mal interagieren (das wird als ‚One-Shot Spiel' bezeichnet).
- Sie gleichzeitig entscheiden. Wenn eine Person eine Entscheidung trifft, weiß sie nicht, wofür sich die andere Person entschieden hat.

		Bala	
		Reis	Maniok
Anil	Reis	Beide produzieren Reis: es gibt einen Überschuss an Reis (niedriger Preis) Es herrscht ein Mangel an Maniok Anil produziert kein Maniok, welches er besser produzieren kann	Keine Überschwemmung des Markts mit einem Gut Hohe Preise für beide Ernten Beide Landwirte produzieren die Ernte, für die sie weniger geeignet sind
	Maniok	Keine Überschwemmung des Markts mit einem Gut Hohe Preise für beide Ernten Beide Landwirte produzieren die Ernte, für die sie besser geeignet sind	Beide produzieren Maniok: Es gibt einen Überfluss an Maniok (niedriger Preis) Es herrscht ein Mangel an Reis Bala produziert nicht den Reis, den er besser produzieren kann

Abbildung 4.1 Soziale Interaktionen im Spiel mit der unsichtbaren Hand.

Abbildung 4.2a zeigt die **Auszahlungen** für Anil und Bala in jeder der vier hypothetischen Situationen—die Einkommen, die sie erhalten würden, wenn die hypothetischen Zeilen- und Spaltenaktionen durchgeführt würden. Da ihr Einkommen von den Marktpreisen abhängt, die wiederum von ihren Entscheidungen abhängen, haben wir dies als ein Spiel der „unsichtbaren Hand" bezeichnet.

Auszahlung Der Nutzen für jede Spieler:in, der sich aus den gemeinsamen Aktionen aller Spieler:innen ergibt.

- Da der Marktpreis sinkt, wenn viel von einem Gut angeboten wird, schneiden Anil und Bala besser ab, wenn sie sich spezialisieren, als wenn sie beide das gleiche Saatgut anbauen.
- Wenn sie unterschiedliche Güter produzieren, würden sie beide besser abschneiden, wenn sich jeder auf das für sein Land am besten geeignete Saatgut spezialisieren würde.

		Bala	
		Reis	Maniok
Anil	Reis	Anil bekommt 1 Bala bekommt 3	Beide bekommen 2
	Maniok	Beide bekommen 4	Anil bekommt 3 Bala bekommt 1

Abbildung 4.2a Die Auszahlungen im Spiel der unsichtbaren Hand.

FRAGE 4.1 WÄHLEN SIE DIE RICHTIGE(N) ANTWORT(EN)
In einem Simultanspiel mit einem Zug (also ein ‚One-Shot-Spiel'):

☐ Beobachtet eine spielende Person, was die anderen tun, bevor sie entscheidet, wie sie handelt.
☐ Entscheidet eine spielende Person über ihre Handlung und berücksichtigt dabei, was die anderen Spieler:innen tun könnten, nachdem sie ihren Zug kennen.
☐ Stimmen sich die Spieler:innen ab, um die Handlungen zu finden, die zum optimalen Ergebnis für die gesamte Gruppe führen.
☐ Wählt eine spielende Person eine Handlung und berücksichtigt dabei die möglichen Handlungen der anderen Spieler:innen.

4.2 GLEICHGEWICHT IM SPIEL DER UNSICHTBAREN HAND

Die Spieltheorie beschreibt soziale Interaktionen, aber sie kann auch Vorhersagen über den Ausgang machen. Um den Ausgang eines Spiels vorherzusagen, benötigen wir ein weiteres Konzept: die **beste Antwort**. Dabei handelt es sich um die Strategie, die Spieler:innen die höchste Auszahlung beschert, wenn man die Strategien der anderen Spieler:innen berücksichtigt.

In Abbildung 4.2b stellen wir die Auszahlungen für Anil und Bala im Spiel der unsichtbaren Hand in einem Standardformat dar, das wir Auszahlungsmatrix nennen. Eine Matrix ist eine beliebige rechteckige (in diesem Fall quadratische) Anordnung von Zahlen. Die erste Zahl in jedem Feld ist die Auszahlung, die die in der Zeile spielende Person erhält (deren Name mit A beginnt, um daran zu erinnern, dass sie die erste Auszahlung erhält). Die zweite Zahl ist die Auszahlung für die spielende Person in der Spalte.

Denken Sie über die besten Antworten in diesem Spiel nach. Nehmen wir an, Sie sind Anil und betrachten den hypothetischen Fall, in dem Bala sich für den Reisanbau entschieden hat. Welche Antwort bringt Ihnen die höhere Auszahlung? Sie würden Maniok anbauen (in diesem Fall würden Sie—Anil— eine Auszahlung von 4 erhalten, aber nur eine Auszahlung von 1, wenn Sie stattdessen Reis anbauen würden).

Gehen Sie die Schritte in Abbildung 4.2b durch, um zu sehen, dass die Wahl von Maniok auch Anils beste Antwort ist, wenn Bala Maniok wählt. Maniok ist also Anils **dominante Strategie**: sie wird ihm die höchste Auszahlung bringen, egal was Bala tut. Sie werden sehen, dass auch Bala in diesem Spiel eine dominante Strategie hat. Die Analyse bietet Ihnen auch eine praktische Methode, um die besten Antworten im Auge zu behalten, indem Sie Punkte und Kreise in der Auszahlungsmatrix platzieren.

Da beide Spieler eine dominante Strategie haben, können wir einfach vorhersagen, was sie tun werden: ihre dominante Strategie spielen. Anil wird Maniok anbauen und Bala wird Reis anbauen.

Dieses Paar von Strategien ist ein **Dominanzstrategiegleichgewicht** des Spiels.

Sie erinnern sich aus Einheit 2, dass ein Gleichgewicht eine sich selbst erhaltende Situation ist. Etwas, das wir untersuchen, ändert sich also nicht. In diesem Fall ist die Entscheidung von Anil für Maniok und von Bala für Reis ein Gleichgewicht, weil keiner von beiden seine Entscheidung ändern würde, nachdem er gesehen hat, was der jeweils andere gewählt hat.

Wenn wir feststellen, dass beide Spieler:innen in einem Spiel mit zwei Spieler:innen dominante Strategien haben, hat das Spiel ein Dominanzstrategiegleichgewicht. Wie wir später sehen werden, ist dies nicht

beste Antwort Die Strategie, die einem die höchste Auszahlung verschafft gegeben der Strategien der anderen Spieler:innen.

dominante Strategie Handlung, die für eine spielende Person den höchsten Ertrag bringt, unabhängig davon, was die anderen Spieler:innen tun.

Dominanzstrategiegleichgewicht Das Gleichgewicht eines Spiels, in dem jede spielende Person die dominante Strategie spielt. Das Dominanzstrategiegleichgewicht ist ein Spezialfall des Nash-Gleichgewichts.

immer der Fall. Aber wenn dies der Fall ist, dann sagen wir voraus, dass diese Strategien auch gespielt werden.

Da sowohl Anil als auch Bala eine dominante Strategie haben, wird ihre Wahl der Ernte nicht davon beeinflusst, was sie von der anderen Person erwarten. Dies ähnelt den Modellen in Einheit 3, in denen Alexeis Wahl der Lernzeiten oder Angelas Arbeitszeiten nicht davon abhängen, was andere tun. Aber auch wenn hier die Entscheidung nicht davon abhängt, was die anderen tun, die Auszahlung hängt allerdings schon davon ab. Wenn Anil zum Beispiel seine dominante Strategie (Maniok) spielt, ist er besser dran, wenn Bala Reis spielt, als wenn Bala ebenfalls Maniok spielt.

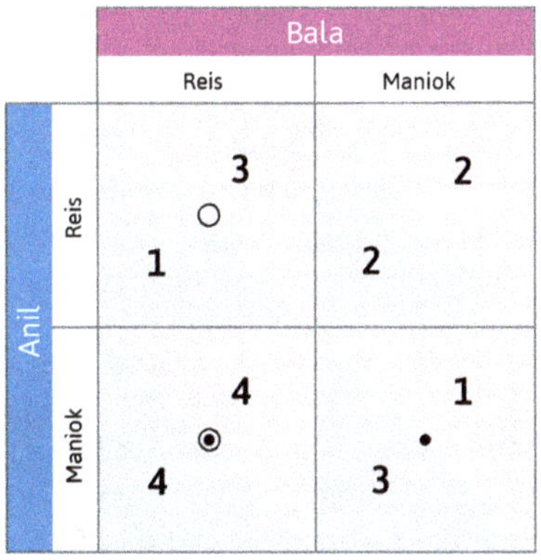

Abbildung 4.2b Die Auszahlungsmatrix im Spiel der unsichtbaren Hand.

1. Die besten Antworten finden
Beginnen Sie mit der spielenden Person in der Zeile (Anil) und fragen Sie: ,Was wäre die beste Antwort auf die Entscheidung der Spieler:innen in der Spalte (Bala), Reis zu spielen?'

2. Anils beste Antwort, wenn Bala Reis anbaut
Wenn Bala Reis wählt, ist Anils beste Antwort, Maniok zu wählen—damit erhält er vier statt eins. Setzen Sie einen Punkt in das untere linke Feld. Ein Punkt in einem Feld bedeutet, dass dies die beste Antwort der spielenden Person in der Zeile ist.

3. Anils beste Antwort, wenn Bala Maniok anbaut
Wenn Bala Maniok wählt, ist es für Anil die beste Antwort, ebenfalls Maniok zu wählen. Damit erhält er drei statt zwei. Setzen Sie einen Punkt in die Zelle unten rechts.

4. Anil hat eine dominante Strategie
Beide Punkte befinden sich in der unteren Zeile. Wie auch immer Balas Wahl ausfällt, Anils beste Antwort ist, sich für Maniok zu entscheiden. Maniok ist eine dominante Strategie für Anil.

5. Finden Sie nun die besten Antworten der spielenden Person in der Spalte
Wenn Anil Reis wählt, ist die beste Antwort von Bala, Reis zu wählen (drei statt zwei). Die Kreise stellen die besten Antworten der spielenden Person in der Spalte dar. Platzieren Sie einen Kreis in der oberen linken Zelle.

6. Bala hat ebenfalls eine dominante Strategie
Wenn Anil sich für Maniok entscheidet, ist die beste Antwort von Bala wieder Reis (er erhält vier statt eins). Setzen Sie einen Kreis in die Zelle unten links. Reis ist die dominante Strategie von Bala (beide Kreise befinden sich in derselben Spalte).

7. Beide spielenden Personen werden ihre dominanten Strategien spielen
Wir sagen voraus, dass Anil sich für Maniok und Bala für Reis entscheiden wird, weil das ihre dominanten Strategien sind. Wo der Punkt und der Kreis übereinstimmen, spielen sie die beste Antwort aufeinander.

Im Dominanzstrategiegleichgewicht haben sich Anil und Bala auf die Produktion des Gutes spezialisiert, für das ihr Land besser geeignet ist. Die einfache Verfolgung ihres Eigeninteresses—die Wahl der Strategie, für die sie die höchste Auszahlung erhalten—führte zu einem Ergebnis, welches:

- das beste der vier möglichen Ergebnisse für jeden Spieler war
- den beiden Landwirte zusammen die höchsten Auszahlungen einbrachte

In diesem Beispiel ist das Dominanzstrategiegleichgewicht das Ergebnis, das jeder von ihnen gewählt hätte, wenn sie eine Möglichkeit gehabt hätten, ihre Entscheidungen zu koordinieren. Obwohl sie unabhängig voneinander ihr Eigeninteresse verfolgten, wurden sie „wie von unsichtbarer Hand" zu einem Ergebnis geführt, das für beide von Vorteil war.

Reale wirtschaftliche Probleme sind nie so einfach, aber die grundlegende Logik ist die gleiche. Das Streben nach Eigeninteresse ohne Rücksicht auf andere wird manchmal als moralisch schlecht angesehen, aber die Volkswirtschaftslehre hat Fälle identifiziert, in denen es zu Ergebnissen führen kann, die gesellschaftlich wünschenswert sind. Es gibt jedoch auch Fälle, in denen das Streben nach Eigeninteresse zu Ergebnissen führt, die für niemanden der Spieler:innen von Vorteil sind. Das sogenannte Gefangenendilemma, das wir als nächstes untersuchen, beschreibt eine dieser Situationen.

FRAGE 4.2 WÄHLEN SIE DIE RICHTIGE(N) ANTWORT(EN)

Brian geht lieber ins Kino als Fußball zu schauen. Anna hingegen schaut lieber Fußball als ins Kino zu gehen. Für beide Aktivitäten bevorzugen sie es, Zeit miteinander zu verbringen, anstatt einen Nachmittag getrennt zu verbringen. Die folgende Tabelle zeigt das Zufriedenheitsniveau (die Auszahlungen) von Anna und Brian in Abhängigkeit von der von ihnen gewählten Aktivität (die erste Zahl ist das Zufriedenheitsniveau von Brian, die zweite Zahl das von Anna):

	Anna	
	Fußball	Kino
Brian Fußball	5 3	1 1
Brian Kino	3 4	2 6

Aus den obigen Informationen können wir schließen, dass:

☐ Die dominante Strategie für beide Personen Fußball ist.

☐ Es kein Dominanzstrategiegleichgewicht gibt.

☐ Das Dominanzstrategiegleichgewicht den höchstmöglichen Ertrag für beide erzielt.

☐ Weder Brian noch Anna von dem Dominanzstrategiegleichgewicht abweichen wollen würde.

WENN ÖKONOMINNEN UND ÖKONOMEN NICHT EINER MEINUNG SIND

Der fragliche Homo economicus: *Sind die Menschen völlig egoistisch?*

Seit Jahrhunderten debattieren Ökonominnen und Ökonomen und so ziemlich alle anderen darüber, ob Menschen ausschließlich eigennützig handeln oder anderen auch dann gerne helfen, wenn es sie etwas kostet. Der *Homo economicus* (Wirtschaftsmensch) ist der Spitzname für den egoistischen und berechnenden Charakter, den Sie häufig in Lehrbüchern der Volkswirtschaftslehre finden. Hatten die Ökonominnen und Ökonomen recht, wenn sie sich den *homo economicus* als einzigen Agierenden auf der Wirtschaftsbühne vorstellten?

In demselben Buch, in dem er zum ersten Mal den Ausdruck ‚unsichtbare Hand‘ verwendete, machte Adam Smith auch deutlich, dass er uns nicht für einen *homo economicus* hielt: ‚Wie selbstsüchtig der Mensch auch sein mag, es gibt offensichtlich einige Prinzipien in seiner Natur, die ihn am Glück Anderer interessieren und ihr Glück für ihn notwendig machen, obwohl er nichts davon hat, außer der Freude, es zu sehen.‘ (*The Theory of Moral Sentiments*, 1759)

Aber die meisten Ökonominnen und Ökonomen seit Smith waren anderer Meinung. Francis Edgeworth, einer der Begründer der modernen Volkswirtschaftslehre, hat dies 1881 in seinem Buch *Mathematical Psychics* deutlich gemacht: ‚Das erste Prinzip der Volkswirtschaftslehre ist, dass jeder Agierende nur von Eigeninteresse getrieben wird.‘

Dennoch haben alle schon einmal große Taten der Freundlichkeit oder des Mutes für Andere erlebt und manchmal sogar vollbracht, und zwar in Situationen, in denen es kaum eine Chance auf eine Belohnung gab. Für Ökonominnen und Ökonomen stellt sich die Frage: Sollte die Selbstlosigkeit, die in diesen Taten zum Ausdruck kommt, Teil der Überlegungen sein, die wir zum menschlichen Verhalten anstellen?

Manche sagen ‚Nein‘: Viele scheinbar großzügige Handlungen sind besser als Versuche zu verstehen, sich bei anderen einen guten Ruf zu verschaffen, der der handelnden Person in Zukunft zugute kommen wird.

Vielleicht ist das Helfen Anderer und das Einhalten sozialer Normen einfach nur Eigennutz mit einem langen Zeithorizont. Das dachte auch der Schriftsteller H. L. Mencken: ‚Das Gewissen ist die innere Stimme, die davor warnt, dass jemand zuschauen könnte.‘

In dem Versuch, die Debatte auf empirischer Basis zu lösen, haben Ökonominnen und Ökonomen seit den 1990er Jahren weltweit Hunderte von Experimenten durchgeführt, bei denen das Verhalten von Einzelpersonen (Studierenden, Arbeiskräften in der Landwirtschaft, Waljäger:innen, Lagerarbeiter:innen und Personen aus dem leitenden Management) bei realen Entscheidungen über das Teilen anhand von ökonomischen Spielen beobachtet werden kann.

Francis Ysidro Edgeworth. 2003. *Mathematical Psychics and Further Papers on Political Economy*. Oxford: Oxford University Press.

H. L. Mencken. 2006. *A Little Book in C Major*. New York, NY: Kessinger Publishing.

Gegenseitigkeit Eine Präferenz, freundlich zu sein oder anderen zu helfen, die freundlich und hilfsbereit sind, und anderen, die nicht hilfreich oder freundlich sind, Hilfe und Freundlichkeit vorzuenthalten. *Auch bekannt als: Reziprozität.*

Ungleichheitsaversion Eine Abneigung gegen Ergebnisse, bei denen einige Personen mehr erhalten als andere.

In diesen Experimenten sehen wir fast immer ein eigennütziges Verhalten. Aber wir beobachten auch **Altruismus**, **Gegenseitigkeit** (auch Reziprozität genannt), **Abneigung gegen Ungleichheit** und andere Präferenzen, die sich vom Eigeninteresse unterscheiden. In vielen Experimenten ist der *homo economicus* in der Minderheit. Das gilt selbst dann, wenn die Beträge, die geteilt (oder für sich selbst behalten) werden, viele Tageslöhne betragen.

Ist die Debatte damit beendet? Viele Ökonominnen und Ökonomen sind dieser Meinung und betrachten neben dem *homo oeconomicus* nun auch Menschen, die manchmal altruistisch, manchmal ungleichheitsavers und manchmal gegenseitig handelnd sind. Sie weisen darauf hin, dass die Annahme des Eigeninteresses in vielen Bereichen der Volkswirtschaftslehre angemessen ist, zum Beispiel beim Einkaufen oder bei der Art und Weise, wie Unternehmen Technologien einsetzen, um ihre Gewinne zu maximieren. Aber in anderen Bereichen ist sie nicht so angemessen, zum Beispiel bei der Frage, wie wir Steuern zahlen oder warum wir hart für unsere arbeitgebenden Unternehmen arbeiten.

4.3 DAS GEFANGENENDILEMMA

Stellen Sie sich vor, dass Anil und Bala jetzt vor einem anderen Problem stehen. Jeder von ihnen muss entscheiden, wie er mit Schädlingsinsekten umgehen soll. Die Schädlingsinsekten zerstören die Ernten, die Anil und Bala auf ihren benachbarten Feldern anbauen. Jeder von ihnen hat zwei realisierbare Strategien:

- Die erste ist der Einsatz einer preiswerten Chemikalie namens Terminator. Sie tötet jedes Insekt im Umkreis von mehreren Kilometern. Terminator sickert auch in die Wasserversorgung, die sowohl Anil als auch Bala nutzen.
- Die zweite Strategie ist die integrierte Schädlingsbekämpfung (ISB) anstelle einer Chemikalie. Arbeitskräfte in der Landwirtschaft, die ISB einsetzt, bringen nützliche Insekten auf den Acker. Die Nützlinge fressen die Schädlingsinsekten.

Wenn sich nur einer von ihnen für Terminator entscheidet, ist der Schaden recht begrenzt. Wenn sich beide für Terminator entscheiden, wird die Verunreinigung des Wassers zu einem ernsten Problem, so dass sie ein teures Filtersystem kaufen müssen. Die Abbildungen 4.3a und 4.3b beschreiben ihre Interaktionen.

Sowohl Anil als auch Bala sind sich dieser Ergebnisse bewusst. Daher wissen sie, dass ihre Auszahlung (der Geldbetrag, den sie zum Zeitpunkt der Ernte einnehmen werden, abzüglich der Kosten für ihre Strategie zur Schädlingsbekämpfung und der Installation einer Wasserfiltration, falls dies notwendig wird) nicht nur von ihrer eigenen Entscheidung abhängt, sondern auch von der Entscheidung der anderen Person. Dies ist eine strategische Interaktion.

Wie werden sie das Spiel spielen? Um dies herauszufinden, können wir die gleiche Methode wie im vorherigen Abschnitt anwenden (zeichnen Sie die Punkte und Kreise in der Auszahlungsmatrix für sich selbst).

	Bala	
	ISB	Terminator
ISB	Nützliche Insekten verbreiten sich über beide Felder und beseitigen Schädlinge Keine Wasserverschmutzung	Balas Chemikalien breiten sich auf Anils Feld aus und töten seine nützlichen Insekten Begrenzte Wasserverschmutzung
Terminator	Anils Chemikalien breiten sich auf Balas Feld aus und töten seine nützlichen Insekten Begrenzte Wasserverschmutzung	Eliminiert alle Schädlinge Starke Wasserverschmutzung Erfordert ein kostspieliges Filtersystem

(Die linke Randspalte ist mit **Anil** beschriftet.)

Abbildung 4.3a Soziale Interaktionen im Spiel zur Schädlingsbekämpfung.

Die besten Antworten für Anil:

- *Wenn Bala ISB wählt*: Terminator (billige Beseitigung von Schädlingen, mit geringer Wasserverschmutzung).
- *Wenn Bala sich für Terminator entscheidet*: Terminator (ISB kostet mehr und kann nicht funktionieren, da Balas Chemikalien nützliche Insekten töten würden).

Terminator ist also die dominante Strategie von Anil.

Sie können in ähnlicher Weise überprüfen, ob Terminator auch eine dominante Strategie für Bala ist.

	Bala	
	ISB	Terminator
ISB	3 3	4 1
Terminator	1 4	2 2

(Die linke Randspalte ist mit **Anil** beschriftet.)

Abbildung 4.3b Auszahlungsmatrix für das Schädlingsbekämpfungsspiel.

Da Terminator die dominante Strategie für beide ist, sagen wir voraus, dass beide diese Strategie verwenden werden. Das Dominanzstrategiegleichgewicht des Spiels besteht darin, dass beide Spieler das Insektengift einsetzen.

Anil und Bala erhalten jeweils eine Auszahlung von zwei. Aber beide wären besser dran, wenn sie stattdessen beide ISB nutzen würden. Das vorhergesagte Ergebnis ist also nicht das beste realisierbare Ergebnis. Das Schädlingsbekämpfungs-Spiel ist ein besonderes Beispiel für ein Spiel namens **Gefangenendilemma**.

> **Gefangenendilemma** Ein Spiel, bei dem die Auszahlungen im Dominanzstrategiegleichgewicht für jede spielende Person und damit auch insgesamt geringer sind als bei Kooperation der spielenden Personen.

Der Kontrast zwischen dem Spiel mit der unsichtbaren Hand und dem Gefangenendilemma zeigt, dass Eigeninteresse zu günstigen Ergebnissen führen kann, aber auch zu Ergebnissen, die niemand gutheißen würde. Solche Beispiele können uns helfen, genauer zu verstehen,

- wie Märkte das Eigeninteresse nutzen können, um die Funktionsweise der Wirtschaft zu verbessern,
- wo die Grenzen von Märkten liegen.

Drei Aspekte der Interaktion zwischen Anil und Bala veranlassten uns, einen unglücklichen Ausgang ihres Gefangenendilemma-Spiels vorherzusagen:

- Sie legten keinen Wert auf die Auszahlungen des anderen und berücksichtigten daher nicht die Kosten, die ihre Handlungen der anderen Person auferlegten.
- Es gab keine Möglichkeit für Anil, Bala oder irgendjemand anderen, den Landwirt, der das Insektengift (Terminator) eingesetzt hatte, für den Schaden, den es verursacht hatte, zur Rechenschaft zu ziehen.
- Sie waren nicht in der Lage, im Voraus eine Vereinbarung darüber zu treffen, was jeder von ihnen tun würde. Wären sie dazu in der Lage gewesen, hätten sie sich einfach darauf einigen können ISB zu verwenden, oder den Einsatz von Terminator verbieten können.

Wenn wir eines oder mehrere dieser Probleme bewältigen können, würde manchmal das von beiden bevorzugte Ergebnis herauskommen. Im weiteren Verlauf dieser Einheit werden wir also untersuchen, wie dies geschehen kann.

Das Gefangenendilemma

Der Name dieses Spiels stammt von einer Geschichte über zwei Gefangene (wir nennen sie Thelma und Louise), deren Strategien darin bestehen, entweder die andere eines Verbrechens zu beschuldigen (anzuklagen), das sie gemeinsam begangen haben könnten, oder zu leugnen, dass die andere Gefangene daran beteiligt war.

Wenn sowohl Thelma als auch Louise leugnen, werden sie nach ein paar Tagen der Befragung freigelassen.

Wenn eine Person die andere beschuldigt, während die andere Person leugnet, wird die anklagende Person sofort freigelassen (eine Strafe von null Jahren), während die andere Person eine lange Gefängnisstrafe (zehn Jahre) erhält.

Wenn schließlich sowohl Thelma als auch Louise die Option Anklagen wählen (das heißt, jede beschuldigt die andere), werden beide zu einer Gefängnisstrafe verurteilt. Diese Strafe wird aufgrund ihrer Kooperation mit der Polizei von zehn Jahren auf fünf Jahre reduziert. Die Auszahlungen in diesem Spiel sind in Abbildung 4.4 dargestellt.

		Louise	
		Leugnen	Beschuldigen
Thelma	Leugnen	1 / 1	0 / 10
	Beschuldigen	10 / 0	5 / 5

Abbildung 4.4 Gefangenendilemma (Auszahlungen sind Jahre im Gefängnis).

(Die Auszahlungen werden in Form von Gefängnisjahren angegeben— Louise und Thelma bevorzugen also niedrigere Zahlen.)

In einem Gefangenendilemma haben beide Spieler:innen eine dominante Strategie (in diesem Beispiel lautet diese „Beschuldigen"), die, wenn sie von beiden gespielt wird, zu einem Ergebnis führt, das für beide schlechter ist, als wenn sie beide eine andere Strategie (in diesem Beispiel „Leugnen") gewählt hätten.

Eine Lösung für das Gefangenendilemma in der Show *Golden Balls* https://tinyco.re/7018789

Unsere Geschichte über Thelma und Louise ist hypothetisch, aber dieses Spiel lässt sich auf viele reale Probleme anwenden. Sehen Sie sich zum Beispiel den Ausschnitt aus der TV-Quizshow *Golden Balls* (https://tinyco.re/7018789) an, und Sie werden sehen, wie ein gewöhnlicher Mensch das Gefangenendilemma auf geniale Weise löst.

In der Volkswirtschaftslehre wird die für beide Seiten vorteilhafte Strategie (Leugnen) allgemein als Kooperation bezeichnet, während die dominante Strategie (Beschuldigen) als Defektion bezeichnet wird. Kooperation bedeutet nicht, dass sich die Spieler:innen zusammensetzen und besprechen, was zu tun ist. Die Regeln des Spiels sehen immer vor, dass alle Spieler:innen unabhängig voneinander über die eigene Strategie entscheiden.

FRAGE 4.3 WÄHLEN SIE DIE RICHTIGE(N) ANTWORT(EN)

Dimitrios und Ameera arbeiten für eine internationale Investmentbank als Devisenhändler:innen. Sie werden von der Polizei zu ihrer mutmaßlichen Beteiligung an einer Reihe von Marktmanipulationen befragt. Die folgende Tabelle zeigt die Kosten jeder Strategie (in Form der Länge der Haftstrafen in Jahren, die sie erhalten werden), je nachdem, ob sie sich gegenseitig beschuldigen oder das Verbrechen leugnen. Die erste Zahl ist die Auszahlung für Dimitrios, während die zweite Zahl die Auszahlung für Ameera ist (die negativen Zahlen bedeuten Verluste). Gehen Sie davon aus, dass es sich bei dem Spiel um ein simultanes One-Shot-Spiel handelt.

		Ameera	
		Leugnen	Beschuldigen
Dimitrios	Leugnen	−2 / −2	0 / −15
	Beschuldigen	−15 / 0	−8 / −8

Aus diesen Informationen können wir schließen, dass:

- ☐ Dimitrios und Ameera schweigen und ihre Beteiligung abstreiten werden.
- ☐ Dimitrios und Ameera sich gegenseitig beschuldigen werden, auch wenn sie am Ende für acht Jahre im Gefängnis sitzen werden.
- ☐ Ameera beschuldigen wird, egal welche Aussage sie von Dimitrios erwartet.
- ☐ Eine geringe Wahrscheinlichkeit besteht, dass Dimitrios und Ameera mit jeweils zwei Jahren davonkommen.

ÜBUNG 4.2 POLITISCHE WERBUNG

Viele Menschen betrachten Wahlkampfwerbung als ein klassisches Beispiel für ein Gefangenendilemma.

1. Erläutern Sie anhand von Beispielen aus einer aktuellen politischen Kampagne, die Sie kennen, ob dies der Fall ist.
2. Schreiben Sie eine beispielhafte Auszahlungsmatrix für diesen Fall auf.

4.4 SOZIALE PRÄFERENZEN: ALTRUISMUS

Wenn Studierende in Hörsaal- oder Laborexperimenten Spiele mit einem Gefangenendilemma spielen, bei denen es manchmal um beträchtliche Summen von echtem Geld geht, ist häufig zu beobachten, dass die Hälfte oder mehr der Teilnehmenden eher die Strategie Kooperation als Defektion spielen, obwohl die gegenseitige Defektion die dominante Strategie für Spieler:innen ist, denen es nur um ihre eigenen monetären Auszahlungen geht. Eine Interpretation dieser Ergebnisse ist, dass die Spieler:innen altruistisch sind.

Wenn Anil beispielsweise den Schaden ausreichend berücksichtigen würde, den er Bala durch den Einsatz von Terminator zufügen würde, als Bala ISB einsetzte, dann wäre ISB die beste Antwort von Anil auf Balas ISB gewesen. Und wenn Bala genauso geurteilt hätte, dann wäre ISB die beste Antwort für beide gewesen und die beiden hätten sich nicht länger in einem Gefangenendilemma befunden.

Eine Person, die bereit ist, Kosten zu tragen, um einer anderen Person zu helfen, hat altruistische Präferenzen. In dem eben genannten Beispiel war Anil bereit, auf eine Einheit Auszahlung zu verzichten, weil Bala dadurch zwei Einheiten verloren hätte. Es kostete ihn eine Einheit, sich für ISB zu entscheiden, als Bala sich für ISB entschieden hatte, und brachte Bala einen Nutzen von zwei, was bedeutet, dass er altruistisch gehandelt hat.

Die ökonomischen Modelle, die wir in Einheit 3 verwendet haben, gingen von eigennützigen Präferenzen aus: Alexei, der Student, und Angela, die Landwirtin, sorgten sich um ihre eigene Freizeit und ihre eigenen Noten oder ihren eigenen Konsum. Menschen kümmern sich im Allgemeinen nicht nur darum, was mit ihnen selbst geschieht, sondern auch darum, was mit anderen geschieht. Dann sagen wir, dass das Individuum **soziale Präferenzen** hat. Altruismus ist ein Beispiel für eine soziale Präferenz. Auch Neid und Missgunst sind soziale Präferenzen.

> **soziale Präferenzen** Präferenzen, die dem, was anderen Menschen widerfährt, einen Wert beimessen, auch wenn dies zu einer geringeren Auszahlung für den Einzelnen führt.

Altruistische Präferenzen als Indifferenzkurven

In den vorherigen Einheiten haben wir Indifferenzkurven und realisierbare Mengen verwendet, um Alexeis und Angelas Verhalten zu modellieren. Wir können dasselbe tun, um zu untersuchen, wie Menschen interagieren, wenn soziale Präferenzen Teil ihrer Motivation sind.

Stellen Sie sich die folgende Situation vor. Anil hat einige Lose für die nationale Lotterie erhalten, und eines davon hat einen Preis von 10 000 INR gewonnen. Er kann natürlich das ganze Geld für sich behalten, aber er kann auch einen Teil davon mit seinem Nachbarn Bala teilen. Abbildung 4.5 stellt die Situation grafisch dar. Die horizontale Achse stellt den Geldbetrag (in Tausend INR) dar, den Anil für sich behält, und die vertikale Achse den Betrag, den er an Bala weitergibt. Jeder Punkt (x, y) steht für eine Kombination von Geldbeträgen für Anil (x) und Bala (y) in Tausend INR. Das schattierte Dreieck zeigt die möglichen Optionen für Anil. Bei der Ecke (10, 0) auf der horizontalen Achse behält Anil alles. An der anderen Ecke (0, 10) auf der vertikalen Achse gibt Anil alles an Bala ab. Anils realisierbare Menge ist der schattierte Bereich.

Die Begrenzung des schattierten Bereichs ist die Machbarkeitsgrenze. Wenn Anil sein Preisgeld zwischen sich und Bala aufteilt, wählt er einen Punkt auf dieser Grenze (innerhalb der Grenze zu sein würde bedeuten, einen Teil des Geldes wegzuwerfen). Die Wahl zwischen den Punkten auf der Machbarkeitsgrenze wird **Nullsummenspiel** genannt, weil bei der Wahl des Punktes B anstelle des Punktes A, wie in Abbildung 4.5, die Summe von Anils Verlusten und Balas Gewinnen gleich null ist (zum Beispiel hat Anil bei B 3000 INR weniger als bei A, und Bala hat bei B 3000 INR und bei A nichts).

Anils Präferenzen können durch Indifferenzkurven dargestellt werden, die Kombinationen der Beträge für Anil und Bala zeigen, die von Anil alle gleichermaßen bevorzugt werden. Abbildung 4.5 veranschaulicht zwei Fälle. Im ersten Fall hat Anil eigennützige Präferenzen, so dass seine Indifferenzkurven gerade vertikale Linien sind. Im zweiten Fall ist er in gewisser Weise altruistisch—er sorgt sich um Bala—, so dass seine Indifferenzkurven fallend sind.

> **Nullsummenspiel** Ein Spiel, bei dem die Gewinne und Verluste der Individuen bei allen Kombinationen von Strategien, die sie verfolgen könnten, die Summe Null ergeben.

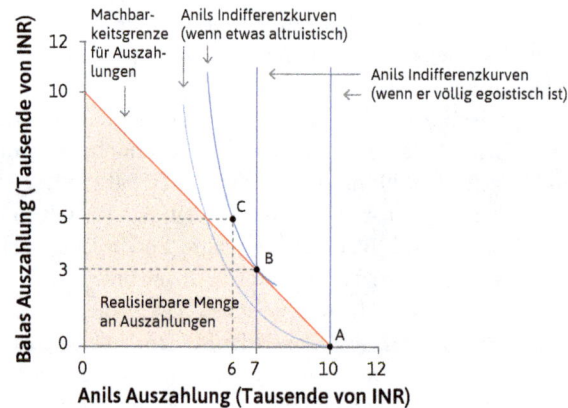

Abbildung 4.5 Wie Anil seinen Lottogewinn verteilt, hängt davon ab, ob er egoistisch oder altruistisch ist.

1. Mögliche Auszahlungsbeträge

Jeder Punkt (x, y) in der Abbildung steht für eine Kombination von Geldbeträgen für Anil (x) und Bala (y), in Tausend INR. Das schattierte Dreieck zeigt die möglichen Optionen für Anil.

2. Indifferenzkurven, wenn Anil eigennützig ist

Wenn es Anil völlig egal ist, was Bala bekommt, sind seine Indifferenzkurven gerade vertikale Linien. Es ist ihm gleichgültig, ob Bala viel oder nichts bekommt. Er bevorzugt Kurven, die weiter rechts liegen, da er so mehr Geld bekommt.

3. Anils beste Option

Angesichts seiner realisierbaren Menge ist die beste Option für Anil A, bei der er das gesamte Geld behält.

4. Was, wenn Anil sich um Balas Wohlbefinden sorgt?

Aber Anil kann sich auch um seinen Nachbarn Bala kümmern. In diesem Fall ist er glücklicher, wenn Bala reicher ist: Das heißt, er zieht Nutzen aus Balas Wohlbefinden. In diesem Fall hat er fallende Indifferenzkurven.

5. Anils Indifferenzkurven, wenn er etwas altruistisch ist

Die Punkte B und C werden von Anil gleichermaßen bevorzugt, so dass es in Anils Augen genauso gut ist, wenn Anil 7 behält und Bala 3 bekommt, wie wenn Anil 6 bekommt und Bala 5. Seine beste mögliche Option ist Punkt B.

Wenn Anil eigennützig ist, ist die beste Option angesichts der realisierbaren Menge A, bei der er das gesamte Geld behält. Wenn er Nutzen aus Balas Konsum zieht, hat er fallende Indifferenzkurven, so dass er möglicherweise ein Ergebnis bevorzugt, bei dem Bala einen Teil des Geldes erhält.

Mit den spezifischen Indifferenzkurven, die in Abbildung 4.5 gezeigt werden, ist die beste realisierbare Option für Anil der Punkt B (7, 3), bei dem Anil 7000 INR behält und 3000 an Bala gibt. Anil zieht es vor, 3000 INR an Bala zu geben, auch wenn ihn das 3000 INR kostet. Dies ist ein Beispiel für Altruismus: Anil ist bereit, Kosten in Kauf zu nehmen, um anderen zu helfen.

Leibniz: Die optimale Verteilung bei altruistischen Präferenzen finden (https://tinyco.re/3442265)

ÜBUNG 4.3 ALTRUISMUS UND SELBSTLOSIGKEIT

Unter Verwendung der gleichen Achsen wie in Abbildung 4.5 (Seite 164):

1. Wie würden Anils Indifferenzkurven aussehen, wenn ihm der Konsum von Bala genauso wichtig wäre wie sein eigener?
2. Wie sähen sie aus, wenn er seinen Nutzen nur aus der Summe seines und Balas Konsums ableiten würde?
3. Wie sähen sie aus, wenn er seinen Nutzen nur aus dem Konsum von Bala ableiten würde?
4. Geben Sie für jeden dieser Fälle eine reale Situation an, in der Anil diese Präferenzen haben könnte, und stellen Sie sicher, dass Sie angeben, wie Anil und Bala ihre Auszahlungen beziehen.

FRAGE 4.4 WÄHLEN SIE DIE RICHTIGE(N) ANTWORT(EN)

In Abbildung 4.5 (Seite 164) hat Anil gerade im Lotto gewonnen und 10 000 INR erhalten. Er überlegt, wie viel (wenn überhaupt) er von dieser Summe mit seinem Freund Bala teilen möchte. Bevor er es schafft, seinen Gewinn zu teilen, erhält Anil einen Hinweis auf die zu zahlende Steuer auf den Lottogewinn. Die zu zahlende Steuer für diesen Gewinn liegt bei 3000 INR. Welche der folgenden Aussagen trifft zu?

☐ Bala erhält 3000 INR, wenn Anil etwas altruistisch ist.
☐ Wenn Anil vor der Steuerrechnung etwas altruistisch war und 7000 INR behalten hätte, wird er nach der Steuer immer noch 700 INR behalten, wenn er völlig egoistisch wird.
☐ Anil wird sich nach der Steuer auf einer niedrigeren Indifferenzkurve befinden.
☐ Wäre Anil so extrem altruistisch gewesen, dass er sich nur um Balas Anteil gekümmert hätte, dann hätte Bala vor und nach der Steuerrechnung das gleiche Einkommen erhalten.

4.5 ALTRUISTISCHE PRÄFERENZEN IM GEFANGENENDILEMMA

Als Anil und Bala Schädlinge loswerden wollten (Abschnitt 4.3), befanden sie sich in einem Gefangenendilemma. Ein Grund für das unglückliche Ergebnis war, dass sie die Kosten, die ihre Handlungen für die andere Person mit sich brachten, nicht berücksichtigten. Die Entscheidung für die Schädlingsbekämpfung mit dem Insektizid bedeutete einen **Free-ride** auf dem Beitrag des anderen Landwirts zur Gewährleistung von sauberem Wasser.

Wenn Anil das Wohlergehen von Bala ebenso am Herzen liegt wie sein eigenes, kann das Ergebnis anders ausfallen.

In Abbildung 4.6 stellen die beiden Achsen nun die Auszahlungen von Anil und Bala dar. Genau wie im Beispiel mit dem Lotto zeigt das Diagramm die realisierbaren Ergebnisse. In diesem Fall hat die realisierbare Menge jedoch nur vier Punkte. Wir haben die Namen der Strategien der Einfachheit halber abgekürzt: Terminator ist T, ISB ist I. Beachten Sie, dass Bewegungen nach oben und nach rechts von (T, T) nach (I, I) für beide Seiten von Vorteil sind: Beide erhalten höhere Auszahlungen. Andererseits sind Bewegungen nach oben und nach links oder nach unten und nach rechts—von (I, T) nach (T, I) oder umgekehrt—Gewinn-Verlust Veränderungen. Gewinn-Verlust bedeutet, dass Bala eine höhere Auszahlung auf Kosten von Anil erhält, oder dass Anil auf Kosten von Bala profitiert.

Wie bei der Aufteilung von den Lottogewinnen, betrachten wir zwei Fälle. Wenn Anil das Wohlergehen von Bala egal ist, sind seine Indifferenzkurven vertikale Linien. Wenn ihm das Wohlbefinden von Bala wichtig ist, sind seine Indifferenzkurven fallend. Arbeiten Sie Abbildung 4.6 durch, um zu sehen, was in jedem Fall passiert.

Abbildung 4.6 zeigt, dass wenn Anil völlig eigennützig ist, seine dominante Strategie Terminator ist (wie wir bereits gesehen haben). Wenn Anil das Wohlergehen von Bala ausreichend am Herzen liegt, ist seine dominante Strategie ISB. Wenn Bala genauso empfindet, würden sich beide für ISB entscheiden, was zu dem Ergebnis führt, das sie beide am meisten bevorzugen.

Die wichtigste Lektion ist, dass soziale Dilemmas leichter zu lösen sind, wenn sich die Menschen umeinander sorgen. Dies hilft uns, die historischen Beispiele zu verstehen, in denen Menschen bei der Bewässerung zusammenarbeiten oder das Montreal-Protokoll zum Schutz der Ozonschicht durchsetzen, anstatt als Free-rider die Kooperation anderer zu nutzen.

FRAGE 4.5 WÄHLEN SIE DIE RICHTIGE(N) ANTWORT(EN)
Abbildung 4.6 zeigt für das Gefangenendilemma-Spiel die Präferenzen von Anil, wenn er völlig egoistisch ist, und auch, wenn er etwas altruistisch ist.

Anhand des Diagramms können wir sagen, dass:

☐ Wenn Anil völlig egoistisch ist, ist der Einsatz von Terminator seine dominante Strategie.
☐ Wenn Anil etwas altruistisch ist, ist die Verwendung von Terminator seine dominante Strategie.
☐ Wenn Anil vollkommen egoistisch ist, ist (T, T) das Dominanzstrategiegleichgewicht, auch wenn es für ihn auf einer niedrigeren Indifferenzkurve liegt als (T, I).
☐ Wenn Anil etwas altruistisch ist und Balas Präferenzen die gleichen sind wie die von Anil, (I, I) als Dominanzstrategiegleichgewicht erreicht wird.

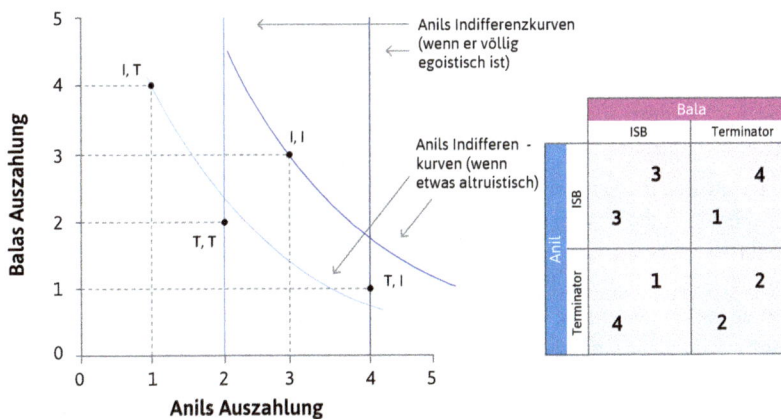

Abbildung 4.6 Anils Entscheidung, ISB (I) oder Terminator (T) als Strategie für den Anbau zu verwenden, hängt davon ab, ob er völlig egoistisch oder eher altruistisch ist.

1. Die Auszahlungen von Anil und Bala
Die beiden Achsen in der Abbildung stellen die Auszahlungen von Anil und Bala dar. Die vier Punkte sind die realisierbaren Ergebnisse, die mit den Strategien verbunden sind.

2. Anils Indifferenzkurven, wenn er ihm Bala egal ist
Wenn Anil das Wohlergehen von Bala egal ist, sind seine Indifferenzkurven vertikal, also ist (T, I) sein bevorzugtes Ergebnis. Er bevorzugt (T, I) gegenüber (I, I), sollte also T wählen, wenn Bala I wählt. Wenn Anil völlig egoistisch ist, ist T eindeutig seine beste Wahl.

3. Anils Indifferenzkurven, wenn ihm Bala nicht egal ist
Wenn Anil das Wohlergehen von Bala am Herzen liegt, sind die Indifferenzkurven fallend und (I, I) ist sein bevorzugtes Ergebnis. Wenn Bala I wählt, sollte Anil I wählen. Anil sollte auch I wählen, wenn Bala T wählt, da er (I, T) gegenüber (T, T) bevorzugt.

ÜBUNG 4.4 AMORALISCHER EIGENNUTZEN

Stellen Sie sich eine Gesellschaft vor, in der alle nur an sich selbst interessiert (sich nur um das eigene Vermögen kümmern würden) und amoralisch wären (keine ethischen Regeln befolgen würden, die den Erwerb dieses Vermögens beeinträchtigen würden). Wie würde sich diese Gesellschaft von der Gesellschaft, in der Sie leben, unterscheiden? Bedenken Sie dabei Folgendes:

- Familien
- Arbeitswelt
- Nachbarschaften
- Verkehr
- politische Aktivitäten (würden die Menschen wählen gehen?)

4.6 ÖFFENTLICHE GÜTER, FREE-RIDING UND WIEDERHOLTE INTERAKTION

Betrachten wir nun den zweiten Grund für einen unglücklichen Ausgang des Gefangenendilemmas. Es gab keine Möglichkeit für Anil oder Bala (oder irgendjemand anderen), denjenigen, der das Insektizid eingesetzt hatte, für den Schaden, den es verursacht hatte, zur Rechenschaft zu ziehen.

Die Probleme von Anil und Bala sind hypothetisch, aber sie zeigen das reale Dilemma des Free-rides, mit dem viele Menschen auf der ganzen Welt konfrontiert sind. Wie in Spanien sind zum Beispiel viele Arbeitskräfte in der Landwirtschaft Südostasiens auf eine gemeinsame Bewässerungsanlage angewiesen, um ihre Ernte zu produzieren. Das System erfordert ständige Wartung und neue Investitionen. Jede Landwirt:in steht vor der Entscheidung, wie viel sie oder er zu diesen Aktivitäten beitragen will. Diese Aktivitäten kommen der gesamten Gemeinschaft zugute, und wenn die Arbeitskräfte sich nicht freiwillig beteiligen, können andere die Arbeit trotzdem erledigen.

Stellen Sie sich vor, es gibt vier Arbeitskräfte in der Landwirtschaft, die entscheiden, ob sie sich an der Instandhaltung eines Bewässerungsprojekts beteiligen wollen.

Die Kosten für den Beitrag zum Projekt betragen jeweils 10 USD. Wenn jedoch eine Person einen Beitrag leistet, profitieren alle vier von den höheren Erträgen, die durch die Bewässerung erzielt werden, sodass jede Landwirt:in einen Gewinn von je 8 USD erhält. Der Beitrag zum Bewässerungsprojekt wird als **öffentliches Gut** bezeichnet: Wenn eine Person die Kosten für die Bereitstellung des Gutes trägt, erhalten alle einen Nutzen.

Betrachten wir nun die Entscheidung, vor der Kim, eine der vier Personen, steht. Abbildung 4.7 zeigt, wie ihre Entscheidung von ihrem Gesamteinkommen abhängt, aber auch von der Anzahl der anderen, die sich für einen Beitrag zum Bewässerungsprojekt entscheiden.

Wenn zum Beispiel zwei der anderen einen Beitrag leisten, erhält Kim von jedem ihrer Beiträge einen Nutzen von 8 USD. Wenn sie also selbst keinen Beitrag leistet, beträgt ihre gesamte Auszahlung, die in rot dargestellt ist, 16 USD. Wenn sie sich entscheidet, einen Beitrag zu leisten, erhält sie einen zusätzlichen Nutzen von 8 USD (und die anderen drei auch). Allerdings fallen für sie Kosten in Höhe von 10 USD an, so dass ihre gesamte Auszahlung 14 SD beträgt, wie in Abbildung 4.7 dargestellt und in Abbildung 4.8 berechnet.

Die Abbildungen 4.7 und 4.8 veranschaulichen das soziale Dilemma. Wie auch immer sich die anderen Personen entscheiden, Kim verdient mehr Geld, wenn sie keinen Beitrag leistet, als wenn sie einen leistet. Nicht beizutragen ist eine dominante Strategie. Sie kann die Beiträge der Anderen als Free-ride nutzen.

öffentliches Gut Ein Gut, dessen Nutzung durch eine Person seine Verfügbarkeit für andere nicht verringert. *Auch bekannt als: nicht-rivales Gut. Siehe auch: nicht ausschließbares öffentliches Gut, künstlich knappes Gut.*

Bei diesem Spiel der öffentlichen Güter handelt es sich um ein Gefangenendilemma, bei dem es mehr als zwei Spieler:innen gibt. Wenn sich die Arbeitskräfte in der Landwirtschaft nur um ihre eigene monetäre Auszahlung kümmern, gibt es ein Dominanzstrategiegleichgewicht, bei dem niemand einen Beitrag leistet und ihre Auszahlungen alle gleich null sind. Würden hingegen alle einen Beitrag leisten, bekäme jede Arbeitskraft 22 USD. Wenn alle kooperieren, würden alle profitieren, aber unabhängig davon, was die anderen tun, ist es für jede Arbeitskraft besser, als Free-rider von den anderen zu profitieren.

Altruismus könnte helfen, das Free-ride Problem zu lösen: Wenn Kim die anderen Personen am Herzen lägen, wäre sie vielleicht bereit, sich an dem Bewässerungsprojekt zu beteiligen. Wenn jedoch eine große Zahl von Menschen an einem Öffentlichen-Gut-Spiel beteiligt ist, ist es weniger wahrscheinlich, dass Altruismus ausreicht, um ein für alle Seiten vorteilhaftes Ergebnis zu erzielen.

Trotzdem haben sich Arbeitskräfte in der Landwirtschaft sowie Fischerei in der ganzen Welt, in vielen Fällen mit großem Erfolg, mit öffentlichen Gütern auseinandergesetzt. Die Erkenntnisse, die die Politikwissenschaftlerin Elinor Ostrom und andere Forscher:innen über gemeinsame Bewässerungsprojekte in Indien, Nepal und anderen Ländern gesammelt haben, zeigen, dass der Grad der Kooperation unterschiedlich ist. In einigen Gemeinschaften fördert eine Vertrauensbasis die Kooperation. In anderen wiederum findet keine Kooperation statt. In Südindien zum Beispiel gab es in Dörfern mit extremen Ungleichheiten in Bezug auf Land und Kastenstatus mehr Konflikte um die Wassernutzung. Weniger ungleiche Dörfer hielten ihre Bewässerungssysteme besser instand: Es war einfacher, die Kooperation aufrechtzuerhalten.

Elinor Ostrom. 2000. ‚Collective Action and the Evolution of Social Norms'. *Journal of Economic Perspectives* 14 (3): pp. 137–58.

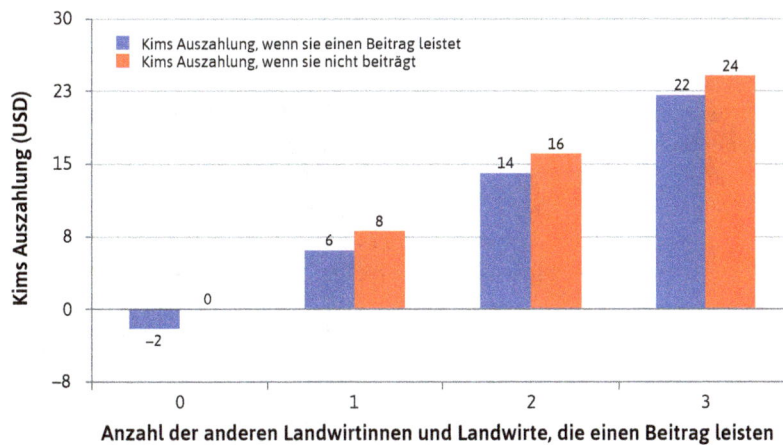

Abbildung 4.7 Kims Auszahlungen im Spiel der öffentlichen Güter.

Von den Beiträgen der anderen profitieren		16
Plus Nutzen aus ihrem eigenen Beitrag	+	8
Abzüglich der Kosten für ihren Beitrag	−	10
Gesamt		**USD 14**

Abbildung 4.8 Beispiel: Wenn zwei andere Personen einen Beitrag leisten, ist Kims Auszahlung geringer, wenn sie ebenfalls einen Beitrag leistet.

BEDEUTENDE ÖKONOMINNEN UND ÖKONOMEN

Elinor Ostrom

Die Wahl der Politikwissenschaftlerin Elinor Ostrom (1933–2012) als Mitpreisträgerin des Nobelpreises 2009 hat die meisten Ökonominnen und Ökonomen überrascht. Steven Levitt, Professor an der Universität von Chicago, gab beispielsweise zu, dass er nichts über ihre Arbeit wusste und sich „nicht daran erinnern kann, dass ihr Name jemals von Ökonominnen und Ökonomen erwähnt worden wäre".

Einige verteidigten die Entscheidung jedoch energisch. Vernon Smith, ein experimenteller Ökonom, der bereits zuvor den Preis erhalten hatte, beglückwünschte das Nobelkomitee dazu, dass es ihre Originalität, ihren „wissenschaftlichen gesunden Menschenverstand" und ihre Bereitschaft, „genau auf die Daten zu hören", anerkannt habe.

Ostroms gesamte akademische Laufbahn konzentrierte sich auf ein Konzept, das in der Volkswirtschaftslehre eine zentrale Rolle spielt, aber nur selten näher untersucht wird: das Eigentum. Ronald Coase hatte festgestellt, wie wichtig klar abgegrenzte Eigentumsrechte sind, wenn die Handlungen einer Person das Wohlergehen anderer beeinträchtigen. Coases Hauptanliegen war jedoch die Grenze zwischen der einzelnen Person und dem Staat bei der Regulierung solcher Handlungen. Ostrom erforschte den Mittelweg, bei dem Gemeinschaften und nicht Individuen oder formale Regierungen die Eigentumsrechte besitzen.

Damals galt die gängige Meinung, dass informelles kollektives Eigentum von Ressourcen zu einer „Tragik der Allmende" führen würde. Das heißt, Ökonominnen und Ökonomen glaubten, dass die Ressourcen unter einem Gemeineigentumssystem nicht effizient und nachhaltig genutzt werden könnten. Dank Elinor Ostrom ist diese Ansicht nicht mehr dominierend.

Zunächst unterschied sie zwischen Ressourcen, die als Gemeineigentum gehalten werden, und solchen, die dem freien Zugang unterliegen:

- *Gemeinschaftseigentum* umfasst eine genau definierte Gemeinschaft von Nutzenden, die in der Praxis, wenn nicht sogar nach dem Gesetz, in der Lage sind, Außenstehende an der Nutzung der Ressource zu hindern. Küstenfischerei, Weideland oder Waldgebiete sind Beispiele dafür.
- *Frei zugängliche Ressourcen* wie zum Beispiel die Hochseefischerei oder die Atmosphäre als Kohlenstoffsenke können ohne Einschränkungen genutzt werden, mit Ausnahme derer, die von Staaten selbst oder durch internationale Abkommen auferlegt werden.

Ostrom war nicht die einzige, die diese Unterscheidung betonte, aber sie stützte sich auf eine einzigartige Kombination von Fallstudien, statistischen Methoden, spieltheoretischen Modellen mit unorthodoxen Bestandteilen und Laborexperimenten, um zu verstehen, wie Tragiken der Allmende abgewendet werden können.

Sie entdeckte große Unterschiede in der Art und Weise, wie Gemeineigentum verwaltet wird. Einige Gemeinschaften waren in der Lage, Regeln aufzustellen und sich auf **soziale Normen** zu stützen, um eine nachhaltige Nutzung der Ressourcen durchzusetzen, während dies anderen nicht gelang. Ein großer Teil ihrer Karriere war der Ermittlung der Erfolgskriterien gewidmet, und der Nutzung von Theorie, um zu verstehen, warum einige Regelungen gut funktionierten und andere nicht.

Viele Ökonominnen und Ökonomen glaubten, dass sich die Vielfalt der Ergebnisse mit Hilfe der Theorie der wiederholten Spiele erklären ließe. Diese Theorie besagt, dass selbst dann, wenn alle Individuen nur an sich selbst interessiert sind, kooperative Ergebnisse auf unbegrenzte Zeit aufrechterhalten werden können, wenn die Interaktionen mit ausreichend hoher Wahrscheinlichkeit wiederholt werden und die Individuen geduldig genug sind.

Für Ostrom war dies jedoch keine befriedigende Erklärung. Unter anderem deshalb, weil dieselbe Theorie voraussagte, dass jedes beliebige Ergebnis, einschließlich einer schnellen Erschöpfung, eintreten könnte.

Vor allem aber wusste Ostrom, dass die nachhaltige Nutzung durch Handlungen erzwungen wurde, die eindeutig von der Hypothese des materiellen Eigeninteresses abwichen. Insbesondere würden Individuen bereit sein, erhebliche Kosten zu tragen, um Verstöße gegen Regeln oder Normen zu bestrafen. Wie der Ökonom Paul Romer es formulierte, erkannte sie die Notwendigkeit, „die Modelle menschlicher Präferenzen um eine mögliche Bereitschaft, andere zu bestrafen, zu erweitern".

Ostrom entwickelte einfache spieltheoretische Modelle, in denen Individuen unorthodoxe Präferenzen haben und für die die Themen Vertrauen und Gegenseitigkeit von zentraler Bedeutung sind. Und sie suchte nach Wegen, wie Menschen, die mit einem sozialen Dilemma konfrontiert sind, eine Tragödie vermeiden, indem sie die Regeln so ändern, dass sich der strategische Charakter der Interaktion veränderte.

In Zusammenarbeit mit Ökonominnen und Ökonomen führte sie eine innovative Reihe von Experimenten durch, in denen sie die weit verbreitete Anwendung kostspieliger Strafen als Reaktion auf die übermäßige Entnahme von Ressourcen bestätigte und außerdem die Macht der Kommunikation und die entscheidende Rolle informeller Vereinbarungen bei der Förderung der Kooperation nachwies. Thomas Hobbes, ein Philosoph des 17. Jahrhunderts, hatte behauptet, dass Vereinbarungen von Regierungen durchgesetzt werden müssten, da „Verträge ohne das Schwert nur Worte sind und keine Kraft haben, einen Menschen zu schützen". Ostrom war da anderer Meinung. Wie sie im Titel eines einflussreichen Artikels schrieb, machen Abkommen—auch ohne Schwert— Selbstverwaltung möglich.

> **soziale Norm** Ein den meisten Angehörigen einer Gesellschaft gemeinsames Verständnis darüber, was Menschen in einer bestimmten Situation tun sollten, wenn ihre Handlungen andere beeinflussen.

Elinor Ostrom, James Walker, und Roy Gardner. 1992. ‚Covenants With and Without a Sword: Self-Governance is Possible'. *The American Political Science Review* 86 (2).

Soziale Präferenzen erklären zum Teil, warum diese Gemeinschaften die Tragik der Allmende von Garrett Hardin vermeiden. Sie können aber auch Wege finden, um Free-riding abzuschrecken.

Wiederholte Spiele

Heutiges Free-riding auf den Beiträgen anderer Angehörigen der eigenen Gemeinschaft kann morgen oder in einigen Jahren unangenehme Folgen haben. Kontinuierliche Beziehungen sind ein wichtiges Merkmal sozialer Interaktionen, das in den von uns bisher verwendeten Modellen nicht erfasst wurde: Das Leben ist kein einmaliges Spiel.

Die Interaktion zwischen Anil und Bala in unserem Modell war ein One-Shot-Spiel. Als Eigentümer benachbarter Felder sind Anil und Bala jedoch realistischer dargestellt, wenn sie wiederholt interagieren.

Stellen Sie sich vor, wie anders die Dinge verlaufen würden, wenn wir ihre Interaktion als ein Spiel darstellen würden, das jede Saison wiederholt wird. Nehmen wir an, dass Bala die ISB übernommen hat. Was ist die beste Antwort für Anil? Er würde folgendermaßen argumentieren:

ANIL: Wenn ich ISB spiele, wird Bala das vielleicht auch weiterhin tun, aber wenn ich Terminator einsetze—was meine Gewinne in dieser Saison erhöhen würde—, würde Bala nächstes Jahr Terminator einsetzen. Wenn ich also jetzt nicht extrem ungeduldig in Bezug auf Einkommen bin, bleibe ich lieber bei ISB.

Bala könnte auf genau dieselbe Weise argumentieren. Das Ergebnis könnte sein, dass sie dann für immer mit ISB weiterspielen würden.

Im nächsten Abschnitt werden wir uns experimentelle Belege dafür ansehen, wie sich Menschen verhalten, wenn ein Spiel mit öffentlichen Gütern wiederholt wird.

FRAGE 4.6 WÄHLEN SIE DIE RICHTIGE(N) ANTWORT(EN)

Vier Landwirtinnen und Landwirte entscheiden, ob sie sich an der Instandhaltung eines Bewässerungsprojekts beteiligen wollen. Die Beteiligung an dem Projekt kostet je 10 USD. Aber für jede Person, die einen Beitrag leistet, profitieren alle vier von einer Steigerung ihrer Erträge und erhöhen ihren Gewinn um 8 USD.

Welche der folgenden Aussagen ist richtig?

☐ Wenn alle egoistisch sind, wird keine Person einen Beitrag leisten.
☐ Wenn eine Person, Kim, sich um ihren Nachbarn Jim genauso kümmert wie um sich selbst, wird sie 10 USD beisteuern.
☐ Wenn Kim altruistisch ist und 10 USD spendet, werden die anderen vielleicht auch einen Beitrag leisten, selbst wenn sie egoistisch sind.
☐ Wenn die Personen diese Entscheidung jedes Jahr neu treffen müssen, werden sie sich vielleicht auch dann für den Beitrag von 10 USD entscheiden, wenn sie egoistisch sind.

4.7 BEITRÄGE ZUM ÖFFENTLICHEN GUT UND BESTRAFUNG DURCH GLEICHGESTELLTE

Ein Experiment zeigt, dass Menschen in einem Spiel mit öffentlichen Gütern ein hohes Maß an Kooperation aufrechterhalten können, solange sie die Möglichkeit haben, Free-rider zu adressieren, sobald klar wird, wer weniger als die Norm beiträgt.

Abbildung 4.9a zeigt die Ergebnisse von Laborexperimenten, die die Kosten und den Nutzen von Beiträgen für ein öffentliches Gut in der realen Welt imitieren. Die Experimente wurden in Städten auf der ganzen Welt durchgeführt. In jedem Experiment spielen die Teilnehmenden 10 Runden eines Spiels mit öffentlichen Gütern, ähnlich wie bei dem Spiel mit Kim und den anderen Landwirtinnen und Landwirten, das wir gerade beschrieben haben. In jeder Runde erhalten die Teilnehmenden des Experiments (wir nennen sie Versuchspersonen) 20 USD. Sie werden nach dem Zufallsprinzip in kleine Gruppen von typischerweise vier Personen eingeteilt, die sich nicht kennen. Sie werden gebeten, sich für einen Beitrag ihrer 20 USD zu einem gemeinsamen Topf mit Bargeld zu entscheiden. Der Geldtopf (auch Pool genannt) ist ein öffentliches Gut. Für jeden gespendeten Dollar erhält jede Person in der Gruppe 0,40 USD, einschließlich der spendenden Person.

Stellen Sie sich vor, Sie spielen das Spiel und erwarten, dass die anderen drei Angehörigen Ihrer Gruppe jeweils 10 USD beisteuern. Wenn Sie dann nicht beitragen, erhalten Sie 32 USD (3 Auszahlungen von 4 USD aus den Beiträgen der anderen plus die anfänglichen 20 USD, die Sie behalten). Die anderen haben 10 USD eingezahlt, so dass sie jeweils nur 32 USD − 10 USD = 22 USD erhalten. Wenn Sie dagegen ebenfalls 10 USD einzahlen, erhalten alle, auch Sie, 22 USD + 4 USD = 26 USD. Zum Leidwesen der Gruppe schneiden Sie besser ab, wenn Sie keinen Beitrag leisten, denn die Auszahlung für Free-riding (32 USD) ist größer als für einen Beitrag (26 USD). Und zum Pech für Sie gilt das Gleiche für alle anderen Personen in Ihrer Gruppe.

Nach jeder Runde werden den Teilnehmenden die Beiträge der anderen Mitglieder ihrer Gruppe mitgeteilt. In Abbildung 4.9a stellt jede Linie die Entwicklung der durchschnittlichen Beiträge im Laufe der Zeit an einem anderen Ort der Welt dar. Genau wie beim Gefangenendilemma sind die Menschen definitiv nicht ausschließlich eigennützig.

Das *Experiencing Economics* eBook (https://www.core-econ.org/experiencing-economics) enthält ein Spiel zu öffentlichen Gütern, das Sie mit Ihren Studierenden im Hörsaal oder im synchronen Online-Unterricht spielen können. Im Abschnitt für Lehrkräfte finden Sie eine Schritt-für-Schritt-Anleitung für die Durchführung des Spiels.

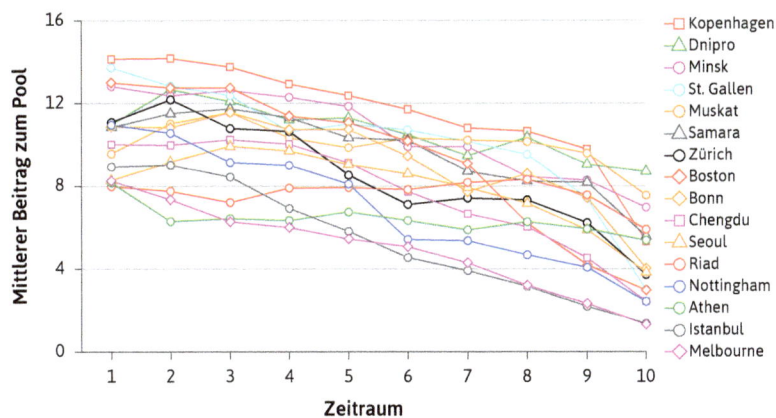

Abbildung 4.9a Weltweite Experimente mit öffentlichen Gütern: Beiträge über 10 Zeiträume.

Sehen Sie sich diese Daten bei OWiD an https://tinyco.re/3562457

Benedikt Herrmann, Christian Thöni, und Simon Gächter. 2008. ‚Antisocial Punishment Across Societies'. *Science* 319 (5868): pp. 1362–67.

Wie Sie sehen können, haben die Spieler:innen in Chengdu in der ersten Runde 10 USD beigesteuert, so wie wir es oben beschrieben haben. In jeder Bevölkerung, in der das Spiel gespielt wurde, waren die Beiträge zum öffentlichen Gut in der ersten Periode hoch, wenn auch in einigen Städten (Kopenhagen) viel höher als in anderen (Melbourne). Dies ist bemerkenswert: Wenn man sich nur für die eigene Auszahlung interessiert, ist es die dominante Strategie, überhaupt nichts beizutragen. Die hohen anfänglichen Beiträge könnten darauf zurückzuführen sein, dass die Teilnehmenden des Experiments ihren Beitrag zu den Auszahlungen, die andere erhielten, wertschätzten (sie waren altruistisch). Aber die Schwierigkeit (oder, wie Hardin es beschrieben hätte, die Tragödie) ist offensichtlich. Überall nahmen die Beiträge zum öffentlichen Gut mit der Zeit ab.

In einigen Städten ist dieser Trend sehr deutlich, zum Beispiel in Kopenhagen, Bonn oder St. Gallen. In anderen (Muscat, Riad oder Athen) sind die Beiträge am Ende des Experiments immer noch hoch, obwohl wir einen durchschnittlichen Beitrag von 0 USD erwarten würden. Diese Ergebnisse zeigen, dass es zwischen den Gesellschaften große Unterschiede bei den Beiträgen zum gemeinsamen Pool gibt.

Die plausibelste Erklärung für dieses Muster ist nicht Altruismus. Es ist wahrscheinlich, dass die Beitragszahlenden ihre Kooperation verringerten, wenn sie feststellten, dass andere weniger als erwartet beitrugen und daher Free-riding betrieben. Es scheint, als ob diejenigen, die mehr als der Durchschnitt beitrugen, die niedrigen Beitragszahlenden für ihre Unfairness oder für die Verletzung einer sozialen Norm bestrafen wollten. Da die Auszahlungen der Free-rider von den Gesamtbeiträgen zum öffentlichen Gut abhängen, bestand die einzige Möglichkeit, sie in diesem Experiment zu bestrafen, darin, keine Beiträge mehr zu leisten. Dies ist die Tragik der Allmende.

Viele Menschen sind froh, wenn sie etwas beitragen können, solange es auf Gegenseitigkeit beruht. Eine enttäuschte Gegenseitigkeitserfahrung ist die überzeugendste Erklärung dafür, dass die Beiträge in späteren Runden dieses Spiels so regelmäßig zurückgingen.

Um dies zu testen, nahmen die Versuchsleitenden das in Abbildung 4.9a gezeigte Experiment mit dem Öffentlichen-Gut-Spiel und führten eine Bestrafungsoption ein. Nachdem sie die Beiträge ihrer Gruppe beobachtet hatten, konnten einzelne Spieler:innen andere Spieler:innen bestrafen, indem sie ihnen eine Strafe von 3 USD auferlegten. Die bestrafende Person blieb anonym, musste aber 1 USD pro bestrafter Person bezahlen. Der Effekt ist in Abbildung 4.9b dargestellt. Bei der Mehrheit der Versuchspersonen, einschließlich derjenigen in China, Südkorea, Nordeuropa und den englischsprachigen Ländern, stiegen die Beiträge, wenn sie die Möglichkeit hatten, Free-rider zu bestrafen.

Menschen, die der Meinung sind, dass andere sich unfair verhalten oder gegen eine soziale Norm verstoßen haben, können sich rächen, selbst wenn der Preis für sie selbst hoch ist. Die Bestrafung anderer ist eine Form von Altruismus, denn es kostet sie etwas, Free-riding zu verhindern, das dem Wohlergehen der meisten Mitglieder der Gruppe schadet.

Dieses Experiment veranschaulicht, dass selbst in großen Gruppen von Menschen eine Kombination aus wiederholten Interaktionen und sozialen Präferenzen ein hohes Maß an Beiträgen zum öffentlichen Gut stützen kann.

Das Spiel der öffentlichen Güter ist, wie das Gefangenendilemma, eine Situation, in der es für jeden etwas zu gewinnen gibt, wenn man sich mit anderen an einem gemeinsamen Projekt wie der Schädlingsbekämpfung, der Instandhaltung eines Bewässerungssystems oder der Kontrolle der Kohlenstoffemissionen beteiligt. Aber es gibt auch etwas zu verlieren, wenn andere Free-riding betreiben.

4.8 VERHALTENSEXPERIMENTE IM LABOR UND IM FELD

Um wirtschaftliches Verhalten zu verstehen, müssen wir die Präferenzen der Menschen kennen. In der vorherigen Einheit zum Beispiel, schätzten der Studierende und die Landwirtin, ihre Freizeit. Wie viel Wert sie darauf legten, war Teil der Informationen, die wir brauchten, um vorherzusagen, wie viel Zeit sie für Studium und Landwirtschaft aufwenden.

In der Vergangenheit haben Ökonominnen und Ökonomen unsere Präferenzen ermittelt durch:

- *Umfragen*: Um politische Präferenzen, Markentreue, den Grad des Vertrauens in andere oder die religiöse Orientierung zu ermitteln.
- *Statistische Untersuchungen des wirtschaftlichen Verhaltens*: Zum Beispiel Käufe von einem oder mehreren Gütern, wenn der relative Preis variiert, um Präferenzen für die betreffenden Güter zu ermitteln. Eine Strategie besteht darin, Kaufentscheidungen zu nutzen, um auf die dadurch offenbarten Präferenzen zu schließen. Dies wird als **offenbarte Präferenz** bezeichnet.

Umfragen haben ein Problem. Wenn man jemanden fragt, ob die Person Eiscreme mag, erhält man wahrscheinlich eine ehrliche Antwort. Aber die Antwort auf die Frage: „Wie altruistisch sind Sie?" kann eine Mischung aus Wahrheit, Eigenwerbung und Wunschdenken sein. Statistische Studien können das Entscheidungsumfeld, in dem die Präferenzen offenbart wurden, nicht kontrollieren, sodass es schwierig ist, die Entscheidungen verschiedener Gruppen zu vergleichen.

Aus diesem Grund verwenden Ökonominnen und Ökonomen manchmal Experimente, um das Verhalten von Menschen unter kontrollierten Bedingungen zu beobachten.

> **offenbarte Präferenz** Eine Methode zur Untersuchung von Präferenzen, bei der die Motive eines Individuums (die Präferenzen der Person) anhand von Beobachtungen der Handlungen der Person zurückverfolgt werden.

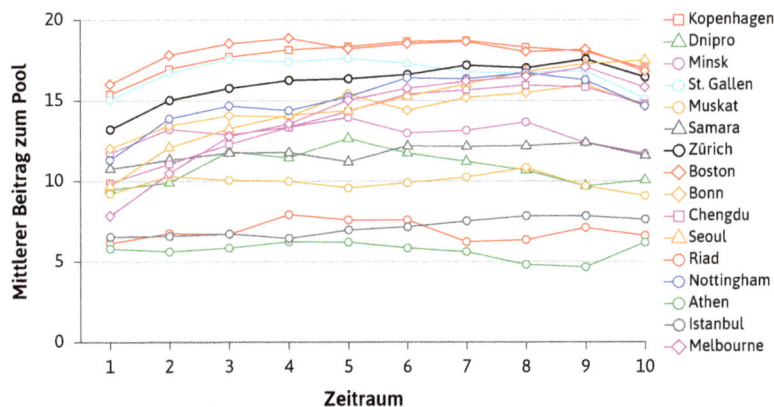

Abbildung 4.9b Weltweite Experimente mit öffentlichen Gütern und Möglichkeiten der Bestrafung durch Gleichgestellte.

Sehen Sie sich diese Daten bei OWiD an
https://tinyco.re/5283773

Benedikt Herrmann, Christian Thoni, und Simon Gachter. 2008. ‚Antisocial Punishment Across Societies'. *Science* 319 (5868): pp. 1362–67.

WIE ÖKONOMINNEN UND ÖKONOMEN AUS FAKTEN LERNEN

Laborexperimente

Verhaltensexperimente sind für die empirische Untersuchung von Präferenzen wichtig geworden. Ein Teil der Motivation für Experimente besteht darin, dass das Verständnis der Motivationen von Personen (Altruismus, Gegenseitigkeit, Ungleichheitsaversion sowie Eigeninteresse) wesentlich ist, um vorhersagen zu können, wie sie sich als Beschäftigte, Familienangehörige, Umweltschützer:innen und Bürger:innen verhalten werden.

In Experimenten wird gemessen, was Menschen tun, und nicht, was sie sagen. Die Experimente werden so realistisch wie möglich gestaltet, wobei die Umgebung kontrolliert wird:

- *Entscheidungen haben Konsequenzen*: Die Entscheidungen im Experiment bestimmen, wie viel Geld die Versuchspersonen durch ihre Teilnahme verdienen. Manchmal kann der Einsatz so hoch sein wie das Einkommen eines ganzen Monats.
- *Anweisungen, Anreize und Regeln sind für alle Versuchspersonen gleich*: Es gibt auch eine einheitliche Behandlung. Das bedeutet, dass, wenn wir zwei Gruppen vergleichen wollen, der einzige Unterschied zwischen der Kontroll- und der Behandlungsgruppe die Behandlung selbst ist, so dass die Auswirkungen der Behandlung ermittelt werden können.
- *Experimente sind wiederholbar*: Sie sind so konzipiert, dass sie mit anderen Gruppen von Teilnehmenden durchgeführt werden können.
- *Personen, die Experimente durchführen, versuchen, andere mögliche Erklärungen auszuschließen*: Andere Variablen werden nach Möglichkeit konstant gehalten, da sie das zu messende Verhalten beeinflussen könnten.

Das heißt, wenn sich Personen im Experiment unterschiedlich verhalten, ist dies wahrscheinlich auf Unterschiede in ihren Präferenzen zurückzuführen und nicht auf die Situation, in der sich die einzelnen Personen befinden.

Ökonominnen und Ökonomen haben öffentliche Güter ausgiebig anhand von Laborexperimenten untersucht, bei denen die Versuchspersonen Entscheidungen darüber treffen sollen, wie viel sie zu einem öffentlichen Gut beitragen sollen. In einigen Fällen haben Ökonominnen und Ökonomen Experimente entworfen, die soziale Dilemmas aus der realen Welt nachahmen. Die Arbeit von Juan Camilo Cárdenas, Ökonom an der Universidad de los Andes in Bogotá, Kolumbien, ist ein Beispiel dafür. Er führt Experimente zu sozialen Dilemmas mit Menschen durch, die in ihrem wirklichen Leben mit ähnlichen Problemen konfrontiert sind, zum Beispiel dem Übernutzung eines Waldes oder eines Fischbestands. In unserem Video „Ökonominnen und Ökonomen in Aktion" beschreibt er, wie er die experimentelle Volkswirtschaftslehre in realen Situationen einsetzt und wie sie uns hilft zu verstehen, warum Menschen kooperieren, obwohl es offensichtlich Anreize gibt, dies nicht zu tun.

Ökonominnen und Ökonomen haben entdeckt, dass das Verhalten von Menschen in Experimenten genutzt werden kann, um vorherzusagen, wie sie in realen Situationen reagieren. So haben beispielsweise Fischer:innen in Brasilien, die sich in einem experimentellen Spiel kooperativer verhielten, auch nachhaltiger gefischt als die Fischer:innen, die im Experiment weniger kooperativ waren.

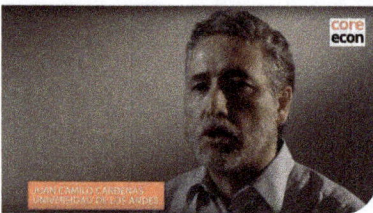

In unserem Video „Ökonominnen und Ökonomen in Aktion" spricht Juan Camilo Cárdenas über seine innovative Anwendung der experimentellen Volkswirtschaftslehre in realen Situationen. https://tinyco.re/8347533

Einen Überblick über die Arten von Experimenten, die durchgeführt wurden, die wichtigsten Ergebnisse und die Frage, ob das Verhalten im Versuchslabor das Verhalten im wirklichen Leben vorhersagt, finden Sie in den Forschungsarbeiten einiger Ökonominnen und Ökonomen, die sich auf die experimentelle Volkswirtschaftslehre spezialisiert haben. Zum Beispiel Colin Camerer und Ernst Fehr, Armin Falk und James Heckman, oder die Experimente von Joseph Heinrich und einem großen Team von Mitarbeitenden aus aller Welt.

In Übung 4.5 fragen Stephen Levitt und John List jedoch, ob sich die Menschen auf der Straße genauso verhalten würden wie im Labor.

FRAGE 4.7 WÄHLEN SIE DIE RICHTIGE(N) ANTWORT(EN)

Welche der folgenden Erkenntnisse haben Wirtschaftswissenschaftler:innen laut dem 'Wirtschaftswissenschaftler:innen in Aktion' Video von Juan Camilo Cárdenas bei Experimenten zur Simulation öffentlicher Güter gewonnen?

- ☐ Die Auferlegung einer externen Regulierung untergräbt manchmal die Bereitschaft der Teilnehmenden zur Kooperation.
- ☐ Bevölkerungsgruppen mit größerer Ungleichheit neigen eher zur Kooperation.
- ☐ Sobald echtes Bargeld anstelle von Token für hypothetische Geldbeträge verwendet wird, hören die Menschen auf, sich kooperativ zu verhalten.
- ☐ Die Menschen sind oft eher zur Kooperation bereit als zum Free-riding.

ÜBUNG 4.5 SIND LABOREXPERIMENTE IMMER AUSSAGEKRÄFTIG?

2007 veröffentlichten Steven Levitt und John List ein Aufsatz mit dem Titel 'What Do Laboratory Experiments Measuring Social Preferences Reveal about the Real World?' (https://tinyco.re/9601240). Lesen Sie den Aufsatz, um diese beiden Fragen zu beantworten.

1. Laut dem Aufsatz, warum und wie könnte das Verhalten der Menschen im wirklichen Leben von dem abweichen, was in Laborexperimenten beobachtet wurde?
2. Erläutern Sie am Beispiel des Experiments mit öffentlichen Gütern in diesem Abschnitt, warum Sie systematische Unterschiede zwischen den in Abbildung 4.9a und 4.9b aufgezeichneten Beobachtungen und dem, was im wirklichen Leben passieren könnte, beobachten könnten.

Colin Camerer und Ernst Fehr. 2004. 'Measuring Social Norms and Preferences Using Experimental Games: A Guide for Social Scientists'. In *Foundations of Human Sociality: Economic Experiments and Ethnographic Evidence from Fifteen Small-Scale Societies*, bearbeitet von Joseph Henrich, Robert Boyd, Samuel Bowles, Colin Camerer, and Herbert Gintis, Oxford: Oxford University Press.

Armin Falk und James J. Heckman. 2009. 'Lab Experiments Are a Major Source of Knowledge in the Social Sciences'. *Science* 326 (5952): pp. 535–538.

Joseph Henrich, Richard McElreath, Abigail Barr, Jean Ensminger, Clark Barrett, Alexander Bolyanatz, Juan Camilo Cardenas, Michael Gurven, Edwins Gwako, Natalie Henrich, Carolyn Lesorogol, Frank Marlowe, David Tracer, und John Ziker. 2006. 'Costly Punishment Across Human Societies'. *Science* 312 (5781): pp. 1767–1770.

Steven D. Levitt, und John A. List. 2007. 'What Do Laboratory Experiments Measuring Social Preferences Reveal About the Real World?' (https://tinyco.re/9601240) *Journal of Economic Perspectives* 21 (2): pp. 153–174.

Manchmal ist es möglich, Experimente „im Feld" durchzuführen. Das heißt, die wirtschaftlichen Bedingungen, unter denen Menschen Entscheidungen treffen, absichtlich zu verändern und zu beobachten, wie sich ihr Verhalten ändert. Ein 1998 in Israel durchgeführtes Experiment hat gezeigt, dass soziale Präferenzen sehr empfindlich auf den Kontext reagieren können, in dem Entscheidungen getroffen werden.

Es ist üblich, dass Eltern sich beeilen, um ihre Kinder von der Kindertagesstätte abzuholen. Manchmal kommen einige Eltern zu spät, sodass die Erzieher:innen länger bleiben müssen. Was würden Sie tun, um Eltern davon abzuhalten, zu spät zu kommen? Zwei Ökonomen führten ein Experiment durch, bei dem in einigen Kindertagesstätten Geldbußen eingeführt wurden, in anderen jedoch nicht (diese dienten als Kontrolle). Der „Preis des Zuspätkommens" stieg von null auf 10 ILS (damals etwa 3 USD). Überraschenderweise verdoppelte sich die Häufigkeit des Zuspätkommens nach Einführung der Geldstrafe. Die oberste Zeile in Abbildung 4.10 veranschaulicht dies.

Warum hat sich die Verhängung eines Bußgeldes für Verspätungen als Fehlschlag erwiesen?

Eine mögliche Erklärung ist, dass vor der Einführung des Bußgeldes die meisten Eltern pünktlich waren, weil sie das Gefühl hatten, dass es das Richtige ist. Mit anderen Worten, sie kamen pünktlich, weil sie sich moralisch verpflichtet fühlten, das Personal der Kindertagesstätte nicht zu belästigen. Vielleicht fühlten sie eine altruistische Sorge für das Personal oder betrachteten das pünktliche Abholen als eine gegenseitige Verantwortung in der gemeinsamen Betreuung des Kindes. Die Verhängung des Bußgeldes signalisierte jedoch, dass es sich in Wirklichkeit eher um eine Einkaufssituation handelte. Verspätungen hatten ihren Preis und konnten daher gekauft werden, wie Gemüse oder Eiscreme.

Samuel Bowles. 2016. *The Moral Economy: Why Good Incentives Are No Substitute for Good Citizens.* New Haven, CT: Yale University Press.

Uri Gneezy und Aldo Rustichini. 2000. ‚A Fine Is a Price'. *The Journal of Legal Studies* 29 (Januar): pp. 1–17.

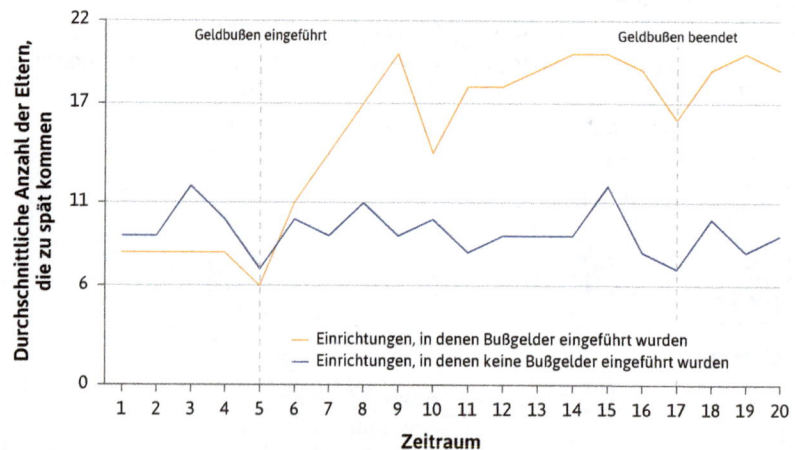

Abbildung 4.10 Durchschnittliche Anzahl der Eltern, die zu spät kommen, pro Woche.

Der Einsatz eines marktähnlichen Anreizes—der Preis für Verspätungen—hat einen neuen „Rahmen" für die Entscheidung geschaffen, wie Psychologen und Psychologinnen es nennen, und sie zu einer Entscheidung gemacht, bei der eher Eigeninteresse als Rücksichtnahme auf andere akzeptabel war. Wenn Geldstrafen und Preise diese unbeabsichtigten Auswirkungen haben, sprechen wir davon, dass soziale Präferenzen herausgedrängt (**crowded out**) wurden. Noch schlimmer ist, dass man in Abbildung 4.10 sehen kann, dass die Eltern ihre Kinder auch dann noch zu spät abholten, als die Geldstrafe abgeschafft wurde.

Crowding Out Es gibt zwei ganz unterschiedliche Verwendungen des Begriffs. Der eine ist der beobachtete negative Effekt, wenn ökonomische Anreize die ethischen oder anderweitigen Motivationen der Menschen verdrängen. In Studien zum individuellen Verhalten können Anreize einen Crowding Out-Effekt auf soziale Präferenzen haben. Eine zweite Verwendung des Begriffs bezieht sich auf die Auswirkung einer Erhöhung der Staatsausgaben auf die Verringerung der privaten Ausgaben, wie sie beispielsweise in einer Volkswirtschaft mit voller Kapazitätsauslastung zu erwarten wäre, oder wenn eine fiskalische Expansion mit einem Anstieg des Zinssatzes verbunden ist.

FRAGE 4.8 WÄHLEN SIE DIE RICHTIGE(N) ANTWORT(EN)

Abbildung 4.10 (Seite 178) zeigt die durchschnittliche Anzahl zu spät kommender Eltern pro Woche in Kindertagesstätten, wobei in einigen Einrichtungen ein Bußgeld eingeführt wurde und in anderen nicht. Die Bußgelder wurden schließlich abgeschafft, wie in der Grafik angegeben.

Welche der folgenden Aussagen ist auf der Grundlage dieser Informationen richtig?

☐ Durch die Einführung des Bußgeldes wurde die Zahl der zu spät kommenden Eltern erfolgreich reduziert.
☐ Das Bußgeld kann als „Preis" für das Abholen eines Kindes betrachtet werden.
☐ Das Diagramm deutet darauf hin, dass das Experiment die Neigung der Eltern, zu spät zu kommen, dauerhaft erhöht hat.
☐ Das Crowding Out der sozialen Präferenz trat erst ein, als die Bußgelder wegfielen.

ÜBUNG 4.6 CROWDING OUT

Stellen Sie sich vor, Sie sind Bürgermeister:in einer Kleinstadt und möchten Ihre Bürger:innen motivieren, sich am „Tag der schönen Stadt" zu beteiligen, an dem die Menschen einen Tag lang bei der Reinigung von Parks und Straßen helfen.

Wie würden Sie den Tag gestalten, um die Bürger:innen zur Teilnahme zu motivieren?

4.9 KOOPERATION, VERHANDLUNG, INTERESSENKONFLIKTE UND SOZIALE NORMEN

Kooperation Die Beteiligung an einem gemeinsamen Projekt, das einen gegenseitigen Nutzen bringen soll.

Kooperation bedeutet, an einem gemeinsamen Projekt so teilzunehmen, dass ein gegenseitiger Nutzen entsteht. Kooperation muss nicht auf einer Vereinbarung beruhen. Wir haben Beispiele gesehen, in denen Spieler:innen, die unabhängig voneinander handeln, dennoch ein kooperatives Ergebnis erzielen können:

- *Die unsichtbare Hand*: Anil und Bala folgten ihren eigenen Interessen bei der Wahl ihrer Saat. Ihr Engagement auf dem dörflichen Markt führte zu einer für beide Seiten vorteilhaften Arbeitsteilung.
- *Das wiederholte Gefangenendilemma*: Sie verzichten möglicherweise auf den Einsatz von Terminator zur Schädlingsbekämpfung, weil sie die zukünftigen Verluste erkennen, die sie erleiden würden.
- *Das Spiel der öffentlichen Güter*: Die Bereitschaft der Spieler:innen, andere zu bestrafen, sorgte in vielen Ländern für ein hohes Maß an Kooperation, ohne dass Vereinbarungen getroffen werden mussten.

In anderen Fällen, wie zum Beispiel beim einmaligen Gefangenendilemma, führten unabhängige Aktionen zu einem schlechten Ergebnis. In diesen Fällen könnten die Spieler:innen besser abschneiden, wenn sie eine Vereinbarung träfen.

Menschen greifen häufig auf Verhandlungen zurück, um ihre wirtschaftlichen und sozialen Probleme zu lösen. So führten beispielsweise internationale Verhandlungen zum Montreal-Protokoll, in dem sich die Länder darauf einigten, die Verwendung von Fluorchlorkohlenwasserstoffen (FCKW) einzustellen, um ein schädliches Ergebnis (die Zerstörung der Ozonschicht) zu vermeiden.

Verhandlungen sind jedoch nicht immer erfolgreich, manchmal aufgrund von Interessenkonflikten darüber, wie die gegenseitigen Vorteile der Kooperation geteilt werden sollen. Der Erfolg des Montreal-Protokolls steht im Gegensatz zum relativen Misserfolg des Kyoto-Protokolls (https://tinyco.re/2975858) bei der Reduzierung der für die globale Erwärmung verantwortlichen Kohlenstoffdioxidemissionen. Die Gründe dafür sind teilweise wissenschaftlicher Natur. Die alternativen Technologien zu FCKW waren gut entwickelt, und die Vorteile im Verhältnis zu den Kosten für große Industrieländer wie die Vereinigten Staaten waren viel deutlicher und größer als im Falle der Treibhausgasemissionen. Eines der Hindernisse für eine Einigung auf der UN-Klimakonferenz in Kopenhagen im Jahr 2009 war jedoch die Frage, wie die Kosten und Vorteile der Emissionsbegrenzung zwischen Industrie- und Entwicklungsländern aufgeteilt werden sollten.

Ein einfacheres Beispiel für einen Interessenkonflikt ist eine Professorin, die bereit ist, eine studierende Person als wissenschaftliche Hilfskraft für den Sommer einzustellen. Im Prinzip haben beide etwas zu gewinnen, da dies auch eine gute Gelegenheit für die Hilfskraft sein könnte, etwas Geld zu verdienen und zu lernen. Trotz des Potenzials für beidseitige Vorteile gibt es aber auch Raum für Konflikte. Die Professorin möchte vielleicht weniger zahlen und mehr vom Forschungsstipendium übrig haben, um einen neuen Computer zu kaufen, oder die Arbeit muss schnell erledigt werden, sodass die Hilfskraft keinen Urlaub nehmen kann. Nach Verhandlungen können sie sich auf einen Kompromiss einigen und vereinbaren, dass die Hilfskraft ein kleines Einkommen erhält, während sie vom Strand aus arbeitet. Vielleicht scheitert die Verhandlung aber auch.

In der Volkswirtschaftslehre gibt es viele derartige Situationen. Eine Verhandlung ist auch ein integraler Bestandteil der Politik, der Außenpolitik, des Justizsystems, des sozialen Lebens und sogar der Familiendynamik. Ein Elternteil gibt seinem Kind vielleicht ein Smartphone zum Spielen im Tausch gegen einen ruhigen Abend, ein Staat könnte in Erwägung ziehen, Land im Tausch gegen Frieden aufzugeben, oder eine Regierung könnte bereit sein, einen Deal mit protestierenden Studierenden auszuhandeln, um politische Instabilität zu vermeiden. Wie bei der Hilfskraft und der Professorin kann es sein, dass jedes dieser Abkommen nicht zustande kommt, wenn eine der beiden Seiten nicht bereit ist, diese Dinge zu tun.

Verhandlung: Gemeinsame Gewinne teilen

Um sich vorzustellen, was ein gutes Abkommen ausmacht, denken Sie an die folgende Situation. Sie und eine befreundete Person gehen eine leere Straße entlang und Sie sehen einen 100 USD Schein auf dem Boden. Wie würden Sie entscheiden, wie Sie Ihren Glücksfund aufteilen? Wenn Sie den Betrag gleichmäßig aufteilen, spiegelt dies vielleicht eine soziale Norm in Ihrer Gemeinschaft wider, die besagt, dass etwas, das man durch Glück bekommt, 50:50 geteilt werden sollte.

Das Teilen von wertvollen Dingen in gleichen Anteilen (die 50:50-Regel) ist in vielen Gemeinschaften eine soziale Norm, ebenso wie das Schenken von Geburtstagsgeschenken an enge Familienangehörige und befreundete Personen. Soziale Normen gelten für eine ganze Gruppe von Menschen (fast alle befolgen sie) und sagen einer Person, was sie in den Augen der meisten Menschen in der Gemeinschaft tun sollte.

In der Volkswirtschaftslehre gehen wir davon aus, dass Menschen ihre Entscheidungen nach ihren Präferenzen treffen, das heißt nach allen Vorlieben, Abneigungen, Einstellungen, Gefühlen und Überzeugungen, die sie motivieren. Die Präferenzen eines jeden Menschen sind also individuell. Sie können von sozialen Normen beeinflusst sein, aber sie spiegeln sowohl das wider, was die Menschen tun wollen, als auch das, was sie denken, was sie tun sollten.

Selbst wenn es in einer Gemeinschaft eine 50:50-Norm gäbe, ist zu erwarten, dass sich einige Personen nicht genau an diese Norm halten. Einige Menschen könnten egoistischer handeln, als es die Norm verlangt, und andere großzügiger. Was dann geschieht, hängt sowohl von der sozialen Norm ab (eine Tatsache in der Welt, die Einstellungen zur Fairness widerspiegelt, die sich über lange Zeiträume hinweg entwickelt haben), als auch von den spezifischen Präferenzen der betroffenen Personen.

Angenommen, die Person, die das Geld zuerst gesehen hat, hat es aufgehoben. Es gibt mindestens drei Gründe, warum diese Person einen Teil des Geldes an die befreundete Person geben könnte:

Fairness Eine Art, eine Allokation auf der Grundlage der eigenen Vorstellung von Gerechtigkeit zu bewerten.

- **Altruismus**: Wir haben diesen Grund bereits im Fall von Anil und Bala betrachtet. Diese Person könnte altruistisch sein und sich dafür interessieren, dass die andere glücklich ist, oder für einen anderen Aspekt des Wohlergehens der anderen Person.
- **Fairness**: Oder die Person, die das Geld besitzt, könnte der Meinung sein, dass 50:50 fair ist. In diesem Fall ist die Person durch Fairness motiviert, oder was Ökonominnen und Ökonomen als **Ungleichheitsaversion** bezeichnen.
- **Gegenseitigkeit**: Die befreundete Person war vielleicht in der Vergangenheit freundlich zu Ihnen oder freundlich zu anderen, und verdient es deshalb in ihren Augen, großzügig behandelt zu werden. In diesem Fall sagen wir, dass Sie reziproke Präferenzen haben.

Diese sozialen Präferenzen beeinflussen alle unser Verhalten, manchmal auch in entgegengesetzter Richtung. Wenn Sie zum Beispiel starke Fairness-Präferenzen haben, aber wissen, dass die befreundete Person völlig egoistisch ist, verleiten die Fairness-Präferenzen Sie vielleicht dazu, zu teilen, aber die Präferenzen der Gegenseitigkeit drängen Sie dazu, das Geld zu behalten.

FRAGE 4.9 WÄHLEN SIE DIE RICHTIGE(N) ANTWORT(EN)

Das Lieblingshobby von Anastasia und Belinda ist die Suche nach Objekten mit Metalldetektoren. Bei einer Gelegenheit findet Anastasia vier römische Münzen, während Belinda keinen Erfolg hat. Beide Frauen haben starke Präferenzen für Gegenseitigkeit. Wir können daraus schließen, dass:

☐ Wenn beide Frauen altruistisch sind, sie den Fund definitiv 50:50 teilen werden.

☐ Wenn Anastasia altruistisch und Belinda egoistisch ist, Anastasia den Fund möglicherweise nicht teilen wird.

☐ Wenn Anastasia egoistisch und Belinda altruistisch ist, Anastasia den Fund definitiv nicht teilen wird.

☐ Wenn Anastasia altruistisch ist und Belinda an Fairness glaubt, sie den Fund 50:50 teilen können oder auch nicht.

4.10 EINEN KUCHEN TEILEN (ODER NICHTS DAVON ZU BEKOMMEN)

Eines der gebräuchlichsten Instrumente zur Untersuchung sozialer Präferenzen ist ein einmaliges Spiel für zwei Personen, das so genannte Ultimatum-Spiel. Es wurde auf der ganzen Welt mit Studierenden, Arbeitskräften in der Landwirtschaft, Lagerarbeiter:innen, sowie Mitgliedern indigener Völker durchgeführt. Durch Beobachtung ihrer Entscheidungen untersuchen wir die Präferenzen und Motive der Versuchspersonen, wie zum Beispiel reines Eigeninteresse, Altruismus, Ungleichheitsaversion oder Gegenseitigkeit.

Die Versuchspersonen werden aufgefordert, ein Spiel zu spielen, bei dem sie Geld gewinnen können. Wie viel sie gewinnen, hängt davon ab, wie sie und die anderen Teilnehmenden spielen. Bei solchen experimentellen Spielen geht es um echtes Geld, denn sonst könnten wir nicht sicher sein, dass die Antworten der Versuchspersonen auf eine hypothetische Frage ihr Verhalten im wirklichen Leben widerspiegeln.

Die Regeln des Spiels werden den Spieler:innen erklärt. Sie werden nach dem Zufallsprinzip in Paare eingeteilt, und werden dann nach dem Zufallsprinzip zur vorschlagenden Person und die andere zur antwortenden Person ernannt. Die Versuchspersonen kennen sich nicht, wissen aber, dass die andere spielende Person auf dieselbe Weise für das Experiment rekrutiert wurde. Die Versuchspersonen bleiben anonym.

Die vorschlagende Person erhält von der Versuchsleitung einen vorläufigen Geldbetrag von zum Beispiel 100 USD und die Anweisung, der antwortenden Person einen Teil davon anzubieten. Jede Aufteilung ist erlaubt, einschließlich alles zu behalten oder alles zu verschenken. Wir nennen diesen Geldbetrag den „Kuchen", weil es bei dem Experiment darum geht, wie er aufgeteilt wird.

Die Aufteilung erfolgt in der Form: ,x für mich, y für Sie', wobei $x + y$ = 100 USD. Die antwortende Person weiß, dass die vorschlagende Person 100 USD zu verteilen hat. Nachdem erstere das Angebot gesehen hat, nimmt diese es an oder lehnt es ab. Wenn das Angebot abgelehnt wird, erhalten beide Personen nichts. Wird es angenommen, wird die Aufteilung durchgeführt: Die vorschlagende Person erhält x und die antwortende Person y. Wenn die vorschlagende Person zum Beispiel 35 USD anbietet und die antwortende Person das Angebot annimmt, erhält erstere 65 USD und die antwortende Person 35 USD. Wenn das Angebot jedoch abgelehnt wird, erhalten beide nichts.

Dies wird als take-it-or-leave-it-Angebot bezeichnet. Es ist das Ultimatum im Namen des Spiels. Die antwortende Person steht vor der Wahl: Entweder sie akzeptiert die 35 USD oder sie geht leer aus.

Bei diesem Spiel geht es um die Aufteilung der **ökonomischen Renten**, die bei einer Interaktion entstehen. Unternehmer:innen, die eine neue Technologie einführen möchten, könnten die Rente—also den höheren Gewinn im Vergleich zur aktuellen Technologie—mit den Beschäftigten teilen, wenn diese bei der Einführung kooperieren. In diesem Fall steigt die Rente, weil die Versuchsleitung der vorschlagenden Person den Kuchen vorläufig zur Teilung überlässt. Wenn die Verhandlung erfolgreich ist (die antwortende Person akzeptiert), erhalten beide Spieler:innen eine Rente (ein Stück des Kuchens); die nächstbeste Alternative ist, nichts zu bekommen (der Kuchen wird weggeworfen).

Wenn im obigen Beispiel die antwortende Person das Angebot der vorschlagenden Person annimmt, erhält die vorschlagende Person eine Rente von 65 USD und die antwortende Person 35 USD. Für die antwortende Person ist es mit Kosten verbunden, wenn sie nein sagt. Ihr entgeht die Rente, die sie erhalten hätte. Die Opportunitätskosten für die Ablehnung des Angebots betragen also 35 USD.

Wir denken zunächst über einen vereinfachten Fall des Ultimatum-Spiels nach, der in Abbildung 4.11 in einem Diagramm, dem so genannten „Spielbaum", dargestellt ist. Die vorschlagende Person hat die Wahl zwischen dem „fairen Angebot" einer gleichmäßigen Aufteilung oder dem „unfairen Angebot" von 20 (wobei sie 80 für sich behält). Dann hat die antwortende Person die Wahl, anzunehmen oder abzulehnen. Die Auszahlungen sind in der letzten Zeile dargestellt.

> **ökonomische Rente** Eine Zahlung oder ein anderer Nutzen, der über das hinausgeht, was eine Person bei ihrer nächstbesten Alternative (oder Reservationsoption) erhalten hätte. *Siehe auch: Reservationsoption.*

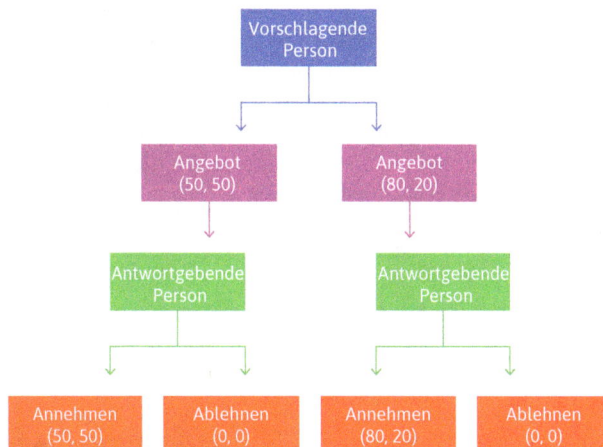

Abbildung 4.11 Spielbaum für das Ultimatum-Spiel.

Der Spielbaum ist eine nützliche Methode zur Darstellung sozialer Interaktionen, da er verdeutlicht, wer was tut, wann die Person auswählt und was die Ergebnisse sind. Wir sehen, dass im Ultimatum-Spiel die vorschlagende Person die Strategie zuerst auswählt, gefolgt von der antwortenden Person. Dies wird als **sequentielles Spiel** bezeichnet; zuvor haben wir uns mit **simultanen Spielen** beschäftigt, bei denen die Spieler:innen gleichzeitig Strategien wählen.

Was die vorschlagende Person bekommt, hängt davon ab, was die antwortende Person tut. Erstere muss also die wahrscheinliche Reaktion der antwortenden Person bedenken. Deshalb nennt man dies eine strategische Interaktion. Wenn Sie die vorschlagende Person sind, können Sie nicht einfach ein niedriges Angebot ausprobieren, um zu sehen, was passiert: Sie haben nur eine Chance, ein Angebot zu machen.

Versetzen Sie sich in diesem Spiel in die Rolle der antwortenden Person. Würden Sie (50, 50) akzeptieren? Würden Sie (80, 20) akzeptieren? Tauschen Sie nun die Rollen. Nehmen Sie an, dass Sie die vorschlagende Person sind. Welche Aufteilung würden Sie anbieten? Würde Ihre Antwort davon abhängen, ob die andere Person ein Freund oder eine Freundin, eine fremde, bedürftige oder konkurrierende Person ist? Eine antwortende Person, die der Meinung ist, dass das Angebot der vorschlagenden Person gegen eine soziale Norm der Fairness verstößt oder dass das Angebot aus einem anderen Grund beleidigend niedrig ist, könnte bereit sein, die Auszahlung zu opfern, um die vorschlagende Person zu bestrafen.

Kehren wir nun zum allgemeinen Fall zurück, in dem die vorschlagende Person einen beliebigen Betrag zwischen 0 USD und 100 USD anbieten kann. Wenn Sie die antwortende Person wären, was wäre der Mindestbetrag, den Sie bereit wären zu akzeptieren? Wenn Sie die vorschlagende Person wären, was würden Sie anbieten?

Wenn Sie den folgenden Einstein und die darauf folgende Übung 4.7 durcharbeiten, werden Sie sehen, wie Sie das **akzeptable Mindestangebot** unter Berücksichtigung der sozialen Norm und der Einstellung des Individuums zur Gegenseitigkeit ermitteln können. Das akzeptable Mindestangebot ist das Angebot, bei dem die Freude darüber, das Geld zu bekommen, gleich groß ist wie die Befriedigung darüber, das Angebot abzulehnen und kein Geld zu bekommen, aber in der Lage zu sein, die vorschlagende Person für den Verstoß gegen die soziale Norm von 50:50 zu bestrafen. Wenn Sie die antwortende Person sind und Ihr akzeptables Mindestangebot 35 USD (vom Gesamtkuchen von 100 USD) beträgt, dann würden Sie, wenn Ihnen 36 USD angeboten werden, die vorschlagende Person vielleicht nicht besonders mögen, aber Sie würden das Angebot trotzdem annehmen, anstatt die vorschlagende Person durch Ablehnung des Angebots zu bestrafen. Würden Sie das Angebot ablehnen, würden Sie mit einer Zufriedenheit im Wert von 35 USD und ohne Geld nach Hause gehen, obwohl Sie 36 USD in bar hätten bekommen können.

---

sequentielles Spiel Ein Spiel, bei dem nicht alle Spieler:innen ihre Strategien gleichzeitig wählen und die Spieler:innen, die später wählen, die bereits gewählten Strategien der anderen Spieler:innen sehen können: Ein Beispiel ist das Ultimatumspiel. *Siehe auch: Simultanspiel.*
Simultanspiel Ein Spiel, bei dem die Spieler:innen gleichzeitig Strategien wählen, zum Beispiel das Gefangenendilemma. *Siehe auch: sequentielles Spiel.*

akzeptables Mindestangebot Im Ultimatumspiel das kleinste Angebot der vorschlagenden Person, das von der antwortenden Person nicht abgelehnt wird. In Verhandlungssituationen wird im Allgemeinen das ungünstigste Angebot gemeint, das angenommen werden würde.

EINSTEIN

Wann wird ein Angebot im Ultimatum-Spiel angenommen?

Angenommen, 100 USD sollen geteilt werden, und es gilt eine Fairness-Norm von 50:50. Wenn das Angebot 50 USD oder mehr beträgt ($y \geq 50$), fühlt sich die antwortende Person der vorschlagenden Person gegenüber positiv eingestellt und würde das Angebot natürlich annehmen. Denn eine eine Ablehnung würde sowohl ihr selbst als auch der vorschlagenden Person, die sie schätzt, weil diese die soziale Norm einhält oder sogar übertrifft, schaden. Liegt das Angebot jedoch unter 50 USD, hat sie das Gefühl, dass die 50:50-Norm nicht eingehalten wird, und möchte die vorschlagende Person für diesen Verstoß bestrafen. Lehnt sie das Angebot ab, hat das für sie einen Nachteil, denn eine Ablehnung bedeutet, dass beide nichts erhalten.

Nehmen wir an, die Wut der antwortgebenden Person über den Verstoß gegen die soziale Norm hängt vom Ausmaß des Verstoßes ab: Wenn die vorschlagende Person nichts anbietet, wird sie wütend sein, aber sie ist eher verwirrt als wütend über ein Angebot von 49,50 USD als über das Angebot von 50 USD, das sie aufgrund der sozialen Norm erwartet hätte. Wie viel Zufriedenheit sie also aus der Bestrafung eines niedrigen Angebots der vorschlagenden Person ziehen würde, hängt von zwei Dingen ab: ihrem persönlichen Motiv der Gegenseitigkeit (G) und dem Gewinn aus der Annahme des Angebots (y). R ist eine Zahl, die die Stärke des persönlichen Gegenseitigkeitsmotivs der antwortenden Person angibt: Wenn G eine große Zahl ist, dann ist es ihr sehr wichtig, ob die vorschlagende Person großzügig und fair handelt oder nicht, aber wenn $G = 0$ ist, sind ihr die Motive der vorschlagenden Person völlig egal. Die Zufriedenheit bei Ablehnung eines niedrigen Angebots ist also $G(50 - y)$. Der Gewinn aus der Annahme des Angebots ist das Angebot selbst, also y.

Die Entscheidung, ein Angebot anzunehmen oder abzulehnen, hängt nur davon ab, welche dieser beiden Werte größer ist. Wir können dies als ‚ein Angebot ablehnen, wenn $y < R(50 - y)$' formulieren. Diese Gleichung besagt, dass die antwortende Person ein Angebot von weniger als 50 USD ablehnen wird, je nachdem, wie viel niedriger als 50 USD das Angebot ist (gemessen an ($50 - y$)), multipliziert mit ihrer persönlichen Einstellung zur Gegenseitigkeit (R).

Um ihr akzeptables Mindestangebot zu berechnen, können wir diese Ablehnungsgleichung wie folgt umstellen:

$$y < R(50 - y)$$
$$y < 50R - Ry$$
$$y + Ry < 50R$$
$$y(1 + R) < 50R$$
$$y < \frac{50R}{1 + R}$$

$R = 1$ bedeutet, dass die antwortende Person der Gegenseitigkeit und der sozialen Norm die gleiche Bedeutung beimisst wie dem Gewinn bei Annahme des Angebots. Wenn $R = 1$ ist, dann ist $y < 25$ und sie wird jedes Angebot unter 25 USD ablehnen. Der Grenzwert von 25 USD ist der Punkt, an dem sich ihre beiden Motivationen—monetärer Gewinn und Bestrafung der vorschlagenden Person—genau die Waage halten: Wenn sie das Angebot von 25 USD ablehnt, verliert sie 25 USD, erhält aber eine Zufriedenheit im

Wert von 25 USD durch die Bestrafung der vorschlagenden Person, so dass ihre gesamte Auszahlung 0 USD beträgt.

Je mehr Wert die antwortende Person auf Gegenseitigkeit legt, desto höher müssen die Angebote der vorschlagenden Person sein. Wenn zum Beispiel $R = 0{,}5$ ist, wird die antwortende Person Angebote unter 16,67 USD ablehnen ($y < 16{,}67$), aber wenn $R = 2$ ist, wird die antwortende Person jedes Angebot unter 33,33 USD ablehnen.

ÜBUNG 4.7 AKZEPTABLE ANGEBOTE

1. Wie könnte das akzeptable Mindestangebot von der Art und Weise abhängen, wie die vorschlagende Person die 100 USD erworben hat (hat sie sie beispielsweise auf der Straße gefunden, im Lotto gewonnen, geerbt und so weiter)?
2. Nehmen wir an, dass die Fairness-Norm in dieser Gesellschaft 50:50 ist. Können Sie sich vorstellen, dass jemand in einer solchen Gesellschaft mehr als 50 % anbietet? Wenn ja, warum?

4.11 FAIRE LANDWIRTINNEN UND LANDWIRTE, EIGENNÜTZIGE STUDIERENDE?

Wenn Sie eine antwortende Person im Ultimatum-Spiel sind, die sich nur um ihre eigenen Auszahlungen kümmert, sollten Sie jedes positive Angebot annehmen, denn etwas, egal wie gering, ist immer besser als nichts. In einer Welt, die nur aus eigennützigen Individuen besteht, würde die vorschlagende Person also davon ausgehen, dass die antwortende Person jedes Angebot annehmen würde, und aus diesem Grund den kleinstmöglichen Betrag—einen Cent—anbieten, da sie weiß, dass er angenommen werden würde.

Stimmt diese Vorhersage mit den experimentellen Daten überein? Nein, das tut sie nicht. Wie beim Gefangenendilemma sehen wir auch hier nicht das Ergebnis, das wir vorhersagen würden, wenn die Menschen ausschließlich eigennützig wären. Ein-Cent Angebote werden abgelehnt.

Um zu sehen, wie Arbeitskräfte in der Landwirtschaft in Kenia und Studierende in den USA dieses Spiel gespielt haben, sehen Sie sich Abbildung 4.12 an. Die Höhe der einzelnen Balken gibt den Anteil der Befragten an, die bereit waren, das auf der horizontalen Achse angegebene Angebot anzunehmen. Angebote von mehr als der Hälfte des Kuchens wurden von allen Versuchspersonen in beiden Ländern akzeptiert, wie man erwarten würde.

Beachten Sie, dass die Landwirtinnen und Landwirte in Kenia niedrige Angebote nur sehr ungern annehmen, da sie diese vermutlich als unfair empfinden, während die Studierenden in den USA viel eher dazu bereit sind. Zum Beispiel würden praktisch alle Teilnehmenden aus Kenia (90 %) ein Angebot von einem Fünftel des Kuchens ablehnen (die vorschlagende Person behält 80 %), während 63 % der Studierenden ein solch niedriges Angebot akzeptieren würden. Mehr als die Hälfte der Studierenden würde nur 10 % des Kuchens akzeptieren, aber fast niemand der Landwirtinnen und Landwirte.

Obwohl die Ergebnisse in Abbildung 4.12 darauf hindeuten, dass es unterschiedliche Auffassungen darüber gibt, was fair ist und wie wichtig Fairness ist, war in den Experimenten in Kenia und den USA niemand bereit, ein Angebot von Null zu akzeptieren, obwohl die Person bei einer Ablehnung ebenfalls Null erhalten würde.

Das ist nicht immer der Fall. In Experimenten in Papua-Neuguinea wurden Angebote von mehr als der Hälfte des Kuchens von den Befragten häufig abgelehnt. Sie zogen es vor, nichts zu erhalten, als sich an einem sehr ungleichen Ergebnis zu beteiligen, selbst wenn es zu ihren Gunsten ausfiel, oder die soziale Schuld auf sich zu nehmen, ein großes Geschenk erhalten zu haben, das möglicherweise nur schwer zu erwidern ist. Die Versuchspersonen waren abgeneigt gegenüber Ungleichheiten, selbst wenn die betreffende Ungleichheit ihnen zugute kam.

Joseph Henrich, Robert Boyd, Samuel Bowles, Colin Camerer, und Herbert Gintis (Redaktion). 2004. *Foundations of Human Sociality: Economic Experiments and Ethnographic Evidence from Fifteen Small-Scale Societies.* Oxford: Oxford University Press.

ÜBUNG 4.8 SOZIALE PRÄFERENZEN

Betrachten Sie das in Abbildung 4.12 beschriebene Experiment:

1. Welche der oben genannten sozialen Präferenzen haben Ihrer Meinung nach dazu geführt, dass die Versuchspersonen bereit waren, niedrige Angebote abzulehnen, obwohl sie dadurch überhaupt nichts erhalten hätten?

2. Warum glauben Sie, dass die Ergebnisse zwischen den Arbeitskräften in der Landwirschaft Kenias und den Studierenden aus den USA unterschiedlich ausfielen?

3. Welche Antworten würden Sie erwarten, wenn Sie dieses Spiel mit zwei verschiedenen Gruppen von Spieler:innen—Ihren Mitstudierenden und Ihrer Familie—spielen würden? Erklären Sie, ob Sie erwarten, dass sich die Ergebnisse zwischen diesen Gruppen unterscheiden. Wenn möglich, spielen Sie das Spiel mit Ihren Mitstudierenden und Ihrer Familie und kommentieren Sie, ob die Ergebnisse mit Ihren Vorhersagen übereinstimmen.

Die volle Höhe jedes Balkens in Abbildung 4.13 gibt den Prozentsatz der kenianischen und amerikanischen Vorschlagenden an, die das auf der horizontalen Achse angegebene Angebot gemacht haben. Zum Beispiel machte die Hälfte der Landwirtinnen und Landwirte ein Angebot von 40 %. Weitere 10 % boten eine gleichmäßige Aufteilung an. Nur 11 % der Studierenden machten solch großzügige Angebote.

Aber waren die Landwirtinnen und Landwirte wirklich großzügig? Um das zu beantworten, müssen Sie nicht nur darüber nachdenken, wie viel sie angeboten haben, sondern auch darüber, was sie bei der Überlegung, ob die antwortende Person das Angebot annehmen würde, gedacht haben müssen. Wenn Sie sich Abbildung 4.13 ansehen und sich auf die Personen aus Kenia konzentrieren, werden Sie feststellen, dass nur sehr wenige vorschlugen, den gesamten Kuchen zu behalten, indem sie Null anbieten (4 % von ihnen, wie im Balken ganz links zu sehen ist), und alle diese Angebote wären abgelehnt worden (der gesamte Balken ist dunkel).

Ganz rechts in der Abbildung sehen wir dagegen, dass die Arbeitskräfte mit einem Angebot von der Hälfte des Kuchens eine Annahmequote von

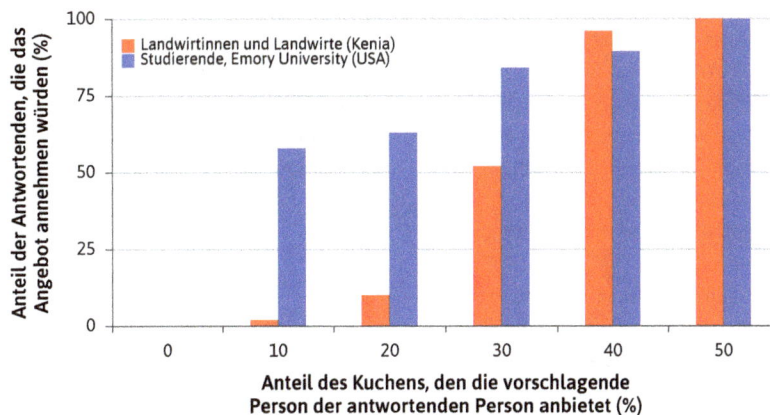

Abgeändert von Joseph Henrich, Richard McElreath, Abigail Barr, Jean Ensminger, Clark Barrett, Alexander Bolyanatz, Juan Camilo Cardenas, Michael Gurven, Edwins Gwako, Natalie Henrich, Carolyn Lesorogol, Frank Marlowe, David Tracer, und John Ziker. 2006. 'Costly Punishment Across Human Societies'. *Science* 312 (5781): pp. 1767–1770.

Abbildung 4.12 Akzeptable Angebote im Ultimatum-Spiel.

100 % erzielten (der gesamte Balken ist hell). Bei denjenigen, die 30 % anboten, war die Wahrscheinlichkeit, dass ihr Angebot abgelehnt oder angenommen wurde, etwa gleich groß (der dunkle Teil des Balkens ist fast so groß wie der helle Teil).

Eine vorschlagende Person, die so viel wie möglich verdienen wollte, würde sich zwischen den Extremen „alles nehmen" oder „gleichmäßig aufteilen" entscheiden. Die Arbeitskräfte, die 40 % anboten, hatten eine hohe Wahrscheinlichkeit, dass ihr Angebot angenommen wurde und sie 60 % des Kuchens erhielten. In dem Experiment entschied sich die Hälfte der Arbeitskräfte für ein Angebot von 40 %. Wir würden erwarten, dass das Angebot nur in 4 % der Fälle abgelehnt wird, wie Sie an dem dunkel schattierten Teil des Balkens bei dem 40 % Angebot in Abbildung 4.13 erkennen können.

Nehmen wir an, Sie sind eine kenianische Arbeitskraft in der Landwirtschaft und alles, was Sie interessiert, ist Ihre eigene Auszahlung.

Abgeändert von Joseph Henrich, Richard McElreath, Abigail Barr, Jean Ensminger, Clark Barrett, Alexander Bolyanatz, Juan Camilo Cardenas, Michael Gurven, Edwins Gwako, Natalie Henrich, Carolyn Lesorogol, Frank Marlowe, David Tracer, und John Ziker. 2006. 'Costly Punishment Across Human Societies'. Science 312 (5781): pp. 1767–1770.

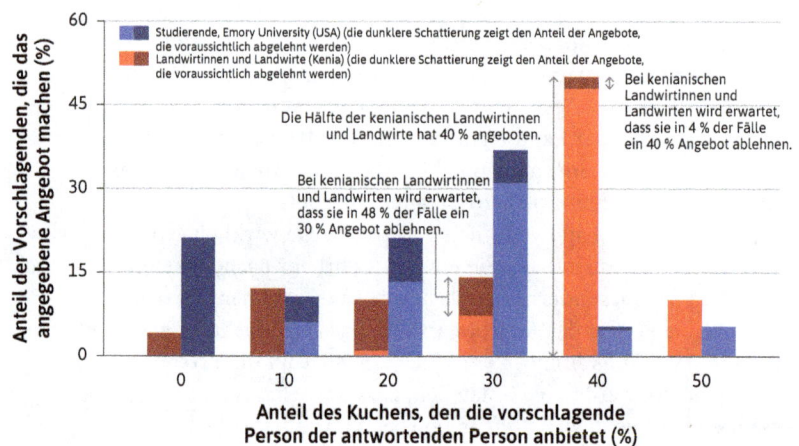

Abbildung 4.13 Tatsächliche Angebote und erwartete Ablehnungen im Ultimatum-Spiel.

1. Was zeigen die Balken an?

Die volle Höhe jedes Balkens in der Abbildung gibt den Prozentsatz der kenianischen und amerikanischen Vorschlagenden an, die das auf der horizontalen Achse angegebene Angebot abgegeben haben.

2. Die Abbildung lesen

Ein Beispiel: Für Arbeitskräfte in der Landwirtschaft Kenias bedeutet 50 % auf der vertikalen Achse und 40 % auf der horizontalen Achse, dass die Hälfte der kenianischen Vorschlagenden ein Angebot von 40 % gemacht hat.

3. Der dunkel schattierte Bereich zeigt Ablehnungen

Wenn Arbeitskräfte in der Landwirtschaft Kenias ein Angebot von 30 % machen würden, würde fast die Hälfte der Antwortenden es ablehnen. (Der dunkle Teil des Balkens ist fast so groß wie der helle Teil.)

4. Bessere Angebote, weniger Ablehnungen

Die relative Größe des dunklen Bereichs ist bei besseren Angeboten kleiner: zum Beispiel lehnten Arbeitskräfte in der Landwirtschaft Kenias in nur 4 % der Fälle ein Angebot von 40 % ab.

Der antwortenden Person anzubieten, ihr nichts zu geben, kommt nicht in Frage, denn dann erhalten Sie garantiert nichts, wenn sie ihr Angebot ablehnt. Wenn Sie die Hälfte anbieten, bekommen Sie mit Sicherheit die Hälfte—denn die antwortende Person wird sicher annehmen.

Aber Sie vermuten, dass Sie es besser machen können.

Eine vorschlagende Person, die sich nur um ihre eigenen Auszahlungen kümmert, vergleicht die so genannten erwarteten Auszahlungen der beiden Angebote: das heißt, die Auszahlung, die man erwarten kann, wenn man bedenkt, was die andere Person wahrscheinlich tun wird (annehmen oder ablehnen), falls dieses Angebot gemacht wird. Ihre erwartete Auszahlung ist die Auszahlung, die Sie erhalten, wenn das Angebot angenommen wird, multipliziert mit der Wahrscheinlichkeit, dass es angenommen wird (denken Sie daran, dass die vorschlagende Person nichts erhält, wenn das Angebot abgelehnt wird). Hier sehen Sie, wie die vorschlagende Person die erwarteten Auszahlungen für ein Angebot von 40 % oder 30 % berechnen würde:

> Erwartete Auszahlung bei einem Angebot von 40 %:
> = 96 % Chance darauf, 60 % des Kuchens zu behalten
> = $0{,}96 \times 0{,}60$
> = 58

> Erwartete Auszahlung bei einem Angebot von 30 %:
> = 52 % Chance darauf, 70 % des Kuchens zu behalten
> = $0{,}52 \times 0{,}70$
> = 36

Wir wissen natürlich nicht, ob die Arbeitskräfte diese Berechnungen tatsächlich angestellt haben. Aber wenn ja, hätten sie festgestellt, dass das Angebot von 40 % ihre erwartete Auszahlung maximierte. Diese Motivation steht im Gegensatz zu den akzeptablen Angeboten, bei denen offenbar Überlegungen zur Ungleichheitsaversion, Gegenseitigkeit oder dem Wunsch, eine soziale Norm aufrechtzuerhalten, eine Rolle spielten. Im Gegensatz zu den Antwortenden haben viele der Vorschlagenden möglicherweise versucht, in dem Experiment so viel Geld wie möglich zu verdienen, und hatten richtig geraten, was die Antwortenden tun würden.

Ähnliche Berechnungen deuten darauf hin, dass das erwartete Angebot zur Maximierung der Auszahlung bei den Studierenden bei 30 % lag, und dies war auch das häufigste Angebot unter ihnen. Die niedrigeren Angebote der Studierenden könnten darauf zurückzuführen sein, dass sie richtig antizipierten, dass niedrige Angebote (sogar so niedrig wie 10 %) manchmal akzeptiert werden würden. Möglicherweise versuchten sie, ihre Auszahlungen zu maximieren und hofften, dass sie mit einem niedrigen Angebot davonkommen würden.

ÜBUNG 4.9 ANGEBOTE IM ULTIMATUM-SPIEL

1. Warum glauben Sie, dass einige der Landwirtinnen und Landwirte aus Kenia mehr als 40 % angeboten haben? Warum boten einige der Studierenden mehr als 30 %?
2. Warum boten einige weniger als 40 % (Landwirtinnen und Landwirte) und 30 % (Studierende) an?
3. Welche der sozialen Präferenzen, die Sie untersucht haben, könnten zur Erklärung der gezeigten Ergebnisse beitragen?

Wie unterscheiden sich die beiden Populationen? Obwohl viele Landwirtinnen und Landwirte sowie Studierende einen Betrag anboten, der ihre erwarteten Auszahlungen maximieren würde, endet die Ähnlichkeit hier. Die kenianischen Arbeitskräfte lehnten eher niedrige Angebote ab. Ist dies ein Unterschied zwischen Personen aus Kenia und Amerika? Oder hängt es eher mit den lokalen sozialen Normen als mit der Nationalität und dem Beruf zusammen? Experimente allein können diese interessanten Fragen nicht beantworten, aber bevor Sie zu dem Schluss kommen, dass Personen aus Kenia eine stärkere Abneigung gegen Unfairness haben als Personen aus Amerika, sollten Sie wissen, dass die Arbeitskräfte in der Landwirtschaft aus dem ländlichen Missouri in den USA bei demselben Experiment niedrige Angebote noch häufiger ablehnten als die kenianischen Arbeitskräfte. Fast jede vorschlagende Person aus Missouri bot die Hälfte des Kuchens an.

FRAGE 4.10 WÄHLEN SIE DIE RICHTIGE(N) ANTWORT(EN)

Betrachten Sie ein Ultimatum-Spiel, bei dem die vorschlagende Person der antwortenden Person einen Anteil von 100 USD anbietet und diese das Angebot entweder annehmen oder ablehnen kann. Nimmt die antwortende Person das Angebot an, behalten sowohl die vorschlagende als auch die antwortende Person die vereinbarten Anteile. Lehnt die antwortende Person ab, erhalten beide nichts. Abbildung 4.12 zeigt die Ergebnisse einer Studie, die die Antworten von Studierenden in den USA und Landwirtinnen und Landwirten Kenias vergleicht.

Aus diesen Informationen können wir schließen, dass:

- ☐ Kenianer:innen mehr dazu geneigt sind, ein niedriges Angebot abzulehnen als Amerikaner:innen.
- ☐ Etwas mehr als 50 % der kenianischen Landwirtinnen und Landwirte das Angebot der vorschlagenden Person ablehnten, bei dem sie 30 % behielt.
- ☐ Beide Gruppen von Befragten indifferent sind zwischen der Annahme und der Ablehnung eines Angebots, nichts zu erhalten.
- ☐ Landwirtinnen und Landwirte aus Kenia legen mehr Wert auf Fairness als Studierende aus den USA.

FRAGE 4.11 WÄHLEN SIE DIE RICHTIGE(N) ANTWORT(EN)

Die folgende Tabelle zeigt den prozentualen Anteil der Antwortenden, die den von den Vorschlagenden angebotenen Betrag in dem von den Landwirtinnen und Landwirten Kenias und amerikanischen Studierenden gespielten Ultimatum-Spiel abgelehnt haben. Der Kuchen ist 100 USD.

Angebotener Betrag		USD 0	USD 10	USD 20	USD 30	USD 40	USD 50
Anteil Ablehnungen	Kenianische Arbeitskräfte	100 %	100 %	90 %	48 %	4 %	0 %
	Studierende aus den USA	100 %	40 %	35 %	15 %	10 %	0 %

Aus diesen Informationen können wir schließen, dass:

☐ Die erwartete Auszahlung für das Angebot von 30 USD beträgt 4,50 USD für die Studierenden in den USA.

☐ Die erwartete Auszahlung für das Angebot von 40 USD beträgt 6 USD für die Studierenden in den USA.

☐ Die erwartete Auszahlung für das Angebot von 20 USD beträgt 8 USD für die kenianischen Arbeitskräfte.

☐ Die erwartete Auszahlung für das Angebot von 10 USD für die kenianischen Arbeitskräfte höher ist, als für die Studierenden aus den USA.

ÜBUNG 4.10 STREIKS UND DAS ULTIMATUM-SPIEL

Ein Streik über Löhne oder Arbeitsbedingungen kann als Beispiel für ein Ultimatum-Spiel gelten.

1. Wer ist die vorschlagende Person und wer ist die antwortende Person, wenn Sie einen Streik als Ultimatum-Spiel modellieren?
2. Zeichnen Sie einen Spielbaum, um die Situation zwischen diesen beiden Parteien darzustellen.
3. Recherchieren Sie einen bekannten Streik und erklären Sie, ob er die Definition eines Ultimatum-Spiels erfüllt.
4. In diesem Abschnitt wurden Ihnen experimentelle Daten darüber vorgelegt, wie Menschen das Ultimatum-Spiel spielen. Wie könnten Sie diese Informationen nutzen, um vorzuschlagen, welche Art von Situationen zu einem Streik führen könnten?

4.12 WETTBEWERB IM ULTIMATUM-SPIEL

Experimente mit Ultimatum-Spielen mit zwei spielenden Personen zeigen, wie Menschen sich entscheiden können, die Gewinne, die aus einer wirtschaftlichen Interaktion entstehen, zu teilen. Aber das Ergebnis einer Verhandlung kann anders ausfallen, wenn sie vom Wettbewerb beeinflusst wird. Zum Beispiel könnte die Professorin, die eine wissenschaftliche Arbeitskraft sucht, mehreren Bewerbenden gegenüberstehen.

Stellen Sie sich eine neue Version des Ultimatum-Spiels vor, bei dem die vorschlagende Person zwei antwortenden Personen, statt nur einer, eine Aufteilung von 100 USD anbietet. Nimmt eine der Antwortenden das Angebot an, die andere jedoch nicht, erhalten die akzeptierende und die vorschlagende Person die vorgeschlagene Aufteilung, während die andere antwortende Person leer ausgeht. Wenn niemand der Antwortenden den Vorschlag annimmt, erhält niemand etwas, auch nicht die vorschlagende Person. Wenn beide Antwortenden annehmen, wird eine nach dem Zufallsprinzip ausgewählt, um den Anteil zu erhalten.

Wenn Sie unter den Antwortenden wären, was ist das akzeptable Mindestangebot, das Sie annehmen würden? Unterscheiden sich Ihre Antworten von denen des ursprünglichen Ultimatum-Spiels mit einer einzigen antwortenden Person? Vielleicht. Wenn ich wüsste, dass meine mitbewerbende Person stark von der 50:50 Aufteilungsnorm angetrieben wird, würde meine Antwort nicht allzu anders ausfallen. Aber was ist, wenn ich vermute, dass meine mitbewerbende Person die Belohnung unbedingt will oder sich nicht allzu sehr dafür interessiert, wie fair das Angebot ist?

Und nun nehmen wir an, Sie sind die vorschlagende Person. Welchen Anteil würden Sie anbieten?

Abbildung 4.14 zeigt einige Laborergebnisse für eine große Gruppe von Versuchspersonen, die mehrere Runden spielten. Vorschlagende und Antwortende wurden in jeder Runde zufällig und anonym zusammengeführt.

Die roten Balken zeigen den Anteil der Angebote, die abgelehnt werden, wenn es nur eine antwortende Person gibt. Die blauen Balken zeigen, was mit zwei Antwortenden geschieht. Wenn es Wettbewerb gibt, lehnen die Antwortenden weniger wahrscheinlich niedrige Angebote ab. Ihr Verhalten entspricht eher dem, was wir von eigennützigen Personen erwarten würden, die sich hauptsächlich um ihre eigenen Auszahlungen kümmern.

Abgeändert von Abbildung 6 in Urs Fischbacher, Christina M. Fong, und Ernst Fehr. 2009. ‚Fairness, Errors and the Power of Competition'. *Journal of Economic Behavior & Organization* 72 (1): pp. 527–45.

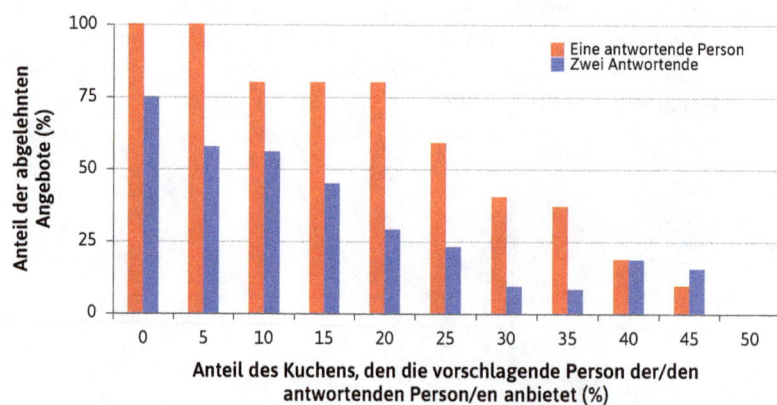

Abbildung 4.14 Anteil der abgelehnten Angebote im Ultimatum-Spiel, abhängig von der Größe des Angebots und der Anzahl der Antwortenden.

Um sich dieses Phänomen zu erklären, stellen Sie sich vor, was passiert, wenn eine antwortende Person ein niedriges Angebot ablehnt. Das bedeutet, dass sie eine Auszahlung von null erhält. Anders als in der Situation, in der es nur eine antwortende Person gibt, kann die antwortende Person in einer Wettbewerbssituation nicht sicher sein, dass die vorschlagende Person bestraft wird, da die andere antwortende Person das niedrige Angebot annehmen könnte (nicht jeder hat die gleichen Normen in Bezug auf Angebote oder befindet sich in der gleichen Notlage).

Folglich werden selbst fair denkende Menschen niedrige Angebote akzeptieren, um nicht das Schlechteste von beidem zu haben. Natürlich wissen das auch die Vorschlagenden, so dass sie niedrigere Angebote machen, die die Antwortenden trotzdem akzeptieren. Beachten Sie, wie eine kleine Änderung der Regeln oder der Situation einen großen Einfluss auf das Ergebnis haben kann. Wie bei dem Spiel um öffentliche Güter, bei dem die Einführung einer Option zur Bestrafung von Free-ridern die Höhe der Beiträge stark ansteigen ließ, spielen auch Änderungen der Spielregeln eine Rolle.

ÜBUNG 4.11 EIN SEQUENTIELLES GEFANGENENDILEMMA

Kehren Sie zu dem Gefangenendilemma (dem Schädlingsbekämpfungsspiel) zurück, das Anil und Bala in Abbildung 4.3b (Seite 159) gespielt haben, aber nehmen Sie nun an, dass das Spiel sequentiell gespielt wird, wie das Ultimatum-Spiel. Eine spielende Person (die zufällig ausgewählt wird) wählt zuerst eine Strategie (Spieler:in 1), und dann folgt die zweite Person (Spieler:in 2).

1. Nehmen wir an, Sie sind Spieler:in 1 und wissen, dass Spieler:in 2 starke Präferenzen in Bezug auf Gegenseitigkeit hat, das heißt, Spieler:in 2 wird sich freundlich gegenüber jemandem verhalten, der die sozialen Normen zur Vermeidung von Umweltverschmutzung einhält, und unfreundlich gegenüber jemandem, der diese Norm verletzt. Was würden Sie tun?
2. Nehmen wir an, Spieler:in 2 ist nun Spieler:in 1, die mit jemandem interagiert, von dem sie weiß, dass sie ausschließlich eigennützig ist. Was denken Sie, wie das Spiel ausgehen würde?

4.13 SOZIALE INTERAKTIONEN: KONFLIKTE BEI DER WAHL ZWISCHEN NASH-GLEICHGEWICHTEN

Beim Spiel der unsichtbaren Hand, dem Gefangenendilemma und dem Öffentlichen-Gut-Spiel, hing die Aktion, die den Spieler:innen die höchsten Auszahlungen einbrachten, nicht davon ab, was die anderen Spieler:innen taten. Es gab eine dominante Strategie für alle Spieler:innen und somit ein einziges Dominanzstrategiegleichgewicht.

Aber das ist oft nicht der Fall.

Wir haben bereits eine Situation erwähnt, in der dies definitiv nicht der Fall ist: Rechts oder links fahren. Wenn andere rechts fahren, ist es Ihre beste Antwort, ebenfalls rechts zu fahren. Wenn andere links fahren, ist es Ihre beste Antwort, links zu fahren.

In den USA ist es ein Gleichgewicht, wenn alle auf der rechten Seite fahren, denn niemand würde die Strategie ändern wollen, wenn man bedenkt, was die anderen tun. In der Spieltheorie werden diese Strategien, bei denen jede Person ihre beste Antwort auf die Strategien der anderen spielt, als **Nash-Gleichgewicht** bezeichnet.

Nash-Gleichgewicht Eine Kombination von Strategien, eine für jede spielende Person im Spiel, so dass die Strategie jedes Spielenden eine beste Antwort auf die von allen anderen gewählten Strategien ist.

In Japan ist „links fahren" jedoch ein Nash-Gleichgewicht. Das „Spiel" des Autofahrens hat zwei Nash-Gleichgewichte.

Bei vielen wirtschaftlichen Interaktionen gibt es keine Dominanzstrategiegleichgewichte, aber wenn wir ein Nash-Gleichgewicht finden können, können wir damit vorhersagen, was wir beobachten sollten. Wir sollten erwarten, dass alle Spieler:innen das Beste tun, was sie können, angesichts dessen, was die anderen tun.

Aber selbst bei einfachen wirtschaftlichen Problemen kann es mehr als ein Nash-Gleichgewicht geben (wie bei dem Spiel das Autofahrens). Nehmen wir an, dass die Auszahlungen für Bala und Anil bei der Auswahl ihrer Ernten wie in Abbildung 4.15 dargestellt sind. Das ist anders als bei dem Spiel der unsichtbaren Hand. Wenn die beiden Landwirte dieselbe Saat anbauen, ist der Preisrückgang so groß, dass es für jeden von ihnen besser ist, sich zu spezialisieren, selbst wenn es sich um die Saat handelt, die sie weniger gut anbauen können. Folgen Sie den Schritten in Abbildung 4.15, um die beiden Gleichgewichte zu finden.

Situationen mit zwei Nash-Gleichgewichten veranlassen uns, zwei Fragen zu stellen:

- Welches Gleichgewicht würden wir in der Realität erwarten?
- Gibt es einen Interessenkonflikt, weil ein Gleichgewicht für einige Spieler:innen vorteilhaft ist, für andere aber nicht?

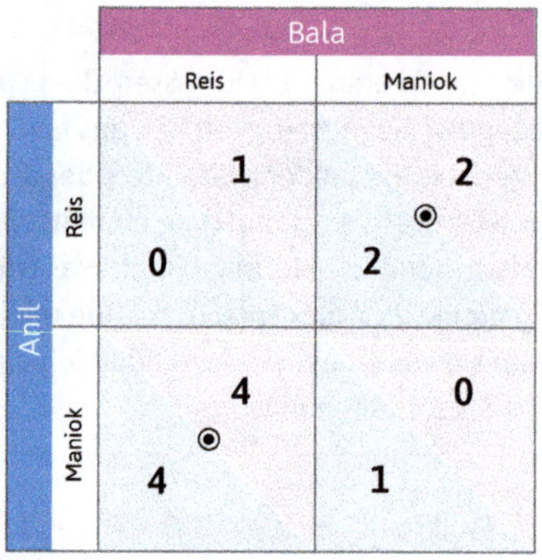

Abbildung 4.15 Ein Problem der Arbeitsteilung mit mehr als einem Nash-Gleichgewicht.

1. Anils beste Antwort auf Reis
Wenn Bala sich für Reis entscheidet, ist die beste Antwort von Anil, sich für Maniok zu entscheiden. Wir platzieren einen Punkt in der Zelle unten links.

2. Anils beste Antwort auf Maniok
Wenn Bala sich für Maniok entscheidet, ist die beste Antwort von Anil, Reis zu wählen. Setzen Sie einen Punkt in die Zelle oben rechts. Bemerken Sie, dass Anil keine dominante Strategie hat.

3. Balas beste Antworten
Wenn Anil Reis wählt, ist Balas beste Antwort, sich für Maniok zu entscheiden, und wenn Anil Maniok wählt, sollte er Reis wählen. Die Kreise zeigen die besten Antworten von Bala. Auch er hat keine dominante Strategie.

4. (Maniok, Reis) ist ein Nash-Gleichgewicht

5. (Reis, Maniok) ist auch ein Nash-Gleichgewicht
Wenn Anil sich für Reis und Bala für Maniok entscheidet, spielen beide die beste Antwort. Dies ist also auch ein Nash-Gleichgewicht, aber die Auszahlungen sind im anderen Gleichgewicht höher.

Ob Sie rechts oder links fahren, ist an sich kein Konflikt, solange alle, auf die Sie zufahren, die gleiche Entscheidung getroffen haben wie Sie. Wir können nicht sagen, dass das Fahren auf der linken Seite besser ist als das Fahren auf der rechten Seite.

Aber im Spiel um die Arbeitsteilung ist klar, dass das Nash-Gleichgewicht, bei dem Anil Maniok und Bala Reis wählt (wo sie sich auf die Saat spezialisieren, die sie am besten produzieren), von beiden dem anderen Nash-Gleichgewicht vorgezogen wird.

Könnte man also sagen, dass wir von Anil und Bala eine „korrekte" Arbeitsteilung erwarten würden? Nicht unbedingt. Denken Sie daran, dass wir davon ausgehen, dass sie ihre Entscheidungen unabhängig voneinander treffen, ohne sich abzusprechen. Stellen Sie sich vor, dass Balas Vater besonders gut im Anbau von Maniok war (im Gegensatz zu seinem Sohn) und das Land daher weiterhin für Maniok genutzt wird, obwohl es sich besser für den Reisanbau eignet. Anil weiß, dass Reis die beste Antwort auf Balas Maniok ist, und hätte sich daher für den Reisanbau entschieden. Bala hätte keinen Anreiz, zu dem zu wechseln, was er gut kann: Reis anbauen.

Das Beispiel macht einen wichtigen Punkt deutlich. Wenn es mehr als ein Nash-Gleichgewicht gibt und die Menschen ihre Handlungen unabhängig voneinander wählen, dann kann eine Wirtschaft in einem Nash-Gleichgewicht „feststecken", in dem alle Spielende schlechter wegkommen, als sie es im anderen Gleichgewicht wären.

GROSSE ÖKONOMINNEN UND ÖKONOMEN

John Nash

John Nash (1928–2015) schloss seine Doktorarbeit an der Princeton University im Alter von 21 Jahren ab. Sie war nur 27 Seiten lang, aber sie hat die Spieltheorie (die damals ein wenig bekannter Zweig der Mathematik war) in einer Weise weiterentwickelt, die zu einer dramatischen Veränderung der Volkswirtschaftslehre führte. Er gab eine Antwort auf die Frage: Wenn Menschen strategisch interagieren, was würde man dann von ihnen erwarten? Seine Antwort, die heute als **Nash-Gleichgewicht** bekannt ist, ist eine Sammlung von Strategien, eine für alle Spielende, die so beschaffen ist, dass keine Spielenden die Wahl bereuen würden, wenn diese Strategien öffentlich bekannt würden. Das heißt, wenn alle Spielenden Strategien wählen, die mit einem Nash-Gleichgewicht übereinstimmen, kann niemand durch einseitiges Wechseln zu einer anderen Strategie sich besser stellen.

Nash hat nicht nur das Konzept des Gleichgewichts eingeführt, sondern auch bewiesen, dass ein solches Gleichgewicht unter sehr allgemeinen Bedingungen existiert, vorausgesetzt, die Spielenden können ihre Strategien auch nach dem Zufallsprinzip auswählen. Wie wichtig dies ist, zeigt das Kinderspiel Schere-Stein-Papier für zwei Spielende. Wenn die Spielenden mit absoluter Sicherheit eine der drei Strategien wählen, dann würde mindestens eine Person der Spielenden mit Sicherheit verlieren und wäre daher besser dran, wenn er oder sie eine andere Strategie wählen würde. Wenn aber beide Spielenden jede verfügbare Strategie mit der gleichen Wahrscheinlichkeit wählen, dann kann keiner von ihnen besser abschneiden, wenn er oder sie die Strategien anders wählt. Es handelt sich also um ein Nash-Gleichgewicht.

Nash konnte beweisen, dass es in jedem Spiel mit einer endlichen Anzahl Spielende, von denen alle eine endliche Anzahl von Strategien hat, mindestens ein Gleichgewicht geben muss, vorausgesetzt, die Spielenden können frei wählen. Dieses Ergebnis ist nützlich, weil Strategien sehr komplizierte Objekte sein können, die einen vollständigen Plan spezifizieren, der festlegt, welche Handlung in jeder Situation, die möglicherweise eintreten könnte, zu ergreifen ist. Die Anzahl der verschiedenen Strategien beim Schach ist beispielsweise größer als die Anzahl der Atome im bekannten Universum. Dennoch wissen wir, dass es beim Schach ein Nash-Gleichgewicht gibt, obwohl nicht bekannt ist, ob das Gleichgewicht einen Sieg für Weiß, einen Sieg für Schwarz oder ein garantiertes Unentschieden beinhaltet.

Das Bemerkenswerte an Nashs Existenzbeweis ist, dass einige der bedeutendsten Mathematiker:innen des zwanzigsten Jahrhunderts, darunter Emile Borel und John von Neumann, das Problem in Angriff genommen hatten, ohne sehr weit zu kommen. Sie konnten die Existenz des Gleichgewichts nur für bestimmte Nullsummenspiele nachweisen, das heißt für Spiele, bei denen der Gewinn für eine spielende Person gleich dem Verlust für die mitspielende Person ist. Dies schränkte den Anwendungsbereich ihrer Theorie in der Volkswirtschaftslehre deutlich ein. Nash ließ eine viel allgemeinere Klasse von Spielen zu, bei denen die Spielenden beliebige Ziele haben konnten. Sie können zum Beispiel egoistisch, altruistisch, boshaft oder fair sein.

Es gibt kaum einen Bereich der Volkswirtschaftslehre, den die Entwicklung der Spieltheorie nicht vollständig verändert hat, und diese Entwicklung wäre ohne Nashs Gleichgewichtskonzept und Existenzbeweis unmöglich gewesen. Bemerkenswerterweise war dies nicht Nashs einziger revolutionärer Beitrag zur Volkswirtschaftslehre—er leistete auch einen brillanten und originellen Beitrag zur Theorie des Verhandelns. Darüber hinaus leistete er bahnbrechende Beiträge zu anderen Bereichen der Mathematik, für die er mit dem renommierten Abel-Preis ausgezeichnet wurde.

Nash teilte sich später den Nobelpreis für seine Arbeit. Roger Myerson, ein Ökonom, der ebenfalls den Preis erhielt, bezeichnete das Nash-Gleichgewicht als „einen der wichtigsten Beiträge in der Geschichte des ökonomischen Denkens".

Nash wollte ursprünglich, wie sein Vater, Ingenieur werden und studierte Mathematik an der Carnegie Tech (heute Carnegie Mellon University). Ein Wahlfach in internationaler Volkswirtschaftslehre weckte sein Interesse an strategischen Interaktionen, was ihm schließlich zum Durchbruch verhalf.

Ein Großteil seines Lebens litt Nash an einer psychischen Krankheit, die einen Krankenhausaufenthalt erforderlich machte. Er litt unter Halluzinationen, die durch eine 1959 beginnende Schizophrenie verursacht wurden. Im Anschluss an das, was er als ‚25 Jahre teilweise verblendetes Denken' (https://tinyco.re/6775628) bezeichnete, setzte er seine Lehr- und Forschungstätigkeit in Princeton fort. Die Geschichte seiner Erkenntnisse und seiner Krankheit wird in dem Buch (verfilmt mit Russell Crowe) *A Beautiful Mind* erzählt.

Sylvia Nasar. 2011. *A Beautiful Mind: The Life of Mathematical Genius and Nobel Laureate John Nash*. New York, NY: Simon & Schuster.

Konflikte lösen

Ein Interessenkonflikt entsteht, wenn Spieler:innen in einem Spiel unterschiedliche Nash-Gleichgewichte bevorzugen würden.

Betrachten Sie dazu den Fall von Astrid und Bettina, zwei Ingenieurinnen, die an einem Projekt arbeiten, für das sie bezahlt werden sollen. Ihre erste Entscheidung ist, ob der Code in Java oder C++ geschrieben werden soll (stellen Sie sich vor, dass beide Programmiersprachen gleichermaßen geeignet sind und dass das Projekt teilweise in der einen und teilweise in der anderen Sprache geschrieben werden kann). Sie müssen sich jeweils für das eine oder das andere Programm entscheiden, aber Astrid möchte in Java schreiben, weil sie besser im Schreiben vom Java-Code ist. Obwohl es sich um ein gemeinsames Projekt mit Bettina handelt, richtet sich ihre Bezahlung zum Teil danach, wie viele Codezeilen von ihr geschrieben wurden. Leider bevorzugt Bettina aus genau demselben Grund C++. Die beiden Strategien heißen also Java und C++.

Ihre Interaktion ist in Abbildung 4.16a beschrieben, und ihre Auszahlungen sind in Abbildung 4.16b zu sehen.

Aus Abbildung 4.16a können Sie drei Dinge ableiten:

- Beide arbeiten besser, wenn sie in der gleichen Sprache arbeiten.
- Astrid schneidet besser ab, wenn diese Sprache Java ist, während das Gegenteil für Bettina zutrifft.
- Ihre gesamte Auszahlung ist höher, wenn sie C++ wählen.

Wie würden wir den Ausgang dieses Spiels vorhersagen?

		Bettina	
		Java	C++
Astrid	Java	Beide arbeiten in der gleichen Sprache Astrid profitiert mehr; sie ist besser in der Java-Programmierung	Jede arbeitet in der Sprache, in der sie besser ist Aber die Arbeit in verschiedenen Sprachen ist weniger produktiv, als wenn beide in der gleichen Sprache arbeiten
	C++	Jede arbeitet in der Sprache, die sie weniger gut beherrscht, und deshalb arbeitet keiner von beiden schnell Das Arbeiten in verschiedenen Sprachen ist weniger produktiv	Beide arbeiten in der gleichen Sprache Bettina profitiert mehr; sie kann besser in C++ programmieren

Abbildung 4.16a Interaktionen bei der Wahl der Programmiersprache.

Wenn Sie die Punkt-und-Kreis-Methode anwenden, werden Sie feststellen, dass die besten Antworten jeder Spielerin darin bestehen, die gleiche Sprache wie die andere Spielerin zu wählen. Es gibt also zwei Nash-Gleichgewichte. In einem wählen beide Java. In dem anderen wählen beide C++.

Können wir sagen, welches dieser beiden Gleichgewichte mit größerer Wahrscheinlichkeit eintreten wird? Astrid zieht es offensichtlich vor, dass beide Java spielen, während Bettina es vorzieht, dass beide C++ spielen. Mit den Informationen, die wir darüber haben, wie die beiden interagieren könnten, können wir noch nicht vorhersagen, was passieren würde. In Übung 4.12 finden Sie einige Beispiele für die Art von Informationen, die zur Klärung dessen hilfreich wären, was wir beobachten würden.

ÜBUNG 4.12 KONFLIKT ZWISCHEN ASTRID UND BETTINA

Was ist das wahrscheinliche Ergebnis des Spiels in Abbildung 4.16b, wenn:

1. Astrid sich als erstes für eine Sprache entscheiden und sich darauf festlegen kann (so wie sich die vorschlagende Person im Ultimatum-Spiel auf ein Angebot festlegt, bevor die andere Person antwortet)?
2. Die beiden sich darauf einigen können, welche Sprache sie verwenden und wie viel Geld von einem zum anderen übertragen werden kann?
3. Sie schon seit vielen Jahren zusammenarbeiten und in der Vergangenheit Java für gemeinsame Projekte verwendet haben?

ÜBUNG 4.13 KONFLIKT IM GESCHÄFT

In den 1990er Jahren kämpften Microsoft und Netscape um die Marktanteile für ihre Webbrowser, den Internet Explorer und den Navigator. In den 2000er Jahren kämpften Google und Yahoo darum, welche Suchmaschine beliebter sein würde. In der Unterhaltungsindustrie fand ein Kampf zwischen Blu-Ray und HD-DVD statt, der als ‚Formatkrieg' bezeichnet wurde.

Analysieren Sie anhand eines dieser Beispiele, ob es mehrere Gleichgewichte gibt und wenn ja, warum ein Gleichgewicht den anderen vorgezogen werden könnte.

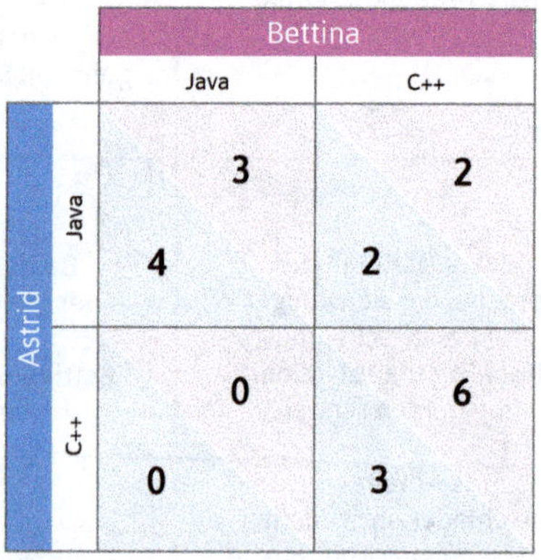

Abbildung 4.16b Auszahlungen (Tausende von Dollar für die Fertigstellung des Projekts) je nach Wahl der Programmiersprache.

FRAGE 4.12 WÄHLEN SIE DIE RICHTIGE(N) ANTWORT(EN)

Diese Tabelle zeigt die Auszahlungsmatrix für ein simultanes One-Shot Spiel, bei dem Anil und Bala ihre Saaten auswählen.

		Bala	
		Reis	Maniok
Anil	Reis	1 / 0	2 / 2
	Maniok	4 / 4	0 / 1

Wir können daraus schließen, dass:

☐ Es zwei Nash-Gleichgewichte gibt: (Maniok, Reis) und (Reis, Maniok).
☐ Die Wahl von Maniok eine dominante Strategie für Anil ist.
☐ Die Wahl von Reis eine dominante Strategie für Bala ist.
☐ Es zwei Dominanzstrategiegleichgewichte gibt: (Maniok, Reis) und (Reis, Maniok).

ÜBUNG 4.14 NASH-GLEICHGEWICHTE UND KLIMAWANDEL

Stellen Sie sich das Problem des Klimawandels als ein Spiel zwischen zwei Ländern, China und den USA, vor, wobei jedes Land wie eine einzelne Person betrachtet wird. Jedes Land hat zwei mögliche Strategien, um die globalen Kohlenstoffemissionen zu bekämpfen: Restriktion (Maßnahmen zur Verringerung der Emissionen, zum Beispiel durch Besteuerung der Nutzung fossiler Brennstoffe) und BAU (das Business-as-usual-Szenario des Stern Berichts). Abbildung 4.17 beschreibt die Ergebnisse (oben) und die hypothetischen Auszahlungen (unten) auf einer Skala, die vom besten, über gut und schlecht, bis zum schlechtesten reicht. Diese Skala wird als Ordinalskala bezeichnet (weil es nur auf die Reihenfolge ankommt: ob ein Ergebnis besser ist als das andere und nicht, um wie viel besser es ist).

China \ US	Einschränken	BAU
Einschränken	Reduzierung der Emissionen reicht aus, um den Klimawandel abzumildern	Free-ride der USA auf chinesischen Emissionssenkungen
BAU	Free-ride Chinas auf USA-Emissionsreduzierungen	Keine Reduzierung der Emissionen

China \ US	Einschränken	BAU
Einschränken	GUT / GUT	AM BESTEN / AM SCHLECHTESTEN
BAU	AM SCHLECHTESTEN / AM BESTEN	SCHLECHT / SCHLECHT

China \ US	Einschränken	BAU
Einschränken	AM BESTEN / AM BESTEN	GUT / AM SCHLECHTESTEN
BAU	AM SCHLECHTESTEN / GUT	SCHLECHT / SCHLECHT

Abbildung 4.17 Die Klimapolitik als Gefangenendilemma (oben). Auszahlungen für eine Klimapolitik als Gefangenendilemma (unten links) und Auszahlungen mit Ungleichheitsaversion und Gegenseitigkeit (unten rechts).

1. Zeigen Sie, dass beide Länder eine dominante Strategie haben. Welches ist das Dominanzstrategiegleichgewicht?
2. Das Ergebnis wäre für beide Länder besser, wenn sie einen verbindlichen Vertrag zur Begrenzung der Emissionen aushandeln könnten. Warum könnte es schwierig sein, dies zu erreichen?
3. Erläutern Sie, wie die Auszahlungen unten rechts in Abbildung 4.17 die Situation darstellen könnten, wenn beide Länder ungleichheitsavers und durch Gegenseitigkeit motiviert wären. Zeigen Sie, dass es zwei Nash-Gleichgewichte gibt. Wäre es in diesem Fall einfacher, einen Vertrag auszuhandeln?
4. Beschreiben Sie die Veränderungen in den Präferenzen oder in einem anderen Aspekt des Problems, die das Spiel in ein solches umwandeln würden, in dem (wie beim Spiel der unsichtbaren Hand) beide Länder mit der Wahl von Restriktionen ein Dominanzstrategiegleichgewicht erreichen.

4.14 SCHLUSSFOLGERUNG

Wir haben die Spieltheorie verwendet, um soziale Interaktionen zu modellieren. Das Spiel der unsichtbaren Hand veranschaulicht, wie Märkte das Eigeninteresse der Einzelnen kanalisieren können, um gegenseitige Vorteile zu erzielen. Das Dominanzstrategiegleichgewicht des Gefangenendilemmas zeigt jedoch, wie unabhängig handelnde Individuen mit einem sozialen Dilemma konfrontiert sein können.

Es gibt Hinweise darauf, dass Menschen nicht nur durch Eigeninteresse motiviert sind. Altruismus, gegenseitige Bestrafung und ausgehandelte Vereinbarungen tragen alle zur Lösung sozialer Dilemmas bei. Es kann zu Interessenkonflikten über die Aufteilung des gemeinsamen Gewinns aus einer Einigung kommen oder weil Individuen unterschiedliche Gleichgewichte bevorzugen, aber soziale Präferenzen und Normen wie Fairness können eine Einigung erleichtern.

In Einheit 4 eingeführte Konzepte

Bevor Sie fortfahren, sollten Sie sich diese Definitionen ansehen:

- Spiel
- Beste Antwort
- Dominanzstrategiegleichgewicht
- Soziales Dilemma
- Altruismus
- Gegenseitigkeit
- Ungleichheitsaversion
- Nash-Gleichgewicht
- Öffentliches Gut
- Das Gefangenendilemma

4.15 QUELLEN

Aesop. 'Belling the Cat'. In *Fables*, retold by Joseph Jacobs. XVII, (1). The Harvard Classics. New York: P. F. Collier & Son, 1909–14; Bartleby.com (https://tinyco.re/6827567), 2001.

Bowles, Samuel. 2016. *The Moral Economy: Why Good Incentives Are No Substitute for Good Citizens*. New Haven, CT: Yale University Press.

Camerer, Colin, und Ernst Fehr. 2004. 'Measuring Social Norms and Preferences Using Experimental Games: A Guide for Social Scientists'. In *Foundations of Human Sociality: Economic Experiments and Ethnographic Evidence from Fifteen Small-Scale Societies*, eds. Joseph Henrich, Robert Boyd, Samuel Bowles, Colin Camerer, und Herbert Gintis. Oxford: Oxford University Press.

Edgeworth, Francis Ysidro. 2003. *Mathematical Psychics and Further Papers on Political Economy*. Oxford: Oxford University Press.

Falk, Armin, und James J. Heckman. 2009. 'Lab Experiments Are a Major Source of Knowledge in the Social Sciences'. *Science* 326 (5952): pp. 535–538.

Hardin, Garrett. 1968. 'The Tragedy of the Commons' (https://tinyco.re/4834967). *Science* 162 (3859): pp. 1243–1248.

Henrich, Joseph, Richard McElreath, Abigail Barr, Jean Ensminger, Clark Barrett, Alexander Bolyanatz, Juan Camilo Cardenas, Michael Gurven, Edwins Gwako, Natalie Henrich, Carolyn Lesorogol, Frank Marlowe,

David Tracer, und John Ziker. 2006. 'Costly Punishment Across Human Societies' (https://tinyco.re/2043845). *Science* 312 (5781): pp. 1767–1770.

Henrich, Joseph, Robert Boyd, Samuel Bowles, Colin Camerer, und Herbert Gintis (editors). 2004. *Foundations of Human Sociality: Economic Experiments and Ethnographic Evidence from Fifteen Small-Scale Societies*. Oxford: Oxford University Press.

IPCC. 2014. 'Climate Change 2014: Synthesis Report'. Contribution of Working Groups I, II and III to the Fifth Assessment Report of the Intergovernmental Panel on Climate Change. Geneva, Switzerland: IPCC.

Levitt, Steven D., und John A. List. 2007. 'What Do Laboratory Experiments Measuring Social Preferences Reveal About the Real World?' (https://tinyco.re/9601240). *Journal of Economic Perspectives* 21 (2): pp. 153–174.

Mencken, H. L. 2006. *A Little Book in C Major*. New York, NY: Kessinger Publishing.

Nasar, Sylvia. 2011. *A Beautiful Mind: The Life of Mathematical Genius and Novel Laureate John Nash*. New York, NY: Simon & Schuster.

Ostrom, Elinor. 2000. 'Collective Action and the Evolution of Social Norms' (https://tinyco.re/2301182). *Journal of Economic Perspectives* 14 (3): pp. 137–58.

Ostrom, Elinor. 2008. 'The Challenge of Common-Pool Resources' (https://tinyco.re/0296632). *Environment: Science and Policy for Sustainable Development* 50 (4): pp. 8–21.

Ostrom, Elinor, James Walker, und Roy Gardner. 1992. 'Covenants With and Without a Sword: Self-Governance is Possible' (https://tinyco.re/4967399). *The American Political Science Review* 86 (2).

Stern, Nicholas. 2007. *The Economics of Climate Change: The Stern Review* (https://tinyco.re/5785938). Cambridge: Cambridge University Press.

Statue der Gründer von Nashville, Tennessee

EINHEIT 5

EIGENTUM UND MACHT: GEGENSEITIGE VORTEILE UND KONFLIKTE

WIE INSTITUTIONEN DAS GLEICHGEWICHT DER MACHT ALS AUCH FAIRNESS UND EFFIZIENZ WIRTSCHAFTLICHER INTERAKTIONEN BEEINFLUSSEN

- Technologie, Biologie, wirtschaftliche Institutionen und die Präferenzen der Menschen sind allesamt wichtige Einflussfaktoren für wirtschaftliche Ergebnisse.
- Macht ist die Fähigkeit, das zu tun und zu bekommen, was wir wollen, und zwar gegen die Absichten anderer Personen.
- Interaktionen können zu gegenseitigen Gewinnen führen, aber auch zu Konflikten über die Verteilung der Gewinne.
- Institutionen beeinflussen die Macht und andere Verhandlungsvorteile der betroffenen Personen.
- Die Kriterien der Effizienz und Fairness können helfen, wirtschaftliche Institutionen und die Ergebnisse wirtschaftlicher Interaktionen zu bewerten.

Vielleicht war einer Ihrer entfernten Ahnen der Ansicht, dass der beste Weg, an Geld zu kommen, darin bestand, mit einem Piraten wie Blackbeard oder Captain Kidd auf See zu gehen. Wenn er sich auf dem Piratenschiff *Royal Rover* von Captain Bartholomew Roberts niedergelassen hätte, hätte diese Person und die anderen Angehörigen der Besatzung der schriftlichen Verfassung des Schiffes zustimmen müssen. Dieses Dokument (genannt *The Royal Rover's Articles*) garantierte unter anderem, die folgenden Punkte:

Peter T. Leeson. 2007. 'An–arrgh–chy: The Law and Economics of Pirate Organization'. *Journal of Political Economy* 115 (6): pp. 1049–94.

Artikel I
Jede Person hat eine Stimme in den Angelegenheiten des Augenblicks; hat gleichen Anspruch auf frische Versorgung …

Artikel III
Niemand darf mit Karten oder Würfeln um Geld spielen.

Artikel IV
Die Lichter und Kerzen sind um acht Uhr abends zu löschen; wenn jemand von der Besatzung nach dieser Stunde noch zum Trinken geneigt ist, soll die Person dies auf dem offenen Deck tun …

Artikel X
Der Kapitän und der Quartiermeister erhalten zwei Anteile eines Preises (die Beute eines gekaperten Schiffes); der Schiffsführer, der Bootsmann und der Kanonier eineinhalb Anteile und die anderen Offiziere eineinviertel Anteile (alle anderen erhalten einen Anteil als sogenannte Dividende).

Artikel XI
Die Musiker haben am Sabbat Ruhe, aber an den anderen sechs Tagen und Nächten nicht ohne besondere Gunst.

Die *Royal Rover* und ihre *Artikel* waren nicht ungewöhnlich. Während der Blütezeit der europäischen Piraterie im späten 17. und frühen 18. Jahrhundert hatten die meisten Piratenschiffe schriftliche Verfassungen, die den Besatzungsangehörigen noch mehr Macht garantierten. Ihre Kapitäne wurden demokratisch gewählt („der Rang eines Kapitäns wird durch das Wahlrecht der Mehrheit erreicht"). Viele Kapitäne wurden auch abgewählt, mindestens einer wegen Feigheit im Kampf. Die Besatzungen wählten auch einen ihrer Angehörigen zum Quartiermeister, der die Befehle des Kapitäns widerrufen konnte, wenn sich das Schiff nicht in einer Schlacht befand.

Wenn Ihr Ahne als Ausguck gedient und als erster ein Schiff entdeckt hätte, das später als Beute genommen wurde, erhielt er als Belohnung ‚das beste Paar Pistolen an Bord, zusätzlich zu der Dividende'. Wäre er in der Schlacht schwer verwundet worden, hätten ihm die Artikel eine Entschädigung für die Verletzung garantiert (mehr für den Verlust des rechten Arms oder Beins als für den des linken). Er hätte als Teil einer Besatzung mit verschiedenen ethnischen Herkünften gearbeitet, von der wahrscheinlich etwa ein Viertel afrikanischer Herkunft war und der Rest hauptsächlich europäischer, einschließlich amerikanischer Abstammung.

Das Ergebnis war, dass eine Piratenbesatzung oft eine eng zusammengeschweißte Gruppe war. Eine zeitgenössische Person beklagte, dass die Piraten ‚in böser Weise vereint waren und sich zusammengeschlossen hatten'. Matrosen von gekaperten Handelsschiffen schlossen sich oft bereitwillig dem ‚schurkischen Gemeinwesen' der Piratenkapitäne an.

Eine andere unglückliche Person kommentierte: ‚Diese Männer, die wir als … den Skandal der menschlichen Natur bezeichnen, die allen Lastern … ausgeliefert waren, waren ausschließlich unter sich selbst gerecht.' Wenn sie Antwortende im Ultimatum-Spiel (erklärt in Einheit 4, Abschnitt 4.10) gewesen wären, hätten sie nach dieser Beschreibung jedes Angebot abgelehnt, das weniger als die Hälfte des Kuchens enthielt!

5.1 INSTITUTIONEN UND MACHT

Nirgendwo sonst auf der Welt hatten die gewöhnlichen Arbeitskräfte im späten 17. und frühen 18. Jahrhundert das Recht zu wählen, eine Entschädigung für Arbeitsunfälle zu erhalten oder vor Anordnungen und Kontrollen aus Willkür geschützt zu werden, die auf dem *Royal Rover* als selbstverständlich angesehen wurde. Die Artikel der *Royal Rover* legten schwarz auf weiß fest, was die Piraten unter ihren Arbeitsbedingungen verstanden. Sie legten fest, wer was an Bord des Schiffes zu tun hatte und was jede Person bekam. Zum Beispiel die Höhe der Dividende des Steuermanns im Vergleich zu der des Kanoniers. Es gab auch ungeschriebene, informelle Regeln für angemessenes Verhalten, an die sich die Piraten aus Gewohnheit hielten oder um eine Verurteilung durch ihre Besatzungsmitglieder zu vermeiden.

Diese Regeln, sowohl geschrieben als auch ungeschrieben, waren die **Institutionen**, die die Interaktionen innerhalb der Besatzung des *Royal Rover* regelten.

Die Institutionen lieferten sowohl die Beschränkungen (kein Alkoholkonsum nach 20 Uhr, außer an Deck) als auch die **Anreize** (das beste Paar Pistolen für den Ausguck, der ein Schiff erspäht hat, das später gekapert wurde). In der Terminologie der Spieltheorie aus der vorherigen Einheit könnten wir sagen, dass es sich dabei um die ‚Spielregeln' handelt, die wie beim Ultimatum-Spiel in Abschnitt 4.10 festlegen, wer was wann tun kann und wie die Aktionen der Spieler:innen ihre Auszahlungen bestimmen.

In dieser Einheit verwenden wir die Begriffe ‚Institutionen' und ‚Spielregeln' als Synonyme.

Die Experimente in Einheit 4 haben uns gezeigt, dass die Spielregeln Auswirkungen darauf haben:

- wie das Spiel gespielt wird
- welche Höhe der gesamten Auszahlungen, den Teilnehmenden zur Verfügung steht
- wie das Gesamtergebnis aufgeteilt wird

Beim Ultimatum-Spiel zum Beispiel legen die Regeln (Institutionen) die Größe des Kuchens fest, wer die vorschlagende Person sein darf, was die vorschlagende Person tun kann (einen beliebigen Teil des Kuchens anbieten), was die antwortende Person tun kann (annehmen oder ablehnen) und wer was als Ergebnis erhält.

Wir haben auch gesehen, dass sich das Ergebnis ändert, wenn man die Regeln des Spiels ändert. Vor allem, wenn zwei Antwortende an dem Ultimatum-Spiel teilnehmen, ist es wahrscheinlicher, dass sie niedrigere Angebote akzeptieren, weil sie nicht sicher sind, was die andere Person tun wird. Und das bedeutet, dass die vorschlagende Person ein niedrigeres Angebot machen und eine höhere Auszahlung erhalten kann.

Da Institutionen bestimmen, wer was tun kann und wie die Auszahlungen verteilt werden, bestimmen sie die Macht, die jede einzelne Person hat, um in der Interaktion mit anderen zu bekommen, was sie will.

Macht hat in der Volkswirtschaftslehre zwei Hauptformen:

- *Sie kann die Bedingungen eines Austauschs festlegen*: Indem ein take-it-or-leave-it-Angebot gemacht wird (wie im Ultimatum-Spiel).
- *Sie kann hohe Kosten auferlegen oder androhen*: Es sei denn, die andere Partei handelt in einer Weise, die der Person mit Macht zugute kommt.

> **INSTITUTIONEN**
> Institutionen sind geschriebene und ungeschriebene Regeln, die bestimmen:
> - was Menschen tun, wenn sie in einem gemeinsamen Projekt interagieren
> - die Verteilung der Ergebnisse ihrer gemeinsamen Bemühungen

> **Anreiz** Ökonomische Belohnung oder Bestrafung, die den Nutzen und die Kosten von Handlungsalternativen beeinflusst.

> **MACHT**
> Die Fähigkeit, die Dinge zu tun und zu bekommen, die wir wollen, und zwar gegen die Absichten anderer Personen.

Verhandlungsmacht Der Vorteil einer Person, sich einen größeren Anteil an der ökonomischen Rente zu sichern, die durch eine Interaktion realisiert wird.

Die Regeln des Ultimatum-Spiels bestimmen die Fähigkeit der Spieler:innen, eine hohe Auszahlung zu erzielen—das Ausmaß ihres Vorteils bei der Aufteilung des Kuchens—, was eine Form der Macht ist, die **Verhandlungsmacht** genannt wird. Die Macht, ein take-it-or-leave-it-Angebot zu machen, verleiht der vorschlagenden Person mehr Verhandlungsmacht als der antwortenden Person und führt in der Regel dazu, dass die vorschlagende Person mehr als die Hälfte des Kuchens erhält. Dennoch ist die Verhandlungsmacht der vorschlagenden Person begrenzt, da die antwortende Person die Möglichkeit hat, das Angebot abzulehnen. Wenn es zwei Antwortende gibt, ist die Macht der Ablehnung schwächer, so dass die Verhandlungsmacht der vorschlagenden Person größer ist.

In Experimenten erfolgt die Zuweisung der Rolle der vorschlagenden oder der antwortenden Person, und damit die Zuweisung der Verhandlungsmacht, in der Regel durch Zufall. In realen Volkswirtschaften ist die Zuweisung der Macht definitiv nicht zufällig.

Auf dem Arbeitsmarkt liegt die Macht, die Bedingungen des Austauschs festzulegen, in der Regel bei denjenigen, denen die Fabrik oder das Unternehmen gehört: Sie sind diejenigen, die den Lohn und andere Beschäftigungsbedingungen vorschlagen. Die Arbeitssuchenden sind sozusagen die Antwortenden, und da sich in der Regel mehr als eine Person um dieselbe Stelle bewirbt, kann ihre Verhandlungsmacht gering sein, genau wie beim Ultimatum-Spiel mit mehr als einer antwortenden Person. Da außerdem der Arbeitsplatz Teil des Privateigentums der Eigentümer:innen ist, können die Unternehmen die Beschäftigten unter Umständen ausschließen, indem sie sie entlassen, wenn ihre Arbeit nicht den Vorgaben entspricht.

Erinnern Sie sich aus den Einheiten 1 und 2, dass die Arbeitsproduktivität in Großbritannien um die Mitte des 17. Jahrhunderts zu steigen begann? Aber erst in der Mitte des 19. Jahrhunderts erhielten die Beschäftigten die Verhandlungsmacht, um Löhne erheblich anzuheben. Dies ist auf eine Kombination aus Verschiebungen bei Angebot und Nachfrage nach Arbeitskräften, neuen Institutionen wie Gewerkschaften, sowie dem Wahlrecht für die arbeitende Bevölkerung zurückzuführen.

In der nächsten Einheit werden wir sehen, wie der Arbeitsmarkt zusammen mit anderen Institutionen den Unternehmen beziehungsweise den Eigentümer:innen beide Arten von Macht verleiht. In Einheit 7 erklären wir, wie einige Unternehmen die Macht haben, hohe Preise für ihre Produkte festzusetzen, und in Einheit 10, wie der Kreditmarkt den Banken und anderen darlehensgebenden Personen Macht über Menschen verleiht, die Hypotheken und Darlehen suchen.

Die Macht, nein zu sagen

Nehmen wir an, wir erlauben einer vorschlagenden Person, den Kuchen einfach beliebig aufzuteilen, ohne dass die antwortende Person eine andere Rolle spielt, als das zu nehmen, was sie bekommt (wenn überhaupt). Unter diesen Regeln hat die vorschlagende Person die gesamte Verhandlungsmacht und die antwortende Person keine. Es gibt ein experimentelles Spiel wie dieses, und es heißt das Diktator-Spiel.

Es gibt viele frühere und heutige Beispiele für wirtschaftliche Institutionen, die dem Diktator-Spiel ähneln, bei dem es keine Möglichkeit gibt, nein zu sagen. Dazu gehören die heute noch bestehenden politischen Diktaturen wie in Nordkorea und die Sklaverei, wie sie in den USA vor dem Ende des amerikanischen Bürgerkriegs 1865 bestand. Kriminelle Organisationen, die in den Drogen- und Menschenhandel verwickelt sind, wären ein weiteres modernes Beispiel, in dem die Macht die Form von physischem Zwang oder Gewaltandrohung annehmen kann.

In einer kapitalistischen Wirtschaft in einer demokratischen Gesellschaft gibt es Institutionen, die die Menschen vor Gewalt und Zwang schützen und sicherstellen, dass die meisten wirtschaftlichen Interaktionen freiwillig erfolgen. Im weiteren Verlauf dieser Einheit untersuchen wir das Ergebnis einer Interaktion, die mit Zwang verbunden ist, und wie diese sich mit der Macht, nein zu sagen, verändert.

5.2 BEWERTUNG VON INSTITUTIONEN UND ERGEBNISSEN: DAS PARETO-KRITERIUM

Ob es sich um Fischer:innen handelt, die versuchen, ihren Lebensunterhalt zu verdienen und dabei die Bestände nicht zu erschöpfen, oder um Arbeitskräfte in der Landwirtschaft, die die Kanäle eines Bewässerungssystems instand halten, oder um zwei Personen, die sich einen Kuchen teilen, wir wollen in der Lage sein, sowohl zu beschreiben, was passiert, als auch es zu bewerten—ist es besser oder schlechter als andere mögliche Ergebnisse? Bei der ersten Frage geht es um Fakten, bei der zweiten um Werte.

Wir nennen das Ergebnis einer wirtschaftlichen Interaktion eine **Allokation**.

Beim Ultimatum-Spiel zum Beispiel, beschreibt die Allokation die von der vorschlagenden Person vorgeschlagene Aufteilung des Kuchens, ob sie abgelehnt oder angenommen wurde und die daraus resultierenden Auszahlungen an die beiden Spieler:innen.

Nehmen wir nun an, dass wir zwei mögliche Allokationen, A und B, die sich aus einer wirtschaftlichen Interaktion ergeben können, vergleichen wollen. Können wir sagen, welche besser ist? Nehmen wir an, dass alle an der Interaktion beteiligten Personen die Allokation A bevorzugen würden. Dann würden die meisten Menschen zustimmen, dass A eine bessere Allokation ist als B. Dieses Kriterium zur Beurteilung zwischen A und B wird **Pareto-Kriterium** genannt, nach Vilfredo Pareto, einem italienischen Ökonomen und Soziologen.

Wenn wir sagen, dass jemand durch eine Allokation „besser gestellt ist", meinen wir damit, dass die Person die Allokation bevorzugt, was nicht unbedingt bedeutet, dass die Person mehr Geld bekommt.

Allokation Die Beschreibung, wer was tut, welche Folgen dieses Handeln hat und wer was als Ergebnis erhält.

Pareto-dominant Die Allokation A dominiert die Allokation B, wenn mindestens eine Partei mit A besser dran wäre als mit B, und niemand schlechter gestellt wäre. *Siehe auch: Pareto-effizient.*

DAS PARETO-KRITERIUM

Nach dem Pareto-Kriterium dominiert die Allokation A die Allokation B, wenn mindestens eine Partei mit A besser dran wäre als mit B, und niemand schlechter dran wäre.

Wir sagen: A **Pareto-dominiert** B.

GROSSE ÖKONOMINNEN UND ÖKONOMEN

Vilfredo Pareto

Vilfredo Pareto (1848–1923), ein italienischer Ökonom, erwarb ein Diplom in Ingenieurwissenschaften für seine Forschungen über das Konzept des Gleichgewichts in der Physik. Er ist vor allem für das Konzept der Effizienz bekannt, das seinen Namen trägt. Er wollte, dass die Ökonomie und Soziologie faktenbasierte Wissenschaften sind, ähnlich wie die Naturwissenschaften, die er in seiner Jugend studiert hatte.

Seine empirischen Untersuchungen brachten ihn dazu, die Vorstellung in Frage zu stellen, dass

die Verteilung des Vermögens der bekannten Glockenkurve ähnelt, mit wenigen Reichen und wenigen Armen an den Enden der Verteilung und einer großen Klasse mit mittlerem Einkommen. Stattdessen schlug er das so genannte Pareto-Gesetz vor, demzufolge es über alle Zeitalter und unterschiedlichen Arten von Wirtschaftssystemen hinweg sehr wenige Reiche und sehr viele Arme gab.

Seine 80-20-Regel—abgeleitet vom Paretoprinzip—besagt, dass die reichsten 20 % einer Bevölkerung in der Regel 80 % des Vermögens besitzen. Würde er im Jahr 2015 in den USA leben, müsste er diese Aussage auf 90 % des Vermögens der reichsten 20 % korrigieren, was darauf hindeutet, dass sein Gesetz möglicherweise nicht so universell ist, wie er dachte.

Nach Paretos Ansicht wurde beim Spiel der Wirtschaft mit hohen Einsätzen gespielt, mit vielen Gewinner:innen und Verlierer:innen. Es überrascht daher nicht, dass er die Ökonominnen und Ökonomen aufforderte, sich mit Konflikten um die Verteilung von Gütern zu befassen, und er war der Meinung, dass die Zeit und die Ressourcen, die diesen Konflikten gewidmet werden, Teil dessen sind, worum es in der Volkswirtschaftslehre gehen sollte. In seinem berühmtesten Buch, dem *Manual of Political Economy* (1906), schrieb er Folgendes: ‚Die Anstrengungen der Menschen werden auf zwei verschiedene Arten genutzt: Sie sind auf die Produktion oder Umwandlung wirtschaftlicher Güter oder auf die Aneignung von Gütern gerichtet, die von anderen produziert wurden.'

Vilfredo Pareto. (1906) 2014. *Manual of Political Economy: A Variorum Translation and Critical Edition.* Oxford, New York, NY: Oxford University Press.

Abbildung 5.1 vergleicht die vier Allokationen im Spiel zur Schädlingsbekämpfung aus Einheit 4 anhand des Pareto-Kriteriums (unter Verwendung einer ähnlichen Methode wie beim Vergleich der Technologien in Einheit 2). Wir gehen davon aus, dass Anil und Bala eigennützig sind und daher Allokationen mit einer höheren Auszahlung für sich selbst bevorzugen.

Das blaue Rechteck mit seiner Ecke bei der Allokation (T, T) zeigt, dass die Allokation (I, I) die Allokation (T, T) Pareto-dominiert. Folgen Sie den Schritten in Abbildung 5.1, um weitere Vergleiche zu sehen.

Sie sehen an diesem Beispiel, dass das Pareto-Kriterium beim Vergleich von Allokationen nur bedingt hilfreich ist. Hier sagt es uns nur, dass (I, I) besser ist als (T, T).

Das Diagramm zeigt auch, dass drei der vier Allokationen von keiner anderen Allokation Pareto-dominiert werden. Eine Allokation mit dieser Eigenschaft wird **Pareto-effizient** genannt.

Pareto-effizient Eine Allokation mit der Eigenschaft, dass es keine alternative technisch mögliche Allokation gibt, bei der mindestens eine Person besser und niemand schlechter gestellt wäre.

PARETO-EFFIZIENZ
Eine Allokation, die von keiner anderen Allokation Pareto-dominiert ist, wird als Pareto-effizient bezeichnet.

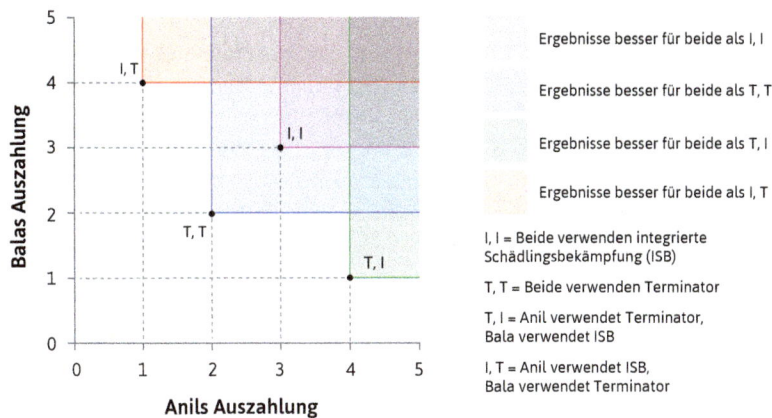

Ergebnisse besser für beide als I, I

Ergebnisse besser für beide als T, T

Ergebnisse besser für beide als T, I

Ergebnisse besser für beide als I, T

I, I = Beide verwenden integrierte
Schädlingsbekämpfung (ISB)

T, T = Beide verwenden Terminator

T, I = Anil verwendet Terminator,
Bala verwendet ISB

I, T = Anil verwendet ISB,
Bala verwendet Terminator

Abbildung 5.1 Pareto-effiziente Allokationen. Alle Allokationen außer die beiderseitige Nutzung des Pestizids (T, T) sind Pareto-effizient.

1. Das Gefangenendilemma von Anil und Bala

Das Diagramm zeigt die Allokationen des Gefangenendilemma-Spiels von Anil und Bala.

2. Ein Pareto-Vergleich

(I, I) liegt in dem Rechteck nordöstlich von (T, T), so dass ein Ergebnis, bei dem sowohl Anil als auch Bala ISB verwenden, ein Ergebnis, bei dem beide Terminator verwenden, Pareto-dominiert.

3. Vergleiche (T, T) und (T, I)

Wenn Anil Terminator und Bala ISB verwendet, dann ist Anil besser dran. Aber Bala ist schlechter dran, als wenn beide Terminator verwenden. Das Pareto-Kriterium kann nicht sagen, welche dieser Allokationen besser ist.

4. Keine Allokation Pareto-dominiert (I, I)

Keine der anderen Allokationen liegt nordöstlich von (I, I), also ist diese Allokation nicht Pareto-dominiert.

5. Was können wir über (I, T) und (T, I) sagen?

Keine dieser Allokationen ist Pareto-dominiert, aber sie dominieren auch keine anderen Allokationen.

Wenn eine Allokation Pareto-effizient ist, dann gibt es keine alternative Allokation, bei der mindestens eine Partei besser und niemand schlechter gestellt wäre. Das Konzept der Pareto-Effizienz ist in der Volkswirtschaftslehre weit verbreitet und klingt nach einer guten Sache, aber wir müssen vorsichtig damit sein:

- *Es gibt oft mehr als eine Pareto-effiziente Allokation*: Bei dem Spiel der Schädlingsbekämpfung gibt es drei.
- *Das **Pareto-Kriterium** sagt uns nicht, welche der Pareto-effizienten Allokationen besser ist*: Es gibt uns keine Rangfolge von (I, I), (I, T) und (T, I).
- *Wenn eine Allokation Pareto-effizient ist, bedeutet das nicht, dass wir sie gutheißen sollten*: Wenn Anil ISB spielt und Bala als Free-rider Terminator spielt, ist das Pareto-effizient, aber wir (und Anil) halten das vielleicht für unfair. Pareto-Effizienz hat nichts mit Fairness zu tun.
- *Die Allokation (T, I) ist Pareto-effizient und (T, T) ist es nicht (sie ist Pareto-ineffizient)*: Aber das Pareto-Kriterium sagt uns NICHT, was besser ist.

Es gibt viele Pareto-effiziente Allokationen, die wir nicht positiv bewerten würden. Wenn Sie sich Abbildung 4.5 (Seite 164) ansehen, können Sie sehen, dass jede Aufteilung von Anils Lotteriegewinn (einschließlich derjenigen, bei der Bala leer ausgeht) Pareto-effizient wäre (wählen Sie einen beliebigen Punkt

Pareto-Kriterium Nach dem Pareto-Kriterium ist eine wünschenswerte Eigenschaft einer Allokation, dass sie Pareto-effizient ist. *Siehe auch: Pareto-dominant.*

auf der Machbarkeitsgrenze und zeichnen Sie das Rechteck mit seiner Ecke an diesem Punkt: Es gibt keine realisierbaren Punkte oberhalb und rechts davon). Aber einige dieser Aufteilungen würden sehr unfair erscheinen. In ähnlicher Weise ist beim Ultimatum-Spiel eine Allokation von einem Cent für die antwortende Person und 99,99 USD für die vorschlagende Person ebenfalls Pareto-effizient, denn es gibt keine Möglichkeit, die antwortende Person besser zu stellen, ohne die vorschlagende Person schlechter zu stellen.

Das Gleiche gilt für Probleme wie die Allokation von Nahrungsmitteln. Wenn einige Menschen mehr als satt sind, während andere hungern, könnten wir in der Alltagssprache sagen: ‚Dies ist keine sinnvolle Art der Nahrungsmittelversorgung. Sie ist eindeutig ineffizient.' Aber Pareto-Effizienz bedeutet etwas anderes. Eine sehr ungleiche Verteilung von Nahrungsmitteln kann Pareto-effizient sein, solange die gesamte Nahrung von jemandem gegessen wird, der die Nahrung mindestens ein bisschen genießt.

FRAGE 5.1 WÄHLEN SIE DIE RICHTIGE(N) ANTWORT(EN)

Welche der folgenden Aussagen über das Ergebnis einer wirtschaftlichen Interaktion ist richtig?

☐ Wenn die Allokation Pareto-effizient ist, können Sie niemanden besser stellen, ohne dass jemand anderes schlechter gestellt wird.
☐ Wenn die Allokation Pareto-effizient ist, sind alle Teilnehmenden zufrieden mit dem, was sie bekommen.
☐ Es kann nicht mehr als ein Pareto-effizientes Ergebnis geben.
☐ Nach dem Pareto-Kriterium ist ein Pareto-effizientes Ergebnis immer besser als ein ineffizientes Ergebnis.

5.3 BEWERTUNG VON INSTITUTIONEN UND ERGEBNISSEN: FAIRNESS

Obwohl uns das Pareto-Kriterium bei der Bewertung von Allokationen helfen kann, wollen wir auch ein anderes Kriterium anwenden: Gerechtigkeit. Wir werden fragen: Ist das fair?

Nehmen wir an, die vorschlagende Person hat in dem Ultimatum-Spiel einen Cent von insgesamt 100 USD angeboten. Wie wir in Einheit 4 gesehen haben, lehnen die Antwortenden in Experimenten auf der ganzen Welt ein solches Angebot in der Regel ab, da sie es offenbar als unfair empfinden. Viele von uns würden ähnlich reagieren, wenn wir zwei Freundinnen, An und Bai, beobachten würden, wie sie die Straße entlanggehen. Sie sehen einen 100-USD-Schein, den An aufhebt. Sie bietet ihrer Freundin Bai einen Cent an und sagt, sie wolle den Rest behalten.

Wir könnten empört sein. Aber wir würden vielleicht anders denken, wenn wir herausfinden würden, dass An und Bai zwar ihr ganzes Leben lang hart gearbeitet haben, An aber gerade ihren Job verloren hat und obdachlos ist, während Bai wohlhabend ist. An die 99,99 USD zu überlassen, könnte dann fair erscheinen. Wenn wir also alle Fakten kennen, könnten wir einen anderen Maßstab für Gerechtigkeit ansetzen.

Wir könnten auch einen Maßstab für Fairness nicht auf das *Ergebnis* des Spiels, sondern auf die *Spielregeln* anwenden. Nehmen wir an, wir hätten beobachtet, dass An eine gleichmäßige Aufteilung vorschlägt, indem sie 50 USD an Bai abtritt. Gut für An, sagen Sie, das scheint ein faires Ergebnis zu sein. Aber wenn dies geschah, weil Bai eine Waffe auf An richtete und ihr drohte, sie zu erschießen, wenn sie nicht eine gleichmäßige Aufteilung anböte, würden wir das Ergebnis wahrscheinlich als unfair bewerten.

Das Beispiel verdeutlicht einen grundlegenden Aspekt der Fairness. Allokationen können aus folgenden Gründen als ungerecht empfunden werden:

- *Wie ungleich sie sind*: Zum Beispiel in Bezug auf das Einkommen oder das subjektive Wohlbefinden. Dies sind **substanzielle Beurteilungen der Fairness**.
- *Wie sie zustande gekommen sind*: Zum Beispiel durch Gewalt oder durch Wettbewerb auf Augenhöhe. Dies sind **prozessuale Beurteilungen von Fairness**.

Substanzielle und prozessuale Beurteilungen

Um eine substanzielle Beurteilung über Fairness zu fällen, müssen Sie nur die Allokation selbst kennen. Für prozessuale Beurteilungen müssen wir jedoch auch die Spielregeln und andere Faktoren kennen, die erklären, warum es zu dieser Allokation kam.

Zwei Personen, die substanzielle Bewertungen der Fairness über dieselbe Situation abgeben, müssen natürlich nicht einer Meinung sein. Sie können zum Beispiel unterschiedlicher Meinung darüber sein, ob Fairness anhand des Einkommens oder der Zufriedenheit bewertet werden sollte. Wenn wir Fairness anhand des Kriteriums Zufriedenheit messen, braucht eine Person mit einer schweren körperlichen oder geistigen Behinderung möglicherweise ein viel höheres Einkommen als eine Person ohne eine solche Behinderung, um mit ihrem Leben gleichermaßen zufrieden zu sein.

Substanzielle Beurteilungen

Diese basieren auf Ungleichheit in einem bestimmten Aspekt der Allokation, wie zum Beispiel:

- *Einkommen*: Die Entlohnung in Geld (oder einem gleichwertigen Maß) für die Verfügungsgewalt des Individuums über wertgeschätzte Güter und Dienstleistungen.
- *Zufriedenheit*: Ökonominnen und Ökonomen haben Indikatoren entwickelt, mit denen das subjektive Wohlbefinden gemessen werden kann.
- *Freiheit*: Das Ausmaß, in dem man tun (oder sein) kann, was man will, ohne gesellschaftlich auferlegte Grenzen.

> **substanzielle Beurteilungen der Fairness** Beurteilungen, die auf der Allokation selbst beruhen (also zum Beispiel auf die Größe des Vermögens), nicht darauf, wie die Allokation zustande kommen ist (also wie die Person das Vermögen aufbauen konnte). *Siehe auch unter: prozessuale Beurteilung der Fairness.*
>
> **prozessuale Beurteilung der Fairness** Eine Bewertung eines Ergebnisses, die darauf beruht, wie die Allokation zustande gekommen ist. Es geht also nicht darum, wie fair oder unfair ein Ergebnis ist, sondern wie fair oder unfair der Prozess zur Erreichung des Ergebnisses ist. *Siehe auch: substanzielle Beurteilungen der Fairness.*

Andrew Clark und Andrew Oswald. 2002. 'A Simple Statistical Method for Measuring How Life Events Affect Happiness'. *International Journal of Epidemiology* 31 (6): pp. 1139–1144.

ÜBUNG 5.1 SUBSTANZIELLE FAIRNESS

Denken Sie an die Gesellschaft, in der Sie leben, oder an eine andere Gesellschaft, mit der Sie vertraut sind.

1. Um die Gesellschaft fairer zu machen, würden Sie mehr Gleichheit bei Einkommen, Zufriedenheit oder Freiheit wollen? Und warum? Gibt es einen Trade-Off zwischen diesen Aspekten?
2. Gibt es noch andere Dinge, die gleicher sein sollten, um mehr Fairness in dieser Gesellschaft zu erreichen?

Prozessuale Beurteilungen

Die Spielregeln, die zu der Allokation geführt haben, können nach Aspekten wie den folgenden bewertet werden:

- *Freiwilliger Tausch von Privateigentum, das mit rechtmäßigen Mitteln erworben wurde*: Waren die Handlungen, die zu der Allokation führten, das Ergebnis frei gewählter Handlungen der Beteiligten, zum Beispiel, dass jede Person Dinge kaufte oder verkaufte, die sie durch Erbschaft, Kauf oder eigene Arbeit erworben hatte? Oder war Betrug oder Gewalt im Spiel?
- *Gleiche Chancen für wirtschaftliche Weiterentwicklung*: Hatten die Menschen eine gleiche Chance, einen großen Anteil an der aufzuteilenden Gesamtsumme zu erwerben, oder wurden sie aufgrund ihrer Ethnie, ihrer sexuellen Präferenzen, ihres Geschlechts oder der Herkunft ihrer Eltern in irgendeiner Weise diskriminiert oder benachteiligt?
- *Verdienstlichkeit*: Wurde bei den Spielregeln, die die Allokation bestimmten, berücksichtigt, inwieweit ein Individuum hart gearbeitet oder anderweitig soziale Normen eingehalten hat?

Wir können diese unterschiedlichen Einschätzungen nutzen, um das Ergebnis des Ultimatum-Spiels zu bewerten. Die experimentellen Spielregeln werden den meisten Menschen als prozessual fair erscheinen:

- Die Vorschlagenden werden nach dem Zufallsprinzip ausgewählt.
- Das Spiel wird anonym gespielt.
- Diskriminierung ist nicht möglich.
- Alle Aktionen sind freiwillig. Die Antwortenden können das Angebot ablehnen, und den Vorschlagenden steht es in der Regel frei, einen beliebigen Betrag vorzuschlagen.

Substanzielle Beurteilungen sind Bewertungen der Allokation selbst: wie der Kuchen geteilt wird. Aus dem Verhalten von Versuchspersonen wissen wir, dass viele Menschen eine Allokation, bei der die vorschlagende Person 90 % des Kuchens erhält, als ungerecht empfinden würden.

Fairness bewerten

Die Spielregeln in der realen Wirtschaft sind weit von den fairen Verfahren des Ultimatum-Spiels entfernt, und prozessuale Beurteilungen von Fairness sind für viele Menschen sehr wichtig, wie wir in Einheit 19 sehen werden.

Die Wertvorstellungen der Menschen darüber, was fair ist, sind unterschiedlich. Manche halten zum Beispiel jedes Maß an Ungleichheit für fair, solange die Spielregeln fair sind. Andere halten eine Allokation für unfair, wenn einigen Menschen die Grundbedürfnisse ernsthaft vorenthalten werden, während andere Luxusgüter konsumieren.

Der amerikanische Philosoph John Rawls (1921–2002) hat eine Methode zur Klärung dieser Argumente entwickelt, die uns manchmal helfen kann, eine gemeinsame Basis in Wertfragen zu finden. Wir gehen in drei Schritten vor:

1. *Wir nehmen den Grundsatz an, dass Fairness für alle Menschen gilt*: Wenn wir zum Beispiel die Positionen von An und Bai tauschen würden, so dass Bai statt An die 100 USD aufgehoben hätte, würden wir immer noch genau denselben Maßstab der Gerechtigkeit anwenden, um das Ergebnis zu bewerten.
2. *Wir stellen uns einen Schleier der Unwissenheit vor*: Da Fairness für alle gilt, auch für uns selbst, bittet Rawls uns, uns hinter einem Schleier der

ÜBUNG 5.2 PROZESSUALE FAIRNESS

Betrachten Sie die Gesellschaft, in der Sie leben, oder eine andere Gesellschaft, die Sie kennen. Wie fair ist diese Gesellschaft nach den oben aufgeführten prozessualen Beurteilungen von Fairness?

Unwissenheit, wie er es nennt, vorzustellen. Damit meinte er, dass wir uns vorstellen sollen, nicht zu wissen, welche Position wir in der betrachteten Gesellschaft einnehmen würden. Wir könnten männlich, weiblich oder divers sein, gesund oder krank, reich oder arm (oder mit reichen oder armen Eltern), einer einflussreichen Gruppe oder einer ethnischen Minderheit angehören und so weiter. Bei dem Spiel mit den 100 USD auf der Straße wüssten wir nicht, ob wir die Person wären, die das Geld aufhebt, oder die Person, die auf das Angebot reagiert.

3. *Hinter dem Schleier der Unwissenheit können wir ein Urteil fällen*: Zum Beispiel die Wahl von Institutionen—wir stellen uns vor, dass wir Teil der Gesellschaft werden, die wir durch die Wahl der Institutionen beeinflussen, dabei aber annehmen, dass wir mit der gleichen Wahrscheinlichkeit jede Position einnehmen, die die Menschen in dieser Gesellschaft haben.

Der Schleier der Unwissenheit fordert Sie auf, sich bei der Beurteilung von Fairness in die Lage anderer zu versetzen, die ganz anders sind als Sie selbst. Dann, so argumentierte Rawls, wären Sie in der Lage, die Verfassungen, Gesetze, Erbschaftspraktiken und andere Institutionen einer Gesellschaft als unparteiische, außenstehende Person zu beurteilen.

ÜBUNG 5.3 AUFTEILUNG DER GEWINNE IN EINER PARTNERSCHAFT

Angenommen, Sie und eine Partnerin gründen ein Unternehmen, in dem jede Person eine neue App an die Öffentlichkeit verkauft. Sie entscheiden, wie Sie den Gewinn aufteilen wollen und ziehen vier Alternativen in Betracht. Der Gewinn könnte wie folgt aufgeteilt werden:

- gleichmäßig
- im Verhältnis dazu, wie viele Apps jede Person verkauft
- im umgekehrten Verhältnis dazu, wie viel Einkommen jede Person aus anderen Quellen hat (wenn zum Beispiel jemand von Ihnen doppelt so viel Einkommen hat wie die andere Person, könnte der Gewinn zu einem Drittel und zwei Dritteln aufgeteilt werden)
- im Verhältnis dazu, wie viele Stunden jede Person mit dem Verkauf verbracht hat.

Ordnen Sie diese Alternativen nach Ihren Präferenzen und begründen Sie sie auf der Grundlage der in diesem Abschnitt vorgestellten Konzepte der Fairness. Wenn die Reihenfolge von anderen Fakten dieses gemeinsamen Projekts abhängt, geben Sie an, welche anderen Fakten Sie benötigen würden.

Weder die Philosophie, noch die Volkswirtschaftslehre, noch irgendeine andere Wissenschaft kann Meinungsverschiedenheiten über Wertfragen ausräumen. Aber die Volkswirtschaftslehre kann Klarheit darüber schaffen:

- *Wie die Dimensionen der Unfairness zusammenhängen können*: Zum Beispiel, wie die Spielregeln, die der einen oder anderen Gruppe besondere Vorteile verschaffen, den Grad der Ungleichheit beeinflussen können.
- *Was die Trade-Offs zwischen den Dimensionen der Fairness sind*: Müssen wir zum Beispiel Trade-Offs bei der Gleichheit des Einkommens eingehen, wenn wir auch Chancengleichheit wollen?
- *Was öffentliche Maßnahmen zur Beseitigung von Ungerechtigkeit sind*: Auch, ob diese Maßnahmen andere Ziele gefährden.

5.4 EIN MODELL DER WAHL UND DES KONFLIKTS

Im Rest dieser Einheit untersuchen wir einige wirtschaftliche Interaktionen und bewerten die daraus resultierenden Allokationen. Wie bei den Experimenten in Einheit 4 werden wir sehen, dass es sowohl Kooperation als auch Konflikte gibt. Wie bei den Experimenten und in der Geschichte werden wir feststellen, dass die Spielregeln eine wichtige Rolle spielen.

Erinnern Sie sich an das Modell der Landwirtin Angela aus Einheit 3, die eine Ernte produziert. Wir werden das Modell mit einer Reihe von Szenarien weiterentwickeln, an denen zwei Personen beteiligt sind:

1. Zunächst bearbeitet Angela das Land allein und erhält alles, was sie produziert.
2. Als Nächstes führen wir eine zweite Person ein, die keinen Acker bewirtschaftet, aber ebenfalls einen Teil der Ernte haben möchte. Er wird Bruno genannt.
3. Zunächst kann Bruno Angela dazu zwingen, für ihn zu arbeiten. Um zu überleben, muss sie tun, was er sagt.
4. Später ändern sich die Regeln: Gesetze ersetzen das Faustrecht. Bruno kann Angela nicht mehr zwingen, für ihn zu arbeiten. Aber das Land gehört ihm und wenn sie sein Land bewirtschaften will, muss sie sich zum Beispiel bereit erklären, ihm einen Teil der Ernte zu zahlen.
5. Schließlich ändern sich die Spielregeln wieder zu Angelas Gunsten. Sie und die anderen Arbeitskräfte in der Landwirtschaft erhalten das Wahlrecht und es werden Gesetze erlassen, die Angelas Anspruch auf die Ernte erhöhen.

Für jeden dieser Schritte werden wir die Veränderungen sowohl in Bezug auf die Pareto-Effizienz als auch auf die Verteilung des Einkommens zwischen Angela und Bruno analysieren. Denken Sie daran, dass:

- Wir objektiv feststellen können, ob ein Ergebnis Pareto-effizient ist oder nicht.
- Ob das Ergebnis jedoch fair ist, hängt davon ab, wie Sie das Problem mit Hilfe der Konzepte der substanziellen und prozessualen Fairness bewerten.

Grenzrate der Transformation (GRT) Die Menge eines Gutes, die geopfert werden muss, um eine zusätzliche Einheit eines anderen Gutes zu erwerben. Sie ist die Steigung der Machbarkeitsgrenze an jedem Punkt. *Siehe auch: Grenzrate der Substitution.*

Grenzrate der Substitution (GRS) Der Trade-Off, den eine Person zwischen zwei Gütern einzugehen bereit ist. Dies die Steigung der Indifferenzkurve an jedem Punkt. *Siehe auch: Grenzrate der Transformation.*

Wie zuvor hängt Angelas Ernte aufgrund der Produktionsfunktion von ihren Arbeitsstunden ab. Sie bearbeitet das Land und genießt die restliche Zeit des Tages als Freizeit. In Einheit 3 konsumiert sie das Getreide, das diese Tätigkeit hervorbringt. Erinnern Sie sich daran, dass die Steigung der Machbarkeitsgrenze die **Grenzrate der Transformation (GRT)** der freien Zeit in Getreide ist.

Angela schätzt sowohl Getreide als auch freie Zeit. Auch hier stellen wir ihre Präferenzen als Indifferenzkurven dar, die die Kombinationen von Getreide und Freizeit zeigen, die sie gleichermaßen schätzt. Denken Sie daran, dass die Steigung der Indifferenzkurve die **Grenzrate der Substitution (GRS)** zwischen Getreide und Freizeit ist.

Angela bearbeitet das Land alleine

Abbildung 5.2 zeigt Angelas Indifferenzkurven und ihre Machbarkeitsgrenze. Je steiler die Indifferenzkurve, desto mehr schätzt Angela freie Zeit im Vergleich zum Getreide. Sie können sehen, dass die Kurven umso flacher werden, je mehr Freizeit sie hat (weiter rechts im Diagramm)—sie schätzt die Freizeit weniger.

In dieser Einheit gehen wir von einer bestimmten Annahme (der sogenannten Quasi-Linearität) über Angelas Präferenzen aus, die Sie an der

Form ihrer Indifferenzkurven erkennen können. Wenn sie mehr Getreide bekommt, ändert sich ihre GRS nicht. Die Kurven haben also die gleiche Steigung, wenn Sie die vertikale Linie bei 16 Stunden Freizeit nach oben gehen. Wenn sie mehr Getreide bekommt, ändert sich ihre Wertschätzung der freien Zeit im Verhältnis zum Getreide nicht.

Woran mag das liegen? Vielleicht isst sie nicht alles, sondern verkauft etwas und verwendet den Erlös, um andere Dinge zu kaufen, die sie braucht. Dies ist nur eine Vereinfachung (Quasi-Linearität genannt), die unser Modell leichter zu verstehen macht. Denken Sie daran: Wenn Sie Indifferenzkurven für das Modell in dieser Einheit zeichnen, verschieben Sie sie einfach nach oben und unten, wobei die GRS bei einer bestimmten Menge an freier Zeit konstant bleibt.

Angela kann ihre typischen Arbeitszeiten frei wählen, um die von ihr bevorzugte Kombination aus Freizeit und Getreide zu erreichen. Arbeiten Sie Abbildung 5.2 durch, um die Allokation zu bestimmen.

Abbildung 5.2 zeigt, dass Angela angesichts der durch die Machbarkeitsgrenze gesetzten Grenzen bestenfalls 8 Stunden arbeiten sollte. Sie hat 16 Stunden freie Zeit und produziert und konsumiert 9 Scheffel Getreide. Dies ist die Anzahl der Arbeitsstunden, bei der die Grenzrate der Substitution gleich der Grenzrate der Transformation ist. Besser kann sie es nicht machen! (Wenn Sie sich nicht sicher sind, warum, gehen Sie zurück zu Einheit 3 und überprüfen Sie es).

Leibniz: Quasi-lineare Präferenzen
(https://tinyco.re/9982311)

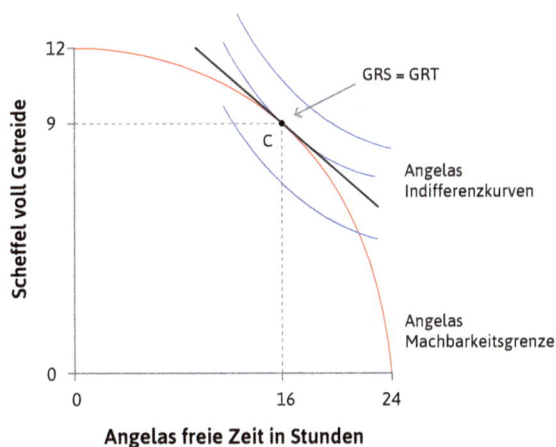

Abbildung 5.2 Die Machbarkeitsgrenze der unabhängigen Landwirtin Angela, die bestmögliche Indifferenzkurve und die Wahl der Arbeitszeiten.

1. Die Machbarkeitsgrenze
Das Diagramm zeigt die Machbarkeitsgrenze von Angela, die durch ihre Produktionsfunktion bestimmt wird.

2. Das Beste, was Angela tun kann
Das Beste, was Angela angesichts der durch die Machbarkeitsgrenze gesetzten Beschränkungen tun kann, ist, 8 Stunden zu arbeiten, sich 16 Stunden Freizeit zu nehmen und 9 Scheffel Getreide zu produzieren. An diesem Punkt C ist die Grenzrate der Substitution (GRS) gleich der Grenzrate der Transformation (GRT).

3. GRS = GRT
Die GRS ist die Steigung der Indifferenzkurve. Der Trade-Off, den sie zwischen Getreide und Freizeit einzugehen bereit ist. Die GRT ist die Steigung der Machbarkeitsgrenze: der Trade-Off, zu dem sie gezwungen ist. Am Punkt C balancieren sich die beiden Trade-Offs aus.

Leibniz: Angelas Wahl der Arbeitsstunden (https://tinyco.re/8744523)

Eine weitere Person tritt auf

Aber jetzt hat Angela Gesellschaft. Die andere Person heißt Bruno; er ist kein Landwirt, aber er wird einen Teil von Angelas Ernte beanspruchen. Wir werden verschiedene Spielregeln untersuchen, die erklären, wie viel von Angela produziert wird und wie es zwischen ihr und Bruno aufgeteilt wird. In einem Szenario ist Bruno zum Beispiel der Grundeigentümer und Angela zahlt ihm etwas Getreide als Pacht für die Nutzung des Landes.

Abbildung 5.3 zeigt die kombinierte Machbarkeitsgrenze von Angela und Bruno. Die Grenze gibt an, wie viele Scheffel Getreide Angela produzieren kann, je nachdem, wie viel freie Zeit sie sich nimmt. Wenn sie sich beispielsweise 12 Stunden Freizeit nimmt und 12 Stunden arbeitet, produziert sie 10,5 Scheffel Getreide. Ein mögliches Ergebnis der Interaktion zwischen Angela und Bruno ist, dass 5,25 Scheffel an Bruno gehen und Angela die anderen 5,25 Scheffel für ihren eigenen Konsum behält.

Arbeiten Sie Abbildung 5.3 durch, um herauszufinden, wie jede mögliche Allokation in dem Diagramm dargestellt ist. Es zeigt, wie viel Arbeit Angela geleistet hat und wie viel Getreide sie und Bruno jeweils bekommen haben.

Welche Allokationen sind wahrscheinlich? Nicht alle sind überhaupt möglich. An Punkt H arbeitet Angela beispielsweise 12 Stunden am Tag und erhält nichts (Bruno nimmt die gesamte Ernte ein), so dass Angela nicht überleben würde. Von den möglichen Allokationen hängt diejenige, die eintritt, von den Spielregeln ab.

ÜBUNG 5.4 INDIFFERENZKURVEN VERWENDEN

In Abbildung 5.3 zeigt Punkt F eine Allokation, bei der Angela mehr arbeitet und weniger bekommt als bei Punkt E, und Punkt G zeigt den Fall, bei dem sie mehr arbeitet und mehr bekommt.

Skizzieren Sie Angelas Indifferenzkurven und finden Sie heraus, was Sie über ihre Präferenzen zwischen E, F und G sagen können und wie diese von der Steigung der Kurven abhängen.

FRAGE 5.2 WÄHLEN SIE DIE RICHTIGE(N) ANTWORT(EN)

Abbildung 5.3 zeigt die kombinierte realisierbare Menge von Angela und Bruno und vier Allokationen, die sich aus einer Interaktion zwischen ihnen ergeben könnten.

Aus der Abbildung können wir schließen, dass:

☐ Wenn Angela sehr flache Indifferenzkurven hat, sie G den anderen drei Allokationen vorziehen könnte.
☐ Wenn Angela sehr steile Indifferenzkurven hat, sie F gegenüber den anderen drei Allokationen bevorzugen könnte.
☐ Die Allokation G für Bruno die beste der vier Allokationen ist.
☐ Es möglich ist, dass Angela zwischen G und E indifferent ist.

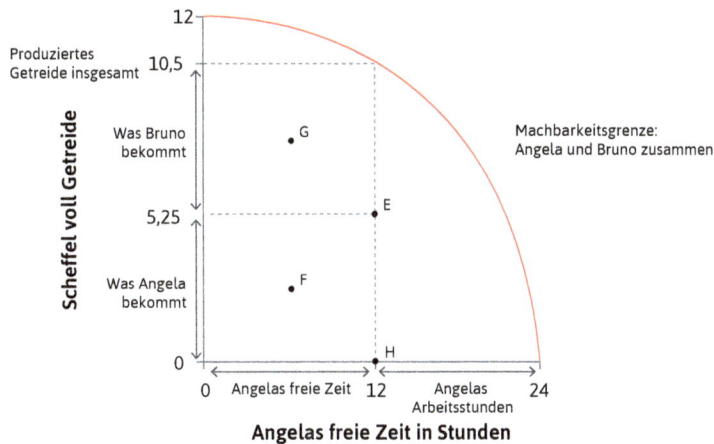

Abbildung 5.3 Mögliche Ergebnisse der Interaktion zwischen Angela und Bruno.

1. Die kombinierte Machbarkeitsgrenze
Die Machbarkeitsgrenze zeigt die maximale Getreidemenge an, die Angela und Bruno zusammen zur Verfügung steht, wenn man Angelas freie Zeit berücksichtigt. Wenn Angela sich 12 Stunden Freizeit nimmt und 12 Stunden arbeitet, produziert sie 10,5 Scheffel Getreide.

2. Eine machbare Allokation
Punkt E ist ein mögliches Ergebnis der Interaktion zwischen Angela und Bruno.

3. Die Verteilung am Punkt E
Am Punkt E arbeitet Angela 12 Stunden lang und produziert 10,5 Scheffel Getreide. Die Verteilung des Getreides ist so, dass 5,25 Scheffel an Bruno gehen und Angela die anderen 5,25 Scheffel für ihren eigenen Konsum behält.

4. Andere machbare Allokationen
Punkt F zeigt eine Allokation, bei der Angela mehr arbeitet als bei Punkt E und weniger Getreide erhält, und Punkt G zeigt den Fall, bei dem sie mehr arbeitet und mehr Getreide erhält.

5. Eine unmögliche Allokation
Ein Ergebnis bei H, bei dem Angela 12 Stunden pro Tag arbeitet, Bruno die gesamte produzierte Menge verbraucht und Angela nichts konsumiert, wäre nicht möglich: Sie würde verhungern.

5.5 TECHNISCH MÖGLICHE ALLOKATIONEN

Ursprünglich konnte Angela alles, was sie produzierte, konsumieren (oder verkaufen). Jetzt ist Bruno da, und er besitzt eine Waffe. Er hat die Macht, jede beliebige Allokation durchzusetzen, die er will. Er ist sogar mächtiger als der Diktator im Diktator-Spiel (bei dem eine vorschlagende Person vorgibt, wie ein Kuchen aufgeteilt werden soll). Und warum? Bruno kann sowohl die Größe des Kuchens als auch die Art der Aufteilung bestimmen.

Anders als die Personen in Einheit 4 sind Bruno und Angela in diesem Modell vollkommen eigennützig. Bruno möchte nur die Menge an Getreide maximieren, die er bekommen kann. Angela interessiert sich nur für ihre eigene freie Zeit und ihr Getreide (wie in ihren Indifferenzkurven dargestellt).

Wir gehen nun von einer weiteren wichtigen Annahme aus. Wenn Angela das Land nicht bearbeitet, geht Bruno leer aus (es gibt keine anderen potenziellen Arbeitskräfte in der Landwirtschaft, die er ausbeuten kann). Das bedeutet, dass Brunos Reservationsoption (was er bekommt, wenn Angela nicht für ihn arbeitet) gleich null ist. Daher denkt Bruno an die Zukunft: Er wird nicht so viel Getreide nehmen, dass Angela stirbt. Die Allokation muss sie am Leben erhalten.

Zunächst werden wir die Menge der **technisch möglichen** Kombinationen von Angelas Arbeitsstunden und der Getreidemenge, die sie erhält, ausarbeiten: das heißt, alle Kombinationen, die innerhalb der Grenzen der Technologie (der Produktionsfunktion) und der Biologie (Angela muss genug Nahrung haben, um die Arbeit zu verrichten und zu überleben) möglich sind.

Abbildung 5.4 zeigt, wie Sie die technisch mögliche Menge finden. Wir wissen bereits, dass die Produktionsfunktion die Machbarkeitsgrenze bestimmt. Dies ist die technologische Grenze für die Gesamtverbrauchsmenge von Bruno und Angela, die wiederum von den Arbeitsstunden von Angela abhängt. Angelas biologische Überlebensbeschränkung zeigt die Mindestmenge an Getreide, die sie für jede von ihr geleistete Arbeit benötigt; Punkte unterhalb dieser Linie würden dazu führen, dass sie so unterernährt oder überarbeitet wäre, dass sie nicht überleben würde. Diese Einschränkung zeigt, was **biologisch realisierbar** ist. Beachten Sie, dass sie mehr Nahrung benötigt, wenn sie mehr Energie für ihre Arbeit aufwendet. Deshalb steigt die Kurve von Punkt Z aus von rechts nach links an, wenn ihre Arbeitsstunden zunehmen. Die Steigung der biologischen Überlebensbeschränkung ist die Grenzrate der Substitution zwischen freier Zeit und Getreide bei der Sicherung von Angelas Überleben.

Beachten Sie, dass es eine maximale Menge an Arbeit gibt, die es ihr ermöglicht, gerade noch zu überleben (aufgrund der Kalorien, die sie bei der Arbeit verbrennt). Wie wir in Einheit 2 gesehen haben, haben die Menschen im Laufe der Menschheitsgeschichte die Überlebensschwelle überschritten, als die Bevölkerung das Nahrungsangebot überstieg. Dies ist die Logik der malthusianischen Bevölkerungsfalle. Die Produktivität der Arbeit setzte der Bevölkerungszahl eine Grenze.

---

technisch möglich Eine Allokation innerhalb der durch Technologie und Biologie gesetzten Grenzen.

Die Tatsache, dass Angelas Überleben in Gefahr sein könnte, ist kein hypothetisches Beispiel. Während der Industriellen Revolution sank die Lebenserwartung bei der Geburt in Liverpool, Großbritannien, auf 25 Jahre: etwas mehr als die Hälfte dessen, was sie heute in den ärmsten Ländern der Welt beträgt. In vielen Teilen der Welt wird die Arbeitsfähigkeit von Arbeitskräften in der Landwirtschaft und der arbeitenden Bevölkerung heute durch ihre Kalorienzufuhr eingeschränkt.

biologisch realisierbar Eine Allokation die das Überleben der Beteiligten sichern kann, ist biologisch realisierbar.

ÜBUNG 5.5 VERÄNDERTE BEDINGUNGEN FÜR DIE PRODUKTION

Erläutern Sie anhand von Abbildung 5.4, wie Sie die Auswirkungen jeder der folgenden Möglichkeiten darstellen würden:

1. Eine Verbesserung der Anbaubedingungen, beispielsweise durch mehr Niederschlag
2. Angela hat nur noch die Hälfte des Landes zur Verfügung, das sie vorher hatte.
3. Angela erhält eine besser entwickelte Hacke, die ihr die Arbeit in der Landwirtschaft körperlich erleichtert.

In Angelas Fall ist es nicht nur die begrenzte Produktivität ihrer Arbeit, die ihr Überleben gefährden könnte, sondern auch, wie viel von dem, was sie produziert, von Bruno abgenommen wird. Wenn Angela alles konsumieren könnte, was sie produziert (die Höhe der Machbarkeitsgrenze) und ihre Arbeitsstunden frei wählen könnte, wäre ihr Überleben nicht gefährdet, da die

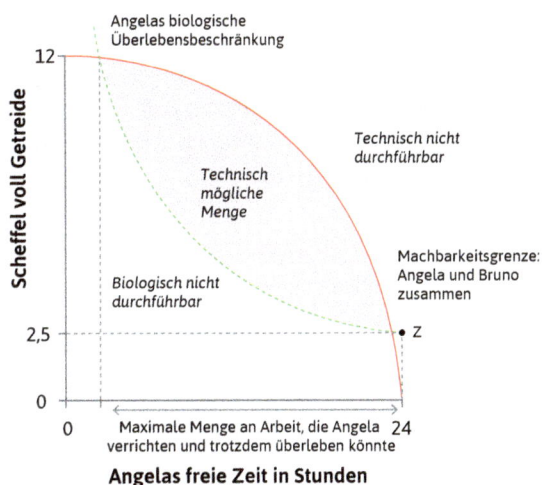

Abbildung 5.4 Technisch mögliche Allokationen.

1. Die biologische Überlebensbeschränkung
Wenn Angela überhaupt nicht arbeitet, braucht sie 2,5 Scheffel zum Überleben (Punkt Z). Wenn sie auf Freizeit verzichtet und Energie für die Arbeit aufwendet, braucht sie mehr Nahrung, so dass die Kurve höher ist, wenn sie weniger Freizeit hat. Dies ist die biologische Überlebensbeschränkung.

2. Biologisch nicht machbare und technisch nicht machbare Punkte
Punkte unterhalb der biologischen Überlebensbeschränkung sind biologisch nicht realisierbar, während Punkte oberhalb der Machbarkeitsgrenze technisch nicht realisierbar sind.

3. Angelas maximaler Arbeitstag
Angesichts der Machbarkeitsgrenze gibt es ein maximales Arbeitsvolumen, über das hinaus Angela nicht überleben könnte, selbst wenn sie alles konsumieren könnte, was sie produziert hat.

4. Die technisch mögliche Menge
Die technisch möglichen Allokationen sind die Punkte in dem linsenförmigen Bereich, der durch die Machbarkeitsgrenze und die biologische Überlebensbeschränkung begrenzt wird (einschließlich der Punkte auf der Grenze).

biologische Überlebensbeschränkung bei einem breiten Spektrum von Arbeitsstunden unterhalb der Machbarkeitsgrenze liegt. Die Frage der biologischen Realisierbarkeit stellt sich aufgrund von Brunos Ansprüchen an ihr produziertes Getreide (ihren Output).

In Abbildung 5.4 werden die Grenzen der realisierbaren Lösungen für das Allokationsproblem durch die Machbarkeitsgrenze und die biologische Überlebensbeschränkung gebildet. Dieser linsenförmige schattierte Bereich gibt die technisch möglichen Ergebnisse an. Wir können nun fragen, was tatsächlich passieren wird—welche Allokation wird realisiert und wie hängt dies von den Institutionen ab, die Brunos und Angelas Interaktion regeln?

FRAGE 5.3 WÄHLEN SIE DIE RICHTIGE(N) ANTWORT(EN)

Abbildung 5.4 (Seite 219) zeigt die Machbarkeitsgrenze von Angela und Bruno und Angelas biologische Überlebensbeschränkung.

Ausgehend von dieser Abbildung, welche der folgenden Aussagen ist richtig?

☐ Wenn Angela 24 Stunden arbeitet, kann sie überleben.
☐ Es gibt eine technisch mögliche Allokation, bei der Angela nicht arbeitet.
☐ Eine neue Technologie, die die Getreideproduktion steigert, würde zu einer größeren technisch möglichen Menge führen.
☐ Wenn Angela nicht so viel Getreide zum Überleben bräuchte, wäre die technisch mögliche Menge kleiner.

5.6 GEWALTSAM AUFERLEGTE ALLOKATIONEN

Mit Hilfe seiner Waffe kann Bruno einen beliebigen Punkt in der linsenförmigen, technisch möglichen Menge von Allokationen wählen. Aber welchen wird er wählen?

Er überlegt folgendermaßen:

BRUNO: Für eine beliebige Anzahl von Arbeitsstunden, die ich Angela anordne, wird sie die Menge an Getreide produzieren, die die Machbarkeitsgrenze anzeigt. Aber ich muss ihr mindestens die Menge geben, die sich aus der biologischen Überlebensbeschränkung für diese Menge an Arbeit ergibt, damit ich sie weiterhin ausbeuten kann. Die Differenz zwischen dem, was sie produziert, und dem, was ich ihr gebe, darf ich behalten. Ich sollte also die Arbeitsstunden von Angela finden, für die der vertikale Abstand zwischen der Machbarkeitsgrenze und der biologischen Überlebensbeschränkung (Abbildung 5.5) am größten ist.

ökonomische Rente Eine Zahlung oder ein anderer Nutzen, der über das hinausgeht, was eine Person bei ihrer nächstbesten Alternative (oder Reservationsoption) erhalten hätte. *Siehe auch: Reservationsoption.*

Der Betrag, den Bruno erhält, wenn er diese Strategie umsetzt, ist seine **ökonomische Rente**, das heißt der Betrag, der über dem liegt, den er erhalten würde, wenn Angela nicht seine Sklavin wäre (den wir in diesem Modell auf null festgesetzt haben, weil es dann keine Ernte gibt).

Bruno erwägt zunächst, Angela weiterhin 8 Stunden am Tag arbeiten zu lassen und 9 Scheffel zu produzieren, wie sie es tat, als sie freien Zugang zum Land hatte. Für 8 Stunden Arbeit braucht sie 3,5 Scheffel Getreide, um zu überleben. Bruno könnte also 5,5 Scheffel nehmen, ohne seine zukünftigen Möglichkeiten, von Angelas Arbeit zu profitieren, zu gefährden.

Bruno studiert Abbildung 5.5 und bittet Sie um Ihre Hilfe. Sie haben festgestellt, dass bei 8 Stunden Arbeit die GRS der Überlebensbeschränkung geringer ist als die GRT:

SIE: Bruno, Ihr Plan kann nicht richtig sein. Wenn Sie sie zwingen würden, etwas mehr zu arbeiten, bräuchte sie nur etwas mehr Getreide, um die Energie zu haben, länger zu arbeiten. Das liegt daran, dass die biologische Überlebensbeschränkung bei 8 Stunden Arbeit relativ flach ist. Aber die Machbarkeitsgrenze ist steil, also würde sie viel mehr produzieren, wenn Sie ihr längere Arbeitszeiten vorschreiben.

Sie demonstrieren ihm das Argument anhand der Analyse in Abbildung 5.5, die zeigt, dass der vertikale Abstand zwischen der Machbarkeitsgrenze und der biologischen Überlebensbeschränkung am größten ist, wenn Angela 11 Stunden arbeitet. Wenn Bruno Angela befiehlt, 11 Stunden zu arbeiten, dann wird sie 10 Scheffel produzieren und Bruno darf 6 Scheffel für sich behalten. Mit Abbildung 5.5 können wir herausfinden, wie viele Scheffel Getreide Bruno bei jeder technisch möglichen Allokation erhält.

Das untere Feld im letzten Schritt in Abbildung 5.5 zeigt, wie die Menge, die Bruno sich nehmen kann, mit Angelas Freizeit variiert. Die Grafik ist buckelförmig und erreicht ihren Höhepunkt bei 13 Stunden Freizeit und 11 Stunden Arbeit. Bruno maximiert seine Getreidemenge bei der Allokation B, indem er Angela befiehlt, 11 Stunden zu arbeiten.

Beachten Sie, wie die Steigungen der Machbarkeitsgrenze und der Überlebensbeschränkung (GRT und GRS) uns helfen, die Anzahl der Stunden zu finden, bei denen Bruno die maximale Getreidemenge nehmen kann. Rechts von 13 Stunden freier Zeit (das heißt, wenn Angela weniger als 11 Stunden arbeitet) ist die biologische Überlebensbeschränkung flacher als die Machbarkeitsgrenze (GRS < GRT). Das bedeutet, dass mehr Arbeitsstunden (nach links) mehr Getreide produzieren würden, als Angela für die zusätzliche Arbeit benötigt. Links von 13 Stunden freier Zeit (Angela arbeitet mehr) ist das Gegenteil der Fall: GRS > GRT. Brunos ökonomische Rente ist bei den Arbeitsstunden am größten, bei denen die Steigungen der beiden Kurven gleich sind.

Das bedeutet:

GRT von Arbeitsstunden in Getreideoutput
= GRS von Arbeitsstunden in Überlebensbedarf

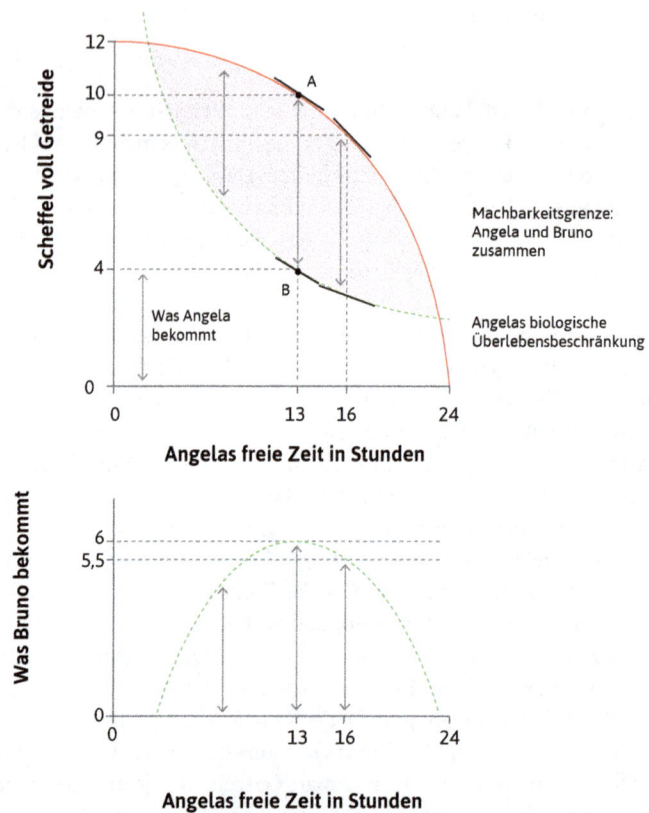

Abbildung 5.5 Zwang: Die maximal technisch mögliche Abgabe von Angela an Bruno.

1. Bruno kann Angela befehlen zu arbeiten

Bruno kann eine beliebige Allokation aus der technisch möglichen Menge wählen. Er erwägt, Angela weiterhin 8 Stunden pro Tag arbeiten zu lassen und 9 Scheffel zu produzieren.

2. Wenn Angela 8 Stunden arbeitet

Bruno könnte 5,5 Scheffel nehmen, ohne seinen zukünftigen Nutzen aus Angelas Arbeit zu gefährden. Dies wird durch den vertikalen Abstand zwischen der Machbarkeitsgrenze und der Überlebensbeschränkung deutlich.

3. Der maximale Abstand zwischen den Grenzen

Der vertikale Abstand zwischen der Machbarkeitsgrenze und der biologischen Überlebensbeschränkung ist am größten, wenn Angela 11 Stunden lang arbeitet (13 Stunden Freizeit).

4. Allokation und Verteilung bei maximaler Entfernung

Wenn Bruno Angela befiehlt, 11 Stunden lang zu arbeiten, wird sie 10 Scheffel produzieren und braucht 4 zum Überleben. Bruno kann 6 Scheffel für sich behalten (der Abstand AB).

5. Bei hohen Arbeitsstunden wird die Überlebensgrenze steiler

Wenn Bruno Angela mehr als 11 Stunden arbeiten lässt, sinkt der Betrag, den er nehmen kann, mit zunehmenden Arbeitsstunden.

6. Das Beste, was Bruno für sich selbst tun kann

Bruno erhält die maximale Getreidemenge, wenn er die Allokation B wählt, bei der Angelas Arbeitsstunden so bemessen sind, dass die Steigung der Machbarkeitsgrenze gleich der Steigung der biologischen Überlebensbeschränkung ist: GRT = GRS.

7. Was Bruno bekommt

Wenn wir die Punkte miteinander verbinden, können wir sehen, dass der Betrag, den Bruno erhält, eine Buckelform hat und bei 11 Stunden Arbeit (13 Stunden Freizeit) seinen Höhepunkt erreicht.

Abbildung 5.5 zeigt die Machbarkeitsgrenze von Angela und Bruno und Angelas biologische Überlebensbeschränkung.

Wenn Bruno die Allokation durchsetzen kann:

☐ Wird er die technisch mögliche Allokation wählen, bei der Angela das meiste Getreide produziert.

☐ Wird seine bevorzugte Wahl die sein, bei der die Grenzrate der Transformation (GRT) an der Machbarkeitsgrenze gleich der Grenzrate der Substitution (GRS) an der biologischen Überlebensbeschränkung ist.

☐ Wird er sich nicht für 8 Stunden Arbeit entscheiden, da die GRS zwischen Angelas Arbeitsstunden und ihrem Überlebensbedarf die GRT zwischen Arbeitsstunden und Output übersteigt.

☐ Wird er sich für 13 Stunden Freizeit für Angela entscheiden und 10 Scheffel Getreide verbrauchen.

Neue Institutionen: Gesetz und Privateigentum

Die in diesem Abschnitt beschriebene wirtschaftliche Interaktion findet in einem Umfeld statt, in dem Bruno die Macht hat, Angela zu versklaven. Wenn wir von einem Szenario des Zwangs zu einem Szenario übergehen, in dem es ein Rechtssystem gibt, das Sklaverei verbietet sowie **Privateigentum** und die Rechte der Grundeigentümer:innen und Arbeitskräften schützt, können wir erwarten, dass sich das Ergebnis der Interaktion ändert.

In Einheit 1 haben wir Privateigentum als das Recht definiert, etwas zu nutzen und andere von der Nutzung auszuschließen, sowie das Recht, es zu verkaufen (oder diese Rechte auf andere zu übertragen). Von nun an nehmen wir an, dass Bruno das Land gehört und er Angela ausschließen kann, wenn er es will. Wie viel Getreide er aufgrund seines privaten Eigentums an dem Land erhält, hängt davon ab, wie groß seine **Macht** über Angela in der neuen Situation ist.

Wenn Menschen freiwillig an einer Interaktion teilnehmen, tun sie dies, weil sie erwarten, dass das Ergebnis besser sein wird als ihre Reservationsoption—die nächstbeste Alternative. Mit anderen Worten, sie streben nach **ökonomischen Renten**. Die ökonomische Rente wird manchmal auch als **Nutzen aus Handel** bezeichnet, denn sie gibt an, wie viel eine Person durch die Teilnahme an einem Handel im Vergleich zur Nichtteilnahme gewinnt.

Die Summe der ökonomischen Renten wird als Wohlfahrt bezeichnet (oder manchmal als **gemeinsame Wohlfahrt**, um zu betonen, dass sie alle Renten umfasst). Wie viel Rente die Teilnehmenden jeweils bekommen und wie sie die Wohlfahrt aufteilen, hängt von ihrer **Verhandlungsmacht** ab. Und die hängt, wie wir wissen, von den Institutionen ab, die die Interaktion regeln.

Privateigentum Etwas ist Privateigentum, wenn die Person, die es besitzt, das Recht hat, andere von Nutzen eines Gutes auszuschließen und das Gut mit anderen zu tauschen.

Macht Die Fähigkeit, Dinge, die man will, gegen die Absichten Anderer durchzusetzen (und zu bekommen), in der Regel durch Auferlegung oder Androhung von Sanktionen.

Nutzen aus Handel Der Nutzen, den eine Partei aus einer Transaktion zieht, verglichen damit, wie es ihr ohne den Austausch ergangen wäre. *Auch bekannt als: Wohlfahrtsgewinne aus Handel. Siehe auch: ökonomische Rente.*

gemeinsame Wohlfahrt Die Summe der ökonomischen Renten aller an einer Interaktion Beteiligten. *Auch bekannt als: Nutzen aus Handel.*

Verhandlungsmacht Der Vorteil einer Person, sich einen größeren Anteil an der ökonomischen Rente zu sichern, die durch eine Interaktion realisiert wird.

5.7 WIRTSCHAFTLICH MÖGLICHE ALLOKATIONEN UND WOHLFAHRT

Wir kehren zu Angela und Bruno zurück und bemerken sofort, dass Bruno jetzt einen Anzug trägt und nicht mehr bewaffnet ist. Er erklärt, dass dies nicht mehr nötig ist, weil es jetzt eine Regierung mit Gesetzen gibt, die von Gerichten überwacht werden, und ein durchsetzenden Organ, die Polizei. Bruno ist jetzt der Eigentümer des Landes und Angela braucht seine Erlaubnis, um sein Eigentum zu nutzen. Er kann ihr einen Vertrag anbieten, der es ihr erlaubt, das Land zu bewirtschaften und ihm im Gegenzug einen Teil der Ernte zu überlassen. Das Gesetz verlangt jedoch, dass der Tausch freiwillig ist: Angela kann das Angebot ablehnen.

BRUNO: Früher war es eine Frage der Macht, aber jetzt haben sowohl Angela als auch ich Eigentumsrechte: Mir gehört das Land, und sie besitzt ihre eigene Arbeitskraft. Die neuen Spielregeln bedeuten, dass ich Angela nicht mehr zur Arbeit zwingen kann. Sie muss der Allokation zustimmen, die ich vorschlage.

SIE: Und wenn sie es nicht tut?

BRUNO: Dann gibt es keine Abmachung. Sie arbeitet nicht auf meinem Land, ich bekomme nichts, und sie bekommt von der Regierung gerade genug zum Überleben.

SIE: Sie und Angela haben also gleich viel Macht?

BRUNO: Ganz sicher nicht! Ich bin derjenige, der ein Angebot macht, das Sie annehmen oder ablehnen kann. Ich bin wie die vorschlagende Person in einem Ultimatum-Spiel, nur dass dies kein Spiel ist. Wenn sie ablehnt, muss sie hungern.

SIE: Aber wenn sie ablehnt, bekommen Sie nichts?

BRUNO: Das wird niemals passieren.

Warum weiß er das? Bruno weiß, dass Angela, anders als die Versuchspersonen in den Experimenten mit dem Ultimatum-Spiel, vollkommen eigennützig ist (sie bestraft ein unfaires Angebot nicht). Wenn er ein Angebot macht, das für Angela nur ein winziges bisschen besser ist als gar nicht zu arbeiten und gerade genug Lebensmittel zum überleben zu bekommen, wird sie es annehmen.

Jetzt stellt er Ihnen eine Frage, die der von vorhin ähnelt:

BRUNO: Wie hoch sollte in diesem Fall mein take-it-or-leave-it-Angebot sein?

Sie haben zuvor geantwortet, indem Sie ihm die biologische Überlebensbeschränkung gezeigt haben. Jetzt ist die Einschränkung nicht Angelas Überleben, sondern ihr Einverständnis. Sie wissen, dass sie ihre Freizeit schätzt. Je mehr Stunden er ihr also anbietet zu arbeiten, desto mehr muss er zahlen.

SIE: Schauen Sie sich doch einfach Angelas Indifferenzkurve an, die durch den Punkt verläuft, an dem sie überhaupt nicht arbeitet und gerade überlebt. Daraus können Sie ersehen, wie viel Sie ihr für jede Stunde ihrer Freizeit (die sie aufgeben würde, um für Sie zu arbeiten) mindestens zahlen müssten.

Punkt Z in Abbildung 5.6 ist die Allokation, bei der Angela nicht arbeitet und nur Überlebensrationen (von der Regierung oder vielleicht ihrer Familie) erhält. Dies ist ihre **Reservationsoption**: Falls sie Brunos Angebot ablehnt, hat sie diese Option als Alternative. Folgen Sie den Schritten in Abbildung 5.6, um Angelas **Reservationsindifferenzkurve** zu sehen: alle Allokationen, die für sie den gleichen Wert haben wie die Reservationsoption. Unterhalb oder links der Kurve ist sie schlechter dran als bei ihrer Reservationsoption. Oberhalb und auf der rechten Seite ist sie besser dran.

Die von der Reservationsindifferenzkurve und der Machbarkeitsgrenze begrenzte Punktmenge ist die Menge aller wirtschaftlich möglichen Allokationen, da Angela nun dem Vorschlag von Bruno zustimmen muss. Bruno dankt Ihnen für dieses praktische neue Werkzeug, mit dem er herausfinden kann, wie viel er von Angela bekommen kann.

Die biologische Überlebensbeschränkung und die Reservationsindifferenzkurve haben einen gemeinsamen Punkt (Z): An diesem Punkt arbeitet Angela nicht und erhält Subsistenzrationen von der Regierung. Ansonsten unterscheiden sich die beiden Kurven. Die Reservationsindifferenzkurve liegt durchgängig über der biologischen Überlebensbeschränkung. Der Grund dafür, so erklären Sie Bruno, ist, dass sie, egal wie hart sie entlang der Überlebensgrenze arbeitet, kaum überlebt; und je mehr sie arbeitet, desto weniger Freizeit hat sie und desto unglücklicher ist sie. Entlang der Reservationsindifferenzkurve hingegen geht es ihr genauso gut wie bei der Reservationsoption. Das bedeutet, dass

> **Reservationsoption** Die nächstbeste Alternative einer Person unter allen Optionen in einer bestimmten Transaktion. *Auch bekannt als: Fallback-Option. Siehe auch: Reservationspreis.*
> **Reservationsindifferenzkurve** Eine Kurve, die Allokationen (Kombinationen) anzeigt, die genauso hoch bewertet werden wie die eigene Reservationsoption.

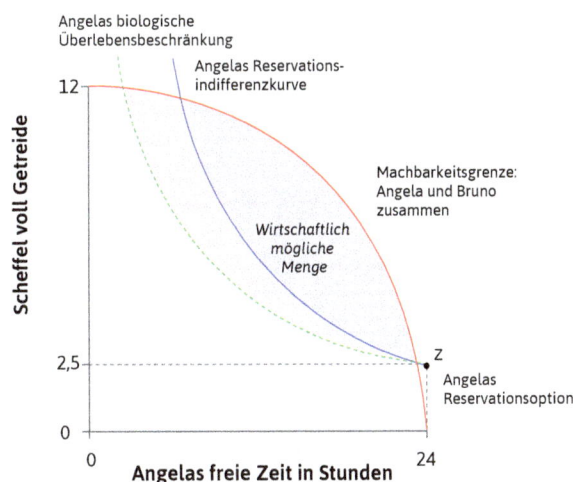

Abbildung 5.6 Wirtschaftlich mögliche Allokationen bei freiwilligem Tausch.

1. Angelas Reservationsoption
Punkt Z, die Allokation, in der Angela nicht arbeitet und nur Überlebensrationen von der Regierung erhält, wird als ihre **Reservationsoption** bezeichnet.

2. Angelas Reservationsindifferenzkurve
Die Kurve, die alle Allokationen zeigt, die Angela genauso hoch bewertet wie die Reservationsoption, wird als **Reservationsindifferenzkurve** bezeichnet.

3. Die wirtschaftlich möglichen Allokationen
Die Punkte in dem von der Reservationsindifferenzkurve und der Machbarkeitsgrenze begrenzten Bereich (einschließlich der Punkte auf den Grenzen) definieren die Menge aller wirtschaftlich möglichen Allokationen.

die Möglichkeit, mehr von dem von ihr produzierten Getreide zu behalten, den Verlust an Freizeit genau ausgleicht.

ÜBUNG 5.6 BIOLOGISCHE UND WIRTSCHAFTLICHE REALISIERBARKEIT
Mit Hilfe von Abbildung 5.6:

1. Erklären Sie, warum ein Punkt auf der biologischen Überlebensbeschränkung höher ist (mehr Getreide benötigt wird), wenn Angela weniger Stunden Freizeit hat. Außerdem: Warum wird die Kurve steiler, wenn sie mehr arbeitet?
2. Erklären Sie, warum die biologisch realisierbare Menge nicht gleich der wirtschaftlich möglichen Menge ist.
3. Erklären Sie (durch Verschiebung der Kurven), was passiert, wenn Angela eine nahrhaftere Getreidesorte anbauen und konsumieren kann.

Wir sehen, dass sowohl Angela als auch Bruno davon profitieren können, wenn eine Vereinbarung getroffen werden kann. Ihr Tausch—der ihr erlaubt, sein Land zu nutzen (das heißt, dass er sein Eigentumsrecht nicht nutzt, um sie auszuschließen) und sie dafür einen Teil der von ihr produzierten Ernte mit ihm teilt—macht es möglich, dass beide besser dastehen, als wenn kein Abkommen getroffen worden wäre.

- Solange Bruno einen Teil der Ernte erhält, wird es ihm besser gehen, als wenn es keine Abmachung gäbe.
- Solange Angela mit ihren Anteil besser dasteht, als wenn sie ihre Reservationsoption unter Berücksichtigung ihrer Arbeitsstunden in Anspruch genommen hätte, wird auch sie profitieren.

Dieses Potenzial für gegenseitigen Gewinn ist der Grund, warum ihr Austausch nicht mit einer Waffe erfolgen muss, sondern durch den Wunsch beider Seiten motiviert sein kann, besser dran zu sein.

Alle Allokationen, die gegenseitige Gewinne darstellen, sind in der wirtschaftlich möglichen Menge in Abbildung 5.6 dargestellt. Jede dieser Allokationen Pareto-dominiert die Allokation, die ohne ein Abkommen zustande kommen würde. Mit anderen Worten: Bruno und Angela könnten eine **Pareto-Verbesserung** erzielen.

Das bedeutet nicht, dass beide Parteien gleichermaßen davon profitieren werden. Wenn die Institutionen Bruno die Macht geben, ein take-it-or-leave-it-Angebot zu machen, das nur von Angelas Zustimmung abhängt, kann er sich die gesamte Wohlfahrt aneignen (abzüglich des winzigen Teils, der nötig ist, um Angela zum Einverständnis zu bewegen). Bruno weiß das bereits.

Nachdem Sie ihm die Reservationsindifferenzkurve erklärt haben, wusste Bruno, welche Allokation er wollte. Er maximiert die Getreidemenge, die er bekommen kann, auf der maximalen Höhe des linsenförmigen Bereichs zwischen Angelas Reservationsindifferenzkurve und der Machbarkeitsgrenze. Dies ist der Punkt, an dem die GRT auf der Machbarkeitsgrenze gleich der GRS auf der Indifferenzkurve ist. Abbildung 5.7a zeigt, dass Angela bei dieser Allokation weniger Stunden arbeiten muss, als sie es unter Zwang getan hat.

Bruno möchte also, dass Angela 8 Stunden lang arbeitet und ihm 4,5 Scheffel Getreide gibt (Allokation D). Wie kann er diese Allokation umsetzen? Er muss lediglich einen Vertrag anbieten, der es Angela erlaubt,

Pareto-Verbesserung Eine Veränderung, von der mindestens eine Person profitiert, ohne dass jemand anderes schlechter gestellt wird. *Siehe dazu: Pareto-dominant.*

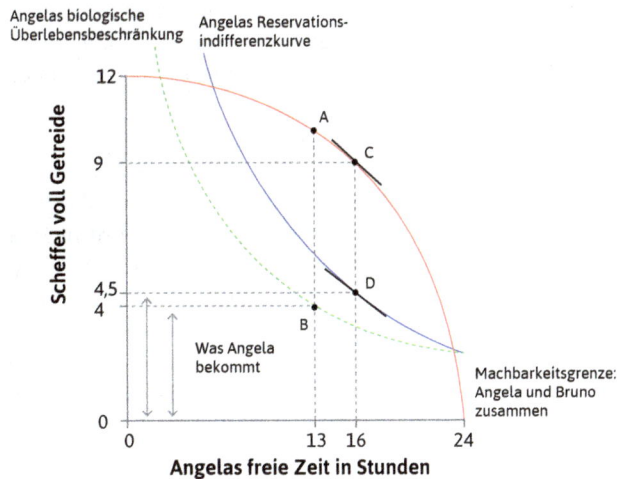

Abbildung 5.7a Brunos take-it-or-leave-it-Vorschlag, wenn Angela ablehnen kann.

1. Brunos bestes Ergebnis bei der Anwendung von Zwang

Unter Anwendung von Zwang wählte Bruno Allokation B. Er zwang Angela, 11 Stunden zu arbeiten und erhielt dafür Getreide in Höhe von AB. Die GRT bei A ist gleich der GRS bei B auf Angelas biologischer Überlebensbeschränkung.

2. Wenn Angela nein sagen kann

Bei einem freiwilligen Tausch ist die Allokation B nicht verfügbar. Das Beste, was Bruno tun kann, ist die Allokation D, bei der Angela 8 Stunden lang arbeitet und ihm Getreide in Höhe von CD gibt.

3. Erneut ist GRS = GRT

Wenn Angela 8 Stunden arbeitet, ist die GRT gleich der GRS auf Angelas Reservationsindifferenzkurve, wie die Steigungen zeigen.

das Land gegen eine Pacht von 4,5 Scheffel pro Tag zu bearbeiten. Wenn Angela 4,5 Scheffel zahlen muss (CD in Abbildung 5.7a), wird sie sich dafür entscheiden, am Punkt C zu produzieren, wo sie 8 Stunden arbeitet. Sie können dies in der Abbildung sehen. Wenn sie an einem anderen Punkt der Machbarkeitsgrenze produziert und Bruno 4,5 Scheffel gibt, hätte sie einen geringeren Nutzen—sie würde unterhalb ihrer Reservationsindifferenzkurve liegen. Aber sie kann ihren Reservationsnutzen erreichen, indem sie 8 Stunden arbeitet, also wird sie den Vertrag akzeptieren.

ÜBUNG 5.7 WARUM ANGELA 8 STUNDEN ARBEITET

Angelas Einkommen ist die Menge, die sie produziert, abzüglich der Landpacht, die sie an Bruno zahlt.

1. Nehmen Sie unter Verwendung von Abbildung 5.7a an, Angela arbeitet 11 Stunden. Wäre ihr Einkommen (nach Zahlung der Landpacht) höher oder niedriger als bei einer Arbeitszeit von 8 Stunden? Angenommen, sie arbeitet stattdessen 6 Stunden. Wie hoch wäre dann ihr Einkommen im Vergleich zu einer Arbeitszeit von 8 Stunden?
2. Erklären Sie in eigenen Worten, warum Angela sich für 8 Stunden Arbeit entscheiden wird.

Da Angelas Allokation auf ihrer Reservationsindifferenzkurve liegt, profitiert nur Bruno von diesem Tausch. Die gesamte gemeinsame Wohlfahrt geht an Bruno. Seine ökonomische Rente (gleich der Landpacht, die sie ihm zahlt) ist die Wohlfahrt.

Erinnern Sie sich daran, dass Angela die Allokation C wählte, als sie das Land alleine bearbeiten konnte. Beachten Sie nun, dass sie dieselben Arbeitsstunden wählt, wenn sie Pacht zahlen muss. Warum ist das so? Unabhängig davon, wie viel Pacht Angela zu zahlen hat, wird sie ihre Arbeitsstunden so wählen, dass sie ihren Nutzen maximiert. Sie wird also an einem Punkt der Machbarkeitsgrenze produzieren, an dem die GRT gleich ihrer GRS ist. Und wir wissen, dass ihre Präferenzen so beschaffen sind, dass sich ihre GRS nicht mit der Menge des konsumierten Getreides ändert, so dass sie von der Pacht nicht beeinflusst wird. Das bedeutet, dass Angela, wenn sie ihre Arbeitszeit frei wählen kann, unabhängig von der Landpacht 8 Stunden arbeiten wird (solange sie dadurch mindestens ihren Reservationsnutzen erhält).

Abbildung 5.7b zeigt, wie die Wohlfahrt (die Bruno erhält) mit Angelas Arbeitszeit variiert. Sie werden sehen, dass die Wohlfahrt sinkt, wenn Angela mehr oder weniger als 8 Stunden arbeitet. Sie ist buckelförmig, wie Brunos Rente im Falle der Zwangsarbeit. Der Höchstwert ist jedoch niedriger, wenn Bruno die Zustimmung von Angela zu seinem Vorschlag benötigt.

Leibniz: Angelas Wahl der Arbeitszeiten, wenn sie Pacht zahlt (https://tinyco.re/7834661)

> **ÜBUNG 5.8 NEHMEN SIE ES ODER LASSEN SIE ES?**
> 1. Warum ist es Bruno und nicht Angela, der die Macht hat, ein take-it-or-leave-it-Angebot zu machen?
> 2. Können Sie sich eine Situation vorstellen, in der die Arbeitskräfte in der Landwirtschaft und nicht die Grundeigentümer:innen diese Macht haben könnten?

> **FRAGE 5.5 WÄHLEN SIE DIE RICHTIGE(N) ANTWORT(EN)**
> Abbildung 5.6 (Seite 225) zeigt die Machbarkeitsgrenze von Angela und Bruno, Angelas biologische Überlebensbeschränkung und ihre Reservationsindifferenzkurve.
>
> Welche der folgenden Aussagen auf der Grundlage dieser Abbildung ist richtig?
>
> ☐ Die wirtschaftlich mögliche Menge ist die gleiche wie die technisch mögliche Menge.
> ☐ Für jede beliebige Anzahl von Stunden Freizeit ist die Grenzrate der Substitution auf der Reservationsindifferenzkurve kleiner als die auf der biologischen Überlebensbeschränkung.
> ☐ Einige Punkte sind wirtschaftlich möglich, aber technisch nicht realisierbar.
> ☐ Wenn die Ration, die Angela von der Regierung erhält, von 2 auf 3 Scheffel Getreide steigt, wird ihre Reservationsindifferenzkurve unabhängig von ihrer Arbeitszeit über ihrer biologischen Überlebensbeschränkung liegen.

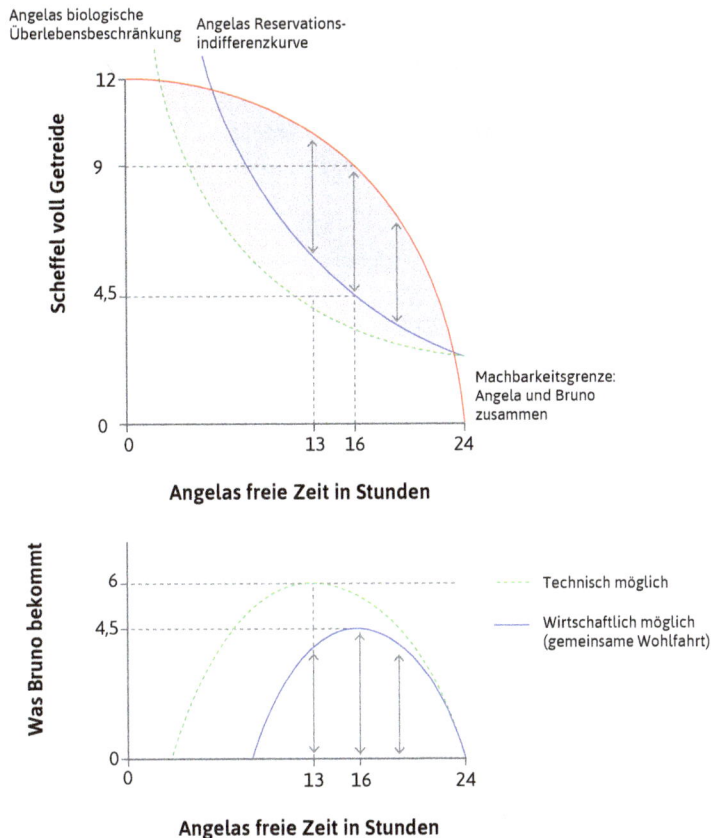

Abbildung 5.7b Brunos take-it-or-leave-it-Vorschlag, wenn Angela ablehnen kann.

1. Angelas Arbeitsstunden als sie gezwungen wurde
Unter Anwendung von Zwang wurde Angela genötigt, 11 Stunden zu arbeiten. Die GRT war gleich der GRS auf Angelas biologischer Überlebensbeschränkung.

2. Brunos bestes take-it-or-leave-it-Angebot
Wenn Bruno Angela nicht zur Arbeit zwingen kann, sollte er einen Vertrag anbieten, bei dem Angela ihm 4,5 Scheffel für die Pacht des Landes zahlt. Sie arbeitet 8 Stunden lang, wobei die GRT gleich der GRS auf ihrer Reservationsindifferenzkurve ist.

3. Die maximale Wohlfahrt
Wenn Angela mehr oder weniger als 8 Stunden arbeitet, beträgt die gemeinsame Wohlfahrt weniger als 4,5 Scheffel.

4. Brunos Getreide
Obwohl Bruno Angela nicht zwingen kann, kann er die gesamte Wohlfahrt bekommen.

5. Technisch und wirtschaftlich mögliche Höchstwerte im Vergleich
Die Spitze des Buckels ist niedriger, wenn Angela sich weigern kann, als wenn Bruno ihr befehlen könnte zu arbeiten.

5.8 DIE PARETO-EFFIZIENZ-KURVE UND DIE VERTEILUNG DER WOHLFAHRT

Angela hat sich dafür entschieden, 8 Stunden zu arbeiten und dabei 9 Scheffel Getreide zu produzieren, sowohl wenn sie Pacht zahlen musste, als auch wenn sie dies nicht musste. In beiden Fällen gibt es eine Wohlfahrt von 4,5 Scheffel: die Differenz zwischen der produzierten Getreidemenge und der Menge, mit der Angela ihren Reservationsnutzen erzielen würde.

Die beiden Fälle unterscheiden sich darin, wer die Wohlfahrt erhält. Als Angela Landpacht zahlen musste, bekam Bruno die gesamte Wohlfahrt, aber als sie das Land selbst bewirtschaften konnte, bekam sie die Wohlfahrt. Beide Allokationen haben zwei wichtige Eigenschaften:

- Das gesamte produzierte Getreide wird zwischen Angela und Bruno geteilt.
- Die GRT auf der Machbarkeitsgrenze ist gleich der GRS auf Angelas Indifferenzkurve.

Das bedeutet, dass die Allokationen Pareto-effizient sind.

Denken Sie daran, dass Pareto-Effizienz bedeutet, dass keine Pareto-Verbesserung möglich ist: Es ist unmöglich, die Allokation so zu ändern, dass es einer Partei besser geht, ohne dass die andere schlechter dasteht.

Die erste Eigenschaft ist ganz einfach: Sie bedeutet, dass keine Pareto-Verbesserung möglich ist, indem man einfach die Mengen an Getreide ändert, die beide Parteien konsumieren. Wenn eine Person mehr konsumieren würde, müsste die andere weniger haben. Wenn andererseits ein Teil des produzierten Getreides nicht konsumiert wird, würde der Konsum dieses Getreides eine oder beide Personen besser stellen.

Die zweite Eigenschaft, GRS = GRT, bedeutet, dass keine Pareto-Verbesserung erreicht werden kann, indem man Angelas Arbeitsstunden und damit die Menge des produzierten Getreides verändert.

Wenn GRS und GRT nicht gleich wären, wäre es möglich, dass beide besser gestellt werden. Wenn zum Beispiel GRT > GRS ist, könnte Angela eine Stunde ihrer Zeit in mehr Getreide umwandeln, als sie bräuchte, um den gleichen Nutzen wie zuvor zu erhalten, so dass das zusätzliche Getreide beide besser stellen könnte. Wenn jedoch GRT = GRS ist, dann würde jede Änderung der produzierten Getreidemenge nur genau so viel ausmachen, wie nötig ist, damit

Angelas Nutzen angesichts der Änderung ihrer Arbeitsstunden gleich bleibt wie zuvor.

Abbildung 5.8 zeigt, dass es neben diesen beiden noch viele andere Pareto-effiziente Allokationen gibt. Punkt C ist das Ergebnis, wenn Angela eine unabhängige Landwirtin ist. Vergleichen Sie die Analyse in Abbildung 5.8 mit Brunos take-it-or-leave-it-Angebot und sehen Sie die anderen Pareto-effizienten Allokationen.

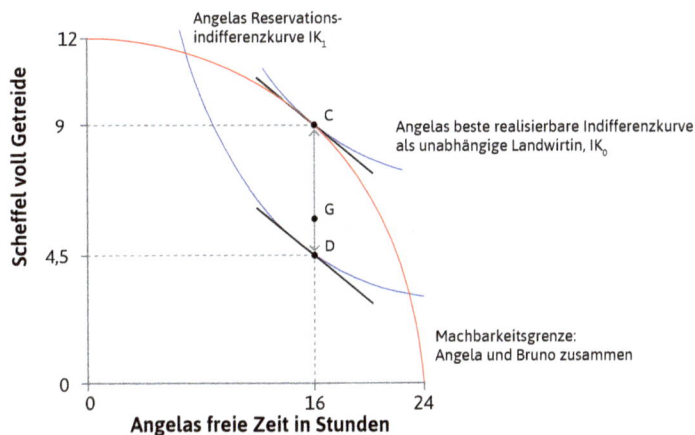

Abbildung 5.8 Pareto-effiziente Allokationen und die Verteilung der Wohlfahrt.

1. Die Allokation bei C

Als unabhängige Landwirtin wählte Angela den Punkt C, wo GRT = GRS ist. Sie verbrauchte 9 Scheffel Getreide: 4,5 Scheffel hätten ausgereicht, um sie auf ihrer Reservationsindifferenzkurve bei D zu platzieren. Aber sie erhielt die gesamte Wohlfahrt CD: weitere 4,5 Scheffel.

2. Die Allokation bei D

Als Bruno das Land besaß und ein take-it-or-leave-it-Angebot machte, wählte er einen Vertrag, in dem die Landpacht CD war (4,5 Scheffel). Angela akzeptierte und arbeitete 8 Stunden. Die Allokation lag bei D, und wieder einmal war GRT = GRS. Die Wohlfahrt war immer noch CD, aber Bruno bekam alles.

3. Angelas Präferenzen

Denken Sie daran, dass sich Angelas GRS nicht ändert, wenn sie mehr Getreide konsumiert. An jedem Punkt entlang der Linie CD, wie zum Beispiel G, gibt es eine Indifferenzkurve mit der gleichen Steigung. Also ist GRS = GRT an all diesen Punkten.

4. Eine hypothetische Allokation

Punkt G ist eine hypothetische Allokation, bei der GRS = GRT ist. Angela arbeitet 8 Stunden und produziert 9 Scheffel Getreide. Bruno bekommt das Getreide CG und Angela den ganzen Rest. Die Allokation G ist Pareto-effizient.

5. Die Pareto-Effizienz-Kurve

Alle Punkte, die die Linie zwischen C und D bilden, sind Pareto-effiziente Allokationen, bei denen GRS = GRT ist. Die Wohlfahrt von 4,5 Scheffel (CD) wird zwischen Angela und Bruno geteilt.

Leibniz: Die Pareto-Effizienz-Kurve (https://tinyco.re/7834552)

Abbildung 5.8 zeigt, dass zusätzlich zu den beiden beobachteten Pareto-effizienten Allokationen (C und D) jeder Punkt zwischen C und D eine Pareto-effiziente Allokation darstellt. CD wird als **Pareto-Effizienz-Kurve** bezeichnet: Sie verbindet alle Punkte in der realisierbaren Menge, für die GRS = GRT ist. (Sie wird auch als Vertragskurve bezeichnet, selbst in Situationen, in denen es keinen Vertrag gibt, weshalb wir den anschaulicheren Begriff Pareto-Effizienz-Kurve bevorzugen.)

Bei jeder Allokation auf der Pareto-Effizienz-Kurve arbeitet Angela 8 Stunden und es gibt eine Wohlfahrt von 4,5 Scheffel, aber die Verteilung der Wohlfahrt ist unterschiedlich - von Punkt D, wo Angela nichts davon bekommt, bis zu Punkt C, wo sie alles bekommt. Bei der hypothetischen Allokation G erhalten beide eine ökonomische Rente: Angelas Rente ist GD, Brunos ist GC, und die Summe ihrer Renten ist gleich der Wohlfahrt.

FRAGE 5.7 WÄHLEN SIE DIE RICHTIGE(N) ANTWORT(EN)

Abbildung 5.8 zeigt die Pareto-Effizienz Kurve CD für die Interaktion zwischen Angela und Bruno.

Welche der folgenden Aussagen ist richtig?

☐ Die Allokation bei C Pareto-dominiert diejenige bei D.
☐ Angelas Grenzrate der Substitution ist an allen Punkten der Pareto-Effizienz Kurve gleich der Grenzrate der Transformation.
☐ Der Mittelpunkt von CD ist die Pareto-effizienteste Allokation.
☐ Angela und Bruno sind indifferent zwischen allen Punkten auf CD, da sie alle Pareto-effizient sind.

5.9 POLITIK: TEILEN DER WOHLFAHRT

Bruno denkt, dass die neuen Regeln, nach denen er Angela ein Angebot macht, das sie nicht ablehnen würde, doch gar nicht so schlecht sind. Auch Angela geht es besser als früher, als sie kaum genug zum Überleben hatte. Aber sie hätte gerne einen Anteil an der Wohlfahrt.

Angela und weitere Landwirtinnen und Landwirte setzen sich für ein neues Gesetz ein, das die Arbeitszeit auf 4 Stunden pro Tag begrenzt und gleichzeitig vorschreibt, dass der Gesamtlohn mindestens 4,5 Scheffel betragen muss. Sie drohen, überhaupt nicht zu arbeiten, wenn das Gesetz nicht verabschiedet wird.

BRUNO: Angela, Sie und die anderen Landwirtinnen und Landwirte bluffen.
ANGELA: Nein, das tun wir nicht: Wir wären bei unserer Reservationsoption nicht schlechter dran als bei Ihrem Angebot.

Angela und die anderen gewinnen, und das neue Gesetz begrenzt den Arbeitstag auf 4 Stunden.

Wie haben sich die Dinge entwickelt?

Vor dem Gesetz zur Begrenzung der Arbeitszeiten arbeitete Angela 8 Stunden lang und erhielt 4,5 Scheffel Getreide. Das ist Punkt D in Abbildung 5.9. Das neue Gesetz sieht eine Allokation vor, bei der Angela und ihre Freunde 4 Stunden arbeiten und dafür 20 Stunden Freizeit und die gleiche Anzahl an Scheffeln erhalten. Da sie die gleiche Menge an Getreide und mehr Freizeit haben, sind sie besser dran. Abbildung 5.9 zeigt, dass sie jetzt auf einer höheren Indifferenzkurve sind.

Das neue Gesetz hat Angelas Verhandlungsmacht gestärkt und Bruno ist jetzt schlechter dran als vorher. Wie Sie sehen, ist Angela bei F besser dran als bei D. Sie ist auch besser dran als bei ihrer Reservationsoption, was bedeutet, dass sie jetzt eine ökonomische Rente erhält.

Angelas Rente lässt sich in Scheffeln Getreide als vertikaler Abstand zwischen ihrer Reservationsindifferenzkurve (IK_1 in Abbildung 5.9) und der Indifferenzkurve, die sie mit der neuen Gesetzgebung erreichen kann (IK_2), messen. Wir können uns die ökonomische Rente wie folgt vorstellen:

- Die maximale Menge an Getreide pro Jahr, die Angela aufgeben würde, um unter dem neuen Gesetz, und nicht der Situation vor dem Gesetzen, leben zu können.
- Oder (weil Angela offensichtlich politisch ist) der Betrag, den sie bereit wäre zu zahlen, damit das Gesetz verabschiedet wird, zum Beispiel durch Lobbyarbeit bei der Legislative oder durch Wahlkampfspenden.

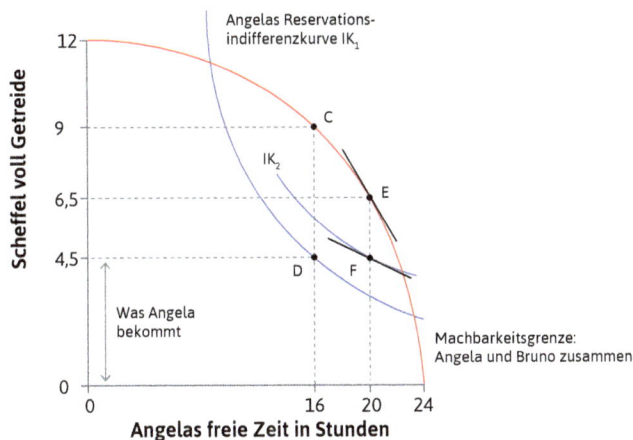

Abbildung 5.9 Die Auswirkung einer Steigerung der Verhandlungsmacht von Angela durch die Gesetzgebung.

1. Vor dem Gesetz zur Begrenzung der Arbeitszeit

Bruno macht ein take-it-or-leave-it-Angebot, erhält Getreide in Höhe von CD, und Angela arbeitet 8 Stunden. Angela befindet sich auf ihrer Reservationsindifferenzkurve bei D und GRS = GRT.

2. Was Angela vor der Gesetzgebung erhält

Angela bekommt 4,5 Scheffel Getreide: Sie ist indifferent zwischen der Arbeit für 8 Stunden und ihrer Reservationsoption.

3. Die Auswirkungen der Gesetzgebung

Mit einer Gesetzgebung, die die Arbeit auf 4 Stunden reduziert und Angelas Getreidemenge unverändert lässt, befindet sie sich auf einer höheren Indifferenzkurve bei F. Brunos Getreide wird von CD auf EF (2 Scheffel) reduziert.

4. GRT > GRS

Wenn Angela 4 Stunden arbeitet, ist die GRT größer als die GRS auf der neuen Indifferenzkurve.

5.10 VERHANDLUNG ÜBER EINE PARETO-EFFIZIENTE AUFTEILUNG DER WOHLFAHRT

Angela und ihre Kolleginnen und Kollegen freuen sich über ihren Erfolg. Sie fragt, was Sie von der neuen Regelung halten.

SIE: Herzlichen Glückwunsch, aber Ihre Regelung ist bei weitem nicht das Beste, was Sie tun können.

ANGELA: Und warum?

SIE: Weil Sie nicht auf der **Pareto-Effizienz-Kurve** sind! Nach Ihrem neuen Gesetz bekommt Bruno 2 Scheffel und kann Sie nicht mehr als 4 Stunden arbeiten lassen. Warum bieten Sie ihm also nicht an, ihm weiterhin 2 Scheffel zu zahlen, wenn er sich bereit erklärt, Ihnen alles zu überlassen, was Sie darüber hinaus produzieren? Dann können Sie selbst entscheiden, wie viele Stunden Sie arbeiten.

Das Kleingedruckte im Gesetz erlaubt einen längeren Arbeitstag, wenn beide Parteien zustimmen, solange die Reservationsoption für die Arbeitskraft ein 4-Stunden-Tag ist, wenn keine Einigung erzielt wird.

Zeichnen Sie nun Abbildung 5.9 neu und verwenden Sie die Konzepte der gemeinsamen Wohlfahrt und der Pareto-Effizienz-Kurve aus Abbildung 5.8, um Angela zu zeigen, wie sie ein besseres Angebot bekommen kann.

SIE: Angela, sehen Sie sich Abbildung 5.10 an. Die Wohlfahrt ist bei 8 Stunden Arbeit am größten. Wenn Sie 4 Stunden arbeiten, ist die Wohlfahrt kleiner, und Sie zahlen den größten Teil davon an Bruno. Wenn Sie die Wohlfahrt erhöhen, können Sie ihm den gleichen Betrag zahlen und Ihre eigene Wohlfahrt wird größer—Sie sind also besser dran. Folgen Sie den Schritten in Abbildung 5.10, um zu sehen, wie das funktioniert.

Die Bewegung von Punkt D (an dem Bruno die gesamte Verhandlungsmacht hatte und alle Vorteile aus dem Handel erhielt) zu Punkt H, an dem Angela besser gestellt ist, besteht aus zwei verschiedenen Schritten:

1. Von D nach F wird das Ergebnis durch neue Gesetze erzwungen. Das war definitiv keine Win-Win-Situation: Bruno hat verloren, weil seine ökonomische Rente in F geringer ist als die maximal mögliche Rente, die er in D erhalten hat. Angela hat profitiert.

2. Sobald sie das gesetzlich vorgeschriebene Ergebnis erreicht hatten, standen ihnen viele Win-Win-Möglichkeiten offen. Sie werden durch das Segment GH auf der Pareto-Effizienz-Kurve dargestellt.

Pareto-Effizienz Kurve Die Menge aller Allokationen, die Pareto-effizient sind. Sie wird oft als Vertragskurve bezeichnet, auch in sozialen Interaktionen, in denen es keinen Vertrag gibt, weshalb wir den Begriff vermeiden. *Siehe dazu: Pareto-effizient.*

Win-Win-Alternativen zur Allokation bei F sind per Definition möglich, denn F war nicht Pareto-effizient.

Bruno möchte verhandeln. Er ist mit Angelas Vorschlag von H nicht zufrieden.

BRUNO: Ich bin mit diesem neuen Plan nicht besser dran, als wenn ich einfach die von den Arbeitskräften in der Landwirtschaft verabschiedeten Gesetze akzeptieren würde.

SIE: Aber Bruno, Angela hat jetzt auch eine Verhandlungsmacht. Die Gesetzgebung hat ihre Reservationsoption geändert, so dass sie nicht mehr nur 24 Stunden freie Zeit und Überlebensrationen hat. Ihre Reservationsoption ist jetzt die gesetzliche Allokation unter Punkt F. Ich schlage vor, Sie machen ihr ein Gegenangebot.

BRUNO: Angela, ich lasse Sie so viele Stunden auf dem Land arbeiten, wie Sie wollen, wenn Sie mir einen halben Scheffel mehr zahlen als EF.

Sie besiegeln den Deal per Handschlag.

Da Angela ihre Arbeitszeiten frei wählen kann und Bruno nur den zusätzlichen halben Scheffel bezahlen muss, wird sie 8 Stunden arbeiten, wobei GRT = GRS ist. Da dieses Geschäft zwischen G und H liegt, stellt es eine Pareto-Verbesserung gegenüber Punkt F dar. Da es sich zudem auf der Pareto-Effizienz-Kurve CD befindet, wissen wir, dass es keine weiteren

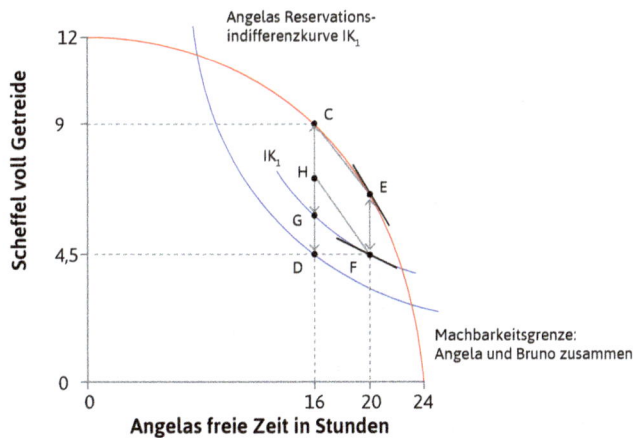

Abbildung 5.10 Verhandlungen zur Wiederherstellung der Pareto-Effizienz.

1. Die maximale gemeinsame Wohlfahrt
Die zwischen Angela und Bruno aufzuteilende Wohlfahrt wird maximiert, wenn GRT = GRS, bei 8 Stunden Arbeit.

2. Angela bevorzugt F über D
Aber Angela bevorzugt Punkt F, der durch die Gesetzgebung umgesetzt wurde, weil der Punkt ihr die gleiche Menge an Getreide, aber mehr freie Zeit gibt als D.

3. Angela könnte auch besser abschneiden als F
Im Vergleich zu F würde sie jedoch jede Allokation auf der Pareto-Effizienz-Kurve zwischen C und G vorziehen.

4. Angela kann H vorschlagen
Bei Allokation H erhält Bruno die gleiche Menge an Getreide: CH = EF. Angela ist besser dran als bei F. Sie arbeitet länger, hat aber mehr als genug Getreide, um den Verlust an Freizeit auszugleichen.

5. Eine Win-Win-Einigung durch eine Allokation zwischen G und H
F ist nicht Pareto-effizient, weil GRT > GRS. Wenn sie sich auf einen Punkt auf der Pareto-Effizienz-Kurve zwischen G und H bewegen, können Angela und Bruno beide besser dran sein.

Pareto-Verbesserungen gibt. Dies gilt auch für jede andere Allokation auf GH—sie unterscheiden sich nur in der Verteilung der gegenseitigen Gewinne, da einige Angela begünstigen, während andere Bruno begünstigen. Wo sie am Ende landen, hängt von ihrer Verhandlungsmacht ab.

FRAGE 5.9 WÄHLEN SIE DIE RICHTIGE(N) ANTWORT(EN)

In Abbildung 5.10 befinden sich Angela und Bruno an der Allokation F, wo Angela 4,5 Scheffel Getreide für 4 Stunden Arbeit erhält.

Aus der Abbildung können wir schließen, dass:

☐ Alle Punkte auf EF Pareto-effizient sind.
☐ Jeder Punkt im Bereich zwischen G, H und F eine Pareto-Verbesserung wäre.
☐ Jeder Punkt zwischen G und D eine Pareto-Verbesserung wäre.
☐ Sie beide indifferent zwischen allen Punkten auf GH wären.

5.11 ANGELA UND BRUNO: DIE MORAL VON DER GESCHICHT

Angelas landwirtschaftliche Fähigkeiten und Brunos Eigentum an Land boten die Möglichkeit für gegenseitigen Vorteil aus Handel.

Dasselbe gilt, wenn Menschen direkt tauschen, oder wenn sie Waren gegen Geld kaufen und verkaufen. Angenommen, Sie haben mehr Äpfel, als Sie verbrauchen können, und eine nebenan wohnende Person hat einen Überfluss an Birnen. Die Äpfel sind für Sie weniger wert als für die nebenan wohnende Person, und die Birnen sind für Sie mehr wert. Es muss also möglich sein, eine Pareto-Verbesserung zu erreichen, indem Sie einige Äpfel und Birnen tauschen.

Wenn Menschen mit unterschiedlichen Bedürfnissen, Eigentum und Fähigkeiten zusammenkommen, besteht die Möglichkeit, für alle von ihnen Vorteile zu erzielen. Deshalb kommen Menschen auf Märkten, in Online-Tauschbörsen oder auf Piratenschiffen zusammen. Die gegenseitigen Gewinne sind der Kuchen, den wir Wohlfahrt nennen.

Die Allokationen, die wir im Laufe der Geschichte beobachten, sind weitgehend das Ergebnis der Institutionen, einschließlich der Eigentumsrechte und der Verhandlungsmacht, die in der Wirtschaft vorhanden waren. Abbildung 5.11 fasst zusammen, was wir aus der Abfolge der Szenarien mit Angela und Bruno über die Bestimmung der wirtschaftlichen Ergebnisse gelernt haben.

- Technologie, Biologie, und die technisch mögliche Menge an Allokationen (Abschnitt 5.5) bestimmen, ob sie in der Lage sind, gegenseitig voneinander zu profitieren. Wenn Brunos Land so unergiebig gewesen wäre, dass Angelas Arbeit nicht genug produziert hätte, um sie am Leben zu erhalten, dann hätte es keinen Raum für ein Abkommen gegeben.
- Damit eine Allokation wirtschaftlich möglich ist, muss sie eine Pareto-Verbesserung im Vergleich zu den Reservationsoptionen der Parteien darstellen. Die Reservationsoptionen hängen von den Institutionen (wie Angelas Überlebensrationen von der Regierung (Abschnitt 5.7) oder der Gesetzgebung zur Arbeitszeit (Abschnitt 5.10)) ab.
- Das Ergebnis einer Interaktion hängt von den Präferenzen der Menschen ab (was sie wollen) sowie von den Institutionen, die ihnen

Verhandlungsmacht verleihen (die Fähigkeit, es zu bekommen), und damit auch davon, wie die Wohlfahrt verteilt wird (Abschnitt 5.10).

Die Geschichte von Angela und Bruno liefert drei Lektionen über Effizienz und Fairness, die in Abbildung 5.10 veranschaulicht werden und auf die wir in den folgenden Einheiten zurückkommen werden.

- Wenn eine Person oder Gruppe die Macht hat, die Allokation zu diktieren, vorausgesetzt, dass die andere Partei nicht schlechter gestellt wird als bei ihrer Reservationsoption, wird die mächtige Partei die gesamte Wohlfahrt an sich reißen. Wenn sie dies getan hat, gibt es keine Möglichkeit, eine Partei besser zu stellen, ohne den anderen schlechter zu stellen (Punkt D in der Abbildung). Dies muss also Pareto-effizient sein!
- Diejenigen, die sich ungerecht behandelt fühlen, haben oft eine gewisse Macht, das Ergebnis durch Gesetzgebung und andere politische Mittel zu beeinflussen. Das Ergebnis kann in ihren oder unseren Augen eine gerechtere Verteilung sein, muss aber nicht unbedingt Pareto-effizient sein (Punkt F). Gesellschaften müssen möglicherweise zwischen Pareto-effizienten, aber ungerechten Ergebnissen und fairen, aber Pareto-ineffizienten Ergebnissen abwägen.
- Wenn wir über Institutionen verfügen, in denen die Menschen gemeinsam über alternative Allokationen nachdenken, sich darauf einigen und diese durchsetzen können, dann kann es möglich sein, den Zielkonflikt zu vermeiden und sowohl Effizienz als auch Fairness zu erreichen—so wie es Angela und Bruno durch eine Kombination aus Gesetzgebung und Verhandlungen untereinander getan haben (Punkt H).

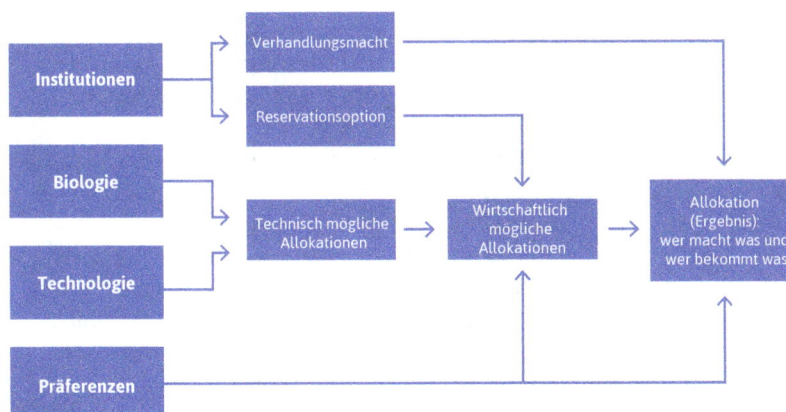

Abbildung 5.11 Die grundlegenden Bestimmungsfaktoren der wirtschaftlichen Verteilung.

5.12 WIRTSCHAFTLICHE UNGLEICHHEIT MESSEN

In unserer Analyse der Interaktion zwischen Angela und Bruno haben wir die Allokationen im Hinblick auf die Pareto-Effizienz bewertet. Wir haben gesehen, dass es ihnen (oder zumindest einem von ihnen) besser gehen kann, wenn sie einen Wechsel von einer Pareto-ineffizienten Allokation zu einer Allokation auf der Pareto-Effizienz-Kurve aushandeln können.

Das andere wichtige Kriterium zur Beurteilung einer Allokation ist jedoch Fairness. Wir wissen, dass Pareto-effiziente Allokationen sehr ungleich sein können. Im Fall von Angela und Bruno ergab sich die Ungleichheit direkt aus den Unterschieden in der Verhandlungsmacht, aber auch aus den Unterschieden in ihrer *Ausstattung*, das heißt, was sie vor der Interaktion besaßen (ihr ursprüngliches Vermögen). Bruno besaß Land, während Angela nichts außer Zeit und der Fähigkeit zu arbeiten besaß. Unterschiede in der Ausstattung und in den Institutionen können sich wiederum auf die Verhandlungsmacht auswirken.

Es ist einfach, die Verteilung zwischen zwei Personen zu beurteilen. Aber wie können wir die Ungleichheiten in größeren Gruppen oder in einer ganzen Gesellschaft beurteilen? Ein nützliches Instrument, um die Verteilung von Einkommen oder Vermögen darzustellen und zu vergleichen und das Ausmaß der Ungleichheit aufzuzeigen, ist die **Lorenzkurve** (die 1905 von Max Lorenz (1876–1959), einem amerikanischen Ökonomen, erfunden wurde, als er noch studierte). Sie gibt an, wie groß die Ungleichheit beim Einkommen oder einem anderen Maß in der Bevölkerung ist.

Die Lorenzkurve zeigt die gesamte Bevölkerung entlang der horizontalen Achse von den Ärmsten bis zu den Reichsten aufgereiht. Die Höhe der Kurve an einem beliebigen Punkt auf der horizontalen Achse gibt den Anteil des Gesamteinkommens an, den der Teil der Bevölkerung erhält, der durch diesen Punkt auf der horizontalen Achse gegeben ist.

Um zu sehen, wie das funktioniert, stellen Sie sich ein Dorf vor, in dem es 10 Grundeigentümer:innen gibt, die jeweils 10 Hektar besitzen, und 90 andere Personen, die das Land als Pachtende bewirtschaften, aber kein Land besitzen (wie Angela). Die Lorenzkurve ist die blaue Linie in Abbildung 5.12. Wenn Sie die Bevölkerung in der Reihenfolge des Landbesitzes aufstellen, besitzen die ersten 90 % der Bevölkerung nichts, so dass die Kurve flach verläuft. Die restlichen 10 % besitzen jeweils 10 Hektar, so dass die „Kurve" geradlinig ansteigt und den Punkt erreicht, an dem 100 % der Menschen 100 % des Landes besitzen.

Wenn stattdessen jede Person der Bevölkerung einen Hektar Land besäße—vollkommene Gleichheit beim Eigentum an Grund und Boden—dann wäre die Lorenzkurve eine Linie im 45-Grad-Winkel, die anzeigt, dass die „ärmsten" 10 % der Bevölkerung 10 % des Landes besitzen, und so weiter (obwohl in diesem Fall alle gleich arm und gleich reich sind).

Anhand der Lorenzkurve können wir sehen, wie weit eine Verteilung von dieser Linie der perfekten Gleichheit abweicht. Abbildung 5.13 zeigt die Verteilung des Einkommens, die sich aus dem in den Artikeln des Piratenschiffs *Royal Rover* beschriebenen Verteilungssystem ergeben hätte, das in der Einleitung zu dieser Einheit besprochen wurde. Die Lorenzkurve liegt sehr nahe an der 45-Grad-Linie und zeigt, wie die Institutionen der Piraterie es den einfachen Besatzungsangehörigen ermöglichten, einen großen Anteil des Einkommens zu beanspruchen.

Max O. Lorenz. 1905. 'Methods of Measuring the Concentration of Wealth'. *Publications of the American Statistical Association* 9 (70).

Lorenzkurve Eine grafische Darstellung der Ungleichheit einer bestimmten Größe, zum Beispiel Vermögen oder Einkommen. Die Individuen sind in aufsteigender Reihenfolge danach geordnet, wie viel sie von dieser Menge besitzen, und der kumulative Anteil an der Gesamtmenge wird dann gegen den kumulativen Anteil an der Bevölkerung aufgetragen. Bei vollständiger Gleichheit des Einkommens wäre dies beispielsweise eine Gerade mit einer Steigung von eins. Das Ausmaß, in dem die Kurve unter diese perfekte Gleichheitslinie fällt, ist ein Maß für die Ungleichheit. *Siehe dazu: Gini-Koeffizient.*

Als die Schiffe *Favourite* und *Active* der Royal Navy das spanische Schatzschiff *La Hermione* kaperten, war die Aufteilung der Beute auf den beiden britischen Kriegsschiffen dagegen weit weniger gleich. Die Lorenzkurven zeigen, dass die einfachen Besatzungsangehörigen etwa ein Viertel des Einkommens erhielten, während der Rest an eine kleine Anzahl von Offizieren und den Kapitän ging. Sie können sehen, dass die *Favourite* ungleicher war als die *Active*, mit einem geringeren Anteil, der an jede Person der Besatzung ging. Für damalige Verhältnisse waren die Piraten ungewöhnlich demokratisch und fair in ihrem Umgang miteinander.

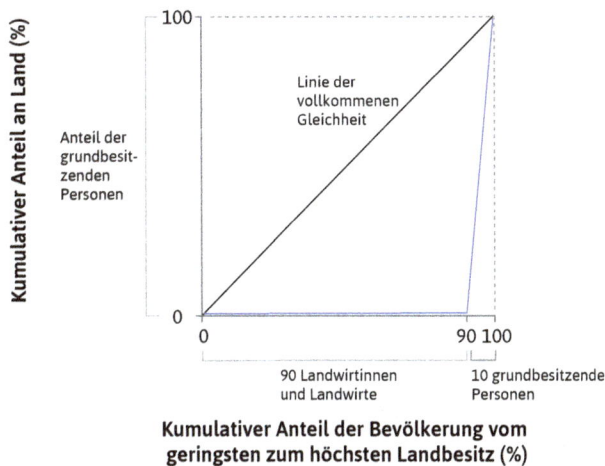

Abbildung 5.12 Eine Lorenzkurve für Eigentum an Vermögen.

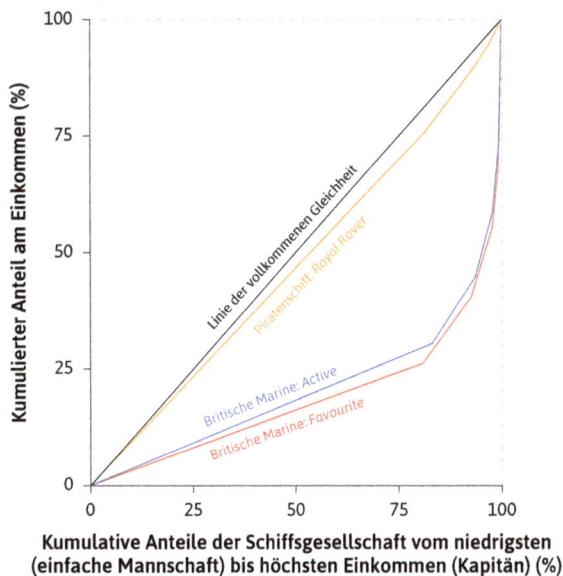

Abbildung 5.13 Die Verteilung der Beute: Piraten und die Royal Navy.

Gini-Koeffizient Ein Maß für die Ungleichheit einer beliebigen Größe wie Einkommen oder Vermögen, das von einem Wert von null (wenn keine Ungleichheit besteht) bis eins (wenn eine einzige Person alles erhält) reicht.

Der Gini-Koeffizient

Die Lorenzkurve gibt uns ein Bild von der Ungleichheit der Einkommen in der gesamten Bevölkerung, aber sie kann auch nützlich sein, um ein einfaches Maß für den Grad der Ungleichheit zu haben. Sie können sehen, dass ungleichere Verteilungen eine größere Fläche zwischen der Lorenzkurve und der 45-Grad-Linie aufweisen. Der **Gini-Koeffizient** (oder Gini-Ratio), benannt nach dem italienischen Statistiker Corrado Gini (1884–1965), wird berechnet als das Verhältnis dieser Fläche zur Fläche des gesamten Dreiecks unter der 45-Grad-Linie.

Wenn alle das gleiche Einkommen haben, sodass es keine Einkommensungleichheit gibt, nimmt der Gini-Koeffizient den Wert 0 an. Wenn eine einzige Person das gesamte Einkommen erhält, nimmt der Gini-Koeffizient den Maximalwert 1 an. Wir können den Gini-Wert für das Eigentum an Grund und Boden in Abbildung 5.14a als Fläche A zwischen der Lorenzkurve und der Linie der völligen Gleichheit als Anteil der Fläche (A + B), dem Dreieck unter der 45-Grad-Linie, berechnen:

$$\text{Gini-Wert} = \frac{A}{A+B}$$

Abbildung 5.14b zeigt die Gini-Koeffizienten für jede der Lorenzkurven, die wir bisher gezeichnet haben.

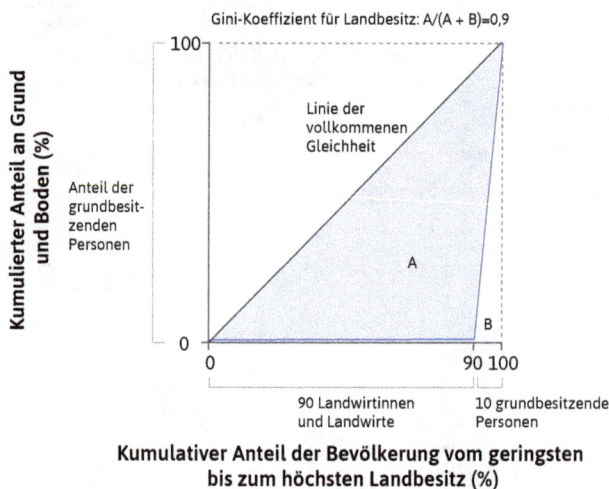

Abbildung 5.14a Die Lorenzkurve und der Gini-Koeffizient für Vermögenseigentum.

Verteilung	Gini-Wert
Piratenschiff *Royal Rover*	0,06
Britisches Marineschiff *Active*	0,59
Britisches Marineschiff *Favourite*	0,6
Das Dorf mit Pachtenden und Grundeigentümer:innen	0,9

Abbildung 5.14b Gini-Koeffizienten im Vergleich.

Streng genommen ist diese Methode der Gini-Berechnung nur ein Näherungswert. Der Gini-Wert ist genauer definiert als ein Maß für den durchschnittlichen Unterschied im Einkommen zwischen jedem Paar von Individuen in der Bevölkerung, wie im Einstein am Ende dieses Abschnitts erläutert. Die Flächenmethode liefert nur dann einen genauen Näherungswert, wenn die Bevölkerung groß ist.

Vergleich der Einkommensverteilung und Ungleichheit in der Welt

Um die Einkommensungleichheit innerhalb eines Landes zu beurteilen, können wir entweder das gesamte Markteinkommen (alle Einkünfte aus abhängiger Beschäftigung, selbständiger Tätigkeit, Sparen und Investitionen) oder das **verfügbare Einkommen** betrachten, das den Lebensstandard besser erfasst. Das verfügbare Einkommen ist das, was ein Haushalt ausgeben kann, nachdem er Steuern gezahlt und Leistungen (wie Arbeitslosengeld und Renten) von der Regierung erhalten hat:

verfügbares Einkommen
Einkommen, das nach Zahlung von Steuern und Erhalt von Transferzahlungen (von der Regierung) zur Verfügung steht.

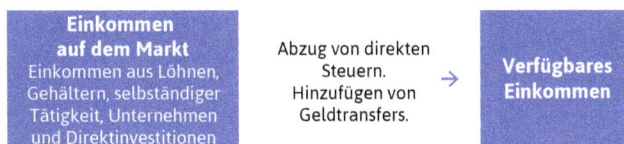

Einkommen auf dem Markt
Einkommen aus Löhnen, Gehältern, selbständiger Tätigkeit, Unternehmen und Direktinvestitionen

Abzug von direkten Steuern. Hinzufügen von Geldtransfers. →

Verfügbares Einkommen

In Einheit 1 haben wir die Ungleichheit in der Einkommensverteilung der Länder anhand des 90/10-Verhältnisses verglichen. Lorenzkurven vermitteln uns ein umfassenderes Bild von den Unterschieden zwischen den Verteilungen. Abbildung 5.15 zeigt die Verteilung der Markteinkommen in den Niederlanden im Jahr 2010. Der Gini-Koeffizient beträgt 0,47. Nach diesem Maß ist die Ungleichheit in den Niederlanden größer als bei der *Royal Rover*, aber geringer als bei den Schiffen der britischen Marine. Die Analyse in Abbildung 5.15 zeigt, wie die Umverteilungspolitik der Regierungen zu einer gleichmäßigeren Verteilung des verfügbaren Einkommens führt.

Beachten Sie, dass in den Niederlanden fast ein Fünftel der Haushalte ein Markteinkommen von nahezu null hat, die meisten aber dennoch über genügend verfügbares Einkommen verfügen, um zu überleben oder sogar komfortabel zu leben: Das ärmste Fünftel der Bevölkerung erhält etwa 10 % des gesamten verfügbaren Einkommens.

Neben dem Gini-Wert und dem 90/10-Quotienten gibt es viele andere Möglichkeiten, die Einkommensungleichheit zu messen, aber diese beiden werden am häufigsten verwendet. Abbildung 5.16 vergleicht die Gini-Koeffizienten für das verfügbare Einkommen und das Markteinkommen in einer großen Auswahl von Ländern, geordnet von links nach rechts, von der geringsten bis zur größten Ungleichheit nach dem Maß für das verfügbare Einkommen. Der Hauptgrund für die beträchtlichen Unterschiede zwischen den Ländern beim verfügbaren Einkommen ist das Ausmaß, in dem die Regierungen wohlhabende Familien besteuern und die Einnahmen an die weniger Wohlhabenden übertragen können.

Beachten Sie:

- Die Unterschiede zwischen den Ländern bei der Ungleichheit des verfügbaren Einkommens (Ende der unteren Balken) sind viel größer als die Unterschiede bei der Ungleichheit des Markteinkommens (Ende der oberen Balken).

- Die USA und das Vereinigte Königreich gehören zu den Ländern mit den größten Ungleichheiten unter den Volkswirtschaften mit hohem Einkommen.
- Die wenigen Länder mit niedrigem und mittlerem Einkommen, für die Daten verfügbar sind, sind beim verfügbaren Einkommen noch ungleicher als die USA, aber …
- … (mit Ausnahme Südafrikas) ist dies vor allem auf das begrenzte Ausmaß der Umverteilung von Reich zu Arm zurückzuführen und nicht auf die ungewöhnlich hohe Ungleichheit der Markteinkommen.

Wir untersuchen die Umverteilung von Einkommen durch Regierungen ausführlicher in Einheit 19.

LIS. *Cross National Data Center* (https://tinyco.re/0525655). Stefan Thewissen (University of Oxford) hat die Berechnungen im April 2015 durchgeführt.

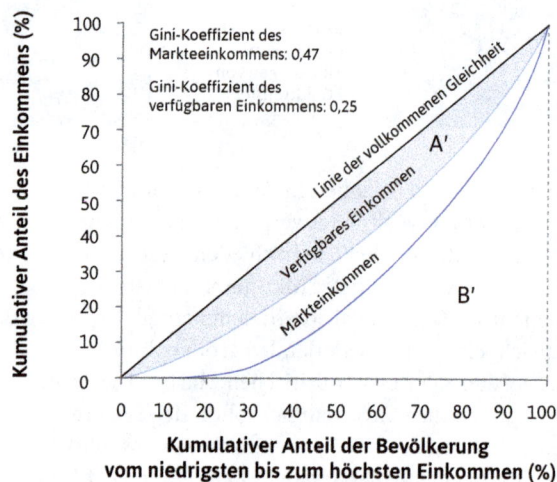

Abbildung 5.15 Verteilung des Markteinkommens und des verfügbaren Einkommens in den Niederlanden (2010).

1. Die Lorenzkurve für das Markteinkommen

Die Kurve deutet darauf hin, dass die ärmsten 10 % der Bevölkerung (10 auf der horizontalen Achse) nur 0,1 % des Gesamteinkommens erhalten (0,1 auf der vertikalen Achse), und die Hälfte der Bevölkerung mit niedrigem Einkommen über weniger als 20 % des Einkommens verfügt.

2. Der Gini-Wert für Markteinkommen

Der Gini-Koeffizient ist das Verhältnis der Fläche A (zwischen der Kurve des Markteinkommens und der Linie der vollkommenen Gleichheit) zur Fläche A + B (unterhalb der Linie der vollkommenen Gleichheit) und beträgt 0,47.

3. Verfügbares Einkommen

Das Ausmaß der Ungleichheit beim verfügbaren Einkommen ist viel geringer als die Ungleichheit beim Markteinkommen. Umverteilungspolitik wirkt sich stärker auf das untere Ende der Verteilung aus. Die ärmsten 10 % verfügen über 4 % des gesamten verfügbaren Einkommens.

4. Der Gini-Wert für das verfügbare Einkommen

Der Gini-Koeffizient für das verfügbare Einkommen ist niedriger: das Verhältnis der Flächen A' (zwischen der Kurve des verfügbaren Einkommens und der Linie der vollkommenen Gleichheit) und A' + B' (unterhalb der Linie der vollkommenen Gleichheit) beträgt 0,25.

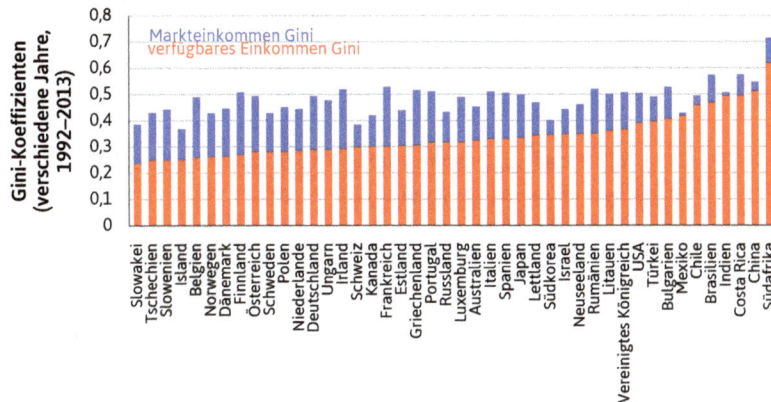

Abbildung 5.16 Einkommensungleichheit bei verfügbarem und Markteinkommen in der ganzen Welt.

Sehen Sie sich eine andere Visualisierung dieser Daten bei OWiD an
https://tinyco.re/1122864

OECD. Income Distribution Database.

FRAGE 5.10 WÄHLEN SIE DIE RICHTIGE(N) ANTWORT(EN)

Abbildung 5.15 zeigt die Lorenzkurve für das Markteinkommen in den Niederlanden im Jahr 2010.

Welche der folgenden Aussagen trifft zu?

☐ Wenn die Fläche A zunimmt, sinkt die Einkommensungleichheit.
☐ Der Gini-Koeffizient kann als das Verhältnis von Fläche A zu Fläche A + B berechnet werden.
☐ In Ländern mit einem niedrigeren Gini-Koeffizienten ist das Einkommen ungleicher verteilt.
☐ Der Gini-Koeffizient nimmt den Wert 1 an, wenn alle das gleiche Einkommen haben.

ÜBUNG 5.9 VERGLEICH DER VERMÖGENSVERTEILUNGEN

Die Tabelle zeigt drei alternative Verteilungen des Eigentums an Grund und Boden in einem Dorf mit einer Bevölkerung von 100 Personen und 100 Hektar Land. Zeichnen Sie die Lorenzkurven für jeden Fall. Berechnen Sie für die Fälle I und III den Gini-Wert. Zeigen Sie für Fall II auf dem Diagramm der Lorenzkurve, wie der Gini-Koeffizient berechnet werden kann.

I	80 Personen besitzen nichts	20 Personen besitzen 5 Hektar pro Person	
II	40 Personen besitzen nichts	40 Personen besitzen 1 Hektar pro Person	20 Personen besitzen 3 Hektar pro Person
III	100 Personen besitzen 1 Hektar pro Person		

Ungleichheit als Unterschiede zwischen Menschen

Der Gini-Koeffizient ist ein Maß für die Ungleichheit, genau definiert als:

g = die Hälfte des relativen mittleren Einkommensunterschieds
zwischen allen Paaren von Individuen in der Population

Um g zu berechnen, sollten Sie die Einkommen aller Personen einer Bevölkerung kennen:

1. Ermitteln Sie die Einkommensdifferenz zwischen allen möglichen Paaren in der Bevölkerung.
2. Ermitteln Sie den Durchschnittswert dieser Differenzen.
3. Teilen Sie diese Zahl durch das durchschnittliche Einkommen der Grundgesamtheit, um die relative durchschnittliche Differenz zu erhalten.
4. g = relative durchschnittliche Differenz geteilt durch zwei.

Beispiele:

Es gibt nur zwei Personen in der Bevölkerung und eine hat das gesamte Einkommen. Nehmen wir an, ihre Einkommen sind 0 und 1.

1. Die Differenz zwischen den Einkommen des Paares = 1.
2. Dies ist die durchschnittliche Differenz, da es nur ein Paar gibt.
3. Durchschnittliches Einkommen = 0,5, also ist die relative durchschnittliche Differenz = 1/0,5 = 2.
4. g = 2/2 = 1 (perfekte Ungleichheit, wie wir erwarten würden).

Zwei Personen teilen sich einen Kuchen: eine Person hat 20 %, die andere 80 %.

1. Die Differenz beträgt 60 % (0,60).
2. Dies ist die durchschnittliche Differenz (es gibt nur zwei Einkommen, wie zuvor).
3. Das durchschnittliche Einkommen beträgt 50 % oder 0,50. Die relative durchschnittliche Differenz beträgt 0,6/0,5 = 1,20.
4. g = 0,60.

Der Gini-Koeffizient ist ein Maß dafür, wie ungleich ihre Stücke sind. Bestätigen Sie als Übung, dass, wenn die Größe des kleineren Stücks des Kuchens σ ist, $g = 1 - 2\sigma$.

Es gibt drei Personen, von denen eine über das gesamte Einkommen verfügt, das, wie wir annehmen, 1 Einheit beträgt.

1. Die Differenzen für die drei möglichen Paare sind 1, 1, und 0.
2. Durchschnittliche Differenz = 2/3.
3. Relative durchschnittliche Differenz = (2/3)/(1/3) = 2.
4. g = 2/2 = 1.

Annäherung an den Gini-Wert mit Hilfe der Lorenzkurve

Wenn die Bevölkerung groß ist, erhalten wir eine gute Annäherung an den Gini-Koeffizienten, indem wir die Flächen im Lorenz-Diagramm verwenden: $g \approx A/(A + B)$.

Aber bei einer kleinen Anzahl von Menschen ist diese Annäherung nicht genau.

Das sehen Sie, wenn Sie an den Fall der „perfekten Ungleichheit" denken, bei dem eine Person 100 % des Einkommens erhält. In diesem Fall ist der wahre Gini-Wert 1, unabhängig von der Größe der Bevölkerung (wir haben ihn oben für Bevölkerungszahlen von 2 und 3 berechnet). Die Lorenzkurve verläuft bis zum letzten Individuum waagerecht bei Null und schießt dann bis auf 100 % hoch. Versuchen Sie, die Lorenzkurven zu zeichnen, wenn die Größe der Bevölkerung, N, 2, 3, 10 und 20 beträgt.

- Wenn $N = 2$ ist, ist A/(A + B) = 0,5, eine sehr schlechte Annäherung an den wahren Wert, $g = 1$.
- Wenn N groß ist, ist die Fläche A nicht ganz so groß wie die Fläche A + B, aber das Verhältnis ist fast 1.

Es gibt eine Formel, mit der der korrekte Gini-Koeffizient aus dem Lorenz-Diagramm berechnet werden kann:

$$g = \frac{N}{N-1} \frac{A}{A+B}$$

(Überprüfen Sie selbst, ob dies für den Fall der perfekten Ungleichheit funktioniert, wenn $N = 2$ ist).

5.13 EINE POLITIK ZUR UMVERTEILUNG DER WOHLFAHRT UND ZUR STEIGERUNG DER EFFIZIENZ

Angela und Bruno leben in der hypothetischen Welt eines Wirtschaftsmodells. Aber reale Arbeitskräfte in der Landwirtschaft sowie Grundeigentümer:innen stehen vor ähnlichen Problemen.

Im indischen Bundesstaat Westbengalen, in dem mehr Menschen leben als in Deutschland, arbeiten viele Arbeitskräfte in der Landwirtschaft als pachtende Bauern (Bargadars in der bengalischen Sprache), die Land von Grundeigentümer:innen gegen einen Anteil an der Ernte pachten.

Die traditionellen vertraglichen Vereinbarungen in diesem riesigen Staat unterschieden sich von Dorf zu Dorf nur wenig, wobei praktisch alle Bargadars die Hälfte ihrer Ernte zur Erntezeit an die Grundeigentümer:innen abgaben. Dies war mindestens seit dem 18. Jahrhundert die Norm gewesen.

Aber wie Angela empfanden viele in der zweiten Hälfte des 20. Jahrhunderts diese Regelung als ungerecht, da die Bargadars extrem unterprivilegiert waren. Im Jahr 1973 lebte 73 % der Landbevölkerung in Armut, eine der höchsten Armutsraten in Indien. 1978 erließ die neu gewählte Regierung der Left Front in Westbengalen neue Gesetze, die sogenannte Operation Barga.

Die neuen Gesetze besagen, dass:

- Bargadars bis zu drei Viertel ihrer Ernte behalten konnten.
- Bargadars vor der Vertreibung durch die grundbesitzenden Personen geschützt waren, sofern sie ihnen die Quote von 25 % zahlten.

Beide Bestimmungen der Operation Barga wurden als Mittel zur Steigerung der produzierten Menge befürwortet. Es gibt durchaus Gründe für die Annahme, dass die Größe des Kuchens ebenso wie die Einkommen der Arbeitskräfte in der Landwirtschaft steigen würden:

- *Bargadars hatten einen größeren Anreiz, hart und gut zu arbeiten*: Eine größeren Anteil zu behalten bedeutete, dass es eine größere Belohnung gab, wenn sie mehr anbauten.
- *Bargadars hatten einen Anreiz, in die Verbesserung des Landes zu investieren*: Sie waren zuversichtlich, dass sie das gleiche Stück Land auch in Zukunft bewirtschaften würden und somit für ihre Investitionen belohnt würden.

Abhijit V. Banerjee, Paul J. Gertler, und Maitreesh Ghatak. 2002. 'Empowerment and Efficiency: Tenancy Reform in West Bengal'. *Journal of Political Economy* 110 (2): pp. 239–80.

In Westbengalen kam es in der Folge zu einem dramatischen Anstieg des Outputs pro Einheit Land und des landwirtschaftlichen Einkommens. Beim Vergleich des Outputs der landwirtschaftlichen Betriebe vor und nach der Durchführung der Operation Barga kamen Ökonominnen und Ökonomen zu dem Schluss, dass sowohl die Arbeitsmotivation als auch die Investitionen verbessert wurden. Einer Studie zufolge war die Operation Barga für etwa 28 % des anschließenden Wachstums der landwirtschaftlichen Produktivität in der Region verantwortlich. Die Ermächtigung der Bargadars hatte auch positive Nebeneffekte, da die lokalen Regierungen stärker auf die Bedürfnisse der armen Arbeitskräfte in der Landwirtschaft eingingen.

Effizienz und Fairness

Ajitava Raychaudhuri. 2004. *Lessons from the Land Reform Movement in West Bengal, India*. Washington, DC: World Bank.

Die Operation Barga wurde später von der Weltbank als Beispiel für eine gute Politik zur wirtschaftlichen Entwicklung angeführt.

Abbildung 5.17 fasst die in dieser Einheit entwickelten Konzepte zusammen, die wir verwenden können, um die Auswirkungen einer Wirtschaftspolitik zu beurteilen. Nachdem wir Beweise gesammelt haben, um die resultierende Allokation zu beschreiben, fragen wir: Ist sie Pareto-effizient und fair? Ist sie nach diesen Kriterien besser als die ursprüngliche Allokation?

Die Belege dafür, dass die Operation Barga die Einkommen erhöht hat, deuten darauf hin, dass der Kuchen größer geworden ist und die ärmsten Menschen ein größeres Stück bekommen haben.

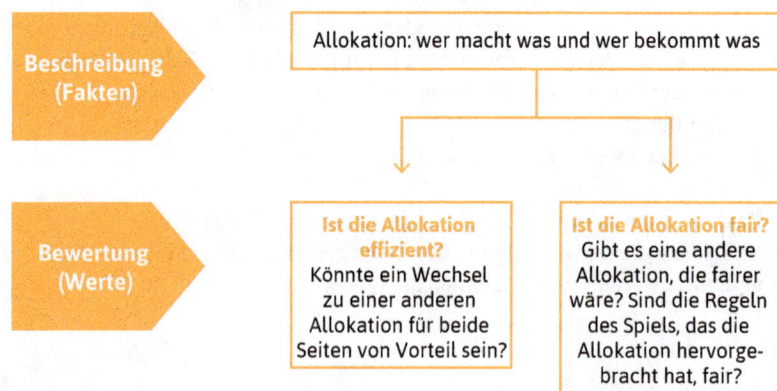

Abbildung 5.17 Effizienz und Fairness.

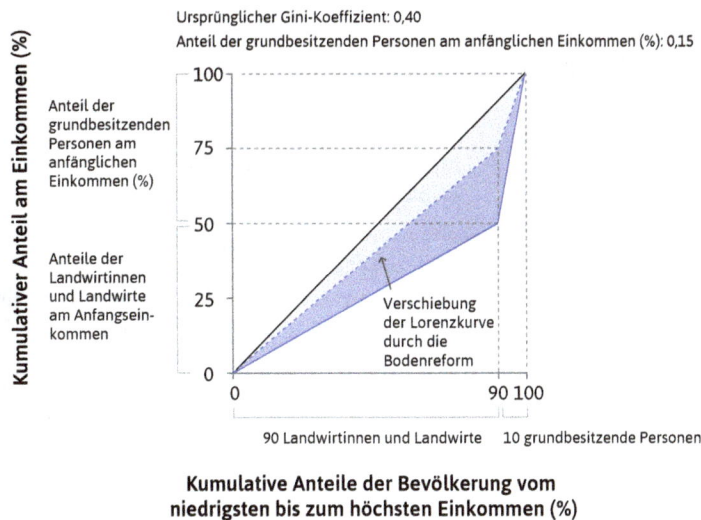

Abbildung 5.18 Verhandeln in der Praxis: Wie eine Landreform in Westbengalen den Gini-Koeffizienten reduzierte.

Im Prinzip bedeutet die Vergrößerung des Kuchens, dass beide Seiten von den Reformen profitieren könnten, das heißt, sowohl Arbeitskräfte in der Landwirtschaft als auch Grundeigentümer:innen werden besser dastehen.

Die tatsächliche Veränderung der Allokation war jedoch keine Pareto-Verbesserung. Die Einkommen einiger Grundeigentümer:innen sanken infolge der Verringerung ihrer Anteile an der Ernte. Dennoch kann man sagen, dass die Operation Barga fair war, da sie das Einkommen der ärmsten Menschen in Westbengalen erhöht hat. Wir können davon ausgehen, dass viele Menschen in Westbengalen so dachten, denn sie stimmten weiterhin für das Bündnis der Left Front. Es blieb von 1977 bis 2011 an der Macht.

Uns liegen keine detaillierten Informationen über die Operation Barga vor, aber wir können die Auswirkungen der Landreform auf die Einkommensverteilung in dem hypothetischen Dorf aus dem vorherigen Abschnitt mit 90 Teilpachtenden und 10 Grundeigentümer:innen veranschaulichen. Abbildung 5.18 zeigt die Lorenzkurven. Zu Beginn zahlen die Arbeitskräfte in der Landwirtschaft eine Pacht von 50 % ihrer Ernte an die Grundeigentümer:innen. Mit der Operation Barga wird der Anteil der Arbeitskräfte auf 75 % erhöht, wodurch sich die Lorenzkurve in Richtung der 45-Grad-Linie bewegt. Infolgedessen sinkt der Gini-Koeffizient des Einkommens von 0,4 (ähnlich wie in den USA) auf 0,15 (deutlich unter dem Wert der ausgeglichensten der reichen Volkswirtschaften wie Dänemark). Das Einstein am Ende dieses Abschnitts zeigt Ihnen, wie wie der Gini-Koeffizient von dem Anteil der Arbeitskräfte und ihrer jeweiligen Anteile an der Ernte abhängt.

Die Lorenzkurve und der Gini-Koeffizient in einer nach Klassen getrennten Wirtschaft mit einer großen Bevölkerung

Stellen Sie sich eine Bevölkerung von 100 Personen vor, von denen ein Bruchteil n den Output produziert und die anderen Unternehmen sind (oder Grundeigentümer:innen oder andere Anspruchsberechtigte auf Einkommen, die keine Produzierenden sind).

Nehmen wir als Beispiel die Arbeitskräfte in der Landwirtschaft im Text (in Westbengalen). Jede der $n \times 100$ Arbeitskräfte produziert q und erhält einen Bruchteil, s, davon; jede Arbeitskraft hat also ein Einkommen sq. Die $(1 - n) \times 100$ Unternehmen erhalten jeweils ein Einkommen von $(1 - s)q$.

Die folgende Abbildung zeigt die Lorenzkurve und die Linie der vollkommenen Gleichheit, ähnlich wie in Abbildung 5.18 im Text.

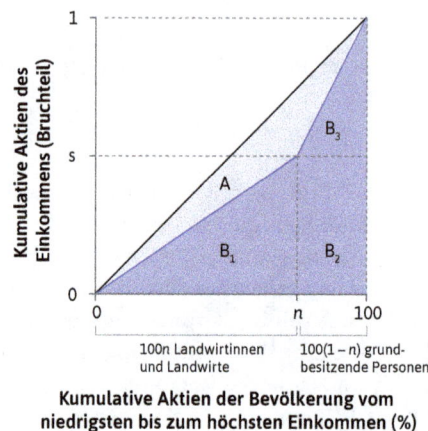

Abbildung 5.19 Die Lorenzkurve und die Linie der vollkommenen Gleichheit.

Die Steigung der Linie, die das Gebiet A von B_1 trennt, ist s/n (der Anteil am gesamten Output, den jede Arbeitskraft erhält), und die Steigung der Linie, die das Gebiet A von B_3 trennt, ist $(1 - s)/(1 - n)$, der Anteil am gesamten Output, den einzelne Grundeigentümer:innen erhalten. Wir können den Gini-Koeffizienten durch den Ausdruck $A/(A + B)$ annähern, wobei in der Abbildung $B = B_1 + B_2 + B_3$.

Wir können also den Gini-Koeffizienten in Form der Dreiecke und Rechtecke in der Abbildung ausdrücken. Um zu sehen, wie das geht, beachten Sie, dass die Fläche des gesamten Quadrats 1 ist, während die Fläche (A+B) unter der vollkommenen Gleichheitslinie 1/2 ist. Die Fläche A ist (1/2) - B. Dann können wir den Gini-Koeffizienten schreiben als

$$g = \frac{(0.5) - (B_1 + B_2 + B_3)}{0{,}5} = 1 - 2(B_1 + B_2 + B_3)$$

Aus der Abbildung können wir ersehen, dass

$$B_1 = \frac{ns}{2}$$
$$B_2 = (1-n)s$$
$$B_3 = \frac{(1-n)(1-s)}{2}$$

so, dass

$$g = 1 - 2\left(\frac{ns}{2} + (1-n)s + \frac{(1-n)(1-s)}{2}\right)$$
$$= 1 - (ns + 2s - 2ns + 1 - s - n + ns)$$
$$= n - s$$

Das bedeutet, dass der Gini-Koeffizient in diesem einfachen Fall nur der Anteil der Gesamtbevölkerung ist, der den Output produziert (die Arbeitskräfte in der Landwirtschaft), abzüglich des Anteils am Output, den sie als Einkommen erhalten.

Die Ungleichheit wird in dieser Modellwirtschaft zunehmen, wenn:

- Der Anteil der Produzierenden in der Wirtschaft steigt, aber der Gesamtanteil am Output, den sie erhalten, unverändert bleibt. Dies wäre der Fall, wenn einige der Grundeigentümer:innen zu Arbeitskräften werden, die jeweils einen Anteil s der von ihnen produzierten Ernte erhalten.
- Der Anteil der Ernte, den die Produzierenden erhalten, sinkt.

5.14 SCHLUSSFOLGERUNG

Wirtschaftliche Interaktionen werden durch Institutionen geregelt, die die Spielregeln festlegen. Um die möglichen Ergebnisse zu verstehen, überlegen wir zunächst, welche Allokationen technisch möglich sind, wenn man die durch Biologie und Technologie gesetzten Grenzen berücksichtigt. Wenn die Teilnahme freiwillig ist, suchen wir dann nach wirtschaftlich möglichen Allokationen: diejenigen, die einen gegenseitigen Vorteil ermöglichen und daher im Vergleich zu den Reservationspositionen der beteiligten Parteien eine Pareto-Verbesserung darstellen.

Welche Allokation machbar ist, hängt von der Verhandlungsmacht jeder Partei ab, die bestimmt, wie die Wohlfahrt aufgeteilt wird und die wiederum von den Institutionen abhängt, die die Interaktion regeln. Wir können Allokationen anhand zweier wichtiger Kriterien für die Beurteilung wirtschaftlicher Interaktionen bewerten und vergleichen: Fairness und Pareto-Effizienz.

In Einheit 5 eingeführte Konzepte

Bevor Sie fortfahren, sollten Sie sich diese Definitionen ansehen:

- Institutionen
- Macht
- Verhandlungsmacht
- Allokation
- Pareto-Kriterium, Pareto-Dominanz und Pareto-Verbesserung
- Pareto-Effizienz
- Pareto-Effizienz-Kurve
- Substanzielle und Prozessuale Konzepte von Fairness
- Ökonomische Rente (im Vergleich zur Landpacht)
- Gemeinsame Wohlfahrt
- Lorenzkurve und Gini-Koeffizient

5.15 QUELLEN

Banerjee, Abhijit V., Paul J. Gertler, und Maitreesh Ghatak. 2002. 'Empowerment and Efficiency: Tenancy Reform in West Bengal' (https://tinyco.re/9394444). *Journal of Political Economy* 110 (2): pp. 239–280.

Clark, Andrew E., und Andrew J. Oswald. 2002. 'A Simple Statistical Method for Measuring How Life Events Affect Happiness' (https://tinyco.re/7872100). *International Journal of Epidemiology* 31 (6): pp. 1139–1144.

Leeson, Peter T. 2007. 'An–arrgh–chy: The Law and Economics of Pirate Organization'. *Journal of Political Economy* 115 (6): pp. 1049–94.

Lorenz, Max O. 1905. 'Methods of Measuring the Concentration of Wealth' (https://tinyco.re/5844930). *Publications of the American Statistical Association* 9 (70).

Pareto, Vilfredo. 2014. *Manual of political economy: a variorum translation and critical edition.* Oxford, New York, NY: Oxford University Press.

Raychaudhuri, Ajitava. 2004. *Lessons from the Land Reform Movement in West Bengal, India* (https://tinyco.re/0335719). Washington, DC: World Bank.

DAS UNTERNEHMEN: EIGENTÜMER:INNEN, DAS MANAGEMENT UND BESCHÄFTIGTE

Diego Riveras *Production of Automobile* Wandgemälde am Detroit Institute of Arts

WIE DIE WECHSELWIRKUNGEN ZWISCHEN DEN EIGENTÜMER:INNEN EINES UNTERNEHMENS, DEM MANAGEMENT UND DEN BESCHÄFTIGTEN, LÖHNE, ARBEIT UND GEWINNE BEEINFLUSSEN, UND WIE SICH DIES AUF DIE GESAMTE WIRTSCHAFT AUSWIRKT

- Das Unternehmen ist Teil der kapitalistischen Wirtschaft. Gleichzeitig ist es eine Bühne, auf der sich die Interaktionen zwischen den Beschäftigten, dem Management und den Eigentümer:innen des Unternehmens abspielen.
- Die Einstellung von Arbeitskräften unterscheidet sich vom Kauf anderer Waren und Dienstleistungen. Der Vertrag zwischen dem Unternehmen und der beschäftigten Person ist unvollständig. Er deckt nicht das ab, was dem Management wirklich wichtig ist, nämlich wie hart und gut die beschäftigte Person arbeitet.
- Unvollständige Verträge entstehen, wenn wichtige Informationen, wie zum Beispiel die Leistung der beschäftigten Person, ungleich verteilt oder nicht überprüfbar sind.
- In der Volkswirtschaftslehre wird die Beschäftigung als Interaktion zwischen einem Prinzipal (dem arbeitgebenden Unternehmen) und einem Agenten (der beschäftigten Person) modelliert.
- Das Prinzipal–Agent–Modell kann auch für die Untersuchung anderer Beziehungen mit unvollständigen Verträgen verwendet werden, zum Beispiel für die Interaktion zwischen Darlehensgebenden und Darlehensnehmenden.
- Unternehmen zahlen nicht die niedrigstmöglichen Löhne. Sie legen die Löhne so fest, dass die Beschäftigten eine ökonomische Rente erzielen. Diese motiviert sie effektiv zu arbeiten und im Unternehmen zu bleiben.
- Die Zusammenarbeit in Unternehmen bringt gegenseitigen Nutzen: Gewinn für die Eigentümer:innen sowie ökonomische Renten für das

Management und für die Beschäftigten. Aber die ökonomischen Renten führen auch zu unfreiwilliger Arbeitslosigkeit in der Wirtschaft.

Das iPhone und das iPad von Apple sind ikonische amerikanische Hightech-Produkte, die jedoch beide nicht in den USA hergestellt werden. Bis 2011 produzierte ein einziges Unternehmen, Foxconn, alle iPhones und iPads in Fabriken in China, vor allem, damit Apple von den niedrigeren Kosten der Produktion in China, einschließlich der Löhne, profitieren konnte.

Die Komponenten des iPhone und iPad stammen größtenteils nicht aus China, sondern werden aus der ganzen Welt bezogen. Komponenten wie der Flash-Speicher, das Display-Modul und der Touchscreen werden von verschiedenen Unternehmen hergestellt, darunter Toshiba und Sharp in Japan. Der Mikroprozessor wird von Samsung in Südkorea hergestellt und andere Komponenten von Infineon in Deutschland. Wie andere Unternehmen auch, erzielt Apple Gewinne, indem es das Zulieferunternehmen findet, das die Inputs zu den niedrigsten Kosten liefern können, ganz gleich, ob es sich dabei um ein Bauteil oder um Arbeitskräfte handelt und wo auf der Welt sich dieses Unternehmen befindet.

Die Kosten für den Zusammenbau der Komponenten zum Endprodukt in China sind gering—sie machen nur 4 % der Gesamtkosten aus—im Vergleich zu den Kosten für Komponenten, die aus Hochlohnländern wie Deutschland und Japan bezogen werden. Fast die Hälfte der in den USA von Apple beschäftigten Personen verkauft Apple-Produkte, anstatt sie herzustellen; während Unternehmen auf globaler Ebene um die lukrativen Aufträge konkurrieren, Apple mit Komponenten zu beliefern. Die Kosten für die Herstellung des iPhones liegen weit unter dem Preis, den Apple verlangt: 2016 kostete die Herstellung eines iPhone 7 mit 32 GB 224,80 USD. Der Preis in den USA lag bei 649 USD.

Apple ist nicht das einzige Unternehmen, das die Produktion in Länder auslagert (sogenanntes **Offshoring** betreibt), die nicht der Hauptmarkt für die produzierten Güter sind. In den meisten Branchen des verarbeitenden Gewerbes haben Unternehmen mit Sitz in reichen Ländern einen erheblichen Teil der Produktion, die zuvor von den Arbeitskräften vor Ort durchgeführt wurde, in ärmere Länder verlagert, wo die Löhne niedriger sind. Doch Apple und andere Unternehmen sind nicht nur auf der Suche nach günstigen Arbeitskräften. Die Löhne in einigen Ländern aus denen Komponenten für Apple kommen, wie Deutschland, sind höher als in den USA.

Andere Industrien, insbesondere die Bekleidungsindustrie, haben ihre Produktion vor allem in Niedriglohnländer verlagert. Mehr als 97 % der von amerikanischen Marken und dem Einzelhandel in den USA verkauften Kleidung und 98 % der Schuhe werden in Übersee hergestellt. China, Bangladesch, Kambodscha, Indonesien und Vietnam gehören heute zu den weltweit wichtigsten Exportnationen von Textilien und Bekleidung. Zur Zeit der Industriellen Revolution war Großbritannien das Land mit den größten Exporten der Welt.

Außerdem sind in den Entwicklungsländern die zusätzlichen Kosten für Unternehmen, wie zum Beispiel Gesundheits- und Sicherheitsvorschriften, weitaus geringer, und die Umweltvorschriften sind oft weniger streng.

Apple, Samsung und Toshiba sind Geschäftsorganisationen, sogenannte **Unternehmen**. Nicht jeder Mensch ist in einem Unternehmen beschäftigt. Viele arbeiten zum Beispiel selbstständig, weder als beschäftigte noch als arbeitgebende Person (zum Beispiel Arbeitskräfte in der Landwirtschaft oder Softwareentwickler:innen). Während einige Menschen für Regierungen und gemeinnützige Organisationen arbeiten, verdient die Mehrheit der Menschen

Offshoring Die Verlagerung eines Teils der Aktivitäten eines Unternehmens außerhalb der nationalen Grenzen, in denen es ansässig ist. Offshoring kann innerhalb eines multinationalen Unternehmens erfolgen oder die Auslagerung der Produktion an andere Unternehmen beinhalten.

Unternehmen Eine wirtschaftliche Organisation, in der Investitionsgüter Privateigentum von Personen sind. Diese Personen stellen Arbeitskräfte ein und leiten sie an, Waren und Dienstleistungen zu produzieren, die auf Märkten verkauft werden. Das Ziel der Unternehmen ist das Erzielen eines Gewinns.

in reichen Ländern ihren Lebensunterhalt durch die Arbeit in einem Unternehmen.

Unternehmen sind wichtige Akteure in der Wirtschaft, und wir werden in dieser und der nächsten Einheit erklären, wie sie funktionieren. Auf ein Unternehmen wird oft wie auf eine Person Bezug genommen: Wir sprechen vom ‚Preis, den Apple verlangt'.

Doch während Unternehmen Agierende in der Wirtschaft sind—und in einigen Rechtssystemen wie Personen behandelt werden—sind Unternehmen auch eine Bühne, auf der die Menschen, die das Unternehmen ausmachen (Beschäftigte, das Management sowie die Eigentümer:innen), ihre manchmal gemeinsamen, manchmal konkurrierenden Interessen ausleben. In unserem Video ‚Ökonominnen und Ökonomen in Aktion' erläutert Richard Freeman, ein Ökonom, der sich auf Arbeitsmärkte spezialisiert hat, einige der Folgen des Outsourcing für diese Gruppen.

Um das Unternehmen zu verstehen, werden wir modellieren, wie das Unternehmen (beziehungsweise die Personen, die im Unternehmen dafür zuständig sind) die Löhne festlegen und die Beschäftigten darauf reagieren. Wir haben bereits in früheren Einheiten gesehen, wie wichtig Arbeit und Unternehmen in der Wirtschaft sind:

Richard Freeman: Verantwortung kann man nicht auslagern
https://tinyco.re/0004374

- Durch die Arbeit produzieren die Menschen ihren Lebensunterhalt. Bei der Entscheidung, wie viel Zeit man mit Arbeit verbringt, müssen die Menschen einen Trade-Off zwischen ihrer Freizeit und den Gütern, die sie produzieren können, oder dem Einkommen, das sie verdienen können, eingehen.
- Produktion, Löhne und Lebensstandard sind durch die Innovation und Übernahme neuer Technologien durch Unternehmen gestiegen.
- Wenn ein Produktionsprozess erfordert, dass Arbeit mit anderen Inputs kombiniert wird—wie Angelas Arbeit und Brunos Land—dann kann ein freiwilliger Vertrag zwischen den Eigentümer:innen dieser Inputs festlegen, wie die Wohlfahrt aus ihrer Interaktion zwischen den beiden Parteien, je nach ihrer Verhandlungsmacht, aufgeteilt wird.
- Potenzielle Gewinne (für alle Beteiligten) ergeben sich aus der Spezialisierung von Personen auf Aufgaben, für die sie einen komparativen Vorteil haben.
- Die Arbeitsteilung kann durch den Austausch auf dem Markt koordiniert werden. In Einheit 1 wurde die Spezialisierung auf Getreide und Äpfel durch den Kauf und Verkauf von Getreide und Äpfeln koordiniert. In Einheit 5 wurde die Interaktion zwischen Angela und Bruno durch einen Vertrag koordiniert, in dem die Nutzung von Land gegen einen Anteil an der Ernte getauscht wurde.
- Manchmal müssen die Menschen jedoch zusammenarbeiten, um etwas zu produzieren, das allen zugute kommt, und ihr Erfolg hängt von ihren Präferenzen und Strategien ab, um Free-Riding zu verhindern.
- Eine weitere Möglichkeit, die Arbeit zu koordinieren und mit anderen Inputs zu kombinieren, ist die Organisation innerhalb eines Unternehmens. Die Unternehmen in Einheit 2 produzierten Stoff und entschieden, wie viel Kohle sie kaufen und wie viele Beschäftigte sie einstellen wollten.

Wir haben jede dieser Schlussfolgerungen anhand von Modellen veranschaulicht, die einige Aspekte der Wirtschaft beleuchten, während andere beiseite gelassen werden. In Einheit 2 haben wir nicht untersucht, wie die Länge des Arbeitstages bestimmt wurde, während die Wirtschaft wuchs. In Einheit 3 haben wir nicht modelliert, wie der Lohn oder die Grenzrate der Transformation von Freizeit in

Güter bestimmt wurde, als wir eine Entscheidung über die Arbeitszeit analysiert haben. In Einheit 2 erzählten wir eine Geschichte von Interessenkonflikten über Löhne, aber wir modellierten strategische Interaktion und Verhandlungen erst in den Einheiten 4 und 5. Und in Einheit 5 haben wir die Geschichte von nur zwei (imaginären) Personen namens Bruno und Angela verwendet, um zu modellieren, wie sich Verhandlungen auf die Pareto-effiziente und faire Allokation auswirken können.

In dieser Einheit untersuchen wir, wie in der modernen kapitalistischen Wirtschaft die Koordination der Arbeit in Unternehmen erfolgt. Wir modellieren, wie Löhne bei Interessenkonflikten zwischen Unternehmen und Beschäftigten festgelegt werden, und untersuchen, was dies für die Aufteilung der gegenseitigen Gewinne bedeutet, die sich aus der Kooperation in einem Unternehmen ergeben.

In Einheit 7 betrachten wir das Unternehmen in Beziehung zu anderen Unternehmen und zur Kundschaft.

6.1 UNTERNEHMEN, MÄRKTE UND ARBEITSTEILUNG

Die Wirtschaft besteht aus Menschen, die verschiedene Dinge tun, zum Beispiel die Produktion von Apple-Displaymodulen oder die Herstellung von Kleidung für den Export. Auch die Produktion von Display-Modulen umfasst viele verschiedene Aufgaben, die von verschiedenen Personen bei Toshiba oder Sharp, den Unternehmen, die sie für Apple herstellen, erledigt werden.

Abgesehen von der Arbeit, die in den Familien geleistet wird, wird die **Arbeitsteilung** in einer kapitalistischen Wirtschaft auf zwei wichtige Arten koordiniert: durch Unternehmen und Märkte.

- In Unternehmen werden die Bestandteile von Waren von verschiedenen Personen in verschiedenen Abteilungen produziert und zu einem fertigen Hemd oder iPhone zusammengefügt.
- Oder Komponenten, die von Gruppen von Personen in verschiedenen Unternehmen produziert werden, können durch Marktinteraktionen zwischen Unternehmen zusammengebracht werden.
- Durch den Kauf und Verkauf von Waren auf Märkten gelangt das fertige iPhone von den produzierenden Unternehmen in die Taschen der Personen, die das iPhone kaufen; und das Hemd von American Apparel landet auf dem Oberkörper der Person, die das Hemd kauft.

In dieser Einheit befassen wir uns also mit Unternehmen. In den folgenden Einheiten werden wir uns mit Märkten beschäftigen. Herbert Simon, ein Ökonom, nutzte den Blick vom Mars, um zu erklären, warum es wichtig ist, beides zu untersuchen.

Arbeitsteilung Die Spezialisierung der produzierenden Personen auf verschiedene Aufgaben im Produktionsprozess. *Auch bekannt als: Spezialisierung.*

Unter den Institutionen moderner kapitalistischer Wirtschaften steht das Unternehmen in seiner Bedeutung in Konkurrenz zur Regierung. John Micklethwait und Adrian Wooldridge erklären, wie es dazu kam. John Micklethwait und Adrian Wooldridge. 2003. *The Company: A Short History of a Revolutionary Idea.* New York, NY: Modern Library.

Warum funktionieren Unternehmen so, wie sie funktionieren? Warum stellen zum Beispiel die Eigentümer:innen des Unternehmens die Beschäftigten ein und nicht andersherum? Randall Kroszner und Louis Putterman fassen diesen Bereich der Volkswirtschaftslehre zusammen. Randall S. Kroszner und Louis Putterman (Herausgeber). 2009. *The Economic Nature of the Firm: A Reader.* Cambridge: Cambridge University Press.

GROSSE ÖKONOMINNEN UND ÖKONOMEN

Herbert Simon

Stellen Sie sich jemanden vor, der sich vom Mars aus der Erde nähert, forderte Herbert ‚Herb' Simon (1916–2001) von seiner Leserschaft. Was würde diese außerirdische Person sehen, wenn sie die Erde durch ein Teleskop betrachtete, das die soziale Struktur der Erde offenbart? Unternehmen könnten als grüne Felder erscheinen, schlug er vor, Abteilungen und Bereiche als schwache Konturen darin. Rote Linien des Kaufens und Verkaufens verbinden diese Felder. Innerhalb dieser Felder könnten blaue Linien der Autorität, die das Management und Beschäftigte, Vorarbeitende und Monteure, Mentor:innen und Mentees verbinden.

Traditionell konzentrierten sich Ökonominnen und Ökonomen auf den Markt und die wettbewerbsorientierte Festlegung von Preisen. Aber aus dem Blickwinkel der außerirdischen Person vom Mars, schlug Simon vor:

> wären Organisationen das dominierende Merkmal der Landschaft. Eine Nachricht, die nach Hause geschickt wird und die Szene beschreibt, würde von ‚großen grünen Flächen sprechen, die durch rote Linien miteinander verbunden sind'. Sie würde wahrscheinlich nicht von ‚einem Netz roter Linien sprechen, die grüne Flecken verbinden'. (‚Organisationen und Märkte', 1991)

Herbert A. Simon. 1991. ‚Organizations and Markets' (https://tinyco.re/2460377). *Journal of Economic Perspectives* 5 (2): pp. 25–44.

Als Politikwissenschaftler ausgebildet, führte Simons Wunsch, die Gesellschaft zu verstehen, dazu, sowohl Institutionen als auch die menschliche Psyche zu studieren—um die ‚Black Box' der Motivationen zu öffnen, die Ökonominnen und Ökonomen als selbstverständlich angesehen hatten. Er wurde in den Abteilungen für Informatik, Psychologie und natürlich der Volkswirtschaftslehre gefeiert, wofür er 1978 den Nobelpreis erhielt.

Ein Unternehmen, so betonte er, stimmt nicht nur Angebot und Nachfrage aufeinander ab. Es besteht aus Individuen, deren Bedürfnisse und Wünsche miteinander in Konflikt geraten können. Wie könnten diese Differenzen aufgelöst werden? Simon fragte, wann ein Individuum von der Vertragsarbeit (einem ‚Verkauf' einer bestimmten, vordefinierten Aufgabe) zu einem Arbeitsverhältnis übergehen würde (bei dem eine vorgesetzte Person die Aufgabe nach dem Verkauf vorgibt—die Beziehung, die den Kern eines Unternehmens ausmacht)?

Wenn die gewünschte Aufgabe in einem Vertrag leicht zu spezifizieren ist, so Simon, könnten wir dies einfach als Auftragsarbeit betrachten. Bei großer Ungewissheit (die beschäftigte Person weiß nicht im Voraus, was zu tun ist) wäre es jedoch unmöglich, in einem Vertrag festzulegen, was die Arbeitskraft zu tun hat, und in diesem Fall wäre das Ergebnis eine für das Unternehmen charakteristische Arbeitgebende-Arbeitnehmende-Beziehung.

Herbert A. Simon. 1951. ‚A Formal Theory of the Employment Relationship' (https://tinyco.re/0460792). *Econometrica* 19 (3).

Diese frühe Arbeit zeigt zwei von Simons bleibenden Interessen: die Komplexität wirtschaftlicher Beziehungen, in denen man eine unvollständig beschriebene Verpflichtung verkaufen kann, und die Rolle der Unsicherheit bei der Veränderung der Art der Entscheidungsfindung. Seine Argumentation zeigte das Aufkommen der ‚vorgesetzten Person'.

Um zu verstehen, wie aus einem Vertrag eine Beschäftigung wird, müssen wir eine bestimmte Beziehung zwischen zwei Angehörigen einer Organisation verstehen. Wir müssen noch das Unternehmen als Ganzes erklären—die grünen Felder, welche die außerirdische Person beschrieben hat.

Was macht eine gute Organisation aus? Dies ist eine Frage für Psychologinnen und Psychologen sowie Ökonominnen und Ökonomen, denn wir wissen, dass Anreize, die die individuelle Belohnung an den Erfolg des Unternehmens koppeln, offenbar wenig Wirkung zeigen.

Simons intellektueller Werdegang kann mit dem eines anderen großen Ökonoms, Friedrich Hayek, verglichen werden, dessen Ideen wir in Einheit 11 im Detail untersuchen werden. Beide interessierten sich dafür, wie Gesellschaften angesichts von Unsicherheit und unvollkommenen Agierenden gedeihen können. Für Hayek war der Preismechanismus alles: ein Mittel, um riesige Mengen an Informationen zu sammeln und zu verarbeiten und so Systeme beliebiger Größe zu synchronisieren.

Für Simon musste der Preismechanismus jedoch durch Institutionen und Regierungen ergänzt oder sogar ersetzt werden, da diese besser in der Lage seien, mit Unsicherheit und schnellem Wandel umzugehen. Diese alternativen ‚Autoritätsmechanismen' stützen sich auf teilweise verstandene Aspekte der menschlichen Psyche: Loyalität, Gruppenidentifikation und kreative Zufriedenheit.

Bis zu seinem Tod im Jahr 2001 hatte Simon viele seiner Ideen in den Mainstream eingebracht. Die Verhaltensökonomie hat ihre Wurzeln in seinen Versuchen, Wirtschaftstheorien zu entwickeln, die empirische Daten widerspiegeln. Simons Blick vom Mars zeigt, dass die Volkswirtschaftslehre keine in sich geschlossene Wissenschaft sein kann: Ökonominnen und Ökonomen müssen sich, sowohl mathematisch, mit Entscheidungsmengen und Nutzen beschäftigen, als auch sozialpsychologisch versiert sein und über die Beweggründe menschlicher Beziehungen nachdenken.

Die Koordination der Arbeit

Die Koordination der Arbeit innerhalb von Unternehmen unterscheidet sich von der Koordination durch Märkte:

- *Unternehmen stellen eine Konzentration von wirtschaftlicher Macht dar*: Diese liegt in den Händen der Eigentümer:innen und des Managements, die regelmäßig Weisungen erteilen, in der Erwartung, dass ihre Beschäftigten diese ausführen werden. Ein ‚Auftrag' im Unternehmen ist eine Anweisung.
- *Märkte sind durch eine Dezentralisierung der Macht gekennzeichnet*: Käufe und Verkäufe resultieren aus autonomen Entscheidungen der Kaufenden und der Verkaufenden. Ein ‚Auftrag' auf einem Markt ist eine Kaufanfrage, die von Verkaufenden nach Belieben abgelehnt werden kann.

Die Preise, die das Handeln der Menschen auf einem Markt motivieren und einschränken, sind das Ergebnis der Handlungen von Tausenden oder Millionen von Individuen und nicht der Entscheidung einer Autorität. Die Idee des

Privateigentums schränkt insbesondere die Möglichkeiten der Regierung oder anderen Personen ein, mit Ihrem Eigentum zu handeln.

In einem Unternehmen hingegen, leiten die Eigentümer:innen oder das Management die Aktivitäten ihrer Beschäftigten, deren Zahl in die Tausende oder sogar Millionen gehen kann. Das Management von Walmart, dem weltgrößten Einzelhandelsunternehmen, entscheidet über die Aktivitäten von 2,2 Millionen Beschäftigten, einer größeren Anzahl von Menschen als jede Armee in der Weltgeschichte vor dem 19. Jahrhundert. Walmart ist ein außergewöhnlich großes Unternehmen, aber es ist nicht außergewöhnlich, weil es eine große Anzahl von Menschen zusammenbringt, die auf eine (vom Management) koordinierte Weise zusammenarbeiten, um Gewinne zu erzielen.

Im Gegensatz zu Flashmobs bilden sich Unternehmen nicht spontan und verschwinden dann wieder. Wie jede Organisation verfügen Unternehmen über einen Entscheidungsprozess und über Mittel und Wege, ihre Entscheidungen den Menschen in ihnen aufzuzwingen. Wenn wir sagen, dass ‚Apple seine Komponentenproduktion ausgelagert hat‘ oder dass ‚das Unternehmen einen Preis von 10,75 USD festlegt‘, meinen wir damit, dass der Entscheidungsprozess im Unternehmen zu diesen Handlungen geführt hat.

Abbildung 6.1 zeigt ein vereinfachtes Bild der Agierenden und der Entscheidungsstruktur eines Unternehmens.

Die gestrichelten grünen Pfeile nach oben stellen ein Problem **asymmetrischer Informationen** zwischen den Hierarchieebenen des Unternehmens (Eigentümer:innen, Management und Beschäftigte) dar. Da die Eigentümer:innen sowie das Management nicht immer wissen, was ihre Beschäftigten wissen oder tun, werden nicht unbedingt alle ihre Anweisungen oder Befehle (graue Pfeile nach unten) befolgt.

Diese Beziehung zwischen dem Unternehmen und seinen Beschäftigten steht im Gegensatz zu der Beziehung des Unternehmens zu seiner Kundschaft, die wir in der nächsten Einheit untersuchen. Das Unternehmen kann seiner Kundschaft nicht per SMS sagen: ‚Kommen Sie um 8 Uhr morgens und kaufen Sie zwei Brote zum Preis von je 1 EUR‘. Das Unternehmen kann die Kundschaft zwar mit einem Sonderangebot locken, aber anders als die Beschäftigten kann es sie nicht zum Erscheinen auffordern. Wenn Sie etwas kaufen oder verkaufen, geschieht dies im Allgemeinen freiwillig. Beim Kauf oder Verkauf reagieren Sie auf Preise, nicht auf Aufträge.

Das Unternehmen ist anders: Es zeichnet sich durch eine Entscheidungsstruktur aus, in der einige Menschen Macht über andere haben. Ronald Coase, der Ökonom, der die Untersuchung des Unternehmens als Bühne und Akteur begründet hat, schrieb:

> Wenn eine beschäftigte Person von der Abteilung Y in die Abteilung X wechselt, tut sie dies nicht aufgrund einer Änderung der relativen Preise, sondern weil es ihr befohlen wird … das Unterscheidungsmerkmal des Unternehmens ist die Unterdrückung des Preismechanismus. (‚The Nature of the Firm‘, 1937)

Coase wies darauf hin, dass das Unternehmen in einer kapitalistischen Wirtschaft eine zentral geplante Wirtschaft in Miniaturformat ist, die sich in privatem Eigentum befindet. Ihre Top–Down–Entscheidungsstruktur ähnelt der zentralisierten Steuerung der Produktion in einigen Volkswirtschaften, wie sie in vielen kommunistischen Ländern (und in den USA und dem Vereinigten Königreich während des Zweiten Weltkriegs) stattgefunden hat.

In diesen beiden Büchern werden die Eigentumsrechte, die Autoritätsstrukturen und die Interaktionen auf dem Markt beschrieben, die das moderne kapitalistische Unternehmen kennzeichnen.

Henry Hansmann. 2000. *The Ownership of Enterprise.* Cambridge, MA: Belknap Press.

Oliver E. Williamson. 1985. *The Economic Institutions of Capitalism* (Die wirtschaftlichen Institutionen des Kapitalismus). New York, NY: Collier Macmillan.

asymmetrische Informationen Informationen, die für die an einer wirtschaftlichen Interaktion beteiligten Parteien relevant sind, aber nur einem Teil der Parteien bekannt sind, anderen degegen nicht. *Siehe dazu: adverse Selektion, moralisches Risiko.*

Ronald H. Coase. 1937. ‚The Nature of the Firm‘ (https://tinyco.re/4250905). *Economica* 4 (16): pp. 386–405.

Ronald H. Coase. 1992. ‚The Institutional Structure of Production‘ (https://tinyco.re/1636715). *American Economic Review* 82 (4): pp. 713–19.

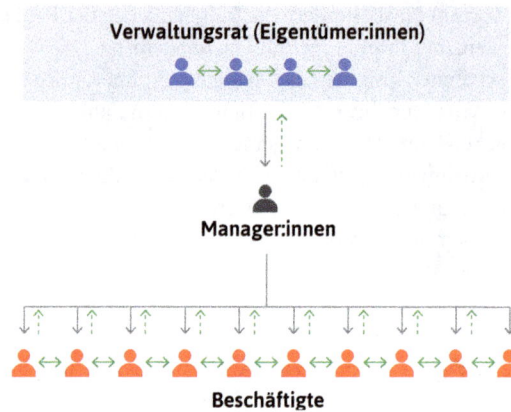

Verwaltungsrat (Eigentümer:innen)

Manager:innen

Beschäftigte

Abbildung 6.1 Das Unternehmen und seine Entscheidungs- und Informationsstrukturen.

1. Eigentümer:innen entscheiden über langfristige Strategien

Die Eigentümer:innen entscheiden durch ihren Vorstand über die langfristigen Strategien des Unternehmens, wie, was und wo produziert werden soll. Sie weisen dann das Management an, diese Entscheidungen umzusetzen.

2. Das Management weist Arbeitskräfte zu

Das Managements weist den Beschäftigten die Aufgaben zu, die für die Umsetzung dieser Entscheidungen erforderlich sind, und versucht sicherzustellen, dass die Zuweisungen ausgeführt werden.

3. Informationsflüsse

Die grünen Pfeile stellen Informationsflüsse dar. Die nach oben zeigenden grünen Pfeile sind gestrichelte Linien, weil Beschäftigte oft Dinge wissen, die das Management nicht weiß, und das Management weiß Dinge, die Eigentümer:innen nicht wissen.

> **Vertrag** Ein Dokument oder eine Vereinbarung, die eine Reihe von Handlungen festlegt, zu denen sich die Vertragsparteien verpflichten müssen.

> **Lohnarbeit** Ein System, in dem die Arbeitskräfte für die Zeit, die sie für ihre Unternehmen arbeiten, bezahlt werden.

Verträge und Beziehungen

Der Unterschied zwischen den Interaktionen auf dem Markt und den Beziehungen innerhalb von Unternehmen wird deutlich, wenn wir die verschiedenen Arten von **Verträgen** betrachten, die die Grundlage des Austauschs bilden.

Ein Kaufvertrag für ein Auto überträgt das Eigentum, was bedeutet, dass der oder die neue Eigentümer:in das Auto nun nutzen und andere von der Nutzung ausschließen kann. Ein Mietvertrag über eine Wohnung überträgt nicht das Eigentum an der Wohnung (was das Recht einschließen würde, sie zu verkaufen); stattdessen erhält der oder die Mieter:in eine begrenzte Anzahl von Rechten an der Wohnung, einschließlich des Rechts, andere (einschließlich der vermietenden Person) von ihrer Nutzung auszuschließen.

Im Rahmen eines **Lohnarbeits**-Vertrags räumt eine beschäftigte Person dem Unternehmen das Recht ein, sie anzuweisen, zu bestimmten Zeiten zur Arbeit zu erscheinen, und die Weisungsbefugnis des Unternehmens über die Verwendung ihrer Zeit während der Arbeit zu akzeptieren.

Die beschäftigte Person wird durch diesen Vertrag nicht zum Eigentum des Unternehmens. Wäre dies der Fall, würde man die beschäftigte Person als versklavt bezeichnen. Man könnte sagen, dass das Unternehmen die beschäftigte Person für einen Teil des Tages ‚gemietet' hat. Zusammengefasst:

- Verträge über Produkte, die auf Märkten verkauft werden, übertragen dauerhaft das Eigentum an der Ware von der verkaufenden auf die kaufende Person.
- Verträge über Arbeitskräfte übertragen vorübergehend die *Befugnis* über die Tätigkeit einer Person von der beschäftigten Person auf das Management oder die Eigentümer:innen.

Unternehmen unterscheiden sich auch in anderer Hinsicht von Märkten: Soziale Interaktionen in Unternehmen erstrecken sich manchmal über Jahrzehnte oder sogar ein ganzes Leben. Auf Märkten kaufen wir ein, sodass unsere Interaktionen in der Regel nur von kurzer Dauer sind und nicht wiederholt werden. Einer der Gründe für diesen Unterschied ist, dass die Arbeit in einem Unternehmen—entweder als Teil des Managements oder als beschäftigte Person—bedeutet, dass man sich ein Netzwerk von Mitarbeitenden aneignet, die für eine gute Arbeit unerlässlich sind. Einige unserer Arbeitskolleginnen und -kollegen werden zu unseren Freundinnen und Freunden. Das Management sowie Beschäftigte erwerben sowohl fachliche als auch soziale Kompetenzen, die für das Unternehmen, in dem sie arbeiten, spezifisch sind.

Der Ökonom Oliver Williamson bezeichnete diese Fähigkeiten, Netzwerke und Freundschaften als **beziehungsspezifisches** oder **unternehmensspezifisches Vermögen**, weil sie nur wertvoll sind, solange die Arbeitskraft in einem bestimmten Unternehmen beschäftigt ist. Wenn das Arbeitsverhältnis endet, ist ihr Wert für beide Seiten verloren. Denken Sie daran, wie sehr sich dies von den Interaktionen auf dem Markt unterscheidet. Auch wenn man das Gesicht oder sogar den Namen einer Person kennt, von der man etwas kauft oder an die man etwas verkauft, ist die Beziehung in der Regel nur vorübergehend, sodass dieses Wissen wenig Wert hat.

Dieser soziale Aspekt wird wirtschaftlich wichtig, wenn wirtschaftliche Veränderungen die sozialen Interaktionen stören.

Stellen Sie sich vor, wie sich Ihr Leben als einkaufende Person verändert, wenn Ihr örtlicher Lebensmittelladen morgen geschlossen wird. Sie müssten sich einen neuen Ort zum Einkaufen suchen und bräuchten vielleicht ein paar Minuten, um herauszufinden, wo die verschiedenen Artikel, die Sie benötigen, zu finden sind.

Stellen Sie sich nun vor, was sich ändern würde, wenn das Unternehmen, in dem Sie arbeiten, morgen den Betrieb einstellt. Sie würden Ihr Netzwerk von Arbeitskolleginnen und -kollegen verlieren, Ihre Freundschaften am Arbeitsplatz, und Ihre unternehmensspezifischen sozialen und fachlichen Fähigkeiten wären plötzlich für Sie nutzlos geworden. Sie müssten vielleicht in eine andere Stadt ziehen. Ihre Kinder müssten die Schule wechseln, sodass auch sie den Kontakt zu ihren Freundinnen und Freunden verlieren würden.

Die Menschen, aus denen sich das Unternehmen zusammensetzt—Eigentümer:innen, Management sowie Beschäftigte—haben also ein gemeinsames Interesse am Erfolg des Unternehmens, denn sie alle würden unter einem Scheitern des Unternehmens leiden. Sie haben jedoch gegensätzliche Interessen, wenn es darum geht, wie sie die Gewinne aus dem Erfolg des Unternehmens unter sich aufteilen (Löhne, Managementgehälter und Gewinne der Eigentümer:innen), und sind sich möglicherweise nicht einig über andere Maßnahmen wie Arbeitsbedingungen, Vergünstigungen für das Management und darüber, wer die wichtigsten Entscheidungen trifft—zum Beispiel ob Apple iPhones in China oder in den USA zusammenbauen soll.

> **unternehmensspezifischer Vermögenswert** Etwas, das eine Person besitzt oder tun kann, das in ihrem derzeitigen Unternehmen mehr Wert hat als in ihrer nächstbesten Alternative.

ÜBUNG 6.1 DIE STRUKTUR EINER ORGANISATION

In Abbildung 6.1 (Seite 258) haben wir die Agierenden und die Entscheidungsstruktur eines typischen Unternehmens dargestellt.

1. Wie könnten die Agierenden und die Entscheidungsstruktur der drei Organisationen Google (https://tinyco.re/0428409), Wikipedia (https://tinyco.re/6233386) und eines Familienbetriebs damit verglichen werden?

2. Zeichnen Sie ein Organigramm im Stil von Abbildung 6.1, um jede dieser Einheiten darzustellen.

FRAGE 6.1 WÄHLEN SIE DIE RICHTIGE(N) ANTWORT(EN)

Welche der folgenden Aussagen ist zutreffend?

☐ Durch einen Arbeitsvertrag wird das Eigentum an der beschäftigten Person von der beschäftigten Person auf das Unternehmen übertragen.

☐ Das Büro, in dem Beschäftigte arbeiten, ist ein unternehmensspezifischer Vermögenswert, da die beschäftigte Person es nach ihrem Ausscheiden aus dem Unternehmen nicht mehr nutzen kann.

☐ Bei einem Arbeitsvertrag hat eine Vertragsseite die Macht, der anderen Seite Anweisungen zu erteilen, bei einem Kaufvertrag fehlt diese Macht.

☐ Ein Unternehmen ist eine Struktur, die eine Dezentralisierung der Macht auf die Beschäftigten beinhaltet.

6.2 DAS GELD ANDERER PERSONEN: DIE TRENNUNG VON EIGENTUM UND KONTROLLE

Die Gewinne des Unternehmens gehören rechtlich gesehen denjenigen, die das Vermögen des Unternehmens, zu dem auch die Investitionsgüter gehören, besitzen. Die Eigentümer:innen weisen die anderen Angehörigen des Unternehmens an, Maßnahmen zu ergreifen, die zu den Gewinnen des Unternehmens beitragen. Dies wiederum steigert den Wert des Vermögens des Unternehmens und erhöht das Vermögen der Eigentümer:innen.

Die Eigentümer:innen nehmen das, was übrig bleibt, nachdem die Einnahmen (die Erlöse aus dem Verkauf der Produkte) zur Bezahlung der Beschäftigten, des Managements, zuliefernden Unternehmen, geldgebenden Unternehmen oder Personen und Steuern verwendet wurden. Der Gewinn ist der *Rest*. Er ist das, was von den Einnahmen nach diesen Zahlungen übrig bleibt. Die Eigentümer:innen haben Anspruch darauf, weshalb sie als **Restempfänger:innen** bezeichnet werden. Das Management (sofern sie nicht auch Eigentümer:innen sind) sind keine Restempfänger:innen. Ebenso wenig wie die Beschäftigten.

Diese Aufteilung der Einnahmen hat eine wichtige Auswirkung. Wenn die Einnahmen des Unternehmens steigen, weil das Management oder die Beschäftigten ihre Arbeit gut machen, profitieren die Eigentümer:innen davon, *aber das Management und die Beschäftigten nicht* (es sei denn, sie erhalten eine Beförderung, einen Bonus oder eine Gehaltserhöhung). Dies ist ein Grund, warum wir das Unternehmen als eine Bühne betrachten, auf der nicht alle die gleichen Interessen haben.

In kleinen Unternehmen sind die Eigentümer:innen in der Regel auch das Management und damit für die betrieblichen und strategischen Entscheidungen zuständig. Nehmen wir als Beispiel ein Restaurant, das Eigentum einer Einzelperson ist, die über die Speisekarte, die Betriebszeiten, die Marketingstrategien, die Wahl der Zulieferunternehmen sowie die Größe und Vergütung der Belegschaft entscheidet. In den meisten Fällen werden die Eigentümer:innen versuchen, die Gewinne des Unternehmens zu maximieren, indem sie die Speisen und das Ambiente anbieten, die von den Gästen gewünscht werden, und das zu wettbewerbsfähigen Preisen. Im Gegensatz zu Apple können die Eigentümer:innen das Geschirrspülen oder den Service nicht an einen Niedriglohnstandort auslagern.

> **Restempfänger:in** Die Person, die das Einkommen erhält, das von einem Unternehmen oder einem anderen Projekt nach Zahlung aller vertraglichen Verpflichtungen (zum Beispiel Kosten für die Einstellung von Beschäftigten und die Zahlung von Steuern) übrig bleibt.

In großen Unternehmen gibt es in der Regel viele Eigentümer:innen. Die meisten von ihnen spielen keine Rolle bei der Leitung des Unternehmens. Die Eigentümer:innen des Unternehmens sind die Privatpersonen und Institutionen, wie zum Beispiel Pensionsfonds, die die vom Unternehmen ausgegebenen **Aktien** besitzen. Durch die Ausgabe von Aktien an die breite Öffentlichkeit kann ein Unternehmen Kapital zur Finanzierung seines Wachstums beschaffen und überlässt die strategischen und operativen Entscheidungen einer relativ kleinen Gruppe von spezialisierten Personen im Management.

Dazu gehören Entscheidungen darüber, was, wo und wie die Produkte des Unternehmens hergestellt werden oder wie hoch die Gehälter der Beschäftigten sowie des Managements sein sollen. Die Geschäftsleitung eines Unternehmens ist auch dafür verantwortlich zu entscheiden, wie viel von den Gewinnen des Unternehmens in Form von Dividenden an die Aktienhaltenden ausgeschüttet wird und wie viel zur Finanzierung des Wachstums einbehalten wird. Natürlich profitieren die Eigentümer:innen vom Wachstum des Unternehmens, da sie einen Teil des Wertes des Unternehmens besitzen, der mit dem Wachstum des Unternehmens steigt.

Wenn das Management über die Verwendung fremder Gelder entscheidet, spricht man von der **Trennung von Eigentum und Kontrolle**.

Die Trennung von Eigentum und Kontrolle führt zu einem potenziellen Interessenkonflikt.

Die Entscheidungen des Managements wirkt sich auf die Gewinne aus, und die Gewinne entscheiden über die Einkommen der Eigentümer:innen. Es liegt jedoch nicht immer im Interesse des Managements, den Gewinn zu maximieren. Manager:innen können Maßnahmen ergreifen, die ihnen selbst auf Kosten der Eigentümer:innen zugute kommen. Vielleicht geben sie so viel wie möglich mir ihrer Firmenkreditkarte aus oder versuchen, ihre eigene Macht und ihr Prestige durch den Aufbau eines Imperiums zu vergrößern, auch wenn dies nicht im Interesse der Eigentümer:innen ist.

Selbst einzelne Eigentümer:innen von Unternehmen sind nicht *verpflichtet*, ihre Gewinne zu maximieren. Eigentümer:innen von Restaurants können Speisekarten auswählen, die ihnen persönlich gefallen, oder Servicekräfte einstellen, mit denen sie befreundet sind. Aber im Gegensatz zum Management müssen sie, wenn sie dadurch Gewinneinbußen erleiden, die Kosten direkt aus der eigenen Tasche bezahlen.

Im 18. Jahrhundert beobachtete Adam Smith die Tendenz des Managements, den eigenen Interessen zu dienen und nicht denen der Eigentümer:innen. Er sagte dies über das Management der so genannten Aktiengesellschaften:

> [B]ei den Managern, die eher das Geld anderer Leute als ihr eigenes verwalten, kann man nicht erwarten, dass sie darüber mit der gleichen ängstlichen Wachsamkeit wachen, mit der die Teilhaber eines [von den Eigentümern geführten] Unternehmens häufig über ihr eigenes wachen … Nachlässigkeit und Überfluss müssen daher immer, mehr oder weniger, bei der Führung der Geschäfte eines solchen Unternehmens, vorherrschen. (*The Wealth of Nations*, 1776)

Aktie Ein Teil des Vermögens eines Unternehmens, der gehandelt werden kann. Er gibt der Person, die die Aktie besitzt, das Recht, einen Teil des Gewinns eines Unternehmens zu erhalten und davon zu profitieren, wenn das Vermögen des Unternehmens an Wert gewinnt. *Auch bekannt als: Stammaktie.*

Trennung von Eigentum und Kontrolle Die Eigenschaft einiger Unternehmen, dass die Personen des Managements eine von den Eigentümer:innen getrennte Gruppe sind.

Free-ride Von den Beiträgen anderer zu einem Kooperationsprojekt zu profitieren, ohne selbst einen Beitrag zu leisten.

Smith kannte das moderne Unternehmen noch nicht, aber er verstand die Probleme, die durch die Trennung von Eigentum und Kontrolle entstehen. Es gibt zwei Möglichkeiten, wie Eigentümer:innen Anreize für das Management schaffen können, ihren Interessen zu dienen. Sie können Verträge so gestalten, dass die Vergütung des Managements von der Entwicklung des Aktienkurses des Unternehmens abhängt. Außerdem kann der Verwaltungsrat des Unternehmens, der die Aktienhaltenden des Unternehmens vertritt und in der Regel einen wesentlichen Teil des Unternehmens besitzt, die Leistung des Managements überwachen. Der Vorstand ist befugt, Personen des Managements zu entlassen, und die Eigentümer:innen haben ihrerseits das Recht, Personen des Vorstands zu ersetzen. Die Eigentümer:innen großer Unternehmen mit vielen Aktienhaltenden machen von dieser Befugnis nur selten Gebrauch, zum Teil deshalb, weil die Aktienhaltenden sowie die Eigentümer:innen eine große und heterogene Gruppe sind, die nicht ohne weiteres zusammenkommen kann, um etwas zu entscheiden. Gelegentlich wird dieses **Free-rider**-Problem jedoch überwunden, und eine aktienhaltende Person mit einem großen Anteil an einem Unternehmen kann eine Revolte anführen, um das Management auszuwechseln oder Einfluss auf die Unternehmensleitung zu nehmen.

Wenn wir das Unternehmen modellieren, gehen wir oft davon aus, dass es die Gewinne maximiert. Dies ist eine Vereinfachung, die jedoch für die meisten Zwecke angemessen ist:

- *Eigentümer:innen haben ein starkes Interesse an Gewinnmaximierung*: Sie ist die Grundlage ihres Vermögens.
- *Der Wettbewerb auf dem Markt bestraft oder eliminiert Unternehmen, die für ihre Eigentümer:innen keine substanziellen Gewinne erwirtschaften*: Wir haben diesen Prozess in Einheit 1 und Einheit 2 als Teil der Erklärung der permanenten technologischen Revolution gesehen, und er gilt für alle Aspekte der Entscheidungen der Unternehmen.

FRAGE 6.2 WÄHLEN SIE DIE RICHTIGE(N) ANTWORT(EN)

Welche der folgenden Aussagen über die Trennung von Eigentum und Kontrolle ist zutreffend?

☐ Bei der Trennung von Eigentum und Kontrolle in einem Unternehmen, sind die Personen des Managements Restempfänger:innen.

☐ Personen des Managements arbeiten immer mit dem Ziel, den Gewinn des Unternehmens zu maximieren.

☐ Eine Möglichkeit, das Problem der Trennung von Eigentum und Kontrolle zu lösen, besteht darin, dem Management ein Gehalt zu zahlen, das von der Entwicklung des Aktienkurses des Unternehmens abhängt.

☐ In einem Unternehmen, das einer großen Zahl von Aktionärinnen und Aktionären gehört, können diese die Leistung der Geschäftsleitung wirksam überwachen.

6.3 DIE ARBEITSKRAFT ANDERER PERSONEN

Das Unternehmen verwaltet nicht nur, wie Adam Smith es ausdrückte, ‚das Geld anderer Leute'. Die Entscheidungstragenden in einem Unternehmen entscheiden auch über den Einsatz der Arbeitskraft anderer: die Arbeit der Beschäftigten. Die Menschen beteiligen sich an Unternehmen, weil sie besser abschneiden können, wenn sie Teil des Unternehmens sind, als wenn sie es nicht sind. Wie bei allen freiwilligen wirtschaftlichen Interaktionen gibt es gegenseitige Vorteile. Aber genauso wie es zu Konflikten zwischen Eigentümer:innen und dem Management kommt, wird es in der Regel auch zwischen dem Management auf der einen und den Beschäftigten auf der anderen Seite zu Differenzen darüber kommen, wie das Unternehmen die Stärken, die Kreativität und andere Fähigkeiten der Arbeitskräfte nutzen kann.

Die Gewinne eines Unternehmens (vor der Zahlung von Steuern) hängen von drei Faktoren ab:

- Den Kosten für die Beschaffung der für den Produktionsprozess erforderlichen Inputs
- Output (wie viel diese Inputs produzieren)
- Umsatzerlöse aus dem Verkauf von Waren oder Dienstleistungen

Wir konzentrieren uns hier auf die Art und Weise, wie Unternehmen versuchen, die Kosten für die Beschaffung der für die Produktion der von ihnen verkauften Waren und Dienstleistungen erforderlichen Arbeitskräfte zu minimieren. Wir haben bereits in Einheit 2 gesehen, wie Unternehmen durch die Einführung neuer Technologien ihre Produktion steigern können, ohne die Kosten zu erhöhen, und in Einheit 7 werden wir ihre Verkaufsentscheidungen untersuchen.

Das Einstellen von Beschäftigten unterscheidet sich vom Kauf anderer Waren und Dienstleistungen. Wenn wir ein Hemd kaufen oder jemanden für das Mähen eines Rasens bezahlen, ist klar, was wir für unser Geld bekommen. Wenn wir es nicht bekommen, bezahlen wir nicht, aber wenn wir bereits bezahlt haben, können wir vor Gericht gehen und unser Geld zurückbekommen.

Ein Unternehmen kann jedoch keinen einklagbaren Vertrag aufsetzen, in dem genau festgelegt ist, welche Aufgaben die Beschäftigten zu erfüllen haben, um bezahlt zu werden. Dafür gibt es drei Gründe:

- Wenn das Unternehmen einen Vertrag für die Beschäftigung einer Arbeitskraft schreibt, kann es nicht genau wissen, was es von ihr verlangen wird, da dies von unvorhergesehenen zukünftigen Ereignissen abhängt.
- Es wäre für das Unternehmen unpraktisch oder zu kostspielig, genau zu beobachten, wie viel Aufwand jede beschäftigte Person bei der Ausführung der Arbeit betreibt.
- Selbst wenn das Unternehmen in den Besitz dieser Informationen käme, könnten sie nicht als Grundlage für einen einklagbaren Vertrag dienen.

Um den letzten Punkt zu verstehen, denken Sie an einen oder eine Eigentümer:in eines Restaurants, der oder die möchte, dass das Personal die Kundschaft freundlich bedient. Stellen Sie sich vor, wie schwierig es für ein Gericht wäre, zu entscheiden, ob der oder die Eigentümer:in einer Servicekraft den Lohn vorenthalten kann, weil die Servicekraft nicht oft genug gelächelt hat.

unvollständiger Vertrag Ein Vertrag, in dem nicht alle Aspekte des Tausches, die die Interessen der Tauschparteien (oder anderer) betreffen, in einklagbarer Weise festgelegt sind.

In einem Arbeitsvertrag werden Dinge ausgelassen, die sowohl für die Beschäftigten als auch für die Eigentümer:innen von Bedeutung sind: Wie hart und gut die Arbeitskraft arbeiten wird und wie lange sie bleiben wird. Aufgrund dieser **Vertragsunvollständigkeit** ist die Zahlung des niedrigstmöglichen Lohns fast nie die Strategie des Unternehmens, um die Kosten für die Beschaffung der benötigten Arbeitskraft zu minimieren.

ÜBUNG 6.2 UNVOLLSTÄNDIGE VERTRÄGE

Denken Sie an zwei oder drei Berufe, die Sie kennen, zum Beispiel Lehrer:in, Einzelhandelsangestellte, Pflegekraft oder Polizist:in.

Geben Sie für jeden Fall an, warum der Arbeitsvertrag unvollständig ist. Welche wichtigen Aspekte der Arbeit einer Person—Dinge, die das Unternehmen gerne von der beschäftigten Person sehen oder nicht sehen würde—können nicht in einem Vertrag geregelt werden, oder wenn doch, können nicht durchgesetzt werden?

GROSSE ÖKONOMINNEN UND ÖKONOMEN

Karl Marx

Adam Smith, der zur Geburtsstunde des Kapitalismus im 18. Jahrhundert schrieb, sollte der berühmteste Vertreter des Kapitalismus werden. Karl Marx (1818–1883), der den Kapitalismus in den Industriestädten Englands heranreifen sah, sollte der berühmteste Kritiker werden.

Geboren in Preußen (heute Teil Deutschlands), besuchte er das örtliche klassische Gymnasium, das für seinen aufgeklärten Liberalismus bekannt war. 1842 wurde er Schriftsteller und Redakteur bei der *Rheinischen Zeitung*, einer liberalen Zeitung, die von der Regierung geschlossen wurde. Danach zog er nach Paris und lernte Friedrich Engels kennen, mit dem er gemeinsam das *Kommunistische Manifest* (1848) verfasste. Marx zog 1849 nach London. Zunächst lebten Marx und seine Frau Jenny in Armut. Er verdiente Geld, indem er für die *New York Tribune* über die politischen Ereignisse in Europa berichtete.

Marx betrachtete den Kapitalismus als das jüngste in einer Reihe von Wirtschaftssystemen, in denen die Menschen seit der Urgeschichte gelebt haben. Ungleichheit sei kein Alleinstellungsmerkmal des Kapitalismus—Sklaverei, Feudalismus und die meisten anderen Wirtschaftssysteme hätten diese Eigenschaft geteilt—aber der Kapitalismus bringe auch ständigen Wandel und Produktionswachstum mit sich.

Marx war der erste Ökonom, der verstand, warum die kapitalistische Wirtschaft die dynamischste der Menschheitsgeschichte ist. Der ständige Wandel entstand, so Marx, weil Personen, die Kapital besitzen und somit einen Großteil Ihres Einkommens aus Zinsen und Gewinnen beziehen, nur überleben konnten, indem sie neue Technologien und Produkte einführten,

Karl Marx. (1848) 2010. *The Communist Manifesto* (https://tinyco.re/0155765). Herausgegeben von Friedrich Engels. London: Arcturus Publishing.

Wege zur Kostensenkung fanden und ihre Gewinne in Unternehmen reinvestierten, die immer weiter wachsen würden.

Dies führe unweigerlich zu Konflikten zwischen den Unternehmen und den Beschäftigten. Der Kauf und Verkauf von Waren auf einem offenen Markt ist eine Transaktion zwischen Gleichen: Niemand ist in der Lage, anderen zu befehlen, etwas zu einem bestimmten Preis zu kaufen oder zu verkaufen. Auf dem Arbeitsmarkt, auf dem die Eigentümer:innen des Kapitals die Kaufenden und die Arbeitskräfte die Verkaufenden sind, war der Anschein von Freiheit und Gleichheit für Marx eine Illusion.

Die Unternehmen kauften nicht die Arbeit der Arbeitskräfte, denn diese kann nicht gekauft werden, wie wir in dieser Einheit gesehen haben. Stattdessen erlaubte der Lohn dem Unternehmen, die Arbeitskraft der Beschäftigten zu mieten und im Unternehmen einzusetzen. Die Beschäftigten waren nicht geneigt, ungehorsam zu sein, da sie ihre Arbeit verlieren könnten und sich der ‚Reservearmee' der Arbeitslosen anschließen würden (der Ausdruck, den Marx in seinem Werk *Kapital* von 1867 verwendete). Marx war der Ansicht, dass die Macht der Eigentümer:innen über die Beschäftigten ein zentraler Fehler des Kapitalismus ist.

Marx hatte auch einflussreiche Ansichten über Geschichte, Politik und Soziologie. Er vertrat die Auffassung, dass die Geschichte entscheidend von den Wechselwirkungen zwischen Knappheit, technischem Fortschritt und wirtschaftlichen Institutionen geprägt wird und dass politische Konflikte aus Konflikten über die Verteilung von Einkommen und die Organisation dieser Institutionen entstehen. Er war der Ansicht, dass der Kapitalismus durch die Organisation von Produktion und Allokation in anonymen Märkten atomisierte Individuen anstelle von integrierten Gemeinschaften schaffe.

In den letzten Jahren sind Ökonominnen und Ökonomen zu Themen aus Marx Werk zurückgekehrt, um Wirtschaftskrisen zu erklären. Zu diesen Themen gehören das Unternehmen als Schauplatz von Konflikten und der Ausübung von Macht (diese Einheit), die Rolle des technischen Fortschritts (Einheit 1 und Einheit 2) und die Probleme, die durch Ungleichheit entstehen (Einheit 19).

Warum ist es nicht möglich, dass Unternehmen die Beschäftigten einfach nach ihrer Produktivität bezahlen? Zum Beispiel, indem man den Beschäftigten in einer Bekleidungsfabrik 2 USD für jedes Kleidungsstück zahlt, das sie fertigstellen. Diese als **Akkordlohn** bezeichnete Entlohnungsmethode bietet den Beschäftigten einen Anreiz, sich anzustrengen, da sie mehr Lohn erhalten, wenn sie mehr Kleidungsstücke herstellen.

Im späten 19. Jahrhundert wurde mehr als die Hälfte der Arbeitskräfte in den USA nach ihrer Leistung bezahlt, aber in modernen Volkswirtschaften ist der Akkordlohn nicht mehr weit verbreitet. An der Wende zum 21. Jahrhundert wurden weniger als 5 % der im verarbeitenden Gewerbe tätigen Personen in den USA im Akkord bezahlt, und außerhalb des verarbeitenden Gewerbes werden Akkordlöhne noch seltener verwendet.

Karl Marx. (1848) 2010. *The Communist Manifesto* (https://tinyco.re/0155765). Edited by Friedrich Engels. London: Arcturus Publishing. Karl Marx. 1906. *Capital: A Critique of Political Economy*. New York, NY: Random House.

Das Kapital ist lang und deckt viele Themen ab, aber Sie können ein durchsuchbares Archiv (https://tinyco.re/9166776) benutzen, um die Passagen zu finden, die Sie interessieren.

Akkordarbeit Eine Form der Beschäftigung, bei der die beschäftigte Person für jede Einheit des hergestellten Produkts eine feste Bezahlung erhält.

Susan Helper, Morris Kleiner, und Yingchun Wang. 2010. ‚Analyzing Compensation Methods in Manufacturing: Piece Rates, Time Rates, or Gain-Sharing?' (https://tinyco.re/4437027). NBER Working Papers Nr. 16540, National Bureau of Economic Research, Inc.

Warum verwenden die meisten Unternehmen heute nicht diese einfache Methode, um ihre Beschäftigten zu hohen Leistungen zu motivieren?

- In modernen wissens- und dienstleistungsbasierten Wirtschaften ist es sehr schwierig, den Output zu messen, den eine Person produziert (man denke nur an Büroangestellte oder an Personen, die eine ältere Person zu Hause pflegen).
- Eine Person arbeitet selten allein, sodass es schwierig ist, den Beitrag der Einzelnen zu messen (man denke an ein Team in einem Marketingunternehmen, das an einer Werbekampagne arbeitet, oder an das Küchenpersonal in einem Restaurant).

Wenn Akkordlöhne nicht praktikabel sind, welche andere Methode könnte ein Unternehmen dann anwenden, um die Beschäftigten zu hohen Leistungen zu bewegen? Wie könnte das Unternehmen einen Anreiz schaffen, die Arbeit gut zu machen, obwohl die Beschäftigten nach Zeit und nicht nach Leistung bezahlt werden? Genauso wie die Eigentümer:innen des Unternehmens ihre Interessen schützen, indem sie die Vergütung des Managements an den Aktienkurs des Unternehmens koppeln, wird das Management Anreize einsetzen, damit die Beschäftigten hart arbeiten.

FRAGE 6.3 WÄHLEN SIE DIE RICHTIGE(N) ANTWORT(EN)

Welche der folgenden Gründe führen dazu, dass Arbeitsverträge unvollständig sind?

- ☐ Das Unternehmen kann nicht vertraglich festlegen, dass eine beschäftigte Person das Unternehmen nicht verlässt.
- ☐ Das Unternehmen kann nicht alle Eventualitäten in einem Vertrag festlegen.
- ☐ Das Unternehmen kann nicht genau beobachten, wie eine beschäftigte Person den Vertrag erfüllt.
- ☐ Der Vertrag ist unvollendet.

6.4 BESCHÄFTIGUNGSRENTEN

Es gibt viele Gründe, warum Menschen sich bei ihrer Arbeit anstrengen. Für viele Menschen ist eine gute Arbeit schon eine Belohnung, und alles andere würde ihrer Arbeitsmoral widersprechen. Selbst für diejenigen, die nicht intrinsisch motiviert sind, hart zu arbeiten, kann das Gefühl der Verantwortung für andere Beschäftigte oder das Unternehmen eine starke Arbeitsmotivation darstellen.

Für einige Beschäftigte ist harte Arbeit eine Möglichkeit, sich bei dem Unternehmen für die Bereitstellung eines Arbeitsplatzes mit guten Arbeitsbedingungen zu bedanken. In anderen Fällen ermitteln Unternehmen Teams von Beschäftigten, deren Leistung leicht messbar ist—zum Beispiel der Prozentsatz der pünktlichen Abflüge des Flugpersonals—und zahlen der gesamten Gruppe einen Zuschlag, die unter den Beschäftigten in der Gruppe aufgeteilt wird.

Im Hintergrund gibt es jedoch noch einen weiteren Grund, gute Arbeit zu leisten: die Angst, entlassen zu werden oder die Chance zu verpassen, in eine Position mit höherer Bezahlung und größerer Arbeitsplatzsicherheit befördert zu werden.

Die Gesetze und Praktiken in Bezug auf die Beendigung des Arbeitsverhältnisses aus wichtigem Grund (das heißt wegen unzureichender oder minderwertiger Arbeit, nicht wegen unzureichender Nachfrage nach dem Produkt des Unternehmens) sind von Land zu Land unterschiedlich. In einigen Ländern haben die Eigentümer:innen des Unternehmens das Recht, Beschäftigte zu entlassen, wann immer sie wollen, während in anderen Ländern die Entlassung schwierig und kostspielig ist. Aber auch in diesen Fällen muss eine beschäftigte Person die Konsequenzen fürchten, wenn sie nicht nach den Vorstellungen des Unternehmens arbeitet. Eine solche Person würde beispielsweise kaum eine Position im Unternehmen erreichen, bei der sie mit einer Weiterbeschäftigung rechnen könnte, wenn die geringere Nachfrage nach den Produkten des Unternehmens dazu führt, dass andere Beschäftigte entlassen werden.

Ist es für die Beschäftigten von Bedeutung, ob sie ihren Arbeitsplatz verlieren?

Würden die Unternehmen ihren Beschäftigten die niedrigsten Löhne zahlen, die sie zu akzeptieren bereit wären, wäre die Antwort nein. Bei einem solchen Lohn wäre es der beschäftigten Person egal, ob sie ihren Arbeitsplatz behält oder verliert. In der Praxis ist dies den meisten Beschäftigten jedoch sehr wichtig. Es besteht ein Unterschied zwischen dem Wert des Arbeitsplatzes (unter Berücksichtigung aller damit verbundenen Vorteile und Kosten) und dem Wert der nächstbesten Option—nämlich arbeitslos zu sein und sich einen neuen Arbeitsplatz suchen zu müssen. Mit anderen Worten: Es gibt eine **Beschäftigungsrente**.

Beschäftigungsrenten können für Eigentümer:innen sowie dem Management in zweierlei Hinsicht von Vorteil sein:

- *Die beschäftigte Person bleibt eher im Unternehmen*: Wenn sie kündigen würde, müsste das Unternehmen für die Einstellung und Ausbildung einer neuen Person zahlen.
- *Sie können damit drohen, die beschäftigte Person zu entlassen*: Eigentümer:innen sowie das Management üben Macht auf die Beschäftigten aus, weil die Beschäftigten etwas zu verlieren haben. Die Drohung kann implizit oder explizit sein, aber sie wird die beschäftigte Person dazu bringen, eine Leistung zu erbringen, die sie ohne diese Drohung nicht erbringen würde.

Die gleiche Argumentation können wir bei der Beschäftigung des Managements durch die Eigentümer:innen des Unternehmens anwenden. Der Hauptgrund, warum die Eigentümer:innen Macht über das Management ausüben, besteht darin, dass sie sie entlassen und so die Beschäftigungsrente für die Personen des Managements beseitigen können.

> **Beschäftigungsrente** Die ökonomische Rente, die eine beschäftigte Person erhält, wenn der Nettowert des Arbeitsplatzes den Nettowert der nächstbesten Alternative (das heißt der Arbeitslosigkeit) übersteigt. Auch *bekannt als: Kosten des Arbeitsplatzverlustes.*

Alan B. Krueger und Alexandre Mas. 2004. 'Strikes, Scabs, and Tread Separations: Labor Strife and the Production of Defective Bridgestone/Firestone Tires'. *Journal of Political Economy* 112 (2): pp. 253–89.

Barbara Ehrenreich. 2011. *Nickel and Dimed: On (Not) Getting By in America*. New York, NY: St. Martin's Press.

Polly Toynbee. 2003. *Hard Work: Life in Low-pay Britain*. London: Bloomsbury Publishing.

Harry Braverman und Paul M. Sweezy. 1975. *Labor and Monopol Capital (Arbeit und Monopolkapital): The Degradation of Work in the Twentieth Century*. 2nd ed. New York, NY: Monthly Review Press.

WIE ÖKONOMINNEN UND ÖKONOMEN AUS FAKTEN LERNEN

Das Management übt Macht aus

Diese Beispiele zeigen, wie sich die Macht des Managements und der Eigentümer:innen auswirkt.

- Die Ökonomen Alan Krueger und Alexandre Mas kommen dem Rätsel auf die Spur, warum sich das Profil der Reifen von Bridgestone (Firestone) löste, was Autofahrer:innen gefährdete und die Gewinne schmälerte.
- Barbara Ehrenreich arbeitete undercover für einen Mindestlohn in Motels und Restaurants, um zu sehen, wie Personen mit sehr niedrigem Einkommen in Amerika leben.
- Polly Toynbee, eine britische Journalistin, hat 2003 in Großbritannien dasselbe getan, indem sie als Arbeitskraft in Callcentern und Pflegeheimen arbeitete.
- Harry Braverman beschreibt die Geschichte des sogenannten ‚Deskilling'-Prozesses und legt nahe, dass die Verschlankung von Arbeitsplätzen eine Strategie zur Gewinnmaximierung für die Unternehmen ist.

WENN ÖKONOMINNEN UND ÖKONOMEN ÜBEREINSTIMMEN

Coase und Marx über das Unternehmen und seine Beschäftigten

Der Schriftsteller George Bernard Shaw (1856–1950) scherzte: ‚Würden alle Ökonominnen und Ökonomen aneinandergereiht, kämen sie nicht zu einem Ergebnis.'

Das ist witzig, aber nicht ganz richtig.

Die beiden führenden Ökonomen des frühen 19. Jahrhunderts—Ricardo und Malthus—waren zum Beispiel politische Gegner. Ricardo schlug sich oft auf die Seite der Geschäftsleute, indem er zum Beispiel freiere Importe von Getreide nach Großbritannien befürwortete, um die Lebensmittelpreise zu senken und niedrigere Löhne zu ermöglichen. Malthus widersetzte sich ihm und unterstützte die Corn Laws (https://tinyco.re/6855467), die die Getreideimporte einschränkten, eine Position, die vom Landadel bevorzugt wurde. Die beiden Ökonomen vertraten jedoch beide dieselbe Theorie der Landrenten, die wir auch heute noch verwenden.

Noch bemerkenswerter ist, dass zwei Ökonomen aus unterschiedlichen Jahrhunderten und mit unterschiedlicher politischer Ausrichtung ein ähnliches Verständnis des Unternehmens und der Beschäftigten entwickelten.

Im 19. Jahrhundert stellte Marx die Art und Weise, wie Kaufende und Verkaufende auf einem Markt interagieren und freiwillig Handel treiben, der Organisation des Unternehmens gegenüber, in der das Management Aufträge erteilt und die Beschäftigten diese Aufträge umsetzen. Er bezeichnete die Märkte als ‚Eden der angeborenen Rechte des Menschen', beschrieb die Unternehmen jedoch als ‚Ausbeutung der Arbeitskraft in größtmöglichem Umfang'.

Als Ronald Coase 2013 starb, wurde er vom Magazin *Forbes* als 'der größte der vielen großen Ökonominnen und Ökonomen der University of Chicago' (https://tinyco.re/6800200) bezeichnet. Das Motto von *Forbes* ist ‚Das kapitalistische Werkzeug', und die Universität Chicago hat den Ruf, das Zentrum konservativen ökonomischen Denkens zu sein.

Doch wie Marx betonte auch Coase die zentrale Rolle der Autorität in den vertraglichen Beziehungen des Unternehmens:

> Man beachte den Charakter des Vertrages, den eine [beschäftigte Person] eingeht, die in einem Unternehmen angestellt ist … für eine bestimmte Vergütung verpflichtet sich [diese Person], den Anweisungen des Unternehmens zu gehorchen. (*The nature of the firm*, 1937)

Erinnern wir uns daran, dass Coase das Unternehmen auch über seine politische Struktur definiert hatte: ‚Wenn eine Arbeitskraft von der Abteilung Y in die Abteilung X wechselt, tut sie dies nicht aufgrund einer Preisänderung, sondern weil es ihr befohlen wird.‘ Er versuchte zu verstehen, warum Unternehmen überhaupt existieren, und zitierte seinen Zeitgenossen D. H. Robertson, der sie als ‚Inseln bewusster Macht in diesem Ozean unbewusster Kooperation‘ bezeichnete.

Beide stützten ihre Überlegungen auf sorgfältige empirische Beobachtungen und kamen zu einem ähnlichen Verständnis der Hierarchie von Unternehmen. Sie waren sich jedoch uneinig über die Konsequenzen ihrer Beobachtungen: Coase vertrat die Ansicht, dass die Unternehmenshierarchie eine kostensenkende Form der Geschäftätigkeit darstellt. Marx war der Ansicht, dass die Zwangsautorität der Leitungspersonen gegenüber den Beschäftigten deren Freiheit einschränkte. Wie Malthus und Ricardo waren auch Coase und Marx nicht einer Meinung. Aber wie Malthus und Ricardo trieben auch sie die Volkswirtschaftslehre mit einer gemeinsamen Idee voran.

Die Kosten des Arbeitsplatzverlustes bewerten

Die ökonomische Rente misst den Wert einer Situation—zum Beispiel des aktuellen Arbeitsplatzes—im Vergleich zu dem, was man bekäme, wenn die aktuelle Situation nicht mehr möglich wäre.

Um die Beschäftigungsrente—oder anders gesagt, die Nettokosten des Arbeitsplatzverlustes—zu berechnen, müssen wir alle Vorteile und Kosten einer Beschäftigung im Vergleich zu einer Arbeitslosigkeit und der Suche nach einem anderen Arbeitsplatz abwägen.

Es gibt einige Kosten der Arbeit, wie zum Beispiel:

- *Der Aufwand (das heißt negativer Nutzen) der Arbeit*: Die Beschäftigten müssen Zeit für Dinge aufwenden, die sie lieber nicht tun würden.
- *Die Kosten für die tägliche Fahrt zur Arbeit.*

Aber es gibt auch viele Vorteile, die verloren gehen würden, wenn man seinen Arbeitsplatz verliert:

- *Lohneinkommen*: Dies kann teilweise durch ein Arbeitslosengeld oder, in ärmeren Ländern, durch die Möglichkeit einer schlechter bezahlten selbständigen Tätigkeit oder einer Arbeit auf der Farm der Familie ausgeglichen werden.
- *Unternehmensspezifisches Vermögen*: Dazu gehören Freundschaften am Arbeitsplatz und vielleicht auch die Nähe des Arbeitsplatzes zu Ihrem jetzigen Wohnort.

- *Krankenversicherung*: In einigen Ländern übernimmt das Unternehmen die Kosten für die medizinische Versorgung der beschäftigten Person.
- *Der soziale Status einer beschäftigten Person*: In Einheit 13 werden wir sehen, dass das Stigma, arbeitslos zu sein, für die meisten Menschen äquivalent zu erheblichen finanziellen Kosten ist.

Selbst wenn man sich auf die Lohneinbußen beschränkt, sind die Kosten hoch. Aber wie können wir messen, wie hoch sie sind?

WIE ÖKONOMINNEN UND ÖKONOMEN AUS FAKTEN LERNEN

Wie hoch sind Beschäftigungsrenten?

Abgesehen von den zweifellos hohen, aber schwer zu messenden psychologischen und sozialen Kosten des Arbeitsplatzverlustes ist es nicht einfach, die Kosten des Arbeitsplatzverlustes (die Höhe der Beschäftigungsrente) zu schätzen.

Kann man die wirtschaftliche Situation der derzeit Beschäftigten mit der wirtschaftlichen Situation der Arbeitslosen vergleichen? Nein, denn Arbeitslose sind eine andere Gruppe von Menschen mit anderen Fähigkeiten und Fertigkeiten. Selbst wenn sie beschäftigt wären, würden sie wahrscheinlich (im Durchschnitt) weniger verdienen als Personen, die derzeit einen Arbeitsplatz haben.

Die Schließung eines ganzen Unternehmens oder eine Massenentlassung ist ein **natürliches Experiment**, das helfen kann. Wir könnten uns die Einkünfte der Beschäftigten vor und nach dem Verlust ihres Arbeitsplatzes bei einem größeren Stellenabbau ansehen. Wenn eine Fabrik geschlossen wird, weil die Muttergesellschaft beschlossen hat, die Produktion in einen anderen Teil der Welt zu verlagern, verlieren beispielsweise praktisch alle Beschäftigten ihren Arbeitsplatz, und nicht nur diejenigen, bei denen die Wahrscheinlichkeit am größten war, dass sie ihren Arbeitsplatz aufgrund schlechter Leistungen verlieren.

Louis Jacobson, Robert Lalonde und Daniel Sullivan verwendeten ein solches natürliches Experiment, um die Kosten des Arbeitsplatzverlustes zu schätzen. Sie untersuchten erfahrene (nicht neu eingestellte) Vollzeitkräfte, die 1982 von Massenentlassungen im US-Bundesstaat Pennsylvania betroffen waren. In US-Dollar von 2014 hatten die Entlassenen im Jahr 1979 durchschnittlich 50 000 USD verdient. Diejenigen, die das Glück hatten, in weniger als drei Monaten eine neue Stelle zu finden, nahmen Jobs an, die weitaus schlechter bezahlt waren und im Durchschnitt nur 35 000 USD einbrachten: Die Entlassung bedeutete einen Rückgang ihrer Einkünfte um 15 000 USD.

Vier Jahre später verdienten sie immer noch 13 300 USD weniger als vergleichbare Personen, die denselben Anfangslohn erhalten hatten, deren Unternehmen aber keine Entlassungen vornahmen. In den fünf Jahren nach ihrer Entlassung verloren sie das Äquivalent eines ganzen Jahreslohns.

Viele fanden natürlich überhaupt keine Arbeit mehr. Für sie waren die Kosten noch höher.

> **natürliches Experiment** Eine empirische Studie, die natürlich vorkommende statistisch messbare Ereignisse ausnutzt, bei der die Forschenden nicht die Möglichkeit haben, die Teilnehmenden einer Treatment- und einer Kontrollgruppe zuzuordnen (wie es bei herkömmlichen Experimenten der Fall ist). Stattdessen können Unterschiede in der Gesetzgebung, der Politik, dem Wetter oder anderen Ereignissen die Möglichkeit bieten, dass Populationen so analysiert werden, als wären sie Teil eines Experiments gewesen. Die Gültigkeit solcher Studien hängt von der Voraussetzung ab, dass die Zuordnung der teilnehmenden Individuen zu den natürlich vorkommenden Treatment- und Kontrollgruppen plausibel als zufällig dargestellt werden kann.

Lori G. Kletzer. 1998. 'Job Displacement' (https://tinyco.re/8577746). *Journal of Economic Perspectives* 12 (1): pp. 115–36.

Kenneth A. Couch und Dana W. Placzek. 2010. ‚Earnings Losses of Displaced Workers Revisited'. *American Economic Review* 100 (1): pp. 572–89.

Louis Jacobson, Robert J. Lalonde, und Daniel G. Sullivan. 1993. ‚Earnings Losses of Displaced Workers'. *The American Economic Review* 83 (4): pp. 685–709.

Das Jahr 1982 war keine gute Zeit für die Arbeitssuche in Pennsylvania, aber ähnliche Schätzungen (zum Beispiel aus dem US-Bundesstaat Connecticut zwischen 1993 und 2004) deuten darauf hin, dass selbst in besseren Zeiten die Beschäftigungsrenten so hoch sind, dass die Beschäftigten befürchten müssen, sie zu verlieren.

FRAGE 6.4 WÄHLEN SIE DIE RICHTIGE(N) ANTWORT(EN)

In welcher der folgenden Beschäftigungssituationen wäre die Beschäftigungsrente hoch, *ceteris paribus*?

☐ Bei einem Arbeitsplatz, der viele Vorteile bietet, zum Beispiel eine Wohnung und eine Krankenversicherung.

☐ In einem wirtschaftlichen Boom, wenn das Verhältnis von Arbeitssuchenden zu freien Stellen niedrig ist.

☐ Wenn die beschäftigte Person ein hohes Gehalt erhält, weil sie eine qualifizierte Buchhaltungsfachkraft ist und es einen Mangel an Buchhaltungsfachkräften gibt.

☐ Wenn die beschäftigte Person ein hohes Gehalt erhält, weil die Kundschaft des Unternehmens sie kennt und ihr vertraut.

6.5 DETERMINANTEN DER BESCHÄFTIGUNGSRENTE

Um ein Modell dafür zu erstellen, wie Beschäftigungsrenten genutzt werden können, um Beschäftigte zu harter Arbeit zu motivieren, betrachten wir Maria, eine Beschäftigte, die bei einer 35-Stunden-Woche 12 USD pro Stunde verdient. Um ihre ökonomische Rente zu bestimmen, müssen wir uns überlegen, wie sie zwei Aspekte ihrer Arbeit bewerten würde:

- *Das Gehalt, das sie bekommt*: Das ist etwas, das sie wertschätzt.
- *Wie hart sie arbeitet*: Sie möchte nicht mehr als nötig arbeiten.

Unter Verwendung des in Einheit 3 eingeführten Konzepts des **Nutzens** können wir sagen, dass Marias Nutzen durch die Güter und Dienstleistungen, die sie mit ihrem Lohn kaufen kann, erhöht wird, aber durch die Unannehmlichkeiten, zur Arbeit zu gehen und den ganzen Tag hart zu arbeiten, verringert wird—dies ist der negative Nutzen der Arbeit.

> **Nutzen** Ein numerischer Indikator für den Wert, den man einem Ergebnis beimisst, so dass höher bewertete Ergebnisse den niedriger bewerteten vorgezogen werden, wenn beide realisierbar sind.

Ihr negativer Nutzen der Arbeit hängt davon ab, wie viel Mühe sie in ihre Arbeit steckt. Nehmen wir an, sie verbringt die Hälfte ihrer Arbeitszeit mit der eigentlichen Arbeit und die andere Hälfte mit anderen Dingen wie dem Surfen auf Facebook. Wir stellen dies als ein Anstrengungsniveau von 0,5 dar. Wenn Maria so viel arbeitet, entstehen ihr Kosten in Höhe von 2 USD pro Stunde. Um ihre Beschäftigungsrente zu berechnen, ermitteln wir zunächst ihren Nettonutzen, wenn sie arbeitet und 12 USD verdient, im Vergleich dazu arbeitslos zu sein und nichts zu verdienen:

$$\text{Nettonutzen pro Stunde} = \text{Lohn} - \text{negativer Nutzen der Arbeit pro Stunde}$$
$$= 10\,\text{USD}$$

Dies ist ihre Beschäftigungsrente *pro Stunde*. Die gesamte Beschäftigungsrente (oder die Kosten des Arbeitsplatzverlustes) hängt davon ab, wie lange sie voraussichtlich arbeitslos bleiben wird. Wir nehmen an, dass sie, wenn sie ihren Arbeitsplatz verliert, 44 Wochen lang arbeitslos bleiben wird, bevor sie einen neuen findet. Die Analyse in Abbildung 6.2 zeigt, wie die Rente zu berechnen ist.

Ihre gesamte Beschäftigungsrente ist die Beschäftigungsrente pro Stunde mal die Anzahl der Arbeitsstunden, die sie verliert, wenn ihr Arbeitsplatz gekündigt wird. Sie ist der schattierte Bereich in der Abbildung.

$$
\begin{aligned}
\text{gesamte Beschäftigungsrente} &= \text{Beschäftigungsrente pro Stunde} \times \text{erwartete verlorene Arbeitsstunden} \\
&= 10 \text{ USD pro Stunde} \times 1540 \text{ Stunden} \\
&= \text{USD } 15\,400
\end{aligned}
$$

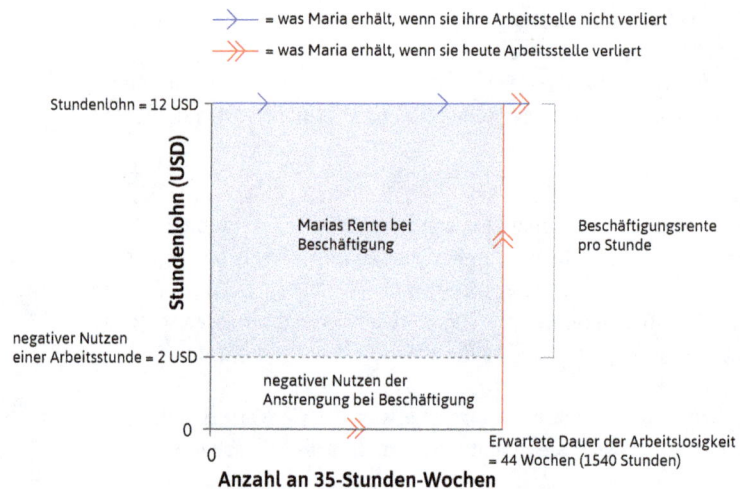

Abbildung 6.2 Marias Beschäftigungsrente bei gegebenem Aufwand und 12 USD Lohn in einer Wirtschaft ohne Arbeitslosengeld.

1. Marias Lohn

Marias Stundenlohn, nach Steuern und anderen Abzügen, beträgt 12 USD. Von jetzt an betrachtet (als Zeitpunkt 0) wird sie diesen Lohn für die absehbare Zukunft erhalten, wenn sie ihren Arbeitsplatz behält, was durch die horizontale Linie oben in der Abbildung angezeigt wird.

2. Der negative Nutzen von Arbeit

Marias derzeitiges Anstrengungsniveau beträgt 0,5: Sie geht während der Hälfte der Arbeitszeit nicht-beruflichen Aktivitäten nach. So viel zu arbeiten bedeutet für Maria Kosten von 2 SD pro Stunde.

3. Der Nettonutzen von Arbeit

Die Differenz zwischen ihrem Lohn und dem negativen Nutzen (die Anstrengung) ist die ökonomische Rente pro Stunde, die sie während ihrer Beschäftigung erhält.

4. Wenn Maria ihre Arbeit verliert

Wenn Maria stattdessen ihren Arbeitsplatz zum Zeitpunkt 0 verlieren würde, würde sie ihren Lohn nicht mehr erhalten. Dieser unglückliche Zustand würde so lange andauern, wie sie arbeitslos bleibt, was durch die horizontale Linie am unteren Rand der Abbildung angezeigt wird.

5. Die Dauer der Arbeitslosigkeit

Die erwartete Dauer der Arbeitslosigkeit beträgt 44 Wochen, wobei sie 35 Stunden pro Woche gearbeitet hätte. So lange wird sie ohne Lohn bleiben (und ohne den negativen Nutzen der Arbeit).

6. Maria findet eine Arbeit

Maria geht davon aus, dass sie nach 44 Wochen eine andere Arbeit zum gleichen Lohn findet.

7. Marias Beschäftigungsrente

Die schraffierte Fläche entspricht den Gesamtkosten des Arbeitsplatzverlusts durch Arbeitslosigkeit, das heißt der Beschäftigungsrente.

Menschen, die ihren Arbeitsplatz verlieren, können in der Regel auf Hilfe von Familie, Freundinnen und Freunden zählen, solange sie arbeitslos sind. In vielen Volkswirtschaften erhalten Menschen, die ihren Arbeitsplatz verlieren, außerdem **Arbeitslosengeld** oder finanzielle Unterstützung von der Regierung. In ärmeren Volkswirtschaften können sie möglicherweise geringe Einkünfte durch informelle Selbstständigkeit erzielen.

Wenn Maria Arbeitslosengeld oder Einkommen aus einer dieser Quellen erhält, wird dies den Verlust des Lohneinkommens teilweise ausgleichen. Nehmen wir an, dass Maria, solange sie arbeitslos ist, ein Arbeitslosengeld erhält, das einem Stundenlohn von 6 USD für eine 35-Stunden-Woche entspricht. Dies ist ihr **Reservationslohn**, das heißt der niedrigste Lohn, der sie dazu veranlassen würde, eine Arbeit anzunehmen, bei der sie keinen Nachteil durch die Arbeit erfährt.

In Abbildung 6.2 zeigen wir Marias Situation, in der sie hart an einem Arbeitsplatz arbeitet und dabei einen negativen Nutzen aus der Anstrengung der Arbeit von 2 USD pro Stunde erfährt. Da es kein Arbeitslosengeld gibt, ist ihr Reservationslohn gleich Null. Bei einem Lohn von 12 USD beträgt ihre Beschäftigungsrente 10 USD pro Stunde. Diesen Betrag würde sie verlieren, wenn sie ihren Arbeitsplatz verlieren und arbeitslos werden würde.

In Abbildung 6.3 fügen wir ein Arbeitslosengeld von 6 USD hinzu. Wenn sie genauso hart arbeitet wie zuvor und einen negativen Nutzen von 2 USD pro Stunde erfährt, ist ihre Beschäftigungsrente jetzt der Lohn von 12 USD abzüglich des negativen Nutzens der Anstrengung (2 USD) abzüglich des Reservationslohns (6 USD), das heißt eine Rente von 4 USD pro Stunde. Sie würde nun 4 USD pro Stunde verlieren, wenn sie ihren Arbeitsplatz verlieren und arbeitslos werden würde.

Bei der Berechnung der Beschäftigungsrente sollte der Reservationslohn berücksichtigt werden:

$$
\begin{aligned}
\text{Beschäftigungsrente pro Stunde} &= \text{Lohn} - \text{Reservationslohn} - \text{negativer Nutzen der Anstrengung} \\
&= \text{Lohn} - \text{Arbeitslosengeld} - \text{negativer Nutzen der Anstrengung} \\
&= \text{USD } 12 - \text{USD } 6 - \text{USD } 2 \\
&= \text{USD } 4
\end{aligned}
$$

Und unter Berücksichtigung der Dauer der Arbeitslosigkeit ergibt sich folgendes:

$$
\begin{aligned}
\text{Gesamtbeschäftigungsrente} &= \text{Beschäftigungsrente pro Stunde} \times \text{erwartete Stunden der verlorenen Arbeitszeit} \\
&= 4 \text{ USD pro Stunde} \times 1540 \text{ Stunden} \\
&= \text{USD } 6160
\end{aligned}
$$

Das Arbeitslosengeld läuft in der Regel irgendwann aus: Familien, Freundinnen und Freunde können nicht ewig helfen, und das Arbeitslosengeld der Regierung ist oft zeitlich begrenzt. Wenn Maria nur 13 Wochen lang Anspruch auf 6 USD Arbeitslosengeld hätte, würde ihr Reservationslohn nicht 6 USD betragen—sie wäre nicht gleichgültig zwischen einem Job, der 6 USD pro Stunde zahlt, und Arbeitslosigkeit. Die Beschäftigungsrente wäre höher und ihr Reservationslohn wäre niedriger, weil die durchschnittliche Höhe der Leistungen, die sie während der 44-wöchigen Arbeitslosigkeit erwarten könnte, viel weniger als 6 USD betragen würde.

Arbeitslosengeld Eine staatliche Transferzahlung, die eine arbeitslose Person erhält. *Auch bekannt als: Arbeitslosenversicherung.*

Reservationslohn Der Betrag, den eine beschäftigte Person in einer alternativen Beschäftigung, durch Arbeitslosengeld oder andere Unterstützungsleistungen erhalten würde, wenn sie nicht an ihrem derzeitigen Arbeitsplatz beschäftigt wäre.

ÜBUNG 6.3 ANNAHMEN DES MODELLS

Wie in allen ökonomischen Modellen haben wir bei unserer vereinfachten Darstellung von Marias Beschäftigungsrente bewusst einige Aspekte des Problems weggelassen, die wichtig sein könnten. Wir haben zum Beispiel angenommen, dass:

- Maria nach ihrer Arbeitslosigkeit eine Stelle mit demselben Lohn findet.
- Sie keine psychologischen oder sozialen Kosten der Arbeitslosigkeit zu tragen hat.

Zeichnen Sie Abbildung 6.2 (Seite 272) neu, um zu zeigen, wie die Lockerung jeder dieser Annahmen die Beschäftigungsrente verändern würde. Nehmen Sie insbesondere an:

- Maria kann nach ihrer Arbeitslosigkeit nur eine Stelle mit einem niedrigeren Lohn von 6 USD pro Stunde finden. Sie erfährt psychologische Kosten der Arbeitslosigkeit in Höhe von 1 USD pro Stunde. Wenn sie arbeitslos ist, hat sie einen Gewinn von 2 USD pro Stunde, weil der negative Nutzen der Arbeit wegfällt, sodass der Nettogewinn 1 USD beträgt.

Als Nächstes untersuchen wir die soziale Interaktion zwischen dem Unternehmen (das den Lohn festlegt, weil es weiß, dass der Lohn sich auf Marias Beschäftigungsrente auswirkt) und Maria selbst, deren Entscheidung, wie viel sie arbeitet, von der Rente beeinflusst wird.

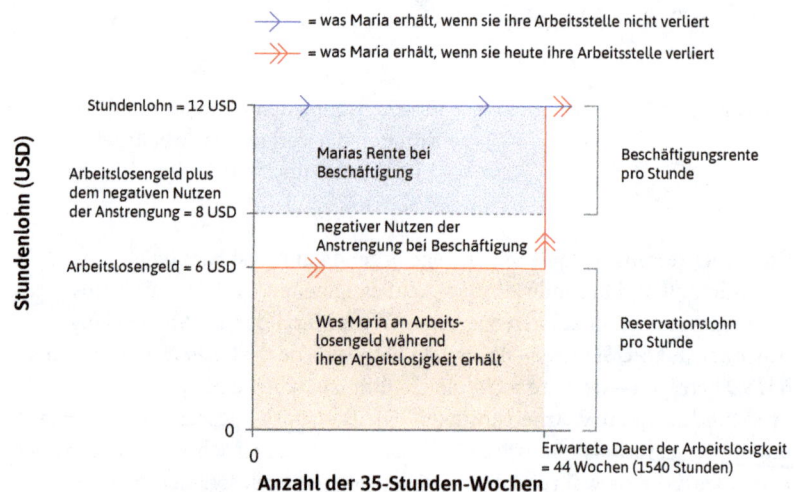

Abbildung 6.3 Marias Beschäftigungsrente bei gegebenem Aufwand und einem Lohn von 12 USD in einer Wirtschaft mit einem unbefristeten Arbeitslosengeld von 6 USD.

FRAGE 6.5 WÄHLEN SIE DIE RICHTIGE(N) ANTWORT(EN)

Maria verdient in ihrem derzeitigen Job 12 USD pro Stunde und arbeitet 35 Stunden pro Woche. Der negative Nutzen des Arbeitsaufwands entspricht den Kosten von 2 USD pro Arbeitsstunde. Wenn sie ihren Arbeitsplatz verliert, erhält sie Arbeitslosengeld in Höhe von 6 USD pro Stunde. Zusätzlich verursacht die Arbeitslosigkeit psychologische und soziale Kosten in Höhe von 1 USD pro Stunde.

☐ Die Beschäftigungsrente pro Stunde beträgt 3 USD.

☐ Marias Reservationslohn beträgt 6 USD pro Stunde.

☐ Marias Beschäftigungsrente, wenn sie nach 44 Wochen Arbeitslosigkeit eine andere Stelle mit dem gleichen Lohn findet, beträgt 6160 USD.

☐ Marias Beschäftigungsrente, wenn sie nach 44 Wochen Arbeitslosigkeit nur eine Stelle mit einem niedrigeren Lohn finden kann, beträgt mehr als 7700 USD.

6.6 ARBEIT UND LOHN: DAS ARBEITSANREIZMODELL

Wenn die Kosten des Arbeitsplatzverlustes (die Beschäftigungsrente) hoch sind, sind die Beschäftigten bereit, härter zu arbeiten, um die Wahrscheinlichkeit des Arbeitsplatzverlustes zu verringern. Unabhängig von anderen Möglichkeiten, die Beschäftigungsrente zu beeinflussen, kann ein Unternehmen die Kosten des Arbeitsplatzverlustes und damit die Anstrengungen der Beschäftigten erhöhen, indem es die Löhne erhöht.

Wir stellen diese soziale Interaktion im Unternehmen nun als ein Spiel dar, das von den Eigentümer:innen (über das Management) und den Beschäftigten gespielt wird.

Denken Sie daran, dass ein Spiel eine Beschreibung einer sozialen Interaktion ist, die Folgendes umfasst:

- Eine Liste der Spieler:innen
- Die Strategien, die sie anwenden können
- Die Reihenfolge, in der die Spieler:innen ihre Aktionen wählen
- Was die Spieler:innen wissen, wenn sie ihre Handlungen wählen
- Die Ergebnisse für alle der Spieler:innen (ihre Auszahlungen) für alle Strategien, die gewählt werden können

Wie bei anderen Modellen lassen wir einige Aspekte ihrer Interaktion außer Acht, um uns auf das Wesentliche zu konzentrieren; getreu dem Grundsatz, dass man manchmal mehr sieht, wenn man weniger betrachtet.

Auf der Bühne des Unternehmens sind nur die Eigentümerin und eine einzige Arbeitskraft, Maria, zu sehen. Das Spiel ist sequentiell (einer der beiden wählt zuerst, wie im Ultimatum-Spiel, das wir in Abschnitt 10 von Einheit 4 gesehen haben) und wird in jeder Beschäftigungsperiode wiederholt. Hier ist die Reihenfolge des Spiels:

1. *Die Eigentümerin wählt einen Lohn aus*: Dabei stützt sie sich auf das Wissen darüber, wie Beschäftigte wie Maria auf höhere oder niedrigere Löhne reagieren, und teilt ihr mit, dass sie in den folgenden Perioden zum gleichen Lohn beschäftigt werden wird—solange sie hart genug arbeitet.

2. *Maria entscheidet sich für ein bestimmtes Höhe ihres Arbeitseinsatzes*: Sie reagiert damit auf den angebotenen Lohn und berücksichtigt dabei die Kosten, die entstehen, wenn sie ihren Arbeitsplatz verliert, falls sie sich nicht genügend anstrengt.

Die Auszahlung für das Unternehmen ist der Gewinn. Je mehr Maria sich anstrengt, desto mehr Waren oder Dienstleistungen wird sie produzieren und desto mehr Gewinn wird diese machen. Marias Auszahlung ist ihre Nettobewertung des Lohns, den sie erhält, unter Berücksichtigung der von ihr geleisteten Anstrengungen.

Wenn Maria ihren Arbeitsaufwand als beste Antwort auf das Angebot wählt und gleichzeitig die Eigentümerin den Lohn wählt, der den Gewinn maximiert, gegeben Marias Entscheidung, bilden ihre Strategien ein **Nash-Gleichgewicht**.

Die Beschäftigten werden in der Regel vom Management beaufsichtigt (zum Beispiel durch Überwachungsgeräte, die ihre Beschäftigten im Auge behalten). Dies erhöht die Wahrscheinlichkeit, dass die Unternehmensleitung herausfindet, wenn eine Person nicht hart und gut arbeitet. Wir ignorieren diese zusätzlichen Kosten und nehmen einfach an, dass das Unternehmen gelegentlich Informationen darüber erhält, wie hart oder gut eine Person arbeitet. Das reicht nicht aus, um einen Akkordvertrag einzuführen, ist aber mehr als genug, um eine Person zu entlassen, wenn die Nachrichten nicht gut sind. Maria weiß, dass die Wahrscheinlichkeit, dass die vorgesetzte Person schlechte Nachrichten erhält, abnimmt, je härter sie arbeitet.

Um über die Höhe des Lohns zu entscheiden, muss das Unternehmen wissen, wie die beschäftigte Person auf einen höheren Lohn reagieren wird. Wir werden also zunächst Marias Entscheidung betrachten.

Die beste Antwort der beschäftigten Person

Marias Arbeitsaufwand kann zwischen null und eins variieren. Wir können uns dies als den Anteil jeder Stunde vorstellen, den sie mit fleißiger Arbeit verbringt (den Rest der Zeit arbeitet sie nicht). Ein Aufwandsniveau von 0,5 bedeutet, dass sie die Hälfte des Arbeitstages mit nicht arbeitsbezogenen Aktivitäten verbringt, wie zum Beispiel auf Facebook zu surfen, online einzukaufen oder einfach nur aus dem Fenster zu starren.

Wir gehen davon aus, dass Marias Reservationslohn 6 USD beträgt. Selbst wenn sie überhaupt nicht arbeiten würde (und somit keinen negativen Nutzen des Aufwands erleiden müsste, weil sie den ganzen Tag auf Facebook verbringt und tagträumt), wäre ihr Job bei einem Lohn von 6 USD nicht besser als ohne Arbeit zu sein. Es wäre ihr also so oder so egal, ob ihr Job wegfiele. Ihre beste Antwort auf einen Lohn von 6 USD wäre, sich nicht anzustrengen.

Was wäre, wenn sie einen höheren Lohn erhielte?

Für Maria hat die Anstrengung einen Preis—den negativen Nutzen der Arbeit—und einen Nutzen: Sie erhöht die Wahrscheinlichkeit, dass sie den Arbeitsplatz und somit die Beschäftigungsrente behält. Bei der Wahl ihres Aufwands muss sie ein Gleichgewicht zwischen diesen beiden Faktoren finden.

Ein höherer Lohn erhöht die Beschäftigungsrente und damit den Nutzen der Anstrengung, sodass sie sich für ein höheres Anstrengungsniveau entscheiden wird. Marias beste Antwort (der von ihr gewählte Aufwand) steigt mit der Höhe des angebotenen Lohns.

Abbildung 6.4 zeigt den Aufwand, den Maria für jede Lohnhöhe wählt, die sogenannte **Beste-Antwort-Funktion** oder **Reaktionsfunktion**. (Genau wie die Produktionsfunktionen in Einheit 3 zeigt sie, wie eine Variable, in diesem Fall die Anstrengung, von einer anderen, dem Lohn, abhängt).

Punkt J in Abbildung 6.4 stellt die Situation in Abbildung 6.3 (Seite 274) dar, die am Ende des vorherigen Abschnitts besprochen wurde. Marias Reservationslohn beträgt 6 USD, sie erhält 12 USD und wählt einen Aufwand von 0,5.

Die Beste-Antwort-Funktion ist konkav. Sie wird flacher, wenn der Lohn und das Aufwandsniveau steigen. Dies liegt daran, dass der negative Nutzen des Aufwands größer wird, wenn sich das Aufwandsniveau dem maximal möglichen Niveau nähert. In diesem Fall ist eine höhere Beschäftigungsrente (und damit ein höherer Lohn) erforderlich, um die beschäftige Person zu mehr Einsatz zu motivieren.

Aus der Sicht der Unternehmen zeigt die Beste-Antwort-Funktion, wie die Zahlung höherer Löhne ein höhere Anstrengungen hervorrufen kann, allerdings mit abnehmenden Grenzerträgen. Mit anderen Worten: Je höher der Ausgangslohn ist, desto geringer ist der Anstieg von Arbeitseinsatz und Produktion, den das Unternehmen durch einen zusätzlichen Lohn von 1 USD pro Stunde erzielt.

Die Beste-Antwort-Funktion ist die Grenze der realisierbaren Menge von Kombinationen aus Löhnen und Aufwand, die das Unternehmen von seinen Beschäftigten erhalten kann, und die Steigung der Kurve ist die Grenzrate der Transformation von Löhnen in Aufwand.

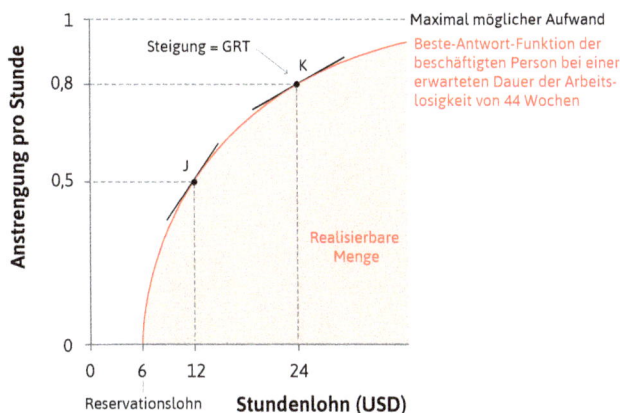

Abbildung 6.4 Marias beste Antwort auf den Lohn. Punkt J bezieht sich auf die Angaben in Abbildung 6.3 (Lohn = 12 USD, Anstrengung = 0,5 und erwartete Dauer der Arbeitslosigkeit, wenn sie ihren Arbeitsplatz verlieren würde = 44 Wochen).

1. Arbeitsaufwand pro Stunde

Der Aufwand pro Stunde, gemessen auf der vertikalen Achse, schwankt zwischen null und eins.

2. Die Beziehung zwischen Anstrengung und Lohn

Wenn Maria einen Lohn von 6 USD erhält, ist es ihr egal, ob sie ihren Job verliert, denn 6 USD sind ihr Reservationslohn. Aus diesem Grund unternimmt sie bei einem Lohn von 6 USD keine Anstrengungen. Wenn sie mehr bezahlt wird, strengt sie sich mehr an.

3. Die beste Antwort der beschäftigten Person

Die aufwärtsgerichtete Kurve zeigt, wie viel Mühe sie für jeden Wert des Stundenlohns auf der horizontalen Achse aufwendet.

4. Die Wirkung einer Lohnerhöhung bei geringem Aufwand

Wenn der Lohn niedrig ist, ist die Beste-Antwort-Funktion steil: Eine kleine Lohnerhöhung erhöht den Aufwand um einen beträchtlichen Betrag.

5. Abnehmende Grenzerträge

Bei höheren Löhnen haben Lohnerhöhungen jedoch einen geringeren Effekt auf den Aufwand.

6. Die realisierbare Menge des Unternehmens

Die Beste-Antwort-Funktion ist die Grenze der realisierbaren Menge an Kombinationen von Lohn und Aufwand, die das Unternehmen von seinen Beschäftigten erhält.

7. Die GRT des Unternehmens

Die Steigung der Beste-Antwort-Funktion ist die Grenzrate der Transformation des Unternehmens von höheren Löhnen in mehr Arbeitsaufwand der beschäftigten Person.

Der niedrigste Lohn, den das Unternehmen für Maria festsetzen könnte, wäre der Reservationslohn, 6 USD, bei dem die Beste-Antwort-Funktion auf die horizontale Achse trifft und der Aufwand gleich Null ist. Wir sehen also, dass das Unternehmen niemals den niedrigstmöglichen Lohn anbieten würde, weil Maria dann keinen Einsatz bringen würde.

Wir haben die Beste-Antwort-Funktion in Abbildung 6.4 unter der Annahme gezeichnet, dass die Arbeitslosigkeit voraussichtlich 44 Wochen dauern wird. Sollte sich die erwartete Dauer ändern, würde sich auch die Beste-Antwort-Funktion ändern. Wenn sich die wirtschaftlichen Bedingungen verschlechtern und die Dauer der Arbeitslosigkeit zunimmt, würde Marias Beschäftigungsrente höher ausfallen. Die beste Antwort für jeden Lohn wäre also, sich mehr anzustrengen.

Leibniz: Die Beste-Antwort-Funktion der Arbeitskraft (https://tinyco.re/7844523)

FRAGE 6.6 WÄHLEN SIE DIE RICHTIGE(N) ANTWORT(EN)

Abbildung 6.4 (Seite 277) zeigt die Beste-Antwort-Funktion von Maria, wenn die erwartete Dauer der Arbeitslosigkeit 44 Wochen beträgt. Welche der folgenden Aussagen sind richtig?

☐ Wenn die erwartete Dauer der Arbeitslosigkeit auf 50 Wochen ansteigen würde, wäre Marias beste Antwort auf einen Lohn von 12 USD ein Anstrengungsniveau von über 0,5.
☐ Wenn das Arbeitslosengeld gekürzt würde, dann wäre Marias Reservationslohn höher als 6 USD.
☐ In dem in der Abbildung gezeigten Lohnbereich würde Maria niemals den maximal möglichen Aufwand pro Stunde betreiben.
☐ Eine Erhöhung des Aufwands von 0,5 auf 0,6 erfordert einen größeren Lohnanstieg als eine Erhöhung des Aufwands von 0,8 auf 0,9.

6.7 LÖHNE, ANSTRENGUNG UND EINKOMMEN IM ARBEITSANREIZMODELL

Maria befindet sich nicht in der Situation, in der Angela war, als Bruno sie mit vorgehaltener Pistole zur Arbeit zwingen konnte. Maria hat eine Verhandlungsmacht, weil sie jederzeit weggehen kann—eine Option, die Angela anfangs nicht hatte.

Maria entscheidet selbst, wie hart sie arbeitet. Das Beste, was die Eigentümerinn tun kann, ist, die Bedingungen festzulegen, unter denen sie diese Entscheidung trifft. Die Eigentümerin sowie das Management wissen, dass sie Maria nicht dazu bringen können, sich mehr anzustrengen, als es die Beste-Antwort-Funktion in Abbildung 6.4 zeigt. Die Tatsache, dass die Beste-Antwort-Funktion flacher wird, bedeutet, dass die Unternehmen einen Trade-Off eingehen müssen. Sie können mehr Leistung nur durch die Zahlung höherer Löhne erreichen.

Wie wir in Einheit 2 gesehen haben, wollen die Unternehmen zur Gewinnmaximierung die Produktionskosten minimieren. Insbesondere wollen sie den niedrigstmöglichen Preis für Inputs zahlen. Ein Unternehmen, das Öl zur Verwendung im Produktionsprozess kauft, wird ein Zulieferunternehmen suchen, das Öl zum niedrigsten Preis pro Liter liefern kann, oder anders ausgedrückt, das das meiste Öl pro USD liefert. Ebenso liefert Maria eine Vorleistung für die Produktion, und das Unternehmen möchte sie zum niedrigsten Preis „einkaufen". Dies bedeutet jedoch nicht, dass es den niedrigstmöglichen Lohn zahlen muss. Wir wissen bereits, dass, wenn das Unternehmen den Reservationslohn zahlen würde, die Beschäftigten vielleicht auftauchen würden (es wäre ihnen so oder so egal), aber keinen Einsatz zeigen würden.

Der Lohn w ist der Preis, den das Unternehmen für eine Stunde Zeit einer beschäftigten Person zahlt. Für die Produktion ist jedoch nicht entscheidend, wie viele Stunden, sondern wie viele Einheiten an Arbeit Maria leistet: Arbeit ist der Input für den Produktionsprozess. Wenn Maria sich dafür entscheidet, 0,5 Einheiten Arbeit pro Stunde zu leisten, und ihr Stundenlohn w beträgt, betragen die Kosten einer Einheit Arbeit für das Unternehmen $2w$. Wenn Maria e Einheiten pro Stunde leistet, betragen die Kosten für eine Einheit Aufwand im Allgemeinen w/e.

Um den Gewinn zu maximieren, sollte das Unternehmen also eine machbare Kombination aus Aufwand und Lohn finden, die die Kosten pro Einheit Aufwand, w/e, minimiert.

Eine andere Möglichkeit, dasselbe zu sagen, ist, dass das Unternehmen die Anzahl der Einheiten des Aufwands (manchmal auch Effizienzeinheiten genannt) maximieren sollte, die sie pro Dollar Lohnkosten erhält, e/w.

Die steigende Gerade in Abbildung 6.5 verbindet eine Reihe von Punkten, die das gleiche Verhältnis von Aufwand und Lohn, e/w, aufweisen. Wenn der Lohn 10 USD pro Stunde beträgt und eine Arbeitskraft 0,45 Einheiten Aufwand pro Stunde leistet, erhält das Unternehmen 0,045 Einheiten Aufwand pro Dollar. Äquivalent dazu kostet eine Einheit Aufwand USD 10/0,45 = USD 22,22. Das Unternehmen wäre indifferent zwischen dieser Situation und einer Situation, in der der Lohn 20 USD bei einem Aufwand von 0,9 beträgt—die Kosten des Aufwands sind an allen Punkten der Linie genau gleich hoch. Wir nennen dies eine Isokostengerade für den Aufwand. Ähnlich wie bei den Isokostengeraden in Einheit 2 verbinden diese Geraden Punkte, die identische Auswirkungen auf die Kosten der Unternehmen haben. Wir können sie uns auch als Indifferenzkurve für das Unternehmen vorstellen.

Um die Kosten zu minimieren, wird das Unternehmen versuchen, die steilste Isokostengerade für den Aufwand zu erreichen, bei der die Kosten für eine Einheit des Aufwands am niedrigsten sind. Da es aber die Höhe des Aufwands nicht vorschreiben kann, muss sie einen Punkt auf Marias Beste-Antwort-Funktion wählen.

Das Beste, was das Unternehmen tun kann, ist, den Lohn auf der Isokostengerade, die Marias Beste-Antwort-Funktion tangiert (Punkt A), auf 12 USD festzusetzen. Verwenden Sie die Analyse in Abbildung 6.6, um zu sehen, wie der Lohn festgelegt wird.

In Abbildung 6.6 wird das Unternehmen Punkt A wählen und einen Stundenlohn von 12 USD anbieten, um Maria einzustellen, die einen Aufwand von 0,5 betreibt. Das Unternehmen kann nicht besser abschneiden als dieser Punkt: Jeder Punkt mit niedrigeren Kosten, zum Beispiel Punkt B, ist nicht realisierbar.

Das Unternehmen minimiert seine Kosten und maximiert den Gewinn an dem Punkt, an dem die GRS (die Steigung ihrer Indifferenzkurve oder Isokostengerade) gleich der GRT (der Steigung der Beste-Antwort-Funktion, das heißt der Machbarkeitsgrenze) ist. Es wägt den Trade-Off, den es zwischen Lohn und Aufwand bereit ist einzugehen, gegen den Trade-Off ab, zu dem es durch Marias Reaktion gezwungen ist.

Dies ist ein Knappheitsproblem, ähnlich dem in Einheit 3. Dort wählten Individuen, die ihren Nutzen maximieren wollten, Arbeitszeiten, bei denen GRS = GRT: Die Steigung ihrer Indifferenzkurve entsprach der Steigung der Machbarkeitsgrenze, die durch die Produktionstechnologie bestimmt wurde.

Leibniz: Gewinn, Lohn und Einsatz (https://tinyco.re/7834558)

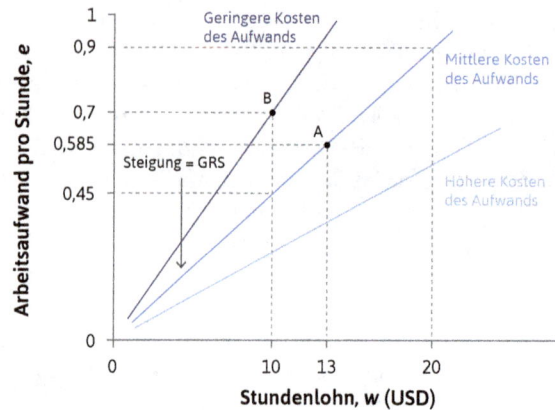

Abbildung 6.5 Die Indifferenzkurven der Unternehmen: Isokostenkurven für den Aufwand.

1. Eine Isokostengerade für den Aufwand

Wenn w = 10 USD und e = 0,45, ist e/w = 0,045. An jedem Punkt dieser Linie ist das Verhältnis von Aufwand und Lohn gleich. Die Kosten für eine Einheit Aufwand sind w/e = 22,22 USD.

2. Die Steigung der Isokostengerade

Die Linie ist ansteigend, weil ein höheres Aufwandsniveau mit einem höheren Lohn einhergehen muss, damit das Verhältnis e/w unverändert bleibt. Die Steigung ist gleich e/w = 0,045, der Anzahl der Einheiten Aufwand pro Dollar.

3. Andere Isokostengeraden

Bei einer Isokostengerade ist die Steigung e/w, aber die Kosten des Aufwands sind w/e. Die steilere Linie hat geringere Kosten des Aufwands, die flachere Linie hat höhere Kosten.

4. Einige Linien sind für das Unternehmen besser als andere

Eine steilere Linie bedeutet geringere Kosten des Aufwands und damit höhere Gewinne für das Unternehmen. Auf der steilsten Isokostengerade erhält das Unternehmen 0,7 Einheiten Aufwand für einen Lohn von 10 USD (bei B), sodass die Kosten des Aufwands USD 10/0,7 = USD 14,29 pro Einheit betragen. Auf der mittleren Linie erhält es für diesen Lohn nur 0,45 Einheiten Aufwand, sodass die Kosten des Aufwands 22,22 USD betragen und die Gewinne niedriger sind.

5. Die Steigung ist die GRS

Das Unternehmen ist indifferent zwischen Punkten auf einer Isokostengerade. Wie bei anderen Indifferenzkurven ist die Steigung der Isokostengerade für den Arbeitsaufwand die Grenzrate der Substitution: Die Rate, zu der das Unternehmen bereit ist, den Lohn zu erhöhen, um einen höheren Arbeitsaufwand zu erhalten.

Effizienzlöhne Die Lohnzahlung eines Unternehmens, die über dem Reservationslohn einer beschäftigten Person liegt, um diese zu motivieren, sich am Arbeitsplatz mehr anzustrengen, als sie es sonst tun würde. *Siehe auch: Arbeitsanreizmodell, Beschäftigungsrente.*

Wenn die Löhne von den Unternehmen auf diese Weise festgelegt werden, werden sie manchmal **Effizienzlöhne** genannt, weil das Unternehmen anerkennt, dass es für den Gewinn auf e/w ankommt, also auf die Einheiten Aufwand (oder Effizienz) pro Dollar Lohnkosten, und nicht darauf, wie viel eine Arbeitsstunde kostet.

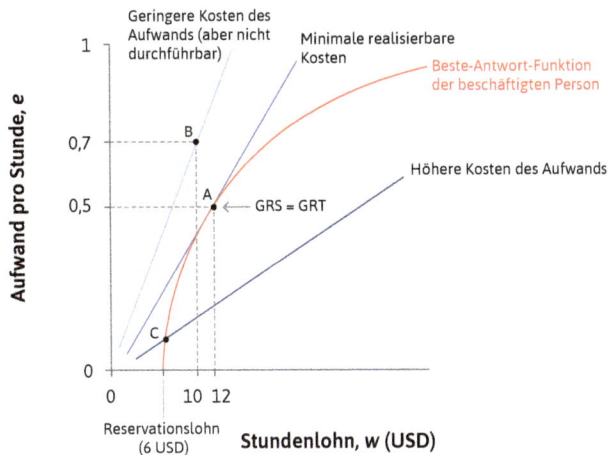

Abbildung 6.6 Das Unternehmen setzt den Lohn so fest, dass die Kosten der Anstrengung minimiert werden.

1. Minimierung der Kosten des Aufwands

Um den Gewinn zu maximieren, wollen die Eigentümer:innen den Aufwand zu den geringsten Kosten erhalten. Sie werden versuchen, eine möglichst steile Isokostengerade zu erreichen. Da sie aber die Höhe des Aufwands nicht vorschreiben können, müssen sie einen Punkt auf der Beste-Antwort-Funktion der beschäftigten Person wählen.

2. C ist nicht das Beste, was das Unternehmen tun kann

Könnte dies ein Punkt wie C sein? Nein. Es ist klar, dass die Eigentümer:innen von einem niedrigeren Lohn-Arbeits-Verhältnis profitieren, wenn sie mehr bezahlen.

3. Punkt A ist das Beste, was das Unternehmen tun kann

Das Beste, was das Unternehmen tun kann, ist die Isokostengerade zu wählen, die die Beste-Antwort-Funktion der beschäftigten Person gerade berührt (tangiert).

4. GRS = GRT

An diesem Punkt ist die Grenzrate der Substitution (die Steigung der Isokostengerade für den Aufwand) gleich der Grenzrate der Transformation von höheren Löhnen in höheren Aufwand (die Steigung der Beste-Antwort-Funktion).

5. Punkt B

Punkte mit steileren Isokosten, wie zum Beispiel Punkt B, hätten geringere Kosten für das Unternehmen, sind aber nicht realisierbar.

6. Minimale realisierbare Kosten

12 USD ist also der Stundenlohn, den das Unternehmen festlegen sollte, um die Kosten zu minimieren und den Gewinn zu maximieren.

Was hat uns das **Arbeitsanreizmodell** gesagt?

- *Gleichgewicht*: Im Spiel der Eigentümer:innen und Beschäftigten, bieten die Unternehmen einen Lohn an und die beschäftigte Person antwortet mit einem bestimmten Arbeitsaufwand. Ihre Strategien bilden ein Nash-Gleichgewicht.
- *Rente*: In dieser Allokation erbringt die beschäftigte Person Leistungen, weil sie eine Beschäftigungsrente erhält, die sie verlieren könnte, wenn sie mit dem Arbeitseinsatz nachlässt.
- *Macht*: Da die beschäftigte Person befürchtet, diese ökonomische Rente zu verlieren, kann das Unternehmen Macht über sie ausüben und sie dazu bringen, sich so zu verhalten, wie sie es ohne diese Drohung des Arbeitsplatzverlustes nicht tun würde. Dies trägt zu den Gewinnen des Unternehmens bei.

> **Arbeitsanreizmodell** Ein Modell, das erklärt, wie Unternehmen die Löhne so festsetzen, dass die Beschäftigten eine ökonomische Rente (die so genannte Beschäftigungsrente) erhalten, die wiederum den Beschäftigten einen Anreiz bietet, hart zu arbeiten, um eine Kündigung zu vermeiden. *Siehe auch: Beschäftigungsrente, Effizienzlöhne.*

Arbeitslosigkeit, unfreiwillig Der Zustand, arbeitslos zu sein, aber lieber einen Arbeitsplatz zu den gleichen Löhnen und Arbeitsbedingungen zu haben wie die sonst beschäftigten Personen. *Siehe auch:Arbeitslosigkeit.*

Unfreiwillige Arbeitslosigkeit

Wenn wir über die Auswirkungen des Arbeitsanreizmodells auf die gesamte Wirtschaft nachdenken, sagt es uns noch etwas anderes, das auf den ersten Blick überraschend erscheinen mag:

Es muss immer **unfreiwillige Arbeitslosigkeit** geben.

Unfreiwillig arbeitslos zu sein bedeutet, keine Arbeit zu haben, obwohl man bereit wäre, zu dem Lohn zu arbeiten, den andere Beschäftigte (wie man selbst) erhalten.

Bei der Entwicklung unseres Modells sind wir davon ausgegangen, dass Maria damit rechnen kann, 44 Wochen lang arbeitslos zu sein, bevor sie wieder ein Lohnangebot in gleicher Höhe erhält. Das Modell impliziert jedoch, dass es eine längere Phase der Arbeitslosigkeit geben *muss*.

Um zu sehen, warum das so ist, stellen Sie sich ein Gleichgewicht im Spiel zwischen Maria und dem Unternehmen vor, in dem das Unternehmen ihr einen Stundenlohn von 12 USD zahlt und sie bei Verlust ihres Arbeitsplatzes sofort einen neuen Arbeitsplatz zu demselben Lohn finden könnte. In diesem Fall wäre Marias Beschäftigungsrente gleich null. Es wäre ihr gleichgültig, ob sie die Stelle behält oder verliert. Ihre beste Antwort wäre also ein Anstrengungsniveau von null. Dies könnte jedoch kein Gleichgewicht sein: Das Unternehmen würde einer Person, die keine Arbeit leistet, keine 12 USD pro Stunde zahlen.

Sollte es jemals vorkommen, dass es in der Wirtschaft viele Arbeitsplätze für 12 USD pro Stunde gibt und niemand arbeitslos ist, könnte eine solche Situation nicht andauern. Die Unternehmen würden höhere Löhne anbieten, um sicherzustellen, dass ihre Beschäftigten etwas zu verlieren haben und deshalb hart arbeiten würden. Aber bei höheren Löhnen könnten sie nicht mehr so viele Arbeitsplätze anbieten. Beschäftigte, die ihren Arbeitsplatz verloren haben, könnten nicht mehr so leicht einen neuen finden. Die Arbeitsplätze wären knapp und es könnte Wochen oder Monate dauern, bis Arbeitssuchende einen neuen finden. Die Wirtschaft hätte sich in ein Gleichgewicht mit höheren Löhnen und unfreiwilliger Arbeitslosigkeit begeben. Die Beschäftigten würden 16 USD pro Stunde verdienen, und diejenigen, die ihren Arbeitsplatz verloren haben, wären bereit, einen neuen zu 16 USD anzunehmen, aber sie wären nicht in der Lage, sofort einen neuen zu finden.

Im Gleichgewicht müssen sowohl die Löhne als auch die unfreiwillige Arbeitslosigkeit hoch genug sein, damit die Beschäftigungsrente für die Beschäftigten hoch genug ist, um sich anzustrengen.

Arbeitslosigkeit ist für die Wähler:innen und die politischen Entscheidungsträger:innen, die sie vertreten, ein wichtiges Anliegen. Anhand dieses Modells können wir sehen, wie sich politische Maßnahmen der Regierungen zur Änderung der Höhe der Arbeitslosigkeit oder zur Bereitstellung von Einkommen für arbeitslose Personen auf die Gewinne der Unternehmen und das Leistungsniveau der Beschäftigten auswirken.

ÜBUNG 6.4 DAS UNTERNEHMEN LEGT DEN LOHN FEST

Würde eine der folgenden Maßnahmen Marias Beste-Antwort-Funktion oder die Isokostengeraden des Unternehmens für den Aufwand in Abbildung 6.6 (Seite 281) beeinflussen? Wenn ja, erklären Sie, wie.

1. Die Regierung beschließt, die Kinderbetreuungszuschüsse für erwerbstätige Eltern zu erhöhen, nicht aber für Arbeitslose. Angenommen, Maria hat ein Kind und hat Anspruch auf den Zuschuss.
2. Die Nachfrage nach der Produktion des Unternehmens steigt, da prominente Personen sich öffentlich positiv über das Gut äußern.
3. Eine verbesserte Technologie erleichtert Marias Arbeit.

FRAGE 6.7 WÄHLEN SIE DIE RICHTIGE(N) ANTWORT(EN)

Abbildung 6.6 (Seite 281) zeigt das Effizienzlohn-Gleichgewicht zwischen einer beschäftigten Person und einem Unternehmen. Gemäß dieser Abbildung:

☐ Entlang der Isokostengerade, die die Beste-Antwort-Funktion tangiert, würde eine Verdoppelung des Arbeitsaufwands pro Stunde von 0,45 auf 0,90 zu einem höheren Gewinn für das Unternehmen führen.
☐ Die Steigung jeder Isokostengerade ist die Anzahl der Einheiten des Aufwands pro Dollar.
☐ Am Gleichgewichtspunkt entspricht die Grenzrate der Transformation auf der Isokostengerade der Grenzrate der Substitution auf der Beste-Antwort-Funktion der beschäftigten Person.
☐ Die Punkte C und A stellen beide Nash-Gleichgewichte dar, da sie auf der Beste-Antwort-Funktion liegen.

6.8 DAS MODELL IN DIE PRAXIS UMSETZEN: EIGENTÜMER:INNEN, BESCHÄFTIGTE UND DIE WIRTSCHAFT

Bis jetzt haben wir betrachtet, wie das Unternehmen einen Punkt auf der Beste-Antwort-Funktion wählt. Veränderungen in der Wirtschaft oder der öffentlichen Politik können jedoch die gesamte Beste-Antwort-Funktion nach rechts (oder oben) oder links (oder unten) verschieben.

Der Anreiz für die beschäftigte Person, ein hohes Leistungsniveau zu wählen, hängt davon ab, wie viel sie zu verlieren hat (die Beschäftigungsrente), aber auch von der Wahrscheinlichkeit, diese zu verlieren. Die Position der Beste-Antwort-Funktion hängt also ab von:

- Dem Nutzen der Dinge, die man mit dem Lohn kaufen kann
- Dem negativen Nutzen der Anstrengung
- Dem Reservationslohn
- Der Wahrscheinlichkeit, entlassen zu werden, abhängig vom Anstrengungsniveau

Wenn sich einer dieser Faktoren ändert, verschiebt sich die Beste-Antwort-Funktion.

Stellen Sie sich zunächst vor, wie ein Anstieg der Arbeitslosenquote die Beste-Antwort-Funktion beeinflusst. Wenn die Arbeitslosigkeit hoch ist, können Beschäftigte, die ihren Arbeitsplatz verlieren, mit einer längeren Phase der Arbeitslosigkeit rechnen. Erinnern Sie sich daran, dass die Leistungen bei Arbeitslosigkeit (einschließlich der Unterstützung durch Familie, Freundinnen und Freunde) begrenzt sind, sodass die Höhe des Arbeitslosengeldes pro Stunde verlorener Arbeit (oder pro Woche) umso geringer ist, je länger die erwartete Zeit der Arbeitslosigkeit ist. Eine Verlängerung der Dauer der Arbeitslosigkeit hat also zwei Auswirkungen:

- *Sie verringert den Reservationslohn*: Dies erhöht die Beschäftigungsrente *pro Stunde*.
- *Es verlängert die Zeit der Arbeitslosigkeit*: Dies erhöht die *gesamte* Beschäftigungsrente (die Kosten des Arbeitsplatzverlustes).

Abbildung 6.7 zeigt die Auswirkungen eines Anstiegs der Arbeitslosigkeit sowie einer Erhöhung des Arbeitslosengeldes auf die Beste-Antwort-Funktion.

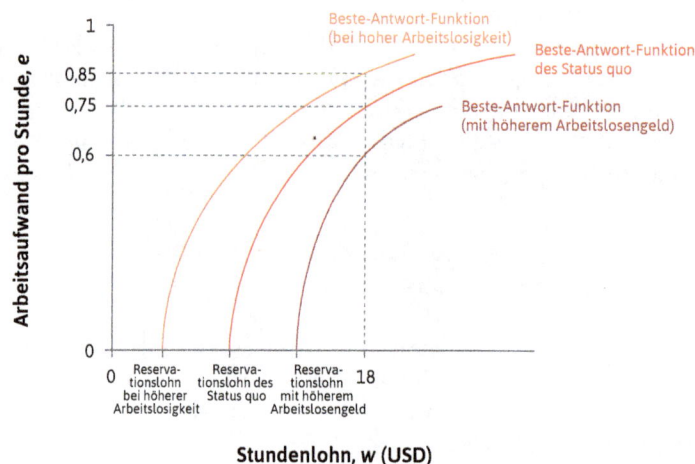

Abbildung 6.7 Die Beste-Antwort-Funktion hängt von der Höhe der Arbeitslosigkeit und des Arbeitslosengeldes ab.

1. Der Status quo
Die Position der Beste-Antwort-Funktion hängt vom Reservationslohn ab. Sie kreuzt die horizontale Achse an diesem Punkt.

2. Die Wirkung des Arbeitslosengeldes
Ein Anstieg des Arbeitslosengeldes erhöht den Reservationslohn und verschiebt die Beste-Antwort-Funktion der beschäftigten Person nach rechts.

3. Ein Anstieg der Arbeitslosigkeit
Wenn die Arbeitslosigkeit steigt, nimmt die erwartete Dauer der Arbeitslosigkeit zu. Daher sinkt der Reservationslohn der beschäftigten Person und die Beste-Antwort-Funktion verschiebt sich nach links.

4. Aufwandsänderungen für jeden Lohn
Bei einem gegebenen Stundenlohn, zum Beispiel 18 USD, strengen sich die Beschäftigten unterschiedlich stark an, wenn sich die Höhe der Arbeitslosigkeit oder des Arbeitslosengeldes ändert.

Ein Anstieg des Niveaus der Arbeitslosigkeit verschiebt die Beste-Antwort-Funktion nach links:

- Bei einem gegebenen Lohn, zum Beispiel 18 USD, steigt die Anstrengung der Beschäftigten, wodurch sich die Gewinnbedingungen für das Unternehmen verbessern.
- Der Lohn, den das Unternehmen zahlen müsste, um ein bestimmtes Anstrengungsniveau, beispielsweise 0,6, zu erreichen, sinkt.

Eine Erhöhung des Arbeitslosengeldes verschiebt die Beste-Antwort-Funktion nach rechts, hat also die entgegengesetzten Auswirkungen.

Durch wirtschaftspolitische Maßnahmen können sowohl die Höhe des Arbeitslosengeldes als auch das Ausmaß der Arbeitslosigkeit (und damit die Dauer der Arbeitslosigkeit) verändert werden. Diese Maßnahmen sind oft umstritten. Eine Rechtsverschiebung der Beste-Antwort-Funktion begünstigt die Beschäftigten, die sich für einen bestimmten Lohn weniger anstrengen, während eine Linksverschiebung die Eigentümer:innen begünstigt, die die Anstrengung ihrer Beschäftigten zu geringeren Kosten erwerben und so ihre Gewinne steigern.

ÜBUNG 6.5 ANSTRENGUNG UND LOHN

Nehmen wir an, dass das Unternehmen bei der in Abbildung 6.7 (Seite 284) dargestellten Beste-Antwort-Funktion den Lohn so wählt, dass die Kosten der Anstrengung minimiert werden, und dass die beste Antwort der beschäftigten Person ein Anstrengungsniveau von 0,6 ist. Wenn die Arbeitslosigkeit steigt:

1. Wäre der Arbeitsaufwand höher oder niedriger als 0,6, wenn das Unternehmen den Lohn nicht ändern würde?
2. Wie würde das Unternehmen den Lohn ändern, wenn es das Anstrengungsniveau bei 0,6 halten wollte?
3. Wie würde sich der Lohn ändern, wenn das Unternehmen die Kosten des Aufwands bei der neuen Arbeitslosigkeit minimieren würde?

WIE ÖKONOMINNEN UND ÖKONOMEN AUS FAKTEN LERNEN

Beschäftigte werden schneller, wenn sich die Wirtschaft verlangsamt

Die Idee, dass Beschäftigungsrenten ein Anreiz für Beschäftigte sind, härter zu arbeiten, wird in einer Studie von Edward Lazear (einem Wirtschaftsberater des ehemaligen US-Präsidenten George W. Bush) und seinen Co-Autorinnen und -Autoren veranschaulicht. Sie untersuchten ein einzelnes Unternehmen während der globalen Finanzkrise, um herauszufinden, wie das Management und die Beschäftigten auf die turbulenten wirtschaftlichen Bedingungen reagierten. Das Unternehmen ist auf technologiebasierte Dienstleistungen wie die Bearbeitung von Versicherungsansprüchen, computergestützte Testauswertung und technische Callcenter spezialisiert und in 12 US-Bundesstaaten tätig. Aufgrund der Art der Arbeit war es für das Management des Unternehmens ein Leichtes, die Produktivität der Beschäftigten zu verfolgen.

Außerdem konnten Lazear und seine Kolleginnen und Kollegen anhand der Daten des Unternehmens aus den Jahren 2006–2010 die Auswirkungen der schwersten Rezession seit der Great Depression auf die Produktivität der Beschäftigten analysieren.

Bei steigender Arbeitslosigkeit mussten die Beschäftigten mit einer längeren Phase der Arbeitslosigkeit rechnen, wenn sie ihren Arbeitsplatz verloren. Die Unternehmen nutzten ihre größere Verhandlungsmacht nicht, um die Löhne zu senken, wie sie es hätten tun können, da sie die Reaktion der Beschäftigten fürchteten.

Lazear und seine Co-Autorinnen und -Autoren fanden heraus, dass in diesem Unternehmen die Produktivität bei steigender Arbeitslosigkeit während der Finanzkrise drastisch zunahm. Eine mögliche Erklärung ist, dass die durchschnittliche Produktivität stieg, weil das Management die am wenigsten produktiven Beschäftigten entließ. Lazear fand jedoch heraus, dass der Effekt eher darauf zurückzuführen war, dass die Beschäftigten zusätzliche Anstrengungen unternahmen. Durch die Schwere der Rezession stieg die Beschäftigungsrente für jeden beliebigen Lohn, und die Beschäftigten waren daher bereit, mehr zu arbeiten. Unser Modell sagt voraus, dass sich die Beste-Antwort-Funktion als Folge der Rezession nach links verschoben hat. Dies bedeutete, dass die Beschäftigten (sofern das Unternehmen die Löhne nicht erheblich senkte) härter arbeiten würden. Offenbar ist genau das passiert.

Unser Modell zeigt, dass die Unternehmen die Löhne hätten senken und gleichzeitig eine Beschäftigungsrente aufrechterhalten können, die ausreicht, um zu harter Arbeit zu motivieren. Eine frühere Rezession lieferte eine weitere Erkenntnis, die hilft, die Zurückhaltung der Unternehmen bei Lohnkürzungen in der Krise zu erklären. Der Ökonom Truman Bewley war verblüfft, als er sah, dass nur eine Handvoll Unternehmen im Nordosten der USA während der Rezession Anfang der 1990er Jahre die Löhne senkten. Die meisten Unternehmen, wie das von Lazears Team untersuchte, kürzten ihre Löhne überhaupt nicht.

Bewley befragte mehr als 300 Unternehmen, Gewerkschaften, Unternehmens- und Berufsberatende im Nordosten der USA. Er fand heraus, dass die Unternehmen die Löhne nicht kürzen wollten, weil sie glaubten, dies würde die Moral der Beschäftigten beeinträchtigen, die Produktivität senken und zu Problemen bei der Einstellung und Bindung von Beschäftigten führen. Sie waren der Meinung, dass dies letztlich mehr kosten würde als das Geld, das sie bei den Löhnen einsparen würden.

Edward P. Lazear, Kathryn L. Shaw, und Christopher Stanton. 2016. , Making Do with Less: Working Harder during Recessions' . *Journal of Labor Economics* 34 (S1 Part 2): pp. 333-360.

Truman F. Bewley. 1999. *Why Wages Don't Fall during a Rezession.* Cambridge, MA: Harvard University Press.

ÜBUNG 6.6 LAZEARS ERGEBNISSE

Skizzieren Sie mithilfe des Diagramms der besten Antwort die Ergebnisse, die Lazear und seine Co-Autorinnen und -Autoren in ihrer Studie über ein Unternehmen während der globalen Finanzkrise ermittelt haben.

1. Zeichnen Sie für jedes der folgenden Jahre eine Beste-Antwort-Funktion und erläutern Sie, was sie veranschaulicht:

    (a) Die Zeit vor der Krise (2006)

    (b) Die Krisenjahre (2007–8)

    (c) Das Jahr nach der Krise (2009)

    Angenommen, das Unternehmen hat die Löhne nicht angepasst.

1. Gibt es einen Grund, warum ein Unternehmen in einer Rezession die Löhne nicht senken sollte? Denken Sie an die Forschungen von Truman Bewley und die experimentellen Erkenntnisse über Gegenseitigkeit in Einheit 4.

ÜBUNG 6.7 OUTSOURCING KOMMT NACH HAUSE

Zu Beginn dieser Einheit haben wir die Entscheidung vieler Bekleidungsunternehmen diskutiert, die Produktion nach Bangladesch und in andere Niedriglohnländer auszulagern. Stellen Sie Ihre Ergebnisse in einem einzigen Diagramm dar.

1. Zeichnen Sie die Beste-Antwort-Funktion der Beschäftigten im Hochlohnland ohne Auslagerung (mit dem Lohn auf der horizontalen Achse und dem Aufwand auf der vertikalen Achse).
2. Zeigen Sie im gleichen Diagramm die Beste-Antwort-Funktion der Beschäftigten im ausländischen Niedriglohnland ohne Outsourcing. (Gehen Sie davon aus, dass die Löhne in beiden Fällen in USD gemessen werden.)
3. Zeigen Sie in Ihrem Diagramm, was das Unternehmen im Heimatland den Beschäftigten im Heimatland zahlen wird, wenn kein Outsourcing möglich ist.
4. Zeigen Sie in Ihrem Diagramm, was das Unternehmen im Heimatland den Beschäftigten im Niedriglohnland zahlen wird, wenn es die Produktion dorthin verlagert (ohne Berücksichtigung der Kosten für die Produktionsverlagerung).
5. Nehmen Sie nun an, dass Outsourcing möglich ist und von vielen Unternehmen in der Bekleidungsindustrie praktiziert wird. Zeigen Sie die Beste-Antwort-Funktion der Beschäftigten im Heimatland unter diesen Bedingungen. Erläutern Sie, warum sich dies von Ihrer Antwort zu 1. unterscheidet. Stellen Sie diese Ergebnisse in einem Diagramm dar.

FRAGE 6.8 WÄHLEN SIE DIE RICHTIGE(N) ANTWORT(EN)

Welche der folgenden Aussagen sind richtig?

☐ Wenn das Arbeitslosengeld erhöht wird, steigen für das Unternehmen die Mindestkosten für eine Einheit Aufwand (der Beschäftigten).

☐ Wenn sich der Lohn nicht ändert, werden die Beschäftigten in Zeiten hoher Arbeitslosigkeit härter arbeiten.

☐ Wenn die Beschäftigten weiterhin Arbeitslosengeld erhalten, unabhängig davon, wie lange sie arbeitslos waren, hat ein Anstieg der Arbeitslosigkeit keinen Einfluss auf die Beste-Antwort-Funktion.

☐ Wenn der negativen Nutzen der Anstrengung einer Person wächst, wird der Reservationslohn steigen.

6.9 EINE ANDERE ART DER UNTERNEHMENSORGANISATION

Kooperative Ein Unternehmen, das größtenteils oder vollständig im Besitz der Beschäftigten ist. Das impliziert, dass die Beschäftigten das Management einstellen und entlassen.

Selbst in kapitalistischen Wirtschaften gibt es Unternehmensorganisationen, die eine völlig andere Struktur aufweisen als die, die wir analysiert haben: Die Beschäftigten sind die Eigentümer:innen der Investitionsgüter und anderer Vermögenswerte des Unternehmens, und sie wählen das Management aus, das das Unternehmen tagtäglich leitet. Diese Form der Unternehmensorganisation wird als **Genossenschaft im Eigentum der Beschäftigten** oder **Kooperative** bezeichnet.

Ein bekanntes Beispiel für eine Kooperative ist das große britische Einzelhandelsunternehmen John Lewis Partnership (https://tinyco.re/2414644), das 1864 gegründet wurde und seit 1950 treuhänderisch für seine Beschäftigten geführt wird. Jede beschäftigte Person ist Partner:in, und die Betriebsräte wählen fünf der sieben Mitglieder des Unternehmensvorstands. Die Leistungen für die Beschäftigten (Rente, bezahlter Urlaub, Langzeiturlaub, soziale Aktivitäten) sind großzügig, und die Gewinne des Unternehmens werden in Form einer Prämie ausgeschüttet, die jedes Jahr als Prozentsatz des Gehalts der einzelnen Beschäftigten berechnet wird. Der Bonus beträgt in der Regel zwischen 10 % und 20 % des Gehalts, auch wenn ein erheblicher Teil des Gewinns für zukünftige Investitionen einbehalten wird. John Lewis ist eines der profitabelsten und beständig erfolgreichsten Einzelhandelsunternehmen des Landes.

Im 20. Jahrhundert konkurrierten Beschäftigte, die Sperrholz produzierten, erfolgreich mit traditionellen kapitalistischen Unternehmen in den USA. John Pencavel. 2002. *Worker Participation: Lessons from the Worker Co-ops of the Pacific Northwest*. New York, NY: Russell Sage Foundation Publications.

Die wissensbasierte Wirtschaft bringt neue Formen von Unternehmen hervor, die weder kapitalistisch noch Eigentum der Beschäftigten sind. Tim O'Reilly und Eric S. Raymond. 2001. *The Cathedral & the Bazaar: Musings on Linux and Open Source by an Accidental Revolutionary*. Sebastopol, CA: O'Reilly.

Kooperativen sind wie herkömmliche Unternehmen hierarchisch organisiert, aber die Weisungen, die von der Spitze der Hierarchie erteilt werden, stammen von Personen, die ihren Arbeitsplatz den beschäftigten Eigentümer:innen verdanken. Abgesehen davon bestehen die Hauptunterschiede zwischen konventionellen Unternehmen und Kooperativen darin, dass die Kooperativen weniger Personen im Management und anderes Führungspersonal benötigen, um sicherzustellen, dass die beschäftigten Eigentümer:innen hart und gut arbeiten. Die beschäftigten Eigentümer:innen werden keine nichtstuenden Arbeitskräfte dulden, da diese die Anteile der anderen Beschäftigten schmälern. Die geringere Notwendigkeit, die Beschäftigten zu beaufsichtigen, ist einer der Gründe dafür, dass Kooperativen mindestens genauso viel (wenn nicht sogar mehr) pro Stunde produzieren wie konventionelle Unternehmen.

Auch die Ungleichheit bei Löhnen und Gehältern innerhalb des Unternehmens, zum Beispiel zwischen dem Management und den Beschäftigten in der Produktion, ist in Kooperativen in der Regel geringer als in konventionellen Unternehmen. Außerdem neigen Kooperativen dazu, keine Arbeitskräfte zu entlassen, wenn die Wirtschaft in eine Rezession gerät, und bieten damit ihren beschäftigten Eigentümer:innen eine Art Versicherung (oft werden die Arbeitsstunden aller Arbeitskräfte gekürzt, anstatt einige zu entlassen).

Fallstudien zeigen, dass in diesen ungewöhnlichen Unternehmen, die hauptsächlich den Beschäftigten selbst gehören, die Arbeit intensiver und mit weniger Überwachung erledigt wird. In der jüngeren Geschichte gab es viele Versuche, andere Formen der Unternehmensorganisation zu etablieren, aber die Beschaffung von Mitteln für die Gründung und den Erhalt von Unternehmen, die Eigentum der Beschäftigten sind, ist oft schwierig, da, wie wir in Einheit 10 sehen werden, Banken oft zögern, Geld (außer zu hohen Zinssätzen) an Personen zu verleihen, die nicht vermögend sind.

ÜBUNG 6.8 EINE KOOPERATIVE

In Abbildung 6.1 (Seite 258) haben wir die Agierenden und die Entscheidungsstruktur eines typischen Unternehmens dargestellt.

1. Wie unterscheiden sich diese bei John Lewis Partnership (https://tinyco.re/7059886) und einem typischen Unternehmen?
2. Zeichnen Sie die Abbildung 6.1 neu, um dies darzustellen.

GROSSE ÖKONOMINNEN UND ÖKONOMEN

John Stuart Mill

John Stuart Mill (1806–1873) war einer der bedeutendsten Philosophen und Ökonomen des 19. Jahrhunderts. Sein Buch *On Liberty* (1859) plädiert ähnlich wie Adam Smiths *Wealth of Nations* für die Begrenzung staatlicher Macht und ist bis heute ein einflussreiches Argument für die Freiheit und Privatsphäre des Individuums.

Mill vertrat die Ansicht, dass die Struktur des typischen Unternehmens ein Affront gegen die Freiheit und die individuelle Autonomie sei. In *The Principles of Political Economy* (1848) bezeichnete Mill die Beziehung zwischen den Eigentümer:innen von Unternehmen und den Beschäftigten als unnatürlich: ‚Auf Geheiß und für den Gewinn eines anderen zu arbeiten, ohne jegliches Interesse an der Arbeit … ist selbst bei hohen Löhnen kein befriedigender Zustand für Menschen von gebildeter Intelligenz‘, schrieb er.

Er führte das herkömmliche Verhältnis zwischen Unternehmen und Beschäftigten auf die schlechte Bildung der arbeitenden Klasse zurück und sagte voraus, dass die Verbreitung von Bildung und die politische Ermächtigung der Beschäftigten diese Situation ändern würde:

> Das Verhältnis von Herren und Arbeitern wird allmählich durch die Partnerschaft … vielleicht endlich im Ganzen, die Vereinigung der Arbeiter untereinander ersetzt werden. (*The Principles of Political Economy*, 1848)

Charles Fourier (1772–1837), ein französischer Philosoph, stellte sich eine utopische Welt vor, in der die Menschen in Gemeinschaften von 1600 bis 1800 Personen, sogenannten Phalanxen, leben würden. Fourier stellte sich vor, dass die Angehörigen der Phalanx alle industriellen, handwerklichen und landwirtschaftlichen Tätigkeiten ausübten und hart arbeiteten, weil sie die Aufgaben erledigten, die ihnen Spaß machten. Wer würde die Abwasserkanäle und Toiletten reinigen oder die Gärten düngen? Fourier schlug vor, diese Aufgaben Kindern zu übertragen, die gerne mit Erde spielen! Mitte des 19. Jahrhunderts gab es Dutzende von Phalanxen, allein in den USA mehr als 40.

John Stuart Mill. 2002. *On Liberty* (https://tinyco.re/6454781). Mineola, NY: Dover Publications.

John Stuart Mill. 1994. *Grundsätze der politischen Ökonomie* (https://tinyco.re/9348882). New York: Oxford University Press.

> **ÜBUNG 6.9 HATTE MILL UNRECHT?**
> Warum, glauben Sie, dass Mills Vision einer postkapitalistischen Wirtschaft von Kooperativen noch nicht eingetreten ist?

6.10 PRINZIPALE UND AGENTEN: INTERAKTIONEN BEI UNVOLLSTÄNDIGEN VERTRÄGEN

In der Beziehung zwischen Maria und dem arbeitgebenden Unternehmen ist Marias Arbeitseinsatz für beide Parteien von Bedeutung, wird aber nicht durch den Vertrag abgedeckt. Dies führt zur Existenz von Beschäftigungsrenten. Wären sie in der Lage gewesen, einen vollständigen Vertrag abzuschließen, wäre die Situation ganz anders gewesen. Das Unternehmen hätte ihr einen durchsetzbaren Vertrag anbieten können, in dem sowohl der Lohn als auch das genaue Ausmaß der von ihr zu erbringenden Arbeitsleistung festgelegt worden wären, und wenn diese Bedingungen für sie annehmbar gewesen wären, hätte sie zugestimmt und wie gefordert gearbeitet. Um den Gewinn zu maximieren, hätte das Unternehmen einen Vertrag gewählt, der gerade noch akzeptabel gewesen wäre, sodass sie keine Renten erzielt hätte.

Dieses Beispiel ist nicht ungewöhnlich. In der Praxis werden alle Arbeitsverhältnisse durch unvollständige Verträge geregelt. In Arbeitsverträgen wird oft nicht einmal erwähnt, dass die beschäftigte Person hart und gut arbeiten soll. Und es gibt noch viele andere Formen der Interaktion ohne einen vollständigen Vertrag:

- Menschen und Banken leihen Geld gegen das Versprechen, den vollen Betrag plus die vereinbarten Zinsen zurückzuzahlen. Dies kann jedoch nicht durchsetzbar sein, wenn Darlehensnehmende nicht in der Lage sind, den Betrag zurückzuzahlen.
- Die Eigentümer:innen von Unternehmen möchten, dass das Management den Wert des Vermögens der Eigentümer:innen maximiert, aber die Personen des Managements haben ihre eigenen Ziele (Flugreisen erster Klasse, großzügige Büros), und Managementverträge reichen oft nicht aus, um die Maximierung des Vermögens der Eigentümer:innen durchzusetzen.
- Mietverträge können Klauseln enthalten, die Mietende verpflichten, den Wert der Immobilie zu erhalten. Doch abgesehen von grober Fahrlässigkeit ist die Schuld für die Nichterhaltung der Immobilie nicht einklagbar.
- Versicherungsverträge verlangen, dass die Versicherungsnehmenden sich umsichtig verhalten und versuchen, keine Risiken einzugehen. (Das kann aber in der Regel nicht durchgesetzt werden.)
- Familien wenden einen beträchtlichen Teil ihres Budgets für den Erwerb von Bildungs- und Gesundheitsdienstleistungen auf, deren Qualität nur selten in einem Vertrag festgelegt wird (und die in diesem Fall nicht einklagbar wäre).
- Eltern kümmern sich um ihre Kinder in der Hoffnung, aber ohne vertragliche Zusicherung, dass ihre Kinder sich revanchieren werden, wenn die Eltern alt und arbeitsunfähig sind.

Bei diesen und vielen anderen Austauschbeziehungen scheint Emile Durkheim (1858–1917), der Begründer der modernen Soziologie, Recht zu haben, als er feststellte, dass ‚nicht alles im Vertrag vertraglich geregelt ist'. Wie bereits erwähnt, gibt es in der Regel etwas, das für mindestens eine der Parteien wichtig ist, aber nicht in einem einklagbaren Vertrag festgehalten werden kann.

Warum sind Verträge unvollständig?

Wenn wir über einige Beispiele wirtschaftlicher Interaktionen nachdenken, können wir feststellen, dass es mehrere Gründe für das Fehlen eines vollständigen Vertrags gibt:

- *Informationen sind nicht überprüfbar*: Damit ein Vertrag durchsetzbar ist, müssen die relevanten Informationen für beide Parteien einsehbar, aber auch für Dritte wie Gerichte *überprüfbar* sein. Das Gericht muss in der Lage sein festzustellen, ob die Anforderungen des Vertrages erfüllt wurden oder nicht. Überprüfbare Informationen sind oft nicht verfügbar: So kann es beispielsweise unmöglich sein zu beweisen, ob der schlechte Zustand einer Mietwohnung auf normale Abnutzung oder auf Fahrlässigkeit der Mietenden zurückzuführen ist.
- *Zeit und Ungewissheit*: Ein Vertrag wird in der Regel über einen bestimmten Zeitraum abgeschlossen, zum Beispiel indem festgelegt wird, dass Partei A jetzt X und Partei B später Y tut. Was B später tun soll, kann jedoch von Dingen abhängen, die zum Zeitpunkt des Abschlusses des Vertrags noch nicht bekannt sind. Es ist unwahrscheinlich, dass Menschen in der Lage sind, alle möglichen Dinge, die in der Zukunft passieren könnten, vorherzusehen—und der Versuch, dies zu tun, wäre wahrscheinlich nicht kosteneffizient.
- *Messung*: Viele Dienstleistungen und Waren sind von Natur aus schwer zu messen oder so genau zu beschreiben, dass sie in einen Vertrag aufgenommen werden können. Wie würden die Eigentümer:innen eines Restaurants messen, wie gut das Servicepersonal mit den Gästen umgeht?
- *Abwesenheit einer Justiz*: Bei manchen wirtschaftlichen Transaktionen gibt es keine juristischen Institutionen (Gerichte oder andere zuständige Dritte), die Verträge durchsetzen könnten. Viele internationale Transaktionen sind von dieser Art.
- *Präferenzen*: Selbst wenn die Art der auszutauschenden Waren oder Dienstleistungen einen vollständigeren Vertrag zulassen würde, kann ein weniger vollständiger Vertrag bevorzugt werden. Die aufdringliche Überwachung der Beschäftigten durch die Unternehmen kann nach hinten losgehen, wenn das Misstrauen die Beschäftigten verärgert und zu einer weniger zufriedenstellenden Arbeitsleistung führt. Man will nicht unbedingt die genaue Qualität eines Konzerts kennen, bevor man eine Karte kauft—sie zu entdecken kann Teil des Erlebnisses sein.

Prinzipal–Agent-Modelle

Viele vertragliche Beziehungen lassen sich auf die gleiche Weise modellieren, nämlich als Spiel zwischen zwei Spieler:innen, die wir als Prinzipal und Agent bezeichnen und die sich einem Interessenkonflikt gegenübersehen. Diese werden als **Prinzipal–Agent-Probleme** bezeichnet. Im Fall von Maria und dem Unternehmen ist das Unternehmen der Prinzipal. Es möchte Maria, der potenziell beschäftigten Person, einen Arbeitsvertrag anbieten, und sie möchte den Job annehmen, aber der Umfang der von ihr zu erbringenden Leistung kann im Vertrag nicht festgelegt werden, da er nicht überprüfbar ist. Dies ist ein *Problem*, denn es besteht ein Interessenkonflikt: Das Unternehmen möchte, dass sie hart arbeitet, während Maria ein leichtes Leben bevorzugt.

Prinzipal–Agent-Beziehung Diese Beziehung besteht, wenn eine Partei (der Prinzipal) möchte, dass eine andere Partei (der Agent) auf eine bestimmte Art und Weise handelt oder eine Eigenschaft hat, die im Interesse des Prinzipals liegt und die nicht in einem verbindlichen Vertrag durchgesetzt oder garantiert werden kann. *Siehe auch: unvollständiger Vertrag. Auch bekannt als: Prinzipal-Agent-Problem.*

Unser Modell von Marias Arbeitsverhältnis ist ein Beispiel für eine allgemeine Klasse von Prinzipal–Agent-Modellen, in denen eine Handlung des Agenten vor dem Prinzipal ‚versteckt‘ oder ‚unbeobachtbar‘ ist.

- Der Agent kann eine Handlung vornehmen (zum Beispiel hart arbeiten),
- Der auftraggebende Prinzipal profitiert von dieser Handlung,
- Aber die Handlung ist etwas, was der Agent nicht tun würde, vielleicht weil es kostspielig oder unangenehm ist (dies ist der Interessenkonflikt),
- Und weil die Informationen über die Handlung dem Prinzipal entweder nicht zur Verfügung stehen oder nicht überprüfbar sind,
- Gibt es für den Prinzipal keine Möglichkeit, durch einen einklagbaren Vertrag zu *garantieren*, dass die Handlung ausgeführt wird.

versteckte Aktionen (Problem der)
Dies ist der Fall, wenn eine Handlung einer Tauschpartei nicht bekannt ist oder von der anderen Partei nicht überprüft werden kann. Zum Beispiel kann ein Unternehmen nicht wissen (oder nicht überprüfen), wie hart die eingestellte Person tatsächlich arbeitet. *Auch bekannt als: moralisches Risiko, versteckte Attribute (Problem der).*

Kurz gesagt: Ein **Problem mit versteckten Aktionen** tritt auf, wenn ein Interessenkonflikt zwischen dem auftraggebenden Prinzipal und dem auftragnehmenden Agenten über eine Aktion besteht, die der Agent ausführen darf, und diese Aktion nicht Gegenstand eines vollständigen Vertrags sein kann. Bei diesen Problemen sind die Informationen über die Handlung entweder *asymmetrisch* (der Agent weiß, welche Handlung vorgenommen wird, der Prinzipal jedoch nicht) oder *unüberprüfbar* (sie können von einem Gericht nicht zur Durchsetzung eines Vertrags verwendet werden).

In der Tabelle in Abbildung 6.8 sind die Prinzipale und Agenten in den Beispielen aus diesem Abschnitt aufgeführt.

Prinzipal	Agent	Handlung, die versteckt ist und nicht im Vertrag steht
Unternehmen	Beschäftigte Person	Qualität und Quantität der Arbeit
Bank	Kreditnehmende Person	Rückzahlung von Krediten, umsichtiges Verhalten
Eigentümer:innen	Manager:innen	Maximierung des Gewinns der Eigentümer:innen
Vermietende Person	Mietende Person	Pflege der Wohnung
Versicherungsgesellschaft	Versicherte Person	Umsichtiges Verhalten
Eltern	Lehrpersonal/ Ärztinnen und Ärzte	Qualität des Unterrichts und der Pflege
Eltern	Kinder	Pflege im Alter

Abbildung 6.8 Probleme der versteckten Aktionen.

In Einheit 10 untersuchen wir das Prinzipal–Agent-Modell für Banken und kreditnehmende Personen. In Einheit 12 werden wir die zweite Hauptklasse von Prinzipal–Agent-Modellen einführen, bei denen nicht die Handlung des Agenten nicht vertraglich vereinbart werden kann (versteckte Aktion), sondern etwas über den Agenten selbst, das dem Prinzipal unbekannt ist (versteckte Attribute).

ÜBUNG 6.10 PRINZIPAL–AGENT-BEZIEHUNGEN

Erläutern Sie für jedes der folgenden Beispiele, wer der Prinzipal und wer der Agent ist und welche Aspekte ihrer Interaktion für beide von Interesse sind und nicht durch einen vollständigen Vertrag abgedeckt werden.

1. Ein Unternehmen stellt Sicherheitspersonal ein, das das Gelände des Unternehmens nachts bewacht.
2. Eine Wohltätigkeitsorganisation möchte eine Forschungsarbeit in Auftrag geben, um so viel wie möglich über einen neuen Virus herauszufinden.

6.11 SCHLUSSFOLGERUNG

Die Produkte der Arbeit von Menschen können auf Märkten oder innerhalb von Unternehmen durch Arbeitsverträge an andere weitergegeben werden. Um die Rolle des Unternehmens zu verstehen, betrachten wir es nicht nur als aktiven Teil der Wirtschaft, sondern auch als eine Bühne, auf der drei Gruppen (Eigentümer:innen, das Management und Beschäftigte) interagieren. Prinzipal–Agent-Modelle helfen uns zu verstehen, wie Unternehmen funktionieren, indem sie die Folgen der Interessenkonflikte zwischen den Parteien aufzeigen, wenn diese nicht durch vollständige Verträge gelöst werden können.

Arbeitsverträge sind unvollständig: Sie können sich auf die Arbeitszeit und einige Arbeitsbedingungen beziehen, nicht aber auf die von den Beschäftigten geleistete Arbeit, die nicht nachweisbar ist. Daher legen die Unternehmen Löhne fest, die über den Reservationslöhnen der Beschäftigten liegen. Die Beschäftigten erhalten eine Beschäftigungsrente, die sie motiviert, hart zu arbeiten, und sie davon abhält zu kündigen. Wenn alle Unternehmen ihre Löhne auf diese Weise festsetzen, kommt es in der Wirtschaft zu unfreiwilliger Arbeitslosigkeit. Öffentliche Maßnahmen wie die Gewährung von Arbeitslosengeld verändern die Reservationslöhne der Beschäftigten sowie die Beste-Antwort-Funktion und beeinflussen so den Lohnsetzungsprozess.

In Einheit 6 eingeführte Konzepte

Bevor Sie fortfahren, sollten Sie diese Definitionen wiederholen:

- Arbeitsteilung
- Trennung von Eigentum und Kontrolle
- Unternehmensspezifische Vermögenswerte
- Unvollständiger Vertrag
- Beschäftigungsrente
- Reservationslohn
- Beste-Antwort-Funktion der beschäftigten Person
- Unfreiwillige Arbeitslosigkeit
- Asymmetrische Informationen
- Überprüfbare Informationen
- Prinzipal–Agent-Beziehung

ÜBERPRÜFBARE INFORMATIONEN, ASYMMETRISCHE INFORMATIONEN

Informationen sind überprüfbar, wenn sie vor Gericht verwendet werden können, um einen Vertrag durchzusetzen. Nicht überprüfbare Informationen, zum Beispiel vom Hörensagen, können nicht zur Durchsetzung von Verträgen verwendet werden.

Informationen, die einer Partei bekannt sind, einer anderen aber nicht, sind asymmetrisch.

6.12 QUELLEN

Bewley, Truman F. 1999. *Why Wages Don't Fall during a Recession*. Cambridge, MA: Harvard University Press.

Braverman, Harry, und Paul M. Sweezy. 1975. *Labor and Monopoly Capital: The Degradation of Work in the Twentieth Century*, 2nd ed. New York, NY: Monthly Review Press.

Coase, Ronald H. 1937. 'The Nature of the Firm' (https://tinyco.re/4250905). *Economica* 4 (16): pp. 386–405.

Coase, Ronald H. 1992. 'The Institutional Structure of Production' (https://tinyco.re/1636715). *American Economic Review* 82 (4): pp. 713–19.

Couch, Kenneth A., und Dana W. Placzek. 2010. 'Earnings Losses of Displaced Workers Revisited'. *American Economic Review* 100 (1): pp. 572–589.

Ehrenreich, Barbara. 2011. *Nickel and Dimed: On (Not) Getting By in America*. New York, NY: St. Martin's Press.

Hansmann, Henry. 2000. *The Ownership of Enterprise*. Cambridge, MA: Belknap Press.

Helper, Susan, Morris Kleiner, und Yingchun Wang. 2010. 'Analyzing Compensation Methods in Manufacturing: Piece Rates, Time Rates, or Gain-Sharing?' (https://tinyco.re/4437027). NBER Working Papers No. 16540, National Bureau of Economic Research, Inc.

Jacobson, Louis, Robert J. Lalonde, und Daniel G. Sullivan. 1993. 'Earnings Losses of Displaced Workers'. *The American Economic Review* 83 (4): pp. 685–709.

Kletzer, Lori G. 1998. 'Job Displacement' (https://tinyco.re/8577746). *Journal of Economic Perspectives* 12 (1): pp. 115–136.

Kroszner, Randall S., und Louis Putterman (editors). 2009. *The Economic Nature of the Firm: A Reader*, 3rd ed. Cambridge: Cambridge University Press.

Krueger, Alan B., und Alexandre Mas. 2004. 'Strikes, Scabs, and Tread Separations: Labor Strife and the Production of Defective Bridgestone/Firestone Tires'. *Journal of Political Economy* 112 (2): pp. 253–289.

Lazear, Edward P., Kathryn L. Shaw, und Christopher Stanton. 2016. 'Making Do with Less: Working Harder during Recessions'. *Journal of Labor Economics* 34 (S1 Part 2): pp. 333–360.

Marx, Karl. 1906. *Capital: A Critique of Political Economy* (https://tinyco.re/9166776). New York, NY: Random House.

Marx, Karl. 2010. *The Communist Manifesto* (https://tinyco.re/0155765). London: Arcturus Publishing.

Micklethwait, John, und Adrian Wooldridge. 2003. *The Company: A Short History of a Revolutionary Idea*. New York, NY: Modern Library.

Mill, John Stuart. 1994. *Principles of Political Economy* (https://tinyco.re/9348882). New York: Oxford University Press.

Mill, John Stuart. 2002. *On Liberty* (https://tinyco.re/6454781). Mineola, NY: Dover Publications.

O'Reilly, Tim, und Eric S. Raymond. 2001. *The Cathedral & the Bazaar: Musings on Linux and Open Source by an Accidental Revolutionary*. Sebastopol, CA: O'Reilly.

Pencavel, John. 2002. *Worker Participation: Lessons from the Worker Co-ops of the Pacific Northwest*. New York, NY: Russell Sage Foundation Publications.

Simon, Herbert A. 1951. 'A Formal Theory of the Employment Relationship' (https://tinyco.re/0460792). *Econometrica* 19 (3).

Simon, Herbert A. 1991. 'Organizations and Markets' (https://tinyco.re/2460377). *Journal of Economic Perspectives* 5 (2): pp. 25–44.

Toynbee, Polly. 2003. *Hard Work: Life in Low-pay Britain*. London: Bloomsbury Publishing.

Williamson, Oliver E. 1985. *The Economic Institutions of Capitalism*. New York, NY: Collier Macmillan.

DAS UNTERNEHMEN UND SEINE KUNDSCHAFT

Ford Werbung

WIE EIN UNTERNEHMEN, DAS EIN DIFFERENZIERTES GUT PRODUZIERT, SEINE GEWINNE MAXIMIERT UND MIT SEINER KUNDSCHAFT INTERAGIERT

- Unternehmen, die differenzierte Produkte herstellen, wählen den Preis, um ihren Gewinn zu maximieren, wobei sie die Nachfragekurve und die Kostenfunktion berücksichtigen.
- Technologie- und Kostenvorteile der Massenproduktion begünstigen große Unternehmen.
- Die Reaktion der Verbrauchenden auf eine Preisänderung wird durch die Elastizität der Nachfrage gemessen, die sich auf den Preis und die Gewinnmarge des Unternehmens auswirkt.
- Der Nutzen aus dem Handel wird zwischen den Verbrauchenden und den Eigentümer:innen des Unternehmens aufgeteilt. Aber Preise über den Grenzkosten führen zu Marktversagen und Wohlfahrtsverlusten.
- Unternehmen können ihren Gewinn durch Produktauswahl und Werbung steigern. Diejenigen mit weniger Konkurrenz können höhere Gewinnmargen und Monopolrenten erzielen.
- Politische Entscheidungsträger:innen berücksichtigen Elastizitäten der Nachfrage, um die Steuerpolitik zu gestalten und die Marktmacht der Unternehmen durch Wettbewerbspolitik zu verringern.

Ernst F. Schumachers 1973 veröffentlichtes Buch *Small is Beautiful* plädierte für die Produktion in kleinem Maßstab durch Einzelpersonen und Gruppen in einem Wirtschaftssystem, welches die Zufriedenheit und nicht den Gewinn in den Vordergrund stellt. Im Jahr der Veröffentlichung des Buches beschäftigten die Unternehmen Intel und FedEx in den USA jeweils nur einige tausend Personen. Fünfzig Jahre später beschäftigte Intel rund 110 000 Personen und FedEx mehr als 245 000. Walmart hatte 1973 rund 3500 Beschäftigte. Im Jahr 2021 beschäftigte es 2,3 Millionen.

Die meisten Unternehmen sind viel kleiner als Walmart, aber in allen reichen Volkswirtschaften arbeiten die meisten Menschen für große Unternehmen. In den USA arbeiten 52 % der in der Privatwirtschaft

Ernst F. Schumacher. 1973. *Small Is Beautiful: Economics as If People Mattered* (https://tinyco.re/3749799). New York, NY: HarperCollins. Hinweis: Link nur zu den ersten 80 Seiten.

Jack Cohen, der Gründer von Tesco, begann als Händler auf einem Straßenmarkt im East End von London. Die Händler:innen versammelten sich jeden Tag im Morgengrauen und rannten auf ein Signal hin zu ihrem bevorzugten Standplatz, dem sogenannten Pitch. Cohen perfektionierte die Technik, seine Mütze zu werfen, um sich den begehrtesten Platz zu sichern. In den 1950er Jahren begann Cohen mit der Eröffnung von Supermärkten nach US-amerikanischem Vorbild und passte sich schnell an diese neue Betriebsform an. Tesco wurde 1995 zum marktführenden Unternehmen im Vereinigten Königreich und beschäftigt heute fast eine halbe Million Menschen in Europa und Asien.

Die heutige Preisstrategie von Tesco zielt darauf ab, alle Segmente des Marktes anzusprechen, indem einige der Eigenmarkenprodukte als „Finest" und andere als „Value" gekennzeichnet werden. Das BBC Money Programme fasste die drei Tesco-Gebote wie folgt zusammen: „Überall sein", „alles verkaufen" und „an jeden verkaufen".

beschäftigten Personen in Unternehmen mit mindestens 500 Beschäftigten. Unternehmen wachsen, weil ihre Eigentümer:innen höhere Gewinne erzielen können, wenn sie expandieren, und Menschen mit Kapitel zum Investieren erhalten höhere Renditen, wenn sie Aktien in großen Unternehmen besitzen. Außerdem werden die Beschäftigten in großen Unternehmen besser bezahlt. Abbildung 7.1 zeigt das Wachstum einiger sehr erfolgreicher US-Unternehmen.

Welche Strategien können Unternehmen anwenden, um zu wachsen wie die Unternehmen in Abbildung 7.1? Die Geschichte des britischen Einzelhandelsunternehmens Tesco, das 1919 von Jack Cohen gegründet wurde, legt eine Antwort nahe.

„Hoch aufstapeln und billig verkaufen", das war Jack Cohens Motto. Er begann als Straßenhändler im East End von London und eröffnete 10 Jahre später sein erstes Geschäft. Heute wird jedes neunte Pfund, das im Vereinigten Königreich in einem Geschäft ausgegeben wird, in einer Tesco-Filiale ausgegeben, und in den 1990er Jahren expandierte das Unternehmen weltweit. Im Jahr 2014 verzeichnete Tesco höhere Gewinne als jedes andere Einzelhandelsunternehmen der Welt, mit Ausnahme von Walmart. Den Preis niedrig zu halten, wie Cohen es empfohlen hat, ist eine mögliche Strategie für ein Unternehmen, das seine Gewinne maximieren will: Auch wenn der Gewinn bei jedem einzelnen Artikel gering ist, kann der niedrige Preis eine so große Kundschaft anziehen, dass der Gesamtgewinn hoch ist.

Andere Unternehmen verfolgen ganz andere Strategien. Apple setzt hohe Preise für iPhones und iPads fest und steigert seine Gewinne durch einen hohen Preisaufschlag; anstatt die Preise zu senken, um eine größere Kundschaft zu erreichen. Zwischen April 2010 und März 2012 lag der Gewinn pro Apple iPhone beispielsweise zwischen 49 % und 58 % des Preises. Im gleichen Zeitraum lag der Betriebsgewinn pro verkauftem Produkt bei Tesco zwischen 6,0 % und 6,5 %.

Der Erfolg eines Unternehmens hängt nicht nur vom richtigen Preis ab. Es kommt auf die Produktauswahl und die Fähigkeit an, die Kundschaft anzuziehen, zu niedrigeren Kosten und in höherer Qualität als die Konkurrenz zu produzieren. Sie müssen auch in der Lage sein, Beschäftigte zu rekrutieren und zu halten, die all diese Dinge verwirklichen können.

Abbildung 7.2 veranschaulicht die wichtigsten Entscheidungen, die ein Unternehmen trifft. In dieser Einheit werden wir uns besonders darauf konzentrieren, wie ein Unternehmen den Preis für ein Produkt und die zu produzierende Menge festlegt. Dies hängt von der Nachfrage, das heißt der Zahlungsbereitschaft der Verbrauchenden, und den Produktionskosten ab.

Die Nachfrage nach einem Produkt hängt von seinem Preis ab, und die Produktionskosten können davon abhängen, wie viele Einheiten produziert werden. Ein Unternehmen kann jedoch sowohl die Nachfrage der Verbrauchenden als auch die Kosten auf andere Weise als durch Preis und Menge aktiv beeinflussen. Wie wir in Einheit 2 gesehen haben, kann Innovation zu neuen und attraktiven Produkten oder zu niedrigeren Produktionskosten führen. Wenn das Unternehmen erfolgreich innovieren kann, kann es ökonomische Renten erzielen—zumindest kurzfristig, bis andere aufholen. Weitere Innovationen können erforderlich sein, wenn das Unternehmen seinen Vorsprung halten will. Werbung kann die Nachfrage steigern. Und wie wir in Einheit 6 gesehen haben, legt das Unternehmen den Lohn fest, der ein wichtiger Bestandteil der Kosten ist. Wie wir in späteren Einheiten sehen werden, versucht das Unternehmen auch Steuern und Umweltvorschriften zu beeinflussen, um seine Produktionskosten zu senken.

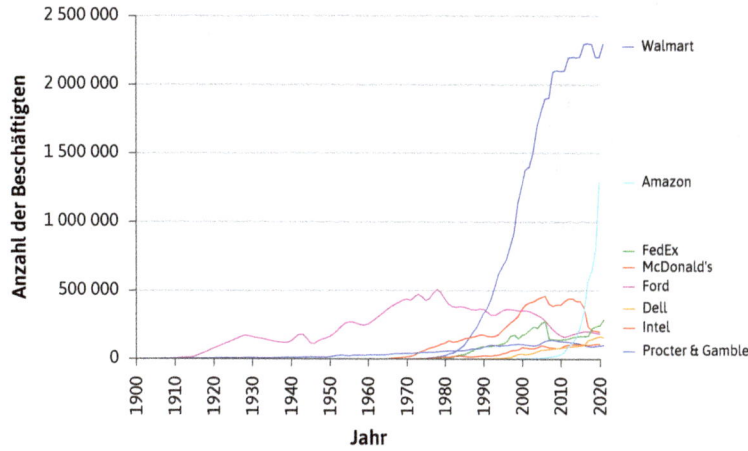

Diese Daten bei OWiD anzeigen
https://tinyco.re/8927352

Erzo G. J. Luttmer. 2011. ‚On the Mechanics of Firm Growth'. The Review of Economic Studies 78 (3): pp. 1042–68.

Abbildung 7.1 Unternehmensgröße in den USA: Zahl der Beschäftigten (1900–2021).

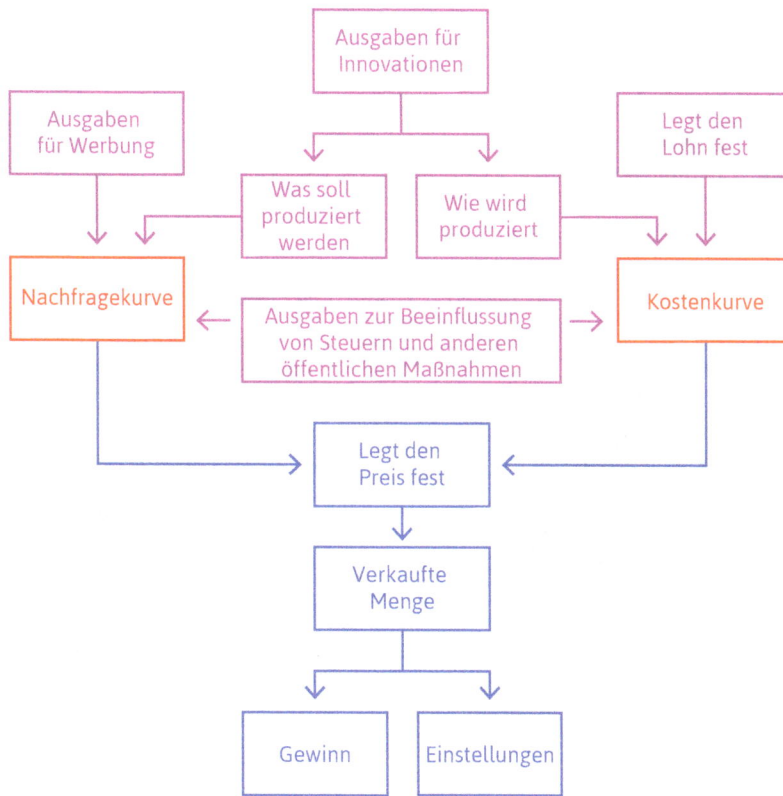

Abbildung 7.2 Die Entscheidungen des Unternehmens.

7.1 DER RICHTIGE PREIS FÜR FRÜHSTÜCKSFLOCKEN

Nachfragekurve Die Kurve, die die Menge angibt, welche die Verbraucher:innen bei jedem möglichen Preis kaufen werden.

Um zu entscheiden, welchen Preis ein Unternehmen verlangen soll, benötigt es Informationen über die Nachfrage: Wie viele potenziell verbrauchende Personen sind bereit, für das Produkt einen bestimmten Preis zahlen. Abbildung 7.3 zeigt die **Nachfragekurve** für Apfel-Zimt Cheerios, ein verzehrfertiges Frühstücksmüsli, das 1989 von der Firma General Mills eingeführt wurde. Der Ökonom Jerry Hausman hat 1996 anhand von Daten über den wöchentlichen Verkauf von Frühstücksflocken für Familien in US-amerikanischen Städten geschätzt, wie die wöchentliche Menge an Frühstücksflocken, die die Kundschaft in einer typischen Stadt kaufen möchte, mit dem Preis pro Pfund (1 kg entspricht 2,2 Pfund) variiert. Aus Abbildung 7.3 geht beispielsweise hervor, dass die Kundschaft bei einem Preis von 3 USD 25 000 Pfund Apfel-Zimt Cheerios nachfragen würde. Bei den meisten Produkten gilt: Je niedriger der Preis, desto größer die Kundschaft, die das Produkt kaufen möchte.

WIE ÖKONOMINNEN UND ÖKONOMEN AUS FAKTEN LERNEN

Schätzung von Nachfragekurven anhand von Umfragen

Jerry Hausman verwendete Daten über die Käufe von Frühstücksflocken, um die Nachfragekurve für Apfel-Zimt Cheerios zu schätzen. Für Unternehmen, die vollständig neue Produkte einführen, eignet sich besonders eine andere Methode: eine Umfrage unter Verbrauchenden. Nehmen wir an, Sie wollten die potenzielle Nachfrage nach Weltraumtourismus untersuchen. Sie könnten versuchen, potenzielle Verbrauchende zu befragen:

„Wie viel wären Sie bereit, für einen 10-minütigen Flug ins All zu bezahlen?"

Aber es könnte den befragten Personen schwer fallen, sich zu entscheiden. Oder schlimmer noch, sie könnten lügen, wenn sie glauben, dass ihre Antwort den Preis beeinflussen wird, der letztendlich verlangt wird. Eine bessere Möglichkeit, die tatsächliche Zahlungsbereitschaft herauszufinden, wäre die Frage:

„Wären Sie bereit, 1000 USD für einen 10-minütigen Flug ins All zu zahlen?"

Das wurde 2011 genauso gemacht, und jetzt kennen wir die Nachfrage nach einem Weltraumflug.

Unabhängig davon, ob es sich bei dem Produkt um Frühstücksflocken oder einen Raumflug handelt, ist die Methode dieselbe. Wenn Sie die Preise in der Frage variieren und eine große Zahl von Personen befragen, können Sie den Anteil der Personen schätzen, die bereit sind, einen bestimmten Preis zu zahlen. Auf diese Weise kann man die gesamte Nachfragekurve schätzen.

‚Willingness to Pay for a Flight in Space' (https://tinyco.re/7817145). Statista. Aktualisiert am 20. Oktober 2011.

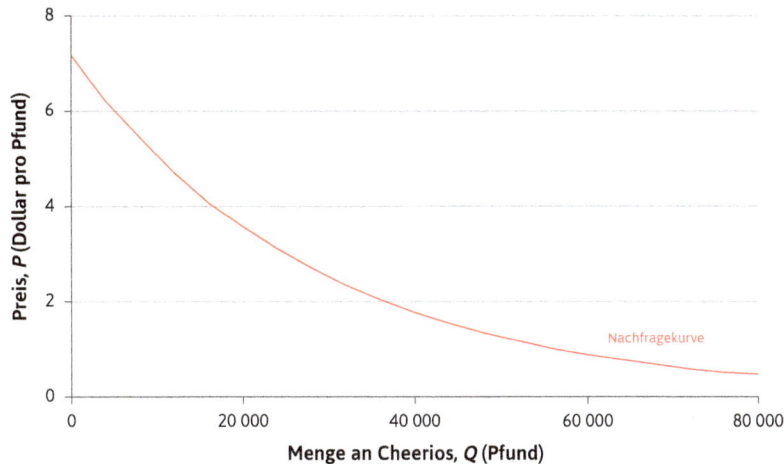

Angepasst von Abbildung 5.2 in Jerry A. Hausman. 1996. ,Valuation of New Goods under Perfect and Imperfect Competition' (https://tinyco.re/1626988). In *The Economics of New Goods*, pp. 207–248. Chicago, IL: University of Chicago Press.

Abbildung 7.3 Geschätzte Nachfrage nach Apfel-Zimt Cheerios.

Wenn Sie im Management von General Mills arbeiten würden, wie würden Sie den Preis für Apfel-Zimt Cheerios in dieser Stadt festlegen, und wie viele Pfund Frühstücksflocken würden Sie produzieren?

Sie müssen berücksichtigen, wie sich diese Entscheidung auf Ihren Gewinn (die Differenz zwischen den Verkaufserlösen und den Produktionskosten) auswirken wird. Nehmen wir an, die Stückkosten (die Kosten für die Produktion jedes Pfunds) der Apfel-Zimt Cheerios betragen 2 USD. Um Ihren Gewinn zu maximieren, sollten Sie genau die Menge produzieren, die Sie voraussichtlich verkaufen werden (und nicht mehr). Dann sind Einnahmen, Kosten und Gewinn gegeben durch:

$$\begin{aligned}
\text{Gesamtkosten} &= \text{Stückkosten} \times \text{Menge} \\
&= 2 \times Q \\
\text{Gesamterlös} &= \text{Preis} \times \text{Menge} \\
&= P \times Q \\
\text{Gewinn} &= \text{Gesamterlös} - \text{Gesamtkosten} \\
&= P \times Q - 2 \times Q
\end{aligned}$$

Wir haben also eine Formel für den Gewinn:

$$\text{Gewinn} = (P - 2) \times Q$$

Mit dieser Formel kann man den Gewinn für jede beliebige Preis- und Mengenkombination berechnen und die Isogewinnkurven zeichnen, wie in Abbildung 7.4 dargestellt. So, wie Indifferenzkurven der geometrische Ort aller Güterbündel sind, die den gleichen Nutzen ergeben, verbinden Isogewinnkurven Punkte (Kombinationen von Preise und Menge), die den gleichen Gesamtgewinn ergeben. Wir können uns die Isogewinnkurven als Indifferenzkurven des Unternehmens vorstellen: Das Unternehmen ist indifferent zwischen Preis- und Mengenkombinationen, die den gleichen Gewinn ergeben.

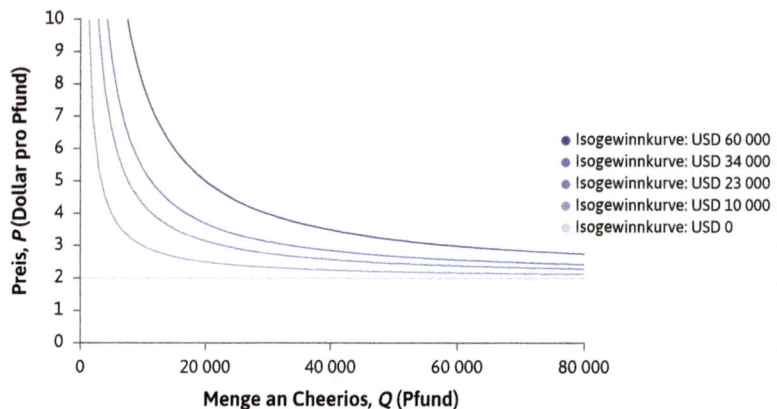

Abbildung 7.4 Isogewinnkurven für die Produktion von Apfel-Zimt Cheerios. Hinweis: Der Verlauf der Kurven dient nur zur Veranschaulichung und spiegelt nicht die tatsächliche Rentabilität des Produkts wider.

1. Isogewinnkurven

Das Diagramm zeigt eine Reihe von Isogewinnkurven für Cheerios.

2. Isogewinnkurve: 60 000 USD

Sie könnten 60 000 USD Gewinn machen, wenn Sie 60 000 Pfund zu einem Preis von 3 USD verkaufen, oder 20 000 Pfund zu 5 USD, oder 10 000 Pfund zu 8 USD, oder auf viele andere Arten. Die Kurve zeigt alle möglichen Wege, 60 000 USD Gewinn zu erzielen.

3. Isogewinnkurve: 34 000 USD

Die Isogewinnkurve für 34 000 USD zeigt alle Kombinationen von P und Q, für die der Gewinn gleich 34 000 USD ist.

4. Isogewinnkurve: 23 000 USD

Die Isogewinnkurven, die näher am Ursprung liegen, entsprechen niedrigeren Gewinnniveaus.

5. Isogewinnkurve: 10 000 USD

Die Kosten für jedes Pfund Cheerios betragen 2 USD, also ist der Gewinn = $(P - 2) \times Q$. Das bedeutet, dass die Isogewinnkurven fallend sind. Um einen Gewinn von 10 000 USD zu erzielen, müsste P sehr hoch sein, wenn Q weniger als 8000 beträgt. Aber wenn $Q = 80 000$ ist, könnte man diesen Gewinn mit einem niedrigen P erzielen.

6. Null Gewinn

Die horizontale Linie zeigt, bei welcher Preis- und Mengenwahl der Gewinn gleich Null ist: Wenn Sie einen Preis von 2 USD festlegen, würden Sie jedes Pfund Frühstücksflocken für genau den Preis verkaufen, den es kostet.

FRAGE 7.1 WÄHLEN SIE DIE RICHTIGE(N) ANTWORT(EN)

Die Produktionskosten eines Unternehmens betragen 12 GBP pro produzierter Einheit. Wenn P der Preis des Outputs und Q die Anzahl der produzierten Einheiten ist, welche der folgenden Aussagen ist richtig?

☐ Der Punkt $(Q, P) = (2000, 20)$ liegt auf der Isogewinnkurve, die das Gewinnniveau 20 000 GBP darstellt.

☐ Der Punkt $(Q, P) = (2000, 20)$ liegt auf einer niedrigeren Isogewinnkurve als der Punkt $(Q, P) = (1200, 24)$.

☐ Die Punkte $(Q, P) = (2000, 20)$ und $(4000, 16)$ liegen auf der gleichen Isogewinnkurve.

☐ Der Punkt $(Q, P) = (5000, 12)$ liegt auf keiner Isogewinnkurve.

FRAGE 7.2 WÄHLEN SIE DIE RICHTIGE(N) ANTWORT(EN)

Betrachten wir ein Unternehmen, dessen Stückkosten (die Kosten für die Produktion einer Einheit) auf allen Produktionsniveaus gleich sind. Welche der folgenden Aussagen sind richtig?

☐ Jede Isogewinnkurve stellt den Gewinn des Unternehmens für verschiedene Outputmengen bei einem bestimmten Preis dar.

☐ Isogewinnkurven können bei hohen Gewinnniveaus steigend sein.

☐ Jede Preis-Mengen-Kombination liegt auf einer Isogewinnkurve.

☐ Isogewinnkurven verlaufen fallend, wenn der Preis über den Kosten pro Einheit liegt.

Um einen hohen Gewinn zu erzielen, möchten Sie sowohl den Preis als auch die Menge so hoch wie möglich ansetzen, aber Sie sind durch die Nachfragekurve beschränkt. Wenn Sie einen hohen Preis wählen, können Sie nur eine kleine Menge verkaufen; und wenn Sie eine große Menge verkaufen wollen, müssen Sie einen niedrigen Preis wählen.

Die Nachfragekurve bestimmt, was realisierbar ist. Abbildung 7.5a zeigt die Isogewinnkurven und die Nachfragekurve zusammen. Sie stehen vor einem ähnlichen Problem wie Alexei, der Student in Einheit 3, der den Punkt in seiner realisierbaren Menge wählen wollte, an dem sein Nutzen maximiert wurde. Sie wollen eine machbare Preis- und Mengenkombination wählen, die Ihren Gewinn maximiert.

Ihre beste Strategie ist die Wahl von Punkt E in Abbildung 7.5a: Sie sollten 14 000 Pfund Getreide produzieren und es zu einem Preis von 4,40 USD pro Pfund verkaufen und dabei 34 000 USD Gewinn machen. Genau wie im Fall von Alexei in Einheit 3 müssen Sie bei der optimalen Kombination aus Preis und Menge zwei Trade-Offs eingehen. Wir gehen davon aus, dass Sie als Teil des Managements den Gewinn und nicht eine bestimmte Kombination aus Preis und Menge im Auge haben.

- Die Isogewinnkurven ist vergleichbar mit den Indifferenzkurven von Alexei, und ihre Steigung an jedem Punkt stellt den Trade-Off dar, den Sie zwischen P und Q einzugehen bereit sind—Ihre **GRS**. Sie wären bereit, einen hohen Preis durch eine geringere Menge zu ersetzen, wenn Sie damit den gleichen Gewinn erzielen würden.

- Die Steigung der Nachfragekurve ist der Trade-Off, den Sie eingehen müssen—Ihre **GRT**, oder die Rate, mit der die Nachfragekurve es Ihnen erlaubt, die Menge in den Preis zu „transformieren". Sie können den Preis nicht erhöhen, ohne die Menge zu senken, da weniger Verbrauchende ein teureres Produkt kaufen werden.

Die Vor- und Nachteile gleichen sich bei der gewinnmaximierenden Wahl von P und Q aus.

Das Management von General Mills hat wahrscheinlich nicht in dieser Art über die Entscheidung nachgedacht.

Vielleicht wurde der Preis eher nach dem Prinzip „trial and error" auf der Grundlage früherer Erfahrungen und Marktforschung gewählt. Wir gehen jedoch davon aus, dass ein Unternehmen irgendwie zu einem gewinnmaximierenden Preis und einer gewinnmaximierenden Menge finden wird. Der Zweck unserer Analyse besteht nicht darin, den Denkprozess des Managements zu modellieren, sondern das Ergebnis und seine Beziehung zu den Kosten des Unternehmens und den Verbrauchenden zu verstehen.

Grenzrate der Substitution (GRS) Der Trade-Off, den eine Person zwischen zwei Gütern einzugehen bereit ist. Dies die Steigung der Indifferenzkurve an jedem Punkt. *Siehe auch: Grenzrate der Transformation.*

Grenzrate der Transformation (GRT) Die Menge eines Gutes, die geopfert werden muss, um eine zusätzliche Einheit eines anderen Gutes zu erwerben. Sie ist die Steigung der Machbarkeitsgrenze an jedem Punkt. *Siehe auch: Grenzrate der Substitution.*

Daten der Nachfragekurve von Jerry A. Hausman. 1996. ‚Valuation of New Goods under Perfect and Imperfect Competition'. In *The Economics of New Goods*, pp. 207–248. Chicago, IL: University of Chicago Press.

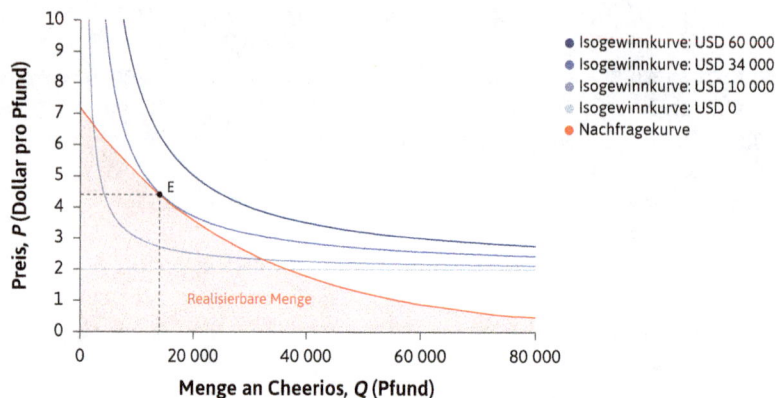

Abbildung 7.5a Die gewinnmaximierende Wahl von Preis und Menge für Apfel-Zimt Cheerios.

1. Die gewinnmaximierende Wahl

Das Management möchte eine Kombination von P und Q auf der höchstmöglichen Isogewinnkurve in der realisierbaren Menge wählen.

2. Nullgewinn

Die horizontale Linie zeigt die Wahl von Preis und Menge, bei der der Gewinn gleich Null ist: Wenn Sie einen Preis von 2 USD festlegen, würden Sie jedes Pfund Frühstücksflocken für genau den Preis verkaufen, den es herzustellen kostet.

3. Gewinnmaximierende Entscheidungen

Sie wählen einen Preis und eine Menge wählen, die einem Punkt auf der Nachfragekurve entsprechen. Jeder Punkt unterhalb der Nachfragekurve wäre realisierbar, zum Beispiel der Verkauf von 8000 Pfund Getreide zu einem Preis von 3 USD, aber Sie würden mehr Gewinn machen, wenn Sie den Preis erhöhen.

4. Gewinnmaximierung bei E

Sie erreichen die höchstmögliche Isogewinnkurve und bleiben dabei in der realisierbaren Menge, indem Sie den Punkt E wählen, an dem die Nachfragekurve eine Isogewinnkurve tangiert. Das Management sollte also $P = 4{,}40$ USD und $Q = 14\,000$ Pfund wählen.

Selbst aus der Sicht von Ökonominnen und Ökonomen gibt es andere Möglichkeiten, über Gewinnmaximierung nachzudenken. Das untere Feld der Abbildung 7.5b zeigt, wie viel Gewinn an jedem Punkt der Nachfragekurve erzielt werden würde.

Das Diagramm im unteren Feld ist die Gewinnfunktion: Sie zeigt den Gewinn, den Sie erzielen würden, wenn Sie sich dafür entscheiden würden, eine Menge Q zu produzieren und den höchsten Preis festzulegen, der es Ihnen ermöglichen würde, diese Menge gemäß der Nachfragefunktion zu verkaufen. Und sie sagt uns wiederum, dass Sie den maximalen Gewinn von 34 000 USD mit $Q = 14\,000$ Pfund Frückstücksflocken erzielen würden.

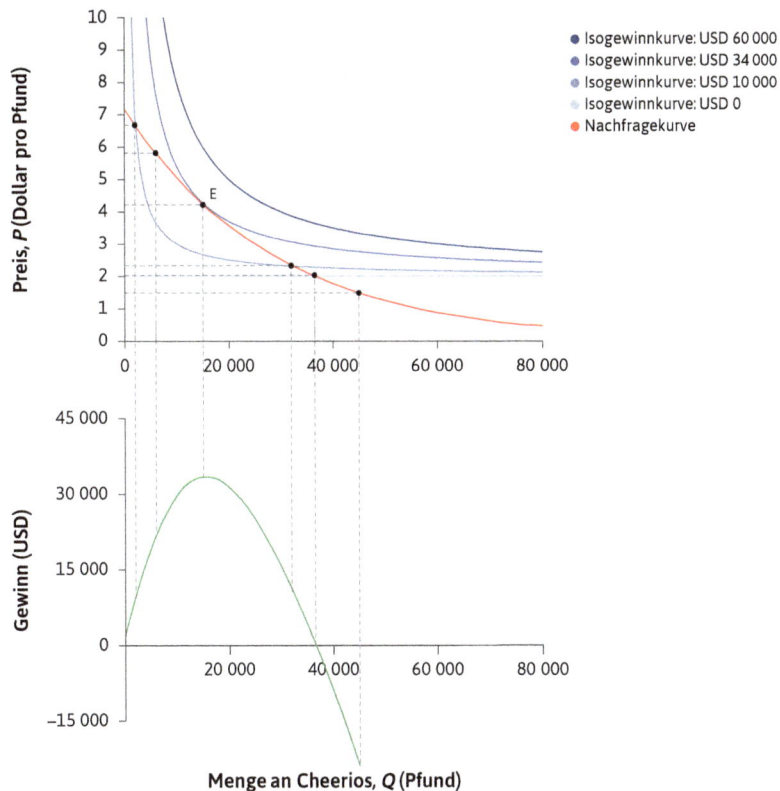

- ● Isogewinnkurve: USD 60 000
- ● Isogewinnkurve: USD 34 000
- ● Isogewinnkurve: USD 10 000
- ○ Isogewinnkurve: USD 0
- ● Nachfragekurve

Daten von Jerry A. Hausman. 1996. ‚Valuation of New Goods under Perfect and Imperfect Competition' (https://tinyco.re/1626988). In *The Economics of New Goods*, pp. 207–248. Chicago, IL: University of Chicago Press.

Abbildung 7.5b Die gewinnmaximierende Wahl des Preises und der Menge für Apfel-Zimt Cheerios.

1. Die Gewinnfunktion
Das Unternehmen kann den Gewinn an jedem Punkt der Nachfragekurve berechnen.

2. Gewinn bei geringen Mengen
Wenn die Menge niedrig ist, ist auch der Gewinn niedrig.

3. Steigende Gewinne
Mit zunehmender Menge steigt der Gewinn, bis...

4. Maximale Gewinne
... der Gewinn ein Maximum bei E erreicht.

5. Sinkende Gewinne
Jenseits von E sinkt der Gewinn.

6. Nullgewinn
Der Gewinn fällt auf Null, wenn der Preis gleich den Kosten pro Einheit ist, also 2 USD.

7. Negative Gewinne
Um eine sehr große Menge zu verkaufen, müsste der Preis niedriger sein als die Kosten pro Einheit, sodass der Gewinn negativ wäre.

FRAGE 7.3 WÄHLEN SIE DIE RICHTIGE(N) ANTWORT(EN)

Die Tabelle stellt die Marktnachfrage Q nach einem Gut zu verschiedenen Preisen P dar.

Q	100	200	300	400	500	600	700	800	900	1000
P in GBP	270	240	210	180	150	120	90	60	30	0

Die Produktionskosten pro Einheit des Unternehmens betragen 60 GBP. Welche der folgenden Aussagen ist richtig?

☐ Bei $Q = 100$ beträgt der Gewinn des Unternehmens 20 000 GBP.
☐ Die gewinnmaximierende Menge ist $Q = 400$.
☐ Der maximal zu erzielende Gewinn beträgt 50 000 GBP.
☐ Das Unternehmen macht bei allen Mengen von 800 und mehr einen Verlust.

ÜBUNG 7.1 VERÄNDERUNGEN AUF DEM MARKT

Zeichnen Sie Diagramme, die zeigen, wie sich die Kurven in Abbildung 7.5a in jedem der folgenden Fälle ändern würden:

1. Ein konkurrierendes Unternehmen, das ein ähnliches Produkt herstellt, senkt die Preise.
2. Die Kosten für die Produktion von Apfel-Zimt Cheerios steigen auf 3 USD pro Pfund.
3. Eine vielbeachtete Studie der Regierung zeigt, dass die Produkte von General Mills gesünder sind als andere Frühstücksflocken.

Um das Skizzieren der Kurven zu erleichtern, nehmen Sie an, dass die Nachfragekurve linear ist. Können Sie in jedem Fall sagen, was mit dem Preis und dem Gewinn passieren würde?

7.2 SKALENEFFEKTE UND KOSTENVORTEILE DER MASSENPRODUKTION

Warum sind Unternehmen wie Walmart, Intel und FedEx so groß geworden? Ein wichtiger Grund, warum ein großes Unternehmen rentabler sein kann als ein kleines Unternehmen, ist, dass das große Unternehmen zu niedrigeren Kosten pro Einheit produzieren. Dies kann aus zwei Gründen möglich sein:

- *Technologische Vorteile*: Bei der Produktion in großem Maßstab werden häufig weniger Inputs in der Produktion pro Einheit benötigt.
- *Kostenvorteile*: In größeren Unternehmen wirken sich Fixkosten wie Werbung oder der Erwerb der erforderlichen Patente oder anderer Rechte an geistigem Eigentum (RGE) weniger stark auf die Kosten pro Einheit aus. Außerdem können sie ihre Inputs unter Umständen zu niedrigeren Kosten einkaufen, da sie über eine größere Verhandlungsmacht verfügen.

Ökonominnen und Ökonomen verwenden den Begriff **Skaleneffekte** oder **steigende Skalenerträge**, um die technologischen Vorteile der Massenproduktion zu beschreiben. Wenn zum Beispiel die Verdoppelung der Menge jedes Inputs, den ein Unternehmen verwendet, den Output des Unternehmens verdreifacht, dann weist das Unternehmen steigende Skalenerträge auf.

Skaleneffekte können sich aus einer Spezialisierung innerhalb des Unternehmens ergeben: die Beschäftigten erledigten die Aufgaben, die sie am besten beherrschen, und die die Einarbeitungszeit minimiert, indem die von jeder Person benötigten Qualifikationen reduziert werden. Skaleneffekte können auch aus rein technischen Gründen entstehen. Der Transport einer größeren Menge einer Flüssigkeit erfordert beispielsweise ein größeres Rohr, aber die Verdoppelung der Kapazität des Rohrs erhöht seinen Durchmesser (und das für den Bau erforderliche Material) um weit weniger als den Faktor zwei. Den Beweis finden Sie unter *Die Größe und die Kosten eines Rohrs* im Einstein-Einschub am Ende dieses Abschnitts.

Aber es gibt auch integrierte **Skaleneffekte**. Denken Sie an die Eigentümer:innen des Unternehmens, das Management, die Führungskräfte und die Beschäftigten in der Produktion. Nehmen wir an, dass jede Führungskräfte zehn Beschäftigte begleiten kann, während jede Person des Managements zehn Führungskräfte begleiten kann. Wenn das Unternehmen zehn Beschäftigte anstellt, können die Eigentümer:innen die Leitung und Überwachung übernehmen. Wenn es 100 Beschäftigte anstellt, muss es eine Schicht von zehn Führungskräften hinzufügen. Steigt die Zahl der Beschäftigten auf 1000 an, muss eine weitere Führungsebene eingestellt werden, die die erste Schicht begleitet. Die Aufstockung der Zahl der

> **Skaleneffekte** Sie treten auf, wenn die Verdoppelung aller Inputs in einem Produktionsprozess den Output mehr als verdoppelt. Die Form der Kurve der langfristigen Durchschnittskosten eines Unternehmens hängt sowohl von den Skalenerträgen in der Produktion als auch von den Auswirkungen der Skalenerträge auf die Preise ab, die das Unternehmen für seine Inputs zahlt. *Auch bekannt als: steigende Skalenerträge, negative Skaleneffekte.*
> **negative Skaleneffekte** Diese treten auf, wenn die Verdopplung aller Inputs in einem Produktionsprozess weniger als eine Verdopplung des Outputs bedeutet. *Auch bekannt als: abnehmende Skalenerträge. Siehe auch: Skaleneffekte.*
> **konstante Skalenerträge** Sie treten auf, wenn die Verdoppelung aller Inputs in einem Produktionsprozess zu einer Verdoppelung des Outputs führt. Die Form der Kurve der langfristigen Durchschnittskosten eines Unternehmens hängt sowohl von den Skalenerträgen in der Produktion als auch von den Auswirkungen der Skalenerträge auf die Preise ab, die sie für ihre Inputs zahlt. *Siehe auch: steigende Skalenerträge, abnehmende Skalenerträge.*

> **SKALENEFFEKTE UND NEGATIVE SKALENEFFEKTE**
> Wenn wir alle Inputs um einen bestimmten Prozentsatz erhöhen, und ...:
> - ... die produzierte Menge überproportional steigt, dann spricht man von **steigenden Skalenerträgen** in der Produktion oder **Skaleneffekten**,
> - ... die produzierte Menge unterproportional steigt, dann weist die Technologie **abnehmende Skalenerträge** in der Produktion oder **negative Skaleneffekte** auf,
> - ... die produzierte Menge proportional steigt, dann weist die Technologie **konstante Skalenerträge** in der Produktion auf.

Beschäftigten erfordert also mehr als eine proportionale Aufstockung der Führungsebene. Die einzige Möglichkeit für das Unternehmen, alle Inputs proportional zu erhöhen, wäre eine Verringerung der Kontrollintensität, was zu Produktivitätsverlusten führen könnte. Wir nennen diese negativen Skaleneffekte das *Dilbert-Gesetz der Unternehmenshierarchie*, (nach einem Dilbert-Comic (https://tinyco.re/8720977)). Wie Sie die negativen Skaleneffekte, die unser Dilbert-Gesetz impliziert, berechnen können, erfahren Sie im Einstein-Abschnitt am Ende dieses Abschnitts.

Kostenvorteile

Die Kosten pro Einheit können sinken, wenn das Unternehmen mehr produziert, selbst wenn es konstante oder sogar abnehmende Skalenerträge gibt. Dies ist der Fall, wenn es Fixkosten gibt, die nicht von der Anzahl der Einheiten abhängen—sie sind gleich hoch, egal ob das Unternehmen eine oder viele Einheiten produziert. Ein Beispiel wären die Kosten für **Forschung und Entwicklung** (FuE) und Produktdesign, der Erwerb einer Produktionslizenz oder die Erlangung eines Patents für eine bestimmte Technologie. Marketingkosten, wie zum Beispiel Werbung, sind weitere Fixkosten. Die Kosten für einen 30-sekündigen Werbespot während der Fernsehübertragung des US-amerikanischen Super-Bowl-Football-Spiels im Jahr 2014 beliefen sich auf 4 Millionen USD, was nur lohnt, wenn dadurch eine große Anzahl von Einheiten verkauft würde.

Auch der Versuch eines Unternehmens, durch Lobbyarbeit, Wahlkampfspenden und Ausgaben für Öffentlichkeitsarbeit eine günstige Behandlung durch die Regierung zu erreichen, gehört zu den Fixkosten. Diese Ausgaben sind mehr oder weniger unabhängig von der Höhe des Outputs des Unternehmens.

Zweitens sind große Unternehmen in der Lage, ihre Vorleistungen/Inputs zu günstigeren Bedingungen einzukaufen, da sie bei Verhandlungen mit Zulieferunternehmen über eine größere Verhandlungsmacht verfügen als kleine Unternehmen.

Nachfragevorteile

Ein großes Unternehmen kann nicht nur bei der Produktion, sondern auch beim Verkauf seines Produkts Vorteile haben. Dies kann bedeuten, dass Kunden ein Produkt umso nützlicher finden, je mehr andere Menschen es benutzen. So ist beispielsweise eine Softwareanwendung nützlicher, wenn jeder eine kompatible Version verwendet. Diese nachfrageseitigen Skaleneffekte werden als **Netzwerk-Skaleneffekte** bezeichnet, und es gibt viele Beispiele in Internetmärkten.

Die Produktion durch eine kleine Gruppe von Menschen ist daher oft zu kostspielig, um mit größeren Unternehmen zu konkurrieren. Aber während kleine Unternehmen in der Regel entweder wachsen oder schließen, gibt es Grenzen für das Wachstum großer Unternehmen, die als negative Skaleneffekte oder abnehmende Skalenerträge bekannt sind.

Ein größeres Unternehmen braucht mehr Hierarchiestufen. Unternehmen sind in der Regel hierarchisch organisiert, das heißt die Beschäftigten werden von einer höheren Ebene beaufsichtigt, und mit dem Wachstum des Unternehmens steigen die Organisationskosten im Verhältnis zu den Gesamtkosten des Unternehmens.

Wir haben bereits in Einheit 6 gesehen, dass Unternehmen die Produktion von Komponenten auslagern können. Das Unternehmenswachstum ist zum Teil deshalb begrenzt, weil es manchmal günstiger ist, einen Teil des Produkts zu kaufen, anstatt es selbst herzustellen. Apple wäre gigantisch, wenn es beschließen

---

Forschung und Entwicklung
Ausgaben einer privaten oder öffentlichen Einrichtung für die Entwicklung neuer Produktionsmethoden, Produkte oder anderer wirtschaftlich relevanter neuer Erkenntnisse.

Netzwerk-Skaleneffekte Diese liegen vor, wenn eine Zunahme der Zahl der Nutzer:innen einer Produktion eines Unternehmens eine Zunahme des Wertes der Produktion für jeden von ihnen bedeutet. Der Wert für die Nutzer:innen steigt, weil viele andere Nutzer:innen das Produkt ebenfalls nutzen; sie sind quasi durch das Produkt verbunden.

würde, dass die Beschäftigten von Apple die Touchscreens, Chipsätze und andere Komponenten, aus denen das iPhone und das iPad bestehen, selbst herstellen würden, anstatt diese Teile von Toshiba, Samsung und anderen Zulieferunternehmen zu kaufen. Apples Strategie des Outsourcings begrenzt die Größe des Unternehmens und vergrößert Toshiba, Samsung und anderen Zulieferunternehmen, die Apples Komponenten herstellen.

Im nächsten Abschnitt werden wir modellieren, wie die Kosten eines Unternehmens von dem Produktionsumfang abhängen.

FRAGE 7.4 WÄHLEN SIE DIE RICHTIGE(N) ANTWORT(EN)
Welche der folgenden Aussagen sind richtig?

☐ Wenn die Technologie eines Unternehmens konstante Skalenerträge aufweist, führt eine Verdoppelung der Inputs zu einer Verdoppelung des Outputs.

☐ Wenn die Technologie eines Unternehmens abnehmende Skalenerträge aufweist, führt eine Verdoppelung der Inputs zu mehr als einer Verdoppelung des Outputs.

☐ Weist die Technologie eines Unternehmens Skaleneffekte auf, sinken die Kosten pro Einheit, wenn das Unternehmen die Produktion ausweitet.

☐ Weist die Technologie eines Unternehmens negative Skaleneffekte auf, so führt eine Verdopplung des Inputs zu weniger als einer Verdopplung des Outputs.

EINSTEIN

Die Größe und die Kosten eines Rohrs
Wir können mit einfacher Mathematik berechnen, um wie viel die Kosten für die Herstellung eines Rohres steigen, wenn sich die Fläche des Querschnitts verdoppelt. Die Formel für die Fläche eines Kreises lautet:

$$\text{Fläche eines Kreises} = \pi \times (\text{Radius des Kreises})^2$$

Nehmen wir an, die Fläche des Rohrs betrug ursprünglich 10 cm² und wurde dann auf 20 cm² verdoppelt. Wir können die obige Gleichung verwenden, um den Radius des Rohrs in jedem Fall zu bestimmen.

Wenn die Fläche des Rohrs 10 ist:

$$\text{Radius} = \sqrt{\frac{10}{\pi}} = 1,78\,\text{cm}$$

Wenn die Fläche des Rohrs 20 ist:

$$\text{Radius} = \sqrt{\frac{20}{\pi}} = 2,52\,\text{cm}$$

Die Kosten für das Material, das zur Herstellung eines Rohrs einer bestimmten Länge verwendet wird, sind proportional zu seinem Umfang. Die Formel für den Umfang eines Kreises lautet:

$$\text{Umfang} = 2 \times \pi \times \text{Kreisradius}$$

Wenn die Fläche des Rohres 10 ist:

$$\text{Umfang} = 2 \times \pi \times 1,78 = 11,18\text{cm}$$

Wenn die Fläche des Rohrs 20 ist:

$$\text{Umfang} = 2 \times \pi \times 2,52 = 15,83\text{cm}$$

Die Kapazität des Rohres hat sich verdoppelt, aber der Umfang und damit die Kosten haben sich nur um den folgenden Faktor erhöht:

$$\frac{15,83}{11,18} = 1,42$$

Wir können deutlich sehen, dass das Unternehmen, das Rohre verwendet, von Skaleneffekten profitiert hat.

Negative Skaleneffekte: Das Dilbert-Gesetz der Unternehmenshierarchie von CORE

Wenn auf zehn Arbeitskräfte auf einer niedrigeren Ebene eine vorgesetzte Person auf einer höheren Ebene kommen muss, dann hat ein Unternehmen mit 10^x Arbeitskräften (der untersten Ebene) insgesamt x Managementebenen, 10^{x-1} Personen im Management auf der untersten Ebene, 10^{x-2} auf der zweituntersten Ebene, und so weiter.

Ein Unternehmen mit einer Million (10^6) Arbeitskräften hat also 100 000 ($10^5 = 10^{6-1}$) vorgesetzte Personen der untersten Ebene. Dilbert hat das Gesetz nicht erfunden. Er wird von seinem vorgesetzten Personen zu genau beobachtet, als dass er dafür Zeit hätte. Das war das CORE-Team.

7.3 PRODUKTION: DIE KOSTENFUNKTION FÜR BEAUTIFUL CARS

Um den Preis und die Produktionsmenge für Apfel-Zimt Cheerios festzulegen, musste das Management die Nachfrage und die Kostenfunktion kennen. Da wir davon ausgegangen sind, dass die Stückkosten für jedes Pfund Cheerios gleich hoch waren, wurde die produzierte Menge nur durch die Nachfrage nach dem Gut bestimmt. In diesem und im nächsten Abschnitt werden wir uns ein anderes Beispiel ansehen, bei dem die Kosten mit der produzierten Menge variieren.

Nehmen wir ein Unternehmen, das Autos herstellt. Im Vergleich zu Ford, das jährlich etwa 6,6 Millionen Fahrzeuge produziert, ist dieses Unternehmen, das Spezialfahrzeuge herstellt, eher klein, sodass wir es Beautiful Cars nennen werden.

Denken Sie an die Kosten für die Herstellung und den Verkauf von Autos. Das Unternehmen benötigt ein Gebäude (eine Fabrik), das mit Maschinen zum Gießen, Bearbeiten, Pressen, Montieren und Schweißen von Karosserieteilen ausgestattet ist. Es kann sie von einem anderen Unternehmen mieten oder Finanzmittel aufnehmen, um in eigene Räumlichkeiten und Anlagen zu investieren. Dann muss es die Rohstoffe und Komponenten kaufen und die Beschäftigten für die Bedienung der Anlagen bezahlen. Weitere Personen werden für die Verwaltung des Produktionsprozesses, die Vermarktung und den Verkauf der fertigen Autos benötigt.

Die Eigentümer:innen des Unternehmens—die Personen, die Aktien halten—wären in der Regel nicht bereit, in das Unternehmen zu investieren, wenn sie ihr Kapital wonders besser nutzen könnten. Was sie pro investiertem Dollar erhalten könnten, wenn sie anderswo investieren würden, ist ein weiteres Beispiel für **Opportunitätskosten** (erörtert in Einheit 3), in diesem Fall die **Opportunitätskosten des Kapitals** genannt. Ein Teil der Kosten für die Produktion von Autos ist der Betrag, der an die aktienhaltenden Personen ausgezahlt werden muss, um die Opportunitätskosten des Kapitals zu decken; das heißt um sie zu veranlassen, weiterhin in diese Vermögenswerte zu investieren, die das Unternehmen für die Produktion von Autos benötigt.

Je mehr Autos produziert werden, desto höher werden die Gesamtkosten sein. Der obere Teil der Abbildung 7.6 zeigt, wie die Gesamtkosten von der Menge der pro Tag produzierten Autos Q abhängen könnten. Dies ist die Kostenfunktion des Unternehmens, $C(Q)$. Anhand der Kostenfunktion haben wir die Durchschnittskosten eines Autos berechnet und wie sie sich mit Q verändern; die Kurve der Durchschnittskosten (TDK, auch totale Durchschnittskosten genannt) ist im unteren Feld eingezeichnet.

In Abbildung 7.6 ist zu sehen, dass die Durchschnittskosten von Beautiful Cars bei niedrigen Produktionsniveaus abnehmen: Die TDK-Kurve fällt. Bei höheren Produktionsniveaus steigen die Durchschnittskosten, sodass die TDK-Kurve steigt. Dies könnte daran liegen, dass das Unternehmen die Anzahl der Schichten am Fließband pro Tag erhöhen muss. Vielleicht müssen Überstunden bezahlt werden, und die Anlagen gehen häufiger kaputt, wenn das Fließband länger in Betrieb ist.

Opportunitätskosten Wenn die Durchführung einer Handlung den Verzicht auf die nächstbeste Handlungsalternative bedeutet, ist dies der Nettonutzen der aufgegebenen Alternative.
Opportunitätskosten des Kapitals Die Höhe der Erträge, die eine Person hätte erzielen können, wenn sie die Kapitaleinheit anderweitig investiert hätte.
Fixkosten Kosten, die nicht mit der Anzahl der produzierten Einheiten variieren.
Grenzkosten Die Auswirkung auf die Gesamtkosten der Produktion einer zusätzlichen Einheit des Outputs. Sie entspricht der Steigung der Gesamtkostenfunktion in jedem Punkt.

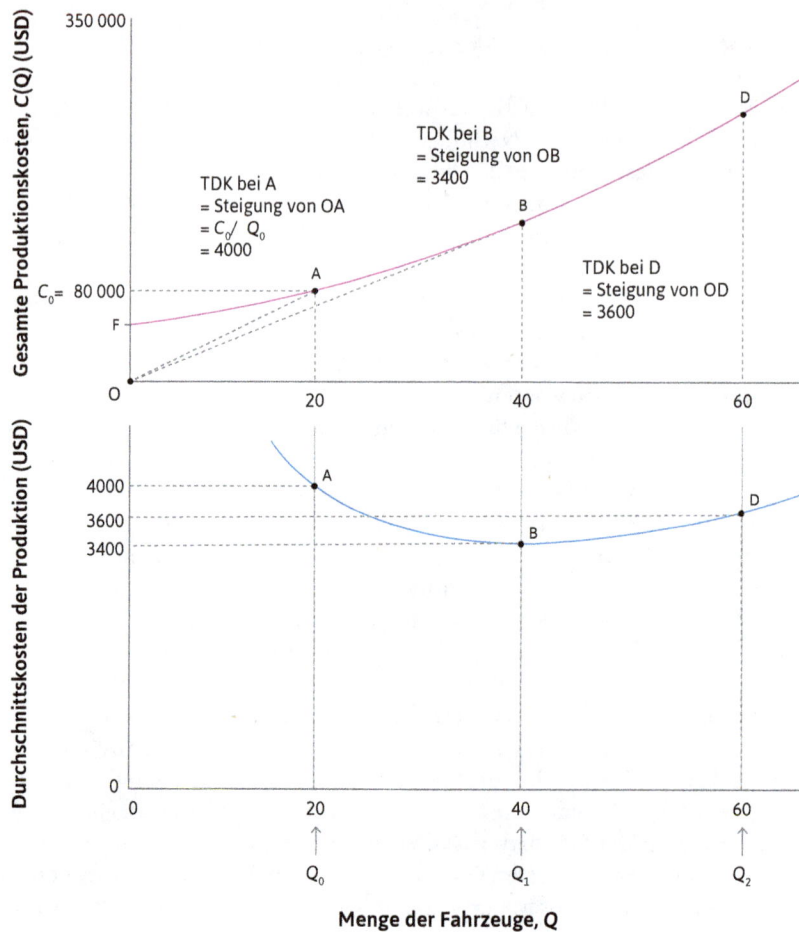

Abbildung 7.6 Beautiful Cars: Kostenfunktion und Durchschnittskosten.

1. Die Kostenfunktion

Das obere Feld zeigt die Kostenfunktion $C(Q)$. Sie zeigt die Gesamtkosten für jedes Niveau des Outputs, Q.

2. Fixkosten

Einige Kosten variieren nicht mit der Anzahl der Autos. Wenn das Unternehmen beispielsweise die Größe der Fabrik festgelegt und in die Ausrüstung investiert hat, sind diese Kosten unabhängig von der Produktionsmenge gleich hoch. Diese Kosten werden **Fixkosten** genannt. Wenn also $Q = 0$ ist, sind die einzigen Kosten die Fixkosten, F.

3. Die Gesamtkosten steigen

Wenn Q zunimmt, steigen die Gesamtkosten, und das Unternehmen muss mehr Arbeitskräfte in der Produktion beschäftigen. Am Punkt A werden 20 Autos produziert (wir nennen dies Q_0), die 80 000 USD kosten (wir nennen dies C_0).

4. Durchschnittskosten

Wenn das Unternehmen 20 Autos pro Tag produziert, sind die Durchschnittskosten eines Autos C_0 geteilt durch Q_0, was durch die Steigung der Linie vom Ursprung nach A dargestellt wird. Die Durchschnittskosten betragen nun USD 80 000/20 = USD 4000. Wir haben die Durchschnittskosten am Punkt A im unteren Teil der Abbildung eingezeichnet.

5. Sinkende Durchschnittskosten

Wenn die Produktion über A steigt, werden die Fixkosten auf mehr Autos verteilt. Die Durchschnittskosten sinken. Am Punkt B betragen die Gesamtkosten 136 000 USD, die Durchschnittskosten 3400 USD.

6. Steigende Durchschnittskosten

Die Durchschnittskosten sind am Punkt B am niedrigsten. Wenn die Produktion über B hinaus steigt, wird die Linie zum Ursprung wieder allmählich steiler. Bei D sind die Durchschnittskosten auf 3600 USD angestiegen.

7. Die Kurve der Durchschnittskosten

Wir können die Durchschnittskosten bei jedem Wert von Q berechnen, um die Kurve der Durchschnittskosten (TDK) im unteren Teil der Abbildung zu zeichnen.

Abbildung 7.7 zeigt, wie man die **Grenzkosten** eines Autos ermittelt, das heißt die Kosten für die Produktion eines weiteren Autos. In Einheit 3 haben wir gesehen, dass das Grenzprodukt für eine gegebene Produktionsfunktion der zusätzliche Output ist, der entsteht, wenn der Input um eine Einheit erhöht wird, was der Steigung der Produktionsfunktion entspricht. In ähnlicher Weise zeigt Abbildung 7.7, dass die Grenzkosten (GK) der Steigung der Kostenfunktion entsprechen.

Durch die Berechnung der Grenzkosten bei jedem Wert von Q haben wir die Grenzkostenkurve im unteren Feld von Abbildung 7.7 eingezeichnet. Da die Grenzkosten die Steigung der Kostenfunktion sind und die Kostenkurve mit steigendem Q steiler wird, ist die Grenzkostenkurve steigend. Mit anderen Worten, Beautiful Cars hat steigende Grenzkosten bei der Autoproduktion. Es sind die steigenden Grenzkosten, die letztendlich zu einem Anstieg der Durchschnittskosten führen.

Beachten Sie, dass wir in Abbildung 7.7 die Grenzkosten berechnet haben, indem wir die Veränderung der Kosten ΔC bei der Produktion eines weiteren Autos ermittelt haben. Manchmal ist es sinnvoller, eine andere Mengensteigerung anzunehmen. Wenn wir wissen, dass die Kosten um ΔC = 12 000 USD steigen, wenn fünf zusätzliche Autos produziert werden, dann können wir $\Delta C/\Delta Q$ berechnen, wobei ΔQ = 5 ist, um eine Schätzung für GK von 2400 USD pro Auto zu erhalten. Wenn die Kostenfunktion nicht linear ist, ergibt ein kleineres ΔQ im Allgemeinen eine genauere Schätzung.

Betrachten Sie nun die Verläufe der TDK- und GK-Kurven, die in Abbildung 7.8 wiedergegeben sind. Sie sehen, dass die TDK-Kurve bei Werten von Q, bei denen die TDK-Kurve größer als die GK-Kurve ist, fallend ist und bei Werten, bei denen die TDK-Kurve kleiner als die GK-Kurve ist, steigend ist. Dies ist kein Zufall: Es geschieht unabhängig von der Form der Gesamtkostenfunktion. Betrachten Sie die Analyse in Abbildung 7.8, um zu sehen, warum das so ist.

> **GRENZKOSTEN**
>
> An jedem Punkt der Kostenfunktion sind die Grenzkosten (GK) die zusätzlichen Kosten für die Produktion einer weiteren Einheit des Outputs, was der Steigung der Kostenfunktion entspricht. Wenn die Kosten um ΔC steigen, wenn die Menge um ΔQ erhöht wird, können die Grenzkosten wie folgt abgeschätzt werden:
>
> $$GK = \frac{\Delta C}{\Delta Q}$$

Leibniz: Durchschnitts- und Grenzkostenfunktionen (https://tinyco.re/0703019)

FRAGE 7.5 WÄHLEN SIE DIE RICHTIGE(N) ANTWORT(EN)

Betrachten Sie ein Unternehmen mit Fixkosten in der Produktion. Welche der folgenden Aussagen über die Durchschnittskosten (TDK) und die Grenzkosten (GK) ist richtig?

☐ Wenn TDK = GK, hat die TDK-Kurve eine Steigung von Null.
☐ Wenn TDK > GK, fällt die GK-Kurve.
☐ Wenn TDK < GK, fällt die TDK-Kurve.
☐ Die GK-Kurve kann nicht horizontal verlaufen.

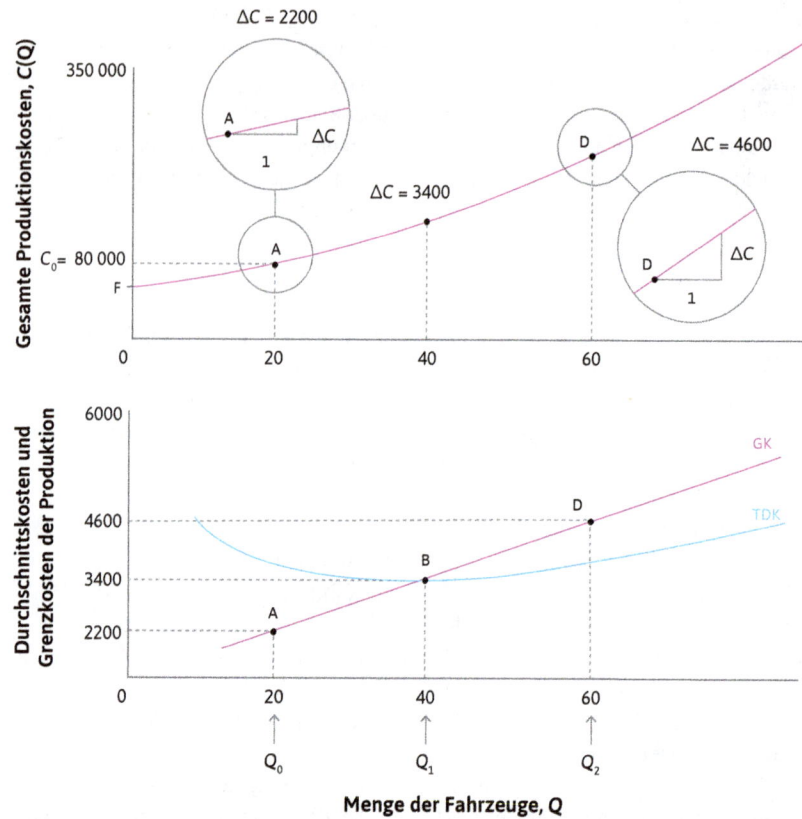

Abbildung 7.7 Die Grenzkosten eines Autos.

1. Gesamtkosten, Durchschnittskosten und Grenzkosten

Das obere Feld zeigt die Kostenfunktion (auch Gesamtkostenkurve genannt). Das untere Feld zeigt die Kurve der Durchschnittskosten. Wir werden auch die Grenzkosten im unteren Feld darstellen.

2. Gesamtkosten

Angenommen, das Unternehmen produziert 20 Autos am Punkt A. Die Gesamtkosten betragen 80 000 USD.

3. Grenzkosten

Die Grenzkosten sind die Kosten für eine Erhöhung der Produktion von 20 auf 21. Dies würde die Gesamtkosten um einen Betrag erhöhen, den wir ΔC nennen und der 2200 USD entspricht. Das bei A eingezeichnete Dreieck zeigt, dass die Grenzkosten gleich der Steigung der Kostenfunktion an diesem Punkt sind.

4. Grenzkosten am Punkt A

Wir haben die Grenzkosten am Punkt A im unteren Feld eingezeichnet.

5. Grenzkosten bei D

Am Punkt D, an dem $Q = 60$ ist, ist die Kostenfunktion sehr viel steiler. Die Grenzkosten für die Produktion eines zusätzlichen Autos sind höher: $\Delta C = 4600$ USD.

6. Grenzkosten bei B

Am Punkt B ist die Kurve steiler als bei A, aber flacher als bei D: GK = 3400 USD.

7. Die Kostenfunktion

Betrachten Sie die Form der gesamten Kostenfunktion. Bei $Q = 0$ ist sie recht flach, die Grenzkosten sind also niedrig. Mit zunehmendem Q wird die Kostenfunktion steiler, und die Grenzkosten steigen allmählich an.

8. Die Grenzkostenkurve

Wenn wir die Grenzkosten an jedem Punkt der Kostenfunktion berechnen, können wir die Grenzkostenkurve zeichnen.

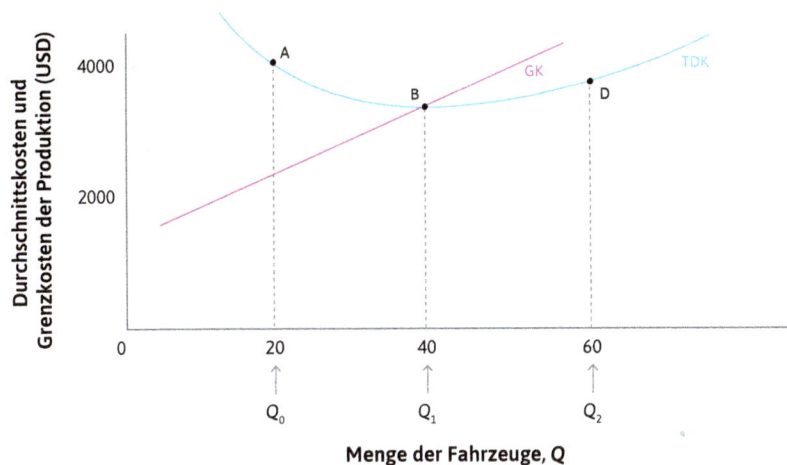

Abbildung 7.8 Durchschnitts- und Grenzkostenkurven.

1. Durchschnittskosten und Grenzkosten

Das Diagramm zeigt sowohl die Durchschnitts- als auch die Grenzkostenkurve.

2. GK < TDK wenn Q = 20

Betrachten Sie den Punkt A auf der TDK-Kurve. Wenn Q = 20 ist, betragen die Durchschnittskosten 4000 USD, aber die Grenzkosten nur 2200 USD. Wenn also 21 statt 20 Autos produziert werden, sinken die Durchschnittskosten. Die Durchschnittskosten sind bei Q = 21 niedriger.

3. Die Kurve der Durchschnittskosten fällt ab, wenn TDK > GK

An jedem Punkt, wie zum Beispiel Punkt A, an dem TDK > GK ist, sinken die Durchschnittskosten, wenn ein weiteres Auto produziert wird, sodass die TDK-Kurve fallend verläuft.

4. Die Kurve der Durchschnittskosten steigt an, wenn TDK < GK

Am Punkt D, an dem Q = 60 ist, betragen die Durchschnittskosten 3600 USD, aber die Kosten für die Produktion des 61. Autos betragen 4600 USD. Die Durchschnittskosten für ein Auto steigen also, wenn 61 Autos produziert werden. Wenn TDK < GK ist, steigt die Kurve der Durchschnittskosten an.

5. Wenn TDK = GK

Im Punkt B, wo die Durchschnittskosten am niedrigsten sind, sind die Durchschnittskosten und die Grenzkosten gleich. Die beiden Kurven kreuzen sich. Wenn TDK = GK ist, steigt oder fällt die TDK-Kurve nicht: Sie ist flach (die Steigung ist Null).

FRAGE 7.6 WÄHLEN SIE DIE RICHTIGE(N) ANTWORT(EN)

Angenommen, die Durchschnittskosten für die Produktion eines Pfunds Frühstücksflocken betragen unabhängig von der produzierten Menge 2 USD. (Das bedeutet, dass es keine Fixkosten gibt). Welche der folgenden Aussagen ist richtig?

☐ Die Gesamtkostenkurve ist eine horizontale gerade Linie.
☐ Die Kurve der Durchschnittskosten ist eine fallende Linie.
☐ Die Kurve der Grenzkosten ist steigend.
☐ Die Kurve der Durchschnittskosten und die Kurve der Grenzkosten stimmen überein.

315

Verbundvorteile
Kosteneinsparungen, die sich ergeben, wenn zwei oder mehr Produkte gemeinsam von einem einzigen Unternehmen hergestellt werden, anstatt sie in getrennten Unternehmen zu produzieren.

Rajindar K. Koshal und Manjulika Koshal. 1999. ‚Economies of Scale and Scope in Higher Education: A Case of Comprehensive Universities' (https://tinyco.re/8137580). *Economics of Education Review* 18 (2): pp. 269–77.

Economies of Scale and Scope (https://tinyco.re/7593630). *The Economist*. Updated 20 October 2008.

George J. Stigler. 1987. *The Theory of Price*. New York, NY: Collier Macmillan.

Rajindar und Manjulika Koshal (ein Ökonom und eine Ökonomin) untersuchten die Kostenfunktionen von Universitäten in den USA. Sie schätzten die Grenz- und Durchschnittskosten für die Ausbildung von Promotions-, Master- und Bachelorstudierenden an 171 öffentlichen Universitäten im akademischen Jahr 1990–91. Wie Sie in Übung 7.3 sehen werden, stellten sie sinkende Durchschnittskosten fest. Außerdem stellten sie fest, dass die Universitäten von sogenannten **Verbundvorteilen** profitierten: Es gab Kosteneinsparungen durch die gemeinsame Produktion mehrerer Produkte—in diesem Fall Ausbildung von Promotions-, Master- und Bachelorstudierenden sowie Forschung.

Wenn Sie mehr über Kosten wissen wollen, hat der Ökonom George Stigler in Kapitel 7 seines Buches eine unterhaltsame Diskussion zu diesem Thema verfasst.

ÜBUNG 7.3 KOSTENFUNKTIONEN FÜR DIE HOCHSCHULBILDUNG

Unten sehen Sie die Durchschnittskosten und Grenzkosten pro studierender Person für das Jahr 1990–91, die Koshal und Koshal aus ihren Untersuchungen errechnet haben.

	Studierende	GK (USD)	TDK (USD)	Gesamtkosten (USD)
	2750	7259	7659	21 062 250
	5500	6548	7348	40 414 000
Bachelorstudium	8250	5838	7038	
	11 000	5125	6727	73 997 000
	13 750	4417	6417	88 233 750
	16 500	3706	6106	100 749 000
	Studierende	**GK (USD)**	**TDK (USD)**	**Gesamtkosten (USD)**
	550	6541	12 140	6 677 000
	1100	6821	9454	10 339 400
Master- oder	1650	7102	8672	
Promotionsstudium	2200	7383	8365	18 403 000
	2750	7664	8249	22 684 750
	3300	7945	8228	27 152 400

1. Wie verändern sich die Durchschnittskosten bei steigender Zahl der Studierenden?
2. Ergänzen Sie anhand der Angaben zu den Durchschnittskosten die leeren Zellen in der Spalte „Gesamtkosten".
3. Tragen Sie die Grenzkosten- und Durchschnittskostenkurven für ein Hochschulstudium in ein Diagramm ein, wobei die Kosten auf der vertikalen und die Zahl der Studierenden im Bachelorstudium auf der horizontalen Achse liegen sollen. Zeichnen Sie in einem separaten Diagramm die entsprechenden Kurven für die Studierenden im Master- oder Promotionsstudium ein.
4. Welche Form haben die Gesamtkostenfunktionen für alle Studierende? (Skizzieren Sie sie mit Hilfe Ihrer Kenntnisse über Grenz- und Durchschnittskosten.) Stellen Sie sie in einem einzigen Diagramm dar, indem Sie die Zahlen der Spalte der Gesamtkosten verwenden.
5. Welches sind die Hauptunterschiede zwischen den Kostenstrukturen der Universitäten für Studierende im Bachelor und Master- bzw. Promotionsstudium?
6. Fallen Ihnen Erklärungen für die Formen der von Ihnen gezeichneten Diagramme ein?

7.4 NACHFRAGE- UND ISOGEWINNKURVEN: BEAUTIFUL CARS

Nicht alle Autos sind gleich. Autos sind **differenzierte Produkte**. Jede Marke und jedes Modell wird von nur einem Unternehmen produziert und weist einige einzigartige Design- und Leistungsmerkmale auf, die es von den Autos anderer Unternehmen unterscheiden.

Wir gehen davon aus, dass ein Unternehmen, das ein differenziertes Produkt verkauft, mit einer fallenden Nachfragekurve konfrontiert ist. Wir haben bereits ein empirisches Beispiel im Fall der Apfel-Zimt Cheerios (ein weiteres differenziertes Produkt) gesehen. Wenn der Preis für ein Auto von Beautiful Cars hoch ist, wird die Nachfrage gering sein, weil die einzigen Verbrauchenden, die es kaufen werden, diejenigen sind, die Beautiful Cars gegenüber allen anderen Marken stark bevorzugen. Wenn der Preis sinkt, werden mehr Verbrauchende, die sonst vielleicht einen Ford oder einen Volvo gekauft hätten, ein Auto von Beautiful Cars kaufen.

Die Nachfragekurve

Für jedes Produkt, das die Verbrauchenden kaufen möchten, ist die Nachfragekurve eine Beziehung, die angibt, wie viele Artikel (die Menge) sie bei jedem möglichen Preis kaufen würden. Für ein einfaches Modell der Nachfrage nach Autos von Beautiful Cars stellen Sie sich vor, dass es 100 Verbrauchende gibt, die heute jeweils ein Auto von Beautiful Cars kaufen würden, wenn der Preis niedrig genug wäre.

Jede verbrauchende Person hat eine **Zahlungsbereitschaft (ZBS)** für ein Auto von Beautiful Cars, die davon abhängt, wie sehr sie das Auto persönlich schätzt (natürlich unter der Voraussetzung, dass sie die Ressourcen hat, es zu kaufen). Eine verbrauchende Person wird ein Auto kaufen, wenn der Preis kleiner als oder gleich der persönlichen ZBS ist. Stellen wir die Verbrauchenden in der Reihenfolge der ZBS auf, die höchste zuerst, und zeichnen ein Diagramm, das zeigt, wie die ZBS entlang der Linie variiert (Abbildung 7.9). Wenn wir dann einen beliebigen Preis wählen, sagen wir $P =$ USD 3200, zeigt das Diagramm die Anzahl der Verbrauchenden, deren ZBS größer oder gleich P ist. In diesem Fall sind 60 Verbrauchende bereit, 3200 USD oder mehr zu zahlen, sodass zu einem Preis von 3200 USD die Nachfrage 60 beträgt.

differenziertes Produkt Ein Produkt, das von einem einzigen Unternehmen hergestellt wird und einige einzigartige Merkmale im Vergleich zu ähnlichen Produkten anderer Unternehmen aufweist.

Zahlungsbereitschaft (ZBS) Ein Indikator dafür, wie sehr eine Person ein Gut schätzt, gemessen an dem Betrag, den sie maximal zahlen würde, um eine Einheit des Gutes zu erwerben. *Siehe auch: Akzeptanzbereitschaft.*

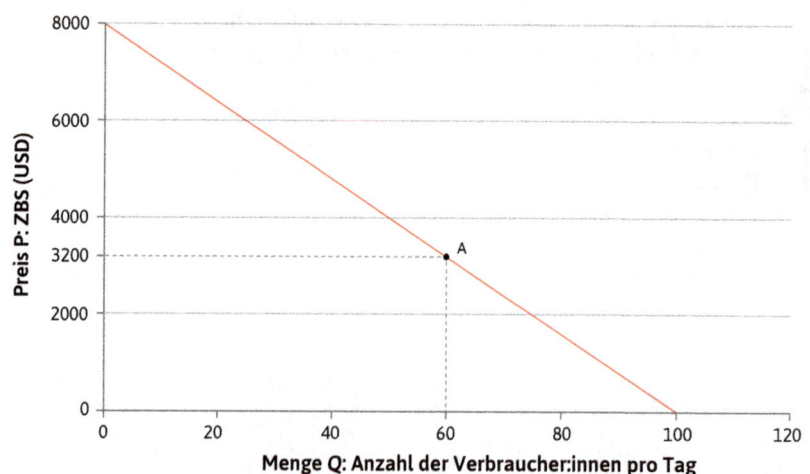

Abbildung 7.9 Die Nachfrage nach Autos (pro Tag).

Wenn P niedriger ist, gibt es eine größere Anzahl Verbrauchende, die bereit sind, zu kaufen, sodass die Nachfrage höher ist. Nachfragekurven werden oft als Geraden gezeichnet, wie in diesem Beispiel, obwohl es keinen Grund gibt, zu erwarten, dass sie in Wirklichkeit gerade sind: Wir haben gesehen, dass die Nachfragekurve für Apfel-Zimt Cheerios nicht gerade war. Wir erwarten jedoch, dass die Nachfragekurve fallend verläuft: Wenn der Preis steigt, sinkt die von den Verbrauchenden nachgefragte Menge. Mit anderen Worten: Wenn die verfügbare Menge gering ist, kann sie zu einem hohen Preis verkauft werden. Diese Beziehung zwischen Preis und Menge wird auch als Gesetz der Nachfrage bezeichnet.

FRAGE 7.7 WÄHLEN SIE DIE RICHTIGE(N) ANTWORT(EN)
Das Diagramm stellt zwei alternative Nachfragekurven, D und D′, für ein Produkt dar. Welche der folgenden Aussagen sind auf der Grundlage dieses Diagramms richtig?

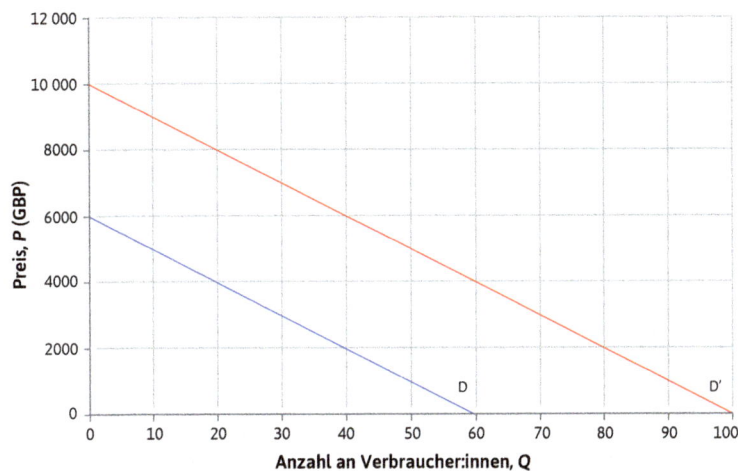

- ☐ Auf der Nachfragekurve D kann das Unternehmen bei einem Preis von 5000 GBP 15 Einheiten des Produkts verkaufen.
- ☐ Auf der Nachfragekurve D′ kann das Unternehmen bei einem Preis von 3000 GBP 70 Einheiten verkaufen.
- ☐ Bei einem Preis von 1000 GBP kann das Unternehmen auf der Kurve D′ 40 Einheiten des Produkts mehr verkaufen als auf der Kurve D.
- ☐ Bei einer produzierten Menge von 30 Einheiten kann das Unternehmen bei D′ 2000 GBP mehr verlangen als bei D.

Wie die Produzierenden von Apfel-Zimt Cheerios, wird auch Beautiful Cars den Preis P und die Menge Q unter Berücksichtigung der Nachfrage und ihrer Produktionskosten wählen. Die Nachfragekurve bestimmt die realisierbare Menge an Kombinationen von P und Q. Um den Preis zu finden, der den Gewinn maximiert, zeichnen wir die Isogewinnkurven ein und suchen den Tangentialpunkt wie zuvor.

Das Gesetz der Nachfrage geht auf das 17. Jahrhundert zurück und wird Gregory King (1648–1712) und Charles Davenant (1656–1714) zugeschrieben. King war Herold am College of Arms in London, das detaillierte Schätzungen über die Bevölkerung und das Vermögen Englands erstellte. Davenant, ein Politiker, veröffentlichte 1699 unter Verwendung von Kings Daten das Davenant-King Law of Demand. Darin beschrieb er, wie sich der Getreidepreis in Abhängigkeit von der Größe der Ernte verändern würde. So berechnete er beispielsweise, dass ein „Defekt" oder eine Fehlmenge von einem Zehntel (10 %) den Preis um 30 % erhöhen würde.

Die Isogewinnkurven

Der Gewinn des Unternehmens ergibt sich aus der Differenz zwischen den Einnahmen (dem Preis multipliziert mit der verkauften Menge) und den Gesamtkosten, $C(Q)$:

$$\text{(wirtschaftlicher) Gewinn} = \text{Gesamterlös} - \text{Gesamtkosten}$$
$$= PQ - C(Q)$$

Diese Berechnung ergibt den sogenannten **wirtschaftlichen Gewinn**. Denken Sie daran, dass die Kostenfunktion die Opportunitätskosten des Kapitals enthält (die Zahlungen, die an die Eigentümer:innen geleistet werden müssen, um sie zum Halten von Aktien zu bewegen), was als **normaler Gewinn** bezeichnet wird. Der wirtschaftliche Gewinn ist der zusätzliche Gewinn, der über die von den aktienhaltenden Personen geforderte Mindestrendite hinausgeht.

Alternativ kann man auch sagen, dass der Gewinn der Anzahl der produzierten Einheiten multipliziert mit dem Gewinn pro Einheit entspricht. Wobei der Gewinn pro Einheit die Differenz zwischen dem Preis und den Durchschnittskosten ist:

$$\text{Gewinn} = Q\left(P - \frac{C(Q)}{Q}\right)$$
$$= Q(P - \text{TDK})$$

Aus dieser Gleichung können Sie ersehen, dass die Form der Isogewinnkurven von der Form der Durchschnittskostenkurve abhängt. Erinnern Sie sich, dass die Kurve der Durchschnittskosten für Beautiful Cars bis $Q = 40$ fallend und dann steigend verläuft. Abbildung 7.10 zeigt die entsprechenden Isogewinnkurven. Sie sehen ähnlich aus wie die für Cheerios in Abbildung 7.3 (Seite 301), aber es gibt einige Unterschiede, weil die Durchschnittskostenfunktion eine andere Form hat. Die unterste (hellblaue) Kurve zeigt die Kurve des wirtschaftlichen Nullgewinns: Die Kombinationen von Preis und Menge, für die der wirtschaftliche Gewinn gleich Null ist, weil der Preis gerade den Durchschnittskosten bei jeder Menge entspricht.

Beachten Sie in Abbildung 7.10:

- Isogewinnkurven fallen an den Punkten, an denen $P > \text{GK}$ ist.
- Die Isogewinnkurven steigen an den Punkten, an denen $P < \text{GK}$ ist.

Die Differenz zwischen dem Preis und den Grenzkosten wird als **Gewinnmarge** bezeichnet. An jedem Punkt einer Isogewinnkurve ist die Steigung gegeben durch:

$$\text{Steigung der Isogewinnkurve} = -\frac{(P - \text{GK})}{Q}$$
$$= -\frac{\text{Gewinnmarge}}{\text{Menge}}$$

Um zu verstehen, warum, denken Sie noch einmal an den Punkt G in Abbildung 7.10, an dem $Q = 23$ ist und der Preis viel höher ist als die Grenzkosten. Wenn Sie:

1. Q um 1 erhöhen und sich entlang der Isogewinnkurve bewegen,
2. reduzieren Sie P um $(P - \text{GK})/Q$.

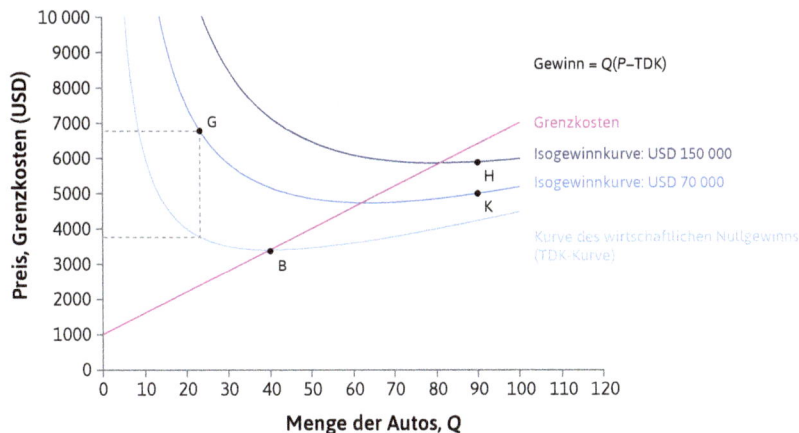

Abbildung 7.10 Isogewinnkurven für Beautiful Cars.

1. Die Kurve des wirtschaftlichen Nullgewinns

Die hellste blaue Kurve ist die Kurve der Durchschnittskosten des Unternehmens. Wenn P = TDK ist, ist der wirtschaftliche Gewinn des Unternehmens gleich Null. Die TDK-Kurve ist also auch die Nullgewinn-Kurve: Sie zeigt alle Kombinationen von P und Q, die einen wirtschaftlichen Nullgewinn ergeben.

2. Die Form der Kurve des wirtschaftlichen Nullgewinns

Beautiful Cars hat abnehmende TDK, wenn $Q < 40$, und steigende TDK, wenn $Q > 40$. Wenn Q niedrig ist, braucht es einen hohen Preis, um kostendeckend zu sein. Bei $Q = 40$ könnte es mit einem Preis von 3400 USD kostendeckend arbeiten. Bei $Q > 40$ müsste es den Preis wieder anheben, um einen Verlust zu vermeiden.

3. TDK und GK

Beautiful Cars hat steigende Grenzkosten: eine steigende Linie. Denken Sie daran, dass die TDK-Kurve fallend verläuft, wenn TDK > GK, und steigend, wenn TDK < GK. Die beiden Kurven schneiden sich bei B, wo die TDK am niedrigsten sind.

4. Isogewinnkurven

Die dunkleren blauen Kurven zeigen die Kombinationen von P und Q, die zu höheren Gewinnniveaus führen. Daraus folgt auch, dass die Punkte G und K den gleichen Gewinn ergeben.

5. Gewinn = $Q(P - TDK)$

Bei G, wo das Unternehmen 23 Autos herstellt, beträgt der Preis 6820 USD und die Durchschnittskosten 3777 USD. Das Unternehmen macht mit jedem Auto einen Gewinn von 3043 USD, und sein Gesamtgewinn beträgt 70 000 USD.

6. Höhere Preise, höhere Gewinne

Der Gewinn ist höher auf den Kurven, die im Diagramm weiter oben rechts liegen. Im Punkt H verkauft das Unternehmen die gleiche Menge wie im Punkt K.

Dann bleibt Ihr Gewinn gleich, denn der zusätzliche Gewinn von (P - GK) des 24. Autos wird durch einen Rückgang der Einnahmen von (P - GK) der anderen 23 Autos ausgeglichen.

Die gleiche Argumentation gilt für jeden Punkt, an dem P > GK ist. Die Gewinnmarge ist positiv, also ist die Steigung negativ. Und sie gilt auch, wenn P < GK ist. In diesem Fall ist die Gewinnmarge negativ, sodass eine *Erhöhung* des Preises erforderlich ist, um den Gewinn konstant zu halten, wenn die Menge um 1 steigt. Die Isogewinnkurve steigt an.

Leibniz: Isogewinnkurven und ihre Steigungen (https://tinyco.re/0704018)

FRAGE 7.8 WÄHLEN SIE DIE RICHTIGE(N) ANTWORT(EN)

Das Diagramm zeigt die Grenzkostenkurve (GK), die Durchschnittskostenkurve (TDK) und die Isogewinnkurven eines Unternehmens. Was können wir aus den Informationen im Diagramm ableiten?

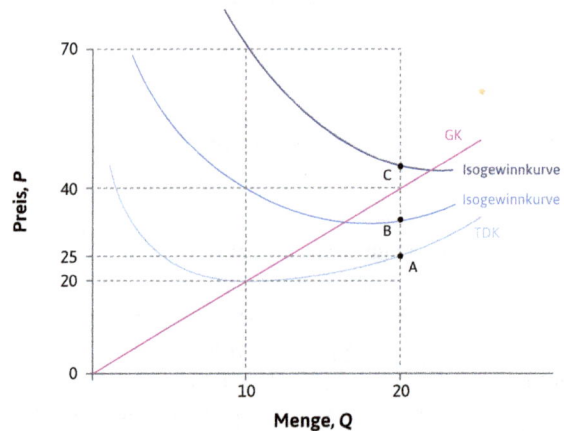

☐ Das Gewinnniveau bei A ist 500.

☐ Das Gewinnniveau bei B ist 150.

☐ Der Preis bei C ist 50.

☐ Der Preis bei B ist 36.

ÜBUNG 7.4 BETRACHTUNG VON ISOGEWINNKURVEN

Die Isogewinnkurven für Cheerios fallen für jede Menge Q, aber für Beautiful Cars fallen sie, wenn Q niedrig ist, und steigen, wenn Q hoch ist.

1. In beiden Fällen nähern sich die höheren Isogewinnkurven mit zunehmender Menge der Durchschnittskostenkurve an. Warum?
2. Was ist der Grund für die unterschiedliche Form der Isogewinnkurven der beiden Unternehmen?

7.5 FESTLEGEN VON PREIS UND MENGE ZUR GEWINNMAXIMIERUNG

In Abbildung 7.11 haben wir sowohl die Nachfragekurve als auch die Isogewinnkurven für Beautiful Cars dargestellt. Welches ist die beste Preis- und Mengenwahl für das Unternehmen?

In Frage kommen nur die Punkte auf oder unter der Nachfragekurve, die durch den schattierten Bereich im Diagramm dargestellt sind. Um den Gewinn zu maximieren, sollte das Unternehmen den Tangentialpunkt E wählen, der auf der höchstmöglichen Isogewinnkurve liegt.

Der gewinnmaximierende Preis und die gewinnmaximierende Menge sind $P^* = $ USD 5440 und $Q^* = 32$, und der entsprechende Gewinn beträgt 63 360 USD. Wie im Fall von Cheerios liegt die optimale Kombination an dem Punkt an dem die Grenzrate der Substitution der Grenzrate der Transformation entspricht.

Das Unternehmen maximiert den Gewinn am Tangentialpunkt, wo die Steigung der Nachfragekurve gleich der Steigung der Isogewinnkurve ist, sodass die beiden Trade-Offs im Gleichgewicht sind:

- Die Nachfragekurve ist die Machbarkeitsgrenze, und ihre Steigung ist die **Grenzrate der Transformation (GRT)** von niedrigeren Preisen in größere Verkaufsmengen.
- Die Isogewinnkurve ist vergleichbar mit der Indifferenzkurve, und ihre Steigung ist die **Grenzrate der Substitution (GRS)** bei der Gewinnerzielung, zwischen mehr Einheiten verkaufen und einen höheren Preis verlangen.

Bei E, dem gewinnmaximierenden Punkt, ist GRT = GRS.

Verglichen mit den multinationalen Giganten der Automobilindustrie ist Beautiful Cars ein kleines Unternehmen: Es stellt nur 32 Autos pro Tag her. In Bezug auf das Produktionsniveau (aber nicht auf die Preise) ähnelt es eher Luxusmarken wie Aston-Martin, Rolls Royce und Lamborghini, die jeweils weniger als 5000 Autos pro Jahr produzieren. Die Größe von Beautiful Cars

Leibniz: Der gewinnmaximierende Preis (https://tinyco.re/0705013)

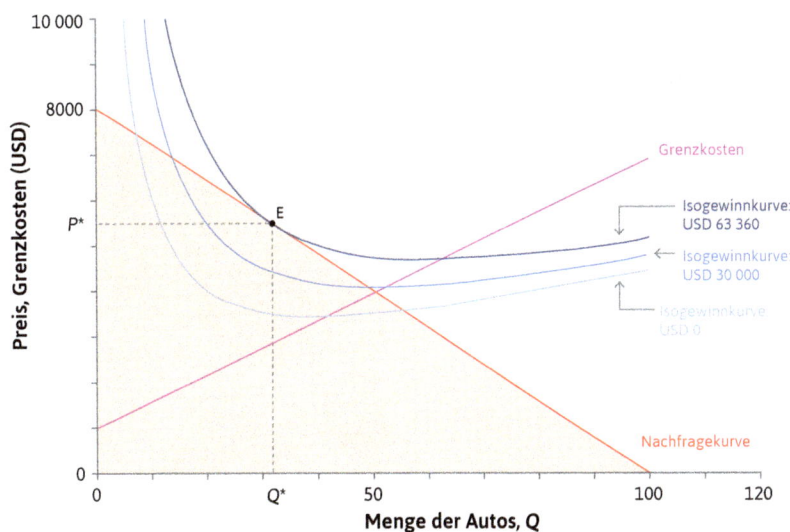

Abbildung 7.11 Die gewinnmaximierende Wahl von Preis und Menge für Beautiful Cars.

wird zum Teil durch seine Nachfragefunktion bestimmt—es gibt nur maximal 100 potenzielle Kaufende pro Tag. Längerfristig könnte das Unternehmen die Nachfrage durch Werbung steigern, indem es mehr Verbrauchende auf das Produkt aufmerksam macht und sie von den positiven Eigenschaften des Autos überzeugt. Wenn das Unternehmen jedoch seine Produktion ausweiten will, muss es auch die Kostenfunktion berücksichtigen, wie in Abbildung 7.7 (Seite 314). Gegenwärtig steigen die Grenzkosten rasch an, sodass die Durchschnittskosten bei einer Tagesproduktion von über 40 ansteigen. Mit den derzeitigen Räumlichkeiten und Anlagen ist es schwierig, mehr als 40 Autos zu produzieren. Investitionen in neue Anlagen könnten dazu beitragen, die Grenzkosten zu senken, und könnten eine Expansion ermöglichen.

Beschränkte Optimierung

Das Gewinnmaximierungsproblem ist ein weiteres **Knappheitsproblem**, wie die Probleme in früheren Einheiten: Alexeis Wahl der Studienzeit, Ihre eigene und Angelas Wahl der Arbeitszeiten und die Wahl des Lohns durch Marias Unternehmen.

Jedes dieser Probleme hat die gleiche Struktur:

- Die Person mit Entscheidungsbefugnis möchte die Werte einer oder mehrerer Variablen wählen, um ein Ziel zu erreichen. Bei Beautiful Cars sind die Variablen der Preis und die Menge.
- Das Ziel besteht darin, etwas zu *optimieren*: Den Nutzen zu maximieren, die Kosten zu minimieren oder den Gewinn zu maximieren.
- Die Person mit Entscheidungsbefugnis sieht sich einer *Beschränkung* gegenüber, die das Machbare begrenzt: Angelas Produktionsfunktion, Ihre Budgetbeschränkung, Marias Beste-Antwort-Funktion, die Nachfragekurve für Beautiful Cars.

In jedem Fall haben wir die Wahl der Person mit Entscheidungsbefugnis grafisch dargestellt, indem wir die Indifferenzkurven, die sich auf das Ziel beziehen (Isonutzen, Isokosten oder Isogewinn), und die realisierbare Menge an Ergebnissen, die durch die Einschränkung bestimmt wird, gezeigt haben. Und wir haben die Lösung des Problems am Tangentialpunkt gefunden, wo die GRS (Steigung der Indifferenzkurve) gleich der GRT (Steigung der Nebenbedingung) ist.

Die beschränkte Optimierung hat viele Anwendungen in der Volkswirtschaftslehre; solche Probleme können sowohl mathematisch als auch grafisch gelöst werden.

Knappheitsproblem Bei diesem Problem geht es darum, wie wir angesichts unserer Vorlieben und Beschränkungen die besten Entscheidungen treffen, wenn die Dinge, die wir wertschätzen, knapp sind. *Siehe auch: beschränktes Optimierungsproblem.*

BESCHRÄNKTE OPTIMIERUNG
Eine Person wählt die Werte einer oder mehrerer Variablen

- ... um ein Ziel zu erreichen oder etwas zu maximieren (oder minimieren)
- ... vorbehaltlich einer Beschränkung, die die realisierbare Menge bestimmt

FRAGE 7.9 WÄHLEN SIE DIE RICHTIGE(N) ANTWORT(EN)

Abbildung 7.11 zeigt die Nachfragekurve für Autos von Beautiful Cars zusammen mit den Grenzkosten- und Isogewinnkurven. Die Menge-Preis-Kombination am Punkt E ist $(Q^*, P^*) = (32, 5440)$. Die Durchschnittskosten für die Produktion von 50 Autos sind die gleichen wie die Durchschnittskosten für die Produktion von 32 Autos. Angenommen, das Unternehmen behält den Preis von P = USD 5440 bei, produziert aber nun 50 statt 32 Autos. Welche der folgenden Aussagen ist richtig?

- ☐ Das Unternehmen wird nun alle 50 Autos zum Preis von 5440 USD verkaufen.
- ☐ Der Gewinn des Unternehmens wird sich erhöhen.
- ☐ Der Gewinn des Unternehmens bleibt gleich.
- ☐ Der Gewinn des Unternehmens verringert sich jetzt.

FRAGE 7.10 WÄHLEN SIE DIE RICHTIGE(N) ANTWORT(EN)

Abbildung 7.11 zeigt die Nachfragekurve für Autos von Beautiful Cars zusammen mit den Grenzkosten- und Isogewinnkurven. Am Punkt E ist die Mengen-Preis-Kombination $(Q^*, P^*) = (32, 5440)$ und der Gewinn beträgt USD 63 360.

Angenommen, das Unternehmen entscheidet sich stattdessen für die Produktion von Q = 32 Autos und setzt den Preis auf P = USD 5400 fest. Welche der folgenden Aussagen ist richtig?

- ☐ Der Gewinn bleibt mit 63 360 USD gleich.
- ☐ Der Gewinn verringert sich auf 62 080 USD.
- ☐ Die Durchschnittskosten der Produktion betragen 3400 USD.
- ☐ Das Unternehmen ist nicht in der Lage, alle Autos zu verkaufen.

FRAGE 7.11 WÄHLEN SIE DIE RICHTIGE(N) ANTWORT(EN)

Abbildung 7.11 zeigt die Nachfragekurve für Autos von Beautiful Cars zusammen mit den Grenzkosten- und Isogewinnkurven.

Angenommen, das Unternehmen beschließt, von P^* = USD 5440 und Q^* = 32 auf einen höheren Preis umzusteigen, und wählt die gewinnmaximierende Menge zu dem neuen Preis. Welche der folgenden Aussagen ist richtig?

- ☐ Die Menge der produzierten Autos wird gesenkt.
- ☐ Die Grenzkosten für die Produktion eines zusätzlichen Autos sind höher.
- ☐ Die Gesamtkosten der Produktion sind höher.
- ☐ Der Gewinn wird durch den neuen, höheren Preis erhöht.

7.6 BETRACHTUNG DER GEWINNMAXIMIERUNG ALS GRENZERLÖS UND GRENZKOSTEN

Im vorherigen Abschnitt haben wir gezeigt, dass die gewinnmaximierende Wahl für Beautiful Cars der Punkt ist, an dem die Nachfragekurve die höchste Isogewinnkurve tangiert. Um einen maximalen Gewinn zu erzielen, sollte sie $Q = 32$ Autos produzieren und diese zu einem Preis $P = 5440$ USD verkaufen.

Wir sehen uns nun eine andere Methode an, um den gewinnmaximierenden Punkt zu finden, ohne Isogewinnkurven zu verwenden. Stattdessen verwenden wir die Grenzerlöskurve. Zur Erinnerung: Wenn Q Autos zu einem Preis P verkauft werden, ist der Erlös R gegeben durch $R = P \times Q$. Der **Grenzerlös**, GE, ist der Anstieg des Erlöses, der sich ergibt, wenn die Menge von Q auf $Q + 1$ erhöht wird.

Abbildung 7.12a zeigt, wie man den Grenzerlös berechnet, wenn $Q = 20$ ist, das heißt die Erhöhung des Erlöses bei einer Erhöhung der Menge um eine Einheit.

Abbildung 7.12a zeigt, dass der Erlös des Unternehmens die Fläche des unter der Nachfragekurve gezeichneten Rechtecks ist. Wenn Q von 20 auf 21 erhöht wird, ändert sich der Erlös aus zwei Gründen. Ein zusätzliches Auto wird zu dem neuen Preis verkauft, aber da der neue Preis niedriger ist, wenn $Q = 21$, gibt es auch einen Verlust von 80 USD für jedes der anderen 20 Autos. Der Grenzerlös ist der Nettoeffekt dieser beiden Änderungen.

In Abbildung 7.12b finden wir die Kurve des Grenzerlöses und verwenden sie, um den Punkt des maximalen Gewinns zu finden. Das obere Feld zeigt die Nachfragekurve, das mittlere Feld die Grenzkostenkurve. Die Analyse in Abbildung 7.12b zeigt, wie man die Grenzerlöskurve berechnet und darstellt. Wenn P hoch und Q niedrig ist, ist der Grenzerlös hoch: Der Gewinn aus dem Verkauf eines weiteren Autos ist viel größer als der Gesamtverlust aus der geringen Anzahl anderer Autos. Wenn wir uns auf der Nachfragekurve nach unten bewegen, fällt P (sodass der Gewinn aus dem letzten Auto kleiner wird) und Q steigt (sodass der Gesamtverlust aus den anderen Autos größer wird), sodass GE fällt und schließlich negativ wird.

Die Grenzerlöskurve ist in der Regel (wenn auch nicht notwendigerweise) eine fallende Linie. Die beiden unteren Felder in Abbildung 7.12b zeigen, dass der gewinnmaximierende Punkt dort liegt, wo die GE-Kurve die GK-Kurve kreuzt. Um zu verstehen, warum das so ist, muss man sich vergegenwärtigen, dass der Gewinn die Differenz zwischen den Erträgen und den Kosten ist, sodass für jeden Wert von Q die Änderung des Gewinns bei einer Erhöhung von Q um eine Einheit (der Grenzgewinn) die Differenz zwischen der Änderung der Erträge und der Änderung der Kosten wäre:

$$\text{Gewinn} = \text{Gesamterlös} - \text{Gesamtkosten}$$
$$\text{Grenzgewinn} = \text{GE} - \text{GK}$$

Also:

- Wenn GE > GK ist, könnte das Unternehmen den Gewinn durch Erhöhung von Q steigern.
- Wenn GE < GK ist, ist der Grenzgewinn negativ. Es wäre besser, Q zu senken.

> **Grenzerlös** Die Erhöhung der Einnahmen, die durch eine Erhöhung der Menge von Q auf $Q + 1$ erzielt wird.

Leibniz: Grenzerlös und Grenzkosten
(https://tinyco.re/0706016)

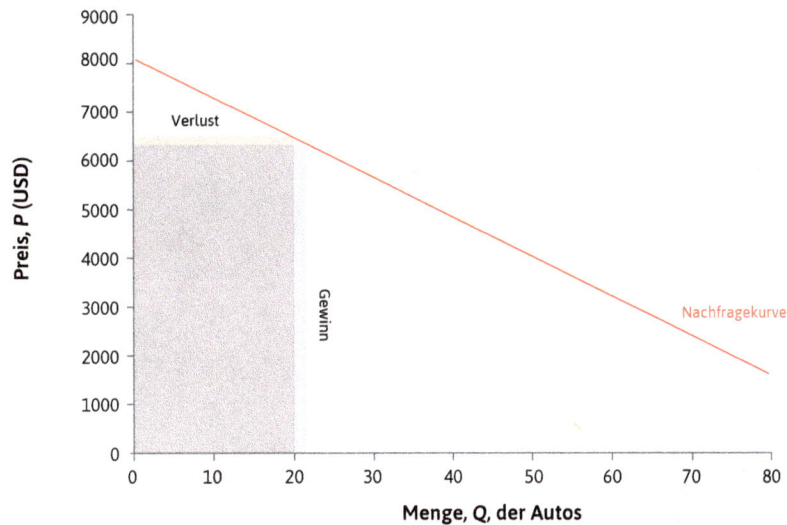

Erlös, $R = P \times Q$

$Q = 20$	$P = $ USD 6400	$R = $ USD 128 000
$Q = 21$	$P = $ USD 6320	$R = $ USD 132 720
$\Delta Q = 1$	$\Delta P = $ USD 80	$GE = \Delta R / \Delta Q = $ USD 4720

Zusätzlicher Erlös (21. Auto)	USD 6320
Entgangener Erlös (80 USD für jedes der anderen 20 Autos)	−USD 1600
Grenzerlös	USD 4720

Abbildung 7.12a Berechnung des Grenzerlöses.

1. Erlös bei $Q = 20$

Wenn $Q = 20$ ist, beträgt der Preis 6400 USD und der Erlös = USD 6400 × 20, die Fläche des Rechtecks.

2. Erlös bei $Q = 21$

Wenn die Menge auf 21 erhöht wird, fällt der Preis auf 6320 USD. Die Preisänderung ist $\Delta P = −$USD 80. Der Erlös bei $Q = 21$ ergibt sich aus der Fläche des neuen Rechtecks, die USD 6320 × 21 beträgt.

3. Grenzerlös bei $Q = 20$

Der Grenzerlös bei $Q = 20$ ist die Differenz zwischen den beiden Flächen. Die Tabelle zeigt, dass die Fläche des Rechtecks größer ist, wenn $Q = 21$ ist. Der Grenzerlös beträgt 4720 USD.

4. Warum ist GE > 0?

Die Erlössteigerung kommt zustande, weil das Unternehmen mit dem 21. Auto einen zusätzlichen Erlös von 6320 USD erzielt, und dieser Gewinn ist größer als der Verlust von 20 × USD 80 aus dem Verkauf der anderen 20 Autos zu einem niedrigeren Preis.

5. Berechnung des Grenzerlöses

Die Tabelle zeigt, dass der Grenzerlös auch als Differenz zwischen dem Gewinn von 6320 USD und dem Verlust von 1600 USD berechnet werden kann.

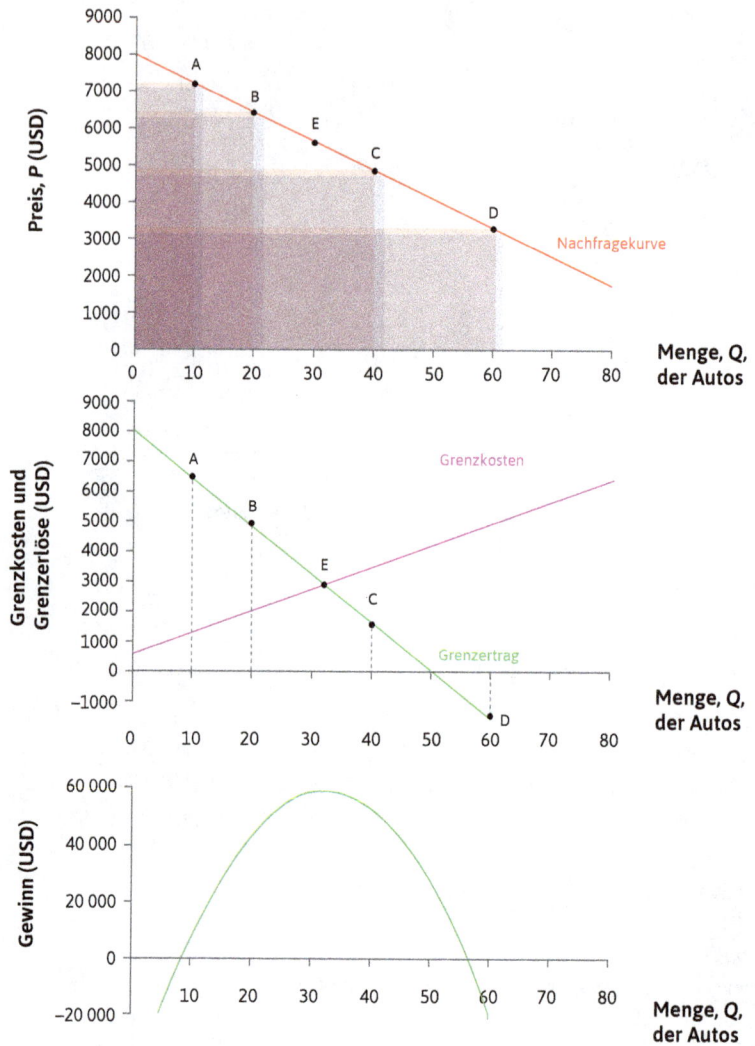

Abbildung 7.12b Grenzerlös, Grenzkosten und Gewinn.

1. Nachfrage- und Grenzkostenkurven

Das obere Feld zeigt die Nachfragekurve, das mittlere Feld die Grenzkostenkurve. Im Punkt A ist $Q = 10$, $P = $ USD 7200, der Erlös beträgt 72 000 USD.

2. Grenzerlös

Der Grenzerlös (mittleres Feld) bei A ist die Differenz zwischen den Flächen der beiden Rechtecke: GE = USD 6320.

3. Grenzerlös bei $Q = 20$

Der Grenzerlös bei $Q = 20$ und $P = $ USD 6400 beträgt 4880 USD.

4. Abwärtsbewegung der Nachfragekurve

Je weiter wir uns entlang der Nachfragekurve nach unten bewegen, desto mehr fällt P und desto mehr fällt der GE. Der Erlös des zusätzlichen Autos wird kleiner, und der Verlust der anderen Autos wird größer.

5. GE < 0

Im Punkt D wird der Erlösen des zusätzlichen Wagens durch den Verlust der anderen Wagen aufgewogen, sodass der Grenzerlös negativ ist.

6. Die Grenzerlöskurve

Die Verbindung der Punkte im mittleren Feld ergibt die Grenzerlöskurve.

7. GE > GK

GE und GK schneiden sich im Punkt E, wo $Q = 32$. GE > GK bei jedem Wert von Q unter 32: Der Erlös aus dem Verkauf eines zusätzlichen Autos ist größer als die Kosten für seine Herstellung, sodass es besser wäre, die Produktion zu erhöhen.

8. GE < GK

Wenn $Q > 32$, GE < GK: Wenn das Unternehmen mehr als 32 Autos produziert, würde es Gewinn verlieren, wenn es ein zusätzliches Auto herstellt, und es würde den Gewinn erhöhen, wenn es weniger Autos herstellt.

9. Der Gewinn des Unternehmens

Im unteren Feld haben wir den Gewinn des Unternehmens an jedem Punkt der Nachfragekurve aufgetragen. Sie können sehen, dass bei $Q < 32$ GE > GK ist und der Gewinn steigt, wenn Q steigt. Wenn $Q = 32$ ist, wird der Gewinn maximiert. Wenn $Q > 32$ ist, ist GE < GK, und der Gewinn sinkt, wenn Q steigt.

Wie sich der Gewinn mit Q verändert, kann man im untersten Feld von 7.12b sehen. Genauso wie die Grenzkosten die Steigung der Kostenfunktion sind, ist der Grenzgewinn die Steigung der Gewinnfunktion. In diesem Fall:

- Wenn $Q < 32$, GE > GK: Der Grenzgewinn ist positiv, also steigt der Gewinn mit Q.
- Wenn $Q > 32$, GE < GK: Der Grenzgewinn ist negativ; der Gewinn sinkt mit Q.
- Wenn $Q = 32$, GE = GK: Der Grenzgewinn erreicht ein Maximum.

FRAGE 7.12 WÄHLEN SIE DIE RICHTIGE(N) ANTWORT(EN)

Diese Abbildung zeigt die Grenzkosten- und Grenzerlöskurven für Autos von Beautiful Cars. Welche der folgenden Aussagen ist auf der Grundlage der dargestellten Informationen richtig?

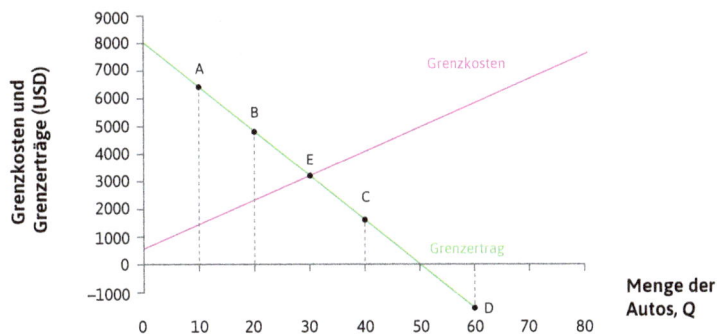

- ☐ Wenn $Q = 40$ ist, sind die Grenzkosten größer als der Grenzerlös, sodass der Gewinn des Unternehmens negativ sein muss.
- ☐ Der Erlös ist größer, wenn $Q = 10$ ist, als wenn $Q = 20$ ist.
- ☐ Das Unternehmen würde sich nicht dafür entscheiden, im Punkt E zu produzieren, da der Grenzgewinn gleich Null ist.
- ☐ Der Gewinn ist größer, wenn $Q = 20$ ist, als wenn $Q = 10$ ist.

7.7 DER NUTZEN AUS HANDEL

Erinnern Sie sich aus Einheit 5 daran, dass Menschen, die sich freiwillig an einer wirtschaftlichen Interaktion beteiligen, dies tun, weil es ihnen dadurch besser geht: Sie können eine Verbesserung erzielen, die **ökonomische Rente** genannt wird. Die gesamte Wohlfahrt für die beteiligten Parteien ist ein Maß für den **Nutzen aus Handel**. Wir können das Ergebnis der wirtschaftlichen Interaktionen zwischen Verbrauchenden und einem Unternehmen genauso analysieren, wie wir es für Angela und Bruno in Einheit 5 getan haben. Wir beurteilen die gesamte Wohlfahrt und die Art und Weise, wie sie aufgeteilt wird, unter dem Gesichtspunkt der **Pareto-Effizienz** und der Fairness.

Wir haben angenommen, dass die Spielregeln für die Allokation von Cheerios und Autos an die Verbrauchenden wie folgt lauten:

1. Ein Unternehmen entscheidet, wie viele Produkte es produziert, und legt einen Preis fest.
2. Dann entscheiden die einzelnen Verbrauchenden, ob sie kaufen oder nicht.

Diese Regeln spiegeln typische Institutionen des Marktes für die Allokation von Verbrauchsgütern wider, obwohl wir uns auch Alternativen vorstellen können—vielleicht könnte sich eine Gruppe von Personen, die Autos haben wollen, zusammenschließen dann die Hersteller auffordern, sich um den Vertrag zu bewerben.

Bei den Interaktionen zwischen einem Unternehmen wie Beautiful Cars und dessen Verbrauchenden können beide Seiten profitieren, solang das Unternehmen in der Lage ist, ein Auto zu Kosten herzustellen, die unter dem Wert des Autos für Verbrauchende liegen. Die Nachfragekurve zeigt die Zahlungsbereitschaft (ZBS) der einzelnen potenziellen Verbrauchenden. Eine verbrauchende Person, deren ZBS größer ist als der Preis, wird das Gut kaufen und eine Rente erhalten, da der Wert des Autos für sie höher ist als der Preis, den sie dafür zahlen muss.

In ähnlicher Weise zeigt die Grenzkostenkurve, was es kostet, jedes weitere Auto herzustellen (wenn man bei $Q = 0$ anfängt, zeigt die Grenzkostenkurve, wie viel es kostet, das erste Auto herzustellen, dann das zweite und so weiter). Wenn die Grenzkosten niedriger sind als der Preis, erhält das Unternehmen auch eine Rente. Abbildung 7.13 zeigt, wie man die **gesamte Wohlfahrt** für das Unternehmen und seine Kundschaft ermittelt, wenn Beautiful Cars den Preis so festlegt, dass der Gewinn maximiert wird.

ökonomische Rente Eine Zahlung oder ein anderer Nutzen, der über das hinausgeht, was eine Person bei ihrer nächstbesten Alternative (oder Reservationsoption) erhalten hätte. *Siehe auch: Reservationsoption.*

Nutzen aus Handel Der Nutzen, den eine Partei aus einer Transaktion zieht, verglichen damit, wie es ihr ohne den Austausch ergangen wäre. *Auch bekannt als: Wohlfahrtsgewinne aus Handel. Siehe auch: ökonomische Rente.*

Pareto-effizient Eine Allokation mit der Eigenschaft, dass es keine alternative technisch mögliche Allokation gibt, bei der mindestens eine Person besser und niemand schlechter gestellt wäre.

gesamte Wohlfahrt Der Gesamtnutzen aus dem Handel, den alle am Tausch beteiligten Parteien erhalten. Er wird als Summe der Konsumenten- und Produzentenrente gemessen. *Siehe: gemeinsame Wohlfahrt.*

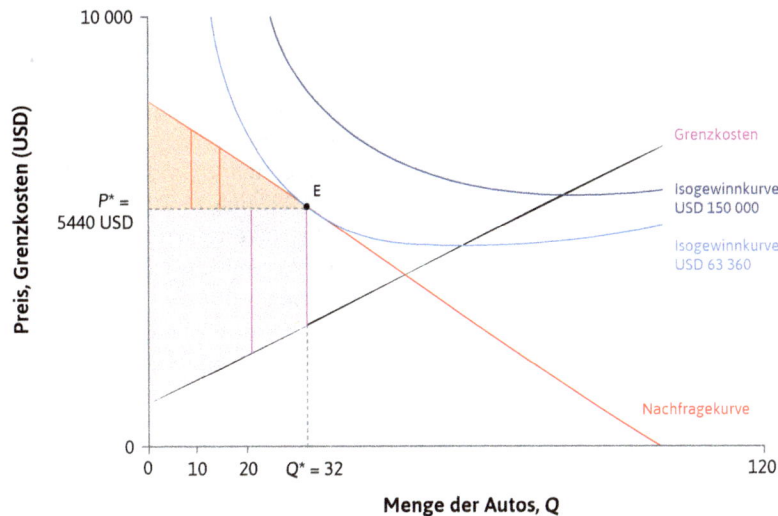

Abbildung 7.13 Nutzen aus dem Handel.

1. Nutzen aus dem Handel

Wenn das Unternehmen seinen gewinnmaximierenden Preis P^* = USD 5440 festlegt und Q^* = 32 Autos pro Tag verkauft, ist die 32. kaufende Person, deren ZBS 5440 USD beträgt, gerade indifferent zwischen dem Kauf und dem Nichtkauf eines Autos, sodass die individuelle Wohlfahrt der Person gleich Null ist.

2. Eine höhere ZBS

Andere Personen waren bereit, mehr zu zahlen. Die 10. verbrauchende Person, deren ZBS 7200 USD beträgt, erzielt eine individuelle Wohlfahrt von 1760 USD, dargestellt durch die vertikale Linie bei der Menge 10.

3. Was wären die 15. Kundin bzw. Kundebereit gewesen zu zahlen?

Die 15. verbrauchende Person hat eine ZBS von 6800 USD und damit eine individuelle Wohlfahrt von 1360 USD.

4. Die Konsumentenrente

Um die gesamte Wohlfahrt zu ermitteln, den die Verbrauchenden erzielen, addieren wir die individuellen Wohlfahrten der einzelnen Personen auf. Dies wird durch das schattierte Dreieck zwischen der Nachfragekurve und der Linie dargestellt, auf der der Preis P^* ist. Dieses Maß für den Nutzen der Verbrauchenden aus dem Handel ist die **Konsumentenrente**.

5. Die Produzentenrente für das 20. Auto

Ebenso erzielt das Unternehmen mit jedem verkauften Auto eine Produzentenrente. Die Grenzkosten für das 20. Auto betragen 2000 USD. Durch den Verkauf für 5440 USD erzielt das Unternehmen einen Gewinn von 3440 USD, der durch die vertikale Linie im Diagramm zwischen P^* und der Grenzkostenkurve dargestellt wird.

6. Die gesamte Wohlfahrt des produzierenden Unternehmens

Um die gesamte **Produzentenrente** zu ermitteln, addieren wir die Wohlfahrt für jedes produzierte Auto auf: Dies ist der violett schattierte Bereich.

7. Das marginale Auto

Das Unternehmen erzielt eine Rente aus dem letzten produzierten Fahrzeug: Das 32. und letzte Fahrzeug wird zu einem Preis verkauft, der über den Grenzkosten liegt.

> **KONSUMENTENRENTE, PRODUZENTENRENTE, GEWINN**
>
> - Die Konsumentenrente ist ein Maß für den Nutzen der Teilnahme am Markt für die Verbrauchenden.
> - Die Produzentenrente steht in engem Zusammenhang mit dem Gewinn des Unternehmens, ist aber nicht ganz dasselbe. Die Produzentenrente ist die Differenz zwischen den Erträgen des Unternehmens und den Grenzkosten jeder Einheit, berücksichtigt aber nicht die Fixkosten, die auch bei $Q = 0$ anfallen.
> - Der Gewinn ist die Produzentenrente abzüglich der Fixkosten.
> - Die gesamte Wohlfahrt, der sich aus dem Handel auf diesem Markt für das Unternehmen und die Verbrauchenden zusammen ergibt, ist die Summe aus Konsumentenrente und Produzentenrente.

Produzentenrente Der Preis, zu dem ein Unternehmen ein Gut verkauft, abzüglich des Mindestpreises, zu dem es bereit gewesen wäre, das Gut zu verkaufen, summiert über alle verkauften Einheiten.

Pareto-Verbesserung Eine Veränderung, von der mindestens eine Person profitiert, ohne dass jemand anderes schlechter gestellt wird. *Siehe dazu: Pareto-dominant.*

Konsumentenrente Die Zahlungsbereitschaft der Verbraucher:innen für ein Gut abzüglich des Preises, zu dem diese Person das Gut gekauft hat, summiert über alle verkauften Einheiten.

Wohlfahrtsverlust Ein Verlust der gesamten Wohlfahrt im Vergleich zu der gesamt möglichen Wohlfahrt einer Pareto-effizienten Allokation.

In Abbildung 7.13 misst die schattierte Fläche oberhalb von P^* die **Konsumentenrente**, und die schattierte Fläche unterhalb von P^* ist die **Produzentenrente**. Aus der relativen Größe der beiden Bereiche in Abbildung 7.13 geht hervor, dass das Unternehmen auf diesem Markt einen größeren Anteil an der gesamten Wohlfahrt erhält.

Wie bei den freiwilligen Verträgen zwischen Angela und Bruno profitieren beide Parteien auf dem Markt für Autos von Beautiful Cars, und die Aufteilung des Nutzens aus dem Handel wird durch die Verhandlungsmacht bestimmt. In diesem Fall hat das Unternehmen mehr Macht als die Verbrauchenden, weil es das einzige Unternehmen ist, das Autos von Beautiful Cars herstellt. Es kann einen hohen Preis festlegen und einen hohen Anteil an der gesamten Wohlfahrt erreichen, da es weiß, dass Verbrauchende, die das Auto kaufen möchten, keine andere Wahl haben, als den Preis zu akzeptieren. Eine einzelne verbrauchende Person hat keine Macht, um ein besseres Angebot zu verhandeln, da das Unternehmen weiterhin eine große potentielle Kundschaft hat.

Pareto-effizient

Ist die Allokation von Autos auf diesem Markt **Pareto-effizient**? Die Antwort lautet nein, denn es gibt einige Verbrauchende, die keine Autos zu dem vom Unternehmen gewählten Preis kaufen, die aber dennoch bereit wären, mehr zu zahlen, als das Unternehmen für die Produktion der Autos bezahlen müsste. In Abbildung 7.13 haben wir gesehen, dass Beautiful Cars mit dem *marginalen Auto* (dem 32.) einen Gewinn macht. Der Preis ist höher als die Grenzkosten. Das Unternehmen könnte ein weiteres Auto produzieren und es an die 33. verbrauchende Person zu einem Preis verkaufen, der niedriger als 5440 USD, aber höher als die Produktionskosten ist. Dies wäre eine **Pareto-Verbesserung**: Sowohl das Unternehmen als auch die 33. verbrauchende Person wären besser dran. Mit anderen Worten: Der potenzielle Nutzen aus dem Handel auf dem Markt für diesen Fahrzeugtyp sind bei E noch nicht ausgeschöpft.

Angenommen, das Unternehmen hätte stattdessen den Punkt F gewählt, an dem die Grenzkostenkurve die Nachfragekurve kreuzt. Dieser Punkt stellt eine Pareto-effiziente Allokation dar, bei der es keine weiteren potenziellen Pareto-Verbesserungen gibt—die Produktion eines weiteren Autos würde mehr kosten, als die verbliebenen Verbrauchenden zahlen würden. Abbildung 7.14 erklärt, warum die gesamte Wohlfahrt, die wir uns als den Kuchen vorstellen können, der zwischen dem Unternehmen und der Kundschaft aufgeteilt wird, bei F höher wäre.

Die gesamte Wohlfahrt wäre am Pareto-effizienten Punkt (F) höher als am Punkt E. Die Konsumentenrente wäre höher, weil diejenigen, die bereit waren, zu dem höheren Preis zu kaufen, von dem niedrigeren Preis profitieren würden, und zusätzliche Verbrauchende würden ebenfalls eine Wohlfahrt erzielen. Beautiful Cars wird sich jedoch nicht für F entscheiden, weil die Produzentenrente dort niedriger ist (und wie man sieht, liegt der Punkt F auf einer niedrigeren Isogewinnkurve).

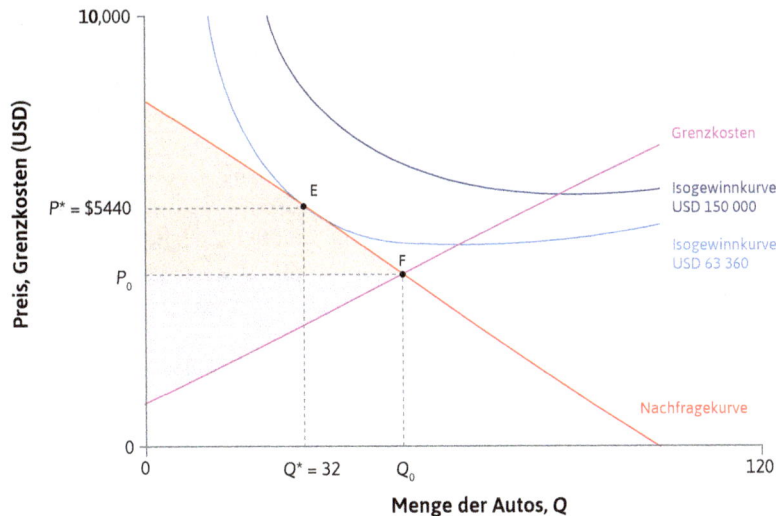

Abbildung 7.14 Wohlfahrtsverlust.

1. Ungenutzte Verbesserungsmöglichkeiten aus dem Handel

Der gewinnmaximierende Preis und die gewinnmaximierende Menge des Unternehmens befinden sich im Punkt E. Aber es gibt ungenutzte Verbesserungsmöglichkeiten. Das Unternehmen könnte ein weiteres Auto herstellen und es an die 33. verbrauchende Person zu einem Preis verkaufen, der über den Produktionskosten liegt.

2. Eine Pareto-effiziente Allokation

Angenommen, das Unternehmen wählt stattdessen F und verkauft Q_0 Autos zu einem Preis P_0, der den Grenzkosten entspricht. Diese Allokation ist Pareto-effizient: Die Herstellung eines weiteren Autos würde mehr als P kosten, und es gibt keine Verbrauchenden mehr, die bereit wären, so viel zu zahlen.

3. Eine höhere Konsumentenrente

Die Konsumentenrente ist bei F höher als bei E.

4. Eine höhere gesamte Wohlfahrt

Die Produzentenrente ist in F niedriger als in E, aber die gesamte Wohlfahrt ist höher.

5. Wohlfahrtsverlust

Bei E gibt es einen Wohlfahrtsverlust, der gleich der Fläche des weißen Dreiecks zwischen Q = 32, der Nachfragekurve und der GK-Kurve ist.

Da sich das Unternehmen für E entscheidet, kommt es zu einem Verlust an potenzieller Wohlfahrt, der als **Wohlfahrtsverlust** bezeichnet wird. Im Diagramm ist dies die dreieckige Fläche zwischen Q = 32, der Nachfragekurve und der Grenzkostenkurve.

Es mag verwirrend erscheinen, dass sich das Unternehmen für E entscheidet, obwohl wir gesagt haben, dass an diesem Punkt sowohl die Verbrauchenden als auch das Unternehmen besser gestellt sein könnten. Das stimmt, aber nur, wenn die Autos an andere Verbrauchende zu einem niedrigeren Preis verkauft werden könnten als an die ersten 32. Das Unternehmen entscheidet sich für E, weil dies angesichts der Spielregeln (Festsetzung eines Preises für alle Verbrauchende) das Beste ist, was es tun kann. Die Allokation, die sich aus der Preisfestsetzung durch das Unternehmen eines differenzierten Produkts wie Beautiful Cars ergibt, ist Pareto-ineffizient. Das Unternehmen nutzt seine Verhandlungsmacht, um einen Preis festzulegen, der über den Grenzkosten für ein Auto liegt. Es hält den Preis hoch, indem es eine im Vergleich zur Pareto-effizienten Allokation zu niedrige Menge produziert.

Die Bewertung, ob das Ergebnis Pareto-effizient ist, bedeutet jedoch nicht, dass die Spielregeln unverändert bleiben müssen. Wenn es eine technisch mögliche Allokation gibt, bei der mindestens eine Person besser gestellt ist und niemand schlechter gestellt wird, dann ist E nicht Pareto-effizient. Stellen Sie sich als Gedankenexperiment vor, die Spielregeln wären anders, und das Unternehmen könnte von jeder kaufenden Person einen eigenen Preis verlangen, der knapp unter der Zahlungsbereitschaft der Person liegt. Dann würde das Unternehmen auf jeden Fall an jede potentiell kaufende Person verkaufen, deren Zahlungsbereitschaft die Grenzkosten übersteigt, sodass alle für beide Seiten vorteilhaften Geschäfte zustande kämen. Es würde die Pareto-effiziente Menge an Autos produzieren.

Um auf diese Weise individuelle Preise festzulegen (die sogenannte perfekte Preisdiskriminierung, eine extreme Form der Preisdiskriminierung), müsste das Unternehmen die Zahlungsbereitschaft jeder einzelnen kaufenden Person kennen. In diesem hypothetischen Fall würde der Wohlfahrtsverlust verschwinden. Das Unternehmen würde die gesamte Wohlfahrt abschöpfen: Es gäbe eine Produzentenrente, aber keine Konsumentenrente. Man könnte dies für ungerecht halten, aber die Allokation auf dem Markt wäre Pareto-effizient.

ÜBUNG 7.5 ÄNDERN DER SPIELREGELN

1. Nehmen wir an, dass Beautiful Cars über ausreichende Informationen und eine so große Verhandlungsmacht verfügt, dass es von allen Verbrauchenden separat den Höchstbetrag verlangen kann, den sie zu zahlen bereit sind. Zeichnen Sie die Kurven der Nachfrage und der Grenzkosten (wie in Abbildung 7.14), und geben Sie in Ihrem Diagramm an:

    (a) Die Anzahl der verkauften Autos
    (b) Den höchsten von einer verbrauchenden Person gezahlten Preis
    (c) Den niedrigsten gezahlten Preis
    (d) Die Konsumentenrente und die Produzentenrente

2. Fallen Ihnen Beispiele für Waren ein, die auf diese Weise verkauft werden?

3. Warum ist dies keine gängige Praxis?

4. Einige Unternehmen verlangen von verschiedenen Gruppen unterschiedliche Preise, zum Beispiel verlangen Fluggesellschaften höhere Preise für Last-Minute-Reisende. Warum tun sie das und wie wirkt sich das auf die Wohlfahrt der Verbrauchenden und produzierenden Unternehmen aus?

5. Angenommen, eine Wettbewerbspolitik hat die Spielregeln verändert. Wie könnte dies den Verbrauchenden mehr Verhandlungsmacht verschaffen?

6. Wie viele Autos würden unter diesen Regeln verkauft werden?

7. Wie hoch wären die Produzentenrente des produzierenden Unternehmens und die Konsumentenrente der verbrauchenden Personen unter diesen Bedingungen?

FRAGE 7.13 WÄHLEN SIE DIE RICHTIGE(N) ANTWORT(EN)
Welche der folgenden Aussagen ist richtig?

☐ Die Konsumentenrente ist die Differenz zwischen der Zahlungsbereitschaft der Verbrauchenden und dem, was sie tatsächlich zahlen.

☐ Die Produzentenrente entspricht dem Gewinn des Unternehmens.

☐ Der Wohlfahrtsverlust ist der Verlust, den das produzierende Unternehmen erleidet, wenn es nicht mehr Autos verkauft.

☐ Aller Nutzen aus dem Handel wird erzielt, wenn das Unternehmen die gewinnmaximierende Menge und den gewinnmaximierenden Preis wählt.

7.8 DIE ELASTIZITÄT DER NACHFRAGE

Das Unternehmen maximiert den Gewinn, indem es den Punkt wählt, an dem die Steigung der Isogewinnkurve (GRS) gleich der Steigung der Nachfragekurve (GRT) ist. Dies stellt den Trade-Off dar, den das Unternehmen zwischen Preis und Menge eingehen muss.

Die Entscheidung des Unternehmens hängt also davon ab, wie steil die Nachfragekurve ist, das heißt wie stark sich die Nachfrage der Verbrauchenden nach einem Gut ändert, wenn sich der Preis ändert. Die **Preiselastizität der Nachfrage** ist ein Maß für die Reaktion der Verbrauchenden auf eine Preisänderung. Sie ist definiert als die prozentuale Veränderung der Nachfrage, die als Reaktion auf eine Preiserhöhung von 1 % eintreten würde. Nehmen wir zum Beispiel an, dass bei einer Preiserhöhung um 10 % die verkaufte Menge um 5 % sinkt. Dann berechnen wir die Elastizität, ε, wie folgt:

> **Preiselastizität der Nachfrage** Die prozentuale Veränderung der Nachfrage, die bei einer Preiserhöhung von 1 % eintreten würde. Wir drücken dies als positive Zahl aus. Die Nachfrage ist elastisch, wenn sie größer als 1 ist, und unelastisch, wenn sie kleiner als 1 ist.

$$\varepsilon = -\frac{\%\text{Nachfrageänderung}}{\%\text{Preisänderung}}$$

ε ist der griechische Buchstabe Epsilon, der häufig zur Darstellung der Elastizität verwendet wird. Bei einer Nachfragekurve sinkt die Menge, wenn der Preis steigt. Die Nachfrageänderung ist also negativ, wenn die Preisänderung positiv ist, und umgekehrt. Das Minuszeichen in der Formel für die Elastizität sorgt dafür, dass wir eine positive Zahl als Maß für die Reaktionsfähigkeit der Nachfrage erhalten. In diesem Beispiel erhalten wir also:

$$\varepsilon = -\frac{-5}{10}$$
$$= 0,5$$

Die Preiselastizität der Nachfrage hängt mit der Steigung der Nachfragekurve zusammen. Wenn die Nachfragekurve recht flach ist, ändert sich die Menge als Reaktion auf eine Preisänderung stark, sodass die Elastizität hoch ist. Umgekehrt entspricht eine steilere Nachfragekurve einer geringeren Elastizität. Tendenziell kann uns die Steigung der Nachfragekurve also etwas über die Elastizität sagen. Aber es ist wichtig zu beachten, dass Steigung und Elastizität nicht dasselbe sind: Die Elastizität ändert sich entlang der Nachfragekurve, auch wenn die Steigung gleich bleibt.

Abbildung 7.15 zeigt (erneut) die Nachfragekurve für Autos, die eine konstante Steigung aufweist: Es handelt sich um eine gerade Linie. An jedem Punkt, an dem die Menge um 1 steigt ($\Delta Q = 1$), fällt der Preis um 80 USD ($\Delta P = -$ USD 80):

$$\text{Steigung der Nachfragekurve} = -\frac{\Delta P}{\Delta Q}$$
$$= -80$$

Da $\Delta P = -$ USD 80 ist, wenn $\Delta Q = 1$ an jedem Punkt der Nachfragekurve, ist es einfach, die Elastizität an jedem Punkt zu berechnen. Bei A zum Beispiel ist $Q = 20$ und $P =$ USD 6400. Daraus folgt:

$$\text{Änderung in } Q = 100(\frac{\Delta Q}{Q}) = 100(\frac{1}{20}) = 5\%$$

$$\text{Änderung in } P = 100(\frac{\Delta P}{P}) = 100(\frac{-80}{6400}) = -1,25\%$$

Und so:

$$\varepsilon = -\frac{5}{-1,25}$$
$$= 4$$

In der Tabelle in Abbildung 7.15 wird die Elastizität an mehreren Punkten der Nachfragekurve berechnet. Verwenden Sie die Analyseschritte, um zu sehen, dass dieselben Änderungen von P und Q zu einer höheren prozentualen Änderung von P und einer niedrigeren prozentualen Änderung von Q führen, wenn wir uns auf der Nachfragekurve nach rechts unten bewegen, sodass die Elastizität fällt.

Wir sagen, dass die Nachfrage elastisch ist, wenn die Elastizität größer als 1 ist, und unelastisch, wenn sie kleiner als 1 ist. Aus der Tabelle in Abbildung 7.15 können Sie ersehen, dass der Grenzerlös an den Punkten positiv ist, an denen die Nachfrage elastisch ist, und negativ, wenn sie unelastisch ist. Warum ist das so? Wenn die Nachfrage sehr elastisch ist, sinkt der Preis nur ein wenig, wenn das Unternehmen seine Menge erhöht. Wenn also ein zusätzliches Auto produziert wird, erzielt das Unternehmen mit dem zusätzlichen Auto höhere Einnahmen, ohne bei den anderen Autos große Verluste zu erleiden, sodass die Gesamteinnahmen steigen; mit anderen Worten: GE > 0. Umgekehrt kann das Unternehmen bei unelastischer Nachfrage Q nicht erhöhen, ohne dass P stark sinkt, sodass GE < 0 ist. In dem Einstein am Ende dieses Abschnitts wird gezeigt, dass diese Beziehung für alle Nachfragekurven gilt.

FRAGE 7.14 WÄHLEN SIE DIE RICHTIGE(N) ANTWORT(EN)

Ein Geschäft verkauft 20 Hüte pro Woche zu je 10 USD. Als der Preis auf 12 USD erhöht wird, sinkt die Zahl der verkauften Hüte auf 15 pro Woche. Welche der folgenden Aussagen sind richtig?

☐ Wenn der Preis von 10 USD auf 12 USD erhöht wird, steigt die Nachfrage um 25 %.

☐ Eine Preiserhöhung um 20 % bewirkt einen Rückgang der Nachfrage um 25 %.

☐ Die Nachfrage nach Hüten ist unelastisch.

☐ Die Elastizität der Nachfrage beträgt etwa 1,25.

Wie wirkt sich die Elastizität der Nachfrage auf die Entscheidungen eines Unternehmens aus? Erinnern Sie sich, dass die gewinnmaximierende Menge des Autoherstellers $Q = 32$ ist. In Abbildung 7.15 können Sie sehen, dass dies auf dem elastischen Teil der Nachfragekurve liegt. Das Unternehmen würde niemals einen Punkt wie D wählen wollen, an dem die Nachfragekurve unelastisch ist, weil der Grenzerlös dort negativ ist; es wäre immer besser, die Menge zu senken, da dies den Erlös erhöht und die Kosten senkt. Das Unternehmen wählt also immer einen Punkt, an dem die Elastizität größer als 1 ist.

Gewinnmarge Die Differenz zwischen dem Preis und den Grenzkosten.

Zweitens, die **Gewinnmarge** des Unternehmens (die Differenz zwischen dem Preis und den Grenzkosten der Produktion) hängt eng mit der Elastizität der Nachfrage zusammen. Abbildung 7.16 zeigt eine andere Situation mit hochelastischer Nachfrage. Die Nachfragekurve ist recht flach, sodass kleine Preisänderungen einen großen Einfluss auf den Absatz haben. Die gewinnmaximierende Wahl ist Punkt E. Sie sehen, dass die Gewinnmarge relativ klein ist. Das bedeutet, dass die Menge der produzierten Fahrzeuge nicht weit unter der Pareto-effizienten Menge liegt, nämlich bei Punkt F, wo die Gewinnmarge gleich Null ist.

Abbildung 7.17 zeigt die Entscheidung eines Unternehmens mit den gleichen Kosten für die Automobilproduktion, aber einer weniger elastischen

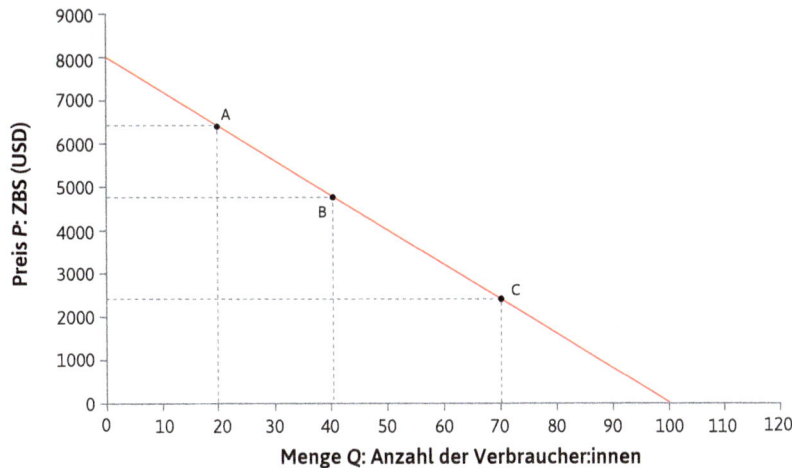

Elastizität = – % Änderung in Q/% Änderung in P

	A	B	C
Q	20	40	70
P	USD 6400	USD 4800	USD 2400
$\triangle Q$	1	1	1
$\triangle P$	– USD 80	– USD 80	– USD 80
% Veränderung in Q	5,00	2,50	1,43
% Veränderung in P	–1,25	–1,67	–3,33
Elastizität	4,00	1,50	0,43
GE	USD 4720	USD 1520	– USD 3280

Abbildung 7.15 Die Elastizität der Nachfrage nach Autos.

1. Diese Nachfragekurve ist eine gerade Linie

An jedem Punkt der Nachfragekurve, wenn Q um 1 steigt, ändert sich P um $\triangle P$ = – USD 80.

2. Elastizität bei A

Wenn am Punkt A $\triangle Q$ = 1 ist, beträgt die prozentuale Änderung von Q 100 × 1/20 = 5 %. Da $\triangle P$ = – USD 80 ist, beträgt die prozentuale Preisänderung 100 × (–80)/6400 = –1,25%. Die Elastizität beträgt 4,00.

3. Die Elastizität ist in B geringer als in A

In B ist Q höher, sodass die prozentuale Veränderung bei $\triangle P$ = 1 geringer ist. Ebenso ist P niedriger und die prozentuale Änderung von P ist höher. Die Elastizität in B ist also geringer als in A. Die Tabelle zeigt, dass sie 1,50 beträgt.

4. Mit steigendem Q nimmt die Elastizität ab

Die Elastizität liegt bei C unter 1.

5. Der Grenzerlös

Die Tabelle zeigt auch den Grenzerlös an jedem Punkt. Wenn die Elastizität größer als 1 ist, ist GE > 0. Wenn die Elastizität unter 1 ist, ist GE < 0.

Nachfrage nach dem Produkt. In diesem Fall ist die Gewinnmarge hoch, und die Menge ist gering. Wenn der Preis erhöht wird, sind immer noch viele Verbrauchende bereit, zu zahlen. Das Unternehmen maximiert seine Gewinne, indem es diese Situation ausnutzt und einen höheren Teil der Wohlfahrt erhält, was jedoch dazu führt, dass weniger Autos verkauft werden und der Wohlfahrtsverlust hoch ist.

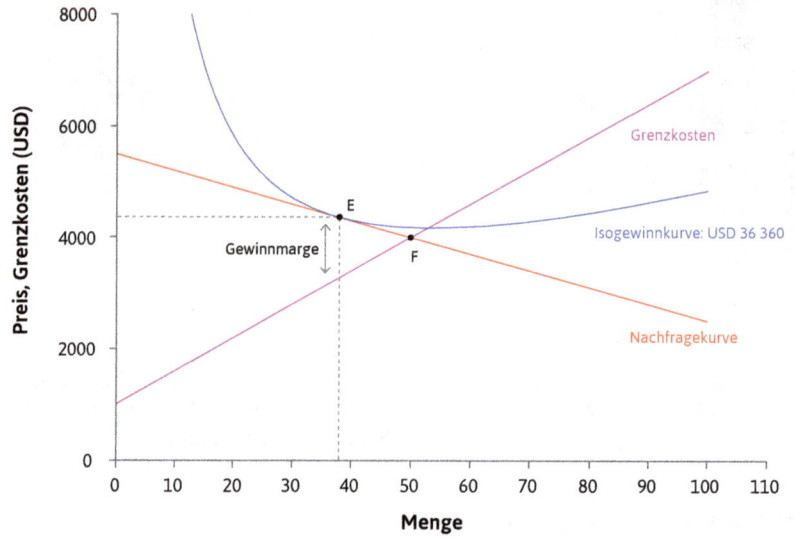

Abbildung 7.16 Ein Unternehmen mit hochelastischer Nachfrage.

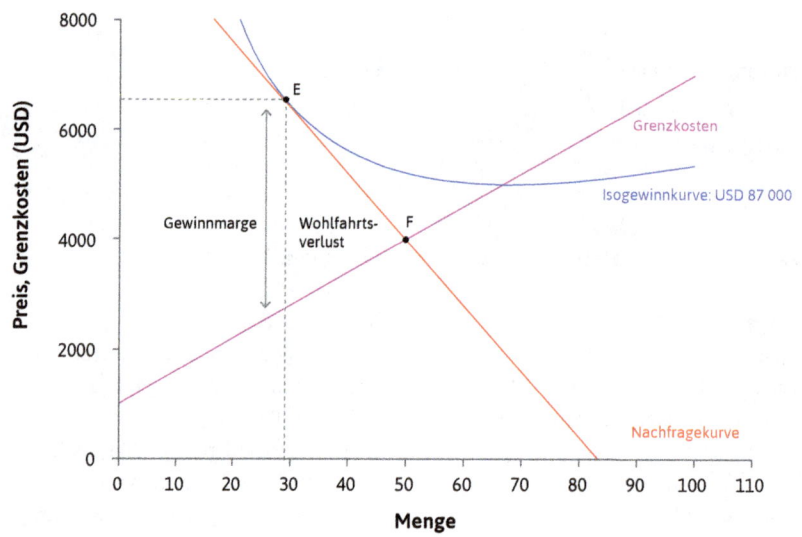

Abbildung 7.17 Ein Unternehmen, das mit einer weniger elastischen Nachfrage konfrontiert ist.

Diese Beispiele verdeutlichen, dass ein Unternehmen den Preis umso mehr über die Grenzkosten anheben wird, je geringer die Elastizität der Nachfrage ist, um eine hohe Gewinnmarge zu erzielen. Wenn die Elastizität der Nachfrage gering ist, hat das Unternehmen die Macht, den Preis zu erhöhen, ohne einen großen Teil der Kundschaft zu verlieren, und der **Preisaufschlag**, das heißt die Gewinnmarge im Verhältnis zum Preis, wird hoch sein. Das Einstein am Ende dieses Abschnitts zeigt Ihnen, dass der Preisaufschlag umgekehrt proportional zur Elastizität der Nachfrage ist.

Preisaufschlag Der Preis abzüglich der Grenzkosten geteilt durch den Preis. Er ist umgekehrt proportional zur Elastizität der Nachfrage nach diesem Gut.

Leibniz: Die Preiselastizität der Nachfrage (https://tinyco.re/ 0708015)

FRAGE 7.15 WÄHLEN SIE DIE RICHTIGE(N) ANTWORT(EN)
In der Abbildung sind zwei Nachfragekurven, D_1 und D_2, dargestellt.

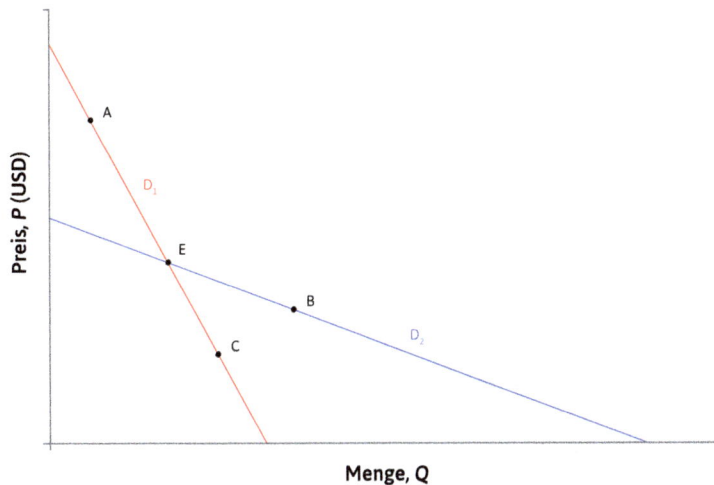

Welche der folgenden Aussagen sind auf der Grundlage dieser Abbildung richtig?

☐ Bei E ist die Nachfragekurve D_1 weniger elastisch als D_2.
☐ Die Elastizität ist bei A und C gleich.
☐ Bei E haben beide Nachfragekurven die gleiche Elastizität.
☐ Die Elastizität ist bei E höher als bei B.

Die Elastizität der Nachfrage und der Grenzerlös

Das Diagramm zeigt, wie man eine allgemeine Formel für die Elastizität an einem Punkt (Q, P) der Nachfragekurve erhält.

Es zeigt auch, wie die Elastizität mit der Steigung der Nachfragekurve zusammenhängt. Eine flachere Nachfragekurve hat eine geringere Steigung, was auf eine höhere Elastizität hinweist.

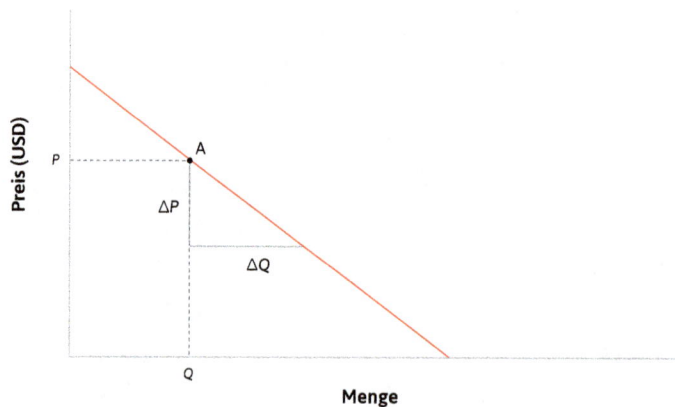

Abbildung 7.18 Die Elastizität der Nachfrage und der Grenzerlös.

Am Punkt A ist der Preis P und die Menge Q. Wenn die Menge um ΔQ steigt, fällt der Preis: Er ändert sich um ΔP, was negativ ist.

$$\% \text{ Änderung in } P = 100 \times \Delta P / P$$

$$\% \text{ Änderung in } Q = 100 \times \Delta Q / Q$$

$$\text{Elastizität bei A} = -\frac{\% \text{ Änderung in } Q}{\% \text{ Änderung in } P}$$

$$= -\frac{\Delta Q / Q}{\Delta P / P}$$

$$= -\frac{P}{Q} \times \frac{\Delta Q}{\Delta P}$$

$$\text{Steigung der Nachfragekurve} = \frac{\Delta P}{\Delta Q}$$

$$\text{Elastizität} = -\frac{P}{Q} \times \frac{1}{\text{Steigung}}$$

Angenommen, die Nachfragekurve ist bei A elastisch. Dann ist die Elastizität größer als eins:

$$-\frac{P\Delta Q}{Q\Delta P} > 1$$

Multiplikation mit $-Q\Delta P$ (was positiv ist):

$$P\Delta Q > -Q\Delta P$$

und durch Umstellen erhalten wir:

$$P\Delta Q + Q\Delta P > 0$$

Betrachten wir den Sonderfall, wenn $\Delta Q = 1$ ist. Die Ungleichung wird zu:

$$P + Q\Delta P > 0$$

Wir erinnern uns, dass der Grenzerlös am Punkt A die Änderung des Erlöses ist, wenn Q um eine Einheit zunimmt. Diese Veränderung setzt sich zusammen aus dem Erlös der zusätzlichen Einheit, der P ist, und dem Verlust der anderen Einheiten, der $Q\Delta P$ ist. Diese Ungleichung besagt also, dass der Grenzerlös positiv ist.

Wir haben gezeigt, dass GE > 0 ist, wenn die Nachfragekurve elastisch ist, und dass GE < 0 ist, wenn die Nachfragekurve unelastisch ist.

Die Höhe des vom Unternehmen gewählten Preisaufschlags

Wir können eine Formel finden, die zeigt, dass der Preisaufschlag hoch ist, wenn die Nachfrageelastizität niedrig ist.

Wir wissen, dass das Unternehmen einen Punkt wählt, an dem die Steigung der Isogewinnkurve gleich der Steigung der Nachfragekurve ist, und dass die Steigung der Nachfragekurve mit der Preiselastizität der Nachfrage zusammenhängt:

$$\varepsilon = -\frac{P}{Q} \times \frac{1}{\text{Steigung}}$$

Durch Umstellen dieser Formel:

$$\text{Steigung der Nachfragekurve} = -\frac{P}{Q} \times \frac{1}{\text{Elastizität}}$$

Wir wissen auch aus Abschnitt 7.4:

$$\text{Steigung der Isogewinnkurve} = -\frac{(P - \text{GK})}{Q}$$

Wenn die beiden Steigungen gleich sind:

$$\frac{(P - \text{GK})}{Q} = \frac{P}{Q} \times \frac{1}{\text{Elastizität}}$$

Wenn man dies umrechnet, erhält man:

$$\frac{(P - \text{GK})}{P} = \frac{1}{\text{Elastizität}}$$

Die linke Seite ist die Gewinnmarge im Verhältnis zum Preis, die als Preisaufschlag bezeichnet wird. Daraus folgt:

Der Preisaufschlag des Unternehmens ist umgekehrt proportional zur Elastizität der Nachfrage.

7.9 VERWENDUNG VON NACHFRAGEELASTIZITÄTEN IN DER POLITIK

Die Messung von Nachfrageelastizitäten ist für politische Entscheidungsträger:innen nützlich. Wenn die Regierung eine Steuer auf ein bestimmtes Gut erhebt, erhöht die Steuer den von den Verbrauchenden zu zahlenden Preis, sodass die Wirkung der Steuer von der Elastizität der Nachfrage abhängt:

Wenn die Nachfrage sehr elastisch ist: Eine Steuer wird einen starken Rückgang der Verkäufe bewirken. Das kann beabsichtigt sein, zum Beispiel wenn die Regierung Tabak besteuert, um vom Rauchen abzuschrecken, weil es gesundheitsschädlich ist. *Wenn eine Steuer einen starken Rückgang der Verkäufe verursacht*: Die Steuer wird nur geringe Steuereinnahmen generieren.

Eine Regierung, die ihre Steuereinnahmen erhöhen möchte, sollte daher Produkte mit unelastischer Nachfrage besteuern.

Mehrere Länder, darunter Mexiko und Frankreich, haben Steuern eingeführt, um den Konsum von ungesunden Lebensmitteln und Getränken zu verringern. Eine internationale Studie aus dem Jahr 2014 ergab eine besorgniserregende Zunahme von Adipositas bei Erwachsenen und Kindern seit 1980. Im Jahr 2013 waren weltweit 37 % der Männer und 38 % der Frauen übergewichtig oder adipös. In Nordamerika lagen die Zahlen bei 70 % und 61 %, aber die Adipositas-Entwicklung betrifft nicht nur die reichsten Länder: Die entsprechenden Zahlen lagen im Nahen Osten und in Nordafrika bei 59 % und 66 %.

Matthew Harding und Michael Lovenheim verwendeten detaillierte Daten über die Lebensmittelkäufe der Verbraucher:innen in den USA, um die Elastizitäten der Nachfrage für verschiedene Arten von Lebensmitteln zu schätzen und die Auswirkungen von Lebensmittelsteuern zu untersuchen. Sie unterteilten die Lebensmittel in 33 Kategorien und untersuchten anhand eines Modells, wie sich durch Preisänderungen der Anteil der einzelnen Kategorien an den Lebensmittelausgaben und damit die Zusammensetzung der Ernährung verändern würde. Dabei berücksichtigten sie, dass sich durch die Preisänderung eines Produkts die Nachfrage nach diesem Produkt und auch nach anderen Produkten verändern würde. Abbildung 7.19 zeigt die Preise und Elastizitäten für einige der Kategorien.

Es ist zu erkennen, dass die Nachfrage nach kalorienärmeren Milchprodukten (Kategorie 31) am stärksten auf den Preis reagiert. Würde ihr Preis um 10 % steigen, würde die gekaufte Menge um 19,72 % sinken. Die Nachfrage nach Snacks und Süßigkeiten ist recht unelastisch, was darauf schließen lässt, dass es schwierig sein dürfte, die Verbrauchenden vom Kauf dieser Produkte abzuhalten.

Kategorie	Typ	Kalorien pro Portion	Preis pro 100 g (USD)	Typische Ausgaben pro Woche (USD)	Preiselastizität der Nachfrage
1	Obst und Gemüse	660	0,38	2,00	1,128
2	Obst und Gemüse	140	0,36	3,44	0,830
15	Getreide, Nudeln, Brot	1540	0,38	2,96	0,845
17	Getreide, Nudeln, Brot	960	0,53	2,64	0,292
28	Snacks, Süßigkeiten	433	1,13	4,88	0,270
29	Snacks, Süßigkeiten	1727	0,68	7,60	0,295
30	Milch	2052	0,09	2,32	1,793
31	Milch	874	0,15	1,44	1,972

Matthew Harding und Michael Lovenheim. 2013. ‚The Effect of Prices on Nutrition: Comparing the Impact of Product- and Nutrient-Specific Taxes'. SIEPR Discussion Paper No. 13-023.

Abbildung 7.19 Preiselastizitäten der Nachfrage für verschiedene Arten von Lebensmitteln. Siehe die Kalorien pro Portion, um die kalorienreichen und kalorienarmen Gruppen jeder Lebensmittelart zu vergleichen.

ÜBUNG 7.6 ELASTIZITÄT UND AUSGABEN

Abbildung 7.19 zeigt die wöchentlichen Ausgaben einer Verbrauchenden in den USA, deren Gesamtausgaben für Lebensmittel 80 USD betragen, mit typischen Ausgabenmustern in den einzelnen Lebensmittelkategorien. Nehmen wir an, dass der Preis der Kategorie 30, kalorienreiche Milchprodukte, um 10 % gestiegen ist:

1. Um wie viel Prozent würde die Nachfrage nach hochkalorischen Milchprodukten sinken?
2. Berechnen Sie die Menge, die die Person vor und nach der Preisänderung konsumiert, in Gramm.
3. Berechnen Sie die Gesamtausgaben der Person für kalorienreiche Milchprodukte vor und nach der Preisänderung. Sie sollten feststellen, dass die Ausgaben sinken.
4. Wählen Sie nun eine Kategorie, für die die Preiselastizität kleiner als 1 ist, und wiederholen Sie die Berechnungen. In diesem Fall sollten Sie feststellen, dass die Ausgaben steigen.

Für zusätzliche Einblicke illustriert dieser Blog eine Reaktion auf die Forschung von Matthew Harding und Michael Lovenheim: *The Huffington Post*. 2014. ‚There's An Easy Way To Fight Obesity, But Conservatives Will HATE It' (https://tinyco.re/0950519).

Matthew Harding und Michael Lovenheim. 2013. ‚The Effect of Prices on Nutrition: Comparing the Impact of Product- and Nutrient-Specific Taxes' (https://tinyco.re/9374751). SIEPR Discussion Paper No. 13-023.

Harding und Lovenheim untersuchten die Auswirkungen von 20 prozentigen Steuern auf Zucker, Fett und Salz. Eine Zuckersteuer von 20 % würde zum Beispiel den Preis eines Produkts, das 50 % Zucker enthält, um 10 % erhöhen. Es wurde festgestellt, dass eine Zuckersteuer die positivsten Auswirkungen auf die Ernährung hat. Sie würde den Konsum von Zucker um 16 %, von Fett um 12 %, von Salz um 10 % und die Kalorienzufuhr um 19 % verringern.

> **ÜBUNG 7.7 LEBENSMITTELSTEUERN UND GESUNDHEIT**
> Nahrungsmittelsteuern, die den Konsum in Richtung einer gesünderen Ernährung lenken sollen, sind umstritten. Manche sind der Meinung, dass Menschen eigene Entscheidungen treffen sollten, und wenn sie ungesunde Produkte bevorzugen, sollte sich die Regierung nicht einmischen. In Anbetracht der Tatsache, dass kranke Menschen auf Kosten der Allgemeinheit behandelt werden, argumentieren andere, dass die Regierung eine Rolle bei der Gesundheitserhaltung der Menschen spielen sollte.
>
> Nennen Sie in Ihren eigenen Worten Argumente für oder gegen Lebensmittelsteuern, die eine gesunde Ernährung fördern sollen.

Monopol Ein Unternehmen, das als einziges Unternehmen ein Produkt ohne nahe Substitute verkauft. Bezieht sich auch auf einen Markt mit nur einem verkaufenden Unternehmen. *Siehe auch: Monopolmacht, natürliches Monopol.*

Augustin Cournot und Irving Fischer. 1971. *Researches into the Mathematical Principles of the Theory of Wealth*. New York, NY: A. M. Kelley.

MARKTVERSAGEN
Marktversagen liegt vor, wenn Märkte Ressourcen in einer Pareto-ineffizienten Weise allokieren.

7.10 PREISBILDUNG, WETTBEWERB UND MARKTMACHT

Unsere Analyse der Preisentscheidungen des Unternehmens gilt für jedes Unternehmen, das ein Produkt herstellt und verkauft, das sich in irgendeiner Weise von dem anderer Unternehmen unterscheidet. Im 19. Jahrhundert führte der französische Wirtschaftswissenschaftler Augustin Cournot eine ähnliche Analyse am Beispiel von in Flaschen abgefülltem Wasser aus einer Mineralquelle durch, „von der festgestellt wurde, dass sie heilsame Eigenschaften wie keine andere Quelle besitze". Cournot bezeichnete dies ein **Monopol**—in einem monopolisierten Markt gibt es nur ein verkaufendes Unternehmen. Er zeigte, wie wir es getan haben, dass das Unternehmen einen Preis festsetzen würde, der über den Grenzkosten der Produktion liegt.

Wir haben in Abschnitt 7.6 gesehen, dass der Markt nicht Pareto-effizient ist, wenn das Unternehmen, das ein differenziertes Produkt produziert, einen Preis über den Grenzkosten der Produktion festlegt. Wenn der Handel auf einem Markt zu einer Pareto-ineffizienten Allokation führt, bezeichnen wir dies als Marktversagen.

Der **Wohlfahrtsverlust** gibt uns ein Maß für die Folgen des Marktversagens: Den Umfang des entgangenen Nutzens aus dem Handel. Und wir haben in Abschnitt 7.7 gesehen, dass der Wohlfahrtsverlust, der sich aus der Festsetzung eines Preises über den Grenzkosten ergibt, hoch ist, wenn die Elastizität der Nachfrage niedrig ist.

Wodurch wird also die Elastizität der Nachfrage nach einem Produkt bestimmt, und warum haben einige Unternehmen eine elastischere Nachfrage als andere? Um diese Frage zu beantworten, müssen wir uns erneut Gedanken über das Verhalten der Verbrauchenden machen.

Märkte mit differenzierten Produkten spiegeln Unterschiede in den Präferenzen der Verbrauchenden wider. Menschen, die ein Auto kaufen wollen, suchen nach unterschiedlichen Kombinationen von Merkmalen. Die Zahlungsbereitschaft einer verbrauchenden Person für ein bestimmtes Modell hängt nicht nur von dessen Merkmalen ab, sondern auch von den Merkmalen und Preisen ähnlicher Fahrzeugtypen, die von anderen Unternehmen verkauft werden.

Abbildung 7.20 zeigt beispielsweise die Kaufpreise eines dreitürigen 1,0 Liter Schrägheckmodells im Vereinigten Königreich im Januar 2014, die eine verbrauchende Person auf einer Preisvergleichswebsite finden konnte.

Obwohl sich die vier Autos in ihren Hauptmerkmalen ähneln, vergleicht die Website sie anhand von 75 weiteren Merkmalen, von denen sich viele untereinander unterscheiden.

Wenn Verbrauchende zwischen mehreren recht ähnlichen Autos wählen können, dürfte die Nachfrage nach jedem dieser Autos recht elastisch sein. Würde beispielsweise der Preis des Ford Fiesta steigen, würde die Nachfrage zurückgehen, weil sich die Menschen stattdessen für eine der anderen Marken entscheiden würden. Würde umgekehrt der Preis des Fiestas sinken, würde die Nachfrage steigen, weil die Verbrauchenden von den anderen Autos weggelockt würden. Je ähnlicher die anderen Autos dem Fiesta sind, desto stärker werden die Verbrauchenden auf Preisunterschiede reagieren. Nur diejenigen mit der höchsten Markentreue zu Ford und diejenigen, die eine starke Präferenz für eine Eigenschaft des Ford haben, die andere Autos nicht

GROSSE ÖKONOMINNEN UND ÖKONOMEN

Augustin Cournot

Augustin Cournot (1801–1877) war ein französischer Ökonom, der vor allem für sein Modell des Oligopols (ein Markt mit einer geringen Anzahl von Unternehmen) bekannt ist. Mit seinem 1838 erschienenen Buch *Recherches sur les Principes Mathématiques de la Théorie des Richesses* (Forschungen über die mathematischen Prinzipien der Theorie des Vermögens) führte Cournot einen neuen mathematischen Ansatz in die Ökonomie ein, obwohl er befürchtete, dass dieser „die Verurteilung durch angesehene Theoretiker mit sich bringen würde". Cournots Arbeit beeinflusste andere Ökonomen des 19. Jahrhunderts wie Marshall und Walras und legte die grundlegenden Prinzipien fest, die wir noch immer verwenden, um über das Verhalten von Unternehmen nachzudenken. Obwohl er eher Algebra als Diagramme verwendete, ist Cournots Analyse der Nachfrage und der Gewinnmaximierung der unseren sehr ähnlich.

	Preis (GBP)
Ford Fiesta	11 917
Vauxhall Corsa	11 283
Peugeot 208	10 384
Toyota IQ	11 254

Abbildung 7.20 Autokaufpreise im Vereinigten Königreich (Januar 2014, Autotrader.com).

Monopolrenten Eine Form des wirtschaftlichen Gewinns, der aufgrund des eingeschränkten Wettbewerbs beim Verkauf des Produkts eines Unternehmens entsteht. *Siehe auch: wirtschaftlicher Gewinn.*

Substitute Zwei Güter, bei denen eine Erhöhung des Preises des einen Guts zu einem Anstieg der nachgefragten Menge des anderen Guts führt. *Siehe auch: Komplementärgüter.*

Marktmacht Eine Eigenschaft eines Unternehmens, das ein Produkt zu unterschiedlichen Preisen verkaufen kann, sodass es davon profitieren kann, wenn es preissetzend (und nicht preisnehmend) auftritt.

Kartell Eine Gruppe von Unternehmen, die sich absprechen, um ihre gemeinsamen Gewinne zu steigern.

besitzen, würden nicht reagieren. Dann wird das Unternehmen einen relativ niedrigen Preis und eine niedrige Gewinnmarge haben.

Im Gegensatz dazu sieht sich das Unternehmen eines sehr spezialisierten Fahrzeugtyps, der sich von allen anderen Marken auf dem Markt unterscheidet, einem geringen Wettbewerb und damit einer weniger elastischen Nachfrage gegenüber. Es kann einen Preis weit über den Grenzkosten festsetzen, ohne Kundschaft zu verlieren. Ein solches Unternehmen erzielt **Monopolrenten** (wirtschaftliche Gewinne, die über die Produktionskosten hinausgehen), die sich aus der Position als einziges Unternehmen, das diesen Fahrzeugtyps herstellt, ergeben (ebenso erzielt ein innovatives Unternehmen solche Renten, wenn es das einzige Unternehmen ist, das eine neue Technologie einsetzt: Siehe Einheit 2).

Ein Unternehmen befindet sich also in einer starken Position, wenn es nur wenige konkurrierende Unternehmen gibt, die enge **Substitute** für ihrer eigenes Produkt herstellen. Dann ist die Nachfrageelastizität des Unternehmens relativ gering. Wir sagen, dass ein solches Unternehmen **Marktmacht** hat. Es verfügt in den Beziehungen zur Kundschaft über genügend Verhandlungsmacht, um einen hohen Preis festzusetzen, ohne sie an die Konkurrenz zu verlieren.

Wettbewerbspolitik

Diese Diskussion hilft zu erklären, warum politische Entscheidungsträger:innen über Unternehmen besorgt sein können, die nur wenig Konkurrenz haben. Aufgrund ihrer Marktmacht können sie auf Kosten der Verbrauchenden hohe Preise festsetzen und hohe Gewinne erzielen. Die potenzielle Konsumentenrente geht verloren, weil nur wenige Verbrauchende kaufen und weil diejenigen, die kaufen, einen hohen Preis zahlen. Die Eigentümer:innen des Unternehmens profitieren davon, aber insgesamt entsteht ein Wohlfahrtsverlust.

Ein Unternehmen, das ein Nischenprodukt verkauft, das den Präferenzen einer kleinen Zahl von Verbrauchenden entspricht (zum Beispiel ein Auto von „Beautiful Cars" oder einer Luxusmarke wie einen Lamborghini), wird trotz des Verlusts an Konsumentenrente wahrscheinlich nicht die Aufmerksamkeit der politischen Entscheidungsträger:innen auf sich ziehen. Wenn jedoch ein Unternehmen einen großen Markt dominiert, können Regierungen eingreifen, um den Wettbewerb zu fördern. Im Jahr 2000 verhinderte die Europäische Kommission den geplanten Zusammenschluss von Volvo und Scania mit der Begründung, dass das fusionierte Unternehmen eine dominante Stellung auf dem Markt für schwere Lkw in Irland und den nordischen Ländern einnehmen würde. In Schweden betrug der gemeinsame Marktanteil der beiden Unternehmen 90 %. Das fusionierte Unternehmen wäre fast ein Monopol gewesen—der Extremfall eines Unternehmens, das überhaupt keine Konkurrenz hat.

Besonders besorgniserregend ist, dass sich auf einem Markt mit nur wenigen Unternehmen ein **Kartell** bilden kann: Eine Gruppe von Unternehmen, die sich absprechen, um den Preis hoch zu halten. Indem sie zusammenarbeiten und sich wie ein Monopol verhalten, anstatt zu konkurrieren, können sie ihre Gewinne steigern. Ein bekanntes Beispiel ist OPEC, ein Zusammenschluss von Erdöl-produzierenden Ländern. Die OPEC-Länder legen gemeinsam Produktionsmengen fest, um den weltweiten Ölpreis zu kontrollieren. Das OPEC-Kartell spielte eine wichtige Rolle bei der Aufrechterhaltung der hohen Ölpreise auf globaler Ebene nach dem starken Anstieg der Ölpreise im Jahr 1973 und erneut im Jahr 1979. Wir kommen später darauf zurück, um die Ursachen der Ölpreisschwankungen in

Einheit 11 und die Auswirkungen der Ölpreisschocks auf Inflation und Arbeitslosigkeit in Einheit 15 zu untersuchen.

Obwohl Kartelle zwischen privaten Unternehmen in vielen Ländern illegal sind, finden Unternehmen oft Wege, bei der Preisfestsetzung zu kooperieren, um ihre Gewinne zu maximieren. Die Politik zur Begrenzung der Marktmacht und zur Verhinderung von Kartellen wird in den USA und auch in Deutschland als **Wettbewerbspolitik** bzw. **Kartellrechtspolitik** bezeichnet.

Dominante Unternehmen können ihre Position auch durch andere Strategien als hohe Preise ausnutzen. In einem berühmten Kartellfall warf das US-Justizministerium Microsoft vor, sich wettbewerbswidrig verhalten zu haben, indem es seinen eigenen Webbrowser Internet Explorer mit seinem Windows-Betriebssystem „gebündelt" hatte. In den 1920er Jahren bildete eine internationale Gruppe von Unternehmen, die elektrische Glühbirnen herstellten, darunter Philips, Osram und General Electric, ein Kartell, das eine Strategie der „geplanten Obsoleszenz" vereinbarte, um die Lebensdauer ihrer Glühbirnen auf 1000 Stunden zu reduzieren, damit die Verbrauchenden sie schneller ersetzen mussten. Trotz des Versprechens „always low prices" werfen manche Walmart vor, seine Macht auf unfaire Weise auszunutzen, um die Löhne in der Umgebung der Läden zu senken, kleinere Einzelhandelsunternehmen aus dem Markt zu drängen oder die Gewinne der Großhandelslieferunternehmen auf ein unhaltbares Niveau zu drücken. Ein Aufsatz von John Vickers untersucht die ökonomische Grundlage für diese Behauptungen.

> **ÜBUNG 7.8 MULTINATIONALE UNTERNEHMEN ODER UNABHÄNGIGE EINZELHANDELSUNTERNEHMEN?**
>
> Stellen Sie sich vor, Sie sind Politiker:in in einer Stadt, in der ein multinationales Einzelhandelsunternehmen den Bau eines neuen Supermarktes plant. Eine lokale Kampagne protestiert dagegen, dass dadurch kleine, unabhängige Einzelhandelsunternehmen aus dem Geschäft gedrängt werden, was die Verbrauchenden in ihrer Auswahl einschränkt und den Charakter des Viertels verändern würde. Die Personen die den Plans befürworten, argumentieren ihrerseits, dass dies nur geschehen wird, wenn die Verbrauchenden den Supermarkt bevorzugen.
>
> Auf welcher Seite stehen Sie?

Wettbewerbspolitik Politik und Gesetze des Staats zur Begrenzung der Monopolmacht und zur Verhinderung von Kartellen. *Auch bekannt als: Kartellrechtspolitik.*

Richard J. Gilbert und Michael L. Katz. 2001. ‚An Economist's Guide to US v. Microsoft' (https://tinyco.re/7683758). *Journal of Economic Perspectives* 15 (2): pp. 25–44.

Markus Krajewski. 2014. ‚The Great Lightbulb Conspiracy' (https://tinyco.re/3479245). *IEEE Spectrum*. Aktualisiert am 25. September.

Emek Basker. 2007. ‚The Causes and Consequences of Wal-Mart's Growth' (https://tinyco.re/6525636). *Journal of Economic Perspectives* 21 (3): pp. 177–198.

John Vickers. 1996. 'Market Power and Inefficiency: A Contracts Perspective'. *Oxford Review of Economic Policy* 12 (4): pp. 11–26.

John Kay. ‚The Structure of Strategy'
(nachgedruckt aus *Business Strategy
Review* 1993) (https://tinyco.re/
7663497).

FRAGE 7.16 WÄHLEN SIE DIE RICHTIGE(N) ANTWORT(EN)

Angenommen, ein multinationales Einzelhandelsunternehmen plant in einer kleinen Stadt den Bau eines neuen Supermarktes. Welche der folgenden Argumente könnten richtig sein?

☐ Die örtlichen Demonstrierenden argumentieren, dass die enge Substituierbarkeit einiger der Waren des neuen Supermarkts mit den Waren bereits vorhandener Einzelhandelsunternehmen bedeutet, dass das multinationale Einzelhandelsunternehmen mit einer unelastischen Nachfrage nach diesen Waren konfrontiert ist, was eine übermäßige Marktmacht verleiht.

☐ Das multinationale Einzelhandelsunternehmen argumentiert, dass die enge Substituierbarkeit einiger Waren eine hohe Elastizität der Nachfrage impliziert, was zu einem gesunden Wettbewerb und zu niedrigeren Preisen für die Verbrauchenden führt.

☐ Die örtlichen Demonstrierenden argumentieren, dass es nach der Verdrängung der lokalen Einzelhandelsunternehmen keinen Wettbewerb mehr geben wird, wodurch das multinationale Einzelhandelsunternehmen mehr Marktmacht erhält und die Preise in die Höhe treiben kann.

☐ Das multinationale Einzelhandelsunternehmen argumentiert, dass sich die meisten der von den lokalen Einzelhandelsunternehmen verkauften Waren ausreichend von den eigenen Waren unterscheiden, sodass ihre Nachfrageelastizität hoch genug ist, um die Gewinne der lokalen Unternehmen zu schützen.

7.11 PRODUKTAUSWAHL, -INNOVATION UND -WERBUNG

Die Gewinne, die ein Unternehmen erzielen kann, hängen von der Nachfragekurve für das Produkt ab, die wiederum von den Präferenzen der Verbrauchenden und der Konkurrenz durch andere Unternehmen abhängt. Das Unternehmen kann jedoch die Nachfragekurve verschieben, um die Gewinne zu erhöhen, indem es seine Produktauswahl ändert oder Werbung betreibt.

Die Gebrüder Parker brachten 1935 erstmals ein Brettspiel zum Handel mit Immobilien unter dem Namen Monopoly auf den Markt. In einer Reihe von Gerichtsverfahren in den 1970er Jahren versuchte Parker Brothers, Ralph Anspach, einen Professor für Ökonomie, am Verkauf eines Spiels namens Anti-Monopoly zu hindern. Anspach behauptete, dass Parker Brothers keine Exklusivrechte für den Verkauf von Monopoly besitze, da das Unternehmen das Spiel nicht erfunden habe.

Nachdem das Gericht zu Gunsten von Anspach entschieden hatte, kamen zahlreiche konkurrierende Versionen von Monopoly auf den Markt.

Nach einer Gesetzesänderung erwarb Parker Brothers 1984 das Recht an der Marke Monopoly, sodass Monopoly heute wieder ein Monopol ist.

Bei der Entscheidung, welche Waren produziert werden sollen, möchte das Unternehmen idealerweise ein Produkt finden, das sowohl für die Verbrauchenden attraktiv ist als auch andere Eigenschaften als die von anderen Unternehmen verkauften Produkte aufweist. In diesem Fall wäre die Nachfrage hoch (viele Verbrauchende würden es zu jedem Preis kaufen wollen) und die Elastizität gering. Natürlich ist dies nicht einfach. Ein Unternehmen, das ein neues Frühstücksmüsli oder einen neuen Autotyp herstellen möchte, weiß, dass es bereits viele Marken auf dem Markt gibt. Aber technologische Innovationen können die Möglichkeit bieten, der Konkurrenz einen Schritt voraus zu sein. Nachdem Toyota 1997 mit dem Prius das erste serienmäßig hergestellte Hybridauto entwickelt hatte, gab es einige Jahre lang nur sehr wenige vergleichbare Fahrzeuge auf dem Markt. Toyota hat den Markt für Hybridfahrzeuge praktisch monopolisiert. Bis 2013 gab es mehrere konkurrierende Marken, aber der Prius blieb mit mehr als 50 % der Hybridverkäufe das marktführende Modell.

Wenn ein Unternehmen ein neues Produkt entwickelt hat, kann es unter Umständen den Wettbewerb ganz verhindern, indem es unter Berufung auf Patent- oder Urheberrechte das ausschließliche Recht zur Herstellung des Produkts beansprucht. Ironischerweise hat ein Unternehmen namens Parker Brothers in den 1970er Jahren jahrelang vor Gericht gekämpft, um sein Monopol auf ein profitables Brettspiel namens Monopoly zu schützen. Diese Art des rechtlichen Schutzes von Monopolen kann dazu beitragen, Anreize für die Forschung und Entwicklung neuer Produkte zu schaffen, begrenzt aber gleichzeitig die Wohlfahrt. In Einheit 21 werden wir die Rechte an geistigem Eigentum genauer analysieren.

Werbung ist eine weitere Strategie, die Unternehmen zur Beeinflussung der Nachfrage einsetzen können. Sie wird sowohl von Automobilunternehmen als auch von Unternehmen im Markt für Frühstücksflocken häufig eingesetzt. Bei differenzierten Produkten kann das Unternehmen die Verbrauchenden mit Hilfe der Werbung über die Existenz und die Eigenschaften des Produkts informieren, sie von der Konkurrenz weglocken und Markentreue schaffen.

Laut Schonfeld and Associates, einem Unternehmen für Marktanalysen, macht die Werbung für Frühstücksflocken in den USA etwa 5,5 % des Gesamtumsatzes aus—etwa 3,5-mal so viel wie der Durchschnitt für Industrieprodukte. Die Daten in Abbildung 7.21 beziehen sich auf die 35 umsatzstärksten Marken für Frühstücksflocken, die in den Jahren 1991 und 1992 im Raum Chicago verkauft wurden. Die Grafik zeigt die Beziehung zwischen dem Marktanteil und den vierteljährlichen Werbeausgaben. Wenn Sie den Markt für Frühstücksflocken genauer untersuchen würden, würden Sie feststellen, dass der Marktanteil nicht eng mit dem Preis zusammenhängt. Aus Abbildung 7.21 geht jedoch hervor, dass die Marken mit dem höchsten Anteil auch diejenigen sind, die am meisten für Werbung ausgeben. Der Ökonom Matthew Shum analysierte anhand dieses Datensatzes den Kauf von Frühstücksflocken in Chicago und zeigte, dass Werbung die Nachfrage nach einer Marke wirksamer ankurbelt als Preisnachlässe. Da die bekanntesten Marken auch diejenigen waren, die am meisten für Werbung ausgaben, kam er zu dem Schluss, dass die Hauptfunktion nicht darin bestand, die Verbrauchenden über das Produkt zu informieren, sondern vielmehr die

Matthew Shum. 2004. ‚Does Advertising Overcome Brand Loyalty? Evidence from the Breakfast-Cereals Market' (https://tinyco.re/3909324). *Journal of Economics & Management Strategy* 13 (2): pp. 241–72.

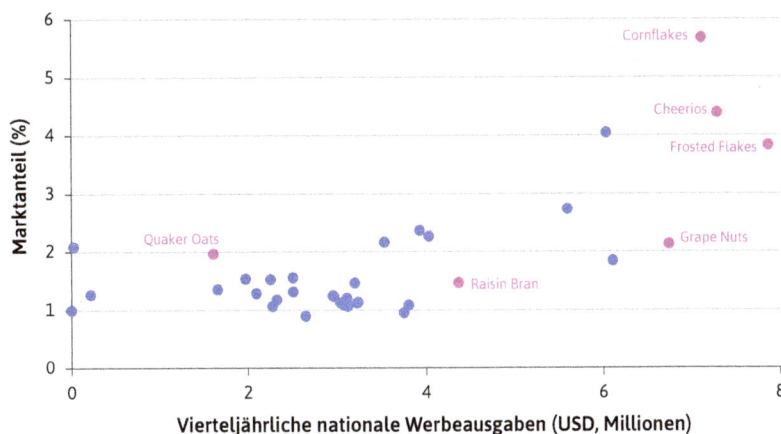

Diese Daten bei OWiD anzeigen
https://tinyco.re/9833015

Abbildung 1 in Matthew Shum. 2004. ‚Does Advertising Overcome Brand Loyalty? Evidence from the Breakfast-Cereals Market' (https://tinyco.re/3909324). *Journal of Economics & Management Strategy* 13 (2): pp. 241–72.

Abbildung 7.21 Werbeausgaben und Marktanteil von Frühstücksflocken in Chicago (1991–92).

Markentreue zu erhöhen und die Verbrauchenden anderer Marken zum Umstieg auf die eigene zu bewegen.

7.12 PREISE, KOSTEN UND MARKTVERSAGEN

Marktversagen tritt auf, wenn die Allokation eines Gutes auf dem Markt Pareto-ineffizient ist, und wir haben in dieser Einheit gesehen, dass eine Ursache des Marktversagens (andere werden wir in späteren Einheiten sehen) darin besteht, dass Unternehmen Preise über den Grenzkosten für die Produktion ihrer Güter festlegen.

Unternehmen setzen Preise oberhalb der Grenzkosten fest, wenn sich die von ihnen produzierten Güter, wie Autos oder Frühstücksflocken, von denen anderer Unternehmen unterscheiden, sodass sie Verbrauchenden mit unterschiedlichen Präferenzen dienen und einem begrenzten Wettbewerb ausgesetzt sind (oder keinem Wettbewerb, im Falle eines Monopols, das ein einzigartiges Gut produziert). Unternehmen können von Strategien profitieren, die den Wettbewerb verringern, aber ohne Wettbewerb kann der Wohlfahrtsverlust hoch sein, sodass politische Entscheidungsträger:innen versuchen, den Verlust durch Wettbewerbspolitik zu verringern.

Die Produktdifferenzierung ist nicht der einzige Grund für einen Preis über den Grenzkosten. Ein zweiter wichtiger Grund sind sinkende Durchschnittskosten, zum Beispiel aufgrund von Skaleneffekten in der Produktion, Fixkosten oder sinkenden Inputpreisen, wenn das Unternehmen größere Mengen einkauft. In solchen Fällen sind die Durchschnittskosten der Produktion höher als die Grenzkosten jeder Einheit, und die Kurve der Durchschnittskosten fällt nach unten ab. Der Preis des Unternehmens muss mindestens so hoch sein wie die Durchschnittskosten—andernfalls macht es einen Verlust. Und das bedeutet, dass der Preis über den Grenzkosten liegen muss.

Natürlich bedeuten sinkende Durchschnittskosten, dass große Unternehmen zu niedrigeren Kosten pro Einheit produzieren können. Bei Versorgungsdienstleistungen wie Wasser, Strom und Gas fallen hohe Fixkosten für die Bereitstellung des Versorgungsnetzes an, unabhängig von der nachgefragten Menge. Versorgungsunternehmen weisen in der Regel steigende Skalenerträge auf. Die Durchschnittskosten für die Produktion einer Einheit Wasser, Strom oder Gas werden sehr hoch sein, es sei denn, das Unternehmen ist in großem Maßstab tätig. Wenn ein einziges Unternehmen den gesamten Markt zu niedrigeren Durchschnittskosten versorgen kann als zwei Unternehmen, spricht man in der Industrie von einem **natürlichen Monopol**.

Im Falle eines natürlichen Monopols sind politische Entscheidungsträger:innen unter Umständen nicht in der Lage, die Unternehmen durch Förderung des Wettbewerbs zu Preissenkungen zu bewegen, da die Durchschnittskosten steigen würden, je mehr Unternehmen auf dem Markt vertreten sind. Sie können sich stattdessen dafür entscheiden, die Aktivitäten des Unternehmens zu regulieren und seinen Ermessensspielraum bei den Preisen einzuschränken, um die Konsumentenrente zu erhöhen. Eine Alternative ist öffentliches Eigentum. Die meisten Wasserversorgungsunternehmen in der Welt befinden sich im Besitz des öffentlichen Sektors, obwohl in England und Wales 1989 und in Chile in den 1990er Jahren die gesamte Wasserindustrie privatisiert wurde und von einer staatlichen Behörde reguliert wird.

Ein anderes Beispiel ist eine Filmproduktionsgesellschaft. Das Unternehmen gibt viel Geld aus, um Schauspielende, Kameratechniker:innen und die Regie einzustellen, die Rechte am Drehbuch zu erwerben und Werbung für den Film zu machen. Dabei handelt es sich um Fixkosten (manchmal auch First Copy Costs genannt). Die Kosten für die Bereitstellung

natürliches Monopol Ein Produktionsprozess, bei dem die Kurve der Durchschnittskosten in einer langen Frist so stark fallend ist, dass der Wettbewerb zwischen den Unternehmen auf diesem Markt nicht aufrechterhalten werden kann.

weiterer Kopien des Films (die Grenzkosten) sind in der Regel niedrig: Die erste Kopie ist günstig zu reproduzieren. Die Grenzkosten dieses Unternehmens werden unter seinen Durchschnittskosten (einschließlich der normalen Gewinnrate) liegen. Würde es einen Preis in Höhe der Grenzkosten festsetzen, würde es das Geschäft aufgeben.

Der Preis eines differenzierten Produkts liegt über den Grenzkosten, weil das Unternehmen auf das Fehlen konkurrierender Unternehmen und die Preisunempfindlichkeit der Verbrauchenden reagiert. Im Falle der Versorgungsdienstleister und Filmproduktion liegt die Ursache des Problems in der Kostenstruktur und nicht im mangelnden Wettbewerb an sich. Strom ist in der Regel kein differenziertes Produkt, sodass die Verbrauchenden stark preisempfindlich sein können, und in der Filmindustrie herrscht ein starker Wettbewerb. Der Preis muss jedoch über den Grenzkosten liegen, damit die Unternehmen überleben können.

Die beiden Probleme—begrenzter Wettbewerb und sinkende Durchschnittskosten—sind jedoch häufig eng miteinander verbunden, da der Wettbewerb zwischen Unternehmen mit fallenden Durchschnittskostenkurven in der Regel auf ein gewinnendes Unternehmen beschränkt ist. Das erste Unternehmen, das die Kostenvorteile seiner Größe ausnutzt, verdrängt andere Unternehmen und schaltet damit auch den Wettbewerb aus.

Was auch immer der Grund dafür ist, ein Preis über den Grenzkosten führt zu Marktversagen. Es wird zu wenig gekauft: Es gibt einige potenzielle Verbrauchende, deren Zahlungsbereitschaft die Grenzkosten übersteigt, aber unter dem Marktpreis liegt, sodass sie das Gut nicht kaufen und es zu einem Wohlfahrtsverlust kommt.

7.13 SCHLUSSFOLGERUNG

Wir haben untersucht, wie Unternehmen, die differenzierte Güter produzieren, den Preis und die Menge der Produktion wählen, um ihren Gewinn zu maximieren. Diese Entscheidungen hängen von der Nachfragekurve für das Produkt—insbesondere von der Elastizität der Nachfrage—und der Kostenstruktur für die Produktion ab. Sie werden einen Preis wählen, der über den Grenzkosten der Produktion liegt—umso mehr, wenn der Wettbewerb begrenzt und die Elastizität der Nachfrage gering ist.

Positive Skalenerträge in der Produktion und andere Kostenvorteile begünstigen Unternehmen, die in großem Maßstab operieren, wodurch die Kosten pro Einheit niedrig sind. Auch Innovationen können die Kosten senken und die Gewinne steigern.

Liegt der Marktpreis über den Grenzkosten der Produktion, liegt ein Marktversagen vor: Die Allokation des Gutes ist Pareto-ineffizient. Die Unternehmen erzielen zwar wirtschaftliche Gewinne, aber die Konsumentenrente ist geringer, als wenn der Preis den Grenzkosten entspräche, und es kommt zu Wohlfahrtsverlusten. Politische Entscheidungsträger:innen können daher besorgt sein, wenn Unternehmen eine beherrschende Stellung auf einem Markt erlangen. Sie können Wettbewerbspolitik und Regulierung einsetzen, um die Ausübung von Marktmacht zu begrenzen.

In Einheit 7 eingeführte Konzepte

Bevor Sie fortfahren, sollten Sie die folgenden Definitionen wiederholen:

- Differenziertes Produkt
- Skaleneffekte
- Kostenfunktion
- Zahlungsbereitschaft
- Nachfragekurve
- Preissetzung
- Konsumentenrente
- Produzentenrente
- Wohlfahrtsverlust
- Marktversagen
- Elastizität der Nachfrage
- Gewinnmarge

7.14 QUELLEN

Basker, Emek. 2007. 'The Causes and Consequences of Wal-Mart's Growth' (https://tinyco.re/6525636). *Journal of Economic Perspectives* 21 (3): pp. 177–198.

Cournot, Augustin, und Irving Fischer. 1971. *Researches into the Mathematical Principles of the Theory of Wealth*. New York, NY: A. M. Kelley.

Gilbert, Richard J., und Michael L. Katz. 2001. 'An Economist's Guide to US v. Microsoft' (https://tinyco.re/7683758). *Journal of Economic Perspectives* 15 (2): pp. 25–44.

Harding, Matthew, und Michael Lovenheim. 2013. 'The Effect of Prices on Nutrition: Comparing the Impact of Product- and Nutrient-Specific Taxes' (https://tinyco.re/9374751). SIEPR Discussion Paper No. 13-023.

Kay, John. 'The Structure of Strategy' (Nachdruck von *Business Strategy Review* 1993) (https://tinyco.re/7663497).

Koshal, Rajindar K., und Manjulika Koshal. 1999. 'Economies of Scale and Scope in Higher Education: A Case of Comprehensive Universities' (https://tinyco.re/8137580). *Economics of Education Review* 18 (2): pp. 269–277.

Krajewski, Markus. 2014. 'The Great Lightbulb Conspiracy' (https://tinyco.re/3479245). *IEEE Spectrum*. Aktualisiert am 24. September 2014.

Schumacher, Ernst F. 1973. *Small Is Beautiful: Economics as If People Mattered* (https://tinyco.re/3749799). New York, NY: HarperCollins.

Shum, Matthew. 2004. 'Does Advertising Overcome Brand Loyalty? Evidence from the Breakfast-Cereals Market' (https://tinyco.re/3909324). *Journal of Economics & Management Strategy* 13 (2): pp. 241–272.

Statista. 2011. 'Willingness to pay for a flight in space' (https://tinyco.re/7817145). Aktualisiert am 20. Oktober 2011.

Stigler, George J. 1987. *The Theory of Price*. New York, NY: Collier Macmillan.

The Economist. 2008. 'Economies of Scale and Scope' (https://tinyco.re/7593630). Aktualisiert am 20. Oktober 2008.

Vickers, John. 1996. 'Market Power and Inefficiency: A Contracts Perspective'. *Oxford Review of Economic Policy* 12 (4): pp. 11–26.

ANGEBOT UND NACHFRAGE: PREISBILDUNG UND WETTBEWERB AUF MÄRKTEN

Gemüsemarkt, Da Lat, Vietnam

WIE MÄRKTE FUNKTIONIEREN, WENN ALLE KAUFENDEN UND VERKAUFENDEN PREISNEHMEND SIND

- Der Wettbewerb kann die Kaufenden und Verkaufenden dazu zwingen, preisnehmend zu agieren. Das bedeutet, sie nehmen für Ihre Entscheidungen den Preis als gegeben hin.
- Das Zusammenspiel von Angebot und Nachfrage bestimmt den Punkt, bei dem sowohl die Kaufenden als auch die Verkaufenden preisnehmend agieren: das sogenannte Marktgleichgewicht.
- Preise und Mengen im Marktgleichgewicht ändern sich als Reaktion auf Angebots- und Nachfrageschocks.
- Das Kaufende und Verkaufende preisnehmen sind, stellt sicher, dass im Marktgleichgewicht alle potenziellen Gewinne aus dem Handel auf dem Markt ausgeschöpft werden.
- Das Modell des perfekten Wettbewerbs beschreibt idealisierte Bedingungen, unter denen alle Kaufenden und Verkaufenden preisnehmend agieren.
- Die Märkte der realen Welt unterliegen in der Regel nicht einem vollkommen perfektem Wettbewerb, aber einige reale Märkte können anhand dieses Nachfrage- und Angebotsmodells analysiert werden.
- Es gibt wichtige Ähnlichkeiten und Unterschiede zwischen preisnehmenden und preissetzenden Unternehmen.

Studierende der amerikanischen Geschichte lernen, dass die Niederlage der konföderierten Südstaaten im amerikanischen Bürgerkrieg das Ende der Sklaverei in der dortigen Produktion von Baumwolle und anderer landwirtschaftlicher Produkte bedeutete. Diese Geschichtsschreibung enthält auch eine Lektion für die Volkswirtschaftslehre.

Bei Ausbruch des Bürgerkrieges am 12. April 1861 befahl Präsident Abraham Lincoln der US-Marine, die Häfen der konföderierten Staaten zu blockieren. Um die Sklaverei zu erhalten, hatten sich diese Staaten für unabhängig von den USA erklärt.

Infolge der Seeblockade kam der Export von US-Rohbaumwolle in die Textilfabriken von Lancashire in England praktisch zum Erliegen. Dadurch fielen drei Viertel der Versorgung mit diesem wichtigen Rohstoff weg. Einige wenige Schiffe konnten nachts Lincolns Patrouillen entwischen. Aber erfolgreich war das nicht immer: etwa 1500 solcher Schiffe wurden zerstört oder gekapert.

In dieser Einheit werden wir sehen, dass der Marktpreis einer Ware, wie zum Beispiel Baumwolle, durch das Zusammenspiel von Angebot und Nachfrage bestimmt wird. Im Falle der Rohbaumwolle bedeuteten die geringen Mengen, die trotz der die Blockade England erreichten, eine dramatische Verringerung des Angebots. Es bestand ein enormer **Nachfrageüberhang**, das heißt die nachgefragte Menge an Rohbaumwolle überstieg bei zum damals aktuellen Preis das verfügbare Angebot. Infolgedessen erkannten einige Unternehmen, die Baumwolle verkauft haben, dass sie durch Preiserhöhungen Gewinne erzielen konnten. Schließlich wurde die Baumwolle zu Preisen verkauft, die sechsmal höher waren als vor dem Krieg. Der Konsum von Baumwolle sank auf die Hälfte des Vorkriegsniveaus, wodurch Hunderttausende von Menschen, die in Baumwollspinnereien arbeiteten, arbeitslos wurden.

Die Eigentümer:innen der Textilfabriken reagierten auf diese Veränderungen. Für sie bedeutete der Preisanstieg eine Erhöhung der Kosten. Einige Unternehmen gingen Bankrott oder verließen die Industrie, weil ihre Gewinne zu stark einbrachen. Die Eigentümer:innen der Baumwollspinnereien suchten in Indien nach einer Alternative zur US-Baumwolle. Infolgedessen stieg die Nachfrage nach Baumwolle dort stark an. Der Nachfrageüberhang auf den Märkten für indische Baumwolle bot wieder einigen verkaufenden Unternehmen die Möglichkeit, durch Preiserhöhungen Gewinne zu erzielen, was zu einem Anstieg der Preise für indische Baumwolle führte. Bald waren die Preise für indische Baumwolle so hoch wie für amerikanische Baumwolle.

Aufgrund des höheren Einkommens aus dem Baumwollanbau gaben indische Landwirtinnen und Landwirte andere Erzeugnisse auf und bauten stattdessen Baumwolle an. Das Gleiche geschah überall dort, wo Baumwolle angebaut werden konnte, wie zum Beispiel in Brasilien. In Ägypten begannen die Landwirtinnen und Landwirte, die aufgrund der höheren Preise den Baumwollanbau ausweiten wollten, mit dem Einsatz von Versklavten, die (wie die amerikanischen Versklavten, für deren Befreiung Lincoln kämpfte) in Afrika südlich der Sahara gefangen wurden.

Doch es gab ein Problem. Die einzige Baumwollquelle, die das fehlende Angebot aus den USA annähernd ausgleichen konnte, lag in Indien. Indische Baumwolle unterschied sich jedoch von amerikanischer Baumwolle und erforderte eine völlig andere Verarbeitung. Deshalb wurden innerhalb weniger Monate nach der Umstellung auf indische Baumwolle neue Maschinen für die Verarbeitung dieser Baumwolle entwickelt.

Als die Nachfrage nach diesen neuen Maschinen in die Höhe schoss, konnten Unternehmen wie Dobson and Barlow, die Textilmaschinen herstellten, ihre Gewinne deutlich steigern. Wir wissen dies heute, weil detaillierte Verkaufsunterlagen erhalten geblieben sind. Dobson and Barlow reagierte auf die neue Situation, indem es die Produktion dieser neuen Maschinen erhöhte. Keine Fabrik konnte es sich leisten, in der Hektik der Umstellung zurückzubleiben, weil sie sonst die neuen Rohstoffe nicht nutzen konnte. In den Worten von Douglas Farnie, einem Historiker, der sich auf die Geschichte der Baumwollproduktion spezialisiert hat, war das Ergebnis „eine so umfangreiche Investition von Kapital, dass sie fast der Schaffung einer neuen Industrie gleichkam".

> **Nachfrageüberhang** Eine Situation, in der die nachgefragte Menge eines Gutes größer ist als die zum aktuellen Preis angebotene Menge. *Siehe auch: Angebotsüberhang.*

Die Lektion für Ökonominnen und Ökonomen: Lincoln ordnete zwar die Blockade an, aber in der Folge reagierten die Landwirtinnen und Landwirte und die verkaufenden Unternehmen, nicht auf Anordnungen. Weder befolgten die Eigentümer:innen der Textilfabriken, die die Produktion von Textilien drosselten und Beschäftigte entließen, irgendwelchen Anordnungen, noch suchten sie nur nach neuen Rohstoffquellen. Durch die Bestellung neuer Maschinen lösten die sie einen Boom an Investitionen und neuen Arbeitsplätzen aus.

All diese Entscheidungen wurden innerhalb weniger Monate von Millionen von Menschen getroffen, von denen die meisten einander völlig fremd waren und von denen alle versuchten, das Beste aus einer völlig neuen (wirtschaftlichen) Situation zu machen. Amerikanische Baumwolle war nun knapper, und die Menschen reagierten darauf. Dies geschah von den Baumwollfeldern in Maharashtra in Indien über das Nildelta, bis nach Brasilien und in den Fabriken von Lancashire.

Um zu verstehen, wie die Änderung des Baumwollpreises das weltweite System der Baumwoll- und Textilproduktion veränderte, muss man sich die Preise auf den Märkten als Botschaften vorstellen. Der Anstieg des US-Baumwollpreises bedeutete: „Sucht nach anderen Quellen und findet neue Technologien, die für die Verwendung dieser neuen Quellen geeignet sind". Wenn heute der Benzinpreis steigt, lautet die Botschaft an die Autofahrer:innen: „Nehmt den Zug", die an die Bahngesellschaft: „Es gibt Gewinne zu erzielen, wenn mehr Zugverbindungen angeboten werden". Wenn der Strompreis steigt, heißt es für ein Unternehmen oder eine Familie: „Überlegen Sie sich, ob Sie eine Fotovoltaikanlage auf dem Dach installieren wollen".

In vielen Fällen—wie bei der Kette von Ereignissen, die am 12. April 1861 auf Lincolns Schreibtisch begann—sind diese Botschaften nicht nur für einzelne Unternehmen und Familien wertvoll, sondern auch für die Gesellschaft: Wenn etwas teurer geworden ist, dann ist es wahrscheinlich, dass mehr Menschen es nachfragen oder dass die Kosten für die Produktion gestiegen sind oder beides. Indem eine einzelne Person eine Alternative findet, spart diese Person Geld und schont die Ressourcen der Gesellschaft. Dies liegt daran, dass die Preise unter bestimmten Bedingungen ein verlässliches Maß für die Knappheit einer Ware oder Dienstleistung darstellen.

In der Planwirtschaft, wie sie in der Sowjetunion und anderen mittel- und osteuropäischen Ländern vor den 1990er-Jahren vorherrschte (siehe Einheit 1), werden Botschaften darüber, wie etwas produziert werden soll, bewusst von der Regierung ausgesandt. Die Regierung entscheidet, was produziert und zu welchem Preis es verkauft wird. Das Gleiche gilt, wie wir in Einheit 6 gesehen haben, in großen Unternehmen wie General Motors, wo das Management (und nicht die Preise) bestimmen, wer was tut.

Das Erstaunliche an Preisen, die von Märkten bestimmt werden, ist, dass nicht Einzelpersonen die Botschaften senden, sondern die anonyme Marktinteraktion von manchmal Millionen von Menschen. Und wenn sich die Bedingungen ändern—zum Beispiel Brot günstiger produziert werden kann—, muss kein Mensch bewusst die Botschaft ändern (zum Beispiel „heute Abend Brot statt Kartoffeln auf den Tisch stellen"). Der Preis übernimmt dies automatisch: Ein zum Beispiel gesunkener Brotpreis allein sagt alles aus und ist Botschaft genug.

Dies wird in ‚Who's in Charge?' (https://tinyco.re/9867111), Kapitel 1 von Paul Seabrights Buch darüber, wie Marktwirtschaften es schaffen, komplexe Geschäfte zwischen sich unbekannten Personen zu organisieren, ausführlicher erklärt (folgen Sie dem Link, um Kapitel 1 als pdf zu öffnen). Paul Seabright. 2010. *The Company of Strangers: A Natural History of Economic Life* (Revised Edition). Princeton, NJ: Princeton University Press.

8.1 EINKAUFEN UND VERKAUFEN: ANGEBOT UND NACHFRAGE

In Einheit 7 haben wir den Fall eines Gutes betrachtet, das von nur einem Unternehmen produziert und verkauft wird. Es gab ein verkaufendes Unternehmen und viele kaufende Personen auf dem Markt für dieses Produkt. In dieser Einheit befassen wir uns mit Märkten, auf denen viele verkaufende und kaufende Personen oder Unternehmen miteinander interagieren. Wir zeigen, wie der Preis auf einem Wettbewerbsmarkt sowohl von den Präferenzen der Verbrauchenden als auch von den Kosten der anbietenden Unternehmen bestimmt wird. Wenn es viele Unternehmen gibt, die das gleiche Produkt herstellen, werden die Entscheidungen jedes Unternehmens sowohl durch das Verhalten der konkurrierenden Unternehmen als auch der Verbrauchenden beeinflusst.

Ein einfaches Modell für einen Markt mit vielen kaufenden und verkaufenden Personen ist der Handel mit gebrauchten Exemplaren eines Lehrbuchs, welches für einen Volkswirtschaftslehrekurs an einer Universität empfohlen wird. Die Nachfrage nach dem Buch kommt von Studierenden, die kurz vor dem Beginn des Kurses stehen, und sie werden sich in ihrer individuellen **Zahlungsbereitschaft (ZBS)** unterscheiden. Niemand wird mehr als den Neupreis (zum Beispiel der Universitätsbuchhandlung) für ein gebrauchtes Exemplar zahlen. Darüber hinaus kann die ZBS der Studierenden davon abhängen, wie viel sie lernen, für wie wichtig sie das Buch halten und wieviel Geld sie für den Kauf von Büchern zur Verfügung haben.

> **Zahlungsbereitschaft (ZBS)** Ein Indikator dafür, wie sehr eine Person ein Gut schätzt, gemessen an dem Betrag, den sie maximal zahlen würde, um eine Einheit des Gutes zu erwerben. *Siehe auch: Akzeptanzbereitschaft.*

Wenn Sie etwas kaufen, müssen Sie oft nicht über Ihre genaue Zahlungsbereitschaft nachdenken. Man entscheidet einfach, ob man den geforderten Preis zahlen will. Für Kaufende bei Online-Auktionen, wie zum Beispiel bei eBay, ist die Zahlungsbereitschaft jedoch ein hilfreiches Konzept.

Wenn Sie ein Gebot für einen Artikel abgeben möchten, können Sie ein Höchstgebot in Höhe Ihrer ZBS festlegen, das vor anderen Auktionsteilnehmenden geheim gehalten wird: Dieser Artikel erklärt, wie man das bei eBay macht (https://tinyco.re/0107311). eBay gibt automatisch Gebote in Ihrem Namen ab, bis Sie entweder die höchstbietende Person sind oder bis Ihr Höchstgebot erreicht ist. Sie erhalten den Zuschlag für die Auktion, wenn das Höchstgebot unter oder gleich Ihrer ZBS liegt.

Abbildung 8.1 zeigt die Nachfragekurve. Wie in Einheit 7 ordnen wir alle Verbrauchenden in der Reihenfolge ihrer Zahlungsbereitschaft an, mit der höchsten Zahlungsbereitschaft beginnend. Die erste studierende Person ist bereit, 20 USD zu zahlen, die zwanzigste studierende Person 10 USD und so weiter. Für jeden Preis P zeigt das Diagramm an, wie viele Studierende bereit wären, das Produkt zu kaufen: Es ist die Anzahl an Personen, deren ZBS bei oder über P liegt.

Die Nachfragekurve stellt die ZBS der Kaufenden dar; in ähnlicher Weise hängt das Angebot von der **Akzeptanzbereitschaft (ABS)** für die Bücher der Verkaufenden ab.

> **Akzeptanzbereitschaft (ABS)** Der Reservationspreis einer potenziell verkaufenden Person, die nur zu mindestens diesem Preis bereit ist, eine Einheit zu verkaufen. *Siehe auch: Zahlungsbereitschaft.*
> **Reservationspreis** Der niedrigste Preis, zu dem jemand bereit ist, ein Gut zu verkaufen (das Behalten des Gutes ist die Reservationsoption der potenziell verkaufenden Person). *Siehe auch: Reservationsoption.*

Das Angebot an gebrauchten Büchern stammt von Studierenden, die den Kurs bereits absolviert haben und die sich in der Höhe ihres **Reservationspreises** unterscheiden. Erinnern Sie sich an Einheit 5, als Angela nur dann bereit war, einen Vertrag mit Bruno abzuschließen, wenn dieser ihr mindestens so viel Nutzen brachte wie ihre Reservationsoption (keine Arbeit und lebensnotwendige Nahrungsmengen). Hier stellt der Reservationspreis einer potenziell verkaufenden Person den Wert dar, welcher dem Wert entspricht das Buch zu behalten. Sie wird nur bereit sein, zu mindestens diesem Preis zu verkaufen. Studierende in Geldnot (die alte Bücher verkaufen, um sich andere Bücher leisten zu können) und Personen, die den Kurs erfolgreich abgeschlossen haben, besitzen möglicherweise niedrigere Reservationspreise. Auch bei Online-Auktionen wie eBay können die Verkaufenden ihre ABS angeben.

Wir können eine **Angebotskurve** zeichnen, indem wir die Verkaufenden in der Reihenfolge ihrer Reservationspreise (ihrer ABS) aufstellen: Siehe Abbildung 8.2. Wir stellen die verkaufsbereitesten Personen mit den niedrigsten Reservationspreisen an die erste Stelle, sodass die Kurve der Reservationspreise ansteigt.

Für jeden Preis zeigt die Angebotskurve die Anzahl jener Studierenden, die bereit sind, zu diesem Preis zu verkaufen. Das heißt es zeigt die Anzahl Bücher, die dem Markt zur Verfügung gestellt werden. Beachten Sie, dass wir die Angebots- und Nachfragekurven der Einfachheit halber als gerade Linien gezeichnet haben. In der Praxis werden sie eher Kurven sein, wobei die genaue Form davon abhängt, wie unterschiedlich die Studierenden das Buch bewerten.

FRAGE 8.1 WÄHLEN SIE DIE RICHTIGE(N) ANTWORT(EN)

Als Studierendenvertretung ist es eine Ihrer Aufgaben, einen Markt für gebrauchte Lehrbücher zwischen den derzeitigen und ehemaligen Studierenden des ersten Studienjahres zu organisieren. Nach einer Umfrage schätzen Sie die Nachfrage- und Angebotskurven wie in den Abbildungen 8.1 und 8.2 dargestellt. Sie schätzen zum Beispiel, dass ein Preis von 7 USD für ein Buch zu einem Angebot von 20 Büchern und einer Nachfrage von 26 Büchern führen würde. Welche der folgenden Aussagen ist richtig?

☐ Ein Gerücht, dass das Lehrbuch im zweiten Studienjahr wieder benötigt werden könnte, würde die Angebotskurve verändern und nach oben verschieben.

☐ Eine Verdopplung des Preises auf 14 USD würde das Angebot verdoppeln.

☐ Ein Gerücht, dass das Lehrbuch möglicherweise nicht mehr auf der Leseliste für die Studierenden im ersten Jahr steht, würde die Nachfragekurve verändern und nach oben verschieben.

☐ Die Nachfrage würde sich verdoppeln, wenn der Preis ausreichend gesenkt werden würde.

Wenn Sie einen Artikel bei eBay verkaufen, können Sie einen Reservationspreis festlegen, der den Bietenden nicht mitgeteilt wird. Dieser Artikel erklärt die Reservationspreise bei eBay (https://tinyco.re/9324100). Damit teilen Sie eBay mit, dass der Artikel erst dann verkauft werden soll, wenn ein Gebot zu diesem Preis (oder darüber) vorliegt. Der Reservationspreis sollte also Ihrer ABS entsprechen. Wenn niemand Ihr ABS-Gebot abgibt, wird der Artikel nicht verkauft.

Angebotskurve Die Kurve, die die Menge des Outputs anzeigt, die zu einem bestimmten Preis produziert werden würde. Für einen Markt zeigt sie die Gesamtmenge, die alle Unternehmen zusammen zu einem bestimmten Preis produzieren würden.

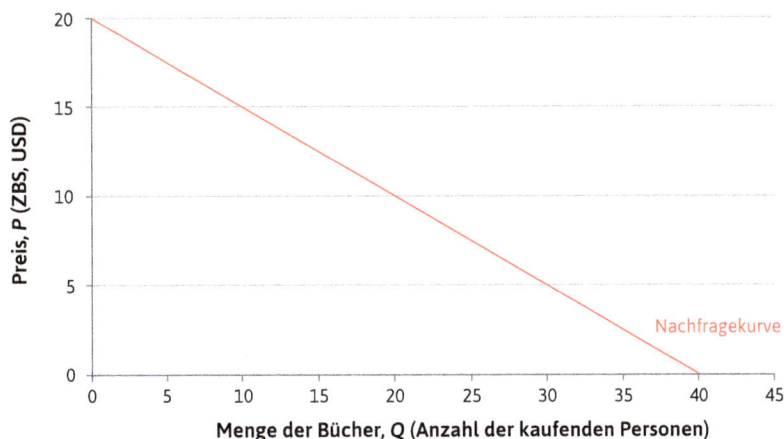

Abbildung 8.1 Die Nachfragekurve auf dem Markt für Bücher.

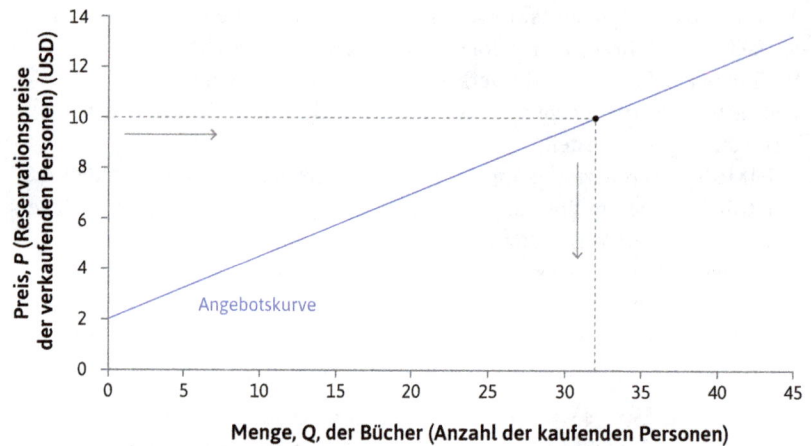

Abbildung 8.2 Die Angebotskurve für Bücher.

1. Reservationspreis

Die erste verkaufende Person hat einen Reservationspreis von 2 USD und wird zu jedem Preis darüber verkaufen.

2. Die 20. verkaufende Person

Der 20. verkaufende Person akzeptiert 7 USD ...

3. Der 40. verkaufende Person

... und der Reservationspreis der 40. verkaufenden Person beträgt 12 USD.

4. Angebotskurven verlaufen steigend

Wenn man einen bestimmten Preis wählt, zum Beispiel 10 USD, zeigt das Diagramm, wie viele Bücher zu diesem Preis angeboten würden (Q): In diesem Fall sind es 32. Die Angebotskurve steigt an: Je höher der Preis, desto mehr Studierende werden bereit sein, zu verkaufen.

ÜBUNG 8.1 VERKAUFSSTRATEGIEN UND RESERVATIONSPREISE

Betrachten Sie drei mögliche Methoden, um ein Auto zu verkaufen, das Sie besitzen:

- Inserieren Sie es in der Lokalzeitung.
- Bringen Sie es zu einer Autoauktion.
- Bieten Sie es einem Gebrauchtwagenhändler an.

1. Wäre Ihr Reservationspreis in jedem Fall derselbe? Warum?
2. Würden Sie bei der ersten Methode mit Ihrem Reservationspreis inserieren?
3. Welche Methode würde Ihrer Meinung nach den höchsten Verkaufspreis erzielen?
4. Für welche Methode würden Sie sich entscheiden?

8.2 DER MARKT UND DER GLEICHGEWICHTSPREIS

Was würden Sie erwarten, was auf dem Markt für das Lehrbuch passieren würde? Das hängt von den Institutionen des Marktes ab, der verkaufende und kaufende Studierende zusammenbringt. Wenn die Studierenden bilateral miteinander verhandeln müssen, kann eine kaufende Person, wenn sie eine verkaufende Person findet, versuchen, einen für beide Seiten günstigen Preis auszuhandeln. Aber jede kaufende Person möchten eine verkaufende Person mit einem niedrigen Reservationspreis finden, und jede verkaufende Person möchte eine kaufende Person mit einer hohen Zahlungsbereitschaft finden. Bevor sie ein Geschäft abschließen, möchten beide Parteien über andere Handelsoptionen informiert werden.

Traditionelle Institutionen des Marktes brachten oft viele Kaufende und Verkaufende an einem Ort zusammen. Viele der großen Städte der Welt entstanden rund um Marktplätzen und Basaren entlang alter Handelsrouten wie zum Beispiel der Seidenstraße zwischen China und dem Mittelmeer. Auf dem Großen Basar von Istanbul, einem der größten und ältesten überdachten Märkte der Welt, reihen sich die Geschäfte mit Teppichen, Gold, Leder und Textilien in verschiedenen Bereichen aneinander. In mittelalterlichen Städten war es üblich, dass die produzierenden und verkaufenden Personen einer bestimmten Art von Waren ihre Läden nahe beieinander aufbauten, damit die Kundschaft wusste, wo sie zu finden waren. Die Londoner City ist heute ein Finanzzentrum, aber die erhaltenen Straßennamen zeugen von den einst dort ausgeübten Berufen: Pudding Lane, Bread Street, Milk Street, Threadneedle Street, Ropemaker Street, Poultry Street und Silk Street.

Dank moderner Kommunikationsmittel können heute die Verkaufenden ihre Waren anpreisen und die Kaufenden können leichter herausfinden, was es gibt und wo man es kaufen kann. Aber in einigen Fällen ist es für viele Kaufende und Verkaufende immer noch von Vorteil, sich physisch zu treffen. In vielengroßen Städten gibt es Märkte für Fleisch, Fisch, Gemüse oder Blumen, auf denen die Kaufenden die Qualität der Produkte prüfen und vergleichen können. Früher waren an Märkten für Gebrauchtwaren oft spezialisierte Händler:innen beteiligt (zum Beispiel Geschäfte für gebrauchte Videospiele), doch heute können die Kaufenden über Online-Marktplätze wie eBay direkt mit der Gegenseite in Kontakt treten. Heutzutage helfen Websites Studierenden, Lehrbücher unkompliziert an andere Studierende zu verkaufen.

Ende des 19. Jahrhunderts stellte der Ökonom Alfred Marshall sein Modell von Angebot und Nachfrage anhand eines Beispiels vor, das unserem Fall der gebrauchten Bücher ähnelte. In den meisten englischen Städten gab es eine Getreidebörse—ein Gebäude, in dem sich Landwirtinnen und Landwirte mit Kaufleuten trafen, um ihr Getreide zu verkaufen. Marshall beschrieb, wie die Angebotskurve von Getreide durch die Preise bestimmt wird, die Landwirtinnen und Landwirte bereit wären, und die Nachfragekurve durch die Zahlungsbereitschaft der Kaufleute. Dann argumentierte er, dass der Preis zwar im „Schachern und Feilschen" des Marktes „wie ein Federball hin- und hergeworfen" werden könne, aber nie sehr weit von dem Preis entfernt sei, bei dem die von den Kaufleuten nachgefragte Menge der Menge entspreche, welche die Landwirtinne und Landwirte liefern würden.

Angebotsüberhang Eine Situation, in der zum aktuellen Preis die angebotene Menge eines Gutes größer ist als die nachgefragte Menge nach dem Gut. *Siehe auch: Nachfrageüberhang.*

Nash-Gleichgewicht Eine Kombination von Strategien, eine für jede spielende Person im Spiel, so dass die Strategie jedes Spielenden eine beste Antwort auf die von allen anderen gewählten Strategien ist.

Gleichgewicht (eines Marktes) Ein Marktzustand, in dem sich die gekauften und verkauften Mengen oder der Marktpreis nicht ändern, es sei denn, die zugrundeliegenden Kosten, Präferenzen oder sonstigen Bestimmungsfaktoren für das Verhalten der Teilnehmenden am Markt ändern sich in irgendeiner Weise.

Grenzkosten Die Auswirkung auf die Gesamtkosten der Produktion einer zusätzlichen Einheit des Outputs. Sie entspricht der Steigung der Gesamtkostenfunktion in jedem Punkt.

Grenznutzen Der zusätzliche Nutzen, der sich aus einer Erhöhung einer bestimmten Variablen um eine Einheit ergibt.

Alfred Marshall. 1920. *Principles of Economics* (https://tinyco.re/ 0560708), 8th ed. London: MacMillan & Co.

Marshall nannte den Preis, bei dem sich Angebot und Nachfrage die Waage hielten, den *Gleichgewichtspreis*. Wenn der Preis über dem Gleichgewicht lag, würden Landwirtinne und Landwirte große Mengen an Getreide verkaufen wollen. Aber nur wenige Kaufleute würden kaufen wollen—es gäbe einen **Angebotsüberhang**. Dann würden selbst die Kaufleute, die bereit wären, so viel zu zahlen, erkennen, dass die Landwirtinnen und Landwirte ihre Preise bald senken müssten, und mit dem Vertragsabschluss so lange warten, bis sie es tun. In ähnlicher Weise würden die Verkaufenden, wenn der Preis unter dem Gleichgewicht liegt, lieber warten und Getreide horten, als zu diesem Preis zu verkaufen. Wenn beim aktuellen Preis die gelieferte Menge nicht der nachgefragten Menge entspricht, könnten einige der Verkaufenden oder Kaufenden davon profitieren, einen anderen Preis zu verlangen (in der modernen Terminologie würde man sagen, dass der aktuelle Preis kein **Nash-Gleichgewicht** ist). Der Preis würde sich also tendenziell auf einem **Gleichgewichtsniveau** einpendeln, bei dem Angebot und Nachfrage im Gleichgewicht sind.

Marshalls Argumentation beruhte auf der Annahme, dass das gesamte Getreide von gleicher Qualität war. Sein Modell von Angebot und Nachfrage lässt sich auf Märkte anwenden, auf denen identische Waren verkauft werden, sodass die Kaufenden gleichermaßen bereit sind, von jeder verkaufenden Person zu kaufen. Hätten die Landwirtinnen und Landwirte alle Getreide unterschiedlicher Qualität produziert, würden sie eher differenzierte Produkte wie in Einheit 7 produzieren.

GROSSE ÖKONOMINNEN UND ÖKONOMEN

Alfred Marshall

Alfred Marshall (1842–1924) war— zusammen mit Léon Walras—einer der Begründer der sogenannten neoklassischen Schule der Ökonomie. Seine *Principles of Economics*, die erstmals 1890 veröffentlicht wurden, waren 50 Jahre lang das Standardlehrbuch für die Einführung in die Volkswirtschaftslehre für englischsprachige Studierende. Als hervorragender Mathematiker schuf Marshall neue Grundlagen für die Analyse von Angebot und Nachfrage, indem er die Funktionsweise von Märkten und Unternehmen mit Hilfe der Infinitesimalrechnung formulierte und Schlüsselkonzepte wie **Grenzkosten** und **Grenznutzen** darlegte. Auch die Konzepte der Konsumentenrente und der Produzentenrente gehen auf Marshall zurück. Seine Auffassung von Volkswirtschaftslehre als Versuch, „zu verstehen, wie die Einflüsse, die sich auf die Qualität und den Charakter des menschlichen Lebens einwirken, durch die Art und Weise, wie die Person ihren Lebensunterhalt verdient." kommt unserer eigenen Definition des Fachgebiets sehr nahe.

Leider sind viele der Weisheiten in Marshalls Text von nachfolgenden Ökonominnen und Ökonomen nur selten gelehrt worden. Marshall schenkte den Fakten Aufmerksamkeit. Seine Beobachtung, dass große Unternehmen oft zu niedrigeren Kosten pro Einheit produzieren können als kleine Unternehmen, war ein wesentlicher Bestandteil seines Denkens, fand aber nie Eingang in die neoklassische Schule. Wenn die Kurve der Durchschnittskosten bei sehr großen Unternehmen fallend verläuft, kommt es zu einer Art winner-takes-all Markt, aus dem einige wenige große Unternehmen als Gewinner hervorgehen, die die Macht haben, die Preise zu bestimmen, anstatt den Marktpreis als gegeben hinzunehmen. Wir kommen auf dieses Problem in Einheit 12 und Einheit 21 zurück.

Marshall wäre auch darüber verärgert gewesen, dass der *homo oeconomicus* (dessen Existenz wir in Einheit 4 in Frage gestellt haben) oft die Hauptrolle in den Lehrbüchern der neoklassischen Schule einnimmt. Er meinte:

> Ethische Kräfte gehören zu denen, die der Ökonomen berücksichtigen muss. Man hat in der Tat versucht, eine abstrakte Wissenschaft über die Handlungen eines Menschen zu konstruieren, die keinen ethischen Einflüssen unterliegt und egoistisch nach finanziellem Gewinn strebt. Aber sie sind nicht erfolgreich gewesen. (*Principles of Economics*, 1890)

Während er den Einsatz der Mathematik in der Ökonomie befürwortete, warnte er gleichzeitig vor ihrem Missbrauch. In einem Brief an A. L. Bowley, einem ebenfalls mathematisch orientierten Wirtschaftswissenschaftler, erläuterte er seine eigenen „Regeln" wie folgt:

1. Benutze die Mathematik als Kurzschrift und nicht als Motor der Forschung.
2. Halte dich an sie [das heißt, bleibe bei der Mathematik], bis du fertig bist.
3. Übersetze [die Mathematik] ins Englische [beziehungsweise ins Deutsche].
4. Veranschauliche dann durch Beispiele, die im wirklichen Leben wichtig sind.
5. Verbrenne die Mathematik.
6. Wenn dir 4 nicht gelingt, verbrenne 3: „Ich mache das oft".

Marshall war von 1885 bis 1908 Professor für politische Ökonomie an der Universität Cambridge. Im Jahr 1896 wandte er sich mit einem Pamphlet an den Senat der Universität, in dem er sich gegen den Vorschlag aussprach, Frauen die Möglichkeit zu geben, einen akademischen Grad zu erwerben. Marshall setzte sich durch, und Frauen mussten bis 1948 warten, bis sie in Cambridge den gleichen akademischen Status wie Männer erhielten.

Seine Arbeit war jedoch von dem Wunsch geleitet, die materiellen Bedingungen der arbeitenden Bevölkerung zu verbessern:

> Nun machen wir uns endlich ernsthaft daran zu fragen, ob es überhaupt notwendig ist, dass es sogenannte Unterschichten gibt: Das heißt, ob es eine große Anzahl von Menschen geben muss, die von Geburt an zu harter Arbeit verdammt sind, um anderen die Voraussetzungen für ein gepflegtes und kultiviertes Leben zu verschaffen, während sie selbst durch ihre Armut und Mühsal daran gehindert werden, irgendeinen Anteil an diesem Leben zu haben. Die Antwort hängt in hohem Maße von Tatsachen und Schlussfolgerungen ab, die in den Bereich der Volkswirtschaftslehre fallen; und das ist es, was der Volkswirtschaftslehre ihr wichtigstes und höchstes Interesse verleiht. (*Principles of Economics*, 1890)

Wäre Marshall heute mit dem Beitrag zufrieden, den die moderne Volkswirtschaftslehre zur Schaffung einer gerechteren Wirtschaft geleistet hat?

Um das Modell von Angebot und Nachfrage auf den Markt für Lehrbücher anzuwenden, gehen wir der Einfachheit halber davon aus, dass alle Bücher identisch sind (auch wenn in der Praxis einige in besserem Zustand sein können als andere) und dass eine potenziell verkaufende Person ein Buch zum Verkauf anbieten kann, indem sie seinen Preis auf einer Website bekannt gibt. Wie an der Getreidebörse würden wir erwarten, dass die meisten Geschäfte zu ähnlichen Preisen abgewickelt würden. Wenn also einige Bücher für 10 USD und andere für 5 USD angeboten würden, stünden die Kaufenden für die 5-USD-Bücher Schlange, und die Verkaufenden würden schnell merken, dass sie mehr verlangen könnten, während niemand 10 USD zahlen wollte, sodass diese Verkaufenden ihren Preis senken müssten.

Wir können den Gleichgewichtspreis finden, indem wir die Angebots- und Nachfragekurven in ein Diagramm einzeichnen, wie in Abbildung 8.3. Bei einem Preis $P^* = 8$ USD ist das Angebot an Büchern gleich der Nachfrage: 24 Kaufende sind bereit, 8 USD zu zahlen, und 24 Verkaufende sind bereit, zu verkaufen. Die Gleichgewichtsmenge ist also $Q^* = 24$.

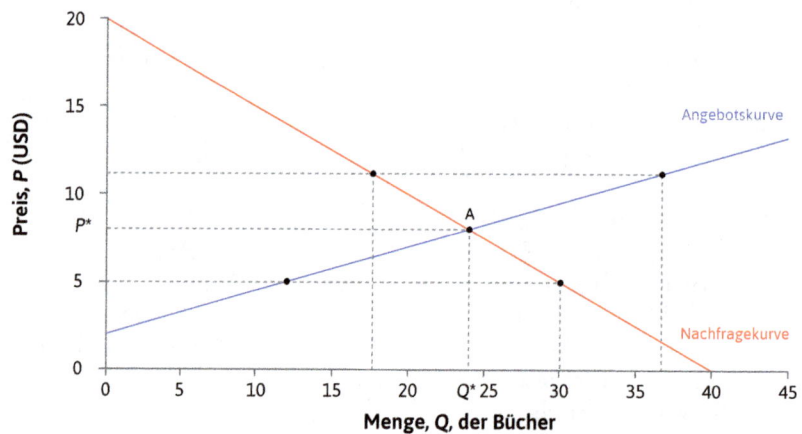

Abbildung 8.3 Gleichgewicht auf dem Markt für gebrauchte Bücher.

1. Angebot und Nachfrage

Wir finden das Gleichgewicht, indem wir die Angebots- und Nachfragekurven in dasselbe Diagramm einzeichnen.

2. Der Gleichgewichtspreis auf dem Markt

Bei einem Preis $P^* =$ USD 8 ist die angebotene Menge gleich der nachgefragten Menge: $Q^* = 24$. Der Markt befindet sich im Gleichgewicht. Wir sagen, dass sich der Markt bei einem Preis von 8 USD räumt.

3. Ein Preis über dem Gleichgewichtspreis

Bei einem Preis von mehr als 8 USD würden mehr Studierende verkaufen wollen, aber nicht alle von ihnen würden kaufende Studierende finden. Es gäbe einen Angebotsüberhang, sodass diese Kaufenden ihren Preis senken würden.

4. Ein Preis unter dem Gleichgewichtspreis

Bei einem Preis von weniger als 8 USD gäbe es mehr Kaufende als Verkaufende—ein Nachfrageüberhang—sodass die Verkaufenden ihre Preise erhöhen könnten. Nur bei 8 USD gibt es keine Tendenz zur Veränderung.

Der **Gleichgewichtspreis** ist 8 USD, das heißt bei diesem Preis ist das Angebot gleich der Nachfrage, sodass alle Kaufenden, die kaufen wollen, und alle Verkaufenden, die verkaufen wollen, dies tun können. Der Markt befindet sich im Gleichgewicht oder *räumt*. Im alltäglichen Sprachgebrauch ist etwas im Gleichgewicht, wenn sich die wirkenden Kräfte in Balance befinden, sodass das Ergebnis unverändert bleibt. Erinnern Sie sich an Fishers hydraulisches Modell der Preisbestimmung aus Einheit 2: Veränderungen in der Wirtschaft bewirkten, dass Wasser durch den Apparat floss, bis er ein Gleichgewicht erreichte, ohne dass sich die Preise weiter veränderten. Ein Markt befindet sich im **Gleichgewicht**, wenn die Handlungen von kaufenden und verkaufenden Personen oder Unternehmen nicht dazu führen, dass sich der Preis oder die gekauften und verkauften Mengen ändern. Dies gilt natürlich nur so lange, bis es zu einer Änderung der Marktbedingungen kommt, zum Beispiel einer Änderung der Anzahl der potenziellen Kaufenden oder Verkaufenden. Beim Gleichgewichtspreis für Lehrbücher können alle, die kaufen oder verkaufen wollen, dies tun, so dass es keine Tendenz zur Veränderung gibt.

Den Preis als gegeben nehmen

Befindet sich der Markt immer im Gleichgewicht? Wie wir gesehen haben, vertrat Marshall die Ansicht, dass die Preise nicht stark vom Gleichgewicht abweichen, da die Marktteilnehmenden bei einem Angebots- oder Nachfrageüberhang ihre Preise ändern würden. In dieser Einheit befassen wir uns mit Marktgleichgewichten. In Einheit 11 werden wir uns ansehen, wann und wie sich die Preise ändern, wenn der Markt nicht im Gleichgewicht ist.

Auf dem von uns beschriebenen Lehrbuchmarkt müssen einzelne Studierende den vorherrschenden Gleichgewichtspreis auf dem Markt akzeptieren, der durch die Angebots- und Nachfragekurve bestimmt wird. Niemand würde mit einer studierenden Person handeln, die einen höheren Preis verlangt oder einen niedrigeren anbietet, da jede eine andere kaufende oder verkaufende Person mit einem besseren Preis finden könnte. Die Marktteilnehmenden sind **preisnehmend**, weil es genügend Konkurrenz von anderen Kaufenden und Verkaufenden gibt, sodass sie bestenfalls zum gleichen Preis handeln können. Jeder kaufenden oder verkaufenden Person steht es natürlich frei, einen anderen Preis zu wählen, aber sie kann daraus keinen Nutzen ziehen.

Wir haben Beispiele gesehen, in denen sich die Marktteilnehmenden nicht preisnehmend verhalten: Ein Unternehmen, das ein differenziertes Produkt herstellt, kann ihren eigenen Preis festlegen, weil es keine unmittelbare Konkurrenz hat. Beachten Sie jedoch, dass die *verkaufenden* Unternehmen differenzierter Produkte zwar die Preise festlegen, die *kaufenden* Personen in Einheit 7 jedoch preisnehmend waren. Da es so viele Verbrauchende gibt, die Frühstücksflocken kaufen wollen, hat eine einzelne verbrauchende Person keine Macht, ein günstigeres Angebot auszuhandeln, sondern muss einfach den Preis akzeptieren, den alle anderen auch zahlen.

In dieser Einheit untersuchen wir Marktgleichgewichte, bei denen sowohl kaufende als auch verkaufende Personen oder Unternehmen preisnehmend sind. Wir gehen davon aus, dass beide Seiten des Marktes preisnehmend sind, wenn es viele Verkaufende gibt, die die gleichen Waren anbieten, und viele Kaufende, die sie kaufen möchten. Die Verkaufenden sind durch die Anwesenheit anderer Verkaufenden sowie der Kaufenden, die sich immer für das Angebot mit dem

---

Gleichgewichtspreis Bei diesem Preis gibt es keinen Angebots- oder Nachfrageüberhang. *Siehe auch: Gleichgewicht.*

Gleichgewicht Ein Modellergebnis, das sich selbst aufrechterhält. In diesem Fall ändert sich etwas von Interesse nicht, es sei denn, es wird eine äußere oder externe Kraft eingeführt, welche die Situation innerhalb des Modells verändert.

Nicht alle Online-Märkte für Bücher befinden sich im Marktgleichgewicht. In einem Fall, in dem die Bedingungen für ein Gleichgewicht nicht erfüllt waren, erhöhten automatische Preisfestsetzungsalgorithmen den Preis für ein Buch auf 23 Millionen Dollar! Michael Eisen, ein Biologe, bemerkte, dass ein klassischer, aber vergriffener Text, *The Making of a Fly*, von zwei seriösen Unternehmen auf Amazon zum Verkauf angeboten wurde, wobei die Preise bei 1 730 045,91 USD (+3,99 USD Versand) begannen. In der folgenden Woche beobachtete er, wie die Preise rapide stiegen und schließlich einen Höchststand von 23 698 655,93 USD erreichten, bevor sie auf 106,23 USD fielen. Eisen erklärt in seinem Blog, warum (https://tinyco.re/0044329).

Preisnehmende Merkmal von produzierenden und verbrauchenden Personen oder Unternehmen, die keinen Nutzen daraus ziehen können, dass sie einen anderen Preis als den Marktpreis im Gleichgewicht eines Wettbewerbsmarktes anbieten oder verlangen. Sie haben keine Macht, den Marktpreis zu beeinflussen.

niedrigsten Preis entscheiden, gezwungen, den gängigen Preis zu übernehmen. Würde eine verkaufende Person versuchen, einen höheren Preis zu verlangen, würden die Kaufenden einfach woanders hingehen.

In ähnlicher Weise sind die Kaufenden preisnehmend, wenn es viele andere Kaufende gibt, und Verkaufende, die bereit sind, an diejenigen zu verkaufen, die den höchsten Preis zahlen. Auf beiden Seiten des Marktes beseitigt der Wettbewerb die Verhandlungsmacht. Wir werden das Gleichgewicht auf einem solchen Markt als **Wettbewerbsgleichgewicht** bezeichnen.

Ein Wettbewerbsgleichgewicht ist ein Nash-Gleichgewicht, denn angesichts dessen, was alle anderen tun (Handel zum Gleichgewichtspreis), kann keine Partei eine bessere Alternative als ihre Gleichgewichtshandlung finden (ebenfalls Handel zum Gleichgewichtspreis).

> **Marktgleichgewicht** Ein Marktergebnis, bei dem alle Käufer:innen und Verkäufer:innen preisnehmend sind und bei dem zum vorherrschenden Marktpreis die angebotene Menge gleich der nachgefragten Menge ist.

ÜBUNG 8.2 PREISNEHMENDE

Denken Sie an einige der Güter, die Sie kaufen: Vielleicht verschiedene Arten von Lebensmitteln, Kleidung, Fahrkarten oder elektronische Güter.

1. Gibt es viele Kaufende für diese Waren?
2. Versuchen Sie, jeweils den niedrigsten Preis zu finden?
3. Wenn nicht, warum nicht?
4. Bei welchen Waren wäre der Preis Ihr Hauptkaufkriterium?
5. Nutzen Sie Ihre Antworten, um zu entscheiden, ob die Kaufenden dieser Waren preisnehmend sind. Gibt es Waren, bei denen Sie als kaufende Person nicht preisnehmend auftreten?

FRAGE 8.2 WÄHLEN SIE DIE RICHTIGE(N) ANTWORT(EN)

Das Diagramm zeigt die Nachfragekurve und die Angebotskurve für ein Lehrbuch. Die Kurven schneiden sich im Schnittpunkt $(Q, P) = (24, 8)$. Welche der folgenden Aussagen ist richtig?

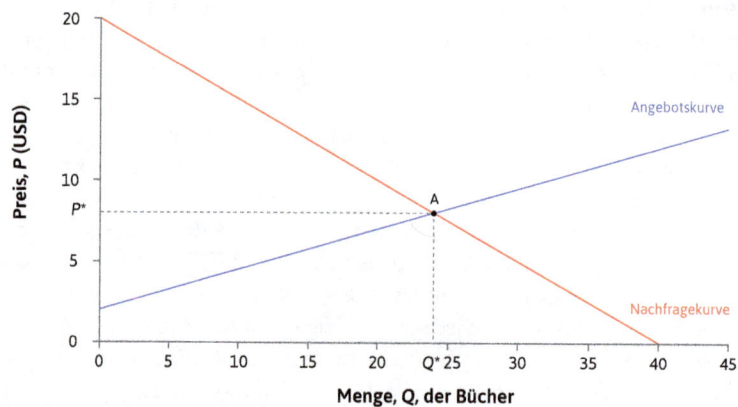

- ☐ Bei einem Preis von 10 USD besteht ein Nachfrageüberhang für das Lehrbuch.
- ☐ Bei einem Preis von 8 USD haben einige der Verkaufenden einen Anreiz, den Verkaufspreis auf 9 USD zu erhöhen.
- ☐ Bei 8 USD räumt der Markt.
- ☐ Es werden insgesamt 40 Bücher verkauft.

8.3 PREISNEHMENDE UNTERNEHMEN

Im Beispiel des gebrauchten Lehrbuchs sind sowohl die kaufenden als auch die Verkaufenden als auch Kaufenden einzelne Personen. Jetzt betrachten wir Märkte, auf denen die verkaufenden Personen Unternehmen sind. Wir wissen aus Einheit 7, wie Unternehmen ihren Preis und ihre Menge wählen, wenn sie differenzierte Produkte herstellen. Wir haben gesehen, dass, wenn andere Unternehmen ähnliche Produkte herstellen, ihre Preiswahl eingeschränkt ist (die Nachfragekurve für ihr eigenes Produkt wäre nahezu flach), weil eine Preiserhöhung die verbrauchenden Personen dazu veranlassen würde, auf andere, ähnliche Marken auszuweichen.

Wenn es viele Unternehmen gibt, die identische Produkte herstellen, und die Verbrauchenden leicht von einem Unternehmen zum anderen wechseln können, dann sind die Unternehmen im Gleichgewicht preisnehmend. Sie können nicht davon profitieren, wenn sie versuchen würden, einen Preis zu verlangen, der sich vom vorherrschenden Preis unterscheidet.

Um zu sehen, wie sich preisnehmende Unternehmen verhalten, betrachten wir eine Stadt, in der viele kleine Bäckereien Brot herstellen und es direkt an die Verbrauchenden verkaufen. Abbildung 8.4 zeigt, wie die Nachfragekurve des Marktes (die tägliche Gesamtnachfrage nach Brot aller Verbrauchenden in der Stadt) aussehen könnte. Sie ist wie üblich fallend, weil bei höheren Preisen weniger Verbrauchende bereit sind zu kaufen.

Nehmen wir an, Sie sind Eigentümer:in einer kleinen Bäckerei. Sie müssen entscheiden, welchen Preis Sie verlangen und wie viele Brote Sie jeden Morgen herstellen wollen. Nehmen wir an, dass die benachbarten Bäckereien die gleichen Brote wie Sie zu 2,35 EUR verkaufen. Dies ist der vorherrschende Marktpreis, und Sie können keine Brote zu einem höheren Preis als die anderen Bäckereien verkaufen, weil niemand ihre Brote kaufen würde—Sie sind preisnehmend.

Ihre Grenzkosten steigen mit der Produktionsmenge von Brot. Wenn die Menge gering ist, sind die Grenzkosten niedrig und liegen bei 1 EUR: Wenn Sie Mischer, Öfen und andere Geräte installiert und Personal eingestellt haben, sind die zusätzlichen Kosten für die Herstellung eines Brotes relativ gering, aber die Durchschnittskosten für ein Brot sind hoch. Wenn die Anzahl der Brote pro Tag steigt, sinken die Durchschnittskosten, aber die Grenzkosten beginnen allmählich zu steigen, weil Sie zusätzliches Personal einstellen und die Anlagen intensiver nutzen müssen. Bei höheren Mengen liegen die

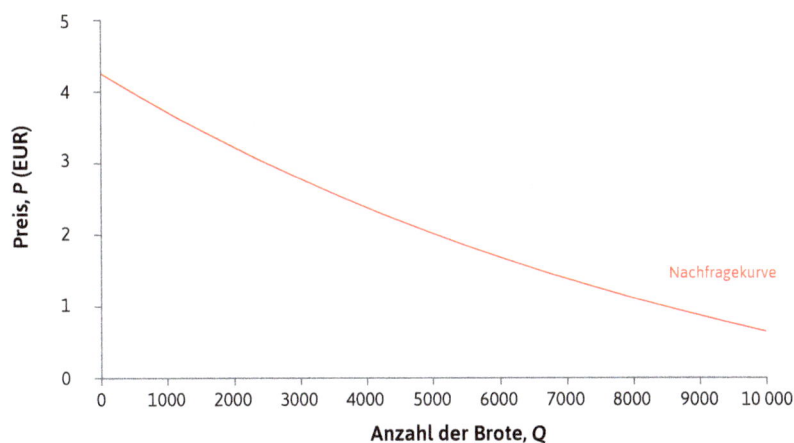

Abbildung 8.4 Die Nachfragekurve auf dem Markt für Brot.

Grenzkosten über den Durchschnittskosten; dann steigen die Durchschnittskosten wieder an.

Die Kurven der Grenz- und Durchschnittskosten sind in Abbildung 8.5 dargestellt. Wie in Einheit 7 beinhalten die Kosten die Opportunitätskosten des Kapitals. Wäre der Preis gleich den Durchschnittskosten (P = TDK), wäre Ihr wirtschaftlicher Gewinn gleich Null. Sie würden dabei eine normale Rendite auf Ihr Kapital erzielen. Die Kurve der Durchschnittskosten (die unterste der blauen Kurven in Abbildung 8.5) ist also die Kurve des wirtschaftlichen Nullgewinns. Die Isogewinnkurven zeigen Preis- und Mengenkombinationen an, bei denen Sie einen höheren Gewinn erzielen würden. Wie wir in Einheit 7 erläutert haben, verlaufen die Isogewinnkurven fallend, wenn der Preis über den Grenzkosten liegt, und steigend, wenn der Preis unter den Grenzkosten liegt. Liegt der Preis über den Grenzkosten, kann der Gesamtgewinn nur dann unverändert bleiben, wenn eine größere Menge zu einem niedrigeren Preis verkauft wird. Liegt der Preis unter den Grenzkosten, kann der Gesamtgewinn nur dann unverändert bleiben, wenn eine größere Menge zu einem höheren Preis verkauft wird.

Abbildung 8.5 zeigt, wie Sie Ihre Entscheidung treffen können. Wie die Unternehmen in Einheit 7 stehen auch Sie vor einem beschränkten Optimierungsproblem. Sie wollen den Punkt des maximalen Gewinns in Ihrer realisierbaren Menge finden.

Da Sie preisnehmend sind, besteht die in der Abbildung schattierte realisierbare Menge aus allen Punkten, an denen der Preis kleiner oder gleich 2,35 EUR ist, dem Marktpreis. Ihre optimale Wahl ist P^* = EUR 2,35 und Q^* = 120, wobei die Isogewinnkurve die realisierbare Menge tangiert. Das Problem sieht ähnlich aus wie das für Beautiful Cars in Einheit 7, mit dem Unterschied, dass die Nachfragekurve für preisnehmende Unternehmen völlig flach ist. Für Ihre Bäckerei ist es nicht die Nachfragekurve des *Marktes* in Abbildung 8.4, die Ihre eigene Nachfrage beeinflusst, sondern der Preis, den Ihre Konkurrenz verlangt. Deshalb wird die horizontale Linie bei P^* in Abbildung 8.5 als Nachfragekurve des preisnehmenden Unternehmens bezeichnet. Wenn Sie mehr als P^* verlangen, ist Ihre Nachfrage gleich Null, aber bei P^* oder weniger können Sie so viele Brote verkaufen, wie Sie wollen.

Abbildung 8.5 veranschaulicht eine sehr wichtige Eigenschaft von preisnehmenden Unternehmen. Sie entscheiden sich dafür, eine Menge zu produzieren, bei der die Grenzkosten gleich dem Marktpreis sind (GK = P^*). Dies ist immer der Fall. Für ein preisnehmendes Unternehmen ist die Nachfragekurve für die eigene Produktion eine horizontale Linie, zusammenfallend mit dem Marktpreis, sodass der maximale Gewinn an einem Punkt der Nachfragekurve erreicht wird, an dem die Isogewinnkurve horizontal verläuft. Aus Einheit 7 wissen wir, dass bei horizontalen Isogewinnkurven der Preis gleich den Grenzkosten ist.

Eine andere Möglichkeit zu verstehen, warum ein preisnehmendes Unternehmen auf einem Produktionsniveau produziert, bei dem GK = P^* ist, ist, darüber nachzudenken, wie sich die Gewinne des Unternehmens ändern würden, wenn es von diesem Punkt abweicht. Würde das Unternehmen seine Produktion auf ein Niveau erhöhen, bei dem GK > P^* ist, würde die letzte Einheit mehr als P^* kosten, sodass das Unternehmen mit dieser einen zusätzlichen Einheit einen Verlust machen und durch eine Verringerung der Produktion höhere Gewinne erzielen könnte. Würde es dort produzieren, wo GK < P^* ist, könnte es mindestens eine weitere Einheit produzieren und diese mit Gewinn verkaufen. Daher sollte es die Produktion bis zu dem Punkt erhöhen, an dem GK = P^* ist. Dies ist der Punkt, an dem die Gewinne maximiert werden.

Dies ist ein wichtiges Ergebnis, das Sie sich merken sollten, aber Sie müssen vorsichtig damit umgehen. Wenn wir Aussagen machen wie „bei einem preisnehmenden Unternehmen ist der Preis gleich den Grenzkosten", meinen wir nicht, dass das Unternehmen einen Preis wählt, der seinen Grenzkosten entspricht. Vielmehr ist das Gegenteil gemeint: Das Unternehmen akzeptiert den Marktpreis und wählt seine Menge so, dass die Grenzkosten gleich diesem Preis sind.

Versetzen Sie sich noch einmal in die Lage der Eigentümer:inn einer Bäckerei. Was würden Sie tun, wenn sich der Marktpreis ändert? Abbildung 8.6 zeigt, dass Sie bei veränderten Preisen andere Punkte auf der Grenzkostenkurve wählen würden.

> **PREISNEHMENDES UNTERNEHMEN**
> Ein preisnehmendes Unternehmen maximiert den Gewinn, indem es eine Menge wählt, bei der die Grenzkosten gleich dem Marktpreis sind (GK = P^*) und zum Marktpreis P^* verkauft.

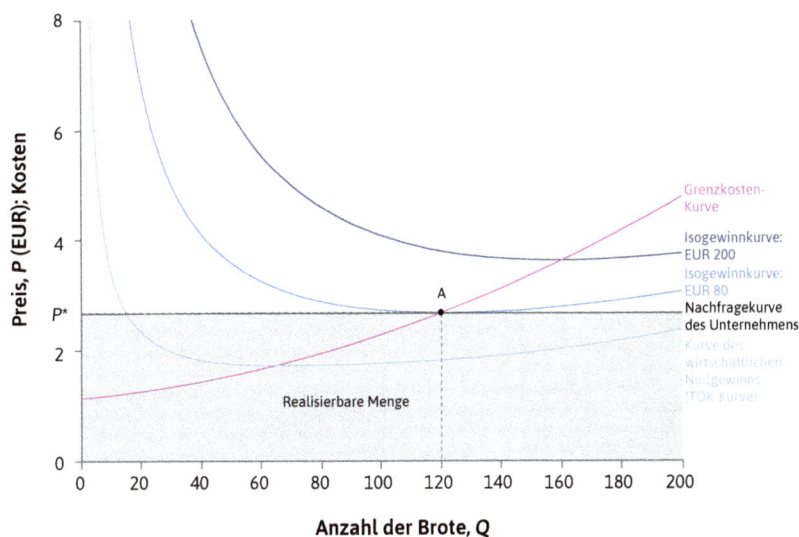

Abbildung 8.5 Der gewinnmaximierende Preis und die gewinnmaximierende Menge für eine Bäckerei.

1. Grenzkosten- und Isogewinnkurven
Die Bäckerei hat eine steigende GK-Kurve. Auf der TDK-Kurve ist der Gewinn gleich Null. Wenn GK > TDK ist, steigt die TDK-Kurve an. Die anderen Isogewinnkurven stellen höhere Gewinnniveaus dar, und die GK-Kurve geht durch die niedrigsten Punkte aller Isogewinnkurven.

2. Den Preis als gegeben nehmen
Die Bäckerei ist preisnehmend. Der Marktpreis beträgt P^* = EUR 2,35. Wenn Sie einen höheren Preis wählen, wird die Kundschaft zu anderen Bäckereien gehen. Ihre realisierbare Menge an Preisen und Mengen ist der Bereich unterhalb der horizontalen Linie bei P^*.

3. Der gewinnmaximierende Preis
Der Punkt mit dem höchsten Gewinn in der realisierbaren Menge ist Punkt A, an dem die 80 EUR Isogewinnkurve die realisierbare Menge tangiert. Sie sollten 120 Brote pro Tag herstellen und sie zum Marktpreis von 2,35 EUR pro Stück verkaufen. Sie werden, zusätzlich zu den normalen Gewinnen, 80 EUR Gewinn pro Tag machen.

4. Die gewinnmaximierende Menge
Ihre gewinnmaximierende Menge, Q^* = 120, befindet sich an dem Punkt, an dem P^* = GK: die Grenzkosten des 120. Brotes sind gleich dem Marktpreis.

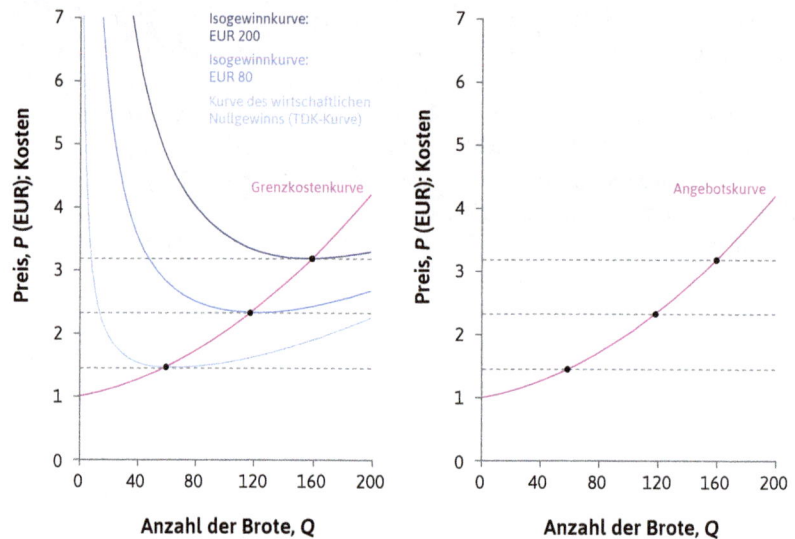

Abbildung 8.6 Die Angebotskurve des Unternehmens.

1. Eine Änderung des Preises

Wenn der Marktpreis 2,35 EUR beträgt, liefern Sie 120 Brote. Was würden Sie tun, wenn sich der Preis ändert?

2. Wenn der Preis ansteigt

Wenn P^* auf 3,20 EUR steigen würde, könnten Sie eine höhere Isogewinnkurve erreichen. Um den Gewinn zu maximieren, sollten Sie 163 Brote pro Tag produzieren.

3. Wenn der Preis fällt

Wenn der Preis auf 1,52 EUR fällt, könnten Sie nur die hellste blaue Kurve erreichen. Ihre beste Wahl wären 66 Brote, und Ihr wirtschaftlicher Gewinn wäre gleich Null.

4. Die Grenzkostenkurve ist die Angebotskurve

In jedem Fall wählen Sie den Punkt auf Ihrer Grenzkostenkurve, an dem GK = Marktpreis. Ihre Grenzkostenkurve ist Ihre Angebotskurve.

Für ein preisnehmendes Unternehmen ist *die Grenzkostenkurve die Angebotskurve*: Sie zeigt für jeden Preis die gewinnmaximierende Menge an, das heißt seine Menge, die das Unternehmen produzieren wird.

Beachten Sie jedoch, dass Sie bei einem Preis von unter 1,52 EUR einen Verlust machen würden. Die Angebotskurve zeigt, wie viele Brote Sie produzieren sollten, um den Gewinn zu maximieren, aber wenn der Preis zu niedrig ist, ist der wirtschaftliche Gewinn trotzdem negativ. Auf der Angebotskurve würden Sie also Ihren Verlust minimieren. In diesem Fall müssten Sie entscheiden, ob es sich lohnt, weiterhin Brote zu produzieren. Ihre Entscheidung hängt davon ab, was Sie für die Zukunft erwarten:

- Wenn Sie erwarten, dass die Marktbedingungen schlecht bleiben, ist es vielleicht am besten, Ihre Bäckerei zu verkaufen und den Markt zu verlassen— Sie könnten anderswo eine bessere Rendite für Ihr Kapital erzielen.
- Wenn Sie mit einem baldigen Preisanstieg rechnen, könnten Sie aber auch bereit sein, kurzfristige Verluste in Kauf zu nehmen, und es könnte sich lohnen, weiterhin Brot zu produzieren, wenn die Einnahmen Ihnen helfen, zumindest die Kosten für die Instandhaltung Ihrer Räumlichkeiten und die Beschäftigung von Personal zu decken.

FRAGE 8.3 WÄHLEN SIE DIE RICHTIGE(N) ANTWORT(EN)

Abbildung 8.5 (Seite 367) zeigt die Grenz- und Durchschnittskostenkurven sowie die Isogewinnkurven einer preisnehmenden Bäckerei. Der Marktpreis für Brot beträgt P^*= EUR 2,35. Welche der folgenden Aussagen ist richtig?

- ☐ Die Angebotskurve des Unternehmens ist horizontal.
- ☐ Bei einem Marktpreis von 2,35 EUR wird das Unternehmen 62 Brote anbieten und zwar an dem Punkt, an dem das Unternehmen keinen Gewinn erzielt.
- ☐ Bei jedem Marktpreis ist das Angebot des Unternehmens durch den entsprechenden Punkt auf der Durchschnittskostenkurve gegeben.
- ☐ Die Grenzkostenkurve ist die Angebotskurve des Unternehmens.

8.4 ANGEBOT UND GLEICHGEWICHT AUF DEM MARKT

Auf dem Markt für Brot in der Stadt gibt es viele Verbrauchende und viele Bäckereien. Nehmen wir an, es gibt 50 Bäckereien. Jede Bäckerei hat eine Angebotskurve, die ihrer eigenen Grenzkostenkurve entspricht, sodass wir wissen, wie viel sie zu einem bestimmten Marktpreis liefern wird. Um die Angebotskurve des gesamten Marktes zu ermitteln, addieren wir einfach die Gesamtmenge, die alle Bäckereien zu jedem Preis liefern werden.

Abbildung 8.7 zeigt, wie dies funktioniert, wenn alle Bäckereien die gleichen Kostenfunktionen haben. Wir berechnen, wie viel eine Bäckerei zu einem bestimmten Preis liefern würde, und multiplizieren dann mit 50, um das Gesamtangebot auf dem Markt zu diesem Preis zu ermitteln.

Die Angebotskurve des Marktes zeigt die Gesamtmenge, die alle Bäckereien zusammen zu einem bestimmten Preis produzieren würden. Sie stellt auch die Grenzkosten für die Produktion eines Brotes dar, genau wie die Angebotskurve des Unternehmens. Liegt der Marktpreis beispielsweise bei 2,75 EUR, so beträgt das Gesamtangebot auf dem Markt 7000 Stück. Für jede Bäckerei betragen die Grenzkosten—die Kosten für die Produktion eines weiteren Brotes — 2,75 EUR. Das bedeutet, dass die Kosten für die Produktion des 7001. Brotes auf dem Markt 2,75 EUR betragen, unabhängig davon, welches Unternehmen es produziert. Die Angebotskurve des Marktes ist also die Grenzkostenkurve des gesamten Marktes.

Nun kennen wir sowohl die Nachfragekurve (Abbildung 8.4) als auch die Angebotskurve (Abbildung 8.7) für den gesamten Brotmarkt. Abbildung 8.8 zeigt, dass der Gleichgewichtspreis genau 2 EUR beträgt. Bei diesem Preis räumt der Markt: Die Verbrauchenden fragen 5000 Brote pro Tag nach, und die Unternehmen bieten 5000 Brote pro Tag an.

Im Marktgleichgewicht produziert jede Bäckerei an dem Punkt, an dem ihre Grenzkosten 2 EUR betragen. Wenn Sie sich die Isogewinnkurven in Abbildung 8.6 ansehen, werden Sie feststellen, dass jede der Bäckereien oberhalb der jeweiligen Durchschnittskostenkurve anbietet. Das heißt das Gleichgewicht liegt oberhalb der Isogewinnkurve, bei der die wirtschaftlichen Gewinne gleich Null sind. Die Eigentümer:innen der Bäckereien erhalten also ökonomische Renten (Gewinne, die über den normalen Gewinn hinausgehen). Wann immer es ökonomische Renten gibt, besteht für jemanden die gründsätzliche Möglichkeit, zu profitieren. In diesem Fall könnten wir erwarten, dass die ökonomischen Renten weitere Bäckereien auf den Markt locken. Wie sich dies auf das Gleichgewicht des Marktes auswirken würde, werden wir gleich sehen.

Leibniz: Die Angebotskurven der Unternehmen und Märkte (https://tinyco.re/0804012)

Leibniz: Das Marktgleichgewicht (https://tinyco.re/0804027)

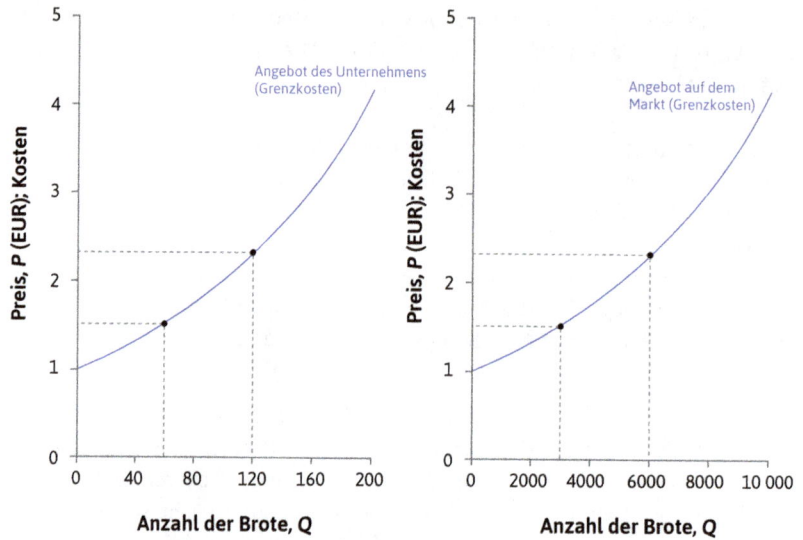

Abbildung 8.7 Die Angebotskurven des Unternehmens und des Marktes.

1. Die Angebotskurve des Unternehmens

Es gibt 50 Bäckereien, die alle die gleiche Kostenfunktion haben. Wenn der Marktpreis 2,35 EUR beträgt, wird jede Bäckerei 120 Brote produzieren.

2. Die Angebotskurve auf dem Markt

Wenn P = EUR 2,35 ist, liefert jede Bäckerei 120 Brote, und das Marktangebot beträgt $50 \times 120 = 6000$ Brote.

3. Angebotskurven der Unternehmen und des Markts sehen ähnlich aus

Bei einem Preis von 1,52 EUR liefert jedes Unternehmen 66 Brote, und das Angebot auf dem Markt beträgt 3300. Die Angebotskurve des Marktes sieht aus wie die identische Angebotskurve der Unternehmen, aber die Skala auf der horizontalen Achse ist anders.

4. Was wäre, wenn die Unternehmen unterschiedliche Kostenfunktionen hätten?

Wenn die Bäckereien unterschiedliche Kostenfunktionen hätten, dann würden bei einem Preis von 2,35 EUR einige Bäckereien mehr Brote produzieren als andere, aber wir könnten sie immer noch zusammenzählen, um das Marktangebot zu ermitteln.

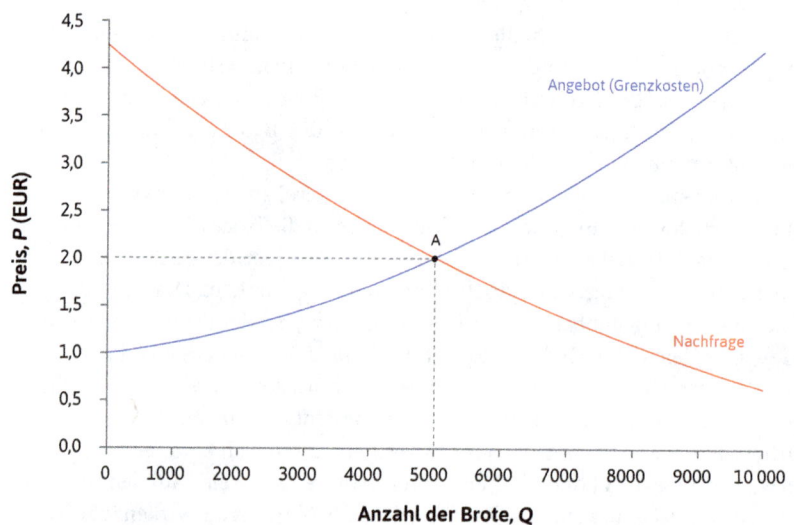

Abbildung 8.8 Gleichgewicht auf dem Markt für Brot.

FRAGE 8.4 WÄHLEN SIE DIE RICHTIGE(N) ANTWORT(EN)

In einem Wirtschaftszweig, in dem alle Unternehmen preisnehmend sind, gibt es zwei verschiedene Typen von Unternehmen, die ein Gut herstellen. Die Grenzkostenkurven der beiden Typen sind unten angegeben:

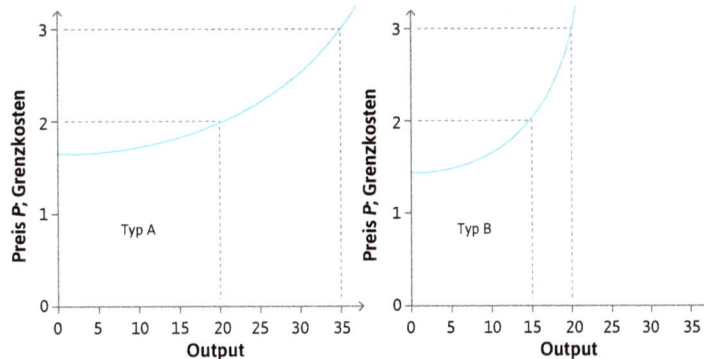

Typ A ist effizienter als Typ B: Bei einem Output von 20 Einheiten haben die Unternehmen des Typs A Grenzkosten von 2 USD, während die Grenzkosten der Unternehmen des Typs B 3 USD betragen. Auf dem Markt gibt es 10 Firmen vom Typ A und 8 Firmen vom Typ B. Welche der folgenden Aussagen ist richtig?

☐ Bei einem Preis von 2 USD beträgt das Marktangebot 450 Einheiten.

☐ Der Markt bietet 510 Einheiten zum Preis von 3 USD an.

☐ Bei einem Preis von 2 USD hängen die Grenzkosten des Marktes für die Bereitstellung einer zusätzlichen Einheit des Gutes von dem Typen des Unternehmens ab, das es produziert.

☐ Bei unterschiedlichen Unternehmenstypen lässt sich die Grenzkostenkurve für den Markt nicht bestimmen.

8.5 MARKTGLEICHGEWICHT: GEWINNE AUS HANDEL, ALLOKATION UND VERTEILUNG

Die Kaufenden und Verkaufenden willigen freiwillig in den Handel ein, weil sie jeweils davon profitieren. Ihr gegenseitiger Nutzen aus der Allokation im Gleichgewicht lässt sich durch die in Einheit 7 eingeführten Wohlfahrtsgewinne der Verbrauchenden und Produzierenden messen. Jede kaufende Person, dessen Zahlungsbereitschaft für ein Gut höher als der Marktpreis ist, erhält eine ökonomische Wohlfahrt: Die Differenz zwischen der ZBS und dem gezahlten Preis. Ähnlich verhält es sich, wenn die Grenzkosten für die Produktion eines Gutes unter dem Marktpreis liegen: Dann erhält die produzierende Person einen Wohlfahrtsgewinn. Abbildung 8.9a zeigt, wie man die gesamte Wohlfahrt (den Nutzen aus dem Handel) beim Marktgleichgewicht auf dem Brotmarkt berechnet, so wie wir es für die Märkte in Einheit 7 getan haben.

Wenn sich der Markt für Brot im Gleichgewicht befindet und die Menge der angebotenen Brote gleich der nachgefragten Menge ist, ist die gesamte Wohlfahrt die Fläche unter der Nachfragekurve und über der Angebotskurve.

Beachten Sie, wie sich die Allokation des Gleichgewichts auf diesem Markt von der Allokation eines differenzierten Produkts, Beautiful Cars, in Einheit 7 unterscheidet. Das Gleichgewicht der Brotmenge liegt an dem Punkt, an dem die Angebotskurve des Marktes, die auch die Grenzkostenkurve ist, die Nachfragekurve kreuzt, und die gesamte Wohlfahrt ist die Fläche zwischen den beiden Kurven. Abbildung 7.13 zeigt, dass das Unternehmen, das Beautiful Cars herstellt, eine Menge produziert, die unter dem Punkt liegt, an dem die Grenzkostenkurve auf die Nachfragekurve trifft, und somit ist die gesamte Wohlfahrt im Vergleich niedriger.

Die Allokation des Marktgleichgewichts von Brot hat die Eigenschaft, dass die *gesamte Wohlfahrt maximiert* wird. Abbildung 8.9b zeigt, dass der Wohlfahrtsgewinn kleiner wäre, wenn weniger als 5000 Brote produziert würden. Es gäbe Verbrauchende ohne Brot, die bereit wären, mehr als die Kosten für die Produktion eines weiteren Brotes zu zahlen, sodass es ungenutzte Vorteile aus dem Handel gäbe. Der Gesamtnutzen aus dem Handel auf dem Markt wäre geringer. Wir sagen, es gäbe einen **Wohlfahrtsverlust** im Ausmaß der in etwa dreieckigen Fläche. Den Produzierenden würden potenzielle Gewinne entgehen, und einige Verbrauchende wären nicht in der Lage, das Brot zu bekommen, für das sie zu zahlen bereit wären.

Und wenn mehr als 5000 Brote produziert würden, wäre der Wohlfahrtsgewinn der zusätzlichen Brote negativ: Sie würden mehr kosten, als die Verbrauchenden zu zahlen bereit wären.

> **Wohlfahrtsverlust** Ein Verlust der gesamten Wohlfahrt im Vergleich zu der gesamt möglichen Wohlfahrt einer Pareto-effizienten Allokation.

Leibniz: Nutzen aus Handel (https://tinyco.re/0805011)

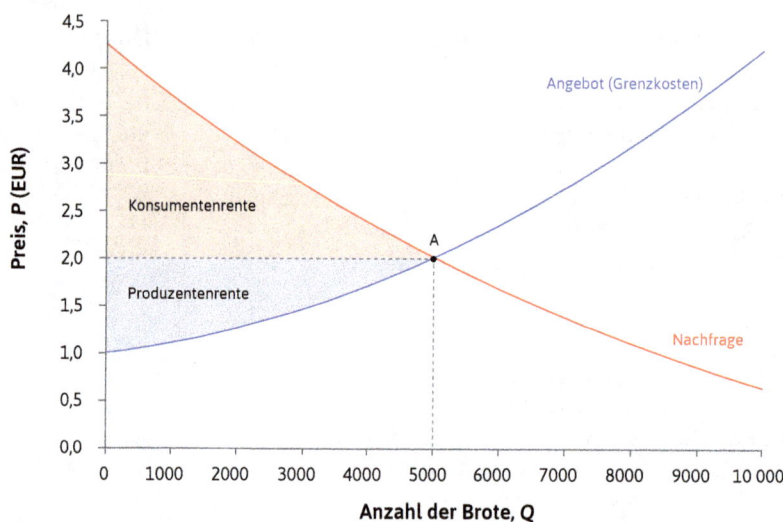

Abbildung 8.9a Gleichgewicht auf dem Brotmarkt: Wohlfahrtsgewinne.

1. Die Konsumentenrente

Bei einem Gleichgewichtspreis von 2 EUR auf dem Brotmarkt erzielt eine verbrauchende Person, die bereit ist, 3,50 EUR zu zahlen, eine Konsumentenrente von 1,50 EUR.

2. Die aggregierter Konsumentenrente

Die schraffierte Fläche über 2 EUR zeigt den Wohlfahrtsgewinn der Verbrauchenden—die Summe aller individuellen Konsumentenrenten der Kaufenden aus dem Handel.

3. Die Produzentenrente

Erinnern Sie sich an Einheit 7: Die Produzentenrente für eine Einheit der Produktion ist die Differenz zwischen dem Preis, zu dem sie verkauft wird, und den Grenzkosten für ihre Herstellung. Die Grenzkosten für das 2000. Brot betragen 1,25 EUR; da es für 2 EUR verkauft wird, erzielt die produzierende Person einen Wohlfahrtsgewinn von 0,75 EUR.

4. Der gesamte Wohlfahrtsgewinn

Die schattierte Fläche unter 2 EUR ist die Summe der individuellen Wohlfahrtsgewinne der Bäckereien für jedes von ihnen produzierte Brot. Die gesamte schraffierte Fläche zeigt die Summe aller individuellen Konsumenten- und Produzentenrenten aus dem Handel auf diesem Markt, die sogenannte gesamte Wohlfahrt.

Im Gleichgewicht werden alle potenziellen Wohlfahrtsgewinne aus dem Handel ausgeschöpft, das heißt es gibt keine Wohlfahrtsverluste. Diese Eigenschaft—dass die kombinierte Konsumenten- und Produzentenrente an dem Punkt maximiert wird, an dem das Angebot der Nachfrage entspricht—gilt generell: Wenn sowohl die Kaufenden als auch die Verkaufenden preisnehmend sind, maximiert die Gleichgewichtsallokation die Summe der durch den Handel auf dem Markt erzielten Wohlfahrt, relativ zur ursprünglichen Allokation. Wir besprechen dieses Ergebnis in unserem Einstein am Ende dieses Abschnitts.

Der Ökonom Joel Waldfogel hat seinem Fachgebiet einen schlechten Ruf eingebracht, indem er behauptete, dass das Schenken von Geschenken zu Weihnachten zu einem Wohlfahrtsverlust führen kann. Wenn Sie ein Geschenk erhalten, das für Sie weniger wert ist, als es den Schenkenden gekostet hat, könnte man argumentieren, dass der Wohlfahrtsgewinn aus der Transaktion negativ ist. Stimmen Sie dem zu?

Joel Waldfogel. 1993. ‚The Deadweight Loss of Christmas' (https://tinyco.re/0182759). *American Economic Review* 83 (5).

‚Is Santa a Deadweight Loss?' (https://tinyco.re/7728778). *The Economist*. Aktualisiert am 20. Dezember 2001.

Pareto-effizient

Bei der Allokation des Marktgleichgewichts auf dem Brotmarkt ist es nicht möglich, irgendeine verbrauchende Person oder ein verkaufendes Unternehmen besser zu stellen (das heißt die individuelle Wohlfahrt zu erhöhen), ohne mindestens eine andere Person schlechter zu stellen. Unter der Voraussetzung, dass das Geschehen auf diesem Markt niemanden außer den teilnehmenden Kaufenden und Verkaufenden beeinträchtigt, können wir sagen, dass die Allokation des Gleichgewichts **Pareto-effizient** ist.

Die Pareto-Effizienz ergibt sich aus drei Annahmen, die wir über den Brotmarkt getroffen haben.

Pareto-effizient Eine Allokation mit der Eigenschaft, dass es keine alternative technisch mögliche Allokation gibt, bei der mindestens eine Person besser und niemand schlechter gestellt wäre.

Die Teilnehmenden sind preisnehmend

Die Teilnehmenden sind preisnehmend. Sie haben keine Marktmacht. Wenn eine bestimmte kaufende Person mit einer bestimmten verkaufenden Person handelt, weiß jede von ihnen, dass die andere Person alternative Handelspartner:innen finden kann, die bereit sind, zum Marktpreis zu handeln. Die Verkaufenden können den Preis aufgrund des Wettbewerbs mit anderen Verkaufenden nicht erhöhen, und der Wettbewerb mit anderen Kaufenden hindert die Kaufenden daran, den Preis zu senken. Daher werden

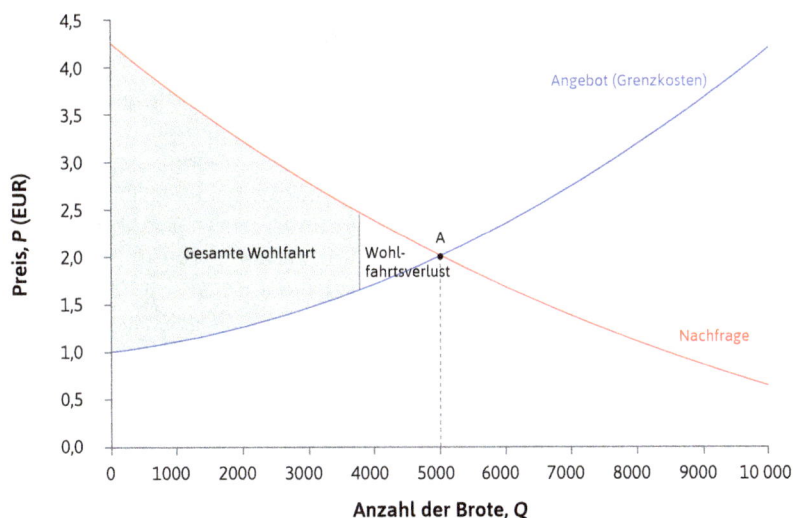

Abbildung 8.9b Wohlfahrtsverlust.

die Produzierenden (und Verkaufenden) ihre Produktion so wählen, dass die Grenzkosten (die Kosten der letzten produzierten Einheit) gleich dem Marktpreis sind.

Im Gegensatz dazu besitzt ein produzierendes und verkaufendes Unternehmen (oder Person) eines differenzierten Gutes eine Verhandlungsmacht, weil es weniger Wettbewerb ausgesetzt ist: Niemand sonst produziert ein identisches Gut. Das Unternehmen nutzt diese Macht, um den Preis hoch zu halten, wodurch der eigene Teil am Wohlfahrtsgewinn steigt, die gesamte Wohlfahrt jedoch sinkt. Der Preis liegt über den Grenzkosten, sodass die Allokation pareto-ineffizient ist.

Ein vollständiger Vertrag

Der Tausch eines Brotlaibs gegen Geld wird durch einen vollständigen Vertrag zwischen der kaufenden und der verkaufenden Person geregelt. Wenn Sie zuhause feststellen, dass sich in der Tüte mit der Aufschrift „Brot" kein Laib Brot befindet, können Sie Ihr Geld zurückverlangen. Vergleichen Sie dies mit dem unvollständigen Vertrag in Einheit 6, bei dem das Unternehmen die Zeit der beschäftigten Person kaufen kann, aber nicht sicher sein kann, wie viel Arbeitseinsatz diese Person leisten wird. Wir werden in Einheit 9 sehen, dass dies zu einer Pareto-ineffizienten Allokation auf dem Arbeitsmarkt führt.

Keine Auswirkungen auf andere

Wir haben implizit angenommen, dass die Geschehnisse auf diesem Markt niemanden außer die Kaufenden und Verkaufenden betreffen. Um die Pareto-Effizienz zu beurteilen, müssen wir alle von der Allokation Betroffenen berücksichtigen. Wenn zum Beispiel die frühmorgendlichen Aktivitäten der Bäckereien den Schlaf der Nachbarschaft stören, entstehen zusätzliche Kosten durch die Brotproduktion, und wir sollten in der Gesamtbetrachtung auch die Kosten für die Nachbarschaft der Bäckereien berücksichtigen. Wird dies unterlassen, dann kann man schließen, dass die Allokation des Gleichgewichts doch nicht Pareto-effizient ist. Wir werden diese Art von Problem in Einheit 12 untersuchen.

Fairness

Erinnern Sie sich an Einheit 5, dass es zwei Kriterien für die Bewertung einer Allokation gibt: Effizienz und Fairness. Selbst wenn wir der Meinung sind, dass die Allokation auf dem Markt Pareto-effizient ist, sollten wir daraus nicht schließen, dass sie unbedingt wünschenswert ist. Was können wir über Fairness im Fall des Brotmarktes sagen? Wir könnten die Verteilung der Wohlfahrtsgewinne aus dem Handel zwischen Produzierenden und Verbrauchenden untersuchen: Abbildung 8.9a zeigt, dass sowohl die verbrauchenden Personen als auch die Unternehmen einen Wohlfahrtsgewinn erzielen, und in diesem Beispiel ist die Konsumentenrente etwas höher als die Produzentenrente. Dies ist darauf zurückzuführen, dass die Nachfragekurve im Vergleich zur Angebotskurve relativ steil verläuft. Erinnern Sie sich auch an Einheit 7, dass eine steile Nachfragekurve einer geringen Elastizität der Nachfrage entspricht. In ähnlicher Weise entspricht die Steigung der Angebotskurve der Elastizität des Angebots: In Abbildung 8.9a ist die Nachfrage weniger elastisch als das Angebot.

Im Allgemeinen hängt *die Verteilung der gesamten Wohlfahrt zwischen Verbrauchenden und Produzierenden von den relativen Elastizitäten von Nachfrage und Angebot ab.*

Wir sollten auch die Lebensstandards der Marktteilnehmenden berücksichtigen. Wenn beispielsweise ein armer Student ein Buch von einer reichen Studentin kauft, könnte man meinen, dass ein Ergebnis, bei dem die arme Person weniger als den Marktpreis bezahlt, besser wäre, weil es gerechter wäre. Oder wenn die Verbrauchenden auf dem Brotmarkt außergewöhnlich arm wären, könnten wir beschließen, dass es besser wäre, ein Gesetz zu erlassen, das einen maximalen Brotpreis von weniger als 2 EUR festlegt, um ein gerechteres (wenn auch Pareto-ineffizientes) Ergebnis zu erzielen. In Einheit 11 werden wir uns mit den Auswirkungen einer solchen Regulierung der Märkte befassen.

Die Pareto-effiziente Allokation eines Marktgleichgewichts wird häufig als schlagkräftiges Argument für Märkte als Mittel zur Zuweisung von Ressourcen interpretiert. Wir müssen jedoch aufpassen, dass wir den Wert dieses Ergebnisses nicht überbewerten:

- *Die Allokation ist möglicherweise nicht Pareto-effizient*: Wir haben möglicherweise nicht alles von Bedeutung berücksichtigt.
- *Es gibt andere wichtige Betrachtungen*: Fairness, zum Beispiel.
- *Preisnehmende sind im wirklichen Leben schwer zu finden*: Es ist nicht so einfach, eine reale Situation zu finden, das mit unserem einfachen Modell des Brotmarktes vereinbar ist (wie wir in Abschnitt 8.9 sehen werden).

Maurice Stucke. 2013. ‚Is Competition Always Good?' (https://tinyco.re/8720076). *OUPblog.*

Zahlungsbereitschaft (ZBS) Ein Indikator dafür, wie sehr eine Person ein Gut schätzt, gemessen an dem Betrag, den sie maximal zahlen würde, um eine Einheit des Gutes zu erwerben. *Siehe auch: Akzeptanzbereitschaft.*

Akzeptanzbereitschaft (ABS) Der Reservationspreis einer potenziell verkaufenden Person, die nur zu mindestens diesem Preis bereit ist, eine Einheit zu verkaufen. *Siehe auch: Zahlungsbereitschaft.*

ÜBUNG 8.3 MAXIMIERUNG DER ÖKONOMISCHEN WOHLFAHRT

Betrachten wir einen Markt für Eintrittskarten für ein Fußballspiel. Sechs Fans des blauen Teams möchten Eintrittskarten kaufen; ihre Bewertungen für eine Eintrittskarte (ihre **ZBS**) sind 8, 7, 6, 5, 4, und 3. Das unten stehende Diagramm zeigt die Nachfragekurve. Sechs Fans des roten Teams haben bereits Karten, deren Reservationspreise (**ABS**) 2, 3, 4, 5, 6 und 7 betragen.

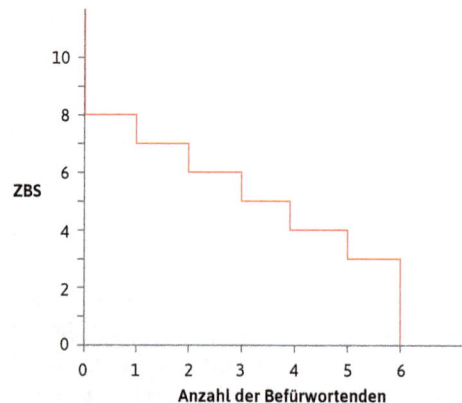

1. Zeichnen Sie die Angebots- und Nachfragekurven in ein Diagramm ein (Hinweis: Die Angebotskurve ist wie die Nachfragekurve auch eine Stufenfunktion).

Nehmen Sie an, dass alle Geschäfte zu einem einzigen Preis stattfinden sollen, wie auf einem Wettbewerbsmarkt, auf dem die Verkaufenden und Kaufenden preisnehmend sind.

2. Zeigen Sie, dass im Gleichgewicht vier Geschäfte zustande kommen.
3. Wie hoch ist der Gleichgewichtspreis?
4. Berechnen Sie die Konsumentenrente (Kaufende), indem Sie die Wohlfahrtsgewinne der vier Kaufenden, die handeln, addieren.
5. Berechnen Sie in ähnlicher Weise die Produzentenrente (oder den Wohlfahrtsgewinn der Kaufenden).
6. Ermitteln Sie also die gesamte Wohlfahrt im Gleichgewicht.

7. Nehmen wir nun an, dass der Markt durch Verhandlungen zwischen einzelnen kaufenden und verkaufenden Personen funktioniert. Finden Sie eine Möglichkeit, die Kaufenden und die Verkaufenden so zusammenzubringen, dass mehr als vier Geschäfte zustande kommen. (Tipp: Nehmen wir an, die Person mit der höchsten ZBS kauft bei der Person mit der höchsten ABS.)
8. Berechnen Sie in diesem Fall den Wohlfahrtsgewinn aus jedem Handel.
9. Wie ist die gesamte Wohlfahrt in diesem Fall im Vergleich zum Gleichgewicht?
10. Gibt es ausgehend von der Allokation der Eintrittskarten, die Sie durch Verhandlungen erhalten haben und bei der mindestens fünf Eintrittskarten im Besitz von Fans des blauen Teams sind, eine Möglichkeit, durch weiteren Handel eine Person der Fans besser zu stellen, ohne jemanden schlechter zu stellen?

ÜBUNG 8.4 WOHLFAHRTSGEWINN UND -VERLUST

1. Skizzieren Sie ein Diagramm zur Veranschaulichung des Wettbewerbsmarkts für Brot, das das Gleichgewicht zeigt, bei dem 5000 Brote zu einem Preis von 2 EUR verkauft werden.

2. Angenommen, die Bäckereien schließen sich zu einem Kartell zusammen. Sie einigen sich darauf, den Preis auf 2,70 EUR zu erhöhen und gemeinsam die Produktion zu drosseln, um die Anzahl der Brote zu liefern, die die Verbrauchenden zu diesem Preis nachfragen. Schattieren Sie die Flächen in Ihrem Diagramm, um die durch das Kartell verursachte Konsumentenrente, Produzentenrente und Wohlfahrtsverluste darzustellen.

3. Bei welchen Gütern würden Sie erwarten, dass die Angebotskurve hochelastisch ist?

4. Zeichnen Sie Diagramme, um zu veranschaulichen, wie der Teil des Wohlfahrtsgewinns, den die produzierenden Unternehmen erhalten, von der Elastizität der Angebotskurve abhängt.

FRAGE 8.5 WÄHLEN SIE DIE RICHTIGE(N) ANTWORT(EN)

In Abbildung 8.9a (Seite 372) wird gezeigt, dass der Output und der Preis des Marktes für Brot im Gleichgewicht bei $(Q^*, P^*) = (5000, \text{EUR } 2)$ liegen. Angenommen, die Bürgermeisterin ordnet an, dass die Bäckereien so viel Brot verkaufen müssen, wie die Verbrauchenden wünschen, und zwar zu einem Preis von 1,50 EUR. Welche der folgenden Aussagen sind richtig?

☐ Die Konsumenten- und die Produzentenrente steigen beide.
☐ Die Produzentenrente steigt, während die Konsumentenrente sinkt.
☐ Die Konsumentenrente steigt, während die Produzentenrente sinkt.
☐ Die gesamte Wohlfahrt ist niedriger als bei dem Marktgleichgewicht.

FRAGE 8.6 WÄHLEN SIE DIE RICHTIGE(N) ANTWORT(EN)

Welche der folgenden Aussagen über eine Allokation im Marktgleichgewicht sind richtig?

☐ Es ist die bestmögliche Allokation.
☐ Keine Wohlfahrt einer kaufenden oder einer verkaufenden Person kann erhöht werden, ohne die Wohlfahrt einer anderen Person zu verringern.
☐ Die Allokation muss Pareto-effizient sein.
☐ Der Nutzen aus dem Handel wird maximiert.

Gesamte Wohlfahrt und ZBS

Wie auch immer der Markt funktioniert und welche Preise auch immer gezahlt werden, wir können die Konsumentenrente berechnen, indem wir die Differenzen zwischen der ZBS und dem gezahlten Preis für alle Kaufenden addieren. Das gleiche gilt auch für die Produzentenrente, indem wir die Differenz zwischen dem erhaltenen Preis und den Grenzkosten für jede Einheit der Produktion addieren:

Konsumentenrente = Summe der ZBS − Summe der gezahlten Preise

Produzentenrente = Summe der erhaltenen Preise
− Summe der GK jeder Einheit

Bei der Berechnung der gesamten Wohlfahrt heben sich die gezahlten und erhaltenen Preise auf:

gesamte Wohlfahrt = Summe der ZBS der Verbrauchenden
− Summe der GK der Produzierenden

Wenn die Kaufenden und die Verkaufenden preisnehmend sind und der Preis Angebot und Nachfrage ausgleicht, ist die gesamte Wohlfahrt so hoch wie möglich, weil die Verbrauchenden mit der höchsten ZBS das Produkt kaufen und die Einheiten der Produktion mit den niedrigsten Grenzkosten verkauft werden. An jedem Handel ist eine kaufende Person beteiligt, deren ZBS höher ist als der Reservationspreis der verkaufenden Person, sodass die Wohlfahrtsgewinne sinken würden, wenn wir eine von ihnen weglassen. Und wenn wir versuchen würden, weitere Outputeinheiten in diese Berechnung einzubeziehen, würde der Wohlfahrtsgewinn ebenfalls sinken, da die ZBS niedriger wären als die GK.

8.6 VERÄNDERUNGEN VON ANGEBOT UND NACHFRAGE

Quinoa ist eine Getreideart, die auf dem Altiplano, einer kargen Hochebene in den südamerikanischen Anden, angebaut wird. In Peru und Bolivien ist sie ein traditionelles Grundnahrungsmittel. In den letzten Jahren ist die Nachfrage durch reiche, gesundheitsbewusste Personen in Europa und Nordamerika stark gestiegen, da die ausgezeichneten ernährungsphysiologischen Eigenschaften von Quinoa bekannt wurden. Die Abbildungen 8.10a-c zeigen, wie sich der Markt dadurch verändert hat. Aus den Abbildungen 8.10a und 8.10b geht hervor, dass sich der Preis von Quinoa zwischen 2001 und 2011 verdreifacht und die Produktion fast verdoppelt hat. Abbildung 8.10c zeigt die Stärke des Nachfrageanstiegs: Die globalen Ausgaben für Importe von Quinoa stiegen innerhalb von 10 Jahren von nur 2,4 Millionen USD auf 43,7 Millionen USD.

Für die Produzierenden sind diese Veränderungen ein zweifelhafter Segen. Während das Grundnahrungsmittel der armen Verbrauchenden teurer geworden ist, profitieren die Landwirtinnen und Landwirte—die zu den Ärmsten gehören—vom Boom der Exporte. Andere Länder untersuchen nun, ob Quinoa auch in anderen Klimazonen angebaut werden kann, und Frankreich sowie die USA sind zu bedeutenden Produzierenden geworden.

Wie lässt sich der rasante Preisanstieg von Quinoa erklären? In diesem Abschnitt betrachten wir die Auswirkungen von Nachfrage- und Angebotsveränderungen an unseren einfachen Beispielen für Bücher und Brot. Am Ende dieses Abschnitts können Sie diese Analyse auf den realen Fall von Quinoa anwenden.

Ein Anstieg der Nachfrage

Auf dem Markt für gebrauchte Lehrbücher trifft die Nachfrage von neuen Studierenden, die sich für den Kurs einschreiben, auf das Angebot von Studierenden, die den Kurs im Vorjahr belegt haben. In Abbildung 8.11 haben wir Angebot und Nachfrage nach Lehrbüchern aufgetragen, wenn die Zahl der Studierenden, die sich für einen Kurs anmelden, konstant bei 40 pro Jahr liegt. Der Gleichgewichtspreis beträgt 8 USD, und es werden 24 Bücher verkauft, wie aus Punkt A hervorgeht. Abbildung 8.11 zeigt, was dann passieren würde.

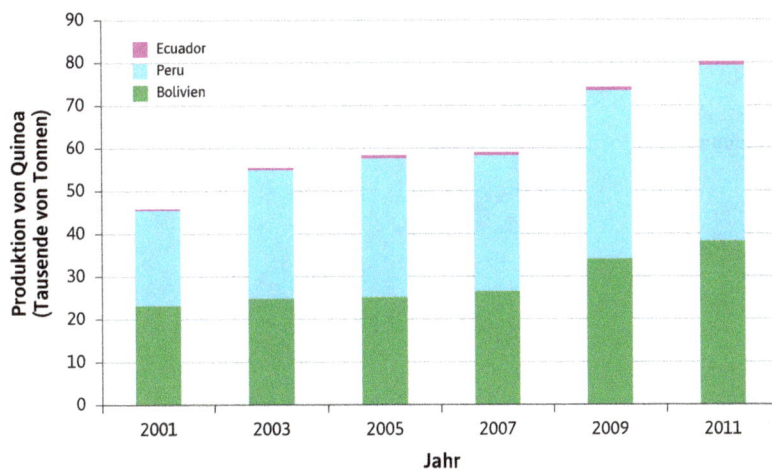

Jose Daniel Reyes und Julia Oliver. ‚Quinoa: The Little Cereal That Could' (https://tinyco.re/9266629). *The Trade Post.* 22 November 2013. Zugrunde liegende Daten von der Ernährungs- und Landwirtschaftsorganisation der Vereinten Nationen. *FAOSTAT Database* (https://tinyco.re/4368803).

Abbildung 8.10a Die Produktion von Quinoa.

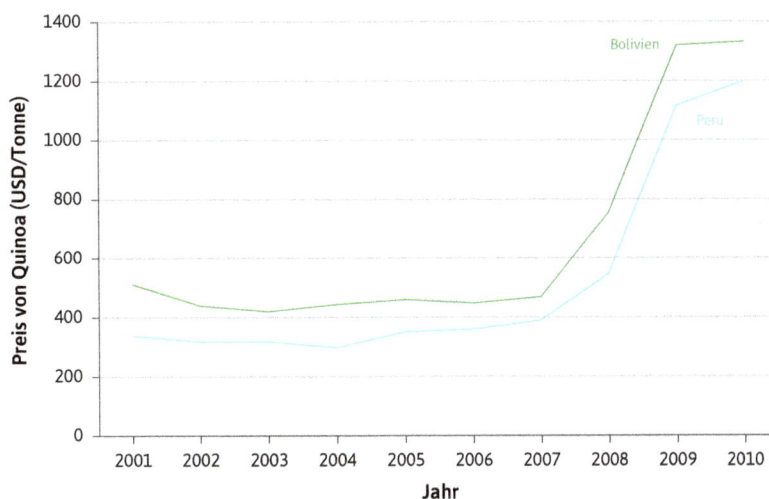

Abbildung 8.10b Preise der Produzierenden für Quinoa.

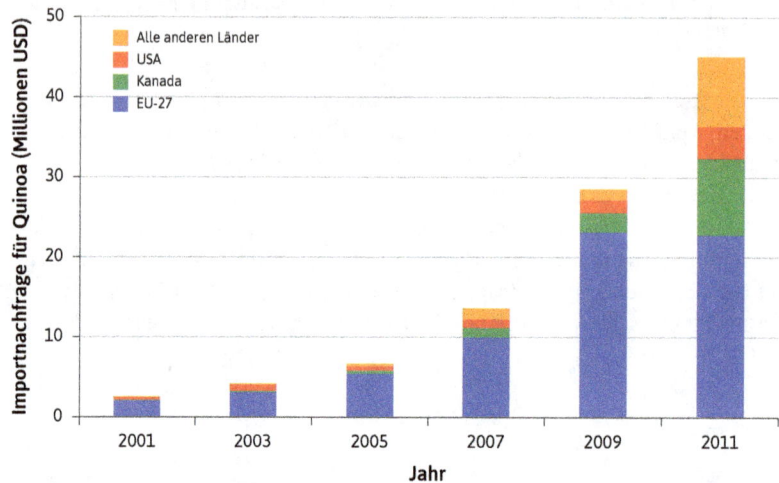

Abbildung 8.10c Globale Importnachfrage nach Quinoa.

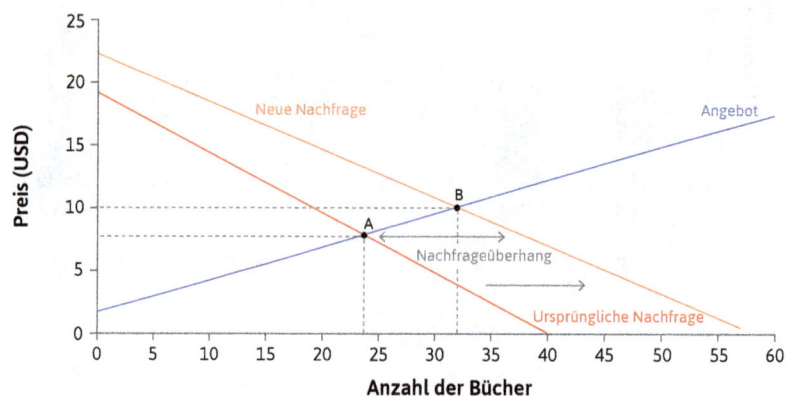

Abbildung 8.11 Ein Anstieg der Nachfrage nach Büchern.

1. Der ursprüngliche Gleichgewichtspunkt

Bei den ursprünglichen Nachfrage- und Angebotsniveaus liegt das Gleichgewicht bei Punkt A. Der Preis beträgt 8 USD, und es werden 24 Bücher verkauft.

2. Ein Anstieg der Nachfrage

Wenn sich in einem Jahr mehr Studierende einschreiben würden, gäbe es auch mehr Studierende, die das Buch zu jedem möglichen Preis kaufen wollen. Die Nachfragekurve verschiebt sich nach rechts.

3. Nachfrageüberhang bei einem Preis von 8 USD

Wenn der Preis bei 8 USD bliebe, gäbe es einen Nachfrageüberhang nach Büchern, das heißt mehr potenziell Kaufende als Verkaufende.

4. Ein neuer Gleichgewichtspunkt

Es gibt ein neues Gleichgewicht am Punkt B mit einem Preis von 10 USD, zu dem 32 Bücher verkauft werden. Der Anstieg der Nachfrage hat zu einem Anstieg der Gleichgewichtsmenge und des Preises geführt.

Eine Nachfragesteigerung führt zu einem neuen Gleichgewicht, bei dem 32 Bücher für je 10 USD verkauft werden. Beim ursprünglichen Preis gäbe es einen Nachfrageüberhang und die Verkaufenden würden ihre Preise anheben wollen. Im neuen Gleichgewicht sind sowohl der Preis als auch die Menge höher. Einige Studierende, die ihre Bücher nicht für 8 USD verkauft hätten, werden zum nun höheren Preis verkaufen. Beachten Sie jedoch, dass trotz der gestiegenen Nachfrage nicht alle Studierenden, die das Buch für 8 USD gekauft hätten, das Buch im neuen Gleichgewicht kaufen werden: Diejenigen, deren ZBS zwischen 8 und 10 USD liegt, wollen nicht mehr kaufen.

Wenn wir von einer „Nachfragesteigerung" sprechen, ist es wichtig, genau zu wissen, was wir meinen:

- Die Nachfrage ist nun *bei jedem möglichen Preis* höher, die Nachfragekurve hat sich also verschoben.
- Als Reaktion auf diese Verschiebung kommt es zu einer Änderung des Preises.
- Dies führt zu einem Anstieg der Angebotsmenge.
- Diese Veränderung ist eine Bewegung *entlang* der Angebotskurve.
- Die Angebotskurve selbst hat sich jedoch nicht verschoben (die Anzahl der Verkaufenden und ihre Reservationspreise haben sich nicht geändert), sodass wir dies nicht als „Angebotssteigerung" bezeichnen.

Nach einer Erhöhung der Nachfrage steigt die Gleichgewichtsmenge, aber auch der Preis. In Abbildung 8.11 ist zu sehen, dass der Preis umso stärker steigt, je steiler (inelastischer) die Angebotskurve ist, und die Menge umso weniger zunimmt. Ist die Angebotskurve eher flach (elastisch), dann ist der Preisanstieg geringer und die verkaufte Menge reagiert stärker auf den Nachfrageschock.

Ein Anstieg des Angebots aufgrund von Produktivitätssteigerungen

Als Beispiel für einen Angebotsanstieg können Sie sich dagegen den Markt für Brot in einer Stadt vorstellen. Denken Sie daran, dass die Angebotskurve die Grenzkosten der Brotherstellung darstellt. Nehmen wir an, die Bäckereien entdecken eine neue Technik, die es jeder Bäckerei ermöglicht, Brot schneller herzustellen. Dadurch sinken die Grenzkosten für einen Laib bei jedem Produktionsniveau. Mit anderen Worten: Die Grenzkostenkurve jeder Bäckerei verschiebt sich nach unten.

Abbildung 8.12 zeigt die ursprünglichen Angebots- und Nachfragekurven für die Bäckereien. Wenn sich die GK-Kurve jeder Bäckerei nach unten verschiebt, verschiebt sich auch die Angebotskurve des Marktes für Brot. Schauen Sie sich Abbildung 8.12 an, um zu sehen, was dann passiert.

Die Verbesserung der Technologie der Brotherstellung führt zu:

- Einer Erhöhung des Angebots
- Einem Rückgang des Brotpreises
- Einem Anstieg der verkauften Menge

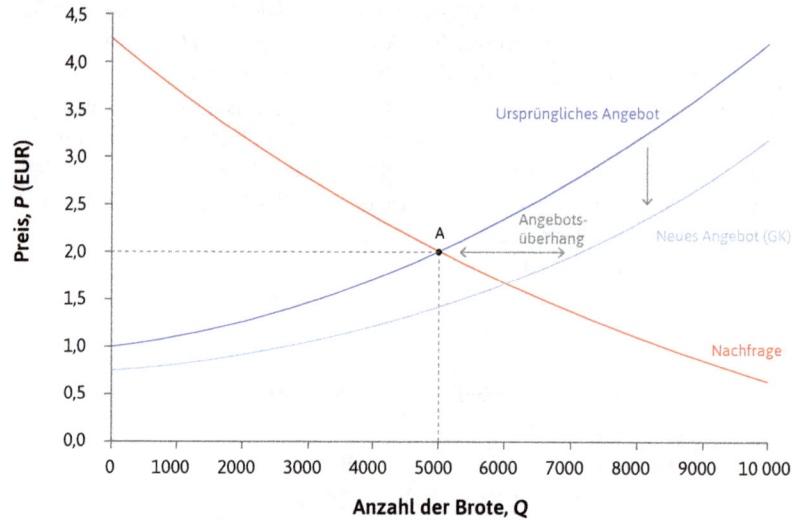

Abbildung 8.12 Ein Anstieg des Angebots an Brot: Ein Rückgang der GK.

1. Der anfängliche Gleichgewichtspunkt

Die Bäckereien der Stadt beginnen am Punkt A, produzieren 5000 Brote und verkaufen sie für 2 EUR pro Stück.

2. Ein Rückgang der Grenzkosten

Die Angebotskurve des Marktes verschiebt sich dann aufgrund des Rückgangs der Grenzkosten der Bäckereien. Die Angebotskurve verschiebt sich nach unten, weil bei jedem Produktionsniveau die Grenzkosten und damit der Preis, zu dem sie bereit sind, Brot zu produzieren, niedriger sind.

3. Eine Erhöhung des Angebots

Die Angebotskurve hat sich nach unten verschoben. Man kann diese Veränderung des Angebots aber auch so sehen, dass sich die Angebotskurve nach rechts verschoben hat. Da die Kosten gesunken sind, ist die Menge, die die Bäckereien zu jedem Preis liefern werden, größer—ein Anstieg des Angebots.

4. Angebotsüberhang bei einem Preis von 2 EUR

Der Rückgang der Grenzkosten führt zu einer Erhöhung des Angebots auf dem Markt. Zum ursprünglichen Preis gibt es mehr Brot, als die Kaufenden nachfragen (Angebotsüberhang). Die Bäckereien würden ihre Preise senken wollen.

5. Der neue Gleichgewichtspunkt

Das neue Gleichgewicht auf dem Markt liegt bei Punkt B, wo mehr Brot verkauft wird und der Preis niedriger ist. Die Nachfragekurve hat sich nicht verschoben, aber der Rückgang des Preises hat zu einem Anstieg der nachgefragten Brotmenge entlang der Nachfragekurve geführt.

Wie im Beispiel einer Nachfragesteigerung ist eine Preisanpassung notwendig, um den Markt ins Gleichgewicht zu bringen. Solche Verschiebungen bei Angebot und Nachfrage werden in der Volkswirtschaftslehre häufig als **Schock** bezeichnet. Wir beginnen damit ein Modell zu beschreiben und finden dafür ein Gleichgewicht. Dann untersuchen wir, wie sich dieses Gleichgewicht verändert, wenn sich etwas ändert—das Modell erhält einen Schock. Der Schock wird **exogen** genannt, weil unser Modell nicht erklärt, warum der Schock passiert ist: Das Modell zeigt die Folgen, nicht die Ursachen.

Ein Anstieg des Angebots: Mehr Bäckereien drängen auf den Markt

Ein weiterer Grund für eine Veränderung des Marktangebots ist der Eintritt weiterer Unternehmen oder das Ausscheiden bestehender Unternehmen. Wir haben das Gleichgewicht des Brotmarktes für den Fall analysiert, dass es 50 Bäckereien in der Stadt gibt. Aus Abschnitt 8.4 wissen wir, dass sich bei einem Gleichgewichtspreis von 2 EUR jede Bäckerei auf einer Isogewinnkurve oberhalb der Durchschnittskostenkurve befindet. Wenn die wirtschaftlichen Gewinne größer als Null sind, erhalten die Unternehmen eine ökonomische Rente, sodass andere Unternehmen möglicherweise in das Bäckereigeschäft investieren und einsteigen möchten.

Da die Möglichkeit besteht, durch den Verkauf von Brot in der Stadt einen höheren als den normalen Gewinn zu erzielen, könnten sich neue Bäckereien für den Eintritt in den Markt entscheiden. Es werden **Markteintrittskosten** anfallen, zum Beispiel für den Erwerb und die Ausstattung von Räumlichkeiten. Aber solange diese nicht zu hoch sind (oder wenn Räumlichkeiten und Ausstattung leicht verkauft werden können, wenn das Unternehmen keinen Erfolg hat), wird es sich lohnen, in den Markt einzutreten.

Leibniz: Verschiebungen von Angebot und Nachfrage (https://tinyco.re/0806015)

Schock Eine exogene Änderung einiger der in einem Modell verwendeten Fundamentaldaten. **exogen** Von außerhalb des Modells kommend und nicht durch das Modell selbst bestimmt. *Siehe auch: endogen.*

Markteintrittskosten Kosten für den Start einer Unternehmung, die entstehen, wenn ein Unternehmen in einen Markt oder eine Industrie eintritt. Dazu gehören in der Regel die Kosten für den Erwerb und die Ausstattung neuer Räumlichkeiten, für Forschung und Entwicklung, für die erforderlichen Patente sowie für die Suche und Einstellung von Beschäftigten

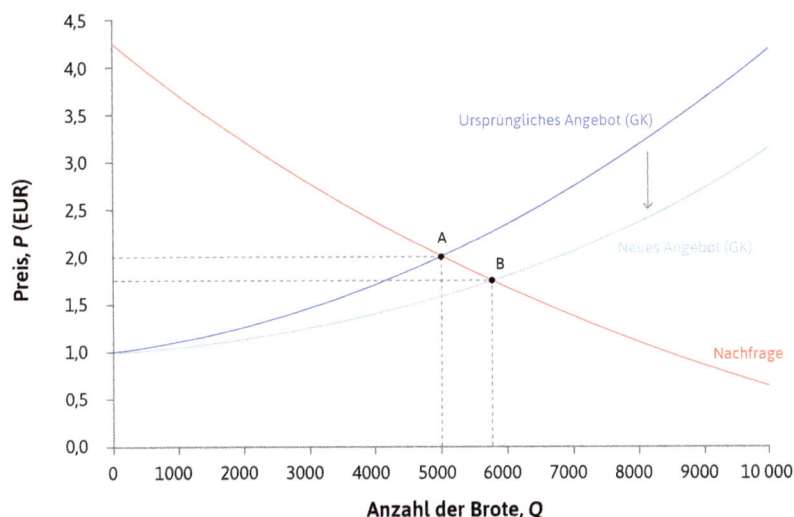

Abbildung 8.13 Ein Anstieg des Angebots an Brot: Mehr Unternehmen treten ein.

Erinnern Sie sich daran, dass wir die Angebotskurve des Marktes ermitteln, indem wir die von allen Unternehmen gelieferten Brotmengen zu jedem Preis addieren. Wenn mehr Bäckereien in den Markt eintreten, wird auf jedem Preisniveau mehr Brot angeboten. Obwohl der Grund für die Angebotssteigerung ein anderer ist als der vorherige, ist die Auswirkung auf das Gleichgewicht des Marktes dieselbe: Ein Rückgang des Preises und ein Anstieg des Brotabsatzes. Abbildung 8.13 zeigt die Auswirkungen auf das Gleichgewicht. Die Bäckereien beginnen wieder im Punkt A und verkaufen 5000 Brote für 2 EUR. Durch den Eintritt neuer Unternehmen verschiebt sich die Angebotskurve nach außen. Zu jedem Preis wird mehr Brot verkauft, sodass beim ursprünglichen Preis ein Angebotsüberhang entsteht. Das neue Gleichgewicht befindet sich am Punkt B mit einem niedrigeren Preis und einem höheren Brotabsatz.

Der Markteintritt neuer Unternehmen wird von den bestehenden Bäckereien wahrscheinlich nicht begrüßt werden. Ihre Kosten haben sich nicht verändert, aber der Marktpreis ist auf 1,75 EUR gesunken, sodass sie weniger Gewinn machen als zuvor. Wie wir in Einheit 11 sehen werden, kann der Markteintritt neuer Unternehmen die wirtschaftlichen Gewinne schließlich auf Null drücken, sodass die Renten gänzlich wegfallen.

ÜBUNG 8.5 DER MARKT FÜR QUINOA

Betrachten Sie erneut den Markt für Quinoa. Die in Abbildung 8.10a-c (Seite 379) gezeigten Veränderungen können als Verschiebungen von Angebot und Nachfrage analysiert werden.

1. Nehmen wir an, dass die Nachfrage nach Quinoa in den frühen 2000er Jahren unerwartet gestiegen ist (Verschiebung der Nachfragekurve). Was würden Sie erwarten, was mit dem Preis und der Menge zunächst geschehen würde?
2. Angenommen, die Nachfrage würde in den nächsten Jahren weiter steigen, wie würde die Landwirtschaft darauf reagieren?
3. Warum blieb der Preis bis 2007 konstant?
4. Wie erklären Sie sich den raschen Preisanstieg in den Jahren 2008 und 2009?
5. Würden Sie erwarten, dass der Preis irgendwann auf sein ursprüngliches Niveau zurückfällt?

ÜBUNG 8.6 PREISE, SCHOCKS UND REVOLUTIONEN

Historiker:innen führen die Welle der Revolutionen in Europa im Jahr 1848 oft auf langfristige sozioökonomische Faktoren und eine Welle neuer radikaler Ideen zurück. Eine schlechte Weizenernte im Jahr 1845 führte jedoch zu einer Lebensmittelknappheit und einem drastischen Preisanstieg, was zu diesen plötzlichen Veränderungen beigetragen haben könnte.

Die Tabelle zeigt die Durchschnitts- und Höchstpreise für Weizen von 1838 bis 1845 im Verhältnis zum Silberpreis. Es gibt drei Gruppen von Ländern: Solche, in denen gewaltsame Revolutionen stattfanden, solche, in denen ein Verfassungswandel ohne weit verbreitete Gewalt stattfand, und solche, in denen keine Revolution stattfand.

1. Erklären Sie anhand von Angebots- und Nachfragekurven, wie eine schlechte Weizenernte zu Preissteigerungen und Nahrungsmittelknappheit führen kann.
2. Finden Sie einen Weg, die Daten so darzustellen, dass sie zeigen, dass das Ausmaß des Preisschocks und nicht das Preisniveau mit der Wahrscheinlichkeit einer Revolution zusammenhängt.
3. Glauben Sie, dass dies eine plausible Erklärung für die aufgetretenen Revolutionen ist?
4. Ein Journalist vermutet, dass ähnliche Faktoren beim Arabischen Frühling 2010 (https://tinyco.re/8936018) eine Rolle gespielt haben. Lesen Sie den Beitrag. Was halten Sie von dieser Hypothese?

		Durchschnittspreis 1838–45	Max. Preis 1845–48
	Österreich	52,9	104,0
	Baden	77,0	136,6
	Bayern	70,0	127,3
	Böhmen	61,5	101,2
	Frankreich	93,8	149,2
	Hamburg	67,1	108,7
	Hessen-Darmstadt	76,7	119,7
Gewaltsame Revolution 1848	Ungarn	39,0	92,3
	Lombardei	88,3	119,9
	Mecklenburg-Schwerin	72,9	110,9
	Kirchenstaat	74,0	105,1
	Preußen	71,2	110,7
	Sachsen	73,3	125,2
	Schweiz	87,9	146,7
	Württemberg	75,9	128,7
	Belgien	93,8	140,1
	Bremen	76,1	109,5
Sofortige Verfassungsänderung 1848	Braunschweig	62,3	100,3
	Dänemark	66,3	81,5
	Niederlande	82,6	136,0
	Oldenburg	52,1	79,3
	England	115,3	134,7
	Finnland	73,6	73,7
	Norwegen	89,3	119,7
Keine Revolution 1848	Russland	50,7	44,1
	Spanien	105,3	141,3
	Schweden	75,8	81,4

Berger, Helge, und Mark Spoerer. 2001. ‚Economic Crises and the European Revolutions of 1848.'
The Journal of Economic History 61 (2): pp. 293–326.

FRAGE 8.7 WÄHLEN SIE DIE RICHTIGE(N) ANTWORT(EN)

Abbildung 8.8 (Seite 370) zeigt, dass das Gleichgewicht des Brotmarktes bei 5000 Broten pro Tag zum Preis von 2 EUR liegt. Ein Jahr später stellen wir fest, dass der Gleichgewichtspreis des Marktes auf 1,50 EUR gefallen ist. Was können wir daraus schließen?

☐ Der Preisrückgang muss durch eine Abwärtsverschiebung der Nachfragekurve verursacht worden sein.

☐ Der Preisrückgang muss durch eine Abwärtsverschiebung der Angebotskurve verursacht worden sein.

☐ Der Preisrückgang könnte durch eine Verschiebung einer der beiden Kurven verursacht worden sein.

☐ Bei einem Preis von 1,50 EUR gibt es einen Nachfrageüberhang nach Brot.

FRAGE 8.8 WÄHLEN SIE DIE RICHTIGE(N) ANTWORT(EN)
Welche der folgenden Aussagen sind richtig?

☐ Ein Rückgang des Zinssatzes für Hypotheken würde die Nachfragekurve für neue Häuser nach oben verschieben.

☐ Die Markteinführung eines neuen Sony-Smartphones würde die Nachfragekurve für bestehende iPhones nach oben verschieben.

☐ Ein Rückgang des Ölpreises würde die Nachfragekurve für Öl nach oben verschieben.

☐ Ein Rückgang des Ölpreises würde die Angebotskurve für Kunststoffe nach unten verschieben.

8.7 DIE AUSWIRKUNGEN VON STEUERN

Regierungen können Steuern erheben, um Einnahmen zu erzielen (zur Finanzierung von Staatsausgaben oder zur Umverteilung von Ressourcen) oder um die Allokation von Waren und Dienstleistungen auf andere Weise zu beeinflussen, etwa weil die Regierung ein bestimmtes Gut für schädlich hält. Das Modell von Angebot und Nachfrage ist ein nützliches Instrument zur Analyse der Auswirkungen der Besteuerung.

Steuern zur Einnahmeerhöhung

Die Beschaffung von Einnahmen durch Steuern hat eine lange Geschichte (siehe Einheit 22). Ein Beispiel dafür ist die Besteuerung von Salz. Für lange Perioden in der Geschichte wurde Salz überall auf der Welt als Konservierungsmittel verwendet, das die Lagerung, den Transport und den Handel von Lebensmitteln ermöglichte. Im China der frühen Dynastien (2200 bis 296 v. Chr.) wurde Salz besteuert, da die Menschen es brauchten, egal wie hoch der Preis war. Salzsteuern waren ein wirksames, aber oft verpöntes Mittel der herrschenden Eliten im alten Indien und der mittelalterlichen Königreiche. Der Unmut über hohe Salzsteuern spielte eine wichtige Rolle in der Französischen Revolution, und Gandhi führte Proteste gegen die von den Briten in Indien erhobene Salzsteuer an.

Abbildung 8.14 veranschaulicht, wie eine Salzsteuer funktionieren könnte. Zu Beginn befindet sich der Markt in Punkt A im Gleichgewicht: Der Preis ist P^* und die gehandelte Salzmenge ist Q^*. Angenommen, auf den Salzpreis wird eine Verkaufssteuer von 30 % erhoben, die von den Verkaufenden an die Regierung zu zahlen ist. Wenn diese eine Steuer von 30 % zahlen müssen, steigen ihre Grenzkosten für die Lieferung jeder Einheit Salz um 30 %. Die Angebotskurve verschiebt sich also: Der Preis ist bei jeder Menge um 30 a% höher.

Das neue Gleichgewicht liegt bei Punkt B, wo eine geringere Menge Salz gehandelt wird. Obwohl der Preis für die Kaufenden gestiegen ist, ist er nicht 30 % höher als zuvor. Der von den Kaufenden gezahlte Preis, P_1, ist 30 % höher als der von den Verkaufenden erhaltene Preis (abzüglich der Steuer), der P_0 beträgt. Die Verkaufenden erhalten einen niedrigeren Preis als zuvor, sie produzieren weniger, und ihre Gewinne werden geringer sein. Dies veranschaulicht ein wichtiges Merkmal von Steuern: Die Person, die die Steuern zahlt ist nicht unbedingt diejenige, welche die Hauptauswirkungen zu spüren bekommt. In diesem Fall zahlen zwar die Verkaufenden die Steuer, aber die **Steuerinzidenz** trifft teilweise die Verkaufenden und teilweise die Kaufenden.

Steuerinzidenz Die Auswirkung einer Steuer auf den Wohlstand von Käufer:innen, Verkäufer:innen oder beiden.

Abbildung 8.15 zeigt die Auswirkungen der Steuer auf die Konsumentenrente und die Produzentenrente:

- *Die Konsumentenrente sinkt*: Die Kaufenden zahlen einen höheren Preis und kaufen weniger Salz.
- *Die Produzentenrente sinkt*: Die Verkaufenden produzieren weniger und erhalten einen niedrigeren Nettopreis.
- *Gesamte Wohlfahrt ist niedriger*: Selbst wenn man die Steuereinnahmen der Regierung berücksichtigt, verursacht die Steuer einen Wohlfahrtsverlust.

Wenn die Salzsteuer erhoben wird, ist die gesamte Wohlfahrt aus dem Handel auf dem Salzmarkt gegeben durch:

$$\text{gesamte Wohlfahrt} = \begin{array}{l} \text{Konsumentenrente} + \text{Produzentenrente} \\ + \text{Einnahmen der Regierung} \end{array}$$

Da die gehandelte Salzmenge nicht mehr auf dem Niveau liegt, das die Wohlfahrt maximiert, hat die Steuer zu einem Wohlfahrtsverlust geführt.

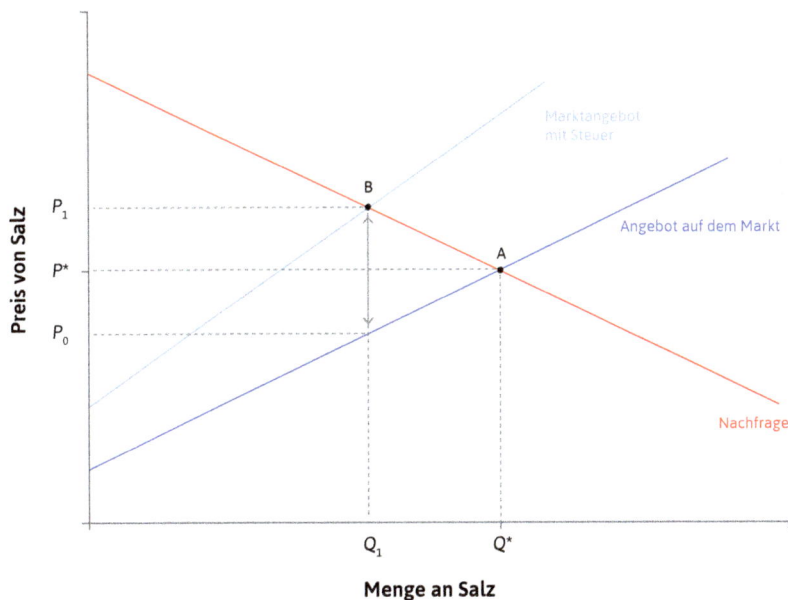

Abbildung 8.14 Die Auswirkung einer Salzsteuer von 30 %.

1. Das anfängliche Gleichgewicht
Das anfängliche Gleichgewicht auf dem Markt befindet sich im Punkt A. Der Preis ist P^* und die verkaufte Salzmenge ist Q^*.

2. Eine Steuer von 30 %
Den Verkaufenden wird eine Steuer von 30 % auferlegt. Ihre Grenzkosten sind bei jeder Menge effektiv 30 % höher. Die Angebotskurve verschiebt sich.

3. Das neue Gleichgewicht
Das neue Gleichgewicht liegt bei B. Der von den Verbrauchenden gezahlte Preis ist auf P_1 gestiegen und die Menge ist auf Q_1 gesunken.

4. Die an die Regierung gezahlte Steuer
Der Preis, den die Verkaufenden erhalten (nachdem sie die Steuer bezahlt haben), ist P_0. Der Doppelpfeil zeigt die Steuer, die für jede verkaufte Einheit Salz an die Regierung gezahlt wird.

Im Allgemeinen verändern Steuern die Preise, und die Preise verändern die Entscheidungen der Kaufenden und Verkaufenden, was zu Wohlfahrtsverlusten führen kann. Um möglichst hohe Einnahmen zu erzielen, würde die Regierung lieber ein Gut besteuern, bei dem die Nachfrage nicht sehr stark auf den Preis reagiert, sodass der Rückgang der gehandelten Menge recht gering ist—das heißt, lieber ein Gut mit einer geringen Nachfrageelastizität besteuern. Aus diesem Grund wurde in China in den frühen Dynastien das Besteuern von Salz empfohlen.

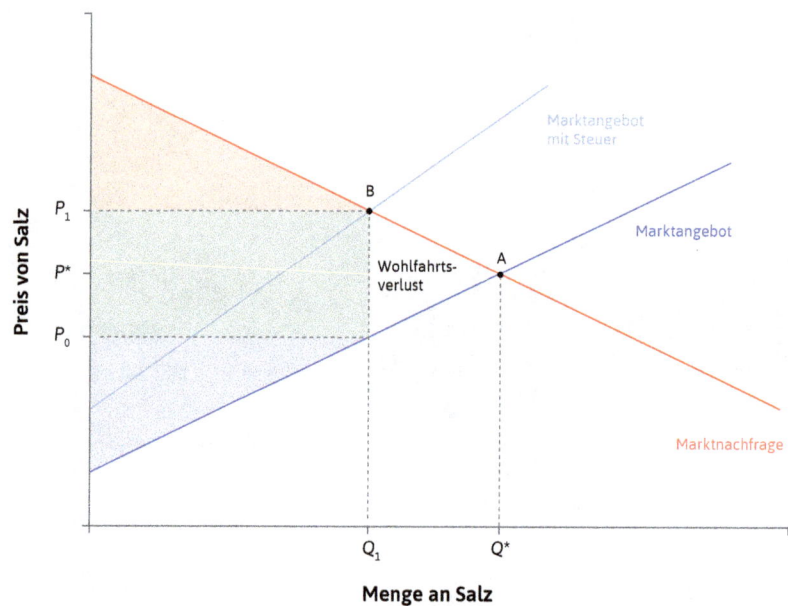

Abbildung 8.15 Besteuerung und Wohlfahrtsverlust.

1. Maximierte Wohlfahrt aus dem Handel
Vor der Einführung der Steuer maximiert die Gleichgewichtsallokation bei A die Wohlfahrt. Im oberen Feld ist das rote Dreieck die Konsumentenrente und das blaue Dreieck die Produzentenrente.

2. Eine Steuer verringert die Konsumentenrente
Die Steuer reduziert die gehandelte Menge auf Q_1 und erhöht den Preis für die Kaufenden von P^* auf P_1. Die Konsumentenrente sinkt.

3. Eine Steuer verringert die Produzentenrente
Die Verkaufenden verkaufen eine geringere Menge, und der Preis, den sie erhalten, fällt von P^* auf P_0. Die Produzentenrente sinkt.

4. Das Steueraufkommen und der Wohlfahrtsverlust
Eine Steuer in Höhe von $(P_1 - P_0)$ wird auf jede der verkauften Q_1 Einheiten Salz gezahlt. Die grüne rechteckige Fläche ist das gesamte Steueraufkommen. Es gibt einen Wohlfahrtsverlust, der der Fläche des weißen Dreiecks entspricht.

Man kann sich die gesamte Wohlfahrt als Maß für die Wohlfahrt der gesamten Gesellschaft vorstellen (vorausgesetzt, die Steuereinnahmen werden zum Nutzen der Gesellschaft verwendet). Es gibt also noch einen zweiten Grund, warum eine Regierung, der die Wohlfahrt am Herzen liegt, die Besteuerung von Gütern mit geringer Nachfrageelastizität vorzieht—der Verlust an Wohlfahrt wird geringer sein. Die Gesamtwirkung der Steuer hängt davon ab, was die Regierung mit den eingenommenen Einnahmen macht:

- Die Regierung gibt die Einnahmen für Güter und Dienstleistungen aus, die das Wohlergehen der Bevölkerung verbessern: In diesem Fall können die Steuer und die daraus resultierenden Ausgaben das öffentliche Wohlergehen erhöhen—auch wenn sie die Wohlfahrt auf dem besteuerten Markt verringern.
- Die Regierung gibt die Einnahmen für eine Aktivität aus, die nicht zum Wohlbefinden der Gesellschaft beiträgt: Dann ist die entgangene Konsumentenrente lediglich eine Verringerung des Lebensstandards der Bevölkerung.

Steuern können also den allgemeinen Wohlstand verbessern oder verringern. Wir können sagen, dass die Besteuerung eines Gutes, dessen Nachfrage unelastisch ist, ein effizienter Weg ist, um die Wohlfahrt von den Verbrauchenden auf die Regierung zu übertragen.

Die Macht der Regierung, Steuern zu erheben, ist vergleichbar mit der Preisgestaltungsmacht eines Unternehmens, das ein differenziertes Gut verkauft. Sie nutzt ihre Macht, um den Preis zu erhöhen und Einnahmen zu erzielen, während dies gleichzeitig die verkaufte Menge reduziert. Die Fähigkeit, Steuern zu erheben, hängt von den Institutionen ab, die es zur Durchsetzung und Erhebung der Steuern nutzen kann.

Ein Grund für die Verwendung von Salzsteuern in früheren Zeiten war, dass es für mächtige Herrschende relativ einfach war, die vollständige Kontrolle über die Salzproduktion zu übernehmen, in einigen Fällen als Monopol. Im berüchtigten Fall der französischen Salzsteuer kontrollierte die Monarchie nicht nur die gesamte Salzproduktion, sondern zwang die Bevölkerung auch zum Kauf von bis zu 7 kg Salz pro Jahr.

Im März und April 1930 löste der künstlich hoch gehaltene Salzpreis im britischen Kolonialland Indien einen der entscheidenden Momente der indischen Unabhängigkeitsbewegung aus: Mahatma Gandhis Salzmarsch, um Salz aus dem Indischen Ozean zu gewinnen. In ähnlicher Weise kippten amerikanische Kolonisten, die sich gegen die britische Kolonialsteuer auf Tee wehrten, 1773 bei der sogenannten Boston Tea Party eine Ladung Tee in den Bostoner Hafen.

Der Widerstand gegen Steuern auf unelastische Güter entsteht genau aus dem Grund, aus dem sie erhoben werden: Sie sind schwer zu umgehen!

In vielen modernen Volkswirtschaften sind die Institutionen für die Steuererhebung fest etabliert, in der Regel mit demokratischer Zustimmung. Solange die Bevölkerung glaubt, dass die Steuern fair erhoben werden, wird ihre Verwendung zur Einnahmeerhöhung als notwendiger Bestandteil der Sozial- und Wirtschaftspolitik akzeptiert. Im Folgenden werden wir uns mit einem weiteren Grund befassen, warum sich Regierungen für die Erhebung von Steuern entscheiden können.

Jørgen Dejgård Jensen und Sinne Smed. 2013. ,The Danish Tax on Saturated Fat: Short Run Effects on Consumption, Substitution Patterns and Consumer Prices of Fats'. *Food Policy* 42: 18–31.

Steuern zur Verhaltensänderung einsetzen

Politische Entscheidungsträger:innen in vielen Ländern sind an der Möglichkeit interessiert, den Konsum von ungesunden Lebensmitteln durch Steuern einzudämmen, um die öffentliche Gesundheit zu verbessern und dadurch Adipositas in der Bevölkerung zu bekämpfen. In Einheit 7 haben wir uns einige Daten und Schätzungen der Nachfrageelastizitäten für Lebensmittel in den USA angeschaut, mit deren Hilfe sich vorhersagen lässt, wie sich höhere Preise auf die Ernährung der Menschen dort auswirken könnten. Einige Länder haben bereits Steuern auf Lebensmittel eingeführt. Mehrere Länder, darunter Frankreich, Norwegen, Mexiko, Samoa und die Fidschi-Inseln, besteuern gesüßte Getränke. Die ungarische „Chips-Steuer" zielt auf Produkte ab, die nachweislich gesundheitsschädlich sind, insbesondere solche mit hohem Zucker- oder Salzgehalt. Im Jahr 2011 führte die dänische Regierung eine Steuer auf Produkte mit hohem Gehalt an gesättigten Fettsäuren ein.

Die Höhe der dänischen Steuer betrug 16 Dänische Kronen (DKK) pro Kilogramm gesättigtes Fett, was 10,4 DKK pro kg Butter entspricht. Man beachte, dass es sich um eine *spezifische Steuer* handelte, die als fester Betrag pro Einheit Butter erhoben wurde. Eine Steuer, wie die für Salz, die als Prozentsatz des Preises erhoben wird, wird als *Ad-Valorem-Steuer* bezeichnet. Einer Studie über die dänische Fettsteuer zufolge, entsprach sie etwa 22 % des durchschnittlichen Butterpreises im Jahr vor der Einführung der Steuer. Die Studie ergab, dass der Konsum von Butter und verwandten Produkten (Buttermischungen, Margarine und Öl) um 15 bis 20 % zurückging. Wir können die Auswirkungen auf die gleiche Weise veranschaulichen, wie wir es bei der Salzsteuer getan haben, indem wir das Modell von Angebot und Nachfrage verwenden (wir gehen hier davon aus, dass die Butterhändler:innen preisnehmend sind).

Abbildung 8.16 zeigt eine Nachfragekurve für Butter, gemessen in Kilogramm pro Person und Jahr. Die Zahlen entsprechen in etwa den Erfahrungen, die in Dänemark gemacht wurden. Wir haben die Angebotskurve für Butter als nahezu flach eingezeichnet, da wir davon ausgehen, dass sich die Grenzkosten für den Einzelhandel bei schwankenden Mengen nicht sehr stark verändern. Das anfängliche Gleichgewicht liegt im Punkt A, wo der Butterpreis 45 DKK pro kg beträgt und jede verbrauchende Person 2 kg Butter pro Jahr konsumiert.

Eine Steuer von 10 DKK pro kg verschiebt die Angebotskurve nach oben und führt zu einem Preisanstieg auf 54 DKK und zu einem Rückgang des Konsums auf 1,6 kg. Der Preis für eine verbrauchende Person steigt um 9 DKK—fast der volle Betrag der Steuer—und der Nettoerlös der Butterhändler:innen pro kg Butter sinkt auf 44 DKK. In diesem Fall zahlen zwar die Butterhändler:innen die Steuer, die Steuerinzidenz wird jedoch hauptsächlich von den Verbrauchenden getragen. Von den 10 DKK Steuer pro kg zahlt die verbrauchende Person effektiv 9 DKK, während die Butterhändler:innen oder produzierenden Unternehmen 1 DKK zahlen. Der Preis, den die Einzelhändler:innen erhalten, ist also nach Abzug der Steuer nur um 1 DKK niedriger.

Abbildung 8.17 zeigt, wie sich die Fettsteuer auf die Konsumentenrente und die Produzentenrente auswirkt.

Auch hier sinken sowohl die Wohlfahrt der Verbrauchenden als auch die der Produzierenden. Die Fläche des grünen Rechtecks stellt das Steueraufkommen dar: Bei einer Steuer von 10 DKK pro kg und einem Gleichgewicht des Absatzes von 1,6 kg pro Person beträgt das Steueraufkommen 10 × 1,6 = 16 DKK pro Person und Jahr.

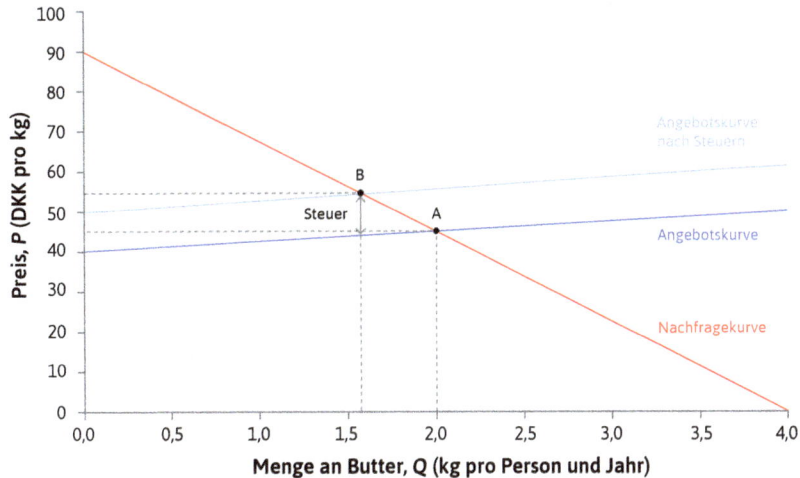

Abbildung 8.16 Die Auswirkungen einer Fettsteuer auf den Einzelhandelsmarkt für Butter.

1. Gleichgewicht auf dem Markt für Butter

Zu Beginn befindet sich der Markt für Butter im Gleichgewicht in Punkt A. Der Preis für Butter beträgt 45 DKK pro kg, und der Konsum von Butter in Dänemark liegt bei 2 kg pro Person und Jahr.

2. Die Wirkung einer Steuer

Eine von den Butterhändler:innen erhobene Steuer von 10 DKK pro kg erhöht deren Grenzkosten bei jeder Menge um 10 DKK. Die Angebotskurve verschiebt sich um 10 DKK nach oben.

3. Ein neues Gleichgewicht

Das neue Gleichgewicht befindet sich im Punkt B. Der Preis ist auf 54 DKK gestiegen. Der jährliche Konsum jeder Person an Butter ist auf 1,6 kg gesunken.

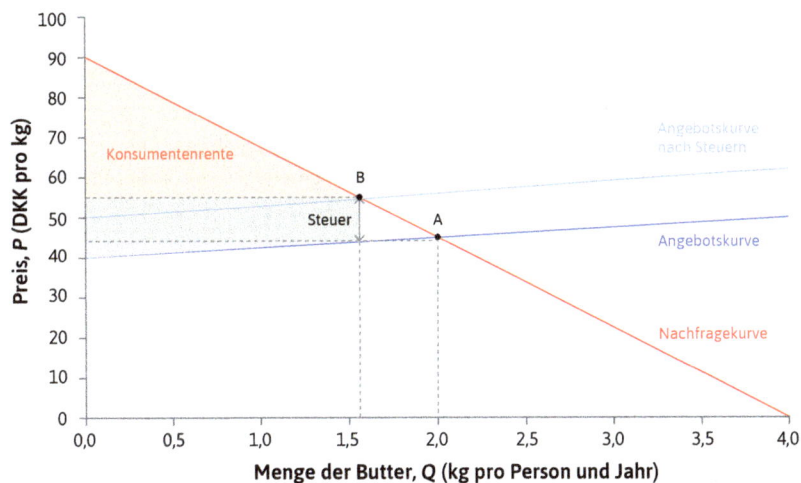

Abbildung 8.17 Die Auswirkung einer Fettsteuer auf die Konsumentenrente und die Produzentenrente für Butter.

Wie wirksam war die Fettsteuerpolitik? Für eine umfassende Bewertung der Auswirkungen auf die Gesundheit sollten wir alle besteuerten Lebensmittel betrachten und die Kreuzpreiseffekte, das heißt die durch die Steuer verursachten Veränderungen im Konsum anderer Lebensmittel, berücksichtigen. Bei der Untersuchung der dänischen Steuer wurde auch die Möglichkeit in Betracht gezogen, dass einige der Einzelhandelsunternehmen nicht preisnehmend sind. Dennoch veranschaulichen die Abbildungen 8.16 und 8.17 einige wichtige Auswirkungen der Steuer:

- *Der Konsum von Butterprodukten ging zurück*: In diesem Fall um 20 %. Dies ist in Abbildung 8.16 zu sehen. In dieser Hinsicht war die Politik erfolgreich.
- *Es gab einen starken Rückgang der Wohlfahrt, insbesondere der Konsumentenrente*: Dies ist in Abbildung 8.17 zu sehen. Es sei jedoch daran erinnert, dass das Ziel der Regierung bei der Einführung der Fettsteuer nicht darin bestand, die Einnahmen zu erhöhen, sondern die Menge zu verringern. Der Rückgang der Konsumentenrente war also unvermeidlich. Der durch eine Steuer verursachte Wohlfahrtsverlust klingt zwar negativ, aber in diesem Fall könnten die politischen Entscheidungsträger:innen dies als Gewinn betrachten, wenn das „Gut" Butter als „schlecht" für die Verbrauchenden angesehen wird.

Ein Aspekt der Besteuerung, der in unserer Analyse von Angebot und Nachfrage nicht berücksichtigt wurde, sind die Kosten für die Erhebung der Steuer. Obwohl die dänische Fettsteuer den Konsum von Fett erfolgreich reduzierte, schaffte die Regierung sie nach nur 15 Monaten wieder ab, weil sie den Unternehmen zu viel Verwaltungsaufwand verursachte. Jedes Steuersystem erfordert wirksame Mechanismen für die Steuererhebung, und die Gestaltung von Steuern, die einfach zu verwalten (und schwer zu umgehen) sind, ist ein wichtiges Ziel der Steuerpolitik. Politische Entscheidungsträger:innen, die Lebensmittelsteuern einführen wollen, müssen Wege finden, um die Verwaltungskosten zu minimieren. Da die Kosten jedoch nicht eliminiert werden können, müssen sie auch abwägen, ob der Gesundheitsgewinn (und die Verringerung der Kosten für schlechte Gesundheit) ausreicht, um diese Kosten auszugleichen.

ÜBUNG 8.7 DER WOHLFAHRTSVERLUST DER BUTTERSTEUER

Lebensmittelsteuern, wie sie hier und in Einheit 7 diskutiert werden, sollen häufig den Konsum in Richtung einer gesünderen Ernährung lenken, führen aber zu Wohlfahrtsverlusten.

Warum, glauben Sie, könnten politische Entscheidungsträger:innen und Verbrauchende diesen Wohlfahrtsverlust unterschiedlich interpretieren?

FRAGE 8.9 WÄHLEN SIE DIE RICHTIGE(N) ANTWORT(EN)

Abbildung 8.14 (Seite 387) zeigt die Nachfrage- und die Angebotskurve für Salz sowie die Verschiebung der Angebotskurve aufgrund der Einführung einer 30-%igen Steuer auf den Salzpreis. Welche der folgenden Aussagen sind richtig?

☐ Im Gleichgewicht nach Einführung der Steuer zahlen die Verbrauchenden P_1 und die Produzierenden erhalten P^*.

☐ Die Steuereinnahmen der Regierung sind gegeben durch $(P^* - P_0)Q_1$.

☐ Der Wohlfahrtsverlust ist gegeben durch $(1/2)(P_1 - P_0)(Q^* - Q_1)$.

☐ Durch die Steuer wird die Konsumentenrente um $(1/2)(Q_1 + Q^*)(P_1 - P^*)$ reduziert.

FRAGE 8.10 WÄHLEN SIE DIE RICHTIGE(N) ANTWORT(EN)

Abbildung 8.17 (Seite 391) zeigt die Auswirkungen einer Steuer, die den Konsum von Butter verringern soll. Das Gleichgewicht vor der Steuer liegt bei A = (2 kg, DKK 45) und das Gleichgewicht nach der Steuer liegt bei B = (1,6 kg, DKK 54). Die auferlegte Steuer beträgt 10 DKK pro kg Butter. Welche der folgenden Aussagen ist richtig?

☐ Die Produzierenden erhalten 45 DKK pro kg Butter.

☐ Die Steuerpolitik wäre wirksamer, wenn die Angebotskurve weniger elastisch wäre.

☐ Die sehr elastische Angebotskurve impliziert, dass die Steuer hauptsächlich die Verbrauchenden belastet.

☐ Der Verlust an Konsumentenrente durch die Steuer beträgt $(1/2) \times 10 \times (2,0 - 1,6) = 2,0$.

8.8 DAS MODELL DES VOLLKOMMENEN WETTBEWERBS

Bei der Anwendung des Modells von Angebot und Nachfrage wird in dieser Einheit davon ausgegangen, dass die Kaufenden und Verkaufenden preisnehmend sind. Auf welchen Märkten würden wir erwarten, dass beide Seiten den Preis als gegeben annehmen? Um dem intensivst möglichen Wettbewerb zwischen den Verkaufenden zu erzeugen und sie zu zwingen, preisnehmend zu agieren, brauchen wir:

- *Viele undifferenzierte verkaufende Unternehmen oder Personen*: Wie Marshall erörterte, muss es viele verkaufende Unternehmen oder Personen geben, die alle identische Waren verkaufen. Wären ihre Waren differenziert, dann hätte jeder von ihnen eine gewisse Marktmacht.
- *Die verkaufenden Unternehmen oder Personen müssen unabhängig voneinander handeln*: Wenn sie zum Beispiel als Kartell agieren, sind sie nicht preisnehmend—sie können den Preis gemeinsam festlegen.
- *Viele kaufende Personen oder Unternehmen, die alle das Gut kaufen wollen*: Jede Person oder jedes Unternehmen von ihnen wird sich für diejenige verkaufende Person oder das Unternehmen entscheiden, die oder das den niedrigsten Preis anbietet.
- *Kaufende Personen oder Unternehmen kennen die Preise der verkaufenden Unternehmen oder Personen*: Wenn sie diese nicht kennen, können sie nicht den niedrigsten Preis wählen beziehungsweise finden.

Ebenso müssen sich die kaufenden Personen oder Unternehmen gegenseitig dazu zwingen, preisnehmend zu handeln:

- *Es muss viele kaufende Personen oder Unternehmen geben, die miteinander konkurrieren*: Dann haben die verkaufenden Unternehmen oder Personen keinen Grund, an eine Person oder ein Unternehmen zu verkaufen, die oder das weniger zahlt als die anderen.

Ein Markt, der alle diese Eigenschaften aufweist, wird als **perfekter Wettbewerbsmarkt** bezeichnet. Wir können vorhersagen, dass das Gleichgewicht in einem solchen Markt ein wettbewerbliches Marktgleichgewicht sein wird—er wird also die folgenden Merkmale aufweisen:

- *Alle Transaktionen finden zu einem einzigen Preis statt*: Dies wird als das **Gesetz des einheitlichen Preises** bezeichnet.
- *Bei diesem Preis entspricht die angebotene Menge der nachgefragten Menge*: Der Markt räumt.
- *Keine Partei kann durch eine Änderung des geforderten oder angebotenen Preises einen Vorteil erlangen*. Alle sind **preisnehmend**.
- *Der gesamte potenzielle **Nutzen aus dem Handel** wird realisiert*. Das Marktgleichgewicht ist effizient.

PERFEKTER WETTBEWERB
Ein hypothetischer Markt, in dem:

- Das getauschte Gut oder die getauschte Dienstleistung homogen ist. Das heißt, es/sie unterscheidet sich nicht von einem verkaufenden Unternehmen zum anderen.
- Es eine große Anzahl potenziell kaufender und verkaufender Unternehmen oder Personen gibt, die das Gut unabhängig voneinander handeln.
- Die kaufenden und die verkaufenden Personen oder Unternehmen können sich leicht über die Preise informieren, zu denen andere Verkaufende und Kaufende die Ware handeln.

---

perfektes Wettbewerbsgleichgewicht Ein solches Gleichgewicht tritt in einem Modell auf, in dem alle Käufer:innen und Verkäufer:innen preisnehmend sind. In diesem Gleichgewicht werden alle Transaktionen zu einem einzigen Preis abgewickelt. Dies wird als Gesetz des einheitlichen Preises bezeichnet. Bei diesem Preis entspricht die angebotene Menge der nachgefragten Menge: Der Markt räumt. Keiner kann durch eine Änderung des eigenen Preises einen Vorteil erzielen. Alle sind preisnehmend. Aller potenzielle Nutzen aus dem Handel wird realisiert. *Siehe auch: Gesetz des einheitlichen Preises.*

Gesetz des einheitlichen Preises Trifft zu, wenn ein Gut bei allen Transaktionen zum gleichen Preis gehandelt wird. Würde ein Gut an verschiedenen Orten zu unterschiedlichen Preisen verkauft, könnten Unternehmen oder Personen es an einem Ort billig einkaufen und an einem anderen zu einem höheren Preis verkaufen. *Siehe auch: Arbitrage.*

Nutzen aus Handel Der Nutzen, den eine Partei aus einer Transaktion zieht, verglichen damit, wie es ihr ohne den Austausch ergangen wäre. *Auch bekannt als: Wohlfahrtsgewinne aus Handel. Siehe auch: ökonomische Rente.*

Léon Walras, ein französischer Ökonom aus dem 19. Jahrhundert, entwickelte ein mathematisches Modell einer Wirtschaft, in der alle Kaufenden und Verkaufenden preisnehmend sind, das viele Ökonominnen und Ökonomen in ihrem Denken über Märkte beeinflusst hat.

GROSSE ÖKONOMINNEN UND ÖKONOMEN

Léon Walras

Léon Walras (1834–1910) war einer der Begründer der neoklassischen Schule der Volkswirtschaftslehre. Er war ein nicht besonders eifriger Student und scheiterte zweimal an der Aufnahmeprüfung der École Polytechnique in Paris, einer der renommiertesten Universitäten in seinem Heimatland Frankreich. Stattdessen studierte er Ingenieurswesen an der School of Mines. Schließlich überzeugte ihn sein Vater, ein Wirtschaftswissenschaftler, sich der Herausforderung zu stellen, die Volkswirtschaftslehre zu einer Wissenschaft zu machen.

Die reine Volkswirtschaftslehre, die er anstrebte, war die Lehre von den Beziehungen zwischen den Dingen, nicht den Menschen. Er hatte bemerkenswerten Erfolg, indem er die menschlichen Beziehungen aus seiner Modellierung ausschloss. Die „reine Theorie der Ökonomie", so schrieb er, „ähnelt in jeder Hinsicht den physikalisch-mathematischen Wissenschaften".

Um die Volkswirtschaftslehre so zu vereinfachen, dass sie mathematisch ausgedrückt werden konnte, stellte er die Interaktionen zwischen den Agierenden in der Wirtschaft so dar, als handle es sich um Beziehungen zwischen Inputs und Outputs, und konzentrierte sich ganz auf die Wirtschaft im Gleichgewicht. Dabei verschwanden Gründer:innen, die seit der Industriellen Revolution bis heute eine Schlüsselrolle bei der Schaffung von Vermögen spielen, einfach aus der walrasianischen Ökonomie:

> Unter der Annahme des Gleichgewichts können wir sogar so weit gehen, von den Gründern zu abstrahieren und die produktiven Leistungen einfach als in gewissem Sinne direkt gegeneinander ausgetauscht zu betrachten ... (*Elements of Theoretical Economics*, 1874)

Leon Walras. (1874) 2014. *Elements of Theoretical Economics: Or the Theory of Social Wealth.* Cambridge: Cambridge University Press.

Walras stellte die grundlegenden wirtschaftlichen Zusammenhänge in Form von Gleichungen dar, mit deren Hilfe er die Funktionsweise einer ganzen Wirtschaft untersuchte, die aus vielen miteinander verknüpften Märkten besteht. Vor Walras hatten die meisten Ökonomen diese Märkte isoliert betrachtet: Sie untersuchten zum Beispiel, wie der Preis von Textilien auf dem Tuchmarkt oder die Bodenrenten auf dem Bodenmarkt bestimmt werden.

Ein Jahrhundert vor Walras hatte eine Gruppe französischer Ökonomen, die sogenannten Physiokraten, die Warenzirkulation in der gesamten

Wirtschaft untersucht, indem sie den ob der Strom der Waren von einem Sektor zum anderen in der Wirtschaft mit dem Blutkreislauf im menschlichen Körper verglichen (einer der führenden Physiokraten war Arzt). Das Modell der Physiokraten war jedoch kaum mehr als eine Metapher, die auf die Verflechtung der Märkte hinwies.

Walras benutzte die Mathematik anstelle von medizinischen Analogien, um das zu schaffen, was heute als allgemeine Gleichgewichtstheorie bezeichnet wird: ein mathematisches Modell einer gesamten Wirtschaft, in der alle Kaufenden preisnehmend agieren und das Angebot auf allen Märkten gleich der Nachfrage ist. Walras Arbeit war die Grundlage für den viel später erfolgten Beweis des Satzes der unsichtbaren Hand, das die Bedingungen angibt, unter denen ein allgemeines Gleichgewicht Pareto-effizient ist. Das Spiel der unsichtbaren Hand in Einheit 4 ist ein Beispiel für die Bedingungen, unter denen das Streben nach Eigennutz allen zugute kommen kann.

Walras verteidigte das Recht auf Privateigentum, aber um dem armen Teil der Bevölkerung zu helfen, setzte er sich auch für die Verstaatlichung von Grund und Boden und die Abschaffung der Lohnsteuer ein.

Sieben Jahre nach seinem Tod sollte das Modell des allgemeinen Gleichgewichts eine wichtige Rolle in der Debatte über die Machbarkeit und Wünschbarkeit einer zentralisierten Wirtschaftsplanung im Vergleich zu einer Marktwirtschaft spielen. 1917 setzte die bolschewistische Revolution in Russland die Ökonomie des Sozialismus und der zentralen Planung auf die Tagesordnung vieler Ökonominnen und Ökonomen. Doch überraschenderweise waren es in dieser Dabatte diejenigen, die die zentrale Planung verteidigten und nicht diejenigen, die den Markt befürworteten, die Walras Erkenntnisse für ihre Argumente nutzten.

Friedrich Hayek und andere die den Kapitalismus verteidigten, kritisierten das Walrassche Modell des allgemeinen Gleichgewichts. Ihr Argument: Indem Walras bewusst die Tatsache ignorierte, dass sich eine kapitalistische Wirtschaft ständig verändert, und daher den Beitrag von Unternehmertum und Kreativität im Marktwettbewerb nicht berücksichtigte, hatte er die wahren Tugenden des Marktes verfehlt.

Das Modell des vollkommenen Wettbewerbs beschreibt eine idealisierte Marktstruktur, bei der wir sicher sein können, dass die Annahme der Preisbildung, die unserem Modell von Angebot und Nachfrage zugrunde liegt, zutrifft. Reale Märkte für landwirtschaftliche Erzeugnisse wie Weizen, Reis, Kaffee oder Tomaten sehen in etwa so aus, obwohl die Waren nicht wirklich identisch sind und es unwahrscheinlich ist, dass alle Marktteilnehmenden alle Preise kennen, zu denen Handel stattfindet. Aber es ist dennoch klar, dass sie, wenn überhaupt, nur sehr wenig Macht haben, den Preis, zu dem sie handeln, zu beeinflussen.

In anderen Fällen—zum Beispiel auf Märkten, auf denen es gewisse Qualitätsunterschiede zwischen den Waren gibt—kann immer noch genügend Wettbewerb herrschen, sodass wir von preisnehmenden Marktteilnehmenden ausgehen können, um ein einfaches Modell für das Arbeiten des Marktes zu erhalten. Ein vereinfachtes Modell kann nützliche Vorhersagen liefern, auch wenn die ihm zugrunde liegenden Annahmen nur annähernd zutreffen. Eine wichtige Fähigkeit der Volkswirtschaftslehre ist es, zu beurteilen, ob es angemessen ist, aus einem vereinfachten Modell Schlussfolgerungen über die reale Welt zu ziehen oder nicht.

Wir wissen zum Beispiel, dass Märkte nicht vollkommen wettbewerbsfähig sind, wenn die Produkte differenziert sind. Die Präferenzen der Verbrauchenden sind unterschiedlich, und wir haben in Einheit 7 gesehen, dass Unternehmen einen Anreiz haben, ihr Produkt zu differenzieren (wenn das können), anstatt ein ähnliches oder identisches Produkt wie andere anzubieten. Dennoch kann das Modell von Angebot und Nachfrage eine nützliche Annäherung sein, um zu verstehen, wie sich einige Märkte für nicht-identische Produkte verhalten.

Abbildung 8.18 zeigt den Markt für einen imaginären Schokoriegel namens Choccos, für das es enge Substitute gibt. Dass es nahe Substitute gibt, folgt da viele ähnliche Produkte auf dem weiten Markt für Schokoriegel miteinander konkurrieren. Aufgrund der Konkurrenz durch andere Schokoriegel ist die Nachfragekurve nahezu flach. Das Unternehmen wählt einen Preis und eine Menge, bei denen die Grenzkosten in der Nähe des Preises liegen. Dieses Unternehmen befindet sich also in einer ähnlichen Situation wie ein Unternehmen auf einem Markt mit vollkommenem Wettbewerb. Der Gleichgewichtspreis auf dem breiteren Markt für Schokoriegel bestimmt die realisierbaren Preise für Choccos—sie müssen zu einem ähnlichen Preis wie andere Schokoriegel verkauft werden.

Die enge Spanne der für dieses Unternehmen in Frage kommenden Preise wird durch das Verhalten der Konkurrenz bestimmt. Der Haupteinfluss auf den Preis von Choccos ist also nicht das Unternehmen, sondern der Markt für Schokoriegel als Ganzes. Da alle Unternehmen zu ähnlichen Preisen produzieren, die in der Nähe ihrer Grenzkosten liegen, verlieren wir wenig Einsicht, wenn wir die Unterschiede zwischen ihnen ignorieren und davon ausgehen, dass die Angebotskurve jedes Unternehmens der Grenzkostenkurve entspricht, um dann das Gleichgewicht auf dem gesamten Markt für Schokoriegel zu finden.

Diesen Ansatz haben wir bereits bei der Analyse des dänischen Buttermarktes verfolgt. In der Praxis ist es wahrscheinlich, dass einige Einzelhandelsunternehmen, die Butter verkaufen, eine gewisse Macht haben, Preise festzulegen. Ein lokaler Laden kann möglicherweise einen Preis festsetzen, der höher ist als der Preis für Butter in anderen Geschäften, weil es weiß, dass einige Personen es bequemer finden einfach die Butter dort kaufen, als nach einem niedrigeren Preis zu suchen. Es ist jedoch davon auszugehen, dass derartige Läden bei der Preisgestaltung nicht viel Spielraum haben und stark vom vorherrschenden Marktpreis beeinflusst werden. Die Preisbildung am Wettbewerbsmarktist also ein guter Näherungswert für diesen Markt—gut genug zumindest, dass das Modell von Angebot und Nachfrage uns helfen kann, die Auswirkungen einer Fettsteuer zu verstehen.

ÜBUNG 8.8 PREISABSPRACHEN

Wir haben Schokoladenriegel als hypothetisches Beispiel für einen nicht im vollständigen Wettbewerb befindlichen Markt verwendet. In den letzten Jahren wurden die Unternehmen der weltweit meistverkauften Schokoladenriegel jedoch beschuldigt, sich gegenseitig abzusprechen, um die Preise hoch zu halten. Erklären Sie anhand der Informationen in diesem Artikel (https://tinyco.re/9016236):

1. Inwiefern erfüllt der Markt für Schokoriegel nicht die Bedingungen für vollkommenen Wettbewerb?
2. Jede Marke von Schokoladenriegeln steht im Wettbewerb mit vielen anderen ähnlichen Marken. Warum haben einige Unternehmen trotzdem eine erhebliche Marktmacht?
3. Unter welchen Marktbedingungen sind Preisabsprachen am wahrscheinlichsten, und warum?

FRAGE 8.11 WÄHLEN SIE DIE RICHTIGE(N) ANTWORT(EN)

Betrachten Sie noch einmal Abbildung 8.18, die den Markt für Choccos und für alle Schokoriegel zeigt. Welche der folgenden Aussagen ist auf der Grundlage der beiden Diagramme richtig?

☐ Das Unternehmen, das Choccos herstellt, entscheidet sich dafür, am unteren Ende der U-förmigen Isogewinnkurve zu produzieren.

☐ Alle Schokoriegel werden zum gleichen Preis P^* verkauft.

☐ Da es viel Konkurrenz gibt, ist das Unternehmen ein preisnehmendes Unternehmen.

☐ Die Grenzkostenkurve des Marktes ist annähernd die Summe der Grenzkostenkurven aller Unternehmen die Schokoriegel produzieren.

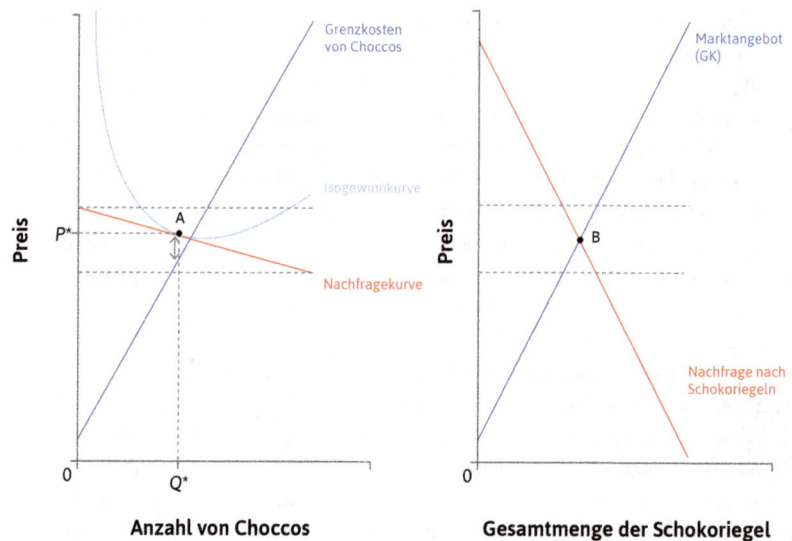

Abbildung 8.18 Der Markt für Choccos und Schokoriegel.

1. Der Markt für Choccos

Das linke Feld zeigt den Markt für Choccos, die von einem einzigen Unternehmen produziert werden. Auf dem weiten Markt für Schokoriegel gibt es viele enge Substitute.

2. Die Nachfragekurve für Choccos

Aufgrund des Wettbewerbs durch ähnliche Schokoriegel ist die Nachfragekurve für Choccos fast flach. Die Spanne der realisierbaren Preise ist eng.

3. Der Preis von Choccos

Das Unternehmen wählt einen Preis P^* ähnlich dem Preis der Konkurrenz, und eine Menge, bei der die GK nahe bei P^* liegen. Unabhängig vom Preis der Konkurrenz wird es in der Nähe der Grenzkostenkurve produzieren. Die GK-Kurve des Unternehmens ist also ungefähr dessen Angebotskurve.

4. Die Angebotskurve des Marktes für Schokoriegel

Wir können die Angebotskurve des Marktes für Schokoriegel im rechten Feld konstruieren, indem wir die Mengen aus den Grenzkostenkurven aller produzierenden Unternehmen addieren.

5. Die Nachfragekurve auf dem Markt für Schokoriegel

Wenn die meisten Verbrauchenden keine starken Präferenzen für das Produkt eines Unternehmens haben, können wir eine Nachfragekurve für Schokoriegel auf dem Markt zeichnen.

6. Die Nachfragekurve für Choccos

Der Gleichgewichtspreis auf dem Markt für Schokoriegel (rechtes Feld) bestimmt die enge Preisspanne, aus der das Chocco-Unternehmen wählen kann (linkes Feld)—es wird einen Preis festlegen müssen, der ziemlich nahe an dem anderer Schokoriegel liegt.

8.9 SUCHE NACH MARKTGLEICHGEWICHTEN

Wenn wir einen Markt betrachten, auf dem scheinbar vollkommene Wettbewerbsbedingungen herrschen—viele unabhängige Kaufende und Verkaufende identischer Güter—wie können wir dann feststellen, ob er die Bedingungen für ein Marktgleichgewicht erfüllt? Ökonominnen und Ökonomen führen dafür zwei unterschiedliche Tests durch:

1. Findet der gesamte Handel zum gleichen Preis statt?
2. Verkaufen die Unternehmen ihre Waren zu einem Preis, der den Grenzkosten entspricht?

Die Schwierigkeit beim zweiten Test besteht darin, dass es oft schwierig ist, die Grenzkosten zu messen. Dem Ökonom Lawrence Ausubel gelang dies jedoch in den 1980er Jahren für den Kreditkartenmarkt der US-Banken. Zu dieser Zeit verkauften 4000 Banken ein identisches Produkt: Kreditkartendarlehen. Bei den Karten handelte es sich meist um Visa—oder Mastercard-Karten, aber die einzelnen Banken legten den Preis für ihre Darlehen, das heißt den Zinssatz, individuell fest. Die Finanzierungskosten der Banken—die Opportunitätskosten des Geldes, das den Kreditkarteninhabenden geliehen wurde—ließen sich aus anderen Zinssätzen auf den Finanzmärkten ableiten. Obwohl es noch andere Komponenten der Grenzkosten gab, waren diese Finanzierungskosten die einzigen, die im Laufe der Zeit erheblich schwankten. Wäre also der Markt für Kreditkarten wettbewerbsfähig, würde man erwarten, dass der Zinssatz für Kreditkartendarlehen mit den Finanzierungskosten steigt und fällt.

Beim Vergleich des Zinssatzes für Kreditkarten mit den Finanzierungskosten über einen Zeitraum von acht Jahren stellte Ausubel fest, dass dies nicht der Fall war. Als die Kapitalkosten von 15 % auf unter 7 % fielen, schien es fast keine Auswirkungen auf den Preis von Kreditkartendarlehen zu haben.

Warum senkten die Banken ihre Zinssätze nicht, wenn ihre Kosten sinken? Er schlug zwei verschiedene Erklärungen vor:

- *Es kann für Verbrauchende schwierig sein, die kreditkartenanbietende Bank zu wechseln*: In diesem Fall sind die Banken nicht gezwungen, miteinander zu konkurrieren, sodass sie die Preise hoch halten können, wenn die Kosten fallen.
- *Die Banken sind möglicherweise nicht in der Lage zu entscheiden, welche ihrer Kundinnen und Kunden ein hohes Risiko darstellen*: Das wäre auf diesem Markt ein Problem, denn diejenigen mit hohem Risiko reagieren am empfindlichsten auf die Preise. Die Banken wollen ihre Preise nicht senken, aus Angst, die falsche Kundschaft anzulocken.

Vollkommener Wettbewerb setzt voraus, dass die Verbrauchenden ausreichend preisempfindlich sind, um die Unternehmen zu zwingen, miteinander zu konkurrieren. Dies ist auf keinem Markt der Fall, auf dem die Verbrauchenden nach Produkten suchen müssen. Wenn es zeitaufwändig und mühsam ist, Preise zu prüfen und Produkte zu begutachten, entscheiden sie sich möglicherweise für einen Kauf, sobald sie etwas Passendes gefunden haben, anstatt weiter nach dem günstigsten Angebot zu suchen. Als das Internet den Online-Einkauf ermöglichte, gingen viele Ökonominnen und Ökonomen davon aus, dass dies den Wettbewerb auf den Märkten des Einzelhandels verstärken würde: Die Verbrauchenden könnten konnten nun die Preise vieler Unternehmen prüfen, bevor sie sich für einen Kauf entscheiden.

Lawrence M. Ausubel. 1991. ‚The Failure of Competition in the Credit Card Market'. *American Economic Review* 81 (1): pp. 50–81.

Glenn Ellison und Sara Fisher Ellison. 2005. 'Lessons About Markets from the Internet' (https://tinyco.re/4419622). *Journal of Economic Perspectives* 19 (2) (June): p. 139.

Aber selbst in diesem Umfeld reagieren die Verbrauchenden oft nicht sehr empfindlich auf die Preise. Sie können das Gesetz des einheitlichen Preises im Online-Einzelhandel selbst testen, indem Sie die Preise für ein bestimmtes Produkt, das überall gleich sein sollte, egal wo Sie es kaufen—zum Beispiel ein Buch oder ein Haushaltsgerät—überprüfen und vergleichen. Abbildung 8.19 zeigt die Preise der britischen Online-Händler für eine bestimmte DVD im März 2014. Die Preisspanne ist groß: Die teuerste anbietende Webseite verlangt 66 % mehr als die günstigste.

Seit dem frühen 19. Jahrhundert wurden die Fänge der Atlantikfischerei, die im Hafen von New York angeliefert wurden, auf dem Fulton Fish Market in Manhattan (2005 wurde er in die Bronx verlegt) an Restaurants und den Einzelhandel verkauft. Es ist immer noch der größte Markt für frischen Fisch in den USA, obwohl der Fisch jetzt auf dem Land- oder Luftweg angeliefert wird. Die Händler:innen zeigen keine Preise an. Stattdessen kann die Kundschaft den Fisch in Augenschein nehmen und nach dem Preis fragen, bevor sie sich entscheiden—eine Institution, die den Wettbewerb zu fördern scheint.

Der Hobbit: Eine unerwartete Reise

Lieferndes Unternehmen	Preis einschließlich Porto (GBP)
Game	14,99
Amazon UK	15,00
Tesco	15,00
Asda	15,00
Base.com	16,99
Play.com	17,79
Savvi	17,95
The HUT	18,25
I want one of those	18,25
Hive.com	21,11
MovieMail.com	21,49
Blackwell	24,99

Abbildung 8.19 Unterschiedliche Preise für dieselbe DVD bei britischen Online-Unternehmen (März 2014).

Kathryn Graddy. 2006. 'Markets: The Fulton Fish Market' (https://tinyco.re/4300778). *Journal of Economic Perspectives* 20 (2): pp. 207–220.

Kathryn Graddy. 1995. 'Testing for Imperfect Competition at the Fulton Fish Market' (https://tinyco.re/8279962). *The RAND Journal of Economics* 26 (1): pp. 75–92.

Kathryn Graddy, eine Ökonomin, die sich auf die Preisbildung spezialisiert hat, untersuchte den Fulton Fish Market. Dort gab es etwa 35 Händler:innen, deren Stände nahe beieinander lagen, sodass die Kundschaft leicht die Menge und Qualität des angebotenen Fisches beobachten und mehrere Stände nach einem Preis fragen konnte. Sie verwendete Details von 3357 Verkäufen von Wittling durch einen Händler, einschließlich Preis, Menge und Qualität des Fisches sowie Merkmale der Kaufenden.

Natürlich waren die Preise nicht bei jeder Transaktion gleich: Die Qualität variierte, und das Fischangebot änderte sich von Tag zu Tag. Aber ihre überraschende Beobachtung war, dass asiatische Kundinnen und Kunden im Durchschnitt etwa 7 % weniger pro Pfund zahlten als nicht-asiatische Kundschaft (keine der Händler:innen waren asiatisch). Zwischen den Geschäften der asiatischen und nicht-asiatischen Kunfschaft gab es offenbar keine Unterschiede, die die unterschiedlichen Preise erklären könnten.

Wie konnte das passieren? Wenn eine verkaufenden Person hohe Preise für nicht-asiatische Kaufende verlangte, warum versuchten Verkaufende dann nicht, sie mit einem besseren Angebot an ihren eigenen Stand zu locken? In unserem Interview mit Graddy erfahren Sie, wie sie ihre Daten erhoben hat und was sie über das Modell des vollkommenen Wettbewerbs herausgefunden hat.

Graddy beobachtete, dass die Händler:innen wussten, dass nicht-asiatische Kundschaft in der Praxis bereit waren, höhere Preise zu akzeptieren als asiatische Kundschaft. Die Händler:innen wussten dies, ohne Preisabsprachen machen zu müssen.

Die Beispiele in diesem Abschnitt zeigen, dass es schwer ist, Beweise für perfekten Wettbewerb zu finden. Dennoch haben wir gesehen, dass das Modell eine nützliche Annäherung sein kann. Selbst wenn nicht alle Bedingungen für vollkommenen Wettbewerb erfüllt sind, ist das Modell von Angebot und Nachfrage ein wertvolles Instrument für die volkswirtschaftliche Analyse, das dann anwendbar ist, wenn der Wettbewerb so stark ist, dass Einzelne nur wenig Einfluss auf die Preise haben.

Theoretisch hätte der einfache Zugang zu Preisinformationen auf dem gesamten Markt es allen Kaufenden ermöglichen müssen, schnell sehr ähnliche Preise zu finden. In der Praxis beobachtete Graddy jedoch, dass nur selten verhandelt wurde, und dann auch nur mit den Kaufenden, die große Mengen kauften.

Kathryn Graddy: Fischen nach perfektem Wettbewerb
https://tinyco.re/7406838

ÜBUNG 8.9 PREISSTREUUNG

Wählen Sie ein beliebiges veröffentlichtes Lehrbuch, das Sie in einem Kurs verwendet haben. Suchen Sie im Internet nach dem Preis, zu dem Sie dieses Buch bei verschiedenen Unternehmen (Amazon, eBay, Buchhandel usw.) kaufen können.

Gibt es eine Preisstreuung, und wenn ja, wie können Sie diese erklären?

ÜBUNG 8.10 DER FULTON FISH MARKET

Sehen Sie Kathryn Graddys Video.

1. Wie erklärt sie ihren Nachweis, dass das Gesetz des einheitlichen Preises auf dem Fischmarkt nicht galt?
2. Warum haben sich die Kaufenden und Verkaufenden nicht nach besseren Angeboten umgesehen?
3. Warum traten keine neuen Händler:innen in den Markt ein, um ökonomische Renten zu erzielen?

8.10 PREISSETZENDE UND PREISNEHMENDE UNTERNEHMEN

Wir haben nun zwei verschiedene Modelle entwickelt, wie sich Unternehmen verhalten. Im Modell der Einheit 7 stellt das Unternehmen ein Produkt her, das sich von den Produkten anderer Unternehmen unterscheidet. Dies verleiht dem Unternehmen Marktmacht—die Macht, seinen eigenen Preis festzulegen. Dieses Modell gilt für den Extremfall eines Monopolisten, der keinerlei Konkurrenz hat, wie zum Beispiel Wasserversorgungsunternehmen und nationale Fluggesellschaften, die von der Regierung das Exklusivrecht für Inlandsflüge erhalten haben. Das Modell der Einheit 7 gilt auch für ein Unternehmen, das differenzierte Produkte wie Frühstücksflocken, Autos oder Schokoriegel produziert, die den Produkten der Konkurrenz ähnlich, aber zu diesen nicht identisch sind. In solchen Fällen hat das Unternehmen immer noch die Macht, den Verkaufspreis selbst zu bestimmen. Hat es jedoch nahe Konkurrenz, ist die Nachfrage recht elastisch und die Spanne der realisierbaren Preise wird eng sein.

In dem in dieser Einheit entwickelten Angebots- und Nachfragemodell sind die Unternehmen preisnehmend. Der Wettbewerb mit anderen Unternehmen, die identische Produkte herstellen, bedeutet, dass sie keine Macht haben, ihre eigenen Preise festzulegen. Dieses Modell kann als ungefähre Beschreibung eines Marktes dienen, auf dem es viele Unternehmen gibt, die sehr ähnliche Produkte verkaufen, auch wenn die idealisierten Bedingungen für einen perfekten Wettbewerbsmarkt in der Realität nicht gegeben sind.

In der Praxis sind Volkswirtschaften eine Mischung aus mehr und weniger wettbewerblichen Märkten. In mancher Hinsicht verhalten sich die Unternehmen so, ob sie das einzige anbietende Unternehmen eines Gutes oder einer von vielen konkurrierenden Unternehmen sind: Alle Unternehmen entscheiden, wie viel sie produzieren, welche Technologien sie einsetzen, wie viel Personal sie einstellen und wie viel sie ihnen zahlen, um ihre Gewinne zu maximieren.

Aber es gibt wichtige Unterschiede. Schauen Sie sich die Entscheidungen an, die preissetzende Unternehmen zur Gewinnmaximierung treffen (Abbildung 7.2). Unternehmen in wettbewerbsintensiveren Märkten fehlt entweder der Anreiz oder die Möglichkeit, einige dieser Dinge zu tun.

Ein Unternehmen mit einem einzigartigen Produkt wird Werbung machen (Kaufen Sie Nike!), um die Nachfragekurve für sein Produkt nach rechts zu verschieben. Aber warum sollte ein einzelnes Unternehmen in einem Wettbewerbsmarkt Werbung machen (Trinke Milch!)? Dies würde die Nachfragekurve für alle Unternehmen in der Industrie verschieben. Werbung auf einem wettbewerblichen Markt ist ein **öffentliches Gut**: Der Nutzen kommt allen Unternehmen der Industrie zugute. Wenn Sie eine Werbebotschaft wie „Trinken Sie Milch!" sehen, wird sie wahrscheinlich von einem Verband von Molkereien und nicht von einer bestimmten Firma bezahlt.

Das Gleiche gilt für Ausgaben zur Beeinflussung der öffentlichen Politik. Wenn ein großes Unternehmen mit Marktmacht zum Beispiel eine Lockerung der Umweltvorschriften durchsetzen kann, profitiert es direkt davon. Aber Aktivitäten wie Lobbying oder Geldspenden für Wahlkampagnen sind für das Unternehmen in einem wettbewerbsintensiven Markt unattraktiv, weil das Ergebnis (eine unternehmensfreundlichere Politik) in diesem Sinne ein öffentliches Gut ist.

In ähnlicher Weise werden Investitionen in die Entwicklung neuer Technologien wahrscheinlich von Unternehmen getätigt, die nur wenig Konkurrenz haben, denn wenn es ihnen gelingt, eine gewinnbringende Innovation zu finden, werden die Vorteile nicht sofort an die Konkurrenz

öffentliches Gut Ein Gut, dessen Nutzung durch eine Person seine Verfügbarkeit für andere nicht verringert. *Auch bekannt als: nicht-rivales Gut. Siehe auch: nicht ausschließbares öffentliches Gut, künstlich knappes Gut.*

verloren gehen, die sie imitieren können. Eine Möglichkeit für erfolgreiche große Unternehmen besteht jedoch darin, sich von der Konkurrenz abzuheben und mit einem neuen Produkt zu innovieren. Die größte Bio-Molkerei des Vereinigten Königreichs, Yeo Valley, war einst eine gewöhnliche Farm, die Milch verkaufte, wie Tausende andere auch. Im Jahr 1994 etablierte sie eine Bio-Marke und kreierte neue Produkte, für die sie Premiumpreise verlangen konnte. Mit Hilfe einfallsreicher Marketingkampagnen wuchs sie zu einem Unternehmen mit 1800 Beschäftigten und einem Anteil am britischen Bio-Markt von 65 %.

Die Tabelle in Abbildung 8.20 fasst die Unterschiede zwischen preissetzenden und preisnehmenden Unternehmen zusammen.

Preissetzendes Unternehmen oder Monopol	Unternehmen in einem Markt mit perfektem Wettbewerb
Setzt den Preis und die Menge zur Gewinnmaximierung fest (preissetzend)	Nimmt den vom Markt festgelegten Preis als gegeben hin und wählt die Menge zur Gewinnmaximierung (preisnehmend)
Wählt ein Produktionsniveau, bei dem die Grenzkosten geringer sind als der Preis	Wählt ein Produktionsniveau, bei dem die Grenzkosten gleich dem Preis sind
Wohlfahrtsverluste (Pareto-ineffizient)	Keine Wohlfahrtsverluste für verbrauchende Personen und Unternehmen (kann Pareto-effizient sein, wenn niemand sonst in der Wirtschaft betroffen ist)
Die Eigentümer:innen erhalten ökonomische Renten (Gewinne, die über den normalen Gewinnen liegen)	Wenn die Eigentümer:innen ökonomische Renten erhalten, werden diese wahrscheinlich verschwinden, wenn mehr Unternehmen in den Markt eintreten.
Unternehmen werben für ihr einzigartiges Produkt	Wenig Werbung: sie bedeutet Kosten für das Unternehmen, kommt aber allen Unternehmen zugute (sie ist ein öffentliches Gut)
Unternehmen können Geld ausgeben, um Einfluss auf Wahlen, Gesetzgebung und Regulierung zu nehmen	Geringe Ausgaben einzelner Unternehmen um politischen Einfluss auszuüben (wie bei der Werbung)
Unternehmen investieren in Forschung und Innovation; versuchen, das Kopieren von Innovationen zu verhindern	Wenig Anreiz für Innovation; andere werden kopieren (es sei denn, dem Unternehmen gelingt es, sein Produkt zu differenzieren und dem Wettbewerbsmarkt zu entkommen)

Abbildung 8.20 Preissetzende und preisnehmende Unternehmen.

8.11 SCHLUSSFOLGERUNG

Käufer:innen und Verkäufer:innen, die aufgrund des Wettbewerbs wenig Einfluss auf die Marktpreise haben, werden als preisnehmend bezeichnet. Ein Markt befindet sich im Marktgleichgewicht, wenn alle Kaufenden und Verkaufenden preisnehmend sind und bei dem vorherrschenden Marktpreis die angebotene Menge gleich der nachgefragten Menge ist (der Markt räumt).

Preisnehmende Unternehmen wählen ihre Mengen so, dass die Grenzkosten gleich dem Marktpreis sind. Die Allokation im Gleichgewicht schöpft den gesamten möglichen Nutzen aus dem Handel aus.

Das Modell des perfekten Wettbewerbs beschreibt eine Reihe idealisierter Marktbedingungen, unter denen wir ein Wettbewerbsgleichgewicht erwarten würden. Die Märkte für reale Güter entsprechen nicht genau diesem Modell. Die Preisbildung am Wettbewerbsmarkt kann jedoch eine nützliche Annäherung darstellen, die es uns ermöglicht, Angebots- und Nachfragekurven als Instrument zum Verständnis der Marktergebnisse zu nutzen, zum Beispiel die Auswirkungen einer Steuer oder eines Angebotsschocks.

In Einheit 8 eingeführte Konzepte

Bevor Sie fortfahren, sollten Sie die folgenden Definitionen wiederholen:

- Preisnehmende
- Marktgleichgewicht
- Exogene Schocks
- Besteuerung
- Modell des perfekten Wettbewerbs

8.12 QUELLEN

Ausubel, Lawrence M. 1991. 'The Failure of Competition in the Credit Card Market'. *American Economic Review* 81 (1): pp. 50–81.

Berger, Helge, und Mark Spoerer. 2001. 'Economic Crises and the European Revolutions of 1848'. *The Journal of Economic History* 61 (2): pp. 293–326.

Eisen, Michael. 2011. 'Amazon's $23,698,655.93 book about flies' (https://tinyco.re/0044329). *It is NOT junk*. Aktualisiert am 22. April 2011.

Ellison, Glenn, und Sara Fisher Ellison. 2005. 'Lessons About Markets from the Internet' (https://tinyco.re/4419622). *Journal of Economic Perspectives* 19 (2) (June): p. 139–158.

Graddy, Kathryn. 1995. 'Testing for Imperfect Competition at the Fulton Fish Market' (https://tinyco.re/8279962). *The RAND Journal of Economics* 26. (1): pp. 75–92.

Graddy, Kathryn. 2006. 'Markets: The Fulton Fish Market' (https://tinyco.re/4300778). *Journal of Economic Perspectives* 20 (2): pp. 207–220.

Jensen, Jørgen Dejgård, und Sinne Smed. 2013. 'The Danish tax on saturated fat: Short run effects on consumption, substitution patterns and consumer prices of fats'. *Food Policy* 42: pp. 18–31.

Marshall, Alfred. 1920. *Principles of Economics* (https://tinyco.re/0560708), 8th ed. London: MacMillan & Co.

Reyes, Jose Daniel, und Julia Oliver. 2013. 'Quinoa: The Little Cereal That Could' (https://tinyco.re/9266629). *The Trade Post*. 22. November 2013.

Seabright, Paul. 2010. *The Company of Strangers: A Natural History of Economic Life* (Revised Edition). Princeton, NJ: Princeton University Press.

Stucke, Maurice. 2013. 'Is Competition Always Good?' (https://tinyco.re/8720076). *OUPblog*. Aktualisiert am 25. März 2013.

The Economist. 2001. 'Is Santa a Deadweight Loss?' (https://tinyco.re/7728778). Aktualisiert am 20. Dezember 2001.

Waldfogel, Joel. 1993. 'The Deadweight Loss of Christmas' (https://tinyco.re/0182759). *American Economic Review* 83 (5).

Walras, Leon. (1874) 2014. *Elements of Theoretical Economics: Or the Theory of Social Wealth*. Cambridge: Cambridge University Press.

DER ARBEITSMARKT: LÖHNE, GEWINNE UND ARBEITSLOSIGKEIT

Bauarbeiter

WIE DER ARBEITSMARKT DIE LÖHNE, DIE BESCHÄFTIGUNG UND DIE EINKOMMENSVERTEILUNG BESTIMMT UND WARUM ES HINDERNISSE BEI DER BEKÄMPFUNG DER ARBEITSLOSIGKEIT GIBT

- Der Arbeitsmarkt funktioniert ganz anders als der in der vorherigen Einheit beschriebene Brotmarkt, da Unternehmen die Arbeitskraft der Beschäftigten nicht direkt kaufen, sondern lediglich deren Zeit gegen Entlohnung in Anspruch nehmen können.
- Wie wir in Einheit 6 gesehen haben, wird das Prinzipal–Agent-Modell verwendet, um den Interessenkonflikt zwischen einem Unternehmen und einer beschäftigten Person in Bezug darauf zu erklären, wie hart die beschäftigte Person arbeitet, und warum dieses Problem nicht durch einen Vertrag gelöst werden kann.
- Das Ergebnis des Lohnsetzungsprozesses für alle Unternehmen in der Wirtschaft ist die Lohnsetzungskurve, diese gibt den mit der jeweiligen Arbeitslosenquote verbundenen Reallohn an.
- Die Preise, die Unternehmen für ihre Produkte verlangen, werden von der Nachfrage nach ihren Gütern und den Kosten der Arbeit, das heißt dem Lohn, beeinflusst.
- Das Ergebnis des Preissetzungsprozesses für alle Unternehmen ist die Preissetzungskurve. Diese gibt den Reallohn an, der konsistent mit dem gewinnmaximierenden Preisaufschlag auf die Produktionskosten eines Unternehmens ist.
- Ein Angebotsüberhang an Arbeitskräften (unfreiwillige Arbeitslosigkeit) ist ein charakteristischer Bestandteil der Arbeitsmärkte, selbst im Gleichgewicht.
- Ist die gesamtwirtschaftliche Nachfrage nach Gütern und Dienstleistungen zu gering, liegt die Arbeitslosenquote über dem Gleichgewichtsniveau und kann möglicherweise anhalten.
- Gewerkschaften und staatliche Maßnahmen können das Arbeitsmarktgleichgewicht beeinflussen.

Wie für viele andere auf der Welt war der Bergbau auch für Doug Grey, einem Arbeiter, der riesige Kräne in Minen im australischen Northern Territory bediente, eine Lebensgrundlage. In den 1990er Jahren half er beim Bau der Zink-Mine MacArthur River, einer der größten der Welt, wo auch sein Sohn Rob seinen ersten Job bekam. „Am Ende fuhr ich Erz-Lkws", erinnert sich Rob, „das war eine großartige Chance".

Rob, so schien es damals, war zur richtigen Zeit geboren worden. Er trat in den Arbeitsmarkt ein als der weltweite Rohstoffboom einsetzte, angetrieben durch die Nachfrage der schnell wachsenden Wirtschaft Chinas. Rob lebte eine Zeit lang in Thailand, wo er nur wenig Geld ausgab und zu seinem Arbeitsplatz in Borroloola, Australien, einflog.

Ungefähr zu der Zeit als Rob zu arbeiten begann, nahm Doug, der ältere der Grey-Familie, einen Job in der Pilbara-Eisenerzmine in Westaustralien (WA) an. In der Miene wurde zu der Zeit das Doppelte des durchschnittlichen Familieneinkommens in Australien gezahlt. Sowohl Vater als auch Sohn sammelten beträchtliche Ersparnisse an.

Doch 2015 war der Rohstoffboom in weite ferne gerückt, und die Preise für Erz und Zink fielen weiter. Rob und die anderen in der Mine arbeitenden Personen waren besorgt. „Alle wussten, dass der wirtschaftliche Einbruch und die Rohstoffpreise ein Problem darstellten. Wir hatten das immer im Hinterkopf." Ihr Wirtschaftstraum konnte nicht von Dauer sein. „Es war … offensichtlich … dass es zu einem Ende kommen würde," erklärte Doug.

Und das tat es. Ende 2015 erhielt Rob die schlechte Nachricht: „Zwei Tage nach meiner Pause rief der Geschäftsführer an und sagte: ‚Danke für Ihren Einsatz, wir wissen es zu schätzen, aber wir müssen Sie entlassen.'" Auch sein Vater wurde entlassen.

Das Fahren von Erztransportern ist Robs Leidenschaft, und er hofft immer noch, sich wieder hinter das Steuer setzen zu können. Aber das wird nicht passieren, zumindest nicht in der Pilbara-Mine, in der sein Vater einst arbeitete. Angesichts der einbrechenden Nachfrage kürzte das Bergbauunternehmen die Produktion und versuchte die Kosten drastisch zu senken. Dabei ersetzten sie, wo immer dies möglich war, menschliche Arbeitskräfte durch Maschinen. In der Pilbara-Mine sitzt *niemand* hinter dem Steuer irgendeiner der riesigen Erzroboter, diese werden jetzt von Hochschulabsolventen mit Joysticks im 1200 km entfernten Perth „gesteuert" (wir kommen auf diesen Automatisierungsprozess und seine Auswirkungen auf den Arbeitsmarkt in den Einheiten 16 und 19 zurück).

Der Aufstieg und Fall der Familie Grey basiert auf der Funktionsweise des Arbeitsmarktes in der Bergbau- und Bauindustrie in Westaustralien und dem Northern Territory. Abbildung 9.1 zeigt, dass ihre Erfahrungen alles andere als einzigartig waren. Der Boom bei den Erzpreisen (in der oberen Abbildung) machte den Bergbau äußerst profitabel und führte zu einer starken Nachfrage nach Arbeitskräften, die schließlich die Arbeitslosigkeit unter Bergleuten und Lkw-Fahrer:innen beseitigte. Die Bergbauunternehmen hatten keine andere Wahl, als außerordentlich hohe Löhne zu zahlen, und solange der Boom im Bergbau anhielt, blieben die Unternehmen profitabel.

Mitte 2011 begann der Rückgang der Rohstoffpreise und die Arbeitslosigkeit nahm zu. Das Glück der Familie Grey währte noch vier Jahre.

In dieser Einheit wird beschrieben, wie der Arbeitsmarkt funktioniert und warum selbst im Gleichgewicht das Angebot an Arbeitskräften (Zahl der Arbeitssuchenden) die Nachfrage nach Arbeitskräften (Zahl der angebotenen Stellen) übersteigt. Personen, die in dieser Situation ohne Arbeit sind, werden als **unfreiwillige Arbeitslose** bezeichnet (um sie von denjenigen zu unterscheiden, die freiwillig arbeitslos sind, aber eine Stelle suchen).

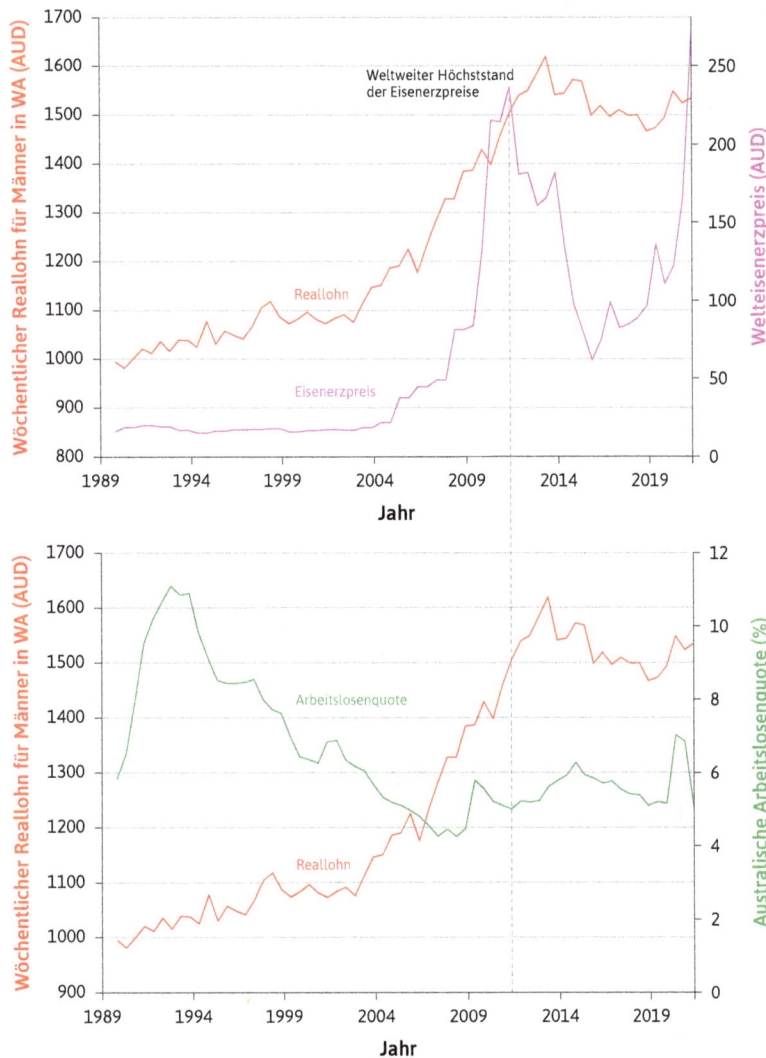

Australian Bureau of Statistics (https://tinyco.re/1648810) und International Monetary Fund (https://tinyco.re/8213274). Anmerkung: Die Arbeitslosenquoten sind saisonbereinigt.

Abbildung 9.1 Reale wöchentliche Einkünfte für Männer in Westaustralien (linke Achse), Weltmarktpreis für Eisenerz und Arbeitslosenquote in Australien (rechte Achse), (1989–2021).

1. Wöchentliche Einkünfte

Das Schaubild zeigt die realen wöchentlichen Einkünfte für Männer in Westaustralien zusammen mit dem Weltmarktpreis für Eisenerz im oberen Feld und der Arbeitslosenquote in Australien im unteren Feld.

2. Wachstum verlangsamt sich, Arbeitslosigkeit nimmt zu

Nach dem Höchststand der Eisenerzpreise verlangsamte sich das Wachstum der Reallöhne und die Arbeitslosigkeit nahm zu.

9.1 DIE LOHNSETZUNGSKURVE, DIE PREISSETZUNGSKURVE UND DER ARBEITSMARKT

In den vorangegangenen Einheiten haben wir uns mit bestimmten Märkten beschäftigt—zum Beispiel mit dem Kauf und Verkauf von Brot—und manchmal auch mit einem einzelnen Unternehmen. Hier untersuchen wir den Arbeitsmarkt einer gesamten Volkswirtschaft, der die Höhe der Arbeitslosigkeit in der Bevölkerung bestimmt. Wir betrachten preissetzende Unternehmen, die differenzierte Produkte verkaufen (wie in Einheit 7 beschrieben), und eine große Anzahl identischer Arbeitskräfte, die von den Unternehmen für den gleichen, vom Unternehmen festgelegten Lohn beschäftigt werden (wie in Einheit 6 untersucht).

Wir betrachten einen einfachen Fall, in dem der einzige Input Arbeit ist, sodass die einzigen Kosten der Lohn sind und die Gewinne nur durch drei Dinge bestimmt werden: den **Nominallohn** (der tatsächlich von den Beschäftigten erhaltene Betrag in einer bestimmten Währung), der Preis, zu dem das Unternehmen seine Waren verkauft, und der durchschnittliche Output, den eine Arbeitskraft pro Stunde hervorbringt.

Der Arbeitsmarkt

Der Arbeitsmarkt verbindet zwei frühere Themen miteinander: Das Unternehmen und dessen Beschäftigte (Einheit 6) sowie das Unternehmen und dessen Kundschaft (Einheit 7). Zwei Dinge, die Sie gelernt haben, sind wichtig, um zu verstehen, wie der Arbeitsmarkt funktioniert.

Unternehmen und Beschäftigte

Um die Beschäftigten zu motivieren, hart und gut zu arbeiten, müssen die Unternehmen den Lohn ausreichend hoch ansetzen, damit die beschäftigte Person eine **Beschäftigungsrente** erhält. Dies bedeutet, dass der Verlust des Arbeitsplatzes mit Kosten verbunden ist: Es ist für die Person besser, beschäftigt zu sein, als wegen unzureichender Leistung entlassen zu werden. Wenn die beschäftigte Person im Falle einer Entlassung mit hoher Wahrscheinlichkeit eine andere Arbeit finden wird, was bei einer sehr niedrigen Arbeitslosigkeit (das heißt einem hohen Beschäftigungsniveau) in der Gesellschaft der Fall ist, braucht sie einen höheren Lohn, um hart zu arbeiten. Stellen Sie sich die Lohnfestsetzung als Aufgabe der Personalabteilung (HR, Human Resources) des Unternehmens vor.

Unternehmen und Kundschaft

Bei der Festlegung des Preises für die vom Unternehmen verkauften Waren, müssen Unternehmen aufgrund der Nachfragekurve abwägen, ob sie mehr Waren verkaufen oder einen höheren Preis verlangen wollen. Um den richtigen Preis zu bestimmen, ermittelt das Unternehmen den Preisaufschlag auf seine Produktionskosten, bei dem die Gewinne aus einem höheren Preis und die Verluste aus einem geringeren Absatz ausgeglichen sind. So maximiert das Unternehmen den Gewinn. Dieser gewinnmaximierende Preisaufschlag bestimmt die Aufteilung der Einnahmen des Unternehmens zwischen Gewinnen (für die Eigentümer:innen) und Löhnen (für die Beschäftigten). Stellen Sie sich die Preissetzung als Aufgabe der Marketingabteilung des Unternehmens vor.

Nominallohn Der tatsächliche Betrag, den man für seine Arbeit in einer bestimmten Währung erhält. *Auch bekannt als: Geldlohn. Siehe auch: Reallohn.*

Beschäftigungsrente Die ökonomische Rente, die eine beschäftigte Person erhält, wenn der Nettowert des Arbeitsplatzes den Nettowert der nächstbesten Alternative (das heißt der Arbeitslosigkeit) übersteigt. *Auch bekannt als: Kosten des Arbeitsplatzverlustes.*

Löhne und Beschäftigung

Wir wollen wissen, wie der Reallohn und das Beschäftigungsniveau in der Gesamtwirtschaft bestimmt werden. Denken Sie daran, dass der **Reallohn** der Nominallohn geteilt durch das Preisniveau eines standardisierten Bündels von Konsumgütern ist. Der Reallohn wird also sowohl durch die von den Unternehmen gezahlten Nominallöhne als auch durch die von ihnen jeweils festgesetzten Preise bestimmt. Man muss sich dies in zwei Schritten vorstellen:

- Als Erstes entscheidet jedes Unternehmen, welchen Lohn es zahlen, welchen Preis es für seine Produkte verlangen und wie viele Beschäftigte es einstellen will.
- Im zweiten Schritt werden alle diese Entscheidungen für alle Unternehmen aufaddiert, um sowohl die Gesamtbeschäftigung in der Wirtschaft als auch den Reallohn zu ermitteln.

Die erste Phase (Wahl des Lohns, des Preises und der Beschäftigung) läuft in jedem Unternehmen folgendermaßen ab:

- *Die Personalabteilung (HR) bestimmt den niedrigsten Lohn, den sie zahlen kann*: Das Unternehmen darf die Arbeitsmotivation der Beschäftigten nicht untergraben und stützt sich bei der Entscheidung auf die Preise der Produkte anderer Unternehmen, die Löhne, die von anderen Unternehmen gezahlt werden, und die Arbeitslosenquote in der Wirtschaft. Dies ist der Nominallohn, den das Unternehmen festlegt. Die Personalabteilung teilt diese Informationen der Marketingabteilung mit.
- *Die Marketingabteilung bestimmt den Preis*: Dieser richtet sich nach dem Nominallohn des Unternehmens und der Form und Position der Nachfragekurve des Unternehmens. Ist die Nachfragekurve beispielsweise elastisch, was auf einen starken Wettbewerb durch andere Unternehmen hindeutet, wird das Unternehmen einen niedrigeren Preis festlegen. Die Festlegung des Preises ist gleichbedeutend mit der Festlegung der Höhe des Preisaufschlags auf die Kosten für die Einstellung von Arbeitskräften. Basierend auf der Position der Nachfragekurve, welche das Niveau der gesamten Nachfrage angibt, bestimmt die Marketingabteilung die produzierte Menge, die das Unternehmen verkaufen wird. Sie gibt diese Information an die Produktionsabteilung (PD) weiter.
- Die Produktionsabteilung berechnet dann auf der Grundlage der Produktionsfunktion des Unternehmens, wie viele Beschäftigte eingestellt werden müssen, um die von der Marketingabteilung festgelegte Produktionsmenge zu erzielen.

Reallohn Der Nominallohn, bereinigt um die Preisänderungen zwischen verschiedenen Zeiträumen. Er misst die Menge an Waren und Dienstleistungen, die eine Beschäftigte kaufen kann. *Siehe auch: Nominallohn.*

411

Lohnsetzungskurve Die Kurve, die den Reallohn angibt, der bei jedem gesamtwirtschaftlichen Beschäftigungsniveau erforderlich ist, um den Beschäftigten Anreize für harte und gute Arbeit zu bieten.

Preissetzungskurve Die Kurve, die den Reallohn angibt, der gezahlt wird, wenn die Unternehmen ihren gewinnmaximierenden Preis wählen.

Die zweite Phase—die Betrachtung des Endergebnisses wenn die Entscheidungen aller Unternehmen zusammengerechnet werden—ist etwas komplizierter. Der Grundgedanke ist jedoch einfach. Nachdem alle Unternehmen in der Wirtschaft ihre Lohn- und Preisentscheidungen (Preisaufschläge) bestimmt haben, wird der Output pro beschäftigter Person in den Reallohn, den eine beschäftigte Person erhält, und die realen Gewinne, die die Eigentümer:innen erhalten, aufgeteilt. Wenn alle Unternehmen den gleichen Preis verlangen und den gleichen Nominallohn festsetzen, dann bedeutet ein höherer Reallohn (W/P) einen niedrigeren Preisaufschlag ($1 - (W/P)$). Um zu verstehen, wie der Reallohn und die Beschäftigung auf dem Arbeitsmarkt gemeinsam bestimmt werden, benötigen wir zwei grundlegende Konzepte:

- *Die **Lohnsetzungskurve***: Diese gibt den Reallohn an, der auf jedem Niveau der gesamtwirtschaftlichen Beschäftigung erforderlich ist, um den Beschäftigten Anreize zu bieten, hart und gut zu arbeiten.
- *Die **Preissetzungskurve***: Diese gibt den Reallohn an, der gezahlt wird, wenn die Unternehmen ihren gewinnmaximierenden Preis wählen.

Im nächsten Abschnitt gehen wir darauf ein, wie Beschäftigung und Arbeitslosigkeit gemessen werden. Danach führen wir die Lohnsetzungskurve anhand des Arbeitsanreizmodells aus Einheit 6 ein. Anschließend beschreiben wir, wie ein einzelnes Unternehmen sein Beschäftigungsniveau mit Hilfe des Modells der Preisbildung aus Einheit 7 bestimmt. Dies liefert einen Grund dafür, warum die Preissetzungskurve für das Verständnis des Arbeitsmarktes in der Wirtschaft als Ganzes wesentlich ist. Anschließend zeigen wir, wie die beiden Kurven zusammen das Gleichgewicht des Beschäftigungsniveaus, den Reallohn und die Verteilung des Einkommens zwischen Löhnen und Gewinnen bestimmen. Schließlich verwenden wir dieses Modell, um die Auswirkungen von Änderungen in der öffentlichen Politik zu untersuchen, wie zum Beispiel die Besteuerung der Gewinne von Unternehmen und der Löhne von Arbeitenden, Subventionen für Unternehmen für die Einstellung von mehr Arbeitskräften, Änderungen bei der Arbeitslosenversicherung und Änderungen bei der Intensität des Wettbewerbs zwischen Unternehmen.

FRAGE 9.1 WÄHLEN SIE DIE RICHTIGE(N) ANTWORT(EN)

Welche der folgenden Aussagen ist richtig?

- ☐ Um den Gewinn zu maximieren, setzen Unternehmen den Lohn so an, dass die Arbeitskräfte zwischen Beschäftigung und Arbeitslosigkeit indifferent sind.
- ☐ Die Unternehmen versuchen, den höchstmöglichen Preis zu setzen.
- ☐ Im Gleichgewicht räumt der Lohn den Arbeitsmarkt, sodass es keine Arbeitslosigkeit gibt.
- ☐ Wenn alle Unternehmen denselben Preis festsetzen und denselben Nominallohn zahlen, ist ihr Preisaufschlag umso geringer, je höher der Reallohn ist, den sie zahlen.

9.2 DIE MESSUNG DER WIRTSCHAFT: BESCHÄFTIGUNG UND ARBEITSLOSIGKEIT

Nach der standardisierten Definition der International Labour Organization (ILO) (https://tinyco.re/8208329) sind die **Arbeitslosen** die Personen, die:

- Während eines Bezugszeitraums (in der Regel vier Wochen) ohne Arbeit waren, das heißt keine bezahlte Beschäftigung oder selbständige Tätigkeit ausübten,
- Für eine Arbeit zur Verfügung standen,
- Arbeitssuchend waren, das heißt in diesem Zeitraum konkrete Schritte unternommen haben, um eine bezahlte Beschäftigung oder eine selbständige Tätigkeit zu suchen.

Abbildung 9.2 gibt einen Überblick über den Arbeitsmarkt und zeigt, wie die einzelnen Komponenten zusammenhängen. Wir beginnen auf der linken Seite mit der Bevölkerung. Das nächste Feld zeigt die **Bevölkerung im erwerbsfähigen Alter**. Dies ist die Gesamtbevölkerung, abzüglich der Kinder und der über 64-Jährigen. Diese wird in zwei Teile unterteilt: die **Erwerbspersonen** und die nicht zu den Erwerbspersonen gehörenden Personen (bekannt als **nicht erwerbstätige Personen**). Die nicht zu den Erwerbspersonen gehörenden sind weder beschäftigt noch aktiv nach Arbeit suchend, zum Beispiel Personen, die aufgrund von Krankheit oder einer Behinderung nicht arbeiten können, oder Eltern, die für die Kindererziehung zuhause bleiben. Nur Personen, die zu den Erwerbspersonen gehören, werden als beschäftigt oder arbeitslos betrachtet.

Es gibt eine Reihe von statistischen Kennzahlen, die für die Bewertung der Leistung des Arbeitsmarktes in einem Land und für den Vergleich von Märkten in verschiedenen Ländern nützlich sind. Die Kennzahlen hängen von den relativen Größen der in Abbildung 9.2 dargestellten Felder ab. Die erste ist die **Erwerbsquote**, diese gibt den Anteil der Bevölkerung im erwerbsfähigen Alter an, welche zu den Erwerbspersonen gehören. Die Erwerbsquote wird wie folgt berechnet:

$$\text{Erwerbsquote} = \frac{\text{Erwerbspersonen}}{\text{Bevölkerung im erwerbsfähigen Alter}}$$
$$= \frac{\text{Beschäftigte} + \text{Arbeitslose}}{\text{Bevölkerung im erwerbsfähigen Alter}}$$

Arbeitslosigkeit Eine Situation, in der eine Person, die fähig und willens ist zu arbeiten, nicht beschäftigt ist.

Bevölkerung im erwerbsfähigen Alter Eine statistische Konvention, die in vielen Ländern alle Menschen im Alter zwischen 15 und 64 Jahren umfasst.

Erwerbspersonen Die Anzahl der Personen in der Bevölkerung im erwerbsfähigen Alter, die einer Arbeit außerhalb des Haushalts nachgehen oder nachgehen möchten. Sie sind entweder erwerbstätig (einschließlich selbständig) oder arbeitslos. *Siehe auch: Arbeitslosenquote, Beschäftigungsquote, Erwerbsquote.*

nicht erwerbstätige Personen Personen in der Bevölkerung im erwerbsfähigen Alter, die weder erwerbstätig sind noch aktiv nach einer bezahlten Arbeit suchen. Personen, die zum Beispiel zu Hause arbeiten und Kinder erziehen, gelten nicht als Erwerbspersonen und werden daher nicht als solche eingestuft.

Erwerbsquote Das Verhältnis zwischen der Zahl der Erwerbspersonen und der Bevölkerung im erwerbsfähigen Alter. *Siehe auch: Erwerbspersonen, Bevölkerung im erwerbsfähigen Alter.*

Abbildung 9.2 Der Arbeitsmarkt.

Arbeitslosenquote Das Verhältnis zwischen der Zahl der Arbeitslosen und der Gesamtzahl der Erwerbspersonen. (Beachten Sie, dass die Beschäftigungsquote und die Arbeitslosenquote nicht 100 % ergeben, da sie unterschiedliche Nenner haben). *Siehe auch unter: Erwerbspersonen, Beschäftigungsquote.*

Beschäftigungsquote Das Verhältnis zwischen der Zahl der Beschäftigten und der Bevölkerung im erwerbsfähigen Alter. *Siehe auch: Bevölkerung im erwerbsfähigen Alter.*

Die in diesem Buch verwendete Definition für die Arbeitslosenquote (nach ILO, in der deutschen Arbeitsmarktstatistik Erwerbslosenquote genannt) weicht leicht von der Arbeitslosenquote in der deutschen Arbeitsmarktstatistik ab. Unterschiede sind zum Beispiel: die Arbeitslosenquote nach ILO berücksichtigt auch nicht-gemeldete Arbeitslose, während die Arbeitslosenquote in der deutschen Arbeitsmarktstatistik auch geringfügig Beschäftigte zu den Arbeitslosen zählt und Arbeitssuchende berücksichtigt, die zwar Arbeit suchen, aber zuletzt keine konkrete Arbeitssuche betrieben haben.

Als nächstes kommt die am häufigsten zitierte statistische Kennzahl des Arbeitsmarktes: die **Arbeitslosenquote**. Diese gibt an, wie groß der Anteil der Arbeitslosen an den Erwerbspersonen ist. Die Arbeitslosenquote wird von der ILO wie folgt berechnet:

$$\text{Arbeitslosenquote} = \frac{\text{Arbeitslose}}{\text{Erwerbspersonen}}$$

Zuletzt kommen wir zur **Beschäftigungsquote**, die den Anteil der Bevölkerung im erwerbsfähigen Alter angibt, der einer bezahlten Arbeit nachgeht oder selbständig ist. Die Beschäftigungsquote wird wie folgt berechnet:

$$\text{Beschäftigungsquote} = \frac{\text{Beschäftigte}}{\text{Bevölkerung im erwerbsfähigen Alter}}$$

Es ist wichtig zu beachten, dass der Nenner (die Zahl unter dem Bruch) bei der Berechnung der Arbeitslosenquote und der Beschäftigungsquote nicht der gleiche ist. Daher können sich zwei Länder mit einer gleichen Arbeitslosenquote in ihrer Beschäftigungsquote unterscheiden, wenn das eine Land eine hohe Erwerbsquote und das andere eine niedrige hat.

Die Tabelle in Abbildung 9.3 gibt einen Überblick über den norwegischen und den spanischen Arbeitsmarkt im Zeitraum zwischen 2000 und 2015 und zeigt, wie sich die arbeitsmarktbezogenen Kennzahlen zueinander verhalten. Sie zeigt auch, dass die Struktur des Arbeitsmarktes in den einzelnen Ländern sehr unterschiedlich ist. Wir sehen, dass der norwegische Arbeitsmarkt in den betrachteten 15 Jahren besser funktioniert hat als der spanische Markt: Norwegen hatte eine viel höhere Beschäftigungsquote und eine viel niedrigere Arbeitslosenquote. Norwegen hatte auch eine höhere Erwerbsquote, was auf den höheren Anteil von Frauen an den Erwerbspersonen zurückzuführen ist.

Norwegen und Spanien sind Beispiele für zwei gängige Fälle. Norwegen ist eine Wirtschaft mit niedriger Arbeitslosigkeit und hoher Beschäftigung (die anderen skandinavischen Länder—Schweden, Dänemark und Finnland—sind ähnlich) und Spanien ist eine Wirtschaft mit hoher Arbeitslosigkeit und niedriger Beschäftigung (die anderen südeuropäischen Wirtschaften—Portugal, Italien und Griechenland—sind andere Beispiele). Es sind jedoch auch andere Kombinationen möglich: Südkorea ist ein Beispiel für eine Wirtschaft, die sowohl eine niedrige Arbeitslosenquote als auch eine niedrige Beschäftigungsquote aufweist.

	Norwegen	Spanien
Anzahl der Personen, Millionen		
Bevölkerung im erwerbsfähigen Alter	3,5	37,6
Erwerbspersonen	2,5	21,6
Nicht zu den Erwerbspersonen gehörende (nicht erwerbstätige Personen)	1,0	16,0
Beschäftigte	2,4	18,1
Arbeitslose	0,1	3,5
Quoten (%)		
Erwerbsquote	2,5/3,5 = 71 %	21,6/37,6 = 58 %
Beschäftigungsquote	2,4/3,5 = 69 %	18,1/37,6 = 48 %
Arbeitslosenquote	0,1/2,5 = 4 %	3,5/21,6 = 16 %

International Labour Association. 2015. *ILOSTAT Datenbank* (https://tinyco.re/2173706).

Abbildung 9.3 Arbeitsmarktstatistiken für Norwegen und Spanien (Durchschnittswerte für 2000–2015).

ÜBUNG 9.1 BESCHÄFTIGUNG, ARBEITSLOSIGKEIT, UND ERWERBSBETEILIGUNG

1. Besuchen Sie die Website der ILO und benutzen Sie die ILOSTAT-Datenbank (https://tinyco.re/2173706), um die Beschäftigungsquote, die Arbeitslosigkeit und die Erwerbsquote für zwei Volkswirtschaften Ihrer Wahl zu berechnen.
2. Beschreiben Sie die Unterschiede in den Daten dieser beiden Länder und vergleichen Sie sie mit Spanien und Norwegen. Wählen Sie eine visuelle Darstellung der Daten (zum Beispiel mit der Diagrammfunktion Ihrer Tabellenkalkulationssoftware) und erläutern Sie Ihre Wahl.
3. Verwenden Sie, nachdem Sie diese Einheit des Buchs abgeschlossen haben, das Modell des Arbeitsmarktes, um mögliche Gründe für die unterschiedlichen Arbeitslosenquoten in diesen Ländern zu nennen. Möglicherweise müssen Sie mehr über die Arbeitsmärkte der beiden Länder herausfinden.

FRAGE 9.2 WÄHLEN SIE DIE RICHTIGE(N) ANTWORT(EN)
Welche der folgenden Aussagen ist richtig?

☐ Erwerbsquote = Beschäftigte ÷ Erwerbspersonen
☐ Arbeitslosenquote = Arbeitslose ÷ Bevölkerung im erwerbsfähigen Alter
☐ Beschäftigungsquote = Beschäftigte ÷ Bevölkerung im erwerbsfähigen Alter
☐ Beschäftigungsquote + Arbeitslosenquote = 1

9.3 DIE LOHNSETZUNGSKURVE: BESCHÄFTIGUNG UND REALLÖHNE

Wir entwickeln nun ein Modell des Arbeitsmarktes, das dazu beitragen kann, Unterschiede in der Arbeitslosenquote zwischen den Ländern und Veränderungen im Zeitablauf innerhalb eines Landes zu erklären. Dazu erweitern wir die Perspektive vom einzelnen Unternehmen in Einheit 6 auf die gesamte Wirtschaft aus und fragen, wie sich Veränderungen der Arbeitslosenquote auf die Lohnsetzung durch die arbeitgebenden Unternehmen auswirken.

In Abbildung 9.4 stellt die horizontale Achse den Anteil der Bevölkerung im erwerbsfähigen Alter dar und geht bis zu einem Wert von eins. Die vertikale Achse ist der für die gesamte Wirtschaft geltende Lohn.

- *Die Erwerbspersonen liegen bei der senkrechten Linie ganz rechts*: Im Diagramm werden die Erwerbspersonen über den Anteil an der Bevölkerung im erwerbsfähigen Alter (entspricht der Erwerbsquote) abgebildet. Da ein Teil der Bevölkerung im erwerbsfähigen Alter inaktiv ist, befindet sich die Linie für die Erwerbspersonen bei einem Anteil von kleiner 1.
- *Die nicht erwerbstätigen Personen (inaktiv)* sind durch den Bereich zwischen der Linie für die Erwerbspersonen und einem Anteil an der Bevölkerung im erwerbsfähigen Alter von 1 dargestellt.
- *Die Beschäftigungsquote* ist die vertikale Linie links von den Erwerbspersonen, die den Anteil der tatsächlich erwerbstätigen Bevölkerung anzeigt.
- *Die Arbeitslosenquote ist der Anteil der Erwerbspersonen der nicht beschäftigt ist*, das heißt Personen, die sich zwischen der Linie der Beschäftigungsquote und der Linie der Erwerbspersonen befinden.

Die steigende Linie wird als **Lohnsetzungskurve** bezeichnet. Wie die ihr zugrunde liegende Funktion, die Beste-Antwort-Funktion der Arbeitskräfte, ist die Lohnsetzungskurve eine mathematische Version einer „Wenn-dann-Aussage": Wenn die Beschäftigungsquote x beträgt, dann ist der Lohn im **Nash-Gleichgewicht** w. Das bedeutet, dass bei einer Beschäftigungsquote von x der Lohn w das Ergebnis davon ist, dass sowohl die Unternehmen als auch die Beschäftigten ihr Bestes geben die Löhne festzusetzen beziehungsweise auf den Lohn mit einem bestimmten Maß an Anstrengung zu reagieren.

Diese Behauptung ist wahr, weil die Lohnsetzungskurve für die gesamte Wirtschaft direkt auf den Lohnsetzungsentscheidungen der Unternehmen und den Anstrengungsentscheidungen der Beschäftigten in einer Wirtschaft beruht, welche sich aus vielen Unternehmen zusammensetzt wie die, die wir in Einheit 6 dargestellt haben.

Wir zeigen in Abbildung 9.5, wie das geht, indem wir Abbildung 9.4 (die Lohnsetzungskurve für die gesamte Wirtschaft) und Abbildung 6.6 (Seite 281) (wie das Unternehmen den Lohn festlegt) zusammenführen. Das obere Feld von Abbildung 9.5 zeigt die Beste-Antwort-Funktion der Arbeitskräfte bei den beiden Arbeitslosenquoten von 12 % und 5 %. Wie wir in Einheit 6 gesehen haben, senkt eine höhere Arbeitslosenquote den Reservationslohn, da eine Arbeitskraft im Falle des Arbeitsplatzverlustes damit rechnen muss für einen längeren Zeitraum arbeitslos zu sein. Dies schwächt die Verhandlungsmacht der beschäftigten Person und verschiebt die Beste-Antwort-Funktion nach links. Bei einer Arbeitslosenquote von 12 % wird der

Nash-Gleichgewicht Eine Kombination von Strategien, eine für jede spielende Person im Spiel, so dass die Strategie jedes Spielenden eine beste Antwort auf die von allen anderen gewählten Strategien ist.

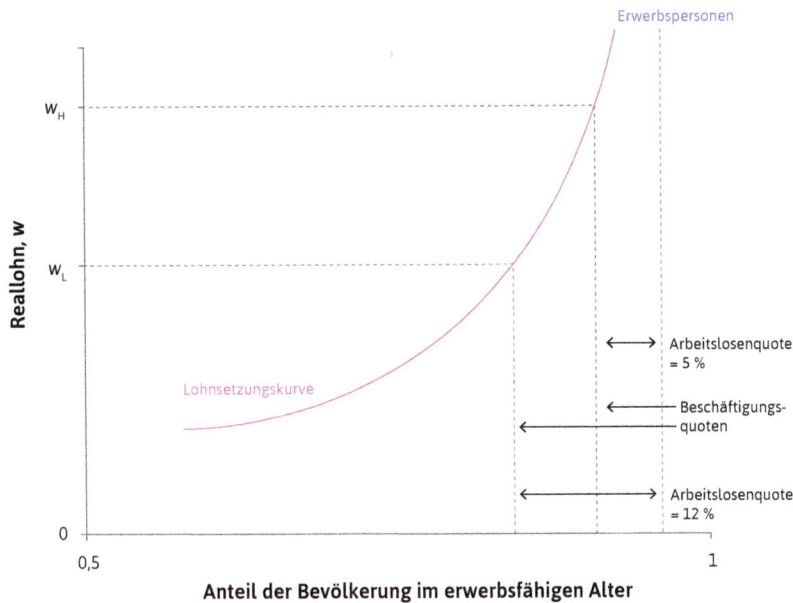

Reallohn, w

Anteil der Bevölkerung im erwerbsfähigen Alter

Abbildung 9.4 Die Lohnsetzungskurve: Arbeitsanreize und Arbeitslosigkeit in der Wirtschaft als Ganzes.

1. Die Lohnsetzungskurve

Die steigende Linie wird als **Lohnsetzungskurve** bezeichnet.

2. Der gewinnmaximierende Lohn bei hoher Arbeitslosigkeit

Bei einer Arbeitslosigkeit von 12 % in der Wirtschaft ist der **Reservationslohn** der Beschäftigten niedrig, und sie werden für einen relativ niedrigen Lohn viel Arbeitseinsatz zeigen. Der gewinnmaximierende Lohn des Unternehmens ist daher niedrig.

3. Der gewinnmaximierende Lohn bei niedriger Arbeitslosigkeit

Bei einer Arbeitslosigkeit von 5 % in der Wirtschaft ist der Reservationslohn der Beschäftigten hoch, und sie werden sich nicht besonders anstrengen, wenn der Lohn nicht hoch ist. Der gewinnmaximierende Lohn des Unternehmens ist daher höher.

Reservationslohn durch Punkt F dargestellt. Die gewinnmaximierende Entscheidung des Unternehmens ist Punkt A mit dem niedrigen Lohn (w_L).

In der unteren Abbildung ist der Punkt A eingezeichnet. Die gestrichelte Linie, die von einer Arbeitslosigkeit von 12 % ausgeht, zeigt an, dass der Lohn w_L ist. Wir gehen nun von einer festen Anzahl an Erwerbspersonen aus, und die horizontale Achse gibt die Anzahl der Beschäftigten an, N. Mit zunehmender Beschäftigung (weiter rechts auf der horizontalen Achse) sinkt die Arbeitslosenquote.

Mit genau der gleichen Argumentation finden wir den gewinnmaximierenden Lohn, wenn die Arbeitslosigkeit mit 5 % viel niedriger ist. Sowohl der Reservationslohn als auch der von den Unternehmen festgesetzte Lohn ist höher, wie in Punkt B dargestellt. Dies ergibt den zweiten Punkt auf der Lohnsetzungskurve in der unteren Abbildung.

Wir haben die Lohnsetzungskurve als Teil des Arbeitsanreizmodells abgeleitet, was veranschaulichen soll, wie Beschäftigte und Eigentümer:innen von Unternehmen (und deren Management) bei der Lohnfestsetzung und der Festlegung des Arbeitsaufwands interagieren. Wir werden das gleiche Modell später verwenden, wenn wir Maßnahmen zur Veränderung der

Lohnsetzungskurven wurden für viele Volkswirtschaften geschätzt. Lesen Sie, wie das geht, in einem Artikel von David Blanchflower und Andrew Oswald (https://tinyco.re/ 9574365).

Arbeitslosigkeit in der Wirtschaft beschreiben. Später in dieser Einheit und in den Einheiten 16 und 17 werden wir uns mit der Art und Weise befassen mit der Gewerkschaften den Lohnsetzungsprozess beeinflussen und so die Funktionsweise des Arbeitsmarktes verändern können.

Abbildung 9.6 ist eine Lohnsetzungskurve, die anhand von Daten für die USA geschätzt wurde. Zu beachten ist, dass in Abbildung 9.6 die horizontale Achse explizit die Arbeitslosenquote zeigt, die von links nach rechts abfällt. Anhand von Daten über Arbeitslosenquoten und Löhne in einzelnen Gebieten können Wirtschaftswissenschaftler:innen die Lohnsetzungskurve für eine Wirtschaft schätzen und darstellen.

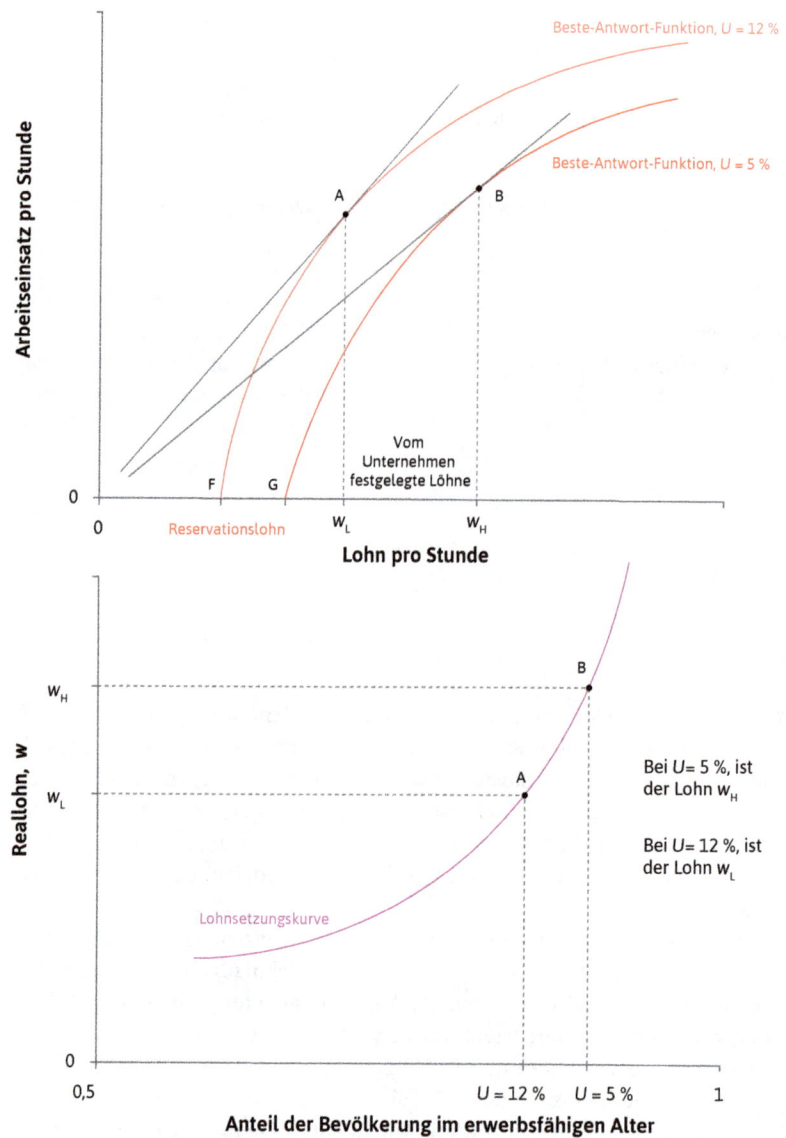

Abbildung 9.5 Ableitung der Lohnsetzungskurve: Variierende Arbeitslosenquote in der Wirtschaft.

Vereinfachung des Modells

Wir können das Motivationsproblem der Arbeitskräfte und die Lohnsetzungskurve vereinfachen, indem wir nur zwei Anstrengungsniveaus betrachten:

- *‚arbeiten‘:* Das von Eigentümer:innen und dem Management des Unternehmens als ausreichend erachtete Maß an Anstrengung leisten.
- *‚untätig sein‘:* Überhaupt keine Anstrengungen unternehmen.

Diese Vereinfachung wird später nützlich sein, weil es uns erlaubt, das Niveau der Anstrengung als gegeben zu betrachten, wobei die Löhne so festgelegt werden, dass dies gewährleistet ist.

In diesem Fall wird die Arbeitskraft wie eine Maschine mit nur einer Geschwindigkeit dargestellt, die entweder „an" oder „aus" ist. Wie in Abbildung 9.7 dargestellt, bildet die Lohnsetzungskurve die Grenze zwischen zwei „Bereichen": Auf und über der Lohnsetzungskurve befinden sich alle Kombinationen von Reallohn und Beschäftigungsniveau, für welche die Beschäftigten *arbeiten*, und darunter die Kombinationen, für die sie *untätig sind*.

Wir werden diese Vereinfachung ‚arbeiten oder untätig sein‘ von nun an in unserem Modell verwenden.

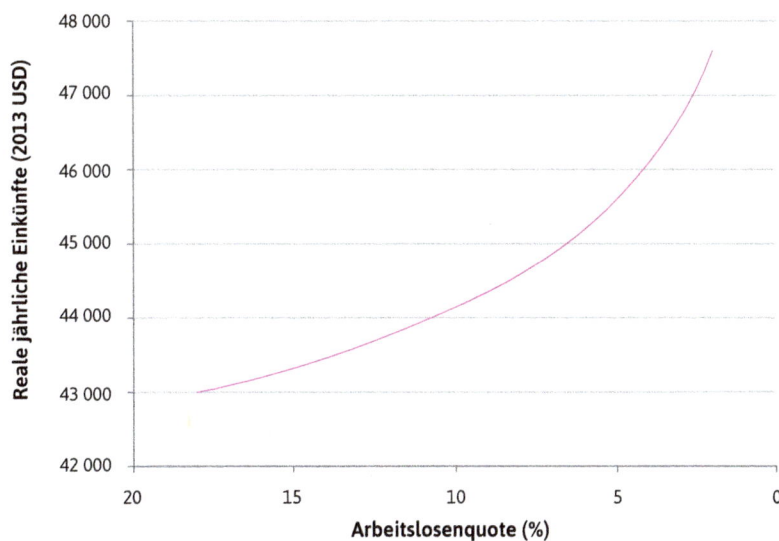

Geschätzt von Stephen Machin (UCL, 2015) aus Current Population Survey (https://tinyco.re/5638236) Mikrodaten der Outgoing Rotation Groups für 1979 bis 2013.

Abbildung 9.6 Eine geschätzte Lohnsetzungskurve für die US-Wirtschaft (1979–2013).

ÜBUNG 9.2 VERSCHIEBUNGEN DER LOHNSETZUNGSKURVE

1. Beziehen Sie sich auf Einheit 6 und erläutern Sie kurz die Verschiebung der Lohnsetzungskurve für jede Zeile in der folgenden Tabelle. Nutzen Sie dafür ein Diagramm, das die Beste-Antwort-Funktion und die Lohnsetzungskurve zeigt. Geben Sie für die zweite und dritte Zeile ein Beispiel von einem realen Arbeitsplatz an.
2. Erläutern Sie, warum ein Anstieg der Arbeitslosenquote zwar die Beste-Antwort-Funktion der Arbeitskräfte, nicht aber die Lohnsetzungskurve verschiebt.

Veränderung	Verschiebung der Lohnsetzungskurve
Senkung des Arbeitslosengeldes	Nach unten
Ein Überwachungsinstrument zur Ermittlung von Untätigkeit	Nach unten
Verringerung des negativen Nutzens des Arbeitens	Nach unten

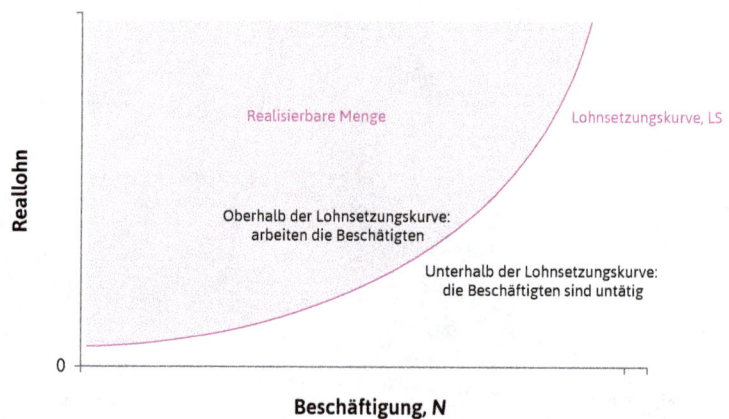

Abbildung 9.7 Die Lohnsetzungskurve: Das Lohnniveau, das erforderlich ist, damit Beschäftigte arbeiten und nicht untätig sind.

FRAGE 9.3 WÄHLEN SIE DIE RICHTIGE(N) ANTWORT(EN)

Abbildung 9.5 zeigt die Lohnsetzungskurve und ihre Herleitung anhand der Beste-Antwort-Funktion der Beschäftigten und der Isokostengeraden für Aufwand der Unternehmen.

Basierend auf dieser Abbildung:

- ☐ Eine Kürzung des Arbeitslosengeldes würde die Beste-Antwort-Funktion nach links verschieben und die Lohnsetzungskurve anheben.
- ☐ Eine Verlängerung des erwarteten Zeitraums der Arbeitslosigkeit würde die Beste-Antwort-Funktion nach rechts verschieben und die Lohnsetzungskurve anheben.
- ☐ In einem Land, in dem die Stigmatisierung der Arbeitslosigkeit hoch ist, würde die Lohnsetzungskurve niedriger ausfallen.
- ☐ Ein plötzlicher Rückgang der Bevölkerung im erwerbsfähigen Alter (zum Beispiel durch den Eintritt der Baby-Boomer-Generation in den Ruhestand) würde die Lohnsetzungskurve nach unten verschieben.

9.4 DIE EINSTELLUNGSENTSCHEIDUNG DES UNTERNEHMENS

Um die zweite Komponente des Modells des Arbeitsmarktes—die Preissetzungskurve—zu verstehen, müssen wir die Entscheidung des Unternehmens über die Anzahl der einzustellenden Personen und deren Abhängigkeit von der produzierten Menge genauer betrachten. Die produzierte Menge hängt von der Menge ab, die das Unternehmen verkaufen kann, was wiederum von dem Preis abhängt, den es verlangt.

Die Entscheidung des Unternehmens ergibt sich aus der Interaktion zwischen den drei Abteilungen des Unternehmens. In unserem Modell handelt es sich dabei um die Personalabteilung (HR), die Marketingabteilung und die Produktionsabteilung (PD). Zur Erinnerung: Dieses Unternehmen hat nur einen Produktionsinput—Arbeit, sodass der Lohn die einzige Kostenquelle ist. Um die Sache noch einfacher zu machen, nehmen wir an, dass eine Stunde Arbeit eine Einheit des Outputs erzeugt (Durchschnittsprodukt der Arbeit = $\lambda = 1$). Der Lohn, den das Unternehmen zahlt (W), ist gleich der Kosten für eine Einheit des Outputs (in der entsprechenden Währung). Man beachte, dass W der Nominallohn und w der Reallohn ist.

Arbeitsproduktivität
Gesamtproduktion geteilt durch die Zahl der Arbeitsstunden oder ein anderes Maß für den Arbeitseinsatz.

Der Prozess ist in der Tabelle in Abbildung 9.8 zusammengefasst.

Nachdem die Personalabteilung den Lohn auf ein Niveau festgelegt hat, das ausreicht, um die Belegschaft zu Anstrengungen motivieren, geht die Marketingabteilung in zwei Schritten vor. Denken Sie daran, dass das Unternehmen zwar den Preis festlegen kann, nicht aber die Menge, die es

Abteilung	... kennt	... und setzt auf dieser Grundlage ... des Unternehmens
Personal	Preise, Löhne und Beschäftigung in anderen Unternehmen	den Nominallohn, W
Marketing	Alle oben genannten und die Nachfragefunktion des Unternehmens	den Preis des Outputs, p
Produktion	Alle oben genannten, sowie die **Arbeitsproduktivität** und Menge, die das Unternehmen verkaufen kann	die Beschäftigung, n

Abbildung 9.8 Die drei Abteilungen bestimmen die Beschäftigung des Unternehmens.

verkaufen kann (die verkaufte Menge hängt von der nachgefragten Menge zu dem jeweiligen Preis auf der Nachfragekurve des Unternehmens ab). Zunächst stellt sich die Marketingabteilung wie in Einheit 7 die Frage: Welche Kombinationen von p und q sind möglich? Diese Kombinationen werden durch die Nachfragekurve dargestellt, die von den Produktionsmengen anderer Unternehmen, den von ihnen festgesetzten Preisen, den von ihnen gezahlten Löhnen und anderen Einflüssen auf die Gesamtnachfrage nach Gütern in der Wirtschaft abhängt.

Der zweite Schritt besteht darin, einen Punkt auf der Nachfragekurve zu wählen, sodass die Marketingabteilung anhand von Abbildung 9.9 ermitteln kann, wie rentabel jede Preis-Mengen-Kombination wäre. Unter Verwendung des von der Personalabteilung gewählten Wertes W (dem Nominallohn) erstellt die Marketingabteilung die dargestellten Isogewinnkurven. Erinnern Sie sich daran, dass jede Kurve die Gesamtheit aller Preis-Mengen-Kombinationen darstellt, die dem Unternehmen bei gegebenem Lohn den gleichen Erlös bringen. Kurven, die weiter vom Ursprung entfernt sind (höherer Preis und größere Menge), bedeuten höhere Gewinne. Erinnern Sie sich daran:

$$\text{Steigung der Isogewinnkurve} = \text{Grenzrate der Substitution}$$
$$= \frac{(p - W)}{q}$$

Wie in Einheit 7 tritt der maximale Gewinn im Punkt B auf, wo die Nachfragekurve eine Tangente an eine Isogewinnkurve bildet. Die Marketingabteilung setzt also einen Preis p^* fest und berechnet, dass sie q^* Einheiten der Ware verkaufen kann.

Wenn das Unternehmen q^* Güter zu einem Preis p^* verkauft, beträgt der Gesamterlös p^*q^*. Aus der Abbildung geht hervor, dass das Unternehmen, sobald es einen Preis festgelegt hat, die Aufteilung der Gesamteinnahmen in Gewinne und Löhne bestimmt hat. Dies geschieht auf der Grundlage des Preisaufschlags $(p - W)/p$ (oder $1 - (W/p)$). Wie Sie in Einheit 7 gesehen haben, ist dieser größer, wenn die Nachfragekurve weniger elastisch ist, was auf einen weniger intensiven Wettbewerb hindeutet.

Die Produktionsabteilung weiß, dass jede Arbeitsstunde einer Arbeitskraft (die durch ihre Beschäftigungsrente und der Androhung einer Kündigung zur Arbeit zu Anstrengungen motiviert wird) eine Einheit des Gutes produziert, also stellt die Abteilung n^* Arbeitsstunden der Arbeitskräfte ein, wobei $n^* = q^*$. Dies ist die (sehr einfache) Produktionsfunktion des Unternehmens.

Im nächsten Abschnitt wird es hilfreich sein, darüber nachzudenken, wie das Modell erklärt, was das Unternehmen tun würde, wenn es sich an einem Punkt wie A in Abbildung 9.9 befände. Die Marketingabteilung würde feststellen, dass das Unternehmen weniger Gewinn macht, weil die Isogewinnkurve bei A niedriger ist als bei B. Die Marketingabteilung würde dann den Preis erhöhen und der Produktionsabteilung mitteilen, dass sie weniger produzieren sollte. Befände sich das Unternehmen an Punkt C, würde die Marketingabteilung den Preis senken und der Produktionsabteilung mitteilen, dass diese mehr produzieren sollen, um den höheren Absatz zum niedrigeren Preis zu erreichen.

FRAGE 9.4 WÄHLEN SIE DIE RICHTIGE(N) ANTWORT(EN)

Abbildung 9.9 stellt die Nachfragekurve des Marktes und die Isogewinnkurven des Unternehmens dar. Welche der folgenden Aussagen ist auf der Grundlage dieser Informationen richtig?

☐ Die Steigung der Nachfragekurve ist die Grenzrate der Substitution für das Unternehmen.

☐ Zwischen den Punkten A und C würde das Unternehmen Punkt A bevorzugen, da es mehr produziert.

☐ Nachdem das Unternehmen den gewinnmaximierenden Preis p^* gewählt hat, würde es den Nominallohnniveau festlegen.

☐ Wenn das Unternehmen am Punkt C produziert, kann es den Gewinn erhöhen, indem es mehr Einheiten zu einem niedrigeren Preis verkauft.

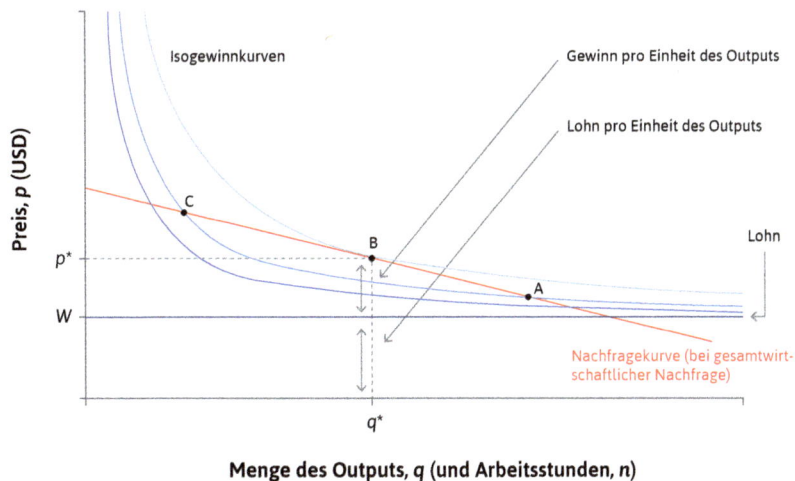

Abbildung 9.9 Die gewinnmaximierende Wahl von Preis, Menge und Beschäftigung durch das Unternehmen.

1. Maximale Gewinne

Die maximalen Gewinne treten im Punkt B auf, wo die Nachfragekurve des Unternehmens tangential zu einer Isogewinnkurve ist.

2. Die Preisentscheidung des Unternehmens

Dies bestimmt die Aufteilung der Gesamteinnahmen in Gewinnen und Löhnen.

9.5 DIE PREISSETZUNGSKURVE: LÖHNE UND GEWINNE IN DER GESAMTEN WIRTSCHAFT

Wenn das Unternehmen den Preis als Aufschlag auf die Lohnkosten festlegt, kann der Preis pro Einheit des Outputs in den Gewinn pro Einheit und die Lohnkosten pro Einheit aufgeteilt werden. Dies haben wir in Abbildung 9.9 gesehen. Legen alle Unternehmen die Preise auf diese Weise fest, bedeutet dies, dass der Output pro Arbeitskraft (Arbeitsproduktivität oder äquivalent dazu das Durchschnittsprodukt der Arbeit, Lambda genannt, λ) in den realen Gewinn pro Arbeitskraft Π/P und den Reallohn W/P aufgeteilt werden kann.

Abbildung 9.10 zeigt das Ergebnis der Preissetzungen der Unternehmen in der gesamten Wirtschaft, und wir verwenden P, um das gesamtwirtschaftliche Preisniveau darzustellen. Die obere horizontale Linie zeigt die realen Einnahmen der Unternehmen je Arbeitskraft: Das Durchschnittsprodukt der Arbeit. Was wir als „Preissetzungskurve" bezeichnen, ist eigentlich gar keine Kurve: Es handelt sich nur um eine einzige Zahl, die den Wert des Reallohns angibt, der mit dem (Preis-)Aufschlag auf die (Lohn-)Kosten übereinstimmt, wenn alle Unternehmen ihre Preise so festlegen, dass sie ihre Gewinne maximieren. Der Wert des Reallohns, der mit dem (Preis-)Aufschlag übereinstimmt, hängt nicht vom Beschäftigungsniveau in der Wirtschaft ab und wird daher wie in Abbildung 9.10 als horizontale Linie auf der Höhe von w^{PS} dargestellt.

Der Punkt B in den Abbildungen 9.9 und 9.10 auf der Preissetzungskurve zeigt das Ergebnis des gewinnmaximierenden Preissetzungsverhaltens der Unternehmen für die Wirtschaft als Ganzes.

Denken Sie nun an den Punkt A in Abbildung 9.11, der dem Punkt A in Abbildung 9.9 entspricht. Folgen Sie den Schritten in Abbildung 9.11, um zu sehen, warum das Unternehmen seinen Preis anheben wird, um am Punkt B höhere Gewinne zu erzielen. Der Preisanstieg und der Beschäftigungsabbau werden durch den nach unten zeigenden Pfeil am Punkt A in Abbildung 9.11 dargestellt. Er zeigt nach unten, weil der Preisanstieg einen Rückgang des Reallohns impliziert. Reallohn ist der Nominallohn geteilt durch den Preis. Er zeigt nach links, weil ein Preisanstieg einen Rückgang des Outputs und der Beschäftigung impliziert.

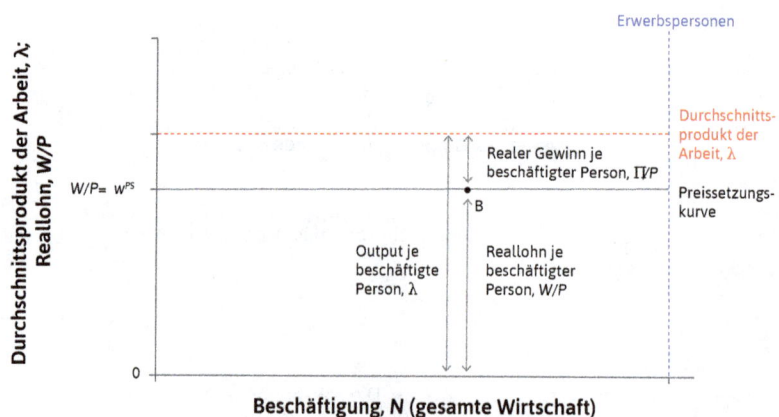

Abbildung 9.10 Die Preissetzungskurve.

> **ÜBUNG 9.3 DIE PREISSETZUNGSKURVE**
>
> Erläutern Sie in Ihren eigenen Worten und unter Verwendung eines Diagramms, wie dem in Abbildung 9.9, warum die Preise sinken und die Beschäftigung steigen würde, wenn sich die Wirtschaft am Punkt C in Abbildung 9.11 befände (das Gegenteil von dem, was am Punkt A geschieht).

In Abbildung 9.10, oberhalb der Preissetzungskurve, wie bei Punkt A, erhöhen die Unternehmen die Preise und verringern die Beschäftigung. Unterhalb der Preissetzungskurve, an einem Punkt wie C, senken die Unternehmen die Preise und stellen mehr Leute ein. Angesichts der Nachfrage in der gesamten Wirtschaft wird das Preis- und Einstellungsverhalten der Unternehmen die Wirtschaft zu einem Punkt auf der Preissetzungskurve treiben, sodass das Beschäftigungsniveau und der Reallohn bei einem Punkt wie B liegen.

Wodurch wird die Höhe der Preissetzungskurve bestimmt? Es gibt viele Faktoren, sobald wir die Auswirkungen der staatlichen Politik berücksichtigen (wie wir später in dieser Einheit sehen werden), aber zwei Dinge haben einen wichtigen Einfluss auf die Preissetzungskurve, selbst wenn der Staat nicht eingreift:

- *Wettbewerb*: Die Intensität des Wettbewerbs in der Wirtschaft bestimmt, inwieweit Unternehmen einen Preis verlangen können, der oberhalb der

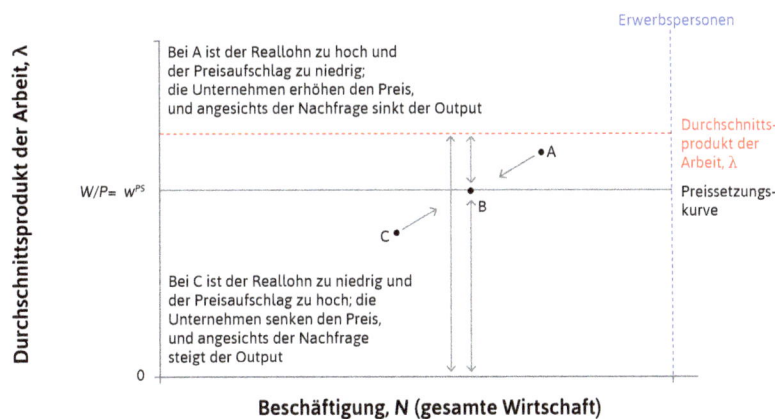

Abbildung 9.11 Die Preissetzungskurve.

1. Punkt A

Punkt A liegt oberhalb der Preissetzungskurve, was bedeutet, dass der Reallohn höher ist, als es mit dem gewinnmaximierenden Preisaufschlag eines Unternehmens vereinbar ist. Wenn der Reallohn zu hoch ist, bedeutet dies, dass der Preisauschlag zu niedrig ist.

2. Punkt B

Das Unternehmen wird seinen Preis anheben, um im Punkt B höhere Gewinne zu erzielen. Der höhere Preis bedeutet, dass weniger Waren verkauft werden, und da dies für alle Unternehmen gilt, sinkt die Gesamtbeschäftigung.

3. Punkt C

Unterhalb der Preissetzungskurve, an einem Punkt wie C, senken die Unternehmen ihre Preise und stellen mehr Personen ein.

4. Der gewinnmaximierende Preis

Punkt B ist für das Unternehmen der gewinnmaximierend. Ausgehend von der gesamtwirtschaftlichen Nachfrage sind die Gesamtgewinne für Unternehmen, die der Nachfragekurve in Abbildung 9.9 gegenüberstehen, bei A und C niedriger.

Kosten liegt (der Preisaufschlag). Je geringer der Wettbewerb ist, desto höher ist der Preisaufschlag. In Abbildung 9.9 führt eine steilere Nachfragekurve, die aus einem geringeren Wettbewerb zwischen den Unternehmen hervorgeht, zu einem höheren Preisaufschlag und einem höheren Gewinn pro Arbeitskraft. Da dies zu höheren Preisen in der gesamten Wirtschaft führt, impliziert dies niedrigere Reallöhne und drückt die Preissetzungskurve nach unten.

- *Arbeitsproduktivität*: Für jeden gegebenen Preisaufschlag bestimmt das Niveau der Arbeitsproduktivität—wie viel eine Arbeitskraft in einer Stunde produziert—den Reallohn. Je höher das Niveau der Arbeitsproduktivität (λ), desto höher ist der Reallohn, der mit einem gegebenen Preisaufschlag vereinbar ist. In Abbildung 9.10 verschiebt eine höhere Arbeitsproduktivität die gestrichelte Linie nach oben, und bei unverändertem Preisaufschlag verschiebt sich die Preissetzungskurve nach oben, wodurch der Reallohn steigt.

Um mehr über die Preissetzungskurve zu erfahren, lesen Sie den Einstein am Ende des Abschnitts.

FRAGE 9.5 WÄHLEN SIE DIE RICHTIGE(N) ANTWORT(EN)

Im folgenden Diagramm ist die Preissetzungskurve dargestellt. Ausgehend von dieser Information, welche der folgenden Aussagen ist richtig?

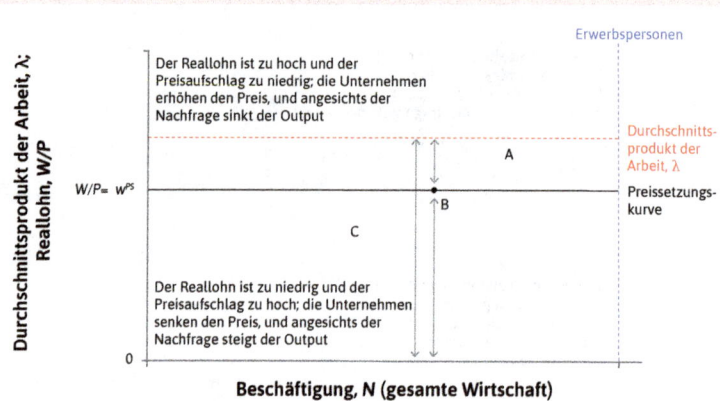

- ☐ Am Punkt A ist der Preisaufschlag zu hoch, weshalb das Unternehmen den Preis anheben wird. Dies führt zu einer geringeren Nachfrage nach der Ware und damit zu einer geringeren Beschäftigung in Richtung B.
- ☐ An Punkt C ist der Reallohn zu niedrig und der Preisaufschlag zu hoch. Daher ist das Unternehmen in der Lage, den Gewinn zu steigern, indem es die Preise senkt und mehr Arbeitskräfte einstellt.
- ☐ Höherer Wettbewerb bedeutet eine niedrigere Preissetzungskurve.
- ☐ Bei einem gegebenen Preisaufschlag führt eine höhere Arbeitsproduktivität zu einer niedrigeren Preissetzungskurve und damit zu einem niedrigeren Reallohn.

EINSTEIN

Die Preissetzungskurve

Die Preissetzungskurve für die Wirtschaft als Ganzes ergibt sich aus den Entscheidungen der einzelnen Unternehmen und lässt sich in mehreren Schritten darstellen.

Schritt 1: Das Unternehmen legt den Preis fest

Um sich auf das Wesentliche zu konzentrieren, gehen wir davon aus, dass die einzigen Kosten des Unternehmens die Löhne sind, die es zahlt. (Die Opportunitätskosten der Investitionsgüter, die die Arbeitskräfte bei der Produktion einsetzen, lassen wir außer Acht.) Wir gehen davon aus, dass eine Arbeitskraft im Durchschnitt λ Einheiten des Outputs produziert, was nicht von der Anzahl der Beschäftigten abhängt. Wir verwenden den griechischen Buchstaben Lambda (λ) für die Arbeitsproduktivität. Das Unternehmen zahlt der Arbeitskraft einen Nominallohn W in Dollar. Sowohl die Arbeitsproduktivität als auch der Lohn können pro Stunde, pro Tag oder pro Jahr gemessen werden. In unseren Zahlenbeispielen verwenden wir in der Regel Stundenlöhne und Produktivität in einer Stunde.

Die Lohnstückkosten sind der Lohn, der gezahlt wird, um die Menge an Arbeitskräften einzustellen, um eine Einheit des Gutes zu produzieren. Die Lohnstückkosten sind definiert als:

$$\text{Lohnsttückkosten} = \frac{\text{Nominallohn}}{\text{Arbeitsproduktivität}}$$
$$= \frac{W}{\lambda}$$

Zum Beispiel: Wenn W = 30 USD und λ = 10, dann betragen die Lohnstückkosten 3 USD, also 30 USD/10 Einheiten = 3 USD pro Einheit.

Wie in Einheit 7 erläutert, wählt das Unternehmen seinen Preis so, dass der Preisaufschlag umgekehrt proportional zur Elastizität der Nachfragekurve des Unternehmens ist:

$$\frac{(\text{Preis} - \text{Grenzkosten})}{\text{Preis}} = \frac{1}{\text{Elastizität}}$$

Da wir davon ausgegangen sind, dass Grenz- und Durchschnittskosten gleich sind, das heißt GK = TDK, können wir sagen, dass der Preisaufschlag nur der Bruchteil des Preises einer Ware ist, der in die Gewinne des Unternehmens fließt. Die Elastizität der Nachfragekurve eines Unternehmens ist umso größer, je stärker der Wettbewerb mit anderen Unternehmen ist, das heißt je höher die Elastizität ist, desto niedriger ist der Preis und der Preisaufschlag des Unternehmens. Wir nennen den Preisaufschlag μ (der griechische Buchstabe my, der sich auf das Wort „früh" reimt):

$$\mu = \frac{1}{\text{Elastizität}} = \frac{(\text{Preis} - \text{Grenzkosten})}{\text{Preis}} = \frac{\text{Gewinn pro Einheit}}{\text{Preis pro Einheit}}$$

Basierend auf unseren Annahmen, entsprechen die Grenzkosten (und Durchschnittskosten) des Unternehmens den Arbeitskosten pro Einheit (W/λ), und wir können sagen, dass das Unternehmen seinen Preis p so festlegt, dass:

$$\mu = \frac{p - (\frac{W}{\lambda})}{p}$$

$$= 1 - \frac{\frac{W}{p}}{\lambda}$$

Durch Umformung und Multiplikation jeder Seite mit λ erhält man:

$$\frac{\frac{W}{p}}{\lambda} = 1 - \mu$$

$$\frac{W}{p} = \lambda(1 - \mu)$$

$$= \lambda - \lambda\mu$$

In Worten ausgedrückt bedeutet dies:

$$\text{Reallohn} = \text{Output pro Arbeitskraft}(\lambda)$$
$$- \text{Realgewinn pro Arbeitskraft}(\lambda\mu)$$

Wenn das Unternehmen den gewinnmaximierenden Preis festlegt, wird der Output pro Arbeitskraft in einen Teil, der an die Beschäftigten als Lohn geht, und in einen Teil, der an die Eigentümer:innen als Gewinn geht, aufgeteilt.

Schritt 2: Das Preisniveau in der Wirtschaft insgesamt und der Reallohn

Aus der Sicht der beschäftigten Person misst der Reallohn, wie viel ihres typischen Konsums sie mit ihren Einkünften pro Stunde kaufen kann. Da die Person viele verschiedene Waren und Dienstleistungen kauft, hängt dies von den Preisen ab, die von den Unternehmen in der gesamten Wirtschaft festgelegt werden; nicht nur von den Preisen des Unternehmens, das sie beschäftigt. Wir bezeichnen den Durchschnittspreis der Waren und Dienstleistungen, die die beschäftigte Person konsumiert, als P, der ein Durchschnitt der verschiedenen Preise p ist, die von den einzelnen Unternehmen in der gesamten Wirtschaft festgelegt werden.

Der Reallohn ist der Nominallohn geteilt durch das Preisniveau der gesamten Wirtschaft, P.

$$\text{Reallohn} = \frac{\text{Nominallohn}}{\text{Preisniveau}}$$
$$w = \frac{W}{P}$$

Schritt 3: Gewinne, Löhne und die Preissetzungskurve

Wir gehen davon aus, dass die gesamte Wirtschaft aus Unternehmen besteht, die ähnlichen Wettbewerbsbedingungen ausgesetzt sind, wie das Unternehmen, auf das wir uns gerade fokussiert haben. Das bedeutet, dass das Preissetzungsproblem aus Schritt 1 für alle Unternehmen in der Wirtschaft gilt, sodass wir die Preissetzungsgleichung zur Bestimmung des gesamtwirtschaftlichen Reallohns verwenden können:

$$\text{Preissetzungskurve}: \frac{W}{P} = \lambda(1 - \mu)$$

In Worten ausgedrückt bedeutet dies:

$$\text{Reallohn}(\frac{W}{P}) = \text{Output pro Arbeitskraft}(\lambda) -$$
$$\text{Realgewinn pro Arbeitskraft}(\lambda\mu)$$

Dies ist der aus der Preissetzungskurve resultierende (Real-)Lohn.

9.6 LÖHNE, GEWINNE UND ARBEITSLOSIGKEIT IN DER GESAMTEN WIRTSCHAFT

Legt man die Lohnsetzungskurve über die Preissetzungskurve in Abbildung 9.12, so erhält man ein Bild der beiden Seiten des Arbeitsmarktes.

Alle Punkte im schraffierten Bereich unterhalb der Lohnsetzungskurve werden als „keine Arbeit wird geleistet" bezeichnet, weil der Reallohn in diesem Bereich nicht ausreicht, um die Beschäftigten zur Arbeit zu motivieren. Wenn der Reallohn unterhalb der Lohnsetzungskurve liegt, kann es auf lange Frist nur zu einer Nullbeschäftigung kommen, da keine Arbeit geleistet wird und keine Gewinne erzielt werden. Diese schattierten Punkte sind also nicht realisierbar.

Das Gleichgewicht des Arbeitsmarktes befindet sich dort, wo sich die Lohnsetzungskurve und die Preissetzungskurve kreuzen. Es handelt sich um ein **Nash-Gleichgewicht**, weil alle Parteien das Beste tun, was sie können, angesichts dessen, was alle anderen tun. Jedes Unternehmen setzt dort, wo die Isokostenkurve die Beste-Antwort-Funktion tangiert (Einheit 6), den

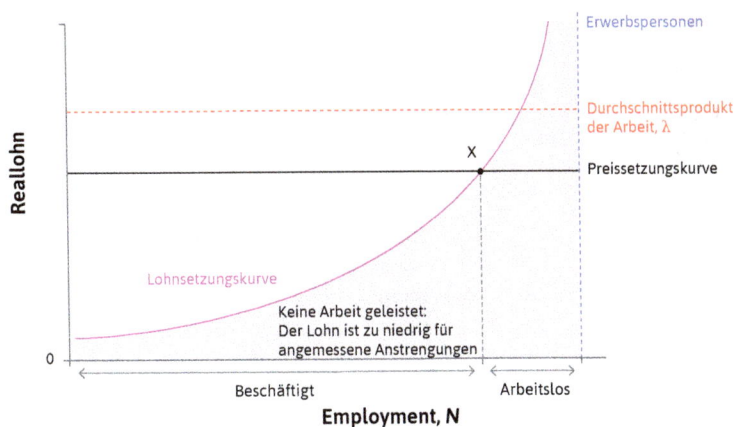

Abbildung 9.12 Gleichgewicht auf dem Arbeitsmarkt.

Nominallohn, und den gewinnmaximierenden Preis fest (Einheit 7). Betrachtet man die gesamte Wirtschaft, dann gilt am Schnittpunkt von Lohn- und Preissetzungskurve (Punkt X):

- Die Unternehmen bieten den Lohn an, der effektive Arbeit der Beschäftigten zu den geringsten Kosten gewährleistet (das heißt auf der Lohnsetzungskurve). Die Personalabteilung kann keine alternativen Maßnahmen empfehlen, die zu höheren Gewinnen führen würden.
- Die Beschäftigung ist so hoch wie möglich (auf der Preissetzungskurve), wenn man den angebotenen Lohn berücksichtigt. Die Marketingabteilung kann keine Änderung des Preises oder des Outputs empfehlen.
- Diejenigen, die Arbeit haben, können ihre Situation nicht verbessern, indem sie ihr Verhalten ändern. Wenn sie weniger arbeiten würden, liefen sie Gefahr, zu den Arbeitslosen zu gehören, und wenn sie mehr Lohn verlangen würden, würden die Unternehmen ablehnen oder eine andere Person einstellen.
- Diejenigen, die keine Arbeit finden, hätten lieber einen Job, aber es gibt keine Möglichkeit, einen zu bekommen—nicht einmal, wenn sie anbieten würden, zu einem niedrigeren Lohn als andere zu arbeiten.

Arbeitslosigkeit als Merkmal des Gleichgewichts auf dem Arbeitsmarkt

Wir haben gezeigt, dass Arbeitslosigkeit im Nash-Gleichgewicht auf dem Arbeitsmarkt existieren kann.

Wir zeigen nun, warum es im **Arbeitsmarktgleichgewicht** *immer* Arbeitslosigkeit geben wird, indem wir das Argument aus Einheit 6 verwenden. Dies wird als **Gleichgewichtsarbeitslosigkeit** bezeichnet.

Arbeitslosigkeit bedeutet, dass es Menschen gibt, die Arbeit suchen, aber keine finden. Dies wird auch als **Angebotsüberhang** auf dem Arbeitsmarkt bezeichnet, was bedeutet, dass die Nachfrage nach Arbeitskräften zu einem bestimmten Lohn geringer ist als die Zahl derjenigen Personen, die bereit sind, zu diesem Lohn zu arbeiten. Um zu verstehen, warum es im Gleichgewicht des Arbeitsmarktes immer Arbeitslosigkeit geben wird, betrachten wir die Angebotskurve des Arbeitsmarktes.

In unserem Modell gehen wir davon aus, dass die Angebotskurve vertikal verläuft, was bedeutet, dass höhere Löhne nicht dazu führen, dass mehr Menschen mehr Arbeitsstunden anbieten. Bei höheren Löhnen suchen (und finden) einige Menschen mehr Arbeitsstunden, und andere suchen (und finden) weniger Arbeitsstunden. Aus Einheit 3 wissen Sie, dass der Substitutionseffekt einer Lohnerhöhung (der dazu führt, dass mehr Arbeitsstunden und weniger Freizeit gewählt werden) durch den Einkommenseffekt ausgeglichen werden kann. Der Einfachheit halber zeichnen wir eine Angebotskurve, bei der der Lohn keinen Einfluss auf das Arbeitsangebot hat. Dies ist jedoch nicht von Bedeutung. Das Modell würde sich nicht ändern, wenn höhere Löhne dazu führen würden, dass entweder mehr oder weniger Menschen Arbeit suchen. Um dies zu sehen,

Arbeitsmarktgleichgewicht Die Kombination aus Reallohn und Beschäftigungsniveau, die durch den Schnittpunkt der Lohnsetzungskurve und der Preissetzungskurve bestimmt wird. Dies ist das Nash-Gleichgewicht des Arbeitsmarktes, da weder die Unternehmen noch die Beschäftigten durch eine Änderung ihres Verhaltens eine Verbesserung erreichen könnten. *Siehe auch: Gleichgewichtsarbeitslosigkeit, inflationsstabilisierende Arbeitslosenquote.*

Gleichgewichtsarbeitslosigkeit Die Zahl der Arbeitssuchenden ohne Arbeit, die durch den Schnittpunkt von Lohnsetzungskurve und Preissetzungskurve bestimmt wird. Dies ist das Nash-Gleichgewicht des Arbeitsmarktes, bei dem weder die Unternehmen noch die Beschäftigten durch eine Änderung ihres Verhaltens eine Verbesserung erzielen könnten. *Siehe auch: unfreiwillige Arbeitslosigkeit, konjunkturelle Arbeitslosigkeit, Lohnsetzungskurve, Preissetzungskurve, inflationsstabilisierende Arbeitslosenquote.*

Angebotsüberhang Eine Situation, in der zum aktuellen Preis die angebotene Menge eines Gutes größer ist als die nachgefragte Menge nach dem Gut. *Siehe auch: Nachfrageüberhang.*

können Sie in Abbildung 9.12 mit verschiedenförmigen Angebotskurven experimentieren.

Warum wird es bei einem Arbeitsmarktgleichgewicht immer eine gewisse unfreiwillige Arbeitslosigkeit geben?

- *Wenn es keine Arbeitslosigkeit gäbe*: Die Kosten des Arbeitsplatzverlustes sind gleich Null (keine Beschäftigungsrente), da eine Person, die ihren Arbeitsplatz verliert, sofort einen anderen Arbeitsplatz mit gleichen Lohn bekommen kann.
- *Deshalb ist eine gewisse Arbeitslosigkeit notwendig*: Diese bedeutet, dass das Unternehmen die Beschäftigten motivieren kann, sich am Arbeitsplatz anzustrengen.
- *Daher liegt die Lohnsetzungskurve immer links von der Arbeitskräfteangebotskurve.*
- *Daraus folgt, dass es in jedem Gleichgewicht, in dem sich die Lohnsetzungskurve und die Preissetzungskurve kreuzen, arbeitslose Personen geben muss*: Dies wird durch die Lücke zwischen der Lohnsetzungskurve und der Arbeitskräfteangebotskurve deutlich.

Eine weitere Möglichkeit, dies zu erkennen, ist ein erneuter Blick auf Abbildung 9.12. Beachten Sie, dass die Lohnsetzungskurve steil ansteigt, wenn sie sich der Arbeitskräfteangebotskurve nähert, und sowohl die Preissetzungskurve als auch die Kurve der Arbeitsproduktivität übersteigt. Diese Tatsache unseres Modells verdeutlicht eine wichtige Grenze für politische Maßnahmen zum Abbau der Arbeitslosigkeit. Nach unserem Modell würde jede Maßnahme, die die Arbeitslosigkeit auch nur annähernd beseitigen würde, die arbeitgebenden Unternehmen in eine Lage versetzen, in der das Beste, was sie tun könnten, darin bestünde, so hohe Löhne zu zahlen, dass ihre Gewinne wegfielen und sie aus dem Geschäft gedrängt würden.

ÜBUNG 9.4 IST DIES WIRKLICH EIN NASH-GLEICHGEWICHT?

In diesem Modell unterscheiden sich die Arbeitslosen nicht von den Beschäftigten (außer, dass sie Pech haben). Stellen Sie sich vor, Sie sind ein Unternehmen, und eine arbeitslose Person kommt zu Ihnen und verspricht, mit dem gleichen Einsatz wie Ihre derzeitigen Beschäftigten zu arbeiten, aber zu einem etwas niedrigeren Lohn.

1. Wie würden Sie darauf antworten?
2. Erklärt Ihre Antwort, warum Arbeitslosigkeit in einem Nash-Gleichgewicht existieren muss?

FRAGE 9.6 WÄHLEN SIE DIE RICHTIGE(N) ANTWORT(EN)

Abbildung 9.12 stellt das Modell des Arbeitsmarktes dar. Nehmen wir nun an, dass der Wettbewerb zwischen den Unternehmen abnimmt. Welche der folgenden Aussagen zu den Auswirkungen des verringerten Wettbewerbs ist richtig?

- ☐ Die Preissetzungskurve verschiebt sich nach oben.
- ☐ Die Lohnsetzungskurve verschiebt sich nach unten.
- ☐ Das Gleichgewicht der Reallöhne sinkt.
- ☐ Das Niveau der Arbeitslosigkeit sinkt.

FRAGE 9.7 WÄHLEN SIE DIE RICHTIGE(N) ANTWORT(EN)

Welche der folgenden Aussagen zu den Auswirkungen eines Anstiegs des Reallohns auf das Arbeitsangebot einer Arbeitskraft ist richtig?

☐ Der Einkommenseffekt bedeutet, dass die Arbeitskraft ihr Arbeitsangebot erhöhen wird.

☐ Der Substitutionseffekt bedeutet, dass die Arbeitskraft ihren Konsum von Freizeit erhöht.

☐ Der Einkommens- und der Substitutionseffekt verstärken sich immer gegenseitig und führen zu einem höheren Arbeitsangebot.

☐ Bei einem hohen Lohnniveau dominiert der Einkommenseffekt den Substitutionseffekt, was zu einem geringeren Arbeitsangebot führt.

9.7 WIE VERÄNDERUNGEN IN DER NACHFRAGE NACH WAREN UND DIENSTLEISTUNGEN DIE ARBEITSLOSIGKEIT BEEINFLUSSEN

Zu Beginn dieser Einheit haben Sie über einem Vater und einem Sohn gelesen, die im australischen Bergbausektor arbeiten (Doug und Rob Grey). Der Boom und die Krise in ihrem Leben spiegeln die Veränderungen der wirtschaftlichen Bedingungen in der australischen Wirtschaft wider. Der Boom in der Mineralienbranche hatte den Bau von Bergbauanlagen in Westaustralien, Queensland und dem Northern Territory in großem Umfang zur Folge. Als die Bauarbeiten an den bestehenden Projekten ausliefen, brachen die Weltmarktpreise für Eisenerz ein, was dazu führte, dass keine neuen Minen, Häfen und Verarbeitungsanlagen in Betrieb genommen wurden. In Abbildung 9.1 (Seite 409) ist zu sehen, dass die Arbeitslosigkeit zu dem Zeitpunkt anstieg, als der Weltmarktpreis für Eisenerz einbrach.

Die Arbeitslosigkeit nahm zu, weil die Nachfrage nach Arbeitskräften im Bergbau und in den damit verbundenen Dienstleistungsbereichen zurückging. Nicht nur die Nachfrage nach Mineralien ging zurück, sondern auch die Nachfrage nach den Waren und Dienstleistungen, die die Familie Grey und andere wie sie gekauft hätten, wenn sie ihre Arbeitsplätze behalten hätten. Infolgedessen sank die Nachfrage nach Waren und Dienstleistungen in der gesamten Wirtschaft und damit auch die abgeleitete Nachfrage nach Arbeitskräften. Der Begriff „abgeleitete Nachfrage nach Arbeitskräften" wird verwendet, um die Tatsache hervorzuheben, dass die Nachfrage der Unternehmen nach Arbeitskräften von der Nachfrage nach ihren Waren und Dienstleistungen abhängt.

Ökonominnen und Ökonomen verwenden den Begriff *aggregiert*—das heißt die Addition zu einem Ganzen, nicht nur der Teile—zur Beschreibung von Fakten oder Variablen, die die gesamte Wirtschaft betreffen. Die aggregierte Nachfrage ist zum Beispiel die Summe der Nachfrage nach allen in der Wirtschaft produzierten Waren und Dienstleistungen, sei es von Verbrauchenden, Unternehmen, der Regierung oder von Kaufenden in anderen Ländern. Der Anstieg der Arbeitslosigkeit, der durch den Rückgang der aggregierten Nachfrage verursacht wird, wird als ‚nachfragebedingte' Arbeitslosigkeit bezeichnet—oder, wie wir in Einheit 13 lernen werden, als **konjunkturelle Arbeitslosigkeit**.

Wie sieht diese nachfragebedingte Arbeitslosigkeit in unserem Modell des Arbeitsmarktes aus, und wie verhält sie sich zur Arbeitslosigkeit im Nash-Gleichgewicht des Arbeitsmarktes?

konjunkturelle Arbeitslosigkeit Der Anstieg der Arbeitslosigkeit über die Gleichgewichtsarbeitslosigkeit hinaus, der durch einen Rückgang der aggregierten Nachfrage im Rahmen des Konjunkturzyklus verursacht wird. *Auch bekannt als: Nachfragebedingte Arbeitslosigkeit. Siehe auch: Gleichgewichtsarbeitslosigkeit.*

Folgen Sie den Schritten in Abbildung 9.13, um die Arbeitslosigkeit im Arbeitsmarktgleichgewicht (bei X) mit der Arbeitslosigkeit zu vergleichen, die durch ein niedriges Niveau der aggregierten Nachfrage (bei B) verursacht wird. Eine arbeitslose Person am Punkt X ist **unfreiwillig arbeitslos**, weil sie eine Arbeitsstelle zu dem Reallohn annehmen würde, der sich aus dem Schnittpunkt von Lohn- und Preissetzungskurve ergibt.

Eine arbeitslose Person am Punkt B ist ebenfalls unfreiwillig arbeitslos. Eine solche Person würde nämlich eine Stelle annehmen, deren Lohn unter dem bei B angezeigten Lohn liegt, und wäre dennoch bereit, hart dafür zu arbeiten.

Wir bezeichnen das Niveau der Arbeitslosigkeit am Punkt X als Gleichgewichtsarbeitslosigkeit, aber was ist mit Punkt B? Könnte eine hohe nachfragebedingte Arbeitslosigkeit ein langfristiges Ergebnis sein? Wird das Verhalten der Unternehmen und der Beschäftigten dazu führen, dass die durch unzureichende aggregierte Nachfrage verursachte Arbeitslosigkeit verschwindet?

Wir können sehen, dass B kein Nash-Gleichgewicht ist. An diesem Punkt würde die Personalabteilung—in Anbetracht der hohen Arbeitslosenquote— sicherlich sagen: „Bei einer so hohen Arbeitslosigkeit könnten wir Beschäftigten viel weniger bezahlen, und sie würden trotzdem ihre Arbeit machen!" Da das Unternehmen durch eine Senkung des Lohns höhere

> **Arbeitslosigkeit, unfreiwillig** Der Zustand, arbeitslos zu sein, aber lieber einen Arbeitsplatz zu den gleichen Löhnen und Arbeitsbedingungen zu haben wie die sonst beschäftigten Personen. *Siehe auch:Arbeitslosigkeit.*

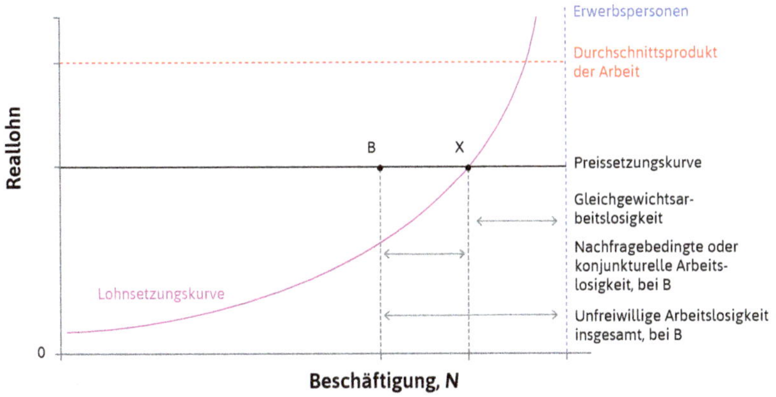

Abbildung 9.13 Gleichgewicht und nachfragebedingte (konjunkturelle) Arbeitslosigkeit.

1. Punkt X

Im Punkt X befindet sich die Arbeitslosigkeit auf dem Niveau des Arbeitsmarktgleichgewichtes. Eine Person, die im Punkt X ihren Arbeitsplatz verliert, ist nicht indifferent zwischen Beschäftigung und Arbeitslosigkeit, da der Verlust des Arbeitsplatzes mit Kosten verbunden wäre.

2. Punkt B

Bei B gibt es zusätzliche Arbeitsuchende, die ebenfalls unfreiwillig arbeitslos sind. Die zusätzliche Arbeitslosigkeit bei B ist auf eine geringe aggregierte Nachfrage zurückzuführen und wird als nachfragebedingte oder konjunkturelle Arbeitslosigkeit bezeichnet.

3. Das Nash-Gleichgewicht

Im Punkt B ist die gesamte unfreiwillige Arbeitslosigkeit durch die Summe aus konjunktureller und Gleichgewichtsarbeitslosigkeit gegeben. Punkt X ist das Nash-Gleichgewicht des Arbeitsmarktes, was bedeutet, dass alle Beteiligten das Beste tun, was sie angesichts der Handlungen der anderen Beteiligten tun können. Keine Arbeitskraft und kein Unternehmen kann ihre Position durch eine Änderung ihrer Handlungen verbessern.

Gewinne erzielen könnte, solange es oberhalb der Lohnsetzungskurve bleibt, ist B kein Nash-Gleichgewicht.

Dennoch könnte ein Ergebnis wie an Punkt B für lange Zeit bestehen bleiben, gegeben dass keine staatliche Maßnahmen zur Steigerung der Beschäftigung ergriffen werden.

Um zu verstehen, warum das so ist, müssen wir zunächst nachvollziehen, wie die von Personalabteilungen in der gesamten Wirtschaft getroffenen Entscheidungen, die Löhne zu senken, (unter den richtigen Umständen) zum Verschwinden der konjunkturellen Arbeitslosigkeit führen könnte. Stellen Sie sich vor, die Wirtschaft befände sich an Punkt B (mit allen Unternehmen an Punkten wie B in Abbildung 9.9 (Seite 423)). Dann würde die folgende Prozesskette ablaufen, ausgehend von der Personalabteilung:

- Niedrigere Löhne würden die Kosten senken.
- Das Ausmaß des Wettbewerbs, mit dem das Unternehmen konfrontiert ist, hat sich nicht geändert, sodass die Marketingabteilung den Preis so ändern würde, dass der gewinnmaximierende Preisaufschlag wiederhergestellt wird.
- Angesichts der niedrigeren Kosten würden die Unternehmen daher die Preise senken.
- Da die Nachfragekurve des Unternehmens fällt, würden sie mehr verkaufen und damit den Output und die Beschäftigung steigern.

Abbildung 9.14 zeigt den Anpassungsprozess des Unternehmens. Der Lohn wird von der Personalabteilung auf das niedrigere Niveau gesenkt, und angesichts der niedrigeren Kosten senkt die Marketingabteilung den Preis, um den Gewinn zu maximieren. Die Unternehmen würden sich entlang ihrer Nachfragekurve nach rechts bewegen. Output und Beschäftigung nehmen zu.

Um zu sehen, wo die Preissenkung des Unternehmens aufhört, denken Sie an die neuen Isogewinnkurven, sobald die Kosten für die Einstellung von Arbeitskräften gesunken sind. Erinnern Sie sich an Einheit 7: Da die Kosten (C) gesunken sind, befindet sich die Isogewinnkurve an jedem Punkt auf einem höheren Gewinnniveau als vor dem Rückgang der Löhne.

Wichtig ist, dass die Kurve auch steiler ist als zuvor. Erinnern Sie sich daran, dass die Steigung der Isogewinnkurve $(p - C)/q$ ist (Einheit 7, Abschnitt 7.4), sodass zum Beispiel am Punkt B (q^*, p^*) die Steigung der Isogewinnkurve mit dem niedrigeren Lohn steiler ist.

Folgen Sie den Schritten in Abbildung 9.14, um zu sehen, welchen Preis das Unternehmen setzen wird.

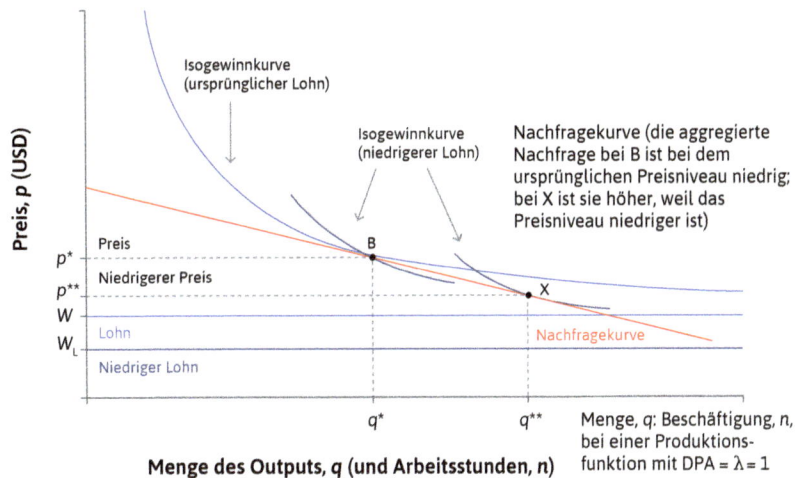

Abbildung 9.14 Nach einer Lohnkürzung erhöht ein Unternehmen die produzierte Menge und die Beschäftigung.

1. Die neue Isogewinnkurve

Die neue Isogewinnkurve (bei niedrigerem Lohn), die durch den ursprünglichen Punkt B verläuft, ist jetzt steiler als die Nachfragekurve, sodass das Unternehmen besser abschneiden kann, wenn es den Preis senkt und sich entlang der Nachfragekurve nach rechts unten bewegt, also mehr verkauft.

2. Maximale Gewinne

Das Unternehmen wird dies so lange tun, bis es einen Punkt auf der Nachfragekurve erreicht, an dem eine der neuen dunkelblauen Isogewinnkurven die Nachfragekurve tangiert. Das Unternehmen maximiert die Gewinne im Punkt X.

Was könnte schief gehen?

Dieser Prozess erklärt, wie Lohn- und Preissenkungen dazu führen könnten, dass sich die Wirtschaft von B zurück nach X bewegt. Aber reale Volkswirtschaften funktionieren nicht so reibungslos. Was könnte also schief gehen?

Widerstand der Beschäftigten gegen eine Senkung des Nominallohns

Die Personalabteilung weiß, dass eine Senkung der Nominallöhne der Beschäftigten nicht einfach ist, da dies bedeutet, dass der tatsächliche Geldbetrag, den alle Beschäftigten erhalten, geringer sein wird. Wie wir in Einheit 6 gesehen haben, zögern Unternehmen oft, die Nominallöhne zu senken, da dies die Arbeitsmoral der Beschäftigten beeinträchtigen und zu Konflikten führen kann. Streiks und der Widerstand der Beschäftigten, wie zum Beispiel die informelle Taktik des „langsamen Arbeitens", würden den Produktionsprozess unterbrechen. Aus diesen Gründen könnte die Personalabteilung zögern, die Nominallöhne zu kürzen.

T. Bewley. 2007. ‚Fairness, Reciprocity and Wage Rigidity'. *Behavioral Economics and its Applications*, veröffentlicht von Peter Diamond und Hannu Vartiainen, pp. 157–188. Princeton, NJ: Princeton University Press.

C. M. Campbell und K. S. Kamlani. 1997. 'The reasons for wage rigidity: Evidence from a survey of firms'. *The Quarterly Journal of Economics* 112 (3) (August): pp. 759–789.

Lohn- und Preissenkungen führen möglicherweise nicht zu höheren Umsätzen und mehr Beschäftigung

Damit die Anpassung von B auf X erfolgen kann, müssen die Unternehmen in der gesamten Wirtschaft die Löhne und Preise nach unten anpassen, und als Reaktion darauf müssen die Unternehmen und Haushalte ihre Nachfrage nach Waren und Dienstleistungen so weit erhöhen, dass die gesamtwirtschaftliche (oder aggregierte) Nachfrage wieder das Niveau am Punkt X erreicht. Für das einzelne Unternehmen führt eine Preissenkung zu höheren Umsätzen. Sinkende Preise in der gesamten Wirtschaft können jedoch zu Rückgängen bei den Ausgaben führen, wodurch sich die Nachfragekurven der Unternehmen nach links verschieben. Sinkende Preise können dazu führen, dass die Haushalte ihre Ausgaben aufschieben, da sie hoffen, später noch bessere Schnäppchen zu machen. Die Ausgabelücke würde durch ein solches Verhalten der Haushalte noch vergrößert werden. Außerdem geben die Menschen bei sinkenden Löhnen möglicherweise weniger aus, was die Nachfrage verringert.

Bei einer unzureichenden aggregierten Nachfrage können die üblichen gewinnorientierten Entscheidungen der Unternehmen und die Reaktionen der Verbrauchenden in der gesamten Wirtschaft also nicht garantieren, dass die Wirtschaft von B zum Nash-Gleichgewicht bei X gelangt.

Die Rolle der Regierung

Glücklicherweise gibt es einen anderen Weg, um von B zurück zum Nash-Gleichgewicht zu gelangen. Die Regierung könnte Maßnahmen ergreifen, um ihre eigenen Ausgaben zu erhöhen und die Nachfrage der Unternehmen zu steigern. In diesem Fall würden die Unternehmen am Punkt B feststellen, dass sie weniger als die gewinnmaximierende Menge produzieren, und daher mehr Leute einstellen, anstatt die Löhne zu senken. Politische Maßnahmen zur Beeinflussung der Gesamtnachfrage in der Wirtschaft werden in den Einheiten 13–17 behandelt.

Abbildung 9.15 veranschaulicht diesen Fall. Wie zuvor befindet sich die Wirtschaft zu Beginn (nach dem Rückgang der gesamtwirtschaftlichen Nachfrage) am Punkt B. Anstatt auf eine Erholung der aggregierten Nachfrage zu warten (zum Beispiel durch eine Belebung der weltweiten Nachfrage nach Mineralien) oder darauf, dass sich der Prozess der Lohn- und Preissenkungen in der gesamten Wirtschaft ausbreitet, kann die Regierung das Niveau der aggregierten Nachfrage erhöhen.

Eine Methode besteht darin, dass die Zentralbank die Darlehensaufnahme durch Senkung des Zinssatzes verbilligt. Damit sollen Anreize für die Menschen geschaffen werden, einen Teil ihrer Ausgabenentscheidungen vorzuziehen, insbesondere für Dinge, die häufig mit Darlehensaufnahme gekauft werden, wie zum Beispiel Immobilien oder Autos. Diese **Geldpolitik** wird in Einheit 10 und in Einheit 15 näher betrachtet. Andere Ansätze bestehen darin, dass die Regierung ihre Ausgaben erhöht oder die Steuersätze senkt. Diese **Fiskalpolitik** ist Gegenstand von Einheit 14.

Wir können das Gelernte in den Abbildungen 9.16 a–c zusammenfassen. Wenn die aggregierte Nachfrage in der Wirtschaft zu niedrig ist, ist die Arbeitslosigkeit höher als im Nash-Gleichgewicht. Die Regierung oder die Zentralbank kann diese nachfragebedingte Arbeitslosigkeit durch Fiskalpolitik oder Geldpolitik abbauen. Mit diesen Maßnahmen lässt sich die Arbeitslosigkeit wahrscheinlich schneller abbauen, als wenn man sich allein auf die Kombination von Lohn- und Preisanpassungen (nach unten) durch die Unternehmen in der gesamten Wirtschaft und eine erhöhte

Geldpolitik Maßnahmen der Zentralbank (oder der Regierung), die darauf abzielen, die Wirtschaftstätigkeit durch Änderung der Zinssätze oder der Preise von finanziellen Vermögenswerten zu beeinflussen. *Siehe auch: quantitative Lockerung.*

Fiskalpolitik Änderungen der Steuern oder Staatsausgaben zur Stabilisierung der Wirtschaft. *Siehe auch: fiskalpolitischer Stimulus, fiskalpolitischer Multiplikator, aggregierte Nachfrage.*

Nachfrage der Haushalte und Unternehmen nach Waren und Dienstleistungen verlässt.

Die Anpassung durch Fiskalpolitik oder Geldpolitik ist in Abbildung 9.16a dargestellt, die Anpassung durch Lohn- und Preissenkungen in Abbildung 9.16b, und der gesamte Arbeitsmarkt ist in Abbildung 9.16c dargestellt.

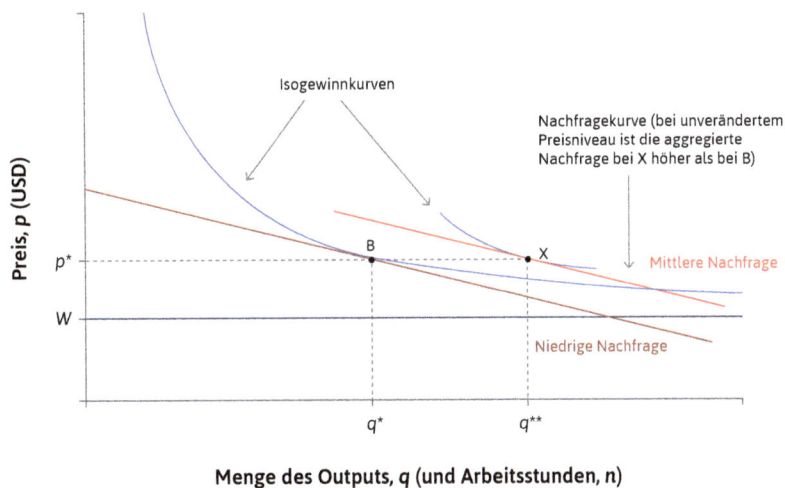

Menge des Outputs, q (und Arbeitsstunden, n)

Abbildung 9.15 Ein Unternehmen erhöht den Output und die Beschäftigung, nachdem die Nachfrage infolge der Geld- oder Fiskalpolitik gestiegen ist.

1. Vor dem Anstieg der Nachfrage
Wie zuvor beginnt das Unternehmen am Punkt B.

2. Die Nachfragekurve verschiebt sich nach rechts
Denken Sie daran, dass sich die Isogewinnkurven nicht verschieben, wenn sich die Nachfragekurve verschiebt. Das Unternehmen bewegt sich auf eine neue, höhere Isogewinnkurve, wenn die Nachfrage infolge einer höheren Nachfrage in der gesamten Wirtschaft aufgrund von geld- oder fiskalpolitischer Maßnahmen ansteigt.

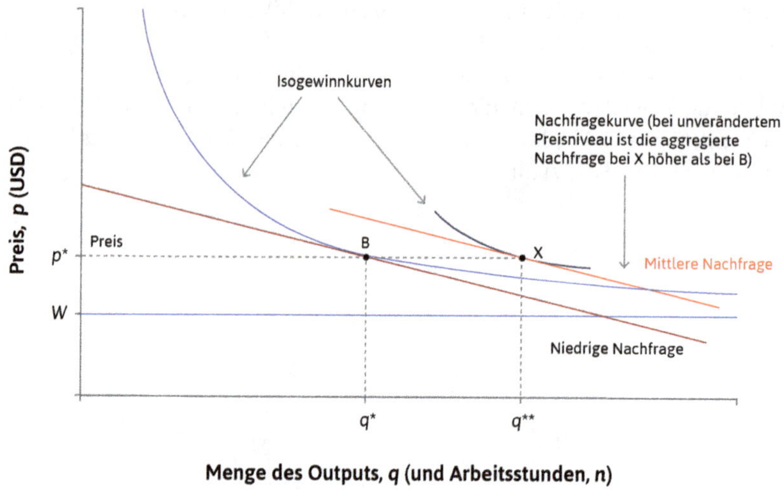

Abbildung 9.16a Das Unternehmen: Anpassung an die Gleichgewichtsarbeitslosigkeit bei X durch Finanz- oder Geldpolitik.

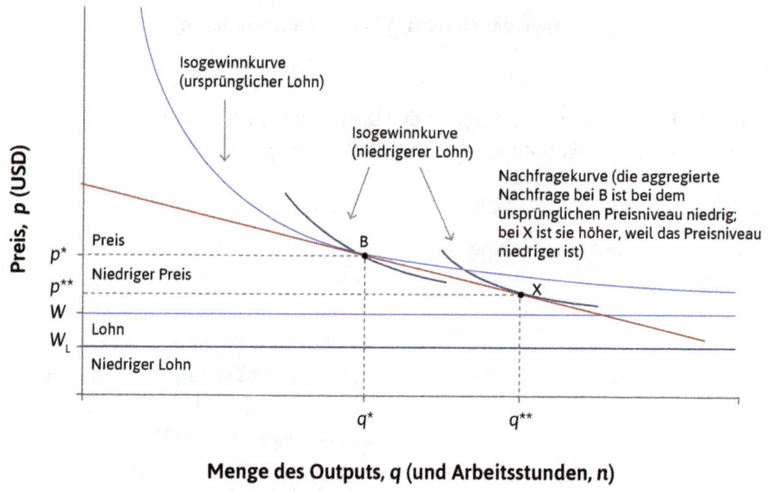

Abbildung 9.16b Das Unternehmen: Anpassung an die Gleichgewichtsarbeitslosigkeit bei X durch Lohn- und Preissenkungen.

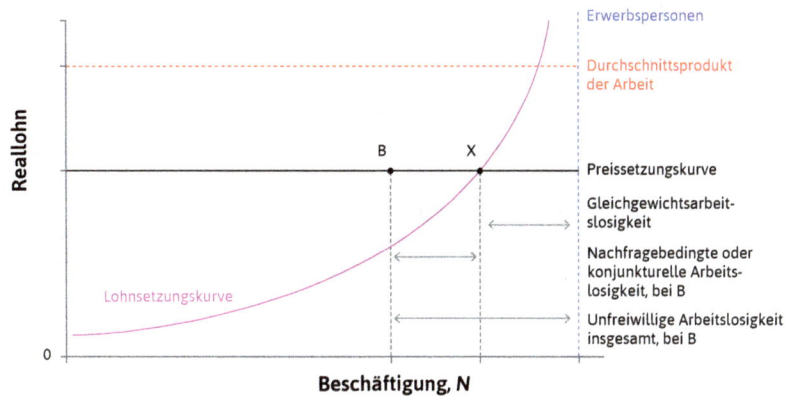

Abbildung 9.16c Aggregierter Arbeitsmarkt: Konjunkturelle Arbeitslosigkeit und Gleichgewichtsarbeitslosigkeit.

ÜBUNG 9.5 LÖHNE UND AGGREGIERTE NACHFRAGE

Wir haben gesehen, dass in einer Wirtschaft mit niedriger aggregierter Nachfrage und hoher konjunktureller Arbeitslosigkeit eine automatische Anpassung an das Gleichgewicht durch Lohn- und Preissenkungen erfolgen kann. Stellen Sie sich vor, Sie sind eine Arbeitskraft und sehen, dass viele Arbeitskräfte ihren Arbeitsplatz verloren haben, während anderen der Lohn gekürzt wird.

1. Wie könnte sich dies auf Ihre Ausgaben- und Sparentscheidungen auswirken?
2. Wie könnte sich dies auf die Anpassung zurück zum Gleichgewicht auswirken?

FRAGE 9.8 WÄHLEN SIE DIE RICHTIGE(N) ANTWORT(EN)

Abbildung 9.13 (Seite 433) stellt den Arbeitsmarkt bei einem negativen Schock der aggregierten Nachfrage dar. Welche der folgenden Aussagen ist richtig?

☐ Das neue Gleichgewicht B ist ein Nash-Gleichgewicht.
☐ In B ist die Arbeitslosigkeit vollständig konjunkturell.
☐ In B können die Unternehmen höhere Gewinne erzielen, indem sie die Löhne senken.
☐ Die Anpassung von B nach X erfolgt sofort.

9.8 ARBEITSMARKTGLEICHGEWICHT UND DIE VERTEILUNG DES EINKOMMENS

Wie wir gesehen haben, bestimmt das Arbeitsmarktmodell nicht nur die Höhe der Beschäftigung, der Arbeitslosigkeit und des Stundenlohns, sondern auch die Aufteilung des Outputs der Wirtschaft zwischen den Erwerbspersonen (sowohl den Beschäftigten als auch den Arbeitslosen) und den arbeitgebenden Unternehmen. Das Modell des Arbeitsmarktes ist also auch ein Modell der Einkommensverteilung in einer einfachen Volkswirtschaft, in der es nur diese beiden Gruppen gibt (Eigentümer:innen der Unternehmen und die Arbeitskräfte), wobei ein Teil der Arbeitskräfte ohne Beschäftigung ist.

Wie in Einheit 5 können wir die Lorenzkurve konstruieren und den Gini-Koeffizienten für die Wirtschaft in diesem Modell berechnen. Gehen Sie zu dem Einstein in Einheit 5 zur Lorenzkurve und auf den Einstein am Ende dieses Abschnitts, in denen erklärt wird, wie man den Gini-Koeffizienten mit verschiedenen Arten von Informationen über eine Bevölkerung berechnet.

Im linken Feld der Abbildung 9.17 ist der Arbeitsmarkt einer Wirtschaft mit 80 Beschäftigten in zehn identischen Unternehmen dargestellt. Wie Sie sehen können, gibt es zehn arbeitslose Personen. Jedes Unternehmen ist Eigentum einer Person. Die Wirtschaft befindet sich am Punkt A im Gleichgewicht, wo der Reallohn sowohl ausreichend ist, um die Beschäftigten zur Arbeit zu motivieren, als auch mit dem gewinnmaximierenden Preisaufschlag des Unternehmens auf die Kosten ($w = 0{,}6$ in diesem Fall) übereinstimmt.

Das rechte Feld zeigt die Lorenzkurve für das Einkommen in dieser Wirtschaft. Da die arbeitslosen Personen kein Einkommen erhalten, wenn es kein Arbeitslosengeld gibt, beginnt die Lorenzkurve (die durchgezogene blaue Linie) auf der horizontalen Achse rechts von der linken Ecke. Die Preissetzungskurve im linken Feld zeigt, dass der Output der Wirtschaft so aufgeteilt wird, dass die Beschäftigten einen Anteil von 60 % und die Eigentümer:innen den Rest erhalten. Im rechten Feld wird dies durch den zweiten „Knick" in der Lorenzkurve verdeutlicht, wo wir sehen, dass die ärmsten 90 Personen der Bevölkerung (die zehn arbeitslosen Personen und die 80 Beschäftigten, die auf der horizontalen Achse dargestellt sind) 60 % des gesamten Outputs (auf der vertikalen Achse) erhalten.

Die Größe der schattierten Fläche misst das Ausmaß der Ungleichheit, und der Gini-Koeffizient beträgt 0,36. Wie man den Gini-Koeffizienten aus

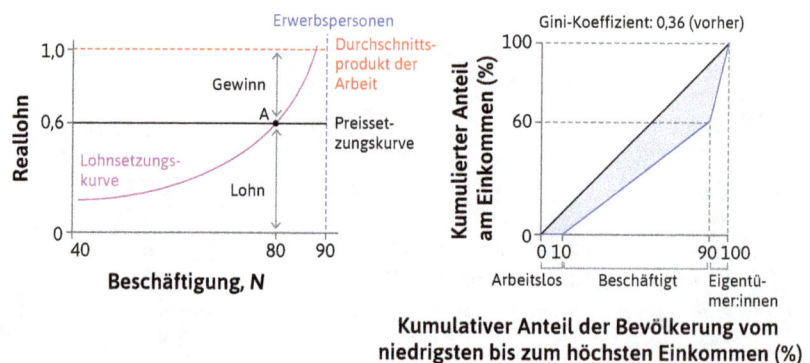

Abbildung 9.17 Die Verteilung des Einkommens im Arbeitsmarktgleichgewicht.

diesen Daten berechnet, erfahren Sie im Einstein am Ende dieses Abschnitts.

Die Lorenzkurve besteht aus drei Liniensegmenten mit dem Ausgangspunkt bei den Koordinaten (0, 0) und dem Endpunkt (1, 1). Der erste Knick in der Kurve entsteht, wenn wir alle arbeitslosen Personen gezählt haben.

Der zweite ist der innere Punkt, dessen Koordinaten lauten (Anteil an der Gesamtzahl der Erwerbspersonen, Anteil am gesamten Output in Form von Löhnen). Der Anteil des Outputs, der in Form von Löhnen empfangen wird, der sogenannte Lohnanteil des Gesamteinkommens, s, beträgt

$$s = \text{Lohnanteil}$$
$$= \frac{\text{Reallohn einer Arbeitskraft pro Tag}}{\text{Output einer Arbeitskraft pro Tag}}$$
$$= \frac{w}{\lambda}$$

Die schattierte Fläche in der Abbildung—und damit die durch den Gini-Koeffizienten gemessene Ungleichheit—nimmt also zu, wenn:

- *Ein größerer Anteil der Erwerbspersonen ohne Beschäftigung (höhere Arbeitslosenquote) ist*: Der erste Knick verschiebt sich nach rechts.
- *Der Reallohn sinkt (oder äquivalent dazu der Preisaufschlag steigt) und sich sonst nichts ändert*: Der zweite Knick verschiebt sich nach unten.
- *Die Produktivität steigt, und sich sonst nichts ändert (die Reallöhne steigen nicht)*: Dies bedeutet, dass der Preisaufschlag steigt, sodass sich der zweite Knick wieder nach unten verschiebt.

Faktoren, die das Arbeitsmarktgleichgewicht beeinflussen: Arbeitslosigkeit und Ungleichheit

Was kann das Beschäftigungsniveau und die Verteilung des Einkommens zwischen Gewinnen und Löhnen im Gleichgewicht verändern? Folgen Sie den Schritten in Abbildung 9.18, um zu sehen, was passieren würde, wenn der Wettbewerb zwischen den Unternehmen zunehmen würde; zum Beispiel als Folge niedrigerer Markteintrittshürden für Unternehmen aus dem Ausland.

Der Preisaufschlag würde sinken, und infolgedessen würde der Reallohn, den die Preissetzungskurve anzeigt, steigen, was zu einem neuen Gleichgewicht im Punkt B mit einem höheren Lohn und einem höheren Beschäftigungsniveau führt. Der Anteil des Outputs, der in die Gewinne der Eigentümer:innen fließt, sinkt, und der Anteil, der in die Löhne fließt, steigt.

FRAGE 9.9 WÄHLEN SIE DIE RICHTIGE(N) ANTWORT(EN)

Abbildung 9.17 ist die Lorenzkurve, die mit einem bestimmten Arbeitsmarktgleichgewicht verbunden ist. Bei einer Bevölkerung von 100 Personen gibt es zehn Unternehmen mit jeweils einer Eigentümerin oder einem Eigentümer, 80 Beschäftigte und zehn arbeitslose Personen. Die Beschäftigten erhalten 60 % des Gesamteinkommens als Lohn. Der Gini-Koeffizient beträgt 0,36. In welchem der folgenden Fälle würde sich der Gini-Koeffizient erhöhen, wenn alle anderen Faktoren unverändert bleiben?

☐ Ein Anstieg der Arbeitslosenquote.
☐ Ein Anstieg des Reallohns.
☐ Ein Anstieg der Produktivität der Beschäftigten bei gleichbleibendem Reallohn.
☐ Ein Anstieg des Wettbewerbs, dem die Unternehmen ausgesetzt sind.

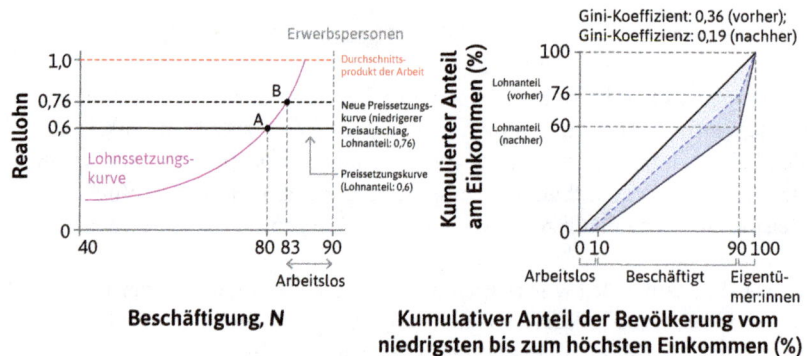

Abbildung 9.18 Die Auswirkung einer Zunahme des Wettbewerbs, dem die Unternehmen ausgesetzt sind: Die Preissetzungskurve verschiebt sich nach oben und Ungleichheit nimmt ab.

1. Das anfängliche Gleichgewicht

Wir gehen von einem Gleichgewicht bei A mit einem Gini-Koeffizienten von 0,36 aus. Angenommen der Wettbewerb zwischen den Unternehmen nimmt zu.

2. Ein neues Gleichgewicht

Der von den Unternehmen auf dem Markt verlangte Preisaufschlag sinkt, sodass die Preissetzungskurve höher liegt. Das neue Gleichgewicht liegt bei B.

3. Ein neuer Gini-Koeffizient

Im neuen Gleichgewicht gibt es einen höheren Lohn und ein höheres Beschäftigungsniveau. Ein stärkerer Wettbewerb bedeutet, dass die Unternehmen eine geringere Marktmacht haben: Der Anteil, der in die Gewinne fließt, sinkt, und der Anteil, der in die Löhne fließt, steigt. Die Ungleichheit sinkt: Der neue Gini-Koeffizient beträgt 0,19.

EINSTEIN

Die Lorenzkurve und der Gini-Koeffizient in einer Wirtschaft mit arbeitslosen Personen, Beschäftigten und Eigentümer:innen von arbeitgebenden Unternehmen

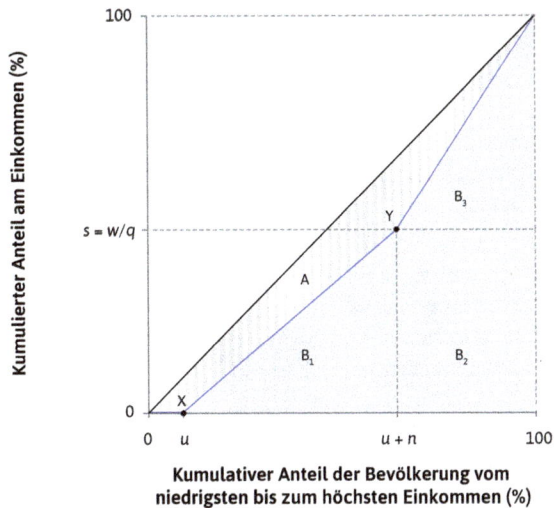

Anhand der Abbildung können wir nun eine Gleichung für den Wert des Gini-Koeffizienten in Abhängigkeit von den folgenden Variablen ableiten:

- u, der Anteil der Bevölkerung, der arbeitslos ist
- n, der Anteil der Bevölkerung, der beschäftigt ist
- w, der Reallohn
- q, Output je beschäftigter Person
- $s = w/q$, der von den Beschäftigten erhaltene Lohnanteil

Erinnern Sie sich, dass der Gini-Koeffizient gleich der Fläche A geteilt durch die Fläche unter der 45-Grad-Linie ist, also gleich $A/0{,}5 = 2A$. Wir berechnen A als $0{,}5 - B$, wobei $B = B_1 + B_2 + B_3$:

$$B_1 = \frac{1}{2}ns$$
$$B_2 = (1 - u - n)s$$
$$B_3 = \frac{1}{2}(1 - u - n)(1 - s)$$

Durch Umstellen dieser Variablen erhalten wir:

$$\begin{aligned} B &= B_1 + B_2 + B_3 \\ &= \frac{1}{2}ns + (1 - u - n)s + \frac{1}{2}(1 - u - n)(1 - s) \\ &= \frac{1}{2}(1 - u - n) + \frac{1}{2}(1 - u)s \end{aligned}$$

Daraus folgt, dass der Gini-Koeffizient wie folgt lautet:

$$g = 2A$$
$$= 1 - (1 - u - n) - (1 - u)s$$
$$= u + n - (1 - u)s$$

Erinnern Sie sich, dass $s = w/q$ ist. Was können wir davon lernen

$$g = u + n - (1 - u)\frac{w}{q}?$$

- *Wenn die Gruppe der Eigentümer:innen relativ kleiner wird:* Dann steigt $u + n$ an. Dies impliziert, dass g steigt und der Punkt Y auf der Lorenzkurve nach rechts wandert: Die Ungleichheit nimmt zu. Das liegt daran, dass die gleiche Menge an Gewinn auf weniger Menschen verteilt wird, die dadurch reicher sind als zuvor. Dies könnte die frühe Entwicklung des Kapitalismus von einer Wirtschaft mit kleinen Unternehmen und Manufakturen in Familienbesitz, die jeweils nur wenige Beschäftigte hatten, zu einer modernen Wirtschaft mit konzentriertem Vermögen darstellen.
- *Eine Erhöhung des Anteils w/q, ceteris paribus, verringert den Gini-Koeffizienten:* Dadurch verschiebt sich der Punkt Y nach oben.
- *Wenn alle Unternehmen Kooperativen sind:* Wenn es keine Eigentümer:innen gibt und die Beschäftigten alles behalten, was sie produzieren ($w/q = 1$), dann sinkt der Gini-Koeffizient auf $g = 2u + n - 1$ und der Punkt Y verschiebt sich in die obere rechte Ecke. Wenn es außerdem keine Arbeitslosigkeit gibt, ist $u = 0$ und $n = 1$, sodass $g = 0$ ist: Es herrscht vollkommene Gleichheit, da alle beschäftigt sind und den gleichen Lohn erhalten. Dies setzt voraus, dass die Produktivität unverändert bleibt.
- *Wie wir im Einstein in Einheit 5 gesehen haben, funktioniert diese Berechnung nicht, wenn die Bevölkerung klein ist:* In diesem Fall ist die Formel, die wir für den Gini-Koeffizienten abgeleitet haben, wenn eine einzige Person das gesamte Einkommen erhält, nicht gleich 1—so wie es sein sollte. Um dies zu zeigen, nehmen wir an, dass $w = 0$ ist, sodass das einzige Einkommen an die Eigentümer:innen geht. Dann gehen wir zu unserer obigen Formel $g = u + n$. Nehmen wir nun an, dass es in der Bevölkerung zehn Personen gibt, von denen nur eine Eigentümer:in ist. Dann ist $g = 0{,}9$, obwohl der Gini-Koeffizient in Wirklichkeit 1 ist. Das ist die Verzerrung durch die kleine Bevölkerung. Wenn Sie den Gini-Koeffizienten berechnen, indem Sie die Differenzen zwischen Paaren von Personen in der Bevölkerung nehmen, unterliegt Ihr Ergebnis für g nicht dieser Verzerrung durch die kleine Bevölkerung. Alternativ können Sie das oben berechnete g mit $N/(N - 1)$ multiplizieren, um die Verzerrung zu korrigieren, wobei N die Größe der Bevölkerung ist: Die Multiplikation von 0,9 mit 10/9 ergibt $g = 1$.

9.9 ARBEITSANGEBOT, ARBEITSNACHFRAGE UND VERHANDLUNGSMACHT

Auch wenn im Nash-Gleichgewicht des Arbeitsmarktes das Angebot die Nachfrage nach Arbeitskräften immer übersteigen muss (es gibt immer eine gewisse unfreiwillige Arbeitslosigkeit), ist das Angebot an Arbeitskräften dennoch eine der wichtigen Bestimmungsfaktoren dieses Nash-Gleichgewichts. Um zu sehen, warum dies so ist, stellen Sie sich vor, dass es eine Zuwanderung von Menschen gibt, die Arbeit suchen (nehmen Sie an, dass diese Personen potenzielle Arbeitskräfte sind, im Gegensatz zu Personen, die ein Unternehmen gründen wollen), oder dass Personen, die zu Hause geblieben sind, um Kinder zu erziehen, oder die in den Ruhestand gegangen sind, wieder in den Arbeitsmarkt eintreten.

Wie würde sich dies auswirken? Schauen wir uns zunächst an, was mit der Lohnsetzungskurve nach einem Anstieg des Arbeitskräfteangebots geschieht:

- Neue Arbeitssuchende würden in den Pool der Arbeitslosen eintreten
- Was die voraussichtliche Dauer des Zeitraums der Arbeitslosigkeit erhöhen würde
- Durch die Erhöhung der Kosten für den Verlust des Arbeitsplatzes steigt die Beschäftigungsrente, die die Beschäftigten bei dem derzeitigen Lohn und Beschäftigungsniveau erhalten
- Aber die Unternehmen würden dann mehr als nötig zahlen, um die Motivation der Beschäftigten am Arbeitsplatz zu gewährleisten …
- … daher würden die Unternehmen die Löhne senken.

Dieser Prozess gilt für jeden Punkt der Lohnsetzungskurve, also muss er auch für die gesamte Kurve gelten. Eine Erhöhung des Arbeitskräfteangebots führt also dazu, dass sich die Lohnsetzungskurve nach unten verschiebt.

Änderungen des Arbeitsangebots: Die Auswirkungen von Einwanderung

Als Beispiel nehmen wir einen Anstieg des Arbeitsangebots aufgrund von Einwanderung. Die Arbeitskräfteangebotskurve würde sich nach rechts verschieben, wie in Abbildung 9.19 dargestellt.

Kurzfristig wirkt sich die Einwanderung für die in diesem Land bereits Beschäftigten nachteilig aus: Die Löhne sinken und die erwartete Dauer der Arbeitslosigkeit steigt. Langfristig jedoch führt die erhöhte Rentabilität der Unternehmen zu einer Ausweitung der Beschäftigung, die schließlich (wenn keine weiteren Veränderungen eintreten) den Reallohn wieder ansteigen lässt und die Wirtschaft auf ihre ursprüngliche Arbeitslosenquote zurückführt. Infolgedessen sind die bisherigen Beschäftigten nicht schlechter gestellt. Und einwandernde Personen konnten wahrscheinlich ihre wirtschaftliche Situation verbessern—vor allem, wenn sie ihr Heimatland verlassen haben, weil es dort schwierig war, einen Lebensunterhalt zu verdienen.

Wir fassen die Auswirkungen der Zunahme des Arbeitskräfteangebots auf den Arbeitsmarkt zusammen:

- Die Verschiebung der Lohnsetzungskurve nach unten auf dem ursprünglichen Beschäftigungsniveau senkt den Lohn (nach B).
- Die Senkung des Lohns führt zu einer Verringerung der Grenzkosten der Unternehmen, und bei unveränderten Nachfragebedingungen werden die Unternehmen zusätzliche Personen einstellen.

- Infolgedessen nimmt die Beschäftigung zu, sodass sich die Wirtschaft wieder am Schnittpunkt der Preissetzungskurve und der neuen Lohnsetzungskurve, mit gestiegener Beschäftigung, befindet.
- Der Anstieg des Arbeitskräfteangebots führt zu einem neuen Gleichgewicht mit höherer Beschäftigung, da dieser die Lohnsetzungskurve nach unten verschiebt. Die Neueinstellungen werden gestoppt, wenn der Lohn wieder auf dem Niveau der Preissetzungskurve (bei C) liegt. Im neuen Gleichgewicht ist die Beschäftigung höher und der Reallohn bleibt unverändert.

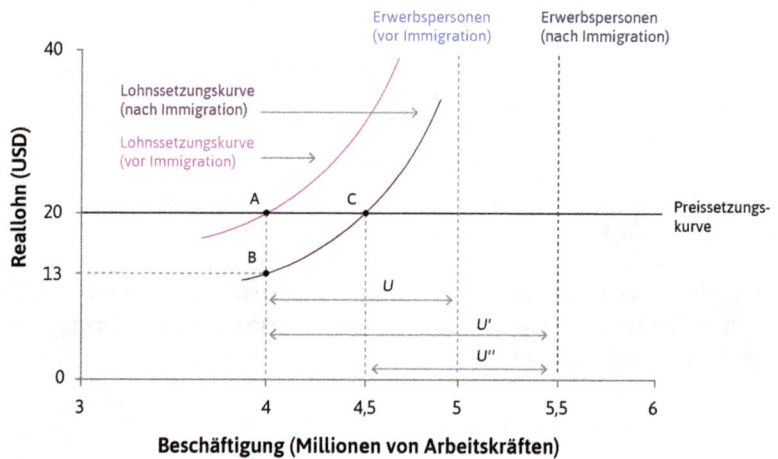

Abbildung 9.19 Die Auswirkung der Einwanderung auf die Arbeitslosigkeit.

1. Die Ausgangssituation

Die Wirtschaft beginnt am Punkt A mit vier Millionen Beschäftigten zu einem Stundenlohn von 20 USD und einer Erwerbspersonenanzahl von fünf Millionen.

2. Eine Million Erwerbspersonen sind arbeitslos

Dies wird durch den Abstand U dargestellt.

3. Zugewanderte Personen werden zu Erwerbspersonen und vergrößern das Angebot an Arbeitskräften

Dadurch erhöht sich die Zahl der Erwerbspersonen (und damit das Angebot an Arbeitskräften) von fünf Millionen auf 5,5 Millionen.

4. Die Lohnsetzungskurve verschiebt sich nach unten

Auf jedem Beschäftigungsniveau gibt es jetzt mehr arbeitslose Erwerbspersonen. Der Anstieg der Arbeitslosigkeit auf 1,5 Millionen zeigt sich im Abstand U'. Die Bedrohung des Arbeitsplatzverlustes ist größer, und die Unternehmen können sich die Arbeitskraft der Beschäftigten zu einem niedrigeren Lohn sichern.

5. Unternehmen senken den Lohn

Der Lohn befindet sich nun an Punkt B der Lohnsetzungskurve in der Abbildung, wobei der Lohn bei 13 USD pro Stunde und die Beschäftigung immer noch bei vier Millionen liegt.

6. Die Gewinne steigen

Dies veranlasst die Unternehmen, mehr Personen einzustellen, was steigende Löhne entlang der Lohnsetzungskurve erfordert. Der Arbeitsmarkt bewegt sich von Punkt B nach Punkt C.

7. Beschäftigung und Löhne steigen

Die Löhne steigen an, bis sie die Preissetzungskurve erreichen, was bedeutet, dass die Gewinne wieder mit dem Wettbewerb auf dem Markt vereinbar sind. Im Punkt C beträgt die Beschäftigung 4,5 Millionen Personen, der Lohn 20 USD, und die Arbeitslosigkeit ist auf eine Million Personen zurückgegangen, wie die Strecke U" zeigt.

ÜBUNG 9.6 EINWANDERUNG VON GRÜNDERN UND GRÜNDERINNEN

Nehmen wir an, dass einige der einwandernden Personen beschließen, Unternehmen zu gründen, anstatt sich anstellen zu lassen. Erläutern Sie, wie sich dies auf die Lohnsetzungskurve, die Preissetzungskurve und das Arbeitsmarktgleichgewicht auswirken wird.

FRAGE 9.10 WÄHLEN SIE DIE RICHTIGE(N) ANTWORT(EN)

Abbildung 9.17 (Seite 440) zeigt das Modell eines Arbeitsmarktes mit 90 Millionen Arbeitskräften. Das derzeitige Arbeitsmarktgleichgewicht liegt bei A. Betrachten wir nun den Fall, dass das Gesamtangebot an Arbeitskräften auf 100 Millionen erhöht wird. Welche der folgenden Aussagen über den Anpassungsprozess auf dem Arbeitsmarkt sind richtig?

- ☐ Anfangs verdoppelt sich die Arbeitslosigkeit.
- ☐ Die höhere Arbeitslosigkeit führt zu einer Verringerung der Beschäftigungsrente der Arbeitskräfte, die zum aktuellen Lohn beschäftigt sind.
- ☐ Die Unternehmen sind gezwungen, die Löhne zu erhöhen, um die Beschäftigten zur Arbeit zu bewegen.
- ☐ Die Lohnsetzungskurve verschiebt sich nach unten.

9.10 GEWERKSCHAFTEN: VERHANDELTE LÖHNE UND DER EFFEKT DER GEWERKSCHAFTSSTIMME

Das bisher vorgestellte Modell des Arbeitsmarktes bezieht sich auf Unternehmen und einzelne beschäftigte Personen. In vielen Ländern spielen jedoch Gewerkschaften eine wichtige Rolle für die Funktionsweise des Arbeitsmarktes. Eine **Gewerkschaft** ist eine Organisation, die die Interessen einer Gruppe von Beschäftigten in Verhandlungen mit den Unternehmen über Themen wie Lohn, Arbeitsbedingungen und Arbeitszeiten vertreten kann. Der daraus resultierende Vertrag wird zwischen dem Unternehmen oder der Organisation, die die Unternehmen vertritt und der Gewerkschaft geschlossen.

Wie Sie in Abbildung 9.20 sehen können, ist der Anteil der Beschäftigten, die unter von Gewerkschaften ausgehandelten Tarifverträgen beschäftigt sind, in den einzelnen Ländern sehr unterschiedlich: von praktisch allen Beschäftigten in Frankreich und einigen nordeuropäischen Volkswirtschaften bis hin zu kaum einer Person in den USA und Südkorea.

Gewerkschaften und die verhandelte Lohnsetzungskurve

Wenn die Beschäftigten in Gewerkschaften organisiert sind, wird der Lohn nicht von der Personalabteilung festgelegt, sondern durch einen Verhandlungsprozess zwischen Gewerkschaft und Unternehmen. Obwohl der Lohn immer mindestens so hoch sein muss wie der Lohn, der sich aus der Lohnsetzungskurve für das gegebene Niveau der Arbeitslosigkeit ergibt, kann der ausgehandelte Lohn über der Lohnsetzungskurve liegen. Der Grund dafür ist, dass die Drohung des Unternehmens, die beschäftigte Person zu entlassen, nicht mehr die einzige mögliche Machtausübung ist. Die Gewerkschaft kann damit drohen, das Unternehmen (zumindest vorübergehend) zu „entlassen", indem sie in den Streik tritt, das heißt die Arbeit der Beschäftigten dem Unternehmen entzieht.

Man kann sich eine „verhandelte Lohnsetzungskurve" vorstellen, die oberhalb der Lohnsetzungskurve liegt und den Lohn angibt, den der Verhandlungsprozess zwischen Gewerkschaft und Unternehmen für jedes Beschäftigungsniveau hervorbringen wird.

Die relative Verhandlungsmacht der Gewerkschaft und des Unternehmens bestimmt, wie weit diese verhandelte Lohnsetzungskurve oberhalb der

Gewerkschaft Eine Organisation, die überwiegend aus Beschäftigten besteht und zu deren Haupttätigkeiten die Aushandlung von Löhnen und Arbeitsbedingungen für die Gewerkschaftsangehörigen gehört.

Sunny Freeman. 2015. 'What Canada can learn from Sweden's unionized retail workers' (https://tinyco.re/ 0808135). *Huffington Post Canada Business*. Aktualisiert am 19. März 2015.

Barry T. Hirsch. 2008. 'Sluggish institutions in a dynamic world: Can unions and industrial competition coexist?' *Journal of Economic Perspectives* 22 (1) (Februar): pp. 153–176.

Lohnsetzungskurve liegt. Die Macht der Gewerkschaft hängt von der Fähigkeit ab, dem Unternehmen Arbeitskräfte vorzuenthalten, sodass ihre Verhandlungsmacht größer ist, wenn sie sicherstellen kann, dass während eines Streiks keine anderen Arbeitskräfte dem Unternehmen ihre Dienste anbieten. Diese und andere Bestimmungsfaktoren der Verhandlungsmacht hängen von den in einer Wirtschaft geltenden Gesetzen und sozialen Normen ab. In vielen Ländern ist es beispielsweise ein schwerwiegender Verstoß gegen eine soziale Norm unter den Beschäftigten, sich um eine Anstellung in einem Unternehmen zu bemühen, dessen Beschäftigten sich im Streik befinden.

Eine mächtige Gewerkschaft kann sich jedoch dazu entschließen, den Lohn nicht zu erhöhen, selbst wenn sie die Macht dazu hat. Der Grund dafür ist, dass selbst eine sehr mächtige Gewerkschaft nur den Lohn festlegen kann und nicht bestimmen kann, wie viele Beschäftigte das Unternehmen einstellt. Ein zu hoher Lohn kann die Gewinne so weit drücken, dass das Unternehmen zahlungsunfähig wird oder die Zahl der Beschäftigten reduziert.

Die Gewerkschaften können sich dafür entscheiden, ihre Verhandlungsmacht einzuschränken. Wenn ihre Lohnfestsetzung einen wesentlichen Teil der Wirtschaft abdeckt, werden sie die Auswirkungen ihrer Lohnentscheidung auf die Löhne und die Beschäftigung in der gesamten Wirtschaft berücksichtigen.

Um den Unterschied zu erkennen, den eine Gewerkschaft ausmacht, sehen wir uns an, wie der Arbeitsmarkt funktionieren würde, wenn nicht das Unternehmen den Lohn festlegt und die Beschäftigten individuell darauf reagieren, sondern der Prozess nun folgendermaßen ablaufen würde:

1. Die Gewerkschaft legt den Lohn fest.
2. Das Unternehmen teilt den Beschäftigten mit, dass unzureichende Arbeit zur Kündigung führen wird.
3. Die Beschäftigten reagieren auf den Lohn und die Aussicht auf Entlassung, indem sie entscheiden, wie hart sie arbeiten wollen.

In diesem Fall setzt das Unternehmen nicht mehr den Lohn fest, der den Gewinn maximiert (der Tangentenpunkt der Isokostengerade für den

Diese Daten bei OwiD ansehen
https://tinyco.re/8246237

Jelle Visser. 2015. 'ICTWSS Data base. version 5.0.' (https://tinyco.re/3654275). *Amsterdam: Amsterdam Institute for Advanced Labour Studies AIAS.* Aktualisiert Oktober 2015.

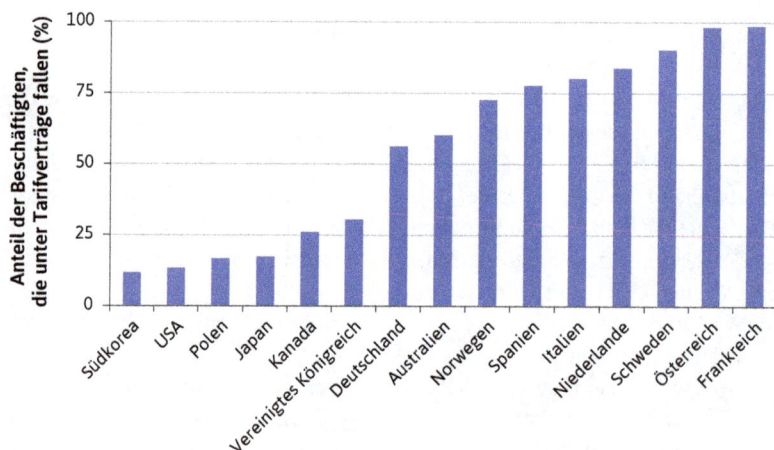

Abbildung 9.20 Anteil der Beschäftigten, deren Löhne durch Tarifverträge abgedeckt sind (Anfang der 2010er Jahre).

Arbeitsaufwand und der Beste-Antwort-Funktion bei Punkt A in Abbildung 9.21). Verwenden Sie die Schritte in Abbildung 9.21, um zu sehen, was passiert, wenn die Gewerkschaft und nicht das Unternehmen den Lohn festlegt.

Wie aus der Abbildung hervorgeht, wird der Lohn höher sein als der von den Unternehmen bevorzugte Lohn. Die Beschäftigten werden nun zwar härter arbeiten, aber die Löhne steigen stärker als die Produktivität, sodass die Unternehmen für jeden Dollar, den sie für Löhne ausgeben, weniger Einsatz von den Beschäftigten erhalten. Daraus folgt, dass die Gewinne niedriger sein werden als ohne die Gewerkschaft, das heißt auf der flacheren Isokostengerade, die durch C verläuft, liegen.

Überträgt man Abbildung 9.21 auf das Modell des Arbeitsmarktes in Abbildung 9.22, so stellt man fest, dass die verhandelte Lohnsetzungskurve über der ursprünglichen Lohnsetzungskurve liegt. Betrachtet man das Gleichgewicht, in dem sich die verhandelte Lohnsetzungskurve mit der Preissetzungskurve schneidet, bleibt der Lohn unverändert, aber das Beschäftigungsniveau ist niedriger.

Paradoxerweise scheint es so, als würde der Erfolg der Gewerkschaft bei den Verhandlungen den Beschäftigten schaden, da der Reallohn unverändert bleibt und mehr Menschen arbeitslos sind. Betrachtet man jedoch die Daten zur Reichweite von gewerkschaftlichen Tarifverträgen und die Arbeitslosigkeit in Abbildung 9.23, dann scheint es nicht der Fall zu sein, dass

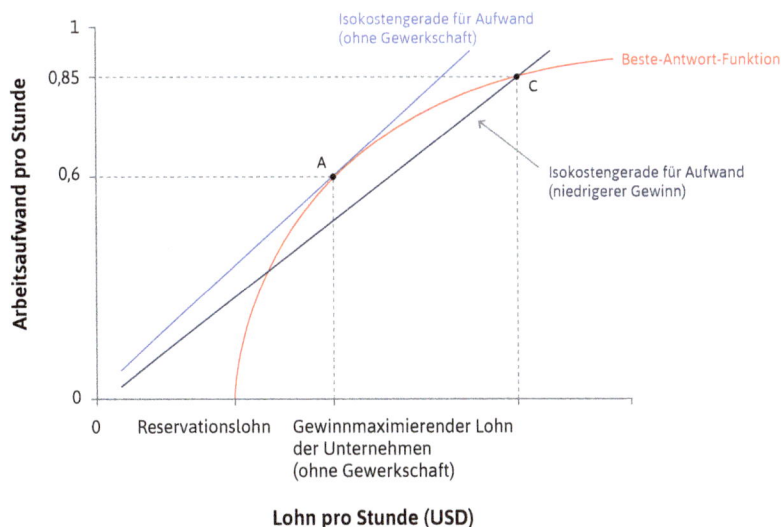

Abbildung 9.21 Die Gewerkschaft legt den Lohn des Unternehmens fest.

1. Das arbeitgebende Unternehmen setzt den Lohn fest

Im Punkt A legt das Unternehmen den Lohn fest, der den Gewinn im Tangentenpunkt der Isokostengerade und der Beste-Antwort-Funktion maximiert.

2. Die Gewerkschaft legt stattdessen den Lohn fest

Wenn die Gewerkschaft den Lohn festlegt, wird dieser höher sein als der von dem Unternehmen bevorzugte Lohn und das Anstrengungsniveau wäre dementsprechend höher …

3. Größere Anstrengung, aber geringere Gewinne

… aber die Gewinne wären niedriger (erkennbar an der flacheren Isokostengerade, die durch C verläuft).

die Arbeitslosigkeit in den Ländern höher ist, in denen die Gewerkschaften bei der Lohnfestsetzung eine wichtige Rolle spielen.

In Österreich, wo fast alle Beschäftigten von gewerkschaftlichen Tarifverträgen erfasst werden, ist die Arbeitslosenquote (im Durchschnitt des Zeitraums 2000–2014) niedriger als in den USA, wo weniger als eine von fünf Arbeitskräften von gewerkschaftlichen Verträgen erfasst werden. In Spanien und Polen war die Arbeitslosigkeit in diesem Zeitraum massiv, wobei die Reichweite der gewerkschaftlichen Tarifverträgen in Spanien sehr groß und in Polen sehr klein ist.

Die Tatsache, dass die Gewerkschaften die Lohnsetzungskurve bis zur neuen „verhandelten Lohnsetzungskurve" nach oben drücken können, muss also nicht das Ende der Geschichte sein.

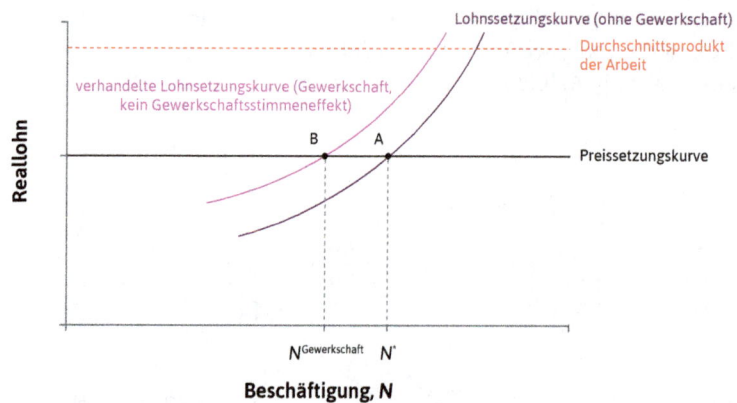

Abbildung 9.22 Die verhandelte Lohnsetzungskurve ohne den Effekt der Gewerkschaftsstimme.

Diese Daten bei OWiD ansehen
https://tinyco.re/2742500

Jelle Visser. 2015. 'ICTWSS Data base.
version 5.0.' (https://tinyco.re/3654275).
Amsterdam: Amsterdam Institute for
Advanced Labour Studies AIAS.
Aktualisiert Oktober 2015.

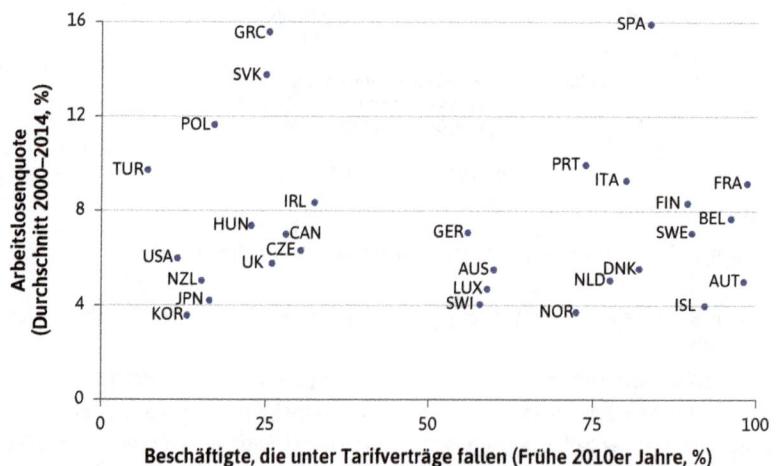

Abbildung 9.23 Tarifvertragliche Deckung und Arbeitslosigkeit in der OECD.

Der Gewerkschaftsstimmeneffekt

Nehmen wir an, das Unternehmen und die Gewerkschaft hätten im Laufe der Zeit eine konstruktive Arbeitsbeziehung entwickelt—zum Beispiel, indem sie auftretende Probleme so lösen, dass sowohl die Beschäftigten als auch die Eigentümer:innen davon profitieren. Die Beschäftigten könnten die Anerkennung der Gewerkschaft durch das Unternehmen und dessen Bereitschaft, mit den Beschäftigten einen Kompromiss über höhere Löhne zu verhandeln, als Zeichen des guten Willens deuten.

Infolgedessen könnten sie sich stärker mit ihrem Unternehmen identifizieren und die Anstrengung als weniger belastend empfinden als zuvor, wodurch sich die Beste-Antwort-Funktion in Abbildung 9.24 nach oben verschiebt.

Das Ergebnis der größeren Verhandlungsmacht der Beschäftigten und ihrer Gegenseitigkeit in Bezug auf die entgegenkommendere Politik des Unternehmens ist als Punkt D in Abbildung 9.24 dargestellt. Der Lohn ist derselbe wie im vorherigen Fall, aber da die Beschäftigten mehr leisten, sind die Gewinne des Unternehmens höher. Man beachte, dass das Unternehmen in dem gezeigten Beispiel immer noch schlechter dasteht, als es ohne die Gewerkschaft gewesen wäre.

Mit der neuen Beste-Antwort-Funktion gibt es natürlich ein Ergebnis für ein lohnsetzendes Unternehmen, das sogar noch besser ist als D—nämlich dann, wenn die Isokostenkurve tangential zur Besten-Antwort-Funktion verläuft (nicht dargestellt). Dies ist jedoch nicht machbar. Die Beschäftigten werden die höheren Anstrengungen nicht unternehmen, wenn es keine Verhandlungen über Löhne und Arbeitsbedingungen gibt, die durch die Rolle der Gewerkschaft bei der Lohnfestsetzung ermöglicht werden.

Wir haben zwei Effekte identifiziert, die aus der Existenz einer Gewerkschaft folgen. Im Diagramm des Arbeitsmarktes können wir beide abbilden:

- Die Gewerkschaft kann das Unternehmen dazu bringen, einen Lohn zu zahlen, der über dem Minimum liegt, das notwendig ist, um die Beschäftigten zur Arbeit zu bewegen (die verhandelte Lohnsetzungskurve liegt oberhalb der Lohnsetzungskurve).
- Wird den Beschäftigten sowohl Anerkennung als auch ein Mitspracherecht bei der Entscheidungsfindung eingeräumt, kann dies den negativen Nutzen der Anstrengung verringern und somit den Lohn senken, der erforderlich ist, um die Beschäftigten zu motivieren, effektiv zu arbeiten.

Die beiden Effekte sind in Abbildung 9.25 dargestellt. In dieser Abbildung wird der Fall dargestellt, bei dem im Gleichgewicht mit der Gewerkschaft das Beschäftigungsniveau höher und die Arbeitslosigkeit niedriger ist (Punkt Y) als ohne die Gewerkschaft (Punkt X). Dies liegt daran, dass der zweite Effekt (der so genannte „Gewerkschaftsstimmeneffekt"), der die Lohnsetzungskurve nach unten verschiebt, größer war als der Verhandlungseffekt, der die Lohnsetzungskurve nach oben verschiebt.

Aber es hätte auch umgekehrt laufen können. Der Effekt der verhandelten Löhne hätte größer sein können als der Effekt der Gewerkschaftsstimme, und in diesem Fall hätte der Effekt der Gewerkschaften darin bestanden, die Beschäftigung im Arbeitsmarktgleichgewicht zu verringern.

Dies ist ein Grund dafür, dass die Daten in Abbildung 9.23 keinen eindeutigen Zusammenhang (weder positive noch negative Korrelation) zwischen dem Umfang der gewerkschaftlichen Verträge und der Höhe der Arbeitslosigkeit erkennen lassen.

Gewerkschaften können auch die durchschnittliche Arbeitsproduktivität beeinflussen, wodurch sich die Preissetzungskurve verschiebt. Wenn die Gewerkschaften die Kooperation mit dem Management bei der Lösung von Produktionsproblemen fördern, werden das Durchschnittsprodukt und die Preissetzungskurve steigen (was zu höheren Löhnen und geringerer Arbeitslosigkeit führt). Wenn sich die Gewerkschaften gegen Produktivitätsverbesserungen, wie die Einführung neuer Maschinen oder die Änderung von Arbeitsvorschriften, wehren, wird der Effekt in die entgegengesetzte Richtung gehen.

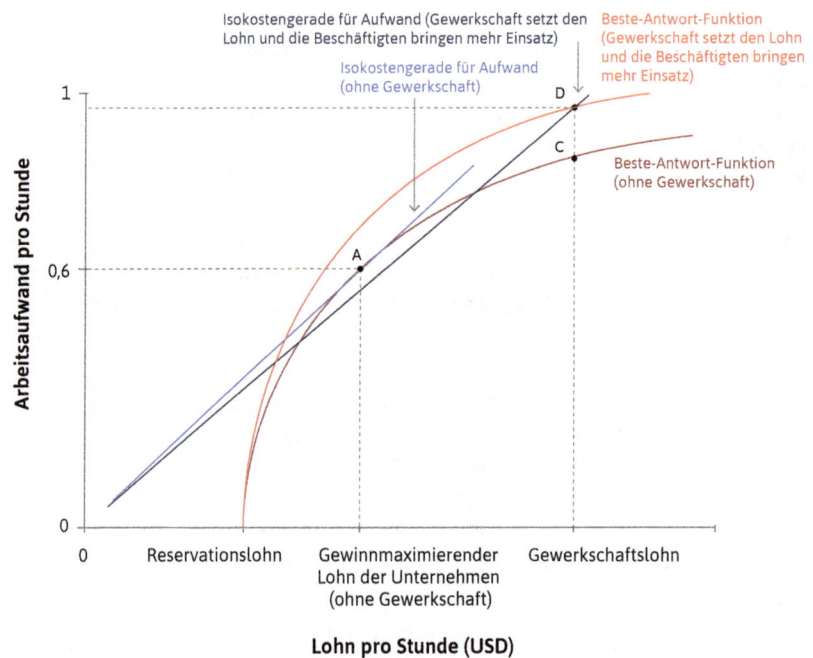

Abbildung 9.24 Die Gewerkschaft legt die Löhne des Unternehmens fest, und die Beschäftigten geben ihre Zustimmung.

1. Das Unternehmen setzt den Lohn fest
Im Punkt A legt das Unternehmen den Lohn fest, der im Tangentenpunkt der Isokostengerade und der Beste-Antwort-Funktion den Gewinn maximiert.

2. Das Unternehmen erkennt eine Gewerkschaft an
Wenn die Beschäftigten die Anerkennung der Gewerkschaft durch das Unternehmen und dessen Bereitschaft, mit den Beschäftigten einen Kompromiss über einen höheren Lohn zu schließen, als Zeichen des guten Willens interpretieren, verschiebt sich die Beste-Antwort-Funktion nach oben.

3. Die Wirkung einer beschäftigtenfreundlichen Unternehmenspolitik
Das Ergebnis der größeren Verhandlungsmacht der Beschäftigten und ihrer Gegenseitigkeit in Bezug auf die beschäftigtenfreundliche Politik des Unternehmens ist als Punkt D dargestellt.

FRAGE 9.11 WÄHLEN SIE DIE RICHTIGE(N) ANTWORT(EN)

Abbildung 9.21 zeigt die Auswirkungen der gewerkschaftlichen Lohnsetzung. Was können Sie aus dieser Abbildung schließen?

☐ Im Vergleich zu A ist der Arbeitsaufwand pro Stunde bei C höher und damit auch der Gewinn des Unternehmens.

☐ Die sich daraus ergebende Lohnsetzungskurve wird über der Lohnsetzungskurve ohne Gewerkschaft liegen.

☐ Die Folge einer starken Gewerkschaft ist immer ein Anstieg der Arbeitslosigkeit.

☐ Bei gewerkschaftlicher Lohnfestsetzung setzt das Unternehmen immer noch den Lohn fest, der seine Gewinne maximiert.

9.11 ARBEITSMARKTPOLITIK ZUR BEKÄMPFUNG VON ARBEITSLOSIGKEIT UND UNGLEICHHEIT

Wie bei der Untersuchung der Auswirkungen von Steuern auf die Preise und Mengen von Gütern in Einheit 8 verwenden wir nun das von uns erstellte Modell des Arbeitsmarktes (die beiden Kurven), um zu sehen, wie eine Politikänderung eine oder beide dieser Kurven verschiebt. Die Wirkung einer Politik wird dadurch bestimmt, wie sie den Schnittpunkt der beiden Kurven verändert.

Zu den Zielen der Arbeitsmarktpolitik gehören in der Regel die Verringerung der Arbeitslosigkeit und die Erhöhung der Löhne (insbesondere für die am wenigsten Wohlhabenden). Später (in den Einheiten 13–16) werden wir sehen, dass zu den Zielen auch die Verringerung der wirtschaftlichen Unsicherheit gehört, der die Familien aufgrund von Zeiten der Arbeitslosigkeit ausgesetzt sind.

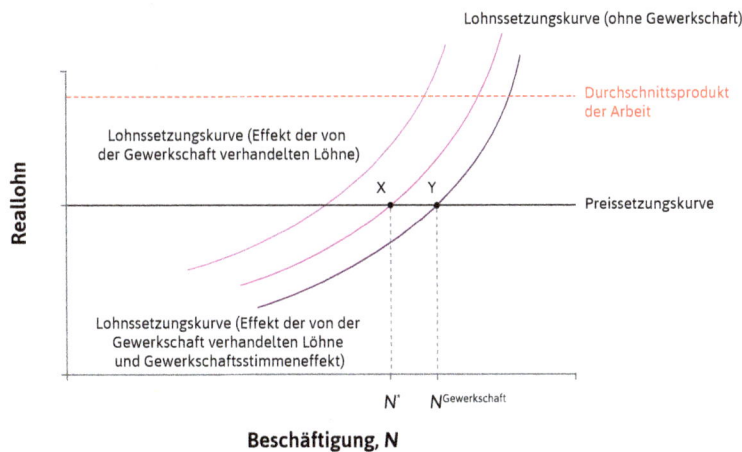

Abbildung 9.25 Die verhandelte Lohnsetzungskurve und das Arbeitsmarktgleichgewicht bei Vorhandensein eines Gewerkschaftsstimmeneffekts.

Die Wirkung von Politikmaßnahmen, die die Preissetzungskurve verschieben

Bildung und Ausbildung

Nehmen wir an, die Qualität der allgemeinen und beruflichen Bildung künftiger Beschäftigter wird verbessert, wodurch die Arbeitsproduktivität steigt. Wie wirkt sich dieser Produktivitätsanstieg auf die Reallöhne und die Beschäftigung aus?

Der Preisaufschlag, den ein Unternehmen zur Gewinnmaximierung festlegt, wird durch den Wettbewerb bestimmt, dem das Unternehmen ausgesetzt ist, und bleibt daher von der Produktivitätssteigerung unberührt.

Dieser Preisaufschlag bestimmt die Aufteilung der Einnahmen des Unternehmens zwischen den Beschäftigten und den Eigentümer:innen, sodass sich auch hier nichts geändert hat—die Löhne bleiben derselbe Anteil an den Einnahmen. Da also der Output des Unternehmens pro Arbeitskraft gestiegen ist, müssen auch die Reallöhne und die Preissetzungskurve steigen. Das Ergebnis ist ein Anstieg sowohl der Gleichgewichtsbeschäftigung als auch des Reallohns.

Eine Lohnsubvention

Eine mögliche Politikmaßnahme, um die Beschäftigung zu erhöhen, ist eine Subvention, die an Unternehmen im Verhältnis zu den Löhnen (die das Unternehmen an die Arbeitskräfte auszahlt) gezahlt wird. Angenommen, die Einstellung einer Arbeitskraft für eine Stunde würde das Unternehmen 40 USD kosten, aber es würde von der Regierung einen Zuschuss in Höhe von 10 % des Betrags, also 4 USD, erhalten. Die Nettolohnkosten für das Unternehmen würden also 36 USD betragen.

Wie würde sich dies auf die Preissetzungskurve auswirken? Die Kosten des Unternehmens sind nun gesunken. Aber wie oben beschrieben, hat sich der optimale Preisaufschlag, den das Unternehmen zur Bestimmung seines Preises verwendet, nicht geändert, sodass das Unternehmen den Preis senken wird, um den alten Preisaufschlag wiederherzustellen. Wenn alle Unternehmen dies tun, sinken die Preise der Waren, die die Beschäftigten konsumieren, und die Reallöhne steigen.

Der Effekt besteht darin, dass sich die Preissetzungskurve nach oben verschiebt. In beiden Fällen—Bildung und Ausbildung oder Lohnsubventionen—verschiebt sich das neue Gleichgewicht auf dem Arbeitsmarkt entlang der Lohnsetzungskurve nach oben und rechts, was zu höheren Löhnen und mehr Beschäftigung in der Wirtschaft insgesamt führt.

Um die vollständige Auswirkung jeder dieser Maßnahmen zu ermitteln, müsste berücksichtigt werden, wie die Bildung und Ausbildung oder die Lohnsubvention finanziert werden. Um jedoch die Funktionsweise des Modells auf einfache Weise zu veranschaulichen, gehen wir davon aus, dass die für diese Programme erforderlichen Mittel aufgebracht werden können, ohne den Arbeitsmarkt zu beeinträchtigen.

Die Wirkung von Maßnahmen, die die Lohnsetzungskurve verschieben

Ein Beispiel dafür, wie die Wirtschaftspolitik die Lohnsetzungskurve beeinflusst, ist in Abbildung 9.26 dargestellt. In diesem Beispiel wird die Arbeitslosenquote konstant bei 12 % gehalten, und wir variieren das Arbeitslosengeld, auf das die Arbeitskraft Anspruch hat. Ein höheres Arbeitslosengeld erhöht den Reservationslohn und verschiebt die Beste-Antwort-Funktion nach rechts: Der höhere Reservationslohn bei einem höheren Arbeitslosengeld wird durch Punkt G dargestellt. Arbeiten Sie die Schritte durch, um zu sehen, was mit der Lohnsetzungskurve und der Arbeitslosigkeit passiert.

Es gibt politische Maßnahmen, die sich auf die dritte Kurve in der Abbildung (die Arbeitskräfteangebotskurve) auswirken würden. Wir haben bereits gesehen, wie die Einwanderungspolitik das Angebot an Arbeitskräften und damit die Funktionsweise des Arbeitsmarktes beeinflussen könnte. Andere politische Maßnahmen, die sich auf das Arbeitskräfteangebot auswirken, sind Maßnahmen zur Verbesserung der Beschäftigungschancen von Frauen, wie zum Beispiel subventionierte Kinderbetreuung, oder ein Abbau der Diskriminierung benachteiligter Minderheiten. Diese Maßnahmen wirken sich zunächst dadurch aus, dass sie die Zahl der Erwerbspersonen ohne Arbeit erhöhen und somit die Lohnsetzungskurve nach unten verschieben, wie im Falle der Einwanderung.

9.12 RÜCKBLICK: BARISTAS UND BROTMÄRKTE

Wir haben dem Arbeitsmarkt aus zwei Gründen eine ganze Einheit gewidmet:

- Seine Funktion ist sehr wichtig dafür, wie gut die Wirtschaft den Interessen der Bevölkerung dient.
- Er unterscheidet sich so sehr von der Funktionsweise vieler bekannter Märkte, dass es für das Verständnis der Wirtschaft unerlässlich ist, diese Unterschiede zu kennen.

Eine gute Möglichkeit, sich diese Unterschiede vor Augen zu führen, besteht darin, den Markt für Brot, den wir in der vorangegangenen Einheit zur Veranschaulichung des Modells eines Wettbewerbsgleichgewichts herangezogen haben, mit dem Markt für, beispielsweise, Baristas zu vergleichen (für Leser:innen, die mit italienisch inspirierten Coffeeshops nicht vertraut sind, Baristas sind diejenigen, die Kaffeegetränke auf Espressobasis zubereiten).

Einen Preis nehmen, einen Preis setzen

Erinnern Sie sich daran, dass im Gleichgewicht des Brotmarktes weder die Verbrauchenden noch die Bäckereien, die Brot verkaufen, davon profitieren konnten, wenn sie einen anderen Preis anbieten würden oder einen anderen Preis festlegten als den, der bei anderen Transaktionen auf dem Markt vorherrschte. Die Kaufenden und Verkaufenden waren im Gleichgewicht preisnehmend:

- *Keine kaufende Person könnte davon profitieren, wenn sie weniger als den aktuellen Preis zahlen würde*: Keine Bäckerei würde dem Verkauf zustimmen.
- *Keine kaufende Person könnte einen Vorteil daraus ziehen, mehr als den üblichen Preis zu bezahlen*: Das wäre nur rausgeschmissenes Geld. Die Kaufenden auf dem Brotmarkt sind preisnehmend, weil sie das Brot zu einem möglichst niedrigen Preis kaufen wollen.
- *Kein verkaufendes Unternehmen (die Bäckerei) könnte von einem höheren Preis profitieren*: Es gäbe keine Kundschaft.
- *Kein verkaufendes Unternehmen könnte einen Vorteil daraus ziehen, einen niedrigeren Preis anzubieten*: Das wäre Geldverschwendung. Die Unternehmen können eine so große Kundschaft haben, wie sie wollen, und das zu dem bestehenden Preis.

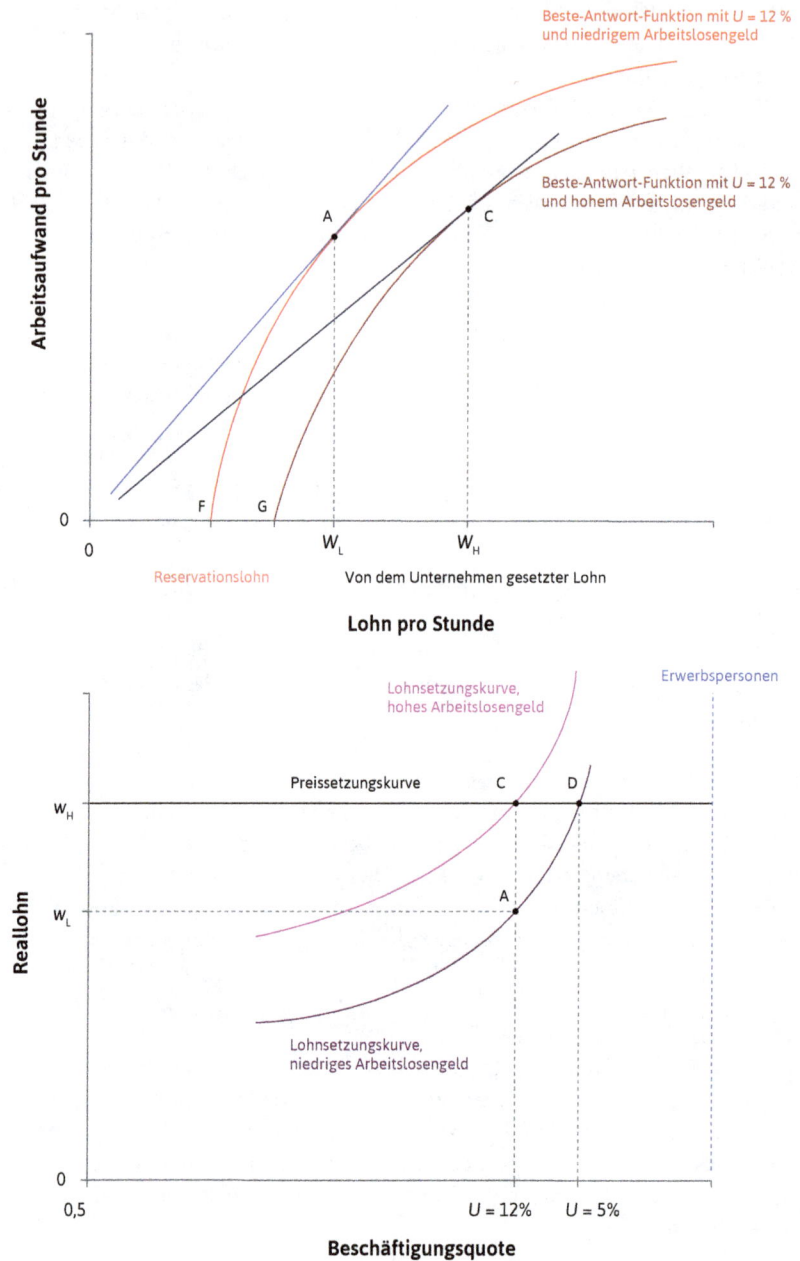

Abbildung 9.26 Herleitung der Lohnsetzungskurve: Variation der Höhe des Arbeitslosengeldes in der Wirtschaft.

1. Das Unternehmen legt den Lohn fest

Wenn die Arbeitslosigkeit 12 % beträgt und das Arbeitslosengeld niedrig ist, setzt das Unternehmen den Lohn am Punkt A im oberen Feld fest, der dem Punkt A im unteren Feld entspricht.

2. Höheres Arbeitslosengeld

Es gibt eine neue Lohnsetzungskurve, die durch Punkt C verläuft.

3. Die Preissetzungskurve

Wir verwenden die Preissetzungskurve, um das Arbeitsmarktgleichgewicht zu finden. Bei niedrigem Arbeitslosengeld beträgt die Gleichgewichtsarbeitslosigkeit im Punkt D 5 %, bei höherem Arbeitslosengeld steigt die Quote im Punkt C auf 12 %.

Stellen Sie sich nun eine kaufende Person auf dem Arbeitsmarkt vor. Dies ist ein Unternehmen, das die Zeit der Arbeitskraft kauft. Der Preis ist der Lohn. Ein Unternehmen, welches sich wie eine Brot kaufende Person verhält, würde der Arbeitskraft den niedrigsten Lohn anbieten, den die Person akzeptieren würde, um den Job anzunehmen. Dieser niedrigstmögliche Lohn ist der **Reservationslohn**.

Aus Einheit 6 wissen wir, dass ein Unternehmen, das dies tun würde, enttäuscht wäre. Die beschäftigte Person, die nur einen Reservationslohn erhält, muss nicht befürchten, den Job zu verlieren, und hätte daher wenig Anreiz, hart für das Unternehmen zu arbeiten. Stattdessen haben wir gesehen, dass die Unternehmen einen Lohn wählen, um ihre Lohnkosten gegen die positiven Auswirkungen eines höheren Lohns auf die Arbeitsmotivation der beschäftigten Person abzuwägen.

Vollständige und unvollständige Verträge

Auf dem Markt für Brot wird zwischen dem Unternehmen und der Kundschaft ein Vertrag über Brot abgeschlossen, und die Person welche Brot kauft, bekommt, was sie möchte. Es handelt sich um einen vollständigen Vertrag (zur Erinnerung: ein Vertrag muss nicht schriftlich abgeschlossen und nicht unterschrieben werden, um gültig zu sein—die Quittung reicht aus, um eine Rückerstattung zu erhalten, wenn sich die Tüte mit der Aufschrift „frisches Brot" als eine Woche altes Brot entpuppt hat).

Auf dem Arbeitsmarkt hingegen bezieht sich der Vertrag in der Regel auf die Arbeitszeit der beschäftigten Person und nicht auf die Arbeit selbst. Da es die Arbeit der beschäftigten Person ist, die die Güter des Unternehmens produziert und die für den Gewinn des Unternehmens wesentlich ist, bedeutet dies, dass der Vertrag ein **unvollständiger Vertrag** ist: Etwas, das für eine der Vertragsparteien von Bedeutung ist, ist nicht im Vertrag enthalten.

Daraus folgt, dass es für eine kaufende Person auf dem Arbeitsmarkt— anders als auf dem Brotmarkt—keine Geldverschwendung ist, wenn sie mehr bezahlt, als für die Zeit der beschäftigten Person notwendig ist; es ist die Art und Weise, wie die Unternehmen bekommen, was sie wollen (Arbeit) und wie sie Gewinne erzielen. Und da sie über den Preis (das heißt den Lohn) entscheiden, den sie den Beschäftigten anbieten, sind sie preisbestimmende und nicht preisnehmende Unternehmen. Aus diesem Grund funktioniert das Modell des Wettbewerbsgleichgewichts der preisnehmenden Unternehmen aus Einheit 8 auf dem Arbeitsmarkt nicht.

Pareto-Effizienz und ungenutzte Chancen für gegenseitigen Nutzen

In Einheit 4 sind Sie auf viele Situationen gestoßen, in denen das Nash-Gleichgewicht einer sozialen Interaktion nicht Pareto-effizient ist. Beispiele hierfür sind das Gefangenendilemma und das Spiel um öffentliche Güter.

- *Wir verwenden das Nash-Gleichgewicht*: Dieses Konzept hilft uns bei der Vorhersage der Ergebnisse, die wir bei der Interaktion zwischen Menschen beobachten werden.
- *Wir verwenden die Pareto-Effizienz*: Mit diesem Konzept wird bewertet, ob es ein anderes Ergebnis gibt, bei dem alle Parteien besser (oder mindestens genauso gut) abgeschnitten hätten.

Erinnern Sie sich an Einheit 8: In dem Modell, mit dem wir den Brotmarkt illustriert haben, gab es im Marktgleichgewicht (wo sich die Nachfragekurve und die Angebotskurve schneiden) keine ungenutzten Möglichkeiten für gegenseitigen Gewinn. In dieser Situation ist es nicht möglich, eine Person der

Reservationslohn Der Betrag, den eine beschäftigte Person in einer alternativen Beschäftigung, durch Arbeitslosengeld oder andere Unterstützungsleistungen erhalten würde, wenn sie nicht an ihrem derzeitigen Arbeitsplatz beschäftigt wäre.

unvollständiger Vertrag Ein Vertrag, in dem nicht alle Aspekte des Tausches, die die Interessen der Tauschparteien (oder anderer) betreffen, in einklagbarer Weise festgelegt sind.

Kundschaft oder das verkaufende Unternehmen besser zu stellen, indem eine der Parteien zum Beispiel mehr oder weniger mit der anderen Partei handelt, ohne dass mindestens einer von ihnen schlechter gestellt wird. Das Ergebnis war also Pareto-effizient.

Dies ist auf dem Arbeitsmarkt nicht der Fall. Der Wettbewerb zwischen vielen kaufenden Personen (Unternehmen, die Arbeitskräfte einstellen) und verkaufenden Personen (Arbeitssuchende) führt zu einem Gleichgewichtsergebnis—dem Lohn $w*$ und dem Beschäftigungsniveau $N*$—, das nicht Pareto-effizient ist. Das bedeutet, dass es ein *anderes* Ergebnis gibt—einen anderen Lohn und ein anderes Beschäftigungsniveau, das aus der Sicht der verfügbaren Ressourcen und Technologien machbar ist—das sowohl die Unternehmen als auch die Beschäftigten vorziehen würden.

Um dies zu verstehen, stellen Sie sich vor, wir befinden uns im Arbeitsmarktgleichgewicht und eine der arbeitslosen Personen (identisch mit den Beschäftigten) geht zu einem Unternehmen und sagt: „Ich werde genauso hart arbeiten wie der Rest Ihrer Arbeitskräfte, aber Sie können mir etwas weniger zahlen."

Das Unternehmen denkt: „Wenn ich der Person einen etwas niedrigeren Lohn zahle und diese genauso hart arbeitet wie die anderen, wird sich mein Gewinn erhöhen."

Für die Person macht es einen großen Unterschied, ob sie einen Job bekommt oder nicht. Sie erhält dann eine Beschäftigungsrente, die angibt, wie viel besser es für sie ist, einen Job zu haben, als keinen zu haben. Das Geschäft ist für die Person gut, auch wenn die Beschäftigungsrente, die sie erhält, etwas niedriger ist als die der anderen Arbeitskräfte (weil der Lohn etwas niedriger ist).

Dieses Beispiel zeigt, dass es ein weiteres technisch mögliches Ergebnis gibt, nämlich die Beschäftigung von $N* + 1$ Arbeitskräften zum Lohn von $w*$ für $N*$ von ihnen und $w*$ minus ein wenig für die letzte beschäftigte Person. Das stellt sowohl für die bis dahin arbeitslose Person als auch für das Unternehmen eine Verbesserung dar, das Ergebnis ($N*$, $w*$) ist also Pareto-ineffizient.

Aber wenn das der Fall ist, warum stellt das Unternehmen die arbeitsuchende Person nicht ein? Die Antwort ist, dass das Geschäft zwar technisch möglich, aber wirtschaftlich nicht machbar ist. Das liegt daran, dass es keine Möglichkeit gibt, das Versprechen der arbeitssuchenden Person, im Gegenzug für einen etwas niedrigeren Lohn genauso hart zu arbeiten wie die anderen, durchzusetzen. Denken Sie daran, dass das $w*$ auf der Lohnsetzungskurve das Minimum ist, das das Unternehmen an identische Arbeitskräfte zahlen kann, um sicherzustellen, dass der Arbeitseinsatz angemessen ist. Das Problem geht also auf eine grundlegende Tatsache in der Beziehung zwischen dem Unternehmen und seinen Beschäftigten zurück: Der Vertrag ist insofern unvollständig, als er nicht in der Lage ist, ein bestimmtes Maß an Anstrengung der Arbeitskraft zu gewährleisten. Das Nash-Gleichgewicht auf dem Arbeitsmarkt ist Pareto-ineffizient.

Die Politik und Soziologie von Märkten

Es gibt einen weiteren Unterschied zwischen dem Brotmarkt und dem Barista-Markt. Die Bäckerei kennt wahrscheinlich weder den Namen der Person, die das Brot kauft, noch weiß sie irgendetwas anderes über sie. Sie weiß nur, dass sie das Brot für den richtigen Preis anbietet. Die kaufende Person interessiert sich höchstwahrscheinlich ebenso wenig für die Bäckerei, sie interessiert sich nur für den Geschmack des Brotes.

Denken Sie nun an eine oder ein Barista. Wie groß ist die Wahrscheinlichkeit, dass die oder der Barista den Namen ihrer oder seiner direkten Führungskraft nicht kennt? Und andersherum?

Warum dieser Unterschied? Der Brotmarkt ist in der Regel eine einmalige Interaktion zwischen quasi fremden Personen, während der Arbeitsmarkt eine ständige Interaktion zwischen Personen ist, die nicht nur den Namen der anderen kennen, sondern sich auch dafür interessieren, wer die andere Person ist.

Der Führungskraft der oder des Barista ist es wichtig, wie die Person ist, denn ihre Persönlichkeit, ihre Loyalität gegenüber der Marke und die Achtung sozialer Normen wie Ehrlichkeit und harte Arbeit werden die Qualität und Quantität ihrer Arbeit beeinflussen. Der kaufenden Person sind diese Aspekte der beschäftigten Person in der Bäckerei egal, denn was zählt, ist die Qualität des Brotes, die sich leicht feststellen lässt, und wenn der Geschmack nicht stimmt, lässt sich leicht eine neue Bäckerei finden.

Ein weiterer wesentlicher Unterschied besteht darin, dass die Führungskraft der oder dem Barista vorschreibt, was zu tun ist—sich auf eine bestimmte Art und Weise zu kleiden, zu einer bestimmten Zeit zur Arbeit zu erscheinen und keine Zeit bei der Arbeit zu verschwenden—in der Erwartung, dass ihre Anweisungen befolgt werden. Da die als Barista beschäftigte Person eine Beschäftigungsrente erhält, die sie verlieren würde, wenn die Führungskraft sie entlässt, kann die Führungskraft Macht über die beschäftigte Person ausüben und sie dazu bringen, Dinge zu tun, die sie ohne die Androhung einer Entlassung vielleicht nicht tun würde.

Dies ist auf dem Brotmarkt nicht der Fall. Wenn sich die kaufende Person über die Kleidung des Bäckereipersonals beschwert, wird sie aufgefordert, woanders einzukaufen. Der Unterschied besteht darin, dass weder die kaufende Person noch die die Bäckerei auf dem Brotmarkt eine ökonomische Rente erhält. Für alle von ihnen bringt das Geschäft, das sie abschließen, praktisch den gleichen Ertrag wie die nächstbeste Alternative. Wenn beide praktisch ohne Kosten weggehen können, kann keiner von ihnen Macht über die andere Person ausüben.

Dies sind einige der Unterschiede—sowohl wirtschaftlicher als auch politischer und soziologischer Art—zwischen dem Brotmarkt und dem Barista-Markt. Dies sind auch die Gründe, warum das Modell des Brotmarktes mit preisnehmenden kaufenden Personen und verkaufenden Unternehmen und Markträumung im Gleichgewicht für den Arbeitsmarkt nicht funktioniert. Die Tabelle in Abbildung 9.27 fasst die Unterschiede zusammen.

Markt	Brot: ein Markträumungsgleichgewicht bei preisnehmenden Verkaufenden und Kaufenden	Baristas: Preisfestzungen durch die Unternehmen und Gleichgewichtsarbeitslosigkeit
Wer kauft?	Individuelle Verbrauchende	(arbeitgebende) Unternehmen
Wer verkauft?	Unternehmen (Geschäfte)	Einzelne Arbeitskräfte
Was wird verkauft?	Ein Brot	Die Zeit der Arbeitskraft
Was will die kaufende Person?	Ein Brot	Die Arbeitsleistung der beschäftigten Person; nicht ihre Zeit
Wettbewerb zwischen den Verkaufenden?	*Ja*: Es gibt viele Bäckereien, die um den Verkauf von Brot konkurrieren.	*Ja*: Es gibt viele tatsächliche oder angehende Baristas, die miteinander auf dem Arbeitsmarkt konkurrieren
Ist der Vertrag vollständig?	*Ja*: Wenn in der Tüte mit der Aufschrift „Brot" kein Brot enthalten war, erhält die Kundschaft ihr Geld zurück.	*Nein*: Der Gewinn des Unternehmens hängt von der Leistung der beschäftigten Person pro Stunde/Woche/Monat ab, die nicht im Vertrag steht.
Sind die Kaufenden preisnehmend?	*Ja*: Einzelne kaufende Personen können keinen niedrigeren Preis aushandeln, als andere zu zahlen bereit sind (und sie würden auch nicht mehr zahlen wollen).	Der Kaufende (das Unternehmen) legt den Lohn fest, um die Kosten für die Beschäftigung der Person zu minimieren; es kann nicht davon profitieren, wenn es den niedrigsten Lohn anbietet, zu dem die beschäftigte Person (die verkaufende Person) die Stelle annehmen würde.
Gibt es im Gleichgewicht ein Angebots- oder ein Nachfrageüberhang?	*Nein*: Der Markt räumt. Die Verkäufe erfolgen zu dem niedrigsten Preis, den die verkaufende Person akzeptieren würde.	Unternehmen bieten einen Lohn an, der über dem Reservationslohn der beschäftigten Person liegt (Mindestpreis, den die verkaufende Person akzeptieren würde), um die Gewinne zu maximieren.

Abbildung 9.27 Unterschiede zwischen dem Arbeitsmarkt und den Wettbewerbsmärkten.

FRAGE 9.12 WÄHLEN SIE DIE RICHTIGE(N) ANTWORT(EN)
Welche der folgenden Aussagen sind richtig?

☐ Verträge sind sowohl auf wettbewerblichen Gütermärkten als auch auf Arbeitsmärkten vollständig.

☐ Auf einem wettbewerblichen Gütermarkt sind die Kaufenden preisnehmend, während auf einem Arbeitsmarkt die Kaufenden von Arbeitsplätzen (die Unternehmen) die Preise festlegen.

☐ Auf wettbewerblichen Gütermärkten gibt es weder für die Kaufenden noch für die Verkaufenden eine ökonomische Rente. Im Gegensatz dazu erhalten auf Arbeitsmärkten die Verkaufenden ökonomische Renten.

☐ Soziale Normen haben weder auf Güter- noch auf Arbeitsmärkten einen Einfluss auf die Ergebnisse.

9.13 SCHLUSSFOLGERUNG

Das Modell des Arbeitsmarktes unterscheidet sich deutlich von dem Modell des Gleichgewichts eines Wettbewerbsmarkts bei preisnehmenden Verkaufenden und Kaufenden (wie in Einheit 8). Der offensichtlichste Unterschied besteht darin, dass der Arbeitsmarkt auch im Gleichgewicht nicht räumt.

Unfreiwillige Arbeitslosigkeit im Arbeitsmarktgleichgewicht ist unvermeidlich, weil:

- *Arbeitgebende Unternehmen und Beschäftigte einen Interessenkonflikt haben*: Es geht darum, wie hart die Beschäftigten arbeiten.
- *Arbeitgebende Unternehmen können keinen vollständigen Vertrag mit ihren Beschäftigten abschließen*: Sie können die Qualität und Quantität der Arbeitsleistung, die sie erhalten, nicht festlegen.

Das Ausmaß der Gleichgewichtsarbeitslosigkeit wird davon beeinflusst, wie Regierungen den Arbeitsmarkt und andere Märkte regulieren. In den Einheiten 16 und 17 werden wir sehen, wie diese Politik und das Verhalten der Gewerkschaften und Unternehmen die Arbeitslosigkeit in den verschiedenen Ländern in den letzten Jahrzehnten beeinflusst hat.

Die Arbeitslosigkeit kann infolge eines Rückgangs der gesamtwirtschaftlichen Nachfrage nach Waren und Dienstleistungen höher sein als die Gleichgewichtsarbeitslosigkeit. Im Beispiel der Greys in Australien war dies auf die globalen Entwicklung der Nachfrage nach Rohstoffen zurückzuführen. Es gibt aber noch viele andere Ursachen für Schwankungen der aggregierten Nachfrage, die in den nächsten Einheiten untersucht werden.

Wenn die Arbeitslosigkeit aufgrund mangelnder aggregierter Nachfrage über das Gleichgewicht steigt, können Regierungen und Zentralbanken durch Fiskalpolitik und Geldpolitik die Arbeitslosigkeit senken. Dies funktioniert wahrscheinlich besser, als sich darauf zu verlassen, dass die Unternehmen die Löhne und Preise senken und die Haushalte und Unternehmen auf diese sinkenden Löhne und Preise mit einer Erhöhung ihrer Ausgaben reagieren.

Das **Prinzipal-Agent-Modell** des Unternehmens und der beschäftigten Person, das wir in dieser Einheit verwendet haben, wird in der nächsten Einheit in einem neuen Rahmen erscheinen: Dem Kreditmarkt. Während auf dem Arbeitsmarkt der Prinzipal das Unternehmen und der Agent die beschäftigte Person ist, ist auf dem Kreditmarkt der Prinzipal die darlehnsgebende Person und der Agent die darlehnsnehmende Person. Wir haben hier gesehen, dass es im Arbeitsmarktgleichgewicht einige Personen gibt, die unfreiwillig arbeitslos sind, einen Arbeitsplatz suchen und bereit sind, für den geltenden Stundenlohn zu arbeiten. Auch auf dem Kreditmarkt wird es Menschen geben, die ein Darlehen suchen und bereit sind, den üblichen Zinssatz zu zahlen, aber kein Darlehen erhalten.

> **Prinzipal–Agent-Beziehung** Diese Beziehung besteht, wenn eine Partei (der Prinzipal) möchte, dass eine andere Partei (der Agent) auf eine bestimmte Art und Weise handelt oder eine Eigenschaft hat, die im Interesse des Prinzipals liegt und die nicht in einem verbindlichen Vertrag durchgesetzt oder garantiert werden kann. *Siehe auch: unvollständiger Vertrag. Auch bekannt als: Prinzipal-Agent-Problem.*

In Einheit 9 eingeführte Konzepte

Bevor Sie fortfahren, sollten Sie diese Definitionen wiederholen:

- Lohnsetzungskurve, Preissetzungskurve
- Erwerbspersonen, nicht erwerbstätige Personen, Erwerbsquote
- Beschäftigungsquote, Arbeitslosenquote
- Unfreiwillige Arbeitslosigkeit
- Gleichgewichtsarbeitslosigkeit
- Konjunkturelle Arbeitslosigkeit
- Nominallohn, Reallohn
- Arbeitsproduktivität
- Geldpolitik, Fiskalpolitik
- Gewerkschaft

9.14 QUELLEN

Bewley, T. 2007. 'Fairness, Reciprocity and Wage Rigidity'. *Behavioral Economics and its Applications*, eds. Peter Diamond und Hannu Vartiainen, pp. 157–188. Princeton, NJ: Princeton University Press.

Campbell, C. M., und K. S. Kamlani. 1997. 'The Reasons For Wage Rigidity: Evidence From a Survey of Firms'. *The Quarterly Journal of Economics* 112 (3) (August): pp. 759–789.

Carlin, Wendy und David Soskice. 2015. *Macroeconomics: Institutions, Instability, and the Financial System*. Oxford: Oxford University Press. Chapters 2 and 15.

Council of Economic Advisers Issue Brief. 2016. *Labor Market Monopsony: Trends, Consequences, and Policy Responses* (https://tinyco.re/6120587).

Freeman, Sunny. 2015. 'What Canada can learn from Sweden's unionized retail workers' (https://tinyco.re/0808135). *Huffington Post Canada Business*. Aktualisiert am 19. März 2015.

Hirsch, Barry T. 2008. 'Sluggish institutions in a dynamic world: Can unions and industrial competition coexist?'. *Journal of Economic Perspectives* 22 (1) (February): pp. 153–176.

BANKEN, GELD UND DER KREDITMARKT

QR-Code an einem Marktstand

WIE DARLEHEN, GELD UND BANKEN MÖGLICHKEITEN ERÖFFNEN, VONEINANDER ZU PROFITIEREN, UND WELCHE FAKTOREN DIESE MÖGLICHKEITEN EINSCHRÄNKEN

- Menschen können ihre Ausgaben durch Darlehensaufnahme, Darlehensvergabe, Investitionen und Sparen zeitlich verlagern.
- Obwohl Transaktionen auf dem Kreditmarkt von gegenseitigem Nutzen sind, gibt es einen Interessenkonflikt zwischen darlehensnehmenden und darlehensgebenden Personen über den Zinssatz, die sorgsame Verwendung der geliehenen Mittel und deren Rückzahlung.
- Bei der Darlehensaufnahme und -vergabe handelt es sich um eine Prinzipal-Agent-Beziehung, bei der die darlehensgebende Person (Prinzipal) die Rückzahlung des Darlehens durch die darlehensnehmende Person (Agent) nicht durch einen einklagbaren Vertrag garantieren kann.
- Um dieses Problem zu lösen, wird von den Darlehensnehmenden häufig verlangt, dass sie einen Teil ihres eigenen Geldes in ein Projekt einbringen.
- Menschen mit geringem Vermögen können daher manchmal keine Darlehen aufnehmen oder nur zu höheren Zinssätzen.
- Geld ist ein Tauschmittel, das aus Banknoten und Bankeinlagen oder anderen Dingen besteht, die zum Kauf von Waren und Dienstleistungen verwendet werden können und als Zahlungsmittel akzeptiert werden, weil andere es für den gleichen Zweck verwenden können.
- Banken sind gewinnmaximierende Unternehmen, die im Rahmen der Kreditvergabe Geld in Form von Bankeinlagen schaffen.
- Die Zentralbank eines Landes schafft eine besondere Art von Geld, so sogenanntes Zentralbankgeld, außerdem vergibt sie Darlehen an Banken zu dem von ihr festgelegten Leitzins.
- Der Zinssatz, den die Banken den Darlehensnehmenden (Unternehmen und Haushalte) in Rechnung stellen, wird weitgehend durch den von der Zentralbank festgelegten Leitzins bestimmt.

Der Markt von Chambar im Südosten Pakistans dient als Finanzzentrum für 2400 Landwirtinnen und Landwirte der umliegenden Dörfer. Zu Beginn der Kharif-Pflanzsaison im April, wenn sie Baumwolle und andere Nutzpflanzen säen, kaufen sie Dünger und andere Inputs für ihren Landwirtschaftsbetrieb. Da der Verkauf der letzten Ernte bereits Monate zurückliegt, ist die einzige Möglichkeit, diese Dinge zu kaufen, eine Darlehensaufnahme mit dem Versprechen, das Darlehen mit der nächsten Ernte zurückzuzahlen. Andere nehmen Darlehen auf, um Medikamente oder Ärzte zu bezahlen. Aber nur wenige von ihnen sind jemals durch die glänzenden Glas- und Stahltüren der JS Bank in der Hyderabad Road gegangen. Stattdessen gehen sie zu den etwa 60 geldverleihenden Personen der Stadt.

Wenn sie sich zum ersten Mal um ein Darlehen bemühen, werden sie von der geldgebenden Person intensiv befragt, um Referenzen von bekannten, anderen Personen gebeten, und erhalten in den meisten Fällen ein kleines Probedarlehen als Test für ihre Kreditwürdigkeit. Die darlehensgebende Person wird wahrscheinlich den Zustand des Landes, der Tiere und der Ausrüstung in Augenschein nehmen.

Die Darlehensgebenden sind zu Recht misstrauisch. Wenn die Ernte ausfällt, weil die Landwirtin oder der Landwirt nicht aufgepasst hat, verliert die darlehensgebende Person ihr Geld. Im Gegensatz zu vielen anderen Institutionen verlangen sie aber in der Regel nicht, dass die Darlehensnehmenden etwas beiseite legen (so genannte **Sicherheiten**), welche der darlehensgebenden Person gehören würden, wenn das Darlehen nicht zurückgezahlt werden kann. Ein Beispiel für eine solche Sicherheit wäre etwas Goldschmuck.

Wenn die darlehensnehmende Person zuverlässig und vertrauenswürdig genug wirkt, wird ihr ein Darlehen angeboten. In Chambar liegt der durchschnittliche Zinssatz bei 78 % pro Jahr. Wenn sie das Darlehen in vier Monaten zurückzahlt (die Zeit zwischen Aussaat und Ernte), werden 100 Rupien, die vor der Aussaat aufgenommen wurden, mit 126 Rupien zurückgezahlt. Wenn man weiß, dass mehr als die Hälfte der Darlehensanträge abgelehnt werden, kann sich die darlehensnehmende Person glücklich schätzen überhaupt ein Darlehen erhalten zu haben.

Und in der Tat wäre sie das, zumindest im Vergleich zu einigen Menschen, die im 12 000 km entfernten New York kurzfristige Darlehen aufnehmen, um sie mit ihrem nächsten Gehaltsscheck zurückzuzahlen. Die Zinssätze für diese Darlehen liegen zwischen 350 und 650 % pro Jahr und damit weit über dem gesetzlichen Höchstzinssatz in New York (25 %). Im Jahr 2014 wurde das „Zahltagskonsortium", das diese Darlehen anbietet, wegen kriminellen Wuchers ersten Grades angeklagt.

Ist die Darlehensvergabe in Chambar, in Anbetracht des Zinssatzes, außergewöhnlich rentabel? Es gibt Hinweise, die darauf hindeuten, dass dies nicht der Fall ist. Ein Teil der verliehenen Geldmittel wird von den Darlehensgebenden bei kommerziellen Banken wie der JS Bank zu Zinssätzen von durchschnittlich 32 % pro Jahr geliehen (was zu den Kosten für die geldverleihenden Personen zählt). Die Kosten für die umfangreiche Prüfung und das Eintreiben der Schulden schmälern die Gewinne dieser Personen zusätzlich.

Die sorgfältige Auswahl durch die Geldverleihenden trägt dazu bei, dass es nur selten zu Zahlungsausfällen kommt: bei weniger als einer von 30 Darlehensnehmenden kommt es nicht zur Rückzahlung. Im Gegensatz dazu sind die Ausfallquoten bei Darlehen von Geschäftsbanken viel höher: eine von drei. Der Erfolg der Geldverleihenden bei der Vermeidung von

Irfan Aleem. 1990. 'Imperfect information, screening, and the costs of informal lending: A study of a rural credit market in Pakistan' (https://tinyco.re/4382174). *The World Bank Economic Review* 4 (3): pp. 329–349.

Sicherheiten Ein Vermögenswert, den eine kreditnehmende einer kreditgebenden Person als Sicherheit für einen Kredit verpfändet. Wenn die kreditnehmende Person nicht in der Lage ist, die versprochenen Zahlungen zu leisten, wird der Kreditgebende Eigentümer:in des Vermögenswerts.

Jessica Silver-Greenberg. 2014. ‚New York Prosecutors Charge Payday Loan Firms with Usury' (https://tinyco.re/8917188). DealBook.

Zahlungsausfällen beruht auf ihrer genauen Einschätzung der wahrscheinlichen Vertrauenswürdigkeit ihrer Kundschaft.

Geld und Vertrauen sind also enger miteinander verbunden, als man denkt.

Am 4. Mai 1970 erschien in der Zeitung *Irish Independent* in Irland eine Anzeige mit der Überschrift „Schließung von Banken". Sie lautete:

> Infolge eines Arbeitskampfes der Irish Bank Officials' Association …
> müssen diese Banken die Schließung aller ihrer Filialen in der Republik
> Irland … ab dem 1. Mai bis auf weiteres mit Bedauern ankündigen.

Erst am 18. November, also sechseinhalb Monate später, öffneten die Banken in Irland wieder.

Ist Irland in der Zeit von einer finanziellen Klippe gestürzt? Zur allgemeinen Überraschung brach die irische Wirtschaft nicht zusammen, sondern wuchs weiter wie zuvor. Wie dies möglich war, lässt sich mit zwei Wörtern erklären: Irische Pubs. Andrew Graham, ein Ökonom, besuchte Irland während des Bankenstreiks und war fasziniert von dem, was er dort sah:

> Weil alle im Dorf die Pubs besuchten und die Eigentümer:innen der Pubs
> die Gäste kannten, erklärten die Eigentümer:innen sich bereit,
> aufgeschobene Zahlungen in Form von Schecks anzunehmen. Und dies
> obwohl diese Schecks in naher Zukunft nicht von einer Bank eingelöst
> werden würden. Bald tauschten sie die aufgeschobenen Zahlungen einer
> Person mit einer anderen aus und betrieben somit
> Finanzintermediation. Aber es gab auch einige Fehlentscheidungen, und
> einige Pubs haben dadurch wirtschaftlichen Schaden erlitten. Meine
> zweite Erfahrung ist, dass ich eine Zahlung mit einem auf eine englische
> Bank ausgestellten Scheck getätigt habe (GBP 1 entsprach damals einem
> irischen Punt), und aus Neugierde rief ich nach meiner Rückkehr nach
> England bei der Bank an (damals konnte man noch mit einer Person
> sprechen, die man in der Bank kannte), dort teilte man mir mit, dass
> mein Scheck ordnungsgemäß eingelöst worden war, aber dass auf der
> Rückseite mehrere Unterschriften standen. Mit anderen Worten: Der
> Scheck wurde von einer Person zur anderen weitergereicht, genau so, als
> wäre es Geld.

Die Schließung der irischen Banken illustriert uns, was Geld eigentlich ist: Geld ist alles, was als Zahlungsmittel akzeptiert wird. Zu dieser Zeit machten Banknoten und Münzen etwa ein Drittel des Geldes in der irischen Wirtschaft aus, die restlichen zwei Drittel waren Bankeinlagen. Die meisten Transaktionen wurden mit Schecks abgewickelt, aber die Banken mussten sicherstellen, dass die Menschen über die nötigen Mittel verfügten, um ihre Zahlungen auch wirklich durchführen zu können.

In einem funktionierenden Bankensystem wird ein Scheck, mit dem eine Person bezahlt hat, am Ende des Tages eingelöst: die Bank schreibt den Betrag des Schecks auf das Konto des Geschäfts gut. Wenn die Person, die den Scheck ausstellt, nicht genug Geld hat, um den Betrag zu decken, lässt die Bank den Scheck platzen. Dann wissen die Eigentümer:innen des Geschäfts sofort, dass sie das Geld auf andere Weise eintreiben müssen. Es wird daher im Allgemeinen vermieden, ungedeckte Schecks auszustellen.

Damals waren Kredit- oder Debitkarten noch nicht weit verbreitet. Heute funktioniert eine Debitkarte so, dass sie den Saldo Ihres Bankkontos sofort überprüft und von diesem abgebucht wird. Wenn Sie ein Darlehen für den Kauf eines Autos erhalten, schreibt die Bank den Betrag des Kredits auf Ihrem

Konto gut, und Sie verwenden eine Kredit- oder Debitkarte für die Bezahlung des Autos oder veranlassen eine Überweisung an das Unternehmen, das Ihnen das Auto verkauft. Das ist Geld in einer modernen Wirtschaft.

Was passiert also, wenn die Banken ihre Türen schließen und alle wissen, dass Schecks nicht platzen werden, selbst wenn die scheckausstellende Person kein Geld hat? Wird irgendjemand Ihre Schecks annehmen? Warum stellen Sie nicht einfach einen Scheck aus, um das Auto zu kaufen, wenn das Geld auf Ihrem Konto oder in Ihrem genehmigten Überziehungskredit nicht ausreicht? Wenn Sie so denken, würden Sie keiner Person vertrauen, die Ihnen einen Scheck als Gegenleistung für Waren oder Dienstleistungen anbietet. Sie würden darauf bestehen, in bar bezahlt zu werden. Aber es ist nicht genug Bargeld im Umlauf, um alle Transaktionen zu finanzieren, die die Menschen tätigen müssen. Alle müssten Abstriche machen, und die Wirtschaft würde darunter leiden.

Felix Martin. 2013. *Money: The Unauthorised Biography*. London: The Bodley Head.

Antoin E. Murphy. 1978. 'Money in an Economy without Banks: The Case of Ireland'. *The Manchester School* 46 (1) (March): pp.41–50.

Jonathan Morduch. 1999. ‚The Microfinance Promise' (https://tinyco.re/7650659). *Journal of Economic Literature* 37 (4) (December): pp. 1569–1614.

Wie hat Irland dieses Schicksal vermieden? Wie wir gesehen haben, lag die Lösung in den Pubs. Aufgrund des von den Eigentümer:innen der Pubs geschaffenen Vertrauens wurden Schecks als Zahlungsmittel akzeptiert. Publicans (Eigentümer:innen der Pubs) verbringen Stunden damit, sich mit ihren Gästen zu unterhalten und ihnen zuzuhören. Sie waren bereit, Schecks, die im Bankensystem nicht eingelöst werden konnten, als Zahlung von Personen zu akzeptieren, die als vertrauenswürdig eingestuft wurden. Während der sechsmonatigen Schließung der Banken wurden von Privatpersonen und Unternehmen Schecks im Wert von etwa fünf Milliarden Pfund ausgestellt, die von den Banken nicht bearbeitet wurden. Es war hilfreich, dass in Irland zu dieser Zeit auf 190 Erwachsene ein Pub kam. Mit Hilfe von Eigentümer:innen von Pubs und Geschäften, die ihre Kundschaft kannten, konnten Schecks als Geld in Umlauf gebracht werden. Da das Geld auf den Bankkonten nicht zugänglich war, schufen die Bürger:innen Irlands die Menge an neuem Geld, die benötigt wurde, um die Wirtschaft während der Schließung der Banken am Laufen zu halten.

Die irischen Publicans und die Geldverleihenden auf dem Markt von Chambar haben Gemeinsamkeiten: Sie schufen Geld, und wüssten nicht, dass sie damit eine Dienstleistung erbrachten, die für das Funktionieren ihrer jeweiligen Wirtschaft unerlässlich war.

Natürlich bestehen nicht alle Personen die Prüfung auf Vertrauenswürdigkeit der Eigentümer:innen oder Geldverleihenden. Und in Chambar und New York zahlen einige von denen, die sie bestehen, viel höhere Zinssätze als andere.

10.1 GELD UND VERMÖGEN

Bei der Darlehensaufnahme und -vergabe von Geld und dem Vertrauen, das dies ermöglicht, geht es darum, Konsum und Produktion zeitlich zu verlagern. Die geldverleihende Person bietet einer Landwirtin oder einem Landwirt Geld für den Kauf von Düngemitteln an, das nach der Ernte zurückzahlen wird; sofern die Ernte nicht durch eine Dürre zerstört wurde. Die darlehensnehmende Person erhält ihr Geld erst am Ende des Monats, muss aber jetzt Lebensmittel kaufen. Sie möchte einen Teil ihrer zukünftigen Kaufkraft in die Gegenwart vorziehen.

Der Lauf der Zeit ist ein wesentlicher Bestandteil von Begriffen wie Geld, Einkommen, Vermögen, Konsum, Sparen und Investitionen.

Geld

Geld ist ein Tauschmittel, das aus Banknoten und Bankeinlagen oder anderen Dingen besteht, die zum Kauf von Waren und Dienstleistungen verwendet werden können und als Zahlungsmittel akzeptiert werden, weil andere es für denselben Zweck verwenden können. Das „weil" im vorherigen Satz ist wichtig, denn es unterscheidet den durch Geld erleichterten Handel vom Tauschhandel. In einer Wirtschaft mit Tauschhandel tausche ich vielleicht meine Äpfel gegen Ihre Orangen, weil ich Orangen haben möchte, nicht weil ich beabsichtige, mit den Orangen meine Miete zu bezahlen. Geld ermöglicht mehr Tauschvorgänge, weil es nicht schwer ist, eine Person zu finden, die Ihr Geld (durch Handel) gerne haben möchte, während das Abladen einer großen Menge von Äpfeln oder Orangen ein Problem darstellen könnte. Aus diesem Grund spielt der Tauschhandel in praktisch allen modernen Wirtschaften eine sehr begrenzte Rolle.

Damit Geld seine Funktion erfüllen kann, müssen fast alle Menschen glauben, dass sie mit dem Geld im Gegenzug etwas anderes kaufen können, wenn sie von Ihnen Geld als Gegenleistung für die Übergabe ihrer Ware oder Dienstleistung annehmen. Mit anderen Worten: Sie müssen darauf vertrauen, dass andere Ihr Geld als Zahlungsmittel akzeptieren werden. Regierungen und Banken sorgen normalerweise für dieses Vertrauen. Die Schließung der irischen Bank zeigt jedoch, dass Geld auch ohne Banken funktionieren kann, wenn genügend Vertrauen zwischen Haushalten und Unternehmen besteht. Die Publicans und Geschäfte akzeptierten einen Scheck als Zahlung, obwohl sie wussten, dass dieser in absehbarer Zeit nicht von einer Bank eingelöst werden konnte. Im Laufe des Bankenstreits wurde ein Scheck, welcher einer Gaststätte oder einem Geschäft vorgelegt wurde, von einer immer länger werdenden Kette nicht eingelöster Schecks abhängig. Manche Schecks zirkulierten mehrfach, genau wie ein Geldschein, und wurden von den Eigentümer:innen der Gaststätte oder des Geschäfts auf der Rückseite abgestempelt.

Dies ist die grundlegende Eigenschaft des Geldes: Es ist ein Tauschmedium.

Geld ermöglicht die Übertragung von Kaufkraft zwischen Menschen, so dass sie Waren und Dienstleistungen austauschen können, auch wenn die Zahlung erst zu einem späteren Zeitpunkt erfolgt (zum Beispiel durch die Einlösung eines Schecks oder die Verrechnung von Kreditkarten- oder Warenkreditguthaben). Geld braucht also Vertrauen, um zu funktionieren.

Geld Geld ist etwas, das den Austausch erleichtert (ein so genanntes Tauschmittel) und aus Banknoten und Bankeinlagen oder anderen Dingen besteht, die zum Kauf von Waren und Dienstleistungen verwendet werden können und im Allgemeinen von anderen als Zahlungsmittel akzeptiert werden, weil andere es für den gleichen Zweck verwenden können. Das „weil" ist wichtig und unterscheidet den durch Geld erleichterten Tausch vom Tauschhandel, bei dem Waren direkt getauscht werden, ohne dass Geld den Besitzer wechselt.

David Graeber. 2012. ‚The Myth of Barter' (https://tinyco.re/6552964). *Debt: The First 5,000 years.* Brooklyn, NY: Melville House Publishing.

Vermögen Bestand an Dingen, die man besitzt, oder Wert dieses Bestandes. Es umfasst den Marktwert einer Wohnung, eines Autos, eines Grundstücks, von Gebäuden, Maschinen oder anderen Investitionsgütern, die eine Person besitzt, sowie alle finanziellen Vermögenswerte wie Aktien oder Anleihen. Verbindlichkeiten (Schulden) werden abgezogen, zum Beispiel die Hypothek bei der Bank. Die Verbindlichkeiten gegenüber der Person werden hinzugerechnet.

Humankapital Der Bestand an Wissen, Fähigkeiten, Verhaltensmerkmalen und persönlichen Eigenschaften, die die Arbeitsproduktivität oder die Einkünfte einer Person bestimmen. Investitionen in diesen Bestand durch Bildung, Ausbildung und Sozialisation können diesen Bestand erhöhen, und solche Investitionen sind eine der Quellen des Wirtschaftswachstums. Es ist Teil der Faktorausstattung einer Person. *Siehe auch: Faktorausstattung.*

Einkommen Der Betrag der erhaltenen Gewinne, Zinsen, Mieten, Arbeitseinkommen und sonstigen Zahlungen (einschließlich Transfers der Regierung) abzüglich der gezahlten Steuern, gemessen über einen bestimmten Zeitraum, zum Beispiel ein Jahr. Der Höchstbetrag, der bei unverändertem Vermögen konsumiert werden kann. *Auch bekannt als: verfügbares Einkommen. Siehe auch: Bruttoeinkommen.*
Einkünfte Löhne, Gehälter und andere Einkommen aus Arbeit.

Flussgröße Eine pro Zeiteinheit gemessene Größe, wie zum Beispiel das Jahreseinkommen oder der Stundenlohn.
Bestand Eine Menge, die zu einem bestimmten Zeitpunkt gemessen wird. Ihre Einheiten sind nicht von der Zeit abhängig. *Siehe auch: Flussgröße.*

Vermögen

Eine Möglichkeit, sich **Vermögen** vorzustellen: Es ist der größte Betrag ist, den Sie ohne Darlehensaufnahme verbrauchen könnten, nachdem Sie Ihre Schulden abbezahlt und alle Gelder eingetrieben haben, die Ihnen geschuldet werden—zum Beispiel, wenn Sie Ihr Haus, Ihr Auto und alles, was Sie besitzen, verkaufen.

Der Begriff Vermögen wird manchmal auch im weiteren Sinne verwendet, um immaterielle Aspekte wie Ihre Gesundheit, Ihre Fertigkeiten und Ihre Fähigkeit ein Einkommen zu erzielen (Ihr **Humankapital**) einzubeziehen. Wir werden in dieser Einheit jedoch die engere Definition des materiellen Vermögens verwenden.

Einkommen

Einkommen ist der Geldbetrag, den Sie über einen bestimmten Zeitraum hinweg erhalten, sei es aus **Einkünften** durch Markttransaktionen, aus Investitionen oder von der Regierung.

Da es über einen bestimmten Zeitraum (zum Beispiel wöchentlich oder jährlich) gemessen wird, handelt es sich um eine **Flussgröße**. Vermögen ist eine **Bestandsgröße**, das heißt sie hat keine zeitliche Dimension. Zu jedem Zeitpunkt ist es einfach da. In dieser Einheit betrachten wir nur das Einkommen nach Steuern, das auch als verfügbares Einkommen bezeichnet wird.

Um sich den Unterschied zwischen Vermögen und Einkommen zu vergegenwärtigen, denken Sie an das Befüllen einer Badewanne, wie in Abbildung 10.1. Vermögen ist die Menge (der Bestand) des Wassers in der Wanne, während Einkommen der Zufluss des Wassers in die Wanne ist. Der Zufluss wird in Litern (oder Gallonen) pro Minute gemessen; der Bestand an Wasser wird in Litern (oder Gallonen) zu einem bestimmten Zeitpunkt gemessen.

Wie wir gesehen haben, nimmt Vermögen oft physische Formen an, wie ein Haus, ein Auto, ein Bürogebäude oder eine Fabrik. Der Wert dieses Vermögens nimmt tendenziell ab, entweder durch den Gebrauch oder einfach durch den Lauf der Zeit.

Diese Verringerung des Wertes eines Vermögensbestands im Laufe der Zeit wird als **Wertminderung** bezeichnet. In Anlehnung an die Badewanne wäre die Wertminderung die Menge an Wasser, das verdunstet. Wie das Einkommen ist es eine Flussgröße (man könnte es in Litern pro Jahr messen), allerdings eine negative Flussgröße. Wenn wir also die Wertminderung berücksichtigen, müssen wir zwischen Nettoeinkommen und Bruttoeinkommen unterscheiden. Das Bruttoeinkommen ist der Fluss in die Badewanne (denken Sie daran, dass Einkommen verfügbares Einkommen oder Einkommen nach Steuern bedeutet), während das Nettoeinkommen diese Flussgröße abzüglich der Wertminderung ist. Das **Nettoeinkommen** ist der Höchstbetrag, den Sie verbrauchen können, ohne dass sich Ihr Vermögen ändert.

Ausgaben

Die Wanne hat auch ein Abflussrohr oder einen Abfluss. Die Flussgröße, die durch den Abfluss fließt, wird **Konsum** genannt und verringert das Vermögen genauso wie das Nettoeinkommen es erhöht.

Im allgemeinen Sprachgebrauch wird Nettoeinkommen häufig verwendet, um das Einkommen nach Steuern zu beschreiben. Wir betrachten hier das Vermögen eines Individuums und dafür ist die relevante Flussgröße das Einkommen nach Steuern (das verfügbare Einkommen), welches wir daher als Bruttoeinkommen bezeichnen, um es vom Nettoeinkommen (Bruttoeinkommen abzüglich Wertminderung) zu unterscheiden.

> **Wertminderung (im Rechnungswesen abgebildet über Abschreibungen)** Der Wertverlust eines Vermögensgegenstandes, der entweder durch Gebrauch (Abnutzung) oder durch Zeitablauf (Veralterung) eintritt.
> **Nettoeinkommen** Bruttoeinkommen abzüglich Wertminderung. *Siehe auch unter: Einkommen, Bruttoeinkommen, Wertminderung.*

> **Konsum (C)** Die Ausgaben für Konsumgüter umfassen sowohl kurzlebige Waren und Dienstleistungen als auch langlebige Güter, die als langlebige Gebrauchsgüter oder nur Gebrauchsgüter bezeichnet werden.

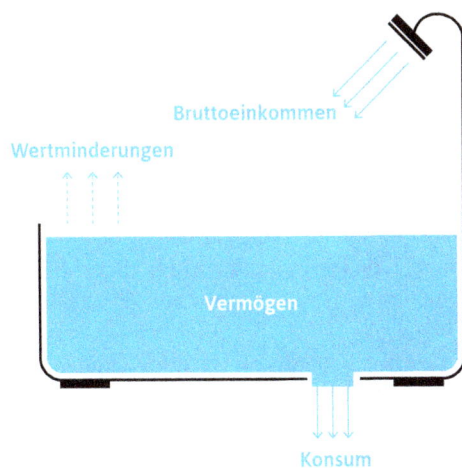

Abbildung 10.1 Vermögen, Einkommen, Wertminderung und Konsum: Die Badewannenanalogie.

Sparen Wenn die Ausgaben für den Konsum geringer sind als das Nettoeinkommen, wird gespart und das Vermögen steigt. *Siehe auch: Vermögen.*

Investitionen (I) Ausgaben für neu produzierte Investitionsgüter (Maschinen und Anlagen) und Gebäude, einschließlich neuer Gebäude.

Eine Person (oder ein Haushalt) spart, wenn der Konsum geringer ist als das Nettoeinkommen, sodass das Vermögen zunimmt. Vermögen ist die Anhäufung von vergangenem und aktuellem Sparen. Eine Form des **Sparen** ist der Kauf eines finanziellen Vermögenswertes wie Aktien (oder Anteile) eines Unternehmens oder Staatsanleihen. Obwohl diese Käufe in der Alltagssprache manchmal als „Investitionen" bezeichnet werden, bedeuten **Investitionen** in der Volkswirtschaftslehre Ausgaben für Investitionsgüter, das heißt Güter wie Maschinen oder Gebäude.

Die Unterscheidung zwischen Investitionen und dem Kauf von Aktien oder Anleihen wird anhand eines Einzelunternehmens veranschaulicht. Am Ende des Jahres entscheidet der oder die Eigentümer:in, was mit dem Nettoeinkommen geschehen soll. Von dem Nettoeinkommen leitet die Person ihre Konsumausgaben für das kommende Jahr ab und spart den Rest. Üblicherweise werden die Ersparnisse in Form von Bankeinlagen angelegt, da das Einkommen bei der Bank eingezahlt wird. Mit ihren Ersparnissen könnten alternativ finanzielle Vermögenswerte wie Aktien oder Anleihen gekauft werden, die den Unternehmen oder der Regierung finanzielle Mittel zur Verfügung stellen. Oder es könnten stattdessen neue Vermögenswerte gekauft werden, um das Unternehmen zu erweitern, was als Investition zählen würde.

FRAGE 10.1 WÄHLEN SIE DIE RICHTIGE(N) ANTWORT(EN)

Welche der folgenden Aussagen sind richtig?

- ☐ Ihr materielles Vermögen ist der größte Betrag, den Sie ohne Darlehensaufnahme konsumieren können. Dazu gehören der Wert Ihres Hauses, Ihres Autos, Ihrer finanziellen Ersparnisse und Ihres Humankapitals.
- ☐ Das Nettoeinkommen ist der Höchstbetrag, den Sie konsumieren können, ohne dass sich Ihr Vermögen dadurch verändert.
- ☐ In der Volkswirtschaftslehre bedeutet Investition das Sparen in finanzielle Vermögenswerte wie Aktien und Anleihen.
- ☐ Wertminderung ist der Verlust Ihrer finanziellen Ersparnisse aufgrund ungünstiger Marktentwicklungen.

FRAGE 10.2 WÄHLEN SIE DIE RICHTIGE(N) ANTWORT(EN)

Herr Bond hat ein Vermögen von 500 000 GBP. Er hat ein Markteinkommen von 40 000 GBP pro Jahr, auf das er mit 30 % besteuert wird. Zum Vermögen von Herrn Bond gehören einige Gegenstände, die jedes Jahr eine Wertminderung von 5000 GBP verzeichnen. Welche der folgenden Aussagen ist richtig?

- ☐ Das verfügbare Einkommen von Herrn Bond beträgt 40 000 GBP.
- ☐ Das Nettoeinkommen von Herrn Bond beträgt 28 000 GBP.
- ☐ Die maximal möglichen Konsumausgaben von Herrn Bond betragen 23 000 GBP.
- ☐ Wenn Herr Bond beschließt, 60 % seines Nettoeinkommens für Konsum und den Rest für Investitionen auszugeben, beläuft sich seine Investition 9200 GBP.

10.2 DARLEHENSAUFNAHME: DEN KONSUM ZEITLICH VORVERLEGEN

Um die Darlehensaufnahme und -vergabe zu verstehen, werden wir realisierbare Mengen und Indifferenzkurven verwenden. In den Einheiten 3 und 5 haben Sie untersucht, wie Alexei und Angela Entscheidungen zwischen sich kollidierenden Zielen wie Freizeit und Abschlussnoten oder Getreidebündel treffen. Sie trafen ihre Wahl aus der realisierbaren Menge auf der Grundlage von Präferenzen, die durch Indifferenzkurven beschrieben wurden. Die Indifferenzkurven stellten dar, wie sie ein Ziel im Vergleich zu einem anderen wertschätzten.

Hier werden Sie sehen, dass die gleiche Analyse der realisierbaren Menge und der Indifferenzkurven auch für die Entscheidung gilt, ob man etwas jetzt oder später haben möchte. In früheren Einheiten haben wir gesehen, dass der Verzicht auf freie Zeit eine Möglichkeit ist, mehr Güter, bessere Noten oder mehr Getreide zu bekommen. Jetzt sehen wir, dass der Verzicht auf einige Güter, die wir jetzt konsumieren könnten, es uns manchmal ermöglicht, später mehr Güter zu konsumieren. Die **Opportunitätskosten** dafür, jetzt mehr Güter zu haben, bestehen darin, später weniger Güter zu haben.

Darlehensaufnahme und Darlehensvergabe ermöglichen es uns, unsere Kapazitäten zum Kauf von Waren und Dienstleistungen zeitlich neu zu verteilen. Die Darlehensaufnahme ermöglicht es uns, jetzt mehr zu kaufen, zwingt uns aber dazu, später weniger zu kaufen. Um zu sehen, wie dies funktioniert, stellen Sie sich Julia vor, die jetzt konsumieren muss, aber heute kein Geld zur Verfügung hat. Sie weiß, dass sie in der nächsten Periode (das heißt später) 100 USD von ihrem Gehaltsscheck oder aus ihrer Ernte haben wird. Julias Situation ist in Abbildung 10.2 dargestellt. Jeder Punkt in der Abbildung zeigt eine Kombination aus Julias Möglichkeiten, Dinge zu konsumieren, jetzt und später. Wir gehen davon aus, dass sie alles ausgibt, was sie hat, sodass jeder Punkt in der Abbildung ihren jetzigen Konsum (gemessen auf der horizontalen Achse) und späteren Konsum (gemessen auf der vertikalen Achse) angibt.

Zu Beginn befindet sich Julia an dem Punkt, der in Abbildung 10.2 mit „Julias Anfangsausstattung" gekennzeichnet ist. Um jetzt zu konsumieren, erwägt Julia die Aufnahme eines Zahltagskredits (oder sie könnte eine Landwirtin sein, die eine Darlehensaufnahme zur Finanzierung ihres Konsums vornimmt, bevor sie ihre Ernte und verkaufen kann).

Julia könnte zum Beispiel jetzt eine Darlehensaufnahme von 91 USD tätigen und der darlehensgebenden Person versprechen, die gesamten 100 USD, die sie später haben wird, zurückzuzahlen. Ihre Gesamtrückzahlung von 100 USD würde die Kreditsumme plus die Zinsen zum Zinssatz r umfassen, oder:

$$\begin{aligned} \text{Rückzahlung} &= \text{Kreditsumme} + \text{Zinsen} \\ &= 91 + 91r \\ &= 91(1 + r) \\ &= 100\ USD \end{aligned}$$

Und wenn „später" bedeutet, in einem Jahr ab jetzt, dann ist der jährliche **Zinssatz**, r:

$$\begin{aligned} \text{Zinssatz} &= \frac{\text{Rückzahlung}}{\text{Kreditsumme}} - 1 \\ &= \frac{100}{91} - 1 \\ &= 0,1 = 10\% \end{aligned}$$

> **Opportunitätskosten** Wenn die Durchführung einer Handlung den Verzicht auf die nächstbeste Handlungsalternative bedeutet, ist dies der Nettonutzen der aufgegebenen Alternative.

> **Zinssatz** Der Preis für die Vorverlegung der Kaufkraft in die Zukunft. *Siehe auch: Nominalzinssatz, Realzinssatz.*

Sie können sich den Zinssatz als den Preis dafür vorstellen, dass man eine gewisse Kaufkraft in der Zeit vorzieht.

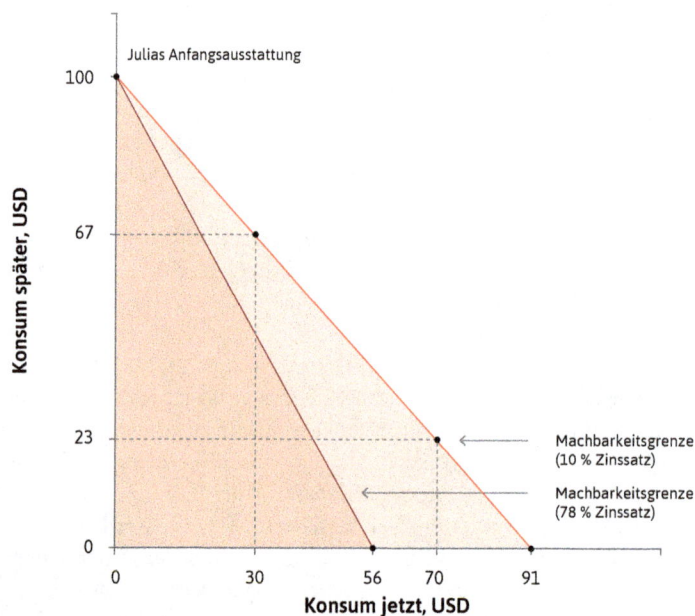

Abbildung 10.2 Darlehensaufnahme, der Zinssatz und die realisierbare Menge.

1. Julia hat nichts

Julia hat jetzt kein Geld, aber sie weiß, dass sie in der nächsten Periode 100 USD haben wird.

2. Zukünftige Einkünfte in die Gegenwart vorziehen

Julia könnte zum Beispiel jetzt eine Darlehensaufnahme in Höhe von 91 USD tätigen und versprechen, der darlehensgebenden Person die 100 USD zu zahlen, die sie später haben wird. Der Zinssatz würde 10 % betragen.

3. Weniger leihen

Zum gleichen Zinssatz (10 %) könnte sie auch eine Darlehensaufnahme von 70 USD tätigen, um sie jetzt auszugeben und am Ende des Jahres 77 USD zurückzuzahlen. In diesem Fall hätte sie 23 USD, die sie im nächsten Jahr ausgeben könnte.

4. Noch weniger leihen

Bei gleichem Zinssatz (10 %) könnte sie auch eine Darlehensaufnahme in Höhe von 30 USD machen, um sie jetzt auszugeben und am Ende des Jahres 33 USD zurückzuzahlen. In diesem Fall hätte sie im nächsten Jahr 67 USD zum Ausgeben.

5. Julias realisierbare Menge

Die Grenze von Julias realisierbarer Menge ist ihre Machbarkeitsgrenze, dargestellt für einen Zinssatz von 10 %.

6. Julias Machbarkeitsgrenze

Julia kann jetzt eine Darlehensaufnahme machen und eine beliebige Kombination auf ihrer Machbarkeitsgrenze wählen.

7. Ein höherer Zinssatz

Wenn der Zinssatz nicht 10 %, sondern 78 % beträgt, kann Julia jetzt nur noch eine Darlehensaufnahme in Höhe von maximal 56 USD vornehmen.

8. Die realisierbare Menge

Die realisierbare Menge mit dem Zinssatz von 78 % ist die dunkel schattierte Fläche, während die realisierbare Menge mit einem Zinssatz von 10 % die dunkel schattierte Fläche plus die hell schattierte Fläche ist.

Zum gleichen Zinssatz (10 %) könnte sie auch eine Darlehensaufnahme von 70 USD tätigen, um sie jetzt auszugeben, und am Ende des Jahres 77 USD zurückzahlen, das heißt:

$$\text{Rückzahlung} = 70 + 70r$$
$$= 70(1 + r)$$
$$= 77 \, USD$$

In diesem Fall hätte sie im nächsten Jahr 23 USD zur Verfügung. Eine andere mögliche Kombination besteht darin, jetzt ein Darlehen aufzunehmen und nur 30 USD auszugeben, wodurch Julia nach Rückzahlung ihres Darlehens im nächsten Jahr 67 USD zur Verfügung hätte.

Alle möglichen Kombinationen von Konsum jetzt und später ((USD 91, USD 0), (USD 70, USD 23) (USD 30, USD 67) usw.) ergeben die in Abbildung 10.2 dargestellte Machbarkeitsgrenze, die die Grenze der realisierbaren Menge darstellt, wenn der Zinssatz 10 % beträgt.

Die Tatsache, dass Julia eine Darlehensaufnahme tätigen kann, bedeutet, dass sie nicht nur in der späteren Periode konsumieren muss. Sie kann jetzt Darlehen aufnehmen, und eine beliebige Kombination auf ihrer Machbarkeitsgrenze wählen. Aber je mehr sie jetzt konsumiert, desto weniger kann sie später konsumieren. Bei einem Zinssatz von $r = 10$ % sind die Opportunitätskosten dafür, jetzt 1 USD auszugeben, dass Julia später $1{,}10 = 1 + r$ Dollar weniger ausgeben kann.

Eins plus der Zinssatz $(1 + r)$ ist die Grenzrate der Transformation von Gütern aus der Zukunft in die Gegenwart. Um jetzt eine Einheit des Gutes zu haben, muss man in der Zukunft $1 + r$ Güter aufgeben. Dies ist das gleiche Konzept wie die Grenzrate der Transformation von Gütern, Getreide oder Noten in freie Zeit, die Sie in den Einheiten 3 und 5 kennen gelernt haben.

Aber nehmen wir an, dass der Zinssatz statt 10 % nun 78 % beträgt, also der durchschnittliche Zinssatz, den die Darlehensnehmenden in Chambar zahlen. Bei diesem Zinssatz kann Julia nur noch maximal 56 USD leihen, denn bei 78 % betragen die Zinsen 44 USD für ein Darlehen von 56 USD, womit die gesamten 100 USD ihres zukünftigen Einkommens verbraucht sind. Ihre Machbarkeitsgrenze verschiebt sich also nach innen und die realisierbare Menge wird kleiner. Da der Preis für das Vorziehen der Kaufkraft in die Gegenwart gestiegen ist, ist die Konsumfähigkeit in der Gegenwart gesunken, so wie Ihre Möglichkeit, Getreide zu konsumieren, sinken würde, wenn der Getreidepreis steigen würde (unter der Annahme, dass Sie kein Getreide produzieren).

Natürlich profitiert die darlehensgebende Person von einem höheren Zinssatz, solange das Darlehen zurückgezahlt wird. Es besteht also ein Interessenkonflikt zwischen der darlehensnehmenden und der darlehensgebenden Person.

10.3 UNGEDULD UND ABNEHMENDE GRENZERTRÄGE DES KONSUMS

Wofür wird sich Julia entscheiden, wenn sie die Möglichkeiten hat, den Konsum vorzuziehen, die sich aus der realisierbaren Menge ergeben? Wie viel Konsum sie vorziehen wird, hängt davon ab, wie ungeduldig sie ist. Sie könnte aus zwei Gründen ungeduldig sein:

- Sie zieht es vor, ihren Konsum über die Zeit zu glätten, anstatt alles später und nichts jetzt zu konsumieren.
- Sie könnte ein ungeduldiger Mensch sein.

Glätten

Sie würde ihren Konsum gerne glätten, weil sie mehr Nutzen aus einer zusätzlichen Einheit von etwas zieht, wenn sie nicht schon viel davon verbraucht hat. Denken Sie an Essen—die ersten paar Bissen eines Gerichts sind wahrscheinlich viel genussvoller als die Bissen der dritten Portion. Dies ist eine grundlegende psychologische Tatsache, die manchmal als Gesetz der Bedürfnisbefriedigung bezeichnet wird.

Allgemeiner ausgedrückt: Der Wert einer zusätzlichen Konsumeinheit in einem bestimmten Zeitraum nimmt für das Individuum ab, je mehr konsumiert wird. Dies wird als **abnehmender Grenzertrag des Konsums** bezeichnet. Etwas Ähnliches haben Sie bereits in Einheit 3 erlebt, in der Alexei abnehmende Grenzerträge im Bezug auf seine Freizeit wahrnahm. Wenn man seine Note konstant hält, je mehr Freizeit er hatte, desto weniger war ihm jede zusätzliche Einheit Freizeit wert, im Verhältnis dazu, wie wichtig die Note sein würde.

Verwenden Sie die Analyse in Abbildung 10.3a, um zu sehen, wie Julia ihren Konsum jetzt und später wählen kann, und wie ihre Präferenzen durch Indifferenzkurven dargestellt werden können. Abnehmende Grenzerträge des Konsums zu jedem Zeitpunkt bedeuten, dass Julia ihren Konsum glätten möchte, das heißt sie möchte vermeiden, in der einen Periode viel und in der anderen wenig zu konsumieren.

Reine Ungeduld, oder wie ungeduldig man als Person ist

Wenn Julia weiß, dass sie morgen zwei Mahlzeiten zu sich nehmen kann, aber heute keine hat, dann haben wir gesehen, dass abnehmende Grenzerträge des Konsums erklären könnten, warum sie stattdessen lieber heute eine und morgen eine Mahlzeit zu sich nehmen würde. Dabei ist zu beachten, dass Julia sich nicht deshalb für die heutige Mahlzeit entscheiden würde, weil sie ungeduldig ist, sondern weil sie nicht damit rechnet, in der Zukunft hungrig zu sein. Sie zieht es vor, ihren Konsum von Lebensmitteln zu glätten.

abnehmender Grenzertrag des Konsums Für eine Person nimmt der Wert einer zusätzlichen Einheit Konsum ab, je mehr Konsum die Person hat. *Auch bekannt als: abnehmender Grenznutzen.*

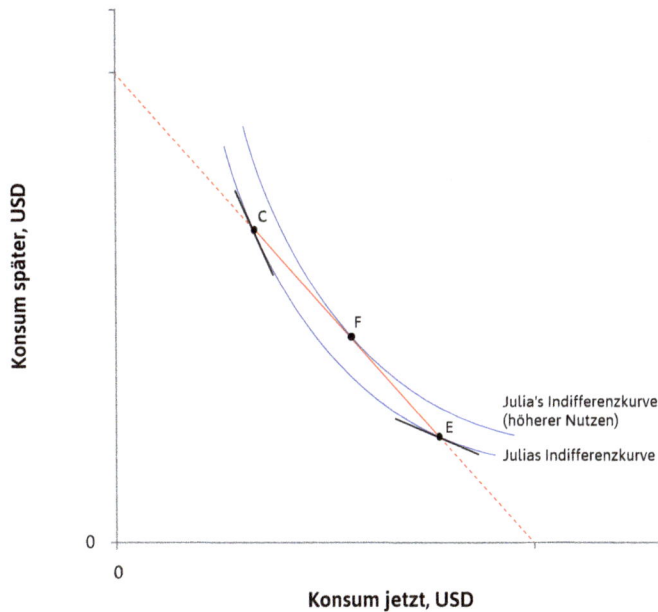

Abbildung 10.3a Konsumglättung: Abnehmende Grenzerträge des Konsums.

1. Julias Auswahlmöglichkeiten
Die gestrichelte Linie zeigt die Kombinationen aus jetzigem und späterem Konsum, aus denen Julia wählen kann.

2. Abnehmender Grenzertrag des Konsums
Julias Indifferenzkurve ist zum Ursprung hin gekrümmt, weil die Grenzerträge des Konsums in jeder Periode abnehmen: Je mehr Güter sie in der Gegenwart besitzt, desto weniger schätzt sie ein zusätzliches Gut in der Gegenwart im Vergleich zu mehr Gütern in der Zukunft. Die Steigung der Indifferenzkurve ist die Grenzrate der Substitution (GRS) zwischen dem Konsum jetzt und später.

3. Welche Entscheidungen würde Julia treffen?
Die GRS bei C ist hoch (die Indifferenzkurve ist steil): Julia hat jetzt wenig Konsum und später viel. Abnehmende Grenzerträge bedeuten also, dass sie einen Teil des Konsums in die Gegenwart verlagern möchte. Die GRS bei E ist niedrig: Sie hat jetzt viel Konsum und später weniger, sodass abnehmende Grenzerträge dazu führen, dass sie einen Teil des Konsums in die Zukunft verlagern möchte. Sie wird also einen Punkt zwischen C und E wählen.

4. GRS fällt
Wir können sehen, dass die GRS fällt, wenn wir uns entlang der Indifferenzkurve von C nach E bewegen: Die Steigung ist bei C steiler als bei E.

5. Julias optimale Wahl
Angesichts der durch die Linie CE dargestellten Wahl wird Julia den Punkt F wählen. Dieser liegt auf der höchsten erreichbaren Indifferenzkurve. Sie zieht es vor, den Konsum zwischen jetzt und später zu glätten (das heißt eher auszugleichen).

reine Ungeduld Dies ist eine Eigenschaft einer Person, die eine zusätzliche Einheit des Konsums jetzt gegenüber einer zusätzlichen Einheit zu einem späteren Zeitpunkt bevorzugt, wenn die Menge des Konsums jetzt und später gleich ist. Sie entsteht, wenn eine Person ungeduldig ist, jetzt mehr zu konsumieren, weil sie aus Kurzsichtigkeit, Willensschwäche oder aus anderen Gründen dem Konsum in der Zukunft weniger Wert beimisst.

UNGEDULD

Jede Präferenz, den Konsum von der Zukunft in die Gegenwart zu verlagern. Diese Präferenz kann abgeleitet werden aus:
- reiner Ungeduld
- abnehmenden Grenzerträgen des Konsums

Es gibt aber noch einen anderen Grund, Güter in der Gegenwart zu bevorzugen: die **reine Ungeduld**. Um festzustellen, ob eine Person ungeduldig ist, fragen wir, ob sie ein Gut jetzt mehr schätzt als später, wenn ihre anfängliche Ausstattung in beiden Perioden gleich hoch ist. Es gibt zwei Gründe für reine Ungeduld:

- *Myopie (Kurzsichtigkeit)*: Menschen empfinden die gegenwärtige Befriedigung des Hungers oder eines anderen Wunsches stärker, als sie sich die gleiche Befriedigung zu einem zukünftigen Zeitpunkt vorstellen.
- *Besonnenheit*: Menschen wissen, dass sie in der Zukunft vielleicht nicht mehr da sein werden, sodass es sinnvoll sein kann, sich für den gegenwärtigen Konsum zu entscheiden.

Um zu sehen, was reine Ungeduld bedeutet, vergleichen wir zwei Punkte auf derselben Indifferenzkurve in Abbildung 10.3b. Am Punkt A hat Julia jetzt 50 USD und später 50 USD. Wir fragen uns, wie viel sie später zusätzlich konsumieren müsste, um den Verlust von 1 USD jetzt auszugleichen. Punkt B auf derselben Indifferenzkurve gibt uns die Antwort. Wenn sie jetzt nur 49 USD hätte, bräuchte sie später 51,50 USD, um auf der gleichen Indifferenzkurve zu bleiben und genauso glücklich zu sein. Sie bräuchte also später 1,50 USD, um den jetzigen Verlust von 1 USD auszugleichen. Julia hat reine Ungeduld, weil sie es nicht vorzieht, ihren Konsum perfekt zu glätten, sondern weil sie einer zusätzlichen Konsumeinheit heute mehr Wert beimisst als in der Zukunft.

Die Steigung der Indifferenzkurve von 1,5 (in absoluten Werten) am Punkt A in Abbildung 10.3b bedeutet, dass für sie eine zusätzliche Konsumeinheit jetzt 1,5 mal so viel wert ist als eine zusätzliche Konsumeinheit später.

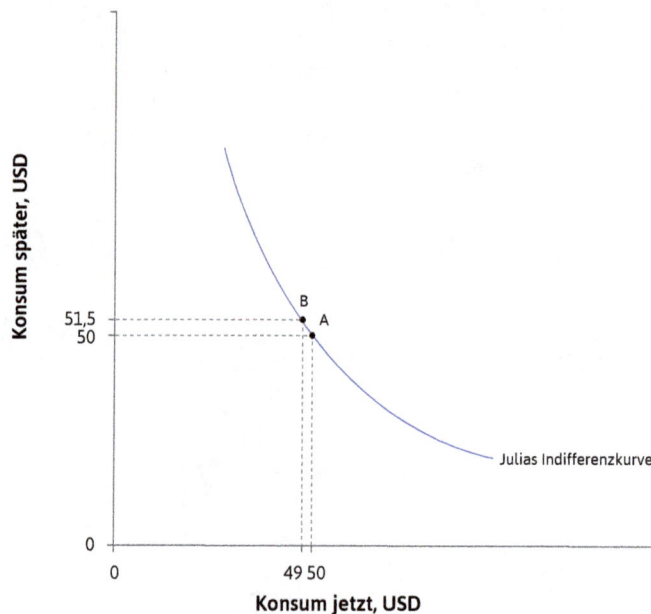

Abbildung 10.3b Reine Ungeduld.

ÜBUNG 10.1 DIE KONSEQUENZEN DER REINEN UNGEDULD

1. Zeichnen Sie die Indifferenzkurven einer Person, die ungeduldiger ist als Julia in Abbildung 10.3b (Seite 476), für ein beliebiges jetziges und späteres Konsumniveau.
2. Zeichnen Sie eine Reihe von Indifferenzkurven für Julia, wenn sie keine abnehmenden Grenzerträge des Konsums erfährt, sondern reine Ungeduld hat. Würde sie dann ihren Konsum glätten wollen?
3. Zeichnen Sie ein paar Indifferenzkurven für Julia, wenn sie keine abnehmenden Grenzerträge des Konsums erfährt, keine reine Ungeduld hat und ihr der Konsum jetzt und der Konsum später gleichermaßen wichtig ist.

FRAGE 10.3 WÄHLEN SIE DIE RICHTIGE(N) ANTWORT(EN)

Abbildung 10.3a (Seite 475) zeigt Julias Indifferenzkurven für den Konsum in Periode 1 (jetzt) und 2 (später). Welche der folgenden Aussagen ist richtig?

☐ Die Steigung der Indifferenzkurve ist die Grenzrate der Substitution zwischen dem Konsum in den beiden Perioden.

☐ Der Grenzertrag des Konsums in Periode 1 ist bei E höher als bei C.

☐ Julias Konsum ist bei C gleichmäßiger („geglätteter") als bei E. Daher zieht sie den Konsum bei C dem bei E vor.

☐ In beiden Perioden genau gleich viel zu konsumieren ist Julias bevorzugte Wahl.

10.4 DARLEHENSAUFNAHME ERMÖGLICHT GLÄTTUNG, DA DER KONSUM IN DIE GEGENWART VERLAGERT WERDEN KANN

Wie viel Geld wird Julia über ein Darlehen beziehen? Wenn wir die Abbildungen 10.2 und 10.3a kombinieren, erhalten wir die Antwort. Wie in den anderen Beispielen für eine realisierbare Menge und Indifferenzkurven möchte Julia die höchstmögliche Indifferenzkurve erreichen, wird aber durch ihre Machbarkeitsgrenze eingeschränkt. Die höchste realisierbare Indifferenzkurve bei einem Zinssatz von 10 % ist diejenige, die die Machbarkeitsgrenze tangiert. Dies ist in Abbildung 10.4 als Punkt E dargestellt.

Hier entscheidet sie sich dafür ein Darlehen aufzunehmen und somit für einen jetzigen Konsum von 58 USD, sowie für eine spätere Rückzahlung in Höhe von 64 USD, sodass ihr 36 USD für den späteren Konsum bleiben. Wir wissen, dass an diesem Tangentenpunkt die Steigung der Indifferenzkurve gleich der Steigung der Machbarkeitsgrenze ist (sonst würden sich die Kurven schneiden). Wir definieren den **Abzinsungssatz** einer Person, ρ (Ökonominnen und Ökonomen verwenden den griechischen Buchstaben rho, der wie das Wort ‚roh' klingt), als die Steigung der Indifferenzkurve minus eins. Dies ist ein Maß dafür, wie sehr Julia eine zusätzliche Einheit des

DER ABZINSUNGSSATZ EINER PERSON

Der **Abzinsungssatz** einer Person, ρ, ist ein Maß für die Ungeduld der Person: wie sehr sie eine zusätzliche Einheit Konsum jetzt gegenüber einer zusätzlichen Einheit des Konsums zu einem späteren Zeitpunkt schätzt. Es handelt sich um die Steigung ihrer Indifferenzkurve zwischen dem Konsum jetzt und dem Konsum später, minus eins.

Ihr Abzinsungssatz hängt von zwei Faktoren ab:

- *Ihrem Wunsch, den Konsum zu glätten*: Dieser wird durch die Situation beeinflusst, in der sie sich befindet (die Verteilung des aktuellen und des späteren Konsums).
- *Ihre reine Ungeduld als Person*: Dies wird manchmal auch als ihr subjektiver Abzinsungssatz bezeichnet, da er zum Teil auf ihrer Psychologie beruht.

jetzigen Konsums im Vergleich zu einer zusätzlichen Einheit des späteren Konsums bewertet.

In Abbildung 10.3b beträgt ρ am Punkt A beispielsweise 50 %, weil eine zusätzliche Einheit des Konsums heute 1,5 zusätzliche Einheiten später wert ist. Das bedeutet, dass Julia ein Darlehen aufnimmt, sodass gilt:

Steigung der Indifferenzkurve (GRS) = Steigung der Machbarkeitsgrenze (GRT)

Wir wissen, dass:

$$GRS = 1 + \rho$$
$$GRT = 1 + r$$

So:

$$GRS = GRT$$
$$1 + \rho = 1 + r$$

Wenn wir von beiden Seiten dieser Gleichung 1 abziehen, erhalten wir:

$$\rho = r$$
$$\text{Abzinsungssatz} = \text{Zinssatz}$$

Ihr Abzinsungssatz ρ hängt sowohl von ihrem Wunsch, den Konsum zu glätten, als auch von ihrem Grad an reiner Ungeduld ab.

Verwenden Sie die Analyse in Abbildung 10.4, um zu sehen, wie Julia den Konsum wählen wird, wenn der Zinssatz 10 % und wenn er 78 % beträgt.

ÜBUNG 10.2 EINKOMMENS- UND SUBSTITUTIONSEFFEKTE

1. Zeigen Sie anhand von Abbildung 10.4 (Seite 479), dass sich die Differenz des Konsums in der Gegenwart bei einen niedrigeren und höheren Zinssatz (bei E und G), nämlich 23 USD, aus einem Einkommenseffekt und einem Substitutionseffekt zusammensetzt. Es ist hilfreich, die Einkommens- und Substitutionseffekte aus Einheit 3 zu wiederholen, bevor Sie dies tun.
2. Warum wirken die Einkommens- und Substitutionseffekte in diesem Beispiel in dieselbe Richtung?

FRAGE 10.4 WÄHLEN SIE DIE RICHTIGE(N) ANTWORT(EN)

Abbildung 10.4 (Seite 479) veranschaulicht Julias Konsumentscheidungen in den Perioden 1 und 2. Sie hat kein Einkommen in Periode 1 (jetzt) und ein Einkommen von 100 USD in Periode 2 (später). Der aktuelle Zinssatz beträgt 10 %. Welche der folgenden Aussagen ist auf der Grundlage dieser Informationen richtig?

☐ Am Punkt F übersteigt der Zinssatz Julias Abzinsungssatz (Grad der Ungeduld).
☐ Bei E befindet sich Julia auf der höchstmöglichen Indifferenzkurve angesichts ihrer realisierbaren Menge.
☐ E ist die optimale Wahl für Julia, da sie ihren Konsum über die beiden Perioden vollständig glätten kann und den gleichen Betrag konsumiert.
☐ G ist keine realisierbare Wahl für Julia.

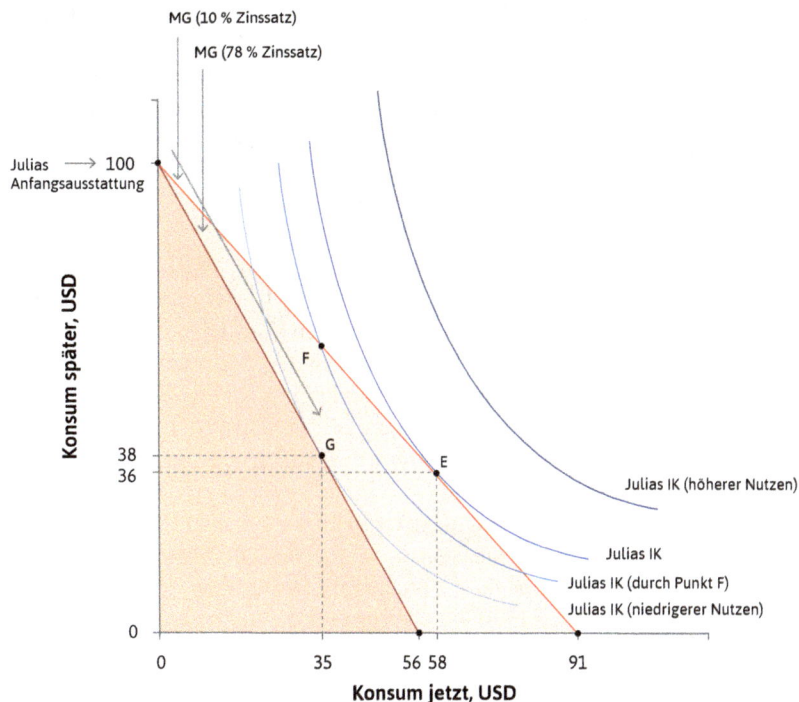

Abbildung 10.4 Zeitliche Entwicklung des Konsums durch Darlehensaufnahme.

1. Julias Machbarkeitsgrenze
Julia möchte die höchste Indifferenzkurve erreichen, ist aber durch ihre Machbarkeitsgrenze eingeschränkt.

2. Julias beste Option
Bei einem Zinssatz von 10 % ist die höchste erreichbare Indifferenzkurve diejenige, die tangential zur Machbarkeitsgrenze verläuft, die als Punkt E dargestellt ist.

3. GRS und GRT
An dieser Stelle ist GRS = GRT.

4. Die Entscheidung zur Darlehensaufnahme
An Punkt F übersteigt ihr Abzinsungssatz ρ den Zinssatz r, sodass sie ihren Konsum zeitlich vorziehen möchte. Durch ähnliche Überlegungen kommen keine Punkte auf der Machbarkeitsgrenze in Frage, außer E.

5. Eine Erhöhung des Zinssatzes
Wenn der Zinssatz, zu dem sie eine Darlehensaufnahme machen kann, steigt, wird die realisierbare Menge kleiner.

6. Die Auswirkungen eines höheren Zinssatzes
Das Beste, was Julia jetzt tun kann, ist eine kleineres Darlehen aufnehmen (35 USD statt 58 USD), wie aus Punkt G hervorgeht.

10.5 DARLEHENSVERGABE UND LAGERUNG: GLÄTTUNG UND VERSCHIEBUNG DES KONSUMS IN DIE ZUKUNFT

Stellen Sie sich nun Marco vor, eine Person, die sich in einer anderen Situation befindet als Julia. Während Julia über die Höhe der Darlehensaufnahme nachdenkt, verfügt Marco heute über Güter oder Geldmittel im Wert von 100 USD, rechnet aber (noch) nicht mit einem späteren Einkommen. Julia und Marco werden beide irgendwann 100 USD erhalten, aber der Zeitpunkt macht einen Unterschied: Marcos Vermögen im engeren Sinne beträgt 100 USD; Julias Vermögen ist gleich Null.

Wir haben gesehen, dass Julia, die in der Zukunft 100 USD verdienen wird, ein Darlehen aufnehmen möchte. Sie möchte ihren Konsum in der Situation, in der sie sich befindet, mit Hilfe eines Darlehens glätten. Stellen Sie sich vor, wie Julias Indifferenzkurve, welche durch den Punkt ihrer Anfangsausstattung verläuft, aussehen könnte. Wie in Abbildung 10.5 zu sehen ist, ist diese sehr steil, da sie derzeit nichts besitzt, präferiert sie deutlich ihren jetzigen Konsum zu erhöhen.

Dies wird Julias **Reservationsindifferenzkurve** genannt, weil sie aus allen Punkten besteht, an denen es Julia genauso gut gehen würde wie an ihrer Reservationsoption, das heißt ihrer Anfangsausstattung ohne Darlehensaufnahme (Julias Indifferenzkurven für die Anfangsausstattung und die Reservationsindifferenzkurve ähneln denen von Angela, der Landwirtin aus Einheit 5).

Betrachten Sie Marcos Indifferenzkurve, welche durch den Punkt seiner Anfangsausstattung verläuft, an dem er jetzt 100 USD und später nichts mehr hat. Wie in Abbildung 10.5 gezeigt, ist die Kurve jetzt ziemlich flach, was darauf hindeutet, dass er nach einer Möglichkeit sucht, einen Teil seines Konsums in die Zukunft zu verlagern.

Die Indifferenzkurven von Marco und Julia und damit ihre reine Ungeduld sind ähnlich. Sie unterscheiden sich durch ihre Situation, nicht

Reservationsindifferenzkurve Eine Kurve, die Allokationen (Kombinationen) anzeigt, die genauso hoch bewertet werden wie die eigene Reservationsoption.

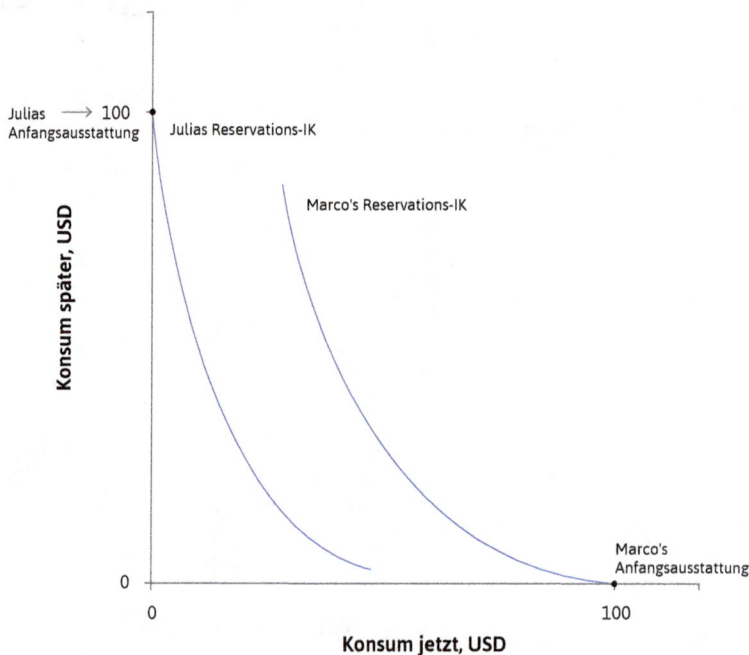

Abbildung 10.5 Reservationsindifferenzkurven und Anfangsausstattungen.

durch ihre Präferenzen. Julia nimmt ein Darlehen auf, weil sie im Gegensatz zu Marco in der Gegenwart arm ist, und deshalb ist sie ungeduldig—sie muss ihren Konsum ausgleichen.

Marco hat gerade Getreide im Wert von 100 USD geerntet und keine Schulden zu begleichen. Er könnte alles jetzt konsumieren, aber wie wir gesehen haben, wäre das unter den gegebenen Umständen wahrscheinlich nicht die beste Entscheidung:

- Wir haben angenommen, dass sein Einkommen in der Zukunft gleich Null ist.
- Wie Julia hat auch er abnehmende Grenzerträge des Konsums von Getreide.

Um dies auszugleichen, möchte er einige Güter in die Zukunft verschieben. Er könnte das Getreide lagern, aber dann würden Mäuse einen Teil davon fressen. Mäuse sind eine Form der Wertminderung. Das Getreide, das sie fressen, stellt eine Verringerung von Marcos Vermögen durch den Lauf der Zeit dar. Wenn er also in dieser Zeit überhaupt nichts konsumiert hätte, hätte er ein Jahr später nur noch Getreide im Wert von 80 USD. Das bedeutet, dass die Kosten für die Lagerung von Getreide in die Zukunft, das heißt der Lagerung von Getreide in der Gegenwart für die Zukunft, 20 % pro Jahr betragen.

In Abbildung 10.6 sehen wir, dass Marcos Anfangsausstattung auf der horizontalen Achse liegt, da er jetzt 100 USD an Getreide zur Verfügung hat. Die dunkle Linie zeigt Marcos Machbarkeitsgrenze unter Verwendung von Lagerung, und der dunkel schattierte Bereich zeigt seine realisierbare Menge. Wäre dies die einzige Option und würden seine Indifferenzkurven wie angegeben verlaufen, würde er definitiv einen Teil des Getreides lagern. In Abbildung 10.6 liegt ein Teil seiner Machbarkeitsgrenze außerhalb seiner Indifferenzkurve für die Anfangsausstattung, sodass er besser dran wäre, wenn er etwas von seinem Getreide lagern würde.

Aber wie viel? Wie Julia wird Marco die Menge für die Lagerung festlegen, mit der er die höchste machbare Indifferenzkurve erreicht, indem er den Tangentenpunkt zwischen der Indifferenzkurve und der Machbarkeitsgrenze ermittelt. Dies ist der Punkt H. Er wird also jetzt 68 USD von dem Getreide konsumieren und später 26 USD (die Mäuse haben 6 USD von dem Getreide gefressen). Am Punkt H hat Marco seine GRS zwischen dem jetzigen und zukünftigen Konsum mit der GRT gleichgesetzt, das heißt den Kosten für die Verschiebung von Gütern von der Gegenwart in die Zukunft.

Er könnte den Verlust durch die Mäuse vermeiden, indem er das Getreide verkauft und 100 USD unter seine Matratze legt. Seine Machbarkeitsgrenze wäre dann eine gerade Linie (nicht dargestellt) vom gegenwärtigen Konsum von 100 USD zum späteren Konsum von 100 USD. Wir gehen davon aus, dass sein 100 USD Schein nicht gestohlen wird und dass man jetzt und später mit 100 USD die gleiche Menge Getreide kaufen kann, da es keine Inflation gibt (wir erklären die Inflation und ihre Auswirkungen in Einheit 13). Unter diesen Annahmen ist es in jedem Fall besser, Geld unter der Matratze zu verwahren als Getreide zu lagern, wenn es Mäuse gibt.

Wenn Marco eine vertrauenswürdige darlehensnehmende Person finden könnte, wäre es besser, das Geld zu verleihen. Würde er dies tun und könnte er sich der Rückzahlung von USD $(1 + r)$ für jeden geliehenen USD sicher sein, dann könnte er später einen realisierbaren Konsum von $100 \times (1 + r)$ haben, oder eine der Kombinationen entlang seiner neuen Machbarkeitsgrenze. Die helle Linie in Abbildung 10.6 zeigt die Machbarkeitsgrenze, wenn Marco zu 10 % verleiht. Wie Sie aus der Abbildung erkennen können, wird seine realisierbare Menge im Vergleich zur Lagerung des Getreides oder

Verwahrung des Geldes unter der Matratze nun um die Möglichkeit der Darlehensvergabe zu Zinsen erweitert. Marco ist in der Lage, eine höhere Indifferenzkurve zu erreichen.

Wie wir gesehen haben, gibt es in einer modernen Wirtschaft eine Vielzahl von Finanzinstrumenten, die Marco nutzen kann, um den Konsum durch die Vergabe von Darlehen in die Zukunft zu verlagern, zum Beispiel Termineinlagen oder Anleihen von Unternehmen oder der Regierung.

Wenn sich Marco eine Investitionsmöglichkeit bietet, die bedeutet, dass er sein Vermögen heute investieren kann und es in einem Jahr mehr wert ist—zum Beispiel, wenn er Land besitzt, auf dem er das Getreide als Saatgut verwenden und mehr Getreide anbauen kann—dann würde das seine realisierbare Menge ebenfalls erweitern.

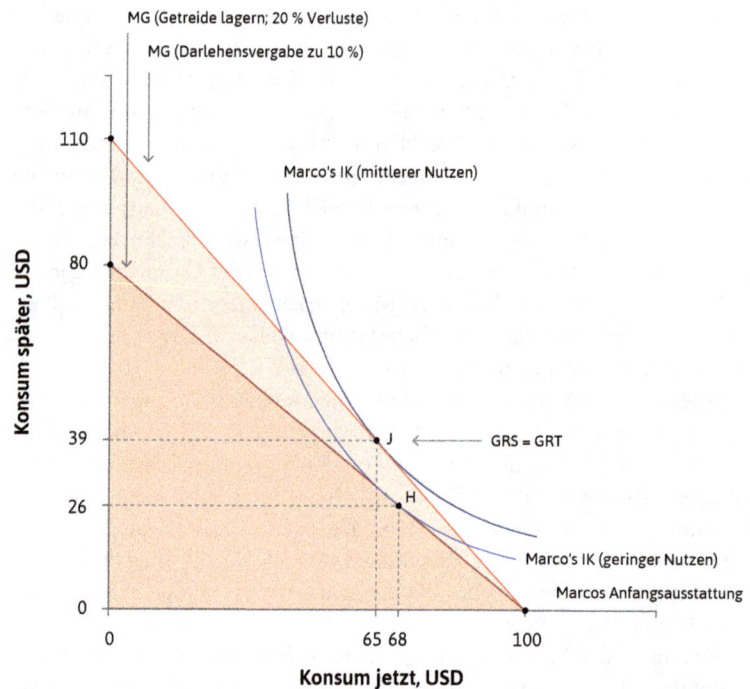

Abbildung 10.6 Den Konsum durch Lagerung und Darlehensvergabe glätten.

1. Marco hat heute Vermögen
Marco hat jetzt Getreide im Wert von 100 USD zur Verfügung.

2. Marcos Machbarkeitsgrenze
Die dunkle Linie zeigt Marcos Machbarkeitsgrenze bei Lagerung, und der schattierte Bereich zeigt seine realisierbare Menge

3. Marcos Präferenzen
Marcos Reservationsindifferenzkurve geht durch seine Anfangsausstattung.

4. Marcos Entscheidung zu lagern
Der Punkt H auf Marcos Indifferenzkurve gibt die Menge an, die er lagern wird.

5. Marcos Entscheidung zur Darlehensvergabe
Die helle Linie zeigt die Machbarkeitsgrenze, wenn Marco ein Darlehen zu einem Zinssatz von 10 % vergibt.

6. Die Folgen der Entscheidung für die Darlehensvergabe
Marco ist nun in der Lage, eine höhere Indifferenzkurve zu erreichen.

10.6 INVESTITIONEN: EINE WEITERE MÖGLICHKEIT, DEN KONSUM IN DIE ZUKUNFT ZU VERLAGERN

Wenn Marco etwas Land besitzt, könnte er noch mehr tun. Er könnte das Getreide investieren (als Saatgut anbauen und es an seine Zugtiere verfüttern, die ihm bei der Feldarbeit bis zur Ernte helfen). Diese Möglichkeit der Investition wird seine realisierbare Menge noch erweitern. Nehmen wir an, dass er, wenn er sein gesamtes Getreide investieren würde, später Getreide im Wert von 150 USD ernten könnte, wie in Abbildung 10.7 gezeigt. Er hat 100 USD investiert, 150 USD geerntet und somit ein Einkommen von USD 150 - USD 100 = USD 50 erzielt, was einer Gewinnrate (Gewinn geteilt durch die erforderliche Investition) von USD 50 / USD 100 = 50 % entspricht. Die Steigung der roten Linie beträgt -1,5, wobei der absolute Wert (1,5) die Grenzrate der Transformation von Investitionen in Erträge oder 1 plus die Rendite der Investition ist.

Wenn Marco ein Darlehen zu 10 % bekäme, würde er schnell erkennen, dass er mit einem anderen Ansatz besser dran wäre: alles investieren, was er hat, wobei er im nächsten Jahr 150 USD ernten würde, gleichzeitig aber auch jetzt

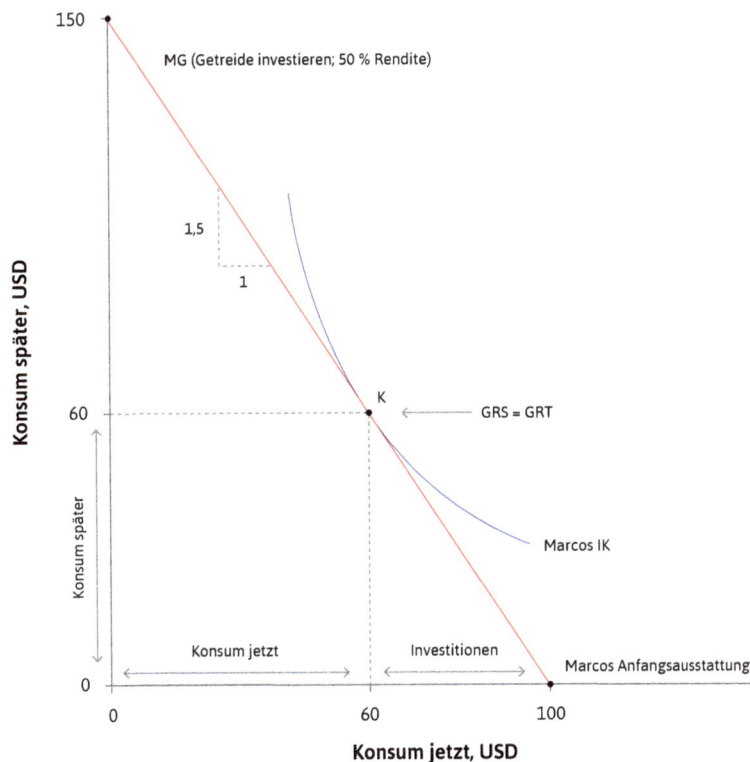

Abbildung 10.7 Investitionen in ein hochrentables Projekt.

1. Die Rendite der Investition
Wenn Marco sein gesamtes Getreide investieren würde, könnte er später Getreide im Wert von 150 USD ernten.

2. Die Rendite der Investition
Die Steigung der roten Linie beträgt -1,5, wobei der absolute Wert (1,5) gleich 1 plus der Rendite der Investition ist.

3. Marcos optimale Wahl
Marco entscheidet sich dafür, jetzt 60 USD und später 60 USD zu konsumieren, wie in Punkt K gezeigt. An diesem Punkt verläuft die Machbarkeitsgrenze tangential zu einer Indifferenzkurve.

ein Darlehen aufnehmen, um sowohl jetzt als auch in Zukunft mehr konsumieren zu können. Dieser Plan „alles zu investieren" ist in Abbildung 10.8 dargestellt. Der Plan verschiebt die Machbarkeitsgrenze von Marco noch weiter nach außen, wie die gestrichelte rote Linie zeigt. Marco konsumiert schließlich an einem neuen Punkt, L, mit mehr sowohl zum jetzigen Zeitpunkt als auch mehr in der Zukunft.

Abbildung 10.9 fasst zusammen, wie der Plan „Alles investieren und Darlehen aufnehmen" im Vergleich zu den anderen Optionen funktioniert.

Die realisierbaren Mengen für alle Optionen von Marco sind in Abbildung 10.10 dargestellt.

Betrachten wir nun, wie sich Marco von Julia unterscheidet. Vergleichen Sie die realisierbaren Mengen von Julia in Abbildung 10.4 (Seite 479) und von Marco, dessen Optionen in Abbildung 10.10 dargestellt sind.

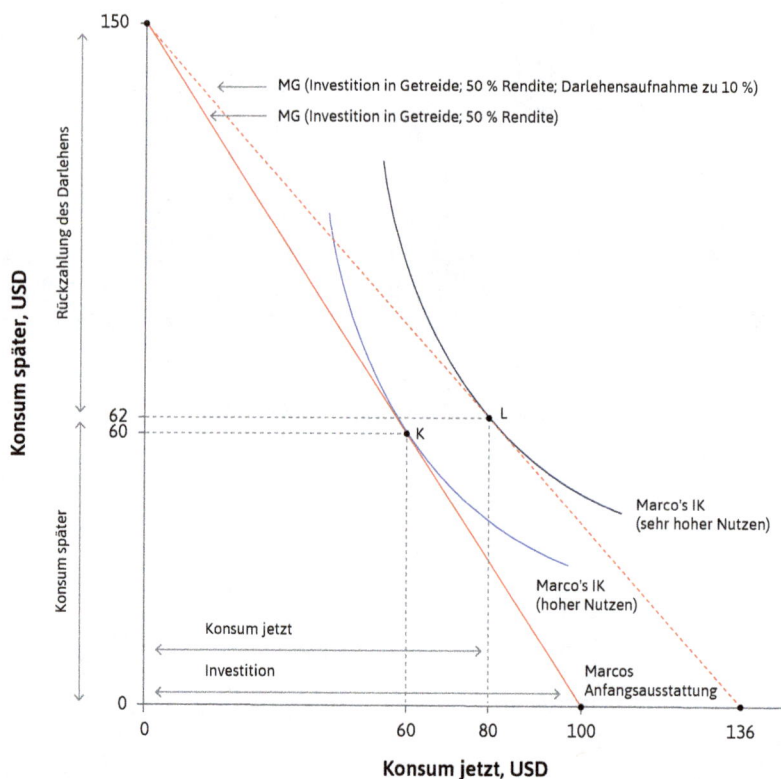

Abbildung 10.8 Für die Investition in ein ertragreiches Projekt ein Darlehen aufnehmen.

1. Marcos optimale Wahl, wenn er investieren kann

Seine optimale Wahl, wenn er investieren kann, liegt bei Punkt K.

2. Marco erhält ein Darlehen

Wenn er ein Darlehen zu 10 % erhalten könnte, wäre er besser dran, wenn er alles, was er hat, investieren würde. Dadurch erweitert sich seine realisierbare Menge, wie die gestrichelte rote Linie veranschaulicht.

3. Optimale Wahl nach Erhalt eines Darlehens

Marco konsumiert am Ende am Punkt L, mit 80 USD zum jetzigen Zeitpunkt und 62 USD in der Zukunft.

Drei Unterschiede zwischen Marco und Julia erklären die Unterschiede in ihren Ergebnissen.

- *Marco beginnt mit einem Vermögenswert, während Julia mit nichts beginnt*: Julia hat die Aussicht auf einen ähnlichen Vermögenswert zu einem späteren Zeitpunkt, aber dadurch befinden sich die beiden auf entgegengesetzten Seiten des Kreditmarktes.
- *Marco hat eine rentable Investitionschance, Julia nicht.*
- *Marco und Julia haben möglicherweise unterschiedliche Zinssätze*: Der weniger offensichtliche Unterschied besteht darin, dass Marco (nachdem er sein gesamtes Vermögen zu einer Rendite von 50 % investiert hat) seine

Plan (Punkte in Abbildung 10.6 und 10.8)	Rendite oder Zinssatz	jetzigem Konsum, späterem Konsum	Investition	Ranking nach Nutzen (oder kombiniertem Konsum)
Lagerung (H)	–20 % (Verlust)	USD 68, USD 26	-	Schlechteste (USD 94)
Nur Darlehensvergabe (J)	10 %	USD 65, USD 39	-	Drittbeste (USD 104)
Nur Investition (K)	50 %	USD 60, USD 60	USD 40	Zweitbeste (USD 120)
Investition und Darlehensaufnahme (L)	50 % (Investition), –10 % (Darlehensvergabe)	USD 80, USD 62	USD 100	Beste (USD 142)

Abbildung 10.9 Lagerung, Darlehensvergabe, Investition und Darlehensaufnahme bieten Marco eine Vielzahl realisierbarer Mengen.

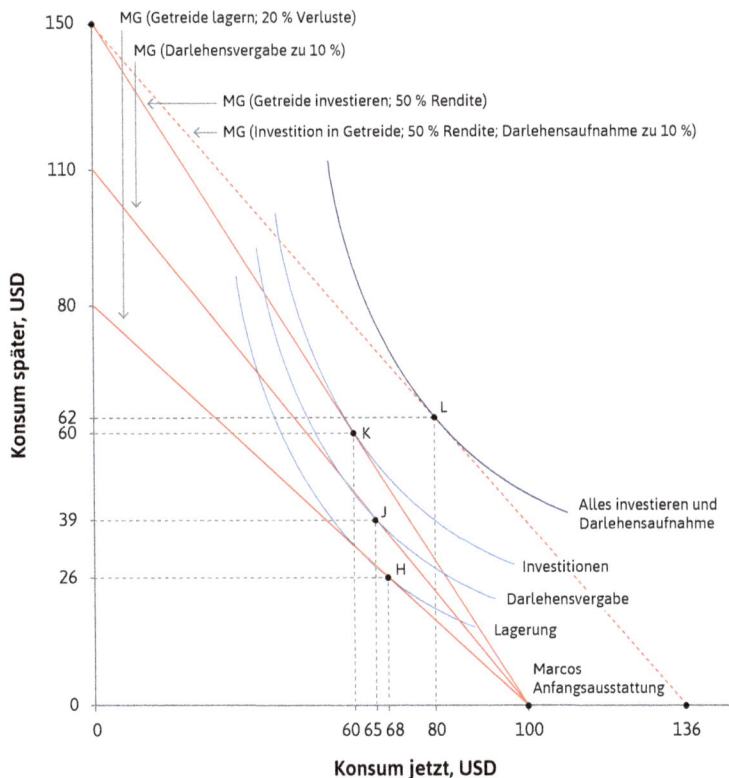

Abbildung 10.10 Optionen für die Einzelperson (Marco), welche mit Vermögenswerten startet.

Kaufkraft zeitlich vorziehen möchte, indem er eine Darlehensaufnahme gegen sein künftiges Einkommen zu einem Zinssatz von 10 % tätigt. Julia, die wie die armen Landwirtinnen und Landwirte Chambars über unzureichende Vermögenswerte verfügt, hat möglicherweise keine andere Wahl, als eine Darlehensaufnahme zu dem höheren Zinssatz von 78 % vorzunehmen. Das Paradoxe daran ist, dass Marco eine Darlehensaufnahme zu einem niedrigen Zinssatz vornehmen kann, *weil er keine Darlehen aufnehmen muss.*

Zusammenfassend lässt sich sagen, dass Darlehensaufnahme, -vergabe, Lagerung und Investition Möglichkeiten sind, den Konsum von Gütern zeitlich nach vorne (in die Gegenwart) oder nach hinten (in die Zukunft) zu verschieben.
Menschen beteiligen sich an diesen Vorgängen, weil:

- *Sie ihren Nutzen durch Glättung des Konsums erhöhen können*: Oder, wenn sie reine Ungeduld haben, indem sie den Konsum in die Gegenwart vorziehen.
- *Sie können ihren Konsum in beiden Perioden steigern*: Durch Darlehensvergabe oder Investitionen.

Die Menschen unterscheiden sich darin, welche dieser Aktivitäten sie ausüben (manche Darlehensaufnahme, manche Darlehensvergabe), weil …:

- *… sie sich in unterschiedlichen Situationen befinden*: Beispielsweise wirkt sich die Tatsache, ob sie jetzt oder später ein Einkommen haben, auf ihre Abzinsungssätze und ihre Möglichkeiten aus. Außerdem haben einige die Möglichkeit zu investieren (wie Marco), während andere dies nicht haben.
- *… sie sich in ihrem Grad an reiner Ungeduld unterscheiden.*

ÜBUNG 10.3 EINE ERHÖHUNG DES ZINSSATZES

1. Zeigen Sie anhand eines Diagramms wie Abbildung 10.4 (Seite 479) die Einkommens- und Substitutionseffekte einer Erhöhung des Zinssatzes für Marco, der heute seine Anfangsausstattung erhält.
2. Vergleichen Sie diese Effekte mit denen für Julia in Übung 10.2 und erklären Sie Ihre Ergebnisse.

ÜBUNG 10.4 LEBENSLANGES EINKOMMEN

Betrachten Sie das Einkommen einer Person im Laufe ihres Lebens, vom Verlassen der Schule bis zur Pensionierung. Erläutern Sie, wie sich eine Person im Laufe ihres Lebens von einer Situation wie der von Julia zu einer Situation wie der von Marco bewegen kann (unter der Annahme, dass ihre reine Ungeduld während ihres Lebens unverändert bleibt).

FRAGE 10.5 WÄHLEN SIE DIE RICHTIGE(N) ANTWORT(EN)

Abbildung 10.6 (Seite 482) stellt Marcos Entscheidung für den Konsum in Periode 1 (jetzt) und 2 (später) dar. In Periode 1 hat er Getreide im Wert von 100 USD, in Periode 2 hat er kein Einkommen. Marco hat zwei Möglichkeiten. Bei Variante 1 kann er das Getreide, das er in Periode 1 nicht verbraucht, lagern. Dies führt zu einem Verlust von 20 % des Getreides aufgrund von Schädlingsbefall und Fäulnis. Bei der zweiten Variante kann er das Getreide, das er nicht verbraucht, verkaufen und das Geld zu 10 % verleihen. Welche der folgenden Aussagen ist richtig?

☐ Bei Variante 1 kann Marco, wenn er in Periode 1 Getreide im Wert von 68 USD verbraucht, in Periode 2 Getreide im Wert von 32 USD verbrauchen.

☐ Bei Variante 2 kann Marco, wenn er in Periode 1 Getreide im Wert von 68 USD verbraucht, in Periode 2 Getreide im Wert von 35 USD verbrauchen.

☐ Die Grenzrate der Transformation ist bei Variante 1 höher als bei Variante 2.

☐ Marco wird sich bei Variante 2 immer auf einer höheren Indifferenzkurve befinden als unter der Variante 1.

FRAGE 10.6 WÄHLEN SIE DIE RICHTIGE(N) ANTWORT(EN)

Abbildung 10.10 (Seite 485) zeigt vier mögliche Machbarkeitsgrenzen für Marco, der in Periode 1 (jetzt) Getreide im Wert von 100 USD und in Periode 2 (später) kein Einkommen hat. Bei Variante 1 kann er das Getreide, das er in Periode 1 nicht konsumiert, lagern. Dies führt zu einem Verlust von 20 % des Getreides aufgrund von Schädlingen und Fäulnis. Bei Variante 2 kann er das nicht verbrauchte Getreide verkaufen und das Geld zu 10 % verleihen. In Variante 3 kann er das verbleibende Getreide investieren (zum Beispiel indem er es als Saatgut anbaut) und erhält dafür eine Rendite von 50 %. In Variante 4 schließlich kann er die gesamte Getreidemenge investieren und ein Darlehen gegen sein künftiges Einkommen zu 10 % aufnehmen. Welche der folgenden Aussagen ist richtig?

☐ Eine Wertminderung von 20 % durch die Lagerung bedeutet, dass Marco bei H schlechter gestellt ist als bei seiner anfänglichen Ausstattung, bei der er die gesamte Getreidemenge im Wert von 100 USD in Periode 1 konsumiert hat.

☐ Die Konsumwahl J kann nur im Rahmen von Variante 2 getroffen werden.

☐ Steigt der Zinssatz für die Darlehensvergabe, dreht sich die Machbarkeitsgrenze für Variante 2 vom Punkt 100 auf der horizontalen Achse nach innen (wird flacher).

☐ Erhöht sich der Zinssatz für die Darlehensaufnahme, kippt die Machbarkeitsgrenze für Variante 4 ab dem Punkt 150 auf der vertikalen Achse nach innen (wird steiler).

10.7 VERMÖGENSWERTE, SCHULDEN UND NETTOVERMÖGEN

Bilanz Eine Aufzeichnung der Vermögenswerte, der Schulden und des Nettovermögens einer wirtschaftlich agierenden Instanz, zum Beispiel eines Haushalts, einer Bank, eines Unternehmens oder einer Regierung.

Vermögen Bestand an Dingen, die man besitzt, oder Wert dieses Bestandes. Es umfasst den Marktwert einer Wohnung, eines Autos, eines Grundstücks, von Gebäuden, Maschinen oder anderen Investitionsgütern, die eine Person besitzt, sowie alle finanziellen Vermögenswerte wie Aktien oder Anleihen. Verbindlichkeiten (Schulden) werden abgezogen, zum Beispiel die Hypothek bei der Bank. Die Verbindlichkeiten gegenüber der Person werden hinzugerechnet.

Verbindlichkeit Alles, was einen Wert hat und geschuldet wird. *Siehe auch: Bilanz, Vermögenswert.*

Nettovermögen Aktiva abzüglich Passiva. *Siehe auch: Bilanz, Eigenkapital.*

Wir werden sehen, dass das Vermögen einer Person ein wichtiger Aspekt ihrer Situation bei der Darlehensaufnahme, -vergabe und Investition ist, und dass Personen mit mehr Vermögen (wie Marco) Möglichkeiten haben, die Personen mit weniger Vermögen wie Julia nicht zur Verfügung stehen. **Bilanzen** sind ein wichtiges Instrument, um zu verstehen, wie sich das Vermögen einer Person oder eines Unternehmens bei der Darlehensaufnahme und -vergabe verändert.

In einer Bilanz wird zusammengefasst, was der Haushalt oder das Unternehmen besitzt und was es anderen schuldet. Das, was man besitzt (einschließlich dessen, was andere einem schulden), nennt man **Vermögenswerte**, und das, was man anderen schuldet, nennt man **Verbindlichkeiten** (das heißt für etwas verantwortlich zu sein, in diesem Fall für die Rückzahlung der Schulden an andere). Die Differenz zwischen Ihren Vermögenswerten und Ihren Verbindlichkeiten wird als **Nettovermögen** bezeichnet. Die Beziehung zwischen Vermögenswerten, Verbindlichkeiten und Nettovermögen ist in Abbildung 10.11 dargestellt.

Wenn die Komponenten einer Gleichung so beschaffen sind, dass per Definition die linke Seite gleich der rechten Seite ist, spricht man von einer Identität. Die Identität besagt:

$$\text{Vermögenswerte} \equiv \text{Verbindlichkeiten} + \text{Nettovermögen}$$

Das Nettovermögen ist das über die Zeit akkumulierte Ersparte. Wir können die Identität auch umdrehen, indem wir die Verbindlichkeiten von beiden Seiten abziehen, sodass:

$$\begin{aligned}
\text{Nettovermögen} &\equiv \text{Vermögenswerte} - \text{Verbindlichkeiten} \\
&\equiv \text{Was der Haushalt besitzt oder ihm geschuldet wird} \\
&\quad - \text{was der Haushalt anderen schuldet}
\end{aligned}$$

In der Badewannenanalogie steht das Wasser in der Badewanne für Vermögen in Form von akkumulierten Ersparnissen und ist mit dem Nettovermögen identisch. Wie wir gesehen haben, steigt das Nettovermögen mit dem Einkommen und sinkt mit dem Konsum und der Wertminderung. Für einen Haushalt erhöht das Einkommen die Bankeinlagen, während der Konsum mit Bankeinlagen bezahlt wird. Da Bankeinlagen für ihre Eigentümer:innen einen

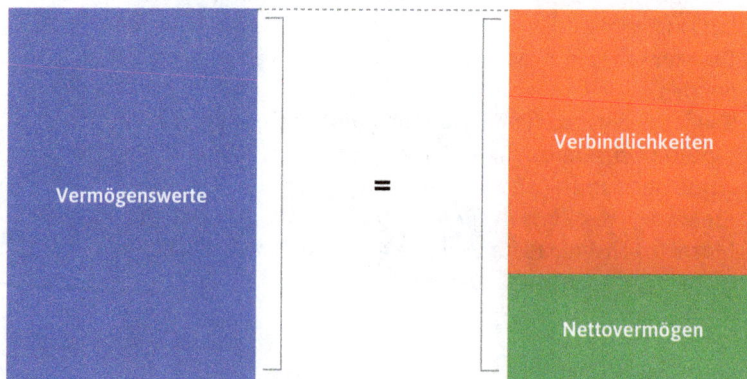

Abbildung 10.11 Eine Bilanz.

Vermögenswert darstellen, wirken sich diese Transaktionen auf die Seite der Vermögenswerte, die sogenannte Aktivseite, der Bilanz des Haushalts aus.

Ihr Vermögen oder Nettovermögen ändert sich jedoch nicht, wenn Sie einen Darlehen vergeben oder aufnehmen. Das liegt daran, dass ein Darlehen sowohl einen Vermögenswert als auch eine Verbindlichkeit, eine Schuld, in Ihrer Bilanz schafft: Wenn Sie Geld leihen, erhalten Sie Bargeld als Vermögenswert, während die Schulden eine entsprechende Verbindlichkeit darstellen.

Julia hatte zu Beginn weder Vermögenswerte noch Verbindlichkeiten und ein Nettovermögen von Null. Aber auf der Grundlage ihres erwarteten zukünftigen Einkommens nahm sie ein Darlehen von 58 USD auf, als der Zinssatz 10 % betrug (Punkt E in Abbildung 10.4). Zu diesem Zeitpunkt hat Sie einen Vermögenswert von 58 USD in bar, während ihre Verbindlichkeiten das Darlehen ist, das sie später zurückzahlen muss. Wir setzen den Wert des Darlehens jetzt mit 58 USD an, denn das ist der Betrag, den sie für die Aufnahme von Schulden erhalten hat (ihre Schulden steigen erst später auf 64 USD, wenn die Zinsen addiert werden). Aus diesem Grund hat die Aufnahme des Darlehens keine Auswirkungen auf ihr aktuelles Nettovermögen—Schulden und Vermögenswerte sind gleich groß, sodass ihr Nettovermögen unverändert bei Null bleibt. In Abbildung 10.12 wird dies in ihrer Bilanz unter der Überschrift „Jetzt (vor dem Konsum)" ausgewiesen.

Dann konsumiert sie die 58 USD—sie fließen durch den Abfluss der Badewanne ab, um unsere frühere Analogie zu verwenden. Da sie immer noch die Schulden in Höhe von 58 USD hat, sinkt ihr Nettovermögen auf –58 USD. Dies wird in Abbildung 10.12 in ihrer Bilanz unter der Überschrift „Jetzt (nach dem Konsum)" ausgewiesen.

Später erhält sie ein Einkommen von 100 USD (ein Zufluss in die Badewanne). Außerdem ist der Wert ihres Darlehens aufgrund der aufgelaufenen Zinsen auf 64 USD gestiegen. Ihr Nettovermögen beläuft sich also auf USD 100 – USD 64 = USD 36. Auch hier nehmen wir an, dass sie die 36 USD konsumiert, sodass ihr 64 USD in bar verbleiben, um ihre Schulden von 64 USD zu tilgen. Zu diesem Zeitpunkt fällt ihr Nettovermögen auf Null zurück. Die entsprechenden Bilanzen sind auch in Abbildung 10.12 dargestellt.

Jetzt – vor dem Konsum

Julias Vermögenswerte		Julias Verbindlichkeiten	
Bargeld	USD 58	Darlehen	USD 58

Nettovermögen = USD 58 - USD 58 = USD 0

Jetzt – nach dem Konsum

Julias Vermögenswerte		Julias Verbindlichkeiten	
Bargeld	0	Darlehen	USD 58

Nettovermögen = -USD 58

Später – vor dem Konsum

Julias Vermögenswerte		Julias Verbindlichkeiten	
Bargeld	USD 100	Darlehen	USD 64

Nettovermögen = USD 100 - USD 64 = USD 36

Später – nach dem Konsum

Julias Vermögenswerte		Julias Verbindlichkeiten	
Bargeld	USD 64	Darlehen	USD 64

Nettovermögen = 0

Abbildung 10.12 Julias Bilanzen.

FRAGE 10.7 WÄHLEN SIE DIE RICHTIGE(N) ANTWORT(EN)

Das folgende Diagramm zeigt Julias Entscheidung für den Konsum in den Perioden 1 (jetzt) und 2 (später), wenn der Zinssatz 78 % beträgt. Sie hat in Periode 1 kein Einkommen und in Periode 2 ein Einkommen von 100 USD. Sie entscheidet sich für den Konsum bei G. Welche der folgenden Aussagen zu Julias Bilanz sind richtig?

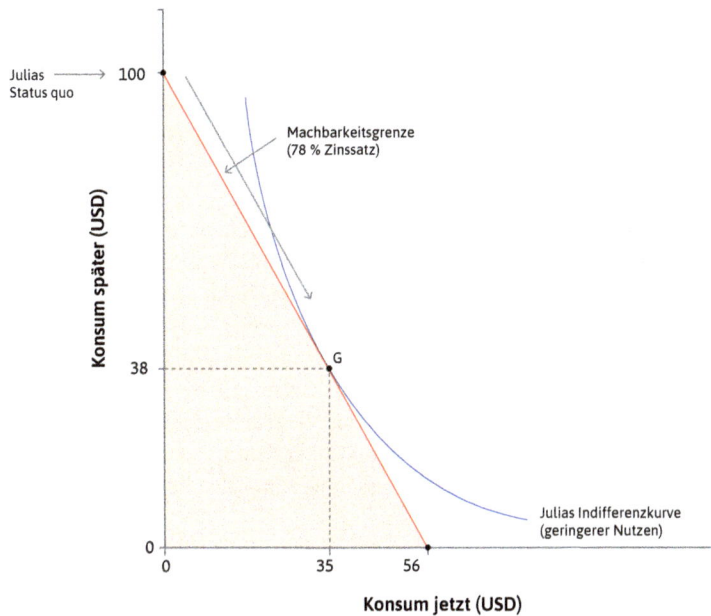

- ☐ Die Vermögenswerte nach der Darlehensaufnahme, aber vor dem Konsum in Periode 1 beläuft sich auf 56.
- ☐ Das Nettovermögen nach dem Konsum in Periode 1 ist 0.
- ☐ Die Verbindlichkeiten vor dem Konsum in Periode 2 betragen 35.
- ☐ Die Vermögenswerte nach dem Konsum, aber vor der Rückzahlung des Darlehens in Periode 2 beträgt 62.

10.8 BANKEN, GELD UND DIE ZENTRALBANK

Für die Geldverleihenden in Chambar hängt die Rentabilität ihrer Darlehensvergabe von folgenden Faktoren ab:

- den Kosten ihrer Darlehensaufnahme
- der Ausfallquote bei den Darlehen, die sie an Landwirtinnen und Landwirte vergeben
- dem von ihnen festgesetzten Zinssatz

Die sechsmonatige Schließung der irischen Banken hat gezeigt, wie Geld in einer Wirtschaft geschaffen werden kann und wie es vom Vertrauen abhängt.

Diese Fallstudien und das Zwei-Perioden-Modell liefern viel von dem, was wir brauchen, um die Rolle des Finanzsystems in der Wirtschaft zu verstehen. Aber wir müssen noch zwei weitere Agierende auf der wirtschaftlichen Bühne vorstellen: Banken und die Zentralbank.

Eine **Bank** ist ein Unternehmen, das durch Darlehensvergabe und -aufnahme Gewinne erwirtschaftet. Um sie von der Zentralbank zu unterscheiden, werden solche Unternehmen manchmal auch Geschäftsbanken genannt. Die Bedingungen, zu denen Banken Darlehen an Haushalte und Unternehmen vergeben, unterscheiden sich von Bedingungen für die Darlehensaufnahme durch die Banken. Die Zinsen, die sie auf Einlagen zahlen, sind niedriger als die Zinsen, die sie bei der Vergabe von Darlehen verlangen, und das ermöglicht den Banken, Gewinne zu erzielen.

Um diesen Prozess zu erklären, müssen wir zunächst den Begriff des Geldes näher erläutern.

> **Bank** Ein Unternehmen, welches im Zuge der Kreditvergabe Geld in Form von Bankeinlagen schafft.

> **ARTEN VON GELD**
>
> **Geld** kann die Form von Banknoten, Bankeinlagen oder anderen Dingen annehmen, mit denen man bezahlt.
> - *Zentralbankgeld*: Bargeld, das von Haushalten, Unternehmen und Banken verwahrt wird, sowie die Guthaben der Geschäftsbanken auf ihren Konten bei der Zentralbank, die so genannten Reserven. Die Geldbasis sind Verbindlichkeiten der Zentralbank.
> - *Giralgeld*: Geld in Form von Bankeinlagen, das von Geschäftsbanken geschaffen wird, wenn sie Unternehmen und Haushalten Darlehen gewähren. Giralgeld ist die Schuld der Geschäftsbanken.
> - *Geldmenge*: Die Geldmenge in der Wirtschaft wird durch den Bestand an umlaufender Geldmenge gemessen. Sie ist definiert als die Summe aus Giralgeld und dem Zentralbankgeld, welches sich in den Händen des (öffentlichen) Nicht-Bankensektors befindet.

> **Zentralbank** Die einzige Bank, die Zentralbankgeld schaffen kann. Normalerweise Teil der Regierung. Geschäftsbanken haben Konten bei dieser Bank, auf denen sie Zentralbankgeld halten.

Wir haben gesehen, dass alles, was als Zahlungsmittel akzeptiert wird, als Geld betrachtet werden kann. Geld in diesem Sinne unterscheidet sich jedoch von dem gesetzlichen Zahlungsmittel, das auch als **Zentralbankgeld** oder Geldbasis bezeichnet werden. Im Gegensatz zu Bankeinlagen oder Schecks müssen gesetzliche Zahlungsmittel per Gesetz als Zahlungsmittel akzeptiert werden. Es umfasst Bargeld (Banknoten und Münzen) und Guthaben der Banken bei der **Zentralbank**, die sogenannten Reserven der Geschäftsbanken. Reserven sind gleichbedeutend mit Bargeld, da eine Geschäftsbank jederzeit Reserven als Bargeld von der Zentralbank abheben kann, und die Zentralbank kann jederzeit Bargeld drucken, wenn sie es benötigt. Wie wir sehen werden, ist dies bei Konten von Haushalten oder Unternehmen bei Geschäftsbanken nicht der Fall—Geschäftsbanken verfügen nicht unbedingt über Bargeld, um alle Bedürfnisse ihrer Kundschaft zu befriedigen.

Das meiste von dem, was wir als Geld zählen, ist kein von der Zentralbank ausgegebenes Zentralbankgeld, sondern wird von Geschäftsbanken geschaffen, wenn sie Darlehen vergeben. Wir erklären dies anhand von Bilanzen einzelner Banken.

Im Gegensatz zu unserem früheren Beispiel, bei dem eine Bankeinlage durch ein Darlehen zustande kam, nehmen wir in diesem Fall an, dass Marco über 100 USD in bar verfügt und diese auf ein Konto bei der Abacus Bank einzahlt. Die Abacus Bank deponiert das Bargeld in einem Tresor, oder sie zahlt es auf ihr Konto bei der Zentralbank ein. Die Bilanz der Abacus Bank weist 100 USD an Zentralbankgeld als Vermögenswerte und eine Verbindlichkeit von 100 USD aus, die auf Abruf an Marco zu zahlen ist, wie in Abbildung 10.13a gezeigt.

Unsere hypothetische Abacus Bank hat nichts mit der realen Abacus Federal Savings Bank zu tun, die eine interessante Rolle in der Finanzkrise von 2008 spielte.

Vermögenswerte der Abacus Bank		Verbindlichkeiten der Abacus Bank	
Zentralbankgeld	USD 100	Auf Abruf an Marco zu zahlen	USD 100

Abbildung 10.13a Marco zahlt 100 USD bei der Abacus Bank ein.

Marco möchte seinem örtlichen Lebensmittelhändler Gino 20 USD für Lebensmittel zahlen und weist die Abacus Bank an, das Geld auf Ginos Konto bei der Bonus Bank zu überweisen (er könnte dies tun, indem er bei Gino mit seiner Debitkarte bezahlt). Dies ist in den Bilanzen der beiden Banken in Abbildung 10.13b dargestellt: Die Vermögenswerte und Verbindlichkeiten der Abacus Bank verringern sich um jeweils 20 USD, während sich die Vermögenswerte der Bonus Bank durch die zusätzlichen 20 USD an Zentralbankgeld erhöhen und sich die Verbindlichkeiten der Bonus Bank um 20 USD erhöhen, die auf Anforderung an Gino zu zahlen sind.

Vermögenswerte der Abacus Bank		Verbindlichkeiten der Abacus Bank	
Zentralbankgeld	USD 80	Auf Abruf an Marco zu zahlen	USD 80

Vermögenswerte der Bonus Bank		Verbindlichkeiten der Bonus Bank	
Zentralbankgeld	USD 20	Auf Abruf an Gino zu zahlen	USD 20

Abbildung 10.13b Marco zahlt 20 USD an Gino.

Dies veranschaulicht die von den Banken angebotenen Zahlungsdienstleistungen. Bislang haben wir nur Transaktionen mit Zentralbankgeld oder gesetzlichen Zahlungsmitteln betrachtet. Wir zeigen nun, wie Banken bei der Vergabe von Darlehen Geld erschaffen. Dieser Prozess wird häufig auch Geldschöpfung genannt.

Nehmen wir an, Gino nimmt bei der Bonus Bank ein Darlehen in Höhe von 100 USD auf. Die Bonus Bank leiht ihm das Geld, indem sie seinem Bankkonto 100 USD gutschreibt, sodass die Bank ihm nun 120 USD schuldet. Aber er schuldet der Bank nun 100 USD. Die Bilanz der Bonus Bank hat sich also vergrößert. Ihre Vermögenswerte haben sich um die 100 USD erhöht, die Gino der Bank schuldet, und ihre Verbindlichkeiten haben sich um die 100 USD erhöht, die sie seinem Bankkonto gutgeschrieben hat, wie in Abbildung 10.13c dargestellt.

Vermögenswerte der Bonus Bank		Verbindlichkeiten der Bonus Bank	
Zentralbankgeld	USD 20		
Bankdarlehen	USD 100	Auf Abruf an Gino zu zahlen	USD 120
Gesamt	**USD 120**		

Abbildung 10.13c Die Bonus Bank gewährt Gino ein Darlehen über 100 USD.

Die Bonus Bank hat nun die verfügbare Geldmenge erhöht: Gino kann Zahlungen bis zu 120 USD leisten, sodass die Geldmenge in diesem Sinne um 100 USD gewachsen ist—auch wenn die Menge an Zentralbankgeld nicht gewachsen ist. Das von Ginos Bank geschaffene Geld wird **Giralgeld** genannt.

Zentralbankgeld ist jedoch nach wie vor unverzichtbar, zum einen, weil die Kundschaft manchmal Bargeld abheben, zum anderen aber auch, weil seine Bank Zentralbankgeld überweisen muss, wenn Gino sein Darlehen ausgeben will. Angenommen, Gino stellt Marco als Mitarbeiter in seinem Geschäft ein und zahlt ihm 10 USD. Dann muss die Bonus Bank Zentralbankgeld in Höhe von 10 USD von Ginos Bankkonto auf Marcos Bankkonto bei der Abacus Bank überweisen. Diese Transaktion ist in Abbildung 10.13d dargestellt.

Vermögenswerte der Abacus Bank		Verbindlichkeiten der Abacus Bank	
Zentralbankgeld	USD 90	Auf Abruf an Marco zu zahlen	USD 90

Vermögenswerte der Bonus Bank		Verbindlichkeiten der Bonus Bank	
Zentralbankgeld	USD 10		
Bankdarlehen	USD 100	Auf Abruf an Gino zu zahlen	USD 110
Gesamt	**USD 110**		

Abbildung 10.13d Gino zahlt Marco 10 USD.

In der Praxis tätigen Banken an einem einzelnen Tag viele Transaktionen untereinander, die sich größtenteils gegenseitig aufheben und am Ende des Tages abgerechnet werden. Am Ende eines jeden Tages überweist oder erhält jede Bank den Nettobetrag der von ihr getätigten Transaktionen. Das bedeutet, dass sie nicht für alle Transaktionen oder Nachfragen nach Bargeld das Zentralbankgeld zur Verfügung haben müssen.

Wären Marco und Gino Kunden derselben Bank, gäbe es keinen Rückgang an Zentralbankgeld. Dies ist ein Grund, warum Banken darum konkurrieren einen möglichst großen Anteil an Einlagen zu haben.

Durch das Darlehen ist das gesamte „Geld" im Bankensystem gewachsen, wie Abbildung 10.13e zeigt.

Vermögenswerte der Abacus Bank und Bonus Bank		Verbindlichkeiten der Abacus Bank und Bonus Bank	
Zentralbankgeld	USD 100		
Bankdarlehen	USD 100	Auf Abruf zu zahlen	USD 200
Gesamt	**USD 200**		

Abbildung 10.13e Das gesamte Geld im Bankensystem hat zugenommen.

Geld zu kreieren mag nach einer einfachen Möglichkeit klingen, Gewinne zu erzielen, aber das von Banken geschaffene Geld ist eine Verbindlichkeit, kein Vermögenswert, da es auf Verlangen an die darlehensnehmende Person ausgezahlt werden muss. Erst das entsprechende Darlehen stellt für die Bank einen Vermögenswert dar. Die Banken machen aus diesem Prozess Gewinne, indem sie Zinsen für die Darlehen verlangen. Wenn also die Bonus Bank Gino die 100 USD zu einem Zinssatz von 10 % leiht, dann sind die Schulden der Bank im nächsten Jahr um 10 USD gesunken (die für das Darlehen zu zahlenden Zinsen, also ein Rückgang in Ginos Einlagen). Dieses Einkommen der Bank erhöht den kumulierten Gewinn und damit das Nettovermögen der Bank um 10 USD. Da das Nettovermögen gleich dem Wert der Vermögenswerte abzüglich des Werts der Verbindlichkeiten ist, können die Banken somit ein positives Nettovermögen schaffen.

Zentralbankgeld (ohne die von Banken verwahrten gesetzlichen Zahlungsmittel) plus Giralgeld wird als die **Geldmenge** bezeichnet. Die Geldmenge ist das Geld in den Händen von Nicht-Banken.

Das Verhältnis zwischen Zentralbankgeld und Geldmenge variiert von Land zu Land und im Laufe der Zeit. Vor der Finanzkrise machte das Zentralbankgeld beispielsweise im Vereinigten Königreich etwa 3–4 % der Geldmenge aus, in Südafrika 6–8 % und in China 8–10 %.

Durch die Entgegennahme von Einlagen und die Vergabe von Darlehen leisten Banken für die Wirtschaft die Dienstleistung der **Fristentransformation**. Die einlegende Kundschaft (Privatpersonen oder Unternehmen) können ihr Geld ohne Ankündigung von der Bank abheben. Bei der Darlehensvergabe geben die Banken jedoch ein festes Datum für die Rückzahlung des Darlehens an, das im Falle eines **Hypothekendarlehens** für einen Hauskauf 30 Jahre in der Zukunft liegen kann. Sie können von den darlehensnehmenden Personen keine frühere Rückzahlung verlangen, was es den Darlehensnehmenden ermöglicht, langfristig zu planen. Dies wird als Fristentransformation bezeichnet, da die Dauer eines Darlehens als Laufzeit bezeichnet wird und die Bank eine kurzfristige Darlehensaufnahme und eine langfristige Darlehensvergabe vornimmt. Sie wird auch als Liquiditätstransformation bezeichnet: Die Einlagen der darlehensgebenden Personen sind liquide (sie können auf Verlangen aus der Bank fließen), während die Darlehen der Banken an die Darlehensnehmenden nicht liquide sind.

Die Fristentransformation ist zwar eine wesentliche Dienstleistung in jeder Wirtschaft, setzt die Bank aber auch einer neuen Form von Risiko aus (dem **Liquiditätsrisiko**). Das Liquiditätsrisiko besteht zusätzlich zu dem Risiko, dass ihre Darlehen nicht zurückgezahlt werden (dem **Ausfallrisiko**).

> **Fristentransformation** Die Praxis, kurzfristig Geld zu leihen und es langfristig zu verleihen. Eine Bank nimmt zum Beispiel Einlagen entgegen, deren Rückzahlung sie kurzfristig oder ohne Vorankündigung verspricht, und vergibt langfristige Kredite (die über viele Jahre hinweg zurückgezahlt werden können). *Auch bekannt als: Liquiditätsumwandlung.*
>
> **Hypothek (oder Hypothekendarlehen)** Ein Darlehen, das von Haushalten und Unternehmen zum Kauf einer Immobilie aufgenommen wird, ohne dass der Gesamtwert auf einmal bezahlt wird. Über einen Zeitraum von mehreren Jahren tilgt der oder die Kreditnehmer:in das Darlehen zuzüglich Zinsen. Die Schuld wird durch die Immobilie selbst gesichert, die als Sicherheit bezeichnet wird. *Siehe auch unter: Sicherheiten.*

> **Liquiditätsrisiko** Das Risiko, dass ein Vermögenswert nicht schnell genug in Bargeld umgetauscht werden kann, um einen finanziellen Verlust zu verhindern.
>
> **Ausfallrisiko** Das Risiko, dass ein gewährter Kredit nicht zurückgezahlt wird.

Bank Run Eine Situation, in der Einleger:innen Gelder von einer Bank abziehen, weil sie befürchten, dass diese Bank in Konkurs gehen und ihren Verbindlichkeiten nicht nachkommen könnte (das heißt die den Einleger:innen geschuldeten Gelder nicht zurückzahlen kann).

Sobald die Menschen Angst davor haben, dass eine Bank einen Liquiditätsmangel hat, wird es einen Ansturm auf die Einlagen geben. Die Kundinnen und Kunden der Bank werden versuchen als erste die Einlagen abzuheben. Wenn alle versuchen, ihre Einlagen auf einmal abzuheben, kann die Bank ihre Forderungen nicht erfüllen, weil sie langfristige Darlehen vergeben hat, die nicht kurzfristig abgerufen werden können, wie ein Artikel in *The Economist* erklärt (https://tinyco.re/6787148).

Banken verdienen Geld, indem sie mehr Darlehen vergeben, als sie an Zentralbankgeld besitzen, weil sie sich darauf verlassen, dass die einlegende Kundschaft ihre Gelder nicht alle auf einmal benötigen. Das Risiko der Banken besteht darin, dass die gesamte Kundschaft sich dazu entscheiden könnte, ihr Geld sofort abzuheben, aber das dann nicht mehr ausreichend Geld zur Verfügung steht. In Abbildung 10.13e hatte das Bankensystem 200 USD Verbindlichkeiten, aber nur 100 USD Zentralbankgeld. Wenn die gesamte Kundschaft ihr Geld auf einmal einfordern würde, könnten die Banken es nicht auszahlen. Dies nennt man einen **Bank Run**. Wenn es einen Bank Run gibt, ist die Bank in Schwierigkeiten. Dieses Liquiditätsrisiko ist eine Ursache für das Scheitern von Banken.

Wie jedes andere Unternehmen in einem kapitalistischen System können auch Banken durch Fehlinvestitionen scheitern. Zum Beispiel indem sie Darlehen vergeben, die nicht zurückgezahlt werden. In einigen Fällen sind Banken jedoch so groß oder so tief mit dem Finanzsystem verstrickt, dass die Regierungen beschließen, sie zu retten, wenn ihnen der Bankrott droht. Denn anders als der Konkurs eines Unternehmens kann eine Bankenkrise das gesamte Finanzsystem zum Einsturz bringen und die Existenzgrundlage der Menschen in der gesamten Wirtschaft bedrohen. In Einheit 17 werden wir sehen, wie Bankenpleiten in die globale Finanzkrise von 2008 verwickelt waren.

FRAGE 10.8 WÄHLEN SIE DIE RICHTIGE(N) ANTWORT(EN)
Welche der folgenden Aussagen ist richtig?

☐ Geld ist das Bargeld (Münzen und Banknoten), das als Tauschmittel für den Erwerb von Waren und Dienstleistungen verwendet wird.
☐ Giralgeld ist das gesamte Geld auf den Einlagenkonten der Sparenden bei der Bank.
☐ Zentralbankgeld ist die gesamte Geldmenge abzüglich des Giralgeldes der Banken.
☐ Eine Liquiditätstransformation liegt vor, wenn die Banken illiquide Einlagen in liquide Darlehen umwandeln.

10.9 DIE ZENTRALBANK, DER GELDMARKT UND ZINSSÄTZE

Geschäftsbanken erzielen Gewinne durch der Bereitstellung von Bankdienstleistungen und Darlehen. Um ihr Geschäft betreiben zu können, müssen sie in der Lage sein, Transaktionen durchzuführen, wofür sie Zentralbankgeld benötigen. Es besteht kein automatischer Zusammenhang zwischen der Menge an Zentralbankgeld, die sie benötigen, und dem Umfang ihrer Darlehensvergabe. Vielmehr benötigen sie so viel Zentralbankgeld, wie sie für ihre täglichen Nettotransaktionen benötigen. Der Preis für die Darlehensaufnahme von Zentralbankgeld ist der **kurzfristige Zinssatz**.

Nehmen wir im obigen Beispiel an, dass Gino 50 USD an Marco zahlen möchte (und dass es an diesem Tag keine anderen Transaktionen gibt). Ginos Bank, die Bonus Bank, verfügt nicht über genügend Zentralbankgeld, um die Überweisung an die Abacus Bank vorzunehmen, wie aus ihrer Bilanz in Abbildung 10.13f hervorgeht.

Die Bonus Bank muss sich also 30 USD Zentralbankgeld leihen, um die Zahlung leisten zu können. Die Banken leihen sich auf den Märkten gegenseitig Geld, da zu jedem Zeitpunkt einige Banken zu viel Geld und andere zu wenig auf ihrem Konto haben. Sie könnten versuchen, jemanden dazu zu bewegen, zusätzliches Geld auf ein anderes Bankkonto einzuzahlen, aber auch Einlagen verursachen Kosten durch Zinszahlungen, Marketing und die Unterhaltung von Bankfilialen. Die Einlagen von Zentralbankgeld sind also nur ein Teil der Finanzierung der Banken.

Was aber bestimmt den Preis der Darlehensaufnahme auf dem Markt für Geld (den Zinssatz)? Wir können uns das in Form von Angebot und Nachfrage vorstellen:

- Die Nachfrage nach Zentralbankgeld hängt davon ab, wie viele Transaktionen die Banken durchführen müssen.
- Das Angebot an Zentralbankgeld ist eine Entscheidung der Zentralbank.

Da die Zentralbank das Angebot an Zentralbankgeld kontrolliert, kann sie auch über den Zinssatz entscheiden. Die Zentralbank greift in den Geldmarkt ein, indem sie sagt, dass sie die nachgefragte Menge an Zentralbankgeld zu dem von ihr gewählten Zinssatz (i) verleihen wird.

Wie die Zentralbank den von ihr gewählten Leitzins einführt, ist bei den Zentralbanken der Welt unterschiedlich geregelt. Die Einzelheiten sind auf der Website der jeweiligen Zentralbank zu finden.

In der Eurozone verlangt die Europäische Zentralbank Pflichteinlagen in den Reserven der Geschäftsbanken. Diese sogenannte Mindestreserve erfolgt in Zentralbankgeld und stellt sicher, dass von den Geschäftsbanken geschaffenes Giralgeld zumindest teilweise durch Zentralbankgeld gedeckt ist. Zur Vereinfachung wird in diesem Buch angenommen, dass keine Mindestreserve gibt.

Zinssatz (kurzfristig) Der Preis für das Ausleihen von Zentralbankgeld.

Vermögenswerte der Bonus Bank		Verbindlichkeiten der Bonus Bank	
Zentralbankgeld	USD 20		
Bankdarlehen	USD 100	Auf Abruf an Gino zu zahlen	USD 120
Gesamt	**USD 120**		

Abbildung 10.13f Die Bonus Bank verfügt nicht über genügend Zentralbankgeld, um 50 USD an die Abacus Bank zu zahlen.

Leitzins Der von der Zentralbank festgelegte Zinssatz, der für Banken gilt, die sich Zentralbankgeld untereinander und von der Zentralbank leihen. *Auch bekannt als: Leitzins, offizieller Zinssatz. Siehe auch: Realzinssatz, Nominalzinssatz.*

Kreditzins (Bank) Der durchschnittliche Zinssatz, den Geschäftsbanken Unternehmen und Haushalten in Rechnung stellen. Dieser Zinssatz liegt in der Regel über dem Leitzins. Die Differenz ist der Aufschlag oder die Spanne für kommerzielle Kredite. *Auch bekannt als: marktüblicher Zinssatz. Siehe auch unter: Zinssatz, Leitzins.*

Staatsanleihe Ein von Regierungen ausgegebener finanzieller Vermögenswert, der die Zahlung von Geldströmen in bestimmten Zeitabständen verspricht.

Rendite Die implizite Rendite, die eine kaufende Person für ihr Geld erhält, wenn sie eine Anleihe zu ihrem Marktpreis kauft.

Gegenwartswert Der heutige Wert eines Flusses zukünftiger Einkommen oder anderer Leistungen, wenn diese mit einem Zinssatz oder dem eigenen Abzinsungssatz verrechnet werden. *Siehe auch: Gegenwartswert.*

Die Banken auf dem Geldmarkt halten sich an diesen Preis: Keine Bank wird eine Darlehensaufnahme zu einem höheren Zinssatz oder eine Darlehensvergabe zu einem niedrigeren Zinssatz vornehmen, da sie sich zum Satz i bei der Zentralbank verschulden können. Dieser i wird auch als offizieller Zinssatz, Basiszinssatz oder **Leitzins** bezeichnet.

Der Leitzins gilt für Banken, die sich untereinander und bei der Zentralbank Zentralbankgeld leihen. Er ist aber auch für die übrige Wirtschaft von Bedeutung, da er sich auf andere Zinssätze auswirkt. Der durchschnittliche Zinssatz, den Geschäftsbanken von Unternehmen und Haushalten verlangen, wird als **Kreditzins** bezeichnet. Dieser Zinssatz liegt in der Regel über dem Leitzins, um sicherzustellen, dass die Banken Gewinne erzielen (er ist auch höher für Darlehensnehmende, die von der Bank als riskant angesehen werden, wie wir bereits gesehen haben). Die Differenz zwischen dem Kreditzins der Bank und dem Leitzins ist der Aufschlag für kommerzielle Darlehensvergabe.

Im Vereinigten Königreich beispielsweise lag der von der Bank of England festgelegte Leitzins im Jahr 2014 bei 0,5 %, aber nur wenige Banken würden Kredite zu weniger als 3 % vergeben. In den Schwellenländern kann dieser Abstand aufgrund des unsicheren wirtschaftlichen Umfelds recht groß sein. In Brasilien beispielsweise lag der Leitzins der Zentralbank im Jahr 2014 bei 11 %, der Kreditzins der Banken jedoch bei 32 %.

Die Zentralbank kontrolliert diesen Aufschlag nicht, aber im Allgemeinen steigt und sinkt der Kreditzins der Banken mit dem Leitzins, so wie auch andere Unternehmen ihre Preise in der Regel entsprechend ihren Kosten variieren.

Abbildung 10.14 stellt das Finanzsystem in einer sehr vereinfachten Form dar. In diesem Modell haben die sparenden Personen nur zwei Möglichkeiten: Sie können Geld auf ein Konto bei einer Bank einzahlen, bei der wir davon ausgehen, dass sie keine Zinsen zahlt, oder **Staatsanleihen** kaufen. Der Zinssatz für Staatsanleihen wird als **Rendite** bezeichnet. Lesen Sie den Einstein am Ende dieses Abschnitts, um zu erfahren, was es mit diesen Anleihen auf sich hat und warum die Rendite von Staatsanleihen nahe dem Leitzins liegt. Wir erläutern auch wie der so genannte **Gegenwartswert** berechnet wird, welcher für das Verständnis der Preisbildung von Vermögenswerten wie Anleihen unerlässlich ist.

Wir haben nun ein Modell dafür gesehen, wie die Zentralbank den Leitzins festlegt und wie sich dies auf die Kreditzinsen auswirkt. Aber warum sollte eine Zentralbank dies überhaupt tun? Um die Rolle der Zentralbank zu verstehen, müssen wir uns zwei Fragen stellen:

- *Wie wirkt sich der Kreditzins auf die Ausgaben in der Wirtschaft aus?* Diese Frage wird in Abschnitt 10.11 beantwortet.
- *Warum möchte die Zentralbank die Ausgaben durch eine Änderung des Zinssatzes beeinflussen (wie in Abbildung 10.14)?* Diese viel umfassendere Frage werden wir in den Einheiten 13–15 beantworten, wenn wir die Beschäftigungs- und Inflationsschwankungen in der Wirtschaft als Ganzes erklären und begründen, warum den Zentralbanken häufig die Verantwortung dafür übertragen wird, diese Schwankungen durch eine Änderung des Zinssatzes zu dämpfen.

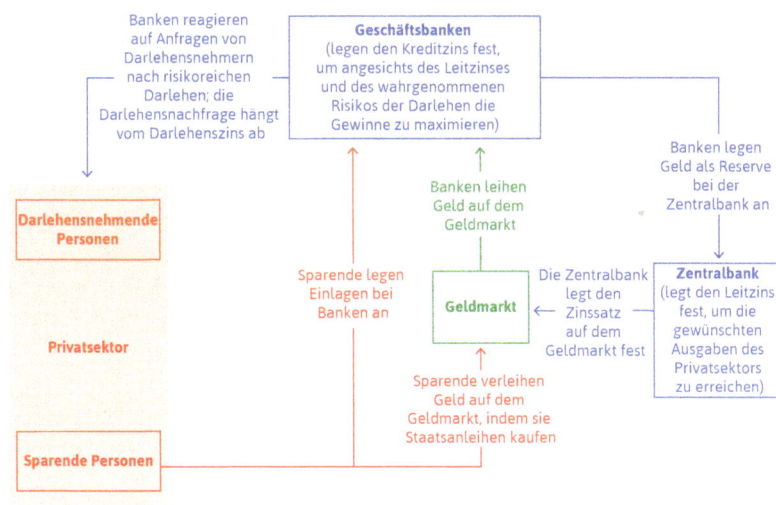

Abbildung 10.14 Banken, die Zentralbank, Darlehensnehmende und Sparende.

ÜBUNG 10.5 ZINSSATZAUFSCHLÄGE

Sammeln Sie auf den Webseiten von zwei Zentralbanken Ihrer Wahl Daten zum monatlichen Leitzins und zum Darlehenszinssatz für Hypotheken zwischen 2000 und dem letzten verfügbaren Jahr.

1. Stellen Sie die Daten dar, wobei sich das Datum auf der horizontalen Achse und der Zinssatz sich auf der vertikalen Achse befindet.
2. Wie verhält sich der Aufschlag der Banken (Zinssätze) im Vergleich zwischen den beiden Ländern?
3. Verändern sich die Bankaufschläge im Laufe der Zeit? Nennen Sie mögliche Gründe für Ihre Beobachtungen.

EINSTEIN

Gegenwartswert (PV, für Present Value)

Vermögenswerte wie Unternehmensaktien, Bankdarlehen oder Anleihen bieten in der Regel einen Einkommensstrom in der Zukunft. Da diese Vermögenswerte gekauft und verkauft werden, stellt sich die Frage: Wie bewertet man einen Zufluss zukünftiger Zahlungen? Die Antwort liefert der Gegenwartswert (PV) des erwarteten zukünftigen Einkommens.

Für die Berechnung müssen wir davon ausgehen, dass die am Markt für den Kauf und Verkauf von Vermögenswerten teilnehmenden Personen in der Lage sind, zu einem bestimmten Zinssatz zu sparen und Kredite aufzunehmen. Stellen Sie sich also vor, Sie haben einen Zinssatz von 6 % und bekommen einen Vertrag angeboten, der besagt, dass Sie in einem Jahr 100 EUR erhalten. Dieser Vertrag stellt einen Vermögenswert dar. Wie viel wären Sie bereit, heute dafür zu zahlen?

Sie würden heute keine 100 EUR für den Vertrag bezahlen, denn wenn Sie heute 100 EUR hätten, könnten Sie diese bei der Bank anlegen und in einem Jahr 106 EUR erhalten, wodurch Sie besser gestellt wären als mit dem Kauf des Vermögenswerts.

Arbitrage Die Praxis, eine Ware auf einem Markt zu einem niedrigen Preis zu kaufen, um sie auf einem anderen Markt zu einem höheren Preis zu verkaufen. Unternehmen, die Arbitrage betreiben, nutzen den Preisunterschied für dieselbe Ware zwischen zwei Ländern oder Regionen aus. Solange die Handelskosten niedriger sind als das Preisgefälle, machen sie einen Gewinn. *Siehe auch: Preisgefälle.*

Stellen Sie sich vor, Sie bekommen den Vermögenswert heute für 90 EUR angeboten. Jetzt würden Sie den Vermögenswert kaufen wollen, denn Sie könnten heute bei der Bank eine Darlehensaufnahme von 90 EUR zu 6 % vornehmen und in einem Jahr 95,40 EUR zurückzahlen, während Sie gleichzeitig 100 EUR aus dem Vermögenswert erhalten werden, was einem Gewinn von 4,60 EUR entspricht.

Beim Break-Even-Preis (PV) dieses Vertrags wären Sie indifferent, ob Sie den Vertrag kaufen oder nicht. Der Break-Even-Preis entspricht dem Geldbetrag, den Sie in einem Jahr bekommen würden, wenn Sie die 100 EUR heute auf die Bank bringen würden. Bei einem Zinssatz von 6 % beträgt dieser Wert:

$$PV = \frac{100}{1 + 6\%} = \frac{100}{1,06} = 94,34$$

94,34 EUR sind für Sie heute genauso viel wert wie 100 EUR in einem Jahr, denn wenn Sie 94,34 EUR auf die Bank bringen, sind sie in einem Jahr 100 EUR wert. Würden Sie sich heute 94,34 EUR von der Bank leihen, um den Vermögenswert zu kaufen, müssten Sie in einem Jahr 100 EUR zurückzahlen, was die 100 EUR, die Sie durch den Vermögenswert erhalten werden, genau ausgleicht.

Wir sagen, dass das Einkommen im nächsten Jahr durch den Zinssatz abgezinst wird: Ein positiver Zinssatz bedeutet, dass es weniger wert ist als das heutige Einkommen.

Die gleiche Logik gilt auch für die Zukunft, wenn wir den Zinseszins berücksichtigen. Wenn Sie in t Jahren 100 EUR erhalten, dann ist Ihnen dieser Geldbetrag heute folgendes wert:

$$PV = \frac{100}{1,06^t}$$

Nehmen wir nun an, dass ein Vermögenswert jedes Jahr für T Jahre eine Zahlung leistet, nämlich X_t im Jahr t, wobei die Zahlungen im nächsten Jahr, in Jahr 1, beginnen. Dann muss jede Zahlung X_t abgezinst werden, je nachdem, wie weit sie in der Zukunft liegt. Bei einem Zinssatz von i beträgt der PV dieses Vermögenswertes also:

$$PV = \frac{X_1}{(1+i)^1} + \frac{X_2}{(1+i)^2} + ... + \frac{X_T}{(1+i)^T}$$

Der Gegenwartswert dieser Zahlungen hängt natürlich von den Beträgen der Zahlungen selbst ab. Er hängt aber auch vom Zinssatz ab: Steigt der Zinssatz, so sinkt der PV, weil die künftigen Zahlungen stärker abgezinst werden (ihr PV sinkt). Beachten Sie, dass die Formel für den Gegenwartswert leicht angepasst werden kann, um die unterschiedlichen Zinssätze für die Jahre 1, 2, usw. zu berücksichtigen.

Kapitalwert (NPV, für Net Present Value)

Diese Logik gilt für alle Vermögenswerte, die in der Zukunft Einkommen bringen. Wenn ein Unternehmen also überlegt, ob es eine Investition tätigen soll oder nicht, muss es die Kosten der Investition mit dem Gegenwartswert der Gewinne vergleichen, die es in der Zukunft erwartet. In diesem Zusammenhang betrachten wir den Kapitalwert (NPV), der sowohl die Kosten der Investition als auch die erwarteten Gewinne einbezieht. Wenn die Kosten c sind und der Gegenwartswert der erwarteten Gewinne PV ist, dann ist der Kapitalwert der Investition

$$NPV = PV - c$$

Ist dieser Wert positiv, lohnt sich die Investition, da die erwarteten Gewinne höher sind als die Kosten (und umgekehrt).

Anleihenpreise und -erträge

Eine Anleihe ist ein besonderer finanzieller Vermögenswert, bei dem die ausgebende Person der Anleihe verspricht, der kaufenden Person über einen bestimmten Zeitraum einen bestimmten Betrag zu zahlen. Die Ausgabe oder der Verkauf einer Anleihe ist gleichbedeutend mit einer Darlehensaufnahme, da die darlehensnehmende Person heute Geld erhält und die Rückzahlung für die Zukunft verspricht. Umgekehrt ist die kaufende Person einer Anleihe eine darlehensgebende oder sparende Person, da sie heute auf Geld verzichtet und erwartet, dass sie es in der Zukunft zurückbekommt. Sowohl Regierungen als auch Unternehmen leihen sich durch die Ausgabe von Anleihen Geld. Private Haushalte kaufen Anleihen als eine Form des Sparens, sowohl direkt als auch indirekt über Pensionsfonds.

Anleihen haben in der Regel eine bestimmte Laufzeit, die so genannte Fälligkeit der Anleihe, und sehen zwei Zahlungsformen vor: den Nennwert F, der bei Fälligkeit der Anleihe gezahlt wird, und eine feste Zahlung in jeder Periode (zum Beispiel jedes Jahr oder alle drei Monate) bis zur Fälligkeit. In der Vergangenheit waren Anleihen physische Papiere, und wenn eine der festen Zahlungen eingelöst wurde, wurde ein Kupon aus der Anleihe herausgeschnitten. Aus diesem Grund werden die festen Zahlungen als Kupons bezeichnet, und wir nennen sie C.

Wie wir bei der Berechnung des PV gesehen haben, ist der Betrag, den eine darlehensgebende Person für eine Anleihe zu zahlen bereit ist, ihr Gegenwartswert, der vom Nennwert der Anleihe, der Reihe der Kuponzahlungen und vom Zinssatz abhängt. Niemand wird eine Anleihe für mehr als ihren Gegenwartswert kaufen, da die Person ihr Geld besser bei der Bank anlegen sollte. Genauso wenig wird jemand eine Anleihe für weniger als ihren Gegenwartswert verkaufen, weil es besser wäre, ein Darlehen bei der Bank aufzunehmen. Also:

Preis einer Anleihe = abgezinster Gegenwartswert der Kupons
+ abgezinster Gegenwartswert
des Nennwerts bei Fälligkeit

Oder, für eine Anleihe mit einer Laufzeit von T Jahren:

$$P = \underbrace{\frac{C}{(1+i)^1} + \frac{C}{(1+i)^2} + \ldots + \frac{C}{(1+i)^T}}_{\text{Kupons}} + \underbrace{\frac{F}{(1+i)^T}}_{\text{Nennwert}}$$

Eine wichtige Eigenschaft einer Anleihe ist ihre Rendite. Dies ist die implizite Rendite, die die kaufende Person für ihr Geld erhält, wenn sie die Anleihe zu ihrem Marktpreis kauft. Wir berechnen die Rendite mithilfe einer Gleichung, die der PV-Gleichung ähnelt. Die Rendite y ist die Lösung der folgenden Gleichung:

$$P = \underbrace{\frac{C}{(1+y)^1} + \frac{C}{(1+y)^2} + \ldots + \frac{C}{(1+y)^T}}_{\text{Kupons}} + \underbrace{\frac{F}{(1+y)^T}}_{\text{Nennwert}}$$

Wenn der Zinssatz konstant bleibt, wie wir angenommen haben, dann ist die Rendite gleich diesem Zinssatz. In der Realität können wir jedoch nicht sicher sein, wie sich die Zinssätze im Laufe der Zeit verändern. Im Gegensatz dazu kennen wir den Preis einer Anleihe, ihre Kuponzahlungen und ihren Nennwert, sodass wir die Rendite einer Anleihe immer berechnen können. Der Kauf einer Anleihe mit der Rendite y ist gleichbedeutend mit dem Sparen Ihres Geldes zum garantierten konstanten Zinssatz von $i = y$.

Da eine sparende (oder auch darlehensgebende) Person die Wahl hat, eine Staatsanleihe zu kaufen, das Geld auf dem Markt zu verleihen oder es auf ein Bankkonto zu legen, liegt die Rendite der Staatsanleihe sehr nahe am Zinssatz des Geldmarktes. Wäre dies nicht der Fall, würde das Geld sehr schnell von einem Vermögenswert in den anderen umgeschichtet, bis sich die Renditen angeglichen haben, eine Strategie, die **Arbitrage** genannt wird.

Nehmen wir ein Zahlenbeispiel: eine Staatsanleihe mit einem Nennwert von 100 EUR, einem jährlichen Kupon von 5 EUR und einer Laufzeit von 4 Jahren. Der Nominalzinssatz auf dem Geldmarkt beträgt 3 %, und wir verwenden diese folgende Berechnung zur Abzinsung der Zahlungsströme die wir erhalten.

Der Anleihekurs ist also gegeben durch:

$$P = \frac{5}{(1,03)^1} + \frac{5}{(1,03)^2} + \frac{5}{(1,03)^3} + \frac{5}{(1,03)^4} + \frac{100}{(1,03)^4}$$
$$= 4,85 + 4,71 + 4,58 + 4,44 + 88,85$$
$$= 107,43$$

Wir wären bereit, heute höchstens 107,43 EUR für diese Anleihe zu zahlen, auch wenn sie in vier Jahren 120 EUR an Einnahmen generiert. Die Rendite ist gleich dem Zinssatz von 3 %. Wenn die Zentralbank den Leitzins anhebt, sinkt der Marktpreis der Anleihe und die Rendite steigt entsprechend dem Zinssatz.

10.10 DAS BANKGESCHÄFT UND DIE BILANZEN DER BANKEN

Um das Bankgeschäft im Detail zu verstehen, können wir die Kosten und Erträge einer Bank betrachten:

- *Die Betriebskosten der Bank*: Dazu gehören die Verwaltungskosten für die Vergabe von Darlehen. Dazu gehören beispielsweise die Gehälter der Personen, die die Kreditanträge prüfen, sowie die Kosten für die Anmietung und Unterhaltung eines Netzes von Zweigstellen und Call-Centern, die zur Erbringung von Bankdienstleistungen genutzt werden.
- *Die Zinskosten der Bank*: Banken müssen für ihre Verbindlichkeiten, einschließlich Einlagen und anderen Darlehensaufnahmen, Zinsen zahlen.
- *Die Einnahmen der Bank*: Dies sind die Zinsen und die Rückzahlung der Darlehen, die sie an ihre Kundschaft vergeben hat.
- *Die erwartete Rendite der Bank*: Dies ist die Rendite aus den von der Bank gewährten Darlehen, wobei die Tatsache berücksichtigt wird, dass nicht die gesamte Kundschaft ihre Darlehen zurückzahlen.

Wenn das Ausfallrisiko bei der Vergabe von Darlehen (die Ausfallquote) höher ist, entsteht wie bei den Geldverleihenden ein größerer Aufschlag zwischen dem Zinssatz, den Banken für die von ihnen vergebenen Darlehen verlangen, und den Kosten ihrer Darlehensaufnahme.

Die Rentabilität des Bankgeschäfts hängt von der Differenz zwischen den Kosten der Darlehensaufnahme und der Rendite der Darlehensvergabe ab, wobei die Ausfallquote und die Betriebskosten für die Prüfung der Darlehen und den Betrieb der Bank berücksichtigt werden.

Eine gute Möglichkeit, eine Bank zu verstehen, ist die Betrachtung ihrer Bilanz, in der ihr Kerngeschäft, die Darlehensvergabe und -aufnahme, zusammengefasst ist. Banken nehmen Darlehen auf und verleihen sie, um Gewinne zu erzielen:

- *Die Darlehensaufnahme einer Bank steht auf der Seite der Verbindlichkeiten, der Passivseite*: Einlagen und Darlehensaufnahmen (besicherte und unbesicherte) werden als Verbindlichkeiten verbucht.
- *Die Darlehensvergabe der Banken steht auf der Seite der Vermögenswerte, der Aktivseite.*

Wie wir oben gesehen haben:

$$\text{Nettovermögen} \equiv \text{Vermögenswerte} - \text{Verbindlichkeiten}$$

Anders ausgedrückt: Das Nettovermögen eines Unternehmens, zum Beispiel einer Bank, entspricht dem, was den Aktienhabenden oder Eigentümer:innen geschuldet wird. Dies erklärt, warum das Nettovermögen auf der Seite der Verbindlichkeiten der Bilanz steht. Wenn die Summe der Vermögenswerte der Bank geringer ist als die Summe der Verbindlichkeiten der Bank, ist das Nettovermögen negativ und die Bank ist **insolvent**.

Betrachten wir die Vermögenswerte in der Bilanz der Banken:

- (A1) *Bargeld und Reserven der Zentralbanken*: Der Posten A1 in der Bilanz ist der Bargeldbestand der Bank plus das Guthaben der Bank auf ihrem Konto bei der Zentralbank, die sogenannten Reserven. Bargeld und Reserven bei der Zentralbank sind die leicht zugänglichen, beziehungsweise **liquiden**, Mittel der Bank. Dies ist die Geldbasis (das Zentralbankgeld) und macht nur

insolvent Ein Unternehmen ist insolvent, wenn der Wert seiner Vermögenswerte geringer ist als der Wert seiner Verbindlichkeiten. *Siehe auch: solvent.*

Liquidität Bei ausreichender Liquidität ist der Kauf oder Verkauf eines finanziellen Vermögenswerts zu einem vorhersehbaren Preis einfach möglich.

einen winzigen Bruchteil der Bilanz der Bank aus—in diesem Beispiel einer typischen modernen Bank nur 2 %. Wie wir oben gesehen haben, macht das von der Zentralbank geschaffene Geld nur einen sehr kleinen Teil der Geldmenge aus, die in der Wirtschaft zirkuliert.

- (A2) *Eigene finanzielle Vermögenswerte der Bank*: Diese Vermögenswerte können als Sicherheiten verwendet werden, wenn die Bank ein Darlehen am Geldmarkt aufnimmt. Wie bereits erwähnt, nehmen sie Darlehen auf, um ihre Kassenbestände aufzufüllen (Posten A1, Abbildung 10.15), wenn die Kundschaft mehr Geld von ihren Konten abhebt (oder überweist), als der Bank zur Verfügung steht.

- (A3) *Darlehen an andere Banken*: Eine Bank hat auch Darlehen an andere Banken in ihrer Bilanz.

- (A4) *Darlehen an private Haushalte und Unternehmen*: Die Darlehensvergabe der Bank ist der größte Posten auf der Vermögensseite. Die von der Bank an Haushalte und Unternehmen vergebenen Darlehen machen 55 % der Bilanz in Abbildung 10.15 aus, es handelt sich um das Kerngeschäft der Bank. Bei einem Teil davon handelt es sich um eine besicherte Darlehensvergabe. Ein Darlehen ist besichert, wenn die darlehensnehmende Person Sicherheiten gestellt hat. Bei Immobiliendarlehen, so genannten Hypotheken, ist der Wert der Immobilie die Sicherheit. Andere Darlehen der Banken sind unbesichert, zum Beispiel Überziehungskredite, Kreditkartenguthaben und Kleinkredite.

- (A5) *Vermögenswerte der Bank* wie Gebäude und Anlagen werden auf der Aktivseite, der Vermögensseite der Bilanz ausgewiesen.

Vermögenswerte (im Besitz der Bank oder ihr geschuldet)		% der Bilanz	Schulden (was die Bank den Haushalten, Unternehmen und anderen Banken schuldet)		% der Bilanz
Bargeldreserven bei der Zentralbank (A1)	Eigentum der Bank: sofort verfügbare Mittel	2	Einlagen (L1)	Eigentum von Haushalten und Unternehmen	50
Vermögenswerte, von denen einige (Staatsanleihen) als Sicherheiten für Darlehensaufnahmen verwendet werden können (A2)	Eigentum der Bank	30	Gesicherte Darlehensaufnahme (gestellte Sicherheiten) (L2)	Einschließlich Darlehensaufnahme bei anderen Banken über den Geldmarkt	30
Darlehen an andere Banken (A3)	Über den Geldmarkt	11	Unbesicherte Darlehensaufnahme (ohne Sicherheiten) (L3)		16
Darlehen an private Haushalte (A4)		55			
Anlagevermögen wie Gebäude und Ausrüstungen (A5)	Eigentum der Bank	2			
Gesamtvermögenswerte		100	Gesamtschulden		96
Nettovermögen = Summe Vermögenswerte - Summe Schulden = Eigenkapital (L4)					4

Abbildung 10.15 Eine vereinfachte Bilanz einer Bank.
Angepasst von Abbildung 5.9 (Seite 233) in Kapitel 5 von Wendy Carlin und David Soskice. 2015. *Macroeconomics: Institutions, Instability, and the Financial System.* Oxford: Oxford University Press.

Auf der Passivseite der Bilanz der Banken gibt es drei Formen der Darlehensaufnahme bei Banken, die in Abbildung 10.15 dargestellt sind:

- (L1) Die wichtigste Form der Darlehnsaufnahme sind *Bankeinlagen*, die in diesem Beispiel 50 % der Bilanz der Bank ausmachen. Die Bank schuldet diese den Haushalten und Unternehmen. Im Rahmen ihrer Gewinnmaximierungsentscheidung schätzt die Bank die wahrscheinliche Nachfrage nach Abhebungen von Einlagen durch die Kundschaft ab. Im gesamten Bankensystem gibt es ständig Abhebungen und Einlagen, und wenn die bankübergreifenden Transaktionen abgewickelt sind, heben sich die meisten gegenseitig auf. Jede Bank muss sicherstellen, dass sie über Bargeld und Reserven bei der Zentralbank verfügt, um die Nachfrage der Einlegenden nach Geldmitteln und die von ihnen an diesem Tag getätigten Nettoüberweisungen zu decken. Das Festhalten von Bargeld und Reserven zu diesem Zweck ist mit Opportunitätskosten verbunden, da diese Mittel stattdessen auf dem Geldmarkt verliehen werden könnten, um ein Einkommen zu erzielen. Daher sind die Banken bestrebt, ein Mindestmaß an Bargeld und Reserven zu halten.
- (L2) und (L3) auf der Seite der Verbindlichkeiten der Bilanz sind die Darlehensaufnahmen der Bank bei Haushalten, Unternehmen und anderen Banken auf dem Geldmarkt. Bei einem Teil davon handelt es sich um *besicherte Darlehensaufnahmen*: Die Bank stellt Sicherheiten mittels ihrer finanziellen Vermögenswerte (die auf der linken Seite der Bilanz in Position (L2) erscheinen). Ein Teil der Darlehensaufnahmen ist *unbesichert*.
- (L4) in der Bilanz ist das **Nettovermögen** der Bank. Dies ist das **Eigenkapital** der Bank. Es besteht aus den von der Bank ausgegebenen Aktien und den kumulierten Gewinnen, die im Laufe der Jahre nicht als Dividenden an die Aktienhabenden ausgeschüttet wurden. Bei einer typischen Bank macht das Eigenkapital nur wenige Prozent ihrer Bilanz aus. Die Bank ist ein Unternehmen mit einer hohen Schuldenlast.

Die Abbildungen 10.16 und 10.17 verdeutlichen dies anhand von Beispielen aus der Praxis.

Abbildung 10.16 zeigt die vereinfachte Bilanz der Barclays Bank (kurz vor der Finanzkrise) und Abbildung 10.17 zeigt die vereinfachte Bilanz eines Unternehmens aus dem Nicht-Finanzsektor, Honda.

Kurzfristige Vermögenswerte beziehen sich auf Bargeld, Inventare und andere kurzfristige Vermögenswerte. Kurzfristige Schulden oder Verbindlichkeiten beziehen sich auf kurzfristige Verbindlichkeiten und andere ausstehende Zahlungen.

Eine Möglichkeit, die Abhängigkeit eines Unternehmens in Bezug auf seine Verschuldung zu beschreiben, ist der Begriff **Leverage Ratio** oder Verschuldungsgrad.

Eigenkapital Die eigene Investition einer Person in ein Projekt. Diese wird in der Bilanz einer Person oder eines Unternehmens als Eigenkapital ausgewiesen. *Siehe auch: Nettovermögen.*
Leverage Ratio (für Banken oder Haushalte) Der Wert der Vermögenswerte geteilt durch den Anteil des Eigenkapitals an diesem Vermögen.

Barclays Bank. 2006. *Barclays Bank PLC Jahresbericht* (https://tinyco.re/6435688). Auch dargestellt als Abbildung 5.10 (Seite 235) in Kapitel 5 von Wendy Carlin und David Soskice. 2015. *Macroeconomics: Institutions, Instability, and the Financial System*. Oxford: Oxford University Press.

Vermögenswerte		Verbindlichkeiten	
Geldreserven bei der Zentralbank	7345	Einlagen	336 316
Repo-Darlehen mit Großhandelsposition	174 090	Großhandels-Repo-Darlehen mit Sicherheiten	136 956
Darlehen (zum Beispiel Hypotheken)	313 226	Unbesicherte Darlehensaufnahme	111 137
Vermögenswerte des Anlagevermögens (zum Beispiel Gebäude, Ausstattung)	2492	*Verbindlichkeiten aus dem Handelsbestand*	71 874
Vermögenswerte des Handelsbestands	177 867	*Derivative Finanzinstrumente*	140 697
Derivative Finanzinstrumente	138 353	*Sonstige Schulden*	172 417
Sonstige Vermögenswerte	183 414		
Gesamtvermögenswerte	996 787	Gesamtschulden	969 397
		Nettovermögen	
		Eigenkapital	27 390

Memorandum Posten: Leverage Ratio (Summe Vermögenswerte/ Nettovermögen) 996 787/27 390 = 36,4

Abbildung 10.16 Die Bilanz der Barclays Bank im Jahr 2006 (Millionen GBP).

Honda Motor Co. 2013. *Jahresbericht*.

Vermögenswerte		Verbindlichkeiten	
Kurzfristige Vermögenswerte	5 323 053	Kurzfristige Verbindlichkeiten	4 096 685
Forderungen gegenüber Tochtergesellschaften, netto	2 788 135	Langfristige Schulden	2 710 845
Investitionen	668 790	Sonstige Verbindlichkeiten	1 630 085
Eigentum im Rahmen von Leasingvereinbarungen	1 843 132		
Sachanlagen	2 399 530		
Sonstiges Vermögen	612 717		
Gesamtvermögen	13 635 357	Gesamtverbindlichkeiten	8 437 615
		Nettovermögen	
		Eigenkapital	5 197 742

Anmerkung: Leverage Ratio gemäß der Definition für Banken (Gesamtvermögen/Nettovermögen) 13 635 357/ 5 197 742 = 2,62

Anmerkung: Leverage Ratio gemäß der Definition für Nicht-Banken (Gesamtschulden/Gesamtvermögen) 8 437 615/ 13 635 357 = 61,9 %

Abbildung 10.17 Die Bilanz der Honda Motor Company im Jahr 2013 (Millionen JPY).

Leider wird der Begriff *Leverage Ratio* für Finanz- und Nicht-Finanzunternehmen unterschiedlich definiert (beide Definitionen sind in den Abbildungen 10.16 und 10.17 dargestellt). Hier berechnen wir den Verschuldungsgrad für Barclays und Honda anhand der für Banken verwendeten Definition: Gesamtvermögen geteilt durch Nettovermögen. Die gesamten Vermögenswerte von Barclays betragen das 36-fache des Nettovermögens. Das bedeutet, dass angesichts des Umfangs der Schulden eine sehr geringe Änderung des Werts der Vermögenswerte ($1/36 \approx 3\%$) ausreichen würde, um das Nettovermögen zu vernichten und die Bank insolvent zu machen. Im Gegensatz dazu sehen wir unter Verwendung derselben Definition, dass Hondas Verschuldungsgrad weniger als drei beträgt. Im Vergleich zu Barclays ist das Eigenkapital von Honda im Verhältnis zu seinen Vermögenswerten viel höher. Man könnte auch sagen, dass Honda seine Vermögenswerte durch eine Mischung aus Schulden (62 %) und Eigenkapital (38 %) finanziert, während Barclays seine Vermögenswerte mit 97 % Schulden und 3 % Eigenkapital finanziert.

LEVERAGE RATIO FÜR NICHT-BANKEN

Dieser ist anders definiert als der Leverage Ratio für Banken. Für Unternehmen ist die Verschuldungsgrad definiert als der Wert der gesamten Verbindlichkeiten geteilt durch die gesamten Vermögenswerte. Ein Beispiel für die Verwendung der Leverage Ratio-Definition für Nicht-Banken findet sich in: Marina-Eliza Spaliara. 2009. 'Do Financial Factors Affect the Capital–labour Ratio? Evidence from UK Firm-Level Data'. *Journal of Banking & Finance* 33 (10) (October): pp. 1932–1947.

FRAGE 10.9 WÄHLEN SIE DIE RICHTIGE(N) ANTWORT(EN)

Das folgende Beispiel ist eine vereinfachte Bilanz einer Geschäftsbank. Welche der folgenden Aussagen ist auf der Grundlage dieser Informationen richtig?

Vermögenswerte		Verbindlichkeiten	
Bargeld und Reserven	GBP 2 Millionen	Einlagen	GBP 45 Millionen
Finanzielle Vermögenswerte	GBP 27 Millionen	Gesicherte Darlehensaufnahme	GBP 32 Millionen
Darlehen an andere Banken	GBP 10 Millionen	Unbesicherte Darlehensaufnahme	GBP 20 Millionen
Darlehen an Haushalte und Unternehmen	GBP 55 Millionen		
Anlagevermögen	GBP 6 Millionen		
Gesamtvermögenswerte	GBP 100 Millionen	Gesamtverbindlichkeiten	GBP 97 Millionen

☐ Das Zentralbankgeld der Bank besteht aus Bargeld und Reserven sowie finanziellen Vermögenswerten.

☐ Eine besicherte Darlehensaufnahme ist eine Darlehensaufnahme mit einem Ausfallrisiko von Null.

☐ Das Nettovermögen der Bank besteht aus den Barmitteln und Reserven in Höhe von 2 Millionen GBP.

☐ Der Leverage der Bank beträgt 33,3.

10.11 DER LEITZINS DER ZENTRALBANK KANN DIE AUSGABEN IN DER WIRTSCHAFT BEEINFLUSSEN

Haushalte und Unternehmen nehmen Darlehen auf, um Geld auszugeben: Je teurer die Darlehensaufnahme (also je höher der Zinssatz), desto weniger geben sie aus. Auf diese Weise kann die Zentralbank die Höhe der Ausgaben in der Wirtschaft beeinflussen, was sich wiederum auf die Entscheidungen der Unternehmen auswirkt, wie viele Personen sie beschäftigen und welche Preise sie festsetzen wollen. Auf diese Weise kann die Zentralbank die Höhe der Arbeitslosigkeit und der Inflation (steigende Preise) beeinflussen, wie wir in den Einheiten 13 bis 15 im Einzelnen sehen werden.

Um zu sehen, wie sich ein niedrigerer Zinssatz auf die Konsumausgaben auswirkt, kehren wir zu Julia zurück, die kein Vermögen hat, aber erwartet, in einem Jahr 100 USD zu erhalten. Verwenden Sie die Analyse in Abbildung 10.18, um zu sehen, wie der Zinssatz ihre Entscheidung beeinflusst, wie viel sie jetzt ausgeben möchte.

In vielen wohlhabenden Ländern erfolgt die Darlehensaufnahme zumeist für den Kauf eines Autos oder eines Hauses (Hypotheken für den Immobilienbau sind in Ländern mit weniger entwickelten Finanzmärkten weniger verbreitet). Darlehen für diesen Zweck sind selbst für Menschen mit geringem Vermögen leicht erhältlich, denn im Gegensatz zu Darlehen für den Kauf von Lebensmitteln oder Gegenständen des täglichen Konsums, wird ein

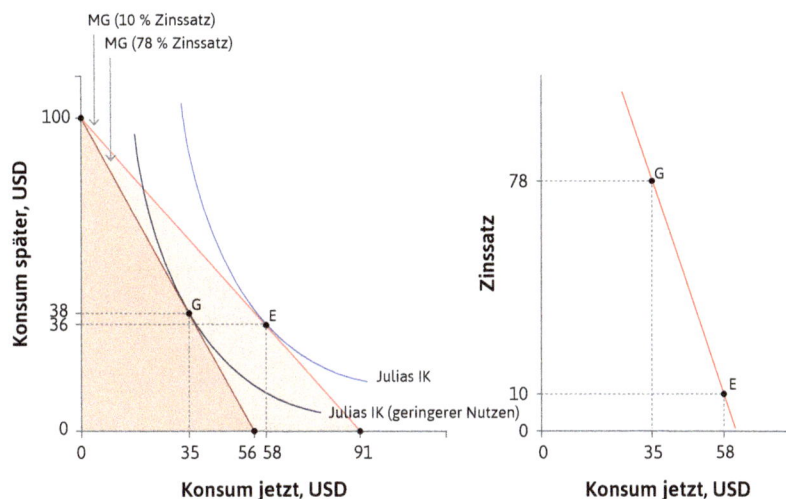

Abbildung 10.18 Zinssätze und Konsumausgaben.

1. Julia hat jetzt kein Vermögen
Sie erwartet, dass sie in einem Jahr USD 100 erhält.

2. Der Zinssatz der Geldverleihenden
Bei einem Zinssatz von 78 % hat sie ein Darlehen aufgenommen, um jetzt 35 USD auszugeben (Punkt G).

3. Ein niedrigerer Zinssatz
Bei einem Zinssatz von 10 % würde sie ein Darlehen aufnehmen und jetzt 58 USD ausgeben (Punkt E).

4. Wenn der Zinssatz sinkt ...
Das rechte Feld der Abbildung zeigt Julias Konsumausgaben bei sinkendem Zinssatz, wobei G und E denselben Punkten im linken Feldes entsprechen.

5. Julias Nachfragekurve
Die fallende Linie stellt Julias Nachfrage nach Darlehen dar und zeigt gleichzeitig ihre aktuellen Ausgaben an.

Auto oder ein Haus mit Hypotheken gekauft, das der Bank als Sicherheiten übertragen werden kann. Dadurch ist die Bank gegen das Ausfallrisiko abgesichert. Aus diesem Grund ist ein wichtiger Kanal für die Auswirkungen des Zinssatzes auf die inländischen Ausgaben in vielen reichen Volkswirtschaften seine Auswirkung auf Käufe von Immobilien und langlebige Gebrauchsgütern wie zum Beispiel Autos. Die von den Zentralbanken festgelegten Zinssätze können dazu beitragen, das Auf und Ab der Ausgaben für Immobilien und langlebigen Gebrauchsgüter zu mildern und so die Schwankungen in der gesamten Wirtschaft auszugleichen.

FRAGE 10.10 WÄHLEN SIE DIE RICHTIGE(N) ANTWORT(EN)

Das folgende Diagramm zeigt Julias Konsumwahl in Periode 1 (jetzt) und 2 (später) bei verschiedenen Zinssätzen. Sie hat in Periode 1 kein Einkommen, aber in Periode 2 ein Einkommen, das sie als Grundlage für eine Darlehensaufnahme nutzen kann. Welche der folgenden Aussagen sind auf der Grundlage dieser Informationen richtig?

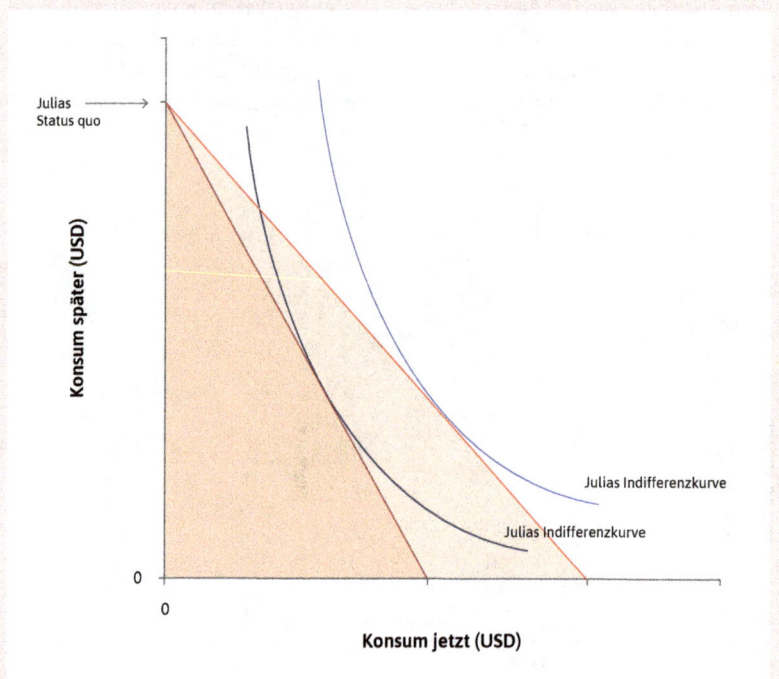

- ☐ Eine Senkung des Zinssatzes erhöht die Grenzrate der Transformation des Konsums von Periode 2 zu Periode 1.
- ☐ Julia wird ihren Konsum in Periode 1 nach einer Zinssatzsenkung eindeutig erhöhen.
- ☐ Julia wird ihren Konsum in Periode 2 nach einer Senkung des Zinssatzes eindeutig senken.
- ☐ Die Kurve des Zinssatzes (vertikale Achse) fällt gegenüber dem Konsum in Periode 1 (horizontale Achse).

10.12 BESCHRÄNKUNGEN AUF DEM KREDITMARKT: EIN PRINZIPAL–AGENT-PROBLEM

Die Darlehensvergabe ist mit Risiken verbunden. Ein Darlehen wird jetzt aufgenommen und muss in der Zukunft zurückgezahlt werden. In der Zwischenzeit können unvorhergesehene Ereignisse eintreten, die von der darlehensnehmenden Person nicht beeinflusst werden können. Wenn die Ernten in Chambar, Pakistan, durch schlechtes Wetter oder Krankheiten zerstört werden, erhalten die Geldverleihenden keine Rückzahlung, obwohl die Landwirtinnen und Landwirte sehr fleißig sind. Falls Sie für Ihr Studium einen Darlehen aufgenommen haben: Fähigkeiten, die Sie in Ihrem Studium erlangen, könnten veralten und auf dem Arbeitsmarkt keinen Wert mehr haben. Dieses Risiko könnte dazu führen, dass das Darlehen nicht zurückgezahlt werden kann. Der von einer Bank oder einer geldverleihenden Person festgelegte Zinssatz ist höher, wenn das Ausfallrisiko aufgrund unvermeidbarer Ereignisse größer ist.

Darlehensgebende stehen jedoch vor zwei weiteren Problemen. Wenn Darlehen für Investitionen aufgenommen werden, können die Darlehensgebenden nicht sicher sein, dass die Darlehensnehmenden genügend Anstrengungen unternehmen, um das Projekt zum Erfolg zu führen. Außerdem verfügen die Darlehensnehmenden häufig über mehr Informationen über die Qualität des Projekts und die Erfolgschancen. Beide Probleme ergeben sich aus den unterschiedlichen Informationen, die den jeweiligen Parteien über das Projekt und die Maßnahmen der Darlehensnehmenden vorliegen.

Dadurch entsteht ein Interessenkonflikt. Wenn das Projekt nicht erfolgreich ist, weil die darlehensnehmende Person zu wenig Anstrengungen unternommen hat oder weil es einfach kein gutes Projekt war, verliert die darlehensgebende Person Geld. Hätte die darlehensnehmende Person nur ihr eigenes Geld verwendet, wäre sie wahrscheinlich vorsichtiger gewesen oder hätte sich vielleicht gar nicht an dem Projekt beteiligt.

Die Beziehung zwischen den Darlehensgebenden und den Darlehensnehmenden ist ein **Prinzipal-Agent-Problem**. Die darlehensgebende Person ist der „Prinzipal" und die darlehensnehmende Person ist der „Agent". Das Prinzipal-Agent-Problem zwischen Darlehensnehmenden und Darlehensgebenden ähnelt dem in Einheit 6 behandelten Problem des „Geldes eines anderen". In diesem Fall trifft das Management eines Unternehmens (Agent) Entscheidungen über die finanziellen Mittel, welche die investierenden Personen des Unternehmens (den Prinzipalen) zur Verfügung stellen. Gleichzeitig sind diese nicht in der Lage, vom Management zu verlangen, so zu handeln, dass ihr Vermögen maximiert wird, anstatt eigene Ziele zu verfolgen.

Bei der Darlehensaufnahme und -vergabe ist es für die darlehensgebende Person (Prinzipal) oft nicht möglich, einen Vertrag abzuschließen, der sicherstellt, dass ein Darlehen von der darlehensnehmenden Person (Agent) zurückgezahlt wird. Der Grund dafür ist, dass es für die darlehensgebende

Prinzipal–Agent-Beziehung Diese Beziehung besteht, wenn eine Partei (der Prinzipal) möchte, dass eine andere Partei (der Agent) auf eine bestimmte Art und Weise handelt oder eine Eigenschaft hat, die im Interesse des Prinzipals liegt und die nicht in einem verbindlichen Vertrag durchgesetzt oder garantiert werden kann. *Siehe auch: unvollständiger Vertrag. Auch bekannt als: Prinzipal-Agent-Problem.*

Sicherheiten Ein Vermögenswert, den eine kreditnehmende einer kreditgebenden Person als Sicherheit für einen Kredit verpfändet. Wenn die kreditnehmende Person nicht in der Lage ist, die versprochenen Zahlungen zu leisten, wird der Kreditgebende Eigentümer:in des Vermögenswerts.

Person unmöglich ist, durch einen Vertrag sicherzustellen, dass die darlehensnehmende Person die Mittel in einer Weise verwendet, die eine Rückzahlung gemäß den Bedingungen des Darlehens ermöglicht.

Die Tabelle in Abbildung 10.19 vergleicht zwei Prinzipal–Agent-Probleme.

Eine Reaktion der darlehensgebenden Person auf diesen Interessenkonflikt besteht darin, von den Darlehensnehmenden zu verlangen, einen Teil ihres Vermögens in das Projekt zu investieren (dies wird als **Eigenkapital** bezeichnet). Je mehr eigenes Vermögen sie in das Projekt investiert, desto enger sind ihre Interessen mit denen der Darlehensgebenden verbunden. Eine weitere gängige Lösung, unabhängig davon, ob es sich bei den Darlehensnehmenden um Immobilienkaufende in Neuseeland oder um Autokaufende in New Orleans handelt, besteht darin, von den Darlehensnehmenden die Hinterlegung von Eigentum zu verlangen, das bei Nichtrückzahlung des Darlehens an die darlehensgebende Person übertragen wird (dies wird als **Sicherheiten** bezeichnet).

Eigenkapital oder Sicherheiten verringern den Interessenkonflikt zwischen der darlehensnehmenden und der darlehensgebenden Person. Der Grund dafür ist, dass für die darlehensnehmende Person ein Teil ihres Geldes (entweder Eigenkapital oder Sicherheiten) auf dem Spiel steht:

- *Sie hat ein größeres Interesse daran, hart zu arbeiten*: Sie wird sich mehr bemühen, umsichtige Geschäftsentscheidungen zu treffen, um den Erfolg des Projekts zu gewährleisten.
- *Es ist ein Signal an die darlehensgebende Person*: Es signalisiert, dass die darlehensnehmende Person der Meinung ist, dass das Projekt von ausreichender Qualität ist, um erfolgreich zu sein.

Darlehensnehmende, die ein Darlehen für den Kauf eines Autos beantragen, müssen häufig zulassen, dass ein von der Bank kontrolliertes Gerät in das Fahrzeug eingebaut wird, das die Zündung des Autos deaktiviert, wenn die Kreditraten nicht wie vorgeschrieben gezahlt werden, wie dieses Video der *New York Times* zeigt. Diese Praxis hat die Darlehensgebenden nicht sehr beliebt gemacht. https://tinyco.re/7861205

	Agierende	Interessenkonflikt über	Der Vertrag ist durchsetzbar bei	Nicht in den Vertrag aufgenommen (oder nicht durchsetzbar)	Ergebnis
Arbeitsmarkt (Einheiten 6 und 9)	Arbeitgebendes Unternehmen Beschäftigte Person	Löhne, Arbeit (Qualität und Menge)	Löhne, Zeit, Bedingungen	Arbeit (Qualität und Quantität), Dauer der Beschäftigung	Anstrengung nicht ausreichend erbracht; Arbeitslosigkeit
Kreditmarkt (Einheiten 10 und 12)	Darlehensgebende Person Darlehensnehmende Person	Zinssatz, Durchführung des Projekts (Aufwand, Sorgfalt)	Zinssatz	Anstrengung, Umsicht, Rückzahlung	Zu hohes Risiko, Kreditbeschränkungen

Abbildung 10.19 Prinzipal–Agent-Probleme: Der Kreditmarkt und der Arbeitsmarkt.

Aber es gibt einen Haken. Wäre die darlehensnehmende Person wohlhabend gewesen, hätte sie entweder ihr Vermögen als Sicherheit und als Eigenkapital in das Projekt einbringen können, oder sie hätte auf der anderen Seite des Marktes stehen und Geld verleihen können. In der Regel ist die darlehensnehmende Person deshalb auf ein Darlehen angewiesen, weil sie nicht vermögend ist. Infolgedessen ist sie möglicherweise nicht in der Lage, genügend Eigenkapital oder Sicherheiten bereitzustellen, um den Interessenkonflikt und damit das Risiko für die darlehensgebende Person ausreichend zu verringern, sodass diese sich weigert, ein Darlehen zu vergeben.

Dies wird als **Kreditrationierung** bezeichnet: Darlehensnehmende mit geringem Vermögen nehmen Darlehen zu ungünstigeren Bedingungen auf als Personen mit größerem Vermögen, oder sie werden ganz abgewiesen.

Darlehensnehmende, deren geringes Vermögen es unmöglich macht, ein Darlehen zu einem beliebigen Zinssatz zu erhalten, werden als **kreditunwürdig** bezeichnet. Personen, die eine Darlehensaufnahme nur zu ungünstigen Bedingungen vornehmen, werden als **Kreditbeschränkte** bezeichnet. Das bedeutet, dass ihr Vermögen ihre Möglichkeiten auf dem Kreditmarkt einschränkt. Adam Smith hatte die Kreditrationierung im Sinn, als er schrieb:

> Geld, sagt das Sprichwort, macht Geld. Wenn man ein wenig hat, ist es oft leicht, mehr zu bekommen. Die große Schwierigkeit besteht darin, dieses Wenige zu bekommen. (*An Inquiry into the Nature and Causes of the Wealth of Nations*, 1776)

Die Beziehung zwischen Vermögen und Darlehen ist in Abbildung 10.20 zusammengefasst.

Der Ausschluss von Personen ohne Vermögen von den Märkten für Darlehen oder ihre Darlehensaufnahme zu ungünstigen Bedingungen wird durch diese Fakten deutlich:

- *In einer Umfrage wurde der Kreditantrag von jeder achten US-Familie von einer Finanzinstitution abgelehnt*: Das Vermögen dieser kreditbeschränkten

Kreditrationierung Der Prozess, bei dem diejenigen, die über weniger Vermögen verfügen, im Vergleich zu denjenigen, die über mehr Vermögen verfügen, Kredite zu ungünstigen Bedingungen aufnehmen.
kreditunwürdig Eine Beschreibung von Personen, die nicht in der Lage sind, Kredite zu jedweden Bedingungen aufzunehmen. *Siehe auch: kreditbeschränkt.*
kreditbeschränkt Der Prozess, durch den Personen mit weniger Vermögen im Vergleich zu Personen mit mehr Vermögen Kredite zu ungünstigen Bedingungen aufnehmen. *Siehe auch: kreditunwürdig.*

Adam Smith, ‚Of the Profits of Stock' (https://tinyco.re/6397441). In *An Inquiry into the Nature and Causes of the Wealth of Nations*, 1776.

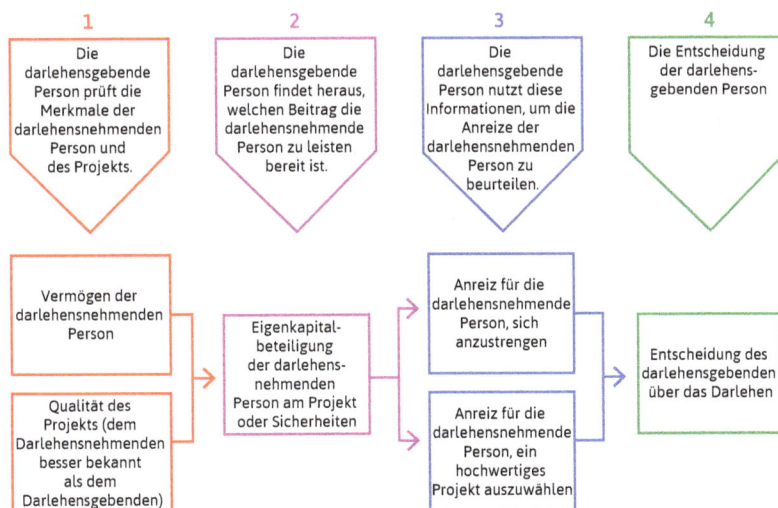

Abbildung 10.20 Vermögen, Projektqualität und Darlehen.

David Gross und Nicholas Souleles. 2002. ‚Do Liquidity Constraints and Interest Rates Matter for Consumer Behavior? Evidence from Credit Card Data'. *The Quarterly Journal of Economics* 117 (1) (February): S. 149–185.

Familien war um 63 % geringer als das der nicht kreditbeschränkten Familien. Die potenziellen „darlehensnehmenden Personen" (die kein Darlehen beantragten, weil sie mit einer Ablehnung rechneten) hatten ein noch geringeres Vermögen als die abgelehnten Antragstellenden.

- *Der Kreditrahmen wird häufig automatisch erhöht*: Wenn die Darlehensaufnahme als Reaktion auf eine automatische Änderung des Kreditrahmens zunimmt, kann man daraus schließen, dass die betroffene Person kreditbeschränkt war. Die Autoren einer Studie gehen davon aus, dass etwa zwei Drittel der US-Familien kreditbeschränkt oder kreditunwürdig sind.

- *Erbschaften führen dazu, dass selbstständig Arbeitende ihren Betrieb deutlich vergrößern*: Eine Erbschaft von 5000 GBP im Jahr 1981 (heute etwa 24 000 USD) verdoppelte die Wahrscheinlichkeit einer typischen britischen jugendlichen Person, ein Unternehmen zu gründen.

- *Der Besitz eines Hauses kann als Sicherheit verwendet werden*: Ein 10-prozentiger Anstieg der Vermögenswerte, welche als Sicherheiten für Darlehen im Vereinigten Königreich verwendet werden können, erhöht die Zahl der Unternehmensgründungen um 5 %.

- *Vermögensschwache Menschen in den USA nehmen häufig kurzfristige „Zahltagskredite" auf*: Im Bundesstaat Illinois ist die typische kurzfristige darlehensnehmende Person eine einkommensschwache Frau Mitte dreißig (24 104 USD Jahreseinkommen), die in einer Mietwohnung lebt, eine Darlehensaufnahme zwischen 100 und 200 USD vornimmt und einen durchschnittlichen jährlichen Zinssatz von 486 % zahlt.

Samuel Bowles. 2006. *Microeconomics: Behavior, Institutions, and Evolution (the Roundtable Series in Behavioral Economics)*. Princeton, NJ: Princeton University Press.

- *Indische Landwirtinnen und Landwirte mit geringen und mittlerem Einkommen könnten ihr Einkommen erheblich steigern, wenn sie nicht mit Kreditbeschränkungen konfrontiert wären*: Nicht nur, dass sie im Allgemeinen zu wenig in produktive Vermögenswerte investieren, sondern auch, dass die Vermögenswerte, die sie besitzen, in erster Linie solche sind, die sie in Notzeiten verkaufen können (Ochsen), und nicht profitable Geräte (Bewässerungspumpen), die nur einen geringen Wiederverkaufswert haben.

FRAGE 10.11 WÄHLEN SIE DIE RICHTIGE(N) ANTWORT(EN)

Welche der folgenden Aussagen zum Prinzipal–Agent-Problem sind richtig?

☐ Das Prinzipal–Agent-Problem existiert bei Darlehen aufgrund der Möglichkeit, dass das Darlehen nicht zurückgezahlt wird.

☐ Das Prinzipal–Agent-Problem kann durch einen verbindlichen Vertrag gelöst werden, in dem die darlehensnehmende Person verpflichtet wird, sich voll zu engagieren.

☐ Eine Lösung für das Prinzipal–Agent-Problem bei Darlehen besteht darin, dass die darlehensnehmende Person Eigenkapital bereitstellt.

☐ Das Prinzipal–Agent-Problem führt zu einer Kreditrationierung auf dem Markt für Darlehen.

ÜBUNG 10.7 MIKROFINANZIERUNG UND DARLEHENSVERGABE AN ARME MENSCHEN

Lesen Sie den Aufsatz ‚The Microfinance Promise' (https://tinyco.re/2004502). Die Grameen Bank in Bangladesch vergibt Darlehen an Gruppen von Einzelpersonen, die gemeinsam individuelle Darlehen beantragen, unter der Bedingung, dass die Darlehen an die Gruppenangehörigen in der Zukunft nur dann erneuert werden, wenn (aber nur wenn) jede angehörige Person das Darlehen fristgerecht zurückgezahlt hat.

   Erläutern Sie, wie sich eine solche Regelung Ihrer Meinung nach auf die Entscheidungen der Darlehensnehmenden auswirkt, in Bezug darauf wofür sie das Geld ausgeben werden, und wie sehr sie sich um die Rückzahlung bemühen werden.

Jonathan Morduch. 1999. ‚The Microfinance Promise'. *Journal of Economic Literature* 37 (4) (December): S. 1569–1614.

10.13 UNGLEICHHEIT: DARLEHENSGEBENDE, DARLEHENSNEHMENDE UND VON DEN KREDITMÄRKTEN AUSGESCHLOSSENE PERSONEN

Lange bevor es die in der vorangegangenen Einheit untersuchten arbeitgebenden Personen und Unternehmen, Beschäftigten und Arbeitslosen gab, gab es Darlehensgebende und Darlehensnehmende. Einige der ersten schriftlichen Aufzeichnungen jeglicher Art waren Aufzeichnungen über Schulden. Die Einkommensunterschiede zwischen Darlehensgebenden (Menschen wie Marco) und Darlehensnehmenden (Menschen wie Julia) sind auch heute noch eine wichtige Ursache für wirtschaftliche Ungleichheit.

   Wir können die Ungleichheiten zwischen Darlehensnehmenden und Darlehensgebenden (und innerhalb der Gruppe der Darlehensnehmenden) mit Hilfe der Lorenzkurve und des Gini-Koeffizienten betrachten, diese Modelle haben wir auch schon zur Analyse der Ungleichheit zwischen Eigentümer:innen der arbeitgebenden Unternehmen und Beschäftigten verwendet.

   Hier eine Veranschaulichung. Eine Wirtschaft besteht aus 90 Landwirtinnen und Landwirten in der Landwirtschaft, die bei 10 darlehensgebenden Personen ein Darlehen aufnehmen und mit den Geldern die Anpflanzung und Pflege ihrer Felder finanzieren. Die Ernte wird (im Durchschnitt) für einen Betrag verkauft, der höher ist als das Darlehen, sodass sie für jeden geliehenen und investierten Euro ein Einkommen von $1 + \Pi$ erzielen, wobei Π die Gewinnrate ist.

   Nach der Ernte zahlen die Landwirtinnen und Landwirte die Darlehen mit Zinsen zum Zinssatz i zurück. Zur Vereinfachung nehmen wir an, dass alle Darlehen zurückgezahlt werden und dass alle Darlehensgebenden den Landwirtinnen und Landwirten den gleichen Betrag zum gleichen Zinssatz leihen.

   Da jeder investierte Euro zu Gesamteinnahmen von $1 + \Pi$ führt, erzielt jede Arbeitskraft ein Einkommen (Einnahmen abzüglich Kosten) von Π. Dieses Einkommen wird jedoch aufgeteilt zwischen der darlehensgebenden Person, die für jeden verliehenen Euro ein Einkommen von i erhält, und der darlehensnehmenden Person, die den Restbetrag erhält, nämlich $\Pi - i$. Die darlehensgebende Person erhält also einen Anteil von i/Π am gesamten Output, die darlehensnehmende Person einen Anteil von $1 - (i/\Pi)$.

   Wenn also $i = 0{,}10$ und $\Pi = 0{,}15$ ist, beträgt der Anteil der darlehensgebenden Person 2/3 und die der darlehensnehmenden Person 1/3 des gesamten Einkommens.

   Die Ungleichheit in dieser Wirtschaft ist in Abbildung 10.21 dargestellt. Der Gini-Koeffizient beträgt 0,57.

In den vorangegangenen Abschnitten haben wir gezeigt, warum einige Darlehensnehmende (die keine Sicherheiten stellen können oder über keine eigenen Mittel zur Finanzierung eines Projekts verfügen) von der Darlehensaufnahme gänzlich ausgeschlossen sein könnten, selbst wenn sie bereit wären, den Zinssatz zu zahlen. Wie wirkt sich dies auf die Lorenzkurve und den Gini-Koeffizienten aus?

Um dies zu untersuchen, stellen wir uns vor, dass 40 der Darlehensnehmenden ausgeschlossen werden (und da sie kein Darlehen aufnehmen können, erhalten sie auch kein Einkommen) und dass sich sonst nichts an der Situation ändert (i und Π bleiben unverändert).

Die gestrichelte Linie in Abbildung 10.21 zeigt die neue Situation. Der neue Gini-Koeffizient beträgt 0,70, was eine Zunahme der Ungleichheit als Folge des Ausschlusses der armen Bevölkerung vom Kreditmarkt zeigt.

FRAGE 10.12 WÄHLEN SIE DIE RICHTIGE(N) ANTWORT(EN)

In einer Wirtschaft mit 100 Personen gibt es 80 Landwirtinnen und Landwirte und 20 darlehensgebende Personen. Die Landwirtinnen und Landwirte finanzieren mit den Geldern die Anpflanzung und Pflege ihrer Landwirtschaft. Die Gewinnrate für die Ernte beträgt 12,5 %, während der Zinssatz 10 % beträgt. Vergleichen Sie die beiden folgenden Fälle:

1. Fall A: Alle Landwirtinnen und Landwirte können ein Darlehen aufnehmen.
2. Fall B: Nur 50 Landwirtinnen und Landwirte können ein Darlehen aufnehmen.

Welche der folgenden Aussagen ist richtig?

☐ Der Anteil des gesamten Outputs, den die Landwirtinnen und Landwirte, die ein Darlehen aufnehmen können, erhalten, beträgt 25 %.
☐ Der Gini-Koeffizient für den Fall A ist 0,5.
☐ Der Gini-Koeffizient für den Fall B ist 0,6.
☐ Der Gini-Koeffizient ist im Fall B um 16,7 % höher als im Fall A.

Dieses Beispiel veranschaulicht die Tatsache, dass eine Ursache für Ungleichheit in einer Wirtschaft darin besteht, dass einige Personen (wie Marco) in der Lage sind, von der Darlehensvergabe an andere zu profitieren, so wie andere (wie Bruno in Einheit 5) in der Lage sind, von der Beschäftigung anderer zu profitieren.

Bruno und Marco sind wahrscheinlich nicht die beliebtesten Charaktere in der Wirtschaft. Aus ähnlichen Gründen sind Banken nicht die beliebtesten oder vertrauenswürdigsten Institutionen. In den USA beispielsweise drückten 73 % der Menschen im Jahr 2016 „sehr viel" oder „ziemlich viel" Vertrauen in das Militär aus, genau so viel wie ein Jahrzehnt zuvor. Im Gegensatz dazu äußerten 2016 nur 27 % ein gewisses Vertrauen in Banken, gegenüber 49 % ein Jahrzehnt zuvor. Umfragen zeigen, dass die Öffentlichkeit in Deutschland, Spanien und vielen anderen Ländern ihren Banken wenig Wertschätzung entgegenbringt. Dies ist insbesondere seit der Finanzkrise 2008 der Fall.

Es wird manchmal gesagt, dass reiche Menschen Darlehen zu Bedingungen vergeben, die sie reicher machen, während arme Menschen Darlehensaufnahmen zu Bedingungen machen, die sie ärmer machen. Unser Beispiel von Julia und Marco hat deutlich gemacht, dass die Betrachtung des

Zinssatzes—als Kosten für Julia und als Einkommensquelle für Marco—vom eigenen Vermögen abhängt. Menschen mit geringem Vermögen sind kreditbeschränkt, was ihre Fähigkeit einschränkt, von den Investitionsmöglichkeiten zu profitieren, die denjenigen mit mehr Vermögen offen stehen.

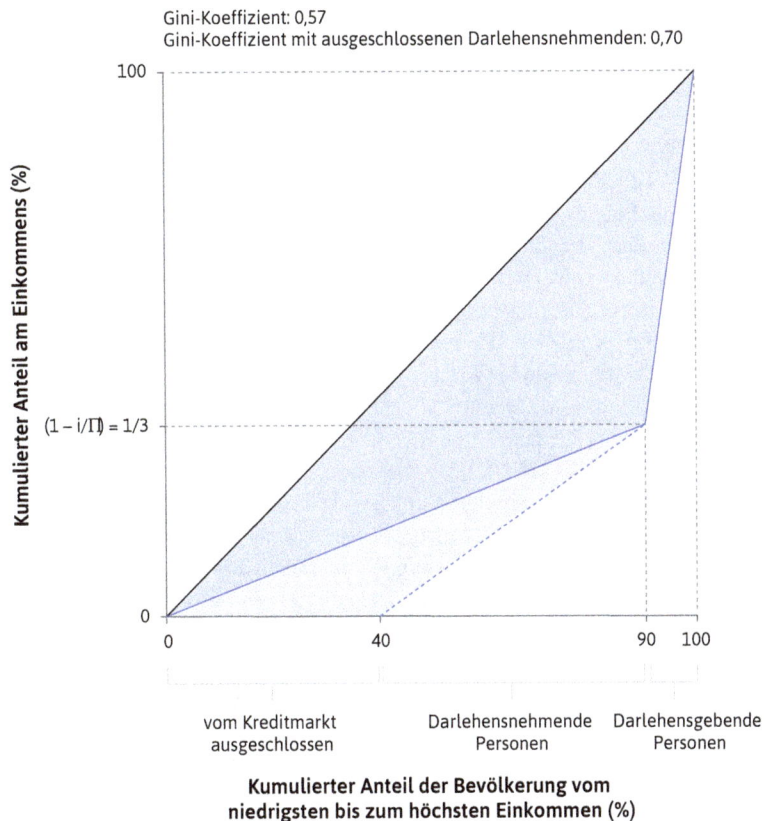

Gini-Koeffizient: 0,57
Gini-Koeffizient mit ausgeschlossenen Darlehensnehmenden: 0,70

Abbildung 10.21 Ungleichheit in einer Wirtschaft der Darlehensaufnahme und -vergabe. Anmerkung: Der Gini-Koeffizient beträgt 0,57, wenn keine darlehensnehmende Person ausgeschlossen ist; wenn 40 ausgeschlossen sind, beträgt dieser 0,70.

1. Eine modellhafte Wirtschaft mit Darlehensgebenden und Darlehensnehmenden

Eine Wirtschaft besteht aus 90 Landwirtinnen und Landwirten, die bei 10 Darlehensgebenden ein Darlehen aufnehmen. Da $i = 0,10$ und $\Pi = 0,15$ ist, beträgt der Anteil der Darlehensgebenden am Gesamteinkommen 2/3 und die der Darlehensnehmenden 1/3. Der Gini-Koeffizient beträgt 0,57.

2. Einige Darlehensnehmende sind vom Darlehensmarkt ausgeschlossen

Nehmen wir an, dass 40 der Darlehensnehmenden ausgeschlossen sind. Da sie keine Darlehensaufnahme machen können, erhalten sie überhaupt kein Einkommen.

3. Ungleichheit nimmt zu

Wenn einige Darlehensnehmende ausgeschlossen werden, erhöht sich der Gini-Koeffizient auf 0,70.

Es stimmt auch, dass die darlehensgebende Person bei der Festlegung des Zinssatzes für die Darlehensaufnahme häufig über eine größere Verhandlungsmacht verfügt und daher einen Zinssatz festsetzen kann, der es ihr ermöglicht, den größten Teil der gegenseitigen Gewinne aus der Transaktion zu erzielen.

Aber machen Banken und das Finanzsystem einige Menschen arm und andere reich? Um diese Frage zu beantworten, vergleichen Sie Banken mit anderen gewinnorientierten Unternehmen. Beide sind Eigentum von wohlhabenden Menschen, die von den Geschäften mit ärmeren Menschen profitieren. Außerdem tätigen sie ihre Geschäfte oft zu Bedingungen (Zinssätze, Löhne), die das mangelnde Vermögen der Darlehensnehmenden und der Beschäftigten aufrechterhalten.

Aber selbst diejenigen, die Banken nicht mögen, glauben nicht, dass es den weniger Wohlhabenden ohne sie besser ginge, genauso wenig wie es den weniger Wohlhabenden zugute käme, wenn Unternehmen keine Arbeitskräfte mehr beschäftigen würden. Banken, Kredite und Geld sind für eine moderne Wirtschaft—auch für die wirtschaftlichen Möglichkeiten der weniger Wohlhabenden—unverzichtbar, weil sie Möglichkeiten für gegenseitige Gewinne bieten, die entstehen, wenn Menschen von der Verlagerung ihrer Kaufkraft von einer Zeitperiode in eine andere profitieren können, entweder durch Darlehensaufnahme (Verlagerung in die Gegenwart) oder durch Darlehensvergabe (das Gegenteil).

10.14 SCHLUSSFOLGERUNG

Wie die Schließung der irischen Bank gezeigt hat, sind Geld und Kredit so grundlegend für wirtschaftliche Interaktionen, dass die Menschen Wege finden, Geld zu schaffen, selbst wenn formale Institutionen versagen. Tatsächlich haben Archäologen und Archäologinnen Beweise für die Darlehensvergabe und die Verwendung von Geld für Darlehen und zur Erleichterung des Austauschs entdeckt, lange bevor es Banken oder Regierungen gab. Der Grund dafür ist, dass erhebliche gegenseitige Gewinne möglich sind, wenn eine Gruppe von Menschen genügend Vertrauen ineinander und in ein bestimmtes Tauschmittel entwickelt.

In modernen Volkswirtschaften ist die Geldschöpfung untrennbar mit der Darlehensvergabe durch Geschäftsbanken verbunden, deren Tätigkeit von der Regierung reguliert und von der Zentralbank verwaltet wird. Die Darlehensaufnahme und -vergabe ermöglicht es den Menschen, ihren Konsum bei unregelmäßigem Einkommen zu glätten, ihre Ungeduld zu befriedigen oder Investitionen zu finanzieren, die ihre zukünftigen Konsummöglichkeiten erhöhen können. Der Kreditmarkt bringt gegenseitige Gewinne für darlehensnehmende und darlehensgebende Personen, aber wie bei vielen wirtschaftlichen Transaktionen stellt die Verteilung dieser Gewinne über den Zinssatz einen Interessenkonflikt dar.

ÜBUNG 10.8 UNBELIEBTE BANKEN

Warum sind Banken Ihrer Meinung nach unbeliebter als andere gewinnorientierte Unternehmen (zum Beispiel Honda oder Microsoft)?

ÜBUNG 10.9 EINSCHRÄNKUNGEN BEI DER DARLEHENSVERGABE

In vielen Ländern gibt es Vorschriften, die die Höhe der Zinsen begrenzen, die eine geldverleihende Person für ein Darlehen verlangen kann.

1. Halten Sie diese Beschränkungen für eine gute Idee?
2. Wer profitiert von diesen Gesetzen und wer verliert?
3. Welche langfristigen Auswirkungen werden solche Gesetze haben?
4. Vergleichen Sie diesen Ansatz zur Unterstützung armer Menschen beim Zugang zu Darlehen mit der Grameen Bank in Übung 10.7.

In Einheit 10 eingeführte Konzepte

Bevor Sie fortfahren, sollten Sie die folgenden Definitionen durchgehen:

- Geld, Geldmenge, Zentralbankgeld, Giralgeld
- Vermögen
- Einkommen
- Abnehmende Grenzerträge des Konsums
- Abzinsungssatz einer Person
- Reine Ungeduld
- Sicherheiten
- Bilanz, Vermögenswerte, Verbindlichkeit, Nettovermögen, Eigenkapital, solvent
- Leverage Ratio
- Kreditbeschränkt, kreditunwürdig
- Leitzins der Zentralbank

10.15 QUELLEN

Aleem, Irfan. 1990. 'Imperfect information, screening, and the costs of informal lending: A study of a rural credit market in Pakistan' (https://tinyco.re/4382174). *The World Bank Economic Review* 4 (3): pp. 329–349.

Bowles, Samuel. 2006. *Microeconomics: Behavior, institutions, und evolution (the roundtable series in behavioral economics)*. Princeton, NJ: Princeton University Press.

Carlin, Wendy und David Soskice. 2015. *Macroeconomics: Institutions, Instability, and the Financial System*. Oxford: Oxford University Press. Chapters 5 and 6.

Graeber, David. 2012. 'The Myth of Barter' (https://tinyco.re/6552964). In *Debt: The First 5,000 years*. Brooklyn, NY: Melville House Publishing.

Gross, David, und Nicholas Souleles. 2002. 'Do Liquidity Constraints and Interest Rates Matter for Consumer Behavior? Evidence from Credit Card Data'. *The Quarterly Journal of Economics* 117 (1) (February): pp. 149–185.

Martin, Felix. 2013. *Money: The Unauthorised Biography*. London: The Bodley Head.

Morduch, Jonathan. 1999. 'The Microfinance Promise' (https://tinyco.re/7650659). *Journal of Economic Literature* 37 (4) (December): pp. 1569–1614.

Murphy, Antoin E. 1978. 'Money in an Economy Without Banks: The Case of Ireland'. *The Manchester School* 46 (1) (March): pp. 41–50.

Silver-Greenberg, Jessica. 2014. 'New York Prosecutors Charge Payday Loan Firms with Usury' (https://tinyco.re/8917188). DealBook.

Spaliara, Marina-Eliza. 2009. 'Do Financial Factors Affect the Capital–labour Ratio? Evidence from UK Firm-level Data'. *Journal of Banking & Finance* 33 (10) (October): pp. 1932–1947.

The Economist. 2012. 'The Fear Factor' (https://tinyco.re/6787148). Aktualisiert am 2. Juni 2012.

Börse, Santiago, Chile

RENT-SEEKING, PREISSETZUNG UND MARKTDYNAMIK

RENT-SEEKING ERKLÄRT, WARUM SICH PREISE ÄNDERN (UND WARUM MANCHMAL NICHT) UND WIE MÄRKTE FUNKTIONIEREN (MANCHMAL ZUM GUTEN, MANCHMAL ZUM SCHLECHTEN)

- Preise geben die aktuelle Situation auf einem Markt wieder und motivieren zum entsprechenden Handeln.
- Menschen nutzen die Möglichkeit des Rent-Seekings, wenn sich Märkte nicht im Gleichgewicht befinden, und profitieren oft davon, wenn sie einen anderen Preis als die anderen festlegen.
- Der Prozess des Rent-Seekings kann schließlich dazu führen, dass das Angebot der Nachfrage entspricht.
- Die Preise auf den Finanzmärkten werden durch Handelsmechanismen bestimmt und können sich durch neue Informationen oder veränderte Prognosen von Minute zu Minute ändern.
- Es können Preisblasen entstehen, zum Beispiel auf Märkten für finanzielle Vermögenswerte.
- Regierungen und Unternehmen legen manchmal Preise fest oder setzen andere politische Maßnahmen, wodurch in Folge keine Markträumung mehr stattfindet.
- Ökonomische Renten helfen zu erklären, wie Märkte funktionieren.

Fisch und Fischfang sind ein wichtiger Bestandteil des Lebens der Menschen in Kerala in Indien. Die meisten von ihnen essen mindestens einmal am Tag Fisch, und mehr als eine Million Menschen sind in der Fischerei tätig. Doch vor 1997 waren zwar die Preise hoch, doch die Gewinne des Fischfangs begrenzt, was auf eine Kombination aus Verschwendung und der Verhandlungsmacht der Fischhändler:innen zurückzuführen war, die den Fang der Fischer:innen kauften und ihn an Verbrauchende verkauften.

Nach der Rückkehr in den Hafen mussten viele Fischer:innen feststellen, dass die Fischhändler:innen, denen sie ihren Fang verkaufen wollten, bereits so viele Fische hatten, wie sie an diesem Tag benötigten. Die Fischer:innen waren dann gezwungen, ihren (dann wertlosen) Fang wieder ins Meer zu werfen.

521

Einige wenige Glückliche kehrten zur richtigen Zeit in den richtigen Hafen zurück. Dort überstieg die Nachfrage das Angebot überstieg, und sie wurden mit außerordentlich hohen Preisen belohnt.

Zum Beispiel fanden am 14. Januar 1997 elf Bootsladungen Fisch, die zum Markt in der Stadt Badagara gebracht worden waren, ein Überangebot auf dem Markt vor. Die Fischer:innen dieser elf Bootsladungen warfen ihren Fang über Bord. Es bestand ein Angebotsüberhang von elf Bootsladungen. Auf den Fischmärkten im Umkreis von 15 km um Badagara herrschte jedoch ein Nachfrageüberhang: 15 Kaufende verließen den Markt in Chombala, weil sie—egal zu welchem Preis—keinen Fisch kaufen konnten. Abbildung 11.1 veranschaulicht das Glück beziehungsweise Pech der Fischer:innen, die in die Häfen entlang der Küste von Kerala zurückkehrten.

Nur sieben der 15 Märkte litten weder unter einem Über- noch unter einem Unterangebot. In diesen sieben Dörfern (auf der vertikalen Linie) reichten die Preise von 4 INR pro kg bis zu mehr als 7 INR pro kg. Dies ist ein Beispiel dafür, dass das **Gesetz des einheitlichen Preises**—ein Merkmal eines Marktgleichgewichts im Wettbewerb—manchmal ein schlechter Anhaltspunkt dafür ist, wie Märkte tatsächlich funktionieren.

Wenn die Fischer:innen eine Verhandlungsmacht haben, weil es einen Nachfrageüberhang gibt, erzielen sie viel höhere Preise. Auf Märkten ohne Nachfrage- und Angebotsüberhang lag der Durchschnittspreis bei 5,9 INR pro Kilogramm, wie die gestrichelte Linie zeigt. Auf Märkten mit Nachfrageüberhang lag der Durchschnittspreis bei 9,3 INR pro Kilogramm. Die Fischer:innen, die das Glück hatten, auf diesen Märkten zu verkaufen, erzielten außerordentliche Gewinne (wenn man davon ausgeht, dass der Preis auf Märkten ohne Nachfrageüberhang oder Angebotsüberhang hoch genug war, um wirtschaftliche Gewinne zu erzielen). Natürlich kann es sein, dass sie am nächsten Tag zu den Pechvögeln gehörten, die überhaupt keine Kaufenden fanden und deshalb ihren Fang wieder ins Meer werfen mussten.

Das alles änderte sich, als die Fischer:innen Mobiltelefone bekamen. Noch auf See riefen sie die Fischmärkte am Strand an und suchten sich den Markt aus, auf dem die Preise an diesem Tag am höchsten waren. Kehrten sie zu einem hochpreisigen Markt zurück, erzielten sie eine ökonomische Rente (das heißt ein Einkommen, das über dem der nächstbesten Alternative lag—nämlich der Rückkehr zu einem Markt ohne Nachfrageüberhang oder gar einem Markt mit Angebotsüberhang).

Durch den Zugang zu Echtzeit-Marktinformationen über die relativen Fischpreise konnten die Fischer:innen ihre Produktions- (Fischfang) und Vertriebsmuster (der von ihnen aufgesuchte Markt) so anpassen, dass sie die höchsten Erträge erzielten.

Eine Studie über 15 Fischmärkte entlang der 225 km langen Nordküste von Kerala ergab, dass sich die täglichen Preisunterschiede zwischen den Märkten auf ein Viertel der früheren Werte reduzierten, sobald die Fischer:innen Mobiltelefone verwendeten. Kein Boot warf den Fang weg. Durch die geringere Verschwendung und den Wegfall der Verhandlungsmacht der Händler:innen stiegen die Gewinne der Fischer:innen um 8 %, während gleichzeitig die Verbraucherpreise um 4 % sanken.

Die Mobiltelefone ermöglichten es den Fischer:innen, Rent-Seeking sehr effektiv zu nutzen. Diese Aktivitäten veränderten die Funktionsweise der Fischmärkte in Kerala: Sie kamen dem Gesetz des einheitlichen Preises sehr nahe, indem sie Nachfrage- und Angebotsüberhang praktisch eliminierten, was den Fischer:innen, sowie den Verbrauchenden, zugute kam (nicht aber den Fischhändlerinnen und Fischhändlern, die als zwischenhandelnde Personen fungiert hatten).

Gesetz des einheitlichen Preises
Trifft zu, wenn ein Gut bei allen Transaktionen zum gleichen Preis gehandelt wird. Würde ein Gut an verschiedenen Orten zu unterschiedlichen Preisen verkauft, könnten Unternehmen oder Personen es an einem Ort billig einkaufen und an einem anderen zu einem höheren Preis verkaufen. *Siehe auch: Arbitrage.*

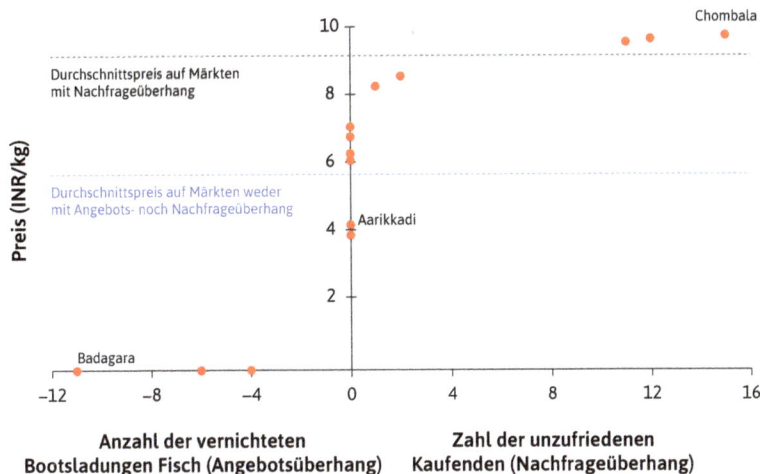

Robert Jensen. 2007. 'The Digital Provide: Information (Technology), Market Performance, and Welfare in the South Indian Fisheries Sector.' *The Quarterly Journal of Economics* 122 (3) (August): pp. 879–924.

Abbildung 11.1 Verhandlungsmacht und Preise auf dem Fischgroßhandelsmarkt in Kerala (14 Januar 1997). (Anmerkung: Zwei Märkte erzielten das gleiche Ergebnis mit einem Preis von 6,2 INR pro kg.)

Dies geschah, weil die Fischer:innen in Kerala auf die durch die Preise an den verschiedenen Stränden gegebenen Informationen reagieren konnten. Das heißt, es handelt sich um ein weiteres Beispiel für die Idee, die wir in Einheit 8 zur Erklärung der Auswirkungen des amerikanischen Bürgerkriegs auf die Baumwollmärkte eingeführt haben: dass Preise Botschaften sein können. Für den Ökonomen Friedrich Hayek war das der Schlüssel zum Verständnis der Märkte.

GROSSE ÖKONOMINNEN UND ÖKONOMEN

Friedrich Hayek

Die Great Depression der 1930er Jahre verwüstete die kapitalistischen Volkswirtschaften Europas und Nordamerikas und führte in den USA dazu, dass ein Viertel der Arbeitskräfte arbeitslos wurde. Im gleichen Zeitraum wuchs die zentrale Planwirtschaft der Sowjetunion im Rahmen einer Reihe von Fünfjahresplänen rasant weiter. Selbst der Erzfeind des Sozialismus, Joseph Schumpeter, hatte dies eingeräumt:

„Kann der Sozialismus funktionieren? Natürlich kann er … An der reinen Theorie des Sozialismus ist nichts auszusetzen."

Friedrich Hayek (1899–1992) war anderer Meinung. Der in Wien geborene österreichische (später britische) Ökonom und Philosoph vertrat die Ansicht, dass die Regierung nur eine minimale Rolle in der Verwaltung der Gesellschaft spielen sollte. Er war gegen jegliche Bemühungen, Einkommen im Namen der sozialen Gerechtigkeit umzuverteilen. Er war auch ein Gegner der von John Maynard Keynes vertretenen Politik, die darauf abzielte, die Instabilität der Wirtschaft und die Unsicherheit von Arbeitsplätzen abzufedern.

Friedrich A. Hayek. 1994. *The Road to Serfdom*. Chicago, Il: University of Chicago Press.

Hayeks Buch *The Road to Serfdom* entstand vor dem Hintergrund des Zweiten Weltkriegs, als die Wirtschaftsplanung sowohl von der deutschen und der japanischen Regierung, der kommunistischen Sowjetregierung, als auch von der britischen und amerikanischen Regierung genutzt wurde. Er argumentierte, dass gut gemeinte Planung unweigerlich zu einem totalitären Ergebnis führen müsste.

Seine Schlüsselidee der Volkswirtschaftslehre revolutionierte die Denkweise der Ökonominnen und Ökonomen über Märkte. Sie besagt, dass Preise Botschaften sind. Sie vermitteln wertvolle Informationen darüber, wie knapp ein Gut ist. Aber diese Informationen sind nur verfügbar, wenn die Preise durch Angebot und Nachfrage und nicht durch die Entscheidungen von zentralen Planer:innen bestimmt werden. Hayek schrieb sogar einen Comic (https://tinyco.re/9802258), der von General Motors herausgegeben wurde, um zu erklären, warum dieser Mechanismus der Planung überlegen ist.

Von der in Einheit 8 erläuterten Theorie des Marktgleichgewichts, in der alle Kaufenden und Verkaufenden preisnehmende Personen sind, hielt Hayek jedoch nicht viel. „Die moderne Theorie des Marktgleichgewichts", schrieb er, *„nimmt an*, dass eine Situation existiert, die eine wahre Erklärung als Ergebnis des Wettbewerbsprozesses darstellen sollte."

Die Annahme eines Gleichgewichtszustandes (wie sie Walras bei der Entwicklung der allgemeinen Gleichgewichtstheorie vorgenommen hatte) hindert uns nach Hayeks Auffassung daran, den Wettbewerb ernsthaft zu analysieren. Hayek definierte Wettbewerb als „das Bestreben, das zu erlangen, was ein anderer zur gleichen Zeit zu erreichen versucht." Hayek erklärte:

> Wie viele der im normalen Leben zu diesem Zweck eingesetzten Mittel stünden einem verkaufenden Unternehmen auf einem Markt mit so genanntem „perfektem Wettbewerb" noch zur Verfügung? Ich glaube, die exakte Antwort heißt: gar keine. Werbung, Preisunterbietung und die Verbesserung („Differenzierung") der produzierten Waren oder Dienstleistungen sind per Definition ausgeschlossen— „perfekter" Wettbewerb bedeutet in der Tat das Fehlen jeglicher Wettbewerbsaktivitäten. (*The Meaning of Competition*, 1946)

Der Vorteil des Kapitalismus lag für Hayek darin, dass er die richtigen Informationen an die richtigen Leute weitergibt. Im Jahr 1945 schrieb er:

> Welches der beiden Systeme [zentrale Planung oder Wettbewerb] wahrscheinlich effizienter ist, hängt hauptsächlich von der Frage ab, unter welchem System wir erwarten können, das vorhandene Wissen besser zu nutzen. Dies wiederum hängt davon ab, ob es eher gelingt, das gesamte Wissen, das genutzt werden soll und das zunächst auf viele verschiedene Individuen verteilt ist, einer einzigen zentralen Instanz zur Verfügung zu stellen, oder den Individuen das zusätzliche Wissen zu vermitteln, das sie benötigen, um ihre Pläne mit denen anderer zu verzahnen. (*The Use of Knowledge in Society*, 1945)

'Keynes and Hayek: Prophets for Today' (https://tinyco.re/0417474). *The Economist*. Aktualisiert am 14. März 2014.

Hayeks herausfordernde Ideen und ihre Anwendung werden auch heute noch heftig diskutiert.

In Einheit 8 wurde das Konzept des Marktgleichgewichts eingeführt, das heißt eine Situation, in der die Handlungen der Kaufenden und Verkaufenden einer Ware *keine Tendenz zur Änderung ihres Preises oder der gehandelten Menge* haben und es zur Markträumung kommt. Wir haben gesehen, dass Veränderungen von außen, so genannte **exogene** Schocks, wie ein Anstieg der Nachfrage nach Brot oder eine neue Steuer, das Gleichgewicht von Preis und Menge verändern.

Das Gegenteil von exogen ist **endogen**, das heißt „von innen kommend" und durch die Funktionsweise des Modells selbst bedingt. In dieser Einheit werden wir untersuchen, wie sich Preise und Mengen durch endogene Reaktionen auf exogene Schocks und den realen Wettbewerb verändern, den Hayek im Modell des Marktgleichgewichts vermisste. Wir werden sehen, dass das Rent-Seeking-Verhalten von Marktteilnehmenden zur Markträumung führen kann, Märkte auf lange Frist in unterschiedliche Gleichgewichte verschieben kann, Blasen und Crashs verursacht oder zur Entwicklung von Sekundärmärkten als Reaktion auf Preisbindungen führt.

> **exogen** Von außerhalb des Modells kommend und nicht durch das Modell selbst bestimmt. *Siehe auch: endogen.*
>
> **endogen** Wird innerhalb des Modells bestimmt und kommt nicht von außerhalb des Modells. *Siehe auch: exogen.*

FRAGE 11.1 WÄHLEN SIE DIE RICHTIGE(N) ANTWORT(EN)

Abbildung 11.1 (Seite 523) zeigt, wie die Verhandlungsmacht die Preise auf den Märkten in Kerala am 14. Januar 1997 beeinflusste. Was können wir aus diesen Informationen schließen?

☐ Je höher der Angebotsüberhang, desto niedriger der Fischpreis.
☐ Auf allen Märkten mit Nachfrageüberhang beträgt der Fischpreis 9,3.
☐ Die Daten erfüllen das Gesetz des einheitlichen Preises.
☐ Die Daten zeigen, dass die Kaufenden eine Verhandlungsmacht haben, wenn ein Angebotsüberhang besteht.

11.1 UM RENTEN ZU ERZIELEN ÄNDERN MENSCHEN DIE PREISE UND FÜHREN SO ZU EINEM MARKTGLEICHGEWICHT

Als Lincolns Entscheidung, die Häfen im Süden zu blockieren, zu einer drastischen Verknappung des Baumwollangebots auf dem Weltmarkt führte (Einheit 8), erkannten einige Menschen die Möglichkeit, von Preisänderungen zu profitieren. Diese Preisänderungen wiederum signalisierten an die Produzierenden und Verbrauchenden in aller Welt, ihr Verhalten zu ändern.

Die Blockade war ein exogener Schock, der das Gleichgewicht auf dem Markt veränderte. In einem Marktgleichgewicht finden alle Geschäfte zum gleichen Preis (dem Gleichgewichtspreis) statt, wobei die Kaufenden und Verkaufenden preisnehmend sind. Eine exogene Verschiebung von Angebot oder Nachfrage bedeutet, dass sich der Preis ändern muss, damit der Markt das neue Gleichgewicht erreicht. Das folgende Beispiel zeigt, wie dies geschehen kann.

Abbildung 11.2 zeigt das Marktgleichgewicht auf einem Markt für Hüte. Bei Punkt A gleicht der Gleichgewichtspreis die Anzahl der von den Verbrauchenden nachgefragten Hüte mit der Anzahl der von den Verkaufenden produzierten und verkauften Hüte aus. Bei diesem Punkt kann niemand einen Vorteil daraus ziehen, einen anderen Preis anzubieten oder zu verlangen, da alle anderen einen anderen Preis anbieten oder verlangen—es handelt sich um ein Nash-Gleichgewicht. Folgen Sie den Schritten in Abbildung 11.2, um zu sehen, wie ein Anstieg der Nachfrage nach Hüten den Verkaufenden die Möglichkeit gibt, zu profitieren.

Bei dem ursprünglichen Punkt des Marktgleichgewichts (A) betrug der Preis 8 USD, und alle Kaufenden und Verkaufenden verhielten sich als *preisnehmende Personen*. Wenn die Nachfrage steigt, wissen die Kaufenden oder

Verkaufenden nicht sofort, dass der Gleichgewichtspreis auf 10 USD gestiegen ist. Wenn alle preisnehmende Personen blieben, würde sich der Preis nicht ändern. Aber wenn sich die Nachfrage ändert, werden einige der Kaufenden oder Verkaufenden erkennen, dass sie davon profitieren können, wenn sie *preissetzende Personen* sind, und beschließen, einen anderen Preis zu verlangen als die anderen.

Zum Beispiel, wenn eine verkaufende Person feststellt, dass die Kundschaft jeden Tag Hüte kaufen will, aber keine mehr im Regal stehen, erkennt sie, dass einige der Kundinnen und Kunden gerne mehr als den üblichen Preis bezahlt hätten, und dass einige, die den üblichen Preis für ihren Hut bezahlt haben, bereit gewesen wären, mehr zu zahlen. Die verkaufende Person wird also am nächsten Tag ihren Preis erhöhen (sie wird zur preissetzenden Person)—den Preis zu übernehmen ist nicht mehr die beste Strategie. Sie weiß nicht genau, wo die neue Nachfragekurve verläuft, aber sie kann nicht übersehen, dass die Leute, die Hüte kaufen wollen, enttäuscht nach Hause gehen.

Indem sie den Preis erhöht, steigert sie ihre Gewinnrate und erzielt (zumindest vorübergehend) eine ökonomische Rente—das heißt, sie erzielt höhere Gewinne, als für die Aufrechterhaltung ihres Hutgeschäfts

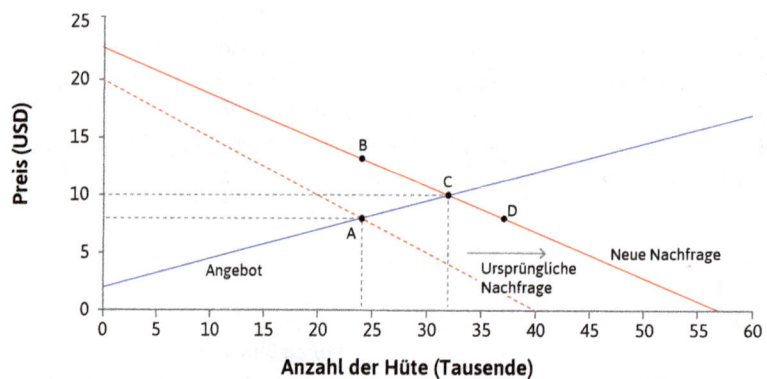

Abbildung 11.2 Ein Anstieg der Nachfrage in einem Wettbewerbsmarkt: Möglichkeiten für Rent-Seeking.

1. Gleichgewicht

Bei Punkt A befindet sich der Markt bei einem Preis von 8 USD im Gleichgewicht. Die Angebotskurve ist die Grenzkostenkurve, sodass die Grenzkosten für die Produktion eines Hutes 8 USD betragen.

2. Ein exogener Schock bei der Nachfrage

Der Schock verschiebt die Nachfragekurve nach rechts.

3. Nachfrageüberhang

Bei dem aktuellen Preis übersteigt die Zahl der nachgefragten Hüte die Zahl der angebotenen Hüte (Punkt D).

4. Den Preis anheben

Wenn die Nachfrage gestiegen ist, wird eine verkaufende Person, die mehr Kundschaft beobachtet, feststellen, dass sie höhere Gewinne erzielen kann, wenn sie den Preis erhöht. Sie könnte zu jedem Preis zwischen A und B die gleiche Anzahl Hüte verkaufen.

5. Die Menge erhöhen

Wenn die verkaufende Person die gleiche Menge wie bisher zu einem höheren Preis verkauft, übersteigt der Preis die Grenzkosten eines Hutes. Sie erzielt ein Einkommen in Form einer ökonomischen Rente. Sie könnte aber noch besser abschneiden, wenn sie die Menge ebenfalls erhöhen würde.

6. Ein neues Gleichgewicht

Als Folge des Rent-Seeking-Verhaltens der Verkaufenden passt sich der Markt für Hüte an. Preise und Mengen steigen, bis sich bei Punkt C ein neues Gleichgewicht einstellt.

erforderlich sind. Da ihr Preis nun ihre Grenzkosten übersteigt, wird sie außerdem mehr Hüte produzieren und verkaufen. Das Gleiche gilt für andere Verkaufende, die mit höheren Preisen und Mengen experimentieren werden.

Infolge des Rent-Seeking-Verhaltens der Verkaufenden passt sich die Industrie an das neue Gleichgewicht bei Punkt C in Abbildung 11.2 an. Bei diesem Punkt kommt es wieder zur Markträumung, das Angebot entspricht der Nachfrage, und niemand der Verkaufenden oder Kaufenden kann davon profitieren, einen anderen Preis als 10 USD zu verlangen. Alle werden wieder preisnehmend, bis die nächste Änderung des Angebots oder der Nachfrage eintritt.

Wenn sich ein Markt nicht im Gleichgewicht befindet, können sowohl die Kaufenden als auch die Verkaufenden als preissetzende Personen auftreten und zu einem anderen Preis als dem bisherigen Gleichgewichtspreis handeln. Gehen wir vom ursprünglichen Gleichgewicht aus und nehmen wir den umgekehrten Fall eines Rückgangs der Nachfrage nach Hüten an, so entsteht ein Angebotsüberhang zum aktuellen Preis von 8 USD. Die Kundschaft bei A könnte zu der verkaufenden Person sagen: „Wie ich sehe, stapeln sich in ihrem Regal noch einige unverkaufte Hüte. Ich würde gerne einen davon für 7 USD kaufen." Für die kaufende Person wäre das ein Schnäppchen. Aber auch für die verkaufende Person ist es ein gutes Geschäft, denn bei dem geringeren Verkäufen sind 7 USD immer noch höher als ihre Grenzkosten für die Produktion des Hutes.

Marktgleichgewicht durch Rent-Seeking

Das Beispiel der Hüte veranschaulicht, wie sich Märkte durch das Streben nach **ökonomischen Renten im Ungleichgewicht** an das Gleichgewicht anpassen:

- *Wenn sich ein Markt im Marktgleichgewicht befindet*: Bei einer exogenen Änderung der Nachfrage oder des Angebots kommt es entweder zu einem Nachfrage- oder einem Angebotsüberhang bei dem ursprünglichen Preis.
- Dann gibt es *potenzielle Renten*: Einige Kaufende sind bereit, Preise zu zahlen, die vom ursprünglichen Preis abweichen, aber über den Grenzkosten für die verkaufende Person liegen.
- *Während der Markt im Ungleichgewicht ist*: Die Kaufenden und Verkaufenden können diese Renten erzielen, indem sie zu unterschiedlichen Preisen handeln. Sie werden *preissetzend*.
- Dieser Prozess setzt sich fort, *bis sich ein neues Marktgleichgewicht einstellt*: An diesem Punkt gibt es keinen Nachfrage- oder Angebotsüberhang, und die Kaufenden und Verkaufenden sind wieder preisnehmend.

Man beachte, dass das Marktgleichgewicht durch Rent-Seeking dem Prozess der technologischen Verbesserung durch Rent-Seeking ähnelt, der in Einheit 2 modelliert wurde. Dort bestand die exogene Veränderung in der Möglichkeit, eine neue Technologie einzuführen. Das erste Unternehmen, das dies tat, erzielte **Innovationsrenten**: Gewinne, die über die normale Gewinnrate hinausgingen. Dieser Prozess ging so lange weiter, bis die Innovation in der Industrie weit verbreitet war und sich die Preise so angepasst hatten, dass keine Innovationsrenten mehr zu erzielen waren.

Ungleichgewichtsrente Die ökonomische Rente, die entsteht, wenn sich ein Markt nicht im Gleichgewicht befindet, zum Beispiel bei Nachfrageüberhang oder Angebotsüberhang auf einem Markt für eine Ware oder Dienstleistung. Im Gegensatz dazu werden Renten, die im Gleichgewicht entstehen, Gleichgewichtsrenten genannt.

Innovationsrenten Gewinne, die über die Opportunitätskosten des Kapitals hinausgehen, die eine Innovatorin oder ein Inovator durch die Einführung einer neuen Technologie, Organisationsform oder Marketingstrategie erzielt. *Auch bekannt als: Schumpetersche Renten.*

Gleichgewicht durch Rent-Seeking in einem experimentellen Markt

Um festzustellen, ob sich Preise tatsächlich anpassen, damit Angebot und Nachfrage wieder im Gleichgewicht sind, haben Ökonominnen und Ökonomen haben das Verhalten von Kaufenden und Verkaufenden in Laborexperimenten untersucht. Im ersten Experiment dieser Art, das 1948 durchgeführt wurde, gab Edward Chamberlin jedem Mitglied einer Gruppe von Studierenden in Harvard eine Karte, auf der sie als „Kaufende" oder „Verkaufende" gekennzeichnet wurden und auf der ihre Zahlungsbereitschaft oder ihr Reservationspreis in Dollar angegeben war. Sie konnten dann untereinander verhandeln, und Chamberlin zeichnete die stattgefundenen Transaktionen auf. Er stellte fest, dass die Preise tendenziell niedriger und die Zahl der Abschlüsse höher waren als die Werte im theoretischen Gleichgewicht. Chamberlin wiederholte das Experiment jedes Jahr. Einer der Studierenden, die 1952 an dem Experiment teilnahmen, Vernon Smith, führte später seine eigenen Experimente durch und erhielt dafür den Nobelpreis in Wirtschaftswissenschaften.

Smith änderte die Spielregeln, sodass die Teilnehmenden mehr Informationen über das Geschehen hatten: Die Kaufenden und Verkaufenden riefen Preise aus, die sie bereit waren, anzubieten oder zu akzeptieren. Wenn jemand einem vorgeschlagenen Geschäft zustimmte, kam eine Transaktion zustande und die beiden Teilnehmenden schieden aus dem Markt aus. Seine zweite Modifikation bestand darin, das Spiel mehrmals zu wiederholen, wobei die Teilnehmenden in jeder Runde die gleiche Karte behielten.

Vernon L. Smith. 1962. 'An Experimental Study of Competitive Market Behavior' (https://tinyco.re/3095861). *Journal of Political Economy* 70 (3) (January): p. 322.

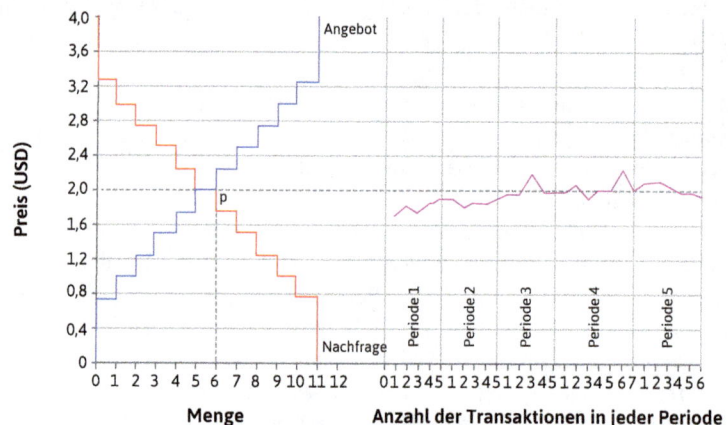

Abbildung 11.3 Die experimentellen Ergebnisse von Vernon Smith.

Abbildung 11.3 zeigt seine Ergebnisse. Es gab 11 Verkaufende mit Reservationspreisen zwischen 0,75 USD und 3,25 USD und 11 Kaufende mit einer Zahlungsbereitschaft im gleichen Bereich. Das Diagramm zeigt die entsprechenden Angebots- und Nachfragefunktionen. Sie sehen, dass im Gleichgewicht sechs Transaktionen zu einem Preis von 2 USD stattfinden werden. Aber das wussten die Teilnehmenden nicht, da sie den Preis auf der Karte der anderen nicht kannten. Auf der rechten Seite des Diagramms sehen Sie den Preis für jede Transaktion, die stattgefunden hat. In der ersten Periode gab es fünf Transaktionen, alle zu Preisen unter 2 USD. Aber in der fünften Periode lagen die meisten Preise sehr nahe bei 2 USD, und die Anzahl der Transaktionen entsprach der Gleichgewichtsmenge.

Smiths Experiment liefert eine gewisse Unterstützung für die Anwendung des Modells des Marktgleichgewichts zur Beschreibung von Märkten, in denen die Waren identisch sind–es gibt genügend Kaufende und Verkaufende, und sie sind gut über die Transaktionen der Anderen informiert. Das Ergebnis lag schon in der ersten Periode nahe am Gleichgewicht und näherte sich diesem in den folgenden Perioden schnell an, da die Teilnehmenden mehr über Angebot und Nachfrage erfuhren. Das Modell des Wettbewerbs erfasst nicht das Rent-Seeking-Verhalten während der Anpassungsperioden des Experiments, aber es sagt das letztendliche Ergebnis, das Gleichgewicht bei dem die Marktteilnehmenden preisnehmend sind, korrekt voraus.

ÜBUNG 11.1 EIN ANGEBOTSSCHOCK UND DIE ANPASSUNG AN EINEN NEUEN MARKT

Betrachten Sie einen Markt, auf dem Bäckereien Brot an die Gastronomie liefern. Für die Bäckerein wird eine neue Technologie verfügbar, wodurch sich die Angebotskurve, wie in der Abbildung dargestellt, verschiebt.

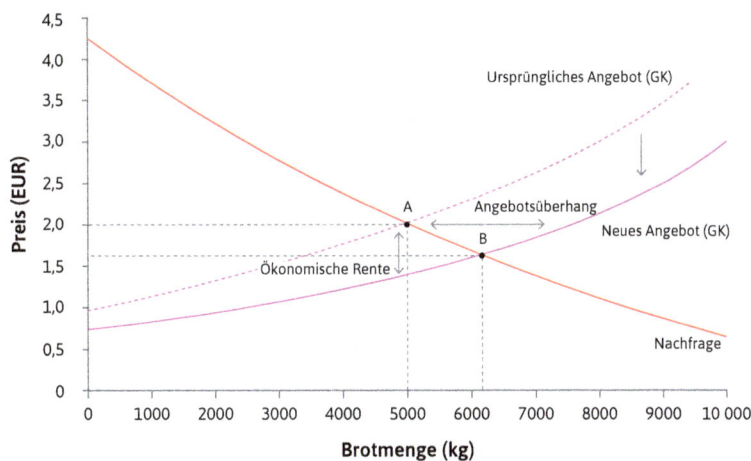

1. Erklären Sie, warum die Bäckereien ihren Absatz steigern wollen. Warum können sie dies nicht zu dem ursprünglichen Preis tun?
2. Beschreiben Sie, wie die Maßnahmen der Bäckereien die Industrie auf ein neues Gleichgewicht einstellen könnten.
3. Ist es immer die verkaufende Person, die von den ökonomischen Renten profitiert, die entstehen, wenn sich der Markt im Ungleichgewicht befindet?
4. Welche Maßnahmen könnte die Gastronomie ergreifen, wenn sich der Markt nicht im Gleichgewicht befindet?

ÜBUNG 11.2 BAUMWOLLPREISE UND DER AMERIKANISCHE BÜRGERKRIEG

Lesen Sie die Einleitung zu Einheit 8 und den Kasten „Große Ökonominnen und Ökonomen" über Friedrich Hayek in dieser Einheit. Verwenden Sie das Modell von Angebot und Nachfrage, um Folgendes darzustellen:

1. Den Anstieg des Preises für US-Rohbaumwolle (zeigen Sie den Markt für US-Rohbaumwolle, einen Markt mit vielen Produzierenden und Kaufenden.)
2. Der Anstieg des Preises für indische Baumwolle (zeigen Sie den Markt für indische Rohbaumwolle, einen Markt mit vielen Produzierenden und Kaufenden.)
3. Die Verringerung des Outputs in einer englischen Textilfabrik (zeigen Sie ein einzelnes Unternehmen auf einem Wettbewerbsmarkt).

Geben Sie in jedem Fall an, welche Kurve(n) sich verschieben und erklären Sie das Ergebnis.

FRAGE 11.2 WÄHLEN SIE DIE RICHTIGE(N) ANTWORT(EN)

Abbildung 11.2 (Seite 526) zeigt den Markt für Hüte vor und nach einer Nachfrageverschiebung. Welche der folgenden Aussagen sind auf der Grundlage dieser Informationen richtig?

☐ Nach der Nachfragesteigerung werden die Verkaufenden zunächst mehr Hüte für 8 USD verkaufen.
☐ Die Anpassung an das neue Gleichgewicht wird durch das Rent-Seeking-Verhalten der Kaufenden und Verkaufenden bestimmt.
☐ Während sich der Markt anpasst, können einige Kaufende mehr für einen Hut bezahlen als andere.
☐ Der neue Gleichgewichtspreis kann irgendwo zwischen A und B liegen.

11.2 WIE DIE ORGANISATION DES MARKTES DIE PREISE BEEINFLUSSEN KANN

Sowohl soziale Interaktionen als auch die Organisation des Marktes können einen starken Einfluss auf die Preise haben. Daten von Fischmärkten (die sich gut zum Vergleich eignen, weil Fische relativ homogen sind) zeigen, wie einflussreich beide Faktoren sein können.

An der Ostküste Italiens verwendet der Fischmarkt von Ancona (https://tinyco.re/6325896) eine sogenannte niederländische Auktion. Wenn eine Fischkiste über ein Förderband läuft, zeigt ein Bildschirm den Anfangspreis der Kiste an. Dieser Preis sinkt schrittweise, bis jemand auf einen Knopf drückt, um die Kiste zu kaufen. Auf drei aktiven Bändern finden alle vier Sekunden Transaktionen statt, und jährlich wird Fisch im Wert von 25 Millionen Euro verkauft. Eine Auktionärin oder ein Auktionär legt die Anfangspreise fest, und die kaufenden Personen, die Supermärkte und Restaurants vertreten, wetteifern um den Endpreis.

Auf dem Fischmarkt von Marseille wird ein anderes System angewandt. Die Verkaufenden vereinbaren mit jeder kaufenden Person, die sich ihrem Stand nähert, einen Preis. Dies wird als paarweiser Handel bezeichnet. Wenn Paul ein Verkäufer ist und der Käufer George an seinen Stand kommt, um eine Kiste Sardinen zu kaufen, bietet Paul ihm einen Preis an. Dieser Preis kann sich von dem Preis unterscheiden, den Paul der nächsten kaufenden Person anbietet. Es wird nur minimal gefeilscht, aber George steht es frei, den Preis abzulehnen und eine andere verkaufende Person zu suchen.

Auf dem Markt von Marseille variieren die Preise für denselben Fisch für verschiedene kaufende Personen um bis zu 30 %. Eine einzelne kaufende Person kann für ein und denselben Fisch sehr unterschiedliche Beträge zahlen. Trotzdem ergibt sich auf dem gesamten Markt das typische, abwärts gerichtete Verhältnis zwischen Preis und Menge.

Alan Kirman hat Daten zur Loyalität der Kaufenden verwendet, um diese Art der **Preisdiskriminierung** zu erklären. Der Markt von Marseille besteht aus etwa 45 Verkaufenden und 500 Kaufenden, von denen viele, wie in Ancona, Einzelhändler:innen sind. Einige Kaufende sind bestimmten Fischhändler:innen sehr treu, während andere auf dem Markt zirkulieren. Die treuere Kundschaft zahlt etwas *höhere* Preise als die weniger treue. Kirmans Daten zeigen, dass diese Regelung zu höheren Gewinnen für die Verkaufenden und zu höheren Zahlungen für 90 % der treuen Kundschaft geführt hat.

Wie ist das zu verstehen? Der Erfolg der Kaufenden ergibt sich sowohl aus dem Preis als auch aus der Deckung der Nachfrage. Stellen Sie sich vor, Sie sind eine kaufende Person. An Ihrem ersten Tag auf dem Markt von Marseille kaufen Sie mit gleicher Wahrscheinlichkeit bei jeder oder jedem der Fischhändler:innen. Sie kaufen Kabeljau bei Sarah und Ihr Supermarkt macht einen Gewinn, sodass Sie am nächsten Tag mit größerer Wahrscheinlichkeit wieder zu Sarah gehen. Auf diese Weise beeinflussen Ihre Erfahrungen aus der Vergangenheit Ihre aktuellen Entscheidungen.

Nachdem Sie einige Zeit bei Sarah eingekauft haben, fängt sie an, Ihnen den Kabeljau vor ihrer anderen Kundschaft zu servieren, um Sie für Ihre Treue zu belohnen. Sie kaufen also weiterhin bei Sarah, weil Sie mit größerer Wahrscheinlichkeit die ganzen Fische bekommen, die Sie haben möchten. Die Vorteile einer treuen Kundschaft werden besonders deutlich, wenn das Wetter die Menge des verfügbaren Fisches begrenzt.

Stellen Sie sich nun vor, Sie wären die Fischhändlerin oder der Fischhändler. Der Erfolg für Verkaufende ergibt sich aus den Gewinnen und dem vollständigen Verkauf ihres Angebots. Je größer Ihre treue Kundschaft ist, desto zuverlässiger sind Ihre Einnahmen und desto genauer sind Ihre Vorhersagen für die Nachfrage.

Wenn Sie der treuen Kundschaft den Vorzug vor anderen geben—vielleicht, indem Sie sie zuerst bedienen—, verbessern Sie deren Kauferfahrung, sodass sie mit größerer Wahrscheinlichkeit wiederkommen werden. Mit der Zeit wird diese Kundschaft so treu, dass sie trotz einer kleinen Preiserhöhung bei Ihnen bleibt.

Auf diese Weise beeinflussen individuelle Beziehungen und frühere Erfahrungen die Preise. Das paarweise Handeln ermöglicht es, dass die Loyalität der Kundschaft einen starken Einfluss auf die Preise des Marktes von Marseille hat.

Bemerkenswerterweise geschieht etwas sehr Ähnliches im Markt von Ancona, der von Mauro Gallegati und seinen Co-Autor:innen untersucht worden ist. Abbildung 11.4 zeigt, dass einige einzelne Kaufende auf diesem Markt ein sehr atypisches Preis-Mengen-Verhältnis aufweisen. Wie aus Abbildung 11.5 hervorgeht, ist die aggregierte Preis-Mengen-Beziehung erwartungsgemäß fallend. Auch ohne persönliche Interaktion gibt es eine Loyalität der Kaufenden, wobei einige eher den Fisch von bestimmten Schiffen kaufen. Anders als auf dem Markt von Marseille zahlen viele dieser treuen Kundschaft jedoch *niedrigere* Preise als die der weniger treuen. Das ist rätselhaft, da es keinen persönlichen Kontakt zwischen den Kaufenden und Verkaufenden gibt. Die Forscher:innen glauben, dass dies auf einen komplexen Lernprozess zurückzuführen ist.

Preisdiskriminierung Eine Verkaufsstrategie, bei der für verschiedene Personen oder Personengruppen unterschiedliche Preise festgesetzt werden oder die Preise in Abhängigkeit von der Anzahl der gekauften Einheiten variieren.

Eine weitere bemerkenswerte Tatsache auf dem Markt von Ancona ist, dass die Preise tagsüber fallen. Warum warten die Kaufenden in diesem Fall nicht einfach auf bessere Preise? Auch hier müssen wir in Betracht ziehen, dass wenn die Kaufenden bis zum späten Abend warten, es wahrscheinlicher ist, dass sie den gewünschten Fisch nicht kaufen können. Viele Kaufende sind möglicherweise nicht bereit, dieses Risiko einzugehen, und zahlen höhere Preise, um sicherzustellen, dass sie ihren Fisch bekommen. Entsprechend dieser Überlegung steigen die Preise am Ende des Tages stark an, wenn das Gesamtangebot gering ist.

Die Preise ergeben sich letztlich aus den Interessen und Beziehungen zwischen den Kaufenden und Verkaufenden. Die Organisation des Marktes bestimmt genau, wie diese Beziehungen die Preise beeinflussen.

Mauro Gallegati, Gianfranco Giulioni, Alan Kirman, und Antonio Palestrini. 2011. 'What's that got to do with the price of fish? Buyers behavior on the Ancona fish market' (https://tinyco.re/ 6460122). *Journal of Economic Behavior & Organization* 80 (1) (September): pp. 20–33.

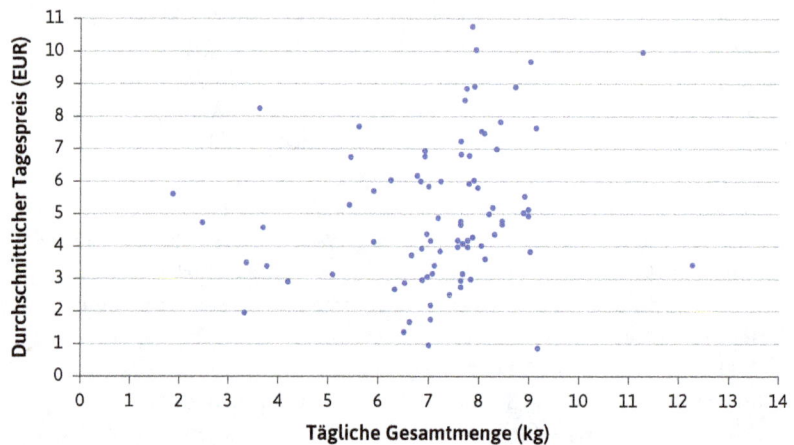

Abbildung 11.4 Der Preis-Mengen-Zusammenhang für eine einzelne kaufende Person auf dem Fischmarkt von Ancona.

Mauro Gallegati, Gianfranco Giulioni, Alan Kirman, und Antonio Palestrini. 2011. 'What's that got to do with the price of fish? Buyers behavior on the Ancona fish market'. *Journal of Economic Behavior & Organization* 80 (1) (September): pp. 20–33.

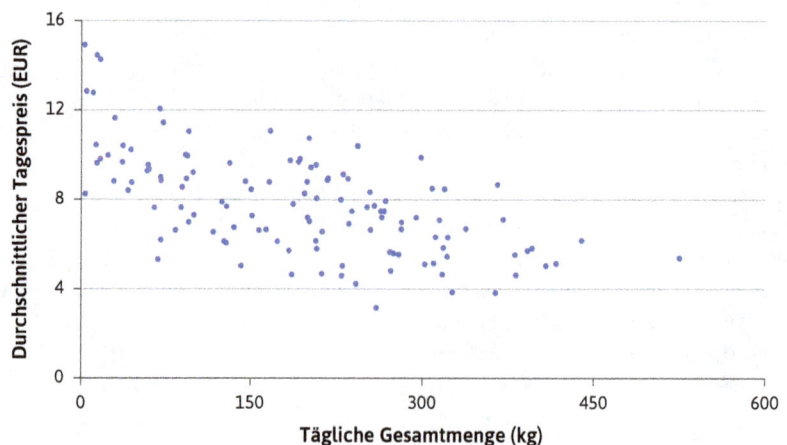

Abbildung 11.5 Der aggregierte Preis-Mengen-Zusammenhang auf dem Markt von Ancona.

11.3 KURZFRISTIGE UND LANGFRISTIGE GLEICHGEWICHTE

Bei der Modellierung des Gleichgewichts auf dem Markt für Brot in Einheit 8 haben wir angenommen, dass es in der Stadt eine feste Anzahl von Bäckereien (50) gibt. Wir berechneten die Angebotskurve der Industrie, indem wir die Brotmengen addierten, die jede Bäckerei zu einem jeweiligen Preis liefern würde, und ermittelten dann den Gleichgewichtspreis und die Gleichgewichtsmenge.

Wir haben aber auch gesehen, dass die Bäckereien bei diesem Gleichgewichtspreis Renten erwirtschafteten (ihre wirtschaftlichen Gewinne waren größer als Null), was anderen Unternehmen die Möglichkeit bot, von einem Markteintritt zu profitieren. Durch den Eintritt neuer Unternehmen würde sich das Angebot auf dem Markt verschieben, was zu einem neuen Gleichgewicht führen würde. Dies ist ein Beispiel dafür, wie Rent-Seeking einen Markt auf lange Frist in ein anderes Gleichgewicht bringen kann.

Abbildung 11.6 zeigt das Gleichgewicht des Brotmarktes mit 50 Bäckereien bei Punkt A im rechten Bild: 5000 Brote werden für je 2 EUR verkauft. Das linke Feld zeigt die Isogewinnkurve und die Grenzkostenkurve für jede Bäckerei (unter der Annahme, dass alle Bäckereien identisch sind) und den Punkt, an dem sie produziert, wenn der Preis 2 EUR beträgt: Sie produziert 100 Brote (wobei der Preis den Grenzkosten entspricht). Bei A liegt sie über der Kurve der Durchschnittskosten und erwirtschaftet einen positiven wirtschaftlichen Gewinn.

Das Gleichgewicht des Marktes bei Punkt A wird als **kurzfristiges Gleichgewicht** bezeichnet. Der Ausdruck „kurzfristig" wird verwendet, um darauf hinzuweisen, dass wir momentan etwas konstant halten, obwohl es sich zukünftig ändern könnte. In diesem Fall heißt das, dass Punkt A das Gleichgewicht ist, *während die Anzahl der Unternehmen auf dem Markt konstant bleibt*. Da die Unternehmen jedoch Renten erzielen, ist nicht zu erwarten, dass diese Situation von Dauer ist. Folgen Sie den Schritten, um zu sehen, was auf längere Frist passiert.

Wenn das **langfristige Gleichgewicht** bei Punkt C erreicht ist, entspricht der Brotpreis sowohl den Grenz- als auch den Durchschnittskosten ($P = GK = TDK$), und der wirtschaftliche Gewinn jeder Bäckerei ist gleich Null.

Auf lange Frist sind die auf dem Brotmarkt zu erzielenden Gewinne nicht höher als die Gewinne, die potenzielle Eigentümer:innen von Bäckereien erzielen könnten, wenn sie ihr Vermögen anderweitig einsetzen würden. Und wenn Eigentümer:innen durch eine anderweitige Nutzung ihrer Geschäftsräume (oder durch deren Verkauf und Investitionen in ein anderes Unternehmen) bessere Ergebnisse erzielen könnten, würden wir erwarten, dass sie dies tun. Zwar würde niemand mehr als normale Gewinne erzielen, aber es sollte auch niemand weniger als normale Gewinne erwirtschaften.

Anhand der Abbildung 11.6 können wir berechnen, wie viele Bäckereien es im langfristigen Gleichgewicht geben wird. Das linke Feld zeigt, dass der Preis 1,52 EUR betragen muss, denn das ist der Punkt auf der Angebotskurve des Unternehmens, an dem das Unternehmen normale Gewinne erzielt ($P = GK = TDK$), und jede Bäckerei produziert 66 Brote. Aus der Nachfragekurve auf der rechten Seite lässt sich ableiten, dass bei diesem Preis 6500 Brote verkauft werden. Die Anzahl der Bäckereien auf dem Markt muss also 6500/66 = 98 betragen.

Beachten Sie, dass sich das kurzfristige und das langfristige Gleichgewicht unterscheiden. Auf kurze Frist ist die Zahl der Unternehmen *exogen*—das heißt sie bleibt konstant bei 50. Auf lange Frist kann sich die Zahl der Bäckereien durch das endogene Rent-Seeking der Unternehmen ändern. Die Anzahl der

kurzfristiges Gleichgewicht Ein Gleichgewicht, das herrscht, solange bestimmte Variablen (zum Beispiel die Anzahl der Unternehmen auf einem Markt) konstant bleiben. Bei dem wir aber erwarten, dass sich diese Variablen ändern, wenn die Menschen Zeit haben, auf die Situation zu reagieren.

langfristiges Gleichgewicht Ein Gleichgewicht, das erreicht wird, wenn Variablen, die kurzfristig konstant gehalten wurden (zum Beispiel die Anzahl der Unternehmen auf einem Markt), sich anpassen können, da die Menschen Zeit haben, auf die Situation zu reagieren.

Unternehmen im langfristigen Gleichgewicht ist *endogen*— sie wird durch das Modell bestimmt.

Die Konzepte der kurz- und langfristigen Gleichgewichte haben nicht viel mit bestimmten Zeiträumen zu tun, außer dass sich einige Variablen (zum Beispiel der Marktpreis und die von einzelnen Unternehmen produzierte Menge) schneller anpassen können als andere (zum Beispiel die Zahl der an einem Markt teilnehmenden Unternehmen). Was wir also unter kurz- und langfristig verstehen, hängt vom jeweiligen Modell ab. Das kurzfristige Gleichgewicht ist erreicht, wenn alle das Bestmögliche aus der Anpassung der leicht anpassbaren Variablen herausgeholt haben, während die anderen konstant bleiben. Das langfristige Gleichgewicht ist erreicht, wenn sich auch die anderen Variablen angepasst haben.

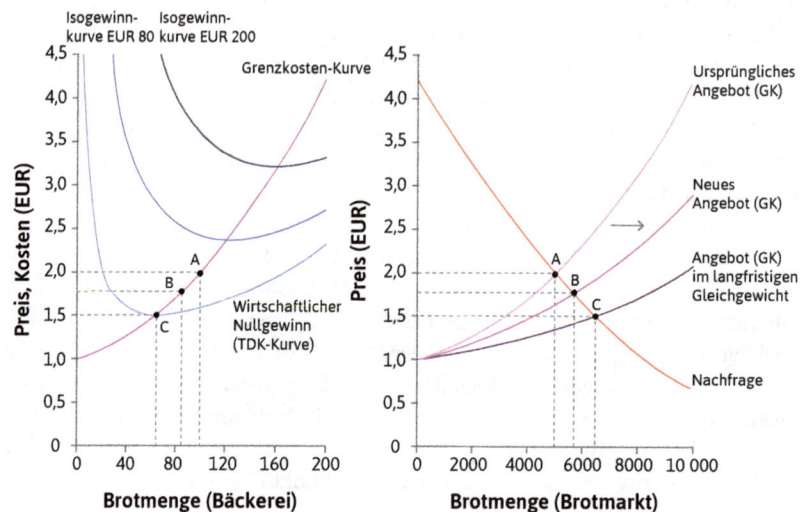

Abbildung 11.6 Der kurzfristige und langfristige Markt für Brot.

1. Das kurzfristige Gleichgewicht

Zu Beginn gibt es 50 Bäckereien. Der Markt befindet sich bei Punkt A in einem kurzfristigen Gleichgewicht. Der Preis für einen Laib Brot beträgt 2 EUR, und die Gewinne der Bäckereien liegen über dem wirtschaftlichen Nullgewinn. Sie erzielen Renten, sodass weitere Bäckereien in den Markt eintreten werden.

2. Mehr Unternehmen treten ein

Wenn neue Unternehmen eintreten, verschiebt sich die Angebotskurve nach rechts. Das neue Gleichgewicht liegt bei Punkt B. Der Preis ist auf 1,75 EUR gefallen. Es gibt mehr Bäckereien, die insgesamt mehr Brot verkaufen, aber jede von ihnen produziert weniger als vorher und macht weniger Gewinn.

3. Der Preis ist immer noch höher als die Durchschnittskosten

Bei B liegt der Preis immer noch über den Durchschnittskosten—die Bäckereien erzielen wirtschaftliche Gewinne. Dies ist jedoch nur ein kurzfristiges Gleichgewicht, da weitere Unternehmen dem Markt beitreten wollen.

4. Das langfristige Gleichgewicht

Weitere Bäckereien werden dem Markt beitreten und der Marktpreis sinkt, bis der Preis den Durchschnittskosten eines Brotes entspricht und die Bäckereien den wirtschaftlichen Nullgewinn erzielen. Das langfristige Gleichgewicht liegt bei Punkt C.

Kurzfristige und langfristige Elastizitäten

Erinnern Sie sich an Einheit 8: Wenn die Nachfrage nach einem Gut steigt, hängt der Anstieg der verkauften Menge von der Elastizität der Angebotskurve (das heißt, der Grenzkostenkurve) ab. Wenn also die Nachfrage nach Brot steigt, bedeutet eine steile (unelastische) Angebotskurve, dass der Brotpreis kurzfristig stark ansteigt, während die Anzahl der Bäckereien konstant bleibt und die Menge relativ wenig steigt. Längerfristig führt dies jedoch dazu, dass mehr Bäckereien hinzukommen, sodass der Preis fällt und die Menge deutlicher steigt. Das heißt, dass aufgrund der Möglichkeit des Ein- und Austritts von Unternehmen das Angebot an Brot *auf lange Frist elastischer ist.*

Die Unterscheidung zwischen der kurzen und langen Frist findet in vielen ökonomischen Modellen Anwendung. Neben der Anzahl der Unternehmen in einer Industrie gibt es viele andere wirtschaftliche Variablen, die sich langsam anpassen, und es ist sinnvoll, zwischen dem zu unterscheiden, was vor und nach der Anpassung geschieht.

Im nächsten Abschnitt werden wir ein weiteres Beispiel sehen: Sowohl das Angebot als auch die Nachfrage nach Öl sind auf lange Frist elastischer, weil die Produzierenden neue Ölquellen erschließen können und die Verbrauchenden auf andere Kraftstoffe für Autos oder Heizungen umsteigen können. Auf kurze Frist ist in diesem Fall der Zeitraum gemeint, in dem die Unternehmen durch ihre vorhandenen Produktionskapazitäten und die Verbrauchenden durch die Autos und Heizgeräte, die sie derzeit besitzen, begrenzt sind.

FRAGE 11.3 WÄHLEN SIE DIE RICHTIGE(N) ANTWORT(EN)

Abbildung 11.6 (Seite 534) zeigt den Markt für Brot auf kurze Frist mit 50 Bäckereien und auf lange Frist, wenn weitere Bäckereien hinzukommen können. Alle Bäckereien sind identisch. Welche der folgenden Aussagen ist richtig?

- ☐ Die Angebotskurve der einzelnen Bäckereien verschiebt sich, wenn mehr Bäckereien in den Markt eintreten.
- ☐ A und B können kein langfristiges Gleichgewicht sein, da die Bäckereien eine positive ökonomische Rente erzielen.
- ☐ Wenn C erreicht ist, werden mehr Bäckereien in den Markt eintreten wollen.
- ☐ Wenn C erreicht ist, werden die Bäckereien den Markt verlassen wollen, weil sie keinen Gewinn machen.

11.4 PREISE, RENT-SEEKING UND MARKTDYNAMIKEN IN DER PRAXIS: ÖLPREISE

Abbildung 11.7 zeigt den realen Ölpreis auf dem Weltmarkt (in konstanten US-Dollar von 2014) und die weltweit verbrauchte Gesamtmenge von 1861 bis 2021. Um zu verstehen, was die großen Schwankungen des Ölpreises antreibt, können wir unser Angebots- und Nachfragemodell verwenden, wobei wir zwischen kurzer und langer Frist unterscheiden.

Wir wissen, dass Preise Knappheit widerspiegeln. Wenn ein Gut knapper wird oder teurer zu produzieren ist, sinkt das Angebot und tendenziell steigt der Preis. Seit mehr als 60 Jahren sagen Analystinnen und Analysten der Ölindustrie voraus, dass die Nachfrage bald das Angebot übersteigen wird: Die Produktion würde einen Höchststand erreichen und die Preise würden dann steigen, da die weltweiten Reserven abnehmen. Das „globale Ölfördermaximum" ist in Abbildung 11.7 nicht zu erkennen. Ein Grund dafür ist, dass steigende Preise Anreize für weitere Explorationen bieten. Zwischen 1981 und 2014 wurden mehr als 1000 Milliarden Barrel gefördert und verbraucht, doch die weltweiten Reserven an Öl haben sich von rund 680 Milliarden Barrel auf 1700 Milliarden Barrel mehr als verdoppelt.

Im 21. Jahrhundert sind die Preise stark gestiegen, und aufgrund der abnehmenden Preise nach 2010, gehen immer mehr Analystinnen und Analysten davon aus, dass zumindest das konventionelle Öl seinen Höhepunkt bereits erreicht hat. Jedoch werden jetzt auch unkonventionelle Ressourcen wie Schieferöl genutzt. Vielleicht wird es eher die Klimapolitik als die Erschöpfung der Ressourcen sein, die den Konsum von Erdöl letztlich eindämmen wird.

Was die Preisaussagen in Abbildung 11.7 schwer lesbar macht, sind die starken Ausschläge von Hoch zu Tief und wieder zurück innerhalb kurzer Zeiträume. Diese Schwankungen lassen sich nicht durch einen Blick auf die Reserven erklären, denn sie spiegeln eine kurzfristige Knappheit wider. Sowohl Angebot als auch Nachfrage sind kurzfristig unelastisch.

Kurzfristiges Angebot und kurzfristige Nachfrage

Auf der Nachfrageseite werden Erdölerzeugnisse vor allem im Transportwesen (Luft-, Straßen- und Seeverkehr) eingesetzt. Auf kurze Frist ist die Nachfrage wegen der begrenzten Substitutionsmöglichkeiten unelastisch. Selbst wenn beispielsweise die Benzinpreise erheblich steigen, werden die meisten Pendler:innen aufgrund mangelnder Alternativen, die ihnen unmittelbar zur Verfügung stehen, kurzfristig weiterhin ihr vorhandenes Auto für die Fahrt zur Arbeit nutzen. Die kurzfristige Nachfragekurve ist also steil.

Herkömmliche Technologien zur Ölförderung zeichnen sich durch hohe Vorausinvestitionen in teure Ölbohrungen aus, deren Bau viele Monate oder sogar länger dauern kann, und die so lange pumpen können (wenn sie einmal in Betrieb sind), bis die Bohrung erschöpft ist oder das Öl nicht mehr gewinnbringend gefördert werden kann. Sobald die Bohrung gemacht ist, sind die Kosten für die Ölförderung relativ gering, aber die Ölmenge ist begrenzt— die Produzierenden können nur eine bestimmte Anzahl von Barrel pro Tag aus einem Bohrloch gewinnen. Das bedeutet, dass wir, wenn wir die vorhandenen Kapazitäten als kurzfristig fix betrachten, eine kurzfristige Angebotskurve zeichnen sollten, die zunächst niedrig und flach ist und dann sehr steil nach oben geht, wenn Kapazitätsbeschränkungen erreicht werden. Wir müssen auch die **oligopolistische** Struktur des Weltmarktes für Rohöl berücksichtigen. Die Organisation erdölexportierender Länder (OPEC) ist ein Kartell mit einem Dutzend Mitgliedsländern, auf das derzeit etwa 40 % der Weltölproduktion entfallen. Die OPEC legt für ihre Mitglieder Produktionsmengen in Form von

R. G. Miller und S. R. Sorrell. 2013. 'The Future of Oil Supply' (https://tinyco.re/6167443). *Philosophical Transactions of the Royal Society A: Mathematical, Physical and Engineering Sciences* 372 (2006) (December).

Nick A. Owen, Oliver R. Inderwildi, und David A. King. 2010. 'The status of conventional world oil Reserves—Hype or cause for concern?' (https://tinyco.re/9394545) *Energy Policy* 38 (8) (August): pp. 4743–4749.

Oligopol Ein Markt mit einer kleinen Anzahl von Unternehmen, der jedem Unternehmen eine gewisse Marktmacht verleiht.

BP. (2021) *BP Statistical Review of World Energy 2021.*

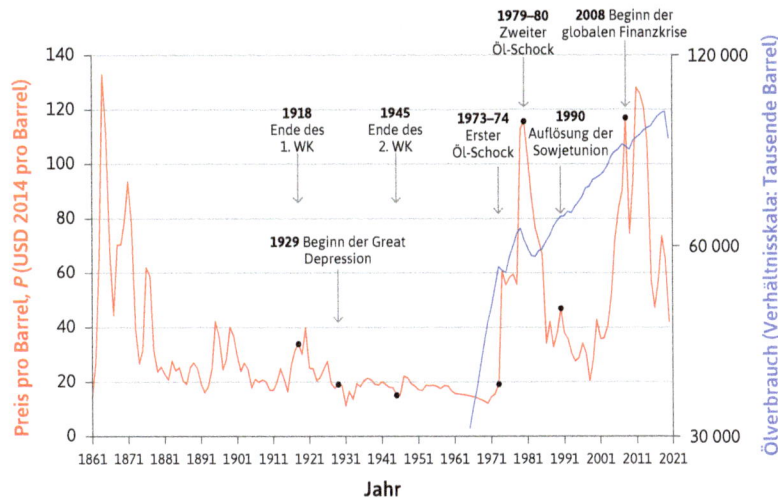

Abbildung 11.7 Weltölpreise zu konstanten Preisen (1861–2021) und der weltweite Ölverbrauch (1965–2020).

Quoten fest. In unserem Angebots- und Nachfragediagramm können wir dies durch eine flache Grenzkostenkurve darstellen, die bei der gesamten OPEC-Förderquote endet. An diesem Punkt wird die Linie vertikal. Das liegt nicht an Kapazitätsengpässen, sondern daran, dass die erdölproduzierenden Mitglieder der OPEC kein weiteres Öl mehr verkaufen werden.

Abbildung 11.8 setzt die Angebotskurve des Marktes zusammen, indem die Produktionsquoten der OPEC zu den Angebotskurven der Nicht-OPEC-Länder addiert werden (zur Erinnerung: Wir erhalten die Angebotskurven des Marktes, indem wir die von den einzelnen produzierenden Organisationen zu jedem Preis gelieferten Mengen addieren) und sie mit der Nachfragekurve kombinieren, um den Weltölpreis zu bestimmen.

Die Ölpreisschocks der 1970er Jahre

In den Jahren 1973 und 1974 verhängten die OPEC-Länder ein teilweises Ölembargo als Reaktion auf den Krieg im Nahen Osten von 1973 bis 1974. Außerdem sank in den Jahren 1979 und 1980 die Ölproduktion des Irans und des Iraks aufgrund der Versorgungsunterbrechungen nach der iranischen Revolution und dem Ausbruch des iranisch-irakischen Krieges. Dies wird in Abbildung 11.9 durch eine Linksverschiebung der weltweiten Angebotskurve S_{Welt} dargestellt, die durch einen Rückgang der OPEC-Produktion auf Q'_{OPEC} bedingt ist. Die Gesamtproduktion und der Konsum gehen zurück, aber da die Nachfrage sehr preisunelastisch ist, ist der prozentuale Anstieg des Preises viel größer als der prozentuale Rückgang der Menge. Das geht aus den Daten in Abbildung 11.7 hervor. Der Ölpreis (in US-Dollar 2014) steigt von 18 USD pro Barrel im Jahr 1973 auf 56 USD im Jahr 1974 und dann auf 106 USD im Jahr 1980, aber der Rückgang des weltweiten Ölverbrauchs nach diesen Schocks ist im Vergleich dazu gering (−2 % zwischen 1973 und 1975 und −10 % zwischen 1979 und 1983).

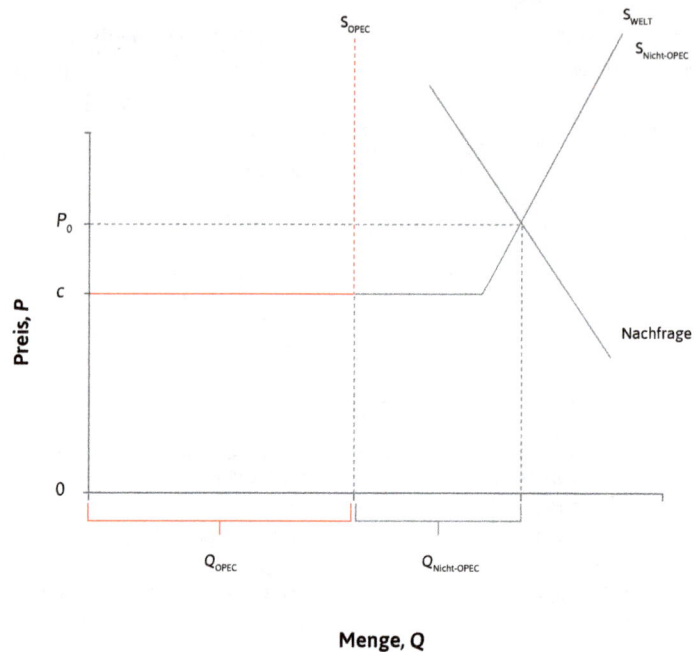

Abbildung 11.8 Der Weltmarkt für Öl.

1. OPEC-Angebot

Die OPEC-Mitglieder können ihre Produktion innerhalb ihrer derzeitigen Kapazität leicht steigern, ohne dass sich ihre Grenzkosten c erhöhen. Die OPEC-Quoten begrenzen ihre Gesamtproduktion auf Q_{OPEC}.

2. Das Angebot der Nicht-OPEC-Länder

Die Nicht-OPEC-Länder können Öl zu den gleichen Grenzkosten c produzieren, bis sie an ihre Kapazitätsgrenzen stoßen, wo ihre Grenzkosten stark ansteigen.

3. Angebotskurve weltweit

Das weltweite Gesamtangebot ist die Summe der Produktion der OPEC und anderer Länder zu jedem Preis.

4. Das Gleichgewicht des Ölpreises

Die Nachfragekurve ist steil: Die weltweite Nachfrage ist kurzfristig unelastisch. Im Gleichgewicht beträgt der Preis P_0 und der gesamte Ölverbrauch Q_0 ist gleich Q_{OPEC} + $Q_{Nicht-OPEC}$.

5. Gewinn

Der Gewinn der OPEC ist $(P_0 - c) \times Q_{OPEC}$, die Fläche des Rechtecks unter P_0. Der Gewinn der Nicht-OPEC-Länder ist der Rest der schattierten Fläche unter P_0.

Einkommenselastizität der Nachfrage Die prozentuale Veränderung der Nachfrage, die bei einer Erhöhung des Einkommens um 1 % eintreten würde.

Der Ölpreisschock 2000–2008

Die Jahre 2000 bis 2008 waren eine Zeit des raschen Wirtschaftswachstums in den Schwellenländern, insbesondere in China und Indien. Die **Einkommenselastizität der Nachfrage** nach Öl und Ölprodukten ist in diesen Ländern höher als in den entwickelten Volkswirtschaften, und die Nachfrage nach Autoeigentum und touristischen Flugreisen steigt mit zunehmendem Wohlstand relativ schnell an. Dieser Anstieg des Einkommens verschiebt die Nachfragekurve nach rechts, wie in Abbildung 11.10 dargestellt. In diesem Fall ist es die unelastische kurzfristige Angebotskurve für Öl, die für den starken Preisanstieg und den nur bescheidenen Anstieg des weltweiten Ölkonsums verantwortlich ist. Für den starken Preisrückgang im Jahr 2009 gibt es dieselbe Erklärung, allerdings in umgekehrter Richtung: Die Finanzkrise von 2008–9 führte zu einem negativen Nachfrageschock, der die Nachfragekurve nach links verschob, sodass der weltweite Konsum um etwa 3 % zurückging und der Rohölpreis von über 100 USD pro Barrel im Sommer 2008 auf 40–50 USD Anfang 2009 sank.

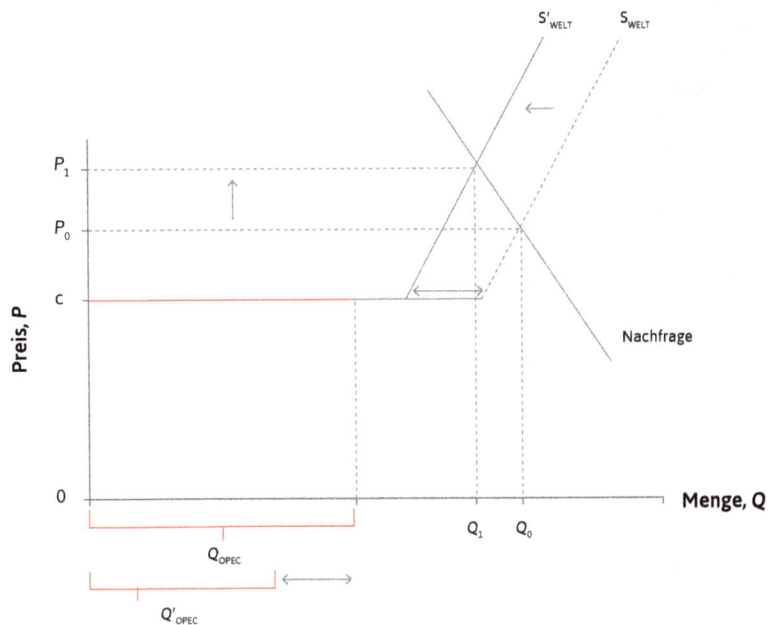

Abbildung 11.9 Die OPEC-Ölpreisschocks in den 1970er Jahren: Die OPEC senkt die Produktionsmenge.

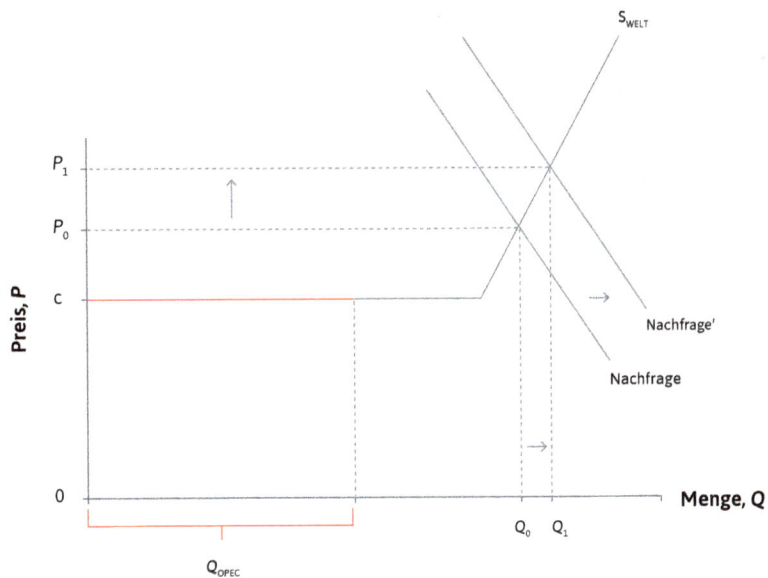

Abbildung 11.10 Die Ölpreisschocks von 2000–2008: Wirtschaftswachstum steigert die weltweite Nachfrage.

ÜBUNG 11.3 DER WELTMARKT FÜR ÖL

Verwenden Sie Abbildung 11.10:

1. Erläutern Sie, was passiert, wenn das Wirtschaftswachstum die weltweite Nachfrage ansteigen lässt:
   (a) kurzfristig
   (b) langfristig, wenn produzierende Organisationen in neue Ölquellen investieren
   (c) langfristig, wenn die Verbrauchenden Substitute für Öl finden
2. Beschreiben Sie in ähnlicher Weise die kurz- und langfristigen Folgen eines negativen Angebotsschocks, der mit dem Schock der 1970er Jahre vergleichbar ist.
3. Wenn Sie einen Ölpreisanstieg beobachten, woran könnten Sie grundsätzlich erkennen, ob er durch Entwicklungen auf der Angebotsseite oder auf der Nachfrageseite bedingt ist?
4. Wie würden sich das Diagramm und die Reaktion auf die Schocks verändern, wenn es:
   (a) ein Wettbewerbsmarkt mit vielen produzierenden Organisationen ist?
   (b) eine einzelne produzierende Organisation mit Monopolstellung ist?
   (c) ein OPEC-Kartell ist, das 100 % der weltweiten Ölproduktion kontrolliert und versucht, die gemeinsamen Gewinne seiner Mitglieder zu maximieren?
5. Warum haben einzelne OPEC-Mitgliedsländer einen Anreiz, mehr als die ihnen zugewiesene Quote zu produzieren?
6. Lässt sich diese Logik auf die Situation in der realen Welt übertragen, in der es auch Nicht-OPEC Produzierende gibt?

ÜBUNG 11.4 DIE SCHIEFERÖL-REVOLUTION

Eine wichtige Entwicklung in den letzten zehn Jahren war der Wiedereintritt der USA als wichtiger Ölproduzent, der durch die „Schieferöl-Revolution" geschah. Schieferöl wird mit der Technologie des Hydraulic Fracturing oder durch das „Fracking" gewonnen: Dabei wird eine Flüssigkeit mit hohem Druck in den Boden gepresst, um das Gestein aufzubrechen und das Öl zu gewinnen. In einer Rede mit dem Titel 'The New Economics of Oil' (https://tinyco.re/9345243) im Oktober 2015 erläuterte Spencer Dale, leitender Ökonom des Ölproduzenten BP plc, wie sich die Schieferölgewinnung von der herkömmlichen Gewinnung unterscheidet.

1. Wie hat sich laut Dale die Schieferöl-Revolution auf den weltweiten Markt für Öl ausgewirkt?
2. Wie wird sich der Weltmarkt für Öl in Zukunft verändern?
3. Erklären Sie, wie sich unser Angebots- und Nachfragediagramm ändern müsste, wenn seine Analyse richtig ist.

11.5 DER WERT EINES VERMÖGENSWERTES: GRUNDLAGEN

Menschen kaufen Fisch, Hüte und Brennstoffe wegen ihres Konsumwerts: um sie zu essen, zu tragen oder zu verbrennen. Märkte für **Vermögenswerte** können anders funktionieren, weil die Kaufenden ein zweites Motiv haben: nicht nur, in irgendeiner Weise zu profitieren, während sie den Vermögenswert besitzen, sondern auch, um ihn später verkaufen zu können. Was bestimmt also den Wert eines Vermögenswertes, sei es eine Immobilie, ein Kunstwerk oder finanzielle Vermögenswerte wie Aktien eines Unternehmens?

Erinnern Sie sich an Einheit 6: Die Gewinne eines Unternehmens gehören den Aktienhabenden im direktem Verhältnis zu den Aktien, die sie halten. Diese Gewinne werden in der Regel aufgeteilt in Dividenden, die direkt an die Aktienhabenden ausgeschüttet werden. Das restliche einbehaltene Einkommen wird dazu verwendet, die Fähigkeit des Unternehmens auszubauen, weitere Erträge zu erwirtschaften. Aber wie sollen Aktien bewertet werden, wenn die Zukunft unsicher ist?

Zwei wichtige Faktoren, die den Wert eines finanziellen Vermögenswertes bestimmen, sind die Höhe der zu erwartenden Cashflows und die Ungewissheit der Prognosen für diese Cashflows.

Anleihen

Am einfachsten ist es, mit einem Vermögenswert zu beginnen, der konstante Zahlungen zu bestimmten Zeitpunkten über einen begrenzten Zeitraum zusichert. Nehmen wir an, die Investierenden sind vollkommen zuversichtlich, dass die versprochenen Zahlungen erfolgen werden. Das beste Beispiel hierfür ist eine **Staatsanleihe**, die von einem Land mit einer nur geringen Wahrscheinlichkeit für eine Zahlungsunfähigkeit, wie den USA oder der Schweiz, ausgegeben wird (dieser Fall wurde im Einstein in Einheit 10 analysiert).

Investierende sind nur dann bereit, den Vermögenswert zu kaufen und zu halten, wenn die Rendite des Vermögenswerts—das heißt die zukünftigen Zahlungen im Verhältnis zum Preis, zu dem der Vermögenswert gekauft oder verkauft werden kann—im Hinblick auf die Zinssätze für ähnliche Vermögenswerte in anderen Teilen der Wirtschaft attraktiv ist. Der versprochene Zahlungsstrom ist festgelegt, das heißt je niedriger der Preis des Vermögenswertes ist, desto höher ist der Zinssatz, den er einer kaufenden Person einbringt. Mit anderen Worten: Der Preis des Vermögenswertes steht in umgekehrter Beziehung zu dem Zinssatz, den der Vermögenswert einbringt. Wenn andere Zinssätze in der Wirtschaft steigen, muss auch der Zinssatz für Anleihen steigen—der Preis für Anleihen wird also fallen.

Betrachten wir nun **Unternehmensanleihen**, die nicht risikofrei sind. Je größer das Ausfallrisiko ist, desto höher ist der Zinssatz, den investierende Personen verlangen, um den Vermögenswert zu halten. Wenn zwei Anleihen genau die gleichen Auszahlungen versprechen, wird die risikoreichere Anleihe einen niedrigeren Preis haben. Investierende erhalten einen höheren Zinssatz, wenn sie die risikoreichere Anleihe kaufen und diese nicht ausfällt, sind aber einem größeren Risiko ausgesetzt, dass die versprochenen Zahlungen nicht alle eintreffen.

Vermögenswert Alles, was einen Wert hat und sich im Besitz befindet. *Siehe auch: Bilanz, Verbindlichkeit.*

Staatsanleihe Ein von Regierungen ausgegebener finanzieller Vermögenswert, der die Zahlung von Geldströmen in bestimmten Zeitabständen verspricht.

Anleihe Eine Art von finanziellem Vermögenswert, bei dem das emitierende Unternehmen oder Land verspricht, der Person, die die Anleihe hält, im Laufe der Zeit einen bestimmten Betrag zu zahlen. *Auch bekannt als: Anleihen von Unternehmen.*

Aktie Ein Teil des Vermögens eines Unternehmens, der gehandelt werden kann. Er gibt der Person, die die Aktie besitzt, das Recht, einen Teil des Gewinns eines Unternehmens zu erhalten und davon zu profitieren, wenn das Vermögen des Unternehmens an Wert gewinnt. *Auch bekannt als: Stammaktie.*

systematisches Risiko Ein Risiko, das alle Vermögen auf dem Markt betrifft, so dass es den anlegenden Personen nicht möglich ist, ihr Risiko durch eine Kombination verschiedener Vermögenswerte zu verringern. *Auch bekannt als: nicht diversifizierbares Risiko.*
unsystematisches Risiko Ein Risiko, das nur eine kleine Anzahl von Vermögenswerten auf einmal betrifft. Anleger:innen können ihre Anfälligkeit für solche Risiken nahezu ausschalten, indem sie ein diversifiziertes Portfolio von Vermögenswerten halten, die von unterschiedlichen Risiken betroffen sind. *Auch bekannt als: diversifizierbares Risiko.*

systemisches Risiko Ein Risiko, das das Finanzsystem selbst bedroht.

Diese Erkenntnis wurde von William Sharpe, John Lintner und anderen in den 1960er Jahren gewonnen, aufbauend auf früheren Arbeiten von Harry Markowitz.

Wertpapiere

Wertpapiere (auch **Aktien** genannt) unterscheiden sich von Anleihen in zwei wichtigen Punkten: Es gibt keine bestimmten versprochenen Auszahlungen, und der Zeitraum, über den die Zahlungen erfolgen, ist nicht festgelegt. Unternehmen, von denen höhere Nettoeinkünfte erwartet werden, werden höher bewertet, und wenn sich die Erwartungen ändern, ändert sich auch der Wert der Aktien. Aber wie bei Anleihen hängt ihr Wert auch von den Zinssätzen in anderen Bereichen der Wirtschaft und davon ab, wie riskant die zukünftigten Einkommen eingeschätzt werden.

Risiko

Wie aber ist das Risiko eines Vermögenswerts zu bewerten? Um diese Frage zu beantworten, müssen wir den Unterschied zwischen einem **systematischen Risiko** und einem **unsystematischen Risiko** verstehen. Die Einkommen eines Unternehmens können aus verschiedenen Gründen über oder unter den Erwartungen liegen. Einige Ereignisse—wie zum Beispiel Veränderungen in der Handelspolitik, bei den Zinssätzen oder der gesamtwirtschaftlichen Nachfrage nach Waren und Dienstleistungen—wirken sich gleichzeitig auf viele Arten von Vermögenswerten aus. Andere Ereignisse—wie zum Beispiel ein erfolgreicher Medikamentenversuch oder eine Klage wegen angeblicher Sicherheitsprobleme bei einem Fahrzeug—betreffen nur bestimmte Unternehmen, die davon profitieren oder Schaden nehmen könnten. Die erste Risikoquelle wird als systematisch oder **undiversifizierbar** bezeichnet, die zweite als unsystematisch oder **diversifizierbar**.

Eine dritte Art von Risiko, das **systemische Risiko**, bezieht sich gewöhnlich auf Risiken, die das Finanzsystem selbst bedrohen. Beispiele für systemische Risiken, wie die Finanzkrise 2008, werden wir in Einheit 17 untersuchen.

Eine wichtige Erkenntnis in der Finanzwirtschaft ist, dass das diversifizierbare Risiko bei der Bewertung von Wertpapieren im Wesentlichen irrelevant ist, da Investierende es durch die Zusammenstellung von Portfolios mit einer großen Anzahl von Vermögenswerten, von denen jeder ein sehr geringes Gewicht hat, nahezu eliminieren können. In jedem beliebigen Zeitraum werden einige der Unternehmen im Portfolio positive und einige negative Schocks erleben, aber solange die Schocks wirklich unsystematisch sind, werden sie sich in der Regel gegenseitig aufheben, und das Portfolio selbst wird weitgehend unberührt bleiben.

Anders verhält es sich mit dem systematischen Risiko. Es entsteht durch Schocks, die große Wertpapierklassen gleichzeitig betreffen und nicht wegdiversifiziert werden können. Je nachdem, wie stark ihre Einkommen mit denen des Marktes insgesamt korreliert sind, sind verschiedene Unternehmen unterschiedlich hohen systematischen Risiken ausgesetzt. So sind beispielsweise die Einkommen von Ford oder Chrysler stark von den Konditionen der Gesamtwirtschaft abhängig, da die Menschen während Rezessionen ihre Autokäufe zurückstellen. Im Gegensatz dazu sind Versorgungsunternehmen, die ihre Kundschaft mit Gas und Strom versorgen, vor solchen Risiken geschützt, da der Konsum von Energie nicht so stark von der Wirtschaft abhängt.

Investierende werden für Aktien von Unternehmen mit hohem systematischem Risiko höhere Durchschnittsrenditen verlangen, da deren Einkommen tendenziell in einer Weise schwanken, die sich nicht ohne weiteres wegdiversifizieren lässt. Die Rendite, die Investierende dazu veranlasst, Aktien eines Unternehmens zu kaufen, wird manchmal als geforderte Rendite oder **Kapitalisierungszins** bezeichnet. *Ceteris paribus* ist dieser Zins bei Unternehmen, die einem größeren systematischen Risiko ausgesetzt sind, höher. Wenn man also von den erwarteten zukünftigen Einkommen ausgeht, sind die Aktien von Unternehmen mit einem niedrigeren Kapitalisierungszins teurer.

Handelsstrategien

Der Aktienkurs, der sich aus solchen Überlegungen—erwartete zukünftige Einkommen und die Höhe des systematischen Risikos—errechnet, wird manchmal als **Fundamentalwert einer Aktie** oder eines Wertpapiers bezeichnet. Viele Investierende, einschließlich aktiv verwalteter Investmentfonds und einiger Hedge-Fonds, verfolgen Strategien, Vermögenswerte zu kaufen, deren Preis ihrer Meinung nach unter ihrem Fundamentalwert liegt, und dann diejenigen zu verkaufen, die im Vergleich zu den Fundamentalwerten zu teuer sind.

Es gibt jedoch auch Strategien, die überhaupt nicht auf einer Bewertung des Fundamentalwerts beruhen. Einige Händler:innen suchen beispielsweise nach Anzeichen für ein *Momentum* in den Preisen von Vermögenswerten und kaufen, weil sie einen weiteren Anstieg der Preise erwarten, oder sie verkaufen, weil sie einen Rückgang der Preise erwarten. Eine investierende Person könnte bereit sein, mehr als den Fundamentalwert eines Wertpapiers zu zahlen, wenn sie glaubt, dass der Preis noch weiter über diesen Wert steigen wird. In diesem Fall könnte die kaufende Person einen Gewinn erzielen, indem sie zu einem niedrigen Preis kauft und zu einem höheren Preis verkauft, auch wenn sich der Fundamentalwert des Wertpapiers nicht verändert hat.

Der Kauf und Verkauf von Vermögenswerten auf der Grundlage einer Bewertung ihrer Fundamentalwerte heißt **Spekulation**, die durch die Annahme funktioniert, dass die Preise bald zu ihren Fundamentalwerten zurückkehren werden. Käufe und Verkäufe auf der Grundlage eines wahrgenommenen *Momentums* sind ebenfalls ein Beispiel für Spekulationen, die durch die Annahme funktionieren, dass kurzfristige Trends einen gewissen Grad an Persistenz aufweisen. Diese und viele andere Strategien werden auf den modernen Finanzmärkten praktiziert. Sie bestimmen das Verhalten der Preise und die Möglichkeit von Preisblasen und Crashs (wie wir in späteren Abschnitten sehen werden).

Kapitalisierungszins Die Rendite, die gerade hoch genug ist, um investierende Personen zu veranlassen, Aktien eines bestimmten Unternehmens zu halten. Sie ist hoch, wenn das Unternehmen mit einem hohen systematischen Risiko behaftet ist.

Fundamentalwert einer Aktie Der Aktienkurs basiert auf den erwarteten zukünftigen Einkünften und Risikoniveau.

Spekulationen Kauf und Verkauf von Vermögenswerten mit dem Ziel, von einer erwarteten Preisänderung zu profitieren.

WIE ÖKONOMINNEN UND ÖKONOMEN AUS FAKTEN LERNEN

Die Weisheit der Menge: Das Gewicht von Vieh (Ochsen) und der Wert von Wertpapieren

Was ist der richtige Preis für, sagen wir, eine Aktie von Facebook? Wäre es besser, wenn der Preis von Wirtschaftsexpertinnen und Wirtschaftsexperten festgelegt würde, statt auf dem Markt durch die Handlungen von Millionen von Menschen, von denen nur wenige über Expertenwissen zur Wirtschaft oder zu den Aussichten des Unternehmens verfügen, bestimmt zu werden?

Die Ökonominnen und Ökonomen sind weit davon entfernt, die Funktionsweise dieses Mechanismus im Detail zu verstehen. Eine wichtige Erkenntnis stammt jedoch aus einer ungewöhnlichen Quelle: einem Ratespiel, das 1907 auf einer Landwirtschaftsmesse in Plymouth, England, gespielt wurde. Den Gäste der Messe wurde ein lebender Ochse präsentiert. Für zwei Pence (2,5 Pence) sollten sie das Gewicht des Ochsen erraten, das heißt, wie viel verkaufsfähiges Fleisch gewonnen werden konnte. Die teilnehmende Person, deren auf einen Zettel geschriebene Antwort dem echten Gewicht am nächsten kam, gewann den Preis.

Der Universalgelehrte Francis Galton besorgte sich Eintrittskarten für diesen Wettbewerb. Er fand heraus, dass eine nach dem Zufallsprinzip ausgewählte teilnehmende Person das richtige Gewicht um *durchschnittlich* 40 Pfund verfehlte. Aber das, was er die „*vox populi*" oder „Stimme des Volkes" nannte—der *mittlere* Wert aller Schätzungen—lag mit einer Abweichung von nur 9 Pfund (weniger als 1 %) bemerkenswert nahe am wahren Wert.

Die für die Volkswirtschaft relevante Erkenntnis ist, dass der Durchschnitt einer großen Zahl von nicht sehr gut informierten Personen oft sehr genau ist. Er ist möglicherweise genauer als die Schätzung einer erfahrenen Tierärztin oder eines Ochsenzüchters.

Galtons Verwendung des Medians zur Aggregation der Schätzungen bedeutete, dass *vox populi* die Stimme der (vermutlich) am besten informierten teilnehmenden Person war, aber es waren die Schätzungen aller anderen, die diese am besten informierte Person auswählten. Die *Vox populi* ergab sich aus allen verfügbaren Informationen, einschließlich der Vermutungen und Fantasien, die zu Ausreißern nach oben oder unten führten.

Das Ergebnis von Galton ist ein Beispiel für die „Weisheit der Menge". Dieses Konzept ist für Ökonominnen und Ökonomen besonders interessant, weil es in stilisierter Form viele Bestandteile enthält, die einen guten Preismechanismus ausmachen.

Wie Galton selbst feststellte, hatte das Spiel eine Reihe von Merkmalen, die zum Erfolg von *vox populi* beitrugen. Die Teilnahmegebühr war gering, aber nicht gleich Null, sodass viele Teilnehmende mitmachen konnten, aber Spaßvögel abgeschreckt wurden. Annahmen wurden geheim verfasst und abgegeben, und die Urteile waren unbeeinflusst von „Redekunst und Leidenschaft". Die Aussicht auf eine Belohnung weckte die Aufmerksamkeit.

Obwohl viele Teilnehmende gut informiert waren, waren auch viele weniger gut informiert und ließen sich, wie Galton feststellte, von anderen auf der Messe und ihrer Fantasie leiten. Galtons Wahl des Medianwerts würde den Einfluss dieser weniger informierten Personen verringern (aber nicht ausschalten) und verhindern, dass einzelne verrückte Schätzungen (zum Beispiel solche, die das Zehnfache des wahren Werts betrugen) die *vox populi* verzerren.

Der Aktienmarkt ist ein weiterer Ausdruck der *vox populi*, bei dem die Menschen den Wert eines Unternehmens schätzen, wobei sie oft, aber nicht immer, Veränderungen in der Qualität des Managements, der Technologien oder der Marktchancen genau verfolgen.

Die Weisheit der Menge erklärt auch den Erfolg von Prognosemärkten. Die Iowa Electronic Markets (https://tinyco.re/4856966), die von der Universität von Iowa betrieben werden, ermöglichen es Einzelpersonen, Verträge zu kaufen und zu verkaufen, die je nach Wahlsieg ausgezahlt werden. Die Preise dieser Vermögenswerte bündeln die Informationen, das Wissen und die Vermutungen einer großen Zahl teilnehmender Personen. Solche Prognosemärkte–oft auch als politische Börsen bezeichnet–können Monate im Voraus unheimlich genaue Vorhersagen von Wahlergebnissen liefern, manchmal besser als Umfragen und sogar Webseiten, die Umfragen zusammenfassen. Andere Märkte ermöglichen es Tausenden von Menschen, auf Ereignisse zu wetten, zum Beispiel darauf, wer den Oscar für die beste weibliche Hauptrolle gewinnen wird. Es wurde sogar vorgeschlagen, einen Markt für die Prognose des nächsten großen Terroranschlags in den USA zu schaffen.

FRAGE 11.4 WÄHLEN SIE DIE RICHTIGE(N) ANTWORT(EN)
Welche der folgenden Aussagen ist richtig?

☐ Der Fundamentalwert der Aktien eines Unternehmens wird durch die erwarteten zukünftigen Gewinne und das systematische Risiko bestimmt.

☐ Wenn es keine neue Information über die zukünftige Rentabilität oder das systematische Risiko eines Unternehmens gibt, sein Aktienkurs aber weiter steigt, muss der Fundamentalwert steigen.

☐ Wer eine Aktie zu einem Preis kauft, der über dem Fundamentalwert liegt, in der Hoffnung, dass eine andere Person sie ihr zu einem noch höheren Preis abkauft, verliert garantiert Geld.

☐ Alle Investierenden sind sich stets über den Fundamentalwert der Aktien eines Unternehmens einig.

11.6 VERÄNDERUNGEN IN ANGEBOT UND NACHFRAGE FÜR FINANZIELLES VERMÖGEN

Wenn ein Unternehmen zum ersten Mal neue Aktien (oder Wertpapiere) an die Öffentlichkeit verkauft, spricht man von einem Börsengang (Initial Public Offering, IPO). Danach werden die Aktien an der Börse gehandelt. Der Handel an der Börse wird als Transaktion auf dem **Sekundärmarkt** bezeichnet.

Die Preise beim Handel auf den sekundären Märkten ändern sich ständig. Die Grafik in Abbildung 11.11 zeigt, wie der Aktienkurs von News Corp (NWS) an der Nasdaq **Börse** an einem Tag im Mai 2014 schwankte. Im unteren Feld ist die Anzahl der bei jedem Punkt gehandelten Aktien zu sehen. Kurz nach der Eröffnung des Marktes um 9:30 Uhr lag der Kurs bei 16,66 USD pro Aktie. Da Investierende im Laufe des Tages Aktien kauften und verkauften, erreichte der Kurs sowohl um 10:00 Uhr als auch um 14:00 Uhr einen Tiefststand von 16,45 USD. Als der Markt mit einem Kurs von 16,54 USD schloss, wurden fast 556 000 Aktien gehandelt.

Zu jedem Zeitpunkt, an dem der Markt für Aktien von News Corp geöffnet ist, haben alle der bestehenden Aktienhabenden einen Reservationspreis, nämlich den Mindestpreis, zu dem eine aktienhabende Person bereit wäre, zu verkaufen. Andere sind auf dem Markt, um zu kaufen, solange sie einen akzeptablen Preis finden können. Wenn sich die Überzeugungen der Händler:innen über die Rentabilität von News Corp ändern, ändert sich auch ihre Bereitschaft zu kaufen und zu verkaufen. Um zu sehen, wie die Preise von finanziellen Vermögenswerten durch solche Verschiebungen bei Angebot und Nachfrage beeinflusst werden, folgen Sie den Schritten in Abbildung 11.12 (Seite 548). Die Kurven zeigen das stündliche Volumen der Aktien, die zu jedem Preis nachgefragt und angeboten werden.

In der Praxis funktionieren die Märkte nicht in festgelegten Zeiträumen wie zum Beispiel in einer Stunde. Die Transaktionen findet kontinuierlich statt, und die Preise ändern sich ständig, und zwar durch einen Handelsmechanismus, der als *kontinuierliche Doppelauktion* bekannt ist.

Jede Person, die kaufen möchte, kann eine Preis- und Mengenkombination einreichen, die als **Limit Order** bekannt ist. Eine Limit Order zum Kauf von 100 Aktien der News Corp zu einem Preis von 16,50 USD pro Aktie bedeutet beispielsweise, dass sich die kaufende Person zum Kauf von 100 Aktien verpflichtet, sofern diese zu einem Preis von höchstens 16,50 USD pro Aktie erhältlich sind. Dies ist der Reservationspreis der kaufenden Person. In ähnlicher Weise gibt eine Limit Order zum Verkauf an, dass man sich verpflichtet, eine bestimmte Menge Aktien zu verkaufen, solange der Preis nicht unter dem angegebenen Betrag liegt (Reservationspreis der verkaufenden Person).

Bei der Erteilung einer Limit Order zum Kauf von Aktien kann eine von zwei Möglichkeiten eintreten. Liegt eine zuvor erteilte Limit Order zum Verkauf vor, die noch nicht ausgeführt wurde, und bietet sie die erforderliche Anzahl von Aktien zu einem Preis an, der bei oder unter dem von der kaufenden Person angegebenen Betrag liegt, kommt eine Transaktion zustande. Liegt kein solcher Auftrag vor, wird die Limit Order in einem so genannten **Orderbuch** (das eigentlich nur ein elektronischer Datensatz ist) eingetragen und steht für Transaktionen mit neu eingehenden Verkaufsaufträgen zur Verfügung.

Kaufaufträge werden als *Bids* (oder auch Geld) bezeichnet, Verkaufsaufträge als *Asks* (oder auch Brief). Im Orderbuch werden die Bids in absteigender Reihenfolge des Preises und die Asks in aufsteigender Reihenfolge aufgeführt. Der obere Teil des Orderbuchs für Aktien der NWS sah am 8. Mai 2014 um die Mittagszeit wie in Abbildung 11.13 dargestellt aus.

Sekundär- und Primärmärkte Der Primärmarkt ist der Markt, auf dem Waren oder finanzielles Vermögen zum ersten Mal verkauft werden. Der erste Verkauf von Aktien durch ein Unternehmen an Personen oder Unternehmen (bekannt als Börsengang oder IPO) findet auf dem Primärmarkt statt. Der anschließende Handel mit diesen Aktien an der Börse ist der Sekundärmarkt. Die Begriffe werden auch verwendet, um den Erstverkauf von Eintrittskarten (Primärmarkt) und den Sekundärmarkt, auf dem sie gehandelt werden, zu beschreiben.

Börse Ein Finanzmarktplatz, auf dem Aktien (oder Wertpapiere) und andere finanzielle Vermögenswerte gehandelt werden. Er verfügt über eine Liste von Unternehmen, deren Aktien dort gehandelt werden.

Limit Order Eine angekündigte Preis- und Mengenkombination für einen Vermögenswert, die entweder verkauft oder gekauft werden soll.

Orderbuch Eine Aufzeichnung der von Käufer:innen und Verkäufer:innen gemachten, aber noch nicht erfüllten Limit Orders.

In dieser Situation bliebe ein Kaufauftrag für 100 Aktien zu 16,57 USD unausgeführt und würde in das Buch am oberen Ende der Geldspalte eingetragen werden. Ein Gebot für 600 Aktien zu 16,60 USD würde jedoch sofort ausgeführt werden, da es mit bestehenden Limit-Verkaufsaufträgen abgeglichen werden kann. 500 Aktien würden zu 16,59 USD pro Stück gehandelt, und 100 Aktien würden zu 16,60 USD gehandelt. Wenn ein Kaufauftrag sofort ausgeführt wird, erfolgt die Transaktion zum bestmöglichen Preis für die kaufende Person (dem Ask). Wird ein Verkaufsauftrag erteilt und sofort aus den vorhandenen Aufträgen ausgeführt, erfolgt die Transaktion zum bestmöglichen Preis für die verkaufende Person (dem Bid).

Wir können nun sehen, wie sich die Preise auf einem solchen Markt im Laufe der Zeit verändern. Eine Person, die negative Nachrichten über News Corp erhält, zum Beispiel das Gerücht, dass ein Vorstandsmitglied zurücktreten wird, und glaubt, dass diese Information noch nicht in den Kurs eingeflossen ist, kann einen großen Verkaufsauftrag zu einem Preis unter 16,56 USD erteilen, der sofort gegen bestehende Bids gehandelt wird. Wenn diese Transaktionen stattfinden, werden die Bids aus dem Orderbuch entfernt und der Kurs des Wertpapiers sinkt. Ähnlich verhält es sich bei positiven Nachrichten: Kaufaufträge, die über dem niedrigsten Ask liegen, werden mit bestehenden Verkaufsaufträgen gehandelt, und es kommt zu Transaktionen bei sukzessiven steigenden Preisen.

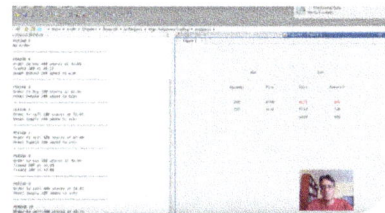

Sehen Sie sich unser Video an, in dem Rajiv Sethi, einer der Verfasser dieser Einheit, zeigt, wie Aufträge in einer kontinuierlichen Doppelauktion abgewickelt werden.
https://tinyco.re/3679850

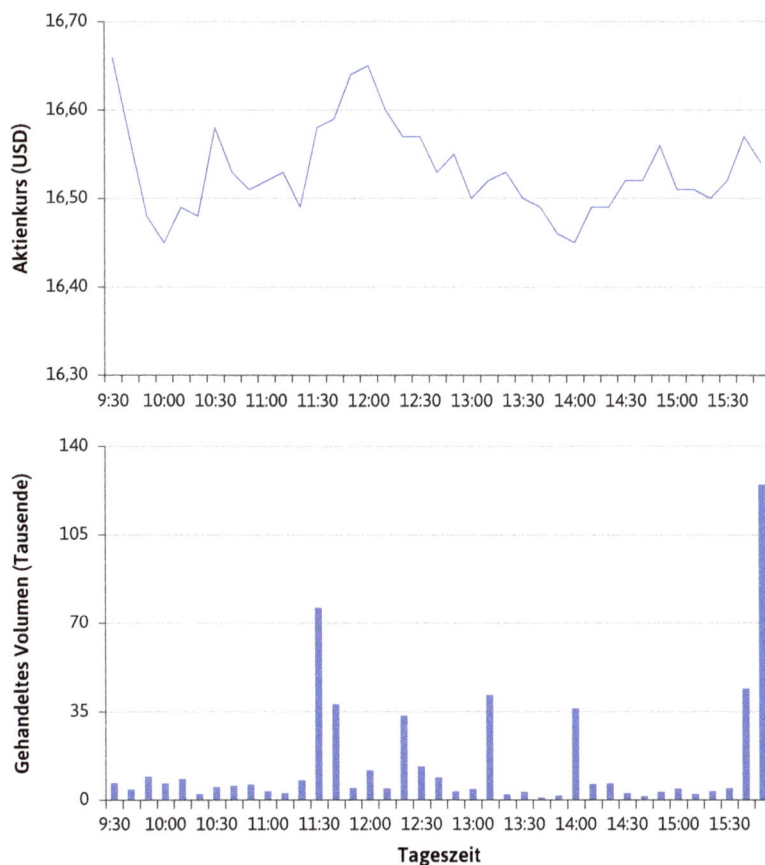

Bloomberg L.P. (https://tinyco.re/9335006), abgerufen am 28. Mai 2014.

Abbildung 11.11 Aktienkurs und gehandeltes Volumen der News Corp (7. Mai 2014).

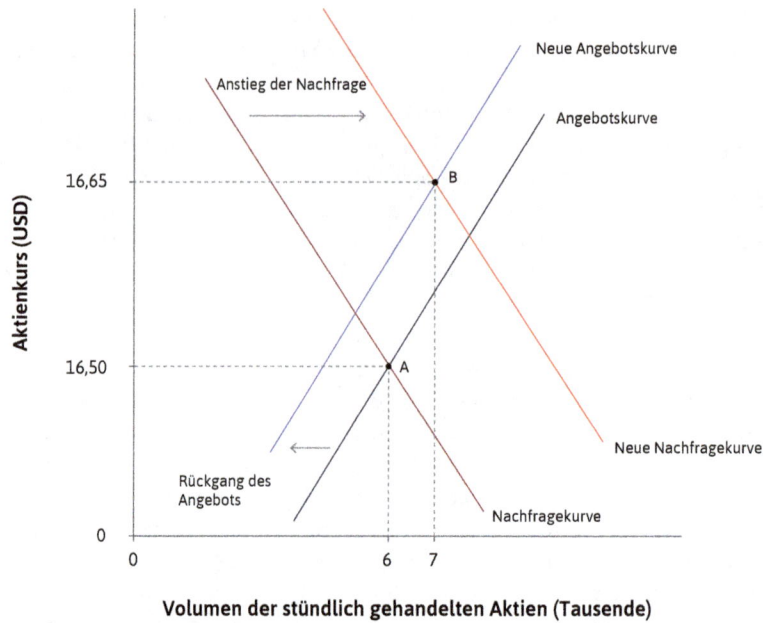

Abbildung 11.12 Positive Nachrichten über die Rentabilität.

1. Das anfängliche Gleichgewicht

Zu Beginn befindet sich der Markt bei A im Gleichgewicht: 6000 Aktien werden pro Stunde zu einem Preis von 16,50 USD verkauft.

2. Positive Nachrichten über die Rentabilität

Einige positive Nachrichten über die zukünftige Rentabilität von News Corp verschieben gleichzeitig die Nachfragekurve ...

3. Positive Nachrichten über die Rentabilität

... und die Angebotskurve.

4. Ein neues Gleichgewicht

Das neue vorübergehende Gleichgewicht des Marktes liegt bei B. Der Preis ist von 16,50 USD auf 16,65 USD gestiegen. In dieser Abbildung ändert sich die Nachfrage stärker als das Angebot, sodass auch die Menge steigt.

Yahoo Finance (https://tinyco.re/6764389), abgerufen am 8. Mai 2014.

Bid		Ask	
Preis (USD)	Menge	Preis (USD)	Menge
16,56	400	16,59	500
16,55	400	16,60	700
16,54	400	16,61	800
16,53	600	16,62	500
16,52	200	16,63	500

Abbildung 11.13 Ein fortlaufendes Orderbuch mit Doppelauktion: Bids und Asks für die Aktien von News Corp (NWS).

Da der Preis schwankt, ist es nicht einfach, diesen Markt als im Gleichgewicht zu betrachten. Dennoch ist es so, dass sich der Preis ständig anpasst, um Angebot und Nachfrage in Einklang zu bringen und es somit zu einer Markträumung kommt.

Finanzvermögen ist ein weiteres Beispiel für Märkte, die sich durch ökonomisches Rent-Seeking im Gleichgewicht befinden:

- Diejenigen, die glauben, dass sie vom Kauf der Aktien von News Corp zu einem bestimmten Preis profitieren werden, geben ein Bid zu diesem Preis ab.
- Diejenigen, die glauben, dass sie von einem Verkauf profitieren würden, geben ein Ask zu einem bestimmten Preis auf.
- Der Preis zu einem bestimmten Zeitpunkt spiegelt das Gesamtergebnis des Rent-Seeking-Verhaltens aller Aktienhabenden auf dem Markt wider—einschließlich derjenigen, die ihre Aktien einfach nur halten.

ÜBUNG 11.5 ANGEBOTS- UND NACHFRAGEKURVEN

1. Verwenden Sie die Daten aus dem Orderbuch der NWS in Abbildung 11.13 (Seite 548), um Angebots- und Nachfragekurven für Aktien darzustellen.

2. Erklären Sie, warum sich die beiden Kurven nicht schneiden.

FRAGE 11.5 WÄHLEN SIE DIE RICHTIGE(N) ANTWORT(EN)

Die Abbildung zeigt ein Orderbuch für die Aktien der News Corp. Welche der folgenden Aussagen über dieses Orderbuch ist richtig?

Bid		Ask	
Preis (USD)	Menge	Preis (USD)	Menge
16,56	400	16,59	500
16,55	400	16,60	700
16,54	400	16,61	800
16,53	600	16,62	500
16,52	200	16,63	500

- ☐ Eine kaufende Person möchte 500 Aktien für 16,59 USD kaufen.
- ☐ Eine Limit Order zum Kauf für 16,56 USD bedeutet, dass die kaufende Person mindestens 16,56 USD pro Aktie zahlen würde.
- ☐ Eine Limit Order zum Verkauf über 100 Aktien für 16,58 USD wird nicht ausgeführt.
- ☐ Eine Limit Order zum Kauf über 600 Aktien für 16,59 USD wird ausgeführt, wobei 500 Aktien zu 16,59 USD und die restlichen 100 Aktien für 16,60 USD gekauft werden.

11.7 PREISBLASEN AUF VERMÖGENSMÄRKTEN

Commodities Physische Güter, die ähnlich wie Aktien gehandelt werden. Dazu gehören Metalle wie Gold und Silber, landwirtschaftliche Erzeugnisse wie Kaffee und Zucker, Öl und Gas. Manchmal wird der Begriff auch allgemeiner für alles verwendet, was zum Verkauf produziert wird.

Vermögenswertpreisblase Anhaltender und signifikanter Anstieg des Preises eines Vermögenswerts, der durch die Erwartung künftiger Preissteigerungen genährt wird.

Die Flexibilität, die die Kurse der News Corp-Aktien gezeigt haben, ist auf den Märkten für andere finanzielle Vermögenswerte wie Staatsanleihen, Währungen mit schwankendem Wechselkurs, **Rohstoffe** (auch **Commodities** genannt) wie Gold, Rohöl und Mais sowie Sachwerten wie Häuser und Kunstwerke üblich.

Die Aktienkurse schwanken jedoch nicht nur von Stunde zu Stunde und von Tag zu Tag. Sie können auch große Schwankungen aufweisen, die oft als **Preisblasen** bezeichnet werden. Abbildung 11.14 zeigt den Wert des Nasdaq Composite Index zwischen 1995 und 2004. Dieser Index ist ein Durchschnitt der Preise für eine Reihe von Wertpapieren, wobei die Unternehmen im Verhältnis zu ihrer Marktkapitalisierung gewichtet werden. Der Nasdaq Composite Index enthielt zu dieser Zeit viele schnell wachsende und schwer zu bewertende Unternehmen aus dem Technologiesektor.

Der Index begann in diesem Zeitraum bei weniger als 750 und stieg innerhalb von fünf Jahren auf mehr als 5000 mit einer bemerkenswerten jährlichen Rendite von rund 45 %. Dann verlor er in weniger als einem Jahr zwei Drittel seines Wertes und erreichte schließlich seinen Tiefpunkt bei etwa 1100, fast 80 % unter seinem Höchststand. Dieser Zeitraum wird heute als *Tech-Blase* bezeichnet.

Information, Unsicherheit und Überzeugungen

Der Begriff **Preisblase** bezieht sich auf eine anhaltende und bedeutende Abweichung des Preises eines Vermögenswerts (finanziell oder anderweitig) von seinem Fundamentalwert.

Manchmal kommen neue Informationen über den Fundamentalwert eines Vermögenswertes auf den Märkten schnell und zuverlässig zum Ausdruck. Änderungen in der Einschätzung des zukünftigen Wachstums des Einkommens eines Unternehmens führen zu sofortigen Anpassungen des Aktienkurses. Sowohl gute als auch schlechte Nachrichten über Patente

Yahoo Finance (https://tinyco.re/6764389), abgerufen am 14. Januar 2014.

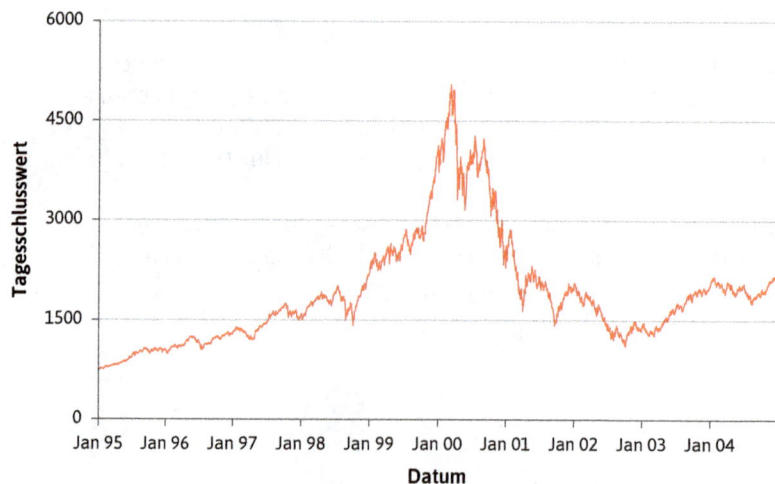

Abbildung 11.14 Die Technologieblase: Nasdaq Composite Index (1995–2004).

oder Rechtsstreitigkeiten, die Erkrankung oder das Ausscheiden wichtigen Personals, überraschende Einkommen oder Fusionen und Übernahmen können zu aktiven Transaktionen und raschen Kursbewegungen führen.

Da die Kursbewegungen von Wertpapieren oft wichtige Informationen über die finanzielle Gesundheit eines Unternehmens widerspiegeln, können Händler:innen, denen diese Informationen fehlen, versuchen, sie aus den Kursbewegungen abzuleiten. Um es mit Hayeks Worten auszudrücken: Preisänderungen sind Botschaften, die Informationen enthalten. Wenn die Märkte gut funktionieren sollen, müssen die Händler:innen auf diese Botschaften reagieren. Wenn sie jedoch einen Preisanstieg als Zeichen für weitere Preissteigerungen interpretieren (**Momentum Handel**), kann es zu sich selbst verstärkenden Zyklen von Preissteigerungen kommen, die zu Vermögenspreisblasen führen, gefolgt von plötzlichen Preisrückgängen, den so genannten Crashs.

Drei charakteristische und miteinander verbundene Marktmerkmale können zu Preisblasen führen:

> **Momentum Handel** Strategie für den Aktienhandel, die darauf beruht, dass neue Informationen nicht sofort in die Kurse einfließen, so dass die Kurse über kurze Zeiträume eine positive Korrelation aufweisen.

- *Wiederverkaufswert:* Die Nachfrage nach dem Vermögenswert ergibt sich zum einen aus dem Nutzen für die Eigentümer:innen (zum Beispiel die Auszahlungen von Dividenden einer Aktie oder die Freude, ein Gemälde einer bekannten kunstschaffenden Person im Wohnzimmer zu haben) und zum anderen aus der Möglichkeit, auf eine Preisänderung zu spekulieren. In ähnlicher Weise kann eine vermietende Person ein Haus sowohl wegen der Mieteinnahmen als auch zur Erzielung eines Kapitalgewinns kaufen, indem sie den Vermögenswert eine Zeit lang hält und es dann verkauft. Die Annahmen der Menschen über die Entwicklung der Preise von Vermögenswerten sind unterschiedlich und ändern sich, wenn sie neue Informationen erhalten oder glauben, dass andere auf neue Informationen reagieren.
- *Einfaches Handeln:* Auf den Finanzmärkten bedeutet das einfache Handeln, dass man zwischen der Rolle der kaufenden und der verkaufenden Person wechseln kann, wenn man die Meinung darüber ändert, ob der Preis steigen oder fallen wird. Auf Märkten für gewöhnliche Waren und Dienstleistungen ist ein Wechsel zwischen Kauf und Verkauf nicht möglich, da die verkaufenden Unternehmen mit spezialisierten Investitionsgütern und ausgebildeten Arbeitskräften ausgestattet sind, während die Kaufenden andere Unternehmen oder Haushalte sind.
- *Einfache Kreditaufnahme zur Finanzierung von Käufen:* Wenn die Marktteilnehmenden Kredite aufnehmen können, um ihre Nachfrage nach einem Vermögenswert zu erhöhen, von dem sie glauben, dass es im Preis steigt, kann sich der Preisanstieg fortsetzen, was die Möglichkeit einer Preisblase und eines anschließenden Crashs schafft.

WENN ÖKONOMINNEN UND ÖKONOMEN SICH UNEINIG SIND

Gibt es Preisblasen?

Die Preisbewegungen in Abbildung 11.14 (und Abbildung 11.20 (Seite 560) im nächsten Abschnitt) vermitteln den Eindruck, dass die Preise von Vermögenswerten stark schwanken können und in keinem Verhältnis zu den Einnahmen stehen, die realistisch von dem Besitz erwartet werden können.

Aber gibt es Preisblasen wirklich, oder sind sie eine Illusion, die nur im Nachhinein entsteht? Mit anderen Worten: Kann man wissen, dass ein Markt sich in einer Preisblase befindet, bevor er zusammenbricht? Es mag überraschen, dass einige prominente Ökonominnen und Ökonomen, die mit Finanzmarktdaten arbeiten, diese Frage verneinen. Zu ihnen gehören Eugene Fama und Robert Shiller, zwei der drei Nobelpreisträger des Jahres 2013.

Fama bestreitet, dass der Begriff „Preisblase" überhaupt eine sinnvolle Bedeutung hat:

> Diese Begriffe sind populär geworden. Ich glaube nicht, dass sie irgendeine Bedeutung haben … Im Nachhinein ist es leicht zu sagen, dass die Preise gesunken sind und es daher eine Blase gewesen sein muss. Ich denke, die meisten Blasen entstehen im Nachhinein. Rückblickend findet man immer Leute, die vorher gesagt haben, dass die Preise zu hoch sind. Die Leute sagen immer, dass die Preise zu hoch sind. Wenn sie sich als richtig erweisen, werden sie von uns gelobt. Wenn sie sich als falsch herausstellen, ignorieren wir sie. In der Regel haben sie etwa die Hälfte der Zeit recht und die andere Zeit unrecht.

Das ist ein Ausdruck dessen, was Ökonominnen und Ökonomen die *effiziente Markthypothese* nennen, die behauptet, dass alle allgemein verfügbaren Informationen über Fundamentalwerte praktisch sofort in die Preise einfließen. Robert Lucas—ein weiterer Nobelpreisträger, der Famas Meinung ist—erklärte die Logik dieses Arguments 2009, mitten in der Finanzkrise:

> Eine Sache, die wir weder jetzt noch jemals haben werden, ist eine Reihe von Modellen, die plötzliche Wertverluste von Finanzvermögen vorhersagen, wie die Verluste, die auf den Zusammenbruch von Lehman Brothers im September folgten. Das ist nichts Neues. Es ist seit mehr als 40 Jahren bekannt und eine der wichtigsten Schlussfolgerungen der Hypothese des effizienten Marktes von Eugene Fama … Wenn eine Ökonomin oder ein Ökonom eine Formel hätte, die Krisen zuverlässig, sagen wir eine Woche im Voraus, vorhersagen könnte, dann würde diese Formel Teil der allgemein verfügbaren Informationen werden und die Preise würden eine Woche früher fallen.

Eugene Fama, zitiert aus 'Interview with Eugene Fama' (https://tinyco.re/0438887), *The New Yorker*. (2010).

Tim Harford. 2012. 'Still Think You Can Beat the Market?' (https://tinyco.re/7063932). *The Undercover Economist*. Aktualisiert am 24. November 2012.

Wenn die Hypothese des effizienten Marktes richtig ist, wie konnte es dann zur Finanzkrise 2008 kommen? Robert Lucas über die Hypothese des effizienten Marktes von Fama: Robert Lucas. 2009. 'In Defence of the Dismal Science' (https://tinyco.re/6052194). *The Economist*. Aktualisiert am 6. August 2009.

In seiner Antwort auf Lucas erklärt Markus Brunnermeier, warum dieses Argument nicht stichhaltig ist:

> Natürlich, so Bob Lucas, werden Investierende, wenn es allgemein bekannt ist, dass eine Preisblase nächste Woche platzen wird, diese schon heute platzen lassen. In der Praxis weiß jedoch keine investierende Person, wann andere Investierende beginnen werden, gegen die Preisblase zu handeln. Diese Ungewissheit macht jede einzelne investierende Person nervös, ob sie sich lange genug aus dem Markt heraushalten (oder verkaufen) kann, bis die Preisblase schließlich platzt. Folglich zögert jede investierende Person, gegen den Strom zu schwimmen. Tatsächlich kann es sein, dass Investierende es vorziehen, eine Preisblase lange Zeit zu halten, sodass Kurskorrekturen erst mit großer Verzögerung und oft abrupt eintreten. Empirische Untersuchungen zur Prognose von Aktienkursen unterstützen diese Ansicht. Da die Finanzierungsbeschränkungen die Arbitrage-Aktivitäten begrenzen, bedeutet die Tatsache, dass man kein Geld verdienen kann, nicht, dass der „Preis stimmt".
>
> Diese Denkweise stellt einen anderen, radikalen Ansatz für die zukünftige Finanzarchitektur da. Zentralbanken und Finanzaufsichtsbehörden müssen wachsam sein und nach Preisblasen Ausschau halten. Außerdem sollten sie Investierende dabei unterstützen, ihre Bemühungen zur Vermeidung von Vermögenspreisblasen zu koordinieren. Wie die aktuelle Episode gezeigt hat, reicht es nicht aus, nach dem Platzen der Blase aufzuräumen, sondern es ist von entscheidender Bedeutung, die Entstehung der Blase von vornherein zu verhindern.

Shiller argumentierte, dass relativ einfache und öffentlich zu beobachtende Statistiken, zum Beispiel das Verhältnis zwischen Aktienkursen und Einkünften pro Aktie, dazu verwendet werden können, Preisblasen zu erkennen, sobald sie entstehen. Zwar würde gegen den Strom zu schwimmen, also nach diesem Kriterium billige Vermögenswerte kaufen und teure verkaufen, kurzfristige Verluste generieren, jedoch langfristig zu Gewinnen führen, die nach Schillers Ansicht, die Renditen übersteigen, welche man durch eine Investition in einen diversifizierten Korb von Wertpapieren mit ähnlichen Risikoeigenschaften erzielen kann.

In Zusammenarbeit mit der Barclays Bank hat Shiller ein Produkt namens Exchange Traded Note (ETN) auf den Markt gebracht, mit dem Investitionen gemäß seiner Theorie getätigt werden können. Dieses Vermögen ist an den Wert des zyklisch bereinigten Kurs-Gewinn-Verhältnisses (CAPE) gekoppelt, das nach Shillers Ansicht über lange Zeiträume hinweg die zukünftigen Preise vorhersagt. Er ist also ein Ökonom, der sein Geld in die Hand genommen hat: Sie können die Schwankungen von Shillers Index auf der Website der Barclays Bank (https://tinyco.re/7309155) verfolgen.

Brunnermeier argumentiert, Lucas habe zu Recht betont, dass Finanzmarktfriktionen ein Gegenargument zur Hypothese des effizienten Marktes sind: Markus Brunnermeier. 2009. 'Lucas Roundtable: Mind the Frictions' (https://tinyco.re/0136751). *The Economist*. Aktualisiert am 6. August 2009.

Robert J. Shiller. 2003. 'From Efficient Markets Theory to Behavioral Finance' (https://tinyco.re/3989503). *Journal of Economic Perspectives* 17 (1) (March): pp. 83–104.

Burton G. Malkiel. 2003. 'The Efficient Market Hypothesis and Its Critics' (https://tinyco.re/4628706). *Journal of Economic Perspectives* 17 (1) (March): pp. 59–82.

Die klassische Untersuchung von Preisblasen wurde von John Maynard Keynes in Kapitel 12 seiner ‚Allgemeinen Theorie' vorgenommen. John Maynard Keynes. 1936. *The General Theory of Employment, Interest and Money* (https://tinyco.re/2987470). London: Palgrave Macmillan.

Es gibt also zwei recht unterschiedliche Interpretationen der „Tech-Blase", die in Abbildung 11.14 (Seite 550) zu sehen sind:

John Cassidy. 2010. 'Interview with Eugene Fama' (https://tinyco.re/4647447). *The New Yorker*. Aktualisiert am 13. Januar 2010.

Robert J. Shiller. 2015. *Irrational Exuberance*, Chapter 1 1 (https://tinyco.re/4263463). Princeton, NJ: Princeton University Press.

- *Famas Ansicht*: Die Vermögenspreise basierten während der gesamten Episode auf der besten zu diesem Zeitpunkt verfügbaren Informationen und schwankten, weil sich die Information über die Aussichten der Unternehmen stark veränderten. In einem Interview, das John Cassidy 2010 in *The New Yorker* mit Fama führte, bezeichnet er viele der Argumente für die Existenz von Preisblasen als „völlig schwammig".
- *Shillers Ansicht*: Die Preise seien in den späten 1990er Jahren einfach durch die Erwartung, dass der Preis noch weiter steigen würde, in die Höhe getrieben worden. Er bezeichnete dies als „**irrationalen Überschwang**" der Investierenden. Das erste Kapitel seines Buches *Irrational Exuberance* erklärt die Idee.

irrationaler Überschwang Ein Prozess, durch den Vermögen überbewertet wird. Der Ausdruck wurde erstmals 1996 von Alan Greenspan, dem damaligen Präsidenten der US Federal Reserve (Zentralbank-System der Vereinigten Staaten), verwendet. Als wirtschaftliches Konzept wurde er von dem Ökonomen Robert Shiller populär gemacht.

ÜBUNG 11.6 MÄRKTE FÜR EDELSTEINE

Ein Artikel der *New York Times* (https://tinyco.re/6343875), beschreibt, wie die weltweiten Märkte für Opale, Saphire und Smaragde durch die Entdeckung neuer Edelsteinquellen beeinflusst werden.

1. Erklären Sie anhand einer Analyse von Angebot und Nachfrage, warum australische Händler:innen über die Entdeckung von Opalen in Äthiopien unglücklich waren.
2. Wodurch wird die Zahlungsbereitschaft für Edelsteine bestimmt? Warum werden für Saphire aus Madagaskar niedrigere Preise verlangt als für asiatische?
3. Erklären Sie, warum die Reputation von Edelsteinen aus bestimmten Quellen für eine verbrauchende Person von Bedeutung sein kann. Sollten Sie den Preis, den Sie für einen Stein zu zahlen bereit sind, nicht danach beurteilen, wie sehr er Ihnen selbst gefällt?
4. Sind Sie der Meinung, dass der gute Ruf von Edelsteinen aus bestimmten Herkunftsländern zwangsläufig echte Qualitätsunterschiede widerspiegelt?
5. Könnte es auf den Märkten für Edelsteine zu Preisblasen kommen?

FRAGE 11.6 WÄHLEN SIE DIE RICHTIGE(N) ANTWORT(EN)

Welche der folgenden Aussagen über Blasen sind richtig?

☐ Eine Blase entsteht, wenn der Fundamentalwert einer Aktie zu schnell ansteigt.
☐ Auf einem Markt, auf dem die Menschen leicht vom Kauf zum Verkauf übergehen können, ist das Auftreten einer Blase weniger wahrscheinlich.
☐ Strategien des Momentum Handels erhöhen die Wahrscheinlichkeit des Auftretens von Blasen.
☐ Blasen können nur auf Finanzmärkten entstehen.

11.8 MODELLIERUNG VON PREISBLASEN UND CRASHS

Wir haben gesehen, dass es auf Märkten für finanzielle Vermögenswerte zu Preisblasen kommen kann, weil die Nachfrage zum Teil von den Preiserwartungen abhängt, zu denen sie zukünftig wieder verkauft werden können. Dieses Argument könnte auch für langlebige Güter gelten—zum Beispiel für Häuser, Gemälde und „Sammlerstücke" wie Oldtimer oder Briefmarken. Können wir unser Modell der preisnehmenden Kaufenden und Verkaufenden auf solche Märkte anwenden?

Abbildung 11.15 veranschaulicht das Angebot und die Nachfrage nach Aktien eines (bisher) hypothetischen Unternehmens namens Flying Car Corporation (FCC). Zu Beginn liegt der Kurs der Aktie bei 50 USD auf der untersten Nachfragekurve. Wenn potenzielle Händler:innen sowie Investierende positive Nachrichten über die erwartete zukünftige Rentabilität erhalten, verschiebt sich die Nachfragekurve nach rechts, und der Preis steigt auf 60 USD (der Einfachheit halber nehmen wir an, dass sich die Angebotskurve nicht bewegt).

Der exogene Nachfrageanstieg hat zunächst die gleichen Auswirkungen wie auf den Märkten für Brot und Hüte. Folgen Sie den Schritten in Abbildung 11.15, um zu sehen, was dann passiert.

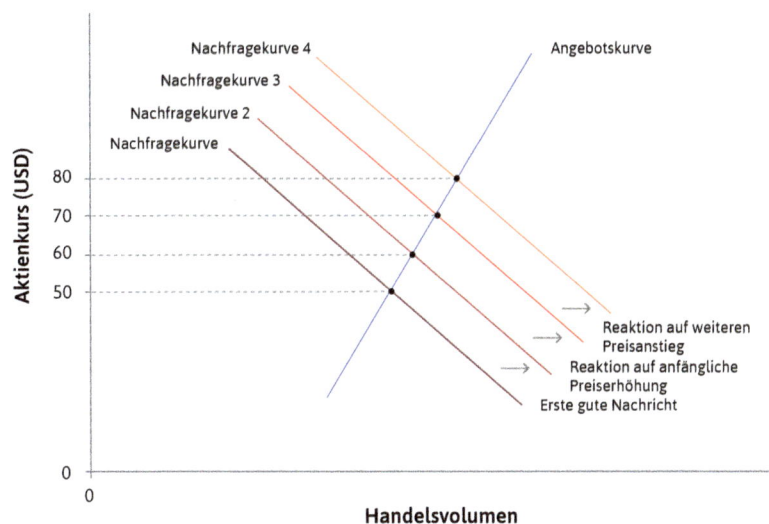

Abbildung 11.15 Der Beginn einer Preisblase bei FCC-Aktien.

1. Der Anfangspreis
Zu Beginn liegt der Preis für eine Aktie des Unternehmens namens Flying Car Corporation (FCC) bei 50 USD auf der niedrigsten Nachfragekurve.

2. Die Reaktion auf positive Nachrichten
Wenn potenzielle Händler:innen sowie investierende Personen positive Nachrichten über die erwartete zukünftige Rentabilität erhalten, verschiebt sich die Nachfragekurve nach rechts, und der Preis steigt auf 60 USD.

3. Die Auswirkung eines Preisanstiegs
Der Preisanstieg wird von den Kaufenden als weitere positive Nachricht gewertet. Die Nachfragekurve verschiebt sich nach oben, einfach weil der Preis gestiegen ist, und der Preis steigt weiter auf 70 USD.

4. Der Beginn einer Preisblase
Dieser weitere Anstieg kann zu einer weiteren Verschiebung der Nachfrage führen, wodurch sich der Prozess fortsetzt.

positive Rückkopplung (Prozess) Ein Prozess, bei dem eine anfängliche Veränderung einen Prozess in Gang setzt, der die anfängliche Veränderung verstärkt. *Siehe auch: negative Rückkopplung (Prozess).*

Die Abfolge der Ereignisse in Abbildung 11.15 kann eintreten, wenn Individuen einen Preisanstieg dahingehend interpretieren, dass andere Menschen Nachrichten erhalten haben, die sie selbst nicht gehört haben, und deshalb ihre eigenen Erwartungen nach oben korrigieren. Oder sie sehen eine Gelegenheit zum Spekulieren: Sie kaufen Wertpapiere jetzt und verkaufen sie später mit Gewinn an andere Kaufende. In jedem Fall erzeugt der anfängliche Nachfrageanstieg ein **positives Feedback**, das zu einem weiteren Anstieg der Nachfrage führt.

Auf dem Brotmarkt ist dies nicht der Fall. Die Menschen reagieren nicht auf einen Anstieg des Brotpreises, indem sie mehr Brot kaufen und ihre Kühltruhe füllen. Um den Markt für Vermögen wie Aktien, Gemälde oder Häuser zu modellieren, müssen wir die zusätzlichen Auswirkungen von erwarteten Preisveränderungen berücksichtigen. Abbildung 11.16 stellt zwei alternative Szenarien gegenüber, die auf einen exogenen Schock mit positiven Nachrichten über zukünftige Gewinne von FCC folgen, der den Preis wie in Abbildung 11.15 von 50 USD auf 60 USD ansteigen lässt.

Im linken Feld wird der Preisanstieg durch Erwartungen gebremst: Einige Marktteilnehmende reagieren auf den anfänglichen Preisanstieg mit Skepsis, ob der Fundamentalwert einer Aktie von FCC wirklich 60 USD beträgt und verkaufen daher ihre Aktien, um einen Gewinn aus dem höheren Preis zu ziehen. Durch dieses Verhalten sinkt der Preis und fällt auf einen Wert, der etwas über dem Ausgangswert liegt, wo er sich stabilisiert. Die Nachricht resultierte in einen Preis zwischen 50 und 60 USD, der die Gesamteinschätzung des Marktes über den neuen Fundamentalwert von FCC widerspiegelt.

Im Gegensatz dazu wird im rechten Feld der Preisanstieg durch Vermutungen bestärkt. Wenn die Nachfrage steigt, glauben andere, dass der anfängliche Preisanstieg einen weiteren Anstieg in der Zukunft signalisiert. Diese Vermutungen bewirken einen Anstieg der Nachfrage nach FCC-Aktien. Andere Händler:innen sehen, dass diejenigen, die mehr FCC-Aktien gekauft haben, von dem Preisanstieg profitiert haben, und folgen diesem Beispiel. Ein sich selbst verstärkender Kreislauf aus höheren Preisen und steigender Nachfrage setzt sich in Gang.

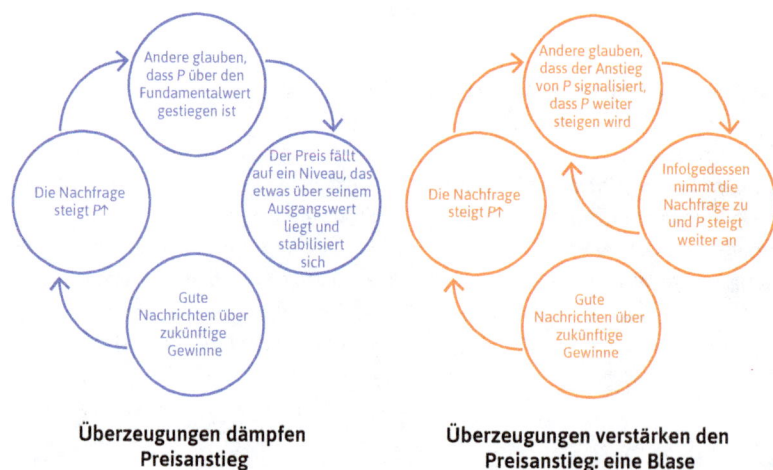

Überzeugungen dämpfen Preisanstieg

Überzeugungen verstärken den Preisanstieg: eine Blase

Abbildung 11.16 Positives vs. negatives Feedback.

Wenn Vermutungen Preisänderungen bremsen und den Markt nach einem Preisschock wieder ins Gleichgewicht bringen, heißt das, dass das Gleichgewicht **stabil** ist. Abbildung 11.17 zeigt, wie wir den Prozess der Preisanpassung im Falle eines stabilen Gleichgewichts modellieren können. Das linke Feld zeigt die Angebots- und Nachfragekurven für FCC-Aktien, wobei der Gleichgewichtspreis P_0 dem Fundamentalwert entspricht. Das rechte Feld zeigt die Beziehung zwischen den Preisen in aufeinanderfolgenden Zeiträumen, die sogenannte *Preisdynamikkurve* (PDK). Wenn P_t, der Preis in der Periode t, gleich P_0 ist, dann wird der Preis in der nächsten Periode, P_{t+1}, gleich sein, weil es im Gleichgewicht keine Tendenz zur Veränderung gibt. Befindet sich der aktuelle Preis P_t jedoch nicht im Gleichgewicht, zeigt die PDK, wie der Preis in der nächsten Periode sein wird. Folgen Sie den Schritten in Abbildung 11.7 (Seite 537), um zu sehen, wie der Markt mit einer PDK, wie der hier gezeigten, nach einem Schock zum Gleichgewicht zurückkehrt.

In Abbildung 11.17 ist die PDK flacher als die 45°-Linie, das heißt, wenn der Preis über dem Gleichgewicht liegt, wird er sich wieder nach unten anpassen, bis das Gleichgewicht wiederhergestellt ist. Diese PDK stellt den Fall dar, in dem die Fundamentalwertvermutungen des Vermögenswerts jede Tendenz überwiegen, den Preisanstieg als Signal für weitere Preissteigerungen zu interpretieren.

> **stabiles Gleichgewicht** Ein Gleichgewicht, bei dem eine Tendenz zur Wiederherstellung des Gleichgewichts besteht, nachdem es durch einen kleinen Schock gestört wurde.

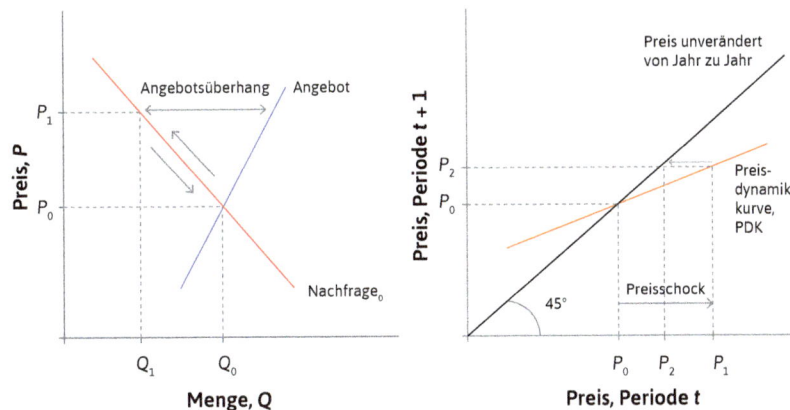

Abbildung 11.17 Ein stabiles Gleichgewicht auf dem Markt für FCC-Aktien.

1. Der Gleichgewichtspreis
Die linke Seite zeigt die Angebots- und Nachfragekurve für einen Markt, in dem der Gleichgewichtspreis P_0 ist. Die 45°-Linie auf der rechten Seite zeigt, dass, wenn der Preis in der Periode t P_0 ist, der Preis in der Periode $t + 1$ derselbe sein wird. Es gibt keine Tendenz zur Veränderung.

2. Ein Preisschock
Angenommen, nach einem vorübergehenden Einbruch der Nachfrage für Aktien liegt der Preis auf diesem Markt bei P_1. Es besteht ein Angebotsüberhang.

3. Der Preis passt sich an
Die Preisdynamikkurve (PDK) zeigt, dass, wenn der Preis in diesem Zeitraum P_1 ist, er im nächsten Zeitraum P_2 sein wird.

4. Vermutungen wirken preissenkend
Da die PDK flacher ist als die 45°-Linie, liegt P_2 näher am Gleichgewicht als P_1. Investierende werden durch ihre Vermutungen über den Fundamentalwert von FCC beeinflusst, der bei P_0 liegt.

5. Zurück zum Gleichgewicht
Die Preise nähern sich dem Wert P_0. Dieser Prozess setzt sich fort, bis das Gleichgewicht wiederhergestellt ist.

557

Nehmen wir nun an, dass nach dem anfänglichen Anstieg des Aktienkurses P_1 die Nachfrage *erhöht* wird: Aktien von FCC werden nun als bessere Investitionen angesehen. Auch wenn alle wissen, dass der Fundamentalwert einer Aktie immer noch P_0 ist, glauben einige, dass der Kurs noch eine Zeit lang weiter steigen wird. Wenn sich die Vermutung durchsetzt, dass der Kurs weiter steigen wird, dann ist der Besitz weiterer Aktien eine gute Strategie. Das Halten dieser Aktien bringt einen Gewinn, da sie später zu einem höheren Preis, als zum ursprüngliche Erwerbspreis, verkauft werden können.

In diesem Fall verschiebt der höhere Preis die Nachfragekurve nach rechts, wie in Abbildung 11.18 auf der linken Seite zu sehen ist. Im rechten Feld ist die PDK steiler als die 45°-Linie. Das bedeutet, dass der Preis in der nächsten Periode weiter vom Gleichgewicht bei P_0 entfernt ist, als der Preis in dieser Periode. Diese PDK repräsentiert den Fall eines **instabilen Gleichgewichts**.

In der nächsten Periode steigt der Preis wieder an. In einer sich selbst verstärkenden Preisblase kann sich dieser Prozess unbegrenzt fortsetzen— zumindest solange, bis etwas geschieht, das die Erwartung kontinuierlich steigender Preise (und einer zunehmenden Abweichung des Preises von seinem Fundamentalwert) verändert.

Instabilität durch sich selbst verstärkende Preiserwartungen kann nur auf Märkten für Güter auftreten, die weiterverkauft werden können, wie Finanzvermögen oder langlebige Güter. Es macht keinen Sinn, mehr Gemüse, Fisch oder Modeartikel zu kaufen, in der Hoffnung, einen Kapitalgewinn zu erzielen, denn der Fisch und das Gemüse werden verfaulen, und die Mode wird sich ändern. Auf den Märkten für Tulpenzwiebeln im siebten Jahrhundert, für Büroräume in Tokio in den späten 1980er Jahren und für Häuser in Las Vegas in den 2000er Jahren (siehe Übung 11.10) kauften die Menschen jedoch weiter, als die Preise stiegen, und trieben so die Preise weiter in die Höhe, weil sie davon ausgingen, dass sie beim Wiederverkauf profitieren würden.

In Einheit 17 werden wir ein Modell mit einer Preisdynamikkurve verwenden, um die Rolle des Immobilienmarktes in der Finanzkrise von 2008 zu untersuchen. In Einheit 20 hilft ein ähnliches Modell zu erklären, wie der Mensch mit der natürlichen Umwelt interagiert und warum wir in manchen Situationen sowohl stabilisierende Prozesse als auch Teufelskreise mit unkontrollierten Zusammenbrüchen beobachten können.

> **instabiles Gleichgewicht** Ein Gleichgewicht, bei dem, wenn ein Schock das Gleichgewicht stört, die Tendenz besteht, sich anschließend noch weiter vom Gleichgewicht zu entfernen.

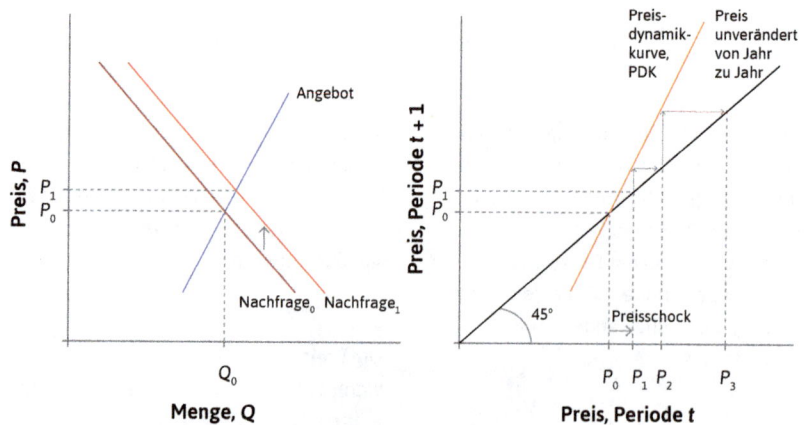

Abbildung 11.18 Ein instabiles Gleichgewicht.

Wie enden Preisblasen?

Eine Preisblase platzt, wenn einige Marktteilnehmende die Gefahr eines Preisrückgangs wahrnehmen. Dann halten sich die Kaufenden zurück, und diejenigen, die den Vermögenswert halten, versuchen es loszuwerden. Der in Abbildung 11.15 dargestellte Prozess wird umgedreht. Abbildung 11.19 veranschaulicht die Vorgänge anhand des Modells von Angebot und Nachfrage. Auf dem Höhepunkt der Preisblase werden die Aktien mit 80 USD gehandelt. Sowohl die Angebots- als auch die Nachfragekurve verschieben sich, wenn die Preisblase platzt, und der Preis bricht von 80 USD auf 54 USD ein—was große Verluste für diejenigen bedeutet, die die Aktien kauften, als der Preis 80 USD betrug.

Wenn der Preis eines Vermögenswerts ausschließlich durch die Erwartung zukünftiger Preissteigerungen in die Höhe getrieben wurde, sollte es für diejenigen, die über den Wert gut informiert sind, Möglichkeiten geben, von ihrem Informationsvorsprung zu profitieren. Wenn also der Anstieg des Nasdaq-Index in Abbildung 11.14 (Seite 550) tatsächlich eine Preisblase war, warum haben dann diejenigen, die ihn als Preisblase erkannten, nicht davon profitiert, indem sie gigantische Wetten auf einen größeren Preisrückgang abschlossen?

Tatsächlich sind viele Investierende „gegen den Strom geschwommen", indem sie auf das Platzen der Preisblase wetteten. Darunter auch einige bekannte Personen an der Wall Street. Sie setzten dabei auf **Leerverkäufe**: Sie liehen sich Aktien zum aktuellen Höchstkurs und verkauften sie sofort mit der Absicht, sie nach dem Kurseinbruch billig zurückzukaufen (um sie den Eigentümer:innen zurückzugeben). Das ist jedoch eine äußerst riskante Strategie, da sie ein genaues Timing des Einbruchs erfordert—denn wenn die Preise weiter steigen, können die Verluste untragbar werden. Sie können mit der Preisblase richtig liegen, aber wenn die Investierenden das Timing falsch wählen, ist der Preis, wenn sie die Aktien kaufen und an die Eigentümer:innen zurückgeben müssen, höher als zum Zeitpunkt des Verkaufs. Sie machen dann einen Verlust und sind möglicherweise nicht in der Lage, ihr Darlehen zurückzuzahlen.

Leibniz: Preisblasen
(https://tinyco.re/1108016)

Leerverkauf Der Verkauf eines geliehenen Vermögenswerts mit der Absicht, es zu einem niedrigeren Preis zurückzukaufen. Diese Strategie wird von Anleger:innen angewandt, die eine Wertminderung des Vermögenswerts erwarten. *Auch bekannt als: Shorting.*

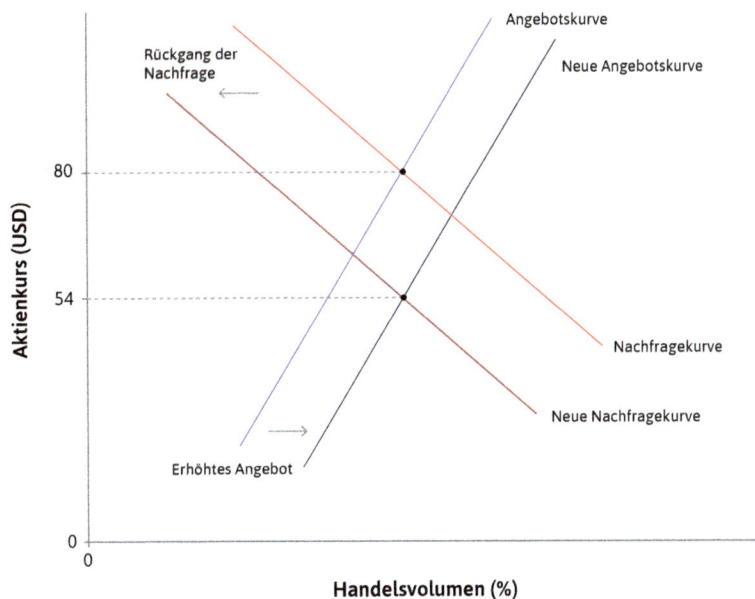

Abbildung 11.19 Der Zusammenbruch des Aktienkurses von FCC.

Viele, die einen Vermögenswert kaufen, sind zwar von einem möglichen Einbruch überzeugt, hoffen aber, den Markt vorher zu verlassen. Dies war während der Preisblase im Technologiesektor der Fall, als Stanley Druckenmiller, Manager des Quantum Fund mit einem Vermögen von 8 Milliarden USD, Aktien von Technologieunternehmen hielt, von denen er wusste, dass sie überbewertet waren. Nachdem die Kurse eingebrochen waren und der Fond erhebliche Verluste erlitten hatte, beschrieb er seinen Fehler mit einer Baseball-Metapher. „Wir dachten, es sei das achte Inning, aber es war das neunte", erklärte er, „ich habe meine Chance überschätzt."

Coindesk.com. 2021. *Bitcoin News, Prices, Charts, Guides & Analysis* (https://tinyco.re/8792662) und Bitcoincharts (https://tinyco.re/4434190). Beide abgerufen im Oktober 2021.

ÜBUNG 11.7 WAS IST DER FUNDAMENTALWERT EINES BITCOINS?

Auf dem Markt für die virtuelle Währung Bitcoin könnte eine Preisblase entstanden sein. Bitcoin wurde im Jahr 2009 von einer anonymen Gruppe eingeführt. Wo Bitcoin akzeptiert wird, kann er von einer Person zur anderen als Zahlungsmittel für Waren und Dienstleistungen übertragen werden.

Im Gegensatz zu anderen Währungen wird der Bitcoin nicht von einer einzigen Stelle, zum Beispiel einer Zentralbank, kontrolliert. Stattdessen wird er von Einzelpersonen „geschürft", die dabei ihre Rechenleistung zur Verfügung stellen, um Bitcoin-Transaktionen zu überprüfen und im „öffentlichen Hauptbuch" zu speichern. Zu Beginn des Jahres 2013 konnte ein Bitcoin für etwa 13 USD erworben werden. Am 4. Dezember 2013 wurde er für 1147 USD gehandelt. Danach verlor er innerhalb von zwei Wochen mehr als die Hälfte des Wertes. Diese und die nachfolgenden Kursschwankungen sind in Abbildung 11.20 dargestellt.

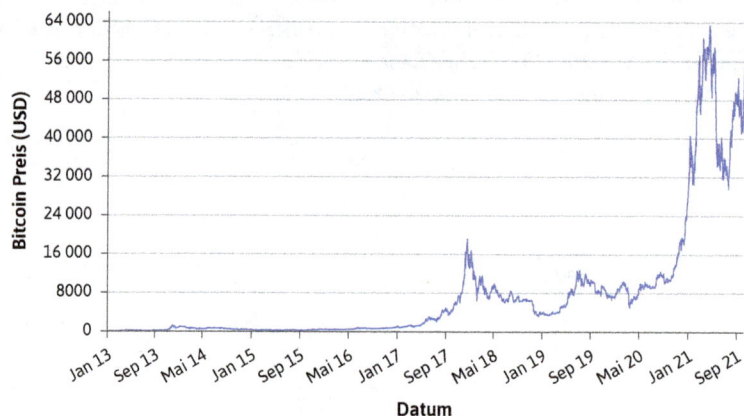

Abbildung 11.20 Der Wert von Bitcoin (2013–2021).

Verwenden Sie die Modelle in diesem Abschnitt sowie die Argumente für und gegen die Existenz von Preisblasen, um die Daten in Abbildung 11.20 zu erklären.

ÜBUNG 11.8 DIE ZEHN GRÖSSTEN PREISBLASEN BEI VERMÖGENSWERTEN DER LETZTEN 400 JAHRE

Laut Charles Kindleberger, einem Wirtschaftshistoriker, sind Preisblasen bei Vermögenswerten in einer Vielzahl von Ländern und Zeiträumen aufgetreten. Die Preisblasen der letzten 100 Jahre konzentrierten sich vor allem auf Immobilien, Wertpapiere und ausländische Investitionen.

- 1636: Die niederländische Tulpenblase
- 1720: Die Südseeblase
- 1720: Die Mississippi-Blase
- 1927–29: Die 1920er Börsenblase
- 1970s: Die Zunahme der Darlehen an Mexiko und andere Entwicklungsländer
- 1985–89: Die japanische Aktien- und Immobilienblase
- 1985–89: Die Wertpapier- und Immobilienblase in Finnland, Norwegen und Schweden
- 1990s: Die Wertpapier- und Immobilienblase in Thailand, Malaysia, Indonesien und mehreren anderen asiatischen Ländern zwischen 1992 und 1997 sowie der Anstieg ausländischer Investitionen in Mexiko 1990–99
- 1995–2000: Die Preisblase bei außerbörslichen Wertpapieren in den USA
- 2002–07: Die Immobilienblase in den USA, England, Spanien, Irland und Island

Suchen Sie sich eine dieser Preisblasen aus, erfahren Sie mehr darüber, und dann:

1. Erzählen Sie die Geschichte dieser Preisblase anhand der Modelle in diesem Abschnitt.
2. Erläutern Sie, inwieweit die Argumente im Kasten „Gibt es Preisblasen?" in Abschnitt 11.7 über die Existenz von Preisblasen für Ihre Geschichte relevant sind.

Charles P. Kindleberger. 2005. *Manias, Panics, and Crashes: A History of Financial Crises (Wiley Investment Classics)* (https://tinyco.re/9848004). Hoboken, NJ: Wiley, John & Sons.

FRAGE 11.7 WÄHLEN SIE DIE RICHTIGE(N) ANTWORT(EN)

Welche der folgenden Aussagen über Preise für Vermögenswerte sind richtig?

☐ Eine Blase entsteht, wenn Erwartungen über zukünftige Preise einen Preisanstieg verstärken.

☐ Bei positiver Rückkopplung kehrt der Markt schnell wieder ins Gleichgewicht zurück.

☐ Eine negative Rückkopplung liegt vor, wenn die Preise den Händler:innen falsche Information über den Fundamentalwert vermitteln.

☐ Wenn Erwartungen den Preisanstieg bremsen, ist das Gleichgewicht auf dem Markt stabil.

FRAGE 11.8 WÄHLEN SIE DIE RICHTIGE(N) ANTWORT(EN)

Welche der folgenden Aussagen über Leerverkäufe sind richtig?

☐ Leerverkäufe werden eingesetzt, um von einem Kursrückgang zu profitieren.

☐ Beim Leerverkauf verkauft man Aktien, die man derzeit besitzt.

☐ Der maximale Verlust, den eine handelnde Person durch Leerverkäufe erleiden kann, ist der Preis, den sie durch den Verkauf der Aktien erhält.

☐ Leerverkäufe sind eine sichere Methode, um von einer vermuteten Blase zu profitieren.

11.9 MÄRKTE OHNE MARKTRÄUMUNG: RATIONIERUNG, WARTESCHLANGEN UND SEKUNDÄRMÄRKTE

Für Beyoncés Welt-Tournee 2013 waren die Tickets für die Show in Auckland (Neuseeland) in 15 Minuten, für drei Veranstaltungsorte in England in 12 Minuten, und für Washington DC (USA) in weniger als einer Minute ausverkauft. Als der amerikanische Sänger Billy Joel im Oktober 2013 ein Überraschungskonzert in seiner Heimat Long Island, New York, ankündigte, waren alle verfügbaren Karten innerhalb weniger Minuten vergriffen. In beiden Fällen kann man mit Sicherheit sagen, dass es viele enttäuschte Kaufende gab, die Preise weit über den Ticketpreis gezahlt hätten. Bei dem von den Konzertveranstaltenden gewählten Preis überstieg die Nachfrage das Angebot.

Auch bei Sportereignissen gibt es oft einen Nachfrageüberhang nach Tickets. Das Londoner Organisationskomitee für die Olympischen Spiele 2012 erhielt 22 Millionen Anträge für 7 Millionen Eintrittskarten. Abbildung 11.21 ist eine stilisierte Darstellung der Situation für eine olympische Veranstaltung.

Die Anzahl der verfügbaren Eintrittskarten, 40 000, ist durch die Kapazität des Stadions festgelegt. Der Kartenpreis, bei dem Angebot und Nachfrage gleich ist, beträgt 225 GBP. Das Organisationskomitee entscheidet sich nicht für diesen Preis, sondern für einen niedrigeren Preis von 100 GBP; zu diesem Preis liegt die Nachfrage bei 70 000 Eintrittskarten. Es besteht ein Nachfrageüberhang von 30 000 Karten.

Einige derjenigen, die Eintrittskarten für eine beliebte Veranstaltung erwerben, könnten versucht sein, diese zu verkaufen, anstatt sie zu nutzen. In Abbildung 11.21 könnten alle, die eine Eintrittskarte für 100 GBP mit der Absicht des Weiterverkaufs kaufen, sie für mindestens 225 GBP verkaufen und damit eine Rente von 125 GBP erzielen (im Vergleich zur nächstbesten Alternative, keine Eintrittskarte zu kaufen).

Durch die potenziellen Renten kann ein Parallel- oder Sekundärmarkt entstehen. Bei Eintrittskarten für Konzerte und Sportveranstaltungen stammt ein Teil der anfänglichen Nachfrage von Schwarzhändler:innen, also Menschen, die durch den Weiterverkauf Gewinne erzielen wollen. Tickets erscheinen fast sofort auf Peer-to-Peer-Handelsplattformen wie StubHub (https://tinyco.re/6667216) oder Ticketmaster (https://tinyco.re/0560780) und werden zu Preisen angeboten, die ein Vielfaches des ursprünglich gezahlten Preises betragen können. In den letzten Tagen der Olympischen Winterspiele 2014 in Sotschi wurden außerhalb des Parks die Eintrittskarten für den Olympischen Park mit einem Nennwert von 200 RUB für bis zu 4000 RUB verkauft.

Die Preise auf dem Sekundärmarkt gleichen Angebot und Nachfrage aus, und die Allokation erfolgt dementsprechend an diejenigen mit der größten Zahlungsbereitschaft. Die Annahme, dass dieser Markträumungspreis weit über dem Listenpreis liegt, ist zum Teil für die anfängliche rasante Nachfrage nach Eintrittskarten verantwortlich. Dennoch behalten einige Personen, die zu den niedrigeren Preisen kaufen, ihre Karten und besuchen eine Veranstaltung, die sie sich sonst nicht leisten könnten.

Die Veranstaltungsorganisierenden können versuchen, den Schwarzmarkt zu verhindern. In Sotschi sollten die Sicherheitsbeamten eingreifen. Es wird jedoch immer schwieriger, dies zu verhindern, da der Online-Verkauf mit Hilfe von „Ticket-Bots" (Software, die automatisch Tickets innerhalb weniger Augenblicke nach ihrer Veröffentlichung kauft) neue Möglichkeiten für einen Schwarzhandel in großem Maßstab bietet. Die *New York Times* schätzt (https://tinyco.re/8299453), dass der Schwarzhandel im Sommer 2016 mit nur 100 Aufführungen des Broadway-Musicals *Hamilton* 15,5 Millionen USD verdient hat.

Im Falle der Olympischen Spiele in London legte das Organisationskomitee den Preis fest, und die Tickets wurden per Lotterie zugeteilt. Dies ist ein Beispiel dafür, dass Güter **rationiert** werden und nicht nach dem Preis zugeteilt zu werden. Die Organisierenden hätten einen viel höheren Preis wählen können (225 GBP für die Veranstaltung in Abbildung 11.21), welcher der Markträumung entsprochen hätte. Dies hätte jedoch bedeutet, dass Personen, die nicht mehr als 100 GBP gezahlt hätten, die Veranstaltung nicht gesehen hätten. Durch die Allokation der Eintrittskarten im Rahmen einer Lotterie haben auch Menschen mit einer geringeren Zahlungsbereitschaft (vielleicht weil sie über ein begrenztes Einkommen verfügen) die Spiele sehen.

> **rationierte Güter** Güter, die den kaufenden Personen durch einen anderen Prozess als den Preis zugeteilt werden (zum Beispiel durch Warteschlangen oder eine Lotterie). Häufig ist die Menge der rationierten Güter geringer als die Nachfrage.

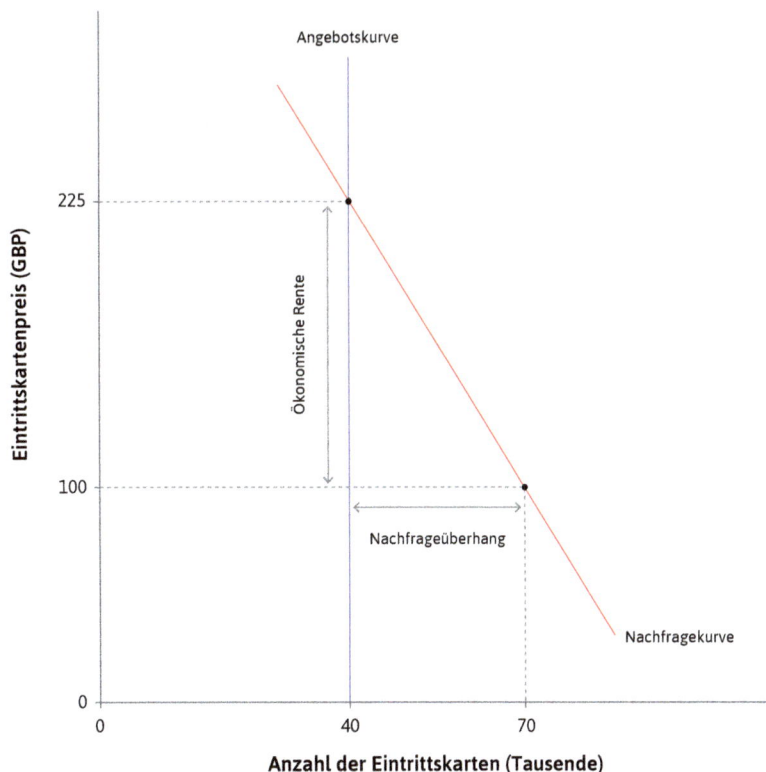

Abbildung 11.21 Nachfrageüberhang nach Eintrittskarten.

Das Verfahren wurde in der Öffentlichkeit heftig diskutiert und sorgte für Verärgerung, doch IOC-Präsident Jacques Rogge verteidigte es als „offen, transparent und fair".

Es gibt auch andere Fälle, in denen sich produzierende Unternehmen für einen anhaltenden Nachfrageüberhang entscheiden. Das New Yorker Restaurant Momofuku Ko bietet mittags ein 16-gängiges Degustationsmenü für 175 USD an und hat nur 12 Plätze. Online-Reservierungen können eine Woche im Voraus vorgenommen werden. Das Restaurant öffnet täglich um 10 Uhr und ist in der Regel innerhalb von drei Sekunden ausverkauft. Im Jahr 2008 verkaufte der Inhaber David Chang eine Reservierung bei einer Wohltätigkeitsauktion für 2870 USD. Selbst wenn man berücksichtigt, dass Menschen bereit sind, mehr für einen Gegenstand zu zahlen, wenn der Erlös an einen wohltätigen Zweck geht, deutet dies auf einen beträchtlichen Nachfrageüberhang nach Reservierungen hin—allerdings hat Chang den Preis nicht erhöht.

ÜBUNG 11.9 IOC-POLITIK

1. Halten Sie die Politik des IOC, eine Lotterie durchzuführen, für fair?
2. Ist sie Pareto-effizient? Erklären Sie, warum oder warum nicht.
3. Wie beurteilen Sie anhand der Kriterien der Fairness und der Pareto-Effizienz die weithin kritisierte Praxis des „Schwarzhandels" von Eintrittskarten?
4. Fallen Ihnen noch andere Argumente für oder gegen den Schwarzhandel ein?

ÜBUNG 11.10 DER PREIS EINER EINTRITTSKARTE

Erläutern Sie, warum die verkaufende Person eines Gutes mit festem Angebot (zum Beispiel Konzertkarten oder Restaurantreservierungen) einen Preis festsetzt, von dem sie weiß, dass er für eine Markträumung zu niedrig ist.

FRAGE 11.9 WÄHLEN SIE DIE RICHTIGE(N) ANTWORT(EN)

Abbildung 11.21 (Seite 563) ist eine stilisierte Darstellung des Marktes für ein Ereignis bei den Olympischen Spielen 2012 in London. 40 000 Eintrittskarten wurden per Lotterie zum Preis von je 100 GBP vergeben.

Nehmen wir an, dass die Kaufenden ihre Eintrittskarten auf dem Sekundärmarkt weiterverkaufen können. Welche der folgenden Aussagen ist richtig?

- ☐ Der Markt hat sich bei 100 GBP stabilisiert.
- ☐ Die Wahrscheinlichkeit, ein Los zu erhalten, betrug 4/7.
- ☐ Die ökonomische Rente, die von den Verkaufenden auf dem Sekundärmarkt erzielt wurden, betrug 100 GBP.
- ☐ Die Veranstaltenden der Lotterie hätten einen Preis von 225 GBP wählen sollen.

11.10 MÄRKTE MIT KONTROLLIERTEN PREISEN

Im Dezember 2013, an einem ungewöhnlich kalten und verschneiten Samstag in New York City, stieg die Nachfrage nach Taxidienstleistungen spürbar an. Die vertrauten gelben und grünen Taxis mit Taxameter, die zu einem festen Tarif (mit geringfügigen Anpassungen für die Spitzen- und Nachtstunden) fahren, waren schwer zu finden. Wer ein Taxi suchte, war entsprechend rationiert oder musste lange Wartezeiten in Kauf nehmen.

Doch es gab eine Alternative—ein weiteres Beispiel für einen sekundären Markt: den App-basierten Taxidienst Uber, der im März 2017 in 81 Ländern tätig war. Dieses neue Unternehmen im Nahverkehr nutzt einen geheimen Algorithmus, der schnell auf veränderte Nachfrage- und Angebotsbedingungen reagiert.

Normale Taxitarife ändern sich nicht mit dem Wetter, aber die Preise von Uber können sich erheblich ändern. In dieser Dezembernacht führte der Uber-Algorithmus zu Preisen, die mehr als das Siebenfache des Standardtarifs von Uber betrugen. Diese Preisspitze dämpfte einen Teil der Nachfrage, führte aber auch zu einem erhöhten Angebot, da Fahrer:innen, die eigentlich Feierabend gemacht hätten, auf der Straße blieben.

Die Stadtverwaltungen regulieren die Taxitarife oft als Teil ihrer Verkehrspolitik, zum Beispiel um Sicherheitsstandards aufrechtzuerhalten und Verkehrsstaus zu minimieren. In einigen Ländern kontrolliert die lokale oder nationale Regierung auch die Wohnungsmiete. Manchmal geschieht dies zum Schutz der Mietenden, die in ihren Beziehungen zu den Vermietenden wenig Verhandlungsmacht haben, oder weil die städtischen Mietkosten für wichtige Gruppen von Arbeitskräften zu hoch sind.

Abbildung 11.22 zeigt eine Situation, in der die lokale Regierung beschließen könnte, die Wohnungsmiete in einer Stadt zu kontrollieren. Zu Beginn befindet sich der Markt im Gleichgewicht, mit 8000 Mietverhältnissen zu einer Miete von 500 EUR—wir haben eine Markträumung. Nehmen wir nun an, dass die Nachfrage nach Mietwohnungen steigt. Die Mieten werden steigen, da das Angebot an Mietwohnungen zumindest kurzfristig unelastisch ist: Der Bau neuer Wohnungen würde Zeit in Anspruch nehmen, sodass nur dann sofort mehr Wohnungen angeboten werden können, wenn einige Eigentümer:innen beschließen, woanders zu wohnen und ihr Eigenheim zu vermieten.

Angenommen, die Stadtverwaltung befürchtet, dass diese Mieterhöhung für viele Familien unerschwinglich wäre, und legt daher eine **Mietobergrenze** von 500 EUR fest. Folgen Sie den Schritten in Abbildung 11.22, um zu sehen, was passiert.

Bei einem kontrollierten Preis von 500 EUR gibt es einen Nachfrageüberhang. Im Allgemeinen führt ein kontrollierter Preis nicht zu einer Markträumung, und die Transaktion findet dann auf der **Short Side** des Marktes statt: Das heißt, es wird die Menge gehandelt, die unter den angebotenen und nachgefragten Mengen, die geringere ist. In Abbildung 11.22 ist der Preis niedrig und die Anbietenden befinden sich auf der Short Side. Wäre der Preis hoch (über dem Gleichgewichtspreis), würden die Nachfragenden auf der Short Side stehen.

Mietobergrenze Der gesetzliche Höchstpreis, den eine vermietende Person für eine Miete verlangen kann.

Short Side (eines Marktes) Die Seite (entweder Angebotsseite oder Nachfrageseite), auf der die Zahl der gewünschten Transaktionen am geringsten ist (zum Beispiel befinden sich die Unternehmen auf der short side des Arbeitsmarktes, da in der Regel mehr Arbeitskräfte Arbeit suchen, als Stellen angeboten werden). Das Gegenteil der Short Side ist die Long Side. *Siehe auch: Angebotsseite, Nachfrageseite.*

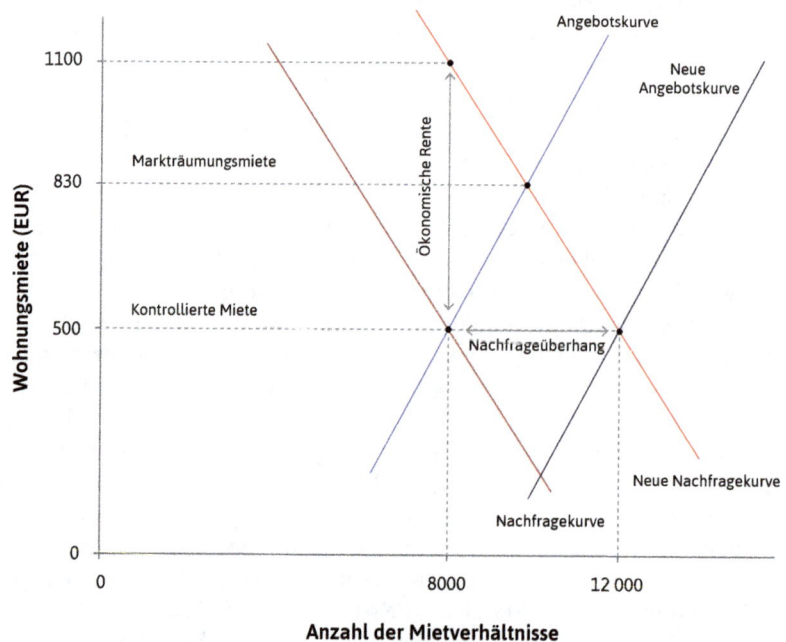

Abbildung 11.22 Wohnungsmieten und ökonomische Renten.

1. Die Markträumung

Zunächst haben wir eine Markträumung mit 8000 Mietverhältnissen zu einer Miete von 500 EUR.

2. Ein Anstieg der Nachfrage

Nehmen wir nun an, dass die Nachfrage nach Mietwohnungen steigt.

3. Die Mieten steigen

Das Angebot an Mietwohnungen ist kurzfristig unelastisch. Die neue Markträumungsmiete, 830 EUR, ist viel höher.

4. Eine Mietobergrenze?

Angenommen, die Stadtverwaltung führt eine Mietobergrenze von 500 EUR ein. Die Vermietenden werden weiterhin 8000 Wohnungen anbieten, es besteht also ein Nachfrageüberhang.

5. Die Short Side des Marktes

Wenn der Preis unter dem Gleichgewichtspreis liegt, befinden sich die Anbietenden auf der Short Side des Marktes. Die Anbietenden, und nicht die Nachfragenden, bestimmen die Anzahl der Mietverhältnisse.

6. Manche Personen würden viel mehr zahlen

Auf der Long Side des Marktes gibt es 12 000 Personen. Nur 8000 erhalten einen Mietvertrag. Es gibt 8000 Personen, die bereit sind, 1 100 EUR oder mehr zu zahlen, allerdings werden die Mietverträge nicht unbedingt an die Personen mit der höchsten Zahlungsbereitschaft vergeben.

7. Ein Sekundärmarkt

Wenn es legal wäre, könnten einige Mietende ihre Wohnung für 1 100 EUR untervermieten und so eine ökonomische Rente von 600 EUR erzielen (die Differenz zwischen 1 100 EUR und der kontrollierten Miete von 500 EUR).

8. Das langfristige Gleichgewicht

Die langfristige Lösung für die Bereitstellung von mehr Mietwohnungen zu einer angemessenen Miete besteht darin, dass die Stadtverwaltung den Wohnungsbau fördert, um die Angebotskurve zu verschieben.

Bei einer Miete von 500 EUR gibt es 8000 Mietverhältnisse. Von den 12 000 Personen, die auf der Long Side des Marktes stehen, würden 8000 Personen 1100 EUR oder mehr zahlen. Allerdings erfolgt die Allokation nicht an diejenigen mit der höchsten Zahlungsbereitschaft. Diejenigen, die das Glück haben, eine Wohnung zu bekommen, können irgendwo auf der neuen Nachfragekurve über 500 EUR liegen.

Die Politik der Mietpreisbindung legt mehr Gewicht auf die Aufrechterhaltung einer Miete, die als fair und für die bestehenden Mietenden, die andernfalls zum Auszug gezwungen wären, als erschwinglich angesehen wird, als auf die Pareto-Effizienz. Die Knappheit von Mietwohnungen führt zu einer potenziellen ökonomischen Rente: Wäre die Untervermietung legal (was in der Regel nicht der Fall ist), könnten einige Mietende ihre Wohnung untervermieten und so eine ökonomische Rente von 600 EUR erzielen (die Differenz zwischen 1100 EUR und 500 EUR).

Wenn sich der Anstieg der Nachfrage als dauerhaft erweist, könnte die langfristige Lösung für die Stadtverwaltung darin bestehen, den Wohnungsbau zu fördern und die Angebotskurve so zu verschieben, dass mehr Wohnungen zu einer angemessenen Miete zur Verfügung stehen.

ÜBUNG 11.11 WARUM NICHT DEN PREIS ANHEBEN?

Diskutieren Sie die folgende Aussage: „Der starke Anstieg der Taxipreise an einem verschneiten Tag in New York führte zu heftiger Kritik der sozialen Medien an Uber, aber ein starker Anstieg des Goldpreises hat keine solche Wirkung."

FRAGE 11.10 WÄHLEN SIE DIE RICHTIGE(N) ANTWORT(EN)

Abbildung 11.22 (Seite 566) veranschaulicht den Markt für Mietwohnungen. Zu Beginn ist der Markt bei einer Miete von 500 EUR mit 8000 Mietverhältnissen ausgeglichen. Dann verschiebt sich die Nachfragekurve nach außen, wie in der Abbildung dargestellt. Daraufhin führt die Stadtverwaltung eine Mietobergrenze von 500 EUR ein und verbietet die Untervermietung. Welche der folgenden Aussagen sind auf der Grundlage dieser Informationen richtig?

- ☐ Es gibt 4000 potenziell mietende Personen, die nicht untergebracht sind.
- ☐ Bei 1100 EUR würde es zur Markträumung kommen.
- ☐ Wenn eine Untervermietung möglich wäre, könnten die Mietenden eine ökonomische Rente von 330 EUR erzielen.
- ☐ Der Nachfrageüberhang könnte langfristig durch den Bau weiterer Wohnungen beseitigt werden.

Diese kurze volkswirtschaftliche Analyse der Pariser Mietpreisbindung zeigt die kontraproduktiven Auswirkungen auf: Jean Bosvieux und Oliver Waine. 2012. 'Rent Control: A Miracle Solution to the Housing Crisis?' (https://tinyco.re/0599316). *Metropolitics*. Aktualisiert am 21. November 2012.

Richard Arnott hingegen plädiert dafür, dass Ökonominnen und Ökonomen ihre traditionelle Ablehnung der Mietpreisbindung überdenken sollten: Richard Arnott. 1995. 'Time for Revisionism on Rent Control?' (https://tinyco.re/7410213). *Journal of Economic Perspectives* 9 (1) (February): pp. 99–120.

11.11 DIE ROLLE DER ÖKONOMISCHEN RENTE

Eine ökonomische Rente ist eine Zahlung oder ein anderer Vorteil, den eine Person erhält, die besser ist als ihre nächstbeste Alternative. In dieser Einheit haben wir gesehen, wie ökonomische Renten bei Veränderungen der Wirtschaft eine Rolle spielen.

- Im realen Fall der Fischer:innen aus Kerala und im hypothetischen Markt für Hüte führte das Rent-Seeking der Kaufenden oder Verkaufenden als Reaktion auf einen Angebots- oder Nachfrageüberhang zu einem markträumenden Gleichgewicht.
- Im Modell des Brotmarktes können in einem kurzfristigen Gleichgewicht, in dem die Anzahl der Unternehmen festgelegt ist, Renten (wirtschaftliche Gewinne) entstehen. Auf lange Frist treten weitere Bäckereien in den Markt ein, um diese Renten zu erzielen.
- Auf dem Weltmarkt für Erdöl entstehen Renten für die Produzierenden und Verbrauchenden durch Beschränkungen, die die Angebots- und Nachfragekurven kurzfristig unelastisch machen. Sie bieten aber wiederum Anreize für eue Bohrlöcher für die Exploration.
- Auf Märkten für Vermögenswerte entstehen Renten, wenn der Preis vom Fundamentalwert des Vermögens abweicht, was Möglichkeiten für Spekulationen bietet und das Potenzial für Preisblasen schafft.
- Auf Märkten, auf denen keine Markträumung stattfindet, weil die Preise kontrolliert werden, führt ein Nachfrageüberhang zu einer potenziellen ökonomischen Rente, die (sofern sie nicht durch Regulierung verhindert wird) zur Entwicklung eines Sekundärmarktes mit Markträumung führt.
- Ein weiteres Beispiel aus Einheit 2 ist die von frühen Innovatorinnen und Innovatoren erzielte Innovationsrente, die einen Anreiz zur Übernahme einer neuen Technologie bietet.

Ungleichgewichtsrente Die ökonomische Rente, die entsteht, wenn sich ein Markt nicht im Gleichgewicht befindet, zum Beispiel bei Nachfrageüberhang oder Angebotsüberhang auf einem Markt für eine Ware oder Dienstleistung. Im Gegensatz dazu werden Renten, die im Gleichgewicht entstehen, Gleichgewichtsrenten genannt.
Gleichgewichtsrente Ökonomische Rente in einem Markt, der sich im Gleichgewicht befindet. *Auch bekannt als: stationäre oder persistente Renten.*

In jedem dieser Beispiele entstehen die Renten aufgrund eines Ungleichgewichts oder einer kurzfristigen Beschränkung—wir nennen sie *dynamische Renten* oder **Ungleichgewichtsrenten**. Sie setzen einen Prozess in Gang—Rent-Seeking—, der letztlich ein Gleichgewicht schafft, in dem diese Art von Renten nicht mehr existiert. Im Gegensatz dazu haben wir auch Beispiele für *persistente* oder *stationäre Renten* gesehen. Die wichtigsten Beispiele sind in der Tabelle in Abbildung 11.23 dargestellt.

In den in dieser Einheit untersuchten Modellen haben wir gesehen, dass es Ungleichgewichtsrenten gibt, die Anreize für die Menschen schaffen, die von ihnen gehandelten Preise oder Mengen zu ändern und so die Markträumung herbeizuführen (falls das noch nicht der Fall ist). Auf dem Arbeitsmarkt (siehe Einheit 9) ist das anders: Hier gibt es keine Markträumung im Gleichgewicht. Die Beschäftigten erhalten daher eine Rente—die Differenz zwischen dem Lohn und ihrer Reservationsoption. In diesem Fall handelt es sich jedoch um eine dauerhafte Rente oder **Gleichgewichtsrente**: Da ein Vertrag über harte Arbeit nicht einklagbar ist, können keine kaufende Person (das arbeitgebende Unternehmen) oder verkaufende Person (die Arbeitskraft) davon profitieren, indem sie ihre Preise oder ihre Mengen ändern.

Ökonomische Renten und Rent-Seeking haben in der Wirtschaft oft einen schlechten Ruf. Die Menschen lehnen sie ab, weil sie unter Renten solche verstehen, die durch private oder von der Regierung geschaffene Monopole (Taxilizenzen, Rechte an geistigem Eigentum) entstehen. Diese Renten deuten darauf hin, dass das Gut oder die Dienstleistung zu einem Preis verkauft wird, der über den Grenzkosten liegt, sodass die Märkte für diese Güter nicht Pareto-effizient sind.

Typ	Beschreibung	Einheit
Verhandlung	Um wie viel übersteigt das Ergebnis in einer Verhandlungssituation die Reservationsoption (nächstbeste Alternative)	4.5
Beschäftigung	Löhne und Bedingungen, die über der Reservationsoption einer beschäftigten Person liegen und einen Anreiz für harte Arbeit bieten	6.9
Monopol	Gewinne, die—als Folge von begrenztem Wettbewerb—über den Gewinnen bei perfektem Wettbewerb liegen	7
Staatlich induziert	Zahlungen oberhalb der nächstbesten Alternative der Agierenden, die aufgrund staatlicher Regulierung (zum Beispiel Mietpreisbindung, Rechte an geistigem Eigentum) nicht durch Wettbewerb reduziert werden können	9

Abbildung 11.23 Beispiele stationärer Renten.

Aber wir haben jetzt gesehen, wie nützlich einige ökonomische Renten sind. Sie fördern Innovationen, bieten Anreize für Beschäftigte, sich anzustrengen, ermutigen den Markteinstieg neuer Unternehmen und senken dadurch die Preise für die Verbrauchenden. Zusätzlich können sie einen aus dem Gleichgewicht geratenen Markt in ein Pareto-effizientes Gleichgewicht bringen.

FRAGE 11.11 WÄHLEN SIE DIE RICHTIGE(N) ANTWORT(EN)
Welche der folgenden sind stationäre Renten?

☐ Innovationsrente, bei der Unternehmen positive wirtschaftliche Gewinne aus einer neuen Erfindung erzielen.
☐ Beschäftigungsrente, bei der der Lohn hoch angesetzt wird, um die Beschäftigten zum Arbeiten zu motivieren.
☐ Monopolrente, bei der Unternehmen aufgrund des begrenzten Wettbewerbs übermäßige Gewinne erzielen.
☐ Spekulationsrente, bei der Gewinne durch richtige Wetten auf die Preisänderungen in einer Blase erzielt werden.

11.12 SCHLUSSFOLGERUNG

Preise sind Botschaften über die Bedingungen in einer Wirtschaft. In Situationen des Marktungleichgewichts oder des kurzfristigen Gleichgewichts (aufgrund vorübergehender Beschränkungen) handeln die Menschen, wenn sie dazu in der Lage sind, auf der Grundlage von Preisbotschaften, um ökonomische Renten zu erzielen. Auf den Gütermärkten führt dies häufig zu einer langfristigen Markträumung und dem letztendlichen Verschwinden der Renten.

Vermögenswerte werden teilweise wegen ihres Wiederverkaufswerts gekauft. Auf den Märkten für finanzielle Vermögenswerte ändern sich Angebot und Nachfrage rasch, wenn die Händler:innen neue Informationen erhalten. Der Preis passt sich in einer kontinuierlichen Doppelauktion an, um Angebot und Nachfrage in Einklang zu bringen. Die Preise auf den Märkten für Vermögenswerte senden den Händler:innen Botschaften über zukünftige Preise, was dazu führen kann, dass der Preis vom Fundamentalwert des Vermögens abweicht; in diesem Fall kann Rent-Seeking zu einer Preisblase oder einem Crash führen.

Manchmal setzen sich Anbietende oder Regulierungsbehörden über die Preisbotschaften hinweg, was zu einem Angebot- oder Nachfrageüberhang führt, zum Beispiel bei Konzertkarten, Taxis oder Mietverträgen. Ökonomische Renten können dann fortbestehen—es sei denn, es wird zugelassen, dass sich ein Sekundärmarkt entwickelt.

In Einheit 11 eingeführte Konzepte

Bevor Sie fortfahren, sollten Sie die folgenden Definitionen durchgehen:

- Marktgleichgewicht durch Rent-Seeking
- Langfristiges und kurzfristiges Gleichgewicht
- Fundamentalwert eines Vermögens
- Kontinuierliche Doppelauktion
- Orderbuch
- Preisblase
- Stabiles und instabiles Gleichgewicht
- Sekundär- und Primärmärkte
- Dynamische und stationäre ökonomische Renten

11.13 QUELLEN

Arnott, Richard. 1995. 'Time for Revisionism on Rent Control?' (https://tinyco.re/7410213). *Journal of Economic Perspectives* 9 (1) (February): pp. 99–120.

Bosvieux, Jean, und Oliver Waine. 2012. 'Rent Control: A Miracle Solution to the Housing Crisis?' (https://tinyco.re/0599316). *Metropolitics*. Aktualisiert am 21. November 2012.

Brunnermeier, Markus. 2009. 'Lucas Roundtable: Mind the frictions' (https://tinyco.re/0136751). *The Economist*. Aktualisiert am 6. August 2009.

Cassidy, John. 2010. 'Interview with Eugene Fama' (https://tinyco.re/4647447). *The New Yorker*. Aktualisiert am 13. Januar 2010.

Harford, Tim. 2012. 'Still Think You Can Beat the Market?' (https://tinyco.re/7063932). *The Undercover Economist*. Aktualisiert am 24. November 2012.

Hayek, Friedrich A. 1994. *The Road to Serfdom*. Chicago, Il: University of Chicago Press.

Keynes, John Maynard. 1936. *The General Theory of Employment, Interest and Money* (https://tinyco.re/6855346). London: Palgrave Macmillan.

Kindleberger, Charles P. 2005. *Manias, Panics, and Crashes: A History of Financial Crises (Wiley Investment Classics)* (https://tinyco.re/9848004). Hoboken, NJ: Wiley, John & Sons.

Lucas, Robert. 2009. 'In defence of the dismal science' (https://tinyco.re/6052194). *The Economist*. Aktualisiert am 6. August 2009.

Malkiel, Burton G. 2003. 'The Efficient Market Hypothesis and Its Critics' (https://tinyco.re/4628706). *Journal of Economic Perspectives* 17 (1) (March): pp. 59–82.

Miller, R. G., und S. R. Sorrell. 2013. 'The Future of Oil Supply' (https://tinyco.re/6167443). *Philosophical Transactions of the Royal Society A: Mathematical, Physical and Engineering Sciences* 372 (2006) (December).

Owen, Nick A., Oliver R. Inderwildi, und David A. King. 2010. 'The Status of Conventional World Oil Reserves—Hype or Cause for Concern?' (https://tinyco.re/9394545). *Energy Policy* 38 (8) (August): pp. 4743–4749.

Shiller, Robert J. 2003. 'From Efficient Markets Theory to Behavioral Finance' (https://tinyco.re/3989503). *Journal of Economic Perspectives* 17 (1) (March): pp. 83–104.

Shiller, Robert J. 2015. 'The Stock Market in Historical Perspective' (https://tinyco.re/4263463). In *Irrational Exuberance*. Princeton, NJ: Princeton University Press.

The Economist. 2014. 'Keynes and Hayek: Prophets for Today' (https://tinyco.re/0417474). Aktualisiert am 14. März 2014.

Deepwater Horizon Bohrinsel in Flammen

MÄRKTE, EFFIZIENZ UND ÖFFENTLICHE POLITIK

WENN MARKTPREISE MENSCHEN DAZU VERANLASSEN, DIE AUSWIRKUNGEN IHRES HANDELNS AUF ANDERE PERSONEN ZU BERÜCKSICHTIGEN, SIND DIE ERGEBNISSE EFFIZIENT. WENN DIE PREISE NICHT ALLE AUSWIRKUNGEN ERFASSEN, VERSAGEN DIE MÄRKTE UND EINGRIFFE WERDEN ERFORDERLICH

- Externe Effekte entstehen, wenn Eigentumsrechte und Verträge einige der Auswirkungen der Handlungen des Entscheidungstragenden nicht abdecken. So kann man beispielsweise eine rauchende Person nicht für die Schäden verklagen, die durch Passivrauchen entstehen.
- Eigentumsrechte und Verträge, die Agierende für positive externe Effekte belohnen und für negative Effekte haftbar machen würden, sind nicht durchsetzbar, wenn die erforderliche Information einer oder mehreren Parteien nicht zur Verfügung steht oder vor Gericht nicht nutzbar ist.
- Politische Maßnahmen können Marktversagen beheben, indem sie die Agierenden dazu veranlassen, diese Auswirkungen zu internalisieren; zum Beispiel durch Subventionierung von Forschung und Entwicklung eines Unternehmens, wenn diese Forschungen auch anderen Unternehmen zugute kommt, oder durch die Erhebung von Steuern, die den Preis von Gütern erhöhen, deren Produktion oder Verwendung umweltschädlich ist.
- Andere politische Maßnahmen können die Handlungen von Unternehmen und Haushalten direkt regulieren, zum Beispiel durch ein Verbot der Verwendung von Chemikalien wie Pestiziden, wenn die Nutzung dieser Pestizide für andere Personen mit Kosten verbunden ist.
- Verhandlungen zwischen Parteien können die Agierenden manchmal dazu zwingen, die Auswirkungen ihres Handelns auf andere Personen zu berücksichtigen, beispielsweise bei einer Fusion zwischen einem Unternehmen, das Schadstoffe ausstößt, und einem Unternehmen, das dadurch einen Schaden erleidet.
- Aus moralischen und politischen Gründen werden einige Güter und Dienstleistungen, wie zum Beispiel unsere lebenswichtigen Organe,

die medizinische Notversorgung oder unsere Stimmen bei einer Wahl, nicht auf Märkten gehandelt, sondern auf andere Weise zugewiesen.

Die Logik von Adam Smiths berühmter Behauptung, dass Geschäftsleute bei der Verfolgung der eigenen Interessen „von einer unsichtbaren Hand geführt" werden, um die Interessen der Gesellschaft zu fördern, ist die Grundlage des ökonomischen Modells eines Marktes mit vollkommenem Wettbewerb (siehe Einheit 8). Preisnehmende Unternehmen und verbrauchende Personen, die jeweils ihre eigenen privaten Ziele verfolgen, sorgen für Pareto-effiziente Marktergebnisse.

Friedrich Hayek erklärte, wie die unsichtbare Hand von Smith funktionieren könnte (siehe Einheit 11). Die Preise vermitteln Botschaften über die tatsächliche Knappheit von Waren und Dienstleistungen. Diese Botschaften motivieren die Menschen, so zu produzieren, zu konsumieren, zu investieren und zu innovieren, dass das Produktionspotenzial einer Volkswirtschaft optimal genutzt wird.

Es ist dieser Prozess, der es dem Marktsystem—vielen miteinander verbundenen Märkten—ermöglicht, die Arbeitsteilung durch den Austausch von Gütern zwischen völlig fremden Personen aus allen Teilen der Welt zu koordinieren, ohne dass eine zentrale Steuerung erfolgt.

Hayek schlug vor, sich den Markt als eine riesige informationsverarbeitende Maschine vorzustellen, die Preise produziert, welche wiederum Informationen liefern, die die Wirtschaft lenken, und das meist in wünschenswerte Richtungen. Das Bemerkenswerte an dieser riesigen Informationsmaschine ist, dass sie in Wirklichkeit gar keine Maschine ist. Niemand hat sie entworfen, und niemand sitzt an der Steuerung. Wenn diese Maschine gut funktioniert, nutzen wir Ausdrücke wie „die Magie des Marktes".

Aber manchmal versagt die Magie. Die Übereinstimmung von individuellen Anreizen und gesellschaftlich erstrebenswerten Ergebnissen, die in Smiths Aussage („von einer unsichtbaren Hand geführt") zusammengefasst wird, ist eine Eigenschaft eines Modells—ein sehr nützliches für viele Anwendungsfälle—, aber keine Beschreibung dessen, wie reale Märkte im Allgemeinen funktionieren. Daher ist es auch nicht in jedem Fall ein guter Leitfaden für die öffentliche Politik.

In dieser Einheit werden wir uns mit Fällen befassen, in denen die Preise falsche Botschaften senden. Smith erläuterte, dass die Regierungen in Bereichen wie dem Bildungs- und dem Rechtssystem Maßnahmen ergreifen müssen, um das soziale Wohlergehen zu fördern und das gute Funktionieren der Märkte sicherzustellen. Smith war sich aber auch darüber im Klaren, dass es einige Dinge gibt, die nicht auf Märkten gekauft und verkauft werden sollten. Die modernen Entsprechungen könnten menschliche Nieren, Stimmen von Wähler:innen, eine gute Schule oder lebensrettende medizinische Versorgung sein.

Hier sind zwei Fälle, in denen die Logik von Hayek und Smith versagt:

1. *Pestizide:* Das Pestizid Chlordecon wurde auf den Bananenplantagen der Karibikinseln Guadeloupe und Martinique (beide zu Frankreich gehörend) eingesetzt, um den Bananenrüsselkäfer zu töten. Es war völlig legal und für die Eigentümer:innen der Plantagen ein wirksames Mittel, um die Kosten zu senken und die Gewinne der Plantagen zu steigern.

   Da die Chemikalie vom Land in die Flüsse gespült wurde und die Flüsse dann zur Küste flossen, verseuchte die Chemikalie die Süßwassergarnelenfarmen, die Mangrovensümpfe, in denen Krabben gefangen wurden, und die ehemals reichen Hummerbestände der Küste.

Paul Seabright. 2010. 'Chapter 1'. In *The Company of Strangers: A Natural History of Economic Life* (https://tinyco.re/2891054). Princeton, NJ: Princeton University Press. pp. 9–10.

Die Lebensgrundlage der Fischereigemeinden wurde zerstört, und die Menschen, die den verseuchten Fisch aßen, erkrankten.

Die Tatsache, dass dieses Pestizid eine große Gefahr für den Menschen darstellt, war bereits seit der Einführung der Chemikalie bekannt. Als die Arbeitskräfte in den USA, die dieses Pestizid produzierten, über Symptome neurologischer Schäden berichteten, führte dies 1976 zu dem Verbot des Pestizids. Die französische Regierung erhielt einige Jahre später Berichte über Kontaminationen in Guadeloupe, wartete jedoch bis 1990 mit dem Verbot der Substanz und wurde von den Eigentümer:innen von Bananenplantagen unter Druck gesetzt, ihnen bis 1993 eine Ausnahmeregelung zu gewähren.

Zwanzig Jahre später protestierten Fischer:innen gegen die schleppende Unterstützung der französischen Regierung bei der Bewältigung der Folgen der Verseuchung und demonstrierten in den Straßen von Fort de France (der größten Stadt auf Martinique) und verbarrikadierten den Hafen. Franck Nétri, ein gaudeloupeanischer Fischer, blickte besorgt zurück: „Ich habe 30 Jahre lang Pestizide gegessen. Aber was wird mit meinen Enkeln geschehen?"

Er hatte Recht mit seiner Sorge. Im Jahr 2012 war der Anteil der an Prostatakrebs erkrankten Männer auf Martinique der höchste weltweit und fast doppelt so hoch wie im zweithöchsten Land, und die Sterblichkeitsrate war weit mehr als viermal so hoch wie im Weltdurchschnitt. Auch neurologische Schäden bei Kindern, einschließlich kognitiver Leistungen, wurden dokumentiert.

2. *Antibiotika:* Seit der Entdeckung des Penicillins im Jahr 1928 hat die Entwicklung von Antibiotika der Menschheit große Dienste erwiesen. Krankheiten, die früher tödlich waren, lassen sich heute leicht mit Medikamenten behandeln, die zu dem auch noch günstig zu produzieren sind. Die Weltgesundheitsorganisation hat jedoch kürzlich gewarnt, dass wir auf eine „post-antibiotische Ära" zusteuern, da viele Bakterien resistent werden: „Wenn wir keine Maßnahmen ergreifen, um … die Art und Weise zu ändern, wie wir Antibiotika produzieren, verschreiben und verwenden, wird die Welt mehr und mehr von diesen globalen öffentlichen Gütern der Gesundheit verlieren, und die Auswirkungen werden verheerend sein."

Der übermäßige Einsatz von Antibiotika ist ein Beispiel für ein **soziales Dilemma** (siehe Einheit 4), bei dem die ungeregelte Verfolgung von Eigeninteressen zu Ergebnissen führt, die Pareto-ineffizient sind. Bakterien werden gegen Antibiotika resistent, wenn wir Antibiotika zu oft, in der falschen Dosierung oder bei Krankheiten einsetzen, die nicht durch Bakterien verursacht werden. In Indien beispielsweise sind Antibiotika in Apotheken rezeptfrei (das heißt ohne Konsultation einer Ärztin oder eines Arztes) erhältlich.

Ärztinnen und Ärzte erkennen, dass es schädlich ist, die Allokation von Antibiotika dem Markt zu überlassen. Auf Anraten von nicht zugelassenen Privatärztinnen und -ärzten nehmen die Menschen Antibiotika, obwohl andere Behandlungen besser wären. Um Geld zu sparen, setzen die Erkrankten die Antibiotika oft ab, wenn sie sich etwas besser fühlen. Dies ist genau das Anwendungsmuster, das zu antibiotikaresistenten Erregern führt. Aber für die Erkrankten hat die Behandlung funktioniert, und das Geschäft der nicht zugelassenen Ärztinnen und Ärzte floriert.

Die Kontamination durch Pestizide und die Entstehung von multiresistenten Erregern sind ganz ähnliche Probleme. Betrachten wir diese Probleme wie eine Ärztin oder ein Arzt es tun würde.

> **soziales Dilemma** Eine Situation, in der die Verfolgung individueller Interessen zu einem Ergebnis führt, das alle schlechter stellt als eine kooperative Lösung.

Zunächst erstellen wir eine Diagnose des Problems. Im Fall von Chlordecon besteht das Problem darin, dass die Handlungen der Eigentümer:innen von Bananenplantagen die Lebensgrundlage und die Gesundheit der Fischer:innen gefährden, aber diese Kosten des Pestizideinsatzes tauchen nirgendwo in den Gewinn- und Verlustrechnungen der Eigentümer:innen der Plantagen oder im Preis für Pestizide auf. Der übermäßige Einsatz von Antibiotika erfolgt, weil die Anwender:innen die Kosten nicht berücksichtigen, die anderen auferlegt werden, wenn sich antibiotikaresistente (sogenannte multiresistente) Erreger vermehren.

Unsere Diagnose: Die Agierenden berücksichtigen die Kosten, die ihre Entscheidungen und Handlungen anderen Personen auferlegen, nicht.

Als nächstes versuchen wir, eine Behandlung zu finden. In einigen Fällen ist die Behandlung offensichtlich. Chlordecon wurde in Frankreich und den USA einfach verboten, und seine Verwendung hätte erheblich reduziert werden können, wenn die Eigentümer:innen der Plantagen (per Gesetz oder durch private Vereinbarung mit den betroffenen Personen) verpflichtet worden wären, für die Schäden aufzukommen, die ihr Pestizideinsatz anderen Personen zufügte.

In anderen Fällen, wie dem Missbrauch von Antibiotika (sowohl durch Erkrankte als auch durch Ärztinnen und Ärzte), ist es schwieriger, wirksame Lösungen zu finden. Es kann notwendig sein, einen ethischen Appell an das Verantwortungsgefühl der Agierenden gegenüber anderen zu richten.

Unser Vorschlag: Entweder man reguliert direkt diejenigen Handlungen, die anderen Personen Kosten verursachen, oder man zwingt die Person mit Entscheidungsbefugnis, diese Kosten zu tragen.

Um zu verstehen, warum **Märkte** in solchen Fällen **versagen**, ist es hilfreich, sich an die Bedingungen zu erinnern, die notwendig sind, damit Märkte gut funktionieren. Wie wir in Einheit 1 gesehen haben, ist **Privateigentum** eine wichtige Voraussetzung für ein effektives Marktsystem. Wenn etwas gekauft und verkauft werden soll, muss es möglich sein, das Recht auf Eigentum zu beanspruchen. Ein Kauf ist nichts anderes als eine Übertragung des Eigentums von der verkaufenden auf die kaufende Person. Wenn Sie nicht davon ausgehen können, dass andere Ihr Eigentumsrecht an einem Gut nicht anerkennen (oder schützen) würden, würden Sie dafür nicht bezahlen.

Damit ein Markt effektiv funktionieren (oder überhaupt existieren) kann, sind also andere soziale Institutionen und soziale Normen erforderlich. Regierungen stellen ein System von Gesetzen und deren Durchsetzung bereit, das **Eigentumsrechte** garantiert und **Verträge** durchsetzt. **Soziale Normen** schreiben vor, dass man die Eigentumsrechte anderer respektiert, auch wenn die Durchsetzung unwahrscheinlich oder unmöglich ist.

Marktversagen Wenn Märkte Ressourcen auf eine Pareto-ineffiziente Weise aufteilen.

Privateigentum Etwas ist Privateigentum, wenn die Person, die es besitzt, das Recht hat, andere von Nutzen eines Gutes auszuschließen und das Gut mit anderen zu tauschen.

Eigentumsrechte Rechtlicher Schutz des Eigentums, einschließlich des Rechts, andere auszuschließen und das Eigentum zu nutzen oder zu verkaufen.

Vertrag Ein Dokument oder eine Vereinbarung, die eine Reihe von Handlungen festlegt, zu denen sich die Vertragsparteien verpflichten müssen.

soziale Norm Ein den meisten Angehörigen einer Gesellschaft gemeinsames Verständnis darüber, was Menschen in einer bestimmten Situation tun sollten, wenn ihre Handlungen andere beeinflussen.

Douglass North vertrat die Auffassung, dass Institutionen nicht nur für das gute Funktionieren der Wirtschaft notwendig sind, sondern auch die grundlegende Ursache für langfristiges Wachstum darstellen: Douglass C. North. 1990. *Institutions, Institutional Change and Economic Performance*. Cambridge: Cambridge University Press.

Wenn Sie sich mit einer verkaufenden Person darauf einigen, einen bestimmten Geldbetrag für eine Ware zu zahlen—zum Beispiel für ein Paar Schuhe—, gehen Sie damit implizit einen Vertrag mit der verkaufenden Person ein. Wenn Sie den Schutz eines Rechtssystems haben, können Sie erwarten, dass der Vertrag eingehalten wird. Wenn Sie nach Hause kommen und den Karton öffnen, sind die Schuhe noch da, und sollten sie innerhalb weniger Tage auseinanderfallen, erhalten Sie Ihr Geld zurück. Es ist die Regierung, die die Spielregeln bestimmt, in dem der Handel (auf dem Markt) stattfindet. Natürlich ist eine gerichtliche Durchsetzung nur selten erforderlich, da die sozialen Normen sowohl die Kaufenden als auch die Verkaufenden motivieren, sich an die Spielregeln zu halten, selbst wenn kein tatsächlicher Vertrag oder eine Übertragung des Eigentums vorliegt.

Komplexere Transaktionen erfordern ausdrückliche schriftliche Verträge, die vor Gericht als Beweis dafür dienen können, dass die Parteien einer Übertragung des Eigentums zugestimmt haben. So kann beispielsweise eine Autorin einen Vertrag unterzeichnen, der einem Verlag das alleinige Recht zur Veröffentlichung eines Buches einräumt. Verträge regeln Beziehungen, die über einen bestimmten Zeitraum aufrechterhalten werden sollen, insbesondere Arbeitsverhältnisse. Auf dem Arbeitsmarkt setzt ein Gericht das Recht der Beschäftigen durch, nicht mehr als die vertraglich vereinbarte Arbeitszeit zu leisten und das vereinbarte Entgelt zu erhalten.

Gesetze und Rechtstraditionen können auch zum Funktionieren der Märkte beitragen, wenn sie Entschädigungen für Personen vorsehen, die durch die Handlungen Anderer geschädigt werden. Das Haftungsrecht stellt beispielsweise sicher, dass ein Unternehmen, das ein Auto mit einem Konstruktionsfehler verkauft, für den Schaden aufkommen muss, wenn jemand dadurch verletzt wurde. Die arbeitgebenden Unternehmen haben in der Regel eine Fürsorgepflicht gegenüber ihren Beschäftigten und müssen für ein sicheres Arbeitsumfeld sorgen, was mit Geldstrafen oder anderen Sanktionen geahndet werden kann.

Viele der Probleme, mit denen wir uns in dieser Einheit befassen, sind darauf zurückzuführen, dass es schwierig ist, Eigentumsrechte zu garantieren oder entsprechende Verträge abzuschließen. Es gibt Güter—wie saubere Flüsse—, die den Menschen wichtig sind, aber nicht einfach gekauft und verkauft werden können. Wir beginnen mit einer genaueren Betrachtung der Diagnose und Behandlung des Pestizid-Falles in Martinique und Guadeloupe.

Daron Acemoglu, Simon Johnson und James Robinson argumentieren, dass Institutionen grundlegend für das Wirtschaftswachstum sind. Sie liefern auch Beweise, die sich auf die europäische Kolonialgeschichte und die Teilung Koreas stützen: Acemoglu, Daron, Simon Johnson, und James A. Robinson. 2005. 'Institutions as a Fundamental Cause of Long-Run Growth' (https://tinyco.re/2662186). In *Handbook of Economic Growth, Volume 1A.*, herausgegeben von Philippe Aghion und Steven N. Durlauf, Nordholland. Daron Acemoglu und James A. Robinson. 2012. *Why Nations Fail: The Origins of Power, Prosperity and Poverty*, 1. Aufl. New York, NY: Crown Publishers.

Marcel Fafchamps und Bart Minten. 1999. 'Relationships and Traders in Madagascar'. *Journal of Development Studies* 35 (6) (August): pp. 1–35.

ÜBUNG 12.1 EIGENTUMSRECHTE UND VERTRÄGE IN MADAGASKAR

ÜBUNG 12.1 EIGENTUMSRECHTE UND VERTRÄGE IN MADAGASKAR

Marcel Fafchamps und Bart Minten untersuchten 1997 Getreidemärkte in Madagaskar, wo die rechtlichen Institutionen zur Durchsetzung von Eigentumsrechten und Verträgen schwach ausgeprägt waren. Trotzdem stellten sie fest, dass Diebstahl und Vertragsbruch selten vorkamen. Die Getreidehändler:innen konnten Diebstählen vorbeugen, indem sie ihre Bestände sehr niedrig hielten und notfalls in den Getreidelagern übernachteten. Aus Angst vor Diebstählen durch Beschäftigte stellten sie keine zusätzlichen Arbeitskräfte ein. Für den Transport ihrer Waren zahlten sie Schutzgeld und reisten in Konvois. Die meisten Transaktionen erfolgten in der einfachen Form von „Barzahlung bei Abholung". Durch den wiederholten Umgang mit denselben Händlern und Händlerinnen wurde Vertrauen aufgebaut.

1. Deuten diese Ergebnisse darauf hin, dass starke rechtliche Institutionen für das Funktionieren von Märkten nicht notwendig sind?
2. Denken Sie an einige Markttransaktionen, an denen Sie teilgenommen haben. Könnten diese Märkte auch ohne einen rechtlichen Rahmen funktionieren, und wie würden sie sich verändern, wenn sie es täten?
3. Fallen Ihnen Beispiele ein, in denen wiederholte Interaktionen dazu beitragen, Markttransaktionen zu erleichtern?
4. Warum könnte eine wiederholte Interaktion wichtig sein, selbst wenn ein rechtlicher Rahmen vorhanden ist?

12.1 MARKTVERSAGEN: EXTERNE EFFEKTE DER UMWELTVERSCHMUTZUNG

Marktversagen Wenn Märkte Ressourcen auf eine Pareto-ineffiziente Weise aufteilen.

externe Kosten Ein negativer externer Effekt: Eine negative Auswirkung von Produktion, Konsum oder anderen wirtschaftlichen Entscheidungen auf eine andere Person oder Partei, die nicht als Verbindlichkeit in einem Vertrag aufgeführt ist. *Auch bekannt als: negativer externer Effekt. Siehe auch: externer Effekt.*

Wenn Märkte die Ressourcen in einer Pareto-ineffizienten Weise allokieren, bezeichnen wir dies als **Marktversagen**. Eine Ursache für Marktversagen haben wir in Einheit 7 kennengelernt: ein Unternehmen, das ein differenziertes Gut (zum Beispiel ein Auto) produziert und seinen Preis und sein Produktionsniveau so wählt, dass der Preis höher ist als die Grenzkosten. Im Gegensatz dazu wissen wir aus Einheit 8, dass eine Allokation auf dem Wettbewerbsmarkt die gesamte Wohlfahrt der Produzierenden und Verbrauchenden maximiert und Pareto-effizient ist, solange niemand sonst von der Produktion und dem Konsum des Gutes betroffen ist.

Die Allokation des Gutes auf dem Markt ist jedoch wahrscheinlich nicht Pareto-effizient, wenn die Entscheidungen der Produzierenden und Verbrauchenden andere Personen in einer Weise beeinflussen, die sie nicht angemessen berücksichtigen. Dies ist eine weitere Ursache für Marktversagen. Bei der Analyse der Nutzengewinne aus Handel müssen wir in solchen Fällen nicht nur die Verbrauchenden und die Produzierenden berücksichtigen, sondern auch die Kosten oder Vorteile, die andere Parteien, die weder Kaufende noch Verkaufende sind, erfahren können. So kann beispielsweise der multiresistente Erreger, der durch den Verkauf und die übermäßige Verwendung eines Antibiotikums entsteht, einen Menschen töten, der am Verkauf und Kauf des Antibiotikums nicht beteiligt war.

Wir werden den Nutzen aus dem Handel in einem Fall analysieren, in dem die Produktion eines Gutes **externe Kosten** verursacht: Umweltverschmutzung. Unser Beispiel basiert auf dem realen Fall des Einsatzes des Pestizids Chlordecon zur Bekämpfung des Bananenrüsslers.

Um zu verstehen, warum dies **externer Effekt** (oder manchmal auch **Externalität**) genannt wird, stellen Sie sich einmal vor, dass dasselbe Unternehmen die Bananenplantagen und die Fischerei besitzt, Fischer:innen anheuert und deren Fänge gewinnbringend verkauft. Die Eigentümer:innen des Unternehmens würden über die Höhe des Pestizideinsatzes entscheiden und dabei die nachgelagerten Auswirkungen auf die Fischerei berücksichtigen. Sie würden die Gewinne aus dem Bananengeschäft gegen die Verluste aus der Fischerei abwägen.

In Martinique und Guadeloupe war dies jedoch nicht der Fall. Die Plantagen erzielten die Gewinne aus der Bananenproduktion, die durch den Einsatz von Pestiziden gesteigert wurden. Die Verluste aus der Fischerei waren „Eigentum" der Fischer:innen. Die Umweltverschmutzung durch das Pestizid lag außerhalb des Einflussbereichs derjenigen, die über den Einsatz des Mittels entschieden. Gemeinsames Eigentum an den Plantagen und der Fischerei hätte diesen Effekt internalisiert, aber die Plantagen und die Fischerei waren in getrenntem Eigentum.

Um die Auswirkungen dieser Art von externen Effekten zu modellieren, zeigt Abbildung 12.1 die Grenzkosten des Bananenanbaus auf einer fiktiven Karibikinsel, auf der ein fiktives Pestizid namens Weevokil eingesetzt wird. Die Grenzkosten der Bananenproduktion für die produzierenden Personen werden als **private Grenzkosten (PGK)** bezeichnet. Sie sind ansteigend, weil die Kosten für eine zusätzliche Tonne Bananen steigen, wenn das Land intensiver genutzt wird und mehr Weevokil benötigt wird. Verwenden Sie die Analyse in Abbildung 12.1, um die PGK mit den **sozialen Grenzkosten (SGK)** zu vergleichen, die die Kosten der Fischer:innen einschließen, deren Gewässer durch Weevokil verunreinigt werden.

In Abbildung 12.1 ist zu sehen, dass die sozialen Grenzkosten der Bananenproduktion höher sind als die privaten Grenzkosten. Um sich auf das Wesentliche zu konzentrieren, betrachten wir einen Fall, in dem auf dem Großhandelsmarkt für Bananen perfekter Wettbewerb vorherrscht und der Marktpreis 400 USD pro Tonne beträgt. Wenn die Eigentümer:innen einer Bananenplantage ihren Gewinn maximieren wollen, wissen wir, dass sie ihre Produktion so wählen werden, dass der Preis ihren Grenzkosten, also den privaten Grenzkosten, entspricht. Abbildung 12.2 zeigt, dass ihre Gesamtproduktion 80 000 Tonnen Bananen betragen wird (Punkt A). Obwohl 80 000 Tonnen den Gewinn der Produzierenden maximieren, sind die Kosten, die den Fischer:innen auferlegt werden, nicht berücksichtigt, sodass es sich nicht um ein Pareto-effizientes Ergebnis handelt.

Überlegen Sie sich, was passieren würde, wenn die Plantagen weniger produzieren würden. Die Fischer:innen würden davon profitieren, aber die Eigentümer:innen der Plantagen würden verlieren. Auf den ersten Blick scheint es also, dass die Produktion von 80 000 Tonnen Pareto-effizient sein muss. Aber stellen wir uns vor, die Fischer:innen könnten die Eigentümer:innen der Plantagen davon überzeugen, eine Tonne weniger zu produzieren. Die Fischer:innen würden einen eine Verbesserung von 270 USD erzielen—sie würden nicht mehr unter den Einnahmeverlusten leiden, die durch die Produktion der 80 000sten Tonne Bananen verursacht werden. Die Eigentümer:innen der Plantagen würden kaum etwas verlieren. Ihre Einnahmen würden zwar um 400 USD sinken, aber auch ihre Kosten würden um fast genau diesen Betrag zurückgehen, da bei der Produktion von 80 000 Tonnen die privaten Grenzkosten gleich dem Preis (USD 400) sind.

externer Effekt Eine positive oder negative Auswirkung einer Produktion, eines Konsums oder einer anderen wirtschaftlichen Entscheidung auf eine oder mehrere andere Personen, die nicht als Nutzen oder Schaden in einem Vertrag angegeben ist. Sie wird als externer Effekt bezeichnet, weil der betreffende Effekt außerhalb des Vertrags liegt. Auch bekannt als: Externalität. Siehe auch unter: unvollständiger Vertrag, Marktversagen, externer Nutzen, externe Kosten.

private Grenzkosten (PGK) Die Kosten, die dem Unternehmen durch die Produktion einer zusätzlichen Einheit eines Gutes entstehen, ohne Berücksichtigung der Kosten, welche die Produktion anderen auferlegt. Siehe auch: externe Grenzkosten, soziale Grenzkosten.

soziale Grenzkosten (SGK) Die Kosten für die Produktion einer zusätzlichen Einheit eines Gutes, wobei sowohl die Kosten für das Unternehmen als auch die Kosten für andere, die von der Produktion des Gutes betroffen sind, berücksichtigt werden. Die sozialen Grenzkosten sind die Summe aus den privaten Grenzkosten und den externen Grenzkosten.

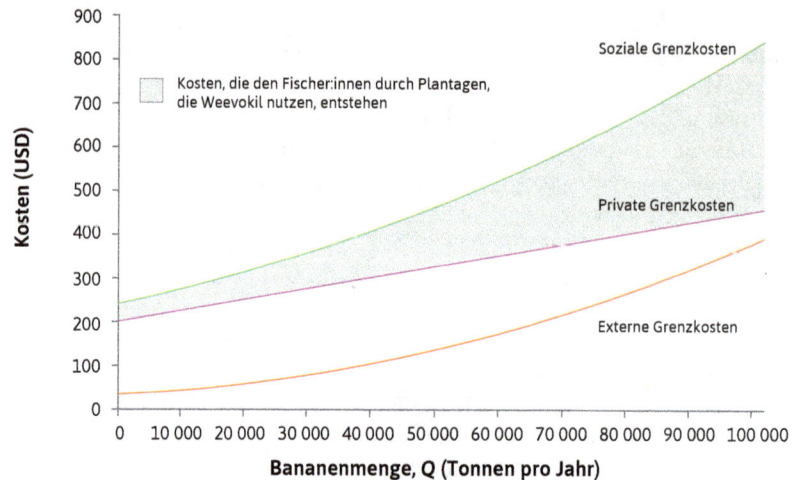

Abbildung 12.1 Grenzkosten der Bananenproduktion mit Weevokil.

1. Die privaten Grenzkosten

Die violette Linie stellt die Grenzkosten für die Produzierenden dar: die **privaten Grenzosten (PGK)** der Bananenproduktion. Sie ist ansteigend, da die Kosten für die Produktion einer zusätzlichen Tonne steigen, wenn das Land intensiver genutzt wird und mehr Weevokil benötigt wird.

2. Die externen Grenzkosten

Die orangefarbene Linie zeigt die Grenzkosten, die den Fischer:innen durch die Bananenproduzierenden auferlegt werden—die **externen Grenzkosten (EGK)**. Dies sind die Kosten für die Verringerung der Menge und der Qualität der Fische, die durch jede zusätzliche Tonne Bananen (und damit dem Einsatz von Weevokill) verursacht wird.

3. Die sozialen Grenzkosten

Addiert man die PGK und die EGK, erhält man die vollen Grenzkosten der Bananenproduktion: die **sozialen Grenzkosten (SGK)**. Dies ist die grüne Linie im Diagramm.

4. Die gesamten externen Kosten

Der schattierte Bereich in der Abbildung zeigt die Gesamtkosten, die den Fischer:innen durch Weevokil-Plantagen entstehen. Sie ergeben sich aus der Summe der Differenzen zwischen den sozialen und den privaten Grenzkosten für jede Produktionsmenge.

> **externe Grenzkosten (EGK)** Die Kosten für die Produktion einer zusätzlichen Einheit eines Gutes, die von einer anderen Person als der produzierenden Person des Gutes getragen werden. *Siehe auch: private Grenzkosten, soziale Grenzkosten.*

Wenn also die Fischer:innen den Eigentümer:innen der Plantagen einen beliebigen Betrag zwischen gerade größer als Null und gerade kleiner als 270 USD zahlen würden, wären *beide Gruppen mit 79 999 Tonnen Bananen bessergestellt.*

Wie wäre es mit einer weiteren Zahlung, um die Plantagen dazu zu bringen, stattdessen 79 998 Tonnen zu produzieren? Da die externen Grenzkosten für die Fischer:innen immer noch viel höher sind als die Wohlfahrt, die die Plantagen für die nächste Tonne erhalten (die Differenz zwischen dem Preis und dem PGK), würde auch eine solche Zahlung beide Parteien besser stellen.

Um wie viele Tonnen könnten die Fischer:innen die Plantagen dazu bewegen, ihre Produktion zu verringern? Schauen Sie sich den Punkt in Abbildung 12.2 an, an dem der Bananenpreis gleich den sozialen Grenzkosten ist. An dem Punkt werden 38 000 Tonnen Bananen produziert. Würden die Zahlungen der Fischer:innen an die Plantagen dazu führen, dass diese nur noch 38 000 Tonnen produzieren, dann könnten die Fischer:innen nicht mehr davon profitieren, weitere Zahlungen als Gegenleistung für eine geringere Produktion zu leisten. Würde die Produktion weiter gesenkt, wäre der Verlust

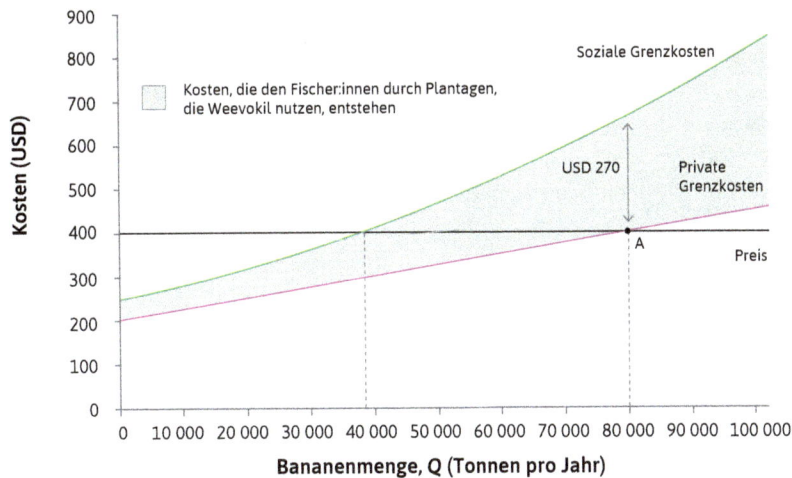

Abbildung 12.2 Die Produktionsentscheidung der Bananenplantagen.

für die Plantagen (die Differenz zwischen Preis und Grenzkosten) größer als der Gewinn für die Fischer:innen (die Differenz zwischen privaten und sozialen Grenzkosten, schraffiert dargestellt). An diesem Punkt würde die maximale Zahlung, zu der die Fischer:innen bereit wären, nicht ausreichen, um die Plantagen zu einer weiteren Senkung der Produktion zu bewegen. Das Pareto-effiziente Niveau der Bananenproduktion liegt also bei 38 000 Tonnen.

Zusammengefasst:

- *Die Plantagen produzieren 80 000 Tonnen Bananen*: An dem Punkt ist der Preis gleich dem PGK.
- *Das Pareto-effiziente Produktionsniveau liegt bei 38 000 Tonnen Bananen*: Der Preis ist gleich den SGK.
- *Bei einer Produktion von 38 000 Tonnen ist es nicht möglich, dass sowohl die Plantagen als auch die Fischer:innen (noch) besser gestellt werden können.*
- *Wenn ein einziges Unternehmen sowohl die Bananenplantagen als auch die Fischerei besäße*: Dieses Unternehmen würde sich für die Produktion von 38 000 Tonnen entscheiden, weil der Preis bei 38 000 Tonnen gleich den PGK wäre.

Im Allgemeinen haben Schadstoffe wie Weevokil negative externe Effekte, die manchmal als *Umwelt-Spillover* bezeichnet werden. Sie bringen *privaten Nutzen* für diejenigen, die sich für ihre Verwendung entscheiden, aber durch die Schädigung der Umwelt—in diesem Fall der Wasserressourcen—verursachen sie *externe Kosten* für andere Unternehmen oder Haushalte, die auf Umweltressourcen angewiesen sind. Für die Gesellschaft als Ganzes ist dies ein Marktversagen: Im Vergleich zur Pareto-effizienten Allokation wird der Schadstoff übermäßig genutzt, und es wird zu viel von dem entsprechenden Gut (in unserem Beispiel Bananen) produziert.

Die Merkmale dieses Falles von Marktversagen sind in der folgenden Tabelle zusammengefasst. In den folgenden Abschnitten werden wir weitere Beispiele für Marktversagen in einer ähnlichen Tabelle zusammenfassen. Am Ende dieser Einheit werden wir alle Beispiele in Abbildung 12.13 (Seite 618) zusammenfassen, damit Sie sie vergleichen können.

Leibniz: Externe Effekte der Umweltverschmutzung (https://tinyco.re/1201014)

Entscheidung	Auswirkungen auf andere	Kosten oder Nutzen	Marktversagen (Fehlallokation von Ressourcen)	Begriffe für diese Art von Marktversagen
Ein Unternehmen setzt ein Pestizid ein, das in die Gewässer abfließt	Nachgelagerte Schäden	Privater Nutzen, externe Kosten	Übermäßiger Einsatz von Pestiziden und Überproduktion der Nutzpflanze, für die Pestizide eingesetzt werden	Negative externe Effekte, Umwelt-Spillover

Abbildung 12.3 Marktversagen: Wasserverschmutzung.

FRAGE 12.1 WÄHLEN SIE DIE RICHTIGE(N) ANTWORT(EN)

Eine Fabrik befindet sich neben einem Wohnheim für Pflegekräfte, die Nachtschichten haben. Die Fabrik produziert 120 humanoide Roboter pro Tag. Der Produktionsprozess ist ziemlich laut, und die Pflegekräfte beklagen sich häufig über Schlafstörungen. Welche der folgenden Aussagen ist richtig?

☐ Die privaten Grenzkosten sind die Gesamtkosten der Fabrik für die Produktion von 120 Robotern pro Tag.
☐ Die sozialen Grenzkosten sind die Lärmkosten, die den Pflegekräften durch die Produktion eines zusätzlichen Roboters entstehen.

☐ Die externen Grenzkosten sind die Kosten der Fabrik plus die Lärmkosten, die den Pflegekräften entstehen, wenn ein zusätzlicher Roboter produziert wird.
☐ Die gesamten externen Kosten sind die Gesamtkosten pro Tag, die den Pflegekräften durch die Produktion in der Fabrik entstehen.

12.2 EXTERNE EFFEKTE UND VERHANDLUNG

Um zu verdeutlichen, dass die Allokation von Bananen auf dem Markt (Produktion von 80 000 Tonnen, unter Verwendung von Weevokil) nicht Pareto-effizient ist, haben wir gezeigt, dass die Fischer:innen die Eigentümer:innen der Plantagen dafür bezahlen könnten, weniger Bananen zu produzieren, und beide Parteien bessergestellt wären.

Lässt sich dieses Marktversagen also in der Praxis beheben?

Ja, das funktioniert. Die Fischer:innen und die Eigentümer:innen der Plantagen könnten eine Abmachung aushandeln. Lösungen dieser Art werden oft als *Coase'sche* Verhandlungen bezeichnet, nach Ronald Coase, dem Pionier der Idee, dass private Verhandlungen dem Umgang mit externen Effekten durch staatliches Eingreifen vorzuziehen sind. Er argumentierte, dass zum Erzielen eines effizienten Ergebnisses, die beiden Parteien des Austauschs oft über mehr der notwendigen Information verfügen als die Regierung.

GROSSE ÖKONOMINNEN UND ÖKONOMEN

Ronald Coase

Sie haben Ronald Coase (1910–2013) bereits kennengelernt. Er wurde in Einheit 6 für seine Darstellung des Unternehmens als Organisation vorgestellt. Er ist auch für seine Idee bekannt, dass private Verhandlungen Marktversagen beheben können.

Er erklärte, dass eine Verhandlungslösung zwischen den beiden Parteien zu einer Pareto-effizienten Allokation der Ressourcen führen kann, wenn eine Partei eine Tätigkeit ausübt, die einer anderen Schaden zufügt. Zur Veranschaulichung seines Arguments zog er den Rechtsfall Sturges gegen Bridgman (https://tinyco.re/2709868) heran. In diesem Fall ging es um Bridgman, einen Süßwarenhersteller, der seit vielen Jahren Maschinen einsetzte, die Lärm und Vibrationen verursachten. Dies verursachte keine externen Effekte, bis sein Nachbar und Arzt Sturges ein Sprechzimmer an der Grenze seines Grundstücks, in der Nähe der Küche von Bridgman, errichtete. Die Gerichte entschieden für eine einstweilige Verfügung, die Bridgman daran hinderte, seine Maschinen zu benutzen.

Coase wies darauf hin, dass, sobald das Recht des Arztes, die Benutzung der Maschinen zu verhindern, festgestellt worden war, beide Seiten das Ergebnis ändern könnten. Der Arzt wäre bereit, gegen eine Entschädigungszahlung auf sein Recht zu verzichten, den Lärm zu unterbinden. Und der Süßwarenhersteller wäre bereit zu zahlen, wenn der Wert seiner störenden Aktivitäten die Kosten übersteigt, die sie dem Arzt auferlegen.

Außerdem würde die Entscheidung des Gerichts zugunsten von Sturges und nicht zugunsten von Bridgman keinen Unterschied machen, ob Bridgman seine Maschinen weiter benutzt. Wäre dem Süßwarenhersteller das Nutzungsrecht eingeräumt worden, hätte der Arzt ihn nur dann für die Einstellung seiner Tätigkeit bezahlt, wenn die Kosten des Arztes höher wären als die Gewinne des Süßwarenherstellers.

Mit anderen Worten: Private Verhandlungen würden dafür sorgen, dass die Maschinen nur dann genutzt werden, wenn ihre Nutzung zusammen mit einer Ausgleichszahlung für beide Seiten Vorteile bringt. Private Verhandlungen würden für Pareto-Effizienz sorgen. Durch die Verhandlung erhält der Süßwarenhersteller einen Anreiz, nicht nur die privaten Grenzkosten für die Nutzung der Maschine zu berücksichtigen, sondern auch die externen Kosten, die dem Arzt auferlegt werden. Das heißt, der Süßwarenhersteller berücksichtigt die gesamten sozialen Kosten. Für den Süßwarenhersteller würde der Preis für die Nutzung der störenden Maschinen während der Besuchszeiten des Arztes nun die richtige Botschaft vermitteln. Privates Verhandeln könnte ein Substitut für gesetzliche Verpflichtungen sein. Es stellt sicher, dass die Betroffenen entschädigt werden und dass diejenigen, die Schaden anrichten könnten, sich bemühen, schädliches Verhalten zu vermeiden.

Zusammengefasst:

- Die Aufgabe des Gerichts bestand darin, die ursprünglichen Eigentumsrechte der beiden Parteien festzustellen: Bridgmans Recht, Lärm zu machen, oder Sturges Recht auf Ruhe.
- Solange durch private Verhandlungen alle potenziellen gegenseitigen Vorteile ausgeschöpft werden, wäre das Ergebnis (per Definition) Pareto-effizient, unabhängig davon, welche Partei die ursprünglichen Rechte besitzt.
- Man könnte einwenden, dass die Entscheidung des Gerichts zu einer ungerechten Verteilung geführt hat. Aber wie auch immer man diese Bedenken bewertet (oder wenn man, wie Coase selbst, ‚Gerechtigkeitsfragen beiseite lässt‘), das Ergebnis wäre Pareto-effizient.

Transaktionskosten Kosten, die den Verhandlungsprozess oder die Vereinbarung eines Vertrags behindern. Dazu gehören die Kosten für die Beschaffung von Informationen über das zu handelnde Gut und die Kosten für die Durchsetzung eines Vertrags.

Coase betonte jedoch, dass sein Modell aufgrund der Kosten für Verhandlungen und anderer Hindernisse, die die Parteien daran hindern würden, alle möglichen gegenseitigen Vorteile zu nutzen, nicht direkt auf die meisten realen Situationen angewandt werden kann. Die Verhandlungskosten, manchmal auch **Transaktionskosten** genannt, können die Pareto-Effizienz verhindern. Wenn der Süßwarenhersteller nicht herausfinden kann, wie stark der Lärm den Arzt beeinträchtigt, hat der Arzt einen Anreiz, die Kosten zu hoch anzusetzen, um ein besseres Ergebnis zu erzielen. Die Ermittlung der tatsächlichen Kosten und Vorteile jeder Partei ist Teil der Transaktionskosten, und diese Kosten könnten zu hoch sein, um eine erfolgreiche Verhandlung zu ermöglichen.

Die Analyse von Coase legt nahe, dass das Fehlen etablierter Eigentumsrechte und andere Hindernisse, die zu hohen Transaktionskosten führen, dem Einsatz von Verhandlungen zur Lösung von Externalitäten im Wege stehen können. Aus den Experimenten in Einheit 4 wissen wir, dass Verhandlungen auch scheitern können, wenn eine Partei das Ergebnis als ungerecht empfindet. Aber mit einem klaren rechtlichen Rahmen, in dem eine Seite zunächst die Rechte besitzt, die Externalität zu produzieren (oder deren Produktion zu verhindern), und solange diese Rechte zwischen den beiden Parteien handelbar sind, besteht möglicherweise keine Notwendigkeit für weitere Interventionen.

Bis jetzt haben Sie wahrscheinlich gedacht, dass sich Eigentumsrechte auf Güter beziehen, die typischerweise auf Märkten gekauft und verkauft werden. Beispiele dafür wären Güter wie Lebensmittel, Kleidung oder Häuser. Coases Ansatz legt nahe, dass wir andere Rechte—in seinem Beispiel das Recht, Lärm zu machen oder das Rest auf eine ruhige Arbeitsumgebung—als Güter betrachten könnten, über die man verhandeln und die man gegen Geld eintauschen kann.

Schauen wir uns an, wie ein privater Handel das Pestizidproblem lösen könnte. Zunächst ist der Einsatz von Weevokil nicht illegal: Die Allokation der Eigentumsrechte sieht vor, dass die Plantagen das Recht haben, Weevokil zu verwenden, und sich dafür entscheiden, 80 000 Tonnen Bananen zu produzieren. Diese Allokation und die damit verbundenen Einkommen und Umweltauswirkungen stellen die **Reservationsoption** der Eigentümer:innen der Plantagen dar. Das ist es, was sie bekommen werden, wenn sie sich nicht einigen können.

Damit die Fischer:innen und die Eigentümer:innen der Plantagen wirksam verhandeln können, müssten sie jeweils so organisiert sein, dass eine einzige

Reservationsoption Die nächstbeste Alternative einer Person unter allen Optionen in einer bestimmten Transaktion. *Auch bekannt als: Fallback-Option. Siehe auch: Reservationspreis.*

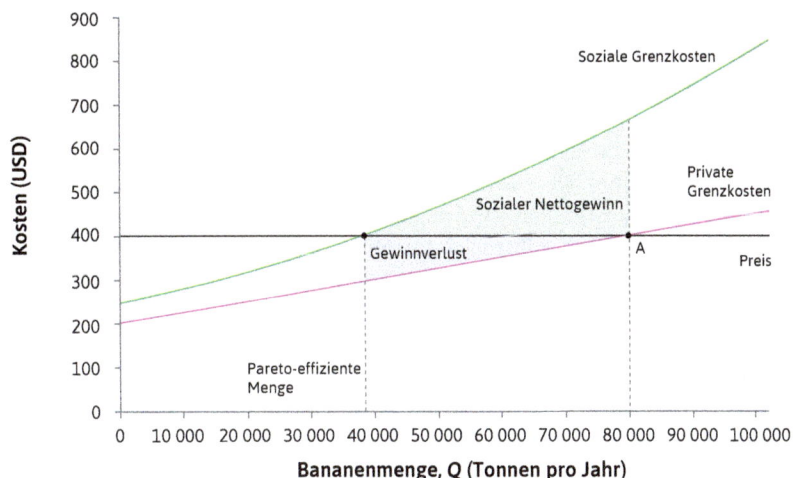

Abbildung 12.4 Die Gewinne aus Verhandlungen.

1. Der Status quo

Die Situation vor der Verhandlung wird durch Punkt A dargestellt, und die Pareto-effiziente Menge an Bananen beträgt 38 000 Tonnen. Die gesamte schattierte Fläche zeigt die Verbesserung für die Fischer:innen, wenn die Produktion von 80 000 auf 38 000 Tonnen reduziert wird (das heißt, die Reduzierung der Kosten für die Fischer:innen).

2. Entgangener Gewinn

Die Verringerung der Produktion von 80 000 auf 38 000 Tonnen verringert die Gewinne der Plantagen. Der entgangene Gewinn ist gleich dem Verlust der Produzentenrente, dargestellt durch die blaue Fläche.

3. Der soziale Nettogewinn

Der soziale Nettogewinn ist der Gewinn für die Fischer:innen abzüglich des Verlustes für die Plantagen, dargestellt durch die verbleibende grüne Fläche.

Person (oder ein Gremium) Vereinbarungen im Namen der gesamten Gruppe treffen kann. Stellen wir uns also vor, dass sich eine Vertretung einer Vereinigung von Fischer:innen mit einer Vertretung einer Vereinigung von Bananenproduzierenden zusammensetzt, um zu verhandeln. Der Einfachheit halber gehen wir davon aus, dass es derzeit keine praktikablen Alternativen zu Weevokil gibt, sodass sie nur über die Bananenproduktion (und damit den Einsatz von Weevokil) verhandeln.

Beide Seiten sollten erkennen, dass sie von einer Vereinbarung zur Reduzierung der Produktion auf das Pareto-effiziente Niveau profitieren könnten. In Abbildung 12.4 ist die Situation vor Beginn der Verhandlungen in Punkt A dargestellt. Die Pareto-effiziente Menge beträgt 38 000 Tonnen. Der gesamte schattierte Bereich zeigt den Gewinn für die Fischer:innen (durch saubereres Wasser), wenn die Produktion von 80 000 auf 38 000 reduziert wird. Die Verringerung der Bananenproduktion wird jedoch zu geringeren Gewinnen für die Plantagen führen. Anhand der Analyse in Abbildung 12.4 können Sie erkennen, dass der Gewinnrückgang geringer ist als der Gewinn für die Fischer:innen, sodass ein sozialer Nettogewinn entsteht, über den sie sich einigen könnten.

Da der Gewinn für die Fischer:innen größer wäre als der Verlust für die Plantagen, wären die Fischer:innen bereit, die Bananenproduzierenden dafür zu bezahlen, dass sie ihre Produktion auf 38 000 Tonnen reduzieren, wenn sie die Mittel dazu hätten.

Das **akzeptable Mindestangebot** der Fischer:innen hängt davon ab, was die Plantagen in der gegenwärtigen Situation erhalten, nämlich ihren Reservationsgewinn (dargestellt durch die blaue Fläche mit der Aufschrift ‚entgangener Gewinn‘). Wenn die Eigentümer:innen der Plantagen dieser Mindestzahlung zustimmen würden, um sie für ihren entgangenen Gewinn zu entschädigen, würden die Fischer:innen einen Nettogewinn aus dem Abkommen erzielen, der dem sozialen Nettogewinn entspricht, während die Plantagen nicht besser (und nicht schlechter) gestellt wären.

Der Höchstbetrag, den die Fischer:innen zahlen würden, wird durch ihre **Reservationsoption** bestimmt, so wie im Falle der Plantagen. Es ist die Summe aus dem blauen und dem grünen Bereich. In diesem Fall würden die Plantagen den gesamten sozialen Nettogewinn erhalten, während die Fischer:innen nicht besser (und nicht schlechter) gestellt wären. Wie bei den Verhandlungen in Einheit 5 wird der Ausgleich, auf den sie sich zwischen diesen Höchst- und Mindestbeträgen einigen, von der Verhandlungsmacht der beiden Gruppen bestimmt.

Sie mögen es für ungerecht halten, dass die Fischer:innen für eine Verringerung der Umweltverschmutzung zahlen müssen. Auf dem Pareto-effizienten Niveau der Bananenproduktion leiden die Fischer:innen immer noch unter der Verschmutzung. Außerdem müssen sie zahlen, damit die Verschmutzung nicht noch schlimmer wird. Dies geschieht, weil wir davon ausgehen, dass die Plantagen einen rechtlichen Anspruch auf die Nutzung von Weevokil haben.

Ein alternativer Rechtsrahmen könnte den Fischer:innen ein Recht auf sauberes Wasser einräumen. In diesem Fall könnten die Eigentümer:innen der Plantagen, die Weevokil nutzen wollen, den Fischer:innen vorschlagen, gegen Bezahlung einen Teil ihres Rechts auf sauberes Wasser aufzugeben, um die Bananenproduktion auf ein Pareto-effizientes Niveau zu bringen. Dies wäre für die Fischer:innen ebenfalls eine Verbesserung. Im Prinzip würde der Verhandlungsprozess zu einer Pareto-effizienten Allokation führen, unabhängig davon, ob die ursprünglichen Rechte an die Plantagen (Recht auf Verschmutzung) oder an die Fischer:innen (Recht auf sauberes Wasser) vergeben wurden. Die beiden Fälle unterscheiden sich jedoch drastisch in der Verteilung der Vorteile, die sich aus der Behebung des Marktversagens ergeben.

Wie Coase feststellte, können praktische Hindernisse für Verhandlungen das Erreichen der Pareto-Effizienz verhindern:

- *Hindernisse für kollektives Handeln:* Private Verhandlungen können unmöglich sein, wenn es auf beiden Seiten des externen Effekts viele Parteien gibt: zum Beispiel viele Fischer:innen und viele Eigentümer:innen von Plantagen. Jede Seite muss eine Person finden, der sie vertraut, um für sie zu verhandeln, und sich darauf einigen, wie die Zahlungen innerhalb jeder Gruppe geteilt werden. Die Personen, die die beiden Gruppen vertreten, erbringen eine öffentliche Dienstleistung, die schwer zu gewährleisten sein könnte.
- *Fehlende Information:* Die Ausarbeitung des Zahlungssystems macht es erforderlich, die Kosten von Weevokil zu messen, und zwar nicht nur insgesamt, sondern für jede einzelne Fischer:in. Außerdem müssen wir die genaue Herkunft des Schadstoffs feststellen, und zwar für jede einzelne Plantage. Erst wenn wir diese Informationen haben, können wir berechnen, wie hoch die Zahlungen sind, die jede Fischer:in zu leisten hat, und wie viel jede Plantage erhalten sollte. Es ist leicht einzusehen, dass es weitaus

---

akzeptables Mindestangebot Im Ultimatumspiel das kleinste Angebot der vorschlagenden Person, das von der antwortenden Person nicht abgelehnt wird. In Verhandlungssituationen wird im Allgemeinen das ungünstigste Angebot gemeint, das angenommen werden würde.

schwieriger ist, eine umweltverschmutzende Industrie für die von ihr verursachten Schäden zur Verantwortung zu ziehen, als die Verbindlichkeiten für Schäden zu berechnen, die beispielsweise von einer einzelnen rücksichtslosen autofahrenden Person verursacht werden.

*   *Handelbarkeit und Durchsetzung:* Die Vereinbarung beinhaltet den Handel mit Eigentumsrechten. Der Vertrag, der diesen Handel regelt, muss durchsetzbar sein. Die Fischer:innen, die sich zur Zahlung von Tausenden von Dollar verpflichtet haben, müssen sich auf das Rechtssystem verlassen können, wenn eine Eigentümerin oder ein Eigentümer einer Plantage die Produktion nicht wie vereinbart reduziert. Dazu müssen die Fischer:innen und die Gerichte möglicherweise Informationen über die Tätigkeit der Plantage herausfinden, die nicht öffentlich bekannt oder verfügbar sind.

*   *Begrenzte finanzielle Mittel:* Die Fischer:innen haben möglicherweise nicht genug Geld (wir haben in Einheit 10 gesehen, warum sie wahrscheinlich nicht in der Lage wären, sich große Summen zu leihen), um die Plantagen für die Reduzierung der Produktion auf 38 000 Tonnen zu bezahlen.

Das Beispiel der Pestizide veranschaulicht, dass die Korrektur von Marktversagen durch Verhandlungen zwar kein direktes Eingreifen der Regierung erfordert, wohl aber einen rechtlichen Rahmen zur Durchsetzung von Verträgen, damit Eigentumsrechte handelbar sind und sich alle Parteien an die getroffenen Abmachungen halten. Selbst mit diesem Rahmen ist es angesichts der Probleme kollektiven Handelns, fehlender Informationen und der Durchsetzung von zwangsläufig komplexen Verträgen unwahrscheinlich, dass Coase'sche Verhandlungen allein Marktversagen beheben können.

In der Rio-Erklärung der Vereinten Nationen von 1992 heißt es: ‚Die nationalen Behörden sollten sich bemühen, die Internalisierung der Umweltkosten und den Einsatz wirtschaftlicher Instrumente zu fördern, unter Berücksichtigung des Ansatzes, dass die Verursachenden grundsätzlich die Kosten der Umweltverschmutzung tragen sollten, unter gebührender Berücksichtigung des öffentlichen Interesses und ohne Verzerrung des internationalen Handels und der Investitionen.‘ Mehrere der in dieser Einheit beschriebenen Ansätze stehen mit diesem Grundsatz in Einklang. Wenn man den Fischer:innen ein Recht auf sauberes Wasser einräumt oder eine Entschädigung durchsetzt, bedeutet dies, dass die Plantagen mindestens so viel zahlen müssen wie die Kosten, die den Fischer:innen entstehen. Eine Steuer bedeutet ebenfalls, dass die Verursachenden zahlen, auch wenn sie an die Regierung und nicht die Fischer:innen gezahlt wird.

ÜBUNG 12.2 VERHANDLUNGSMACHT

Fallen Ihnen am Beispiel der Eigentümer:innen der Plantagen und der Fischer:innen Faktoren ein, die die Verhandlungsmacht dieser Parteien beeinflussen könnten?

---

privater Grenznutzen (PGN) Der Vorteil (in Form von Gewinn oder Nutzen) der Produktion oder des Konsums einer zusätzlichen Einheit eines Gutes für das Individuum, welches beschließt, die zusätzliche Einheit zu produzieren oder zu konsumieren. Dabei wird der Vorteil, den andere erhalten, nicht berücksichtigt.

sozialer Grenznutzen (SGN) Der Nutzen (in Form des Vorteils) der Produktion oder des Konsums einer zusätzlichen Einheit eines Gutes, wobei sowohl der Nutzen für die Person, die sich für die Produktion oder den Konsum entscheidet, als auch der Nutzen für alle anderen, die von der Entscheidung betroffen sind, berücksichtigt wird.

ÜBUNG 12.3 EINE POSITIVE EXTERNALITÄT

Stellen Sie sich eine Imkerin oder einen Imker vor, die oder der Honig produziert und den Honig zu einem konstanten Preis pro Kilogramm verkauft.

1. Zeichnen Sie ein Diagramm, in dem die Honigmenge auf der horizontalen Achse liegt, die Grenzkosten der Honigproduktion als ansteigende Linie und der Honigpreis als horizontale Linie. Zeigen Sie die gewinnmaximierende Honigmenge, die die Imkerin oder der Imker produzieren wird.
2. Für die Imkerin oder dem Imker ist der **private Grenznutzen** der Produktion eines Kilos Honig gleich dem Preis. Da die Bienen aber einem benachbarten Landwirtschaftsbetrieb helfen, die Pflanzen zu bestäuben, hat die Honigproduktion einen positiven externen Effekt. Zeichnen Sie eine Linie in Ihr Diagramm, um den **sozialen Grenznutzen** der Honigproduktion darzustellen. Zeigen Sie die Menge an Honig, die Pareto-effizient wäre. Wie verhält sie sich im Vergleich zu der von der Imkerin oder dem Imker gewählten Menge?
3. Erläutern Sie, wie Landwirtschaftsbetriebe und Imker:innen durch Verhandlungen besser gestellt werden könnten.

FRAGE 12.2 WÄHLEN SIE DIE RICHTIGE(N) ANTWORT(EN)
Das Diagramm zeigt die PGK und die SGK der Produktion der
Roboterfabrik in Frage 12.1.

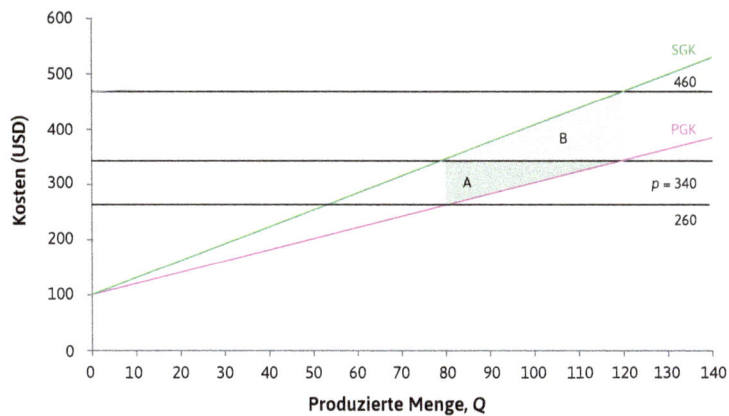

Der Markt für Roboter unterliegt perfektem Wettbewerb und der
Marktpreis beträgt 340 USD. Derzeit produziert die Fabrik eine Menge von
120. Pareto-effizient wären jedoch 80. Welche der folgenden Aussagen ist
richtig?

☐ Um die Produktionsmenge auf 80 zu senken, wäre das Mindestangebot
an die Fabrik 1600 USD.
☐ Der Höchstbetrag, den die Pflegekräfte bereit sind zu zahlen, um die
Fabrik zu einer Verringerung der Menge auf 80 zu veranlassen, ist 2400
USD.
☐ Die Fabrik würde ihre produzierte Menge nicht auf 80 reduzieren,
wenn sie nicht mindestens 4000 USD erhält.
☐ Der soziale Nettogewinn aus der Verringerung der Produktionsmenge
auf 80 hängt von dem Betrag ab, den die Pflegekräfte an die Fabrik
zahlen.

FRAGE 12.3 WÄHLEN SIE DIE RICHTIGE(N) ANTWORT(EN)
Stellen Sie sich eine Situation vor, in der der Produktionslärm einer
Roboterfabrik Pflegekräfte im Wohnheim nebenan beeinträchtigt. Wenn
es keine Transaktionskosten gibt, die Coase'sche Verhandlungen
behindern, welche der folgenden Aussagen ist dann richtig?

☐ Ob die endgültige Produktionsmenge Pareto-effizient ist, hängt davon
ab, wer die ursprünglichen Eigentumsrechte besitzt.
☐ Die Pflegekräfte wären in der ausgehandelten Allokation besser dran,
wenn sie zunächst ein Recht auf ungestörten Schlaf hätten, als wenn
die Fabrik das Recht hätte, Lärm zu machen.
☐ Wenn die Fabrik das Recht hat, Lärm zu machen, wird sie es vorziehen,
nicht mit den Pflegekräften zu verhandeln.
☐ Wenn die Pflegekräfte die ursprünglichen Rechte haben, werden sie
den gesamten sozialen Nettogewinn aus der Roboterproduktion
erhalten.

12.3 EXTERNE EFFEKTE: POLITISCHE MASSNAHMEN UND EINKOMMENSVERTEILUNG

Nehmen wir im Fall unseres Weevokil-Beispiels an, dass sich Coase'sche Verhandlungen als unpraktisch erweisen und dass die Fischer:innen und Eigentümer:innen der Plantage das Weevokil-Problem nicht selbst lösen können. Wir werden weiterhin davon ausgehen, dass es nicht möglich ist, Bananen ohne Weevokil anzubauen. Was kann die Regierung tun, um eine Reduzierung der Bananenproduktion auf ein Niveau zu erreichen, das die Kosten für die Fischer:innen berücksichtigt? Es gibt drei Möglichkeiten, dies zu erreichen:

- Regulierung der Menge der produzierten Bananen
- Besteuerung der Produktion oder des Verkaufs von Bananen
- Durchsetzung einer Entschädigung der Fischer:innen für die ihnen auferlegten Kosten

Jede dieser Maßnahmen hat unterschiedliche Verteilungseffekte für die Fischer:innen und Eigentümer:innen der Plantagen.

Regulierung

Die Regierung könnte die Gesamtproduktion von Bananen auf 38 000 Tonnen, die Pareto-effiziente Menge, begrenzen. Dies scheint eine unkomplizierte Lösung zu sein. Wenn die Plantagen jedoch unterschiedlich groß sind und unterschiedlich viel produzieren, könnte es schwierig sein, die richtige Quote für jede Plantage zu bestimmen und durchzusetzen.

Diese Politik würde die Kosten der Umweltverschmutzung für die Fischer:innen verringern, aber sie würde die Gewinne der Plantagen schmälern. Die Plantagen würden ihre ökonomische Rente für jede Tonne Bananen zwischen 38 000 und 80 000 verlieren.

Besteuerung

Abbildung 12.5 zeigt erneut die PGK- und SGK-Kurven. Bei der Pareto-effizienten Menge (38 000 Tonnen) betragen die sozialen Grenzkosten 400 USD und die privaten Grenzkosten 295 USD. Der Preis für die Bananen beträgt 400 USD pro Tonne. Wenn die Regierung auf jede produzierte Tonne Bananen eine Steuer in Höhe von USD 400 − USD 295 = USD 105 (die externen Grenzkosten) erhebt, beträgt der Preis nach Steuern, den die Plantagen erhalten, 295 USD. Wenn die Plantagen nun ihren Gewinn maximieren, werden sie den Punkt wählen, an dem der Preis nach Steuern den privaten Grenzkosten entspricht, und 38 000 Tonnen produzieren, also die Pareto-effiziente Menge. Verwenden Sie die Analyse in Abbildung 12.5, um zu sehen, wie diese Politik funktioniert.

Die Steuer korrigiert die Botschaft des Preises, sodass die Plantagen die vollen sozialen Grenzkosten ihrer Entscheidungen tragen müssen. Wenn die Plantagen 38 000 Bananen produzieren, entspricht die Steuer genau den Kosten, die den Fischer:innen auferlegt werden. Dieser Ansatz ist als **Pigou-Steuer** bekannt, benannt nach dem Ökonom Arthur Pigou, der diesen Ansatz vertrat. Sie funktioniert auch im Falle eines positiven externen Effekts: Wenn der soziale Grenznutzen einer Entscheidung größer ist als der private Grenznutzen, wird daraus eine Pigou-Subvention, die sicherstellen kann, dass die Personen mit Entscheidungsbefugnis diesen **externen Nutzen** berücksichtigen.

Pigou-Steuer Eine Steuer, die auf Aktivitäten erhoben wird, die negative externe Effekte erzeugen, um ein ineffizientes Marktergebnis zu korrigieren. *Siehe auch: externer Effekt, Pigou'sche Subvention.*

Die Verteilungseffekte der Besteuerung sind anders als die der Regulierung. Die Kosten der Umweltverschmutzung für Fischer:innen werden um den gleichen Betrag reduziert, aber die Verringerung der Bananengewinne ist größer, da die Plantagen nicht nur Steuern zahlen, sondern auch die Produktion verringern, während die Regierung Steuereinnahmen erhält.

Durchsetzung von Entschädigungen

Die Regierung könnte von den Eigentümer:innen der Plantagen einen Ausgleich für die den Fischer:innen auferlegten Kosten verlangen. Die geforderte Entschädigung für jede Tonne Bananen entspricht der Differenz zwischen den SGK und den PGK, also dem Abstand zwischen der grünen und der violetten Linie in Abbildung 12.6. Unter Berücksichtigung der Entschädigung entsprechen die Grenzkosten jeder Tonne Bananen für die Plantagen den PGK plus der Entschädigung, was gleich den SGK ist. Die Plantagen werden also ihren Gewinn maximieren, indem sie den Punkt P_2 in Abbildung 12.6 wählen und 38 000 Tonnen produzieren. Der schraffierte Bereich zeigt die Gesamtentschädigung. Die Fischer:innen werden vollständig für die Verschmutzung entschädigt, und die Gewinne der Plantagen entsprechen der tatsächlichen sozialen Wohlfahrt der Bananenproduktion.

Diese Politik wirkt sich auf die Gewinne der Plantagen ähnlich aus wie die Steuer, aber den Fischer:innen geht es besser, weil sie und nicht die Regierung die Zahlungen der Plantagen erhalten.

Leibniz: Pigou-Steuern
(https://tinyco.re/1203019)

externer Nutzen Ein positiver externer Effekt, das heißt eine positive Auswirkung einer Produktions-, Konsum- oder sonstigen wirtschaftlichen Entscheidung auf eine oder mehrere andere Personen, die nicht als Nutzen in einem Vertrag angegeben ist. *Auch bekannt als: positiver externer Effekt. Siehe auch: externer Effekt.*

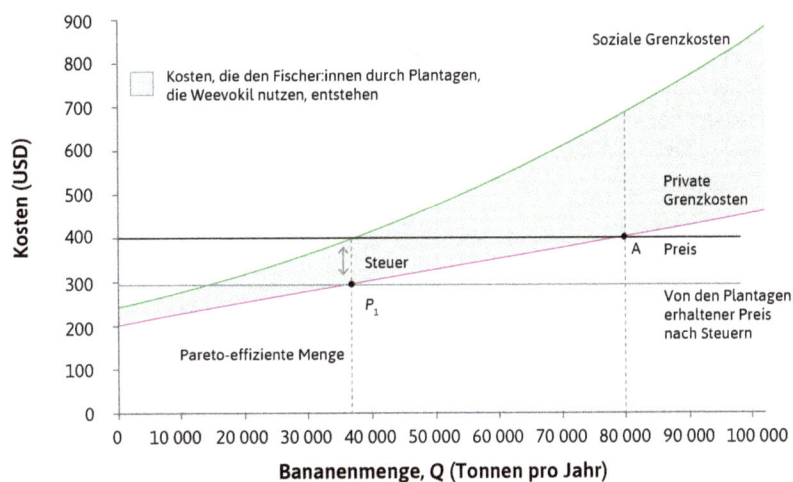

Abbildung 12.5 Mit einer Steuer die Pareto-Effizienz erreichen.

1. Die externen Grenzkosten

Bei der Pareto-effizienten Menge, 38 000 Tonnen, betragen die PGK 295 USD. Die SGK betragen 400 USD. Die externen Grenzkosten betragen also SGK − PGK = USD 105.

2. Steuer = SGK − PGK

Wenn die Regierung auf jede Tonne produzierter Bananen eine Steuer in Höhe der externen Grenzkosten von 105 USD erhebt, dann beträgt der Preis nach Steuern, den die Plantagen erhalten, 295 USD.

3. Der Preis nach Steuern beträgt 295 USD

Um den Gewinn zu maximieren, werden die Plantagen ihre Produktion so wählen, dass die PGK gleich dem Preis nach Steuern sind. Sie werden den Punkt P_1 wählen und 38 000 Tonnen produzieren.

Diagnose und Behandlung im Falle von Chlordecon

Als wir in unserem Modell 38 000 Tonnen als die Pareto-effiziente Produktionsmenge identifizierten, gingen wir davon aus, dass der Bananenanbau unweigerlich mit einer Verschmutzung durch Weevokil einhergeht. Unsere Diagnose lautete also, dass zu viele Bananen produziert werden, und wir untersuchten Maßnahmen zur Reduzierung der Produktion. Dies war jedoch in Guadaloupe und Martinique nicht der Fall. Dort gab es Alternativen zu Chlordecon. Wenn es Alternativen zu Weevokil gäbe, wäre es ineffizient, die Produktion auf 38 000 Tonnen zu beschränken. Denn wenn die Plantagen eine Alternative zu Weevokil und die dazugehörige gewinnmaximierende Produktion wählen könnten, wären sie besser und die Fischer:innen nicht schlechter gestellt.

Das Problem wurde also durch die Verwendung von Chlordecon verursacht, nicht durch die Produktion von Bananen.

Das Marktversagen ist darauf zurückzuführen, dass der Preis für Chlordecon die Kosten, die den Fischer:innen durch seine Verwendung entstanden sind, nicht berücksichtigt und somit die falsche Botschaft an das Unternehmen gesendet hat. Der niedrige Preis besagte: ‚Benutzt diese Chemikalie, sie spart euch Geld und steigert den Gewinn‘. Hätte der Preis jedoch die gesamten externen Kosten des Einsatzes von Chlordecon berücksichtigt, wäre er vielleicht hoch genug gewesen, um zu sagen: ‚Denkt an die nachgelagerten Schäden und sucht nach einer alternativen Möglichkeit, Bananen anzubauen‘.

In dieser Situation hätte eine Politik, die von den Plantagen verlangt, die Fischer:innen zu entschädigen, ihnen den Anreiz gegeben, Produktionsmethoden zu finden, die weniger Verschmutzung verursachen, und hätte im Prinzip ein effizientes Ergebnis erzielen können.

Die beiden anderen Maßnahmen würden dies jedoch nicht tun. Anstatt die Bananenproduktion zu besteuern oder zu regulieren, wäre es besser, den Verkauf oder die Verwendung von Chlordecon zu regulieren oder zu besteuern, und so die Plantagen zu motivieren, die beste Alternative zur intensiven Verwendung von Chlordecon zu finden.

Wenn die Steuer auf eine Einheit Chlordecon den externen Grenzkosten entspräche, würde der Preis für Chlordecon für die Plantagen theoretisch den

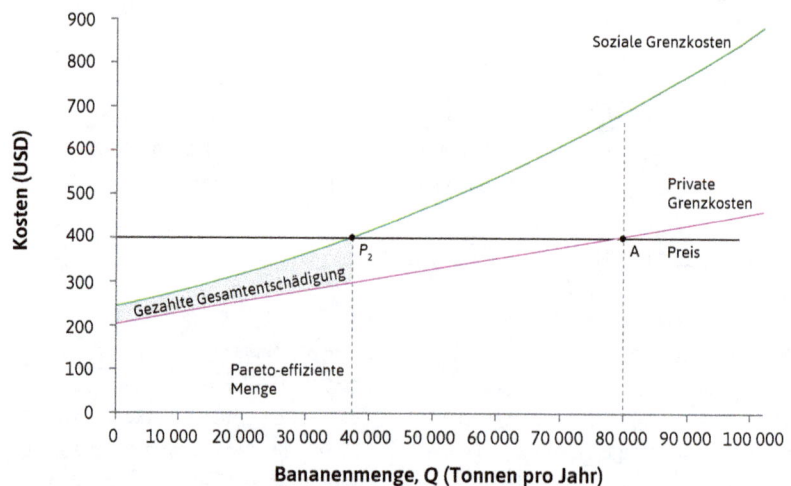

Abbildung 12.6 Die Plantagen entschädigen die Fischer:innen.

sozialen Grenzkosten entsprechen und somit die richtige Botschaft senden. Die Plantagen könnten dann unter Berücksichtigung der hohen Kosten von Chlordecon die beste Produktionsmethode wählen; das heißt, den Einsatz von Chlordecon reduzieren oder auf ein anderes Pestizid umsteigen, und ihre gewinnmaximierende Produktion bestimmen. Wie bei der Bananensteuer würden die Gewinne der Plantagen und die Kosten der Umweltverschmutzung für die Fischer:innen sinken. Aber das Ergebnis wäre für die Plantagen und möglicherweise auch für die Fischer:innen besser, wenn Chlordecon statt Bananen besteuert würde.

Leider wurde im Falle von Chlordecon 20 Jahre lang keines dieser Mittel angewandt, und die Menschen in Guadaloupe und Martinique müssen noch immer mit den Folgen leben. Im Jahr 1993 erkannte die Regierung schließlich, dass die sozialen Grenzkosten des Chlordecon-Verbrauchs so hoch waren, dass Chlordecon ganz verboten werden sollte.

Es gibt Grenzen dafür, wie gut Regierungen Pigou-Steuern, Regulierungen und Kompensationen umsetzen können—oft aus denselben Gründen wie bei Coase-Verhandlungen:

- *Die Regierung kennt möglicherweise das Ausmaß des Schadens nicht, den jede fischende Person erleidet:* Infolgedessen kann sie nicht die beste Entschädigungspolitik entwickeln.
- *Die sozialen Grenzkosten sind schwer zu messen:* Während die privaten Grenzkosten der Plantagen wahrscheinlich gut bekannt sind, ist es schwieriger, die sozialen Grenzkosten, wie die Kosten der Umweltverschmutzung, für Einzelne oder die Gesellschaft als Ganzes zu bestimmen.
- *Die Regierung kann die mächtigere Gruppe bevorzugen:* In diesem Fall könnte sie ein Pareto-effizientes Ergebnis durchsetzen, das auch ungerecht ist.

GROSSE ÖKONOMINNEN UND ÖKONOMEN

Arthur Pigou

Arthur Pigou (1877–1959) war einer der ersten neoklassischen Ökonomen, die sich mit der Wohlfahrtsökonomie beschäftigten; das heißt, mit der Analyse der Allokation von Ressourcen im Hinblick auf das Wohlergehen der Gesellschaft als Ganzes. Pigou wurde während seines Studiums an der Universität Cambridge in den Fächern Geschichte, Sprachen und Moralwissenschaften ausgezeichnet (einen eigenen Studiengang für Ökonomie gab es damals noch nicht). Er wurde ein Protegé von Alfred Marshall. In jungen Jahren war Pigou ein aufgeschlossener und lebhafter Mensch, doch seine Erfahrungen als Kriegsdienstverweigerer und Krankenwagenfahrer während des Ersten Weltkriegs sowie seine Sorge um seine Gesundheit machten ihn zu einem Einsiedler, der sich außer bei Vorträgen und Spaziergängen in seinem Büro versteckte.

In Guadaloupe und Martinique wurde bis 1993 nichts unternommen, um die Verschmutzung durch Chlordecon zu verringern, obwohl Chlordecon bereits 1979 als krebserregend eingestuft wurde. Es war offensichtlich, dass die externen Kosten viel höher waren als in unserem Fall von Weevokil, da sie die Gesundheit der Ortsansässigen und die Lebensgrundlage der Fischer:innen beeinträchtigten. Die sozialen Grenzkosten der mit Hilfe von Chlordecon produzierten Bananen waren sogar höher als ihr Marktpreis, was ein vollständiges Verbot der Verwendung rechtfertigte. Die Verschmutzung war jedoch viel schlimmer, als damals angenommen wurde, und wird wahrscheinlich noch 700 Jahre lang im Boden verbleiben. Im Jahr 2013 verbarrikadierten Fischer:innen auf Martinique den Hafen von Fort de France, bis die französische Regierung Hilfszahlungen von 2,6 Millionen USD zustimmte.

Arthur Pigou. 1912. *Wealth and Welfare* (https://tinyco.re/2519065). London: Macmillan & Co.

Arthur Pigou. (1920) 1932. *The Economics of Welfare* (https://tinyco.re/2042156). London: Macmillan & Co.

In der Online-Version von Keynes' *The General Theory* (https://tinyco.re/6399658) können Sie nach seiner Kritik an Pigou suchen: John Maynard Keynes. 1936. *The General Theory of Employment, Interest and Money*. London: Palgrave Macmillan.

Pigous Wirtschaftstheorie war vor allem darauf ausgerichtet, die Ökonomie zum Wohle der Gesellschaft einzusetzen, weshalb er manchmal als Begründer der Wohlfahrtsökonomie angesehen wird.

Sein Buch *Wealth and Welfare* wurde von Schumpeter als ‚das größte Unterfangen in der Arbeitsökonomie, das je von einem Mann unternommen wurde, der in erster Linie ein Theoretiker war', bezeichnet und bildete die Grundlage für sein späteres Werk *The Economics of Welfare*. Gemeinsam stellten diese Werke eine Beziehung zwischen der Wirtschaft eines Landes und dem Wohlergehen seiner Bevölkerung her. Pigou konzentrierte sich auf Glück und Wohlergehen. Er erkannte, dass Konzepte wie politische Freiheit und relativer Status wichtig waren.

Pigou glaubte, dass eine Umverteilung der Ressourcen notwendig sei, wenn die Interessen eines privaten Unternehmens oder einer Einzelperson von den Interessen der Gesellschaft abwichen, was wir heute als externe Effekte bezeichnen würden. Er schlug vor, das Problem durch Besteuerung zu lösen: Pigou-Steuern sollen sicherstellen, dass die Produzierenden die wahren sozialen Kosten ihrer Entscheidungen tragen.

Obwohl beide die Erben von Marshalls neuer Schule der Ökonomie waren, waren Pigou und Keynes nicht einer Meinung. Keynes Werk *The General Theory of Employment, Interest and Money* enthielt eine Kritik an Pigous *The Theory of Unemployment*, und Pigou war der Ansicht, dass Keynes Material zu dogmatisch wurde und die Studierenden zu ‚identischen Würstchen' machte.

Obwohl er lange Zeit des 20. Jahrhunderts übersehen wurde, ebnete Pigou mit seiner Arbeit den Weg für einen Großteil der Arbeitsökonomie und der Umweltpolitik. Pigou-Steuern blieben bis in die 1960er Jahre weitgehend unerkannt, sind aber inzwischen ein wichtiges politisches Instrument zur Verringerung von Umweltverschmutzung und Umweltschäden.

Nun können wir die Tabelle, die wir in Abschnitt 12.1 zu erstellen begonnen haben, erweitern (Abbildung 12.3). Sehen Sie sich die hinzugekommene fünfte Spalte in Abbildung 12.7 an: Sie fügt die möglichen Abhilfemaßnahmen für das Problem der negativen externen Effekte hinzu.

Entscheidung	Auswirkungen auf andere	Kosten oder Nutzen	Marktversagen (Fehlallokation von Ressourcen)	Mögliche Abhilfemaßnahmen	Begriffe für diese Art von Marktversagen
Ein Unternehmen setzt ein Pestizid ein, das in die Gewässer abfließt	Nachgelagerte Schäden	Privater Nutzen, externe Kosten	Übermäßiger Einsatz von Pestiziden und Überproduktion der Nutzpflanze, für die Pestizide eingesetzt werden	Steuern, Quoten, Verbote, Verhandlungen, gemeinsames Eigentum an allen betroffenen Vermögenswerten	Negative externe Effekte, Umweltverschmutzung

Abbildung 12.7 Marktversagen bei Wasserverschmutzung, mit Abhilfemaßnahmen.

ÜBUNG 12.4 PIGOU-SUBVENTION

Betrachten Sie die Imkerin oder den Imker und den benachbarten Landwirtschaftsbetrieb in Übung 12.3. Warum könnten sie in der Praxis nicht erfolgreich verhandeln, um ein Pareto-effizientes Ergebnis zu erzielen? Zeigen Sie anhand des von Ihnen gezeichneten Diagramms, wie die Regierung die Situation durch eine Subvention der Honigproduktion verbessern könnte. Beschreiben Sie die Verteilungseffekte dieser Subvention und vergleichen Sie sie mit dem Pareto-effizienten Verhandlungsergebnis.

ÜBUNG 12.5 VERGLEICH VON POLITIKEN

Betrachten Sie die drei oben diskutierten Politiken der Regulierung, Besteuerung und Ausgleichsregelungen. Bewerten Sie die Stärken und Schwächen jeder Politik unter den Gesichtspunkten der Pareto-Effizienz und Fairness.

FRAGE 12.4 WÄHLEN SIE DIE RICHTIGE(N) ANTWORT(EN)

Das Diagramm zeigt die PGK und SGK der Roboterproduktion für die Fabrik, die sich neben einem Wohnheim für Pflegekräfte befindet. Die Pflegekräfte arbeiten in Nachtschichten.

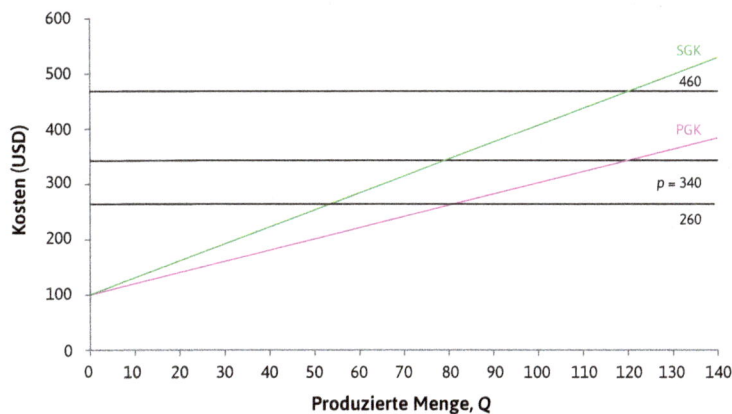

Auf dem Markt für Roboter herrscht perfekter Wettbewerb und der Marktpreis eines Roboters beträgt 340 USD. Das anfängliche Produktionsniveau beträgt 120, aber die Regierung senkt es durch eine Pigou-Steuer auf den effizienten Wert von 80. Welche der folgenden Aussagen ist richtig?

☐ Unter der Pigou-Steuer beträgt die Produzentenrente der Fabrik 6400 USD.

☐ Die erforderliche Pigou-Steuer beträgt 120 USD pro Roboter.

☐ Die Pflegekräfte sind mindestens so gut dran, wie sie bei Coase'schen Verhandlungen wären.

☐ Die Pflegekräfte ziehen keinen Nutzen aus der Einführung der Pigou-Steuer.

12.4 EIGENTUMSRECHTE, VERTRÄGE UND MARKTVERSAGEN

Die Eigentümer:innen der Plantagen haben bei ihren Maßnahmen zur Gewinnmaximierung (Wahl der Bananenproduktion oder des Pestizids) die externen Kosten, die sie den Fischer:innen auferlegen, nicht berücksichtigt. Und sie hatten auch keinen Grund, sie zu berücksichtigen: Sie hatten das Recht, das Pestizid zu nutzen und die Gewässer zu verschmutzen.

Das Gleiche gilt für den übermäßigen Einsatz von Antibiotika. Eine eigennützige Person hat keinen Grund, Antibiotika sparsam zu verwenden, denn der multiresistente Erreger, der möglicherweise entsteht, wird wahrscheinlich jemand anderen infizieren.

Wären die Preise für Chlordecon und das Antibiotikum hoch genug, gäbe es keinen übermäßigen Gebrauch. Die Preise für diese Güter beruhen jedoch auf den Produktionskosten und schließen die Kosten aus, die ihre Verwendung anderen auferlegt. Wie Sie gesehen haben, lagen die privaten Kosten der nutzenden Person (wie viel sie für den Erwerb des Gutes bezahlt hat) aus diesem Grund unter den sozialen Kosten.

Ein weiteres Beispiel: Wenn die Treibstoffkosten niedrig sind, entscheiden sich mehr Menschen dafür, mit dem Auto zur Arbeit zu fahren, anstatt den Zug zu nehmen. Die durch den niedrigen Preis vermittelte Botschaft beinhaltet nicht die Umweltkosten der Entscheidung für das Auto. Die Auswirkungen auf die entscheidende Person werden als private Kosten und Nutzen bezeichnet, während die gesamten Auswirkungen, einschließlich derer, die anderen zugefügt werden oder von denen andere profitieren, soziale Kosten und Nutzen sind.

Kosten, die anderen zugefügt werden (beispielsweise Umweltverschmutzung und Verkehrsstaus, die sich verschlimmern, weil man mit dem Auto zur Arbeit fährt), werden als **negative externe Effekte** oder **negative Externalitäten** bezeichnet, während nicht kompensierte Vorteile, die anderen zugute kommen, **positive externe Effekte** oder **positive Externalitäten** sind.

Wir können verstehen, warum diese und andere Marktversagen häufig vorkommen, wenn wir darüber nachdenken, wie sie vermieden werden könnten.

Wie könnten die Kosten für die Fahrt zur Arbeit alle Kosten widerspiegeln, die allen Beteiligten entstehen, und nicht nur die privaten Kosten der Person mit Entscheidungsbefugnis? Die naheliegendste (wenn auch unpraktische) Möglichkeit wäre, von der autofahrenden Person zu verlangen, dass sie allen, die von den daraus resultierenden Umweltschäden (oder Verkehrsstaus) betroffen sind, einen Betrag zahlt, der genau dem verursachten Schaden entspricht. Das ist natürlich unmöglich, aber es setzt einen Standard für das, was getan oder angenähert werden muss, wenn der ‚Preis für die Fahrt zur Arbeit' die richtige Botschaft vermitteln soll.

Ein ähnlicher Ansatz gilt, wenn Sie auf dem Weg zur Arbeit rücksichtslos fahren, von der Straße abkommen und gegen ein Haus prallen. Nach dem Deliktsrecht (dem Recht des Schadensersatzes) müssten Sie in den meisten Ländern für den Schaden am Haus aufkommen. Sie werden für den Schaden haftbar gemacht, so dass Sie für die Kosten, die Sie einem anderen zugefügt haben, aufkommen müssten.

Wenn Sie das wissen, werden Sie vielleicht zweimal darüber nachdenken, ob Sie zur Arbeit fahren (oder zumindest etwas langsamer fahren, wenn Sie zu spät kommen). Es wird Ihr Verhalten und die Allokation der Ressourcen verändern.

Doch während das Deliktsrecht in den meisten Ländern einige Arten von Schäden abdeckt, die anderen zugefügt werden (rücksichtsloses Fahren), sind

negativer externer Effekt Ein negativer externer Effekt ist eine negative Auswirkung von Produktion, Konsum oder anderen wirtschaftlichen Entscheidungen auf eine andere Person oder Partei, die nicht als Verbindlichkeit in einem Vertrag festgelegt ist. *Auch bekannt als: externe Kosten, negativer externer Effekt. Siehe auch: externer Effekt.*

positiver externer Effekt Eine positive Auswirkung einer Produktions-, Konsum- oder sonstigen wirtschaftlichen Entscheidung, die nicht als Vorteil in einem Vertrag angegeben ist. *Auch bekannt als: externer Nutzen, positive Externalität. Siehe auch: externer Effekt.*

andere wichtige externe Effekte des Autofahrens (zum Beispiel die Verschmutzung der Luft oder Staus) nicht abgedeckt. Hier sind zwei weitere Beispiele:

- *Ein Unternehmen betreibt eine Müllverbrennungsanlage, die Abgase erzeugt:* Die Abgase verschlechtern die Luftqualität in der Umgebung. Die von der Verschmutzung Betroffenen haben kein Recht auf saubere Luft, was die Grundlage für einen Schadensersatzanspruch gegenüber dem Unternehmen wäre. Das Unternehmen muss also nicht für diese Kosten aufkommen.
- *Sie spielen nachts laut Musik und stören den Schlaf der Nachbarschaft:* Die schlafende Nachbarschaft hat keinen einklagbaren Anspruch darauf, nicht von Ihrer Musik geweckt zu werden. Ihre Nachbarschaft hat keine Möglichkeit, von Ihnen eine Entschädigung für die von Ihnen verursachten Unannehmlichkeiten zu verlangen.

Die Rechtssysteme sehen auch keine Entschädigung für die Vorteile vor, die man durch das eigene Handeln anderen verschafft:

- *Ein Unternehmen bildet eine Arbeitskraft aus, die für einen besseren Job kündigt:* Die Fähigkeiten der ausgebildeten Arbeitskraft gehen mit ihr auf den neuen Arbeitsplatz über. Daher kann das Unternehmen, das die Ausbildung bezahlt hat, keine Entschädigung von dem neuen Unternehmen verlangen, auch wenn ein anderes Unternehmen den Nutzen erhält.
- *Kim, die Landwirtin in Einheit 4, trägt zu den Kosten eines Bewässerungsprojekts bei, während andere Personen in der Landwirtschaft auf Kims Beitrag free-riden:* Kim hat keine Möglichkeit, eine Entschädigung für diese gemeinnützige Handlung zu verlangen. Die Trittbrettfahrenden werden Kim nicht entschädigen.
- *Ein Land investiert in die Verringerung der Kohlenstoffemissionen, wodurch sich die Risiken des Klimawandels für andere Länder verringern:* Wie wir in Einheit 4 gesehen haben, müssen andere Länder nicht dafür bezahlen, es sei denn, ein Vertrag garantiert einen Ausgleich für die Kosten der verringerten Emissionen. Die Umweltverbesserung für die anderen Länder ist ein unkompensierter Nutzen.

Bei diesen Beispielen kommt es zu Marktversagen, weil die externen Nutzen und Kosten der Handlungen einer Person niemandem gehören. Denken Sie an Abfall. Wenn Sie Ihr Haus renovieren und dabei den Boden aufreißen oder eine Wand einreißen, gehören Ihnen die Abfälle und Sie müssen sie entsorgen, selbst wenn Sie jemanden für die Beseitigung bezahlen müssen. Das ist aber nicht der Fall bei Rauch aus der Verbrennungsanlage oder bei lauter Musik in der Nacht. Sie haben keinen Vertrag mit dem emittierenden Unternehmen, in dem festgelegt ist, zu welchem Preis Sie bereit sind, die Abgase zu akzeptieren, oder mit Ihrer Nachbarschaft über den Preis für das Recht, nach 22 Uhr Musik zu hören. In diesen Fällen sprechen Ökonominnen und Ökonomen von „unvollständigen, fehlenden oder nicht einklagbaren Eigentumsrechten" — oder einfach von **unvollständigen Verträgen**.

unvollständiger Vertrag Ein Vertrag, in dem nicht alle Aspekte des Tausches, die die Interessen der Tauschparteien (oder anderer) betreffen, in einklagbarer Weise festgelegt sind.

fehlender Markt Ein Markt, auf dem es eine Art von Austausch gibt, der, wenn er durchgeführt würde, für beide Seiten vorteilhaft wäre. Dies ist nicht der Fall, wenn asymmetrische oder nicht überprüfbare Informationen vorliegen.

überprüfbare Informationen Informationen, die zur Durchsetzung eines Vertrags verwendet werden können.

asymmetrische Informationen Informationen, die für die an einer wirtschaftlichen Interaktion beteiligten Parteien relevant sind, aber nur einem Teil der Parteien bekannt sind, anderen dagegen nicht. *Siehe dazu: adverse Selektion, moralisches Risiko.*

Ein wichtiges Beispiel für einen unvollständigen Vertrag haben wir in Einheit 6 gesehen. In einem Arbeitsverhältnis kann das arbeitgebende Unternehmen für die Zeit der Arbeitskraft bezahlen. Aber der Vertrag kann nicht festlegen, wie viel Einsatz sie zu bringen hat. Auch die externen Effekte der Handlungen einer Person sind Wirkungen, die nicht durch Verträge geregelt werden. Eine andere Möglichkeit, das Problem auszudrücken, besteht darin, zu sagen, dass es keinen Markt gibt, auf dem diese externen Effekte entschädigt werden können. Daher verwenden Ökonominnen und Ökonomen auch den Begriff der **fehlenden Märkte**, um solche Probleme zu beschreiben.

Im Fall der Weevokil-Verschmutzung:

- *Die Eigentumsrechte der Fischer:innen waren unvollständig:* Sie besaßen kein Recht auf sauberes Wasser. Ein solches Recht hätte es ihnen ermöglicht, eine Entschädigung für die Verschmutzung zu erhalten, und sie konnten ein solches Recht nicht erwerben.
- *Es gab keinen Markt für sauberes Wasser.*

Warum schreiben die Länder ihre Gesetze nicht einfach so um, dass sie die Menschen für die Vorteile belohnen, die sie anderen gewähren, und die Personen mit Entscheidungsbefugnis für die Kosten aufkommen lassen, die sie anderen auferlegen?

In Einheit 6 haben wir uns die Gründe angesehen, warum vollständige Verträge, die diese Ziele durchsetzen würden, unvollständig oder nicht durchsetzbar sind. Gründe sind, dass die notwendigen Informationen entweder nicht verfügbar oder nicht **überprüfbar** sind, dass die externen Effekte zu komplex oder zu schwierig zu messen sind, um in einem durchsetzbaren Vertrag festgehalten zu werden, oder dass es möglicherweise kein Rechtssystem gibt, um den Vertrag durchzusetzen (wie bei der Umweltverschmutzung, die über nationale Grenzen hinausgeht). Sie sehen an unserem Beispiel, dass es nicht möglich wäre, eine vollständige Reihe von Verträgen abzuschließen, in denen jede einzelne fischende Person von jeder Plantage eine Entschädigung, für die Auswirkungen ihrer individuellen Handlungsentscheidungen auf diese fischende Person, erhalten könnte.

Aus diesen und anderen Gründen ist es in den meisten Fällen nicht praktikabel, das Deliktsrecht anzuwenden, um Menschen für die Kosten haftbar zu machen, die sie anderen zufügen, weil wir diese Informationen nicht haben. Ebenso unmöglich ist es, das Rechtssystem zu nutzen, um Menschen für die positiven Auswirkungen, die sie auf andere haben, zu entschädigen. Zum Beispiel um denjenigen, die einen schönen Garten anlegen, einen Betrag zu zahlen, der der Freude entspricht, die der Garten passierenden Personen bereitet. Ein Gericht müsste wissen, wie viel diese Freude für jede passierende Person wert ist.

In den fünf oben aufgezählten Beispielen in diesem Abschnitt ist der Grund, warum externe Kosten und Nutzen nicht kompensiert werden, derselbe:

- Einige Informationen, die für jemand anderen als der Person mit Entscheidungsbefugnis von Bedeutung sind, sind nicht überprüfbare oder **asymmetrische Informationen**.
- Daher kann es keine Verträge oder Eigentumsrechte geben, die sicherstellen, dass externe Effekte kompensiert werden.
- Infolgedessen werden einige der sozialen Kosten oder Vorteile der Handlungen der Person mit Entscheidungsbefugnis nicht in den Entscheidungsprozess einbezogen (oder sind nicht wichtig genug).

12.5 ÖFFENTLICHE GÜTER

Die Bewässerungsprojekte, die wir in Einheit 4 untersucht haben, sind ein weiteres Beispiel für ein Gut, das im Marktsystem möglicherweise nicht effizient bereitgestellt werden kann. Wir haben Bewässerungssysteme als **öffentliches Gut** beschrieben. Wenn eine Person in der Landwirtschaft Kosten für die Bewässerung aufwendet, profitieren alle anderen Personen davon. Dadurch entsteht ein soziales Dilemma. Wenn die Arbeitskräfte unabhängig voneinander handeln, haben sie alle einen Anreiz zum Trittbrettfahren, sodass niemand Bewässerung anbieten wird. Nur wenn sie Wege der Zusammenarbeit finden, können sie ein Ergebnis erzielen, das allen zugute kommt.

Ein öffentliches Gut zeichnet sich dadurch aus, dass es, wenn es einer Person zur Verfügung steht, auch allen anderen ohne zusätzliche Kosten zur Verfügung gestellt werden kann. Ein Bewässerungssystem ist ein öffentliches Gut für die Gemeinde, in der es sich befindet. Es gibt weitere Beispiele, die öffentliche Güter für ein ganzes Land sind, wie die Landesverteidigung (wenn eine Person vor einer ausländischen Invasion geschützt ist, gilt dies auch für andere) und die Wettervorhersage (wenn ich mich informieren kann, ob es heute regnen wird, können Sie das auch). Dies sind Dienstleistungen, die in der Regel von der Regierung und nicht vom Markt erbracht werden.

Auch Wissen ist ein öffentliches Gut. Sie können Ihr Wissen über ein Rezept zum Backen eines Kuchens oder die Regeln der Multiplikation nutzen, ohne die Fähigkeit anderer zu beeinträchtigen, das gleiche Wissen zu nutzen. (Dies stellt ein Problem für Unternehmen dar, die in die Forschung investieren—wenn sich konkurrierende Unternehmen das von ihnen produzierte Wissen ungehindert aneignen können, sinkt ihr Anreiz zur Innovation.) Auch die Umwelt stellt öffentliche Güter bereit. Wer den Blick auf den Sonnenuntergang genießt, beraubt keiner anderen Person ihrer Freude daran.

In all diesen Fällen sind die Grenzkosten für die Bereitstellung des Gutes für weitere Personen gleich Null, sobald das Gut überhaupt verfügbar ist. Güter mit dieser Eigenschaft werden auch als **nicht-rivale Güter** bezeichnet.

Ein Gut wird als öffentliches Gut bezeichnet, wenn es, sobald es einer Person zur Verfügung steht, allen ohne zusätzliche Kosten zur Verfügung gestellt werden kann und seine Nutzung durch eine Person seine Verfügbarkeit für andere nicht einschränkt. Diese Eigenschaft eines öffentlichen Gutes wird als nicht-rival bezeichnet, da die potenziell Nutzenden nicht miteinander um das Gut konkurrieren (rivalisieren).

Einige Ökonominnen und Ökonomen fügen hinzu, dass andere nicht von der Nutzung des Gutes ausgeschlossen werden können. Diese Güter werden **nicht ausschließbare öffentliche Güter** genannt. Wir betrachten den nicht-rivalen Charakter eines öffentlichen Gutes als sein definierendes Merkmal, unabhängig davon, ob andere ausgeschlossen werden können oder nicht.

öffentliches Gut Ein Gut, dessen Nutzung durch eine Person seine Verfügbarkeit für andere nicht verringert. *Auch bekannt als: nicht-rivales Gut. Siehe auch: nicht ausschließbares öffentliches Gut, künstlich knappes Gut.*

nicht ausschließbares öffentliches Gut Ein öffentliches Gut, bei dem niemand vom Zugang ausgeschlossen werden kann. *Siehe auch: künstlich knappes Gut.*

Urheberrecht Eigentumsrechte an der Nutzung und Verbreitung eines Originalwerks.

künstlich knappes Gut Ein öffentliches Gut, von dem man einige Menschen ausschließen kann. *Auch bekannt als: Clubgut.*

privates Gut Ein Gut, dass sowohl rivalisierend ist und von dem andere ausgeschlossen werden können.

Gemeinschaftsgut Ein rivales Gut, dessen Konsum man anderen nicht verwehren kann. *Auch bekannt als: Ressource des Gemeineigentums.*

Bei einigen öffentlichen Gütern ist es möglich, weitere Nutzende auszuschließen, auch wenn die Kosten für ihre Nutzung gleich Null sind. Beispiele dafür sind das Satellitenfernsehen, die Informationen in einem **urheberrechtlich geschützten** Buch oder ein Film, der in einem nicht überfüllten Kino gezeigt wird: Es kostet nicht mehr, wenn eine zusätzliche zuschauende Person da ist, aber die Eigentümer:innen können trotzdem verlangen, dass alle, die den Film sehen wollen, zahlen müssen. Dasselbe gilt für eine Straße ohne Staus, auf der Mautstellen errichtet wurden. Autofahrende Personen können ausgeschlossen werden (es sei denn, sie zahlen die Maut), auch wenn die Grenzkosten für eine zusätzliche reisende Person gleich Null sind.

Öffentliche Güter, bei denen es möglich ist, andere auszuschließen, werden manchmal als **künstlich knappe Güter** oder **Clubgüter** bezeichnet (weil sie wie die Mitgliedschaft in einem privaten Club funktionieren: Wenn der Golfplatz nicht überfüllt ist, kostet es den Golfclub nichts, eine weitere Person aufzunehmen, aber der Club wird trotzdem einen Mitgliedsbeitrag erheben).

Das Gegenteil eines nicht ausschließbaren öffentlichen Gutes ist ein **privates Gut**. Wir haben viele Beispiele für private Güter gesehen: Brote, Abendessen in Restaurants, Rupien, die zwischen Anil und Bala aufgeteilt werden (Einheit 4), und Schachteln mit Frühstückscerealien. Alle diese Güter sind sowohl rival (mehr für Anil bedeutet weniger für Bala) als auch ausschließbar (Anil kann Bala daran hindern, Anils Geld zu nehmen).

Es gibt eine vierte Art von Gütern, die rival, aber nicht ausschließbar sind, die **Gemeinschaftsgüter**. Ein Beispiel sind Fischbestände, die allen offen stehen. Was eine fischende Person fängt, kann keine andere fangen. Aber alle, die fischen wollen, können dies tun. Wir können auch stark befahrene öffentliche Straßen als Gemeinschaftsgut betrachten. Alle, die sie nutzen möchten, können dies tun. Aber jede nutzende Person vergrößert den Stau auf der Straße und verlangsamt die Fahrten anderer. Die Tabelle in Abbildung 12.8 gibt einen Überblick über die vier Arten von Gütern.

Abbildung 12.8 zeigt vier verschiedene Kategorien von Gütern. Das Ausmaß der Rivalität oder Ausschließbarkeit von Gütern ist jedoch eine Frage des Grades. Bei einigen Gütern sind die Kosten für zusätzliche Nutzende nicht buchstäblich Null (was reine Nicht-Rivalität voraussetzen würde), sondern sehr gering. Ein Beispiel dafür ist ein Medikament, das Millionen an Forschungsgeldern kostet, um die erste Tablette zu entwickeln, aber nur ein paar Cent pro Anwendung, um die Behandlungen für weitere Nutzende verfügbar zu machen, sobald sie entwickelt sind.

‚Güter' in der Ökonomie sind Dinge, die Menschen nutzen oder konsumieren wollen. Aber es gibt auch ‚Übel': Dinge, die die Menschen nicht haben wollen und für die sie vielleicht bereit sind zu zahlen, um sie *nicht* zu haben; wie beispielsweise Hausmüll oder unangenehm riechende Abflüsse. Dies sind *private Übel*. Analog dazu können wir *öffentliche Übel* definieren: Luftverschmutzung zum Beispiel ist ein Übel, das viele Menschen gleichzeitig betrifft. Sie ist nicht rival in dem Sinne, dass eine Person, die unter ihren Auswirkungen leidet, das Leiden der anderen nicht verringert.

	Rivalität	Nicht-Rivalität
Ausschließbar	Private Güter (Lebensmittel, Kleidung, Häuser)	Öffentliche Güter, die künstlich knapp sind (Abonnementfernsehen, nicht überlastete Mautstraßen, Wissen, welches den Rechten an geistigem Eigentum unterliegt, Einheit 21)
Nicht ausschließbar	Gemeinschaftsgüter (Fischbestände in einem See, gemeinsames Weideland, Einheiten 4 und 20)	Nicht ausschließbare öffentliche Güter und Übel (Aussicht auf eine Mondfinsternis, öffentliche Rundfunksendungen, Rechenregeln, Landesverteidigung, Lärm und Luftverschmutzung, Einheiten 20 und 21)

Abbildung 12.8 Private Güter und öffentliche Güter.

Wie aus den Beispielen ersichtlich wird, hängt die Frage, ob ein Gut privat oder öffentlich ist, nicht nur von der Art des Gutes selbst, sondern auch von rechtlichen und anderen Institutionen ab:

- Wissen, das nicht dem Urheberrecht oder anderen Rechten an geistigem Eigentum unterliegt, würde als **nicht ausschließbares öffentliches Gut** klassifiziert werden …
- … wenn die urhebende Person jedoch das Urheberrecht nutzt, um ein Monopol auf das Recht zur Reproduktion dieses Wissens zu schaffen, handelt es sich um ein **künstlich knappes öffentliches Gut**.
- Gemeinsames Weideland ist ein **Gemeinschaftsgut** …
- … wird das gleiche Land jedoch eingezäunt, um andere Personen auszuschließen, wird es zu einem **privaten Gut**.

Märkte verteilen in der Regel private Güter. Aber für die anderen drei Arten von Gütern sind Märkte entweder nicht möglich oder scheitern wahrscheinlich. Dafür gibt es zwei Gründe:

- *Wenn Güter nicht-rival sind, sind die Grenzkosten gleich Null:* Die Festsetzung eines Preises in Höhe der Grenzkosten (wie für das Pareto-effiziente Marktergebnis erforderlich) ist nicht möglich, es sei denn, die anbietende Person wird subventioniert.
- *Wenn Güter nicht ausschließbar sind, gibt es keine Möglichkeit, einen Preis für sie zu verlangen:* Die anbietende Person kann Menschen, die nicht bezahlt haben, nicht ausschließen.

Wenn Güter also nicht privat sind, kann eine Allokation durch die öffentliche Hand erforderlich sein, um sie zu verteilen. Die Landesverteidigung liegt in allen Ländern in der Verantwortung der Regierung. Die Umweltpolitik befasst sich mit Problemen von Gemeinschaftsgütern und öffentlichen Übeln wie Umweltverschmutzung und Kohlenstoffemissionen (siehe Einheit 20). Die Regierungen ergreifen auch eine Reihe von Maßnahmen, um das Problem des Wissens als öffentliches Gut anzugehen, wie die Erteilung von **Patenten**, um Unternehmen einen Anreiz zu geben, Forschung und Entwicklung zu betreiben (siehe Einheit 21).

Marktversagen bei öffentlichen Gütern steht in engem Zusammenhang mit den Problemen der **externen Effekte**, fehlender **Eigentumsrechte** und **unvollständiger Verträge**, die wir in dieser Einheit erörtert haben. Ein gemeinschaftliches Bewässerungssystem ist ein öffentliches Gut. Wenn also eine Landwirtin beschließt, in ein Bewässerungsprojekt zu investieren, bringt dies den anderen Landwirtinnen und Landwirten einen **externen Nutzen**. Da ihr privater Nutzen geringer ist als der gesellschaftliche Gesamtnutzen, wird

> **Patent** Ein Recht auf ausschließliches Eigentum an einer Idee oder Erfindung, das für einen bestimmten Zeitraum gilt. Während dieses Zeitraums kann die Person oder das Unternehmen, welches das Patent innehat, effektiv als Monopol auftreten.

sie aus Sicht der Gemeinschaft zu wenig investieren oder vielleicht gar nicht investieren. Es gibt keinen Markt, auf dem die nutznießende Person des Bewässerungssystems die durchführende Person für den erhaltenen Nutzen bezahlt, und es wäre schwierig, vollständige Verträge zwischen allen Personen abzuschließen, um ein Pareto-effizientes Bewässerungsniveau zu erreichen.

In ähnlicher Weise haben wir die Weevokil-Verschmutzung als ein Problem analysiert, bei dem die Entscheidungen der Bananenplantagen negative externe Effekte auf die Fischer:innen haben. Die privaten Kosten des Weevokil-Einsatzes lagen unter den sozialen Kosten, sodass das Pestizid übermäßig eingesetzt wurde. Wir können die Plantagen aber auch so interpretieren, dass sie zu einem **öffentlichen Übel** beitragen, unter dem alle Fischer:innen zu leiden haben.

Die Person, die Teile eines Gemeinschaftsguts nutzt, erlegt den anderen Nutzenden externe Kosten auf. Wenn Sie beispielsweise mit Ihrem Auto auf einer stark befahrenen Straße fahren, tragen Sie zu den Staus bei, die andere Verkehrsteilnehmende erleben.

Jedes der in diesem Abschnitt vorgestellten Beispiele für nicht-private Güter kann also mit Hilfe des Rahmens beschrieben werden, den wir in Abschnitt 12.3 für die Zusammenfassung von Fällen von Marktversagen geschaffen haben. Sie sind in der Tabelle in Abbildung 12.9 zusammengefasst.

> **öffentliches Übel** Das negative Äquivalent eines öffentlichen Gutes. Es ist nicht rivalisierend in dem Sinne, dass der Konsum des öffentlichen Übels durch ein bestimmtes Individuum den Konsum anderer nicht beeinträchtigt.

FRAGE 12.5 WÄHLEN SIE DIE RICHTIGE(N) ANTWORT(EN)
Welche der folgenden Aussagen ist richtig?

☐ Einige öffentliche Güter sind rival.
☐ Ein öffentliches Gut muss nicht ausschließbar sein.
☐ Ein Gut kann nicht-rival und nicht ausschließbar sein.
☐ Wenn ein Gut nicht-rival ist, dann sind die Kosten für eine zusätzliche Person, die es konsumiert, gleich Null.

Entscheidung	Auswirkungen auf andere	Kosten oder Nutzen	Marktversagen (Fehlallokation von Ressourcen)	Mögliche Abhilfemaßnahmen	Begriffe für diese Art von Marktversagen
Sie nehmen einen internationalen Flug	Anstieg der globalen Kohlenstoffemissionen	Privater Nutzen, externe Kosten	Überbeanspruchung des Luftverkehrs	Steuern, Quoten	Öffentliches Übel, negative externe Effekte
Sie fahren mit dem Auto zur Arbeit	Staus für andere Verkehrsteilnehmende	Privater Nutzen, externe Kosten	Übermäßige Nutzung von Autos	Maut, Quoten, subventionierter öffentlicher Verkehr	Gemeinschaftsgut, negative externe Effekte
Ein Unternehmen investiert in Forschung und Entwicklung	Andere Unternehmen können die Innovation nutzen	Private Kosten, externer Nutzen	Zu wenig F&E	Öffentlich finanzierte Forschung, Subventionen für Forschung und Entwicklung, Patente	Öffentliches Gut, positiver externer Effekt

Abbildung 12.9 Beispiele für Marktversagen, mit Abhilfemaßnahmen.

12.6 FEHLENDE MÄRKTE: VERSICHERUNGEN UND ZITRONEN

Wir wissen, dass ein häufiger Grund für unvollständige Verträge darin besteht, dass Informationen über einen wichtigen Aspekt der Interaktion nicht verfügbar oder nicht überprüfbar sind. Insbesondere sind die Informationen oft **asymmetrisch**. Das heißt, eine Partei weiß etwas, das für die Transaktion relevant ist, was die andere nicht weiß.

Eine Form asymmetrischer Informationen sind **versteckte Aktionen**. In Einheit 6 haben wir den Fall einer beschäftigten Person untersucht, deren Entscheidung, wie viel Einsatz sie zeigt, dem arbeitgebenden Unternehmen verborgen bleibt. Dies verursacht ein Problem, das als **moralisches Risiko** bekannt ist. Es besteht ein Interessenkonflikt, weil die beschäftigte Person lieber nicht so hart arbeiten würde, wie das arbeitgebende Unternehmen dies gerne möchte. Das Problem besteht, weil der Arbeitsaufwand nicht im Vertrag festgelegt werden kann. In Einheit 9 haben wir gesehen, wie die Reaktion des arbeitgebenden Unternehmens (Zahlung eines Lohns oberhalb des Reservationsniveaus) zu einem Pareto-ineffizienten Ergebnis auf dem Arbeitsmarkt führte.

In diesem Abschnitt führen wir eine zweite Form asymmetrischer Informationen ein, nämlich das Problem der **versteckten Attribute**. Wenn Sie beispielsweise einen Gebrauchtwagen kaufen wollen, kennt die verkaufende Person die Qualität des Fahrzeugs. Sie haben diese Information aber nicht. Dieses Attribut des Fahrzeugs ist der kaufenden Person verborgen. Versteckte Attribute können zu einem Problem führen, das als **adverse Selektion** bekannt ist.

---

versteckte Aktionen (Problem der) Dies ist der Fall, wenn eine Handlung einer Tauschpartei nicht bekannt ist oder von der anderen Partei nicht überprüft werden kann. Zum Beispiel kann ein Unternehmen nicht wissen (oder nicht überprüfen), wie hart die eingestellte Person tatsächlich arbeitet. *Auch bekannt als: moralisches Risiko, versteckte Attribute (Problem der)*.

---

versteckte Attribute (Problem der) Dies ist der Fall, wenn einige Eigenschaften der Person, die an einem Austausch teilnimmt (oder des Produkts oder der Dienstleistung, die bereitgestellt wird), den anderen Parteien nicht bekannt sind. Ein Beispiel dafür ist, dass die Person, die eine Krankenversicherung abschließt ihren eigenen Gesundheitszustand kennt, die Versicherungsgesellschaft jedoch nicht *Auch bekannt als: adverse Selektion, versteckte Aktionen (Problem der)*.

Versteckte Aktionen und moralisches Risiko

Das Problem der versteckten Aktionen tritt auf, wenn die Handlungen einer Partei nicht bekannt sind oder von der anderen Partei nicht überprüft werden können. Zum Beispiel kann das arbeitgebende Unternehmen nicht wissen (oder nicht überprüfen), wie hart die Arbeitskraft, die sie eingestellt hat, tatsächlich arbeitet.

Der Begriff des moralischen Risikos stammt aus der Versicherungsbranche und drückt das Problem aus, mit dem die Versicherungsunternehmen konfrontiert sind: Wer eine Hausratversicherung hat, achtet möglicherweise weniger darauf, Brände oder andere Schäden am eigenen Haus zu vermeiden. Dadurch erhöht sich das Risiko über das hinaus, was es ohne Versicherung wäre. Dieser Begriff bezieht sich nun auf jede Situation, in der eine Partei einer Interaktion über eine Handlung entscheidet, die sich auf den Gewinn oder das Wohlergehen der anderen Partei auswirkt, die aber von der betroffenen Partei nicht durch einen Vertrag kontrolliert werden kann, weil die betroffene Partei oft nicht über ausreichende Informationen über die Handlung verfügt. Dies wird auch als Problem der ,versteckten Aktionen' bezeichnet.

Versteckte Attribute und adverse Selektion

Das Problem der versteckten Attribute tritt auf, wenn ein bestimmtes Attribut der an einem Tausch beteiligten Person (oder des angebotenen Produkts oder der Dienstleistung) den anderen Parteien nicht bekannt ist. Ein Beispiel ist, dass die Person, die eine Krankenversicherung abschließt, ihren eigenen Gesundheitszustand kennt, die Versicherungsgesellschaft jedoch nicht.

Der Begriff ,adverse Selektion' bezieht sich auf das Problem, dass die von einer Partei angebotenen Bedingungen dazu führen, dass einige Tauschbeteiligte aussteigen. Ein Beispiel ist das Problem der asymmetrischen Informationen in der Versicherungsindustrie: Wenn der Preis hoch genug ist, werden sich nur diejenigen um eine Krankenversicherung bemühen, die wissen, dass sie krank sind (aber das Versicherungsunternehmen weiß das nicht). Dies wird zu weiterer Preiserhöhungen führen, um die Kosten zu decken. Dieses Problem wird auch als ,Problem der versteckten Attribute' bezeichnet (der Zustand, bereits krank zu sein, ist das versteckte Attribut), um es vom Problem der ,versteckten Aktionen' des moralischen Risikos zu unterscheiden.

Versteckte Attribute und adverse Selektion

Ein berühmtes Beispiel dafür, wie versteckte Attribute zu einem Marktversagen führen können, ist der sogenannte ‚Market for Lemons'. Eine ‚Zitrone' ist die umgangssprachliche Bezeichnung für einen Gebrauchtwagen, bei dem man nach dem Kauf feststellt, dass er defekt ist. Unser nächstes Modell beschreibt einen solchen Gebrauchtwagenmarkt:

- Jeden Tag erwägen zehn Eigentümer:innen von zehn Gebrauchtwagen den Verkauf.
- Die Autos unterscheiden sich in ihrer Qualität, die wir anhand des wahren Wertes des Autos für seine Eigentümer:innen messen. Die Qualität reicht von Null bis 9000 USD in gleichen Schritten: Es gibt ein wertloses Auto, eines, das 1000 USD wert ist, ein anderes, das 2000 USD wert ist, und so weiter. Der Durchschnittswert der Autos liegt also bei 4500 USD.
- Es gibt viele Kaufinteressierte, und alle würde gerne ein Auto zu einem Preis kaufen, der dem wahren Wert des Autos entspricht.
- Die Verkaufenden erwarten nicht, dass sie den vollen Wert ihres Fahrzeugs erhalten, aber sie sind bereit zu verkaufen, wenn sie *mehr als die Hälfte* des wahren Wertes erzielen können. Die ökonomische Rente für jedes Auto—der Gewinn aus dem Handel—beträgt also die Hälfte des Autopreises.

Könnten die Kaufinteressierten die Qualität jedes Autos beobachten, würden die Kaufenden auf jede verkaufende Person zugehen und über den Preis verhandeln, und am Ende des Tages wären alle Autos (bis auf das völlig wertlose) zu einem Preis verkauft, der irgendwo zwischen ihrem wahren Wert und der Hälfte des wahren Wertes liegt. Der Markt hätte dafür gesorgt, dass alle für beide Seiten vorteilhaften Geschäfte zustande kämen.

Doch an jedem Tag gibt es ein Problem: Die Kaufinteressierten haben keine Informationen über die Qualität eines zum Verkauf stehenden Autos. Alles, was sie wissen, ist der wahre Wert der am Vortag verkauften Fahrzeuge. Der höchste Preis, den die Kaufinteressierten für ein Auto zu zahlen bereit sind, entspricht also dem Durchschnittswert der am Vortag verkauften Autos.

Nehmen wir nun an, dass am Vortag zehn Autos auf dem Markt angeboten wurden. Mit Hilfe eines Widerspruchsbeweises zeigen wir, dass die Verkaufenden von Autos mit der höchsten Qualität nach und nach aus dem Markt ausscheiden werden, bis es keinen Markt mehr für Gebrauchtwagen gibt. Betrachten wir den heutigen Markt:

- Gestern wurden alle Autos (wie wir zu Beginn angenommen haben) auf den Markt gebracht und verkauft.
- Der Durchschnittswert dieser Autos lag bei 4500 USD, so dass eine kaufende Person heute höchstens 4500 USD zu zahlen bereit ist.
- Zu Beginn des Tages erwägt jede verkaufswillige Person, ihr Auto zu verkaufen, und rechnet mit einem Preis von höchstens 4500 USD. Die meisten Eigentümer:innen sind zufrieden, denn das ist mehr als die Hälfte des wahren Wertes ihres Autos.
- Aber eine Eigentümerin oder ein Eigentümer ist nicht zufrieden. Die Eigentümerin oder der Eigentümer des Autos mit der höchsten Qualität würden nicht verkaufen, wenn der Preis nicht die Hälfte des Wertes des Autos übersteigt: mehr als 4500 USD.
- Kaufinteressierte werden diesen Preis nicht zahlen. Deshalb wird die Eigentümerin oder der Eigentümer des besten Autos es heute nicht zum Verkauf anbieten. Niemand, der ein Auto im Wert von 9000 USD besitzt, wird bereit sein, an dem Markt heute teilzunehmen.

Der Ökonom George Akerlof analysierte als Erster dieses Problem in 1970. Sein Aufsatz zu diesem Thema wurde zunächst von zwei Fachzeitschriften als zu trivial abgelehnt. Eine andere gab sie mit der Begründung zurück, sie sei falsch. Einunddreißig Jahre später erhielt er den Nobelpreis für seine Arbeit über asymmetrische Informationen. Im folgenden Buch geben Akerlof und sein Mitautor Robert Shiller eine einfache Erklärung für den so genannten Markt für Zitronen: George A. Akerlof und Robert J. Shiller. 2015. *Phishing for Phools: The Economics of Manipulation and Deception.* Princeton, NJ: Princeton University Press.

- Der Rest der Autos wird heute verkauft: ihr Wert liegt bei durchschnittlich 4000 USD.
- Morgen werden die Kaufenden den Durchschnittswert der heute verkauften Autos kennen. Daher werden die Kaufenden morgen entscheiden, dass sie bereit sind, höchstens 4000 USD für ein Auto zu zahlen.
- Die Eigentümerin oder der Eigentümer des hochwertigsten Autos von morgen (das 8000 USD wert ist) wird dies wissen und wissen, dass sie oder er den eigenen Mindestpreis, der höher als 4000 USD ist, nicht bekommen wird. Das Auto wird morgen nicht zum Verkauf angeboten.
- Infolgedessen wird die durchschnittliche Qualität der morgen auf dem Markt verkauften Autos 3500 USD betragen, was bedeutet, dass die Eigentümerin oder der Eigentümer des drittbesten Autos dieses Auto übermorgen nicht zum Verkauf anbieten wird.
- Und so geht es weiter, bis irgendwann nächste Woche nur noch die Eigentümer:innen der ‚Zitronen‘ im Wert von 1000 USD und eines völlig wertlosen Autos auf dem Markt übrig bleiben.
- Wenn am Vortag Autos mit diesen beiden Werten verkauft wurden, sind die Kaufenden am nächsten Tag bereit, höchstens 500 USD für ein Auto zu bezahlen.
- Die Eigentümerin oder der Eigentümer des Autos im Wert von 1000 USD wird daher beschließen, das Auto lieber zu behalten.
- Das einzige Auto auf dem Markt ist dann nichts mehr wert. Autos, die auf diesem Markt verbleiben, sind ‚Zitronen‘, denn nur die Eigentümerin oder der Eigentümer eines wertlosen Autos wären bereit, dieses Auto zum Verkauf anzubieten.

adverse Selektion Das Problem, mit dem die Parteien eines Tauschgeschäfts konfrontiert sind, wenn die von einer Partei angebotenen Bedingungen dazu führen, dass einige Tauschpartner:innen aussteigen. Ein Beispiel ist das Problem der asymmetrischen Informationen bei Versicherungen: Wenn der Preis hoch genug ist, werden nur diejenigen eine Krankenversicherung abschließen wollen, die wissen, dass sie krank sind (die Versicherung weiß dies aber nicht). Dies wird zu weiteren Preiserhöhungen führen, um die Kosten zu decken. Dieses Problem wird auch als Problem der „versteckten Attribute" bezeichnet (der Zustand, bereits krank zu sein, ist das versteckte Attribut), um es vom Problem der „versteckten Aktionen" des moralischen Risikos zu unterscheiden. *Siehe auch: unvollständiger Vertrag, moralisches Risiko, asymmetrische Informationen*

Ökonominnen und Ökonomen bezeichnen solche Prozesse als **adverse Selektion**, weil der vorherrschende Preis auswählt, welche Autos auf dem Markt bleiben. Falls Autos gehandelt werden, dann sind es die minderwertigen. Die Auswahl der Autos ist für die Kaufenden advers. Im obigen Beispiel gibt es überhaupt keine Autos mehr—der Markt verschwindet völlig.

Adverse Selektion auf dem Versicherungsmarkt

Der *Market for Lemons* ist ein bekannter Begriff in der Volkswirtschaftslehre, aber das Zitronenproblem—das **Problem der versteckten Attribute**—ist nicht auf den Gebrauchtwagenmarkt beschränkt.

Ein weiteres wichtiges Beispiel sind die Krankenversicherungen. Stellen Sie sich vor, Sie werden in eine Bevölkerung hineingeboren, von der Sie nicht wissen, ob Sie ein Mensch mit einem ernsten Gesundheitsproblem sein werden, ob Sie später im Leben an einem solchen Problem erkranken oder ob Sie vielleicht bis ins hohe Alter völlig gesund bleiben. Es gibt eine Krankenversicherung, die alle medizinischen Leistungen abdeckt, die Sie benötigen, und die Prämie ist für alle gleich—sie richtet sich nach den zu erwartenden Durchschnittskosten der Bevölkerung, sodass die Prämien für die Versicherungsgesellschaft die gesamte zu erwartende Auszahlung abdecken, vorausgesetzt, alle schließen sich an. Würden Sie diese Krankenversicherung abschließen?

In dieser Situation würden die meisten Menschen die Versicherung gerne abschließen, denn schwere Krankheiten verursachen hohe Kosten, die eine Durchschnittsfamilie oft nicht bezahlen kann. Die Kosten für den Schutz von Ihnen und Ihrer Familie vor einer finanziellen Katastrophe (oder der Möglichkeit, dass Sie sich die medizinische Versorgung nicht leisten können, wenn Sie sie brauchen) sind die Versicherungsprämie wert.

Die Annahme, dass Sie in diesem Gedankenexperiment nichts über Ihren Gesundheitszustand wissen, ist unrealistisch. Dies ist eine weitere Anwendung des Schleiers der Unwissenheit von John Rawls, den wir in Einheit 5 besprochen haben. Wenn man über dieses Problem als unparteiische Person nachdenkt, wird die Bedeutung der Annahme des Schleiers der Unwissenheit deutlich.

Obwohl alle eine Versicherung abgeschlossen hätten, wenn sie ihren zukünftigen Gesundheitszustand nicht kennen würden, würde sich die Situation dramatisch ändern, wenn wir ohne den Schleier der Unwissenheit, also mit Kenntnis unseres Gesundheitszustands, entscheiden können, ob wir eine Krankenversicherung abschließen. In dieser Situation sind die Informationen asymmetrisch. Betrachten Sie die Situation aus der Sicht des Versicherungsunternehmens:

- *Menschen schließen eher eine Versicherung ab, wenn sie wissen, dass sie krank sind:* Der durchschnittliche Gesundheitszustand der Personen, die eine Versicherung abschließen, wird also niedriger sein als der durchschnittliche Gesundheitszustand der Bevölkerung.
- *Diese Information ist asymmetrisch:* Die Person, die die Versicherung abschließt, weiß, wie gesund sie ist. Aber die Versicherungsgesellschaft weiß es nicht.
- *Versicherungsunternehmen können nur dann rentabel sein, wenn sie höhere Preise verlangen:* Diese Preise werden höher sein, als sie es wären, wenn alle Personen der Bevölkerung gezwungen wären, die gleiche Versicherung abzuschließen.
- *Das führt zu adverser Selektion:* In diesem Fall wird der Preis so hoch sein, dass nur Personen, die wissen, dass sie krank sind, eine Versicherung abschließen wollen.
- *Das führt zu noch höheren Preisen für Versicherungen:* Um im Geschäft zu bleiben, müssen die Versicherungsgesellschaften nun wieder die Preise erhöhen. Schließlich wird die überwiegende Mehrheit der Versicherten diejenigen sein, die wissen, dass sie bereits ein ernstes Gesundheitsproblem haben.
- *Gesunde Menschen werden aus dem Markt gedrängt:* Diejenigen, die eine Versicherung für den Fall abschließen wollen, dass sie in Zukunft krank werden, werden keine Versicherung abschließen.

Dies ist ein weiteres Beispiel für einen **fehlenden Markt**: Viele Menschen werden unversichert sein. Es handelt sich um einen Markt, der nur dann existieren könnte, wenn die Gesundheitsinformationen symmetrisch und überprüfbar wären (wobei das Problem, ob jede Person ihre Gesundheitsdaten weitergeben möchte, vorerst außer Acht gelassen wird). Solch ein Markt könnte sowohl den Eigentümer:innen von Versicherungsgesellschaften als auch den Menschen, die sich selbst versichern wollen, Vorteile bringen. Das Fehlen eines solchen Marktes ist Pareto-ineffizient.

Um das Problem der adversen Selektion aufgrund asymmetrischer Informationen und der daraus resultierenden fehlenden Märkte für Krankenversicherungen zu lösen, haben viele Länder eine Politik der Pflichtversicherung in private Versicherungsprogramme oder der allgemeinen steuerfinanzierten Versicherung eingeführt.

Moralisches Risiko auf dem Versicherungsmarkt

Versteckte Attribute sind nicht das einzige Problem mit dem Versicherungsunternehmen konfrontiert sind. Es gibt auch ein **Problem der versteckten Aktionen**. Der Kauf einer Versicherung kann die kaufende Person dazu veranlassen, genau die Risiken einzugehen, die nun versichert sind. Eine Person, die beispielsweise eine Vollkaskoversicherung für ein Auto abgeschlossen hat, fährt vielleicht weniger vorsichtig als eine Person, die keine Versicherung abgeschlossen hat.

Die Versicherungsunternehmen setzen in der Regel Grenzen für die von ihnen verkauften Versicherungen. So kann der Versicherungsschutz beispielsweise entfallen (oder teurer sein), wenn eine andere Person als die versicherte am Steuer sitzt oder wenn das Auto gewöhnlich an einem Ort geparkt wird, an dem viele Autos gestohlen werden. Diese Bestimmungen können in einen Versicherungsvertrag aufgenommen werden.

Das Versicherungsunternehmen kann jedoch keinen Vertrag durchsetzen, in dem es darum geht, wie schnell Sie fahren oder ob Sie nach dem Konsum von Alkohol fahren. Dies sind die Aktionen, die dem Versicherungsunternehmen aufgrund der asymmetrischen Informationen verborgen bleiben: Sie kennen diese Fakten, aber das Versicherungsunternehmen nicht.

Dies ist ein Problem des **moralischen Risikos**, ähnlich dem des Arbeitseinsatzes. In beiden Fällen handelt es sich um **Prinzipal-Agent-Probleme**: Der Agent (eine versicherte oder eine beschäftigte Person) entscheidet sich für eine Handlung (wie vorsichtig sie sein oder wie hart sie arbeiten wird), die für den Prinzipal (das Versicherungsunternehmen oder dem arbeitgebenden Unternehmen) von Bedeutung ist, aber nicht in den Vertrag aufgenommen werden kann, weil sie nicht überprüfbar ist.

Obwohl diese moralischen Risiken auf den ersten Blick sehr unterschiedlich erscheinen, ähneln sie in einem wichtigen Punkt der Verschmutzung durch Chlordecon sowie den öffentlichen Gütern und Gemeinschaftsgütern im vorherigen Abschnitt. In jedem Fall trifft jemand eine Entscheidung, die für jemand anderen externe Kosten oder Nutzen mit sich bringt. Das heißt, Kosten oder Nutzen, welche nicht kompensiert werden. Im Fall des moralischen Risikos entscheidet die versicherte Person (der Agent), wie viel Sorgfalt sie walten lässt. Diese Sorgfalt hat einen externen Nutzen für das Versicherungsunternehmen (auftraggebender Prinzipal), ist aber für den Agent mit Kosten verbunden, so dass ein Marktversagen vorliegt: Das gewählte Sorgfaltsniveau ist zu niedrig.

Diese Probleme des moralischen Risikos (und auch die Probleme der adversen Selektion, die weiter oben in diesem Abschnitt beschrieben wurden) lassen sich also in den Rahmen der externen Effekte und des Marktversagens einordnen, den wir in dieser Einheit verwenden. Die Probleme, die sich aus asymmetrischen Informationen ergeben, sind in der Tabelle in Abbildung 12.10 zusammengefasst.

moralisches Risiko Dieser Begriff stammt ursprünglich aus der Versicherungsbranche, um das Problem auszudrücken, mit dem sich versichernde Unternehmen konfrontiert sehen: Eine Person, die eine Hausratversicherung abgeschlossen hat, achtet möglicherweise weniger darauf, Brände oder andere Schäden am Haus zu vermeiden. Dadurch erhöht sich das Risiko über das hinaus, was es ohne die Versicherung wäre. Dieser Begriff bezieht sich mittlerweile auf jede Situation, in der eine Partei einer Interaktion über eine Handlung entscheidet, die sich auf den Gewinn oder das Wohlergehen der anderen Partei auswirkt, die aber von der betroffenen Partei nicht durch einen Vertrag kontrolliert werden kann. Oft ist es eine Folge dessen, dass die betroffene Partei nicht über ausreichende Informationen über die Handlung verfügt. Dies wird auch als das Problem der „versteckten Aktionen" bezeichnet. *Siehe auch: versteckte Aktionen (Problem der), unvollständiger Vertrag, zu groß zum Scheitern.*

Prinzipal–Agent-Beziehung Diese Beziehung besteht, wenn eine Partei (der Prinzipal) möchte, dass eine andere Partei (der Agent) auf eine bestimmte Art und Weise handelt oder eine Eigenschaft hat, die im Interesse des Prinzipals liegt und die nicht in einem verbindlichen Vertrag durchgesetzt oder garantiert werden kann. *Siehe auch: unvollständiger Vertrag. Auch bekannt als: Prinzipal-Agent-Problem.*

Entscheidung	Auswirkungen auf andere	Kosten oder Nutzen	Marktversagen (Fehallokation von Ressourcen)	Mögliche Abhilfemaßnahmen	Begriffe für diese Art von Marktversagen
Eine beschäftigte Person mit fixem Lohn entscheidet, wie hart sie arbeiten möchte	Harte Arbeit steigert den Gewinn des Unternehmens	Private Kosten, externer Nutzen	Zu wenig Aufwand, Lohn über Reservationslohn, Arbeitslosigkeit	Effektivere Überwachung, leistungsbezogene Vergütung, weniger Interessenkonflikte zwischen Unternehmen und Beschäftigten	Unvollständiger Vertrag, versteckte Aktionen, moralisches Risiko
Eine Person, die weiß, dass sie ein ernstes Gesundheitsproblem hat, kauft eine Versicherung	Verlust für Versicherungsunternehmen	Privater Nutzen, externe Kosten	Zu wenig Versicherungsangebot, zu hohe Versicherungsprämien	Obligatorischer Abschluss einer Krankenversicherung, öffentliche Bereitstellung, obligatorischer Austausch von Gesundheitsinformationen	Fehlende Märkte, Adverse Selektion
Eine Person, die eine Kfz-Versicherung abgeschlossen hat, entscheidet, wie vorsichtig sie fährt	Umsichtiges Fahren trägt zum Gewinn der Versicherungsgesellschaft bei	Private Kosten, externer Nutzen	Zu wenig Versicherungsangebot, zu hohe Versicherungsprämien	Einbau von Fahrerkontrollgeräten	Fehlende Märkte, moralisches Risiko

Abbildung 12.10 Marktversagen durch asymmetrische Informationen, mit Abhilfemaßnahmen.

ÜBUNG 12.8 VERSTECKTE ATTRIBUTE

Identifizieren Sie die versteckten Attribute in den folgenden Märkten und zeigen Sie auf, wie diese die Marktteilnehmenden daran hindern können, gegenseitigen Nutzen aus dem Handel auszuschöpfen:

1. Eine gebrauchte Ware, die auf eBay (https://tinyco.re/2913411), Craigslist (https://tinyco.re/2392254) oder einer ähnlichen Online-Plattform verkauft wird
2. Vermietung von Wohnungen über Airbnb (https://tinyco.re/2409089)
3. Restaurants unterschiedlicher Qualität

Erläutern Sie, wie die folgenden Möglichkeiten einen für beide Seiten vorteilhaften Austausch erleichtern können, selbst wenn versteckte Attribute vorhanden sind:

4. elektronische Bewertungen, die von ehemaligen und potentiellen Kaufenden sowie Verkaufenden geteilt werden
5. Austausch im Freundeskreis und erweitertem Freundeskreis
6. Vertrauen und gesellschaftliche Präferenzen
7. Kaufende oder Verkaufende Zwischenhandelsunternehmen, wie der Gebrauchtwagenhandel

FRAGE 12.6 WÄHLEN SIE DIE RICHTIGE(N) ANTWORT(EN)

Es gibt zehn Autos auf dem Markt, von denen sechs Autos von guter Qualität sind, die den Kaufenden 9000 USD wert sind. Die anderen sind „Zitronen", die nichts wert sind. Es gibt viele Kaufinteressierte, die die Qualität der einzelnen Autos nicht kennen, aber sie wissen, wie hoch der Anteil der Autos guter Qualität ist, und sind bereit, den Durchschnittswert zu zahlen. Alle Verkaufenden sind bereit, einen Preis zu akzeptieren, der mindestens die Hälfte des Wertes ihres Autos beträgt. Welche der folgenden Aussagen ist auf der Grundlage dieser Informationen richtig?

☐ Die Kaufenden sind bereit, höchstens 4500 USD zu zahlen.
☐ Auf diesem Markt werden nur die „Zitronen" verkauft.
☐ Alle Autos werden zu einem Preis von 5400 USD verkauft.
☐ Alle Autos werden zu einem Preis von 4500 USD verkauft.

FRAGE 12.7 WÄHLEN SIE DIE RICHTIGE(N) ANTWORT(EN)

In welchem der folgenden Fälle liegt ein Problem der adversen Selektion vor?

☐ In einem Markt für Kfz-Versicherungen, in dem die Versicherungsunternehmen nicht wissen, wie vorsichtig die Versicherten fahren.
☐ Ein Krankenversicherungsmarkt, auf dem die Versicherungsunternehmen nicht wissen, ob die Antragstellenden gewohnheitsmäßig rauchen.
☐ Ein Online-Verkauf von Nahrungsergänzungsmitteln, bei dem die Kaufenden nicht wissen, ob der Inhalt den Angaben entspricht.
☐ Ein Unternehmen, das von zu Hause arbeitende Personen beschäftigt, aber nicht feststellen kann, wie hart sie arbeiten.

12.7 UNVOLLSTÄNDIGE VERTRÄGE UND EXTERNE EFFEKTE AUF KREDITMÄRKTEN

Wir haben in Einheit 10 über Darlehensaufnahme und -vergabe gesprochen. Bei der Darlehensaufnahme und -vergabe handelt es sich um ein **Prinzipal-Agent-Problem**, bei dem die umsichtige Verwendung der geliehenen Mittel, die harte Arbeit zur Gewährleistung des Erfolgs des Projekts, für das die Mittel geliehen wurden, und die Rückzahlung des Darlehens nicht durch einen durchsetzbaren Vertrag gesichert werden können.

Folglich haben die Entscheidungen der Darlehensnehmenden—harte Arbeit, Umsicht—**externe Effekte** auf die Darlehensgebenden. Was die Darlehensnehmenden tun, wirkt sich auf die Gewinne des Darlehensgebenden aus, ist aber ‚extern' zum Vertrag. Die Entscheidung der Darlehensnehmenden werden im Vertrag nicht berücksichtigt, weil wichtige Informationen, die notwendig wären, um sie in einen Vertrag aufzunehmen—wie umsichtig eine darlehensnehmende Person das Projekt geführt hat oder wie hart sie für dessen Erfolg gearbeitet hat—den Darlehensgebenden nicht zur Verfügung stehen, und selbst wenn dies der Fall wäre, würden sie in den meisten Fällen nicht ausreichen, um die erforderlichen Verträge durchzusetzen.

Beachten Sie, wie sehr dies den Problemen ähnelt, die sich für eine beschäftigte Person ergeben, die sich anstrengt, oder für eine versicherte Person, die Sorgfalt walten lässt. Dies sind alles Probleme des **moralischen Risikos**.

Das Grundproblem bei Darlehen besteht darin, dass eine darlehensnehmende Person im Falle eines gescheiterten Projekts den Kredit nicht zurückzahlen kann und deshalb Risiken eingeht, die sie vermieden hätte, wenn sie die vollen Kosten eines schlechten Ergebnisses tragen müsste. Dies bedeutet, dass ein Scheitern des Projekts wahrscheinlicher ist, was der darlehensgebenden Person Kosten auferlegt.

Wie wir in Einheit 10 gesehen haben, wird dies die Darlehensgebenden zögern lassen, Darlehen zu gewähren, es sei denn, den Darlehensnehmenden kann ein Anreiz geboten werden, kein unangemessenes Risiko einzugehen. Zum Beispiel indem sie entweder einen Teil ihrer eigenen Mittel in das Projekt investieren, für das sie eine Finanzierung beantragen (**Eigenkapital**) oder **Sicherheiten** stellen. Das bedeutet, dass eine Person mit geringem Vermögen unter Umständen kein Darlehen erhält, selbst wenn es sich um ein Projekt handelt, bei dem die Ressourcen auf sehr produktive Weise eingesetzt werden, zum Beispiel für ein neues Unternehmen, die Kosten für eine Gewerbeerlaubnis oder eine Ausbildung.

Anders ausgedrückt: Darlehensgebende sind bereit, die Qualität eines Projekts zu opfern, um Darlehensnehmende zu bekommen, die mehr Eigenkapital oder mehr Sicherheiten haben. Manchmal wird ein hochwertiges Projekt einer armen, potenziell darlehensnehmenden Person von niemanden finanziert, während eine reiche Person mit einem mittelmäßigen Projekt ein Darlehen erhält, wie in Abbildung 12.11 dargestellt.

> **externer Effekt** Eine positive oder negative Auswirkung einer Produktion, eines Konsums oder einer anderen wirtschaftlichen Entscheidung auf eine oder mehrere andere Personen, die nicht als Nutzen oder Schaden in einem Vertrag angegeben ist. Sie wird als externer Effekt bezeichnet, weil der betreffende Effekt außerhalb des Vertrags liegt. *Auch bekannt als: Externalität. Siehe auch unter: unvollständiger Vertrag, Marktversagen, externer Nutzen, externe Kosten.*

> **Eigenkapital** Die eigene Investition einer Person in ein Projekt. Diese wird in der Bilanz einer Person oder eines Unternehmens als Eigenkapital ausgewiesen. *Siehe auch: Nettovermögen.*
> **Sicherheiten** Ein Vermögenswert, den eine kreditnehmende einer kreditgebenden Person als Sicherheit für einen Kredit verpfändet. Wenn die kreditnehmende Person nicht in der Lage ist, die versprochenen Zahlungen zu leisten, wird der Kreditgebende Eigentümer:in des Vermögenswerts.

	Reich	Arm
Projekt mit hoher Qualität	Darlehen gewährt	Kein Darlehen
Projekt mit mittlerer Qualität	Darlehen gewährt	Kein Darlehen
Projekt mit geringer Qualität	Kein Darlehen	Kein Darlehen

Abbildung 12.11 Projektqualität und Vermögen der darlehensnehmenden Person.

kreditbeschränkt Der Prozess, durch den Personen mit weniger Vermögen im Vergleich zu Personen mit mehr Vermögen Kredite zu ungünstigen Bedingungen aufnehmen. *Siehe auch: kreditunwürdig.*

kreditunwürdig Eine Beschreibung von Personen, die nicht in der Lage sind, Kredite zu jedweden Bedingungen aufzunehmen. *Siehe auch: kreditbeschränkt.*

zu groß zum Scheitern Ein Merkmal großer Banken, deren zentrale Bedeutung in der Wirtschaft sicherstellt, dass sie von der Regierung gerettet werden, wenn sie in finanzielle Schwierigkeiten geraten. Die Bank trägt also nicht alle Kosten ihrer Tätigkeit und ist daher eher bereit, größere Risiken einzugehen. *Siehe auch: moralisches Risiko.*

So können arme Darlehensnehmende **kreditbeschränkt** oder **kreditunwürdig** sein. Dies ist eine weitere Form des Marktversagens, die insbesondere dann auftritt, wenn das Vermögen sehr ungleich verteilt ist. Erinnern Sie sich an Einheit 10, wie die Grameen Bank dieses Problem angegangen ist, indem sie Gruppen von Darlehensnehmenden gemeinsam für die Rückzahlung von Darlehen verantwortlich gemacht hat, um ihnen einen Anreiz zu geben, hart zu arbeiten und vorsichtige Entscheidungen zu treffen, ohne Eigenkapital oder Sicherheiten zu benötigen.

Marktversagen bei Krediten gibt es auch aus einem anderen Grund. Wenn eine Bank ein Darlehen vergibt, berücksichtigt sie die Möglichkeit, dass es nicht zurückgezahlt werden kann: Wenn der Zinssatz, den sie verlangen kann, hoch genug ist, können sogar recht riskante Darlehen (wie Zahltagskredite) eine gute Wahl sein. Aber die Bank macht sich auch Sorgen darüber, was mit ihren Gewinnen passieren könnte, wenn die meisten Darlehensnehmenden nicht zahlen können, wie es der Fall wäre, wenn sie während eines Booms der Immobilienpreise Hypotheken für den Erwerb von Wohneigentum vergeben hätte und dann die Immobilienblase geplatzt wäre. Die Bank könnte scheitern.

Würden die Eigentümer:innen der Bank alle Kosten eines Bankrotts tragen, würden sie sich nach Kräften bemühen, diesen zu vermeiden. Es ist jedoch unwahrscheinlich, dass die Eigentümer:innen die vollen Kosten tragen werden, und zwar aus zwei Gründen:

- *Die Bank wird sich in der Regel bei anderen Banken verschuldet haben:* Genau wie die Landwirtinnen und Landwirte, die sich etwas leihen, um ihre Ernte anzupflanzen, werden die Eigentümer:innen der Bank wissen, dass ein Teil der Kosten des Bankrotts von anderen Banken getragen wird, die nicht zurückgezahlt werden.
- *‚Zu groß zum Scheitern':* Wenn die Bank für die Wirtschaft ausreichend wichtig ist, wird die Aussicht auf ihren Bankrott wahrscheinlich eine Rettung der Bank durch die Regierung auslösen, die sie mit Steuergeldern subventionieren wird.

Auch hier wissen die Eigentümer:innen der Bank, dass andere (Steuerzahlende oder andere Banken) einen Teil der Kosten für ihre Risikobereitschaft tragen werden. Sie gehen dann mehr Risiken ein, als sie es tun würden, wenn sie die gesamten Kosten ihres Handelns selbst tragen müssten. Wie ein Umwelt-Spillover ist die übermäßige Risikobereitschaft von Banken und Darlehensnehmenden ein **negativer externer Effekt**, der zu einem **Marktversagen** führt.

Diejenigen, die auf den Verlusten der Risikotragenden sitzen bleiben könnten, versuchen, sich zu schützen. Die Regierungen versuchen, das Bankensystem zu regulieren und die Verschuldung der Banken zu begrenzen, damit die Banken theoretisch über genügend Ressourcen verfügen, um ihre Schulden zurückzuzahlen.

Wir können die Beispiele für den Kreditmarkt zu unserer Tabelle der Marktversagen in Abbildung 12.12 hinzufügen.

Entscheidung	Auswirkungen auf andere	Kosten oder Nutzen	Marktversagen (Fehlallokation von Ressourcen)	Mögliche Abhilfemaßnahmen	Begriffe für diese Art von Marktversagen
Eine darlehensnehmende Person widmet dem Projekt, in das ein Darlehen investiert wird, nicht genügend Sorgfalt oder Anstrengung	Scheitern des Projekts wahrscheinlicher, was zu einer Nichtrückzahlung des Darlehens führt	Privater Nutzen, externe Kosten	Übermäßiges Risiko, zu wenige Darlehen vergeben	Umverteilung des Vermögens, gemeinsame Verantwortung für die Rückzahlung der Kredite (Grameen Bank)	Moralisches Risiko, Ausschluss vom Kreditmarkt
Bank, die ‚zu groß zum Scheitern' ist, vergibt riskante Darlehen	Steuerzahlende tragen Kosten, wenn Bank scheitert	Privater Nutzen, externe Kosten	Riskante Darlehensvergabe	Regulierung des Bankensektors	Moralisches Risiko

Abbildung 12.12 Marktversagen bei Darlehen, mit Abhilfemaßnahmen.

FRAGE 12.8 WÄHLEN SIE DIE RICHTIGE(N) ANTWORT(EN)

Welche der folgenden Aussagen ist richtig?

☐ Das Problem des Kreditmarktes ist, dass reiche Menschen immer ein Darlehen bekommen, unabhängig von der Qualität ihres Projekts.

☐ Reiche Menschen bekommen leichter ein Darlehen, weil sie Eigenkapital oder Sicherheiten bereitstellen können.

☐ Banken werden als „zu groß zum Scheitern" bezeichnet, wenn ihre Größe sie zu sicheren Institutionen macht.

☐ Banken, die „zu groß zum Scheitern" (zu groß zum Scheitern) sind, achten darauf, dass sie keine riskanten Darlehen vergeben.

12.8 DIE GRENZEN DER MÄRKTE

Märkte scheinen überall in der Wirtschaft zu sein, aber das ist nicht der Fall. Erinnern Sie sich an Herbert Simons Bild aus Einheit 6 von einem Marsmenschen, der die Wirtschaft betrachtet. Der Marsmensch sieht hauptsächlich grüne Felder, die Unternehmen darstellen. Sie sind durch rote Linien verbunden, die den Kauf und Verkauf auf Märkten darstellen. Aber viele Entscheidungen über die Allokation von Ressourcen werden innerhalb der Unternehmen getroffen. Auch in Familien erfolgt die Allokation der Ressourcen zwischen Eltern und Kindern nicht durch Kauf und Verkauf. Regierungen nutzen eher den politischen Prozess als den Wettbewerb auf dem Markt, um zu bestimmen, wo und von wem Schulen gebaut und Straßen instand gehalten werden sollen.

Warum werden einige Güter und Dienstleistungen auf Märkten zugeteilt, während andere von Unternehmen, Familien und Regierungen zugeteilt werden? Dies ist eine alte Frage, auf die es zwei grundlegende Antworten gibt.

Erstens: Manche Tätigkeiten werden besser von Familien, manche von Regierungen, manche von Unternehmen und manche von Märkten ausgeführt. Es ist zum Beispiel schwer vorstellbar, wie die Zeugung und Erziehung von Kindern effektiv von Unternehmen oder Märkten durchgeführt werden könnte. In den meisten Gesellschaften wird diese Aufgabe von einer Kombination aus Familien und Regierungen (Schulbildung) übernommen.

Was bestimmt das Gleichgewicht zwischen Unternehmen und Märkten?

Ronald Coase lieferte eine Erklärung für die relative Bedeutung von Unternehmen und Märkten. Es gibt Unternehmen, weil es bei einigen Dingen profitabler ist, sie selbst zu produzieren, als sie auf dem Markt zu kaufen. Der Umfang des Marktes wird durch die Entscheidung des Unternehmens darüber bestimmt, welche Bestandteile eines Produkts produziert und welche gekauft werden sollen. Coase erklärte, dass die Grenzen dieser Trennung zwischen Unternehmen und Markt durch die relativen Kosten der Optionen ,selbst herstellen' und ,kaufen' festgelegt werden.

Coases Erklärung unterstreicht eine wichtige Tatsache, die in den manchmal hitzigen Debatten über die Vorzüge dezentralisierter Organisation (wie Unternehmen oder Märkten), im Gegensatz zu zentralisierten Systemen (wie Regierungen) oft untergeht. Er hat gezeigt, dass es einige Dinge gibt, die zentralisierte Systeme (wie Unternehmen) besser können, als andere, die besser vom Markt gehandhabt werden. Und das Schöne an dieser Darstellung ist, dass es sich nicht um ein Urteil einer möglicherweise voreingenommenen beobachtenden Person handelt: Es ist das Urteil des Marktes selbst. Der Wettbewerb zwischen den Unternehmen bestraft letztlich die Unternehmen, die es mit der Option ,selbst herstellen' übertreiben, indem sie die Grenzen des zentralisierten Systems durch interne Expansion überdehnen. Und der Wettbewerb auf dem Markt bestraft gleichermaßen die Unternehmen, die die Vorteile der zentralen Entscheidungsfindung nicht nutzen, indem sie sich zu sehr für die Option ,kaufen' entscheiden.

Die zweite Antwort auf die Frage, warum einige Güter auf Märkten und andere in anderen Institutionen allokiert werden, unterscheidet sich deutlich von Coases Erklärung der Grenzen des Unternehmens. Die Meinung über den angemessenen Umfang des Marktes ist geteilt. Manche Personen sind der Meinung, dass einige Dinge, die jetzt zum Verkauf stehen, auf andere Weise zugeteilt werden sollten, während andere meinen, dass die Märkte eine größere Rolle in der Wirtschaft spielen sollten.

Diejenigen, die das Ausmaß des Marktes begrenzen wollen, führen häufig zwei Argumente an:

- *Verwerfliche Märkte*: Die Vermarktung bestimmter Güter und Dienstleistungen—zum Beispiel lebenswichtiger Organe oder Menschen—verstößt gegen eine ethische Norm oder untergräbt die Würde der Betroffenen.
- **Meritorische Güter**: Weit verbreitet ist die Auffassung, dass einige Güter und Dienstleistungen (sogenannte meritorische Güter) den Menschen unabhängig von ihrer Fähigkeit oder Zahlungsbereitschaft zur Verfügung stehen sollten.

meritorische Güter Waren und Dienstleistungen, die jeder Person zur Verfügung stehen sollten, unabhängig von ihrer Zahlungsfähigkeit.

Verwerfliche Märkte

In den meisten Ländern gibt es fest etablierte Institutionen, die es Eltern ermöglichen, ein Kind freiwillig zur Adoption freizugeben. Doch in der Regel hindern Gesetze die Eltern daran, ihre Kinder zu verkaufen.

Warum verbieten die meisten Länder den Kauf und Verkauf von Säuglingen? Ist es nicht so, dass ein Markt für Säuglinge den verkaufswilligen Eltern und den kaufwilligen Eltern Möglichkeiten für gegenseitigen Nutzen aus dem Handel bieten würde?

Praktisch alle Länder verbieten den Verkauf von menschlichen Organen für Transplantationen. Kommerzielle Leihmutterschaft—eine Frau, die schwanger wird und gegen Bezahlung ein Baby für ein anderes Paar zur Welt bringt—ist in den meisten Ländern nicht legal (abgesehen von einigen Bundesstaaten der USA, Thailand und Russland). Die Volkswirtschaftslehre könnte jedoch zu dem Schluss kommen, dass es falsch ist, diese Transaktionen zu verhindern, wenn beide Parteien sie freiwillig eingehen.

Ein Grund für diesen Einwand ist, dass der Verkauf möglicherweise nicht wirklich freiwillig ist, weil die Armut die Menschen dazu zwingen könnte, eine Transaktion einzugehen, die sie später bereuen. Ein zweiter Grund wäre die Überzeugung, dass die Festlegung eines Preises für ein Baby oder einen Körperteil gegen einen Grundsatz der Menschenwürde verstößt. Es korrumpiert unsere Haltung gegenüber anderen.

Der Ökonom Alvin Roth der für seine Arbeit dazu den Nobelpreis erhalten hat, nennt solche Märkte *verwerfliche Märkte*.

Die Philosophen Michael Walzer und Michael Sandel haben die moralischen Grenzen von Märkten diskutiert. Einige Markttransaktionen stehen im Widerspruch zu unseren Wertvorstellungen von Menschlichkeit, wie zum Beispiel der Kauf und Verkauf von Menschen als Versklavte; andere stehen im Widerspruch zu den Grundsätzen der Demokratie, wie zum Beispiel die Möglichkeit, dass Menschen ihre Stimme verkaufen. Wir haben einige der Vorteile der Allokation von Ressourcen über Märkte und das Preissystem gesehen. Bei dieser Analyse sind wir implizit davon ausgegangen, dass der Tausch eines Gutes gegen Geld seinen intrinsischen Wert für Kaufende und Verkaufende nicht beeinträchtigt.

Aber sowohl die Einstellung der Eltern zu Babys als auch die Wertschätzung der Wahlberechtigten für ihre demokratischen Rechte könnten sich ändern, wenn sie gekauft und verkauft würden. Wenn wir überlegen, ob die Einführung eines neuen Marktes oder monetärer Anreize vorteilhaft wäre, sollten wir darüber nachdenken, ob dadurch andere soziale Normen oder ethische Präferenzen verdrängt werden könnten.

Meritorische Güter

Es gibt einige Güter und Dienstleistungen, die insofern als besonders gelten, als sie allen Menschen zur Verfügung gestellt werden sollten. Auch denen, die nicht die Fähigkeit oder Zahlungsbereitschaft haben, sie zu bezahlen. Diese sogenannten **meritorischen Güter** werden von der Regierung bereitgestellt und nicht über einen Markt, der sich nach der Zahlungsbereitschaft richtet, zugeteilt.

In den meisten Ländern ist die Grundschulbildung für alle Kinder kostenlos und wird durch Steuern finanziert. Auch die medizinische Grundversorgung—zumindest die Notfallversorgung—steht häufig allen zur Verfügung, unabhängig von ihrer Zahlungsfähigkeit. Das Gleiche gilt in vielen Ländern für die rechtliche Vertretung vor Gericht: Personen, die nicht in der Lage sind, eine Rechtsvertretung zu bezahlen, sollten einen kostenlosen Rechtsbeistand erhalten. Die persönliche Sicherheit—beispielsweise der Schutz vor kriminellen Übergriffen oder Hausbränden—wird in der Regel zum Teil durch öffentlich bereitgestellte Polizei- und Feuerwehrdienste gewährleistet.

Warum sollten meritorische Güter den Menschen kostenlos zur Verfügung gestellt werden? Menschen mit geringem Einkommen haben zu vielen Dingen keinen Zugang. Sie leben in der Regel in minderwertigen und oft ungesunden Wohnungen und haben nur sehr begrenzte Möglichkeiten, sich in ihrer Freizeit zu bewegen. Warum ist das bei der medizinischen Grundversorgung, der Schulbildung, dem Rechtsbeistand und dem Schutz durch Polizei und Feuerwehr anders? Die Antwort ist, dass diese Güter und Dienstleistungen in vielen Ländern als das Recht aller Menschen angesehen werden.

Alvin E. Roth. 2007. 'Repugnance as a Constraint on Markets' (https://tinyco.re/2118641). *Journal of Economic Perspectives* 21 (3): pp. 37–58.

Michael Sandel. 2009. *Justice*. London: Penguin.

Michael Walzer. 1983. *Spheres of Justice: A Defense of Pluralism and Equality*. New York, NY: Basic Books.

Michael Sandel untersucht die moralischen Grenzen seines Publikums in seinem TED Talk ‚Why we shouldn't trust markets with our civic life'. https://tinyco.re/2385666

ÜBUNG 12.9 KAPITALISMUS UNTER MÜNDIGEN ERWACHSENEN

Sollte jeder freiwillige vertragliche Austausch zwischen mündigen Erwachsenen erlaubt sein?

Erklären Sie, was Sie von den folgenden (hypothetischen) Tauschgeschäften halten. Sie können in jedem Fall davon ausgehen, dass es sich bei den Beteiligten um vernünftige, rationale Erwachsene handelt, die über die Alternativen und Konsequenzen ihres Handelns nachgedacht haben. Entscheiden Sie in jedem Fall, ob Sie das Geschäft gutheißen, und wenn Sie es nicht gutheißen, ob Sie meinen, dass es verboten werden sollte. Erläutern Sie in jedem Fall, warum die beschriebene Transaktion zu beiderseitigem Nutzen führt (das heißt, eine Pareto-Verbesserung gegenüber der Nichtzulassung des Austauschs darstellt).

1. Es wurde ein kompliziertes medizinisches Verfahren entdeckt, mit dem eine seltene Form von Krebs bei Erkrankten geheilt werden kann, die sonst mit Sicherheit sterben würden. Aufgrund von Personalknappheit ist es unmöglich, alle Erkrankten zu behandeln, die davon profitieren würden. Daher hat das Krankenhaus eine Politik des ‚Wer zuerst kommt, mahlt zuerst' eingeführt. Ben, ein wohlhabender Erkrankter, der ganz unten auf der Liste steht, bietet Aisha, einer armen Erkrankten, die ganz oben auf der Liste steht, 1 Million USD an, um den Platz zu tauschen. Wenn Aisha stirbt (was sehr wahrscheinlich ist), werden ihre Kinder das Geld erben. Aisha willigt ein.

2. Melissa ist 18 Jahre alt. Sie wurde an einer guten Universität zugelassen, hat aber keine finanzielle Unterstützung und kann auch keine bekommen. Sie unterschreibt einen Vier-Jahres-Vertrag als Stripperin im Internet und wird mit 19 Jahren anfangen zu arbeiten. Das Unternehmen wird ihre Studiengebühren übernehmen.

3. Sie stehen in der Schlange, um Karten für einen Film zu kaufen, der fast ausverkauft ist. Ein Mann aus dem hinteren Teil der Schlange geht auf die Frau vor Ihnen zu und bietet ihr 25 USD an, um die Plätze in der Schlange zu tauschen (er nimmt ihren Platz vor Ihnen ein und sie nimmt seinen am Ende der Schlange ein).

4. Ein politisch uninteressierter Mensch, der nie wählt, erklärt sich bereit, bei einer Wahl für die kandidierende Person zu stimmen, die ihm den höchsten Betrag zahlt.

5. William und Elizabeth sind ein wohlhabendes Paar, das ein Baby mit einem kleinen Geburtsfehler zur Welt bringt. Sie verkaufen dieses Baby an eine (ebenfalls wohlhabenden) Familien in der Nachbarschaft und kaufen ein Kind ohne Geburtsfehler von einer Familie, die das Geld braucht.

6. Eine Person mit ausreichendem Einkommen beschließt, sich selbst zu verkaufen, um eine versklavte Person einer anderen Person zu werden. Sie findet eine kaufwillige Person, die bereit ist, ihre Preisvorstellung zu bezahlen. Die angehende versklavte Person wird das Geld für die Ausbildung ihrer Kinder verwenden.

12.9 MARKTVERSAGEN UND REGIERUNGSPOLITIK

Abbildung 12.13 fasst die Beispiele zusammen in denen Märkte bei der effizienten Allokation von Ressourcen versagen. Auf den ersten Blick scheinen sie sich voneinander zu unterscheiden, aber in jedem Fall können wir einen externen Nutzen oder externe Kosten erkennen, die eine Person mit Entscheidungsbefugnis nicht berücksichtigt. Die Tabelle in Abbildung 12.14 zeigt, dass die grundlegende Quelle des Marktversagens ein Informationsproblem ist: ein wichtiger Aspekt einer Interaktion, der von einer der Parteien nicht beobachtet oder von einem Gericht nicht überprüft werden kann.

Die Tabelle in Abbildung 12.13 zeigt auch einige mögliche Abhilfemaßnahmen. Regierungen spielen eine wichtige Rolle in der Wirtschaft, wenn sie versuchen, die mit vielen Arten von Marktversagen verbundenen Ineffizienzen zu verringern. Die gleichen Informationsprobleme können jedoch eine Regierung behindern, die versucht, durch Steuern, Subventionen oder Verbote das Ergebnis des Marktes zu verbessern. So beschloss die französische Regierung schließlich, die Verwendung von Chlordecon zu verbieten, anstatt die notwendigen Informationen zu sammeln, um eine Steuer auf die Bananenproduktion zu erheben oder den Fischer:innen einen Ausgleich zu gewähren.

Manchmal ist eine Kombination von Abhilfemaßnahmen der beste Weg, um mit diesen Informationsproblemen und dem daraus resultierenden Marktversagen fertig zu werden. Ein Beispiel ist die Kfz-Versicherung. In vielen Ländern ist die Haftpflichtversicherung (zur Deckung von Schäden an anderen) obligatorisch, um das Problem der adversen Selektion zu vermeiden, das auftreten würde, wenn nur die Unfallgefährdeten eine Versicherung abschließen würden. Um dem moralischen Risiko versteckter Aktionen entgegenzuwirken, verlangen die Versicherungsunternehmen manchmal den Einbau von Überwachungsgeräten an Bord des Fahrzeugs, sodass umsichtiges Fahrverhalten ein einklagbarer Bestandteil des Versicherungsvertrags sein kann.

Ein Blick in die Zukunft: Eine umfassendere Rolle für Regierungen

Bei den meisten der bisher in dieser Einheit vorgestellten Modelle handelt es sich um *mikroökonomische* Modelle, also um Modelle der Interaktionen zwischen einzelnen Beschäftigten, Darlehensnehmenden und -gebenden, Unternehmen und ihrer Kundschaft sowie Unternehmen, die mit anderen Unternehmen im Wettbewerb stehen. Wir haben in dieser Einheit gesehen, dass bei diesen Interaktionen Probleme der Pareto-Ineffizienz auftreten können, und dass die Regierungen eine Rolle dabei spielen, diese zu lösen. Die Regierungen befassen sich auch mit Problemen der Ungleichheit und Armut, indem sie Einkommen von reicheren zu ärmeren Haushalten umverteilen. Die öffentliche Politik verfolgt jedoch noch viele andere Ziele, darunter:

- *Mäßigung von Schwankungen bei Beschäftigung und Inflation:* In Einheit 10 haben Sie gelernt, dass die Menschen, mit Ausnahme der sehr wohlhabenden, nicht ausreichend Darlehen aufnehmen können, um ihren Konsum im Laufe der Zeit als Reaktion auf Veränderungen ihres Beschäftigungsstatus und andere Schocks ausreichend zu glätten. Die Regierungen können helfen, indem sie Maßnahmen ergreifen, die die Schwankungen der Realeinkommen und der Beschäftigung der Menschen abmildern (Einheiten 13–15).
- *Löhne, Gewinne und Produktivität in der langen Frist:* In den Einheiten 2, 6 und 9 haben Sie untersucht, wie Löhne, Gewinne und die Produktivität der Arbeit bestimmt werden. Auch hier spielen die Regierungen eine Rolle, indem sie politische Maßnahmen ergreifen, die sich auf die Verhandlungsmacht der arbeitgebenden Unternehmen auswirken und die Arbeitsproduktivität steigern.

Entscheidung	Auswirkungen auf andere	Kosten oder Nutzen	Marktversagen (Fehlallokation von Ressourcen)	Mögliche Abhilfemaßnahmen	Begriffe für diese Art von Marktversagen
Ein Unternehmen setzt ein Pestizid ein, das in die Gewässer abfließt	Nachgelagerte Schäden	Privater Nutzen, externe Kosten	Übermäßiger Einsatz von Pestiziden und Überproduktion der Nutzpflanze, für die Pestizide eingesetzt werden	Steuern, Quoten, Verbote, Verhandlungen, gemeinsames Eigentum an allen betroffenen Vermögenswerten	Negative externe Effekte, Umweltverschmutzung
Sie nehmen einen internationalen Flug	Anstieg der globalen Kohlenstoffemissionen	Privater Nutzen, externe Kosten	Überbeanspruchung des Luftverkehrs	Steuern, Quoten	Öffentliches Übel, negative externe Effekte
Sie fahren mit dem Auto zur Arbeit	Staus für andere Verkehrsteilnehmende	Privater Nutzen, externe Kosten	Übermäßige Nutzung von Autos	Maut, Quoten, subventionierter öffentlicher Verkehr	Gemeinschaftsgut, negative externe Effekte
Ein Unternehmen investiert in Forschung und Entwicklung	Andere Unternehmen können die Innovation nutzen	Private Kosten, externer Nutzen	Zu wenig F&E	Öffentlich finanzierte Forschung, Subventionen für Forschung und Entwicklung, Patente	Öffentliches Gut, positiver externer Effekt
Eine beschäftigte Person mit fixem Lohn entscheidet, wie hart sie arbeiten möchte	Harte Arbeit steigert den Gewinn des Unternehmens	Private Kosten, externer Nutzen	Zu wenig Aufwand, Lohn über Reservationslohn, Arbeitslosigkeit	Effektivere Überwachung, leistungsbezogene Vergütung, weniger Interessenkonflikte zwischen Unternehmen und Beschäftigten	Unvollständiger Vertrag, versteckte Aktionen, moralisches Risiko
Eine Person, die weiß, dass sie ein ernstes Gesundheitsproblem hat, kauft eine Versicherung	Verlust für Versicherungsunternehmen	Privater Nutzen, externe Kosten	Zu wenig Versicherungsangebot, zu hohe Versicherungsprämien	Obligatorischer Abschluss einer Krankenversicherung, öffentliche Bereitstellung, obligatorischer Austausch von Gesundheitsinformationen	Fehlende Märkte, Adverse Selektion
Eine Person, die eine Kfz-Versicherung abgeschlossen hat, entscheidet, wie vorsichtig sie fährt	Umsichtiges Fahren trägt zum Gewinn der Versicherungsgesellschaft bei	Private Kosten, externer Nutzen	Zu wenig Versicherungsangebot, zu hohe Versicherungsprämien	Einbau von Fahrerkontrollgeräten	Fehlende Märkte, moralisches Risiko
Eine darlehensnehmende Person widmet dem Projekt, in das Darlehen investiert wird, nicht genügend Sorgfalt oder Anstrengung	Scheitern des Projekts wahrscheinlicher, was zu einer Nichtrückzahlung des Darlehens führt	Privater Nutzen, externe Kosten	Übermäßiges Risiko, zu wenige Darlehen vergeben	Umverteilung des Vermögens, gemeinsame Verantwortung für die Rückzahlung der Kredite (Grameen Bank)	Moralisches Risiko, Ausschluss vom Kreditmarkt

Entscheidung	Auswirkungen auf andere	Kosten oder Nutzen	Marktversagen (Fehlallokation von Ressourcen)	Mögliche Abhilfemaßnahmen	Begriffe für diese Art von Marktversagen
Bank, die ‚too big to fail' ist, vergibt riskante Darlehen	Steuerzahlende tragen Kosten, wenn die Bank scheitert	Privater Nutzen, externe Kosten	Übermäßig riskante Darlehensvergabe	Regulierung des Bankensektors	Moralisches Risiko
Ein Monopol, ein Unternehmen, das ein differenziertes Gut produziert, oder ein Unternehmen mit sinkenden TDK setzt P > GK (Einheit 7)	Preis ist für einige Kaufwillige zu hoch	Privater Nutzen, externe Kosten	Zu geringe Verkaufsmenge	Wettbewerbspolitik, öffentliches Eigentum an natürlichen Monopolen	Unvollkommener Wettbewerb, sinkende Durchschnittskosten, natürliches Monopol

Abbildung 12.13 Marktversagen mit Abhilfemaßnahmen.

Frage	Antwort
Warum kommt es zu Marktversagen?	Menschen, die sich nur an Marktpreisen orientieren, berücksichtigen nicht die vollen Auswirkungen ihres Handelns auf andere.
Warum werden die Auswirkungen des eigenen Handelns auf andere nicht in vollem Umfang berücksichtigt?	Es gibt externe Nutzen und Kosten, die nicht durch Zahlungen kompensiert werden.
Warum werden manche Nutzen oder Kosten nicht kompensiert?	Es gibt keine Märkte, auf denen sie gehandelt werden können.
Warum nicht? Und warum können private Verhandlungen und Zahlungen das Problem nicht lösen?	Die erforderlichen Eigentumsrechte und Verträge können nicht von Gerichten durchgesetzt werden.
Was verhindert, dass Eigentumsrechte und Verträge durchsetzbar sind?	Asymmetrische oder nicht überprüfbare Informationen.

Abbildung 12.14 Marktversagen und Informationsprobleme.

Um diese Aspekte der öffentlichen Politik sowie die Politik in den Bereichen Globalisierung, Umwelt, Ungleichheit und Innovation zu verstehen, müssen wir nun ein Modell der Wirtschaft als Ganzes entwickeln, das manchmal als *Makroökonomie* bezeichnet wird. Unser Verständnis des Arbeitsmarktes aus den Einheiten 6 und 9, des Kreditmarktes aus Einheit 10 und dieser Einheit sowie des Prozesses der Innovation aus Einheit 2 bilden die Grundlage für unser Verständnis der Funktionsweise der gesamten Wirtschaft. Dies wird das Thema der nächsten Einheit sein.

ÜBUNG 12.10 MARKTVERSAGEN

Erstellen Sie eine Tabelle wie in Abbildung 12.13, um die möglichen Marktversagen zu analysieren, die mit den untenstehenden Entscheidungen verbunden sind. Können Sie in jedem einzelnen Fall feststellen, welche Märkte oder Verträge fehlen oder unvollständig sind?

1. Sie impfen Ihr Kind mit einer teuren Impfung gegen eine Infektionskrankheit.
2. Sie verwenden Geld, das Sie bei der Bank geliehen haben, um in ein hochriskantes Projekt zu investieren.
3. eine Fischereiflotte zieht von den überfischten Küstengewässern des eigenen Landes in internationale Gewässer um.
4. Ein städtischer Flughafen erhöht die Zahl seiner Passagierflüge, indem er Abflüge in der Nacht zulässt.
5. Sie tragen zu einer Wikipedia-Seite bei.
6. Eine Regierung investiert in die Forschung zur Kernfusion.

12.10 SCHLUSSFOLGERUNG

Pareto-ineffiziente Marktergebnisse (Marktversagen) können aus begrenztem Wettbewerb, sinkenden Durchschnittskosten bei steigender Produktion oder externen Effekten resultieren. Externe Effekte treten auf, wenn ein bestimmter Aspekt eines Austauschs nicht durch ein einklagbares Eigentumsrecht oder einen Vertrag abgedeckt ist, was auf asymmetrische oder nicht überprüfbare Informationen zurückzuführen ist. Beispiele hierfür sind Arbeits-, Kredit- und Versicherungsverträge (die mit Problemen des moralischen Risikos und der adversen Selektion behaftet sein können), sowie öffentliche Güter und Übel (wie Wissen und Umweltverschmutzung).

Sowohl Coase'sche Verhandlungen als auch Pigou-Steuern und -Subventionen können in diesen Fällen die Marktergebnisse verbessern, aber beide werden durch die gleichen Probleme asymmetrischer und nicht überprüfbarer Informationen eingeschränkt, die der Grund für das Marktversagen sind.

Abneigung und andere moralische Einwände gegen den Tausch einiger Güter gegen Geld sowie die Verdrängungseffekte monetärer Anreize sind Gründe dafür, dass einige Güter und Dienstleistungen nicht über Märkte allokiert werden.

In Einheit 12 eingeführte Konzepte

Bevor Sie fortfahren, sollten Sie diese Definitionen wiederholen:

- Marktversagen
- Externe Effekte (Externalität)
- Soziale Grenzkosten
- Pigou-Steuer (oder Pigou'sche Subvention)
- Coase'sches Verhandeln
- Asymmetrische Informationen
- Moralisches Risiko
- Adverse Selektion
- Öffentliches Gut
- Verwerfliche Märkte
- Meritorische Güter

12.11 QUELLEN

Acemoglu, Daron, Simon Johnson, und James A. Robinson. 2005. 'Institutions as a Fundamental Cause of Long-Run Growth' (https://tinyco.re/2662186). In *Handbook of Economic Growth, Volume 1A.*, eds. Philippe Aghion und Steven N. Durlauf. North Holland.

Acemoglu, Daron, und James A. Robinson. 2012. *Why Nations Fail: The Origins of Power, Prosperity and Poverty*, 1st ed. New York, NY: Crown Publishers.

Akerlof, George A., und Robert J. Shiller. 2015. *Phishing for Phools: The Economics of Manipulation and Deception*. Princeton, NJ: Princeton University Press.

Fafchamps, Marcel, und Bart Minten. 1999. 'Relationships and Traders in Madagascar'. *Journal of Development Studies* 35 (6) (August): pp. 1–35.

Keynes, John Maynard. 1936. *The General Theory of Employment, Interest and Money* (https://tinyco.re/6855346). London: Palgrave Macmillan.

North, Douglass C. 1990. *Institutions, Institutional Change and Economic Performance*. Cambridge: Cambridge University Press.

Pigou, Arthur. 1912. *Wealth and Welfare* (https://tinyco.re/2519065). London: Macmillan & Co.

Pigou, Arthur. (1920) 1932. *The Economics of Welfare* (https://tinyco.re/2042156). London: Macmillan & Co.

Roth, Alvin E. 2007. 'Chapter 1: Repugnance as a Constraint on Markets' (https://tinyco.re/2118641). *Journal of Economic Perspectives* 21 (3): pp. 37–58.

Sandel, Michael. 2009. *Justice*. London: Penguin.

Seabright, Paul. 2010. 'Chapter 1: Who's in Charge?'. In *The Company of Strangers: A Natural History of Economic Life* (https://tinyco.re/2891054). Princeton, NJ, United States: Princeton University Press.

Walzer, Michael. 1983. *Spheres of Justice: A Defense of Pluralism and Equality*. New York, NY: Basic Books.

KONJUNKTURSCHWANKUNGEN UND ARBEITSLOSIGKEIT

Ein aufkommender Sturm

WIE VOLKSWIRTSCHAFTEN ZWISCHEN BOOMS UND REZESSIONEN SCHWANKEN, DA SIE STÄNDIG VON GUTEN UND SCHLECHTEN SCHOCKS GETROFFEN WERDEN

- Schwankungen des Bruttoinlandsprodukts wirken sich auf die Arbeitslosigkeit aus, und Arbeitslosigkeit ist für die Bevölkerung eine große Belastung.
- Ökonominnen und Ökonomen messen die Größe der Wirtschaft mit Hilfe der volkswirtschaftlichen Gesamtrechnung: Diese misst Konjunkturschwankungen und Wachstum.
- Die Haushalte reagieren auf Schocks mit Sparen, Kreditaufnahmen und Teilen, um ihren Konsum von Gütern und Dienstleistungen auszugleichen.
- Willensschwäche und Beschränkungen bei der Kreditaufnahme sind die Gründe dafür, dass diese Strategien nicht ausreichen, um die Wirkung von Schocks auf den Konsum zu verhindern.
- Die Investitionsausgaben von Unternehmen (für Investitionsgüter) und Haushalten (für Immobilien) schwanken stärker als die Konsumausgaben.

Der Verlust des Arbeitsplatzes tut weh. Er verursacht Stress. Nach der globalen Finanzkrise im Jahr 2008 stieg die Arbeitslosigkeit ebenso wie die Zahl der Google-Suchanfragen nach Antistress-Medikamenten. Wenn man den Anstieg der Suchintensität mit dem Anstieg der Arbeitslosenquote in den verschiedenen US-Bundesstaaten vergleicht (Abbildung 13.1), stellt man fest, dass in den Bundesstaaten, in denen die Arbeitslosenquote zwischen 2007 und 2010 stärker anstieg, auch die Suchanfragen nach Antistress-Medikamenten stärker zunahmen. Das deutet demnach darauf hin, dass höhere Arbeitslosigkeit mit höherem Stress verbunden ist. Wir sagen, dass diese beiden Faktoren korrelieren.

Die steigende Linie fasst die Daten zusammen, indem sie die Linie findet, die am besten zur Streuung der Punkte passt. Das wird als Trendlinie oder **lineare Regressionsgerade** bezeichnet. Wenn eine Trendlinie aufwärtsgerichtet ist, bedeutet das, dass höhere Werte der Variablen auf der horizontalen Achse (in diesem Fall der Anstieg der Google-Suchen nach Antistress-Medikamenten) mit höheren Werten der Variablen auf der vertikalen Achse (in diesem Fall der Anstieg der Arbeitslosigkeit) verbunden sind.

Es gibt zahlreiche Belege dafür, dass Arbeitslosigkeit oder die Angst vor Arbeitslosigkeit eine der Hauptursachen für das Unglücklichsein der Menschen ist. Sie gehört neben schweren Krankheiten und Scheidungen zu den belastenden Lebensereignissen.

Andrew E. Clark und Andrew J. Oswald. 2002. 'A Simple Statistical Method for Measuring How Life Events Affect Happiness' (https://tinyco.re/7872100). *International Journal of Epidemiology* 31 (6): pp. 1139–1144.

Ökonominnen und Ökonomen haben ermittelt, dass Arbeitslosigkeit zu mehr Unzufriedenheit führt, als nur der Einkommensverlust durch den fehlenden Arbeitsplatz. Die Ökonomen Andrew Clark und Andrew Oswald haben die Auswirkungen wichtiger Lebensereignisse daran gemessen, wie glücklich die Menschen sind, wenn sie danach gefragt werden. Im Jahr 2002 berechneten sie, dass eine durchschnittliche Person aus England nach dem Verlust des Arbeitsplatzes eine monatliche Entschädigung von 15 000 GBP (22 500 USD) erhalten müsste, um so glücklich zu sein wie zu der Zeit mit einer Beschäftigung. Das ist deutlich mehr als der Verlust der Einkünfte (der damals im Durchschnitt 2 000 GBP pro Monat betrug).

Die Entschädigung, die erforderlich ist, um das Wohlbefinden wiederherzustellen, ist enorm. Sie ist viel größer als der finanzielle Verlust, der mit einer Phase der Arbeitslosigkeit verbunden ist. Der Grund dafür ist, dass Arbeitslosigkeit das Selbstwertgefühl drastisch reduziert und zu einer viel größeren Verringerung der Lebenszufriedenheit führt. Wie wir in Einheit 1 gesehen haben, hängt das Wohlbefinden von mehr als nur dem Einkommen ab.

Aktuelle Daten bei OWiD anzeigen
https://tinyco.re/8246287

Yann Algan, Elizabeth Beasley, Florian Guyot, und Fabrice Murtin. 2014. 'Big Data Measures of Human Well-Being: Evidence from a Google Stress Index on US States'. *Sciences Po Working Paper*.

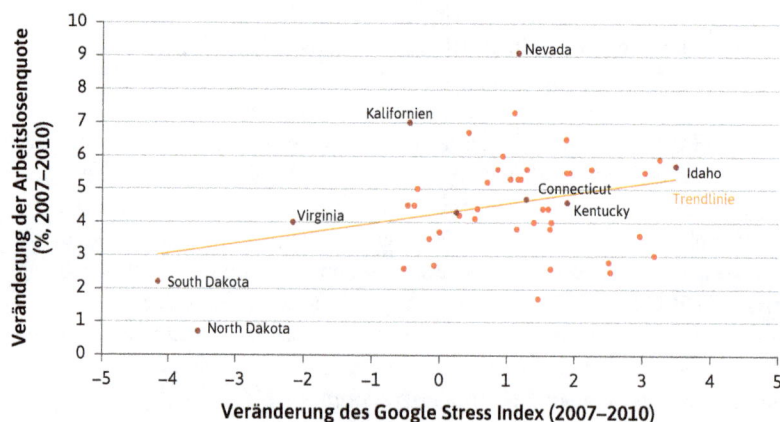

Abbildung 13.1 Veränderungen bei Arbeitslosigkeit und Wohlbefinden während der Finanzkrise: Befunde aus den US-Bundesstaaten (2007–2010).

Korrelation bedeutet nicht unbedingt Kausalität

Können wir aus den Daten in Abbildung 13.1 den Schluss ziehen, dass höhere Arbeitslosigkeit höheren Stress *verursacht*? Vielleicht ist es umgekehrt, und es ist die Google-Suche, die tatsächlich Arbeitslosigkeit verursacht. Ökonominnen und Ökonomen nennen das **umgekehrte Kausalität**. Wir können es hier ausschließen, da es unwahrscheinlich ist, dass einzelne Google-Suchen über die Nebenwirkungen von Antidepressiva einen Anstieg der Arbeitslosigkeit in einem Land verursachen könnten. Es gibt jedoch andere mögliche Erklärungen für dieses Phänomen.

Eine Naturkatastrophe wie Hurricane Katrina (https://tinyco.re/7393966) im US-Bundesstaat Louisiana im Jahr 2005 könnte einen Anstieg von Stress und Arbeitslosigkeit ausgelöst haben. Das ist ein Beispiel dafür, dass ein dritter Faktor—in diesem Fall das Wetter—die positive **Korrelation** zwischen der Suche nach Antidepressiva und der Arbeitslosigkeit erklären könnte. Das mahnt zur Vorsicht bei der Schlussfolgerung, dass eine beobachtete Korrelation eine kausale Beziehung zwischen den Variablen impliziert.

Um eine kausale Beziehung zwischen Variablen herzustellen, entwickeln Ökonominnen und Ökonomen Experimente (https://tinyco.re/8046664) (wie die in Einheit 4) oder nutzen natürliche Experimente (wie den Vergleich zwischen Ost- und Westdeutschland in Einheit 1 oder die Schätzung der Höhe der Beschäftigungsrenten in Einheit 6).

In Übung 13.1 zeigen wir Ihnen ein Instrument, mit dem Sie Ihre Vorstellungen darüber überprüfen können, wie das allgemeine Wohlbefinden in einem Land mit dem Wohlbefinden in anderen Ländern verglichen werden kann. Was ist Ihr Rezept für ein besseres Leben in Ihrem Land? Wie wichtig ist Ihrer Meinung nach die Arbeitslosigkeit? Sind andere Dinge wichtiger oder genauso wichtig—zum Beispiel eine gute Bildung, saubere Luft, ein hohes Maß an Vertrauen unter der Bevölkerung, ein hohes Einkommen oder nicht zu große Ungleichheit?

In dieser Einheit erfahren wir, warum es in der Wirtschaft Aufschwünge gibt, in denen die Arbeitslosigkeit sinkt, und Abschwünge, in denen sie ansteigt. Wir konzentrieren uns auf die Gesamtausgaben (von Haushalten, Unternehmen, der Regierung und Personen außerhalb der betrachteten Volkswirtschaft, das heißt im Ausland) für die Waren und Dienstleistungen, die von den Beschäftigten in der betrachteten Wirtschaft produziert werden.

umgekehrte Kausalität Eine wechselseitige Kausalität, bei der sich A auf B auswirkt und B auch auf A.
lineare Regressionsgerade Diejenige Linie, die einen Datensatz am besten beschreibt.

Die Website „Spurious Correlations" zeigt, wie gefährlich es ist, aus einer Korrelation Schlüsse zu ziehen. James Fletcher. 2014. 'Spurious Correlations: Margarine Linked to Divorce?' (https://tinyco.re/6825314). *BBC News.*

Korrelation Eine statistische Assoziation, bei der die Kenntnis des Wertes einer Variablen Aufschluss über den wahrscheinlichen Wert der anderen gibt. Zum Beispiel hohe Werte einer Variablen, die häufig zusammen mit hohen Werten der anderen Variablen beobachtet werden. Sie kann positiv oder negativ sein (sie ist negativ, wenn hohe Werte, der einen Variablen mit niedrigen Werten der anderen Variablen beobachtet werden). Es bedeutet nicht, dass eine kausale Beziehung zwischen den Variablen besteht. *Siehe auch: Kausalität, Korrelationskoeffizient.*

Die Organisation für wirtschaftliche Zusammenarbeit und Entwicklung (OECD) ist eine internationale Organisation mit Sitz in Paris und 35 Mitgliedsländern, von denen die meisten über ein hohes Pro-Kopf-BIP verfügen. Sie wurde 1948 gegründet, um den Wiederaufbau in Westeuropa nach dem Krieg zu erleichtern. Die OECD ist eine wichtige Quelle für international vergleichbare Statistiken zur wirtschaftlichen und sozialen Leistung.

ÜBUNG 13.1 DER OECD BETTER LIFE INDEX

Der Better Life Index (https://tinyco.re/2887644), wurde von der OECD erstellt. Er ermöglicht es, ein Maß für die Lebensqualität in einem Land zu erstellen, indem man entscheidet, wie viel Gewicht man den einzelnen Komponenten des Index beimisst.

1. Sollte ein Index für ein besseres Leben die folgenden Elemente umfassen: Einkommen, Wohnen, Arbeitsplätze, Gemeinschaft, Bildung, Umwelt, bürgerschaftliches Engagement, Gesundheit, Lebenszufriedenheit, Sicherheit und Vereinbarkeit von Beruf und Familie? Erklären Sie für jedes dieser Elemente, warum oder warum nicht.
2. Erstellen Sie mit Hilfe des Better Life Index Tools Ihren eigenen „Better Life Index" für das Land, in dem Sie leben. Wie schneidet dieses Land bei den Themen ab, die für Sie wichtig sind?
3. Ordnen Sie die Länder in der Datenbank anhand Ihres neu erstellten Index und vergleichen Sie ihn mit einer Rangliste, die ausschließlich auf dem Einkommen basiert.
4. Wählen Sie für beide Indices jeweils zwei Länder aus, die unterschiedlich abschneiden, und erläutern Sie kurz, warum das der Fall sein könnte.

13.1 WACHSTUM UND SCHWANKUNGEN

Volkswirtschaften, in denen die kapitalistische Revolution stattgefunden hat, sind auf lange Sicht gewachsen, wie die Hockeyschlägerdiagramme für das Pro-Kopf-BIP in Einheit 1 zeigen.

Das Wachstum verlief aber nicht gleichmäßig. Abbildung 13.2 zeigt den Fall der britischen Wirtschaft, für die Daten über einen langen Zeitraum zur Verfügung stehen. Das erste Diagramm zeigt das Pro-Kopf-BIP der Bevölkerung ab 1875. Das ist ein Teil des Hockeyschlägerdiagramms aus Einheit 1. Das Diagramm daneben zeigt dieselben Daten, zeichnet jedoch den **natürlichen Logarithmus** („log") des Pro-Kopf-BIP ein. Auf diese Weise wird die Verhältnisskala dargestellt, die wir in Einheit 1 verwendet haben.

Der Einstein-Abschnitt am Ende dieses Unterkapitels erklärt die Beziehung zwischen der Darstellung des Logarithmus einer Variablen und der Verwendung einer Verhältnisskala auf der vertikalen Achse.

Betrachtet man die Grafik des Pro-Kopf-BIP im linken Feld von Abbildung 13.2, so ist es schwer zu sagen, ob die Wirtschaft im Laufe der Zeit gleichmäßig, beschleunigt oder verlangsamt gewachsen ist. Wenn wir die Daten im rechten Feld in natürliche Logarithmen umwandeln, können wir die Frage des Wachstumstempos leichter beantworten. Für die Zeit nach dem Ersten Weltkrieg beispielsweise passt eine gerade Linie von 1921 bis 2019 gut zu den Daten. Bei einem Diagramm, in dem die vertikale Achse den Logarithmus des Pro-Kopf-BIP darstellt, gibt die Steigung der Linie (die gestrichelte schwarze Linie) die durchschnittliche jährliche Wachstumsrate des Datensatzes an. Es fällt sofort auf, dass das Wachstum von 1921 bis 2019 gleichmäßig war (mit einem kleinen Boom während des Zweiten Weltkriegs). Sie können sehen, dass eine Linie, die durch die logarithmierten Daten von 1875 bis 1914 gezogen wird, flacher ist als die Linie von 1921, was darauf hinweist, dass die Wachstumsrate niedriger war.

---

logarithmische Skala. Eine Art der Messung einer Größe auf der Grundlage der Logarithmusfunktion, $f(x) = \log(x)$. Die Logarithmusfunktion wandelt ein Verhältnis in eine Differenz um: $\log(a/b) = \log a - \log b$. Dies ist sehr nützlich für die Arbeit mit Wachstumsraten. Wenn sich zum Beispiel das nationale Einkommen in einem armen Land von 50 auf 100 und in einem reichen Land von 1000 auf 2000 verdoppelt, beträgt die absolute Differenz im ersten Fall 50 und im zweiten Fall 1000, aber wenn man den natürlichen Logarithmus der Zahlen nimmt: $\log(100) - \log(50) = 0{,}693$ und $\log(2000) - \log(1000) = 0{,}693$. Das Verhältnis ist in jedem Fall 2 und $\log(2) = 0{,}693$.

Wir werden das langfristige Wachstum in den Einheiten 16 und 17 weiter untersuchen. In dieser Einheit konzentrieren wir uns auf die Schwankungen. Dabei handelt es sich um die Abweichungen von der gestrichelten schwarzen Linie, die die langfristige Wachstumsrate in Abbildung 13.2 zeigt.

Im oberen Teil von Abbildung 13.3 ist die jährliche Wachstumsrate des **BIP** des Vereinigten Königreichs zwischen 1875 und 2020 dargestellt. Da wir uns auf die Größe der Wirtschaft und deren Veränderung von Jahr zu Jahr konzentrieren wollen, betrachten wir das Gesamt-BIP und nicht das Pro-Kopf-BIP.

Bruttoinlandsprodukt (BIP) Ein Maß für den Marktwert der Produktion von Endprodukten und Dienstleistungen in einer Volkswirtschaft in einem bestimmten Zeitraum. Die Produktion von Vorleistungsgütern, die als Input für die Endproduktion dienen, wird nicht berücksichtigt, um Doppelzählungen zu vermeiden.

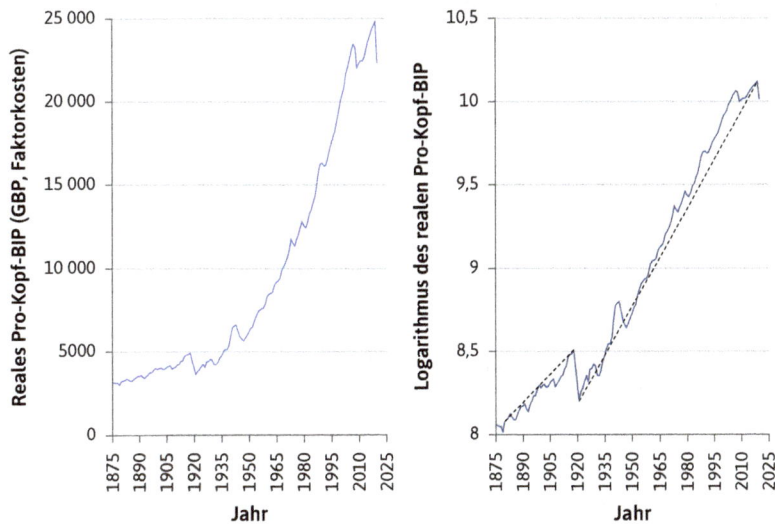

Aktuelle Daten bei OWiD anzeigen
https://tinyco.re/4301124
Mehr sehen https://tinyco.re/4309811

Ryland Thomas und Nicholas Dimsdale. (2017). ‚A Millennium of UK Data' (https://tinyco.re/0223548). Bank of England OBRA dataset; UK Office for National Statistics. (2021). 'Gross domestic product (Average) per head, CVM market prices: SA' (https://tinyco.re/9074553).

Abbildung 13.2 Pro-Kopf-BIP im Vereinigten Königreich (1875–2014).

1. Jährliche Wachstumsrate nach 1921
Im rechten Feld stellt die Steigung der Linie (in gestricheltem Schwarz dargestellt) die durchschnittliche jährliche Wachstumsrate von 1921 bis 2020 dar. Sie betrug 2,0 % pro Jahr. Wir können sehen, dass das Wachstum stetig war.

2. Jährliche Wachstumsrate 1875 bis 1914
Eine durch die logarithmierten Daten von 1875 bis 1914 gezogene Linie ist flacher als die Linie von 1921. Die durchschnittliche Wachstumsrate betrug in diesem Zeitraum nur 0,9 % pro Jahr.

Sehen Sie sich eine andere Visualisierung der aktuellsten Daten bei OWiD an
https://tinyco.re/5022375

Ryland Thomas und Nicholas Dimsdale. (2017). ‚A Millennium of UK Data' (https://tinyco.re/0223548). Bank of England OBRA dataset; UK Office for National Statistics. (2021). UK Economic Accounts time series (https://tinyco.re/3387553).

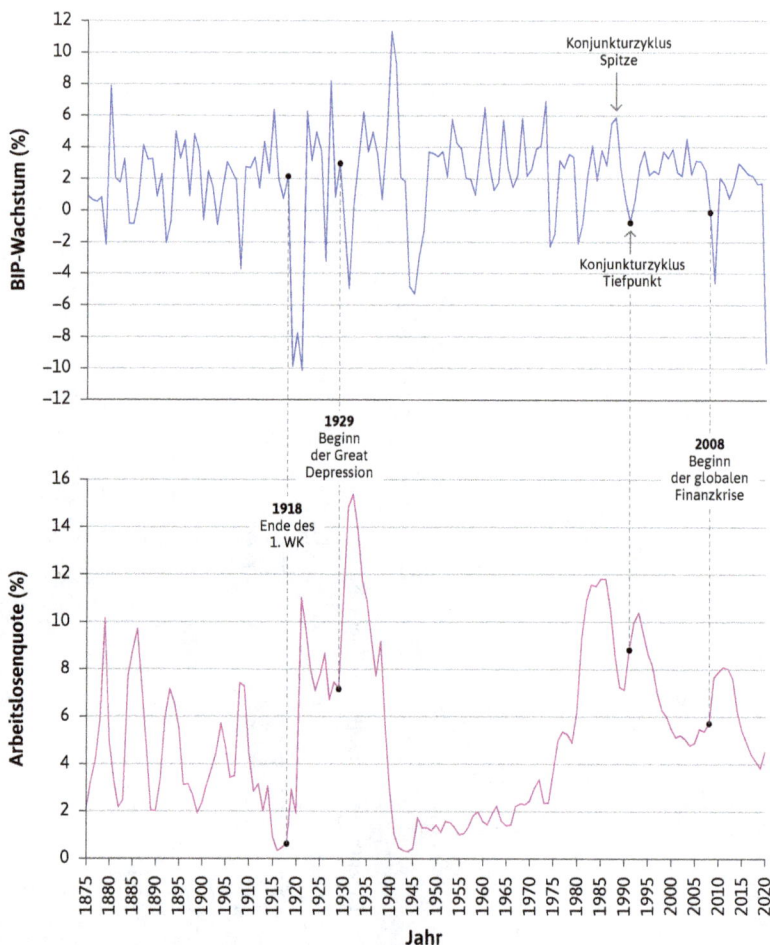

Abbildung 13.3 BIP-Wachstum und Arbeitslosenquote im Vereinigten Königreich (1875–2020).

1. BIP-Wachstum und Arbeitslosigkeit im Vereinigten Königreich

Die Felder zeigen das BIP-Wachstum im Vereinigten Königreich und die Arbeitslosenquote für den Zeitraum 1875–2020.

2. Höhepunkte und Tiefpunkte

Die Pfeile markieren den Höhepunkt und den Tiefpunkt eines Konjunkturzyklus in den späten 1980er und frühen 1990er Jahren.

3. Die globale Finanzkrise

Im 21. Jahrhundert folgte die Finanzkrise von 2008 auf eine Zeit, in der die Schwankungen nur gering waren.

4. Konjunkturabschwünge und Arbeitslosigkeit

Es zeigt sich, dass Einbrüche im Konjunkturzyklus mit einem Anstieg der Arbeitslosigkeit verbunden sind. Im Konjunkturzyklus der frühen 1990er Jahre stieg die Arbeitslosigkeit eine Zeit lang weiter an, nachdem die Wachstumsrate zu steigen begann.

Aus dem Auf und Ab der Grafik in Abbildung 13.3 wird deutlich, dass das Wirtschaftswachstum kein gleichmäßiger Prozess ist. Wir hören oft, dass die Wirtschaft einen Boom oder eine **Rezession** durchläuft, wenn das Wachstum zwischen positiv und negativ schwankt. Aber es gibt keine einheitliche Definition für diese Begriffe. Das National Bureau of Economic Research (NBER) (https://tinyco.re/3195217), eine US-amerikanische Organisation, definiert eine Rezession wie folgt: „Während einer Rezession breitet sich ein signifikanter Rückgang der Wirtschaftstätigkeit über die gesamte Wirtschaft aus und kann von einigen Monaten bis zu mehr als einem Jahr andauern." Eine andere Definition besagt, dass sich eine Wirtschaft in einer Rezession befindet, wenn der gesamtwirtschaftliche Output unter seinem normalen Niveau liegt. Wir haben also zwei Definitionen von Rezession:

- *NBER-Definition:* Der Output der gesamten Volkswirtschaft ist rückläufig. Eine Rezession ist beendet, wenn die Wirtschaft wieder zu wachsen beginnt.
- *Alternative Definition:* Der Output liegt unter dem normalen Niveau, auch wenn die Wirtschaft wächst. Eine Rezession ist erst dann beendet, wenn der Output so weit gestiegen ist, dass es wieder das normale Niveau erreicht hat.

Die zweite Definition birgt ein praktisches Problem: Es ist eine Frage der Einschätzung und manchmal auch der Kontroverse darüber, was das *normale* Output einer Volkswirtschaft ist (wir werden in späteren Einheiten darauf zurückkommen und feststellen, dass ein „normaler gesamtwirtschaftlicher Output" oft als jenes definiert wird, das mit einer stabilen Inflation einhergeht).

Die Bewegung vom Boom zur Rezession und zurück zum Boom wird als **Konjunkturzyklus** bezeichnet. In Abbildung 13.3 sehen Sie, dass es neben der jährlichen Veränderung des BIP auch weniger häufige Episoden mit viel größeren Schwankungen des Outputs gibt. Im 20. Jahrhundert fielen die großen Abwärtsspitzen mit dem Ende des Ersten und Zweiten Weltkriegs sowie mit der Great Depression zusammen. Im 21. Jahrhundert folgte die globale Finanzkrise auf einen Zeitraum, in dem die Schwankungen gering waren.

Im unteren Teil von Abbildung 13.3 ist zu sehen, dass die Arbeitslosenquote im Konjunkturzyklus schwankt. Während der Great Depression war die Arbeitslosigkeit im Vereinigten Königreich höher als je zuvor, und während der Weltkriege war sie besonders niedrig.

> **Rezession** Das US-amerikanische National Bureau of Economic Research (eine private überparteiliche Nonprofit-Forschungsorganisation) definiert sie als eine Periode, in der die Wirtschaftsleistung rückläufig ist. Sie ist vorbei, wenn die Wirtschaft wieder zu wachsen beginnt. Eine alternative Definition ist eine Periode, in der das Produktionsniveau unter dem normalen Niveau (auch Produktionspotenzial genannt) liegt, auch wenn die Wirtschaft wächst. Sie ist erst dann beendet, wenn die Produktion so weit gestiegen ist, dass sie wieder das normale Niveau erreicht hat. Die letztgenannte Definition hat das Problem, dass das „normale" Niveau subjektiv ist.

> **Konjunkturzyklus** Abwechselnde Perioden mit schnelleren und langsameren (oder sogar negativen) Wachstumsraten. Die Wirtschaft wechselt vom Boom zur Rezession und wieder zurück zum Boom. *Siehe auch: kurzfristiges Gleichgewicht.*

ÜBUNG 13.2 DEFINITION VON REZESSIONEN

Eine Rezession kann als ein Zeitraum definiert werden, in dem der gesamtwirtschaftliche Output rückläufig ist, oder als ein Zeitraum, in dem das Produktionsniveau unter dem Normalwert liegt (manchmal auch als „Produktionspotenzial" bezeichnet). Lesen Sie diesen Artikel (https://tinyco.re/2305833), insbesondere die Abbildungen 5, 6 und 7, um mehr darüber zu erfahren.

1. Wir betrachten ein Land, das viel Öl produziert hat, und wir nehmen an, dass von einem Jahr zum nächsten seine Ölquellen versiegen. Das Land wird ärmer sein als vorher. Befindet es sich nach den beiden obigen Definitionen in einer Rezession?
2. Macht es für politische Entscheidungsträger:innen, deren Aufgabe es ist, die Wirtschaft zu steuern, einen Unterschied, ob sich ein Land in einer Rezession befindet?

FRAGE 13.1 WÄHLEN SIE DIE RICHTIGE(N) ANTWORT(EN)

Die folgende Grafik zeigt den natürlichen Logarithmus des realen Pro-Kopf-BIP im Vereinigten Königreich zwischen 1875 und 2020:

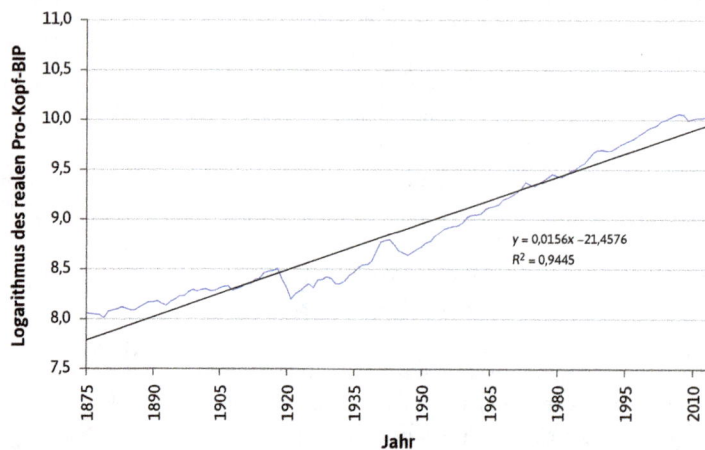

Welche der folgenden Aussagen ist auf der Grundlage dieser Information richtig?

☐ Die Grafik zeigt, dass das reale Pro-Kopf-BIP im Vereinigten Königreich im Jahr 1955 etwa 8000 GBP betrug.

☐ Die Steigung der geraden Trendlinie ist die durchschnittliche jährliche Wachstumsrate.

☐ Das Diagramm zeigt, dass die durchschnittliche Wachstumsrate in den Jahrzehnten nach 1921 niedriger war als in den Jahrzehnten vor 1918.

☐ Das Diagramm des realen Pro-Kopf-BIP würde bei Verwendung einer Verhältnisskala ganz anders aussehen als das obige Diagramm.

EINSTEIN

Verhältnisskalen und Logarithmen

In Einheit 1 haben wir häufig eine Verhältnis- oder Logarithmusskala auf der vertikalen Achse verwendet, um langfristige Daten darzustellen. So haben wir beispielsweise in Abbildung 1.1b eine Verhältnisskala verwendet, bei der sich die Einheiten verdoppeln und in Abbildung 1.2 verzehnfachen. Die Verhältnisskala wird auch als logarithmische (oder log) Skala bezeichnet. Eine Skala, bei der sich die Markierungen auf der vertikalen Achse verdoppeln, kann wie folgt geschrieben werden:

$$2^0, 2^1, 2^2, \ldots$$

Oder eine Skala, bei der sie sich verzehnfachen, so:

$$10^0, 10^1, 10^2, \ldots$$

Die erste Skala ist eine logarithmische Skala zur Basis 2, die zweite zur Basis 10.

Wie wir in den Diagrammen in Einheit 1 gesehen haben, ist die Wachstumsrate konstant, wenn die Daten eine gerade Linie auf einer (logarithmischen) Verhältnisskala bilden. Eine andere Methode, diese Eigenschaft des Logarithmus zu nutzen, besteht darin, die Daten zunächst in natürliche Logarithmen umzuwandeln und sie dann auf einer Skala darzustellen, die linear in Logarithmen ist. Natürliche Logarithmen verwenden die Basis e, wobei e eine Zahl (etwa 2,718) ist, die mathematisch nützliche Eigenschaften besitzt.

Wir können einen Taschenrechner oder ein Tabellenkalkulationsprogramm verwenden, um Werte in natürliche Logarithmen umzurechnen. Wenn Sie dies auf diese Daten anwenden, wird die gekrümmte Linie in Abbildung 13.2 auf der linken Seite in eine fast gerade Linie auf der rechten Seite umgewandelt.

Die Verwendung der Diagrammfunktionen in Microsoft Excel hilft bei der Veranschaulichung der Beziehung zwischen der Darstellung der Daten mit einer Verhältnisskala auf der vertikalen Achse (Abbildung 13.4a, die die Verdopplungs- oder Basis-2-Skala verwendet) und der Umwandlung der Daten in natürliche Logarithmen und der Darstellung mit einer linearen Skala (in Logarithmen) auf der Achse (Abbildung 13.4b). Man beachte, dass sich die Markierungen in Abbildung 13.4a von 4096 über 8192 bis 16 384 verdoppeln und in Abbildung 13.4b von 8,5 über 9 bis 9,5 ansteigen.

Aktuelle Daten bei OWiD anzeigen
https://tinyco.re/5401123

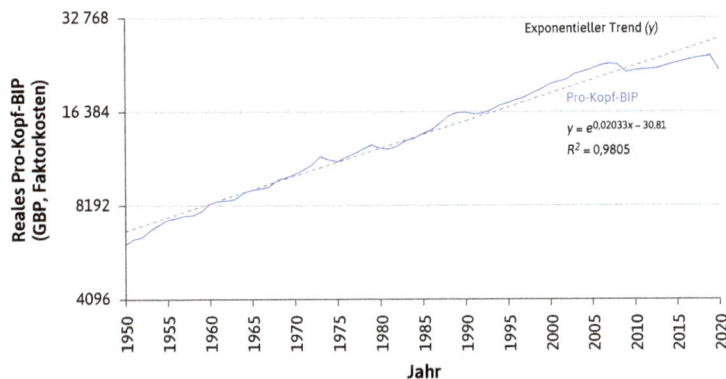

Abbildung 13.4a Die Verhältnisskala und eine Exponentialfunktion.

Aktuelle Daten bei OWiD anzeigen
https://tinyco.re/7221043

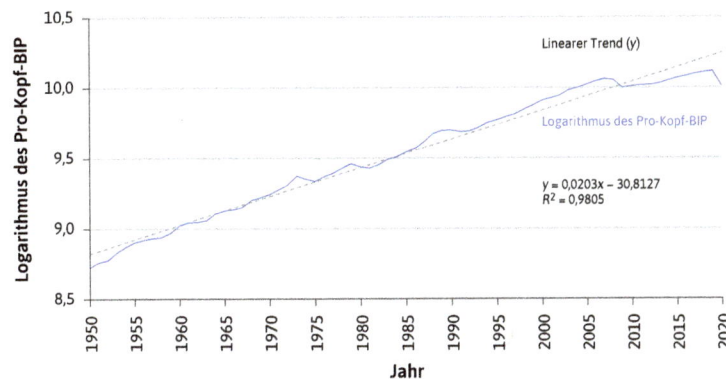

Abbildung 13.4b Die lineare Skala in natürlichen Logarithmen und eine lineare Funktion.

In jedem Diagramm wird eine Linie zu dem Datensatz angezeigt. Mit Excel haben wir Abbildung 13.4a erstellt, indem wir Analyse/Trendlinie und dann „Exponentiell" ausgewählt haben. Excel findet die Linie oder Kurve, die am besten zu den Daten passt: Da die Skala eine Verhältnisskala ist, wird eine gerade Linie angezeigt. Die Gleichung der Linie ist angegeben. Andere Tabellenkalkulations- oder Grafiksoftware bieten ähnliche Funktionen.

Wir sehen, dass die Exponentialfunktion die Basis e verwendet, im Gegensatz zur Basis 2 (Verdoppelung) oder zur Basis 10 (Verzehnfachung). Der Exponent von e gibt die jährliche Wachstumsrate des Datensatzes an: Sie beträgt 0,0203 × 100 = 2,03 % pro Jahr.

Wenn wir in Abbildung 13.4b in Excel die Option „Trendlinie hinzufügen" und dann „Linear" wählen, erscheint eine gerade Linie. Diesmal sehen wir eine Gleichung für eine Gerade mit dem Achsenabschnitt 8,8032 und der Steigung 0,0203. Die Steigung der Geraden gibt uns nun die Exponentialfunktion oder die jährliche Wachstumsrate der Folge an: 0,0203 × 100 = 2,03 % pro Jahr.

Zusammengefasst:

- Wenn ein Datensatz entweder anhand einer Verhältnisskala oder durch Umwandlung der Daten in natürliche Logarithmen dargestellt wird und das Ergebnis annähernd linear ist, bedeutet dies, dass die Wachstumsrate des Datensatzes annähernd konstant ist. Diese konstante Wachstumsrate wird als exponentielle Wachstumsrate bezeichnet.
- Die exponentielle Wachstumsrate (auch bekannt als die jährliche Wachstumsrate oder CAGR) ist die Steigung der Linie, wenn der natürliche Logarithmus des Datensatzes eingezeichnet wird.
- Beachten Sie die anhaltende Abweichung der britischen Wirtschaft von der Trendlinie nach der Finanzkrise 2008.

13.2 WACHSTUM DER WIRTSCHAFT UND ENTWICKLUNG DER ARBEITSLOSIGKEIT

Wir haben in Abbildung 13.3 gesehen, dass die Arbeitslosigkeit in Booms sinkt und in Rezessionen steigt.

Abbildung 13.5 zeigt die Beziehung zwischen Output und Schwankungen der Arbeitslosigkeit, die als **Okunsches Gesetz** bekannt ist. Arthur Okun, ein Berater von US-Präsident Kennedy, stellte fest, dass bei einem hohen Wachstum des Outputs eines Landes die Arbeitslosigkeit tendenziell abnimmt. Das Okunsche Gesetz ist seit dem Zweiten Weltkrieg eine starke und stabile empirische Relation in den meisten Volkswirtschaften.

Abbildung 13.5 zeigt die Veränderung der Arbeitslosenquote (vertikale Achse) und die Wachstumsrate des BIP (horizontale Achse) für sechs Länder: Ein geringeres BIP-Wachstum ist eindeutig mit einem stärkeren Anstieg der Arbeitslosigkeit verbunden. In jedem Länderdiagramm gibt es eine abwärts gerichtete Linie, die am besten zu den Punkten passt. In den USA zum Beispiel bedeutet die Steigung der Linie, dass ein Rückgang des BIP um 1 % die Arbeitslosenquote im Durchschnitt um etwa 0,37 Prozentpunkte erhöht. Wir sagen, dass der **Okunsche Koeffizient** in den USA –0,37 beträgt.

Der Punkt mit der Bezeichnung 2009 in jeder Grafik in Abbildung 13.5 zeigt die Veränderungen des realen BIP und der Arbeitslosigkeit von 2008 bis 2009, während der Rezession, die auf die globale Finanzkrise folgte. Es ist zu erkennen, dass alle vier fortgeschrittenen Volkswirtschaften im Jahr 2009 den stärksten Rückgang des Outputs seit 50 Jahren erlebten. Wie durch das Okunsche Gesetz vorhergesagt, stieg die Arbeitslosigkeit in Spanien, Japan und den USA an.

In jedem dieser drei Länder war der Anstieg der Arbeitslosigkeit jedoch höher als vom Okunschen Gesetz vorhergesagt: Der rote Punkt liegt deutlich über der schwarzen Trendlinie. In Deutschland sieht es ganz anders aus: Das Okunsche Gesetz sagte für Deutschland einen Anstieg der Arbeitslosigkeit um 1,50 Prozentpunkte voraus, aber wie der rote Punkt zeigt, hat sich die deutsche Arbeitslosigkeit 2009 kaum verändert. Politische Entscheidungsträger:innen würden sicherlich gern wissen, wie es Deutschland gelungen ist, angesichts des größten Rückgangs des Outputs der Volkswirtschaft seit 50 Jahren, Arbeitsplätze zu erhalten. Warum das so war, werden wir später in dieser Einheit sehen. Unser Einstein am Ende dieses Abschnitts zeigt, wie man den Anstieg der Arbeitslosigkeit in Verbindung mit einer Veränderung des BIP anhand der Okunschen Beziehung vorhersagen kann.

Auch in Brasilien und Malaysia kam es 2009 zu einem Rückgang des Outputs und einem Anstieg der Arbeitslosigkeit. Wie die meisten aufstrebenden Volkswirtschaften waren sie jedoch weniger stark von der Krise betroffen als die fortgeschrittenen Volkswirtschaften. Außerdem hatte Malaysia während der ostasiatischen Krise 1998 einen viel schlimmeren Rückgang erlebt, als das Wachstum bei –7,4 % lag–so schlimm, dass es nicht in unser Diagramm passen würde.

Wir können die Beziehung zwischen BIP, Arbeitslosigkeit und Wohlstand wie folgt zusammenfassen:

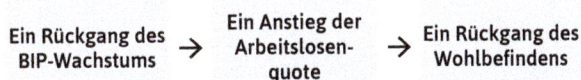

Ein Rückgang des BIP-Wachstums → **Ein Anstieg der Arbeitslosenquote** → **Ein Rückgang des Wohlbefindens**

Okunsches Gesetz Die empirische Regelmäßigkeit, dass das Wachstum des BIP negativ mit der Arbeitslosenquote korreliert ist. *Siehe auch: Okunscher Koeffizient.*

Okunscher Koeffizient Die Veränderung der Arbeitslosenquote in Prozentpunkten, die mit einer Veränderung des BIP um 1 % einhergehen soll. Ein Okunscher Koeffizienz von -0,4 bedeutet zum Beispiel, dass ein Rückgang der Produktion um 1 % mit einem Anstieg der Arbeitslosenquote um 0,4 Prozentpunkte einhergeht. *Siehe dazu: Okunsches Gesetz.*

Edward S. Knotek, II, 2007. 'How useful is Okun's law?' (https://tinyco.re/4589632) *Economic review* (Kansas City), 92(4), p. 73.

OECD. 2021. *OECD Statistics*
(https://tinyco.re/9377362); The World
Bank. 2021. *World Development Indicators*
(https://tinyco.re/9263826).

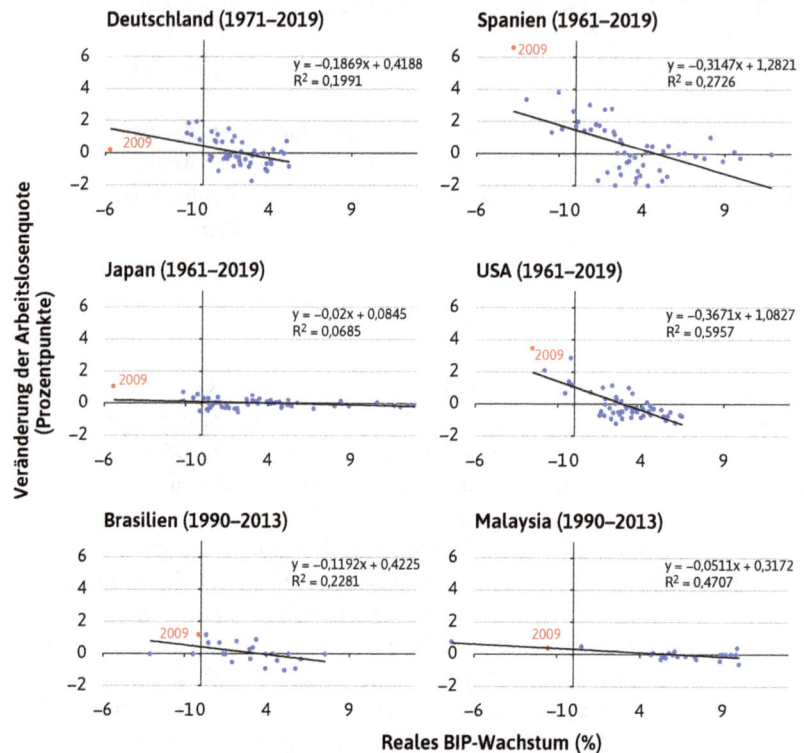

Abbildung 13.5 Okunsches Gesetz für ausgewählte Volkswirtschaften.

ÜBUNG 13.3 DAS OKUNSCHE GESETZ

1. Betrachten Sie die Regressionslinien (die Trendlinien) in Abbildung 13.5. Welche Vorhersage zeigt die Regressionsgerade für Arbeitslosigkeit, wenn die Wirtschaft nicht wächst? Sind die Ergebnisse für alle Länder gleich?

2. Nehmen Sie an, dass die Bevölkerung in der Wirtschaft wächst. Können Sie diese Annahme als Erklärung für Ihre Ergebnisse in Frage 1 nutzen? Was könnte die Unterschiede zwischen den Ländern sonst noch erklären?

FRAGE 13.2 WÄHLEN SIE DIE RICHTIGE(N) ANTWORT(EN)

Das folgende Schaubild zeigt die Beziehung zwischen dem realen BIP-Wachstum und der Veränderung der Arbeitslosigkeit in den USA zwischen 1961 und 2019.

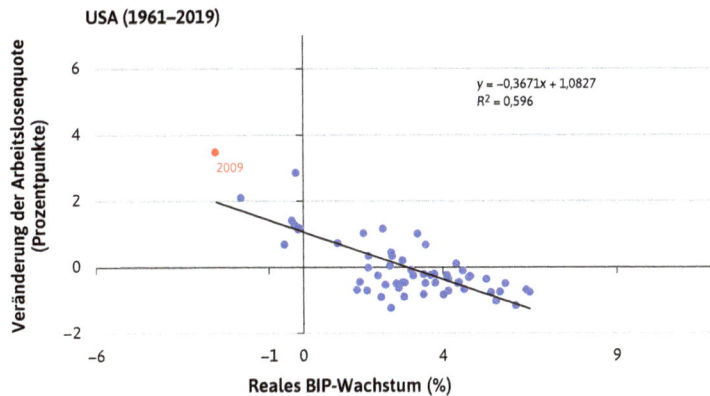

Die dargestellte Gleichung ist das Regressionsergebnis für die am besten passende Linie (Trendlinie). Welche der folgenden Aussagen ist richtig?

☐ Die Arbeitslosenquote bleibt stabil, wenn das reale BIP-Wachstum bei Null liegt.

☐ Der Okun'sche Koeffizient für die USA beträgt 1,0827.

☐ Anhand des Regressionsergebnisses können die politischen Entscheidungsträger:innen sicher sein, dass ein Anstieg des realen BIP um 1 % im nächsten Jahr definitiv zu einem Rückgang der Arbeitslosenquote um 0,37 Prozentpunkte führen wird.

☐ Bei einem Rückgang des realen BIP um 2,8 % im Jahr 2009 hätte der prognostizierte Anstieg der Arbeitslosenquote bei 2,11 Prozentpunkten gelegen.

EINSTEIN

Das Okunsche Gesetz

Die Beziehung des Okunschen Gesetzes ist definiert als:

$$\Delta u_t = \alpha + \beta(\text{BIP-Wachstum}_t)$$

Δu_t ist die Veränderung der Arbeitslosenquote zum Zeitpunkt t, (BIP-Wachstum$_t$) ist das reale BIP-Wachstum zum Zeitpunkt t, α ist der Achsenabschnittswert und β ist ein Koeffizient, der die vorhergesagte Wirkung des realen BIP-Wachstums auf Veränderungen der Arbeitslosenquote angibt. Das Okunsche Gesetz ist eine empirische lineare Relation, die die prozentuale Veränderung des BIP gegenüber dem Vorjahr mit der Veränderung der Arbeitslosenquote gegenüber dem Vorjahr in Prozentpunkten in Verbindung bringt. Der Koeffizient β, der so genannte Okunsche Koeffizient, ist im Allgemeinen negativ, was darauf hindeutet, dass ein positives reales BIP-Wachstum mit einem Rückgang der Arbeitslosenquote verbunden ist.

Die geschätzte Beziehung des Okunschen Gesetzes für Deutschland, für den Zeitraum 1971–2019, hat die Koeffizienten $\beta = -0,19$ und $\alpha = 0,42$.

Bei der Ermittlung einer Trendlinie wird auch das R-Quadrat (R^2) gemessen, eine Statistik, die zwischen 0 und 1 liegt. Sie misst, wie gut die beobachteten Daten mit der von uns gezogenen Linie übereinstimmen, wobei 1 eine perfekte Übereinstimmung bedeutet und 0 keine sichtbare Beziehung zwischen den Beobachtungen und der Vorhersage darstellt. In unserem Fall misst die R^2-Statistik, wie gut das Okunsche Gesetz die Daten für das reale BIP-Wachstum und die Veränderungen der Arbeitslosigkeit prognostiziert. Die R^2-Statistik beträgt für Deutschland für den Zeitraum 1971–2019 0,20 und ist damit viel niedriger als die geschätzte Gleichung des Okunschen Gesetzes für die USA, die 0,60 beträgt.

Um die voraussichtliche prozentuale Veränderung der Arbeitslosigkeit für Deutschland im Jahr 2009 anhand der Gleichung des Okunschen Gesetzes zu berechnen, setzen wir einfach den Wert des realen BIP-Wachstums für Deutschland im Jahr 2009 ein und lösen die Gleichung wie folgt:

$$\Delta u_{2009} = 0,42 + (-0,19) \times (-5,7) = 1,50$$

Das Okunsche Gesetz sagt voraus, dass der Rückgang des BIP um 5,7 % im Jahr 2009 in Deutschland mit einem Anstieg der Arbeitslosigkeit um 1,50 Prozentpunkte hätte verbunden sein müssen.

13.3 MESSUNG DER GESAMTWIRTSCHAFT

Ökonominnen und Ökonomen verwenden sogenannte aggregierte Statistiken, um die Wirtschaft als Ganzes zu beschreiben (bekannt als Gesamtwirtschaft, das heißt die Summe all ihrer Teile).

In Abbildung 13.5 ist der **aggregierte Output** (BIP) die Produktion aller Produzierenden in einem Land, nicht nur das einer bestimmten Region, eines Unternehmens oder eines Sektors. Diane Coyle, eine Ökonomin, die sich auf die Messung des BIP spezialisiert hat, hat es in Einheit 1 wie folgt beschrieben:

> Alles von Nägeln über Zahnbürsten, Traktoren, Schuhe, Haarschnitte, Unternehmensberatung, Straßenreinigung, Yoga-Unterricht, Teller, Pflaster, Bücher und die Millionen anderer Dienstleistungen und Produkte in der Wirtschaft.

Die **volkswirtschaftliche Gesamtrechnung** ist eine von den nationalen statistischen Ämtern veröffentlichte Statistik, die anhand von Informationen über das Verhalten der einzelnen Personen ein quantitatives Bild der Wirtschaft als Ganzes erstellt. Es gibt drei verschiedene Möglichkeiten, das BIP zu schätzen:

- *Ausgaben:* Die Gesamtausgaben der Haushalte, Unternehmen, der Regierung und der Einheimischen anderer Länder für die Produkte der heimischen Wirtschaft. Auch als Verwendungsseite des BIP bezeichnet.
- *Produktion:* Die Gesamtproduktion der Industrien, die in der betrachteten Volkswirtschaft tätig sind. Die Produktion wird anhand der **Wertschöpfung** der einzelnen Industrien gemessen: Dies bedeutet, dass die Kosten der als Input verwendeten Waren und Dienstleistungen vom Wert des Outputs abgezogen werden. Diese Inputs werden in der Wertschöpfung anderer Industrien gemessen, wodurch Doppelzählungen bei der Messung

gesamtwirtschaftlicher Output Die Gesamtproduktion einer Volkswirtschaft, über alle Sektoren und Regionen hinweg.

volkswirtschaftliche Gesamtrechnung Das System zur Messung der Gesamtproduktion und der Ausgaben in einem Land.

Wertschöpfung Bei einem Produktionsprozess ist dies der Wert des Outputs abzüglich des Wertes aller Vorleistungen (so genannter Zwischenprodukte). Die in der Produktion eingesetzten Investitionsgüter und Arbeitskräfte sind keine Zwischengüter. Die Wertschöpfung ist gleich dem Gewinn vor Steuern plus Löhne.

der Produktion in der Wirtschaft insgesamt vermieden werden. Auch als Entstehungsseite des BIP bezeichnet.

- *Einkommen:* Die Summe aller empfangenen Einkommen, die sich aus Löhnen, Gewinnen, den Einkommen der Selbstständigen und den von der Regierung eingenommenen Steuern zusammensetzt. Auch als Verteilungsseite des BIP bezeichnet.

Die Beziehung zwischen Ausgaben, Produktion und Einkommen in der Wirtschaft als Ganzes kann als kreisförmiger Fluss dargestellt werden: Die volkswirtschaftliche Gesamtrechnung kann das BIP auf der Stufe der Ausgaben, der Produktion oder der Einkommen messen. Wäre eine genaue Messung möglich, wäre die Summe der Ausgaben, des Outputs und Einkommen in einem Jahr gleich, sodass es keine Rolle spielen würde, an welchem Punkt die Messung vorgenommen wird.

Sowohl die Haushalte als auch die Unternehmen erhalten Einkommen und geben es aus. Abbildung 13.6 zeigt den Kreislauf zwischen Haushalten und Unternehmen (wobei die Rolle der Regierung sowie Käufe und Verkäufe im Ausland vorerst außer Acht gelassen werden).

In dem Modell der Wirtschaft in Abbildung 1.12 haben wir uns mit den physischen Flüssen zwischen Haushalten, Unternehmen und der Biosphäre befasst und nicht mit dem Kreislauf des Einkommens. In Einheit 20 untersuchen wir, wie die Interaktion von Haushalten und Unternehmen mit der Biosphäre gemessen werden kann.

Das BIP kann nach jeder dieser drei Perspektiven definiert werden.

Die drei Methoden zur Messung des BIP lassen sich am besten anhand einer sehr einfachen Wirtschaft mit nur drei Industrien erklären. Die Wirtschaft produziert ein einziges Gut, Baumwollhemden, die für 100 USD an die Verbrauchenden verkauft werden. Die Hemdenindustrie kauft Stoff für 80 USD von der Stoffindustrie, welche wiederum Baumwolle von der Baumwollindustrie für 50 USD kauft. Das Endprodukt oder BIP dieser Wirtschaft ist gleich 100 USD, denn das ist der Wert des Verkaufs an die verbrauchende Person.

Das BIP kann auch anhand der Wertschöpfung der einzelnen Industrien gemessen werden: Die Wertschöpfung der Rohbaumwollindustrie entspricht dem Wert ihres Outputs, der 50 USD beträgt, da sie keine Inputs kauft; die Wertschöpfung der Stoffindustrie beträgt 80 − 50 = 30 USD; und die Wertschöpfung der Hemdenindustrie beträgt 100 − 80 = 20 USD. Die gesamte

Im Frankreich des 18. Jahrhunderts untersuchte eine Gruppe von Ökonomen, die sogenannten Physiokraten, die Wirtschaft und verglich ihre Funktionsweise mit dem kreisförmigen Fluss des Blutes im menschlichen Körper. Dies war ein Vorläufer dessen, wie wir heute über den kreisförmigen Fluss in der Wirtschaft denken, der uns die Berechnung des BIP ermöglicht. Das Geld fließt von der Kundschaft zu den Produzierenden, von den Produzierenden zu deren Beschäftigten oder Eigentümer:innen und wird dann wieder für weitere Güter und Dienstleistungen ausgegeben, wodurch der Kreislauf fortgesetzt wird.

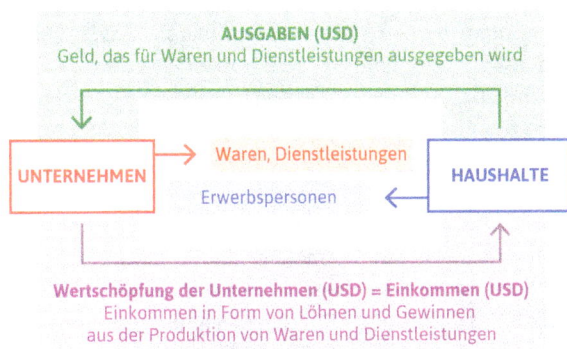

Abbildung 13.6 Das Modell des Kreislaufes: Drei Wege zur Messung des BIP.

Wertschöpfung in der Wirtschaft beträgt 100 USD, was genau dem Wert der Endproduktion und der Summe der Wertschöpfung entspricht.

Das Einkommen wird in Form von Löhnen und Gewinnen gezahlt. In allen Industrien der Wirtschaft entsprechen die Löhne und Gewinne dem Wert der Endproduktion (der gleich der gesamten Wertschöpfung ist).

Daher kann das BIP nach jeder dieser drei Perspektiven definiert werden. Aber wir müssen bei der Definition vorsichtig sein, denn während es immer der Fall ist, dass die Ausgaben einer Person das Einkommen einer anderen Person sind, bedeutet die Globalisierung, dass sich die beiden Personen oft in verschiedenen Ländern befinden. Das ist der Fall bei **Importen** und **Exporten**: Jemand in China kann Reis von jemandem in Japan kaufen, was bedeutet, dass die Ausgaben chinesisch und die Einnahmen japanisch sind.

Wie können wir diese Transaktionen berücksichtigen? Da das BIP als *inländisches* Produkt definiert ist, zählt sie zum japanischen BIP, weil der Reis in Japan produziert (und verkauft) wurde. Die Exporte werden also in das BIP einbezogen, weil sie Teil der inländischen Produktion sind, die Importe jedoch nicht, weil sie anderswo produziert werden. Aus diesem Grund ist das BIP so definiert, dass es Exporte einschließt und Importe ausschließt:

- Als Wertschöpfung der inländischen Produktion, beziehungsweise als Ausgaben für die inländische Produktion
- Als Einkommen aus der inländischen Produktion

Im Kreislaufmodell in Abbildung 13.6 wurden nur Haushalte und Unternehmen betrachtet, aber die Regierung und die von ihr erbrachten öffentlichen Dienstleistungen können auf ähnliche Weise einbezogen werden. Die Haushalte erhalten einige Güter und Dienstleistungen, die von der Regierung bereitgestellt werden und für die sie am Zeitpunkt des Konsums nicht bezahlen. Ein gutes Beispiel ist die Schulbildung.

Der Konsum und die Produktion dieser Dienstleistungen lassen sich anhand des Modells des Kreislaufeses veranschaulichen:

- *Haushalte an die Regierung:* Die Haushalte zahlen Steuern.
- *Regierung an Haushalte:* Mit diesen Steuern wird die Produktion der von den Haushalten in Anspruch genommenen öffentlichen Dienstleistungen bezahlt.

Auf diese Weise kann die Regierung wie ein Unternehmen als eine weitere produzierende Partei betrachtet werden—mit dem Unterschied, dass die von einem bestimmten Haushalt gezahlten Steuern für allgemeine öffentliche Dienstleistungen bezahlt werden und nicht unbedingt den von diesem Haushalt in Anspruch genommenen Dienstleistungen entsprechen. In Einheit 19 werden wir untersuchen, wie die Steuerzahlungen und der Bezug von öffentlichen Dienstleistungen oder Zuwendungen zwischen den Haushalten variiert. Da öffentliche Dienstleistungen nicht auf dem Markt verkauft werden, müssen wir eine weitere Annahme treffen: dass die Wertschöpfung der Produktion der Regierung gleich den Kosten ist, welche die Regierung für die Produktion trägt.

Wenn die Bevölkerung beispielsweise im Durchschnitt 15 000 USD pro Jahr an Steuern zahlt (die Ausgaben), so sind dies 15 000 USD an Einnahmen für die Regierung (das Einkommen), die damit öffentliche Güter und Dienstleistungen im Wert von 15 000 USD produziert (die Wertschöpfung).

Die Tatsache, dass Ausgaben, Output und Einkommen gleich sind, bedeutet, dass wir jede dieser Perspektiven nutzen können, um die anderen zu verstehen. Wir haben Rezessionen als Perioden mit negativem Wachstum des Outputs

---

Importe (M) Waren und Dienstleistungen, die in anderen Ländern produziert und von inländischen Haushalten, Unternehmen und der Regierung gekauft werden.

Exporte (X) Waren und Dienstleistungen, die in einem bestimmten Land produziert und an Haushalte, Unternehmen und Regierungen in anderen Ländern verkauft werden.

beschrieben. Das bedeutet aber, dass es sich auch um Perioden mit negativem Wachstum der Ausgaben handeln muss (der Output geht nur zurück, wenn die Menschen weniger kaufen). Oft können wir sogar sagen, dass der Output zurückgeht, weil die Menschen weniger kaufen. Das ist sehr nützlich, denn wir wissen viel darüber, was die Ausgaben bestimmt, was uns wiederum hilft, Rezessionen zu verstehen, wie wir in Einheit 14 sehen werden.

13.4 DIE MESSUNG DER GESAMTWIRTSCHAFT: DIE KOMPONENTEN DES BIP

Abbildung 13.7 zeigt die verschiedenen Komponenten des BIP auf der Ausgabenseite, wie sie in den volkswirtschaftlichen Gesamtrechnungen für Volkswirtschaften auf drei verschiedenen Kontinenten gemessen werden: den USA, der Eurozone und China.

Konsum (C)

Der **Konsum** umfasst die von den Haushalten erworbenen Waren und Dienstleistungen. Waren sind in der Regel materielle Dinge. Güter wie Autos, Haushaltsgeräte und Möbel, die drei Jahre oder länger halten, werden als langlebige Güter bezeichnet; solche, die kürzer halten, sind nicht-langlebige Güter. Dienstleistungen sind Dinge, die Haushalte kaufen, die normalerweise nicht greifbar sind, wie zum Beispiel Transport, Wohnen (Zahlung der Miete), Mitgliedschaft im Fitnessstudio und medizinische Behandlung. Die Ausgaben der Haushalte für langlebige Güter wie Autos und Haushaltsgeräte werden in der volkswirtschaftlichen Gesamtrechnung zum Konsum gezählt, obwohl, wie wir noch sehen werden, die Entscheidung zum Kauf dieser langlebigen Güter in wirtschaftlicher Hinsicht eher einer Investition entspricht.

Aus der Tabelle in Abbildung 13.7 geht hervor, dass in den Ländern mit hohem Pro-Kopf-BIP der Konsum die bei weitem größte Komponente des BIP ist, fast 56 % in der Eurozone und 68 % in den USA. Dies steht im Gegensatz zu China, wo der Konsum der privaten Haushalte 37 % des BIP ausmacht.

Konsum (C) Die Ausgaben für Konsumgüter umfassen sowohl kurzlebige Waren und Dienstleistungen als auch langlebige Güter, die als langlebige Gebrauchsgüter oder nur Gebrauchsgüter bezeichnet werden.

	USA	Eurozone (19 Länder)	China
Konsum (C)	68,4 %	55,9 %	37,3 %
Staatsausgaben (G)	15,1 %	21,1 %	14,1 %
Investitionen (I)	19,01 %	19,5 %	47,3 %
Veränderungen der Inventare	0,4 %	0,0 %	2,0 %
Exporte (X)	13,6 %	43,9 %	26,2 %
Importe (M)	16,6 %	40,5 %	23,8 %

OECD. 2015. *OECD Statistics* (https://tinyco.re/9377362); The World Bank. 2015. *World Development Indicators* (https://tinyco.re/9263826). Die OECD meldet für China eine statistische Diskrepanz in Höhe von –3,1 % des BIP.

Abbildung 13.7 Zerlegung des BIP im Jahr 2013 für die USA, die Eurozone und China.

Investitionen (I)

Dies sind die Ausgaben der Unternehmen für neue Ausrüstung, Maschinen und neue Geschäftsgebäude sowie die Ausgaben für den Bau neuer Wohnimmobilien.

Investitionen in dem unverkauften Output der Unternehmen sind der andere Teil der Investitionen, der in den volkswirtschaftlichen Gesamtrechnungen gesondert erfasst wird. Er wird als Veränderung der **Inventare** oder Bestände bezeichnet. Die Einbeziehung der Bestandsveränderungen ist eine wesentliche Voraussetzung dafür, dass das nach der Entstehungsseite gemessene BIP (das, was produziert wird) mit dem nach der Verwendungsseite gemessenen BIP (das, was ausgegeben wird, einschließlich der Investitionen der Unternehmen in unverkaufte Inventare) übereinstimmt.

Der Anteil der Investitionen am BIP ist in den OECD-Ländern wesentlich geringer und beträgt in den USA und der Eurozone etwa ein Fünftel des BIP. Im Gegensatz dazu machen die Investitionen in China fast die Hälfte des BIP aus.

Staatsausgaben für Waren und Dienstleistungen (G)

Dies sind die Konsum- und Investitionsausgaben der Regierung (bestehend aus dem zentralen und den lokalen Regierungen, oft als „Staat" bezeichnet). Die Regierung kauft Konsumgüter (zum Beispiel Büroausstattung, Software und Autos) und Dienstleistungen (zum Beispiel Löhne und Gehälter für Verbeamtete, Streitkräfte, Polizei, Lehrkräfte sowie Wissenschaftler:innen). Staatsausgaben für Investitionen werden für den Bau von Straßen, Schulen und Verteidigungsanlagen getätigt. Ein Großteil der **Staatsausgaben** für Waren und Dienstleistungen fließt in die Bereiche Gesundheit und Bildung.

Staatliche Transfers in Form von Sozialleistungen und Renten, wie Medicare in den USA oder Sozialversicherungsleistungen in Europa, sind nicht in G enthalten, da die Haushalte sie als Einkommen erhalten: Wenn sie ausgegeben werden, werden sie unter C oder I erfasst. Es wäre eine Doppelzählung, diese Ausgaben ebenfalls in G zu erfassen.

Der Anteil der Staatsausgaben ist in Europa (21,1 %) etwas höher als in den USA (15,1 %). Dabei sind allerdings die Transferleistungen (wie Sozialleistungen und Renten) nicht berücksichtigt. Der größere Unterschied in der Rolle der Regierung zwischen Europa und den USA ist auf diese Transfers zurückzuführen. Im Jahr 2012 beliefen sich die gesamten Staatsausgaben einschließlich der Transfers in Frankreich auf 57 % des BIP, in den USA dagegen auf 40 % des BIP.

Exporte (X)

Im Inland produzierte Waren und Dienstleistungen, die von Haushalten, Unternehmen und Regierungen in anderen Ländern gekauft werden.

Importe (M)

Von Haushalten, Unternehmen und Regierungen in der heimischen Wirtschaft erworbene Waren und Dienstleistungen, die in anderen Ländern produziert werden.

Investitionen (I) Ausgaben für neu produzierte Investitionsgüter (Maschinen und Anlagen) und Gebäude, einschließlich neuer Gebäude.

Inventar Waren, die sich im Besitz eines Unternehmens befinden, bevor sie verkauft oder verwendet werden, einschließlich Rohstoffen und halbfertigen oder fertigen Waren, die zum Verkauf bestimmt sind.

Staatsausgaben (G) Ausgaben der Regierung für den Kauf von Waren und Dienstleistungen. Wenn sie als Bestandteil der aggregierten Nachfrage verwendet werden, umfassen sie nicht die Ausgaben für Transfers wie Renten und Arbeitslosengeld. *Siehe auch: staatliche Transfers.*

staatliche Transfers Ausgaben der Regierung in Form von Zahlungen an Haushalte oder Einzelpersonen. Arbeitslosengeld und Renten sind Beispiele dafür. Transfers werden in den volkswirtschaftlichen Gesamtrechnungen nicht zu den Staatsausgaben (G) gezählt. *Siehe auch: Staatsausgaben.*

Nettoexporte (X − M)

Auch **Handelsbilanz** genannt, ist die Differenz zwischen den Werten der Exporte und Importe (X - M).

Im Jahr 2010 hatten die USA ein Handelsbilanzdefizit von 3,4 % des BIP und China einen Handelsbilanzüberschuss von 3,6 % des BIP. Die Handelsbilanz ist ein **Defizit**, wenn der Wert der Exporte abzüglich des Wertes der Importe negativ ist; sie wird **Handelsbilanzüberschuss** genannt, wenn sie positiv ist.

BIP (Y)

Zur Berechnung des BIP, der **aggregierten Nachfrage** danach, was in einem Land produziert wird, addieren wir die Käufe von Personen in anderen Ländern (Exporte) und subtrahieren die Käufe von im Ausland produzierten Waren und Dienstleistungen durch Einheimische (Importe). Am Beispiel Chinas zeigt sich, dass das BIP die aggregierte Nachfrage nach dem Output des Landes ist, das heißt die Exporte abzüglich der Importe.

Die Arbeit mit den Daten der volkswirtschaftlichen Gesamtrechnungen ist eine Möglichkeit, mehr über die Wirtschaft zu erfahren, und eine einfache Möglichkeit, dies zu tun, ist die Nutzung der Datenbank Federal Reserve Economic Data (FRED) (https://tinyco.re/3965569). Um mehr über das Land zu erfahren, in dem Sie leben, und darüber, wie es im Vergleich zu anderen Ländern dasteht, können Sie die Übung 13.4 machen.

In den meisten Ländern machen die Ausgaben für den privaten Konsum den größten Anteil am BIP aus (siehe Abbildung 13.7). Der Anteil der Investitionsausgaben ist wesentlich geringer (Chinas sehr hohe Investitionen, die in Abbildung 13.7 dargestellt sind, sind eine Ausnahme). Wir verwenden die Daten der volkswirtschaftlichen Gesamtrechnung, um zu berechnen, wie stark die einzelnen Ausgabenkomponenten zu den Schwankungen des BIP beitragen.

Die nachstehende Gleichung zeigt, wie das BIP-Wachstum in die Beiträge der einzelnen Ausgabenkomponenten aufgeschlüsselt werden kann. Es wird deutlich, dass der Beitrag jeder Komponente zum BIP-Wachstum sowohl von ihrem Anteil am BIP, als auch von ihrem Wachstum im vorangegangenen Zeitraum abhängt.

$$
\text{prozentuale Veränderung des BIP} =
\begin{array}{c}
(\text{prozentuale Veränderung des Konsums} \times \\
\text{Anteil des Konsums am BIP}) \\
+ \\
(\text{prozentuale Veränderung der Investitionen} \times \\
\text{Anteil der Investitionen am BIP}) \\
+ \\
(\text{prozentuale Veränderung der Staatsausgaben} \times \\
\text{Anteil der Staatsausgaben am BIP}) \\
+ \\
(\text{prozentuale Veränderung der Nettoexporte} \times \\
\text{Anteil der Nettoexporte am BIP})
\end{array}
$$

Handelsbilanz Wert der Exporte abzüglich des Wertes der Importe. *Auch bekannt als: Nettoexporte. Siehe auch unter: Handelsbilanzdefizit, Handelsbilanzüberschuss.*
Handelsbilanzdefizit Die negative Handelsbilanz eines Landes (es importiert mehr als es exportiert). *Siehe auch: Handelsbilanzüberschuss, Handelsbilanz.*
Handelsbilanzüberschuss Die positive Handelsbilanz eines Landes (es exportiert mehr als es importiert). *Siehe auch: Handelsbilanzdefizit, Handelsbilanz.*

aggregierte Nachfrage Die Summe der Komponenten der Ausgaben in einer Volkswirtschaft, die zum BIP addiert werden: $Y = C + I + G + X - M$. Es ist der Gesamtbetrag der Nachfrage nach (oder der Ausgaben für) Waren und Dienstleistungen, die in der Wirtschaft produziert werden. *Siehe auch: Konsum, Investitionen, Staatsausgaben, Exporte, Importe*

Die Tabelle in Abbildung 13.8 zeigt die Beiträge der einzelnen Ausgabenkomponenten zum Wachstum des BIP der USA. Die Daten beziehen sich auf das Jahr 2009, mitten in der durch die globale Finanzkrise verursachten Rezession. Wir können sehen, dass:

- Obwohl die Investitionen weniger als ein Fünftel des BIP der USA ausmachen, waren sie für die Erklärung des Schrumpfens der Wirtschaft viel wichtiger als für der Rückgang der Konsumausgaben.
- Obwohl der Konsum etwa 70 % des BIP der USA ausmacht, war der Einfluss der Investitionen auf das BIP-Wachstum mehr als dreimal so groß.
- Im Gegensatz zu Konsum und Investitionen trugen die Ausgaben der Regierung positiv zum BIP-Wachstum bei. Die US-Regierung setzte fiskalpolitische Stimuli ein, um die Wirtschaft zu stützen, als die Nachfrage des privaten Sektors nachließ.
- Die Nettoexporte trugen ebenfalls positiv zum BIP bei, was sowohl die stärkere Leistung der aufstrebenden Volkswirtschaften im Anschluss an die Krise als auch den Einbruch der Importnachfrage im Zuge der Rezession widerspiegelt.

Unzulänglichkeiten des BIP als Messgröße

Bei der Verwendung des Konzepts des BIP müssen drei Dinge beachtet werden:

1. *Es ist ein herkömmliches Maß für die Größe einer Wirtschaft*: Wir haben in Einheit 1 untersucht, was das BIP umfasst. In Einheit 20 wird das Konzept der Bilanzierung des grünen Wachstums eingeführt, das zeigt, wie man die Größe der Wirtschaft und ihr Wachstum unter Berücksichtigung der Umweltzerstörung berechnen kann.

2. *Unterscheiden Sie das aggregierte BIP vom Pro-Kopf-BIP*: Das ist besonders wichtig, wenn es um Wachstum geht. In diesem Abschnitt lag der Schwerpunkt auf dem BIP und den Beiträgen der verschiedenen Nachfragekomponenten zu seinem Wachstum. In anderen Zusammenhängen ist das relevante Konzept eine Pro-Kopf-Messung. Um den Unterschied zu verdeutlichen, sei darauf hingewiesen, dass das BIP im Vereinigten Königreich zwischen 2007 und 2015 um 7 % gewachsen ist, das Pro-Kopf-BIP jedoch nur um 0,8 %. Die Erklärung dafür ist die starke Zunahme der Zuwanderung.

3. *Das Pro-Kopf-BIP ist ein imperfektes Maß für den Lebensstandard*: Erinnern Sie sich aus Einheit 1 daran, dass bereits Robert Kennedy in seiner Rede 1968 an der Universität von Kansas (https://tinyco.re/9533853) auf diese Mängel hingewiesen hat (suchen Sie im Text nach „Gross National Product").

Federal Reserve Bank of St. Louis. 2015. *FRED* (https://tinyco.re/3965569). Beachten Sie, dass in der volkswirtschaftlichen Gesamtrechnung die Investitionen der Regierung als Staatsausgaben und nicht als Investitionen gezählt werden.

	BIP	Konsum	Investitionen	Staatsausgaben	Nettoexporte
2009	−2,8	−1,06	−3,52	0,64	1,14

Abbildung 13.8 Beiträge zur prozentualen Veränderung des realen BIP in den USA im Jahr 2009.

ÜBUNG 13.4 SO VERWENDEN SIE FRED

Wenn Sie makroökonomische Daten über die italienische Arbeitslosenquote oder der Output Chinas in Echtzeit benötigen, müssen Sie weder Italienisch und Chinesisch lernen noch sich mit nationalen Archiven herumschlagen, denn FRED erledigt das für Sie! FRED ist eine umfassende und aktuelle Datenquelle, die von der Federal Reserve Bank von St. Louis in den USA verwaltet wird, die Teil des amerikanischen Zentralbankensystems ist. Sie enthält die wichtigsten makroökonomischen Statistiken für fast alle Staaten, die bis in die 1960er Jahre zurückreichen. Mit FRED können Sie auch Ihre eigenen Diagramme erstellen und Daten in eine Tabellenkalkulation exportieren.

Gehen Sie folgendermaßen vor, um zu erfahren, wie Sie mit FRED nach makroökonomischen Daten suchen können:

- Besuchen Sie die FRED-Website (https://tinyco.re/5104028).
- Verwenden Sie die Suchleiste und geben Sie „Real Gross Domestic Product" (Reales Bruttoinlandsprodukt) oder „real GDP" (reales BIP) und den englischen Namen einer großen globalen Volkswirtschaft ein. Wählen Sie die jährliche (annual) Statistik des realen BIP (constant prices) für dieses Land aus. Diese ist deutlich als „Real Gross Domestic Product" für das von Ihnen gewählte Land gekennzeichnet.
- Klicken Sie auf die Schaltfläche „Edit graph" in der oberen rechten Ecke des Diagramms.
- Klicken Sie auf die Schaltfläche „Add line". Suchen Sie nach der jährlichen Reihe für das nominale BIP. Diese wird einfach als „Gross Domestic Product" für das von Ihnen gewählte Land bezeichnet. Fügen Sie diese Reihe zu Ihrem Diagramm hinzu.
- Mit der Schaltfläche „Edit graph" können Sie die Häufigkeit Ihrer Daten ändern, wenn diese nicht jährlich sind.

Sie können sich auch dieses kurze Tutorial (https://tinyco.re/3209844) ansehen, um zu verstehen, wie FRED funktioniert.

Beantworten Sie anhand des von Ihnen erstellten Diagramms diese Fragen:

1. Wie hoch ist das nominale BIP in dem von Ihnen gewählten Land in diesem Jahr?
2. FRED zeigt Ihnen, dass das reale BIP in einem bestimmten Jahr verkettet ist (das bedeutet, dass es in konstanten Preisen für dieses Jahr bewertet wird). Beachten Sie, dass sich die Daten des realen BIP und des nominalen BIP an einem Punkt kreuzen. Warum ist dies der Fall?

Behalten Sie in der FRED-Grafik nur die reale BIP-Reihe bei. Sie können einen Datensatz entfernen, indem Sie das Werkzeug zur Bearbeitung der Grafik verwenden. FRED zeigt Rezessionen in schattierten Bereichen für die US-amerikanische Wirtschaft nach der NBER-Definition an, nicht aber für andere Volkswirtschaften. Für andere Volkswirtschaften gehen Sie davon aus, dass eine Rezession durch zwei aufeinanderfolgende Quartale mit negativem Wachstum definiert ist. Ändern Sie im Diagrammbearbeitungswerkzeug die Einheiten Ihrer Reihe und wählen Sie „Percentage change from Year Ago" (Prozentuale Veränderung gegenüber dem Vorjahr). Die Statistik zeigt nun die prozentuale Veränderung des realen BIP an.

3. Wie viele Rezessionen hat die von Ihnen gewählte Wirtschaft in den Jahren, die im Diagramm dargestellt sind, durchlaufen?
4. Welches sind die beiden größten Rezessionen in Bezug auf Dauer und Ausmaß?

Fügen Sie nun dem Diagramm die vierteljährliche Arbeitslosenquote für die von Ihnen gewählte Wirtschaft hinzu (klicken Sie auf „Add data series" unter dem Diagramm und suchen Sie nach „Unemployment" und dem von Ihnen gewählten Ländernamen).

5. Wie verhält sich die Arbeitslosenquote während der beiden wichtigsten Rezessionen, die Sie ermittelt haben?
6. Wie hoch war die Arbeitslosenquote während des ersten und des letzten Quartals mit negativem Wachstum in diesen beiden Rezessionen?
7. Was schließen Sie aus dem Zusammenhang zwischen Rezessionen und der Veränderung der Arbeitslosigkeit?

Hinweis: Um sicherzustellen, dass Sie verstehen, wie diese FRED-Diagramme erstellt werden, können Sie die Daten in eine Tabellenkalkulation extrahieren und ein Diagramm erstellen, das die Wachstumsrate des realen BIP und die Entwicklung der Arbeitslosenquote seit 1948 für die Wirtschaft der USA zeigt.

FRAGE 13.3 WÄHLEN SIE DIE RICHTIGE(N) ANTWORT(EN)

Welche der folgenden Aussagen zur Messung des BIP ist richtig?

☐ Das BIP kann entweder als die Gesamtausgaben für im Inland produzierte Waren und Dienstleistungen, als die gesamte Wertschöpfung in der inländischen Produktion oder als die Summe aller aus der inländischen Produktion erzielten Einkommen gemessen werden.

☐ Zur Berechnung des BIP sind Informationen über Exporte, aber nicht über Importe erforderlich.

☐ Die Produktion der Regierung wird nicht in das BIP einbezogen.

☐ Die Wertschöpfung der Produktion des Staates wird anhand des Preises berechnet, zu dem öffentliche Güter und Dienstleistungen auf dem Markt verkauft werden.

FRAGE 13.4 WÄHLEN SIE DIE RICHTIGE(N) ANTWORT(EN)

Welche der folgenden Möglichkeiten würde das BIP erhöhen?

☐ Ein Rückgang der Importe, wobei alle anderen Komponenten des BIP konstant bleiben.

☐ Ein Anstieg der Heimatüberweisungen von im Ausland lebenden Personen an die inländische Bevölkerung.

☐ Ein Anstieg der Staatsausgaben.

☐ Ein Rückgang der Exporte.

13.5 WIE HAUSHALTE MIT SCHWANKUNGEN UMGEHEN

Volkswirtschaften schwanken zwischen guten und schlechten Zeiten. Bisher haben wir uns mit den Industrienationen beschäftigt, aber das gilt auch für die auf der Landwirtschaft basierenden Volkswirtschaften. Abbildung 13.9a veranschaulicht die Produktionsschwankungen in der weitgehend landwirtschaftlichen britischen Wirtschaft zwischen 1550 und 1700. So wie wir das BIP auf der Ausgabenseite in verschiedene Komponenten unterteilt haben, können wir es auch auf der Produktionsseite in verschiedene Sektoren unterteilen. Abbildung 13.9a zeigt die Wachstumsrate des realen BIP und der drei Hauptsektoren: Landwirtschaft, Industrie und Dienstleistungen. Anhand der Analyse in Abbildung 13.9a können Sie erkennen, wie der Agrarsektor die Schwankungen des BIP verursacht hat.

Abbildung 13.9b zeigt die Wachstumsraten des realen BIP und der Landwirtschaft in Indien seit 1960. Im Jahr 1961 machte die Landwirtschaft 43 % der Wirtschaft aus, was aber bis 2020 auf 18 % gesunken ist. Zum Teil aufgrund der modernen Anbaumethoden ist die Landwirtschaft im modernen Indien nicht so unbeständig, wie sie es in Großbritannien vor 1700 war. Sie ist jedoch nach wie vor fast doppelt so unbeständig wie das BIP als Ganzes.

Um über die Kosten und Ursachen von Konjunkturschwankungen nachzudenken, beginnen wir mit einer Agrarwirtschaft. In einer Wirtschaft, die auf landwirtschaftlicher Produktion basiert, ist das Wetter—neben Krieg und Krankheiten—eine der Hauptursachen für gute und schlechte Jahre. Der Begriff **Schock** wird in der Volkswirtschaftslehre verwendet, um ein unerwartetes Ereignis zu bezeichnen, zum Beispiel ein extremes Wetter oder einen Krieg. Wie wir wissen, denken die Menschen über die Zukunft nach und rechnen in der Regel damit, dass unvorhersehbare Ereignisse eintreten könnten. Sie handeln auch nach diesen Überzeugungen. In einer modernen

Schock Eine exogene Änderung einiger der in einem Modell verwendeten Fundamentaldaten.

Wirtschaft ist dies die Grundlage für die Versicherungsindustrie. In einer Agrarwirtschaft rechnen die Haushalte auch damit, dass es sowohl zu schlechten als auch zu guten Ernten kommen kann.

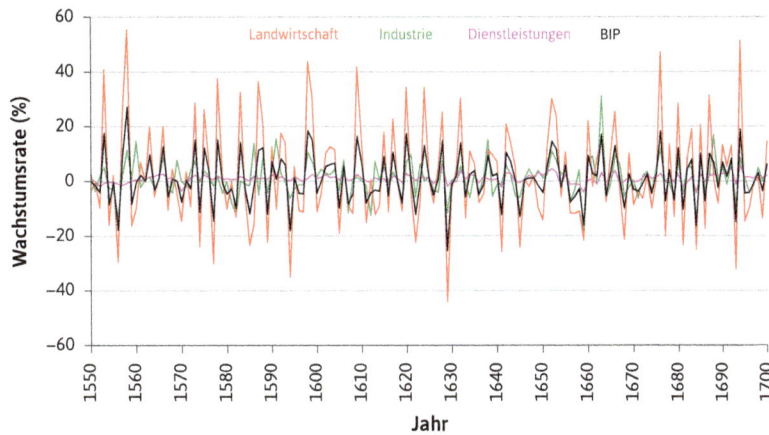

Aktuelle Daten bei OWiD anzeigen
https://tinyco.re/2907345

Stephen Broadberry, Bruce M. S. Campbell, und Alexander Klein. 2015. *British Economic Growth, 1270–1870*. Cambridge: Cambridge University Press.

Abbildung 13.9a Die Rolle der Landwirtschaft bei den Schwankungen der Gesamtwirtschaft im Vereinigten Königreich (1550–1700).

1. BIP-Wachstum zwischen 1550 und 1700
Die Abbildung zeigt die Wachstumsrate des realen BIP und seiner drei Hauptsektoren in diesem Zeitraum.

2. Landwirtschaft
Es ist eindeutig, dass der Agrarsektor viel unbeständiger ist als andere Sektoren.

3. Industrie
In diesem Zeitraum ist der durchschnittliche Unterschied im Output des Agrarsektors von einem Jahr zum nächsten dreimal so groß wie der des Industriesektors …

4. Dienstleistungen
… und mehr als zehnmal so groß wie die des Dienstleistungssektors.

5. Landwirtschaft trieb Schwankungen des BIP an
Zwischen 1552 und 1553 expandierte der Agrarsektor um 41 % und das BIP stieg um 17 %. Im darauffolgenden Jahr schrumpfte der Agrarsektor um 16 % und die Wirtschaft um 8 %.

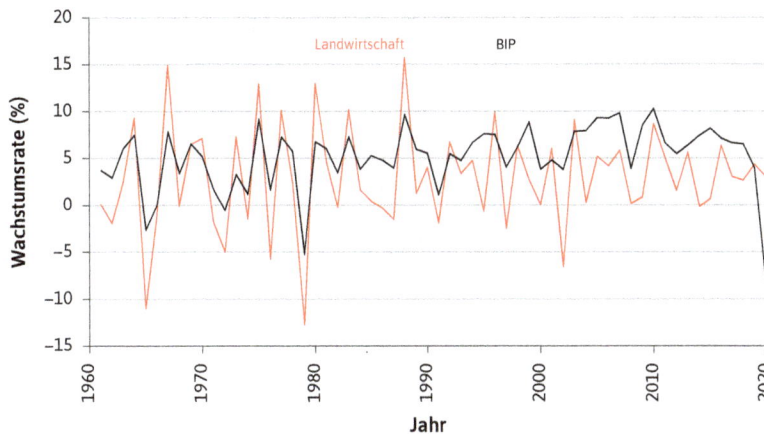

Aktuelle Daten bei OWiD anzeigen
https://tinyco.re/0436267

The World Bank. 2021. *World Development Indicators* (https://tinyco.re/9263826).

Abbildung 13.9b Die Rolle der Landwirtschaft bei den Schwankungen der gesamtwirtschaftlichen Entwicklung in Indien (1961–2020).

Wie gehen die Haushalte mit Schwankungen um, die ihr Einkommen von einer Saison zur nächsten halbieren können?

Wir können zwischen zwei Situationen unterscheiden:

- *Der Haushalt wird von Glück oder Unglück heimgesucht:* Zum Beispiel, wenn die Tiere der Familie von einer Krankheit befallen werden oder wenn eine Person der Familie, die eine wichtige Rolle in der Landwirtschaft spielt, verletzt wird.
- *Gutes oder schlechtes Schicksal trifft die Wirtschaft als Ganzes:* Zum Beispiel, wenn Dürre, Krankheit, Überschwemmungen, ein Krieg oder ein Erdbeben ein ganzes Gebiet betreffen.

Schocks der Haushalte

Die Menschen nutzen zwei Strategien, um mit Schocks umzugehen, die spezifisch für ihren Haushalt sind:

- *Selbstversicherung*: Haushalte, die in einer bestimmten Periode ein ungewöhnlich hohes Einkommen haben, sparen, damit sie ihre Ersparnisse ausgeben können, wenn sich ihr Glück wendet. Wie wir in Einheit 10 gesehen haben, können sie in schlechten Zeiten auch Darlehen aufnehmen, wenn sie dazu in der Lage sind, je nachdem, wie kreditbeschränkt sie sind. Diese Art der Versicherung wird Selbstversicherung genannt, weil andere Haushalte nicht beteiligt sind.
- *Mitversicherung*: Haushalte, die in einer bestimmten Zeit Glück hatten, können einem von Pech getroffenen Haushalt helfen. Manchmal geschieht dies unter Angehörigen von Großfamilien oder im Freundeskreis und in der Nachbarschaft. Seit Mitte des 20. Jahrhunderts hat die Mitversicherung vor allem in reicheren Ländern die Form angenommen, dass die Bevölkerung Steuern zahlt, die dann zur Unterstützung von Personen verwendet werden, die vorübergehend arbeitslos sind, das so genannte Arbeitslosengeld.

Die informelle Mitversicherung im Familien- und Freundeskreis beruht sowohl auf Gegenseitigkeit als auch auf Vertrauen: Man ist bereit, denen zu helfen, die einem in der Vergangenheit geholfen haben, und man vertraut darauf, dass die Menschen, denen man geholfen hat, im Gegenzug dasselbe tun werden. **Altruismus** gegenüber den bedürftigen Menschen ist in der Regel auch mit im Spiel, obwohl die Mitversicherung auch ohne ihn funktionieren kann.

Diese Strategien spiegeln zwei wichtige Aspekte der Präferenzen der Haushalte wider:

- *Die Menschen bevorzugen einen gleichmäßigen Konsum:* Wie wir in Einheit 10 gesehen haben, mögen sie keinen schwankenden Konsum, der durch schlechte oder gute Schocks wie Verletzungen oder gute Ernten verursacht wird. Daher werden sie sich selbst versichern.
- *Haushalte sind nicht ausschließlich egoistisch:* Sie sind bereit, sich gegenseitig zu unterstützen, um die Auswirkungen von Glück und Unglück zu mildern. Sie vertrauen oft darauf, dass andere das Gleiche tun, auch wenn sie keine Möglichkeit haben, dies durchzusetzen. Altruistische und gegenseitige Präferenzen bleiben auch dann wichtig, wenn die Mitversicherung die Form eines steuerlich geförderten Arbeitslosengeldes annimmt, denn sie gehören zu den Motiven für die Unterstützung der betreffenden staatlichen Maßnahmen.

Selbstversicherung Sparen eines Haushalts, um den Konsum aufrechtzuerhalten, wenn das Einkommen vorübergehend sinkt oder höhere Ausgaben erforderlich sind.

Mitversicherung Ein Mittel zum Zusammenlegen von Ersparnissen zwischen den Haushalten, damit ein Haushalt seinen Konsum aufrechterhalten kann, wenn sein Einkommen vorübergehend sinkt oder er höhere Ausgaben tätigen muss.

'New Cradles to Graves' (https://tinyco.re/8856321). *The Economist.* Updated 8 September 2012.

Altruismus Die Bereitschaft, Kosten auf sich zu nehmen, um jemand anderem einen Vorteil zu verschaffen.

Michael Naef und Jürgen Schupp berichten über Vergleiche zwischen Umfragen und Experimenten, bei denen Vertrauen eine Rolle spielt. Michael Naef und Jürgen Schupp. 2009. 'Measuring Trust: Experiments and Surveys in Contrast and Combination' (https://tinyco.re/3956674). IZA Discussion Paper No. 4087.

Wirtschaftsweite Schocks

Die Mitversicherung ist weniger wirksam, wenn der schlechte Schock alle gleichzeitig trifft. Bei einer Dürre, einer Überschwemmung oder einem Erdbeben ist es für eine Agrarwirtschaft schwieriger, das Wohlergehen der betroffenen Menschen zu schützen. Zum Beispiel ist es in der Regel nicht möglich, die Erzeugnisse aus einer Rekordernte lange genug zu lagern, um die nächste schlechte Ernte zu überstehen, die mehrere Jahre auf sich warten lassen kann.

Wenn solche Schocks jedoch eintreten, kann eine Mitversicherung sogar noch notwendiger sein, da das Überleben der Gemeinschaft erfordert, dass weniger stark betroffene Haushalte den am stärksten betroffenen Haushalten helfen. In den Agrarwirtschaften der Vergangenheit, die in unbeständigen Klimazonen angesiedelt waren, praktizierten die Menschen eine Mitversicherung auf der Grundlage von Vertrauen, Gegenseitigkeit und Altruismus. Dies sind Normen wie die Fairness-Norm, die wir in Einheit 4 erörtert haben, und sie sind wahrscheinlich entstanden und haben sich gehalten, weil sie den Menschen in diesen Regionen, die häufig von wetterbedingten Schocks betroffen waren, beim Überleben halfen. Neuere Forschungen deuten darauf hin, dass sie sich auch dann noch gehalten haben, als das Klima für die Wirtschaftstätigkeit weitgehend unwichtig geworden war.

Der Beweis dafür ist, dass die Menschen in den Regionen, in denen die Niederschläge und Temperaturen in den letzten 500 Jahren von Jahr zu Jahr stark schwankten, heute ein hohes Maß an Vertrauen haben und über modernere Institutionen der Mitversicherung, wie Arbeitslosengeld und staatliche Unterstützung für Menschen mit Behinderung und bedürftige Personen, verfügen.

Ruben Durante. 2010. 'Risk, Cooperation and the Economic Origins of Social Trust: An Empirical Investigation' (https://tinyco.re/ 7674543). Sciences Po Working Paper.

ÜBUNG 13.5 KRANKENVERSICHERUNG

1. Denken Sie an das Krankenversicherungssystem in Ihrem Land. Ist dies ein Beispiel für eine Mitversicherung oder eine Selbstversicherung?
2. Fallen Ihnen weitere Beispiele für Mitversicherung und Selbstversicherung ein? Überlegen Sie in jedem Fall, gegen welche Art von Schocks versichert wird und wie das System finanziert wird.

FRAGE 13.5 WÄHLEN SIE DIE RICHTIGE(N) ANTWORT(EN)

Abbildung 13.9a (Seite 645) stellt die Wachstumsrate des realen BIP sowie die Wachstumsraten des Agrar-, Industrie- und Dienstleistungssektors zwischen 1550 und 1700 im Vereinigten Königreich dar.

Welche der folgenden Aussagen lassen sich aus dem Diagramm ableiten?

- ☐ Die durchschnittliche Wachstumsrate des Agrarsektors war in dem dargestellten Zeitraum höher als die des Dienstleistungssektors.
- ☐ Die Wachstumsrate des Industriesektors war unbeständiger als die des Dienstleistungssektors.
- ☐ Der Agrarsektor hat die Schwankungen des BIP maßgeblich beeinflusst.
- ☐ Die Rezession um 1560 wurde durch das Schrumpfen in allen drei Sektoren verursacht.

13.6 WARUM HAT DER KONSUM WENIGER AUSGEPRÄGTE SCHWANKUNGEN?

Eine grundlegende Quelle der Stabilisierung in jeder Wirtschaft ist der Wunsch der Haushalte, das Niveau ihres Konsums von Waren und Dienstleistungen konstant zu halten. Um ein konstantes Niveau des Konsums zu halten, müssen die Haushalte planen. Sie machen sich Gedanken darüber, was mit ihrem Einkommen in der Zukunft geschehen könnte. Sie sparen und nehmen Darlehen auf, um Einkommensschwankungen auszugleichen. Dies ist die Selbstversicherung, von der wir oben sprachen.

Wir haben gesehen, dass dieses Verhalten in Agrargesellschaften auftritt, die mit Wetter- und Kriegsschocks konfrontiert sind, aber auch moderne Haushalte versuchen, ihren Konsum zu glätten. Eine Möglichkeit, dieses Verhalten zu veranschaulichen, besteht darin, sich auf vorhersehbare Ereignisse zu konzentrieren. Eine junge Person, die über ihr Leben nachdenkt, kann sich vorstellen, dass sie einen Job bekommt, dann eine Zeit des Arbeitslebens mit einem Einkommen genießt, das höher ist als das Anfangsgehalt, gefolgt von Jahren im Ruhestand, in denen das Einkommen niedriger ist als während des Arbeitslebens.

Wie wir in Einheit 10 gesehen haben, ziehen es die Menschen vor, ihren Konsum zu glätten, weil es abnehmende Grenzerträge des Konsums zu jedem Zeitpunkt gibt. So ist es beispielsweise schlechter, später viel und jetzt wenig zu konsumieren, als in beiden Zeiträumen einen Mittelwert für den Konsum zu haben (Abbildung 10.3a).

Die Person, die über eine zukünftige Beförderung nachdenkt und ihre Ausgaben plant, wäre in einer ähnlichen Lage wie Julia in Einheit 10 (Abbildung 10.2), die in der Gegenwart nur über begrenzte Mittel verfügt, aber weiß, dass sie später mehr haben wird und daher daran interessiert ist, einen Teil ihrer zukünftigen Kaufkraft durch Darlehensaufnahme in die Gegenwart zu verlagern. Das Modell der individuellen Entscheidungsfindung, das wir in Einheit 3 und Einheit 10 vorgestellt haben, bildet die Grundlage für die Betrachtung des Konsums während des gesamten Lebens einer Person. Es sagt voraus, dass unser Einkommen zwar im Laufe des Lebens schwankt, unser gewünschter Konsum aber gleichmäßiger verläuft.

Abbildung 13.10 veranschaulicht die Tendenz einer Person, ihre Konsumausgaben zu glätten. In diesem einfachen Beispiel sind das Einkommen und die Konsumausgaben der Person vor Beginn der Erwerbstätigkeit gleich—wir nehmen zum Beispiel an, dass die Eltern ihre Kinder unterstützen, bis die Kinder eine Erwerbstätigkeit aufnehmen. Folgen Sie der Analyse in Abbildung 13.10, um ihr Einkommen und ihren Konsum im Laufe der Zeit zu sehen.

Ein bemerkenswertes Merkmal von Abbildung 13.10 ist, dass sich der Konsum vor dem Einkommen ändert.

Wie eine Familie in einer Agrarwirtschaft, die mit dem Sparen für die Mitgift der Tochter beginnt, bevor diese alt genug ist, um zu heiraten, geht die in Abbildung 13.10 dargestellte Person davon aus, dass sie nach einer Beförderung ein höheres Einkommen erhält, und passt den Konsum vorzeitig nach oben an. Wie wir in Einheit 10 gesehen haben, setzt dies voraus, dass die Person ein Darlehen aufnehmen kann. Vielleicht ist es möglich, die Bank davon zu überzeugen, dass der Arbeitsplatz sicher ist und die Aussichten gut sind. Wenn dies der Fall ist, kann die Person wahrscheinlich jetzt eine Hypothek aufnehmen und in einem komfortableren Haus mit einem höheren Lebensstandard leben, als für den Fall, in dem die langfristigen Einkünfte beim Anfangsgehalt geblieben sind. Die Beschriftungen in Abbildung 13.10 zeigen, dass die Person ein Darlehen aufnimmt, wenn sie jung ist und ein niedriges

Einkommen hat, dann spart und die Schulden zurückzahlt, wenn sie älter ist und mehr verdient, und schließlich die Ersparnisse nach der Pensionierung aufbraucht, wenn das Einkommen wieder sinkt.

Das Modell der Entscheidungsfindung verdeutlicht den Wunsch der Haushalte nach einem gleichmäßigen Verlauf des Konsums. Als Nächstes stellen wir die Frage, was passiert, wenn etwas Unerwartetes eintritt und den Plan für den lebenslangen Konsum stört. Was passiert, wenn die in der Abbildung gezeigte Person einen unerwarteten Schock beim Einkommen erleidet? Das Modell der Konsumglättung legt folgendes nahe:

- *Die Person wird eine Entscheidung treffen:* Dabei wird es darum gehen, ob der Schock vorübergehend oder dauerhaft ist.
- *Wenn der Schock dauerhaft ist:* Wir sollten die rote Linie in Abbildung 13.10 nach oben oder unten anpassen, um das neue langfristige Niveau des Konsums widerzuspiegeln, das das Individuum annimmt und das mit dem neuen Niveaus des prognostizierten Einkommens übereinstimmt.
- *Wenn der Schock vorübergehend ist:* Es wird sich wenig ändern. Eine vorübergehende Einkommensschwankung hat so gut wie keine Auswirkungen auf den lebenslangen Konsumplan, da sie nur eine kleine Änderung des Lebenseinkommens bewirkt.

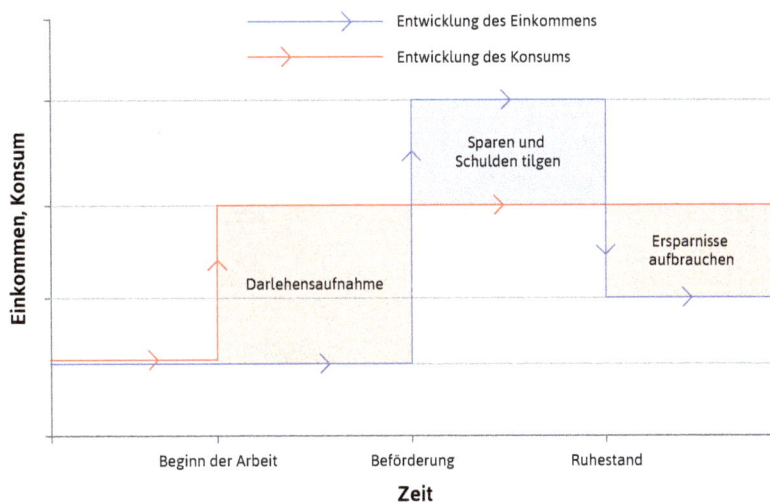

Abbildung 13.10 Konsumglättung im Laufe des Lebens.

1. Einkommen im Laufe der Zeit

Die blaue Linie zeigt den Verlauf des Einkommens im Laufe der Zeit: Es beginnt niedrig, steigt bei einer Beförderung an und sinkt bei der Pensionierung.

2. Konsumausgaben

Das ist die rote Linie. Sie ist glatt (flach) ab dem Punkt, an dem das Individuum zum ersten Mal einen Arbeitsplatz erhält.

3. Das Individuum leiht sich Geld in jungen Jahren

Zu diesem Zeitpunkt ist das Einkommen niedrig. Wenn das Individuum älter ist und mehr verdient, spart es und tilgt die Schulden, um schließlich nach der Pensionierung, wenn das Einkommen wieder sinkt, die Ersparnisse abzubauen.

Zusammenfassend lässt sich sagen, dass Schocks für die Wirtschaft gedämpft werden, wenn sich Einzelpersonen und Haushalte so verhalten, wie in Abbildung 13.10 dargestellt, also ihre Ausgabenentscheidungen auf langfristigen Überlegungen beruhen. Sie versuchen, Schwankungen im Konsum zu vermeiden, selbst wenn das Einkommen schwankt.

Was schränkt die Konsumglättung eines Haushalts ein? Viele Einzelpersonen und Haushalte sind nicht in der Lage, langfristige Pläne für ihren Konsum zu erstellen oder umzusetzen. Die Erstellung von Plänen kann aufgrund eines Mangels an Informationen schwierig sein. Selbst wenn wir über Informationen verfügen, können wir diese möglicherweise nicht nutzen, um die Zukunft zuverlässig vorherzusagen. So ist es beispielsweise oft sehr schwer zu beurteilen, ob eine Veränderung der Umstände vorübergehend oder dauerhaft ist.

Es gibt drei weitere Faktoren, die die Möglichkeiten der Haushalte zur Glättung ihres Konsums bei Einkommensschocks einschränken. Bei den ersten beiden handelt es sich um Beschränkungen der Selbstversicherung, bei der dritten um eine Beschränkung der Mitversicherung:

- *Kreditbeschränkungen oder Ausschluss vom Kreditmarkt:* Eingeführt in Einheit 10, schränkt dies die Fähigkeit einer Familie ein, Darlehen aufzunehmen, um den Konsum aufrechtzuerhalten, wenn das Einkommen gesunken ist.
- *Willensschwäche:* Eine menschliche Verhaltenseigenschaft, die dazu führt, dass Menschen nicht in der Lage sind, Pläne zu verwirklichen, von denen sie wissen, dass sie ihnen zu Gute kommen würden—zum Beispiel Sparen in Erwartung eines negativen Einkommensschocks.
- *Begrenzte Mitversicherung:* Diejenigen, deren Einkommen sinkt, können bei der Aufrechterhaltung ihres Einkommens nicht viel Unterstützung von anderen erwarten, die mehr Glück haben als sie.

Kreditbeschränkungen

Wie wir in Einheit 10 gesehen haben, ist der Betrag, den eine Familie leihen kann, begrenzt, insbesondere wenn sie nicht wohlhabend ist. Haushalte mit wenig Geld können überhaupt kein Darlehen aufnehmen, oder nur zu außerordentlich hohen Zinssätzen. Diejenigen, die am dringendsten einen Kredit zur Glättung ihres Konsums benötigen, sind daher oft nicht in der Lage, einen solchen aufzunehmen. Die in den Einheiten 10 und 12 erörterten Kreditbeschränkungen und der Ausschluss von Kreditmärkten tragen zur Erklärung bei, warum eine Kreditaufnahme oft nicht möglich ist.

Abbildung 13.11 zeigt die Reaktion von zwei verschiedenen Arten von Haushalten auf einen erwarteten Anstieg des Einkommens. Die Haushalte, die sich so viel Geld leihen können, wie sie wollen, befinden sich im oberen Feld. Kreditbeschränkte Haushalte, die weder einen Kredit noch eine Kreditkarte bekommen können, sind im unteren Feld dargestellt. Verfolgen Sie die Analyse in Abbildung 13.11, um zu sehen, wie die beiden Haushalte auf zwei Schlüsselereignisse reagieren:

1. Es kommt die Nachricht, dass das Einkommen zu einem vorhersehbaren Zeitpunkt in der Zukunft steigen wird (zum Beispiel eine Beförderung oder eine Erbschaft).
2. Das Einkommen des Haushalts steigt tatsächlich (die Beförderung erfolgt, die Erbschaft tritt ein).

In *Portfolios of the Poor: How the World's Poor Live on 2 USD a Day* zeigen Daryl Collins, Jonathan Morduch, Stuart Rutherford und Orlanda Ruthven, wie arme Haushalte ihre Finanzen verwalten, um nicht buchstäblich von der Hand in den Mund zu leben. ‚Smooth Operators' (https://tinyco.re/7009658). *The Economist.* Aktualisiert am 14. Mai 2009. Einige der Geschichten können online gelesen werden (https://tinyco.re/8070650).

Wir können diese Entscheidungen mit Hilfe des Zwei-Perioden-Modells der Darlehensaufnahme und -vergabe aus Einheit 10 betrachten, welches in Abbildung 13.12 dargestellt ist. Betrachten wir zunächst einen Haushalt, der in dieser und in der nächsten Periode das gleiche Einkommen y erhält, was durch den Ausstattungspunkt A in Abbildung 13.12 angezeigt wird. Der Zinssatz ist r. Wenn der Haushalt also Darlehen aufnehmen und sparen kann, kann er jeden beliebigen Punkt der Budgetbeschränkung wählen, die die Steigung $-(1 + r)$ hat. Die Budgetbeschränkung ist ein anderer Begriff für die Grenze der realisierbaren Menge mit der Steigung von $-(1 + r)$, die wir in Einheit 10 verwendet haben.

Wir lernen aus diesem Beispiel:

- Ohne Darlehensaufnahme oder -vergabe stimmen die Anfangsausstattung und das Konsummuster überein.
- Im Vergleich zum glättenden Haushalt konsumiert der Haushalt mit Kreditbeschränkung in dieser Periode weniger und in der nächsten Periode mehr.

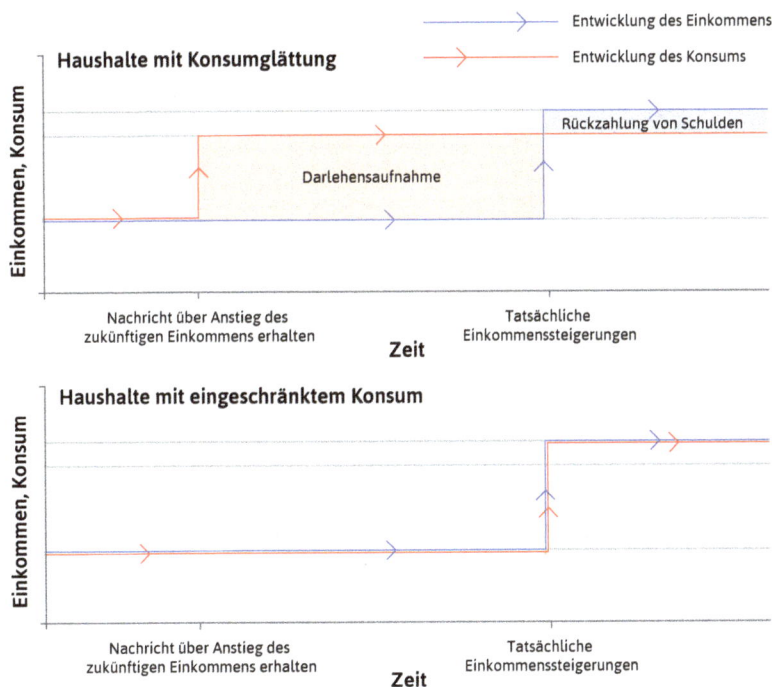

Abbildung 13.11 Konsum bei Kreditbeschränkungen: Ein vorweggenommener Anstieg des Einkommens.

1. Einkommen im Laufe der Zeit

Die blauen Linien in der Abbildung zeigen, dass die Entwicklung des Einkommens im Laufe der Zeit in beiden Haushalten identisch ist.

2. Konsumglättung

Die rote Linie im oberen Feld zeigt, dass sich in einem Haushalt mit Konsumglättung der Konsum sofort ändert, sobald der Haushalt die Nachricht erhält.

3. Die Auswirkungen von Kreditbeschränkungen

Andererseits muss ein kreditbeschränkter Haushalt, der keinen Kredit aufnehmen kann, warten, bis das Einkommen eintrifft, bevor er seinen Lebensstandard anpasst.

Wir können auch sehen, dass die Indifferenzkurve, die durch A' (nicht dargestellt) verläuft, niedriger ist als die durch A''. Der Haushalt, der den Konsum durch Darlehensaufnahme glätten kann, ist also besser gestellt als der Haushalt mit Kreditbeschränkung.

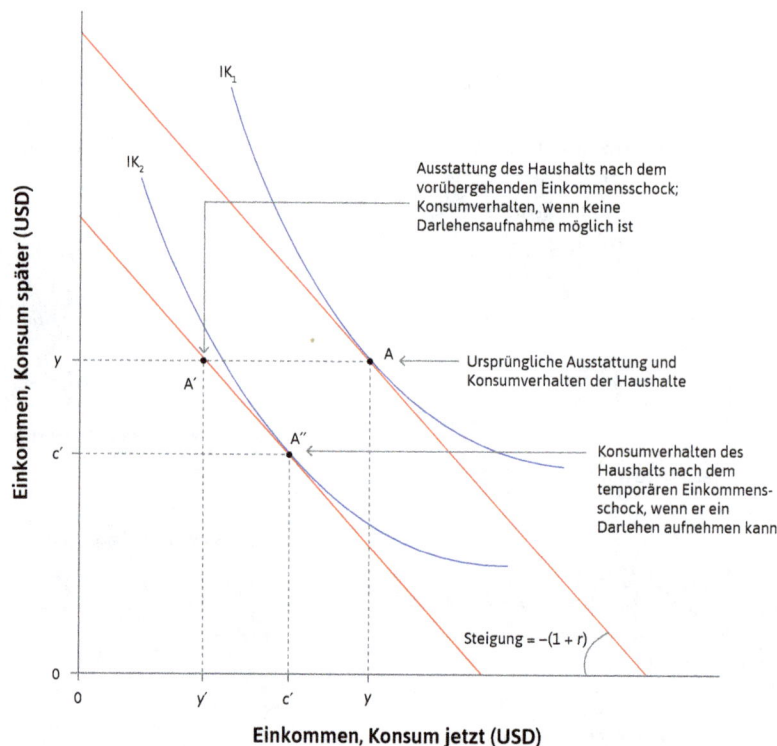

Abbildung 13.12 Krediteingeschränkte und nicht eingeschränkte Haushalte: Ein unvorhergesehener vorübergehender Einkommensrückgang.

1. Gleiches Einkommen in beiden Perioden

Betrachten wir einen Haushalt, der in dieser und in der nächsten Periode das gleiche Einkommen y erhält, angegeben durch den Punkt A.

2. Ein unbeschränkter Haushalt

Der Zinssatz ist r. Wenn der Haushalt also Darlehen aufnehmen und sparen kann, kann er jeden beliebigen Punkt der Budgetbeschränkung wählen, die die Steigung −(1 + r) hat.

3. Präferenz für Glättung

Angenommen, der Haushalt zieht es vor, in jeder Periode den gleichen Betrag zu konsumieren, was durch den Punkt A angezeigt wird, an dem die Indifferenzkurve die Budgetbeschränkung tangiert.

4. Ein negativer Schock

Nehmen wir nun an, der Haushalt erleidet in diesem Jahr einen unerwarteten vorübergehenden negativen Schock, zum Beispiel eine schlechte Ernte, die das diesjährige Einkommen auf y' senkt, während das erwartete Einkommen im nächsten Jahr unverändert bei y bleibt.

5. Die Budgetbeschränkung

Wenn der Haushalt Darlehen aufnehmen und sparen kann, dann hat die Budgetbeschränkung eine Steigung von −(1 + r) und geht durch den Punkt A'.

6. Die höchste Indifferenzkurve

Die höchste Kurve, die diese Budgetbeschränkung berührt, liegt im Punkt A'', was zeigt, dass der Haushalt es vorzieht, den Konsum zu glätten, indem er in beiden Perioden c' konsumiert. Der Haushalt leiht jetzt c' − y' und zahlt (1 + r)(c' − y') in der nächsten Periode nach dem Schock zurück.

Eine vorübergehende Änderung des Einkommens wirkt sich auf den laufenden Konsum der Haushalte mit Kreditbeschränkung stärker aus als auf den der Haushalte ohne Kreditbeschränkung.

Willensschwäche

In Abbildung 13.13 erfährt eine Person, dass ihr Einkommen in Zukunft sinken wird. Dies könnte auf den Ruhestand oder den Verlust des Arbeitsplatzes zurückzuführen sein. Es könnte auch daran liegen, dass die Person pessimistisch geworden ist. Vielleicht sagen die Zeitungen eine Wirtschaftskrise voraus. Im oberen Feld von Abbildung 13.13 zeigen wir wieder einen Haushalt, der sich vorausschauend verhält, um den Konsum zu glätten. Das untere Feld zeigt einen Haushalt mit **Willensschwäche**, der sein gesamtes Einkommen heute konsumiert, obwohl dies eine starke Reduzierung des Konsums in der Zukunft bedeutet.

Diese Eigenschaft des menschlichen Verhaltens ist vielen von uns bekannt. Es fehlt uns oft an Willenskraft.

Das Problem, nicht sparen zu können, unterscheidet sich offensichtlich von dem Problem, kein Darlehen aufnehmen zu können: Sparen ist eine Form der Selbstversicherung und involviert keine anderen Personen.

> **Willensschwäche** Die Unfähigkeit, sich zu einer Handlung zu verpflichten (zum Beispiel eine Diät zu machen oder auf ein anderes gegenwärtiges Vergnügen zu verzichten), die man später bereuen wird. Sie unterscheidet sich von der Ungeduld, die ebenfalls dazu führen kann, dass eine Person gegenwärtige Vergnügungen bevorzugt, aber nicht unbedingt in einer Weise handelt, die sie bereut.

WIE ÖKONOMINNEN UND ÖKONOMEN AUS FAKTEN LERNEN

Meine Diät beginnt morgen

Ökonominnen und Ökonomen haben Experimente durchgeführt, um Verhaltensweisen zu testen, die erklären könnten, warum wir nicht sparen, obwohl wir es könnten. Beispielweise haben Daniel Read und Barbara van Leeuwen ein Experiment mit 200 Beschäftigten in Amsterdam durchgeführt. Sie baten sie, heute zu wählen, was sie in der nächsten Woche essen würden. Sie hatten die Wahl zwischen Obst und Schokolade.

Auf die Frage, was sie nächste Woche essen würden, antworteten 50 % der Versuchspersonen, dass sie in der nächsten Woche Obst essen würden. Aber als die nächste Woche kam, entschieden sich nur 17 % tatsächlich dafür, Obst zu essen. Das Experiment zeigt, dass Menschen zwar planen, etwas zu tun, von dem sie wissen, dass es vorteilhaft ist (Obst essen, Geld sparen), aber wenn die Zeit gekommen ist, tun sie es oft nicht.

Lesen Sie mehr: Daniel, und Barbara van Leeuwen. 1998. „Predicting Hunger: The Effects of Appetite and Delay on Choice". *Organizational Behavior and Human Decision Processes* 76 (2): pp. 189–205.

Beschränkte Mitversicherung

Die meisten Haushalte verfügen nicht über ein Netzwerk von Familienangehörigen und Freundschaften, die bei einem negativen Einkommensschock über einen langen Zeitraum hinweg in erheblichem Umfang aushelfen können. Wie wir gesehen haben, bietet die Arbeitslosenunterstützung diese Art von Mitversicherung—der Teil der Bevölkerung, der in einem Jahr Glück hat, versichert den Teil, der Pech hat. In vielen Gesellschaften ist die Reichweite dieser Politiken jedoch sehr begrenzt.

Ein anschauliches Beispiel für den Wert der Glättung durch Mitversicherung ist die Erfahrung Deutschlands während des drastischen Einkommensrückgangs, den die deutsche Wirtschaft 2009 erlebte (siehe Abbildung 13.5). Als die Nachfrage nach den Produkten der Unternehmen zurückging, wurden die Arbeitszeiten der Beschäftigten gekürzt, aber dank der Politik der Regierung und der Vereinbarungen zwischen Unternehmen und

> OECD. 2010. *Employment Outlook 2010: Moving Beyond the Jobs Crisis* (https://tinyco.re/5607435).

Beschäftigten verloren nur sehr wenige Menschen ihren Arbeitsplatz, und viele der Beschäftigten wurden weiterhin so bezahlt, als ob sie viel mehr Stunden arbeiten würden, als sie es taten. Dies hatte zur Folge, dass zwar das Gesamteinkommen sank, der Konsum jedoch nicht—und die Arbeitslosigkeit nicht anstieg.

Die meisten empirischen Belege zeigen jedoch, dass Kreditbeschränkungen, Willensschwäche und begrenzte Mitversicherung dazu führen, dass eine Einkommensänderung bei vielen Haushalten zu einer gleichwertigen Veränderung des Konsums führt. Im Falle eines negativen Einkommensschocks, wie zum Beispiel dem Verlust eines Arbeitsplatzes, bedeutet dies, dass der Einkommensschock nun an andere Familien weitergegeben wird, die die Konsumgüter, die nun nicht nachgefragt werden, produziert und verkauft hätten.

> Die Forschung zeigt, dass der Konsum auch dann reagiert, wenn sich das Einkommen in vorhersehbarer Weise verändert. Tullio Jappelli und Luigi Pistaferri. 2010. ‚The Consumption Response to Income Changes' (https://tinyco.re/3409802). *VoxEU.org*.

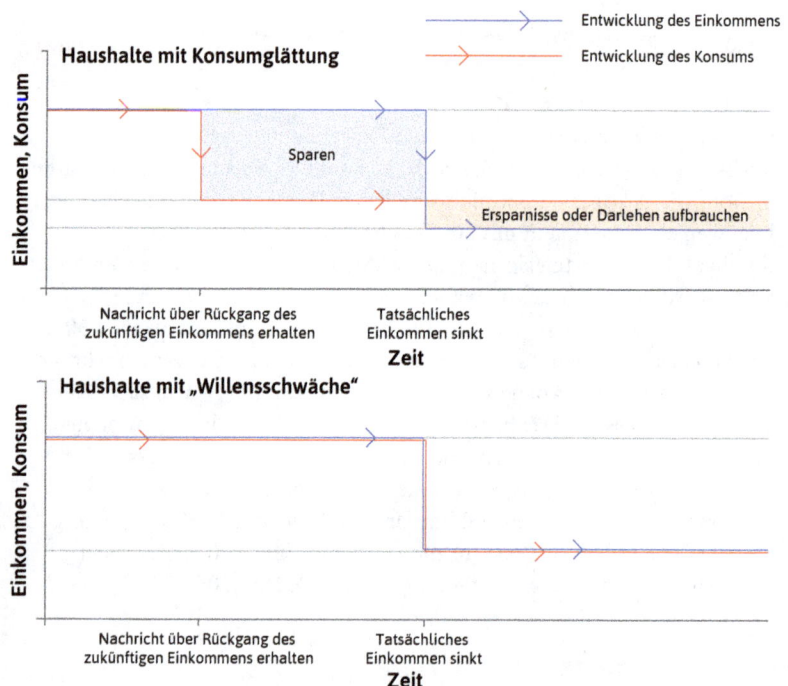

Abbildung 13.13 Konsum, wenn die Haushalte willensschwach sind: Ein erwarteter Rückgang des Einkommens.

1. Der Weg des Einkommens
Die blauen Linien in der Abbildung zeigen, dass das Einkommen in beiden Gruppen von Haushalten dem gleichen Verlauf folgt.

2. Konsumglättung
Die rote Linie im oberen Feld zeigt den Konsumpfad für einen konsumglättenden Haushalt. Wenn er die Nachricht über den bevorstehenden Einkommensrückgang erhält, beginnt er sofort mit dem Sparen, um den Konsum zu ergänzen, wenn das Einkommen sinkt.

3. Ein willensschwacher Haushalt
Im Gegensatz dazu reagiert der willensschwache Haushalt nicht auf die Nachricht und hält den Konsum hoch, bis das Einkommen sinkt.

In der nächsten Einheit werden wir sehen, wie der anfängliche Einkommensschock durch die Tatsache vervielfacht (oder verstärkt) werden kann, sodass die Familien nur begrenzt in der Lage sind, ihren Konsum zu glätten. Dies wiederum hilft uns, den Konjunkturzyklus zu verstehen und zu erkennen, ob politische Entscheidungsträger:innen dazu beitragen können, den Zyklus zu steuern, und wenn ja, wie.

ÜBUNG 13.6 ÄNDERUNGEN DES EINKOMMENS, ÄNDERUNGEN DES KONSUMS

Betrachten Sie einen kreditbeschränkten Haushaltstyp und einen konsumglättenden Haushaltstyp.

1. Erläutern Sie für jeden Haushaltstyp anhand einer Abbildung, mit der Zeit auf der horizontalen Achse und dem Einkommen und dem Konsum auf der vertikalen Achse, die Beziehung zwischen der Veränderung des Einkommens und der Veränderung des Konsums, wenn sich das Einkommen nach einem unerwarteten vorübergehenden Rückgang wieder normalisiert.
2. Erläutern Sie auf der Grundlage dieser Analyse die vorhergesagte Beziehung zwischen vorübergehenden Veränderungen des Einkommens und des Konsums für eine Wirtschaft mit einer Mischung aus den beiden Haushaltstypen.

FRAGE 13.6 WÄHLEN SIE DIE RICHTIGE(N) ANTWORT(EN)

Abbildung 13.12 (Seite 652) zeigt die Konsumentscheidung einer verbrauchenden Person über zwei Perioden. Die anfängliche Ausstattung ist (y, y), das heißt ein Einkommen y in beiden Perioden, das durch Punkt A dargestellt wird. Die verbrauchende Person zieht es vor, nach Möglichkeit in beiden Perioden den gleichen Betrag zu konsumieren. Der Zinssatz ist r.

Nehmen wir nun an, es hat einen vorübergehenden Schock gegeben, sodass das Einkommen in Periode 1 auf y' sinkt, während das Einkommen in Periode 2 wieder auf y steigen soll. Nehmen wir an, dass eine kreditbeschränkte Person überhaupt kein Darlehen aufnehmen kann. Welche der folgenden Aussagen ist auf der Grundlage dieser Informationen richtig?

☐ Wenn die verbrauchende Person kreditbeschränkt ist, wird sie in Periode 2 weniger konsumieren, als sie es ohne den vorübergehenden Schock getan hätte.
☐ Wenn die verbrauchende Person nicht kreditbeschränkt ist, kann sie ein Darlehen aufnehmen, um den gleichen Betrag zu konsumieren, den sie in beiden Perioden ohne den vorübergehenden Schock konsumiert hätte.
☐ Wenn die verbrauchende Person nicht kreditbeschränkt ist, nimmt sie in Periode 1 ein Darlehen $y - c'$ auf, um den Konsum in den beiden Perioden zu glätten.
☐ Wenn die verbrauchende Person nicht kreditbeschränkt ist, wird sie in beiden Perioden c' so konsumieren, dass $c' = y - (c' - y')(1 + r)$ (Einkommen minus Rückzahlung in Periode 2).

FRAGE 13.7 WÄHLEN SIE DIE RICHTIGE(N) ANTWORT(EN)

Das folgende Diagramm zeigt den Verlauf des Einkommens eines Haushalts, der zu den dargestellten Zeitpunkten Nachrichten über einen erwarteten Anstieg und Rückgang des zukünftigen Einkommens erhält.

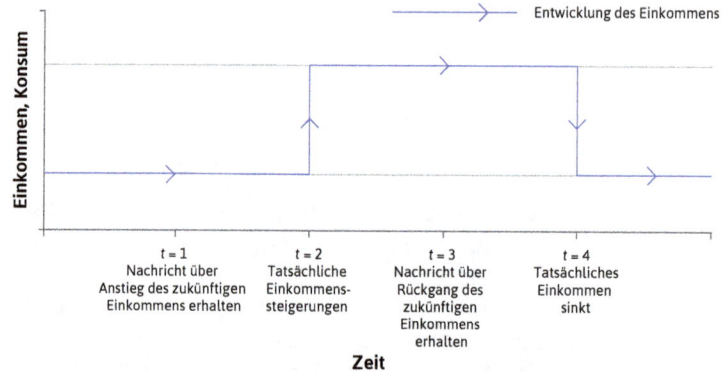

Nehmen wir an, dass der Haushalt es vorzieht, seinen Konsum zu glätten, wenn er kann. Welche der folgenden Aussagen ist auf der Grundlage dieser Informationen richtig?

☐ Wenn der Haushalt nicht kreditbeschränkt ist, dann wird er nach $t = 1$ die gleiche Menge konsumieren.

☐ Wenn der Haushalt kreditbeschränkt ist und „Willensschwäche" hat, dann wird sein Konsum genau seinem Einkommenspfad entsprechen.

☐ Wenn der Haushalt nicht kreditbeschränkt ist, aber „Willensschwäche" hat, dann wird er bei $t = 1$ ein Darlehen aufnehmen und bei $t = 3$ sparen.

☐ Wenn der Haushalt kreditbeschränkt ist, aber keine „Willensschwäche" hat, wird er bei $t = 1$ ein Darlehen aufnehmen und bei $t = 3$ sparen.

13.7 WARUM SIND INVESTITIONEN UNBESTÄNDIG?

Haushalte neigen dazu, ihre Konsumausgaben zu glätten, wenn sie dazu in der Lage sind, aber es gibt keine vergleichbare Motivation für ein Unternehmen, die Investitionsausgaben zu glätten. Unternehmen stocken ihren Maschinen- und Anlagenbestand auf und bauen neue Gebäude, wenn sie die Möglichkeit sehen, Gewinne zu erzielen. Im Gegensatz zum Essen und den meisten anderen Konsumausgaben können Investitionsausgaben aber aufgeschoben werden. Es gibt mehrere Gründe, warum dies zu bestimmten Zeiten zu einer Häufung von Investitionsprojekten führen kann, während zu anderen Zeiten nur wenige Projekte durchgeführt werden.

In Einheit 2 haben wir gesehen, wie Unternehmen in der industriellen Revolution auf Gewinnmöglichkeiten mit Innovationen reagierten. Dies hilft zu erklären, warum Investitionen in Wellen auftreten. Wenn eine Innovation wie die Spinnmaschine eingeführt wird, können Unternehmen, die die neue Technologie nutzen, zu niedrigeren Kosten produzieren oder eine höhere Qualität erzielen. Sie vergrößern ihren Marktanteil. Unternehmen, die nicht folgen, werden möglicherweise aus dem Geschäft gedrängt, weil sie mit der alten Technologie keinen Gewinn erzielen können. Neue Technologie bedeutet jedoch, dass die Unternehmen neue Maschinen installieren müssen. Wenn die Unternehmen dies tun, kommt es zu einem Investitionsboom. Dieser wird noch verstärkt, wenn die Unternehmen, die die Maschinen und Ausrüstungen herstellen, ihre eigenen Produktionsanlagen erweitern müssen, um die erwartete zusätzliche Nachfrage zu decken.

In diesem Fall zwingen die Investitionen eines Unternehmens andere Unternehmen dazu, ebenfalls zu investieren: Wenn sie es nicht tun, können sie Marktanteile verlieren oder sogar nicht mehr kostendeckend arbeiten und müssen schließlich die Branche verlassen. Die Investitionen eines Unternehmens können aber auch andere Unternehmen dazu veranlassen, zu investieren, indem sie ihnen helfen, ihren Markt und ihre potenziellen Gewinne zu vergrößern.

Ein Beispiel für solche Push-Investitionen ist der Hightech-Investitionsboom in den USA. Ab Mitte der 1990er Jahre wurden neue Informations- und Kommunikationstechnologien (IKT) in großem Umfang in die US-Wirtschaft eingeführt. Abbildung 13.14 zeigt das anhaltende Wachstum der Investitionen in neue Technologien in der zweiten Hälfte der 1990er Jahre.

Wie wir in Einheit 11 gesehen haben, können Investitionen in neue Technologien zu einer Börsenblase und zu Überinvestitionen in Maschinen und Anlagen führen. Das Diagramm zeigt in grüner Farbe das Verhalten des US-Börsenindex, in dem Hightech-Unternehmen gelistet sind. Es handelt sich um den Nasdaq-Index, der in Einheit 11 vorgestellt wurde.

Der Index stieg ab Mitte der 1990er Jahre stark an und erreichte 1999 einen Höchststand, als das Vertrauen der Börsenanleger:innen in die Rentabilität der neuen Technologieunternehmen wuchs. Die Investitionen in IT-Ausrüstung (rote Linie) stiegen infolge dieses Vertrauens rasch an, gingen aber nach dem Einbruch des Vertrauens, der den Fall des Börsenindexes verursachte, stark zurück. Dies deutet darauf hin, dass zu viel in Maschinen und Ausrüstungen investiert wurde: Die Investitionen begannen erst 2003 wieder zu steigen. Der Wirtschaftswissenschaftler Robert Shiller vertrat die Ansicht, dass der Nasdaq-Index durch das, was er als „irrationalen Überschwang" bezeichnete, in die Höhe getrieben wurde, wie Sie sich vielleicht aus Einheit 11 erinnern. Der Glaube an die Zukunft der Hightech-Branche führte nicht nur dazu, dass die Aktienkurse auf ein unhaltbares Niveau stiegen, sondern auch zu übermäßigen Investitionen in Maschinen und Anlagen im Hightech-Sektor.

Robert Shiller erklärt in einem *VoxEU podcast* (https://tinyco.re/9820978) wie tierische Instinkte zur Unbeständigkeit von Investitionen beitragen.

Kreditbeschränkungen sind ein weiterer Grund für die Häufung von Investitionsprojekten und die Unbeständigkeit der Gesamtinvestitionen. In einer boomenden Wirtschaft sind die Gewinne hoch, und die Unternehmen können diese Gewinne zur Finanzierung von Investitionsprojekten verwenden. Auch der Zugang zu externen Finanzierungsquellen außerhalb des Unternehmens ist einfacher: Im Hightech-Boom in den USA spiegelte beispielsweise die Expansion der Nasdaq-Börse den Appetit der Anleger:innen wider, Finanzmittel durch den Kauf von Anteilen (Aktien) an Unternehmen in den aufstrebenden IKT-Branchen bereitzustellen.

Um zu verstehen, wie die Investition eines Unternehmens ein anderes Unternehmen zu Investitionen veranlassen kann, stellen Sie sich eine lokale Wirtschaft vor, die nur aus zwei Unternehmen besteht. Die Maschinen und Anlagen von Unternehmen A sind nicht voll ausgelastet, sodass das Unternehmen mehr produzieren kann, wenn es mehr Beschäftigte einstellt. Es gibt jedoch nicht genug Nachfrage, um die Produkte zu verkaufen, die es produzieren würde. Diese Situation wird als niedrige **Kapazitätsauslastung** bezeichnet. Die Eigentümer:innen der Firma A haben keinen Anreiz, mehr Beschäftigte einzustellen oder zusätzliche Maschinen zu installieren (das heißt zu investieren).

> **Auslastungsgrad** Ein Maß dafür, inwieweit ein Unternehmen, eine Industrie oder eine ganze Volkswirtschaft so viel produziert, wie es der Bestand an Investitionsgütern und der aktuelle Wissensstand zulassen würde.

US Bureau of Economic Analysis. 2021. *Fixed Assets Accounts Tables* (https://tinyco.re/7765843). Hinweis: Die Reihen sind in aktuellen US-Dollars angegeben. Der Nasdaq-Wert ist der Jahresdurchschnitt des Schlusskurses an der Nasdaq. Investitionen in neue Technologien sind Investitionen in Informationsverarbeitungsgeräte, Computer und Peripheriegeräte, Kommunikationsgeräte, Kommunikationsstrukturen und IPPR-Investitionen für Software, Halbleiter und andere elektronische Komponenten und Computer.

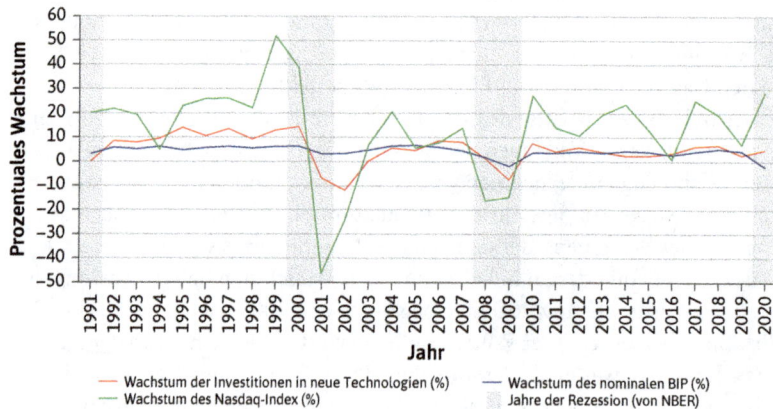

Abbildung 13.14 Investitionen in neue Technologien und die Dotcom-Blase (1991–2020).

Unternehmen B hat das gleiche Problem. Aufgrund der geringen Kapazitätsauslastung sind die Gewinne für beide Unternehmen niedrig. Wenn wir also beide Firmen zusammen betrachten, haben wir einen Teufelskreis:

Abbildung 13.15 Negative Erwartungen an die künftige Nachfrage schaffen einen Teufelskreis.

Wenn die Eigentümer:innen von A und B beschließen, gleichzeitig zu investieren und einzustellen, würden sie mehr Arbeitskräfte beschäftigen, die mehr Geld ausgeben würden, wodurch die Nachfrage nach den Produkten beider Unternehmen steigen würde. Die Gewinne beider Unternehmen würden steigen, und wir hätten einen positiven Kreislauf:

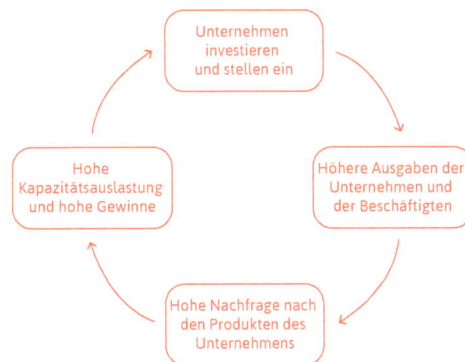

Abbildung 13.16 Positive Erwartungen an die künftige Nachfrage schaffen einen positiven Kreislauf.

Diese beiden Kreise verdeutlichen die Rolle der Erwartungen an die künftige Nachfrage, die vom Verhalten der anderen beteiligten Personen abhängt. Ein Spiel, das dem in Einheit 4 untersuchten ähnelt, kann veranschaulichen, wie man aus dem Teufelskreis in den positiven Kreislauf gelangt. Wie in jedem Spiel legen wir fest:

- *Die Spieler:innen:* Die beiden Unternehmen.
- *Die Aktionen, die sie ausführen können:* Investieren oder nicht investieren.
- *Die Informationen, die sie haben:* Sie entscheiden gleichzeitig, wissen also nicht, was die andere Seite getan hat.
- *Die Auszahlung:* Die Gewinne, die sich aus jedem der vier möglichen Handlungspaare ergeben.

Die vier möglichen Ergebnisse der Interaktion und die Auszahlungsbeträge sind in Abbildung 13.17 dargestellt.

Aus dieser Abbildung können Sie ersehen, was passiert, wenn der positive Kreislauf (beide Unternehmen investieren) und der Teufelskreis (kein Unternehmen investiert) eintritt. Beachten Sie, was passiert, wenn eines der Unternehmen investiert und das andere nicht. Wenn Firma A investiert und B nicht (die obere rechte Zelle in der Abbildung), dann zahlt A für die Installation neuer Anlagen und Räumlichkeiten, aber weil die andere Firma nicht investiert hat, gibt es keine Nachfrage nach den Produkten, die mit den neuen Kapazitäten hergestellt werden könnten; A macht also einen Verlust. Hätte B jedoch gewusst, dass A investieren würde, hätte B durch die Investition einen höheren Gewinn erzielt (100 statt nur 80 erhalten). Hätte B hingegen gewusst, dass A nicht investieren würde, wäre es besser gewesen, ebenfalls nicht zu investieren.

In diesem Spiel schneiden die beiden Unternehmen besser ab, wenn sie das Gleiche tun, und das beste Ergebnis ist, wenn beide Unternehmen investieren. Dies ist ein weiterer Grund dafür, dass die Investitionen stark schwanken. Wenn die Eigentümer:innen der Unternehmen glauben, dass die anderen Unternehmen nicht investieren werden, werden sie auch nicht investieren, was den Pessimismus der anderen bestätigt. Deshalb ist der Teufelskreis selbstverstärkend. Der positive Kreislauf ist aus demselben Grund selbstverstärkend. Optimismus darüber, was andere Unternehmen tun werden, führt zu Investitionen, die den Optimismus aufrechterhalten.

In diesem Spiel gibt es zwei **Nash-Gleichgewichte** (oben links und unten rechts). Um die Nash-Gleichgewichte zu finden, verwenden Sie die Punkt- und Kreismethode aus Einheit 4, beginnend mit den besten Antworten von A auf die Entscheidungen von B. Wenn B investiert, ist es die beste Reaktion von A, ebenfalls zu investieren, sodass ein Punkt in die obere linke Zelle kommt. Wenn B nicht investiert, entscheidet sich A auch dafür, nicht zu investieren, also setzen wir einen Punkt in die Zelle unten rechts. Beachten Sie, dass A keine dominante Strategie hat. Nun betrachten wir die besten Antworten von B. Wenn A investiert, ist die beste Reaktion von B, zu investieren, und wenn A nicht investiert, entscheidet sich B, nicht zu investieren. Die Kreise, die die besten Antworten von B zeigen, decken sich mit den Punkten: Auch B hat keine dominante Strategie. Wo die Punkte und Kreise übereinstimmen, gibt es Nash-Gleichgewichte.

Nash-Gleichgewicht Eine Kombination von Strategien, eine für jede spielende Person im Spiel, so dass die Strategie jedes Spielenden eine beste Antwort auf die von allen anderen gewählten Strategien ist.

		Der Gewinn von B	
		B investiert	B investiert nicht
Der Gewinn von A	A investiert	100 / 100	80 / −40
	A investiert nicht	−40 / 80	10 / 10

Abbildung 13.17 Investitionsentscheidungen als Koordinationsspiel.

Das Nash-Gleichgewicht (unten rechts), in dem beide Unternehmen eine niedrige Kapazitätsauslastung und niedrige Einstellungen und Investitionen haben, ist nicht Pareto-effizient, weil es eine Veränderung gibt, bei der beide Unternehmen höhere Gewinne erzielen, nämlich wenn sich beide Unternehmen entscheiden zu investieren. Diese Situation ist vergleichbar mit dem Rechts- oder Linksverkehrsspiel, das in Einheit 4 erörtert wird, oder mit der in Abbildung 4.15 beschriebenen Interaktion bezüglich der Spezialisierung auf verschiedene Nutzpflanzen oder mit dem in Abbildung 4.17b beschriebenen globalen Klimawandel. All dies wird als **Koordinationsspiel** bezeichnet.

Der Name ist hier sehr treffend, denn um aus dem Teufelskreis in den positiven Kreislauf zu gelangen, müssen sich die Unternehmen in irgendeiner Weise koordinieren (beide müssen sich darauf einigen, zu investieren) oder optimistische Vorstellungen darüber entwickeln, was der Gegenpart tun wird. Diese Art von Optimismus wird oft als Geschäftsklima bezeichnet und spielt eine wichtige Rolle bei den Schwankungen in der Wirtschaft als Ganzes. Wie wir in der nächsten Einheit sehen werden, kann unter bestimmten Umständen auch die Regierungspolitik dazu beitragen, eine Wirtschaft vom Pareto-ineffizienten Ergebnis zum Pareto-effizienten Ergebnis zu führen.

Wir können das Argument über die Rolle der Koordination bei den Investitionen verallgemeinern und sagen, dass die Investitionsausgaben der Unternehmen positiv auf das Wachstum der Nachfrage in der Wirtschaft reagieren. Sobald ein Anstieg der Gesamtausgaben für die Produktion von Gütern und Dienstleistungen im Inland (das heißt für $C + I + G + X - M$) eintritt, trägt dies dazu bei, die vorausschauenden Pläne der Unternehmen hinsichtlich ihres künftigen Kapazitätsbedarfs zu koordinieren und stimuliert die Investitionsausgaben.

Abbildung 13.18 veranschaulicht die Beziehung zwischen dem Wachstum der Gesamtnachfrage (ohne Investitionen), dem Vertrauen der Unternehmen und den Investitionen in der Eurozone. Der Indikator des Geschäftsklimas bewegt sich eng mit der gesamtwirtschaftlichen Nachfrage (ohne Investitionen) und den Investitionen.

Daher würden wir erwarten, dass die Daten der volkswirtschaftlichen Gesamtrechnung bestätigen, dass die Konsumausgaben gleichmäßiger und die Investitionsausgaben unbeständiger sind als das BIP der Gesamtwirtschaft.

Wie erwartet zeigen die Abbildungen 13.19a und 13.19b, dass die Investitionen in zwei reichen Ländern (dem Vereinigten Königreich und den USA) und zwei Ländern mit mittlerem Einkommen (Mexiko und Südafrika) viel stärker schwanken als die Konsumausgaben. Die Ausschläge nach oben und unten sind in den roten Reihen für Investitionen größer als in den grünen Reihen für den Konsum.

Ein genauerer Blick auf die Diagramme für die reichen Länder zeigt auch, dass der Konsum, wie vorhergesagt, weniger unbeständig ist als das BIP. Die schwarzen Spitzen und Tiefpunkte des BIP sind größer als die grünen des Konsums. Dies ist in den Ländern mit mittlerem Einkommen weniger offensichtlich, vielleicht weil die Haushalte stärker kreditbeschränkt sind und daher weniger Kredite aufnehmen können, um ihren Verbrauch zu glätten.

Wie unbeständig sind die Staatsausgaben? Im Gegensatz zu den Investitionen reagieren die Staatsausgaben (G in der volkswirtschaftlichen Gesamtrechnung) nicht auf Innovationen und schwanken nicht mit den Geschäftserwartungen. Wir gehen davon aus, dass sie weniger unbeständig sind als Investitionen. Und die Nettoexporte? Die Nachfrage nach Exporten schwankt mit dem Konjunkturzyklus in anderen Ländern und wird stärker von den Booms und Rezessionen in den Ländern beeinflusst, die große Exportmärkte sind. Informieren Sie sich bei FRED über die Unbeständigkeit der Staatsausgaben und des Nettoexports.

KOORDINATIONSSPIEL

Ein Spiel, bei dem es zwei Nash-Gleichgewichte gibt und bei dem eines der beiden Gleichgewichte Pareto-dominant sein kann, wird als Koordinationsspiel bezeichnet.

- Rechts- oder Linksfahren ist ein Koordinationsspiel, bei dem keines der beiden Gleichgewichte für einen der Spieler:innen vorteilhaft ist.
- Im Koordinationsspiel über die Spezialisierung auf Kulturpflanzen in Einheit 4 (Abbildung 4.15) ist die Spezialisierung auf die „richtige" Kulturpflanze (eine andere Kulturpflanze für die beiden Arbeitskräfte in der Landwirtschaft, für die ihr Land besser geeignet ist) für beide besser als die „falsche Spezialisierung".
- Im Investitionskoordinationsspiel (Abbildung 13.17) ist das Ergebnis, bei dem beide investieren, für beide besser als wenn keiner investiert.

Eurostat. 2021. *Confidence Indicators by Sector*. Federal Reserve Bank of St. Louis. 2021. FRED (https://tinyco.re/3965569).

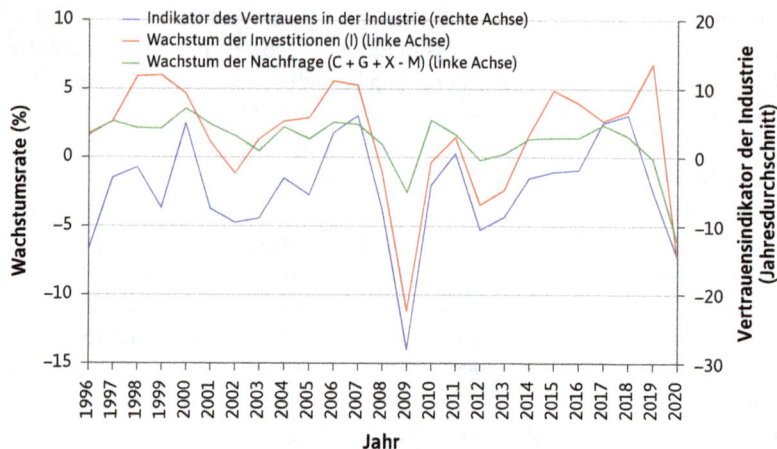

Abbildung 13.18 Investitionen und Geschäftsklima in der Eurozone (1996–2020).

Aktuelle Daten bei OWiD anzeigen
https://tinyco.re/2841924
Betrachten Sie diese Daten bei OWiD
https://tinyco.re/2684283

Federal Reserve Bank of St. Louis.
2021. FRED (https://tinyco.re/3965569).

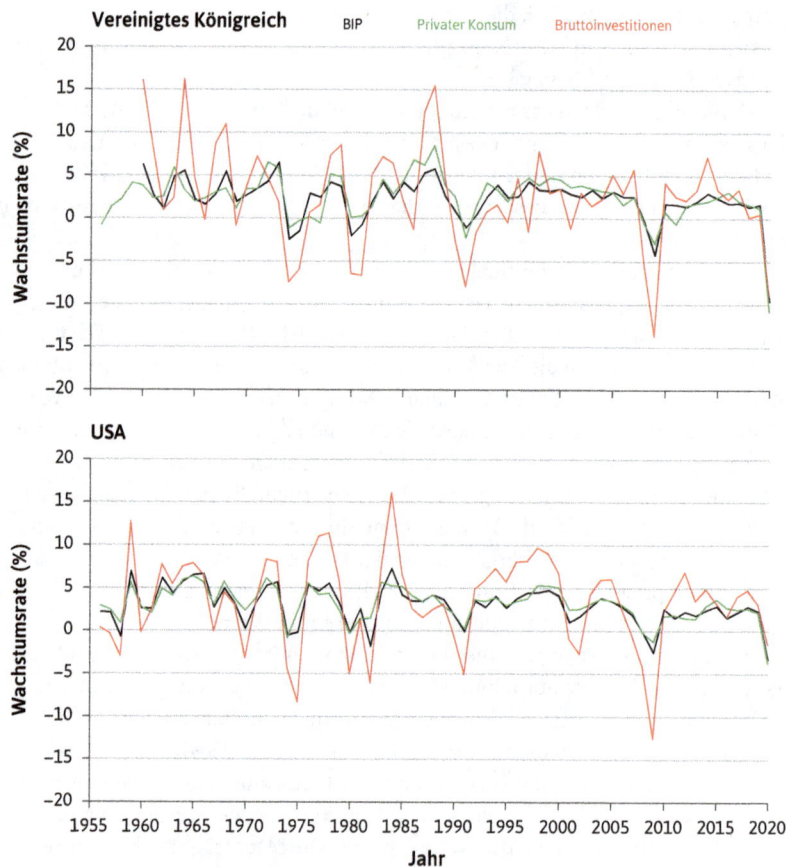

Abbildung 13.19a Wachstumsraten des Konsums, Investitionen und BIP im Vereinigten Königreich und in den USA, in Prozent pro Jahr (1956–2020).

ÜBUNG 13.7 FRED ZU RATE ZIEHEN

Verwenden Sie für Ihr eigenes Land die Daten von FRED (https://tinyco.re/5104028), um Diagramme für die Wachstumsrate des realen BIP (growth rate of real GDP), den Konsum (consumption), die Investitionen (investment), die Nettoexporte (net exports) und die Staatsausgaben (government expenditure) zu erstellen.

Für die USA lauten diese Reihen zum Beispiel: „Real Gross Domestic Product" (GDPC1), „Personal Consumption Expenditures" (PCE), „Gross Private Domestic Investment" (GDPI), „Net Exports of Goods and Services" (NETEXP), „Government Consumption Expenditures and Gross Investment" (GCE). Für PCE, GDPI, NETEXP und GCE müssen Sie einfach „Real" hinzufügen, um die entsprechenden Datenfolgen in realen Werten zu erhalten. Für alle diese sollten Sie die entsprechenden Folgen für Ihr eigenes Land finden.

Sie können sich dieses kurze Tutorial (https://tinyco.re/3209844) ansehen, um zu verstehen, wie FRED funktioniert.

1. Wie haben sich die Staatsausgaben in Ihrem Land während des Zeitraums entwickelt, für den Daten verfügbar sind?
2. Erläutern Sie die Beziehung zwischen der Wachstumsrate der Produktion und den Staatsausgaben während dieses Zeitraums.
3. Beschreiben Sie die Schwankungen der Staatsausgaben und der Nettoexporte im Verhältnis zum BIP und schlagen Sie eine Erklärung für die beobachteten Muster vor.

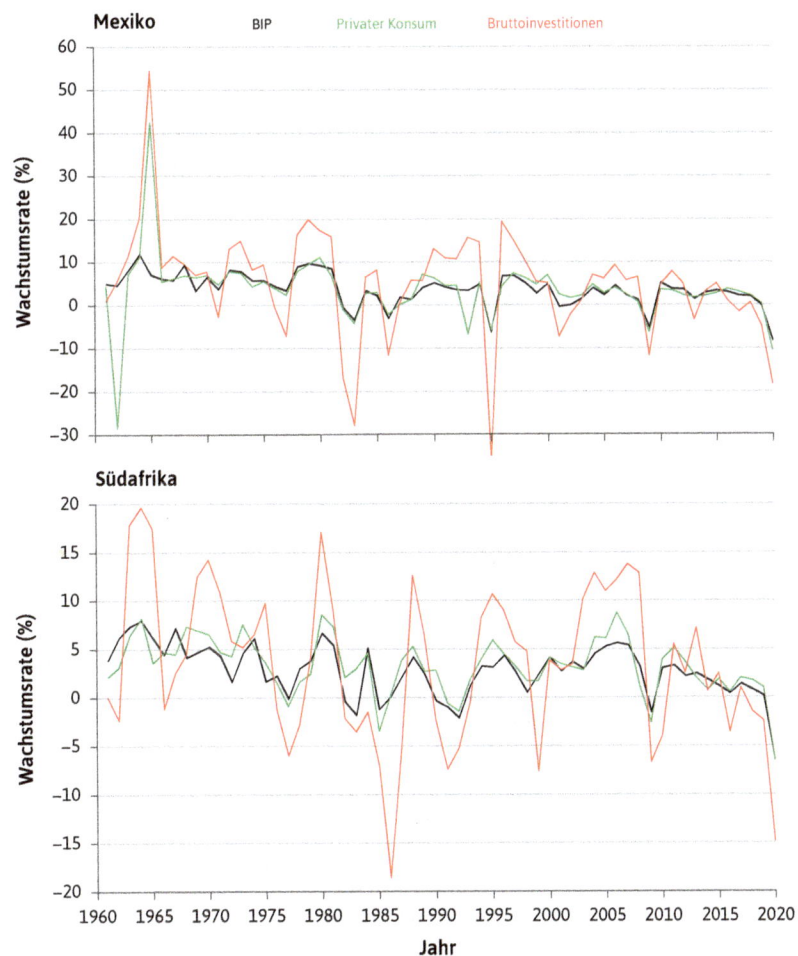

Abbildung 13.19b Wachstumsraten von Konsum, Investitionen und BIP in Mexiko und Südafrika (1961–2020).

FRAGE 13.8 WÄHLEN SIE DIE RICHTIGE(N) ANTWORT(EN)

Betrachten wir eine lokale Wirtschaft, die nur aus zwei Unternehmen besteht, Unternehmen A und Unternehmen B. Derzeit haben beide Unternehmen eine geringe Kapazitätsauslastung. Die folgende Tabelle zeigt die Gewinne (oder Verluste, wenn sie negativ sind), wenn die Unternehmen investieren oder nicht investieren:

		Der Gewinn von B	
		B investiert	B investiert nicht
Der Gewinn von A	A investiert	150 100	80 −20
	A investiert nicht	−40 60	40 20

Welche der folgenden Aussagen ist richtig?

☐ Investitionen sind eine dominante Strategie für beide Unternehmen.

☐ Das einzige Nash-Gleichgewicht besteht für beide Unternehmen darin, zu investieren.

☐ Wenn Unternehmen A investiert und Unternehmen B nicht investiert, ist dies ein Pareto-ineffizientes Nash-Gleichgewicht.

☐ Um das Pareto-effiziente Nash-Gleichgewicht zu erreichen, müssen sich die Unternehmen in irgendeiner Weise koordinieren oder positive Erwartungen an die Geschäftsentwicklung entwickeln.

13.8 DIE WIRTSCHAFT MESSEN: INFLATION

In den Abbildungen 13.20a und 13.20b wiederholen wir die Diagramme aus Abbildung 13.3 und zeigen die Wachstumsrate des BIP und die Arbeitslosenquote im Vereinigten Königreich von 1875 bis 2020.

In Abbildung 13.20c zeigen wir die Inflationsrate in diesem Zeitraum. **Inflation** ist ein Anstieg des allgemeinen Preisniveaus in einer Volkswirtschaft. Die Inflation wird normalerweise über ein Jahr gemessen. Für die britische Wirtschaft reicht die Inflation von einem niedrigen Niveau, bei dem die Preise tatsächlich sanken (**Deflation** genannt), über einen großen Teil der Zwischenkriegszeit vor und nach der Great Depression bis hin zu einem Höchststand von fast 25 % pro Jahr im Jahr 1975.

Zuvor hatten wir gesehen, dass die Abwärtsspitzen der Wirtschaftskrisen mit Aufwärtsspitzen der Arbeitslosigkeit einhergingen; wir sehen nun, dass die Inflation in den 1930er Jahren besonders niedrig und in den 1970er Jahren besonders hoch war. Der Höhepunkt der Inflation folgte auf den ersten von zwei Ölpreisschocks (1973 und 1979), die die Weltwirtschaft erheblich erschütterten.

Abbildung 13.21 zeigt die durchschnittlichen Inflationsraten in verschiedenen Regionen der Welt und wie sie sich im Laufe der Zeit verändert haben. Nach oben gerichtete Inflationsschübe traten in der Regel in Zeiten

Inflation Ein Anstieg des allgemeinen Preisniveaus in einer Volkswirtschaft. In der Regel über ein Jahr gemessen. *Siehe auch: Deflation, Disinflation.*
Deflation Ein Rückgang des allgemeinen Preisniveaus. *Siehe auch: Inflation.*

wirtschaftlicher Krisen auf, aber der allgemeine Trend seit den 1970er Jahren war weltweit ein Rückgang der Inflationsraten. Die Abbildung zeigt auch, dass die Inflation in armen Ländern tendenziell höher ist als in reichen Ländern. So lag die Inflation seit 2000 in den afrikanischen Ländern südlich der Sahara im Durchschnitt bei 6,0 % und in Südasien bei 6,6 %, während sie in den einkommensstarken OECD-Ländern nur 2,2 % betrug.

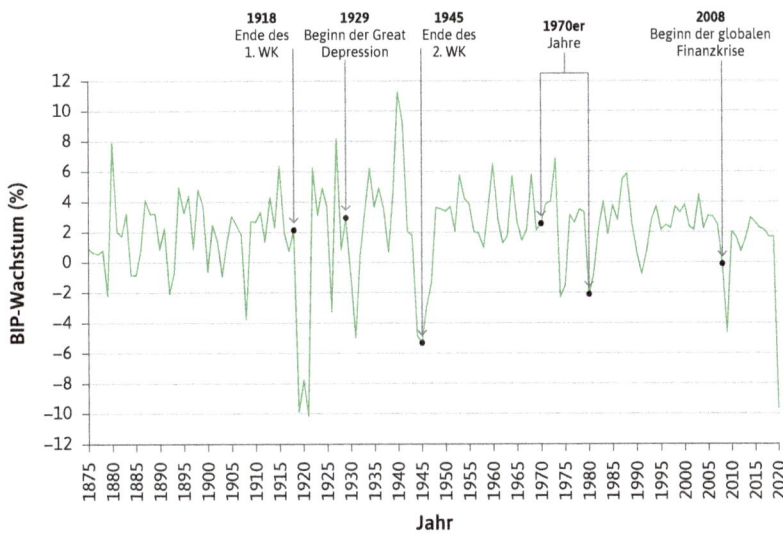

Abbildung 13.20a BIP-Wachstum im Vereinigten Königreich (1875–2020).

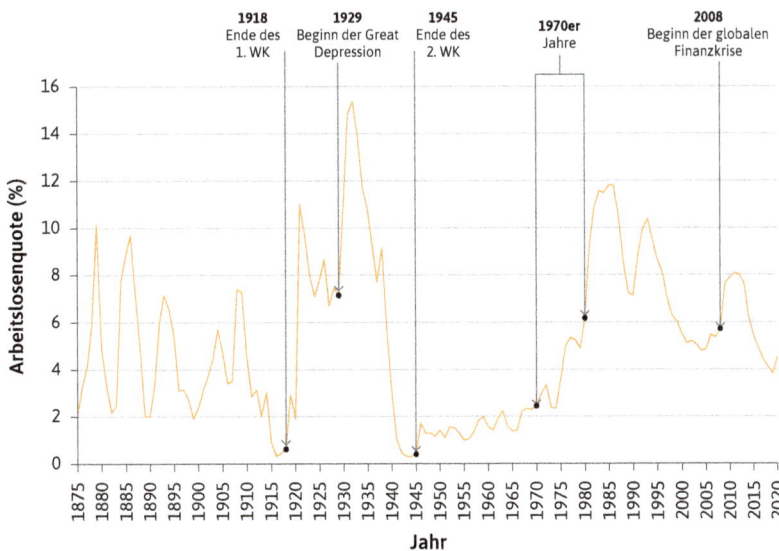

Abbildung 13.20b Arbeitslosenquote im Vereinigten Königreich (1875–2020).

Was ist Inflation?

Nehmen Sie Ihren Lieblingsschokoriegel. Wenn der Preis im Laufe des Jahres von 0,50 GBP auf 0,55 GBP steigt, woher wissen Sie dann, dass das ein Symptom der Inflation in der Wirtschaft ist? Es könnte einfach sein, dass der Schokoriegel im Verhältnis zu allem anderen teurer geworden ist, als Ergebnis einer Rechtsverschiebung der Nachfragekurve oder einer Linksverschiebung der Angebotskurve, wie wir sie in Einheit 8 untersucht haben. Um zu sehen, was mit den Preisen in der gesamten Wirtschaft geschehen ist, nehmen Sie einen riesigen Einkaufskorb und füllen Sie ihn mit allen Produkten und Dienstleistungen, die Sie im Januar kaufen. Ist der Preis desselben riesigen Warenkorbs gestiegen, wenn Sie die Preise im Januar des folgenden Jahres überprüfen? Und was ist mit den Warenkörben anderer Menschen?

Aktuelle Daten bei OWiD anzeigen
https://tinyco.re/3201694

Ryland Thomas und Nicholas Dimsdale. (2017). ‚A Millennium of UK Data' (https://tinyco.re/0223548). Bank of England OBRA dataset; UK Office for National Statistics. (2021). UK Economic Accounts time series (https://tinyco.re/3387553).

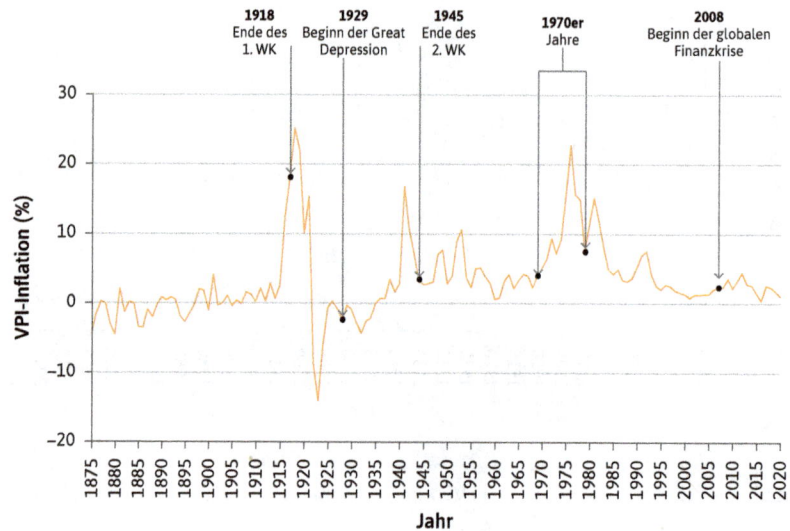

Abbildung 13.20c Inflationsrate im Vereinigten Königreich (1875–2020).

Aktuelle Daten bei OWiD anzeigen
https://tinyco.re/3937469

The World Bank. 2021. *World Development Indicators* (https://tinyco.re/9263826).

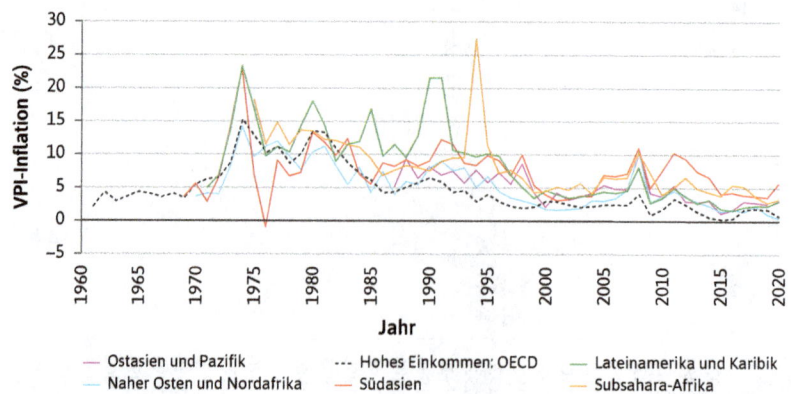

Abbildung 13.21 Inflationsniveau und -schwankungen in Volkswirtschaften mit hohem und niedrigem Einkommen.

Der **Verbraucherpreisindex (VPI)** misst das allgemeine Preisniveau, das die Verbrauchenden für Waren und Dienstleistungen zu zahlen haben, einschließlich Verbrauchssteuern. Der Waren- und Dienstleistungskorb wird so ausgewählt, dass er die Ausgaben eines typischen Haushalts in der Wirtschaft widerspiegelt. Aus diesem Grund wird die Veränderung des VPI oder der VPI-Inflation häufig als Maß für die Veränderungen der Lebenshaltungskosten angesehen.

Der VPI basiert auf dem, was die Verbrauchenden tatsächlich kaufen. Er umfasst die Preise für Essen und Trinken, Wohnen, Kleidung, Transport, Freizeit, Bildung, Kommunikation, medizinische Versorgung und andere Waren und Dienstleistungen. Die im Warenkorb enthaltenen Waren und Dienstleistungen werden nach dem Anteil gewichtet, den sie an den Ausgaben der Haushalte haben. Der VPI schließt Exporte aus, die von ausländischen Haushalten konsumiert werden, enthält aber Importe, die von den Haushalten im Inland konsumiert werden. Die Veränderung des VPI im vergangenen Jahr wird üblicherweise als Maß für die Inflation verwendet.

Der **BIP-Deflator** ist ein Preisindex wie der VPI, der jedoch die Preisveränderungen aller im Inland produzierten Endprodukte und Dienstleistungen erfasst. Anstelle eines Waren- und Dienstleistungskorbs erfasst der BIP-Deflator die Preisänderungen der Komponenten des inländischen BIP, das heißt von $C + I + G + X - M$ (der BIP-Deflator schließt die Exporte ein, die von der heimischen Wirtschaft produziert werden, nicht aber die Importe, die im Ausland produziert werden).

Der BIP-Deflator kann auch als das Verhältnis des nominalen (oder zu aktuellen Preisen) BIP zum realen (oder zu konstanten Preisen) BIP ausgedrückt werden. Der BIP-Deflator wird am häufigsten verwendet, um eine nominale BIP-Datenreihe in eine reale BIP-Datenreihe umzuwandeln. Wie wir in Abschnitt 1.2 und im Einstein-Abschnitt von Einheit 1 gesehen haben, zeigt die reale BIP-Datenreihe, wie sich die Größe der heimischen Wirtschaft im Laufe der Zeit verändert, wobei Änderungen der Preise für im Inland produzierte Waren und Dienstleistungen berücksichtigt werden.

Verbraucherpreisindex (VPI) Ein Maß für das allgemeine Preisniveau, das die Verbraucher:innen für Waren und Dienstleistungen zu zahlen haben, einschließlich der Verbrauchssteuern.

BIP-Deflator Ein Maß für die Höhe der Preise für im Inland produzierte Güter. Es handelt sich dabei um das Verhältnis zwischen dem nominalen BIP (oder BIP zu den jeweils aktuellen Preisen) und dem realen BIP (oder BIP zu konstanten Preisen).

ÜBUNG 13.8 INFLATION MESSEN

Gehen Sie auf die Website des Office for National Statistics (ONS) (https://tinyco.re/5469853), navigieren Sie zu „2. The shopping basket" und beantworten Sie diese Fragen:

1. Wie stellt eine nationale Statistikbehörde wie das ONS im Vereinigten Königreich einen riesigen repräsentativen Warenkorb für die gesamte Bevölkerung zusammen?
2. Wenn die Inflation in diesem Jahr 2,5 % beträgt, wie hoch ist dann der aktuelle Preis des repräsentativen Warenkorbs, der im letzten Jahr 100 GBP gekostet hat?

Die offizielle nationale Inflationsrate spiegelt nicht unbedingt Ihre persönliche Inflationsrate wider. Wenn Sie Ihre eigene persönliche Inflationsrate und deren Abweichung von der nationalen Inflationsrate berechnen möchten, bieten einige nationale Statistikämter einen persönlichen Inflationsrechner an, zum Beispiel Statistik der Niederlande (https://tinyco.re/0093731) oder Statistik Südafrikas (https://tinyco.re/7543547). Auch Ihr eigenes statistisches Amt (in Deutschland das Statistische Bundesamt) verfügt möglicherweise über einen persönlichen Inflationsrechner.

3. Berechnen Sie mit Hilfe eines persönlichen Inflationsrechners Ihre persönliche Inflationsrate und erläutern Sie, wie und warum diese von der offiziellen Inflationsrate für Ihr Land abweicht.

ÜBUNG 13.9 DER VPI UND DER BIP-DEFLATOR

1. Verwenden Sie die Daten von FRED (https://tinyco.re/5104028), um Diagramme für das jährliche reale BIP-Wachstum (BIPC1), die Arbeitslosenquote (UNRATE) und die Inflationsrate (CPIAUCSL) für die USA (Hinweis: Wie wird die Inflationsrate aus dem Verbraucherpreisindex berechnet?). Wählen Sie den Zeitraum von 1960 bis zum letzten verfügbaren Jahr. Laden Sie außerdem die Daten für den BIP-Deflator der USA herunter (suchen Sie nach GDPDEF). Vergewissern Sie sich, dass Ihre Datensätze alle eine jährliche Auflösung haben. Sie können die Häufigkeit ändern, indem Sie die Schaltfläche „Edit graph" über der oberen rechten Ecke Ihres Diagramms verwenden. Um zu verstehen, wie FRED funktioniert, können Sie sich dieses kurze Tutorial (https://tinyco.re/3209844) ansehen.

Beantworten Sie anhand der heruntergeladenen Daten die folgenden Fragen (denken Sie daran, dass der VPI aus den Preisen der im Inland konsumierten Güter berechnet wird, während der BIP-Deflator aus den Preisen der im Inland produzierten Güter berechnet wird):

2. Der größte Unterschied in der Entwicklung der Datenfolgen für den VPI und den BIP-Deflator findet in den Jahren 1974–75 und 1979–1982 statt. Wie könnte dieses Muster erklärt werden? (Tipp: Denken Sie an die wahrscheinlichen Auswirkungen einer Ölkrise auf die Preise von Importgütern und insbesondere auf Ihre eigenen Transport- und Kraftstoffrechnungen).
3. Was fällt Ihnen an der Entwicklung der Arbeitslosigkeit und der Inflation in den frühen 1980er Jahren auf?
4. Erstellen Sie nun die gleichen Diagramme für Ihr eigenes Land. Schreiben Sie einen kurzen Bericht über die Entwicklung der Inflation, der Arbeitslosigkeit und der Wachstumsrate des realen BIP im gleichen Zeitraum.

13.9 SCHLUSSFOLGERUNG

In dieser Einheit haben wir zwei wesentliche Instrumente zum Verständnis der Wirtschaft vorgestellt: die volkswirtschaftlichen Gesamtrechnungen, die zur Messung der gesamtwirtschaftlichen Aktivität verwendet werden, und eine Reihe von Modellen, die es uns ermöglichen, die Daten so zu organisieren, dass wirtschaftliche Schwankungen beleuchtet werden. Ökonominnen und Ökonomen werden häufig gebeten, Prognosen über die künftige Entwicklung der Wirtschaft zu erstellen, und sie verwenden dazu sowohl Daten als auch Modelle. Wir haben in dieser Einheit gelernt, dass Haushalte und Unternehmen Prognosen erstellen, wenn sie über ihre Ausgaben entscheiden.

In den folgenden zwei Einheiten konzentrieren wir uns auf die Regierungspolitik. Wir werden sehen, dass die Regierung und die Zentralbank, um gute Prognosen und eine gute Politik zu machen, berücksichtigen müssen, wie Haushalte und Unternehmen über die Zukunft denken und was ihre Pläne stören könnte.

> ### In Einheit 13 eingeführte Konzepte
>
> Bevor Sie fortfahren, sollten Sie diese Definitionen wiederholen:
>
> - Rezession
> - Okunsches Gesetz
> - Kreislauf von Produktion, Einkommen und Ausgaben
> - Aggregierte Nachfrage und ihre Bestandteile: *Y, C, I, G, X, M*
> - Staatliche Transferzahlungen
> - Selbstversicherung und Mitversicherung
> - Auslastungsgrad der Kapazität
> - Investitionen als Koordinationsspiel
> - Inflation, VPI, und BIP-Deflator

13.10 QUELLEN

Ball, Laurence, Daniel Leigh und Prakash Loungani. 2017. 'Okun's Law: Fit at 50?' (https://tinyco.re/5970004). *Journal of Money, Credit and Banking* 49 (7): pp. 1413-1441

Ball, Laurence, Davide Furceri, Daniel Leigh und Prakash Loungani. 2019. 'Does One Law Fit All? Cross-Country Evidence on Okun's Law' (https://tinyco.re/7744920). *Open Economies Review* 30: pp. 841-874

Carlin, Wendy und David Soskice. 2015. *Macroeconomics: Institutions, Instability, and the Financial System*. Oxford: Oxford University Press. Chapters 1 and 10.

Clark, Andrew E., und Andrew J. Oswald. 2002. 'A Simple Statistical Method for Measuring How Life Events Affect Happiness' (https://tinyco.re/7872100). *International Journal of Epidemiology* 31 (6): pp. 1139–1144.

Collins, Daryl, Jonathan Morduch, Stuart Rutherford, und Orlanda Ruthven. 2009. *Portfolios of the Poor* (https://tinyco.re/8070650). Princeton: Princeton University Press.

Durante, Ruben. 2010. 'Risk, Cooperation and the Economic Origins of Social Trust: An Empirical Investigation' (https://tinyco.re/7674543). Sciences Po Working Paper.

Fletcher, James. 2014. 'Spurious Correlations: Margarine Linked to Divorce?' (https://tinyco.re/6825314). *BBC News*.

Jappelli, Tullio, und Luigi Pistaferri. 2010. 'The Consumption Response to Income Changes' (https://tinyco.re/3409802). *VoxEU.org*.

Naef, Michael, und Jürgen Schupp. 2009. 'Measuring Trust: Experiments and Surveys in Contrast and Combination' (https://tinyco.re/3956674). IZA discussion Paper No. 4087.

OECD. 2010. *Employment Outlook 2010: Moving Beyond the Jobs Crisis* (https://tinyco.re/5607435).

Shiller, Robert. 2009. 'Animal Spirits' (https://tinyco.re/9820978). *VoxEU.org* podcast. Aktualisiert am 14. August 2009.

The Economist. 2009. 'Smooth Operators' (https://tinyco.re/7009658). Aktualisiert am 14. Mai 2009.

The Economist. 2012. 'New Cradles to Graves' (https://tinyco.re/8856321). Aktualisiert am 8. September 2012.

ARBEITSLOSIGKEIT UND FISKALPOLITIK

Wärmeleitungstunnel

WIE DER STAAT KOSTSPIELIGE SCHWANKUNGEN DER BESCHÄFTIGUNG UND DES EINKOMMEN MILDERN KANN

- Schwankungen der aggregierten Nachfrage wirken sich über einen Multiplikatoreffekt auf das BIP-Wachstum aus, da die Haushalte nur begrenzt sparen, Darlehen aufnehmen und Risiken teilen können.
- Eine Erhöhung der Staatsquote (gemessen an den Ausgaben einer Regierung) nach dem Zweiten Weltkrieg ging mit geringeren Konjunkturschwankungen einher.
- Regierungen können durch Änderungen der Steuern oder Staatsausgaben die Wirtschaft stabilisieren, aber eine schlechte Politik kann die Wirtschaft auch destabilisieren.
- Wenn ein einzelner Haushalt spart, steigt zwangsläufig das Vermögen des Haushalts, aber wenn alle Haushalte sparen, trifft dies möglicherweise nicht zu. Denn ohne zusätzliche Ausgaben der Regierung oder der Unternehmen, die dem Rückgang der Nachfrage entgegenwirken, wird das aggregierte Einkommen sinken.
- Jede nationale Wirtschaft ist in die Weltwirtschaft eingebettet. Dies ist eine Quelle von Schocks, sowohl von guten als auch von schlechten, und schränkt die Arten von wirksamen fiskalpolitischen Maßnahmen ein.

Im August 1960, drei Monate vor seiner Wahl zum US-Präsidenten, fand der 43-jährige Senator John F. Kennedy Zeit, einen Tag auf seinem Boot, der Marlin, im Nantucket Sound zu segeln. Zu seiner Besatzung gehörten John Kenneth Galbraith und Seymour Harris, beide Ökonomen aus Harvard, sowie Paul Samuelson, ein Ökonom vom MIT und späterer Nobelpreisträger. Sie waren nicht wegen ihrer nautischen Fähigkeiten rekrutiert worden. Abgesehen von Harris, kannte der Senator sie nicht einmal.

Der zukünftige Präsident wollte die „neue Volkswirtschaftslehre" erlernen, die der Ökonom John Maynard Keynes als Reaktion auf die Great Depression formuliert hatte. Über John Maynard Keynes werden wir in Abschnitt 14.6 mehr erfahren. Als Kennedy im Jahrzehnt vor dem Zweiten Weltkrieg ein Teenager war, erlebten die USA und viele andere Länder einen drastischen

Rückgang des BIP (siehe Abbildung 14.1 für die USA) und eine sehr hohe Arbeitslosigkeit, die mehr als zehn Jahre lang anhielt.

Kennedy hatte noch viel zu lernen. Er gab zu, dass er den einzigen Kurs in Volkswirtschaftslehre, den er in Harvard belegt hatte, kaum bestanden hatte. Später verbrachte er einen Tag bei den Segelwettbewerben des America's Cup und wurde von Harris unterrichtet, der ihm Texte zum Lesen zuwies. Später gab Harris dem Senator Privatunterricht und pendelte mit dem Flugzeug zwischen Boston, wo er arbeitete, und Washington DC hin und her.

Im Jahr 1948 hatte Samuelson *Economics* geschrieben, das erste große Lehrbuch, das diese neuen Ideen lehrte. Harris vertrat dieselben wirtschaftlichen Ideen in einem Buch, das er 1948 unter dem Titel *Saving American Capitalism* herausgab, einer Sammlung von 31 Aufsätzen von 24 Autoren. Damals schien es, dass der Kapitalismus gerettet werden musste: Die zentrale Planwirtschaft der Sowjetunion und ihrer Verbündeten, ein Wirtschaftssystem, das als Alternative zum Kapitalismus propagiert wurde, hatte die Great Depression vollständig vermeiden können. Kennedy brauchte die Volkswirtschaftslehre, um zu verstehen, wie man das Wirtschaftswachstum fördern, die Arbeitslosigkeit verringern, aber auch wirtschaftliche Instabilität vermeiden konnte.

Wir haben in Einheit 13 gesehen, dass Instabilität in der Wirtschaft insgesamt nicht nur für landwirtschaftlich dominierte Volkswirtschaften, sondern auch für kapitalistische Volkswirtschaftliche charakteristisch ist. Abbildung 14.1 zeigt das jährliche Wachstum des realen BIP in der US-amerikanischen Wirtschaft seit 1870.

Die Schwere der Konjunkturzyklen hat sich nach dem Ende des Zweiten Weltkriegs drastisch verringert. Abbildung 14.1 zeigt eine weitere wichtige

Aktuelle Daten bei OWiD anzeigen
https://tinyco.re/1098434

The Maddison Project. 2020. 2020 *Version* (https://tinyco.re/8540274); US Bureau of Economic Analysis. 2020. *GDP & Personal Income* (https://tinyco.re/3537217); FRED (https://tinyco.re/38544076); Wallis, John Joseph. 2000. 'American Government Finance in the Long Run: 1790 to 1990' (https://tinyco.re/5867884). *Journal of Economic Perspectives* 14 (1) (February): pp. 61–82.

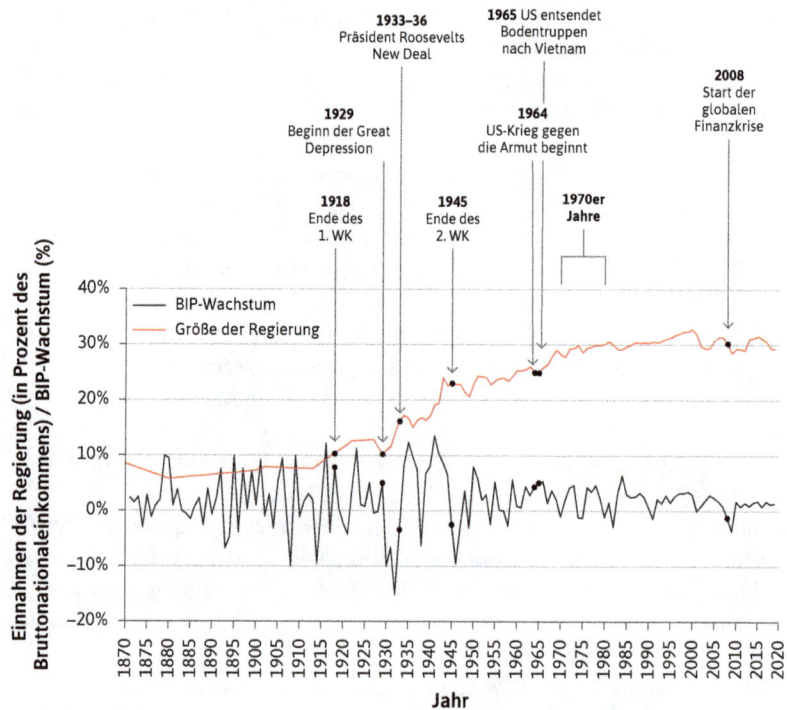

Abbildung 14.1 Schwankungen im BIP und in der Größe der Regierung in den USA (1870–2019).

Entwicklung in dieser Zeit: die zunehmende Rolle der Regierungen in der Wirtschaft. Die rote Linie zeigt den Anteil der Steuereinnahmen der nationalen und lokalen Regierungen und Gemeinden als Anteil am BIP. Dies ist ein gutes Maß für die Größe der Regierung im Verhältnis zum Rest der Wirtschaft.

Wir haben in der letzten Einheit gesehen, dass die Landwirtschaft eine Ursache für die Unbeständigkeit der Wirtschaft war. Der Anteil der in der Landwirtschaft beschäftigten Personen fiel von 50 % in den 1870er Jahren auf 20 % zu Beginn des Zweiten Weltkriegs. Doch gab es in diesem Zeitraum keine Anzeichen für eine Stabilisierung der Wirtschaft. Wie wir auch gesehen haben, versuchen die privaten Haushalte die Schwankungen ihres Konsums zu glätten. Was ihnen jedoch, unter anderem aufgrund beschränkter Darlehensaufnahme, nicht immer gelingt.

Die Tatsache, dass die Schwankungen im BIP drastisch zurückgingen, während der Umfang der Regierung zunahm, bedeutet nicht, dass die erhöhten Staatsausgaben die Wirtschaft stabilisierten (zur Erinnerung: Statistische Korrelationen bedeuten keine Kausalität). Es gibt jedoch gute Gründe für die Annahme, dass der Anstieg der roten Linie zum Teil der Grund für die Glättung der schwarzen Linie war. In dieser Einheit gehen wir der Frage nach, warum die zunehmende Rolle der Regierung in der Wirtschaft ein Teil der Erklärung für die stabilere Wirtschaft in der zweiten Hälfte des 20. Jahrhunderts ist.

Was Harris Kennedy lehrte, wurde durch den Kontrast zwischen der unbeständigen Wirtschaft vor dem Zweiten Weltkrieg und dem danach folgenden gleichmäßigeren Wachstum sowie dem Ausbleiben schwerer Rezessionen beeinflusst. Warum kommt es in der Wirtschaft zu Arbeitslosigkeit, Inflation und instabilen Wirtschaftswachstum, und welche Art von Politik könnte diese Probleme lösen?

In Einheit 13 haben wir den Konjunkturzyklus aus der Sicht der Haushalte betrachtet und konnten so feststellen, warum Schwankungen bei Beschäftigung und Einkommen kostspielig sind und wie die Haushalte versuchen, die Folgen für ihr Wohlergehen zu begrenzen. In dieser Einheit nehmen wir die Sichtweise der politischen Entscheidungsträger:innen ein. Wie wir in Abbildung 14.1 gesehen haben, ging die starke Vergrößerung der Regierungen nach dem Zweiten Weltkrieg mit einer Verringerung der Schwankungen im Konjunkturzyklus einher. Nach 1990 wurde der Konjunkturzyklus in den fortgeschrittenen Volkswirtschaften sogar noch gleichmäßiger, bis zur globalen Finanzkrise im Jahr 2008. Dies führte dazu, dass der Zeitraum von Anfang der 1990er bis Ende der 2000er Jahre als **Great Moderation** bezeichnet wird.

> **Great Moderation** Zeitraum mit geringer Volatilität des gesamtwirtschaftlichen Outputs in fortgeschrittenen Volkswirtschaften zwischen den 1980er Jahren und der Finanzkrise 2008. Der Name wurde von den Wirtschaftswissenschaftlern James Stock und Mark Watson vorgeschlagen und von Ben Bernanke, dem damaligen Vorsitzenden der Federal Reserve (Zentralbank-System der Vereinigten Staaten), populär gemacht.

14.1 DIE ÜBERTRAGUNG VON SCHOCKS: DER MULTIPLIKATOREFFEKT

In einer kapitalistischen Wirtschaft werden die Ausgaben für private Investitionen durch die Erwartung künftiger Gewinne (nach Steuern) bestimmt. Wie wir in Einheit 13 gesehen haben, treten die Ausgaben für Investitionen in der Regel in Clustern auf. Zwei Gründe für diese Beobachtung sind:

- Unternehmen können eine neue Technologie zur gleichen Zeit einführen.
- Unternehmen haben möglicherweise ähnliche Annahmen über die erwartete zukünftige Nachfrage.

Wir brauchen ein Werkzeug, das uns hilft zu verstehen, wie sich Entscheidungen von Unternehmen (und Haushalten), ihre Investitionen zu erhöhen oder zu verringern, auf die Wirtschaft als Ganzes auswirken. Erinnern Sie sich daran, dass einige Haushalte in der Lage sind, vorübergehende Einkommensschwankungen vollständig auszugleichen. Dass aber in kreditbeschränkten Haushalten ein höheres Einkommen aufgrund einer Arbeitsaufnahme oder eines Wechsels von Teilzeit- zu Vollzeitbeschäftigung auch zu höheren Konsumausgaben führen wird.

Infolgedessen beeinflussen Veränderungen des laufenden Einkommens die Ausgaben und wirken sich wiederum auf das Einkommen anderer aus. Somit verstärken indirekte Effekte durch die Wirtschaft den direkten Effekt eines Schocks auf die **aggregierte Nachfrage** (oft abgekürzt mit AN). Ein solcher Schock könnte beispielsweise durch einen Boom bei den Investitionen ausgelöst werden.

Wir werden zeigen, wie Ökonominnen und Ökonomen Fragen wie „Wie groß wären die direkten und indirekten Gesamtauswirkungen eines Anstiegs der Investitionen?" oder „Wie würden sich geringere Staatsausgaben auswirken?" beantworten.

Eine Kenngröße, der so genannte Multiplikator, stellt einen Weg zur Beantwortung dieser Frage dar. Stellen Sie sich vor, es gibt eine neue Technologie. In der Wirtschaft werden daraufhin neue Ausgaben getätigt; der Output der neuen Investitionsgüter steigt, ebenso wie die Einnahmen der Unternehmen. Der in Abbildung 13.6 (Seite 637) dargestellte kreisförmige Fluss von Ausgaben, Einkommen und Output veranschaulicht diesen Prozess.

- *Wenn der Gesamtanstieg des BIP gleich dem anfänglichen Anstieg der Ausgaben ist:* Wir sagen, dass der Multiplikator gleich 1 ist.
- *Wenn der Gesamtanstieg des BIP größer oder kleiner ist als der anfängliche Anstieg der Ausgaben:* Dann ist der Multiplikator größer oder kleiner als 1.

Um zu verstehen, warum das BIP um mehr als den anfänglichen Anstieg der Investitionen steigen kann, erklären wir, was Ökonominnen und Ökonomen den **Multiplikatoreffekt** nennen. Dazu kombinieren wir das sehr unterschiedliche Verhalten von konsumglättenden und nicht-glättenden Haushalten, um die Konsumausgaben für die Wirtschaft als Ganzes darzustellen. In dieser **aggregierten Konsumfunktion** hängt der Konsum unter anderem vom laufenden Einkommen ab. Es sei daran erinnert, dass in dem Modell der Einheit 13 die Haushalte mit Konsumglättung ihren Konsum nicht eins zu eins oder überhaupt nicht erhöhen, wenn ihr Einkommen vorübergehend um 1 EUR steigt. Kreditbeschränkte Haushalte und andere Haushalte, die nicht glätten, werden dagegen ihren Konsum um 1 EUR erhöhen, wenn ihr Einkommen vorübergehend um 1 EUR steigt.

---

aggregierte Nachfrage Die Summe der Komponenten der Ausgaben in einer Volkswirtschaft, die zum BIP addiert werden: $Y = C + I + G + X - M$. Es ist der Gesamtbetrag der Nachfrage nach (oder der Ausgaben für) Waren und Dienstleistungen, die in der Wirtschaft produziert werden. *Siehe auch: Konsum, Investitionen, Staatsausgaben, Exporte, Importe*

Multiplikatoreffekt Ein Mechanismus, durch den sich die direkten und indirekten Auswirkungen einer Veränderung der autonomen Ausgaben auf den gesamtwirtschaftlichen Output auswirken. *Siehe auch: fiskalpolitischer Multiplikator, Multiplikatormodell.*

Konsumfunktion (aggregiert) Eine Gleichung, die zeigt, wie die Konsumausgaben in der Volkswirtschaft als Ganzes von anderen Variablen abhängen. Im Multiplikatormodell sind die anderen Variablen beispielsweise das verfügbare Einkommen und der autonome Konsum *Siehe auch: verfügbares Einkommen, autonomer Konsum.*

Als die Regierungen 2008 als Reaktion auf die Rezession nach der globalen Finanzkrise vorübergehende Erhöhungen der Staatsausgaben und Steuersenkungen in Erwägung zogen, wurde die Größe des Multiplikators zum Gegenstand einer Debatte zwischen politischen Entscheidungsträger:innen sowie Ökonominnen und Ökonomen. Wir kommen auf diese Debatte später in dieser Einheit zurück.

Wie wir sehen werden, ist der Multiplikator größer als 1, wenn die zusätzlichen Konsumausgaben, die sich aus einer vorübergehenden Erhöhung des Einkommens um 1 EUR ergeben, größer als null, aber kleiner als 1 EUR sind (zum Beispiel 60 Cent).

Nachdem wir erklärt haben, wie sich dies aus dem Multiplikatoreffekt ergibt, werden wir zeigen, dass die Gültigkeit der Annahmen, die wir im Multiplikatormodell treffen, vom Zustand der Wirtschaft abhängt.

14.2 DAS MULTIPLIKATORMODELL

Wir beginnen mit einem einfachen Modell, das die Regierung und den Außenhandel nicht berücksichtigt. In diesem Modell gibt es zwei Arten von Ausgaben:

- **Konsum**
- **Investitionen**

Wir gehen davon aus, dass die aggregierten Konsumausgaben aus zwei Teilen bestehen:

- *Ein fester Betrag*: Wie viel die Menschen ausgeben werden, unabhängig von ihrem Einkommen. Dieser feste Betrag, auch **autonomer Konsum** genannt, wird als c_0 auf der vertikalen Achse der Abbildung 14.2 dargestellt.
- *Ein variabler Betrag*: Dieser hängt vom laufenden Einkommen ab und ist in Abbildung 14.2 als steigende rote Linie dargestellt.

Wir können also die Ausgaben für den Konsum in Form einer Gleichung schreiben, die wir die aggregierte Konsumfunktion nennen:

aggregierter Konsum = autonomer Konsum
                    + Konsum, der vom Einkommen abhängt

$$C = c_0 + c_1 Y$$

Der Term c_1 gibt die Auswirkung einer zusätzlichen Einheit des Einkommens auf den Konsum an, die sogenannte **marginale Konsumquote (MKQ)**. In Abbildung 14.2 ist die Steigung der Konsumlinie gleich der marginalen Konsumquote. Eine steilere Konsumlinie bedeutet eine stärkere Reaktion des Konsums auf eine Veränderung des Einkommens. Eine flachere Linie bedeutet, dass die Haushalte ihren Konsum glätten, sodass er bei Einkommensveränderungen nicht stark schwankt. Wir gehen davon aus, dass die marginale Konsumquote positiv, aber kleiner als 1 ist. Das bedeutet, dass nur ein Teil einer Einkommenserhöhung konsumiert wird; der Rest wird gespart.

Wir werden mit einer aggregierten Konsumfunktion arbeiten, bei der die marginale Konsumquote c_1 gleich 0,6 ist. Das bedeutet, dass eine zusätzliche Einheit des Einkommens (in diesem Fall 1 EUR) den Konsum um 1 EUR × 0,6 = 60 Cent erhöht.

Hinter diesem Durchschnittswert verbergen sich natürlich große Unterschiede zwischen den einzelnen Haushalten, die sich in ihrem Vermögen

Konsum (C) Die Ausgaben für Konsumgüter umfassen sowohl kurzlebige Waren und Dienstleistungen als auch langlebige Güter, die als langlebige Gebrauchsgüter oder nur Gebrauchsgüter bezeichnet werden.
Investitionen (I) Ausgaben für neu produzierte Investitionsgüter (Maschinen und Anlagen) und Gebäude, einschließlich neuer Gebäude.
autonomer Konsum Vom laufenden Einkommen unabhängiger Konsum.

marginale Konsumquote (MKQ) Die Veränderung des Konsums, wenn sich das verfügbare Einkommen um eine Einheit ändert.

und in den Kreditbeschränkungen unterscheiden. Die meisten Haushalte haben wenig Vermögen, und selbst in reichen Ländern ist etwa jeder vierte Haushalt kreditbeschränkt. Wie wir in Einheit 13 gesehen haben, spielt auch Willensschwäche eine Rolle. Sowohl bei Haushalten mit Kreditbeschränkungen als auch bei Haushalten, die nicht im Voraus für erwartete Einkommensrückgänge sparen, folgt der Konsum eng dem Einkommen.

Haushalte mit geringem Vermögen glätten ihren Konsum nur wenig, wenn ihr Einkommen stark sinkt. Die marginale Konsumquote für diese Gruppe liegt näher bei 0,8. Für den kleinen Teil der Haushalte, die den größten Teil des Vermögens besitzen, spielt das laufende Einkommen bei der Bestimmung des Konsums hingegen eine sehr geringe Rolle, und ihre marginale Konsumquote liegt nahe bei Null. Das bedeutet, dass für reiche Haushalte ein Anstieg des laufenden Einkommens um 1 EUR ihren Konsum nur um wenige Cent erhöhen würde.

Der Term c_0 in der aggregierten Konsumfunktion erfasst alle anderen Einflüsse auf den Konsum, die nicht mit dem aktuellen Einkommen zusammenhängen. Wörtlich genommen handelt es sich darum, wieviel eine Person ohne Einkommen konsumieren würde, aber das ist nicht die beste Art, sich das vorzustellen. Es handelt sich lediglich um den vom Einkommen unabhängigen Konsum, weshalb wir ihn als **autonomen Konsum** bezeichnen.

Da die Konsumfunktion nur das aktuelle Einkommen explizit einbezieht, werden die Erwartungen über das *zukünftige* Einkommen in den autonomen Konsum einbezogen. Um zu sehen, was dies in der Praxis bedeutet, erinnern wir uns an Einheit 13. Dort haben wir gelernt, dass sich der Konsum ändert, wenn die Menschen ihre zukünftigen Beschäftigungs- und Einkommensaussichten mehr oder weniger optimistisch einschätzen.

Abbildung 14.3 veranschaulicht, wie sich die Erwartungen auf den Konsum in der Finanzkrise von 2008 auswirkten, und verdeutlicht den außergewöhnlichen Charakter der Situation. Die Abbildung zeigt, wie sich das

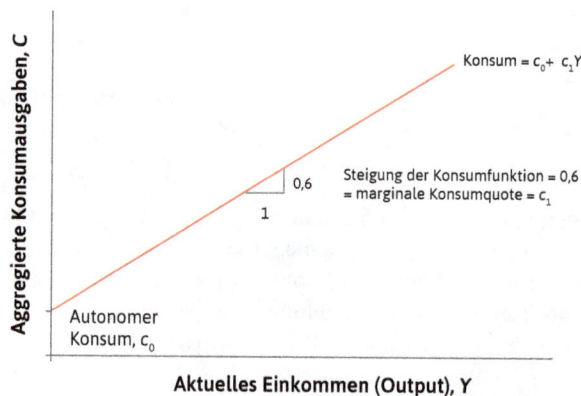

Abbildung 14.2 Die aggregierte Konsumfunktion.

1. Der autonome Konsum

Dies ist der feste Betrag, den die Haushalte unabhängig von ihrem aktuellen Einkommen ausgeben werden.

2. Einkommensabhängiger Konsum

Die aufwärtsgerichtete Linie gibt den Teil des Konsums an, der vom laufenden Einkommen (und damit vom laufenden Gesamtoutput der Wirtschaft) abhängt.

3. Die marginale Konsumquote

Die Steigung der Konsumlinie ist gleich der marginalen Konsumquote.

Konsumklima der Verbrauchenden in den USA im Laufe der Krise veränderte. Der von uns verwendete Index für das Konsumklima ist der University of Michigan Surveys of Consumers (https://tinyco.re/7469765). Er basiert auf monatlichen Befragungen von 500 Haushalten und fragt danach, wie sie die Aussichten für ihre eigene finanzielle Situation und für die allgemeine Wirtschaft kurz- und langfristig einschätzen. Die Abbildung zeigt auch die Entwicklung einer Reihe von makroökonomischen Schlüsselindikatoren: verfügbares Einkommen, Verbrauch von langfristigen Gebrauchsgütern, wie Autos oder Hausrat, und Konsum von Verbrauchsgütern wie Lebensmitteln. Alle Datenreihen in Abbildung 14.3 sind als Indexzahlen dargestellt, wobei das erste Quartal 2008 als Basisjahr dient.

Wir stellen fest:

- *Der Konsum von Verbrauchsgütern ging etwas stärker zurück als das verfügbare Einkommen*: Er sank in diesem Zeitraum um 3 %. Entgegen den Vorhersagen der Konsumglättung waren die Haushalte so besorgt über ihre Zukunftsaussichten, dass sie ihre Ausgaben für Verbrauchsgüter anpassten.
- *Der Konsum von Gebrauchsgütern ging viel stärker zurück als das verfügbare Einkommen*: Er ging im ersten Jahr um 10 % zurück.

Warum gab es einen so plötzlichen Rückgang des Konsums von Gebrauchsgütern? Ein wichtiger Grund ist, dass die Haushalte plötzlich Angst um die Zukunft ihrer Arbeitsplätze hatten, wie der starke Rückgang des Index der Verbraucherstimmung in Abbildung 14.3 zeigt. Der Zusammenbruch der Investmentbank Lehman Brothers im September 2008 (https://tinyco.re/3073658), Sorgen um die Stabilität des Bankensystems und eine höhere Verschuldung der Haushalte aufgrund fallender Hauspreise veranlassten Haushalte mit Hypotheken dazu, die Anschaffung teurer Gegenstände wie Autos und Kühlschränken zu verschieben. Es ist wichtig zu bedenken, dass Ausgaben für Gebrauchsgüter leicht aufgeschoben werden können. In diesem Sinne handelt es sich eher um eine Investition als um eine Konsumentscheidung (auch wenn Verbrauchende in der volkswirtschaftlichen Gesamtrechnung zum Konsum gezählt werden). Infolgedessen würden wir erwarten, dass die Daten für langlebige Gebrauchsgüter unbeständiger sind als für den nicht-langlebigen Konsum.

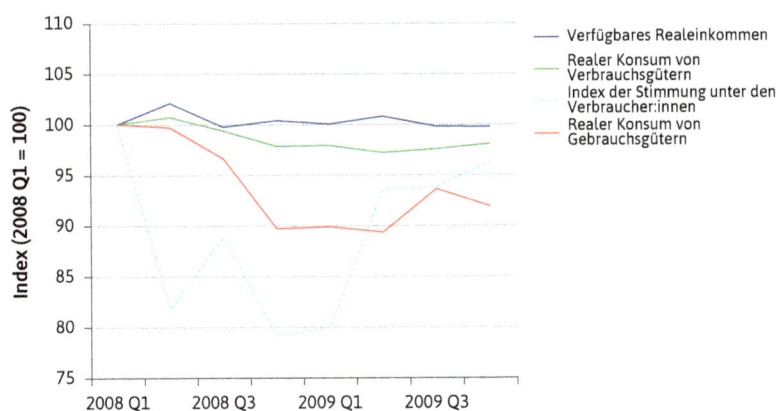

Federal Reserve Bank of St. Louis. 2015. FRED (https://tinyco.re/5104028).

Abbildung 14.3 Angst und Konsum der privaten Haushalte in den USA während der globalen Finanzkrise (2008 Q1–2009 Q4).

Wir zeigen nun, wie ein Schock in der Wirtschaft weitergegeben wird. In Abbildung 14.4 zeigen wir die Menge des Outputs der Wirtschaft (auf der horizontalen Achse) und die Nachfrage nach diesem Output (auf der vertikalen Achse). Alles wird in realen Werten gemessen, da wir uns dafür interessieren, wie Veränderungen der aggregierten Nachfrage zu Veränderungen im Output (BIP) und in der Beschäftigung führen.

Die 45-Grad-Linie vom Ursprung des Diagramms zeigt alle Kombinationen, in denen der gesamtwirtschaftliche Output gleich der aggregierten Nachfrage ist. Dies entspricht dem in Einheit 13 besprochenen kreisförmigen Fluss, bei dem wir gesehen haben, dass die Ausgaben für Waren und Dienstleistungen in der Wirtschaft (aggregierte Nachfrage) gleich der Produktion von Waren und Dienstleistungen in der Wirtschaft (gesamtwirtschaftlicher Output) sind. Dies ist daran zu erkennen, dass bei einer 45-Grad-Linie der horizontale Abstand (Output) gleich dem vertikalen Abstand (aggregierte Nachfrage) ist. Wir können also sagen, dass:

$$\text{Output} = \text{Aggregierte Nachfrage nach in der heimischen}$$
$$\text{Wirtschaft produzierten Waren}$$
$$Y = AN$$

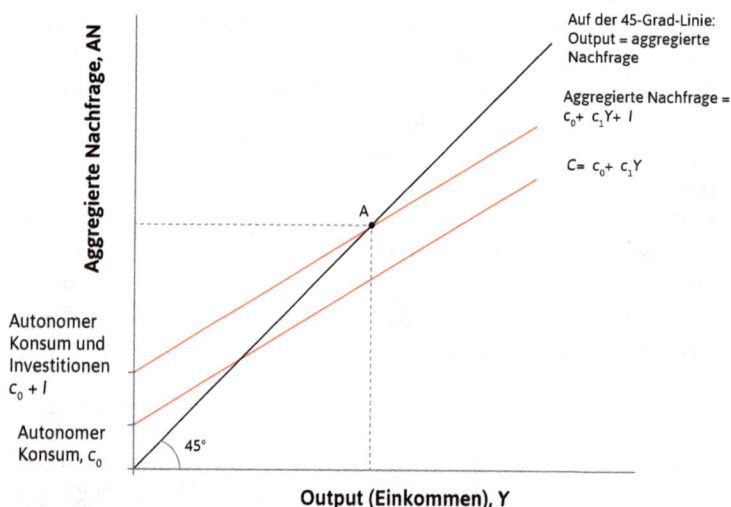

Abbildung 14.4 Gütermarktgleichgewicht: Das Multiplikator-Diagramm.

1. Gütermarktgleichgewicht

Punkt A wird als **Gütermarktgleichgewicht** bezeichnet: Die Wirtschaft wird weiterhin auf diesem Niveau produzieren, sofern sich die Nachfrage nicht ändert.

2. Die 45-Grad-Linie

Die 45-Grad-Linie vom Ursprung des Diagramms zeigt alle Kombinationen, bei denen der Output der Wirtschaft gleich der aggregierten Nachfrage ist, was bedeutet, dass sich die Wirtschaft im Gütermarktgleichgewicht befindet.

3. Konsum

Die erste Komponente der aggregierten Nachfrage ist der Konsum, der durch die in Abbildung 14.2 eingeführte Konsumlinie dargestellt wird.

4. Investitionen

Die Hinzufügung von Investitionen zum Konsum führt lediglich zu einer parallelen Verschiebung nach oben.

Aber woher wissen wir, wo sich die Wirtschaft auf der 45-Grad-Linie befindet? Befindet sie sich an einer Position mit niedrigem Output, was hohe Arbeitslosigkeit bedeuten würde, oder befindet sie sich an einer Position mit hohem Output, was niedrige Arbeitslosigkeit bedeuten würde?

Wir bestimmen diese Position, indem wir die einzelnen Komponenten der aggregierten Nachfrage analysieren. Wir gehen davon aus, dass die Unternehmen bereit sind, jede beliebige Menge der von den Erwerbspersonen in der Wirtschaft nachgefragten Güter zu liefern. Die Unternehmen arbeiten aber nicht bei voller **Auslastung**. Da wir davon ausgehen, dass es keine Staatsausgaben und keinen Handel mit anderen Volkswirtschaften gibt, gibt es in diesem Modell nur zwei Komponenten der Gesamtausgaben:

- *Konsum*: Wir nehmen die in Abbildung 14.2 eingeführte Konsumlinie. Da die marginale Konsumquote kleiner als 1 ist, ist die Konsumlinie flacher als die 45-Grad-Linie, die eine Steigung von 1 hat.
- *Investitionen*: Wir nehmen an, dass die Investitionen nicht vom gesamtwirtschaftlichen Output abhängen.

Die Gleichung für die aggregierte Nachfrage lautet daher:

$$\text{Aggregierte Nachfrage} = \text{Konsum}$$
$$+ \text{Investitionen}$$
$$AN = C + I$$
$$C = c_0 + c_1 Y + I$$

Wenn man also die Investitionen zur Konsumlinie hinzufügt, führt dies einfach zu einer parallelen Verschiebung nach oben. In dieser Hinsicht sind die Investitionen dem autonomen Konsum ähnlich. Aus Abbildung 14.4 ist ersichtlich, dass die Linie der aggregierten Nachfrage einen Achsenabschnitt von $c_0 + I$ und eine Steigung von c_1 hat und flacher als die 45-Grad-Linie ist.

In Abbildung 14.4 ist nun dargestellt, wie der Output in der Wirtschaft bestimmt wird. Der Output ist gleich der aggregierten Nachfrage (die 45-Grad-Linie), und die aggregierte Nachfrage ist gleich $c_0 + c_1 Y + I$ (die flachere Linie), sodass sich die Wirtschaft im Punkt A befinden muss, wo sich die beiden Linien schneiden.

Dieselbe Abbildung zeigt uns die Auswirkungen einer Änderung des autonomen Konsums (c_0) oder der Investitionen. Wir untersuchen diese Veränderung genauso wie die Veränderungen von Angebot und Nachfrage in Einheit 11: Wir sehen, wie die Veränderung dazu führt, dass das alte Ergebnis nicht mehr im Gleichgewicht ist, und lokalisieren dann das neue Gleichgewicht. Die erwartete Veränderung ist die Bewegung vom alten zum neuen Gleichgewicht.

Veränderungen des autonomen Konsums oder der Investitionen verdrängen das alte Gleichgewicht, weil sie die aggregierte Nachfrage verändern, was wiederum den gesamtwirtschaftlichen Output und die Beschäftigungslage verändert. In Abbildung 14.5 nehmen wir das Multiplikator-Diagramm und reduzieren die Investitionen. Wir wählen eine Kürzung der Investitionen um 1,5 Milliarden EUR. Folgen Sie den Schritten in Abbildung 14.5, um zu sehen, was passiert.

Die Auswirkungen des Rückgangs der Investitionen auf die Volkswirtschaft werden in Abbildung 14.5 dargestellt. In der ersten Runde führt der Rückgang der Investitionen zu einem Rückgang der aggregierten

Gütermarktgleichgewicht Der Punkt, an dem der gesamtwirtschaftliche Output der aggregierten Nachfrage nach im Inland produzierten Waren entspricht. Die Wirtschaft wird weiterhin auf diesem Produktionsniveau produzieren, es sei denn, etwas ändert das Konsum- oder Investitionsverhalten. *Siehe auch: aggregierte Nachfrage.*

Auslastungsgrad Ein Maß dafür, inwieweit ein Unternehmen, eine Industrie oder eine ganze Volkswirtschaft so viel produziert, wie es der Bestand an Investitionsgütern und der aktuelle Wissensstand zulassen würde.

Nachfrage um 1,5 Milliarden EUR. Geringere Ausgaben bedeuten aber auch eine geringere Produktion und niedrigere Einkommen, und die Unternehmen werden infolgedessen Beschäftigte entlassen, was zu einem weiteren Rückgang der Ausgaben führt. Denken Sie an kreditbeschränkte Haushalte, in denen einige Personen ihren Arbeitsplatz verlieren: Sie würden ihren Konsum gerne stabil halten, aber wenn ihr Einkommen sinkt, können sie sich nicht genug Geld leihen, um den Konsum aufrechtzuerhalten, also reduzieren sie ihre Ausgaben, was zu weiteren Kürzungen von Produktion und Einkommen führt. Die Konsumgleichung

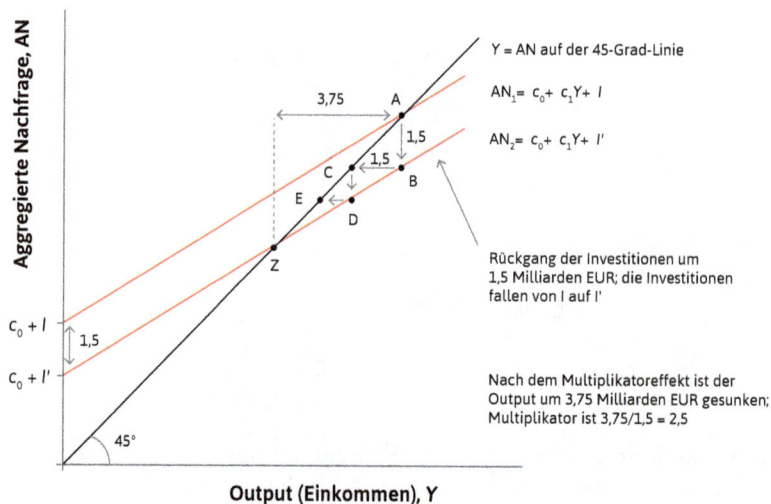

Abbildung 14.5 Der Multiplikator in Aktion: Eine durch Investitionen ausgelöste Rezession.

1. Gütermarktgleichgewicht

Die Wirtschaft beginnt am Punkt A, im Gütermarktgleichgewicht.

2. Ein Rückgang der Investitionen

Durch den Rückgang der Investitionen sinkt die aggregierte Nachfrage um 1,5 Milliarden EUR, und die Wirtschaft bewegt sich vertikal abwärts von Punkt A nach Punkt B.

3. Unternehmen reduzieren Produktion

Angesichts der geringeren Nachfrage drosseln die Unternehmen ihre Produktion und bauen Arbeitsplätze ab. Mit niedrigerem Output und niedriger Beschäftigung sinken die Einkommen um 1,5 Milliarden EUR. Dies ist der Übergang von B zu C.

4. Ein Rückgang des Konsums

Sobald die Einkommen der Haushalte sinken, reduzieren sie ihren Konsum, da sie möglicherweise kreditbeschränkt sind. Die Konsumgleichung besagt, dass ein solches Verhalten zunächst zu einem Rückgang des Gesamtkonsums um das 0,6-fache des Einkommensrückgangs führt. Dies ist der Abstand von Punkt C zu Punkt D.

5. Unternehmen reduzieren Produktion weiter

Die Unternehmen reagieren mit Produktionskürzungen, der Output sinkt, und die Wirtschaft bewegt sich von Punkt D zu Punkt E.

6. … und so weiter

Dieser Prozess wird sich fortsetzen, bis die Wirtschaft den Punkt Z erreicht.

7. Die neue Linie der aggregierten Nachfrage

Diese geht durch den Punkt Z und zeigt das neue Gütermarktgleichgewicht der Wirtschaft nach dem Investitionsschock.

8. Der Rückgang des gesamtwirtschaftlichen Outputs infolge des Schocks

Der gesamtwirtschaftliche Output ist insgesamt stärker zurückgegangen als die Investitionen allein; der Output ist um 3,75 Milliarden EUR gesunken.

9. Der Multiplikator beträgt 2,5

Die Gesamtveränderung des Outputs ist 2,5 mal größer als die ursprüngliche Veränderung der Investitionen.

besagt, dass ein solches Verhalten zu einem Rückgang des Gesamtkonsums um das 0,6-fache des Einkommensrückgangs führt. Dieser Prozess wird sich fortsetzen, bis die Wirtschaft den Punkt Z erreicht.

Nach dem Schock bei den Investitionen hat sich der Schnittpunkt der Linie um 1,5 Milliarden EUR nach unten verschoben, was zu einer parallelen Verschiebung der Linie der aggregierten Nachfrage führt. Der Output ist um 3,75 Milliarden EUR gesunken, also stärker als die Investitionen, welche um 1,5 Milliarden EUR gesunken sind: das ist der Multiplikatoreffekt.

In diesem Fall ist der Multiplikator gleich 2,5, da die Gesamtveränderung des Outputs 2,5 mal größer ist als die ursprüngliche Veränderung der Investitionen. Ein Multiplikator von 2,5 ist unrealistisch hoch. Wie wir im nächsten Abschnitt sehen werden, schrumpft der Multiplikator, sobald Steuern und Importe in das Modell aufgenommen werden.

Wir nennen das Modell der aggregierten Nachfrage, das den Multiplikatoreffekt einschließt, das **Multiplikatormodell**. Hier eine Zusammenfassung:

- *Ein Rückgang der Nachfrage führt zu einem Rückgang der Produktion und einem entsprechenden Rückgang des Einkommens:* Dies führt zu einem weiteren (kleineren) Nachfragerückgang, der wiederum zu einem weiteren Produktionsrückgang führt, und so weiter.
- *Der Multiplikator ist die Summe all dieser aufeinander folgenden Produktionsrückgänge:* Letztendlich ist der Output um einen größeren Betrag gesunken als die ursprüngliche Nachfrageverschiebung. Der Output ist ein Vielfaches der anfänglichen Verschiebung.
- *Die Produktion passt sich der Nachfrage an:* Die Unternehmen liefern die nachgefragte Menge an Gütern zu dem vorherrschenden Preis. Wenn die Nachfrage sinkt, passen die Unternehmen die Produktion nach unten an. Das Modell geht davon aus, dass sie ihre Preise nicht anpassen.

> **Multiplikatormodell** Ein Modell der aggregierten Nachfrage, das den Multiplikatoreffekt einschließt. *Siehe auch: fiskalpolitischer Multiplikator, Multiplikatoreffekt.*

Wir gehen davon aus, dass in der von uns untersuchten Wirtschaft nicht ausgelastete Ressourcen in Form von freien Kapazitäten in den Produktionsanlagen und unterbeschäftigten Arbeitskräften vorhanden sind. Wir gehen auch davon aus, dass die Löhne nicht von Änderungen des Outputs beeinflusst werden. Damit der Multiplikator bei einem Anstieg der Investitionen auf die gleiche Weise funktioniert, bedeutet die Annahme freier Kapazitäten und fester Löhne, dass die Kosten bei einem Anstieg des gesamtwirtschaftlichen Outputs nicht steigen, sodass die Unternehmen den zusätzlich nachgefragten Output gern liefern, ohne ihre Preise anzupassen. Andernfalls wird sich ein Teil der höheren Ausgaben in höheren Preisen oder Löhnen niederschlagen, anstatt in einem höheren Output—wie wir in der nächsten Einheit erörtern.

Wenn die Wirtschaft nicht durch Kapazitätsreserven und konstante Löhne gekennzeichnet ist, wird der Multiplikator kleiner sein als der hier ermittelte Wert.

Wir können die Auswirkungen auf den Output auch durch die Kombination der beiden Gleichungen darstellen, die die Linien im Multiplikator Diagramm bestimmen. Die 45-Grad-Linie ist einfach die Gleichung $Y = AN$. Kombiniert man diese mit der Gleichung für AN, erhält man:

$$Y = AN = C + I$$
$$= c_0 + c_1 Y + I$$

Die Terme mit Y werden auf der linken Seite zusammengeführt,

$$Y(1 - c_1) = c_0 + I$$

Wir dividieren dann durch $(1 - c_1)$:

$$Y = \frac{1}{1 - c_1} \times (c_0 + I)$$

autonome Nachfrage Komponenten der aggregierten Nachfrage, die vom laufenden Einkommen unabhängig sind.

Wir können nun berechnen, um wie viel der gesamtwirtschaftliche Output steigen oder sinken wird, indem wir den Wert des Multiplikators mit der Veränderung der **autonomen Nachfrage** multiplizieren.

Eine weitere Möglichkeit, unsere Erkenntnisse aus dem Diagramm algebraisch zusammenzufassen, finden Sie im Einstein am Ende dieses Abschnitts.

Die Veränderung des gesamtwirtschaftlichen Outputs in Abbildung 14.5 ist 2,5 mal größer als der ursprüngliche Schock bei den Investitionen, was bedeutet, dass der Schock verstärkt wurde. Algebraisch schreiben wir dies als $\Delta Y = k\Delta I$ und sagen: "Delta Y (die Veränderung des Outputs) ist gleich k, dem Multiplikator, mal Delta I (die Veränderung der Investitionen)".

FRAGE 14.1 WÄHLEN SIE DIE RICHTIGE(N) ANTWORT(EN)

Abbildung 14.2 (Seite 676) zeigt die Konsumfunktion einer Wirtschaft, wobei C die aggregierten Konsumausgaben und Y das laufende Einkommen der Wirtschaft sind.

Welche der folgenden Aussagen ist richtig?

☐ Die marginale Konsumquote ist der Anteil des laufenden Einkommens, der für den Konsum ausgegeben wird, C/Y.

☐ Die marginale Konsumquote ist durch den Schnittpunkt der Linie auf der vertikalen Achse gegeben.

☐ Die marginale Konsumquote ist normalerweise kleiner als 1, da einige Haushalte in der Lage sind, ihren Konsum zu glätten.

☐ Wenn das aktuelle Einkommen eines Landes Y = USD 100 Billionen und die marginale Konsumquote = 0,6 ist, dann betragen die Gesamtausgaben für den Konsum C = USD 60 Billionen.

FRAGE 14.2 WÄHLEN SIE DIE RICHTIGE(N) ANTWORT(EN)

Das folgende Diagramm zeigt die Veränderung des aggregierten Gütermarktgleichgewichts bei einem Anstieg der Investitionen um 2 Milliarden GBP.

Die marginale Konsumquote in der Wirtschaft beträgt 0,5. Welche der folgenden Aussagen ist richtig?

- ☐ Das neue Gütermarktgleichgewicht nach der Erhöhung der Investitionen ist E.
- ☐ Die aggregierte Nachfrage steigt durch die Erhöhung der Investitionen um insgesamt GBP 2 Milliarden × 0,5 = GBP 1 Milliarde.
- ☐ Der Multiplikator beträgt 2.
- ☐ Der Abstand zwischen C und D beträgt drei Viertel des Abstands zwischen A und B (GBP 1,5 Milliarden).

Berechnung des Multiplikators

Wir betrachten die Auswirkungen eines Anstiegs der Investitionen um 1,5 Milliarden EUR. Wir können unsere Ergebnisse aus dem Multiplikator-Diagramm zusammenfassen, indem wir etwas Algebra anwenden. Um den Multiplikator zu erhalten, können wir die gesamte Produktionssteigerung nach $n + 1$ Runden des Prozesses berechnen. Jede Runde des Prozesses entspricht dem Kreislaufdiagramm. Der Anstieg von Nachfrage und Produktion in der ersten Runde beträgt 1,5 Milliarden EUR. Der Anstieg von Nachfrage und Produktion in der zweiten Runde beträgt ($c_1 \times$ EUR 1,5 Milliarden), der Anstieg von Nachfrage und Produktion in der dritten Runde beträgt $c_1 \times (c_1 \times$ EUR 1,5 Milliarden) = ($c_1^2 \times$ EUR 1,5 Milliarden), und so weiter.

Nach dieser Logik ist der Gesamtanstieg von Nachfrage und Produktion nach $n + 1$ Runden die Gesamtsumme dieser Veränderungen:

$$1,5 + c_1(1,5) + c_1^2(1,5) + \ldots + c_1^n(1,5) = 1,5(1 + c_1 + c_1^2 + \ldots + c_1^n)$$

Da die marginale Konsumquote kleiner als 1 ist, kann man feststellen, dass die Gesamtsumme in den Klammern eine Grenze von $1/(1 - c_1)$ erreicht, wenn n groß wird. Der Grund dafür ist, dass der Term in den Klammern mathematisch gesehen eine geometrische Reihe ist. Wir zeigen dies wie folgt.

Wenn k der Multiplikator ist, ergibt sich Folgendes:

$$k = (1 + c_1 + c_1^2 + \ldots + c_1^n)$$

Multiplizieren Sie nun beide Seiten mit $(1 - c_1)$ und Sie erhalten:

$$\begin{aligned} k(1 - c_1) &= (1 + c_1 + c_1^2 + \ldots + c_1^n)(1 - c_1) \\ &= (1 + c_1 + c_1^2 + \ldots + c_1^n) - (c_1 + c_1^2 + c_1^3 + \ldots + c_1^{n+1}) \\ &= 1 - c_1^{n+1} \end{aligned}$$

Nun wird wieder durch $(1 - c_1)$ geteilt:

$$k = \frac{(1 - c_1^{n+1})}{(1 - c_1)}$$

Wenn n groß wird und $c_1 < 1$ angenommen wird, geht der Zähler gegen 1. Also im Grenzfall:

$$k = \frac{1}{1 - c_1}$$

Im Beispiel beträgt die marginale Konsumquote im Durchschnitt 0,6. Dies bedeutet, dass der Multiplikator folgendem entspricht:

$$\frac{1}{1 - c_1} = \frac{1}{1 - 0,6} = 2,5$$

Durch Anwendung des Multiplikators auf die anfängliche Veränderung der Investitionen von 1,5 Milliarden EUR ergibt sich die Summe aller aufeinander folgenden Produktionssteigerungen, die durch den anfänglichen Anstieg der Investitionen und der aggregierten Nachfrage ausgelöst werden: 2,5 × EUR 1,5 Milliarden = EUR 3,75 Milliarden.

14.3 ZIELVERMÖGEN, SICHERHEITEN UND KONSUMAUSGABEN DER PRIVATEN HAUSHALTE

Aus Einheit 13 wissen wir, dass der Konsum in den meisten Volkswirtschaften die größte Komponente des BIP ist. Daher ist es für das Verständnis von Veränderungen des gesamtwirtschaftlichen Outputs (also des BIP) und in der Beschäftigung wichtig zu wissen, warum sich der Konsum verändert.

Wir haben gesehen, dass ein Schock bei den Investitionen die aggregierte Nachfragekurve verschiebt und sich auf die Wirtschaft auswirkt, da die Haushalte ihre Ausgaben als Reaktion auf Veränderungen des Einkommens anpassen. Wir haben uns auf die unvollständige Glättung des Konsums konzentriert, zum Beispiel auf Kreditbeschränkungen. Dieses Verhalten spiegelt sich in der Größe des Multiplikators und in der *Steigung* der aggregierten Nachfragekurve wider. Aber das Konsum- und Sparverhalten kann die aggregierte Nachfragekurve auch *verschieben*.

Eine Verschiebung der aggregierten Nachfrage kann durch eine Verschiebung des autonomen Konsums verursacht werden, der durch den Term c_0 in der aggregierten Konsumfunktion $C = c_0 + c_1 Y$ dargestellt wird. Eine Veränderung von c_0 wird über den zirkulären Fluss von Ausgaben, aggregiertem Output und Einkommen eine Multiplikator-Reaktion auf Produktion und Beschäftigung hervorrufen, analog zur Verstärkung des Rückgangs der Investitionen durch den Multiplikator im vorherigen Abschnitt.

Stellen Sie sich eine Familie mit einer **Hypothek** auf ihrem Haus vor. Wenn die Preise für Häuser fallen, wird die Familie befürchten, dass auch ihr Vermögen sinkt. Eine wahrscheinliche Reaktion darauf ist, dass der Haushalt mehr spart. Dies wird als **Vorsorgesparen** bezeichnet. Eine Möglichkeit, dieses Verhalten zu analysieren, ist die Annahme, dass Haushalte ein **Zielvermögen** im Auge haben, das sie anstreben.

> **Hypothek (oder Hypothekendarlehen)** Ein Darlehen, das von Haushalten und Unternehmen zum Kauf einer Immobilie aufgenommen wird, ohne dass der Gesamtwert auf einmal bezahlt wird. Über einen Zeitraum von mehreren Jahren tilgt der oder die Kreditnehmer:in das Darlehen zuzüglich Zinsen. Die Schuld wird durch die Immobilie selbst gesichert, die als Sicherheit bezeichnet wird. *Siehe auch unter: Sicherheiten.*
>
> **Vorsorgesparen** Eine Erhöhung des Sparens, um das Vermögen wieder auf sein Zielniveau zu bringen. *Siehe auch: Zielvermögen.*
>
> **Zielvermögen** Das Niveau des Vermögens, das ein Haushalt aufgrund seiner wirtschaftlichen Ziele (oder Präferenzen) und Erwartungen anstrebt. Wir gehen davon aus, dass die Haushalte versuchen, dieses Niveau des Vermögens angesichts von Veränderungen in ihrer wirtschaftlichen Situation beizubehalten, solange dies möglich ist.
>
> **Great Depression** Die Phase eines starken Rückgangs von Produktion und Beschäftigung in vielen Ländern in den 1930er Jahren.

Wenn sich etwas ereignet, das den Bestand des Vermögens des Haushalts im Verhältnis zu diesem Ziel beeinträchtigt, reagiert der Haushalt, indem er entweder seine Ersparnisse erhöht oder senkt, um das Vermögen wieder auf das Zielniveau zu bringen. Wenn diese Anpassung mit Vorsorgesparen verbunden ist, wird dies als ein Rückgang des autonomen Konsums modelliert.

Im Jahr 1929 entwickelte sich ein Abschwung des Konjunkturzyklus in den USA, der zunächst ähnlich aussah wie andere Konjunkturzyklen des vorangegangenen Jahrzehnts, zu einer großen wirtschaftlichen Katastrophe—der **Great Depression**.

Der Rückgang des gesamtwirtschaftlichen Outputs und der Beschäftigung während der Great Depression verdeutlicht zwei Möglichkeiten, wie der Konsum sinken kann—Kreditbeschränkungen im Multiplikator-Prozess und Veränderungen des Vermögens im Verhältnis zum Zielvermögen.

Um die wirtschaftlichen Mechanismen während der Great Depression zu verstehen, verwenden wir das Multiplikator-Diagramm in Abbildung 14.6. Punkt A zeigt die Ausgangssituation der Wirtschaft im dritten Quartal 1929. Damals kam es zu einem Rückgang der Investitionen. Dadurch verschiebt sich die aggregierte Nachfragekurve von der Vorkrisensituation auf das Krisenniveau. Die gestrichelte Linie von Punkt B zeigt den Output, der im Tiefpunkt des

Christina D. Romer. 1993. 'The Nation in Depression' (https://tinyco.re/4965855). *Journal of Economic Perspectives* 7 (2) (May): pp. 19–39.

Konjunkturzyklus zu beobachten gewesen wäre, wenn der übliche Multiplikatoreffekt wirksam gewesen wäre. Es hätte eine Rezession gegeben, aber keine Great Depression. Der Abschwung war jedoch viel schlimmer, weil die Nachfrage nach Konsumgütern zurückging, selbst bei denen, die ihren Arbeitsplatz behielten.

Der Konsum wurde durch zwei Mechanismen gesenkt:

- *Die Veränderung von A nach B:* Als der Output und die Beschäftigung zurückgingen, kürzten einige Haushalte ihre Ausgaben für Wohnraum und langlebige Gebrauchsgüter, weil sie Kreditbeschränkungen unterlagen und daher unter den sich verschlechternden Bedingungen keine Kredite aufnehmen konnten. Einige Ökonominnen und Ökonomen schätzen, dass der Multiplikator zu diesem Zeitpunkt bei etwa 1,8 lag.
- *Die Veränderung von B nach C:* Selbst die Haushalte, die weiter arbeiteten, schränkten ihre Ausgaben ein, weil immer deutlicher wurde, dass der Abschwung die neue Realität und kein vorübergehender Schock war. Dadurch verschob sich die Konsumfunktion nach unten und zog die Wirtschaft weiter in die Depression hinein, von B nach C in Abbildung 14.6.

Robert J. Gordon. 1986, *The American Business Cycle: Continuity and Change* (https://tinyco.re/5375612). Chicago, IL: University of Chicago Press.

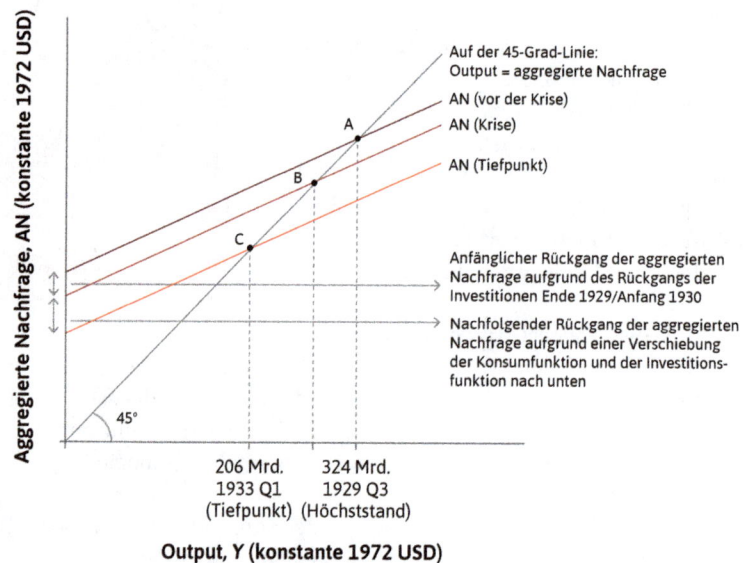

Abbildung 14.6 Aggregierte Nachfrage in der Great Depression

1. Der Spitzenwert von 1929

Punkt A zeigt die Ausgangssituation der Wirtschaft.

2. Ein Rückgang der Investitionen

Dadurch verschiebt sich die aggregierte Nachfragekurve vom Vorkrisenniveau auf das Krisenniveau.

3. Eine normale Rezession

Die Wirtschaft würde sich normalerweise an Punkt B befinden.

4. Der Tiefpunkt 1933

Anstelle eines typischen Abschwungs (von A nach B) ist der gesamtwirtschaftliche Output jedoch viel stärker zurückgegangen, als es allein durch den Multiplikatoreffekt erklärt werden kann, was durch den Übergang von B nach C deutlich wird.

Die seit der Great Depression durchgeführte Forschung (die wir in Einheit 17 eingehender untersuchen) liefert eine Reihe von Erklärungen für den Rückgang des autonomen Konsums in den USA:

- *Unsicherheit:* Die durch den dramatischen Zusammenbruch der Märkte im Oktober 1929 hervorgerufene Unsicherheit über den Zustand der Wirtschaft ließ sowohl Unternehmen als auch Haushalte vorsichtiger werden und veranlasste sie, die Anschaffung von Maschinen und Ausrüstungen sowie von langlebigen Gebrauchsgütern aufzuschieben.
- *Pessimismus und der Wunsch, mehr zu sparen:* Weil sie Arbeitslosigkeit und geringere Einkünfte in der Zukunft befürchteten, wurden Haushalte auch pessimistischer, was ihre Fähigkeit anging, das derzeitige Ausgabenniveau aufrechtzuerhalten. Ihre Einschätzung zum materiellen Vermögens schrumpfte, da die Preise für Häuser und finanzielle Vermögenswerte fielen. In den 1920er Jahren hatten sich viele Haushalte verschuldet, da sie zum ersten Mal Ratenzahlungsvereinbarungen für den Kauf von langlebigen Gebrauchsgütern nutzen konnten.
- *Die Bankenkrise und der Zusammenbruch des Kreditwesens:* Ein dritter Faktor, der die aggregierte Nachfrage auf das als „Tiefpunkt" bezeichnete Niveau absenkte, war die Bankenkrise von 1930 und 1931, die sowohl den Konsum als auch die Investitionen betraf. In den USA kam es zu einer Welle von Zusammenbrüchen kleiner, schwacher und weitgehend unregulierter Banken. Das System der kleinen Banken war anfällig für Panik. Die Sparenden begannen zu befürchten, dass sie nicht mehr an ihre Geldanlagen herankommen würden. Wie in Einheit 10 erläutert, breitete sich die Panik von Bank zu Bank aus, und Bank Runs betrafen das gesamte Bankensystem. Durch den Zusammenbruch des Bankensystems verloren die Haushalte ihre Geldanlagen und kleine Unternehmen ihren Zugang zu Darlehen.

Um zu veranschaulichen, warum Haushalte, die nicht von Kreditengpässen betroffen waren, dennoch ihren Konsum einschränkten, betrachten wir die Zusammensetzung des Vermögens oder der Vermögenswerte eines Haushalts. In Einheit 10 haben wir das Konzept des Vermögens eingeführt, indem wir es mit dem Wasservolumen in einer Badewanne verglichen haben. Damals haben wir uns auf das materielle Vermögen konzentriert. In Abbildung 14.7 wird das Konzept des Vermögens auf das allgemeine Vermögen ausgedehnt, sodass auch die erwarteten künftigen Einkünfte des Haushalts aus einer Beschäftigung einbezogen werden, die als Wert des **Humankapitals** bezeichnet werden.

Folgen Sie der Analyse in Abbildung 14.7, um die Zusammensetzung des breiten Vermögens des Haushalts zu sehen, das dem Wert aller Vermögenswerte abzüglich der Schulden (wir nehmen an, es handelt sich um eine Hypothek auf das Haus) entspricht.

Wie wir sehen werden:

- *Wenn das Zielvermögen über dem erwarteten Vermögen liegt*: Der Haushalt wird die Ersparnisse erhöhen und den Konsum verringern.
- *Wenn das Zielvermögen unter dem erwarteten Vermögen liegt*: Der Haushalt wird die Ersparnisse verringern und den Konsum erhöhen.

Humankapital Der Bestand an Wissen, Fähigkeiten, Verhaltensmerkmalen und persönlichen Eigenschaften, die die Arbeitsproduktivität oder die Einkünfte einer Person bestimmen. Investitionen in diesen Bestand durch Bildung, Ausbildung und Sozialisation können diesen Bestand erhöhen, und solche Investitionen sind eine der Quellen des Wirtschaftswachstums. Es ist Teil der Faktorausstattung einer Person. *Siehe auch: Faktorausstattung.*

Eigenkapital Die eigene Investition einer Person in ein Projekt. Diese wird in der Bilanz einer Person oder eines Unternehmens als Eigenkapital ausgewiesen. *Siehe auch: Nettovermögen.*

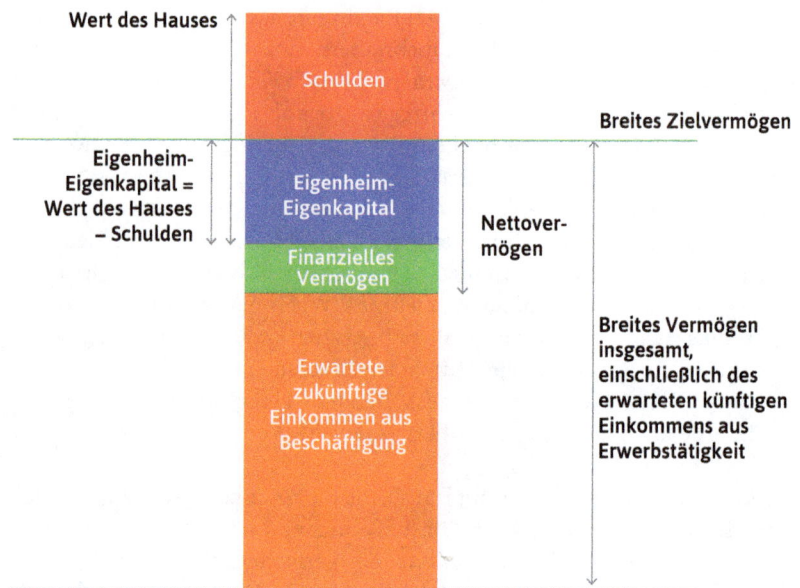

Abbildung 14.7 Vermögen der privaten Haushalte: Schlüsselkonzepte.

1. Erwartete zukünftige Einkünfte aus Erwerbstätigkeit

Diese werden durch das orangefarbene Rechteck dargestellt.

2. Finanzielles Vermögen

Dies ist das grüne Rechteck.

3. Anteil des Haushalts am Eigentum des Hauses

Dies ist das blaue Rechteck.

4. Das gesamte breite Vermögen des Haushalts

Dies ist die Summe der grünen, blauen und orangefarbenen Rechtecke.

5. Auch die privaten Haushalte haben Schulden

Dies wird durch das rote Rechteck dargestellt.

6. Das Nettovermögen des Haushalts

Auch materielles Vermögen genannt. Es wird ermittelt, indem man das gesamte Vermögen (ohne die erwarteten künftigen Einkünfte), das heißt den Wert des Hauses plus das Finanzvermögen addiert und davon die Schulden abzieht.

7. Der Wert des Hauses

Dies entspricht dem **Eigenkapital** des Haushalts am Haus, zuzüglich der Schulden bei der Bank (Hypotheken).

8. Zielvermögen

Für den in der Abbildung dargestellten Haushalt ist das erwartete breite Vermögen (orange + grün + blau) gleich dem Zielvermögen.

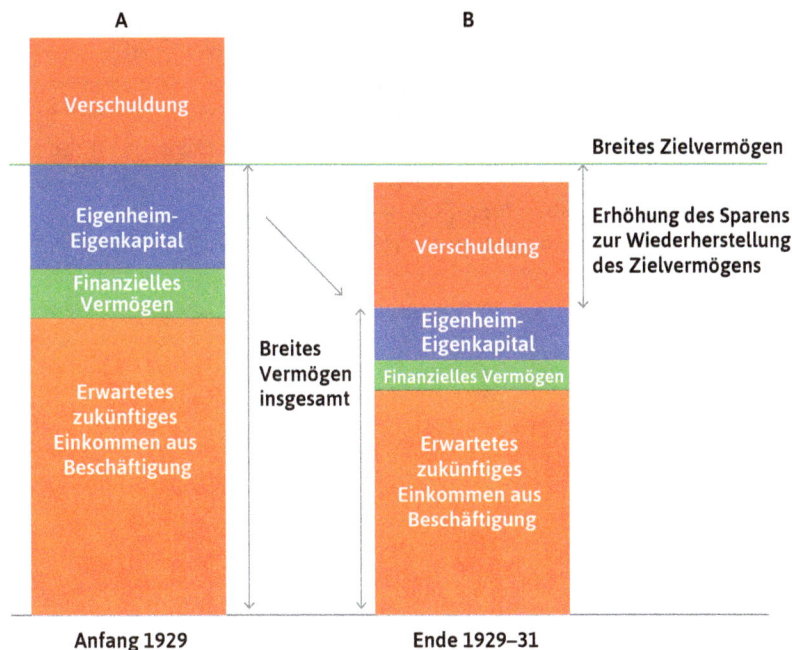

Abbildung 14.8 Die Great Depression: Die Haushalte reduzieren ihren Konsum, um ihr Zielvermögen wiederherzustellen.

1. Vor der Depression

Die Haushalte treffen ihre Konsumentscheidungen in Abhängigkeit von ihren Erwartungen bezüglich ihres Nettovermögens und ihrer zukünftigen Einkünfte aus Erwerbstätigkeit. Dies zeigt sich daran, dass das Gesamtvermögen gleich dem Zielvermögen ist.

2. Die Depression

Ende 1929, Spalte B, war der Abschwung im Gange, und die Erwartungen hatten sich geändert.

3. Vorsorgesparen

Das Ergebnis war eine Lücke zwischen dem Zielvermögen der Haushalte und dem erwarteten Vermögen. Die Haushalte erhöhten ihre Ersparnisse.

Wie hätte ein Haushalt, der das in Spalte A von Abbildung 14.8 dargestellten Vermögen hat, Anfang 1929 die Nachrichten über Fabrikschließungen, den Zusammenbruch des Marktes und Bankenpleiten interpretiert? Wie hätte der Haushalt seine Ausgaben für langlebige Gebrauchsgüter, Wohnraum und Verbrauchsgüter angepasst? Die Antworten auf diese Fragen geben Aufschluss darüber, warum es zur Great Depression kam.

- *Vor der Great Depression:* Zu Beginn des Jahres 1929 (Spalte A in Abbildung 14.8) entsprechen die Konsumentscheidungen der Haushalte ihren Erwartungen: Das Gesamtvermögen entspricht dem Zielvermögen.
- *Die Great Depression:* Ende 1929 (Spalte B) war der Abschwung bereits im Gange, und die Vorstellungen hatten sich geändert. Da in der gesamten Wirtschaft Arbeitsplätze verloren gingen, korrigierten die Haushalte ihre erwarteten Einkünfte nach unten. Die sinkenden Preise für Vermögenswerte (Aktien und Häuser) verringerten den Wert des materiellen Vermögens der Haushalte. Das Ergebnis war eine Lücke zwischen dem Zielvermögen und dem erwarteten Vermögen der

Haushalte. Dies erklärt den Rückgang des Konsums der Haushalte, die einen vorübergehenden Rückgang der aggregierten Nachfrage hätten ausgleichen können (und bei einem normalen Abschwung auch müssen). Stattdessen haben diese Haushalte ihre Ersparnisse erhöht. Dieser Rückgang des autonomen Konsums ist ein Teil der Erklärung für die Abwärtsverschiebung der aggregierten Nachfragekurve von der Krise zum Tiefpunkt in Abbildung 14.6.

- *Der **finanzielle Akzelerator**, Sicherheiten und Kreditbeschränkungen:* Veränderungen im Vermögen der Haushalte wirken sich über einen anderen Kanal auf den Konsum aus. In Einheit 10 haben wir gesehen, dass der Besitz von Sicherheiten einen Haushalt in die Lage versetzen kann, ein Darlehen aufzunehmen. Ein wichtiges Beispiel sind Hauskredite, bei denen die Bank einen Kredit mit dem Wert des Hauses als Sicherheit vergibt. Wenn der Wert Ihres Hauses sinkt, ist die Bank lediglich bereit, weniger zu verleihen, was zu einer stärkeren Kreditbeschränkung und damit zu einem Rückgang Ihres Konsums führen kann.

finanzieller Akzelerator Der Mechanismus, durch den die Fähigkeit von Unternehmen und Haushalten zur Kreditaufnahme steigt, wenn der Wert der Sicherheiten, die sie dem Darlehensgeber (häufig eine Bank) verpfändet haben, zunimmt.

Die gleichen Mechanismen wirken, wenn die Hauspreise steigen, was tendenziell zu einem Anstieg des Konsums führt:

- *Für diejenigen, die nicht kreditbeschränkt sind:* Wenn der Wert Ihres Hauses steigt, verbessert sich Ihr Nettovermögen und Ihr Vermögen relativ zum Zielwert. Wir würden vorhersagen, dass dies Ihr Vorsorgesparen verringern und Ihren Konsum erhöhen würde.
- *Für Personen mit Kreditbeschränkungen:* Ein Anstieg des Preises Ihres Hauses kann dazu führen, dass Sie Ihre Konsumausgaben erhöhen, da Sie aufgrund der höheren Sicherheiten mehr Geld leihen können.

ÜBUNG 14.1 DIE BILANZ EINES HAUSHALTS

Betrachten Sie eine Familie mit zwei Eltern und zwei Kindern, die eine Hypothek auf ihr Haus aufgenommen haben. Sie haben die Hälfte der Hypothek abbezahlt. Die Familie besitzt außerdem ein Auto und ein Portfolio mit Aktien von Unternehmen. Sie geben ihr Einkommen für Lebensmittel, Kleidung und private Schulgebühren aus und haben Ersparnisse in einer Rentenkasse.

1. Welche dieser Posten würden in einer Bilanz für den Haushalt auftauchen?
2. Erstellen Sie anhand des Beispiels der Bilanz der Bank in Abbildung 10.16 (Seite 506) eine Jahresbilanz für Ihren hypothetischen Haushalt. Recherchieren Sie die typischen Werte für diese Posten für eine Familie dieses Typs.

ÜBUNG 14.2 WOHNEN IN FRANKREICH UND DEUTSCHLAND

In Frankreich und Deutschland ist es für einen Haushalt schwierig, seine Darlehensaufnahme aufgrund einer Steigerung des Marktwerts des Hauses zu erhöhen. Darüber hinaus sind beim Hauskauf hohe Anzahlungen (in Prozent des Hauspreises) erforderlich.

1. Wie würde sich ein Anstieg der Immobilienpreise in Frankreich oder Deutschland Ihrer Meinung nach auf die Ausgaben der Haushalte auswirken?
2. In den USA oder im Vereinigten Königreich sind Darlehen auf der Grundlage eines gestiegenen Eigenkapitals leichter erhältlich und es ist nur eine geringe Anzahlung erforderlich. Wie würde sich Ihrer Meinung nach Ihre Antwort auf Frage 1 ändern, wenn Sie die USA oder das Vereinigte Königreich betrachten?
3. Was schließen Sie aus der Rolle des finanziellen Akzelerators in Frankreich und Deutschland im Vergleich zum Vereinigten Königreich und den USA?

Hinweis: In einem VoxEU Artikel vom Dezember 2014, 'Combatting Eurozone deflation: QE for the people' (https://tinyco.re/4854300), erfahren Sie mehr über den Einfluss einer Veränderung der Hauspreise auf die Ausgaben in Europa und den USA.

FRAGE 14.3 WÄHLEN SIE DIE RICHTIGE(N) ANTWORT(EN)

Welche der folgenden Aussagen über das Vermögen eines Haushalts ist richtig?

☐ Das materielle Vermögen eines Haushalts ist sein finanzielles Vermögen plus dem Wert seines Hauses.
☐ Das gesamte breite Vermögen ist gleich dem materiellen Vermögen plus den erwarteten zukünftigen Einkünften.
☐ Ein Haushalt passt sein Vorsorgesparen an die Veränderungen seines Zielvermögens an.
☐ Liegt das Zielvermögen des Haushalts über seinem erwarteten Vermögen, so wird er seine Ersparnisse verringern und den Konsum erhöhen.

14.4 INVESTITIONSAUSGABEN

In Einheit 13 haben wir die Volatilität von Investitionen mit der Gleichmäßigkeit von Konsumausgaben verglichen. Wie aber treffen Unternehmen Entscheidungen über Investitionen? Stellen Sie sich vor, das Management und die Eigentümer:innen eines Unternehmens entscheiden, was sie mit ihren angesammelten Gewinnen tun wollen. Es gibt vier Möglichkeiten:

1. *Dividenden:* Allokation der Mittel für Gehälter des Managements, der Beschäftigten oder für Dividenden für Eigentümer:innen.
2. *Sparen:* Kauf eines verzinslichen Vermögenswerts, zum Beispiel einer Anleihe, oder Tilgung (Abzahlung) bestehender Schulden.
3. *Investitionen im Ausland:* Aufbau neuer Produktionskapazitäten in einem anderen Land.
4. *Investitionen im Inland:* Aufbau neuer Kapazitäten im eigenen Land.

Die vierte Wahlmöglichkeit wird in unserem Modell als Investition bezeichnet (die dritte Wahlmöglichkeit ist ebenfalls eine Investition, aber da sie im Ausland getätigt wird, wird sie in der volkswirtschaftlichen Gesamtrechnung des Auslands als Teil seines I gemessen, nicht in der des Inlandes).

Wenn wir davon ausgehen, dass es keinen Grund gibt, die Gehälter zu ändern, können wir die Entscheidung der Eigentümer:innen ebenso aufschlüsseln wie die Entscheidung von Marco in Einheit 10:

- *Die Eigentümer:innen haben die Wahl, jetzt oder später zu konsumieren:* Wenn die Eigentümer:innen die Einnahmen als Dividenden ausschütten, können sie das zusätzliche Einkommen einfach jetzt konsumieren, wenn sie das möchten.
- *Wenn die Entscheidung auf späteren Konsum fällt:* Die Eigentümer:innen können entweder sparen (durch den Kauf eines Vermögenswerts wie einer Anleihe oder die Tilgung von Schulden) oder in ein neues Projekt investieren.
- *Wenn die Entscheidung auf eine Investition fällt:* Ob die Eigentümer:innen im Inland oder im Ausland investieren, hängt von der erwarteten Gewinnrate für die potenziellen Investitionsprojekte an den beiden Standorten ab.

Ob es wünschenswert ist, lieber jetzt als später zu konsumieren, hängt vom Abzinsungssatz der Eigentümer:innen ab (ρ), wie in Einheit 10 erläutert. Die Eigentümer:innen werden das mit der Rendite vergleichen, die sie erzielen können, wenn sie jetzt nicht konsumieren. Wenn das Unternehmen spart, indem es einen finanziellen Vermögenswert kauft, ist die Rendite der Zinssatz r. Wenn das Unternehmen in Produktionskapazitäten investiert, ist die Rendite die Gewinnrate der Investition, die wir wie in Einheit 10 mit Π bezeichnen:

- *Wenn ρ größer ist als r und Π:* Die Eigentümer:innen werden die Mittel behalten und die Konsumausgaben erhöhen.
- *Wenn r größer ist als ρ und Π:* Die Entscheidung wird sein, Schulden zu tilgen oder einen finanziellen Vermögenswert zu kaufen.
- *Wenn Π größer als ρ und r ist:* Die Eigentümer:innen werden investieren (entweder im Inland oder im Ausland).

Aufgrund dieser Möglichkeiten ist der Zinssatz einer der Faktoren, die bestimmen, ob Investitionen getätigt werden oder nicht. Wir haben in Einheit 10 gesehen, dass dieser durch die Politik der Zentralbanken (**Geldpolitik**) verändert werden kann. Der Zinssatz stellt die Opportunitätskosten für den Kauf von Maschinen, Anlagen und Bauten dar, die den Kapitalbestand erhöhen—wenn Sie Geld zur Verfügung haben, könnten Sie es mit einer Rendite von r sparen, anstatt es zu investieren. Wenn Sie kein Geld zur Verfügung haben, betragen die Kosten der Kreditaufnahme für Investitionen ebenfalls r. Wenn man die Investitionen nach dem erwarteten Gewinn nach Steuern ordnet, dann erhöht ein niedrigerer Zinssatz die Anzahl der Projekte, bei denen der erwartete Gewinn größer ist als der Zinssatz. Wir haben dies gesehen, als Marco vor der Entscheidung stand, ob er investieren soll oder nicht (Abbildung 10.10 (Seite 485)). Ein höherer Zinssatz verringert also die Investitionen, ein niedrigerer Zinssatz erhöht sie.

Abbildung 14.9 veranschaulicht diese Tatsache für eine Wirtschaft mit zwei Unternehmen, A und B. Für jedes Unternehmen in diesem Beispiel gibt es drei Investitionsprojekte mit unterschiedlichem Umfang und unterschiedlicher Rendite. Sie sind in abnehmender Reihenfolge der erwarteten Gewinnrate dargestellt. Die Analyse in Abbildung 14.9 zeigt, wie der Zinssatz bestimmt, welche Investitionen durchgeführt werden. Das untere Feld fasst die beiden Unternehmen zusammen, um zu zeigen, wie die Investitionen in der Wirtschaft insgesamt auf eine Änderung des Zinssatzes reagieren.

In den Abbildungen 14.10a–c sehen wir uns an, wie sich eine Änderung der Gewinnerwartungen auf die Investitionen auswirkt.

In der Wirtschaft mit zwei Unternehmen in Abbildung 14.10a steigt die erwartete Gewinnrate für jedes Projekt, weil sich die Bedingungen auf der Angebotsseite der Wirtschaft verbessern. Die Höhe jeder Säule nimmt zu, und infolgedessen gibt es mehr Investitionen zu einem bestimmten Zinssatz.

Eine Verschiebung nach oben kann durch einen Rückgang der erwarteten Preise für Inputs verursacht werden, zum Beispiel durch einen prognostizierten Rückgang der Energiepreise oder Löhne oder durch einen Rückgang der Steuern während der Projektlaufzeit.

Ein weiteres Beispiel für einen positiven Angebotseffekt ist eine Verbesserung der Sicherheit von Eigentumsrechten, sodass die Wahrscheinlichkeit geringer ist, dass die Regierung oder eine andere mächtige Instanz (zum Beispiel eine grundbesitzende Person, wie Bruno in Einheit 5, der eine Kleinbäuerin bedrohen könnte) das Eigentum an dem Investitionsprojekt übernimmt. Dies wird als ein Rückgang des **Enteignungsrisikos** bezeichnet und ist ein Beispiel für eine Verbesserung des Unternehmensumfelds.

In Abbildung 14.10b bleibt die Höhe der Säulen unverändert, aber ihre Breite (die den Betrag der Investitionen darstellt, die bei vielen Projekten rentabel sind) hat sich erhöht. Dies ist das Ergebnis eines permanenten Anstiegs der Nachfrage und des Mangels an ausreichender Kapazität zur Erfüllung der prognostizierten Verkäufe.

In einer Wirtschaft mit vielen Tausend Unternehmen stellt eine fallende Linie (wie in Abbildung 14.10c) die potenziellen Investitionen dar. Dies wird als **aggregierte Investitionsfunktion** bezeichnet. Die Reaktion der Investitionen auf eine Änderung des Zinssatzes wird als Verschiebung von C nach E dargestellt. Abbildung 14.10c zeigt auch die Auswirkung einer Änderung der Rentabilität von Investitionen, die sich aus Angebots- und Nachfrageeffekten ergibt und die Investitionen bei gleichem Zinssatz von C nach D ansteigen lässt.

Die empirischen Belege deuten darauf hin, dass die Ausgaben der Unternehmen für Maschinen und Ausrüstungen nicht sehr empfindlich auf den Zinssatz reagieren. Diese begrenzte Auswirkung von Änderungen des Zinssatzes auf die Investitionen der Unternehmen (veranschaulicht durch die Steilheit der

Geldpolitik Maßnahmen der Zentralbank (oder der Regierung), die darauf abzielen, die Wirtschaftstätigkeit durch Änderung der Zinssätze oder der Preise von finanziellen Vermögenswerten zu beeinflussen. *Siehe auch: quantitative Lockerung.*

Enteignungsrisiko Die Wahrscheinlichkeit, dass ein Vermögen (zum Bespiel eines Unternehmens) von der Regierung oder einem anderen weggenommen wird.

Investitionsfunktion (aggregiert) Eine Gleichung, die zeigt, wie die Investitionsausgaben in der Gesamtwirtschaft von anderen Variablen, nämlich dem Zinssatz und den Gewinnerwartungen, abhängen. *Siehe auch: Zinssatz, Gewinnmarge.*

Linien in der Abbildung) unterstreicht die Bedeutung der angebots- und nachfrageseitigen Faktoren, die die Investitionsfunktion verändern (Abbildungen 14.10a und 14.10b).

Der Zinssatz wirkt sich auf die Investitionen außerhalb des Unternehmenssektors aus, indem er die Entscheidungen der Haushalte über den Kauf neuer oder größerer Immobilien beeinflusst, was wiederum Auswirkungen auf den Immobilienneubau hat. Der Zinssatz hat auch erhebliche Auswirkungen auf die Nachfrage nach langlebigen Gebrauchsgütern, wie Autos und Haushaltsgeräte, die häufig auf Kredit gekauft werden.

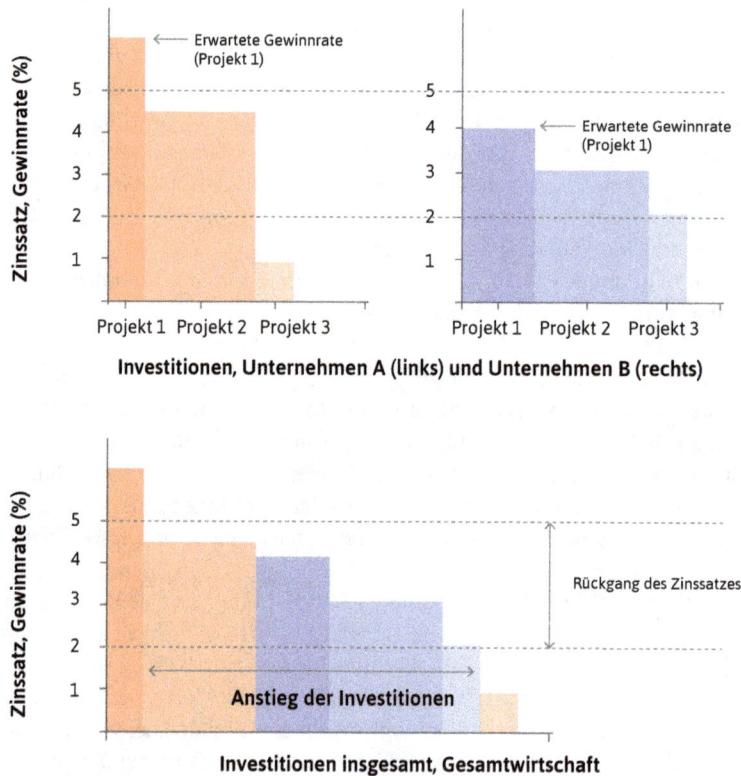

Investitionen, Unternehmen A (links) und Unternehmen B (rechts)

Investitionen insgesamt, Gesamtwirtschaft

Abbildung 14.9 Investitionen, erwartete Gewinnrate und Zinssatz in einer Wirtschaft mit zwei Unternehmen.

1. Unternehmen A
Unternehmen A hat drei Investitionsprojekte mit unterschiedlichem Umfang und unterschiedlicher Gewinnrate. Sie sind in abnehmender Reihenfolge der erwarteten Gewinnrate aufgeführt.

2. Unternehmen B
Das Unternehmen B hat ebenfalls drei verschiedene Investitionsprojekte.

3. Die Entscheidung für eine Investition
Bleibt der Zinssatz bei 5 %, führt Unternehmen A das Projekt 1 durch und Unternehmen B investiert überhaupt nicht. Wäre der Zinssatz jedoch 2 %, würde A die Projekte 1 und 2 durchführen, während B alle drei Projekte in Angriff nehmen würde.

4. Die Entscheidung für eine Investition
Das untere Feld fasst die potenziellen Investitionen der beiden Unternehmen zusammen, geordnet nach der erwarteten Gewinnrate wie zuvor.

5. Anstieg der Gesamtinvestitionen
Die Investitionen in der Wirtschaft steigen nach einem Rückgang der Zinssätze. Fünf Projekte werden durchgeführt, statt nur einem.

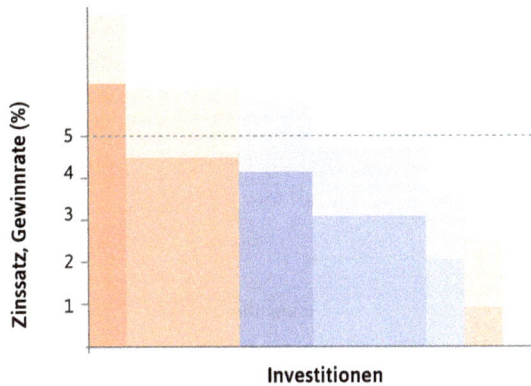

Abbildung 14.10a Die Gesamtwirtschaft, in der die erwartete Gewinnrate bei einer bestimmten Anzahl von Projekten steigt (Angebotseffekt).

1. Zinssatz bei 5 %

Bei einem Zinssatz von 5 % wird nur ein Projekt durchgeführt.

2. Verbesserung der Angebotsbedingungen

Die Verbesserung der Angebotsbedingungen erhöht die erwartete Gewinnrate für jedes Projekt.

3. Auswirkungen auf Investitionen

Bei gleichem Zinssatz steigen die Investitionen: zwei weitere Projekte werden in Angriff genommen.

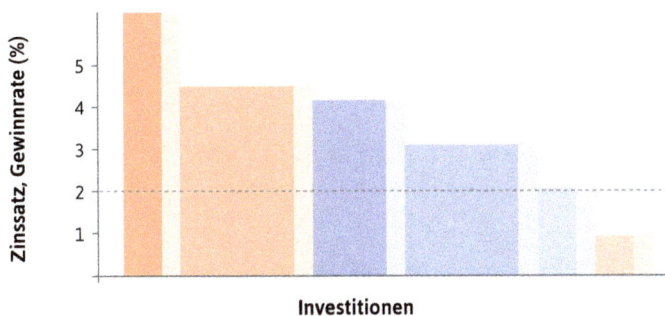

Abbildung 14.10b Die Gesamtwirtschaft, in der die gewünschte Kapazität für jedes Projekt ansteigt (Nachfrageeffekt).

1. Zinssatz bei 2 %

Bei einem Zinssatz von 2 % und der gewünschten Anfangskapazität sind die Investitionen in den dunkleren Blöcken dargestellt.

2. Höhere prognostizierte Nachfrage

Der Druck auf die bestehenden Kapazitäten aufgrund der höheren prognostizierten Nachfrage erhöht die gewünschte Größe der einzelnen Projekte, sodass die Investitionen steigen und auch die helleren Blöcke umfasst.

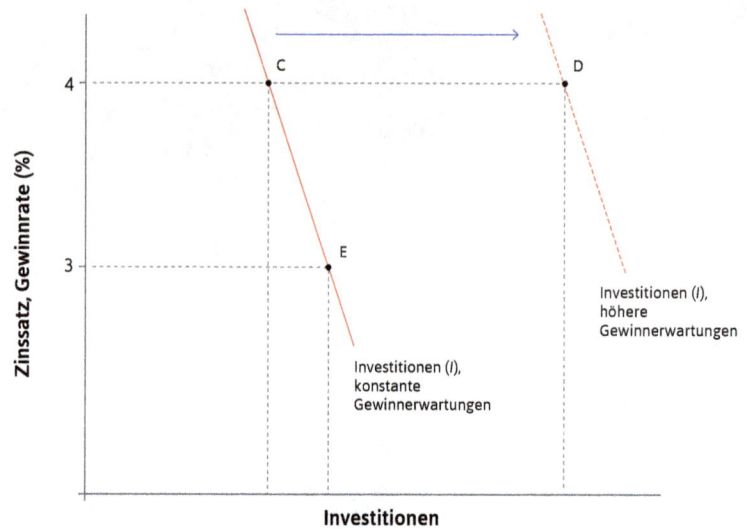

Abbildung 14.10c Aggregierte Investitionsfunktion: Auswirkungen des Zinssatzes und der Gewinnerwartungen.

1. Potenzielle Investitionsprojekte

In einer Wirtschaft mit vielen tausend Unternehmen werden alle potenziellen Investitionsprojekte durch eine fallende aggregierte Investitionsfunktion dargestellt.

2. Erhöhung der Investitionen

Als Reaktion auf einen sinkenden Zinssatz steigen die Investitionen von C auf E.

3. Eine Erhöhung der Gewinnerwartungen

Dadurch verschiebt sich die Investitionsfunktion nach rechts: Wenn der Zinssatz konstant bei 4 % gehalten wird, steigen die Investitionen von C nach D.

FRAGE 14.4 WÄHLEN SIE DIE RICHTIGE(N) ANTWORT(EN)

Abbildung 14.9 zeigt die möglichen Investitionsprojekte der Unternehmen A und B.

Welche der folgenden Aussagen ist richtig?

☐ Beide Unternehmen führen ihr Projekt 1 nur durch, wenn der Zinssatz 5 % beträgt.
☐ Die Zentralbank kann sicherstellen, dass alle Projekte durchgeführt werden, indem sie den Zinssatz auf 1,5 % senkt.

☐ Wenn erwartet wird, dass die Nachfrage dauerhaft über die Kapazität der bestehenden Anlagen und Ausrüstungen hinaus steigt, erhöht sich das Niveau der Investitionen aufgrund einer Verschiebung der erwarteten Gewinnrate nach oben.
☐ Ein erwarteter Anstieg der Energiepreise führt zu einem Rückgang der erwarteten Gewinnsätze, was dazu führt, dass weniger Investitionsprojekte zu einem bestimmten Zinssatz rentabel sind. Dies führt zu einem Rückgang der Investitionen.

FRAGE 14.5 WÄHLEN SIE DIE RICHTIGE(N) ANTWORT(EN)

Abbildung 14.10c zeigt die aggregierte Investitionsfunktion einer Volkswirtschaft.

Welche der folgenden Aussagen ist richtig?

☐ *Ceteris paribus*, ein Anstieg des Zinssatzes würde zu einem Rückgang der Investitionen führen, da sich die Investitionslinie nach innen verschiebt.

☐ Eine Erhöhung der Unternehmenssteuer würde die Linie der Investitionen nach außen verschieben.

☐ Ein prognostizierter dauerhafter Anstieg der Nachfrage verschiebt die Linie für die Investitionen nach außen.

☐ Eine steilere Linie zeigt an, dass das Niveau der Investitionen stärker auf Änderungen der Zinssätze reagiert.

14.5 DAS MULTIPLIKATORMODELL: EINBEZIEHUNG DER REGIERUNG UND DER NETTOEXPORTE

Jetzt nehmen wir Regierungen und Zentralbanken in das Modell auf, um zu zeigen, wie sie die Wirtschaft nach einem Schock stabilisieren (oder destabilisieren) können. Wie zuvor gehen wir davon aus, dass Unternehmen bereit sind, jede nachgefragte Menge an Gütern zu liefern, also:

$$\text{gesamtwirtschaftlicher Output} = \text{aggregierte Nachfrage}$$
$$Y = AN$$

In Einheit 13 haben wir gesehen, dass die aggregierte Nachfrage in diese Komponenten aufgeteilt werden kann, wenn wir die Regierung und die Interaktionen mit dem Rest der Welt durch Exporte und Importe einbeziehen:

$$\text{Aggregierte Nachfrage} = \text{Konsum}$$
$$+ \text{Investitionen}$$
$$+ \text{Staatsausgaben}$$
$$+ \text{Nettoexporte}$$

Um die oben dargestellte Funktion der aggregierten Nachfrage zu verstehen, ist es sinnvoll, die einzelnen Komponenten nacheinander zu betrachten:

Konsum

Die Konsumausgaben der Haushalte hängen vom Einkommen nach Steuern ab. Die Regierung erhebt eine Steuer t, von der wir annehmen, dass sie proportional zum Einkommen ist. Das nach Zahlung der Steuer verbleibende Einkommen, $(1 - t)Y$, wird als verfügbares Einkommen bezeichnet. Die marginale Konsumquote, c_1, ist der Anteil des verfügbaren Einkommens (nicht des Einkommens vor Steuern), der konsumiert wird. Dies bedeutet, dass in der aggregierten Konsumfunktion:

- Die Ausgaben für den Konsum als : $C = c_0 + c_1(1 - t)Y$ geschrieben werden.
- Alle Einflüsse auf den Konsum, die über das aktuell verfügbare Einkommen hinausgehen, gehen in den autonomen Konsum c_0 ein und verschieben daher die Konsumfunktion im Multiplikator-Diagramm. Dazu gehören Vermögen und Zielvermögen, Sicherheiten und Änderungen des Zinssatzes.

Investitionen

Wir haben soeben gesehen, dass die Ausgaben für Investitionen durch den Zinssatz und die erwartete Gewinnrate nach Steuern beeinflusst werden. Für die aggregierte Investitionsfunktion gilt:

- Die Ausgaben für Investitionen sind eine Funktion des Zinssatzes und der erwarteten Gewinnrate nach Steuern.
- Ein höherer Zinssatz verringert *ceteris paribus* die Ausgaben für Investitionen und verschiebt die aggregierte Nachfragekurve nach unten.
- Eine höhere erwartete Gewinnrate nach Steuern erhöht die Ausgaben für Investitionen, wodurch sich die aggregierte Nachfragekurve nach oben verschiebt.

Staatsausgaben

Ein Großteil der Staatsausgaben (ohne Transfers) fließt in allgemeine öffentliche Dienstleistungen, das Gesundheits- und das Bildungswesen. Die Staatsausgaben ändern sich nicht systematisch mit den Einkommensveränderungen. Sie werden als **exogen** bezeichnet.

Ein Anstieg der Staatsausgaben verschiebt die aggregierte Nachfragekurve im Multiplikator-Diagramm nach oben.

exogen Von außerhalb des Modells kommend und nicht durch das Modell selbst bestimmt. *Siehe auch: endogen.*

Nettoexporte

Die heimische Wirtschaft verkauft Waren und Dienstleistungen ins Ausland, das heißt sie exportiert. Die Menge an ausländischen Gütern, die die heimische Wirtschaft nachfragt (ihre Importe), hängt vom inländischen Einkommen ab. Der Anteil jeder zusätzlichen Einheit des Einkommens, der für Importe ausgegeben wird, wird als **marginale Importquote** (m) bezeichnet, die zwischen 0 und 1 liegen muss. Es gilt also:

marginale Importquote Die Änderung der gesamten Importe, die mit einer Änderung des gesamten Einkommens einhergeht.

$$\text{Nettoexporte} = X - M$$
$$= X - mY$$

Wenn die Produktionskosten eines Landes sinken, sodass es seine Waren auf den Märkten der Welt zu einem niedrigeren Preis als die Preise anderer Länder verkaufen kann, steigt die Nachfrage nach seinen Exporten, und die Inlandsnachfrage nach Importen sinkt. In der nächsten Einheit werden wir sehen, dass der **Wechselkurs** die Preise der Waren eines Landes auf den Märkten der Welt beeinflusst. Ein Wachstum auf den Märkten der Welt erhöht auch die Exporte. Für den Moment werden wir diese Effekte jedoch ignorieren und annehmen, dass die Exporte ebenfalls exogen sind.

Wechselkurs Die Anzahl der Einheiten der heimischen Währung, die in eine Einheit der ausländischen Währung umgetauscht werden können. Die Anzahl der australischen Dollar (AUD), die benötigt werden, um einen US-Dollar (USD) zu kaufen, wird beispielsweise als Anzahl der AUD pro USD definiert. Ein Anstieg dieses Kurses bedeutet eine Wertminderung des AUD und ein Rückgang eine Aufwertung des AUD.

Setzt man die einzelnen Komponenten der aggregierten Nachfrage zusammen, ergibt sich folgendes Bild:

$$AN = c_0 + c_1(1-t)Y + I + G + X - mY$$

Sowohl Steuern als auch Importe verringern die Größe des Multiplikators. Erinnern Sie sich daran, dass der Multiplikator angibt, um welchen Betrag ein Anstieg der Ausgaben (wie zum Beispiel ein Anstieg des autonomen Konsums, der Investitionen, der Staatsausgaben oder der Exporte) das BIP in der Wirtschaft anhebt. Wenn wir Steuern und Importe in das Modell einbeziehen, ist der indirekte Multiplikatoreffekt eines bestimmten Ausgabenanstiegs auf das BIP geringer. Dies liegt daran, dass ein Teil des Einkommens der Haushalte direkt als Steuern an die Regierung fließt und ein anderer Teil zum Kauf von im Ausland produzierten Waren und Dienstleistungen verwendet wird. Da wir davon ausgehen, dass die Regierung ihre Ausgaben nicht erhöht, wenn die Steuern steigen, und dass Kaufende im Ausland nicht mehr von unseren Waren importieren, wenn wir mehr von ihren importieren, bedeutet dies, dass ein Teil einer autonomen Einkommenserhöhung nicht zu weiteren indirekten Einkommenssteigerungen in der inländischen Wirtschaft führt. Wie das Sparen werden auch Steuern und Importe als Lecks im Kreislauf des Einkommens bezeichnet. Dies führt dazu, dass die indirekten Auswirkungen einer autonomen Veränderung der Ausgaben auf die aggregierte Nachfrage, den gesamtwirtschaftlichen Output und die Beschäftigung verringern werden.

Zusammengefasst:

- *Eine höhere marginale Importquote verringert die Größe des Multiplikators:* Dadurch wird die aggregierte Nachfragekurve flacher.
- *Ein Anstieg der Exporte verschiebt die aggregierte Nachfragekurve im Multiplikator-Diagramm nach oben.*
- *Eine Erhöhung des Steuersatzes verringert die Größe des Multiplikators:* Dadurch wird die Kurve der aggregierten Nachfrage flacher.

Der Einstein am Ende dieses Abschnitts zeigt Ihnen, wie Sie die Größe des Multiplikators im Modell berechnen können, sobald der Steuersatz und die Importe einbezogen werden. Zur Veranschaulichung gehen wir von einem Steuersatz von 20 % (0,2) und einer marginalen Importquote von 0,1 aus. Bevor wir die Regierung einführten, setzten wir die marginale Konsumquote, c_1, auf 0,6. Wenn wir diese Zahlen in die Formel für den Multiplikator einsetzen, den wir im Einstein berechnen, erhalten wir das Ergebnis, dass der Wert des Multiplikators $k = 1,6$ ist, verglichen mit 2,5 ohne Einbeziehung von Steuern und Importen. Im nächsten Abschnitt sehen wir uns an, wie Ökonominnen und Ökonomen die Größe des Multiplikators anhand von Daten geschätzt haben, warum ihre Schätzungen voneinander abweichen und warum dies von Bedeutung ist.

ÜBUNG 14.3 DAS MULTIPLIKATORMODELL
Betrachten Sie das oben beschriebene Multiplikatormodell.

1. Vergleichen Sie zwei Volkswirtschaften, die sich nur durch ihren Anteil an kreditbeschränkten Haushalten unterscheiden, ansonsten aber identisch sind. In welcher Wirtschaft ist der Multiplikator größer? Veranschaulichen Sie Ihre Antwort anhand eines Diagramms.
2. Würden Sie auf der Grundlage Ihres Vergleichs der beiden Volkswirtschaften erwarten, dass der Multiplikator in einer Wirtschaft im Laufe des Konjunkturzyklus variiert?
3. Einige Ökonominnen und Ökonomen schätzten die Größe des Multiplikators in der Great Depression auf den Wert 1,8. Erläutern Sie, wie die folgenden Merkmale der damaligen US-Wirtschaft diesen Wert beeinflusst haben könnten:
   (a) Die Größe der Regierungen (siehe Abbildung 14.1 (Seite 672))
   (b) Die Tatsache, dass es kein Arbeitslosengeld gab
   (c) Die Tatsache, dass der Anteil der Importe gering war

Die aggregierte Nachfrage einer offenen Wirtschaft ist gegeben durch den inländischen Konsum nach Steuern C, die Investitionen I (die vom Zinssatz r abhängen), die Staatsausgaben G und die Nettoexporte X – M:

$$AN = C + I + G + X - M$$
$$= c_0 + c_1(1 - t)Y + I(r) + G + X - mY$$

c_0 ist der autonome Konsum, c_1 ist die marginale Konsumquote, und m ist die marginale Importquote. Im Gleichgewicht der Wirtschaft entspricht dies dem gesamtwirtschaftlichen Output: AN = Y. Die Auflösung nach Y ergibt:

$$Y = \left(\frac{1}{1 - c_1(1 - t) + m}\right)(c_0 + I(r) + G + X)$$

Welche der folgenden Möglichkeiten erhöht den Multiplikator in dieser Gleichung?

☐ Ein Rückgang der Staatsausgaben.
☐ Ein Rückgang des Zinssatzes.
☐ Ein Rückgang der marginalen Importquote.
☐ Ein Anstieg des Steuersatzes.

EINSTEIN

Der Multiplikator in einer Wirtschaft mit einer Regierung und Außenhandel

Die Tatsache, dass auf dem Markt ein Gleichgewicht herrscht, wenn der gesamtwirtschaftliche Output der aggregierten Nachfrage entspricht, kann erneut zur Ermittlung des Multiplikators herangezogen werden (das Gleichgewicht liegt dort, wo die Linie der aggregierten Nachfrage die 45-Grad-Linie im Multiplikator-Diagramm kreuzt). Die Gleichung für die aggregierte Nachfrage kann umgestellt werden, um den Output und folglich den Multiplikator zu ermitteln:

$$\text{Output} = \text{aggregierte Nachfrage}$$
$$\text{Output} = \text{Konsum}$$
$$+ \text{Investitionen}$$
$$+ \text{Staatsausgaben}$$
$$+ \text{Nettoexporte}$$

Deshalb:

$$Y = c_0 + c_1(1 - t)Y + I(r) + G + X - mY$$
$$Y(1 - c_1(1 - t) + m) = c_0 + I(r) + G + X$$
$$Y = \underbrace{\frac{1}{(1 - c_1(1 - t) + m)}}_{\text{Multiplikator}} \times \underbrace{(c_0 + I(r) + G + X)}_{\substack{\text{Nachfrage, die nicht} \\ \text{vom Einkommen abhängt}}}$$

Wir können sehen, dass der Multiplikator kleiner ist, wenn wir die Regierung und den Außenhandel einbeziehen:

$$\frac{1}{(1 - c_1(1 - t) + m)} < \frac{1}{(1 - c_1)}$$

Der Grund dafür ist, dass der Nenner auf der linken Seite größer ist als auf der rechten Seite:

$$1 - c_1(1 - t) + m > 1 - c_1$$

14.6 FISKALPOLITIK: WIE REGIERUNGEN SCHWANKUNGEN DÄMPFEN UND VERSTÄRKEN KÖNNEN

Staatsausgaben und Steuern können Schwankungen in der Wirtschaft im Wesentlichen auf drei Arten dämpfen:

- *Die Größe der Regierung (gemessen an der Staatsquote):* Im Gegensatz zu privaten Investitionen sind die Staatsausgaben für Konsum und Investitionen in der Regel stabil. Die Staatsausgaben für Gesundheit und Bildung, die in den meisten Ländern die beiden größten Haushaltsposten der Regierung sind, schwanken nicht mit der Kapazitätsauslastung oder dem Vertrauen in die wirtschaftliche Entwicklung. Diese Arten von Staatsausgaben stabilisieren die Wirtschaft. Wie wir ebenfalls gesehen haben, dämpft ein höherer Steuersatz Schwankungen, weil er die Größe des Multiplikators verringert.
- *Die Regierung stellt Arbeitslosengeld zur Verfügung:* Obwohl die Haushalte sparen, um Einkommensschwankungen auszugleichen, sparen nur wenige Haushalte genug (Selbstversicherung), um eine längere Phase der Arbeitslosigkeit zu überstehen. Die Arbeitslosenunterstützung hilft also den Haushalten, den Konsum zu glätten. Andere Programme zur Umverteilung von Einkommen an die Bedürftigen haben den gleichen Glättungseffekt.
- *Die Regierung kann eingreifen:* Sie kann gezielt eingreifen, um die aggregierte Nachfrage durch **Fiskalpolitik** zu stabilisieren.

Könnten sich die Arbeitskräfte privat gegen den Verlust des Arbeitsplatzes versichern? Es gibt auch drei Gründe, warum hier der Versicherungsmarkt versagt und die Regierungen deshalb eine Arbeitslosenversicherung in Form von Arbeitslosengeld anbieten:

- *Korreliertes Risiko:* In einer Rezession wird der Verlust von Arbeitsplätzen weit verbreitet sein. Das bedeutet, dass es in der gesamten Wirtschaft zu einem Anstieg der Versicherungsansprüche kommt und ein privates Versicherungsunternehmen möglicherweise nicht in der Lage ist, die Leistungen in dem erforderlichen Umfang auszuzahlen. Das bedeutet auch, dass eine **Mitversicherung** in der Nachbarschaft oder innerhalb der Familien nur von begrenztem Nutzen sein kann, da der Bedarf an Hilfe in vielen Haushalten gleichzeitig auftreten kann.
- *Versteckte Aktionen*: Wie wir in Einheit 12 gesehen haben, kann die Versicherungsgesellschaft den Grund für den Verlust des Arbeitsplatzes nicht erkennen. Das bedeutet, sie müsste die beschäftigte Person sowohl gegen ein Unternehmen versichern, das Beschäftigungsplätze aufgrund mangelnder Nachfrage abbaut, als auch gegen die Entlassung der

Fiskalpolitik Änderungen der Steuern oder Staatsausgaben zur Stabilisierung der Wirtschaft. *Siehe auch: fiskalpolitischer Stimulus, fiskalpolitischer Multiplikator, aggregierte Nachfrage.*

Mitversicherung Ein Mittel zum Zusammenlegen von Ersparnissen zwischen den Haushalten, damit ein Haushalt seinen Konsum aufrechterhalten kann, wenn sein Einkommen vorübergehend sinkt oder er höhere Ausgaben tätigen muss.

versteckte Aktionen (Problem der) Dies ist der Fall, wenn eine Handlung einer Tauschpartei nicht bekannt ist oder von der anderen Partei nicht überprüft werden kann. Zum Beispiel kann ein Unternehmen nicht wissen (oder nicht überprüfen), wie hart die eingestellte Person tatsächlich arbeitet. *Auch bekannt als: moralisches Risiko, versteckte Attribute (Problem der).*

arbeitenden Person wegen unzureichendem Arbeitseinsatz. Dies führt zu einem **moralischen Risiko**, da wir erwarten würden, dass sich dadurch eine gut versicherte Person weniger bei der Arbeit anstrengt.

- *Versteckte Attribute*: Angenommen, Sie erfahren, dass Ihr Unternehmen in Schwierigkeiten ist. Die Versicherungsgesellschaft weiß dies jedoch nicht. Dies ist ein weiteres Beispiel für **asymmetrische Informationen**. Sie werden also eine Versicherung abschließen, wenn Sie von der wahrscheinlichen Schließung des Unternehmens erfahren, und zwar zu günstigen Tarifen, weil das Versicherungsunternehmen nicht weiß, dass Sie wahrscheinlich einen Anspruch an die Versicherung stellen werden. Beschäftigte, die wissen, dass ihr Unternehmen gut dasteht, werden keine Versicherung abschließen. Das Problem der versteckten Attribute gilt sowohl für Einzelpersonen (fleißig oder faul) als auch für Unternehmen (erfolgreich oder erfolglos). Der gute Teil der potentiellen Kundschaft (zum Beispiel Beschäftigte, die gern hart arbeiten) wird die Versicherung meiden, und dem Versicherungsunternehmen bleibt der Teil, der das zusätzliche Risiko eines Arbeitsplatzverlustes eingeht.

moralisches Risiko Dieser Begriff stammt ursprünglich aus der Versicherungsbranche, um das Problem auszudrücken, mit dem sich versichernde Unternehmen konfrontiert sehen: Eine Person, die eine Hausratversicherung abgeschlossen hat, achtet möglicherweise weniger darauf, Brände oder andere Schäden am Haus zu vermeiden. Dadurch erhöht sich das Risiko über das hinaus, was es ohne die Versicherung wäre. Dieser Begriff bezieht sich mittlerweile auf jede Situation, in der eine Partei einer Interaktion über eine Handlung entscheidet, die sich auf den Gewinn oder das Wohlergehen der anderen Partei auswirkt, die aber von der betroffenen Partei nicht durch einen Vertrag kontrolliert werden kann. Oft ist es eine Folge dessen, dass die betroffene Partei nicht über ausreichende Informationen über die Handlung verfügt. Dies wird auch als das Problem der „versteckten Aktionen" bezeichnet. *Siehe auch: versteckte Aktionen (Problem der), unvollständiger Vertrag, zu groß zum Scheitern.*

versteckte Attribute (Problem der) Dies ist der Fall, wenn einige Eigenschaften der Person, die an einem Austausch teilnimmt (oder des Produkts oder der Dienstleistung, die bereitgestellt wird), den anderen Parteien nicht bekannt sind. Ein Beispiel dafür ist, dass die Person, die eine Krankenversicherung abschließt ihren eigenen Gesundheitszustand kennt, die Versicherungsgesellschaft jedoch nicht. *Auch bekannt als: adverse Selektion, versteckte Aktionen (Problem der).*

asymmetrische Informationen Informationen, die für die an einer wirtschaftlichen Interaktion beteiligten Parteien relevant sind, aber nur einem Teil der Parteien bekannt sind, anderen degegen nicht. *Siehe dazu: adverse Selektion, moralisches Risiko.*

automatische Stabilisatoren Merkmale des Steuer- und Transfersystems einer Volkswirtschaft, die dazu führen, dass eine Expansion oder Kontraktion der Wirtschaft ausgeglichen wird. Ein Beispiel dafür ist das System des Arbeitslosengeldes.

Das System der Arbeitslosengelder ist Teil der **automatischen Stabilisierung**, die moderne Volkswirtschaften kennzeichnet. Wir haben bereits einen anderen automatischen Stabilisator gesehen: ein proportionales Steuersystem reduziert die Größe des Multiplikators und dämpft den Konjunkturzyklus.

Die dritte Rolle der Regierung bei der Dämpfung von Schwankungen ist der Einsatz der Fiskalpolitik im Rahmen einer gezielten Stabilisierungspolitik: eine Erhöhung der Staatsausgaben oder Steuersenkungen zur Stützung der aggregierten Nachfrage in einem Abschwung oder Ausgabenkürzungen und Steuererhöhungen zur Eindämmung eines Booms. Es kann mühsam sein, diese fiskalpolitischen Maßnahmen von einem Parlament, das die Macht über Haushaltsentscheidungen hat, genehmigen zu lassen. Dies ist ein Grund dafür, warum die Stabilisierungspolitik oft über die Geldpolitik und nicht über die Fiskalpolitik abgewickelt wird. Aber auch die Fiskalpolitik kann eine wichtige Rolle bei der Stabilisierung insbesondere bei besonders starken Abschwüngen spielen, wie wir jetzt sehen werden.

Das Sparparadoxon und der Trugschluss der Komposition

Wenn wir einen Haushalt mit der Wirtschaft als Ganzes vergleichen, können wir besser verstehen, warum das Defizit der Regierung in einer Rezession steigt. Angesichts eines Defizits innerhalb eines Haushalts kürzt eine Familie, die sich um ihr sinkendes Vermögen sorgt, die Ausgaben und spart mehr. Wir haben genau dieses Verhalten in Abbildung 14.8 (Seite 689) gesehen, als die Haushalte im Jahr 1929 ihre Ersparnisse erhöhten. Keynes zeigte, dass die Klugheit des Vorsorgesparens bei Familien aber nicht für eine Regierung gilt, wenn sich die Wirtschaft in einer Rezession befindet.

Man vergleiche den Versuch eines einzelnen Haushalts mehr zu sparen, mit dem Versuch aller Haushalte in der Wirtschaft dies gleichzeitig zu tun. Stellen Sie sich vor, ein einzelner Haushalt kürzt seine Ausgaben und steckt die zusätzlichen Ersparnisse in einen Sparstrumpf. Das Geld bleibt in der Socke, bis der Haushalt entscheidet, dass es sinnvoll ist, es auszugeben.

Nehmen wir nun an, dass alle Haushalte ihre Ausgaben kürzen und zusätzliche Ersparnisse in ihre Socken stecken. Unter der Annahme, dass sich sonst nichts in der Wirtschaft ändert, führt das zusätzliche Sparen zu einer Verringerung der gesamten Konsumausgaben in der Wirtschaft. Was geschieht dann? Aus dem vorigen Abschnitt können wir dies als einen Rückgang des autonomen Konsums modellieren, c_0: Die aggregierte Nachfragekurve verschiebt sich nach unten. Die Wirtschaft bewegt sich durch den Multiplikatoreffekt auf ein niedrigeres Niveau von gesamtwirtschaftlichen Output, Einkommen und Beschäftigung. Der Versuch, das Sparen zu erhöhen, führt zu einem Rückgang des Gesamteinkommens, was als **Sparparadoxon** bekannt ist. Die Tatsache, dass das, was für einen Teil der Wirtschaft gilt, nicht für die gesamte Wirtschaft gilt, wird als **Trugschluss der Komposition** bezeichnet.

> **Sparparadoxon** Wenn ein Einzelner weniger konsumiert, steigen seine Ersparnisse; wenn aber alle weniger konsumieren, kann das Ergebnis eher eine geringere als eine höhere Ersparnis sein. Der Versuch, das Sparen zu erhöhen, wird vereitelt, wenn eine Erhöhung der Sparquote nicht durch eine Erhöhung der Investitionen (oder einer anderen Quelle der aggregierten Nachfrage wie den Staatsausgaben für Waren und Dienstleistungen) ausgeglichen wird. Das Ergebnis ist ein Rückgang der aggregierten Nachfrage und einen niedrigeren gesamtwirtschaftlichen Output, so dass das tatsächliche Sparniveau nicht ansteigt.
>
> **Trugschluss der Komposition** Fälschliche Schlussfolgerung, dass das, was für Teile (zum Beispiel einen Haushalt) gilt, auch für das Ganze (in diesem Fall die Wirtschaft als Ganzes) gelten muss. *Siehe auch: Sparparadoxon.*

Ein einzelner Haushalt kann seine Ersparnisse erhöhen, wenn er mit einer Verschlechterung der wirtschaftlichen Situation rechnet. Dann werden die Ersparnisse da sein, wenn die Verschlechterung eintritt—zum Beispiel, wenn jemand krank wird oder den Arbeitsplatz verliert. Wenn jedoch jeder Haushalt dies tut, wenn sich die Wirtschaft in einer Rezession befindet, verursacht dieses Verhalten die Verschlechterung der Lage: Mehr Menschen verlieren ihren Arbeitsplatz. Der Grund dafür ist, dass in der Wirtschaft als Ganzes das Ausgeben und das Einnehmen zusammengehören. Meine Ausgaben sind Ihr Einkommen. Ihre Ausgaben sind mein Einkommen.

Was kann also getan werden? Die Regierung kann die automatischen Stabilisatoren wirken lassen und dazu beitragen, den Schock abzufedern. Außerdem kann sie die Wirtschaft ankurbeln (zum Beispiel durch eine vorübergehende Erhöhung der Staatsausgaben oder eine vorübergehende Steuersenkung), bis das Vertrauen in die wirtschaftliche Lage und das Vertrauen der Verbrauchenden wiederhergestellt sind und der private Sektor seine Ausgabenbereitschaft zurückgewinnt. Das Defizit des Staatshaushalts steigt an, aber dadurch wird eine tiefe Rezession vermieden, wie Keynes erkannte.

fiskalpolitischer Stimulus Der Einsatz der Fiskalpolitik durch die Regierung (durch eine Kombination von Steuersenkungen und Staatsausgabenerhöhungen) mit dem Ziel, die aggregierte Nachfrage zu erhöhen. *Siehe auch: fiskalpolitischer Multiplikator, Fiskalpolitik, aggregierte Nachfrage.*

Wenn eine Regierung in einer Rezession die Steuern senkt oder die Staatsausgaben G erhöht, spricht man von einem **fiskalpolitischen Stimulus**. Ziel ist es, dem Rückgang der aggregierten Nachfrage des Privatsektors entgegenzuwirken. Eine Steuersenkung soll den privaten Sektor dazu anregen, mehr auszugeben, während eine Erhöhung von G die aggregierte Nachfrage direkt erhöht. Abbildung 14.11a zeigt, wie eine Erhöhung von G einen Rückgang des privaten Konsums ausgleichen kann, wie er durch das Sparparadoxon beschrieben wird. Wie ein exogener Anstieg der Investitionen erfolgt auch der Anstieg von G über den Multiplikator, sodass der Output in der Regel stärker zunimmt als G.

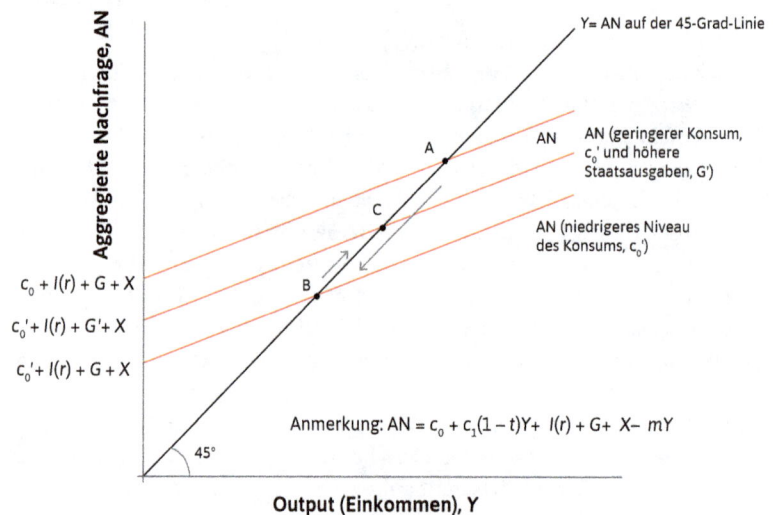

Abbildung 14.11a Eine Expansion der Fiskalpolitik kann einen Rückgang des privaten Konsums ausgleichen.

1. Gütermarktgleichgewicht
Die Wirtschaft beginnt im Gütermarktgleichgewicht am Punkt A, an dem die aggregierte Nachfrage gleich dem gesamtwirtschaftlichen Output ist.

2. Die Wirtschaft gerät in eine Rezession
Dies geschieht nach einem Rückgang des Konsumklimas der Verbrauchenden, wodurch c_0 sinkt. Die Linie der aggregierten Nachfrage verschiebt sich nach unten und die Wirtschaft bewegt sich von Punkt A nach Punkt B.

3. Fiskalpolitischer Stimulus: Erhöhung von G
Angenommen, die Regierung erhöht daraufhin ihre Ausgaben von G auf G', um dem Rückgang der aggregierten Nachfrage entgegenzuwirken. AN steigt wieder an und die Wirtschaft bewegt sich zum Punkt C.

GROSSE ÖKONOMINNEN UND ÖKONOMEN

John Maynard Keynes

John Maynard Keynes (1883–1946) und die Great Depression der 1930er Jahre veränderten das Denken in der Volkswirtschaftslehre. Bis dahin hatten die meisten Ökonominnen und Ökonomen Arbeitslosigkeit als das Ergebnis einer Art Unvollkommenheit des Arbeitsmarktes betrachtet. Wenn dieser Markt optimal funktionieren würde, wären Angebot und Nachfrage nach Arbeitskräften gleich groß. Die massive und anhaltende Arbeitslosigkeit in den zehn Jahren vor dem Zweiten Weltkrieg veranlasste Keynes, sich erneut mit dem Problem der Arbeitslosigkeit zu befassen.

Keynes wurde in einer Akademikerfamilie in Cambridge, Vereinigtes Königreich, geboren. Er studierte Mathematik am King's College in Cambridge und wurde dann Ökonom und prominenter Anhänger des berühmten Cambridge Professors Alfred Marshall. Vor dem Ersten Weltkrieg war Keynes eine weltweite Autorität auf dem Gebiet der Quantitätstheorie des Geldes sowie des Goldstandards und vertrat konservative Ansichten zur Wirtschaftspolitik, indem er für eine begrenzte Rolle der Regierungen plädierte. Doch seine Ansichten sollten sich bald ändern.

1919, nach dem Ende des Ersten Weltkriegs, veröffentlichte Keynes *The Economic Consequences of the Peace* (Die wirtschaftlichen Folgen des Friedens), in dem er sich gegen den Versailler Vertrag aussprach, der den Krieg beendete. Dieses Buch machte ihn sofort zu einer weltweiten Berühmtheit. Keynes vertrat zu Recht die Ansicht, dass Deutschland keine hohen Reparationszahlungen für den Krieg leisten konnte und dass der Versuch, Deutschland dazu zu zwingen, eine weltweite Wirtschaftskrise auslösen würde. 1925 sprach sich Keynes gegen die Rückkehr Großbritanniens zum Goldstandard aus und argumentierte, dass diese Politik zum Schrumpfen der Wirtschaft führen würde. Im Jahr 1929 kam es zu einem Finanzcrash und einer weltweiten Krise. Es folgte die Great Depression. Im Jahr 1931 kehrte Großbritannien vom Goldstandard ab.

Als Reaktion auf diese dramatischen Ereignisse erklärte Keynes, dass die vom Goldstandard geforderte orthodoxe Geldpolitik die Depression verschlimmern würde und dass die Welt Maßnahmen zur Steigerung der aggregierten Nachfrage benötigte. 1936 veröffentlichte er *The General Theory of Employment, Interest and Money* (Allgemeine Theorie der Beschäftigung, des Zinses und des Geldes), in der er ein ökonomisches Modell zur Erklärung dieser Ansichten vorstellte. *The General Theory* wurde sofort weltberühmt, insbesondere wegen der Idee des Multiplikators, die in dieser Einheit erläutert wird. In *The General Theory* argumentierte Keynes, dass bei bereits sehr niedrigen Zinssätzen eine fiskalische Expansion notwendig sei, um eine Depression zu mildern. Sein Werk hatte einen so nachhaltigen Einfluss, dass die erste Reaktion vieler

John Maynard Keynes. 2005. *The Economic Consequences of the Peace*. New York, NY: Cosimo Classics.

John Maynard Keynes. 1936. *The General Theory of Employment, Interest and Money* (https://tinyco.re/6855346). London: Palgrave Macmillan.

Länder auf die Weltwirtschaftskrise von 2008 darin bestand, diese keynesianische Politik anzuwenden.

Während des Zweiten Weltkriegs wandte sich Keynes dem Wiederaufbau nach dem Krieg zu. Er war entschlossen, sicherzustellen, dass die Fehler, die auf den Ersten Weltkrieg folgten, sich nicht wiederholen würden. Zusammen mit dem US-Amerikaner Harry Dexter White leitete er 1944 eine internationale Konferenz in Bretton Woods in New Hampshire, die zur Schaffung eines neuen internationalen Währungssystems führte, das vom Internationalen Währungsfond (IWF) verwaltet wurde. Das Bretton Woods System sollte die Fehler vermeiden, vor denen Keynes nach dem Ersten Weltkrieg erfolglos gewarnt hatte, und sicherstellen, dass ein Land, das sich in einer Rezession befand (und Schwierigkeiten mit der Zahlungsbilanz hatte), nicht die vom Goldstandard vorgeschriebene Politik verfolgen musste, die zum Schrumpfen der Wirtschaft geführt hätte. Ein solches Land konnte mit Hilfe der Fiskalpolitik Vollbeschäftigung anstreben und gleichzeitig seinen Wechselkurs abwerten, um Exporte zu fördern, Importe zu verringern und eine zufriedenstellende Zahlungsbilanz zu erreichen.

Keynes führte ein bemerkenswert abwechslungsreiches Leben. Er war Akademiker, hoher Beamter, Eigentümer der Zeitschrift *New Statesman*, Finanzspekulant, Vorsitzender einer Versicherungsgesellschaft und Mitglied des britischen House of Lords. Er war auch der Gründer des Arts Council of Great Britain und Vorsitzender der Covent Garden Opera Company. Er war mit der russischen Ballerina Lydia Lopokova verheiratet und ein wichtiges Mitglied der Bloomsbury Group, eines bemerkenswerten Kreises künstlerischer und literarischer Freunde in London, zu denen auch die Schriftstellerin Virginia Woolf gehörte.

1926 schrieb er in einem Essay mit dem Titel *The End of Laissez-Faire*:

„Ich für meinen Teil denke, dass der Kapitalismus, wenn er klug geführt wird, wahrscheinlich effizienter für die Erreichung wirtschaftlicher Ziele gemacht werden kann als jedes andere System, das bisher in Sicht ist, aber dass er an sich in vielerlei Hinsicht äußerst verwerflich ist. Unser Problem ist es, eine soziale Organisation zu entwickeln, die so effizient wie möglich ist, ohne unsere Vorstellungen von einer zufriedenstellenden Lebensweise zu verletzen."

John Maynard Keynes. 2004. *The End of Laissez-Faire*. Amherst, NY: Prometheus Books.

Wie Regierungen Schwankungen verstärken können

Keynes Argument bezieht sich auf die Zelle unten rechts in Abbildung 14.12 am Ende dieses Abschnitts: schlechte Politikgestaltung, die den Konjunkturzyklus verstärkt.

Manchmal beschließt eine Regierung, während einer Rezession die Steuern zu erhöhen oder die Ausgaben zu kürzen, weil sie um die Auswirkungen einer Rezession auf ihren **Saldo des Staatshaushalts** besorgt ist. Der Saldo des Staatshaushalts ist die Differenz zwischen den Einnahmen der Regierung abzüglich der staatlichen Transfers, T, und den Staatsausgaben, G, das heißt $T - G$. Wie wir gesehen haben, steigen bei einer Rezession in der Wirtschaft die staatlichen Transfers, zum Beispiel Arbeitslosengeld, während die Steuereinnahmen sinken, sodass sich der Saldo des Staatshaushalts verschlechtert und negativ werden kann.

Wenn der Saldo des Staatshaushalts negativ ist, spricht man von einem **Budgetdefizits**—die Staatsausgaben für Waren und Dienstleistungen, einschließlich der Investitionen, zuzüglich der Ausgaben für Transfers (wie Renten und Arbeitslosengeld) sind höher als die Steuereinnahmen des Staates. Ein **Budgetüberschuss** liegt vor, wenn die Steuereinnahmen höher sind als die Staatsausgaben. Zusammengefasst:

- *Ausgeglichener Haushalt: $G = T$*
- *Haushaltsdefizit: $G > T$*
- *Haushaltsüberschuss: $G < T$*

Die Verschlechterung der Haushaltslage der Regierung in einer Rezession ist Teil ihrer stabilisierenden Funktion der Regierung. Entscheidet sich die Regierung dagegen, die Stabilisatoren außer Kraft zu setzen, um ihr Defizit zu verringern, kann dies die Schwankungen in der Wirtschaft verstärken.

Angenommen, eine Regierung versucht, ihre Haushaltslage in einer Rezession zu verbessern, indem sie ihre Ausgaben kürzt. Dies wird, ebenso wie eine Steuererhöhung, als Sparpolitik bezeichnet. Anhand der Analyse in Abbildung 14.11b wird deutlich, wie die Sparpolitik eine Rezession durch eine weitere Verringerung der aggregierten Nachfrage verstärken kann.

Bedeutet dieses Argument, dass Regierungen niemals Sparpolitik betreiben sollten, um ein Haushaltsdefizit zu verringern? Nein—nur, dass eine Rezession nicht der richtige Zeitpunkt dafür ist. Wenn Regierungen unter den falschen wirtschaftlichen Bedingungen Defizite ausweisen, kann dies schädlich sein. In einem gut durchdachten politischen Rahmen werden dem Handeln der Regierungen Grenzen gesetzt, wie wir in Abschnitt 14.8 sehen werden.

Die Tabelle in Abbildung 14.12 fasst die bisherigen Erkenntnisse zusammen. Die erste Zeile enthält Beispiele dafür, wie das Verhalten der Haushalte die Schwankungen der Wirtschaft entweder dämpfen oder verstärken kann. Die Begriffe **negative** und **positive Rückkopplung** werden verwendet, um auf dämpfende und verstärkende Mechanismen im Konjunkturzyklus hinzuweisen.

Saldo des Staatshaushalts Die Differenz zwischen den Steuereinnahmen der Regierung und den Staatsausgaben (einschließlich der Käufe von Waren und Dienstleistungen durch die Regierung, Investitionen und Ausgaben für Transfers wie Renten und Arbeitslosengeld). *Siehe auch: Budgetdefizit, Budgetüberschuss.*

Budgetdefizit Wenn der Saldo des Staatshaushalts negativ ist. *Siehe auch: Saldo des Staatshaushalts, Budgetüberschuss.*

Budgetüberschuss Wenn der Saldo des Staatshaushalts positiv ist. *Siehe auch: Saldo des Staatshaushalts, Budgetdefizit.*

negative Rückkopplung (Prozess) Ein Prozess, bei dem eine anfängliche Veränderung einen Prozess in Gang setzt, der die anfängliche Veränderung dämpft. *Siehe auch: positive Rückkopplung (Prozess).*

positive Rückkopplung (Prozess) Ein Prozess, bei dem eine anfängliche Veränderung einen Prozess in Gang setzt, der die anfängliche Veränderung verstärkt. *Siehe auch: negative Rückkopplung (Prozess).*

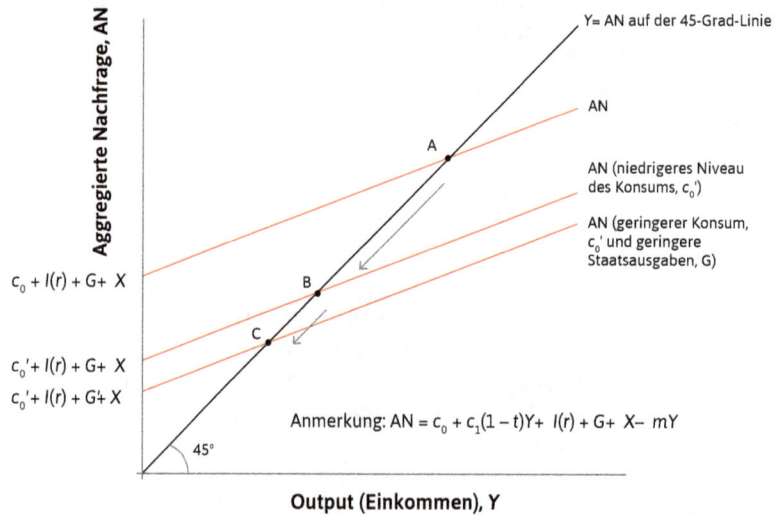

Die Abbildung zeigt auf der vertikalen Achse **Aggregierte Nachfrage, AN** und auf der horizontalen Achse **Output (Einkommen), Y**.

Beschriftungen im Diagramm:
- $Y = AN$ auf der 45-Grad-Linie
- AN
- AN (niedrigeres Niveau des Konsums, c_0')
- AN (geringerer Konsum, c_0' und geringere Staatsausgaben, G)
- Punkt A
- Punkt B bei $c_0 + I(r) + G + X$
- Punkt C bei $c_0' + I(r) + G + X$
- $c_0' + I(r) + G + X$
- 45°

Anmerkung: $AN = c_0 + c_1(1-t)Y + I(r) + G + X - mY$

Abbildung 14.11b Sparpolitik der Regierungen kann eine Rezession verschlimmern.

1. Gütermarktgleichgewicht

Die Wirtschaft beginnt am Punkt A mit einem Gütermarktgleichgewicht, bei dem die aggregierte Nachfrage gleich dem gesamtwirtschaftlichen Output ist.

2. Die Wirtschaft gerät in eine Rezession

Dies geschieht nach einem Rückgang des Konsumklimas der Verbrauchenden, wodurch c_0 sinkt. Die Linie der aggregierten Nachfrage verschiebt sich nach unten und die Wirtschaft bewegt sich von Punkt A nach Punkt B.

3. Sparpolitik

Nehmen wir an, dass die Regierung dann die Ausgaben von G auf G' senkt, um die Verschlechterung ihres Haushaltssaldos auszugleichen. Die Rezession führt dann dazu, dass die staatlichen Transfers steigen und die Steuereinnahmen sinken.

	Dämpfende Mechanismen gleichen Schocks aus (stabilisierend)	Verstärkende Mechanismen intensivieren Schocks (können destabilisierend wirken)
Entscheidungen des privaten Sektors	• Konsumglättung	• Kreditbeschränkungen begrenzen Konsumglättung • Der steigende Wert von Sicherheiten (Hauspreise) kann das Vermögen über das Zielniveau hinaus erhöhen und den Konsum steigern • Eine steigende Kapazitätsauslastung in einem Boom fördert Investitionen, die den Boom verstärken
Entscheidungen der Regierungen und Zentralbanken	• Automatische Stabilisatoren (zum Beispiel Arbeitslosengeld) • Stabilisierungspolitik (Fiskalpolitik oder Geldpolitik)	• Politische Fehler wie die Begrenzung des Anwendungsbereichs automatischer Stabilisatoren in einer Rezession oder der Verzicht auf Defizite in Zeiten geringer Nachfrage und auf Überschüsse in Booms

Abbildung 14.12 Die Rolle des privaten Sektors und der Regierungen im Konjunkturzyklus.

Nehmen wir an, die Regierung verfügt über einen ausgeglichenen Haushalt.

1. Verbessert sich der Saldo des Staatshaushalts, verschlechtert er sich oder bleibt er unverändert, wenn die Regierung ihre Ausgaben in einer Rezession kürzt,

ceteris paribus? Verwenden Sie zur Beantwortung dieser Frage das Beispiel in Abbildung 14.11b. Nehmen wir an, dass der Haushalt zum Zeitpunkt A ausgeglichen war. Zum Zeitpunkt B kürzt die Regierung G, um ihren Haushaltssaldo zu verbessern. Nehmen wir an, es gibt kein Arbeitslosengeld und eine lineare Steuer.

2. Beurteilen Sie die Politik der Regierung.

Welche der folgenden Aussagen ist richtig?

- ☐ Die Aufrechterhaltung eines ausgeglichenen Staatshaushalts in einer Rezession trägt zur Stabilisierung der Wirtschaft bei.
- ☐ Automatische Stabilisatoren beziehen sich auf die Tatsache, dass wirtschaftliche Schocks teilweise dadurch ausgeglichen werden, dass die Haushalte ihren Konsum angesichts variabler Einkommen glätten.

- ☐ Der Multiplikator eines Konjunkturprogramms ist höher, wenn die Wirtschaft mit voller Kapazität arbeitet.
- ☐ Ein fiskalpolitischer Stimulus kann durch eine Erhöhung der Ausgaben zur direkten Steigerung der Nachfrage oder durch Steuersenkungen zur Steigerung der Nachfrage im privaten Sektor umgesetzt werden.

14.7 DER MULTIPLIKATOR UND WIRTSCHAFTSPOLITISCHE ENTSCHEIDUNGEN

Im Multiplikatormodell haben wir uns für eine einfache Modellierung des aggregierten Konsums, der Investitionen, des Außenhandels und der Fiskalpolitik der Regierungen entschieden. Das bedeutet, dass es eine kleine Anzahl von Variablen gibt, aus denen die Größe des Multiplikators berechnet wird (die marginale Konsumquote, die marginale Importquote und der Steuersatz). Bei der Anwendung des Modells auf die reale Welt ist es wichtig zu erkennen, dass es keinen alleinstehenden Multiplikator gibt, der zu jedem Zeitpunkt gilt.

Der Multiplikator ist in einer Wirtschaft mit voller Kapazitätsauslastung und geringer Arbeitslosigkeit anders als in einer Rezession. Bei voll ausgelasteten Ressourcen würde ein Anstieg der Staatsausgaben um 1 % einen Teil der privaten Ausgaben in der Wirtschaft verdrängen (**crowding out**). Um einen Extremfall zu betrachten: Wenn alle Erwerbspersonen beschäftigt sind, kann ein Anstieg der Beschäftigung in der Regierung nur dadurch zustande kommen, dass Beschäftigte aus dem privaten Sektor abgezogen werden. Würde die erhöhte Produktion der Regierung genau durch eine verringerte Produktion des privaten Sektors ausgeglichen, dann wäre der Multiplikator gleich Null.

Normalerweise würde man von einer Regierung nicht erwarten, dass sie bei sehr niedriger Arbeitslosigkeit eine fiskalische Expansion vornimmt—auch wenn sie dies unter außergewöhnlichen Umständen wie einem Krieg tun könnte, wie es die USA in den späteren Jahren des Zweiten Weltkriegs und im Vietnamkrieg getan haben.

CROWDING OUT

Die Auswirkung einer Erhöhung der Staatsausgaben auf die Reduzierung der privaten Ausgaben, wie sie beispielsweise in einer Wirtschaft mit voller Kapazitätsauslastung zu erwarten wäre, oder wenn eine fiskalische Expansion mit einem Anstieg der Zinssätze verbunden ist.

Crowding Out Es gibt zwei ganz unterschiedliche Verwendungen des Begriffs. Der eine ist der beobachtete negative Effekt, wenn ökonomische Anreize die ethischen oder anderweitigen Motivationen der Menschen verdrängen. In Studien zum individuellen Verhalten können Anreize einen Crowding Out-Effekt auf soziale Präferenzen haben. Eine zweite Verwendung des Begriffs bezieht sich auf die Auswirkung einer Erhöhung der Staatsausgaben auf die Verringerung der privaten Ausgaben, wie sie beispielsweise in einer Volkswirtschaft mit voller Kapazitätsauslastung zu erwarten wäre, oder wenn eine fiskalische Expansion mit einem Anstieg des Zinssatzes verbunden ist.

Die Größe des Multiplikators hängt auch von den Erwartungen der Unternehmen und der Wirtschaft ab. Die Wirtschaft ist nicht wie ein Fahrradreifen, in den man Luft pumpen oder ablassen kann, um den Luftdruck auf dem richtigen Niveau zu halten. Haushalte und Unternehmen reagieren auf politische Veränderungen, aber sie erwarten sie auch. Wenn Unternehmen beispielsweise davon ausgehen, dass die Regierung die Wirtschaft nach einem negativen Schock stabilisieren wird, stärkt dies das Geschäftsklima, und die politischen Entscheidungsträger:innen können einen geringeren Konjunkturimpuls setzen. Oder wenn die Haushalte davon ausgehen, dass auf höhere Staatsausgaben auch höhere Steuern folgen werden, werden diejenigen, die sparen können, möglicherweise mehr Geld zur Seite legen, um die zusätzlichen Steuern zu bezahlen. In diesem Fall würde die Wirkung des Konjunkturprogramms abgeschwächt.

Als die Finanzkrise 2008 in vielen Volkswirtschaften zum stärksten Rückgang des BIP seit der Great Depression führte, erwarteten die politischen Entscheidungsträger:innen der Welt eine Antwort von den Ökonominnen und Ökonomen: Würde die Fiskalpolitik zur Stabilisierung der Wirtschaft beitragen? Das Multiplikatormodell, das von Keynes Analyse der Great Depression inspiriert wurde, deutete darauf hin, dass dies der Fall sein würde. Doch 2008 bezweifelten viele Ökonominnen und Ökonomen, dass das keynesianische Modell noch aktuell sei. Die Krise hat das Interesse daran wiederbelebt und zu einem größeren, wenn auch nicht vollständigen, Konsens unter Ökonominnen und Ökonomen über die Größe des Multiplikators geführt (siehe unten).

2012 zeigte eine von den Ökonomen Alan Auerbach und Yuriy Gorodnichenko veröffentlichte Studie, wie der Multiplikator in seiner Größe variiert, je nachdem, ob sich die Wirtschaft in einer Rezession oder in einer Expansion befindet. Dies ist genau die Erkenntnis, die politische Entscheidungsträger:innen 2008 benötigten.

Für die USA ergab ihre Studie, dass eine Erhöhung der Staatsausgaben um 1 USD in den USA den gesamtwirtschaftlichen Output in einer Rezession um etwa 1,50 USD bis 2 USD erhöht, in einer Expansion jedoch nur um etwa 0,50 USD. Auerbach und Gorodnichenko dehnten ihre Untersuchung auf andere Länder aus und kamen zu ähnlichen Ergebnissen. Sie fanden auch heraus, dass die Auswirkungen autonomer Ausgabensteigerungen in einem Land Spillover-Effekte auf die Länder haben, mit denen sie Handel treiben. Diese Effekte waren etwa so groß wie die indirekten Auswirkungen von zweiten, dritten und weiteren Ausgabenrunden im Heimatland.

Das ist eine Zusammenfassung des im Jahr 2012 veröffentlichten Berichts: Alan Auerbach und Yuriy Gorodnichenko. 2015. 'How Powerful Are Fiscal Multiplicators in Recessions?' (https://tinyco.re/3018428). *NBER Reporter 2015 Research Summary*.

WIE ÖKONOMINNEN UND ÖKONOMEN AUS FAKTEN LERNEN

Die Mafia und der Multiplikator

Es mag Sie überraschen, dass Ökonomen den Kampf der italienischen Regierung gegen die Mafia genutzt haben, um die Größe des Multiplikators aufzudecken, aber genau das konnten Antonio Acconcia, Giancarlo Corsetti und Saverio Simonelli tun. Indem sie die Methode des **natürlichen Experiments** anwandten, um das Problem der **umgekehrten Kausalität** zu lösen, verwendeten sie Daten über mafiabedingte Entlassungen lokaler Politiker:innen, um die Schwankungen der öffentlichen Ausgaben zu isolieren, die nicht durch Schwankungen im Output verursacht werden.

Nach einer Gesetzesänderung im Jahr 1991 entließ die Zentralregierung in Italien Lokalpolitiker:innen, bei denen sich herausstellte, dass sie enge Verbindungen zur Mafia hatten, und setzte an ihrer Stelle neue Verbeamtete ein. Diese Technokraten kürzten die lokalen Ausgaben um durchschnittlich 20 %. Die Veränderung der Staatsausgaben ist auf die Mafiaverbindungen zurückzuführen, da sie sich auf den Austausch von Verbeamteten der Regierung auswirkten. Und da es keinen direkten kausalen Zusammenhang zwischen der Nähe zur Mafia und der Veränderung des Outputs gibt, kann die Nähe zur Mafia verwendet werden, um die kausale Wirkung einer Veränderung der öffentlichen Ausgaben auf den gesamtwirtschaftlichen Output aufzudecken. Diese Situation wird in Abbildung 14.13 dargestellt.

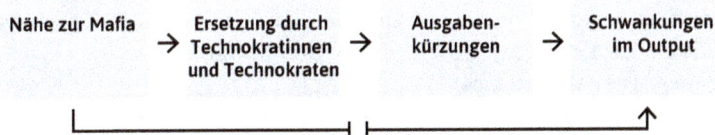

Abbildung 14.13 Schätzung des Multiplikators anhand der Nähe zur Mafia.

Mit dieser Methode konnten die Forscher Multiplikatoren von 1,5 auf lokaler Ebene schätzen.

Ökonominnen und Ökonomen haben ihren Einfallsreichtum genutzt, um Methoden zur Schätzung der Größe des Multiplikators und der Folgen seiner Wirkung für die Beschäftigung zu entwickeln. Legt man das US-Konjunkturprogramm zugrunde, das nach der Finanzkrise eingeführt wurde (der American Recovery and Reinvestment Act of 2009 (https://tinyco.re/7003843), ein fiskalpolitischer Stimulus in Höhe von 787 Milliarden USD), würde man erwarten, dass US-Bundesstaaten, die von der Finanzkrise stärker betroffen waren, eine höhere Arbeitslosigkeit aufwiesen und mehr Konjunkturausgaben der Regierung auf sich zogen. Arbeitslosigkeit führt also zu höheren Ausgaben in diesen Bundesstaaten. Dies erschwert die Schätzung der Auswirkung höherer Ausgaben auf den gesamtwirtschaftlichen Output und die Arbeitslosigkeit, aber genau diese Schätzung wollen wir machen, wenn wir die Größe des Multiplikators wissen wollen.

natürliches Experiment Eine empirische Studie, die natürlich vorkommende statistisch messbare Ereignisse ausnutzt, bei der die Forschenden nicht die Möglichkeit haben, die Teilnehmenden einer Treatment- und einer Kontrollgruppe zuzuordnen (wie es bei herkömmlichen Experimenten der Fall ist). Stattdessen können Unterschiede in der Gesetzgebung, der Politik, dem Wetter oder anderen Ereignissen die Möglichkeit bieten, dass Populationen so analysiert werden, als wären sie Teil eines Experiments gewesen. Die Gültigkeit solcher Studien hängt von der Voraussetzung ab, dass die Zuordnung der teilnehmenden Individuen zu den natürlich vorkommenden Treatment- und Kontrollgruppen plausibel als zufällig dargestellt werden kann.

umgekehrte Kausalität Eine wechselseitige Kausalität, bei der sich A auf B auswirkt und B auch auf A.

Antonio Acconcia, Giancarlo Corsetti, und Saverio Simonelli. 2014. 'Mafia and Public Spending: Evidence on the Fiscal Multiplicator from a Quasi-Experiment'. *American Economic Review* 104 (7) (July): pp. 2185–2209.

Sylvain Leduc und Daniel Wilson. 2015. 'Are State Governments Roadblocks to Federal Stimulus? Evidence on the Flypaper Effect of Highway Grants in the 2009 Recovery Act' (https://tinyco.re/3885744). Federal Reserve Bank of San Francisco Working Paper 2013-16 (September).

Die Debatte geht weiter. Hier sind einige leicht zugängliche Ressourcen:

Miguel Almunia, Agustín Bénétrix, Barry Eichengreen, Kevin H. O'Rourke, und Gisela Rua. 2010. 'From Great Depression to Great Credit Crisis: Similarities, Differences and Lessons.' (https://tinyco.re/7445896) Economic Policy 25 (62) (April): pp. 219–65.

Tim Harford. 2010. 'Stimulus Spending Might Not Be as Stimulating as We Think' (https://tinyco.re/9500536). Financial Times.

Paul Krugman. 2012. 'A Tragic Vindication' (https://tinyco.re/6611089). Paul Krugman — New York Times Blog. Aktualisiert 9. Oktober 2012.

Jonathan Portes. 2012. 'What Explains Poor Growth in the UK? The IMF Thinks It's Fiscal Policy' (https://tinyco.re/8763401). National Institute of Economic and Social Research Blog. Aktualisiert 9. Oktober 2012.

Noah Smith. 2013. 'Why the Multiplier Doesn't Matter' (https://tinyco.re/7260376). Noahpinion. Aktualisiert 7. Januar 2013.

Simon Wren-Lewis. 2012. 'Multiplier Theory: One Is the Magic Number' (https://tinyco.re/7820994). Mainly Macro. Aktualisiert 24. August 2012.

Ein Ansatz zur Umgehung dieses Problems der umgekehrten Kausalität besteht darin, sich die Tatsache zunutze zu machen, dass ein Teil der Ausgaben im Rahmen des US-Konjunkturprogramms nach einer Formel auf die US-Bundesstaaten verteilt wurde, die nichts mit der Schwere der Rezession in den einzelnen Staaten zu tun hatte. So wurden beispielsweise einige durch das Konjunkturpaket finanzierte Ausgaben für die Instandsetzung von Straßen auf der Grundlage der Länge der Autobahnen in den einzelnen Bundesstaaten verteilt.

In Anbetracht der Formel für die Allokation der Mittel für den Straßenbau und der Tatsache, dass mehr Autobahnkilometer keine direkte Auswirkung auf die Veränderung der Arbeitslosigkeit haben, lässt sich damit die Frage beantworten: Wurden in den Staaten, die mehr Konjunkturmittel erhielten, mehr Arbeitsplätze geschaffen?

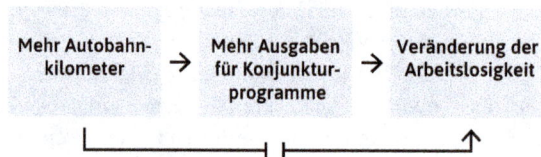

Abbildung 14.14 Schätzung des Multiplikators anhand der US-Konjunkturausgaben für Autobahnen.

Die Ergebnisse von Studien, die diesen Ansatz verwenden, schätzen einen Multiplikator von 2 und legen nahe, dass der American Recovery and Reinvestment Act zwischen ein und drei Millionen neue Arbeitsplätze geschaffen hat.

Trotz der Skepsis einiger Ökonominnen und Ökonomen vor der Krise von 2008, dass der Multiplikator größer als eins ist, haben politische Entscheidungsträger:innen auf der ganzen Welt 2008/09 Konjunkturprogramme aufgelegt. Dem fiskalpolitischen Stimulus wird zugeschrieben, dass er dazu beigetragen hat, eine weitere Great Depression abzuwenden, wie wir in Einheit 17 sehen werden.

WENN SICH ÖKONOMINNEN UND ÖKONOMEN UNEINIG SIND

Wie reagiert die Wirtschaft auf die Staatsausgaben?

Es gibt nur wenige Fragen in der Wirtschaftspolitik, die in den Jahren seit der Finanzkrise 2008 so heftig diskutiert wurden wie die Größe des Multiplikators für Staatsausgaben: Wie wirkt sich eine Erhöhung der Staatsausgaben um 1 % auf das BIP aus?

Ein Großteil der Kontroverse wird durch politische Differenzen zwischen den Beteiligten befeuert. Diejenigen, die höhere Staatsausgaben befürworten, halten den Multiplikator für groß, während diejenigen, die sich eine kleinere Regierung wünschen, ihn eher für klein halten. (Wir wissen nicht, ob diese Korrelation darauf zurückzuführen ist, dass ihre Überzeugungen über die Regierung ihre Schätzungen der Größe des Multiplikators beeinflussen, oder ob es umgekehrt ist).

Diese Debatte wird seit der ersten theoretischen Formulierung des Multiplikators durch John Maynard Keynes in den 1930er Jahren geführt. Die jüngste Wirtschaftskrise hat sie aus zwei Gründen wiederbelebt:

1. *Geldpolitik konnte nicht eingesetzt werden:* Nach der Finanzkrise befanden sich mehrere große Volkswirtschaften weiterhin in der Rezession, obwohl die Zentralbanken die Zinssätze bis nahe an den Nullpunkt gesenkt hatten. Wie wir in der nächsten Einheit sehen werden, können die Zinssätze nicht unter Null gesenkt werden, sodass die Regierungen wissen wollten, ob der fiskalpolitische Stimulus zu einer Erhöhung der Staatsausgaben zur Stabilisierung der Wirtschaft beitragen würde.
2. *Argumente darüber, ob Sparpolitik funktioniert:* Nach der Krise in der Eurozone im Jahr 2010 haben viele europäische Länder, die sich in einer Rezession befanden, Sparpolitik betrieben und die Staatsausgaben gekürzt, um ihre öffentlichen Finanzen wieder ins Gleichgewicht zu bringen.

Sowohl bei Konjunkturmaßnahmen als auch bei der Sparpolitik hängt der Erfolg der Politik von der Größe des Multiplikators ab. Ist der Multiplikator negativ—was der Fall sein könnte, wenn ein steigendes Haushaltsdefizit zu einem starken Vertrauensverlust führt—würde ein Konjunkturpaket zu einem Rückgang des BIP führen, während eine Sparpolitik einen Anstieg des BIP bewirken würde. Ist der Multiplikator positiv, aber kleiner als 1, würde ein fiskalpolitischer Stimulus das BIP zwar erhöhen, aber um weniger als den Anstieg der Staatsausgaben. Ist der Multiplikator, wie in unserem Multiplikatormodell, größer als 1, würde ein fiskalpolitischer Stimulus das BIP um mehr als den Anstieg der Staatsausgaben erhöhen, und eine Sparpolitik würde die Bedingungen der Rezession verstärken.

Je nach Methodik und Annahmen haben Ökonominnen und Ökonomen unterschiedliche Schätzungen der Multiplikatoren vorgelegt, die von negativen Zahlen bis hin zu Werten von über 2 reichen. So schätzten die Angehörigen des Rates der Wirtschaftsberater:innen von Präsident Obama den Multiplikator auf 1,6, als sie den American Recovery and Reinvestment Act von 2009 ausarbeiteten. Der Internationale Währungsfond legte 2012 Schätzungen vor, wonach die Multiplikatoren in den fortgeschrittenen Wirtschaften nach der Krise zwischen 0,9 und 1,7 lagen.

Um wirksam zu sein, müssen die Staatsausgaben Ressourcen, die sonst ungenutzt wären, einer produktiven Nutzung zuführen. Bei diesen Ressourcen kann es sich um arbeitslose (oder unterbeschäftigte) Arbeitskräfte handeln, aber auch um Büros, Geschäfte oder Fabriken, die über freie Kapazitäten verfügen. Wenn eine Wirtschaft voll ausgelastet ist (ohne ungenutzte Ressourcen), verdrängen zusätzliche Staatsausgaben die privaten Ausgaben.

International Monetary Fund. 2012. *World Economic Outlook October: Coping with High Debt and Sluggish Growth* (https://tinyco.re/5970823).

Robert J. Barro. 2009. 'Government Spending Is No Free Lunch.' (https://tinyco.re/3208655) *The Wall Street Journal*.

Paul Krugman. 2009. 'War and Non-Remembrance' (https://tinyco.re/8410113). Paul Krugman — *New York Times* Blog.

Die Ökonomen Robert Barro und Paul Krugman waren sich in den Wochen nach der Verabschiedung des American Recovery and Reinvestment Act Anfang 2009 uneinig über die Größe des Multiplikators. Unter Verwendung von Daten zu den Staatsausgaben für Verteidigung während des Zweiten Weltkriegs kam Barro zu dem Schluss, dass der Multiplikator nicht größer als 0,8 ist. Das heißt, dass Ausgaben in Höhe von 1 USD für militärische Ausrüstung nur 0,80 USD an Output einbrachten. Krugman entgegnete jedoch, dass es in Kriegszeiten keine ungenutzten produktiven Ressourcen gibt, die man nutzen könnte. Die Menschen im erwerbsfähigen Alter arbeiteten in den Fabriken, um die Kriegsanstrengungen zu unterstützen, und die Regierung nutzte die Rationierung, um den privaten Konsum zu dämpfen.

In den Rezessionen, die auf die Krise in der Eurozone im Jahr 2010 folgten, führten viele europäische Regierungen eine Sparpolitik ein, um ihre Haushalte auszugleichen, und zwar zu einem Zeitpunkt, als neue Untersuchungen Hinweise darauf ergaben, dass die Multiplikatoren in Rezessionen deutlich über eins liegen. Diese Länder erzielten schlechte Wachstumsergebnisse—ein weiteres Zeichen dafür, dass der Multiplikator in tiefen Rezessionen größer als 1 ist. Einige Länder der Eurozone hatten jedoch keine andere Wahl, als eine Sparpolitik zu verfolgen. Wie wir im nächsten Abschnitt sehen werden, hatten sie die Fähigkeit verloren, Kredite aufzunehmen.

ÜBUNG 14.5 METHODEN ZUR SCHÄTZUNG DES MULTIPLIKATORS

Betrachten Sie die drei in dieser Einheit besprochenen Methoden, die zur Schätzung der Größe des Multiplikators verwendet wurden: die Entlassungen im Zusammenhang mit der Mafia in Italien, die Ausgaben für den Straßenbau in den USA und die Verteidigungsausgaben in Kriegszeiten in den USA.

Warum, glauben Sie, variieren die Schätzungen der Größe des Multiplikators? Verwenden Sie die Materialien dieser Einheit, um Ihre Erklärung zu unterstützen.

ÜBUNG 14.6 BEITRÄGE ZUR VERÄNDERUNG DES REALEN BRUTTOINLANDSPRODUKTS ÜBER DEN KONJUNKTURZYKLUS

In der Tabelle in Abbildung 13.8 (Seite 642) haben wir die Beiträge der wichtigsten Ausgabenkomponenten (C, I, G und $X - M$) zum Wachstum des US-BIP während der Rezession von 2009 dargestellt. Mit Hilfe von FRED können wir feststellen, ob sich diese Beiträge während der Erholungsphase der Rezession verändert haben.

Gehen Sie auf die FRED-Website (https://tinyco.re/5104028). Sie können sich dieses kurze Tutorial (https://tinyco.re/3209844) ansehen, um zu verstehen, wie FRED funktioniert. Suchen Sie in der Suchleiste nach „Contribution to GDP", und wählen Sie diese jährliche Folge aus:

- Contributions to percentage change in real gross domestic product: Personal consumption expenditures

Stellen Sie sicher, dass die Daten vierteljährlich vorliegen. Um dies zu ändern, klicken Sie auf die Schaltfläche „Edit graph" über der oberen rechten Ecke der Grafik.

Über diese Schaltfläche können Sie auch andere Folgen zu Ihrem Diagramm hinzufügen. Klicken Sie auf „Add line" und suchen Sie nach diesen Folgen:

- Contributions to percentage change in real gross domestic product: Gross private domestic investment
- Contributions to percentage change in real gross domestic product: Government consumption expenditures and gross investment
- Contributions to percentage change in real gross domestic product: Net exports of goods and services

Fügen Sie schließlich eine Reihe für das reale BIP („Real Gross Domestic Product") hinzu. Stellen Sie sicher, dass Sie die vierteljährliche Frequenz für alle Reihen in Ihrem Diagramm auswählen.

1. Ergeben die Beiträge zum BIP in etwa das Wachstum des BIP?

Verwenden Sie nun die heruntergeladenen Daten, um die folgenden Übungen für den Zeitraum von 2007 bis 2014 durchzuführen:

2. Beschreiben Sie die Beiträge zum US-BIP-Wachstum in der Rezession (2008 Q1 bis 2009 Q2) und in der Erholungsphase ab 2009 Q3 des Konjunkturzyklus. Wenn Sie die Daten mithilfe des FRED-Diagramms analysieren, sehen Sie die Rezession im Diagramm schattiert. Erstellen Sie eine Tabelle wie die in Abbildung 13.8 (Seite 642).
3. Wie lassen sich die Unterschiede in den Beiträgen von Konsum und Investitionen während der Rezessionen und der Erholungsphasen des Konjunkturzyklus erklären?
4. Was lässt sich aus dem Beitrag des Konsums und der Investitionen der Regierung zum BIP-Wachstum über die Fiskalpolitik der US-Regierung während der Krise ableiten?

Hinweis: Um sicherzustellen, dass Sie verstehen, wie diese FRED-Diagramme erstellt werden, sollten Sie die Daten in Ihre Tabellenkalkulation extrahieren und die Diagramme reproduzieren.

ÜBUNG 14.7 DER FALL FRANKREICHS

In einem Artikel von August 2014, 'The Fall of France' (https://tinyco.re/7111032), kritisiert Paul Krugman die Sparpolitik in Frankreich.

Erläutern Sie anhand der Erkenntnisse über den fiskalpolitischen Multiplikator, warum nach Krugmans Meinung die Sparpolitik in Frankreich (und allgemein in Europa) scheitern würde (erklären Sie genau, was Krugman Ihrer Meinung nach mit „scheitern" meint).

ÜBUNG 14.8 KONJUNKTURPROGRAMM OHNE NEUE SCHULDEN

Lesen Sie 'Stimulus, Without More Debt' (https://tinyco.re/9857908) von Robert Shiller.

Angenommen, die Wirtschaft befindet sich in einer Rezession. Die Regierung hat eine hohe Verschuldung und möchte einen ausgeglichenen Haushalt aufstellen, das heißt $G = T$. Wie kann die Regierung einen fiskalpolitischen Stimulus-Effekt auf das BIP erzielen und gleichzeitig den Haushalt ausgeglichen halten?

Um die Frage zu beantworten, gehen Sie wie folgt vor:

Zeigen Sie in einem Multiplikator-Diagramm, wie dies möglich ist, und beschriften Sie die entsprechenden Schnittpunkte und Winkel. Stellen Sie das Diagramm so genau dar, dass die genaue Größe des Multiplikators erkennbar ist.

- Erläutern Sie in Worten, wie die Regierung einen solchen fiskalpolitischen Stimulus-Effekt bei ausgeglichenem Haushalt erreichen kann.
- Leiten Sie den Multiplikator für einen ausgeglichenen Haushalt mithilfe der Algebra ab. (Hinweis: Sie müssen Ausdrücke für die Änderung des BIP bei einer Änderung von G und T aufschreiben und diese gleichsetzen).
- Kommentieren Sie kurz die Nachteile, die Sie in der Anwendung dieses fiskalpolitischen Stimulus mit ausgeglichenem Haushalt sehen.

Sie können die folgenden Annahmen treffen:

- Nehmen Sie eine pauschale Steuer an. Das bedeutet, dass die Steuer nicht von der Höhe des Einkommens abhängt, also $T = T$, anstatt der üblichen Annahme, dass $T = tY$.
- Nehmen Sie außerdem an, dass das Land weder Importe noch Exporte hat.

FRAGE 14.8 WÄHLEN SIE DIE RICHTIGE(N) ANTWORT(EN)

Welche der folgenden Aussagen über den Multiplikator ist richtig?

- ☐ Ökonominnen und Ökonomen sind sich in der Regel einig über ihre Schätzungen des Multiplikators.
- ☐ Umgekehrte Kausalität kann bei der empirischen Schätzung des Multiplikators ein Problem darstellen.
- ☐ Wenn die Haushalte davon ausgehen, dass höhere Staatsausgaben durch künftige Steuererhöhungen finanziert werden, dann ist der Multiplikator höher.
- ☐ Wenn Unternehmen davon ausgehen, dass die Fiskalpolitik der Regierung wirksam sein wird, ist der Multiplikator höher.

14.8 DIE FINANZEN DER REGIERUNG

Von dem Sparparadoxon haben wir gelernt, dass es in einer Rezession kontraproduktiv ist, wenn die Regierung die automatische Stabilisierung der Wirtschaft aussetzt. Wir haben auch gelernt, dass der Einsatz eines Konjunkturprogramms zur Ankurbelung der aggregierten Nachfrage in einer tiefen Rezession gerechtfertigt sein kann, wenn der Multiplikator größer als eins ist. Warum folgt auf ein fiskalpolitischer Stimulus oft eine Sparpolitik? Die Antwort ist die **Staatsverschuldung**. Um zu verstehen, warum, wenden wir uns den Einnahmen und Ausgaben der Regierung zu.

Einnahmen

Regierungen erzielen Einnahmen in Form von Einkommenssteuern und Steuern auf Ausgaben, die häufig als Mehrwertsteuer (MwSt) oder Umsatzsteuer bezeichnet werden. Sie nehmen auch Geld aus einer Vielzahl anderer Quellen ein, darunter Steuern auf Produkte wie Alkohol, Tabak und Erdöl—und auf Vermögen, auch durch Erbschaftssteuern.

Ausgaben

Die Ausgaben der Regierung umfassen unter anderem die Bereiche Gesundheit, Bildung und Verteidigung sowie öffentliche Investitionen wie Straßen und Schulen.

Die Einnahmen der Regierung werden auch zur Finanzierung von Sozialtransfers wie Arbeitslosengeld, Renten und Erwerbsunfähigkeitsleistungen verwendet. Die Regierung muss auch Zinsen auf ihre Schulden zahlen. Transfers und Zinszahlungen werden aus den Staatseinnahmen bezahlt, zählen aber nicht zu G, da die Regierung kein Geld für Waren oder Dienstleistungen ausgibt.

Primärdefizit der Regierung

Das Staatsdefizit ohne Zinszahlungen auf die Staatsverschuldung wird als **Primärdefizit** bezeichnet und durch $G - T$ gemessen, wobei T die Steuereinnahmen abzüglich der Transfers ist (im Multiplikatormodell mit einem proportionalen Steuersatz tY angenommen). Ist die Ausgangssituation ein Primärdefizit von Null, so verschlechtert es sich automatisch bei einem Konjunkturzyklus-Abschwung. Wenn sich der Abschwung umkehrt, wird das Primärdefizit der Regierung sinken, und im Aufschwung wird die Regierung höhere Einnahmen als Ausgaben haben.

Ein Haushaltsdefizit bedeutet, dass die Regierung Darlehen aufnehmen muss, um die Lücke zwischen ihren Einnahmen und ihren Ausgaben zu schließen. Die Regierung nimmt Darlehen auf, indem sie Anleihen verkauft. Unternehmen und Haushalte kaufen die Anleihen. Die privaten Haushalte kaufen sie in der Regel indirekt, da sie von Pensionsfonds gekauft werden, von denen die privaten Haushalte ihre Renten beziehen. Durch den Verkauf von Anleihen erhöht sich der Schuldenstand der Regierung.

Da es globale Finanzmärkte gibt, können auch Personen im Ausland Anleihen eines Landes kaufen. Staatsanleihen sind für Investierende attraktiv, weil sie einen festen Zinssatz zahlen und allgemein als sichere Investition gelten: Das Ausfallrisiko bei Staatsanleihen ist in der Regel gering. Investierende möchten wahrscheinlich eine Mischung aus sicheren und risikoreichen Vermögenswerten halten, und Staatsanleihen liegen normalerweise am sicheren Ende des Spektrums.

Eine **Staatsschuldenkrise** ist eine Situation, in der Staatsanleihen als riskant eingestuft werden. Solche Krisen sind in Entwicklungs- und Schwellenländern keine Seltenheit, in fortgeschrittenen Volkswirtschaften

> **Staatsverschuldung** Die Summe aller Anleihen, die die Regierung im Laufe der Jahre zur Finanzierung ihrer Defizite verkauft hat, abzüglich der fällig gewordenen Anleihen.

> **Primärdefizit** Das Defizit der Regierung (ihre Einnahmen minus Ausgaben) ohne die Zinszahlungen für ihre Staatsverschuldung. *Siehe auch: Staatsverschuldung.*

> **Staatsschuldenkrise** Eine Situation, in der Staatsanleihen als so riskant eingestuft werden, dass die Regierung möglicherweise nicht mehr in der Lage ist, Kredite aufzunehmen. In diesem Fall kann die Regierung nicht mehr ausgeben, als sie an Steuereinnahmen erhält.

dagegen schon. Im Jahr 2010 stiegen jedoch die Zinssätze für Anleihen der irischen, griechischen, spanischen und portugiesischen Regierungen an, was auf ein stark erhöhtes Ausfallrisiko hindeutete, das heißt auf die Wahrscheinlichkeit, dass die Regierungen nicht in der Lage sein würden, die erforderlichen Zahlungen für ihre Schulden zu leisten. Dies war der Beginn der Krise in der Eurozone. Regierungen von Ländern, die sich in einer Staatsschuldenkrise befinden, haben möglicherweise keine Alternative zur Sparpolitik, wenn sie keine Darlehen mehr aufnehmen können, da sie in diesem Fall nicht mehr ausgeben können, als sie an Steuereinnahmen erhalten.

Ein hoher Schuldenstand im Verhältnis zum BIP kann ein Problem darstellen, weil die Regierung wie ein Haushalt Zinsen für ihre Schulden zahlen und die Einnahmen zur Zahlung der Zinsen erhöhen muss, was eine Anhebung der Steuersätze erforderlich machen kann. Regierungen sind jedoch nicht wie Haushalte, da es keinen Punkt gibt, an dem sie ihren gesamten Bestand an Schulden getilgt haben müssen—wenn eine Reihe von Anleihen fällig wird, geben Regierungen in der Regel weitere Anleihen aus und halten so einen Bestand an Schulden aufrecht. Da Staatsanleihen außerhalb von Krisenzeiten im Allgemeinen als sichere Vermögenswerte angesehen werden, werden Staatsanleihen in der Regel auch von Investierenden nachgefragt. Wie die langfristigen Daten für das Vereinigte Königreich in Abbildung 14.15 verdeutlichen, gibt es keine allgemeinen Regeln dafür, wie hoch die Verschuldung von Regierungen sein darf.

Abbildung 14.15 zeigt die Entwicklung der Staatsverschuldung des Vereinigten Königreichs von 1700 bis 2020. Die Höhe der Verschuldung einer Regierung wird im Verhältnis zur Größe der Wirtschaft gemessen, das heißt in Prozent des BIP. Die beiden starken Anstiege der britischen Verschuldung im Verhältnis zum BIP im 20. Jahrhundert waren darauf zurückzuführen, dass die Regierung Kredite zur Finanzierung der Kriegsanstrengungen aufnehmen musste.

Auch Finanzkrisen erhöhen die Staatsverschuldung. Regierungen nehmen Kredite auf, um ausfallende Banken zu retten und die Wirtschaft in den langen Rezessionen, die auf Finanzkrisen folgen, zu stützen. Nach der globalen Finanzkrise von 2008 verdoppelte sich die Schuldenquote des Vereinigten

Aktuelle Daten bei OWiD anzeigen
https://tinyco.re/8971982

Ryland Thomas und Nicholas Dimsdale. (2017). 'A Millennium of UK Data' (https://tinyco.re/0223548). Bank of England OBRA dataset; UK Office for National Statistics. (2021). Government deficit and debt return (https://tinyco.re/95037832).

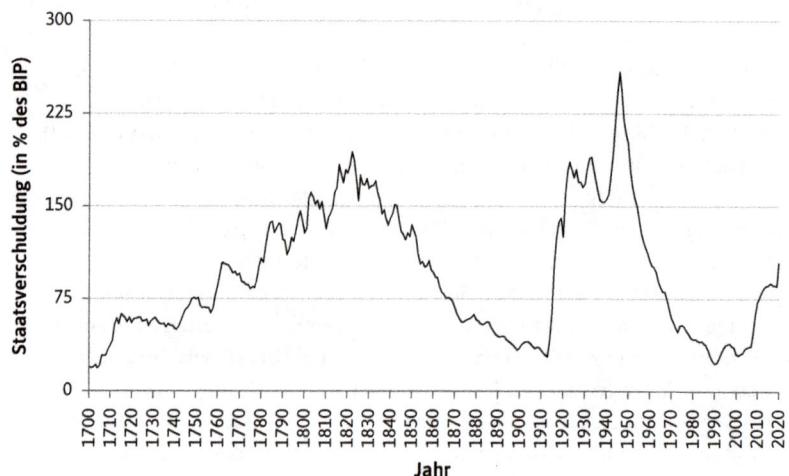

Abbildung 14.15 Staatsverschuldung im Vereinigten Königreich in Prozent des BIP (1700–2020).

Königreichs schnell auf über 80 % des BIP und überschritt 100 % des BIP in Folge der COVID-19 Pandemie.

Beachten Sie auch, dass die Regierung des Vereinigten Königreichs zwar mit einer sehr hohen Verschuldung aus dem Zweiten Weltkrieg hervorging, diese aber in den folgenden Jahrzehnten schnell sank: von 260 % des BIP auf 50 % in den 1980er Jahren. Und warum? Die britische Regierung erzielte von 1948 bis 1973 mit einer Ausnahme in jedem Jahr einen primären Haushaltsüberschuss, was zur Verringerung der Schuldenquote beitrug. Aber auch bei einem Primärdefizit kann die Quote sinken, solang die Wachstumsrate der Wirtschaft höher ist als der Zinssatz. In der Zeit des raschen Abbaus der britischen Schuldenquote gab es neben den Primärüberschüssen ein moderates Wachstum, niedrige von der Regierung festgelegte Nominalzinssätze und eine moderate Inflation.

Warum hilft Inflation einem Land, seine Schuldenquote zu senken? Weil der Nennwert von Staatsanleihen (die Höhe der Verschuldung) in nominalen Werten ausgedrückt wird. Die Ausgabe von Anleihen mit einer Laufzeit von 10 Jahren im Jahr 1950 würde beispielsweise die Rückzahlung von einer Million GBP im Jahr 1960 versprechen. Wenn also die Inflation in den 1950er Jahren mäßig hoch war, würde das nominale BIP schnell wachsen, während die 1960 geschuldete eine Million GBP konstant bliebe, was bedeutet, dass die Schulden im Verhältnis zum BIP geschrumpft wären. Wie wir in Einheit 15 weiter ausführen, verringert die Inflation den realen Wert der Schulden.

In vielen Volkswirtschaften mit hohem Pro-Kopf-BIP gab es längere Zeiträume, in denen die Wachstumsrate höher war als der Zinssatz. Der Ökonom Brad DeLong hat darauf hingewiesen, dass dies für die USA fast während der gesamten letzten 125 Jahre der Fall war.

> **ÜBUNG 14.9 EFFIZIENZ UND FAIRNESS**
> Wie würden Sie die Kriterien **Pareto-Verbesserung** und **Fairness** anwenden, um den Einsatz von Konjunkturmaßnahmen und Bankenrettungen nach der globalen Finanzkrise von 2007–2008 zu bewerten?
>
> Tipp: Schauen Sie sich die Abschnitte 5.2 und 5.3 in Einheit 5 an, in denen die Konzepte erläutert werden.

In Ländern mit einer alternden Bevölkerung führt die demografische Entwicklung zu einem steigenden Druck auf die Schuldenquote, da der Anteil der Staatseinnahmen, der für staatliche Renten, Gesundheitsfürsorge und soziale Betreuung älterer Menschen ausgegeben wird, zunehmen wird. Viele Regierungen und Wahlberechtigte stehen vor einer schwierigen Entscheidung: Sollen sie die Leistungen einschränken oder die Steuern erhöhen?

Die Lehren aus unserer Diskussion über Fiskalpolitik und Staatsverschuldung sind:

- *Automatische Stabilisatoren spielen eine nützliche Rolle:* Im Verlauf des Konjunkturzyklus tragen sie zum wirtschaftlichen Wohlergehen bei.
- *Wenn zusätzliche fiskalpolitische Stimuli eingesetzt werden, sollten diese später wieder rückgängig gemacht werden:* Diese Rücknahme kann erfolgen, wenn die Wirtschaft wieder wächst. Wird ein Konjunkturprogramm nicht rückgängig gemacht, steigt die Staatsverschuldung im Verhältnis zum BIP.
- *Finanzkrisen und Kriege erhöhen die Staatsverschuldung.*
- *Inflation verringert die Schuldenlast der Regierung:* Deflation erhöht sie.

Bradford DeLong. 2015. 'Draft for Rethinking Macroeconomics Conference Fiscal Policy Panel' (https://tinyco.re/4631043). *Washington Center for Equitable Growth.* Aktualisiert am 5. April 2015.

Pareto-Verbesserung Eine Veränderung, von der mindestens eine Person profitiert, ohne dass jemand anderes schlechter gestellt wird. *Siehe dazu: Pareto-dominant.*
Fairness Eine Art, eine Allokation auf der Grundlage der eigenen Vorstellung von Gerechtigkeit zu bewerten.

'A Load to Bear' (https://tinyco.re/9740912). *The Economist.* Aktualisiert am 26. November 2009.

- *Eine ständig steigende Schuldenquote ist nicht tragbar*: Es gibt jedoch keine Regel, die genau besagt, wie hoch die Verschuldung sein darf.
- *Wenn die Wachstumsrate unter dem Zinssatz liegt, ist es notwendig, primäre Überschüsse der Regierung zu erzielen, da sie die Schuldenquote stabilisieren und reduzieren*: Der Versuch, die Schuldenquote rasch zu senken, ist jedoch kontraproduktiv, wenn dadurch das Wachstum gedämpft wird.

Um ein Gefühl für die Auswirkungen politischer Maßnahmen zu bekommen, bietet *The Economist* ein Modellierungstool (https://tinyco.re/3107039) an, mit dem Sie als hypothetische Person mit politischer Entscheidungsbefugnis experimentieren können. Probieren Sie verschiedene Kombinationen von primärem Haushaltssaldo, Wachstumsrate, Nominalzinssatz und Inflationsrate aus, um einen kontinuierlichen Anstieg der Schuldenquote in einem Land Ihrer Wahl zu verhindern.

14.9 FISKALPOLITIK UND DER REST DER WELT

In Einheit 13 haben wir gesehen, dass die Agrarwirtschaften unter Schocks durch Kriege, Krankheiten und das Wetter leiden. In Einheit 11 haben wir gesehen, dass der amerikanische Bürgerkrieg Auswirkungen auf Volkswirtschaften wie Brasilien, Indien und das Vereinigte Königreich hatte. In modernen Volkswirtschaften ist das, was in der übrigen Welt geschieht, eine Quelle von Schocks und wirkt sich auch auf das Funktionieren der nationalen Wirtschaftspolitik aus. Um Fehler zu vermeiden, müssen politische Entscheidungsträger:innen über diese Wechselwirkungen Bescheid wissen.

Ausländische Märkte sind wichtig

Wachstumsschwankungen auf wichtigen Märkten im Ausland können erklären, warum die Wirtschaft in einen Auf- oder Abschwung gerät: Es handelt sich um eine Veränderung der Nettoexportkomponente der aggregierten Nachfrage, das heißt $(X - M)$. China ist zum Beispiel ein sehr wichtiger Markt für australische Exporte (2013 gingen 32 % der australischen Exporte nach China, was 6,5 % der aggregierten Nachfrage Australiens ausmacht). Als sich die chinesische Wirtschaft von einer Wachstumsrate von 10,6 % im Jahr 2010 auf 7,8 % im Jahr 2013 verlangsamte, wirkte sich dies über einen Rückgang der Nettoexporte direkt auf das Wachstum in Australien aus.

In ähnlicher Weise war die Verlangsamung in der EU aufgrund der Krise im Jahr 2010, die auf die globale Finanzkrise von 2008 folgte, ein wichtiger Grund für den schleppenden Ausstieg der britischen Wirtschaft aus der Rezession. Dies liegt daran, dass ein hoher Anteil der britischen Exporte in die EU geht. So gingen 2013 beispielsweise 44 % der britischen Exporte in die EU, was 13 % der aggregierten Nachfrage des Vereinigten Königreichs entsprach.

Importe dämpfen inländische Schwankungen

Wie wir gesehen haben, wird die Größe des Multiplikators durch die marginale Importquote verringert. Wenn die autonome Nachfrage steigt, regt sie die Ausgaben an, und ein Teil der gekauften Produkte wird im Ausland hergestellt. Dadurch wird der inländische Aufschwung gedämpft.

Der Handel schränkt die Wirkung von fiskalpolitischen Stimuli ein

Der Handel mit anderen Ländern schränkt die Möglichkeiten der politischen Entscheidungsträger:innen im Inland ein, in einer Rezession Konjunkturmaßnahmen zu ergreifen. Ein eindrucksvolles Beispiel stammt aus Frankreich in den 1980er Jahren. Zu Beginn der 1980er Jahre war die französische Wirtschaft nach den Ölpreis-Schocks in den 1970er Jahren, die

die Weltwirtschaft durcheinander brachten, weiterhin schwach. Im Jahr 1981 gewann der sozialistische Kandidat François Mitterrand die Präsidentschaftswahlen. Der von ihm ernannte Premierminister Pierre Mauroy führte ein Programm zur Ankurbelung der aggregierten Nachfrage durch höhere Staatsausgaben und Steuersenkungen ein (im Multiplikatormodell bedeutet dies einen Anstieg von G und einen Rückgang von t, dem Steuersatz).

In Abbildung 14.16 zeigen wir, was in Frankreich und in seinem größten Handelspartner, Deutschland, geschah. Die violetten Balken zeigen die Ergebnisse für Frankreich und die orangefarbenen Balken die Ergebnisse für Deutschland. In der Abbildung werden die Daten für drei Jahre dargestellt. Im ersten Jahr gab es keinen Stimulus, im zweiten Jahr gab es einen fiskalpolitischen Stimulus in Frankreich, und das dritte Jahr war das Jahr nach dem Stimulus.

In Abbildung 14.16 sehen Sie, dass der Haushaltssaldo in Frankreich (gemessen als $(T - G)/Y$) negativ wird. Daraus lässt sich ableiten, dass von einem ausgeglichenen Haushalt im Jahr 1980 ein Haushaltsdefizit von fast 3 % des BIP im Jahr 1982 entstand, das sich bis 1983 weiter erhöhte.

In Deutschland hingegen blieb der Haushalt in den drei Jahren nahezu ausgeglichen. Die Haushaltsüberschüsse betrugen 0 %, 0 %, und 0,2 %.

Die expandierende Nachfragepolitik in Frankreich bildete eine Ausnahme in Europa. Das französische Wachstum wurde 1982 zunächst angekurbelt (von 1,6 % auf 2,4 %), verschwand aber schnell wieder und fiel 1983 auf 1,2 % zurück. Die Gründe dafür?

Der Aufschwung der französischen Wirtschaft veranlasste die französischen Haushalte, ihre Ausgaben zu erhöhen, wobei ein Großteil dieser Ausgaben für ausländische Waren verwendet wurde. Der französische Konjunkturaufschwung griff auf Länder über, die wettbewerbsfähigere Produkte herstellten, wie Japan (elektronische Geräte) und Deutschland (Autos). Die Importe nach Frankreich stiegen sprunghaft an: Gemessen am Niveau von 1979 nahmen die Importe um 17,9 % zu, wie Abbildung 14.16 zeigt. Die deutschen Exporte stiegen 1982 um 17,1 % und 1983 um fast 14 %. Infolgedessen war das BIP-Wachstum 1983 in Deutschland höher als in Frankreich. Die französische Konjunkturpolitik kam vor allem den

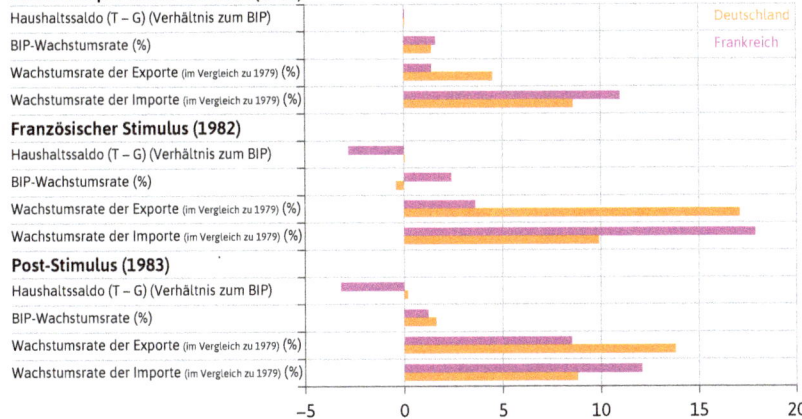

OECD. 2015. OECD Statistics (https://tinyco.re/9377362).

Abbildung 14.16 Erfolge und Misserfolge des französischen fiskalpolitischen Stimulus (1980–1983).

exportierenden Ländern zugute, die über wettbewerbsfähigere Waren verfügten. Frankreich fiel mit einem geringeren Wachstum und einem hohen Budgetdefizit (über 3 % im Jahr 1983) im Vergleich zu den anderen europäischen Ländern zurück.

Das Scheitern der Politik Mitterrands spiegelt sich wirtschaftlich in einem Druck auf den französischen Franc (die Einheit der Währung in dieser Zeit) wider. Zwischen 1981 und 1983 musste die französische Regierung den Franc dreimal abwerten, um die Wettbewerbsfähigkeit der französischen Waren gegenüber den im Ausland produzierten zu erhöhen. 1984 trat Mauroy zurück und der neue Premierminister führte eine Sparpolitik ein.

Das Mitterrand-Experiment zeigt die Grenzen eines fiskalpolitischen Stimulus zur erfolgreichen Stabilisierung einer tiefen Rezession auf. Im Falle Frankreichs war die Politik schlecht konzipiert und verzögerte die Anpassung der französischen Wirtschaft an die Schocks, die sie in den 1970er Jahren getroffen hatten. Das Problem in Frankreich war aber nicht nur die hohe Arbeitslosigkeit. Die Ankurbelung der aggregierten Nachfrage stimulierte die Ausgaben, aber nicht die Ausgaben für den französischen gesamtwirtschaftlichen Output.

Der Multiplikator war sehr niedrig, und die Spillover-Effekte auf andere Volkswirtschaften bedeuteten, dass der größte Teil der Konjunkturmaßnahmen aus Frankreich abfloß. Hätten die großen europäischen Volkswirtschaften gleichzeitig eine expansive Fiskalpolitik verfolgt, wären die Ergebnisse anders ausgefallen, da die Spillover-Effekte von Deutschland beispielsweise die französische Wirtschaft stimuliert hätten. Dies ist ein Beispiel für eine schlechte Politik, die darauf zurückzuführen ist, dass die Verbindungen des Landes mit dem Rest der Welt nicht verstanden wurden. Es würde in die letzte Zeile der dritten Spalte in Abbildung 14.12 (Seite 708) passen.

Ein fiskalpolitischer Stimulus ist in einer Rezession nicht unbedingt die einzige (oder beste) politische Option: Olivier Blanchard, der ehemalige Chefökonom des IWF, erklärt, wie die Haushaltskonsolidierung im Falle Lettlands 2008 funktionierte, obwohl er ursprünglich davon abgeraten hatte.

Olivier Blanchard. 2012. 'Lessons from Latvia' (https://tinyco.re/ 8173211). *IMFdirect - The IMF Blog*. Aktualisiert am 11. Juni 2012.

Koordinationsspiel Ein Spiel, bei dem es zwei Nash-Gleichgewichte gibt. Es kann dabei sein, dass ein Gleichgewicht das andere Gleichgewicht Pareto-dominiert. *Auch bekannt als: Versicherungsspiel.*

ÜBUNG 14.10 KOORDINATION EINES KONJUNKTURPROGRAMMS

Nehmen wir an, die Welt besteht aus nur zwei Ländern oder Blöcken, dem Norden und dem Süden. Die Welt befindet sich in einer tiefen Rezession. Die Situation lässt sich mit dem **Koordinationsspiel** beschreiben, das in Einheit 13 für Investitionen verwendet wurde. Hier sind die beiden Strategien „Konjunkturprogramm" und „Kein Konjunkturprogramm".

Erläutern Sie in Worten, wie das Koordinationsspiel die Probleme widerspiegelt, die sich den politischen Entscheidungsträger:innen der beiden Länder aufgrund ihrer gegenseitigen Abhängigkeit stellen.

FRAGE 14.9 WÄHLEN SIE DIE RICHTIGE(N) ANTWORT(EN)

Abbildung 14.16 zeigt die Auswirkungen der Erhöhung der Staatsausgaben und der Steuersenkungen in Frankreich im Jahr 1982 auf die Wirtschaft in Frankreich und Deutschland.

Welche der folgenden Aussagen sind richtig?

☐ Der französische Haushaltssaldo verschlechterte sich infolge der fiskalpolitische Expansion um mehr als 3 %.

☐ Die fiskalpolitische Expansion führte erfolgreich zu einer langfristigen Veränderung, mit der die Wachstumsrate des französischen BIP über 2 % lag.

☐ Die deutsche Wirtschaft profitierte vom Spillover-Effekt der höheren französischen Importe deutscher Waren.

☐ Eine expansive Fiskalpolitik sollte von den europäischen Volkswirtschaften nicht betrieben werden, da sie ein hohes Maß an Handel untereinander haben.

14.10 AGGREGIERTE NACHFRAGE UND ARBEITSLOSIGKEIT

Wir haben nun zwei Modelle, um über den gesamtwirtschaftlichen Output, die Beschäftigung und die Arbeitslosenquote in der Wirtschaft nachzudenken:

- *Die **Angebotsseite** (Arbeitsmarktmodell):* Das Modell, das in Einheit 9 vorgestellt wird, befasst sich mit der Angebotsseite der Wirtschaft und konzentriert sich darauf, wie Arbeitskräfte zur Produktion von Waren und Dienstleistungen eingesetzt werden. Dieses Modell wird als Arbeitsmarktmodell (oder Modell der Lohnsetzungskurve und der Preissetzungskurve) bezeichnet.

- *Die **Nachfrageseite** (**Multiplikatormodell**):* Die Nachfrageseite der Wirtschaft erklärt, wie Ausgabenentscheidungen die Nachfrage nach Waren und Dienstleistungen und damit die Beschäftigung und den gesamtwirtschaftlichen Output erzeugen. Dies ist das Multiplikatormodell.

Wenn wir die Modelle zusammenführen, können wir erklären, wie die Wirtschaft im Konjunkturzyklus um das langfristige Gleichgewicht des Arbeitsmarktes schwankt.

Das Arbeitsmarktmodell aus Einheit 9 ist in Abbildung 14.17 dargestellt, und das Gleichgewicht auf dem Arbeitsmarkt liegt dort, wo sich die Lohnsetzungskurve und die Preissetzungskurve kreuzen. Wir werden sehen, dass die Wirtschaft über den Konjunkturzyklus hinweg um die in Punkt A dargestellte Arbeitslosenquote schwankt. In dem Beispiel in Abbildung 14.17 beträgt die Arbeitslosenquote im Gleichgewicht 5 %.

Angebotsseite (Gesamtwirtschaft) Die Art und Weise, wie Arbeit und Kapital eingesetzt werden, um Waren und Dienstleistungen zu produzieren. Dabei wird das Modell des Arbeitsmarktes verwendet (auch als Modell der Lohnsetzungskurve und der Preissetzungskurve bezeichnet). *Siehe auch: Nachfrageseite (Gesamtwirtschaft)*.

Nachfrageseite (Gesamtwirtschaft) Die Art und Weise, wie Ausgabenentscheidungen die Nachfrage nach Waren und Dienstleistungen und damit die Beschäftigung und die Produktion erzeugen. Dabei wird das Multiplikatormodell verwendet. *Siehe auch: Angebotsseite (Gesamtwirtschaft)*.

Multiplikatormodell Ein Modell der aggregierten Nachfrage, das den Multiplikatoreffekt einschließt. *Siehe auch: fiskalpolitischer Multiplikator, Multiplikatoreffekt*.

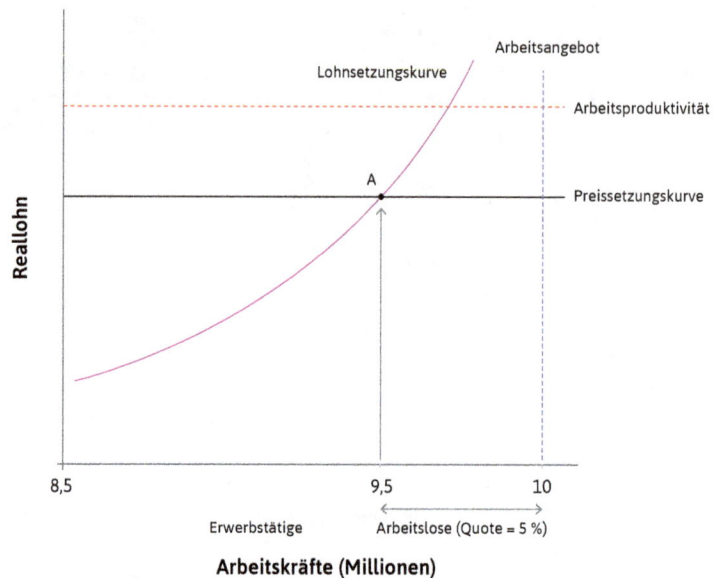

Abbildung 14.17 Die Angebotsseite der Gesamtwirtschaft: Der Arbeitsmarkt.

Produktionsfunktion Ein grafischer oder mathematischer Ausdruck, der die Menge des Outputs beschreibt, die mit einer bestimmten Menge oder Kombination von Input(s) produziert werden kann. Die Funktion beschreibt unterschiedliche Technologien, mit denen dasselbe produziert werden kann.
konjunkturelle Arbeitslosigkeit Der Anstieg der Arbeitslosigkeit über die Gleichgewichtsarbeitslosigkeit hinaus, der durch einen Rückgang der aggregierten Nachfrage im Rahmen des Konjunkturzyklus verursacht wird. *Auch bekannt als: Nachfragebedingte Arbeitslosigkeit. Siehe auch: Gleichgewichtsarbeitslosigkeit.*

In Abbildung 14.18 wird das Diagramm des Multiplikators unter das Diagramm des Arbeitsmarktes gestellt. Beachten Sie, dass im Diagramm des Arbeitsmarktes die horizontale Achse die Anzahl der Arbeitskräfte misst, sodass wir Beschäftigung und Arbeitslosigkeit entlang dieser Achse messen können. Im Multiplikator-Diagramm befindet sich der gesamtwirtschaftliche Output auf der horizontalen Achse. Die **Produktionsfunktion** verbindet die Beschäftigung und den Output, und in diesem Modell ist die Produktionsfunktion sehr einfach.

Wir nehmen an, dass die Arbeitsproduktivität konstant und gleich λ („Lambda") ist, sodass die Produktionsfunktion lautet:

$$Y = \lambda N$$

Um das Modell auf der Nachfrageseite unter das Modell auf der Angebotsseite zu ziehen, nehmen wir $\lambda = 1$ an, und somit ist $Y = N$.

Kurzfristige Schwankungen in der Beschäftigung werden durch Veränderungen der aggregierten Nachfrage verursacht. Wie wir in Einheit 9 gesehen haben, wird die zusätzliche Arbeitslosigkeit als **konjunkturelle Arbeitslosigkeit** bezeichnet, wenn die Beschäftigung aufgrund mangelnder aggregierter Nachfrage unter dem Arbeitsmarktgleichgewicht liegt. Bei einem Nachfrageüberhang, der über dem Arbeitsmarktgleichgewicht liegt, liegt die Arbeitslosigkeit unter dem Gleichgewichtsniveau.

In Abbildung 14.19 befindet sich die Wirtschaft zunächst im Arbeitsmarktgleichgewicht bei Punkt A mit einer Arbeitslosigkeit von 5 %. Der gesamtwirtschaftliche Output wird als normales Produktionsniveau bezeichnet. Das bedeutet, dass das Niveau der aggregierten Nachfrage so sein muss, wie es die als „normal" bezeichnete Nachfragekurve zeigt. Jedes andere Niveau der aggregierten Nachfrage würde ein anderes Beschäftigungsniveau ergeben.

Bei unserer Untersuchung der Konjunkturzyklen mit Hilfe des Multiplikatormodells haben wir eine Reihe von *ceteris paribus* Annahmen getroffen. Wir haben angenommen, dass die Preise, die Löhne, der Kapitalbestand, die Technologien und die Institutionen konstant sind. Wir verwenden den Begriff **kurze Frist**, um auf diese Annahmen hinzuweisen. Das Modell soll vorhersagen, was mit dem Output, der aggregierten Nachfrage und der Beschäftigung passiert, wenn es einen Schock gibt (einen Schock bei Investitionen, Konsum oder Exporten) oder wenn politische Entscheidungsträger:innen die Nachfragekurve verschieben, indem sie die Fiskalpolitik oder Geldpolitik einsetzen.

> **kurze Frist (Modell)** Der Begriff bezieht sich nicht auf einen bestimmten Zeitraum, sondern auf das, was exogen ist: Preise, Löhne, Kapitalbestand, Technologie, Institutionen *Siehe auch: Lohn, Kapital, Technologie, Institutionen, mittelfristiges Modell.*

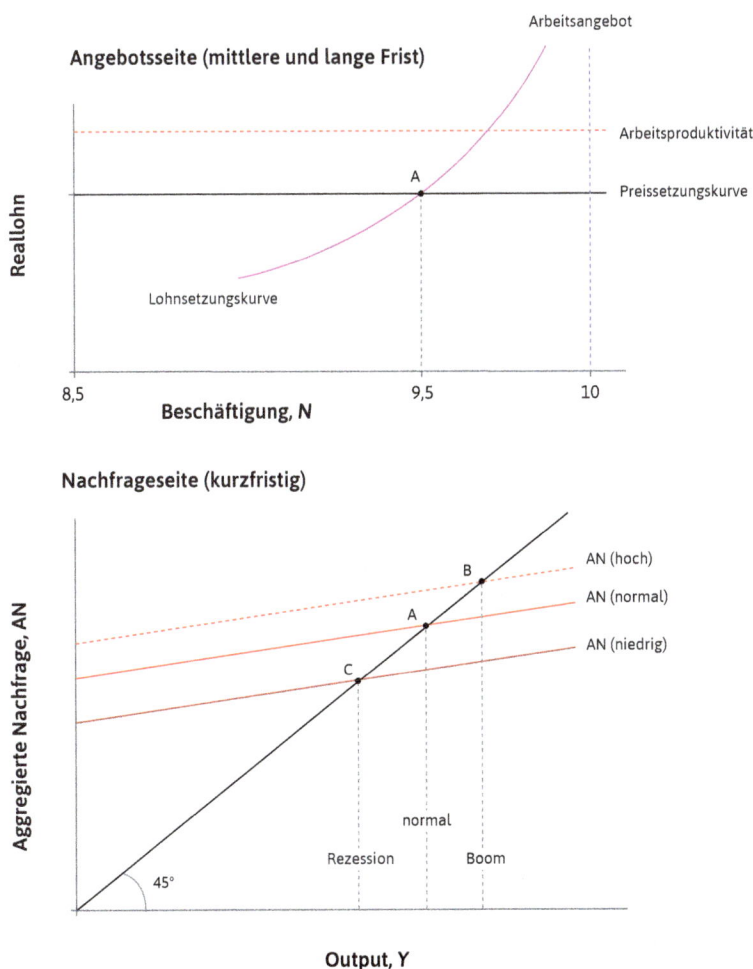

Abbildung 14.18 Die Angebotsseite und die Nachfrageseite der Gesamtwirtschaft.

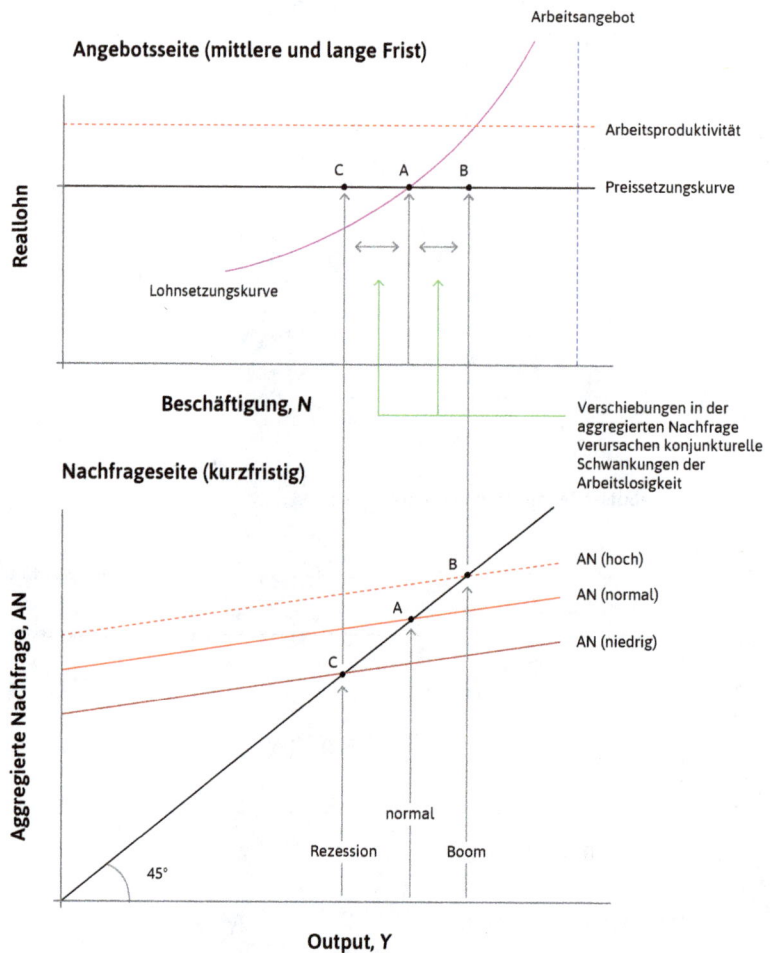

Abbildung 14.19 Konjunkturzyklusschwankungen um die Gleichgewichtsarbeitslosigkeit.

1. Arbeitsmarktgleichgewicht

Die Wirtschaft befindet sich im Punkt A zunächst im Arbeitsmarktgleichgewicht mit einer Arbeitslosigkeit von 5 %. Das Niveau der aggregierten Nachfrage muss der aggregierten Nachfragekurve mit der Bezeichnung „normal" entsprechen.

2. Ein Boom

Nehmen wir an, ein Anstieg der Investitionen verschiebt die aggregierte Nachfragekurve nach oben in Richtung AN (hoch), sodass Output und Beschäftigung steigen. Die Wirtschaft befindet sich bei B: Durch den Boom sinkt die Arbeitslosigkeit unter 5 %. Die zusätzliche Beschäftigung wird als konjunkturelle Beschäftigung bezeichnet.

3. Ein Einbruch

Verschiebt sich die aggregierte Nachfragekurve nach unten, so fallen Output und Beschäftigung durch den Multiplikator auf C. Die Arbeitslosigkeit steigt auf über 5 %. Die zusätzliche Arbeitslosigkeit wird konjunkturelle Arbeitslosigkeit genannt.

Man beachte, dass in Abbildung 14.19 der Arbeitsmarkt nicht im Gleichgewicht ist, wenn der Output höher oder niedriger als normal ist. Das Modell des Arbeitsmarktes ist in **mittlerer Frist**, da sich Löhne und Preise ändern können, im Gegensatz zum Multiplikatormodell, das ein Modell in **kurzer Frist** ist. Ein kurzfristiges Gleichgewicht im Multiplikatormodell ist also nicht unbedingt ein mittelfristiges Gleichgewicht im Modell des Arbeitsmarktes.

- *In Einheit 15, der Konjunkturzyklus:* Wir entwickeln das Modell in Abbildung 14.19 weiter, indem wir fragen, was mit Löhnen und Preisen in einem Boom und in einer Rezession geschieht.
- *In Einheit 16, die lange Frist:* Wir verwenden die Lohnsetzungskurve und die Preissetzungskurven zur Untersuchung der **langen Frist**, in der sich gesamtwirtschaftlicher Output, Beschäftigung, Preise und Löhne sowie Institutionen und Technologien ändern können. Wir fragen, wie sich Veränderungen grundlegender Institutionen und Politiken, wie beispielweise die Schwächung der Gewerkschaften, die Zunahme des Wettbewerbs auf den Märkten für Waren und Dienstleistungen oder neue Technologien zum Sparen von Arbeitskräften auf die Gesamtwirtschaft, auswirken werden.

Die Tabelle in Abbildung 14.20 fasst die verschiedenen Modelle zusammen, die wir zur Untersuchung der Gesamtwirtschaft verwenden werden.

> **mittlere Frist (Modell)** Der Begriff bezieht sich nicht auf einen Zeitraum, sondern auf ein exogenes Element. In diesem Fall sind Kapitalbestand, Technologie und Institutionen exogen. Produktion, Beschäftigung, Preise und Löhne sind endogen. *Siehe auch: Investitionsgüter, Technologie, Institution, kurze Frist (Modell), lange Frist (Modell).*

> **lange Frist (Modell)** Der Begriff bezieht sich nicht auf einen bestimmten Zeitraum, sondern auf das, was exogen ist. Eine langfristige Kostenkurve bezieht sich beispielsweise auf die Kosten, wenn das Unternehmen alle Inputs einschließlich seiner Investitionsgüter vollständig anpassen kann; Technologie und die Institutionen der Wirtschaft sind jedoch exogen. *Siehe auch: Technologie, Institution, kurze Frist (Modell), mittlere Frist (Modell).*

Einheit	Länge	Was ist exogen?	Was ist endogen?	Zu behandelndes Problem	Angemessene Politik	Zu verwendendes Modell
13, 14	Kurzfristig	Preise, Löhne, Kapitalbestand, Technologien, Institutionen	Beschäftigung, Nachfrage, Output	Nachfrageverschiebungen beeinflussen die Arbeitslosigkeit	Nachfrageseite	Multiplikator
14, 15	Mittelfristig	Kapitalbestand, Technologien, Institutionen	Beschäftigung, Nachfrage, Output, Preise, Löhne	Nachfrage- und Angebotsverschiebungen wirken sich auf Arbeitslosigkeit, Inflation und Gleichgewichtsarbeitslosigkeit aus	Nachfrageseite, Angebotsseite	Arbeitsmarkt; Phillipskurve
16	Langfristig	Technologien, Institutionen	Beschäftigung, Nachfrage, Output, Preise, Löhne und Kapitalbestand	Verschiebungen der Gewinnbedingungen und Veränderungen der Institutionen beeinflussen Gleichgewichtsarbeitslosigkeit und Reallöhne	Angebotsseite	Modell des Arbeitsmarktes mit Eintritt und Austritt von Unternehmen

Abbildung 14.20 Modelle zur Untersuchung der Gesamtwirtschaft.

FRAGE 14.10 WÄHLEN SIE DIE RICHTIGE(N) ANTWORT(EN)

Die folgenden Diagramme zeigen den Arbeitsmarkt und den Multiplikator, die respektiv die Angebotsseite in mittlerer Frist, beziehungsweise die Nachfrageseite der aggregierten Wirtschaft in kurzer Frist darstellen:

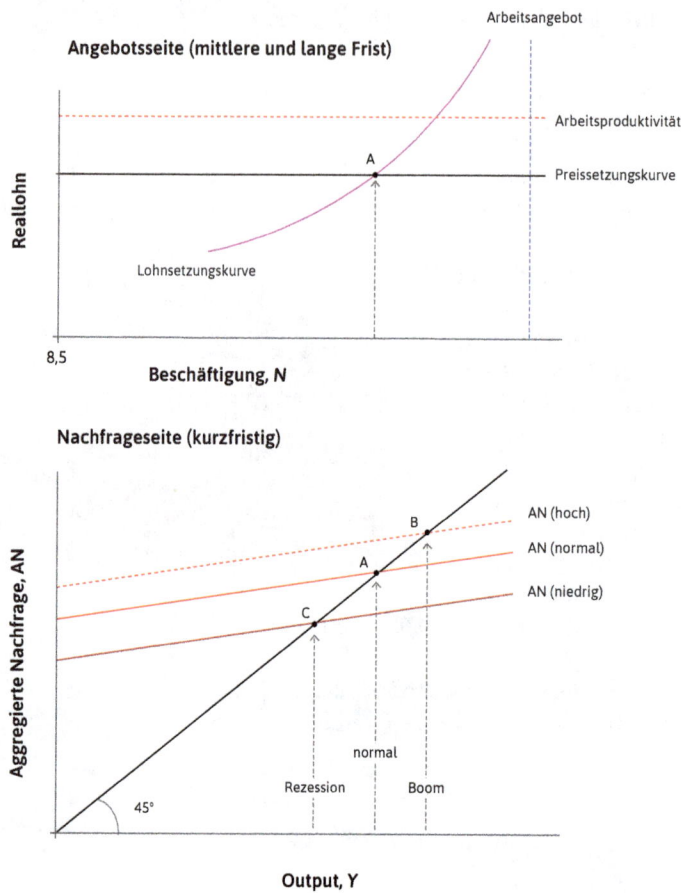

Nehmen wir an, die Produktionsfunktion der Wirtschaft sei gegeben durch $Y = N$, wobei Y der gesamtwirtschaftliche Output und N die Beschäftigung ist. Welche der folgenden Aussagen ist richtig?

☐ Ein Anstieg der Investitionen verschiebt die AN-Kurve nach oben, was zu einem höheren gesamtwirtschaftlichen Output führt. Dadurch verschiebt sich die Preissetzungskurve kurzfristig nach oben, was zu einer höheren Beschäftigung führt.

☐ Ein Rückgang des autonomen Konsums verschiebt die AN-Kurve nach unten, was zu einem niedrigeren gesamtwirtschaftlichen Output führt. Dadurch verschiebt sich die Lohnsetzungskurve kurzfristig nach links, was zu einer höheren Arbeitslosigkeit führt.

☐ Die Arbeitsproduktivität verschiebt sich kurzfristig mit den Veränderungen der aggregierten Nachfrage.

☐ Die Verschiebungen in der aggregierten Nachfrage verursachen kurzfristige zyklische Schwankungen der Arbeitslosigkeit um das mittelfristige Niveau, das im Diagramm des Arbeitsmarktes dargestellt ist.

14.11 SCHLUSSFOLGERUNG

In Volkswirtschaften kommt es häufig zu Schocks bei der aggregierten Nachfrage, wie zum Beispiel einem Rückgang der Investitionen der Unternehmen oder einer Zunahme der gewünschten Ersparnisse der privaten Haushalte. Diese Schocks werden in der Regel durch den Prozess verstärkt, der durch den Multiplikator beschrieben wird. Zusätzlich zu den Erstrundeneffekten gibt es Zweitrundeneffekte oder andere indirekte Effekte, die auf einen weiteren Rückgang der Ausgaben zurückzuführen sind.

In der zweiten Hälfte des 20. Jahrhunderts ging die wirtschaftliche Instabilität in den fortgeschrittenen Volkswirtschaften stark zurück, was zum Teil auf größere Regierungen und das Vorhandensein automatischer Stabilisatoren zurückzuführen war, die Schwankungen in der aggregierten Nachfrage abfederten.

Die aktive Fiskalpolitik spielte zwar eine Rolle, erbrachte aber eine gemischte Leistung. Frankreich entdeckte in den frühen 1980er Jahren, dass eine schlecht geplante fiskalische Expansion zu einem Haushaltsdefizit führen kann, das der heimischen Wirtschaft nur wenig nützt.

Im Jahr 2008 wurde die Welt daran erinnert, dass auch reiche Länder von Wirtschaftskrisen betroffen sein können, und die Bedeutung der Fiskalpolitik in tiefen Rezessionen wurde erneut bekräftigt. Zum Leidwesen der Eurozone waren die am stärksten betroffenen Länder nicht in der Lage, die notwendigen fiskalpolitischen Stimuli umzusetzen, da sie eine Staatsschuldenkrise befürchteten.

In Einheit 14 eingeführte Konzepte

Bevor Sie fortfahren, sollten Sie diese Definitionen wiederholen:

- Multiplikatoreffekt, Multiplikatormodell
- Marginale Konsumquote, Marginale Importquote
- Konsumfunktion
- Investitionsfunktion
- Gütermarktgleichgewicht
- Autonomer Konsum, Autonome Nachfrage
- Zielvermögen
- Finanzieller Akzelerator
- Automatischer Stabilisator
- Fiskalpolitischer Stimulus
- Sparparadoxon
- Saldo des Staatshaushalts, Budgetdefizit, Budgetüberschuss
- Primärdefizit
- Staatsverschuldung
- Staatsschuldenkrise
- Positive und Negative Rückkopplung
- Angebotsseite und Nachfrageseite der Gesamtwirtschaft
- Konjunkturzyklen
- Lange Frist, Mittlere Frist, Kurze Frist

14.12 QUELLEN

Acconcia, Antonio, Giancarlo Corsetti, und Saverio Simonelli. 2014. 'Mafia and Public Spending: Evidence on the Fiscal Multiplier from a Quasi-Experiment'. *American Economic Review* 104 (7) (July): pp. 2185–2209.

Almunia, Miguel, Agustín Bénétrix, Barry Eichengreen, Kevin H. O'Rourke, und Gisela Rua. 2010. 'From Great Depression to Great Credit Crisis: Similarities, Differences and Lessons' (https://tinyco.re/7445896). *Economic Policy* 25 (62) (April): pp. 219–265.

Auerbach, Alan, und Yuriy Gorodnichenko. 2015. 'How Powerful Are Fiscal Multipliers in Recessions?' (https://tinyco.re/3018428). *NBER Reporter 2015 Research Summary*.

Barro, Robert J. 2009. 'Government Spending Is No Free Lunch' (https://tinyco.re/3208655). *Wall Street Journal*.

Blanchard, Olivier. 2012. 'Lessons from Latvia' (https://tinyco.re/8173211). *IMFdirect – The IMF Blog*. Aktualisiert am 11. Juni 2012.

Carlin, Wendy und David Soskice. 2015. *Macroeconomics: Institutions, Instability, and the Financial System*. Oxford: Oxford University Press. Chapter 14.

DeLong, Bradford. 2015. 'Draft for Rethinking Macroeconomics Conference Fiscal Policy Panel' (https://tinyco.re/4631043). *Washington Center for Equitable Growth*. Aktualisiert am 5. April 2015.

Harford, Tim. 2010. 'Stimulus Spending Might Not Be As Stimulating As We Think' (https://tinyco.re/8583440). Undercover Economist Blog, *The Financial Times*.

International Monetary Fund. 2012. *World Economic Outlook October: Coping with High Debt and Sluggish Growth* (https://tinyco.re/5970823).

Keynes, John Maynard. 1936. *The General Theory of Employment, Interest and Money* (https://tinyco.re/6855346). London: Palgrave Macmillan.

Keynes, John Maynard. 2004. *The End of Laissez-Faire*. Amherst, NY: Prometheus Books.

Keynes, John Maynard. 2005. *The Economic Consequences of Peace*. New York, NY: Cosimo Classics.

Krugman, Paul. 2009. 'War and Non-Remembrance' (https://tinyco.re/8410113). Paul Krugman – *New York Times* Blog.

Krugman, Paul. 2012. 'A Tragic Vindication' (https://tinyco.re/6611089). Paul Krugman – *New York Times* Blog.

Leduc, Sylvain, und Daniel Wilson. 2015. 'Are State Governments Roadblocks to Federal Stimulus? Evidence on the Flypaper Effect of Highway Grants in the 2009 Recovery Act' (https://tinyco.re/3885744). Federal Reserve Bank of San Francisco Working Paper 2013–16 (September).

Portes, Jonathan. 2012. 'What Explains Poor Growth in the UK? The IMF Thinks It's Fiscal Policy' (https://tinyco.re/8763401). *National Institute of Economic and Social Research Blog*. Aktualisiert am 9. Oktober 2012.

Romer, Christina D. 1993. 'The Nation in Depression' (https://tinyco.re/4965855). *Journal of Economic Perspectives* 7 (2) (May): pp. 19–39.

Shiller, Robert. 2010. 'Stimulus, Without More Debt' (https://tinyco.re/9857908). *The New York Times*. Aktualisiert am 25. Dezember 2010.

Smith, Noah. 2013. 'Why the Multiplier Doesn't Matter' (https://tinyco.re/7260376). *Noahpinion*. Aktualisiert am 7. Januar 2013.

The Economist. 2009. 'A Load to Bear' (https://tinyco.re/9740912). Aktualisiert am 26. November 2009.

Wren-Lewis, Simon. 2012. 'Multiplier theory: One is the Magic Number' (https://tinyco.re/7820994). *Mainly Macro*. Aktualisiert am 24. August 2014.

INFLATION, ARBEITSLOSIGKEIT UND GELDPOLITIK

Sonoma County Hot Air Balloon Classic, Kalifornien, USA

WIE SICH DIE ARBEITSLOSENQUOTE UND DER GESAMTWIRTSCHAFTLICHE OUTPUT AUF DIE INFLATION AUSWIRKEN, WELCHE HERAUSFORDERUNGEN SICH DARAUS FÜR POLITISCHE ENTSCHEIDUNGSTRÄGER:INNEN ERGEBEN UND WIE DIESES WISSEN WIRKSAME MASSNAHMEN ZUR STABILISIERUNG VON BESCHÄFTIGUNG UND EINKOMMEN SICHERN KANN

- Wenn die Arbeitslosigkeit niedrig ist, steigt die Inflation tendenziell an. Wenn die Arbeitslosigkeit hoch ist, sinkt die Inflation.
- Politische Entscheidungsträger:innen sowie Wahlberechtigte bevorzugen eine niedrige Arbeitslosigkeit und eine niedrige Inflation (nicht aber ein sinkendes Preisniveau).
- Sie können in der Regel nicht beides haben und müssen daher einen Kompromiss eingehen.
- Es gibt eine inflationsstabilisierende Arbeitslosenquote, und wenn die Arbeitslosigkeit niedriger als die inflationsstabilisierende Arbeitslosenquote gehalten wird, entwickelt sich eine Lohn-Preis-Spirale.
- Die Geldpolitik beeinflusst die aggregierte Nachfrage und die Inflation über eine Vielzahl von Kanälen.
- Schocks, wie etwa ein Ölpreisanstieg, können zu höherer Arbeitslosigkeit und höherer Inflation führen.
- Viele Regierungen haben den Zentralbanken die Verantwortung für die Geldpolitik—oft als Inflationstargeting bezeichnet—übertragen.

Vor seinem erfolgreichen US-Präsidentschaftswahlkampf 1992 hatte das Strategieteam von Bill Clinton beschlossen, dass zwei ihrer Wahlkampfthemen die Gesundheitspolitik und „Change" sein sollten. Aber es war der dritte Schwerpunkt seiner Kampagne—die Rezession von 1991—die bei der Öffentlichkeit Anklang fand. Der Grund dafür war der Satz, den die Mitarbeitenden der Kampagne verwendeten: „Die Wirtschaft, Dummkopf!"

Die Rezession von 1991 hatte zur Folge, dass viele Menschen in den USA ihren Arbeitsplatz verloren, und der Slogan der Clinton-Kampagne wies die Wahlberechtigten auf dieses Problem hin. Bei der Auszählung der Stimmzettel im November 1992 erhielt Clinton fast sechs Millionen Stimmen mehr als der amtierende Präsident, George H. W. Bush.

In einer Demokratie wird der Wahlausgang immer auch von der Lage der Wirtschaft beeinflusst und davon, wie die Öffentlichkeit die wirtschaftliche Kompetenz der Regierung und der Opposition einschätzt. Zwei wichtige Indikatoren für die Lage der Wirtschaft sind Arbeitslosigkeit und Inflation. In Einheit 13 haben wir gesehen, dass Arbeitslosigkeit das Wohlergehen mindert, aber auch die Inflation macht uns Sorgen. Abbildung 15.1 zeigt, dass bei den US-Präsidentschaftswahlen der Vorsprung der regierenden Partei größer ist, wenn die Inflation niedriger ist.

Wenn Sie also Politiker:innen sind und sich sowohl um die Belange Ihrer Staatsangehörigen als auch um Ihre eigene Karriere sorgen, sollten Sie sowohl die Arbeitslosigkeit als auch die Inflation minimieren. Ist das möglich?

Dazu erhalten wir einen Hinweis, wenn wir uns ansehen, wie ein deutscher Finanzminister, der als Ökonom ausgebildet war, seine Doppelrolle als Politiker (bei einer abendlichen Wahlkampfveranstaltung) und als Ökonom (in seinem Büro am nächsten Tag) bewältigte.

Helmut Schmidt wurde in der westdeutschen Regierung von Bundeskanzler Willy Brandt als „Superminister" bezeichnet, weil er sowohl Wirtschafts- als auch Finanzminister war.

Auf einer Wahlkampfveranstaltung im Jahr 1972 behauptete er, dass: „Fünf Prozent Inflation leichter zu ertragen seien als fünf Prozent Arbeitslosigkeit". Er versprach, dass seine Partei der Senkung der Arbeitslosigkeit Priorität einräumen und gleichzeitig die Inflation niedrig und stabil halten würde.

Diese Daten bei OWiD einsehen
https://tinyco.re/3226355

Anmerkung: In der Grafik wurden zwei Jahre, in denen eine Deflation auftrat, weggelassen. Wenn die beiden Beobachtungen, in denen eine Deflation (sinkende Preise) auftrat, in absoluten Werten in die Regression einbezogen werden—was die Tatsache widerspiegelt, dass Preisänderungen unpopulär sind—dann ist die in der Abbildung gezeigte Beziehung stärker. Das R-Quadrat beträgt 0,43 im Vergleich zu 0,30, und der Koeffizient für die Inflation ist immer noch negativ und signifikant. Inflation vor 1950: Michael Bordo, Barry Eichengreen, Daniela Klingebiel, und Maria Soledad Martinez-Peria. 2001. 'Is the crisis problem growing more severe?'. *Economic Policy* 16 (32) (April): pp. 52–82; VPI nach 1950: Federal Reserve Bank of St. Louis. 2021. FRED (https://tinyco.re/3965569); Wahlergebnisse: US-Nationalarchiv. 2021. '1789–2021 Presidential Elections' (https://tinyco.re/6521380). US Electoral College.

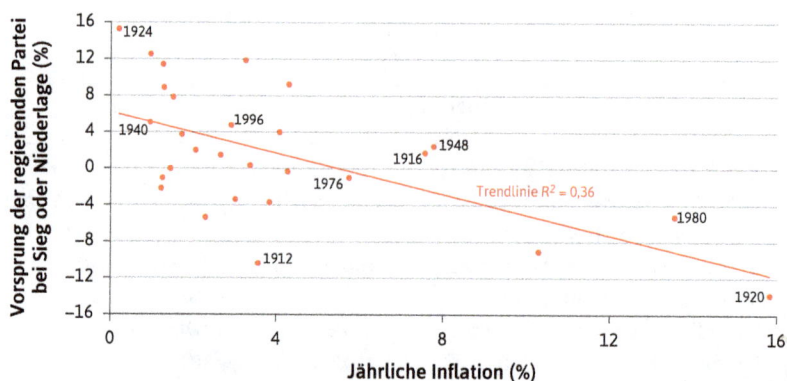

Abbildung 15.1 Inflation und Sieg bei den Präsidentschaftswahlen in den USA (1912–2020).

Am nächsten Tag sagte Professor Otto Schlecht, Leiter der Abteilung Wirtschaftspolitik im Bundeswirtschaftsministerium, zu Schmidt: „Herr Minister, was Sie gestern gesagt haben und was heute Morgen in den Zeitungen steht, ist falsch."

Schmidt antwortete: „Ich gebe zu, dass das, was ich gesagt habe, fachlich falsch war. Aber Sie können mir nicht vorschreiben, was ich auf einer Wahlkampfkundgebung vor 10 000 Bergleuten in der Dortmunder Westfalenhalle zu sagen habe."

Helmut Schmidts Engagement auf der Kundgebung und seine anschließende Erklärung zeigen zwei Dinge über das Verhältnis von Wirtschaft und Politik. Erstens: Politiker:innen werden in ihr Amt gewählt und reagieren auf die Meinung der Wahlberechtigten. Zweitens: Politiker:innen sind als politische Entscheidungsträger:innen bei der Wahl ihrer Politiken Einschränkungen unterworfen. Sie können nicht einfach die wirtschaftlichen Ergebnisse versprechen, die den Wahlberechtigten wichtig sind—in Schmidts Fall: niedrige Arbeitslosigkeit und eine niedrige und stabile Inflation. Der Ökonom in Schmidt war sich dieses Sachverhalts durchaus bewusst, aber auf der Kundgebung sprach er als Politiker.

Während die politischen Entscheidungsträger:innen sowohl eine niedrige Arbeitslosigkeit als auch eine niedrige Inflation anstreben, funktioniert die Wirtschaft so, dass bei sinkender Arbeitslosigkeit die Inflation tendenziell steigt. Und wenn die Inflation sinkt, steigt die Arbeitslosigkeit tendenziell an. Das ist ein Problem, das wir schon einmal gesehen haben: Die politischen Entscheidungsträger:innen können nur das Machbare realisieren, und das bedeutet, ein Ziel gegen ein anderes abzuwägen. Anders ausgedrückt: Mehr Inflation sind die **Opportunitätskosten** einer höheren Arbeitslosigkeit, und weniger Inflation sind die Opportunitätskosten einer niedrigeren Arbeitslosigkeit. Außerdem ist die Wirtschaft Schocks ausgesetzt, die sowohl die Inflation als auch die Arbeitslosigkeit verschlimmern können, was die realisierbare Menge an Ergebnissen einschränkt. Und die Erfahrungen aus den späten 1960er Jahren zeigten, dass die Inflation weiter ansteigen würde, wenn die Arbeitslosigkeit zu niedrig ist. Dies war der Hintergrund für Helmut Schmidts Überlegungen zu seinem Wahlversprechen.

Nach den Erfahrungen mit der weltweit steigenden Inflation kam es Ende der 1980er Jahre zu einem Umdenken bei der Gestaltung der makroökonomischen Politik. In den 1990er Jahren wurde die als **Inflationstargeting** bekannte Politik von den Zentralbanken weitgehend übernommen. Viele Regierungen übertrugen der Zentralbank die Steuerung von Konjunkturschwankungen, wobei die Fiskalpolitik eine geringere Rolle spielte. Sie erkannten, dass Maßnahmen zur Verbesserung der Angebotsseite ihrer Wirtschaft—wie die Stärkung des Wettbewerbs und besser funktionierende Märkte—notwendig waren, wenn sie eine niedrigere Arbeitslosenquote erreichen wollten, die mit einer niedrigen und stabilen Inflation vereinbar ist.

Wie wir in Einheit 11 gesehen haben, sind Preise Botschaften. Sie senden Signale über knappe Ressourcen. Wir haben uns angesehen, wie Nachfrage- oder Angebotsverschiebungen bei einem Gut zu einer Veränderung seines Preises im Vergleich zu anderen Gütern und Dienstleistungen führen und wie dies eine Veränderung der relativen Knappheit des Gutes oder der Dienstleistung signalisiert. In dieser Einheit befassen wir uns nicht mit relativen Preisen, sondern mit Inflation oder Deflation, das heißt mit einem allgemeinen Preisanstieg oder -rückgang. Wir beginnen mit der Frage, warum die Inflation einen schlechten Ruf hat.

Helmut Schmidt (1918–2015) war von 1974 bis 1982 Bundeskanzler der Bundesrepublik Deutschland. Im Jahr 1972 lag die Inflation in Westdeutschland bei 5,5 % (gegenüber 5,2 % im Vorjahr) und die Arbeitslosigkeit bei 0,7 % (gegenüber 0,5 % im Vorjahr). Im Jahr 1975 lag die Inflation bei 5,9 % und die Arbeitslosigkeit bei 3,1 %.

Opportunitätskosten Wenn die Durchführung einer Handlung den Verzicht auf die nächstbeste Handlungsalternative bedeutet, ist dies der Nettonutzen der aufgegebenen Alternative.

Inflationstargeting Geldpolitik, bei der die Zentralbank die Zinssätze ändert, um die aggregierte Nachfrage zu beeinflussen und die Wirtschaft in der Nähe eines Inflationsziels zu halten, das normalerweise von der Regierung vorgegeben wird.

15.1 WAS IST SO SCHLIMM AN DER INFLATION?

Bevor wir uns der Frage zuwenden, müssen wir ein paar Begriffe klären.

Was ist der Unterschied zwischen **Inflation**, **Deflation** und **Disinflation**?

Eine Analogie zum Auto ist ein nützlicher Weg, um diese Unterschiede zu verstehen. Wir können die Entwicklung des Preisniveaus in der Wirtschaft mit der Ausgangsposition und Geschwindigkeit eines Autos vergleichen:

> **Inflation** Ein Anstieg des allgemeinen Preisniveaus in einer Volkswirtschaft. In der Regel über ein Jahr gemessen. *Siehe auch: Deflation, Disinflation.*
> **Deflation** Ein Rückgang des allgemeinen Preisniveaus. *Siehe auch: Inflation.*
> **Disinflation** Ein Rückgang der Inflationsrate. *Siehe auch: Inflation, Deflation.*

- *Null-Inflation:* Ein von Jahr zu Jahr konstantes Preisniveau bedeutet, dass die Inflation gleich Null ist. Dies ist wie bei einem stehenden Auto: Der Standort des Autos ist konstant und seine Geschwindigkeit ist gleich Null.
- *Inflation:* Betrachten wir nun eine Inflationsrate von beispielsweise 2 % pro Jahr. Das bedeutet, dass das Preisniveau jedes Jahr um 2 % ansteigt. Dies ist der Fall eines Autos, das mit einer konstanten Geschwindigkeit fährt, zum Beispiel 20 km/h.
- *Deflation:* Deflation bedeutet, dass das Preisniveau sinkt. Das Auto würde rückwärts fahren.
- *Steigende Inflation:* Wenn die Inflationsrate steigt, erhört sich die Steigerung des Preisniveaus. Nehmen wir an, die Inflationsrate steigt in aufeinander folgenden Jahren von 2 % über 4 % auf 6 %, sodass die Wirtschaft eine steigende Inflation erlebt. Dies ist der Fall eines Autos, das beschleunigt: Es fährt eine Zeit lang mit 20 km/h, dann mit 25 km/h und so weiter.
- *Rückläufige Inflation:* Dies wird als **Disinflation** bezeichnet und entspricht der Verringerung der Geschwindigkeit eines Autos, zum Beispiel von 20 km/h auf 15 km/h und dann auf 10 km/h. Sobald die Geschwindigkeit Null erreicht, ändert sich der Standort des Autos nicht mehr. Das Äquivalent in der Wirtschaft ist, dass sich das Preisniveau nicht ändert, wenn die Inflation auf Null sinkt.

> **EINE VERÄNDERUNG DES PREISNIVEAUS BESCHREIBEN**
> - **Inflation**: Das Preisniveau steigt
> - **Deflation**: Das Preisniveau sinkt
> - **Disinflation**: Die *Inflationsrate* ist rückläufig

Wir haben gesehen, warum die Wahlberechtigten die Arbeitslosigkeit nicht mögen. Aber warum mögen sie die Inflation nicht? Für einige Personen in der Wirtschaft, wie zum Beispiel Rentenbeziehende, ist das Einkommen nominal festgelegt. Das heißt sie erhalten eine feste Anzahl von Yuan oder Dollar oder Euro. Wenn die Preise im Laufe des Jahres steigen, können diese Haushalte am Ende des Jahres weniger Waren und Dienstleistungen kaufen als zu Beginn des Jahres. Sie sind schlechter gestellt und werden eher gegen eine Partei stimmen, von der sie glauben, dass sie eine höhere Inflation zulassen wird.

Ob man von der Inflation profitiert oder verliert, hängt auch davon ab, auf welcher Seite des Marktes man sich befindet. Julia, die Darlehensnehmerin, und Marco, der Darlehensgeber (in Einheit 10), haben einen Konflikt über den Zinssatz, zu dem Julia das Darlehen aufnimmt. Sie haben auch unterschiedliche Interessen in Bezug auf die Inflation, denn wenn die Preise steigen, bevor Julia ihren Kredit zurückzahlt, wird Marco feststellen, dass er mit der Rückzahlung weniger kaufen kann, als dies bei einer Inflation von Null der Fall gewesen wäre.

Allgemeiner ausgedrückt bedeutet Inflation nach der gleichen Logik, die wir bei der Erörterung der Staatsverschuldung in der vorherigen Einheit verwendet haben, dass:

> **Nominalzinssatz** Der nicht um die Inflation bereinigte Zinssatz. Es handelt sich um den Zinssatz, der von den Banken angeboten wird. *Siehe auch: Realzinssatz, Zinssatz.*

- *Darlehensnehmende mit nominalen Schulden profitieren:* Wer beispielsweise Hypotheken mit festem **Nominalzinssatz** hat, profitiert von der Inflation, weil die Schulden nominal gleich bleiben und real kleiner werden.

- *Darlehensgebende mit nominalen Vermögenswerten verlieren:* Banken oder andere, die Geld zu festen Nominalzinssätzen verliehen haben, verlieren, weil das Geld bei der Rückzahlung weniger wert ist, bezogen auf die Waren oder Dienstleistungen, die damit gekauft werden können. Eine sehr hohe Inflation wird den Wert von nominalen Vermögenswerten zunichte machen, wie es in Simbabwe 2008–2009 der Fall war.

Um die Inflation bei der Analyse der Darlehensaufnahme und -vergabe zu berücksichtigen, verwenden wir den so genannten **Realzinssatz**, der wie folgt definiert ist (die Gleichung ist auch als **Fisher-Gleichung** bekannt):

$$\text{Realzinssatz (\% p.a.)} = \text{Nominalzinssatz (\% p.a.)} - \text{Inflationsrate (\% p.a.)}$$

Der Realzinssatz misst die Kaufkraft der Rückzahlung eines Darlehens zu den Preisen, die bei der Rückzahlung des Darlehens gelten. Um zu sehen, was das bedeutet, nehmen wir an, Julia leiht sich von Marco 50 USD, die sie im nächsten Jahr mit 55 USD zurückzahlen muss. Der Nominalzinssatz beträgt 10 %. Wenn aber die Preise im nächsten Jahr um 6 % höher sind als in diesem Jahr (6 % Inflation), dann kann Marco mit der Rückzahlung nicht 10 % mehr kaufen als mit der Summe, die er Julia geliehen hat, sondern nur 4 %. Der Realzinssatz beträgt 4 %.

Neben der Umverteilung von Einkommen von Kreditgebenden (mit Vermögenswerten) und denen die nominal feste Einkommen empfangen (wie Rentenbeziehende) zu Schuldner:innen, kann Inflation in einigen Fällen auch dazu führen, dass die Wirtschaft weniger gut funktioniert. Zwar gibt es keine Beweise dafür, dass eine moderate Inflation schlecht für die Wirtschaft ist, doch ist eine hohe Inflation oft auch unbeständig und daher schwer vorhersehbar. Große Preisänderungen schaffen Unsicherheit und erschweren es Einzelpersonen und Unternehmen, Entscheidungen auf der Grundlage von Preisen zu treffen.

In einem Umfeld hoher und unbeständiger Inflation ist es schwer, das Signal der Knappheit von Ressourcen (das von **relativen Preisen** ausgeht) von dem Rauschen sprunghaft steigender Preise zu trennen. Für Unternehmen könnte es schwieriger sein, zu entscheiden, in welchen Sektor sie investieren oder welche Pflanzen sie anbauen sollten (zum Beispiel Quinoa oder Gerste); für die Einzelpersonen ist es schwieriger zu entscheiden, ob Quinoa im Vergleich zu anderen Proteinquellen teurer geworden ist. Außerdem müssen die Unternehmen in einem inflationären Umfeld ihre Preise häufiger aktualisieren. Dies erfordert Zeit und Ressourcen, die als **Preisanpassungskosten** bezeichnet werden.

Wären Haushalte und Unternehmen bei sinkenden Preisen besser dran? Nein. Ein anhaltender Rückgang des Preisniveaus ist aus ähnlichen Gründen unerwünscht. Sinkende Preise könnten sogar noch dramatischere wirtschaftliche Folgen haben. Wenn die Preise sinken, verschieben die Haushalte den Konsum (insbesondere von teuren Gegenständen wie Kühlschränken, Fernsehern und Autos), weil sie erwarten, dass die Waren in Zukunft noch günstiger sein werden. In ähnlicher Weise erhöht eine Deflation die Schuldenlast der Darlehensnehmenden aus demselben Grund, aus dem die Inflation sie verringert.

Wie wir in Einheit 14 gesehen haben, führt ein Anstieg der Schuldenlast zu einem Rückgang des Konsums, weil einige der betroffenen Haushalte sparen,

'In Dollars They Trust' (https://tinyco.re/3392021). *The Economist*. Aktualisiert am 27. April 2013.

Realzinssatz Der um die Inflation bereinigte Zinssatz (das heißt der Nominalzinssatz abzüglich der Inflationsrate). Er gibt an, wie viele Güter man in der Zukunft, für die jetzt nicht konsumierten Güter erhält. *Siehe auch: Nominalzinssatz, Zinssatz.*

Fisher-Gleichung Die Beziehung, die den Realzinssatz als Differenz zwischen dem Nominalzinssatz und der erwarteten Inflation angibt: Realzinssatz = Nominalzinssatz - erwartete Inflation.

relativer Preis Der Preis einer Ware oder Dienstleistung im Vergleich zu dem Preis einer anderen Ware oder Dienstleistung (normalerweise als Verhältnis ausgedrückt).

Preisanpassungskosten Die Ressourcen, die bei der Festsetzung und Änderung von Preisen eingesetzt werden.

um ihr Zielvermögen wiederherzustellen, während sich andere einer Kreditbeschränkung ausgesetzt sehen. Der Rückgang des Konsums wird zu einem Rückgang der aggregierten Nachfrage und der Wirtschaftstätigkeit führen. Geringere Gesamtausgaben drücken tendenziell die Preise weiter und können einen Teufelskreis aus sinkenden Preisen und wirtschaftlicher Stagnation auslösen.

Dies geschah in Japan. Die japanische Wirtschaft war eine der großen Erfolgsgeschichten in der Zeit nach dem Zweiten Weltkrieg. Wie Sie in Einheit 1 gesehen haben, war der Aufwärtstrend des Hockeyschlägers bemerkenswert steil. Der Lebensstandard, gemessen am Pro-Kopf-BIP, stieg von weniger als einem Fünftel des Niveaus in den USA im Jahr 1950 auf mehr als 70 % im Jahr 1980. Doch in den letzten 25 Jahren hatte Japan mit geringem Wachstum und steigender Arbeitslosigkeit zu kämpfen. Zum ersten Mal in der Nachkriegszeit gab es in einer fortgeschrittenen Wirtschaft eine anhaltende Deflation: Zwischen 1995 und 2015 wurde in 12 von 21 Jahren eine Deflation beobachtet.

Viele Ökonominnen und Ökonomen sind der Meinung, dass ein bisschen Inflation gut ist, solange sie stabil bleibt. In der nächsten Einheit werden wir sehen, warum das so ist. Der Prozess der Innovation und des Wandels, der eine dynamische Wirtschaft kennzeichnet, bedeutet, dass in einem bestimmten Jahr Arbeitskräfte in einigen Unternehmen und Sektoren stärker nachgefragt werden als in anderen. Bei leichter Inflation kann ein Rückgang der Realeinkommen dadurch verdeckt werden, dass die Nominaleinkommen steigen oder zumindest nicht sinken. So werden viele Menschen einen leichten Rückgang ihres Reallohns aufgrund einer moderaten Inflation nicht bemerken. Aber niemand wird einen Rückgang seines Nominallohns übersehen. Bei niedriger Inflation können Arbeitskräfte und Ressourcen zwischen verschiedenen Unternehmen und Branchen als Reaktion auf Veränderungen der relativen Löhne umverteilt werden, ohne dass die Betroffenen einen Rückgang der Nominallöhne spüren. Inflation ist dadurch wie Öl im Getriebe des Arbeitsmarkts.

Ein weiterer wichtiger Grund, eine gewisse Inflation der Nicht-Inflation vorzuziehen, besteht darin, dass sie der Geldpolitik einen größeren Handlungsspielraum gibt. Wie wir später sehen werden, kann bei einer positiven Inflation der *Realzinssatz* niedriger sein, um eine größere Rezession auszugleichen, als wenn die Inflation gleich Null ist.

FRAGE 15.1 WÄHLEN SIE DIE RICHTIGE(N) ANTWORT(EN)

Die folgende Tabelle zeigt die jährliche Inflationsrate (den BIP-Deflator) von Japan, dem Vereinigtes Königreich, China und Nauru im Zeitraum 2010–2013 (Quelle: Weltbank):

	2010	2011	2012	2013
Japan	–1,9 %	–1,7 %	–0,8 %	–0,3 %
GB	1,6 %	2,0 %	1,6 %	1,9 %
China	6,9 %	8,2 %	2,4 %	2,2 %
Nauru	–18,2 %	18,1 %	24,1 %	–21,7 %

Welche der folgenden Aussagen ist auf der Grundlage dieser Informationen richtig?

- ☐ In Japan herrschte zwischen 2010 und 2013 eine anhaltende Disinflation.
- ☐ Im Vereinigten Königreich blieben die Preise für Waren und Dienstleistungen zwischen 2010 und 2013 stabil.
- ☐ In China lag zwischen 2011 und 2013 Deflation vor.
- ☐ Das Preisniveau in Nauru ist Ende 2013 niedriger als zu Beginn des Jahres 2010.

FRAGE 15.2 WÄHLEN SIE DIE RICHTIGE(N) ANTWORT(EN)

Die folgende Tabelle zeigt den Nominalzinssatz und die jährliche Inflationsrate (den BIP-Deflator) Japans im Zeitraum 1996–2015 (Quelle: Weltbank).

	1996–2000	2001–2005	2006–2010	2011–2015
Zinssatz	1,5 %	1,4 %	1,3 %	1,2 %
Inflationsrate	–1,9 %	–0,9 %	–0,5 %	1,6 %

Welche der folgenden Aussagen sind richtig?

- ☐ Der Realzinssatz lag im Zeitraum 1996–2000 bei –0,4 %.
- ☐ Der Realzinssatz Japans ist in diesem Zeitraum kontinuierlich gestiegen.
- ☐ Der Realzinssatz Japans hat sich in diesem Zeitraum von einem positiven in einen negativen Wert geändert.
- ☐ Der Realzinssatz ist schneller gesunken als der Nominalzinssatz.

15.2 INFLATION RESULTIERT AUS SICH WIDERSPRECHENDEN UND INKONSISTENTEN ANSPRÜCHEN AN DEN OUTPUT

Wenn die Konflikte zwischen den Beteiligten in der Wirtschaft so groß sind, dass ihre Ansprüche auf Waren und Dienstleistungen nicht übereinstimmen, entsteht Inflation. Was damit gemeint ist, werden wir jetzt sehen.

Stellen Sie sich eine Wirtschaft vor, die aus vielen Unternehmen (die jeweils einer einzelnen Person gehören) und deren Beschäftigten besteht, die auch die Verbrauchenden der verschiedenen von den Unternehmen produzierten Güter sind. Um den Überblick über die Vorgänge in den Unternehmen zu behalten, gehen wir davon aus, dass die Preise von der Marketingabteilung und die Löhne von der Personalabteilung festgelegt werden.

Zu Beginn legt die Marketingabteilung in jedem Unternehmen die Preise auf der Grundlage des Preisaufschlags fest. Der Preisaufschlag maximiert den Gewinn der Unternehmen, gegeben der Intensität des Wettbewerbs auf den Märkten auf denen das Unternehmen seine Güter verkauft (wie wir in den Einheiten 7 und 9 gesehen haben). Außerdem legt die Personalabteilung den Reallohn für die Beschäftigten (das heißt den Nominallohn im Unternehmen, geteilt durch das Preisniveau in der Wirtschaft) als den niedrigsten Lohn fest, der angesichts der Arbeitslosigkeit die Beschäftigten motiviert hart zu arbeiten (wie wir in den Einheiten 6 und 9 gesehen haben).

Wenn, nachdem alle Unternehmen ihre Löhne und Preise festgelegt haben, der Stundenlohn und das Preisniveau mit der Gewinnmaximierung der Unternehmen übereinstimmen, dann gibt es keinen Grund, warum sich Preise oder Löhne weiter ändern sollten. Bei dieser Arbeitslosenquote ist das Preisniveau konstant (Inflation gleich Null). Dies ist die Höhe der Arbeitslosigkeit, bei der sich die Lohnsetzungskurve und die Preissetzungskurve schneiden, das heißt das Nash-Gleichgewicht auf dem Arbeitsmarkt, das wir in Einheit 9 gesehen haben.

Protektionismus Maßnahmen einer Regierung zur Begrenzung des Handels, insbesondere zur Verringerung der Importe in der Wirtschaft. Sie sollen die einheimische Industrie vor externer Konkurrenz schützen. Sie können verschiedene Formen annehmen, wie zum Beispiel Steuern auf Importe oder Quoten für Importe.

Nehmen wir nun an, dass die Regierung einen sogenannten Schutzzoll (**Protektionismus**) einführt, der es ausländischen Unternehmen erschwert, in die inländischen Märkte einzutreten. In den Märkten, in denen das Unternehmen aktiv ist, hat der Wettbewerb abgenommen, sodass das Unternehmen einen höheren Preisaufschlag auf seine Kosten verlangen kann. Wenn dies in der gesamten Wirtschaft der Fall ist, führt der daraus resultierende Anstieg des Preisniveaus zu einem Rückgang des Reallohns der Beschäftigten. Doch während sich die jeweiligen Eigentümer:innen eines Unternehmens über den höheren Preis freuen, den die Marketingabteilung nun verlangen kann, sind die Beschäftigten mit dem Rückgang des Reallohns unzufrieden. Das Ergebnis ist, dass die Beschäftigten nicht mehr ausreichend motiviert sind. Die Personalabteilung des Unternehmens wird also ihren Nominallohn erhöhen, und alle anderen Unternehmen werden das Gleiche tun. Sowohl die Preise als auch die Löhne sind gestiegen, und die Wirtschaft erlebt eine Inflation.

Ist das das Ende? Nein. Durch die Erhöhung der Nominallöhne sind die Produktionskosten der Unternehmen gestiegen, und sie werden dies als Grundlage für ihre Preisaufschläge verwenden. Das führt zu einem weiteren Anstieg der Preise und einem Rückgang der Reallöhne, was die Personalabteilung durch eine erneute Erhöhung der Nominallöhne korrigieren wird. Der Prozess der steigenden Löhne und Preise wird sich fortsetzen, solange:

- Die Unternehmen mächtig genug sind, um den höheren Preisaufschlag zu verlangen
- Die Beschäftigten bei der gegebenen Arbeitslosenquote über eine ausreichende Verhandlungsmacht verfügen, um den anfänglichen Reallohn zu verlangen, der sie dazu motiviert hart zu arbeiten

In dem genannten Beispiel stieg die Inflation, während die Arbeitslosigkeit unverändert blieb, nachdem sich die Wettbewerbsbedingungen für die Unternehmen verändert hatten. Dadurch konnten die Unternehmen ihre Preisaufschläge anheben, was die Gewinne der Eigentümer:innen erhöht. Es gibt jedoch auch andere Möglichkeiten, wie der Prozess vom gleichen Ausgangspunkt aus hätte beginnen können. Angenommen, der Grad des Wettbewerbs auf den Märkten bleibt gleich, aber das Beschäftigungsniveau steigt an. Bei der nun niedrigeren Arbeitslosigkeit würden die Unternehmen den Beschäftigten einen höheren Reallohn zahlen wollen, um sie zu harter Arbeit zu motivieren. Dies veranlasst die Marketingabteilungen der Unternehmen, ihre Preise zu erhöhen, um den Preisaufschlag beizubehalten, den die Wettbewerbsbedingungen zuließen. Und aucuh so könnte der inflationäre Prozess beginnen.

Zusammenfassend lässt sich sagen, dass Inflation entstehen kann durch:

- *Eine Zunahme der Verhandlungsmacht der Unternehmen gegenüber den verbrauchenden Personen:* Sie wird durch einen Rückgang des Wettbewerbs verursacht, der es den Unternehmen ermöglicht, einen höheren Preisaufschlag zu verlangen. Es handelt sich um eine Abwärtsverschiebung der Preissetzungskurve.
- *Eine Zunahme der Verhandlungsmacht der Beschäftigten gegenüber den Unternehmen:* Dies ermöglicht es ihnen, im Gegenzug für ihre harte Arbeit einen höheren Lohn zu erhalten.

Es gibt zwei Möglichkeiten, wie die Verhandlungsmacht der Beschäftigten gestärkt werden kann:

- *Eine Verschiebung der Lohnsetzungskurve nach oben:* Der Lohn, den sie erhalten würden, ist bei jedem Beschäftigungsniveau höher.
- *Ein Anstieg des Beschäftigungsniveaus, der sich entlang der Lohnsetzungskurve bewegt:* In diesem Fall bleibt die Lohnsetzungskurve unverändert.

In Einheit 9 haben wir die Gründe für die Verschiebung der Lohnsetzungskurve untersucht, wie zum Beispiel eine großzügigere Ausgestaltung des Arbeitslosengeldes oder stärkere Gewerkschaften. Die Bewegung entlang der Lohnsetzungskurve und nicht eine Verschiebung der Kurve ist das, was wir im Folgenden analysieren werden.

Lohninflation Ein Anstieg des Nominallohns. Normalerweise über ein Jahr gemessen. *Siehe auch: Nominallohn.*

Abbildung 15.2 fasst drei Ursachen der Inflation zusammen. In Abschnitt 15.3 wird erläutert, wie sich die in Abbildung 15.2 dargestellten Veränderungen der Verhandlungsmacht in Inflation niederschlagen. Die dritte Ursache—höhere Beschäftigung kann zu Inflation führen—kam ans Licht, als der Ökonom William (Bill) Phillips ein Streudiagramm der jährlichen **Lohninflation** und Arbeitslosigkeit in der britischen Wirtschaft veröffentlichte. Dies ist in Abbildung 15.3 dargestellt.

GROSSE ÖKONOMINNEN UND ÖKONOMEN

Bill Phillips

A. W. (‚Bill') Phillips (1914–1975) war ein ungewöhnlich schillernder Charakter für einen weltberühmten Ökonomen. Aufgewachsen in Neuseeland, verbrachte Phillips einige Zeit als Krokodiljäger, Filmregisseur und Kriegsgefangener in Indonesien während des Zweiten Weltkriegs, bevor er schließlich Professor an der London School of Economics wurde.

Phillips war Ingenieur und baute 1949 während seines Soziologiestudiums in London eine hydraulische Maschine zur Modellierung der britischen Wirtschaft. Der Monetary National Income Analogue Computer (https://tinyco.re/0194162) (MONIAC) nutzte transparente Rohre und farbiges Wasser, um die Gleichungen der Volkswirtschaftslehre zum Leben zu erwecken. MONIAC ähnelte dem hydraulischen Modell der Wirtschaft, das Irving Fisher ein halbes Jahrhundert zuvor entwickelt hatte (siehe Einheit 2), war aber wesentlich aufwändiger. MONIAC verfügte über Tanks für jede der Komponenten des inländischen BIP, wie Investitionen, Konsum und Ausgaben der Regierung. Importe und Exporte wurden durch Hinzufügen oder Ablassen von Wasser aus dem Modell dargestellt. Mit der Maschine konnten die Auswirkungen von Schocks auf die Wirtschaft modelliert werden, wenn verschiedene Variablen wie Steuersätze und Staatsausgaben die Flüsse zwischen den Tanks in Bewegung setzen. Funktionsfähige Versionen der Maschine befinden sich noch immer im Londoner Science Museum und in Universitäten auf der ganzen Welt.

In einer Arbeit von 1958 leistete Phillips einen weiteren wichtigen Beitrag zur Volkswirtschaftslehre. Indem er ein Streudiagramm der Daten für die Arbeitslosenquote und die Inflation in der britischen Wirtschaft zwischen 1861 und 1913 erstellte, stellte er fest, dass niedrige Arbeitslosenquoten mit hohen Inflationsraten und hohe Arbeitslosigkeit mit niedriger Inflation verbunden waren. Diese Beziehung wird seither als **Phillipskurve** bezeichnet.

A. W. Phillips. 1958. 'The Relation Between Unemployment and the Rate of Change of Money Wage Rates in the United Kingdom, 1861–1957' (https://tinyco.re/5934214). *Economica* 25 (100): p. 283.

Phillipskurve Ein umgekehrtes Verhältnis zwischen der Inflationsrate und der Arbeitslosigkeit.

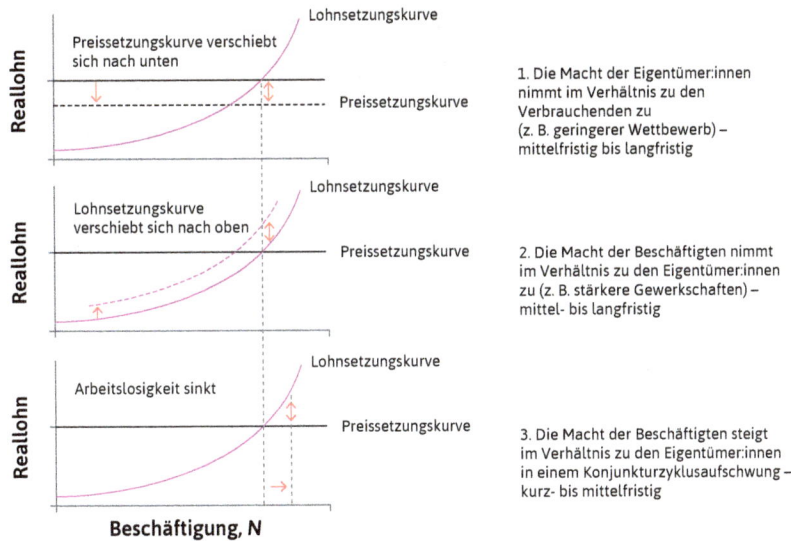

Abbildung 15.2 Drei Ursachen der Inflation: Veränderungen der Verhandlungsmacht.

1. Die Macht der Eigentümer:innen steigt im Verhältnis zur Macht der verbrauchenden Personen
Zum Beispiel aufgrund des geringeren Wettbewerbs (mittel- bis langfristiger Effekt).

2. Die Macht der Beschäftigten nimmt im Verhältnis zu den Eigentümer:innen zu
Zum Beispiel durch stärkere Gewerkschaften (mittel- bis langfristiger Effekt).

3. Die Macht der Beschäftigten nimmt im Verhältnis zu den Eigentümer:innen zu
Zum Beispiel aufgrund eines Konjunkturzyklus-Aufschwungs (kurz- bis mittelfristiger Effekt).

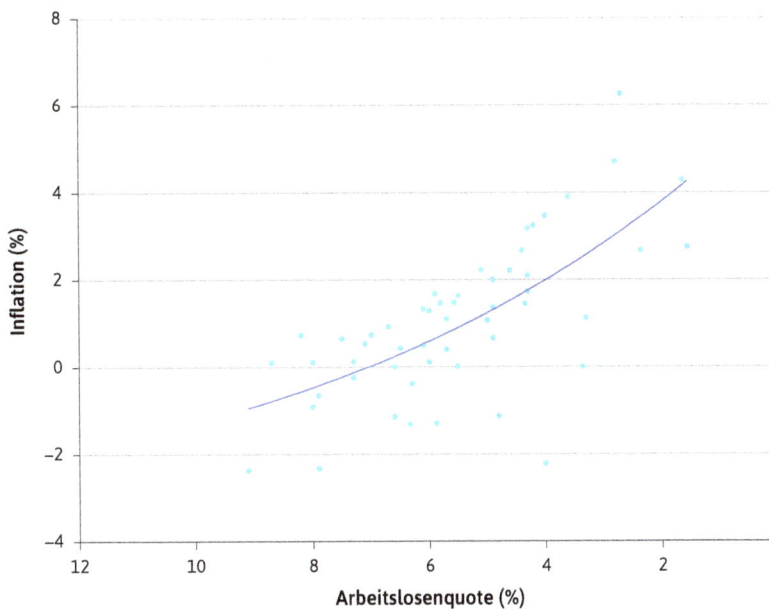

Eine andere Darstellung dieser Daten finden Sie bei OWiD https://tinyco.re/2934011

Ryland Thomas und Nicholas Dimsdale. (2017). 'A Millennium of UK Data' (https://tinyco.re/0223548). Bank of England OBRA dataset.

Abbildung 15.3 Phillips ursprüngliche Kurve: Lohninflation und Arbeitslosigkeit (1861–1913).

FRAGE 15.3 WÄHLEN SIE DIE RICHTIGE(N) ANTWORT(EN)

Das folgende Diagramm stellt das Modell des Arbeitsmarktes dar:

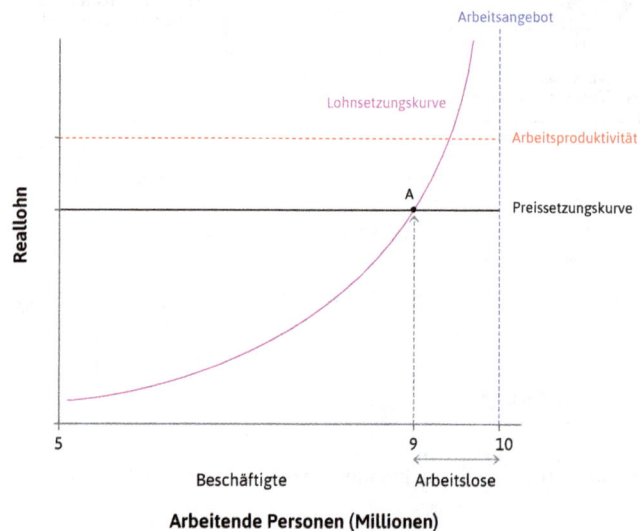

Nehmen wir nun an, dass die Regierung politische Maßnahmen ergreift, die es ausländischen Unternehmen erschweren, in ihre Märkte einzutreten. Nehmen wir an, dass das Beschäftigungsniveau und das Arbeitsangebot konstant bleiben. Welche der folgenden Aussagen zu den Mechanismen, durch die Inflation entsteht, sind richtig?

☐ Durch den verringerten Wettbewerb können die Unternehmen nun einen höheren Preisaufschlag auf ihre Kosten verlangen, wodurch die Preissetzungskurve steigt.

☐ Da sich der Arbeitsmarkt bei dem niedrigeren Reallohn nicht im Gleichgewicht befindet, fehlt den Beschäftigten nun die Motivation, bei der gegebenen Arbeitslosenquote zu arbeiten. Daher wird der Lohn erhöht, was durch eine Verschiebung der Lohnsetzungskurve nach oben beschrieben wird.

☐ Wenn die Unternehmen in der Lage sind, den neuen höheren Preisaufschlag, der nun auf den neuen höheren Lohn angewandt wird, weiter zu erheben, steigt der Preis wieder an und der Reallohn sinkt auf die Preissetzungskurve.

☐ Wenn die Beschäftigten in der Lage sind, nach dem Preisanstieg weiterhin den ursprünglichen Reallohn als Minimallohn zu verlangen, um sie zur Arbeit zu motivieren, steigt der Lohn erneut an und erhöht den Reallohn auf das Niveau der Lohnsetzungskurve.

FRAGE 15.4 WÄHLEN SIE DIE RICHTIGE(N) ANTWORT(EN)

Das folgende Diagramm stellt das Modell des Arbeitsmarktes dar:

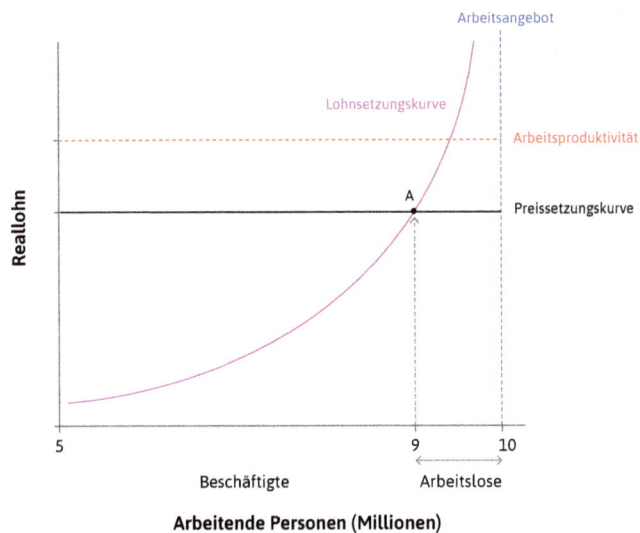

Angenommen, die Verhandlungsmacht der Beschäftigten nimmt zu, was zu Inflation führt. Welche der folgenden Aussagen sind richtig?

- ☐ Die Verhandlungsmacht der Beschäftigten kann durch eine Erhöhung des Arbeitslosengeldes zunehmen, was zu einem Anstieg der Lohnsetzungskurve führt.
- ☐ Die Verhandlungsmacht der Beschäftigten kann durch einen Anstieg der Arbeitslosigkeit entlang einer bestimmten Lohnsetzungskurve zunehmen.
- ☐ Nach dem anfänglichen Anstieg der Verhandlungsmacht der Beschäftigten passen die Unternehmen die Löhne und Preise an, indem sie die Lohnsetzungskurve verschieben, was zu Inflation führt.
- ☐ Nach dem anfänglichen Anstieg der Verhandlungsmacht der Beschäftigten passen die Unternehmen die Löhne und Preise an, was zu Inflation führt. Weder die Lohn- noch die Preissetzungskurve verschieben sich.

15.3 INFLATION, DER KONJUNKTURZYKLUS UND DIE PHILLIPSKURVE

Wenn Zentralbanken der Öffentlichkeit ihre Zinssätze mitteilen, begründen sie eine Erhöhung des Zinssatzes normalerweise damit, dass die prognostizierte Inflation gestiegen ist. Sie erhöhen den Zinssatz, um die aggregierte Nachfrage zu dämpfen, die konjunkturelle Arbeitslosigkeit zu erhöhen und damit die Inflation wieder in Richtung des Zielwertes zu bringen.

Wenn sie dagegen einen niedrigeren Zinssatz ankündigen, begründen sie dies mit der Gefahr einer zu niedrigen Inflation (möglicherweise einer Deflation). Genauso wie ein Rückgang der aggregierten Nachfrage und der Beschäftigung die Inflation senkt, führt ein Anstieg der aggregierten Nachfrage und der Beschäftigung zu einem Anstieg der Inflation.

Um die Inflation zu modellieren, gehen wir davon aus, dass die Personalabteilungen der Unternehmen die Nominallöhne (zum Beispiel in Dollar, Pfund oder Euro) einmal im Jahr festlegen und dass die Marketingabteilungen die Preise unmittelbar nach den Löhnen festlegen. Der Reallohn, um den sich die Beschäftigten sorgen, ist ihr Nominallohn im Verhältnis zum Preisniveau in der gesamten Wirtschaft und ist definiert als:

$$w = \frac{W}{P}$$

Es ist der **Reallohn** auf der vertikalen Achse im Diagramm des Arbeitsmarktes in Frage 15.4.

Um zu sehen, wie Inflation in einem Konjunkturzyklus-Aufschwung zustande kommt, gehen wir von einer Wirtschaft im Arbeitsmarktgleichgewicht und mit konstanten Preisen aus, und betrachten einen Anstieg der aggregierten Nachfrage, der die Arbeitslosigkeit unter das Gleichgewichtsniveau senkt.

- *Wenn die Arbeitslosigkeit niedrig ist, muss die Personalabteilung höhere Löhne festsetzen:* Die Kosten des Arbeitsplatzverlustes sind gering, und die Beschäftigten erwarten höhere Reallöhne, wenn sie effektiv arbeiten sollen.
- *Höhere Löhne bedeuten höhere Kosten für die Unternehmen:* Die Marketingabteilung wird die Preise anheben, um die höheren Kosten zu decken. Solange sich die Wettbewerbsbedingungen nicht geändert haben, wird der Preisaufschlag des Unternehmens unverändert bleiben.
- *Das Preisniveau ist gestiegen:* Sobald alle Unternehmen in der Wirtschaft höhere Preise festgesetzt haben, hat die Wirtschaft eine Lohn- und Preisinflation erlebt. Und die Reallöhne sind nicht gestiegen: Der prozentuale Anstieg von W ist gleich dem prozentualen Anstieg von P, sodass W/P unverändert bleibt.

Wie geht es nun weiter? Wir nehmen an, dass die aggregierte Nachfrage hoch genug bleibt, um die Arbeitslosigkeit unter dem Arbeitsmarktgleichgewicht zu halten. Bei der nächsten jährlichen Lohnfindungsrunde befindet sich die Personalabteilung in der gleichen Lage wie im Vorjahr: Bei anhaltend niedriger Arbeitslosigkeit sind die Beschäftigten von ihrem Reallohn enttäuscht. Die Personalabteilung muss die Nominallöhne anheben. Wenn die Kosten steigen, hebt die Marketingabteilung die Preise erneut an. Dies nennt man die **Lohn-Preis-Spirale**. Sie erklärt, warum bei niedriger Arbeitslosigkeit das Preisniveau nicht nur in dem Jahr steigt, in dem die Arbeitslosigkeit gesunken ist, sondern Jahr für Jahr.

Reallohn Der Nominallohn, bereinigt um die Preisänderungen zwischen verschiedenen Zeiträumen. Er misst die Menge an Waren und Dienstleistungen, die eine Beschäftigte kaufen kann. *Siehe auch: Nominallohn.*

Lohn-Preis-Spirale Wenn auf einen anfänglichen Anstieg der Löhne in der Wirtschaft ein Anstieg des Preisniveaus folgt, auf den ein Anstieg der Löhne folgt und so weiter. Sie kann auch mit einem anfänglichen Anstieg des Preisniveaus beginnen.

Kommt es statt zu einem Boom zu einer Rezession, kehrt sich die Lohn-Preis-Spirale um, und das Preisniveau fällt Jahr für Jahr.

Wir fragen uns nun, warum die Preise Jahr für Jahr konstant waren, bevor der Boom der aggregierten Nachfrage die Arbeitslosigkeit verringerte. Wir werden sehen, dass bei einem Gleichgewicht des Arbeitsmarktes (der normalen Phase des Konjunkturzyklus) kein Druck auf die Löhne und Preise besteht, sich zu verändern. Aus Einheit 9 wissen wir, dass das Arbeitsmarktgleichgewicht dort liegt, wo sich die Lohnsetzungskurve und die Preissetzungskurve kreuzen. Aber warum ist diese Arbeitslosenquote so besonders für die Inflationsrate?

In Abbildung 15.4a befindet sich der Arbeitsmarkt nur im Punkt (A) im Nash-Gleichgewicht, wo der Reallohn auf der Lohnsetzungskurve mit dem Reallohn auf der Preissetzungskurve übereinstimmt. Wie wir in Einheit 9 gesehen haben, machen an diesem Punkt sowohl die Beschäftigten als auch die Unternehmen das Beste, was sie in Anbetracht der Handlungen des jeweils anderen tun können. Bei A addieren sich die Forderungen der Eigentümer:innen nach Gewinnen und die der Beschäftigten nach Reallöhnen genau zur Größe des Kuchens auf. Oder anders ausgedrückt: die Summe der Doppelpfeile, die die Gewinne pro beschäftigter Person und die Reallöhne anzeigen, ist gleich dem Output pro beschäftigter Person, das durch die rote gestrichelte Linie dargestellt ist. Das bedeutet, dass die Personalabteilung keinen Grund hat, die Löhne zu erhöhen, und da die Kosten nicht steigen, wird die Marketingabteilung die Preise unverändert lassen. Der Reallohn wird konstant bleiben, und niemand wird enttäuscht sein.

In einer Wirtschaft mit einer Arbeitslosenquote im Arbeitsmarktgleichgewicht (Punkt A) sind die Löhne und Preise stabil, und die Inflation ist gleich Null.

Wir verwenden nun das Arbeitsmarktdiagramm, um zu sehen, was in einem Boom passiert. Abbildung 15.4b zeigt, wie die Summe aus Ansprüchen der Beschäftigten auf Reallöhne und Ansprüchen der Unternehmen auf reale Gewinne größer als die Gesamtproduktivität ist, wenn die Arbeitslosigkeit unter dem Gleichgewicht liegt. Ebenso ist die Summe kleiner als die Gesamtproduktivität, wenn die Arbeitslosigkeit über dem Gleichgewicht liegt.

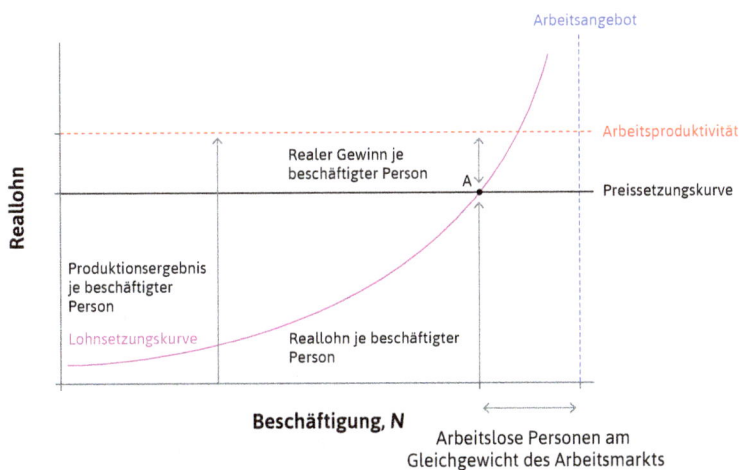

Abbildung 15.4a Inflation und Streit über die Aufteilung des Kuchen: Stabiles Preisniveau bei Gleichgewicht auf dem Arbeitsmarkt.

Liegt die Arbeitslosigkeit unter dem Gleichgewicht, führt dies zu einem Aufwärtsdruck auf Löhne und Preise beziehungsweise zu einer steigenden Lohn-Preis-Spirale. Liegt die Arbeitslosigkeit über dem Gleichgewicht, führt dies zu einem Abwärtsdruck auf Löhne und Preise beziehungsweise zu einer rückläufigen Lohn-Preis-Spirale.

Wenn wir die Beziehung zwischen Inflation und Arbeitslosigkeit in den drei Phasen des Konjunkturzyklus skizzieren, erhalten wir etwas Ähnliches wie das, was Phillips in den Daten entdeckt hat: Wenn die Arbeitslosigkeit niedriger ist, ist die Inflation höher und umgekehrt.

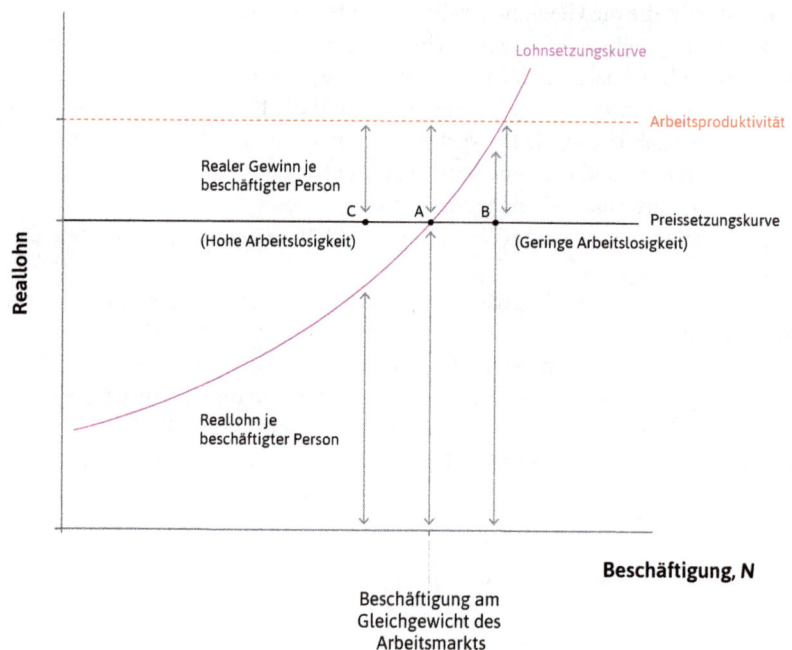

Abbildung 15.4b Inflation und Streit um die Aufteilung des Kuchens bei niedriger und hoher Arbeitslosigkeit.

1. Arbeitsmarktgleichgewicht bei A

Bei A befindet sich die Wirtschaft im Arbeitsmarktgleichgewicht. Der Reallohn auf der Lohnsetzungskurve ist gleich dem auf der Preissetzungskurve, sodass die Ansprüche der Unternehmen auf realen Gewinn pro beschäftigter Person plus die Ansprüche der Beschäftigten auf Reallöhne zusammen die Arbeitsproduktivität ergeben.

2. Geringe Arbeitslosigkeit bei B

Bei niedriger Arbeitslosigkeit steigt der Reallohn, der erforderlich ist, damit die Beschäftigten sich anstrengen, sodass die Lohnforderungen der Beschäftigten und die Gewinnforderungen der Eigentümer:innen widersprüchlich sind: Die Summe ist größer als die Arbeitsproduktivität.

3. Hohe Arbeitslosigkeit bei C

Bei hoher Arbeitslosigkeit befinden sich die Beschäftigten in einer schwächeren Verhandlungsposition. Die Forderungen der Beschäftigten und Eigentümer:innen sind in Summe weniger als die Arbeitsproduktivität.

Die wichtigste Aussage des Modells der Inflation und des Konflikts zwischen Unternehmen und Beschäftigten ist, dass das Preisniveau entweder steigt oder fällt, wenn die Beschäftigung über oder unter dem Arbeitsmarktgleichgewicht liegt. Wenn der durch die Lohnsetzungskurve gegebene Reallohn und der durch die Preissetzungskurve gegebene Reallohn nicht gleich sind, sprechen wir von einer **Verhandlungslücke**, die dem vertikalen Abstand zwischen den beiden Kurven entspricht.

- *Wenn die Arbeitslosigkeit niedriger ist als im Gleichgewicht:* Es besteht eine positive Verhandlungslücke und es gibt Inflation.
- *Wenn die Arbeitslosigkeit höher ist als im Gleichgewicht:* Es besteht eine negative Verhandlungslücke und es kommt zu Deflation.
- *Wenn auf dem Arbeitsmarkt ein Gleichgewicht herrscht:* Die Verhandlungslücke ist gleich Null und das Preisniveau ist konstant.

Wenn beispielsweise der Lohn auf der Preissetzungskurve 100 und auf der Lohnsetzungskurve 101 beträgt, ist die Verhandlungslücke 1 %.

> **Verhandlungslücke** Die Differenz zwischen dem Reallohn, den die Unternehmen anbieten möchten, um den Beschäftigten Anreize zur Arbeit zu geben, und dem Reallohn, der den Unternehmen den Preisaufschlag ermöglicht, der angesichts des Wettbewerbsgrades die Gewinne maximiert.

Die Verhandlungslücke und die Phillipskurve

Wir können die Kausalkette von der Verhandlungslücke zur Inflation wie folgt zusammenfassen:

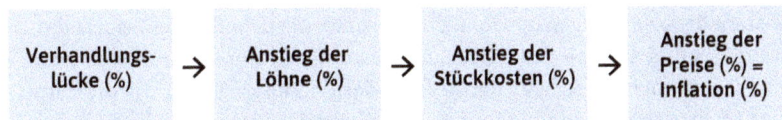

Verhandlungs-lücke (%)	→	Anstieg der Löhne (%)	→	Anstieg der Stückkosten (%)	→	Anstieg der Preise (%) = Inflation (%)

Zur Erinnerung: Inflation ist als prozentualer Anstieg der Preise definiert. Um die Inflationsrate zu berechnen, verwenden wir also folgende Formel:

$$
\begin{aligned}
\text{Inflation (\%)} &\equiv \text{Preisanstieg (\%)} \\
&= \text{Anstieg der Kosten pro Einheit des Outputs (\%)} \\
&= \text{Lohnerhöhung (\%) (wenn die Löhne die einzigen Kosten sind)} \\
&= \text{Verhandlungslücke (\%)}
\end{aligned}
$$

In Abbildung 15.4c zeichnen wir ein neues Diagramm unterhalb der Lohnsetzungskurve und der Preissetzungskurve. Dies ist das Diagramm der Phillipskurve, mit der Inflation auf der vertikalen Achse und der Beschäftigung auf der horizontalen Achse. Wenn wir von einer Beschäftigung im Gleichgewicht des Arbeitsmarktes und einer Inflation von Null ausgehen, stellen wir fest, dass die Wirtschaft in diesem Zustand verharren kann: Es besteht kein Druck, das Preisniveau zu erhöhen oder zu senken. Dies ergibt einen Punkt auf der Phillipskurve. Betrachten wir nun ein höheres Beschäftigungsniveau aufgrund einer stärkeren aggregierten Nachfrage. Es entsteht eine positive Verhandlungslücke, und die Löhne und Preise werden steigen. Die Unternehmen erhöhen die Löhne als Reaktion auf den Rückgang der Arbeitslosigkeit. Das Preisniveau steigt, da die Unternehmen ihre Preise als Reaktion auf den Anstieg ihrer Arbeitskosten anheben. Wenn die Verhandlungslücke 1 % beträgt, steigen die Preise und Löhne um 1 %. Daraus ergibt sich ein zweiter Punkt auf der Phillipskurve.

Solange die Beschäftigung über dem Arbeitsmarktgleichgewicht liegt, werden die Beschäftigten am Ende des Jahres enttäuscht sein. Ihr Reallohn wird nicht um 1 % gestiegen sein, wie sie erwartet hatten, also werden sie eine weitere Erhöhung um 1 % aushandeln. Das Ergebnis: Löhne und Preise werden auch im folgenden Jahr um 1 % steigen: Die Unternehmen werden die Löhne um 1 % anheben, um den Reallohn an die Lohnsetzungskurve heranzuführen, und sie werden die Preise als Reaktion auf diese Kostensteigerung um 1 % anheben. Wir werden eine niedrigere Arbeitslosigkeit und eine höhere Inflation beobachten, genau wie in Phillips ursprünglichem Streudiagramm.

Um das Bild zu vervollständigen, fügen wir das Multiplikatormodell unter den Diagrammen des Arbeitsmarktes und der Phillipskurve ein, um die kurz- und mittelfristigen Modelle zusammenzuführen. Dadurch wird deutlich, dass:

- *Bei einem höheren Niveau der aggregierten Nachfrage (einem Boom) ist die Inflation positiv*: Die Arbeitslosigkeit ist niedriger, was bedeutet, dass es eine positive Verhandlungslücke gibt, sodass die Löhne und Preise kontinuierlich steigen.
- *Bei einem niedrigeren Niveau der aggregierten Nachfrage (Rezession) herrscht Deflation*: Die Arbeitslosigkeit ist höher, das heißt es besteht eine negative Verhandlungslücke.

ÜBUNG 15.1 DIE VERHANDLUNGSLÜCKE IN EINER REZESSION
Angenommen, die Wirtschaft befindet sich anfangs im Arbeitsmarktgleichgewicht mit stabilen Preisen (Inflation gleich Null). Zu Beginn des ersten Jahres gehen die Investitionen zurück und die Wirtschaft gerät in eine Rezession mit hoher Arbeitslosigkeit.

1. Erklären Sie, warum eine negative Verhandlungslücke entsteht.
2. Nehmen Sie an, die negative Verhandlungslücke beträgt 1 %. Zeichnen Sie ein Diagramm mit den Jahren auf der horizontalen Achse und dem Preisniveau auf der vertikalen Achse. Skizzieren Sie, ausgehend von einem Index von 100, den Verlauf des Preisniveaus für die folgenden fünf Jahre, wenn das Verhandlungsgefälle bei −1 % bleibt.
3. Wer gewinnt in dieser Wirtschaft und wer verliert?

Zeichnen Sie ein Diagramm des Arbeitsmarktes, in dem sich die Wirtschaft im Arbeitsmarktgleichgewicht mit stabilen Preisen befindet. Betrachten Sie nun:

- Einen positiven Schock der aggregierten Nachfrage, der die Arbeitslosenquote um zwei Prozentpunkte senkt.
- Einen negativen Schock, der die Arbeitslosenquote um zwei Prozentpunkte erhöht.

1. Was passiert mit der Verhandlungslücke in jedem einzelnen Fall?
2. Was würden Sie erwarten, was mit dem Preisniveau in jedem einzelnen Fall geschieht? Erklären Sie Ihre Antworten.

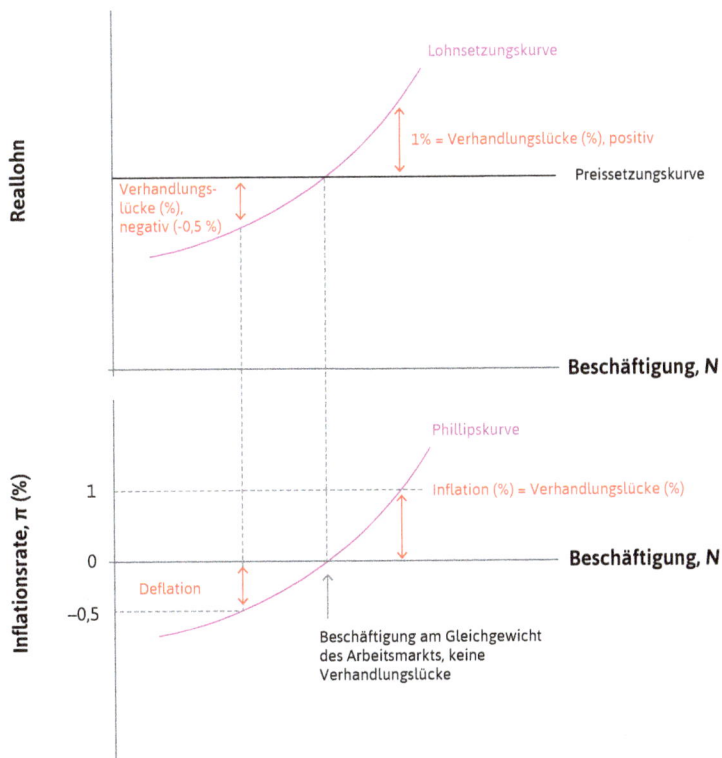

Abbildung 15.4c Verhandlungslücken, Inflation und die Phillipskurve.

1. Arbeitsmarktgleichgewicht
Die Verhandlungslücke ist gleich Null und die Inflation ist gleich Null.

2. Geringe Arbeitslosigkeit
Die Verhandlungslücke ist positiv und die Inflation ist positiv.

3. Hohe Arbeitslosigkeit
Die Verhandlungslücke ist negativ und die Inflation ist negativ.

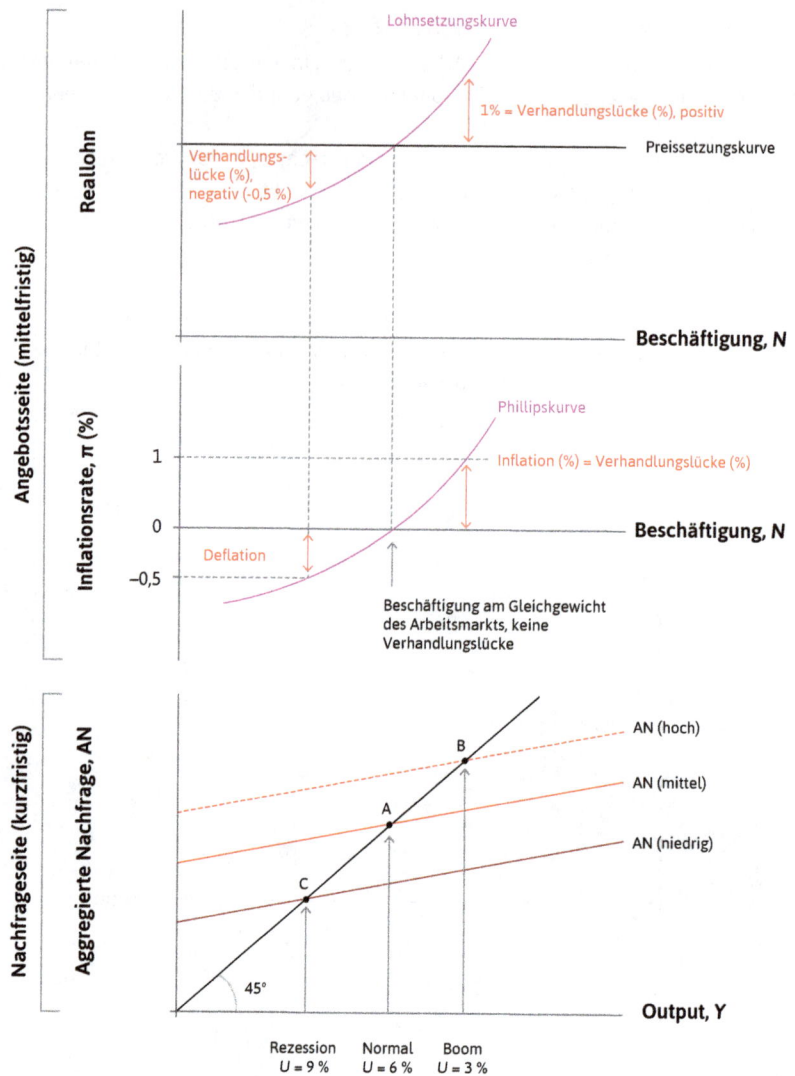

Abbildung 15.4d Die kurz- und mittelfristigen Modelle: Aggregierte Nachfrage, Beschäftigung und Inflation.

1. Arbeitsmarktgleichgewicht

Wenn das Niveau der aggregierten Nachfrage zu einem Gleichgewicht auf dem Arbeitsmarkt führt, ist das Preisniveau stabil (die Inflation ist gleich Null).

2. Ein Boom

Bei einem höheren Niveau der aggregierten Nachfrage (Boom) besteht eine positive Verhandlungslücke und die Inflation ist positiv.

3. Eine Rezession

Bei einem niedrigeren Niveau der aggregierten Nachfrage (Rezession) kommt es zu einer negativen Verhandlungslücke und Deflation.

FRAGE 15.5 WÄHLEN SIE DIE RICHTIGE(N) ANTWORT(EN)

Siehe Abbildung 15.4d für Diagramme des Arbeitsmarktmodells, der Phillipskurve und des Multiplikatormodells der aggregierten Nachfrage. Dargestellt sind die Arbeitslosenquoten und die Verhandlungslücken in verschiedenen Stadien der Wirtschaft.

Welche der folgenden Aussagen ist richtig?

☐ Es gibt keine Inflation, wenn die Arbeitslosenquote gleich Null ist.

☐ Im dargestellten Boom führt die Aufwärtsverschiebung der aggregierten Nachfragekurve zu einer Verringerung der Arbeitslosenquote, was wiederum eine Verhandlungslücke von 1 % zur Folge hat.

☐ In der dargestellten Rezession erhöht die Abwärtsverschiebung der aggregierten Nachfragekurve die Arbeitslosenquote, wodurch wiederum eine Verhandlungslücke von 0,5 % entsteht.

☐ Die resultierende Phillipskurve zeigt eine positive Korrelation zwischen der Arbeitslosenquote und der Inflationsrate.

15.4 INFLATION UND ARBEITSLOSIGKEIT: EINSCHRÄNKUNGEN UND PRÄFERENZEN

Die ursprüngliche Phillipskurve und das Modell in Abbildung 15.4d legen nahe, dass es einen dauerhaften Trade-Off zwischen Inflation und Arbeitslosigkeit gibt. Wenn die Regierung beispielsweise mit der Phillipskurve in der Abbildung zufrieden ist und jedes Jahr eine Inflation von 1 % wünscht, dann kann sie Jahr für Jahr einen Boom der aggregierten Nachfrage mit einer Arbeitslosenquote von 3 % unterstützen.

Wenn sie stabile Preise (Null-Inflation) bevorzugt, dann muss sie die aggregierte Nachfrage auf dem normalen Niveau halten, mit einer Arbeitslosigkeit von 6 %. Dies legt nahe, dass die Phillipskurve eine **realisierbare Menge** ist, aus der die politischen Entscheidungsträger:innen die gewünschte Kombination aus Arbeitslosigkeit und Inflation auswählen können. Die politischen Entscheidungsträger:innen bevorzugen eine niedrige Inflation und eine hohe Beschäftigung, und diese Präferenzen können als Indifferenzkurven dargestellt werden.

Gehen Sie die Schritte der Analyse in Abbildung 15.5 durch, um zu sehen, wie die Präferenzen der politischen Entscheidungsträger:innen durch Indifferenzkurven beschrieben werden.

Beachten Sie zunächst einige wichtige Merkmale des Diagramms. Beim Zeichnen von Indifferenzkurven wird in der Regel eine Wahl, die weiter vom Ursprung entfernt ist, bevorzugt, da mehr von dem, was auf jeder Achse liegt, bevorzugt wird. In diesem Fall wird das beste Ergebnis der politischen Entscheidungsträger:innen durch den Punkt F dargestellt, bei dem die Inflation das Ziel erreicht und Vollbeschäftigung herrscht. Wie wir am Ende von Abschnitt 15.1 gesehen haben, werden die politischen Entscheidungsträger:innen wahrscheinlich eine niedrige (stabile) Inflation dem Nullpunkt vorziehen. Das bedeutet, dass die Indifferenzkurven bei einer Inflation von zum Beispiel 2 % vertikal werden. Oberhalb des Inflationsziels sind die Indifferenzkurven steigend, da eine Annäherung der Beschäftigung an die Vollbeschäftigung die Inkaufnahme einer höheren (über dem Zielwert liegenden) Inflation rechtfertigt. Unterhalb der Zielinflation sind die Indifferenzkurven fallend, da eine Annäherung der Beschäftigung an die

realisierbare Menge Die Gesamtheit der Kombinationen der betrachteten Güter, die eine entscheidende Person unter Berücksichtigung der wirtschaftlichen, physischen oder sonstigen Beschränkungen, wählen könnte. *Siehe auch: Machbarkeitsgrenze.*

Vollbeschäftigung es wert ist, eine niedrigere Inflation (unterhalb des Ziels) in Kauf zu nehmen.

Wir gehen davon aus, dass es abnehmende Grenzerträge für die beiden Ziele—hohe Beschäftigung und niedrige Inflation—gibt. Dies bedeutet, dass die Indifferenzkurve flacher verläuft, wenn das Ergebnis weiter vom Inflationsziel entfernt ist, aber näher an der Vollbeschäftigung liegt, weil die politischen Entscheidungsträger:innen mehr Wert darauf legen, dem Inflationsziel näher zu kommen. Umgekehrt ist die Indifferenzkurve steiler, wenn das Ergebnis weiter von der Vollbeschäftigung entfernt ist, aber näher am Inflationsziel liegt, weil die politischen Entscheidungsträger:innen mehr Wert darauf legen, näher an die Vollbeschäftigung heranzukommen.

Auf der rechten Seite der Abbildung sind die Indifferenzkurven und die Phillipskurve dargestellt. Die politischen Entscheidungsträger:innen betrachten die Phillipskurve als realisierbare Menge und werden versuchen, mit Hilfe von Geld- oder Fiskalpolitiken das Niveau der aggregierten Nachfrage so zu wählen, dass die Beschäftigung bei C liegt. Dies ist die

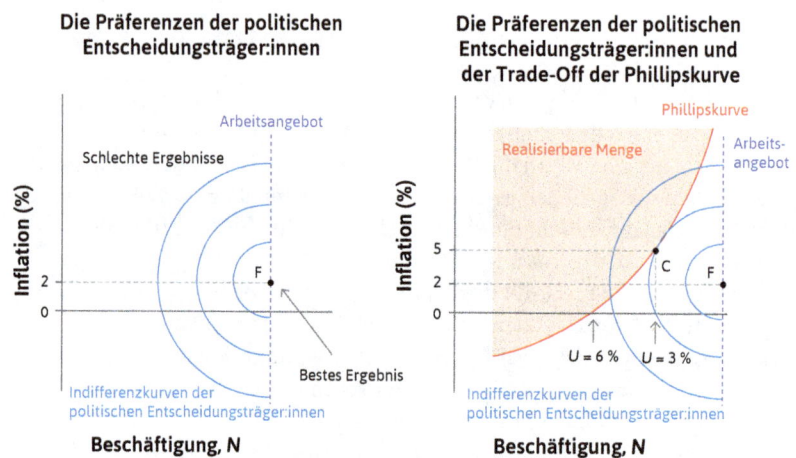

Abbildung 15.5 Die Phillipskurve und die Präferenzen der politischen Entscheidungsträger:innen.

1. Die Präferenzen der politischen Entscheidungsträger:innen
Die Abbildung zeigt die Indifferenzkurven der politischen Entscheidungsträger:innen.

2. Hohe Beschäftigung und Inflation
Wenn die Beschäftigung und die Inflation sehr hoch sind, ist die Indifferenzkurve flach.

3. Geringere Beschäftigung und Inflation
Wenn Inflation und Beschäftigung niedriger sind, ist die Indifferenzkurve steiler.

4. Inflation bei 2%
Die Indifferenzkurve ist senkrecht, wenn die Inflation bei 2 % liegt.

5. Vollbeschäftigung
Die Indifferenzkurve ist horizontal, wenn Beschäftigung = Arbeitsangebot.

6. Die Präferenzen der politischen Entscheidungsträger:innen
F kennzeichnet die von den politischen Entscheidungsträger:innen bevorzugte Kombination aus Inflation und Arbeitslosigkeit.

7. Die realisierbare Menge
Die politischen Entscheidungsträger:innen wählen aus der realisierbaren Menge auf der Phillipskurve.

8. Das bevorzugte realisierbare Ergebnis
Dies ist auf der Phillipskurve am Punkt C.

Indifferenzkurve, die dem besten Ergebnis von F am nächsten kommt, was dem Trade-Off der Phillipskurve entspricht.

In diesem Beispiel ziehen die politischen Entscheidungsträger:innen eine Kombination von 3 % Arbeitslosigkeit und 5 % Inflation einer anderen möglichen Kombination von 6 % Arbeitslosigkeit und einem stabilen Preisniveau (Null-Inflation) vor.

ÜBUNG 15.3 DIE PHILLIPSKURVE UND DIE PRÄFERENZEN DER POLITISCHEN ENTSCHEIDUNGSTRÄGER:INNEN

Die folgenden Fragen beziehen sich auf Abbildung 15.5.

1. Wie würden die Indifferenzkurven der politischen Entscheidungsträger:innen aussehen, wenn sich diese nur um eine niedrige Arbeitslosigkeit kümmern würden?
2. Welchen Punkt auf der Phillipskurve würden diese politischen Entscheidungsträger:innen wählen?
3. Wie sähen die Indifferenzkurven aus, wenn die politischen Entscheidungsträger:innen sich nur um eine niedrige Inflation kümmern würden?
4. Welchen Punkt auf der Phillipskurve würde dann gewählt?
5. Wie sähen die Indifferenzkurven aus, wenn die politischen Entscheidungsträger:innen, um wiedergewählt zu werden, die Unterstützung der Rentenbeziehenden mehr bräuchte als die der Erwerbstätigen?

15.5 WAS IST MIT DER PHILLIPSKURVE PASSIERT?

Das Modell in Abbildung 15.5 legt nahe, dass politische Entscheidungsträger:innen, welche in der Lage sind, das Niveau der aggregierten Nachfrage anzupassen, eine beliebige Kombination aus Inflation und Arbeitslosigkeit entlang der Phillipskurve wählen können. Die Daten in Abbildung 15.6 deuten jedoch darauf hin, dass der Trade-Off zwischen Inflation und Arbeitslosigkeit nicht stabil ist. Es gibt eine Vielzahl von Datenpunkten und keine erkennbare, positiv verlaufende Phillipskurve.

Abbildung 15.6 zeigt die Kombinationen aus Inflation und Arbeitslosigkeit für die USA für jedes Jahr zwischen 1960 und 2020. Beachten Sie, dass auf der horizontalen Achse die Skala für die Arbeitslosenquote mit zunehmender Entfernung nach rechts in der Abbildung abnimmt. Eine Phillipskurve, die durch die Beobachtungen in den 1960er Jahren skizziert wurde, vermittelt ein recht gutes Bild des Trade-Offs zwischen Inflation und Arbeitslosigkeit in diesem Jahrzehnt. In anderen Zeiträumen ist diese Kurve jedoch nicht passend. Die Abbildung zeigt, wie sich die Phillipskurve im Laufe der Zeit verändert hat.

In seiner Präsidentschaftsrede vor der American Economic Association im Dezember 1967 gab Milton Friedman eine Erklärung dafür, warum die Phillipskurve nicht stabil ist. Er verwies auf die jüngsten Erfahrungen in den USA. Seit 1966 war die Arbeitslosigkeit mit durchschnittlich 3,7 % konstant geblieben, aber die Inflation war von 3,0 % auf 1,2 % gesunken. Die Arbeitslosigkeit könne nur dann auf dem Niveau von 3 % gehalten werden, wenn die Inflation weiter ansteige: „Es gibt immer einen temporären Trade-Off zwischen Inflation und Arbeitslosigkeit, aber keinen dauerhaften Trade-Off" sagte er. Das wusste Helmut Schmidt, wollte es aber 1972 vor den Wahlberechtigten nicht zugeben.

Milton Friedman. 1968. 'The Role of Monetary Policy'. *American Economic Review* 58 (1): pp. 1–17.

Wenn es keinen dauerhaften Trade-Off gibt, dann ist die Phillipskurve keine realisierbare Menge, so wie es die Machbarkeitsgrenze des Konsums war: Die Machbarkeitsgrenze des Konsums bleibt bestehen, wenn ein anderer Punkt auf ihr gewählt wird. Im Gegensatz dazu zeigte Friedman, unterstützt durch Belege aus vielen Ländern aus den späten 1960er Jahren, dass eine Regierung,

Sehen Sie sich eine andere Darstellung der neuesten Daten bei OWiD an https://tinyco.re/4412065

Federal Reserve Bank of St. Louis. 2021. FRED (https://tinyco.re/3965569).

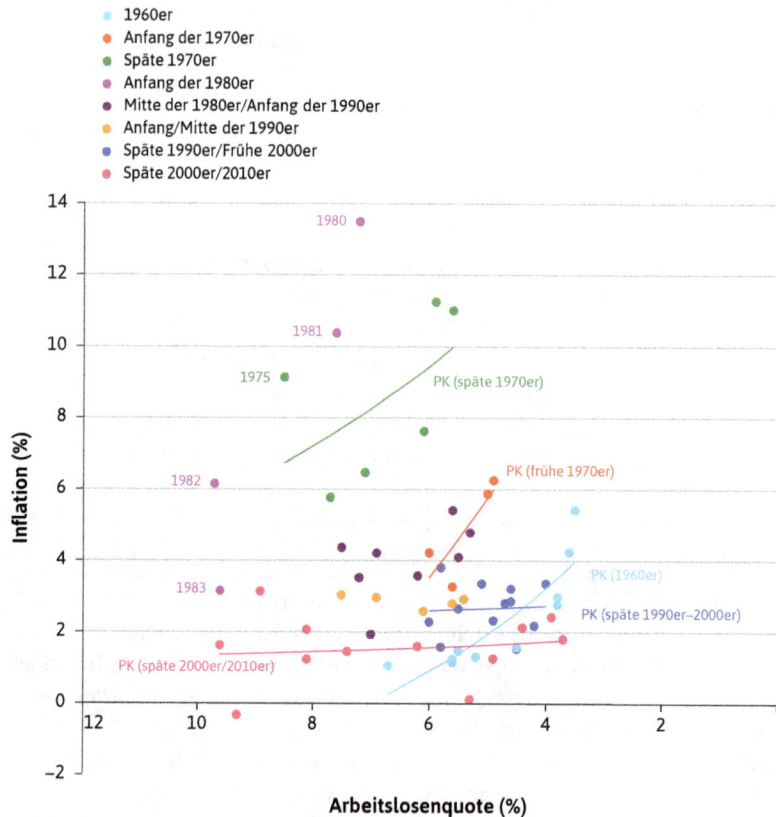

Abbildung 15.6 Phillipskurven in den USA (1960–2020).

1. Wo liegt die Phillipskurve?

Die Abbildung zeigt die Kombinationen aus Inflation und Arbeitslosigkeit in den USA für jedes Jahr zwischen 1960 und 2020.

2. Eine sich verschiebende Kurve

Anhand der Abbildung lässt sich zeigen, wie sich die Phillipskurve im Laufe der Zeit verschoben hat.

3. Die 1960er

Die Phillipskurve für die 1960er Jahre zeigt, dass sich die Wirtschaft in einem guten Zustand befand. Die USA konnten eine Kombination aus relativ niedriger Inflation und Arbeitslosigkeit erreichen.

4. Die frühen 1970er

In den frühen 1970er Jahren scheint sich die Phillipskurve nach oben verschoben zu haben.

5. Die späten 1970er

Ende der 1970er Jahre verschiebt sich die Kurve weiter nach oben.

6. Die 1980er

Und Anfang der 1980er Jahre stieg sie weiter an, wodurch sich das Missverhältnis zwischen Arbeitslosigkeit und Inflation weiter verschärfte.

7. Die 1990er

In den späten 1990er bis 2000er Jahren, als auch in den späten 2000er Jahren bis heute ist die Phillipskurve niedrig und flach.

die versucht, die Arbeitslosigkeit „zu niedrig" zu halten, nicht nur eine höhere Inflation, sondern auch eine steigende Inflation zur Folge hat.

Inflation bedeutet steigende Preise. Steigende Inflation bedeutet, dass die Preise immer schneller steigen. Dies bedeutet, dass sich die Phillipskurve immer weiter nach oben verschieben würde.

15.6 ERWARTETE INFLATION UND DIE PHILLIPSKURVE

Wir erklären nun, warum sich die Phillipskurve verschiebt: Warum steigt die Inflation weiter, wenn die Regierungen versuchen, die Arbeitslosigkeit zu niedrig zu halten? Wir werden zeigen, dass es nur eine Arbeitslosenquote gibt, bei der die Inflation stabil ist, und dass dies das Nash-Gleichgewicht auf dem Arbeitsmarkt ist.

Für die folgenden Überlegungen, müssen wir zwei Überlegungen aus früheren Einheiten aufgreifen:

- *Menschen sind zukunftsorientiert:* Wir haben dies in den Einheiten 6, 9, 10 und 13 erklärt. Sie handeln jetzt unter Berücksichtigung der Dinge, die sie in Zukunft erwarten. Um dies zu betonen, sagen Ökonominnen und Ökonomen, dass „Erwartungen eine Rolle spielen".
- *Menschen verstehen Preise als Botschaften:* Friedrich Hayek hat uns das gelehrt (siehe Einheit 11). Deshalb verstehen die Menschen auch Preisänderungen als Botschaften darüber, was in der Zukunft geschehen wird, so wie die Menschen eine Wolkenbildung als Vorhersage von Regen betrachten.

Anhand dieser beiden Bausteine können wir erkennen, warum Friedman Recht hatte. Neben dem Kampf um den Kuchen zwischen den Beschäftigten und den Eigentümer:innen von Unternehmen, der die Hauptursache für steigende Preise ist, zeigte Friedman, dass die Inflation bei niedriger Arbeitslosigkeit immer weiter zunimmt. Dies liegt an der Art und Weise, wie die Lohn- und Preissetzenden ihre Ansichten über die Entwicklung der Inflation bilden. Wir bezeichnen dies als **erwartete Inflation**. Das Verhalten der Inflation wird beide Elemente widerspiegeln.

> **erwartete Inflation** Die Meinung der Lohn- und Preissetzenden über die Höhe der Inflation in der nächsten Periode. *Siehe auch: Inflation.*

Erwartete Inflation

Wir führen die Rolle der erwarteten Inflation ein, indem wir zur Phillipskurve zurückkehren.

Betrachten Sie Abbildung 15.7. Sie werden feststellen, dass bei einem Arbeitsmarktgleichgewicht mit einer Arbeitslosenquote von 6 % die Inflationsrate 3 % beträgt und nicht Null wie in Abbildung 15.4d (Seite 750).

Wenn die Lohn- und Preissetzenden davon ausgehen, dass die Preise jährlich um 3 % steigen werden, dabei die aggregierte Nachfrage „normal" ist und die Arbeitslosigkeit bei 6 % hält, dann kann die Wirtschaft im Arbeitsmarktgleichgewicht bleiben, wobei die Inflation konstant bei 3 % pro Jahr bleibt. Jedes Jahr werden die Löhne und Preise um 3 % steigen, und der Reallohn wird auf dem Schnittpunkt der Lohn- und Preissetzungskurve bleiben. Dies ist Punkt A.

Betrachten wir nun einen Boom, der die Wirtschaft zu einer niedrigeren Arbeitslosigkeit am Punkt B führt. Was wird mit der Inflation geschehen? Die Beschäftigten erwarten einen Preisanstieg von 3 % und benötigen einen Nominallohnanstieg von 3 %, damit sich ihr Reallohn nicht verändert. Sie benötigen jedoch einen zusätzlichen Anstieg von 2 %, um einen erwarteten Reallohnanstieg auf der Lohnsetzungskurve zu erhalten, sodass die Löhne um 5 % steigen. Da ihre Kosten um 5 % steigen, werden die Unternehmen ihre Preise um 5 % erhöhen. Während des Booms wird die Inflation 5 % betragen.

Dies ergibt eine Phillipskurve, wie wir sie bereits gesehen haben. Der einzige Unterschied besteht darin, dass die Inflation im Arbeitsmarktgleichgewicht 3 % und nicht Null beträgt.

Wenn die Inflation nicht bei Null liegt, können wir die Kausalkette von der erwarteten Inflation und der Verhandlungslücke zur Inflation wie folgt zusammenfassen:

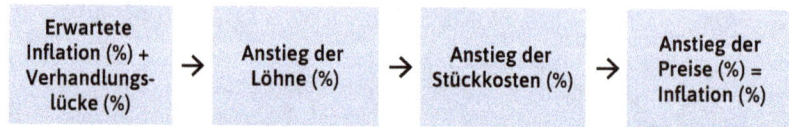

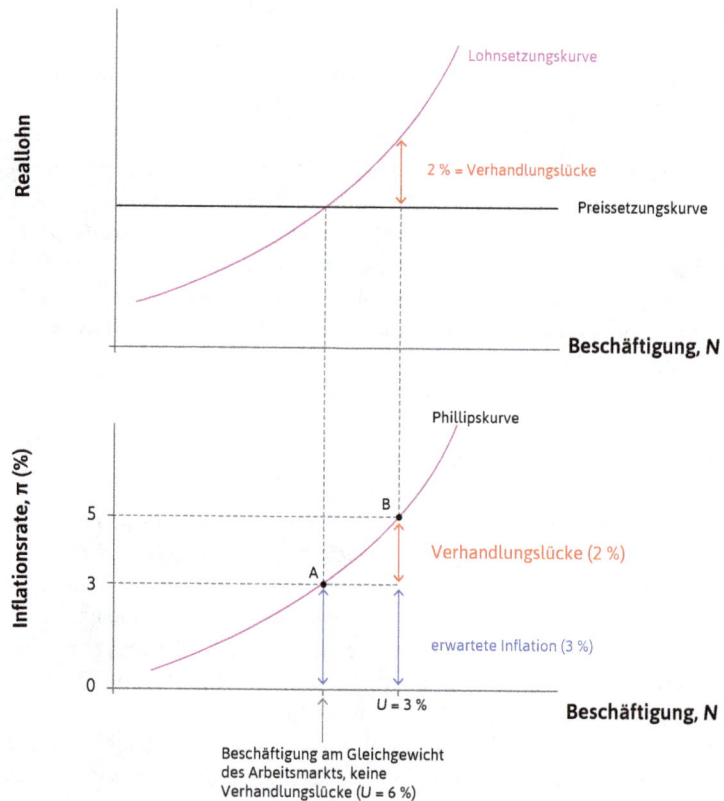

Erwartete Inflation (%) + Verhandlungs- lücke (%)	→	Anstieg der Löhne (%)	→	Anstieg der Stückkosten (%)	→	Anstieg der Preise (%) = Inflation (%)

Abbildung 15.7 Verhandlungslücken, erwartete Inflation und die Phillipskurve.

1. Arbeitsmarktgleichgewicht
Beim Arbeitsmarktgleichgewicht beträgt die Inflation wie erwartet 3 %.

2. Ein Boom
Bei geringerer Arbeitslosigkeit beträgt die Verhandlungslücke 2 %.

3. Die neue Inflationsrate von 5 %
Bei B ist die Inflation gleich der erwarteten Inflation plus der Verhandlungslücke.

Zur Berechnung der Inflationsrate:

Inflation (%) ≡ Preisanstieg (%)
  = Anstieg der Kosten pro Einheit des Outputs (%)
  = Lohnerhöhung (%) (wenn die Löhne die einzigen Kosten sind)
  = erwartete Inflation (%) + Verhandlungslücke (%)

Friedman wies jedoch darauf hin, dass die Inflation bei niedriger Arbeitslosigkeit am Punkt B nicht bei 5 % bleiben würde. Um das zu verstehen, fragen wir uns, was in einem solchen Fall passieren würde.

Die sich verschiebende Phillipskurve

Bei anhaltend niedriger Arbeitslosigkeit werden die Beschäftigten enttäuscht sein, da sie ihren erwarteten Reallohn nicht erreicht haben. Warum haben sie ihn nicht erreicht? Die Beschäftigten erwarteten von ihrer Nominallohnerhöhung von 5 % (um den Reallohn auf der Lohnsetzungskurve zu erhalten) eine Reallohnerhöhung von 2 % bei B, die sie jedoch nicht erhielten, weil die Unternehmen ihre Preise um 5 % erhöhten.

Doch damit ist die Geschichte noch nicht zu Ende. Wir wissen, dass beide Parteien mit dem Ergebnis bei niedriger Arbeitslosigkeit nicht zufrieden sein können, weil ihre Forderungen mehr als die Größe des Kuchens sind. Nun nehmen wir an, dass die Beschäftigten erwarten, dass die Inflation im nächsten Jahr genauso hoch sein wird wie die Inflation im letzten Jahr. Bei der nächsten Lohnfindungsrunde muss die Personalabteilung also berücksichtigen, dass die Beschäftigten einen Preisanstieg von 5 % erwarten. Eine andere Interpretation ist, dass die Personalabteilung die Inflation des vergangenen Jahres in den Lohnabschluss einbezieht, um den Reallohnverlust auszugleichen, den die Beschäftigten erlitten haben, weil die Inflation höher als erwartet ausgefallen ist. Um also eine weitere Reallohnerhöhung von 2 % zu erreichen, legt die Personalabteilung eine Lohnerhöhung von 7 % fest. Dieser Prozess setzt sich fort, wobei die Inflationsrate im Laufe der Zeit steigt.

Die Tabelle in Abbildung 15.8 fasst die Situation zusammen. Wir vergleichen die Situation über einen Zeitraum von drei Jahren mit einer Arbeitslosigkeit auf zwei Niveaus: 6 % und 3 %.

Die erste Spalte von Abbildung 15.8 spiegelt das vorausschauende Verhalten wider. Die erwartete Inflation für das kommende Jahr basiert auf der Inflation des Vorjahres. Die zweite Spalte zeigt die Arbeitslosenquote. Die dritte Spalte

	Jahr	Erwartete Inflation (Inflation des Vorjahres)	Arbeitslosigkeit	Verhandlungslücke	Inflationsergebnis: Erwartungen plus Verhandlungslücke
Stabile Inflation	1	3 %	6 %	0 %	3 %
	2	3 %	6 %	0 %	3 %
	3	3 %	6 %	0 %	3 %
Steigende Inflation	1	3 %	3 %	2 %	5 %
	2	5 %	3 %	2 %	7 %
	3	7 %	3 %	2 %	9 %

Abbildung 15.8 Instabile Phillipskurven: Erwartete Inflation und die Verhandlungslücke.

zeigt die Verhandlungslücke. Die vierte Spalte zeigt das Ergebnis der Inflation, das die Erwartungen und die Verhandlungslücke widerspiegelt.

Wir können die Kausalkette von der Inflationsrate der letzten Periode zur Inflationsrate der aktuellen Periode wie folgt zusammenfassen:

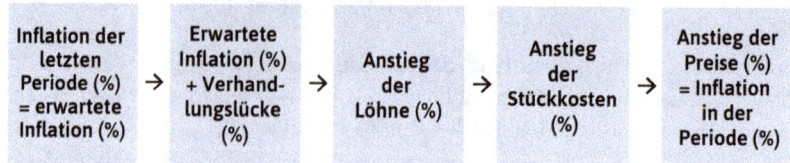

| Inflation der letzten Periode (%) = erwartete Inflation (%) | → | Erwartete Inflation (%) + Verhand-lungslücke (%) | → | Anstieg der Löhne (%) | → | Anstieg der Stückkosten (%) | → | Anstieg der Preise (%) = Inflation in der Periode (%) |

Zur Berechnung der Inflationsrate:

Inflation (%) ≡ Preisanstieg (%)
    = Anstieg der Kosten pro Einheit des Outputs (%)
    = Lohnerhöhung (%) (wenn die Löhne die einzigen Kosten sind)
    = Erwartete Inflation (%) + Verhandlungslücke (%)
    = Inflation der letzten Periode + Verhandlungslücke (%)

Wir können die Daten in der Tabelle in Abbildung 15.8 und in den Diagrammen zur Phillipskurve und zum Arbeitsmarkt in Abbildung 15.9 darstellen. Der Fall einer stabilen Inflation liegt bei Punkt A mit einer Arbeitslosigkeit von 6 % und einer Inflation von 3 %, Jahr für Jahr. Bei niedriger Arbeitslosigkeit (3 %) verschiebt sich die Phillipskurve von Punkt B nach oben zu Punkt C, wenn die erwartete Inflation von 3 % auf 5 % ansteigt.

Die Abbildung 15.10 zeigt den zeitlichen Verlauf der Inflation, wobei die Verhandlungslücke und die erwartete Inflation unterschiedlich stark zur Inflation beitragen. In diesem Beispiel öffnet sich die Verhandlungslücke im Jahr 1 aufgrund des Übergangs zu niedriger Arbeitslosigkeit. Die Annahme, dass die Arbeitslosigkeit unterhalb der **inflationsstabilisierenden Arbeitslosenquote** bleibt, spiegelt sich in der anhaltenden Verhandlungslücke wider. Die Inflation steigt in jeder Periode an, weil die Inflation der Vorperiode in die erwartete Inflation und damit in die Lohn- und Preisinflation einfließt. Man beachte, dass sich der Reallohn nicht ändert, sondern auf der Preissetzungskurve bleibt.

inflationsstabilisierende Arbeitslosenquote Die Arbeitslosenquote (bei dem Arbeitsmarktgleichgewicht), bei der die Inflation konstant ist. Ursprünglich als „natürliche Arbeitslosenquote" bekannt. Auch bekannt als: nichtbeschleunigende Arbeitslosenquote, stabile Inflationsquote der Arbeitslosigkeit. Siehe auch: Gleichgewichtsarbeitslosigkeit.

ÜBUNG 15.4 EIN NEGATIVER SCHOCK DER AGGREGIERTEN NACHFRAGE MIT HOHER ARBEITSLOSIGKEIT

Kopieren Sie Abbildung 15.9, wobei Sie darauf achten sollten, dass links von der Markierung für 6 % Arbeitslosigkeit genügend Platz bleibt. Nehmen wir an, dass ausgehend von einer Ausgangsposition bei A ein negativer Schock für die Nachfrage des privaten Sektors eintritt, zum Beispiel ein Rückgang der privaten Investitionen, der die Arbeitslosigkeit auf 9 % ansteigen lässt.

1. Zeigen Sie die Inflation, die erwartete Inflation und die Verhandlungslücke bei der neuen Arbeitslosigkeit in Ihrem Diagramm.
2. Wie wird sich Ihrer Meinung nach die Inflation in den folgenden zwei Jahren entwickeln, wenn sich die Arbeitslosigkeit nicht weiter erhöht?
3. Zeichnen Sie die Phillipskurven und erläutern Sie kurz Ihre Ergebnisse.

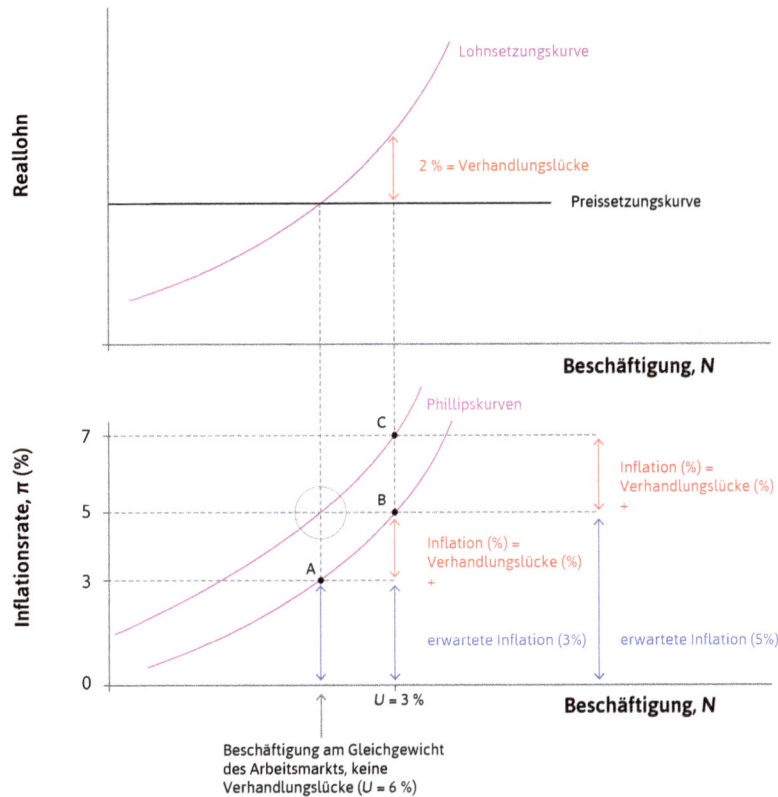

Reallohn

Lohnsetzungskurve

2 % = Verhandlungslücke

Preissetzungskurve

Beschäftigung, *N*

Inflationsrate, π (%)

Phillipskurven

C

B

A

Inflation (%) =
Verhandlungslücke (%)
+

Inflation (%) =
Verhandlungslücke (%)
+

erwartete Inflation (3%)

erwartete Inflation (5%)

U = 3 %

Beschäftigung, *N*

Beschäftigung am Gleichgewicht
des Arbeitsmarkts, keine
Verhandlungslücke (*U* = 6 %)

Abbildung 15.9 Inflationserwartungen und Phillipskurven.

1. Arbeitsmarktgleichgewicht bei A
Die Inflation liegt wie erwartet bei 3 %.

2. Ein Boom: Erster Zeitraum bei B
Bei geringerer Arbeitslosigkeit beträgt
die Verhandlungslücke 2 %. Die Inflation
ist gleich der erwarteten Inflation plus
der Verhandlungslücke.

3. Ein Boom: Nächster Zeitraum bei C
In der nächsten Periode, in der die
Arbeitslosigkeit immer noch niedrig bei
3 % liegt, ist die Inflation gleich der
erwarteten Inflation plus der
Verhandlungslücke. Die Phillipskurve hat
sich nach oben verschoben, weil die
erwartete Inflation gestiegen ist.

ÜBUNG 15.5 INFLATION, ERWARTETE INFLATION UND DIE VERHANDLUNGSLÜCKE

Verwenden Sie die gleichen Achsen wie in Abbildung 15.10, um die Inflation, die erwartete Inflation und die Verhandlungslücke in einem einzigen Diagramm darzustellen. Nehmen wir an, dass das Preisniveau in der Periode Null konstant ist. Die Wirtschaft wird zu Beginn der Periode 1 von einer Rezession getroffen, und die Arbeitslosigkeit bleibt bis zum Beginn der Periode 6 auf einem konstant hohen Niveau.

1. Zeichnen Sie den Verlauf der Verhandlungslücke ein.
2. Zeichnen Sie den Verlauf der Inflation und der erwarteten Inflation ein.
3. Erläutern Sie kurz, warum die Verhandlungslücke verschwunden sein könnte, und nennen Sie weitere von Ihnen getroffenen Annahmen. Fassen Sie Ihre Ergebnisse zusammen.

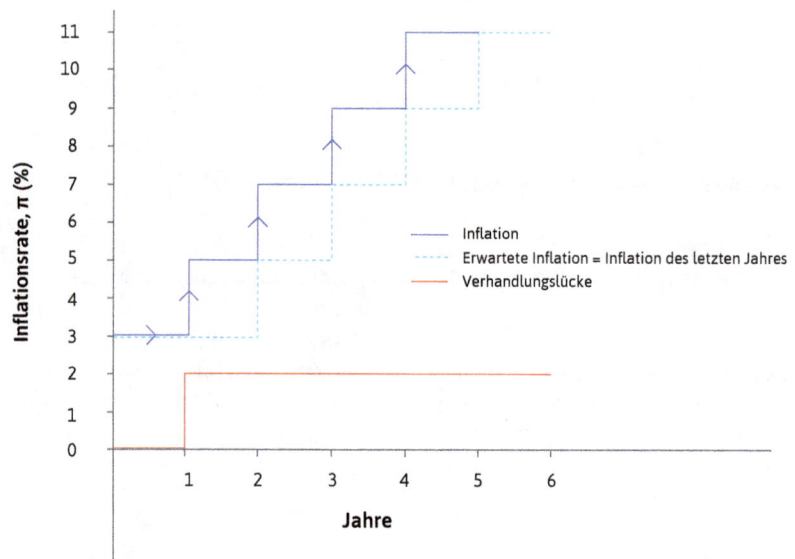

Abbildung 15.10 Inflation, erwartete Inflation und die Verhandlungslücke.

1. Eine Verhandlungslücke von Null

Die Inflation ist wie erwartet: 3 %.

2. Jahr 1

Zu Beginn von Jahr 1, nach der Öffnung der Verhandlungslücke und nach der Anpassung der Löhne und Preise, entspricht die Inflation der Verhandlungslücke (2 %) zuzüglich der erwarteten Inflation (3 %).

3. Jahr 2

Zu Beginn von Jahr 2, bei unveränderter Verhandlungslücke, steigt die Inflation auf 7 %, was der Verhandlungslücke plus der erwarteten Inflation entspricht.

4. ... und jedes Jahr danach

Solange die Verhandlungslücke unverändert bleibt, steigt die Inflation von Jahr zu Jahr.

FRAGE 15.6 WÄHLEN SIE DIE RICHTIGE(N) ANTWORT(EN)

Abbildung 15.6 (Seite 754) ist ein Streudiagramm der Inflationsrate und der Arbeitslosenquote für die USA für jedes Jahr zwischen 1960 und 2020.

Welche der folgenden Aussagen ist richtig?

☐ Die Phillipskurve ist über die Jahre hinweg stabil.
☐ Die Phillipskurve hat sich im Laufe des Zeitraums nach oben verschoben.
☐ In den 1960er Jahren deutet die Phillipskurve auf einen Trade-Off zwischen einem Rückgang der Arbeitslosenquote um 2 % und einem Anstieg der Inflationsrate um 2–3 % hin.
☐ In der jüngsten Zeit konnte die Wirtschaft der USA ihre Inflationsrate senken, ohne dass sich dies auf die Arbeitslosenquote ausgewirkt hätte.

FRAGE 15.7 WÄHLEN SIE DIE RICHTIGE(N) ANTWORT(EN)

Abbildung 15.9 zeigt die Diagramme des Arbeitsmarktmodells und der Phillipskurve, die die Inflationserwartungen berücksichtigt.

Welche der folgenden Aussagen ist richtig?

☐ Das Arbeitsmarktgleichgewicht tritt bei einer Inflation von Null und einer Arbeitslosenquote von 6 % ein.
☐ Wenn die Arbeitslosenquote auf 3 % sinkt, verschiebt sich die Phillipskurve sofort nach oben.
☐ Die Verhandlungslücke kehrt nach der ersten Lohn- und Preissetzungsrunde auf Null zurück.
☐ Eine Verschiebung der Phillipskurve nach oben bedeutet eine steigende Inflation bei einer gegebenen Arbeitslosenquote.

15.7 ANGEBOTSSCHOCKS UND INFLATION

Friedman hatte in zweierlei Hinsicht Recht:

- Die erwartete Inflation verschiebt die Phillipskurve.
- Die politischen Entscheidungsträger:innen haben sich geirrt, wenn sie die Phillipskurve als realisierbare Menge betrachteten, aus der sie einfach die bei den Wahlberechtigten beliebteste Kombination aus Inflation und Arbeitslosigkeit auswählen könnten.

Aber es gibt noch andere Ursachen für eine hohe und steigende Inflation. Die Phillipskurve verschiebt sich nach oben, wenn sich die Preissetzungskurve nach unten oder die Lohnsetzungskurve nach oben verschiebt. Erinnern Sie sich an Abbildung 15.2 (Seite 741): Wenn die Verhandlungsmacht der Eigentümer:innen von Unternehmen im Verhältnis zu den Verbrauchenden zunimmt, hebt die Marketingabteilung die Preise an und setzt eine Lohn-Preis-Spirale in Gang. In diesem Beispiel haben die Eigentümer:innen von Unternehmen in der heimischen Wirtschaft an Macht gewonnen, weil die Regierung politische Maßnahmen ergriffen hat, die den Zugang ausländischer Unternehmen zur Wirtschaft erschweren. In ähnlicher Weise kann eine Lohn-Preis-Spirale in Gang kommen, wenn die Macht der Beschäftigten im Verhältnis zu den Eigentümer:innen zunimmt—was der Fall wäre, wenn die Gewerkschaften an Macht gewinnen und diese Macht nutzen, um von der Personalabteilung höhere Lohnerhöhungen zu erhalten.

Schocks, die die Phillipskurve durch eine Veränderung des Arbeitsmarktgleichgewichts verschieben, werden als **Angebotsschocks** bezeichnet, da der Arbeitsmarkt die Produktion oder das Angebot in der Wirtschaft darstellt. Sie unterscheiden sich von **Nachfrageschocks**, wie zum Beispiel einer Veränderung der Investitionen oder des Konsums, die über ihren Effekt auf die aggregierte Nachfrage wirken. Während ein negativer Nachfrageschock die Arbeitslosigkeit erhöht und die Inflation senkt, kann ein negativer Angebotsschock gleichzeitig zu höherer Arbeitslosigkeit und Inflation führen.

Auch Veränderungen in der globalen Wirtschaft können Angebotsschocks verursachen, die Inflation auslösen. Eine besonders wichtige Veränderung für das Verständnis der Verschiebungen der Phillipskurven, wie sie in Abbildung 15.6 (Seite 754) für die Wirtschaft der USA dargestellt sind, ist eine Änderung des Weltölpreises (auf andere mögliche Ursachen gehen wir in den Einheiten 16 und 17 ein). Das Modell des Arbeitsmarktes und die Phillipskurve können erklären, warum ein einmaliger Anstieg des Weltölpreises zu einer Kombination aus Folgendem führen kann:

- Einem einmaligen Anstieg des Preisniveaus (Inflation) zum Zeitpunkt des Schocks, *und*
- Einer steigenden Inflation im Laufe der Zeit

Zu diesem Zweck zeigen wir, dass ein Anstieg des Ölpreises:

- *Die Preissetzungskurve nach unten verschiebt:* Dies führt zu einer positiven Verhandlungslücke und Inflation.
- *Die Phillipskurve nach oben verschiebt:* Sie wird sich weiter nach oben verschieben, wenn die erwartete Inflation zunimmt.

Ein Anstieg des Ölpreises drückt die Preissetzungskurve nach unten. Ein typisches Unternehmen verwendet importiertes Öl im Produktionsprozess.

Angebotsschock Eine unerwartete Veränderung auf der Angebotsseite der Wirtschaft, zum Beispiel ein Anstieg oder Rückgang der Ölpreise oder die Verbesserung einer Technologie. *Siehe auch: Lohnsetzungskurve, Preissetzungskurve, Phillipskurve.*

Nachfrageschock Eine unerwartete Veränderung der aggregierten Nachfrage, zum Beispiel ein Anstieg oder Rückgang des autonomen Konsums, der Investitionen oder der Exporte. *Siehe auch: Angebotsschock.*

Bei gestiegenen Ölkosten können die Gewinne des Unternehmens nur dann unverändert bleiben, wenn die Reallöhne sinken. Auf der Ebene der Wirtschaft als Ganzes schrumpft der zwischen Eigentümer:innen und Beschäftigten im Inland aufzuteilende Kuchen, wenn mehr für Importe bezahlt werden muss.

Im Einstein am Ende dieses Abschnitts zeigen wir, wie sich die Preissetzungskurve verändert, wenn die Unternehmen der Wirtschaft Importe in ihrer Produktion einsetzen.

Ein Anstieg des Ölpreises schafft eine Verhandlungslücke und löst durch seine Wirkung auf das Preisniveau eine Lohn-Preis-Spirale aus. Wenn die Kosten für importiertes Öl steigen, erhöhen die Unternehmen ihre Preise, um ihre Gewinnmargen zu schützen. Unternehmen in der gesamten Wirtschaft werden sich so verhalten, woraufhin das Preisniveau steigen wird. Dadurch sinkt der Reallohn der Beschäftigten, sodass sich die Preissetzungskurve nach unten verschiebt (siehe Einstein am Ende dieses Abschnitts, um zu sehen, wie die Unternehmen ihre Preise nach einem Ölpreisanstieg festlegen). Auf dem anfänglichen Beschäftigungsniveau öffnet sich dadurch eine Verhandlungslücke zwischen dem Reallohn auf der Preissetzungskurve und dem Reallohn auf der Lohnsetzungskurve. Das heißt, der Preisanstieg stellt die Unternehmen zufrieden, doch der damit verbundene Rückgang der Reallöhne stellt die Beschäftigten nicht zufrieden.

In Abbildung 15.11 verschiebt sich die Preissetzungskurve nach dem Ölpreisschock nach unten. In diesem Beispiel öffnet sich nach dem Schock eine Verhandlungslücke von 2 % zwischen der Lohnsetzungskurve und der Preissetzungskurve. Dies entspricht dem Szenario in Abbildung 15.10, wo zu Beginn von Jahr 1 eine Verhandlungslücke von 2 % auftritt. Dadurch steigt die Inflation von ihrem vorherigen Niveau von 3 % auf 5 %, und da sich die erwartete Inflation anpasst, steigt die Inflation danach jedes Jahr an. Die Phillipskurve verschiebt sich von Jahr zu Jahr nach oben.

Solange die Beschäftigung auf dem Niveau vor dem Ölpreisschock bleibt, wird die Inflation in jeder Periode steigen, wie in Abbildung 15.10 dargestellt. Das neue Arbeitsmarktgleichgewicht und das inflationsstabilisierende Beschäftigungsniveau nach dem Schock sind in Abbildung 15.11 dargestellt. Die Arbeitslosigkeit ist im neuen Arbeitsmarktgleichgewicht höher, wenn die Preissetzungskurve nach dem Schock die Lohnsetzungskurve schneidet.

Schocks auf den Weltölpreis sind eine wichtige Quelle für makroökonomische Störungen.

Nach dem Ölpreisschock Anfang der 1970er Jahre stieg beispielsweise die Inflation in den USA sprunghaft von 6,2 % im Jahr 1973 auf 9,1 % im Jahr 1975, und die Arbeitslosigkeit erhöhte sich gleichzeitig von 4,9 % auf 8,5 %.

Dieses Muster war in der gesamten entwickelten Welt verbreitet. Im gleichen Zeitraum stieg beispielsweise die Inflation in Spanien von 11,4 % auf 17 % und die Arbeitslosigkeit von 2,7 % auf 4,7 %.

Aus Abbildung 15.12 geht hervor, dass es in den 1970er Jahren im Vereinigten Königreich zwei große Rezessionen gab. Sie waren auf die Ölschocks von 1973–74 und 1979–80 zurückzuführen, die mit einem Anstieg sowohl der Arbeitslosigkeit als auch der Inflation auf den höchsten Stand seit dem Zweiten Weltkrieg einhergingen (die Auswirkungen auf die Inflation können Sie in Abbildung 13.19a (Seite 662) und Abbildung 13.19b (Seite 663) sehen).

Die hohe Inflation in den 1970er und frühen 1980er Jahren ging in vielen Ländern mit einer hohen Arbeitslosigkeit einher. Im Vereinigten Königreich erreichte die Arbeitslosigkeit Mitte der 1980er Jahre einen Höchststand von fast 12 %.

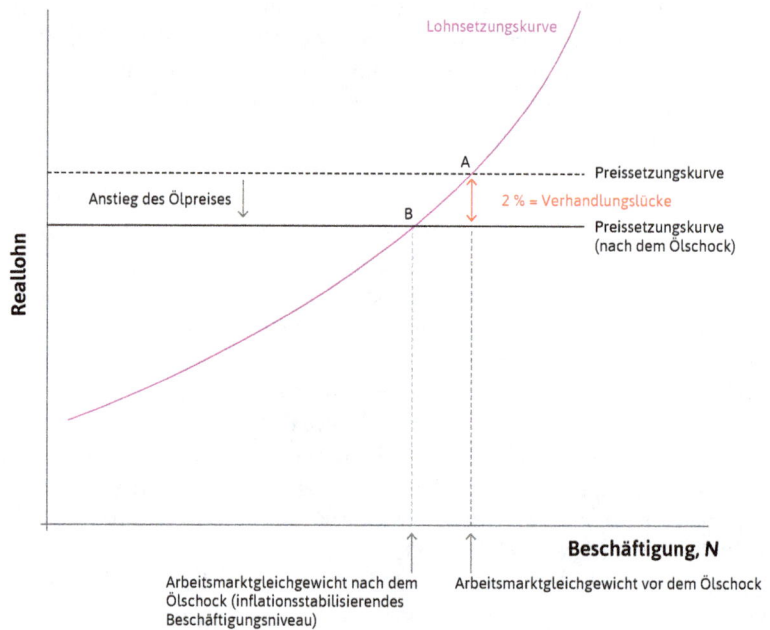

Abbildung 15.11 Ein Ölpreisschock und die Preissetzungskurve.

1. Arbeitsmarktgleichgewicht

Die Wirtschaft befindet sich zunächst im Punkt A.

2. Ein Ölpreisschock

Der Ölpreis steigt und verschiebt die Preissetzungskurve nach unten.

3. Die Verhandlungslücke

Wenn die aggregierte Nachfrage aufrechterhalten wird, um die Wirtschaft bei A zu halten, besteht eine positive Verhandlungslücke. Die Inflation wird von Jahr zu Jahr steigen.

4. Ein neues Gleichgewicht

Es gibt ein neues Arbeitsmarktgleichgewicht bei B mit höherer Arbeitslosigkeit.

UK Office for National Statistics (https://tinyco.re/9188818); Ryland Thomas und Nicholas Dimsdale. (2017). 'A Millennium of UK Data' (https://tinyco.re/0223548). Bank of England OBRA dataset.

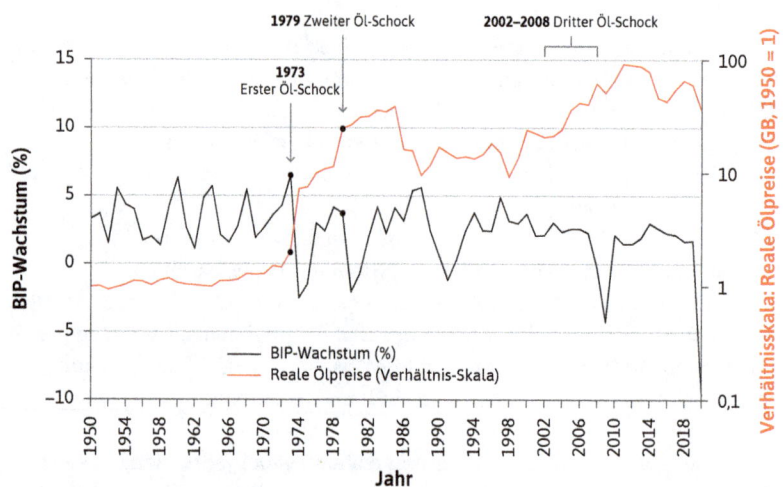

Abbildung 15.12 BIP-Wachstum im Vereinigten Königreich und reale Ölpreise (1950–2020).

Das Modell hilft uns zu verstehen, warum der Anstieg des Ölpreises zu steigender Inflation und hoher Arbeitslosigkeit führte. Es hilft aber auch zu erklären, welche Rolle die hohe Arbeitslosigkeit bei der Senkung der Inflation spielte.

Nach dem Modell kann die hohe Inflation nur durch folgende Maßnahmen gesenkt werden:

- Eine Verkleinerung der Verhandlungslücke,
- Ein Rückgang der erwarteten Inflation.

Wenn die Arbeitslosigkeit hoch genug ist, entsteht eine negative Verhandlungslücke und die Inflation geht zurück. Damit die Verhandlungslücke negativ wird, muss die Arbeitslosigkeit über die neue höhere inflationsstabilisierende Arbeitslosenquote steigen. Sobald die Inflation zu sinken beginnt, wird sie weiter sinken, da sich die Phillipskurve nach unten verschiebt und die Wirtschaft den in Abbildung 15.10 dargestellten Weg in umgekehrter Richtung beschreitet.

Abbildung 15.13 zeigt ein Streudiagramm von Arbeitslosigkeit und Inflation für die britische Wirtschaft von 1950 bis 2014. Anstatt die Phillipskurven an die Beobachtungen anzupassen, wie in Abbildung 15.6 (Seite 754), werden die Punkte miteinander verbunden und datiert. So können wir den Weg der Wirtschaft besser verfolgen. Beachten Sie den starken Anstieg der Arbeitslosigkeit in den 1980er Jahren, der mit der Senkung der Inflation einherging. Dies wird manchmal als die Kosten der Disinflation bezeichnet.

David Walton. 2006. 'Has Oil Lost the Capacity to Shock?' (https://tinyco.re/8182920). *Oxonomics* 1 (1): pp. 9–12.

UK Office for National Statistics (https://tinyco.re/9188818); Ryland Thomas und Nicholas Dimsdale. (2017). 'A Millennium of UK Data' (https://tinyco.re/0223548). Bank of England OBRA dataset.

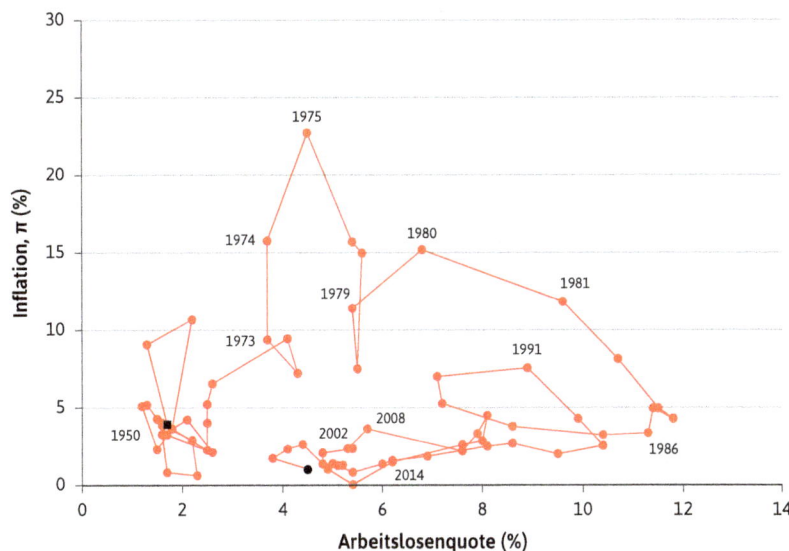

Abbildung 15.13 Inflation und Arbeitslosenquote im Vereinigten Königreich (1950–2015).

Aber es gibt ein Rätsel: Warum hat der dritte Ölschock von 2002 bis 2008 nicht zu einem Anstieg der Inflation geführt, so wie die früheren Schocks? Dieser Abschnitt sollte Ihnen einige Ansatzpunkte für diese Frage geliefert haben, und eine Rede des Ökonomen David Walton aus dem Jahr 2006 wird Ihnen dabei helfen. Wenn Sie beides aufmerksam lesen, könnten Sie sich die folgenden Fragen stellen:

- *War der Anstieg der Kosten pro produzierter Einheit aufgrund einer weniger energieintensiven Produktion geringer?* Dadurch wäre der Anstieg der Materialkosten pro Einheit des Outputs geringer ausgefallen und die anfängliche Abwärtsverschiebung der Preissetzungskurve hätte sich verringert.
- *Hat sich die Lohnsetzungskurve gleichzeitig mit dem dritten Ölpreisschock nach unten verschoben?* Auch dies hätte die durch den Ölpreisschock eröffnete Verhandlungslücke verringert oder sie vielleicht sogar beseitigt.
- *Ist eine Lohn-Preis-Spirale ausgeblieben, weil sich die erwartete Inflation nicht nach oben angepasst hat, wie es bei den vergangenen Schocks der Fall war?*

Was könnte einen Anstieg der erwarteten Inflation verhindern? Im nächsten Abschnitt untersuchen wir die Rolle der Geldpolitik.

ÜBUNG 15.6 EIN ÖLPREISSCHOCK

Denken Sie über die drei Fragen zu Ölpreisschocks nach, die wir oben aufgeführt haben. In jedem Fall:

1. Erläutern Sie anhand eines Diagramms den Mechanismus, der den Ölpreisschock mit der Inflation verbindet.
2. Nennen Sie Belege (zum Beispiel Daten oder Kommentare in der Wirtschaftspresse), die mit der vorgeschlagenen Hypothese übereinstimmen.

EINSTEIN

Die Preissetzungskurve mit importierten Materialien

Im Einstein der Einheit 9 haben wir erklärt, wie sich die Preissetzungskurve für die Wirtschaft als Ganzes aus den Entscheidungen der einzelnen Unternehmen ergibt. Hier nehmen wir eine Abkürzung und gehen direkt auf die Wirtschaft als Ganzes ein. Die Unternehmen in der Wirtschaft verwenden sowohl die Produkte anderer Unternehmen in der Wirtschaft als auch importierte Produkte als Inputs. Die Kosten für diese Inputs werden durch die Lohnkosten und die Kosten für importierte Materialien beeinflusst. Nimmt man alle Unternehmen einer Wirtschaft zusammen, so gibt es nur zwei Arten von Kosten: Arbeit und importierte Materialien. (Hier werden wir die Opportunitätskosten der Investitionsgüter, die in der Produktion eingesetzt werden und den Eigentümer:innen der Unternehmen gehören, nicht berücksichtigen.)

In Einheit 9 sind wir davon ausgegangen, dass es außer den Investitionsgütern des Unternehmens keine Inputs außer der Arbeit und somit keine anderen Kosten als die Löhne gibt. In diesem Fall entsprach der Wert des Outputs eines Unternehmens der Wertschöpfung des Unternehmens. Die Wertschöpfung pro beschäftiger Person des Unternehmens wurde in Löhne und Gewinne aufgeteilt:

Output pro beschäftigter Person = Wertschöpfung pro
  beschäftigter Person
  = Lohn + Gewinn pro beschäftigter
  Person

Nun nehmen wir an, es gibt importierte Materialien wie Öl, die für die Herstellung notwendig sind. Daher umfassen die Kosten des Unternehmens nicht nur die Löhne, sondern auch die Kosten für den Kauf dieser importierten Materialien.

Output pro beschäftigter Person = Lohn
  + Gewinn pro beschäftigter Person
  + Kosten für importierte Materialien pro
  beschäftigter Person
  = Wertschöpfung pro
  beschäftigter Person
  + Kosten für importierte Materialien pro
  beschäftigter Person

Damit wird deutlich, dass es im Gegensatz zu Einheit 9, wo es nur zwei Anspruchsgruppen für den Wert des Outputs gab (Löhne und Gewinne), jetzt drei gibt: Löhne, Kosten für importierte Materialien und Gewinne. Dies wirkt sich auf die Preissetzungskurve aus, wie wir noch sehen werden.

Im Einstein der Einheit 9 stand λ für die Wertschöpfung pro beschäftigter Person beziehungsweise für die Arbeitsproduktivität. Jetzt, wo wir andere Inputs als nur den Arbeitseinsatz haben, definieren wir q als die pro beschäftigter Person produzierte Menge des Outputs. Dies ist nicht dasselbe wie die Arbeitsproduktivität, da der Output jetzt die Wertschöpfung um den Wert der importierten Materialien übersteigt.

Da die produzierte Menge pro beschäftigter Person q und der Nominallohn W ist, betragen die Lohnstückkosten (LSK) des Unternehmens:

$$LSK \equiv \frac{W}{q}$$

Die Kosten des Unternehmens pro Einheit setzen sich nun aus den Kosten für Löhne pro Einheit (LSK) und den Kosten für importierte Materialien pro Einheit (MSK, Materialstückkosten) zusammen.

Die Kosten pro Einheit (SK, Stückkosten) sind also:

$$SK = LSK + MSK$$

Wir definieren den Preisaufschlag µ als den Teil des Preises, der den Gewinn des Unternehmens abbildet (das, was nach Abzug der Kosten pro Einheit übrig bleibt):

$$\mu \equiv \frac{(P - \text{MSK} - \text{LSK})}{P}$$
$$\equiv 1 - \frac{\text{MSK}}{P} - \frac{\text{LSK}}{P}$$

Beachten Sie, dass MSK/P die importierten Materialkosten als Teil des Preises einer Einheit des Outputs ist, während LSK/P die Lohnkosten als Teil des Preises einer Einheit des Outputs ist. Angenommen, der Preis pro Einheit beträgt 5 USD, importierte Materialien kosten 1 USD pro Einheit und die Arbeitskosten 2,50 USD pro Einheit. Dann machen die importierten Materialien 20 % der Kosten aus, die Löhne weitere 50 %, und der Anteil am Gewinns, beziehungsweise der Gewinnaufschlag, beträgt:

$$\mu = 1 - \frac{1}{5} - \frac{2,5}{5} = 0,3$$

was 30 % ergibt.

substituieren von LSK mit W/q gibt uns:

$$\mu = 1 - \frac{\text{MSK}}{P} - \frac{W/q}{P}$$

Multipliziert man jede Seite mit q und stellt die Gleichung um, erhält man die Preissetzungskurve, wenn man bedenkt, dass P sowohl der Preis des Outputs des einzelnen Unternehmens als auch das allgemeine Preisniveau in der Wirtschaft ist:

$$\frac{W}{P} \equiv q(1 - \mu - \frac{\text{MSK}}{P})$$

Daraus ergibt sich, dass der Reallohn pro beschäftigter Person gleich dem Output pro beschäftigter Person, q, abzüglich eines Anteils μ, der als Gewinn an die Eigentümer:innen geht, abzüglich eines Anteils MSK/P ist, der an die ausländischen Produzierenden geht, die die importierten Materialien liefern. Jeder Anstieg der Materialkosten pro Einheit, wie etwa ein Anstieg des Ölpreises, verschiebt die Preissetzungskurve nach unten.

Ohne Importe ist $q = \lambda$ und MSK = 0, und wir erhalten den bekannten Ausdruck für die Preissetzungskurve aus Einheit 9:

$$\frac{W}{P} \equiv \lambda(1 - \mu)$$

Eine äquivalente, aber alternative Version der Gleichung für den Preisaufschlag finden Sie im nächsten Abschnitt.

Die Preisaufschlagsgleichung für das Unternehmen

Wie wir im Einstein in Einheit 9 gesehen haben, ist der von einem gewinnmaximierenden Unternehmen festgesetzte Preis ein Preisaufschlag auf die Kosten, wobei der Preisaufschlag µ der Anteil des Preises ist, der den Gewinn des Unternehmens ausmacht. Dieser Preisaufschlag ist umso niedriger, je mehr Wettbewerb auf dem Markt für den Output herrscht.

Bei der Erklärung des Prozesses der Inflation lassen Ökonominnen und Ökonomen oft vereinfachend die Veränderungen in der Intensität des Wettbewerbs außen vor, um sich darauf zu konzentrieren, wie steigende Kosten zu Preiserhöhungen beitragen. Zu diesem Zweck ist es nützlich, eine Gleichung zu haben, die beschreibt, wie Unternehmen unterschiedliche Preise festlegen, wenn sich ihre Kosten ändern; unter der Annahme, dass die Intensität des Wettbewerbs auf den Gütermärkten (und damit µ) unverändert bleibt.

Zu diesem Zweck verwenden Ökonominnen und Ökonomen die folgende Gleichung:

$$P = (1 + m)(\text{Kosten pro Einheit})$$
$$= (1 + m)(\text{MSK} + \text{LSK})$$

wobei m der prozentuale Preisaufschlag auf die Kosten, MSK die Kosten für importiertes Material pro produzierter Einheit und LSK die Lohnkosten pro produzierter Einheit (Lohnstückkosten) sind.

Die Gleichung für den Preisaufschlag besagt, dass bei Stückkosten von 3 USD und einem Preisaufschlag von m von 10 % der Preis 3,30 USD beträgt. Der Preisaufschlag von 0,30 USD auf die Kosten pro Einheit entspricht also 10 % dieser Kosten. Wenn wir in diesem Fall µ wissen wollen, fragen wir, wie hoch der Preisaufschlag von 0,30 USD als Teil des Gesamtpreises ist, und nicht als Teil der Kosten. Dann ist µ = USD 0,30 / USD 3,30 = 0,09 oder 9 %.

Ein Vorteil der Verwendung von m besteht darin, dass man leicht erkennen kann, dass bei einem festen Preisaufschlag ein Anstieg der Kosten pro Einheit einen entsprechenden Preisanstieg nach sich ziehen muss (zum Beispiel muss ein Anstieg der Kosten pro Einheit um 5 % einen Preisanstieg von 5 % nach sich ziehen). Dies ergibt sich direkt aus der obigen Gleichung zur Festsetzung des Preisaufschlags.

Wir können uns auch fragen, was mit P passiert, wenn nur ein Teil der Kosten steigt, zum Beispiel die Kosten für importierte Materialien. Unter der Annahme, dass m konstant bleibt, ist die prozentuale Änderung des Preises gleich der prozentualen Änderung der Gesamtkosten pro Einheit:

$$\frac{\Delta P}{P} = \frac{(1 + m)\Delta(\text{MSK} + \text{LSK})}{(1 + m)(\text{MSK} + \text{LSK})}$$
$$= \frac{\Delta\text{MSK}}{(\text{MSK} + \text{LSK})} + \frac{\Delta\text{LSK}}{(\text{MSK} + \text{LSK})}$$

Wir teilen nun sowohl den Zähler als auch den Nenner des ersten Terms auf der rechten Seite durch MSK und den zweiten Term durch LSK:

$$\frac{\Delta P}{P} = \frac{\Delta\text{MSK}/\text{MSK}}{(\text{MSK} + \text{LSK})/\text{MSK}} + \frac{\Delta\text{LSK}/\text{LSK}}{(\text{MSK} + \text{LSK})/\text{LSK}}$$

Dies ist gleichbedeutend mit:

$$\frac{\Delta P}{P} \equiv \frac{\Delta\text{MSK}}{\text{MSK}} \times \frac{\text{MSK}}{(\text{MSK} + \text{LSK})} + \frac{\Delta\text{LSK}}{\text{LSK}} \times \frac{\text{LSK}}{(\text{MSK} + \text{LSK})}$$

In Worten: Die prozentuale Veränderung von P ist gleich der prozentualen Veränderung der MSK mal dem Anteil der MSK an den Stückkosten, plus der prozentualen Veränderung der LSK, mal dem Anteil der LSK an den Stückkosten. Angenommen, der Preisaufschlag beträgt 60 % und die

Stückkosten betragen 5 USD, wovon 4 USD auf Lohnkosten und 1 USD auf importierte Materialien entfallen, so ergibt sich ein Preis von $P = 1{,}6$ × USD 5 = USD 8. Die Löhne machen 80 % der Kosten aus; wenn also die Löhne um 10 % steigen, erhöht sich der Preis um 80 % × 10 % = 8 %. In diesem Beispiel steigen die Kosten pro Einheit auf USD 4,4 + USD 1 = USD 5,4, und der Preis steigt auf $P = 1{,}6$ × USD 5,4= USD 8,64 (ein Anstieg von 8 %). Wenn der Preis von Importen, wie zum Beispiel Öl, um 10 % steigen würde, würde der Preis um 20 % × 10 % = 2 % steigen.

15.8 GELDPOLITIK

Wir verwenden die Phillipskurve und die Indifferenzkurven der politischen Entscheidungsträger:innen, um Schocks und darauf folgende politische Reaktionen zu untersuchen. Zuvor müssen wir uns in Erinnerung rufen, wie die Geldpolitik die Wirtschaft beeinflusst.

Wie wir gesehen haben, können wir erklären, warum die Menschen eine steigende oder unbeständige Inflation nicht mögen; aber die meisten Menschen haben nichts gegen ein (langsam) steigendes Preisniveau einzuwenden. Tatsächlich verfolgen viele Zentralbanken auf der ganzen Welt als Ziel eine Inflationsrate von 2 %. Entweder setzen sie sich dieses Ziel selbst, oder die Regierungen geben es ihnen vor. Das bedeutet, dass es für die Zentralbanken am besten ist, wenn das Preisniveau jedes Jahr um annähernd 2 % steigt.

Wenn die Zentralbanken eine Inflationsrate von 2 % anstreben, lautet die beste Antwort auf die Frage „Warum steigt das Preisniveau um 2 %?": „Weil die Zentralbank dafür sorgt".

Wenn die Inflation höher oder niedriger prognostiziert wird, kann die Zentralbank Maßnahmen ergreifen, um die aggregierte Nachfrage und die Beschäftigung so zu beeinflussen, dass die Wirtschaft auf das 2 %-Ziel zusteuert. Dies haben wir bereits in Einheit 10 gesehen.

Wenn sie dazu in der Lage sind, verändern die Zentralbanken den Leitzins als geldpolitisches Instrument, um die Wirtschaft zu stabilisieren. Die Geldpolitik beruht darauf, dass die Zentralbank in der Lage ist, die Zinssätze zu kontrollieren, und dass Änderungen der Zinssätze die aggregierte Nachfrage beeinflussen. Höhere Zinssätze machen es zum Beispiel teurer, Geld für Ausgaben zu leihen. Es ist wichtig zu wissen, dass der Realzinssatz die Ausgaben beeinflusst. Wenn die Zentralbank jedoch den Leitzins festlegt, so tut sie dies nicht in realer, sondern in nominaler Form. Indem sie einen bestimmten Nominalzinssatz festlegt, strebt sie also einen bestimmten Realzinssatz an und berücksichtigt dabei die Auswirkungen der erwarteten Inflation. Unser Einstein am Ende dieses Abschnitts geht auf die dafür relevante Fisher-Gleichung ein.

Die Übertragung der Geldpolitik

Abbildung 15.14 zeigt, wie die Bank of England die Übertragung der Geldpolitik von ihrer Zinssatz-Entscheidung auf die aggregierte Nachfrage und die Inflation in ‚normalen' Situationen sieht—das heißt, wenn sie den Zinssatz als politisches Instrument anwendet.

Sehen Sie sich die Kästchen in der ersten Spalte von Abbildung 15.14 an.

Marktzinssätze

In Einheit 10 haben wir erläutert, dass die Zentralbanken zwar den **Leitzins** festlegen, die Geschäftsbanken jedoch den **Marktzinssatz** (auch **Kreditzins** genannt) bestimmen, den Haushalte und Unternehmen bei der Aufnahme von Darlehen zahlen. Wenn die Zentralbank den Leitzins senkt, um die Ausgaben anzukurbeln, sinkt der Zinssatz am Markt in der Regel um etwa den gleichen Betrag. Um den Leitzins festzulegen, geht die Zentralbank daher von der gewünschten Höhe der aggregierten Nachfrage aus und arbeitet rückwärts:

1. Sie schätzt auf der Grundlage des Arbeitsmarktgleichgewichts und der Phillipskurve einen Zielwert für die gesamte aggregierte Nachfrage Y, um die Wirtschaft zu stabilisieren.
2. Dann schätzt sie den **Realzinssatz**, r, der dieses Niveau der aggregierten Nachfrage erzeugt, indem es die Linie der aggregierten Nachfrage in die gewünschte Position im Multiplikator-Diagramm verschiebt.
3. Schließlich wird der nominale Leitzins i berechnet, der den entsprechenden Marktzinssatz ergibt.

Stellen Sie sich vor, wie sich ein Rückgang des Zinssatzes auf dem Markt auf die Entscheidung auswirkt, ein neues Haus zu bauen. Die Kosten für die Aufnahme eines Darlehens zur Finanzierung des Hausbaus werden sinken, sodass Investierende bei sinkenden Zinssätzen vermehrt neue Immobilienbauprojekte als finanzierbar ansehen werden. Über diesen Kanal erhöht ein niedrigerer Leitzins die Investitionen von Unternehmen und Haushalten, während ein höherer Leitzins sie senkt (siehe Abbildung 14.9 (Seite 694)).

Preise von Vermögenswerten

Dies bezieht sich auf finanzielle Vermögenswerte wie Staatsanleihen und Aktien, die von Unternehmen ausgegeben werden. Wenn die Zentralbank den Zinssatz ändert, wirkt sich dies auf alle Zinssätze in der Wirtschaft aus, von Hypothekenzinsen bis hin zu den Zinssätzen für Staatsanleihen mit einer

> **Leitzins** Der von der Zentralbank festgelegte Zinssatz, der für Banken gilt, die sich Zentralbankgeld untereinander und von der Zentralbank leihen. *Auch bekannt als: Leitzins, offizieller Zinssatz. Siehe auch: Realzinssatz, Nominalzinssatz.*
>
> **Kreditzins (Bank)** Der durchschnittliche Zinssatz, den Geschäftsbanken Unternehmen und Haushalten in Rechnung stellen. Dieser Zinssatz liegt in der Regel über dem Leitzins. Die Differenz ist der Aufschlag oder die Spanne für kommerzielle Kredite. *Auch bekannt als: marktüblicher Zinssatz. Siehe auch unter: Zinssatz, Leitzins.*

The Bank of England.

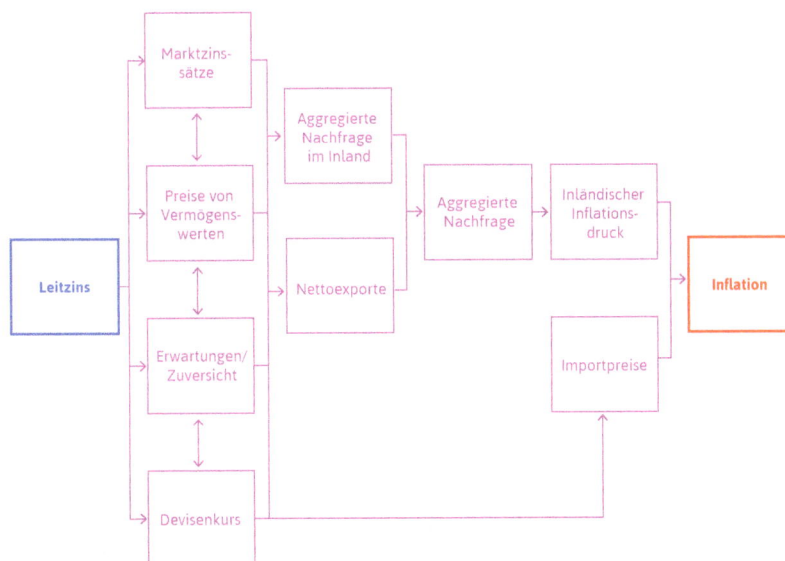

Abbildung 15.14 Die Übertragung der Geldpolitik.

Laufzeit von 20 Jahren. Wie wir im Einstein in Einheit 10 gesehen haben, steigt der Preis des Vermögenswertes, wenn der Zinssatz sinkt. Es ist also zu erwarten, dass sich ein Rückgang der Zinssätze auf die Ausgaben auswirkt, weil sich die Haushalte, die Vermögenswerte besitzen, wohlhabender fühlen.

Gewinnerwartungen und Geschäftsklima

In den Einheiten 13 und 14 haben wir die Bedeutung von Gewinnerwartungen und Geschäftsklima für die Investitionsentscheidungen von Unternehmen betont. Bei der Festsetzung des Zinssatzes versucht die Zentralbank, durch eine konsequente Politik und eine gute öffentliche Kommunikation das Geschäftsklima zu verbessern. Wenn sie den Leitzins senkt und ihre Gründe dafür erläutert, kann dies dazu führen, dass die Unternehmen eine höhere Nachfrage erwarten und daher ihre Investitionen erhöhen. Wenn die Zentralbank das Konsumklima der privaten Haushalte stärkt, dass sie ihren Arbeitsplatz nicht verlieren werden, können auch die Haushalte ihre Ausgaben erhöhen.

Wechselkurs

Im nächsten Abschnitt diskutieren wir, wie die Geldpolitik die aggregierte Nachfrage über den Wechselkurskanal beeinflusst: Sie verschiebt die Linie der aggregierten Nachfrage, indem sie die Nettoexporte $(X - M)$ verändert.

Im Multiplikatormodell spiegeln sich die Übertragungskanäle vom Leitzins auf die aggregierte Inlandsnachfrage in der Investitionsfunktion (einschließlich des Immobilienbaus) wider, die sich bei einer Änderung des Realzinssatzes verschiebt. Wir schreiben diese Funktion als $I(r)$. Die Auswirkungen der Erwartungen und der Preise von Vermögenswerten führen zu einer Verschiebung der Investitionsfunktion (siehe Abbildung 14.5 (Seite 680)) und der Konsumfunktion, indem sie c_0 verändern (Abbildung 14.11a (Seite 704)).

Im Multiplikator-Diagramm beinhaltet der Schnittpunkt der Linie der aggregierten Nachfrage mit der vertikalen Achse die Investitionen. Das bedeutet, dass sich die Linie immer dann verschiebt, wenn die Zentralbank den Zinssatz ändert oder wenn sich das Geschäftsklima ändert. Wenn die Zentralbank versucht, die Wirtschaft in einem Konjunkturzyklus-Abschwung anzukurbeln, senkt sie den Zinssatz. Indem sie ihre Bereitschaft zur Wachstumsförderung signalisiert, will die Zentralbank auch das Vertrauen der Entscheidungsträger:innen in Unternehmen und Haushalten beeinflussen und dazu beitragen, dass die Wirtschaft von dem im Koordinationsspiel in Abbildung 13.17 (Seite 660) dargestellten Gleichgewicht mit niedrigen Investitionen zu einem Gleichgewicht mit hohen Investitionen übergeht.

Abbildung 15.15 zeigt, wie die Geldpolitik eingesetzt werden kann, um die Wirtschaft nach einem Abschwung zu stabilisieren, der durch einen Rückgang des Konsums verursacht wird (zum Beispiel als Folge eines Rückgangs des Konsumklimas der Verbrauchenden). Folgen Sie den Schritten der Analyse in Abbildung 15.15, um zu sehen, wie eine Senkung des Realzinssatzes die Wirtschaft aus der Rezession führt. In diesem Beispiel gehen wir davon aus, dass der Rückgang des Zinssatzes auf r' nur die Investitionen erhöht und nicht den autonomen Konsum, der bei c_0' bleibt.

Eine Warnung

Die Verwendung einfacher Diagramme wie Abbildung 15.15 kann den Eindruck erwecken, dass die Zentralbank in der Lage ist, die Wirtschaft durch eine genaue Diagnose eines Schocks und ein präzises Eingreifen mit einer Änderung des Zinssatzes zu stabilisieren. Das ist bei weitem nicht der Fall! Die Wirtschaft sendet alle möglichen Signale aus, und es ist schwierig zu entscheiden, ob es sich bei einem Abschwung um eine vorübergehende Erscheinung handelt oder um einen langfristigen Abschwung. Die von uns verwendeten Modelle helfen uns, unsere Überlegungen über die kausalen Zusammenhänge in der Wirtschaft zu ordnen und herauszufinden, welche politischen Maßnahmen gerechtfertigt sein könnten. Sie liefern kein vollständiges Rezept für eine wirksame Stabilisierung.

Abbildung 15.15 zeigt, wie die Zentralbank versuchen könnte, einer Rezession entgegenzuwirken. Doch wie sollte die Zentralbank auf einen Boom im Konsum reagieren? Sie braucht die entgegengesetzte Politik. Ein Boom wird die Linie der aggregierten Nachfrage nach oben verschieben, sodass die Zentralbank eine Politik verfolgen muss, die die Nachfrage dämpft und die Linie der aggregierten Nachfrage wieder auf ihren Ausgangspunkt zurückführt. Die Zentralbank kann dies tun, indem sie den Zinssatz anhebt.

Aber warum sollte sie einen Boom eindämmen wollen? Aus der Phillipskurve wissen wir, dass ein Boom zu höherer Inflation und, wenn sich die Erwartungen an die vergangene Inflation anpassen, zu steigender Inflation führt. Eine hohe und steigende Inflation ist für die Wirtschaft mit Kosten verbunden.

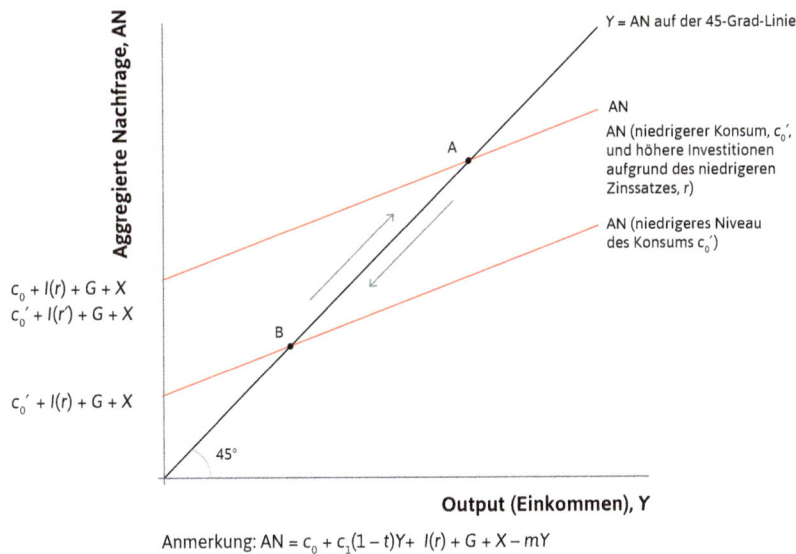

Anmerkung: $AN = c_0 + c_1(1 - t)Y + I(r) + G + X - mY$

Abbildung 15.15 Der Einsatz der Geldpolitik zur Stabilisierung der Wirtschaft in einer Rezession.

1. Gütermarktgleichgewicht

Die Wirtschaft befindet sich im Gütermarktgleichgewicht bei Punkt A.

2. Eine Rezession

Der Konsum geht dann zurück, wodurch sich die aggregierte Nachfrage nach unten verschiebt und die Wirtschaft in eine Rezession gerät, die sich von Punkt A nach Punkt B bewegt.

3. Geldpolitik

Um die Wirtschaft zu stabilisieren, kurbelt die Zentralbank Investitionen durch eine Senkung des Realzinssatzes von r auf r′ an. Diese Politik verschiebt die aggregierte Nachfragekurve nach oben und zieht die Wirtschaft aus der Rezession zurück zu ihrem Ausgangspunkt.

Wir haben gezeigt, wie die Geldpolitik von der Zentralbank eingesetzt werden kann, um die Wirtschaft in einer Rezession zu stabilisieren. Die Regierung hätte dies auch durch Steuersenkungen oder eine Erhöhung der Staatsausgaben erzielen können.

Warum Geldpolitik? Und wo sind ihre Grenzen? Die Fiskalpolitik ist kompliziert anzupassen und unflexibel. Um die aggregierte Nachfrage in der Nähe des gewünschten Niveaus zu halten, kann die Zentralbank stattdessen den Zinssatz Monat für Monat um kleine Beträge nach oben oder unten anpassen.

Der Nützlichkeit der Geldpolitik bei der Stabilisierung sind jedoch zwei wichtige Grenzen gesetzt:

- *Der kurzfristige Nominalzinssatz kann nicht unter Null sinken*: Dies schränkt das geldpolitische Instrument der Zentralbank ein.
- *Ein Land ohne eigene Währung hat keine eigene Geldpolitik.*

Der Zero Lower Bound

Wäre der Leitzins negativ, würden die Menschen einfach Bargeld halten, anstatt es auf die Bank zu bringen. Denn dann müssten sie die Bank dafür bezahlen, dass sie ihr Geld aufbewahrt (das ist es, was ein negativer Zinssatz bedeutet). Dies ist der **Zero Lower Bound** für den Nominalzinssatz. Sie ist deshalb von Bedeutung, weil ein Nominalzinssatz von Null bei einer Konjunkturflaute möglicherweise nicht niedrig genug ist, um einen ausreichend niedrigen Realzinssatz zu erreichen, der die zinssensiblen Ausgaben ankurbelt und die Wirtschaft wieder in Gang bringt. Zur Erinnerung: Der Realzinssatz ist gleich dem Nominalzinssatz abzüglich der Inflation. Der Zero Lower Bound für den Nominalzinssatz bedeutet also, dass die Untergrenze für den Realzinssatz gleich *minus* der Inflationsrate ist. Die Leitzinsen wurden nach der globalen Finanzkrise in vielen Wirtschaften auf nahezu Null gesenkt, was jedoch nicht ausreichte, um die aggregierte Nachfrage wieder ins Gleichgewicht des Arbeitsmarktes zu bringen. Aus diesem Grund plädieren einige Ökonominnen und Ökonomen dafür, dass Länder mit Inflationszielen von 2 % das Ziel auf 4 % anheben sollten, damit die realen Zinssätze in einem Konjunktureinbruch negativer werden können.

Dies ist auch der Grund, warum die von der globalen Finanzkrise schwer getroffenen Volkswirtschaften eine neue Art der Geldpolitik namens **quantitative Lockerung** (auch Quantitative Easing, QE) eingeführt haben. Ziel von QE ist es, die aggregierte Nachfrage durch den Ankauf von Vermögenswerten zu erhöhen, selbst wenn der Leitzins bei Null liegt.

Wie soll QE funktionieren?

- *Die Zentralbank kauft Anleihen und andere finanzielle Vermögenswerte:* Sie schafft zu diesem Zweck zusätzliches Zentralbankgeld.
- *Dadurch steigt die Nachfrage nach Anleihen und anderen Vermögenswerten:* Die Zentralbank verschiebt also die Nachfragekurve für diese Vermögenswerte nach rechts, was den Preis in die Höhe treibt. Dadurch sinken auch der Ertrag und der Zinssatz von Anleihen, wie im Einstein in Einheit 10 erläutert.
- *Dadurch steigen die Ausgaben:* Vor allem für Immobilien und langlebige Gebrauchsgüter, da sowohl die Darlehenskosten als auch die Rendite für das Halten von finanziellen Vermögenswerten gesunken sind.

Zero Lower Bound Dies bezieht sich auf die Tatsache, dass der Nominalzinssatz nicht negativ sein kann, wodurch der Nominalzinssatz, der von der Zentralbank festgesetzt werden kann, auf Null begrenzt wird. *Siehe auch unter: quantitative Lockerung.*

'Controlling Interest' (https://tinyco.re/7889919). *The Economist.* Aktualisiert am 21. September 2013.

quantitative Lockerung (QL) Käufe von finanziellen Vermögenswerten durch die Zentralbank mit dem Ziel, die Zinssätze für diese Vermögenswerte zu senken. Die Zentralbank setzt dieses Instrument ein, wenn die herkömmliche Geldpolitik unwirksam ist (zum Beispiel wenn der Leitzins nahe dem Zero Lower Bound liegt). *Siehe auch: Zero Lower Bound.*

Selbst wenn der Zinssatz, den die Zentralbank direkt steuert, bei Null liegt, kann sie also mit QE versuchen, die Zinssätze für eine Vielzahl anderer finanzieller Vermögenswerte zu senken. Die empirischen Belege deuten darauf hin, dass die Auswirkungen von QE auf die aggregierte Nachfrage zwar positiv, aber gering sind.

Keine nationale Geldpolitik

Möglicherweise steht einem Land individuelle Geldpolitik nicht zur Verfügung. Die Länder der Eurozone haben ihre individuelle Geldpolitik aufgegeben, als sie der Währungsunion beitraten. Die Eurozone wird als **gemeinsamer Währungsraum** (oder Währungsunion) bezeichnet, weil alle Länder in dem gemeinsamen Währungsraum den Euro verwenden. Das bedeutet, dass es nur eine Geldpolitik für die gesamte Eurozone gibt. Die Europäische Zentralbank (EZB) in Frankfurt legt den Leitzins fest, denn sie kontrolliert das Zentralbankgeld, das von allen Banken in der Eurozone verwendet wird. Dieser Zinssatz kann für einige Länder angemessener sein als für andere. Insbesondere nach der Finanzkrise war die Arbeitslosigkeit in Deutschland niedrig und rückläufig, während sie in den südlichen Ländern der Eurozone, wie Spanien und Griechenland, hoch war und schnell anstieg. Es gab viele Beschwerden darüber, dass die Geldpolitik der EZB für die Bedürfnisse dieser Länder zu lange zu restriktiv war.

> **Währungsunion** Eine Gruppe von Ländern, die die gleiche Währung verwenden. Das bedeutet, dass es nur eine Geldpolitik für diese Gruppe gibt. *Auch bekannt als: Währungsunion.*

ÜBUNG 15.7 FISKALPOLITIK ODER GELDPOLITIK?

Erinnern Sie sich an die Diskussion über die Finanzen der Regierungen in Einheit 14.

1. Sollte die Regierung im Falle einer Finanzkrise die Wirtschaft lieber durch Fiskalpolitik oder Geldpolitik stabilisieren?
2. Welche Gefahren birgt der Einsatz der Fiskalpolitik?
3. Wann hat die Regierung keine andere Wahl als die Fiskalpolitik?

FRAGE 15.8 WÄHLEN SIE DIE RICHTIGE(N) ANTWORT(EN)

Welche der folgenden Aussagen zur Geldpolitik ist richtig?

☐ Wenn die Zinssätze sinken, steigen die Preise für Vermögenswerte.
☐ Der Zero Lower Bound bezieht sich auf die Unfähigkeit der Zentralbanken, den Realzinssatz auf unter Null zu setzen.
☐ Bei der quantitativen Lockerung senkt die Zentralbank ihren offiziellen Zinssatz.
☐ Zinssätze können in einer Währungsunion nicht festgelegt werden.

Der Realzinssatz und die Fisher-Gleichung

In Einheit 10 wurde eingeführt, dass der Zinssatz angibt, wie viele Dollar (oder Euro, Pfund oder die von Ihnen verwendete Währung) Sie in der Zukunft dafür zahlen müssen, wenn Sie sich heute 1 USD leihen. Wenn Sie ein Darlehen geben, sagt der Zinssatz Ihnen, wie viele USD Sie in der Zukunft erhalten, wenn Sie heute auf die Nutzung von 1 USD verzichten.

Die Zinssätze, die Sie in den Schaufenstern oder Webseiten der Banken sehen, sind Nominalzinssätze. Das heißt, dass sie die Inflation nicht berücksichtigen. Wenn Sie ein Darlehen geben, wollen Sie eigentlich wissen, wie viele Güter Sie in der Zukunft im Austausch für die Güter erhalten, die Sie jetzt nicht konsumieren. Wenn Sie ein Darlehen aufnehmen, kommt es für Sie darauf an, auf wie viele Güter Sie in der Zukunft verzichten müssen, um die Zinsen zu zahlen. Es geht Ihnen also nicht um die Gesamthöhe der Zinsen, sondern darum, was sie davon hätten konsumieren können. Die Opportunitätskosten des Darlehens sind somit die Güter, auf die Sie verzichten müssen. Sie sind nicht das Geld, auf das Sie verzichten müssen. Um diese Unterscheidung zu treffen, müssen Sie die Inflation berücksichtigen.

Haushalte und Unternehmen treffen ihre Entscheidungen auf der Grundlage der Realzinssätze. Unternehmen beurteilen anhand der Realzinssätze, welche Investitionen sich lohnen, und Darlehensgebende verlangen höhere Zinsen, wenn sie davon ausgehen, dass die Inflation ihre Margen in Zukunft schmälern wird.

Die Gleichung für den Realzinssatz ist als **Fisher-Gleichung** bekannt, benannt nach Irving Fisher, dessen physikalisches Modell der Wirtschaft wir in Einheit 2 gesehen haben. Die Fisher-Gleichung besagt, dass der Realzinssatz (in Prozent pro Jahr) gleich dem Nominalzinssatz (in Prozent pro Jahr) abzüglich der für das kommende Jahr erwarteten Inflation ist:

$$r = i - \pi^e$$

Bei der Bewertung eines Investitionsprojekts muss die erwartete Inflation berücksichtigt werden. Bei einem gegebenen Nominalzinssatz senkt eine höhere Inflation den Realzinssatz, wodurch sich die realen Kosten der Darlehensaufnahme verringern. Es ist auch zu erkennen, dass der Realzinssatz über den Nominalzinssatz steigt, wenn für das kommende Jahr ein Preisrückgang erwartet wird, das heißt wenn die erwartete Inflation negativ ist oder eine Deflation erwartet wird. Bei einem höheren Realzinssatz werden einige Investitionen, die ohne die erwartete Deflation getätigt worden wären, nicht mehr getätigt.

15.9 DER WECHSELKURSKANAL DER GELDPOLITIK

In den USA wirkt die Geldpolitik hauptsächlich über die Auswirkungen der Zinsänderungen auf Investitionen, insbesondere für neue Immobilien und Gebrauchsgüter. In vielen anderen, vor allem kleineren Volkswirtschaften wirkt die Geldpolitik jedoch auch über die Auswirkungen auf den **Wechselkurs**, wodurch sich die Wettbewerbsfähigkeit der Volkswirtschaft auf den internationalen Märkten verändert und damit die Nettoexporte beeinflusst werden.

Warum wirkt sich der Zinssatz auf den Wechselkurs aus? Ein Großteil der Nachfrage nach den Währungen der verschiedenen Länder kommt von Investierenden, die finanzielle Vermögenswerte aus der ganzen Welt halten und handeln wollen. Diese Investierenden ziehen es vor, eine höhere Rendite zu erzielen, und bevorzugen daher Vermögenswerte mit einer höheren Rendite beziehungsweise Zinssatz. Wenn die Zentralbank eines Landes den Zinssatz senkt, geht die Nachfrage nach den Anleihen dieses Landes zurück: Die Investierenden sind weniger an den Vermögenswerten des Landes interessiert. Wenn die Nachfrage nach Anleihen sinkt, sinkt auch die Nachfrage nach der Währung, mit der diese Anleihen gekauft werden. Der Rückgang der Nachfrage nach der Währung führt zu einer Wertminderung, das heißt zu einem Rückgang ihres Preises im Verhältnis zu anderen Währungen.

Nehmen wir den Fall einer Abschwächung der australischen Wirtschaft, die durch einen Rückgang der Nachfrage nach Investitionen verursacht wird. Die Reserve Bank of Australia reagiert darauf mit einer Senkung des Zinssatzes. Dadurch sinken die Erträge australischer Vermögenswerte, was sie für internationale Investierende weniger attraktiv macht. Wenn zum Beispiel die Reserve Bank of Australia den Zinssatz senkt, sinkt die Nachfrage nach australischen Staatsanleihen mit einer Laufzeit von drei Monaten oder zehn Jahren. Wenn die Nachfrage nach australischen Vermögenswerten wie Staatsanleihen sinkt, sinkt auch die Nachfrage nach den australischen Dollars, die zu deren Kauf benötigt werden.

Aus diesem Grund führt die Senkung des Zinssatzes zu einer Wertminderung des australischen Dollars, was bedeutet, dass ein australischer Doller dann weniger US-Dollar, chinesische Yuan, Euro oder andere Währungen kaufen kann als zuvor. Die Wertminderung macht die australischen Exporte und die im Inland produzierten Waren wettbewerbsfähiger, was die aggregierte Nachfrage ankurbelt und die Wirtschaft stabilisiert. Sowohl eine höhere Exportnachfrage nach im Inland hergestellten Produkten (X) als auch eine geringere Nachfrage der australischen Bevölkerung nach im Ausland produzierten Waren und Dienstleistungen (M) erhöhen die aggregierte Nachfrage in der heimischen Wirtschaft.

Der Devisenmarkt ist ein Markt, auf dem Währungen gegeneinander gehandelt werden, zum Beispiel der australische Dollar (AUD) und der US-Dollar (USD). Der Wechselkurs ist definiert als die Anzahl der Einheiten der heimischen Währung für eine Einheit der ausländischen Währung, mit anderen Worten:

$$\text{Wechselkurs des australischen Dollars} = \frac{\text{Anzahl von AUD}}{\text{ein USD}}$$

Wenn man für einen USD mehr AUD kauft, spricht man von einer Abwertung des AUD. Wenn man für einen AUD mehr USD kauft, spricht man von einer Aufwertung des AUD.

Wechselkurs Die Anzahl der Einheiten der heimischen Währung, die in eine Einheit der ausländischen Währung umgetauscht werden können. Die Anzahl der australischen Dollar (AUD), die benötigt werden, um einen US-Dollar (USD) zu kaufen, wird beispielsweise als Anzahl der AUD pro USD definiert. Ein Anstieg dieses Kurses bedeutet eine Wertminderung des AUD und ein Rückgang eine Aufwertung des AUD.

Eine Wertminderung des Wechselkurses des Heimatlandes macht dessen Exporte billiger und Importe aus dem Ausland teurer. Wenn zum Beispiel ein T-Shirt in Australien 20 AUD kostet und der Wechselkurs zum USD 1,07 beträgt (zur Erinnerung: das ist die Anzahl der AUD für einen USD), dann kostet das T-Shirt in den USA 20/1,07 = 18,69 USD. Umgekehrt würde ein T-Shirt, das in den USA für 18,69 USD verkauft wird, in Australien 20 AUD kosten. Wenn der australische Dollar abgewertet wird und der Wechselkurs auf 1,25 steigt, was geschieht dann mit dem Preis der Exporte und Importe von T-Shirts in Australien? Exporte von australischen T-Shirts werden günstiger; ein 20 AUD teures T-Shirt kostet in den USA nur noch 16 USD statt 18,69 USD. Im Gegensatz dazu werden Importe von US-T-Shirts nach Australien teurer— ein T-Shirt zu 18,69 USD kostet jetzt 23,36 AUD statt 20 AUD.

Abbildung 15.16 ist eine grobe Zusammenfassung der Kette von Ereignissen in Australien.

Abbildung 15.16 Eine Senkung des australischen Zinssatzes.

ÜBUNG 15.8 WARUM ANLEIHEN?
Erläutern Sie, warum eine Änderung des Leitzinses der Zentralbank den Wechselkurs über den Markt für finanzielle Vermögenswerte (zum Beispiel Staatsanleihen) beeinflusst.

FRAGE 15.9 WÄHLEN SIE DIE RICHTIGE(N) ANTWORT(EN)
Die folgende Tabelle zeigt den Wechselkurs des britischen Pfunds (GBP) gegenüber dem Dollar (USD) und dem Euro (EUR) (Quelle: Bank of England):

	24.11.2014	23.11.2015
USD/GBP	1,5698	1,5131
EUR/GBP	1,2622	1,4256

In dieser Tabelle sind die Wechselkurse als die Anzahl der USD oder EUR pro GBP definiert. Welche der folgenden Aussagen sind richtig?

☐ Der USD wertete im Laufe des Jahres gegenüber dem GBP auf.
☐ Der GBP wertete im Laufe des Jahres gegenüber dem EUR ab.
☐ Exporte britischer Waren waren im November 2015 in den USA günstiger als ein Jahr zuvor.
☐ Importe aus Europa waren in Großbritannien im November 2015 teurer als ein Jahr zuvor.

15.10 NACHFRAGESCHOCKS UND NACHFRAGESEITIGE MASSNAHMEN

Um zu sehen, wie politische Entscheidungsträger:innen in der Praxis auf **Nachfrageschocks** reagieren, denken Sie an die Rezession in den USA nach dem Platzen der Technologieblase. Die Tabelle in Abbildung 15.17 veranschaulicht den Mix aus Fiskalpolitik und Geldpolitik, der während der Rezession in den USA im Jahr 2001 zum Einsatz kam, als sich die Wachstumsrate der amerikanischen Wirtschaft nach einem Jahrzehnt der Expansion verlangsamte.

Die oberste Zeile zeigt, dass die jährliche Wachstumsrate des realen BIP von 4,1 % auf 0,9 % zurückging. Die unteren beiden Zeilen in Abbildung 15.17 zeigen, dass die Verlangsamung zu steigender Arbeitslosigkeit und sinkender Inflation führte, genau wie wir es von einem negativen Schock der Nachfrage erwarten würden. Das Ende des Booms Ende der 90er Jahre, in dem die Unternehmen die Gewinne aus Investitionen in neue Technologien zu optimistisch eingeschätzt und den Bedarf an neuen Kapazitäten in den IKT-produzierenden Industrien überschätzt hatten, war der Auslöser für den Abschwung (siehe Einheit 11 für weitere Informationen über die Technologieblase und Abbildung 14.5 (Seite 680) für das Modell der Direktinvestitionen mit Angebots- und Nachfrageeffekten, die die Investitionsfunktion verschieben).

Die Rezession und die politische Reaktion

Die Abbildung zeigt, dass der Beitrag der Investitionen in Gewerbeimmobilien zur prozentualen Veränderung des BIP im Jahr 2000 viel größer war als der der Wohnimmobilieninvestitionen oder der Ausgaben der Regierungen. Im Jahr 2001 gingen sie zurück und zogen die Wirtschaft in eine Rezession.

Ohne die starke Reaktion der Geld- und Fiskalpolitik hätte die Rezession noch viel schlimmer ausfallen können.

		2000	2001	2002	2003
Reales Bruttoinlandsprodukt (jährliche Veränderung in %)		4,1	0,9	1,8	2,8
Beitrag zur prozentualen Veränderung des BIP	Veränderung der Direktinvestitionen in Gewerbeimmobilien	1,15	−1,2	−0,66	0,69
	Veränderung der Investitionen in Wohnimmobilien	−0,07	0,09	0,39	0,66
	Veränderung der Staatsausgaben	0,10	0,88	0,74	0,36
	Veränderung der sonstigen Beiträge	2,92	1,13	1,33	1,09
Nominalzinssatz der Federal Reserve (Jahresdurchschnitt, %)		6,24	3,89	1,67	1,13
Arbeitslosenquote (%)		4	4,47	5,8	6
Inflationsrate (%)		3,4	2,8	1,6	2,3

Abbildung 15.17 Der Politik-Mix: Finanz- und Geldpolitik in den USA nach dem Platzen der Technologieblase.

Federal Reserve Bank of St. Louis. 2015. FRED (https://tinyco.re/3965569).

Im Jahr 2001 begann die Federal Reserve Bank mit einer raschen Senkung des Nominalzinssatzes, von einem Höchststand von durchschnittlich 6,2 % im Jahr 2000 auf 3,9 % im Jahr 2001 und einem Tiefststand von 1,1 % im Jahr 2003.

- *Geldpolitik:* Aus Abbildung 15.17 geht hervor, dass dieser starke Rückgang der Nominalzinssätze dazu beitrug, die Investitionen in Wohnimmobilien in den Jahren 2001 und 2002 anzukurbeln. Ihr Beitrag zum Wachstum wurde viel größer als zuvor. Auch die Investitionen in Gewerbeimmobilien erholten sich dadurch, jedoch verlief die Anpassung langsamer: Der Beitrag der Investitionen zum Wachstum wurde erst 2003 positiv.

'Bush's Push' (https://tinyco.re/
1194788). *The Economist.*
Aktualisiert am 6. Januar 2003.

- *Fiskalpolitik:* Um die Stagnation der privaten Investitionen der Unternehmen auszugleichen, setzte die Regierung auf eine expansive Fiskalpolitik. In den Jahren 2001 und 2002 führte sie umfangreiche Steuersenkungen ein und erhöhte die Ausgaben. Das Multiplikatormodell hilft, die Logik der Politik der Regierung und den starken Anstieg des Wachstumsbeitrags der öffentlichen Ausgaben in den Jahren 2001 und 2002 zu erklären.

Aus Abbildung 15.17 geht hervor, dass das rasche Handeln der Regierung und der Zentralbank zur Stabilisierung der Wirtschaft beitrug. Inflation und BIP-Wachstum erholten sich rasch von der Rezession. Die Arbeitslosigkeit reagierte jedoch langsamer und stieg im Jahr 2003 weiter an. Tatsächlich sank die Arbeitslosenquote in den USA nicht ganz auf das Niveau des Jahres 2000, was vielleicht darauf hindeutet, dass die Wirtschaft der USA im Vorfeld der Technologieblase über ihrer Kapazität arbeitete.

Die Rezession und das Modell

Wir können das von uns entwickelte Modell auf den Fall eines Einbruchs der Investitionen in der US-Wirtschaft anwenden (Abbildung 15.18). Aus dem Multiplikator-Diagramm im unteren Feld wissen wir, dass ein Rückgang der Investitionsausgaben die Linie der aggregierten Nachfrage nach unten verschiebt und zu einem neuen Gütermarktgleichgewicht in der Wirtschaft mit geringerem Output und höherer Arbeitslosigkeit führt. Abbildung 15.17 zeigt, dass genau dies in den USA nach dem Ende der Technologieblase geschah. Die Arbeitslosigkeit stieg von 4 % im Jahr 2000 auf 6 % im Jahr 2003, und die Inflation ging von 3,4 % im Jahr 2000 auf 1,6 % im Jahr 2002 zurück.

Der Logik der Phillipskurve folgend wird die Inflation als Reaktion auf einen Anstieg der Arbeitslosigkeit sinken. Gehen Sie die Schritte der Analyse in Abbildung 15.18 durch, um die Folgen des Schocks und die Reaktion der Regierung in Form eines Konjunkturprogramms und die Reaktion der Federal Reserve in Form einer lockeren Geldpolitik zu verstehen.

Beachten Sie, dass das beste Ergebnis für die politischen Entscheidungsträger:innen nicht die Vollbeschäftigung ist. Vielmehr geht es um das Beschäftigungsniveau (und die Arbeitslosigkeit), das das Arbeitsmarktgleichgewicht aufrechterhält, um eine ständig steigende oder fallende Inflation zu vermeiden. In Abbildung 15.18 ist der Punkt X das beste Ergebnis für die politischen Entscheidungsträger:innen. Die Inflation entspricht dem Zielwert und die Beschäftigung ist mit einer konstanten Inflation vereinbar. Aus den Indifferenzkurven wird deutlich, dass die Rezession den Wohlstand in der Wirtschaft verringert.

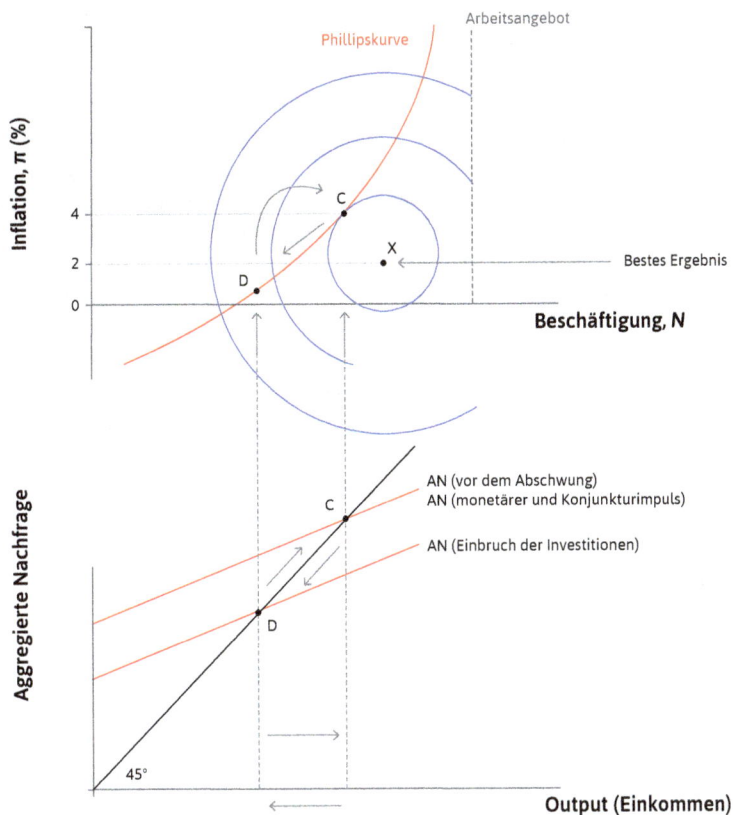

Abbildung 15.18 Eine politische Maßnahme zur Wiederherstellung von Beschäftigung und Output nach einem Rückgang der Investitionen.

1. Vor dem Abschwung

Die Wirtschaft befindet sich an Punkt C.

2. Der Einbruch bei den Investitionen

Dadurch verschiebt sich die aggregierte Nachfrage nach unten. Die Wirtschaft bewegt sich auf eine Situation mit höherer Arbeitslosigkeit und niedrigerer Inflation zu (von Punkt C zu Punkt D).

3. Sowohl die Zentralbank als auch die Regierung reagieren

Eine Senkung des Zinssatzes und ein Konjunkturprogramm über Steuersenkungen und höhere Staatsausgaben verschieben die aggregierte Nachfrage zurück in die Ausgangsposition.

4. Die Wirkung der Intervention

Der Anstieg des Outputs aufgrund höherer gesamtwirtschaftlicher Ausgaben verringert die Arbeitslosigkeit und erhöht die Inflation. Die Wirtschaft bewegt sich entlang der Phillipskurve zurück zu Punkt C.

ÜBUNG 15.9 EIN BOOM IM BAUWESEN

1. Was geschieht, wenn ein Boom im Immobilienbau einen positiven Schock auf die aggregierte Nachfrage bedeutet? Erklären Sie dies anhand des Multiplikator-Diagramms und der Phillipskurve.
2. Was würden Sie von der Zentralbank erwarten?

15.11 MAKROÖKONOMISCHE POLITIK VOR DER GLOBALEN FINANZKRISE: INFLATIONSTARGETING

Die 25 Jahre vor der globalen Finanzkrise im Jahr 2008 wurden als **Great Moderation** bekannt. Ein Blick zurück auf Abbildung 15.12 (Seite 764) zeigt uns, warum. Trotz eines großen Ölschocks in den 2000er Jahren verzeichneten die britische und viele andere Volkswirtschaften weiterhin ein stetiges Wachstum, eine niedrige Inflation und eine geringe Arbeitslosigkeit. Dies ist ein bemerkenswerter Kontrast zu der hohen Inflation und der hohen Arbeitslosigkeit in den 1970er Jahren.

Die 1990er und 2000er Jahre waren vor der Krise durch zwei wichtige Merkmale gekennzeichnet:

- *Die Zentralbanken wurden von der Regierung unabhängig gemacht:* In den meisten Ländern wurde die Geldpolitik in die Hände der unabhängigen Zentralbanken gelegt.
- *Inflationstargeting:* Diese Zentralbanken setzen ihre geldpolitischen Instrumente ein, um die Wirtschaft in der Nähe einer Zielinflationsrate zu halten. Wie Abbildung 15.19 zeigt, hatten bis 2012 28 Länder Inflationstargeting eingeführt, in der Regel mit einer Bandbreite dessen, was als akzeptables Inflationsniveau angesehen wurde.

Warum sollte man Zentralbanken unabhängig machen und ihnen Inflationsziele vorgeben? Die Lehren aus Abbildung 15.6 (Seite 754) über die Instabilität der Phillipskurven und die hohen Kosten der Arbeitslosigkeit, die den Ländern in den 1980er Jahren durch die Senkung der Inflation entstanden, gaben den Anstoß. Politische Entscheidungsträger:innen auf der ganzen Welt glaubten, dass es eine inflationsstabilisierende Arbeitslosenquote geben würde.

Ab den 1990er Jahren vertraten die Regierungen zunehmend die Ansicht, dass die Zentralbanken dafür verantwortlich sein sollten, die Wirtschaft in der Nähe einer bestimmten Zielinflationsrate zu halten. Diese liegt in den entwickelten Volkswirtschaften in der Regel bei etwa 2 %, in einigen Entwicklungsländern jedoch höher, wie die Tabelle in Abbildung 15.19 zeigt. Wir wir in Abschnitt 15.1 gesehen haben, bevorzugen viele Wahlberechtigte eine niedrige Arbeitslosigkeit, selbst wenn dies mit einer höheren Inflationsrate einhergeht. Wie können sich die Zentralbanken dann glaubwürdig dazu verpflichten, nicht von ihrem angekündigten Inflationsziel abzuweichen?

Um dieser Sorge zu begegnen, haben viele Länder die Unabhängigkeit der Zentralbank gestärkt. Politiker:innen (wie damals der westdeutsche Superminister Helmut Schmidt) wollen vielleicht jetzt eine niedrigere Arbeitslosigkeit versprechen, um wiedergewählt zu werden—auch wenn dies später zu einer steigenden Inflation führt. Eine unabhängige Zentralbank mit einem expliziten Inflationsziel kann besser politischem Druck widerstehen. Dadurch wird eine Lohn-Preis-Spirale verhindert. Die Zentralbank verpflichtet sich, die Inflation in der Nähe des Ziels zu halten, was wiederum dazu beiträgt, die von den Beschäftigten und Unternehmen erwartete Inflationsrate in der Nähe des Ziels zu halten.

Abbildung 15.20 veranschaulicht die Beziehung zwischen dem Grad der Unabhängigkeit der Zentralbanken Mitte der 1980er Jahre und der durchschnittlichen Inflation zwischen 1962 und 1990 in den OECD-Ländern. Es besteht eine starke negative Korrelation zwischen den beiden Variablen. Länder mit geringer Unabhängigkeit der Zentralbanken Mitte der 1980er Jahre waren diejenigen, in denen die Inflation im Durchschnitt über den 30-jährigen Zeitraum höher war.

Great Moderation Zeitraum mit geringer Volatilität des gesamtwirtschaftlichen Outputs in fortgeschrittenen Volkswirtschaften zwischen den 1980er Jahren und der Finanzkrise 2008. Der Name wurde von den Wirtschaftswissenschaftlern James Stock und Mark Watson vorgeschlagen und von Ben Bernanke, dem damaligen Vorsitzenden der Federal Reserve (Zentralbank-System der Vereinigten Staaten), populär gemacht.

Inflationstargeting Geldpolitik, bei der die Zentralbank die Zinssätze ändert, um die aggregierte Nachfrage zu beeinflussen und die Wirtschaft in der Nähe eines Inflationsziels zu halten, das normalerweise von der Regierung vorgegeben wird.

Aus dieser Korrelation lässt sich nicht final schließen, wie oder ob die Unabhängigkeit der Zentralbanken die Inflation eindämmte. Aber viele vermuteten, dass die Unabhängigkeit der Zentralbanken tatsächlich die Kontrolle der Inflation erleichtern würde. Infolgedessen gewährten die Länder mit hoher Inflation ihren Zentralbanken mehr Unabhängigkeit, wobei ein niedriges Inflationsziel in die offiziellen Statuten aufgenommen wurde.

Neuseeland, das 1989 eine hohe Inflation aufwies, leistete mit dem Inflationstargeting Pionierarbeit. Die Inflation ging zurück und blieb niedrig. Andere Länder mit hoher Inflation folgten bald, insbesondere Mittelmeerländer wie Portugal, Griechenland, Spanien, Italien und Frankreich.

Land	Datum der Einführung des Inflationstargeting	Inflationsrate zum Zeitpunkt der Einführung (%)	Inflation zum Jahresende 2010 (%)	Zielinflationsrate (%)
Neuseeland	1990	3,30	4,03	1–3
Kanada	1991	6,90	2,23	2 ± 1
Großbritannien	1992	4,00	3,39	2
Australien	1993	2,00	2,65	2–3
Schweden	1993	1,80	2,10	2
Tschechien	1997	6,80	2,00	3 ± 1
Israel	1997	8,10	2,62	2 ± 1
Polen	1998	10,60	3,10	2.5 ± 1
Brasilien	1999	3,30	5,91	4,5 ± 1
Chile	1999	3,20	2,97	3 ± 1
Kolumbien	1999	9,30	3,17	2–4
Südafrika	2000	2,60	3,50	3–6
Thailand	2000	0,80	3,05	0,5–3
Ungarn	2001	10,80	4,20	3 ± 1
Mexiko	2001	9,00	4,40	3 ± 1
Island	2001	4,10	2,37	2,5 ± 1,5
Südkorea	2001	2,90	3,51	3 ± 1
Norwegen	2001	3,60	2,76	2,5 ± 1
Peru	2002	−0,10	2,08	2 ± 1
Philippinen	2002	4,50	3,00	4 ± 1
Guatemala	2005	9,20	5,39	5 ± 1
Indonesien	2005	7,40	6,96	5 ± 1
Rumänien	2005	9,30	8,00	3 ± 1
Serbien	2006	10,80	10,29	4–8
Türkei	2006	7,70	6,40	5,5 ± 2
Armenien	2006	5,20	9,35	4,5 ± 1,5
Ghana	2007	10,50	8,58	8,5 ± 2
Albanien	2009	3,70	3,40	3 ± 1

Abbildung 15.19 Länder, deren Zentralbanken bis 2012 Inflationstargeting eingeführt haben.
Sarwat Jahan. 2012. 'Inflation Targeting: Holding the Line' (https://tinyco.re/5875915). *International Monetary Fund Finance & Development.*

Die Erfahrungen dieser Ländern deuten darauf hin, dass die Unabhängigkeit der Zentralbanken tatsächlich zur Senkung der Inflation beiträgt.

Im Rahmen der Politik des Inflationstargeting würde die Zentralbank den Zinssatz immer dann anheben und die aggregierte Nachfrage dämpfen, wenn die Arbeitslosigkeit in der Wirtschaft unter der inflationsstabilisierenden Rate liegt (das heißt wenn sie sich auf der Phillipskurve nach Nordosten und auf eine weniger günstige Indifferenzkurve bewegt). In ähnlicher Weise würde die Zentralbank nach einem Rückgang der aggregierten Nachfrage (zum Beispiel infolge eines Rückgangs des Geschäftsklimas) und angesichts einer drohenden Rezession den Zinssatz senken und die Wirtschaft wieder in Richtung ihres Inflationsziels bringen. In Abbildung 15.17 haben wir die Maßnahmen der Federal Reserve mit diesen Worten beschrieben.

Abbildung 15.21 zeigt die Phillipskurve und die Indifferenzkurven für eine Wirtschaft mit einer Zentralbank mit Inflationstargeting. Die Wirtschaft hat eine stabile Inflation im Punkt X, wo die Inflation dem Ziel von 2 % entspricht und die Arbeitslosigkeit im Arbeitsmarktgleichgewicht 6 % beträgt. Das Arbeitsmarktgleichgewicht und damit die inflationsstabilisierende Arbeitslosenquote sind in den einzelnen Ländern unterschiedlich. In den 2000er Jahren wurde sie zum Beispiel im Vereinigten Königreich auf 5,9 % und in Deutschland auf 7,7 % geschätzt.

Wenn ein Schock der aggregierten Nachfrage die Arbeitslosigkeit unter 6 % senkt, steigt die Inflation entlang der Phillipskurve an. Daraufhin würde die Zentralbank den Zinssatz anheben, um die aggregierte Nachfrage zu senken und die Arbeitslosigkeit zu erhöhen. Wenn die Zentralbank nicht umgehend handelt, kann eine Lohn-Preis-Spirale einsetzen, bei der sich die Phillipskurve nach oben verschiebt. Sollte die Inflation unter den Zielwert fallen, senkt die Zentralbank den Zinssatz, um die Inflation nach oben zu treiben.

Die Verpflichtung der Zentralbanken auf ein Inflationsziel trägt dazu bei, zu erklären, warum der dritte Ölschock in den 2000er Jahren nicht zu einer Rückkehr zur hohen Inflation der 1970er Jahre geführt hat. Die Verpflichtung bedeutete, dass selbst bei einem vorübergehenden Anstieg der Inflationsrate niemand damit rechnete, dass dieser anhalten würde, weil die Zentralbank sich verpflichtet hatte, den Anstieg zu verhindern. Bei stabilen Inflationserwartungen gab es keinen Grund dafür, dass sich eine Lohn-Preis-Spirale in Gang setzt.

Diese Daten bei OWiD einsehen
https://tinyco.re/3742287

CPI inflation: OECD. 2015. *OECD Statistics* (https://tinyco.re/9377362). Unabhängigkeit der Zentralbank: Vittorio Grilli, Donato Masciandaro, Guido Tabellini, Edmond Malinvaud, und Marco Pagano. 1991. 'Political and Monetary Institutions and Public Financial Policies in the Industrial Countries' (https://tinyco.re/7432619). *Economic Policy* 6 (13): pp. 341–392.

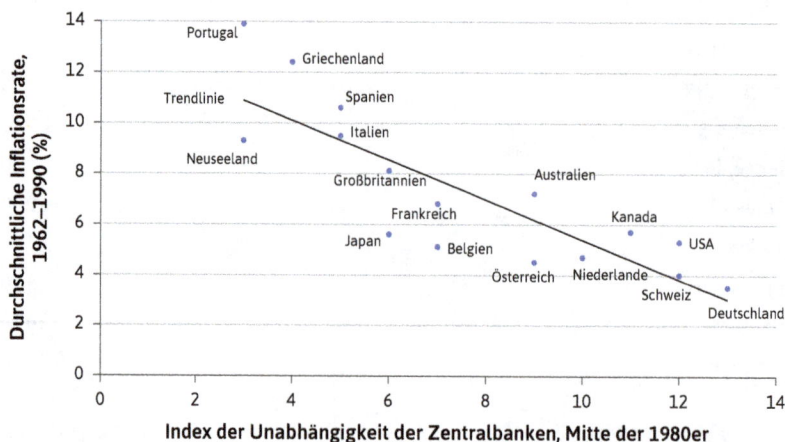

Abbildung 15.20 Inflation und Unabhängigkeit der Zentralbanken: OECD-Länder.

FRAGE 15.10 WÄHLEN SIE DIE RICHTIGE(N) ANTWORT(EN)

Abbildung 15.21 stellt die Phillipskurve und die Indifferenzkurven einer Volkswirtschaft dar. Diese Wirtschaft hat eine unabhängige Zentralbank mit einem Inflationsziel von 2 %.

Welche der folgenden Aussagen ist richtig?

☐ Die Zentralbank wird versuchen, eine Arbeitslosigkeit von Null zu erreichen und gleichzeitig die Inflation bei 2 % zu halten.

☐ Die Form der Indifferenzkurven deutet darauf hin, dass die Zentralbank jederzeit bereit ist, höhere Inflation gegen niedrigere Arbeitslosigkeit zu tauschen.

☐ Betrachten wir einen Schock der aggregierten Nachfrage, der die Arbeitslosigkeit erhöht. Ohne eine Geld- oder Fiskalpolitik, die der negativen Verhandlungslücke entgegenwirkt, würde sich die Phillipskurve nach unten verschieben.

☐ Betrachten wir einen Schock der aggregierten Nachfrage, der die Arbeitslosigkeit erhöht. Die Zentralbank würde den Zinssatz anheben, um die Inflation zu drücken und sie wieder auf den Zielwert zu bringen.

15.12 EIN WEITERER GRUND FÜR STEIGENDE INFLATION BEI NIEDRIGER ARBEITSLOSIGKEIT

Warum gibt es in der Wirtschaft einen Konflikt zwischen Arbeitslosigkeit und Inflation? Bisher lautet die Antwort, dass bei hoher Arbeitslosigkeit in der Wirtschaft die Beschäftigten mit hohen Kosten des Arbeitsplatzverlustes konfrontiert sind und die Unternehmen in der Lage sind, die Beschäftigten dazu zu bringen, gewissenhaft bei einem niedrigeren Lohn zu arbeiten, als dies bei niedrigerer Arbeitslosigkeit der Fall wäre.

Es gibt jedoch noch einen zweiten Grund für den Zusammenhang zwischen niedriger Arbeitslosigkeit und hoher Inflation. In Abbildung 15.22 zeigt die horizontale Achse den Grad der Kapazitätsauslastung in der Wirtschaft. Wenn die Kapazitätsauslastung auf der horizontalen Achse nach rechts steigt, stehen

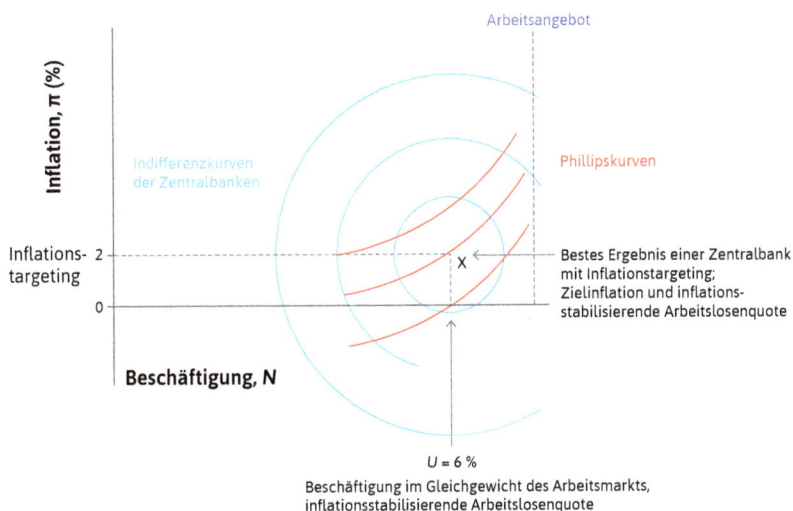

Abbildung 15.21 Die inflationsstabilisierende Arbeitslosenquote in der Wirtschaft.

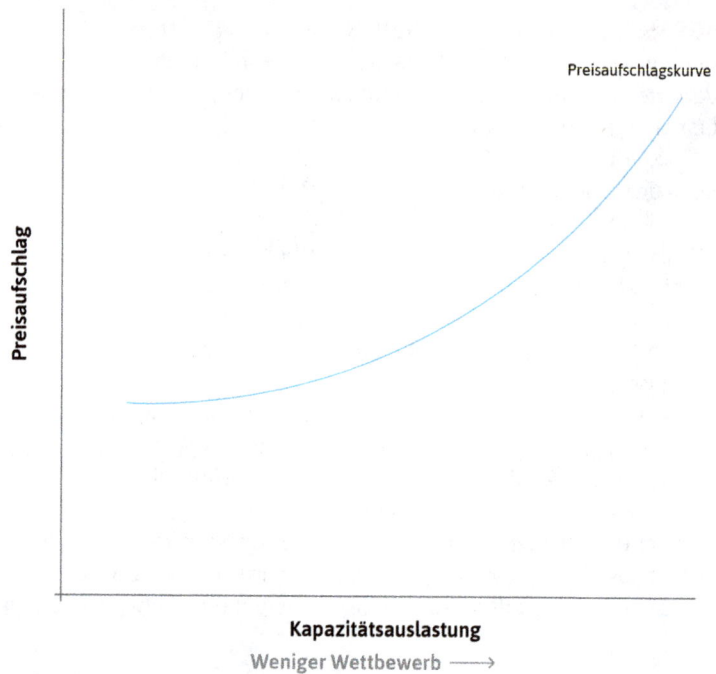

Preisaufschlagskurve

Preisaufschlag

Kapazitätsauslastung

Weniger Wettbewerb ⟶

Abbildung 15.22 Preisreaktionen auf steigende Beschäftigung und Kapazitätsauslastung.

kapazitätsbeschränkt Eine Situation, in der ein Unternehmen mehr Aufträge hat, als es erfüllen kann. *Siehe auch: geringe Kapazitätsauslastung.*

weniger Maschinen still, es gibt weniger leere Tische in Restaurants, und andere Indikatoren (zum Beispiel mehr Überstunden) zeigen einen Abbau der freien Kapazitäten in Fabriken und Geschäften. In Einheit 14 haben wir die übliche Reaktion der Unternehmen auf eine steigende Kapazitätsauslastung erläutert: Sie erhöhen ihre Investitionen, um ihre Fähigkeit zur Erfüllung von Aufträgen zu erweitern.

Der Bau neuer Anlagen und die Installation neuer Ausrüstungen braucht jedoch Zeit. In der Zwischenzeit haben die Unternehmen bei den derzeitigen Preisen mehr Aufträge, als sie ausführen können. Ökonominnen und Ökonomen sagen, sie seien **kapazitätsbeschränkt**. Sie verlieren nichts, wenn sie unter diesen Bedingungen die Preise erhöhen. Außerdem ist die Konkurrenz—Unternehmen, die ähnliche Produkte herstellen—ebenfalls kapazitätsbeschränkt, sodass diese Unternehmen einem geringeren Wettbewerb ausgesetzt sind. Das bedeutet, dass ihre Nachfragekurven nun steiler (weniger preiselastisch) sind. Daher werden alle Unternehmen auf eine höhere Kapazitätsauslastung mit einer Anhebung des Preisaufschlags über die Kosten reagieren, was eine Lohn-Preis-Spirale in Gang setzen wird.

15.13 SCHLUSSFOLGERUNG

Die Wahlberechtigten wünschen sich eine Wirtschaft mit geringer Arbeitslosigkeit und niedriger, aber positiver Inflation. Dieses Ergebnis zu erreichen ist jedoch nicht einfach. Kurzfristig besteht ein Konflikt zwischen Inflation und Arbeitslosigkeit, was bedeutet, dass die politischen Entscheidungsträger:innen die Arbeitslosigkeit um den Preis einer höheren Inflation verringern könnten. Dies kann jedoch zu höheren Inflationserwartungen und einer Lohn-Preis-Spirale führen. Das bedeutet wiederum, dass die Inflation nicht nur vorübergehend höher ist, sondern im Laufe der Zeit weiter ansteigt.

Es wird davon ausgegangen, dass Zentralbanken eher die zukünftigen Auswirkungen ihres Handelns berücksichtigen als Politiker:innen, die auf kurzfristigen demokratischen Druck reagieren. Aus diesem Grund haben viele Länder Inflationstargeting mit unabhängigen Zentralbanken eingeführt, die auf den Nominalzinssatz als politisches Instrument zur Reaktion auf Angebotsschocks und Nachfrageschocks setzen.

Der neue makroökonomische Politikrahmen des Inflationstargetings schien gut zu funktionieren, als er durch den Ölschock in den 2000er Jahren auf die Probe gestellt wurde. Dann kam die globale Finanzkrise, die den Konsens ins Wanken brachte. Viele Zentralbanken stießen an den Zero Lower Bound für Nominalzinssätze, was zu einem erneuten Interesse an der Fiskalpolitik als Stabilisierungsinstrument führte.

In Einheit 15 eingeführte Konzepte

Bevor Sie fortfahren, sollten Sie diese Definitionen wiederholen:

- Disinflation, erwartete Inflation
- Realzinssatz
- Widersprüchliche Ansprüche am Output
- Phillipskurve, Phillipskurvenverschiebung
- Verhandlungslücke
- Präferenzen der politischen Entscheidungsträgerinnen und Entscheidungsträger
- Übertragung der Geldpolitik, Wechselkurskanal
- Wechselkurs
- Quantitative Lockerung
- Angebotsschocks, Nachfrageschocks
- Unabhängigkeit der Zentralbanken
- Inflationsziel
- Unternehmen mit Kapazitätsbeschränkungen

15.14 QUELLEN

Carlin, Wendy und David Soskice. 2015. *Macroeconomics: Institutions, Instability, and the Financial System*. Oxford: Oxford University Press. Chapters 3, 4, 9–13.

Friedman, Milton. 1968. 'The Role of Monetary Policy' (https://tinyco.re/8348372). *The American Economic Review* 58 (1): pp. 1–17.

Phillips, A W. 1958. 'The Relation Between Unemployment and the Rate of Change of Money Wage Rates in the United Kingdom, 1861–1957' (https://tinyco.re/5934214). *Economica* 25 (100): p. 283.

The Economist. 2003. 'Bush's Push' (https://tinyco.re/1194788). Aktualisiert am 6. Januar 2003.

The Economist. 2013. 'Controlling Interest' (https://tinyco.re/7889919). Aktualisiert am 21. September 2013.

The Economist. 2013. 'In Dollars They Trust' (https://tinyco.re/3392021). Aktualisiert am 27. April 2013.

Walton, David. 2006. 'Has Oil Lost the Capacity to Shock?' (https://tinyco.re/8182920). *Oxonomics* 1 (1): pp. 9–12.

TECHNISCHER FORTSCHRITT, BESCHÄFTIGUNG UND LEBENSSTANDARD IN DER LANGEN FRIST

Robot waiters

WIE LANGFRISTIGE TRENDS UND UNTERSCHIEDE ZWISCHEN DEN LÄNDERN IN BEZUG AUF LEBENSSTANDARD UND ARBEITSLOSIGKEIT AUF DEN TECHNISCHEN FORTSCHRITT, DIE INSTITUTIONEN UND DIE POLITIK ZURÜCKZUFÜHREN SIND

- Der zunehmende Einsatz von Maschinen und anderen Investitionsgütern in der Produktion, sowie der technische Fortschritt, der durch zunehmendes Wissen ermöglicht wurde, bildeten die Grundlage für einen langfristig steigenden Lebensstandard.
- Die „schöpferische Zerstörung" früherer Produktionsverfahren hat sowohl zu Verlusten als auch zur Schaffung neuer Arbeitsplätze geführt, jedoch hat sie langfristig nicht zu einer höheren Arbeitslosigkeit geführt.
- Die wirtschaftlichen Institutionen und die Wirtschaftspolitik eines Landes können danach beurteilt werden, inwieweit sie in der Lage sind, die unfreiwillige Arbeitslosigkeit niedrig zu halten und die Reallöhne nachhaltig zu steigern.
- Viele erfolgreiche Volkswirtschaften haben umfangreiche Formen der Mitversicherung gegen den Verlust von Arbeitsplätzen, der aus der schöpferischen Zerstörung und dem Wettbewerb mit anderen Volkswirtschaften resultiert, geschaffen. Daher bewertet der überwiegende Teil der Bevölkerung dieser Nationen sowohl den technologischen Wandel als auch den globalen Austausch von Waren und Dienstleistungen sehr positiv.
- Ein zentraler Unterschied zwischen Volkswirtschaften mit hohem Pro-Kopf-BIP und Volkswirtschaften mit geringerem Pro-Kopf-BIP besteht darin, dass die Institutionen und die Politik der leistungsstarken Länder den Hauptagierenden in der Wirtschaft Anreize bieten, den Kuchen zu vergrößern, anstatt sich um die Größe ihres Stücks zu streiten.

Eric Hobsbawm und George Rudé. 1969. *Captain Swing*. London: Lawrence und Wishart.

Im Jahr 1412 verbot der Rat der Stadt Köln einem lokalen Handwerksbetrieb die Herstellung eines Spinnrades. Der Rat befürchtete steigende Arbeitslosigkeit bei den Textilunternehmen, die Handspindeln verwendeten. Im sechzehnten Jahrhundert wurden neue Bandwebmaschinen in weiten Teilen Europas verboten. Im Jahr 1811, in der Anfangsphase der Industriellen Revolution in England, protestierten die Ludditen energisch gegen neue arbeitssparende Maschinen, wie zum Beispiel Spinnmaschinen, mit denen eine Arbeitskraft die Menge an Garn herstellen konnte, die zuvor von 200 Arbeitskräften produziert wurde. Die Bewegung wurde von dem jungen ungelernten Handwerker Ned Ludd angeführt, der sogar Spinnmaschinen zerstört haben soll.

Jeremy Rifkin. 1996. *The End of Work: The Decline of the Global Labor Force and the Dawn of the Post-Market Era*. New York, NY: G. P. Putnam's Sons.

Der Schweizer Ökonom Jean-Charles-Léonard de Sismondi (1773–1842) stellte sich eine neue Welt vor, „in der der König allein auf seiner Insel sitzt und unaufhörlich an Kurbeln dreht, um mit Hilfe von Automaten all das zu produzieren, was England heute herstellt". Die zunehmende Nutzung der Informationstechnologie hat zeitgenössische Ökonominnen und Ökonomen, darunter Jeremy Rifkin, dazu veranlasst, gleiche Befürchtungen zu äußern.

Sismondi und Rifkin brachten plausible Argumente hervor. Wie wir jedoch in Einheit 1 gesehen haben, haben sich viele Länder infolge arbeitssparender Innovationen in den oberen Teil des Hockeyschlägers bewegt und einen anhaltenden Anstieg des Lebensstandards erlebt. Die Beschäftigten wurden besser bezahlt—erinnern Sie sich an den Reallohn-Hockeyschläger aus Einheit 2 (Abbildung 2.1). Auch „Das Ende der Arbeit" hat noch nicht stattgefunden, obwohl der Philosoph Bertrand Russell 1932 das Ende der Arbeit eher erwartete als fürchtete (https://tinyco.re/2000918). Er argumentierte: ‚Es wird in der Welt viel zu viel gearbeitet. Der Glaube, dass Arbeit tugendhaft ist, richtet immensen Schaden an, und das, was in den modernen Industrieländern gepredigt werden muss, ist etwas ganz anderes als das, was immer gepredigt worden ist.'

Der technische Fortschritt hat nicht zu steigenden Arbeitslosenquoten geführt. Stattdessen hat er für Unternehmen den niedrigsten Lohn angehoben, der es ihnen erlaubt immer noch die Kosten zu decken. Der technische Fortschritt vergrößert somit die Ressourcen, die das Unternehmen in die steigende Produktion investieren kann, und schafft Anreize für weitere Investitionen. Diejenigen, die sich nur auf den Abbau von Arbeitsplätzen konzentrieren, ignorieren die Tatsache, dass der arbeitssparende technische Fortschritt auch Investitionen auslöst, die zur Schaffung von neuen Arbeitsplätzen führt.

In den meisten Volkswirtschaften, für die Daten vorliegen, werden jedes Jahr mindestens 10 % der Arbeitsplätze abgebaut und etwa die gleiche Anzahl neuer Arbeitsplätze geschaffen. In Frankreich oder England wird alle 14 Sekunden ein Arbeitsplatz abgebaut und ein neuer geschaffen. Das ist Teil der schöpferischen Zerstörung, die den kapitalistischen Volkswirtschaften zugrunde liegt und die wir in den Einheiten 1 und 2 beschrieben haben.

Diejenigen, die ihren Arbeitsplatz verlieren, tragen kurzfristig erhebliche Kosten. Diese Zeit mag ihnen nicht sehr kurz erscheinen: Sie kann Jahre oder sogar Jahrzehnte dauern. Diejenigen, die davon profitieren, können die Kinder einer Arbeitskraft sein, deren Stelle durch den Webstuhl verloren ging, oder die Kinder der arbeitslosen Schreibkraft, die durch den Computer verdrängt wurde. Sie profitieren, weil sie einen Arbeitsplatz in einem Beruf finden, der produktiver ist als der ihrer Eltern, und sie können von den Vorteilen der neuen Waren und Dienstleistungen profitieren, die aufgrund der Existenz des Webstuhls oder des Computers verfügbar sind.

Der zerstörerische Teil der schöpferischen Zerstörung betrifft Berufe, die oft in bestimmten Regionen konzentriert sind. Dies führt zu großen Verlusten bei Löhnen und Arbeitsplätzen. Familien und Gemeinden, die zu den Verlierenden gehören, brauchen oft Generationen, um sich zu erholen. Genau wie „kurzfristig" verschleiert auch der Begriff „durchschnittlich" häufig die durch die Einführung neuer Technologien resultierenden Kosten für die entlassenen Arbeitskräfte, sowie die betroffenen Gemeinden.

So gestaltet die Informations- und Kommunikationstechnologie (IKT) heute unsere Gesellschaft um. Die IKT ersetzt einen Großteil der Routinearbeit, was in vielen Fällen zur weiteren Armut der ohnehin schon Bedürftigen führt. Menschen, die auf einen steigenden Lebensstandard hofften, haben weniger Beschäftigungsmöglichkeiten.

Dennoch profitieren die meisten Menschen von dem Preisrückgang aufgrund der neuen Technologie. Die schöpferische Zerstörung als Folge des technischen Fortschritts ist wohl oder übel Teil der Dynamik des kapitalistischen Wirtschaftssystems. Auch wenn diese Dynamik das Leben mancher Menschen beeinträchtigt und die Umwelt zunehmend bedroht, ist die Einführung verbesserter Technologien auch der Schlüssel zu einem langfristig höheren Lebensstandard. Wir werden sehen:

- der technologische Wandel führt dazu, dass immer mehr Menschen arbeitslos werden
- aber die Länder, die eine hohe Arbeitslosigkeit vermeiden konnten, gehören zu den Ländern, in denen die Arbeitsproduktivität am meisten gestiegen ist

Abbildung 16.1 zeigt die Arbeitslosenquoten für 16 OECD-Länder von 1960 bis 2019.

Die Arbeitslosenquoten waren in den 1960er Jahren niedrig und recht ähnlich. Sie gingen jedoch in den 1970er Jahren auseinander, was zum Teil auf die unterschiedlichen Reaktionen der in Einheit 14 beschriebenen

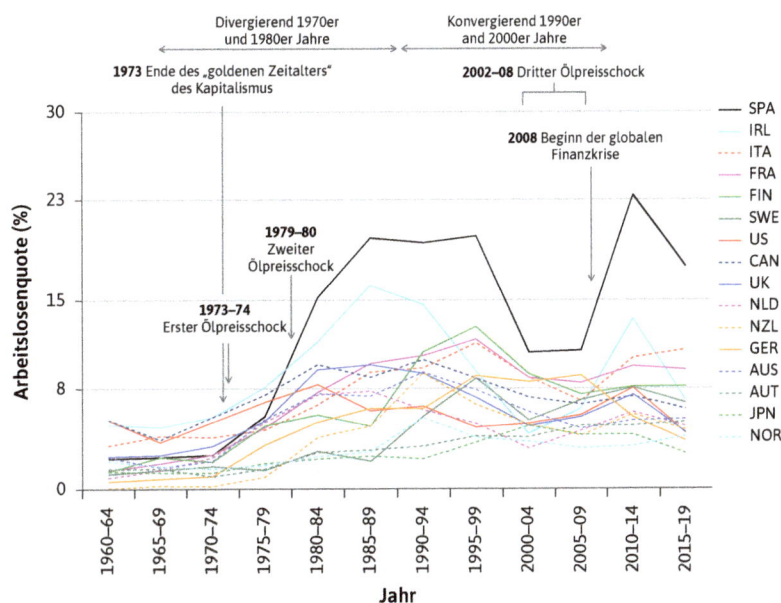

Abbildung 16.1 Arbeitslosenquoten in ausgewählten OECD-Ländern (1960–2019).

Aktuelle Daten bei OWiD anzeigen
https://tinyco.re/9823123

Daten aus 1960–2004: David R Howell, Dean Baker, Andrew Glyn und John Schmitt. 2007. 'Are Protective Labor Market Institutions at the Root of Unemployment? A Critical Review of the Evidence' (https://tinyco.re/2000761). *Capitalism and Society* 2 (1) (Januar). Daten von 2005 bis 2019: OECD. 2019. *OECD Statistics* (https://tinyco.re/9377362).

Ölpreisschocks zurückzuführen ist. Von diesen Ländern lagen nur in Japan (JPN), Österreich (AUT) und Norwegen (NOR) die Arbeitslosenquoten während des gesamten Zeitraums unter 6 %. In Spanien (SPA) lag die Quote von Mitte der 1980er bis Ende der 1990er Jahre bei etwa 20 %. Sie halbierte sich dann in den 2000er Jahren, bevor sie nach der Finanz- und Eurokrise ab 2009 wieder auf über 20 % anstieg. In dieser Hinsicht ist Deutschland (GER) ungewöhnlich: Die Arbeitslosigkeit ging in den Jahren nach der globalen Finanzkrise zurück.

Während es bei den Arbeitslosenquoten langfristig keinen Aufwärtstrend gegeben hat, gab es zwei wichtige Entwicklungen auf dem Arbeitsmarkt, die mit dem Anstieg des Lebensstandards einhergingen. Wie wir in Einheit 3 (Abbildung 3.1) gesehen haben, ist die durchschnittliche Jahresarbeitszeit der Erwerbstätigen gesunken. Darüber hinaus arbeitet ein größerer Anteil der Erwachsenen gegen Entgelt, was hauptsächlich auf den Anstieg des Anteils der Frauen zurückzuführen ist, die einer bezahlten Arbeit nachgehen.

Die Muster der Arbeitslosigkeit in Abbildung 16.1 lassen sich nicht durch nationale Unterschiede in der Innovationsrate oder durch Innovationswellen im Laufe der Zeit erklären. Sie spiegeln die Unterschiede in den Institutionen und der Politik der Länder wider.

Wie haben sich die Lebensstandards angesichts der kapitalintensiven Produktion langfristig verbessert, ohne dass es zu Massenarbeitslosigkeit kam? Wir beginnen mit der Untersuchung der Kapitalakkumulation (der zunehmende Bestand an Maschinen und Ausrüstungen) und der Infrastruktur (zum Beispiel Straßen und Häfen), die für die Dynamik des Kapitalismus schon immer von grundlegender Bedeutung waren.

ÜBUNG 16.1 VERMÖGEN UND LEBENSQUALITÄT

Wie wir in Einheit 3 gesehen haben, erhöht der technische Fortschritt Ihre Stundenproduktivität. Das bedeutet, dass Sie mit der gleichen Anzahl von Arbeitsstunden mehr produzieren und konsumieren können, oder Sie können die gleiche Menge an Gütern produzieren und konsumieren, obwohl Sie weniger Stunden arbeiten und mehr Freizeit haben.

Der Ökonom Olivier Blanchard argumentiert, dass der Unterschied des Outputs pro Kopf zwischen den USA und Frankreich zum Teil darauf zurückzuführen ist, dass die Bevölkerung Frankreichs im Vergleich zur Bevölkerung der USA einen Teil des Produktivitätszuwachses für mehr Freizeit genutzt hat, anstatt den Konsum zu steigern (https://tinyco.re/2128090).

1. Stellen Sie sich zwei Länder vor, von denen das eine ein niedrigeres pro-Kopf-BIP hat, weil es weniger Arbeitsstunden leistet, und das andere ein höheres pro-Kopf-BIP, weil es mehr Arbeitsstunden leistet (zum Beispiel Frankreich und die USA). Wenn man davon ausgeht, dass die allgemeine Lebenszufriedenheit nur aus Freizeit und Konsum besteht, in welchem Land würde man dann erwarten, dass die allgemeine Lebenszufriedenheit höher ist, und warum? Geben Sie klar und deutlich an, welche Annahmen Sie über die Präferenzen der Bevölkerung der einzelnen Länder treffen.
2. Wenn Sie nur die Arbeitszeiten und das pro-Kopf-BIP berücksichtigen, in welchem Land (Frankreich oder USA) würden Sie lieber leben, und warum? Wie würde sich Ihre Antwort ändern, wenn Sie auch andere Faktoren berücksichtigen würden?

16.1 TECHNISCHER FORTSCHRITT UND LEBENSSTANDARD

In Einheit 2 haben wir gesehen, wie Unternehmen durch die Einführung neuer Technologien Schumpeterische **Innovationsrenten** erzielen können. Unternehmen, denen es nicht gelingt, Innovationen voranzutreiben (oder innovative Unternehmen zu übernehmen), sind nicht in der Lage, ihr Produkt zu einem Preis zu verkaufen, der über den Produktionskosten liegt, sodass sie schließlich scheitern. Dieser Prozess der **schöpferischen Zerstörung** führte im Durchschnitt zu einem anhaltenden Anstieg des Lebensstandards, da der technische Fortschritt und die Akkumulation von **Investitionsgütern** komplementär zueinander stehen: Beide schaffen die notwendigen Voraussetzungen für das Fortschreiten des jeweils anderen.

- *Neue Technologien erfordern neue Maschinen:* Die Akkumulation von Investitionsgütern ist eine notwendige Bedingung für den Fortschritt der Technologie, wie wir am Beispiel der Spinnmaschine gesehen haben.
- *Der technische Fortschritt ist notwendig, um den Prozess der Akkumulation von Investitionsgütern aufrechtzuerhalten:* Das bedeutet, dass nur dadurch die Einführung von immer kapitalintensiveren Produktionsmethoden weiterhin rentabel ist.

Der zweite Punkt erfordert eine Erklärung. Gehen wir von der Produktionsfunktion aus, die wir in den Einheiten 2 und 3 verwendet haben. Wir haben herausgefunden, dass die produzierte Menge (der Output) von dem Arbeitseinsatz abhängt und dass sich die Funktion, die diese Beziehung beschreibt, mit dem technischen Fortschritt nach oben verschiebt, sodass mit der gleichen Menge an Arbeit nun mehr Output erreicht werden kann. In Einheit 3 verfügten die Arbeitskräfte in der Landwirtschaft über eine feste Fläche an Land: Wir gingen davon aus, dass die Menge der Investitionsgüter konstant ist. Wie wir jedoch gesehen haben, ist die Menge an Investitionsgütern, die die beschäftigte Person von heute nutzt, weitaus größer als die der landwirtschaftlichen Arbeitskraft der Vergangenheit.

Innovationsrenten Gewinne, die über die Opportunitätskosten des Kapitals hinausgehen, die eine Innovatorin oder ein Inovator durch die Einführung einer neuen Technologie, Organisationsform oder Marketingstrategie erzielt. *Auch bekannt als: Schumpetersche Renten.*

schöpferische Zerstörung Joseph Schumpeters Bezeichnung für den Prozess, bei dem alte Technologien und die Unternehmen, die sich nicht anpassen, von neuen verdrängt werden, weil sie auf dem Markt nicht konkurrenzfähig sind. Seiner Ansicht nach ist das Scheitern unrentabler Unternehmen schöpferisch, weil es Arbeit und Investitionsgüter für neue Tätigkeiten freisetzt.

Investitionsgüter Die langlebigen und kostspieligen Vorleistungen, die nicht der Arbeit dienen und in der Produktion eingesetzt werden (zum Beispiel Maschinen und Gebäude), mit Ausnahme einiger wesentlicher Vorleistungen, zum Beispiel Luft, Wasser, Wissen, die in der Produktion ohne Kosten verwendet werden.

kapitalintensiv Stärkerer Einsatz von Investitionsgütern (zum Beispiel Maschinen und Anlagen) im Vergleich zu Arbeit und anderen Inputs. *Siehe auch: arbeitsintensiv.*

Arbeitsproduktivität Gesamtproduktion geteilt durch die Zahl der Arbeitsstunden oder ein anderes Maß für den Arbeitseinsatz.

Leibniz: Malthus'sche Ökonomie (https://tinyco.re/10563884)
Leibniz: Arbeit und Produktion (https://tinyco.re/3783420)

konkave Funktion Eine Funktion zweier Variablen, bei der das Liniensegment zwischen zwei beliebigen Punkten der Funktion vollständig unterhalb der Funktion liegt (die Funktion ist konvex, wenn das Liniensegment oberhalb der Funktion liegt).

Jetzt beziehen wir Investitionsgüter (Maschinen, Anlagen und Gebäude) ausdrücklich in die Produktionsfunktion ein. Wenn Sie die horizontale Achse in Abbildung 16.2 betrachten, sehen Sie, dass sie die Menge an Investitionsgütern pro beschäftigter Person erfasst. Dies ist ein Maß für die so genannte **Kapitalintensität** der Produktion. Auf der vertikalen Achse befindet sich der Output pro beschäftigter Person, auch bekannt als **Arbeitsproduktivität**.

Wie bereits in Einheit 3 beschrieben, gibt die Produktionsfunktion abnehmende Grenzerträge an: Je mehr Investitionsgüter die beschäftigte Person einsetzt, desto mehr wird produziert, allerdings mit abnehmenden Erträgen (Charlie Chaplin zeigte 1936 im Film *Modern Times* (https://tinyco.re/2139871), dass eine Person nur eine begrenzte Anzahl an Maschinen bedienen kann). Das bedeutet, dass mit zunehmender Menge an Investitionsgütern das Grenzprodukt der Investitionsgüter abnimmt. Die Steigung der Produktionsfunktion zeigt bei dem jeweiligen Kapital pro beschäftigter Person das Grenzprodukt des Kapitals an. Sie zeigt, um wie viel der Output zunimmt, wenn die Investitionsgüter pro beschäftigter Person um eine Einheit zunehmen.

Der vergrößerte Ausschnitt bei Punkt A in Abbildung 16.2 zeigt, wie das Grenzprodukt des Kapitals berechnet wird: Beachten Sie, dass Y/Beschäftigter Person als Kurzform für die Produktion pro beschäftigte Person verwendet wird und das Grenzprodukt des Kapitals (GPK) $\Delta Y/\Delta K$ ist. Das Grenzprodukt des Kapitals der jeweiligen Investitionsgüter pro beschäftigter Person ist die Steigung der Tangente in diesem Punkt der Produktionsfunktion.

Frühere Leibniz-Abschnitte haben gezeigt, wie man mit Hilfe der Infinitesimalrechnung das Grenzprodukt des Kapitals an jedem Punkt einer gegebenen Produktionsfunktion berechnen kann. Nehmen Sie sich einen Moment Zeit, um sie noch einmal anzuschauen.

Wie wir aus Abbildung 16.2 ersehen können, sinkt das Grenzprodukt des Kapitals mit dem Verlauf der Produktionsfunktion. Eine Produktionsfunktion, die abnehmende Erträge des Kapitals aufweist, ist **konkav**. Konkavität bedeutet, dass die produzierte Menge pro beschäftigter Person mit dem Kapital pro beschäftigter Person zunimmt, jedoch weniger als proportional.

Konkavität bedeutet, dass eine Volkswirtschaft nicht in der Lage ist, das Wachstum des Outputs pro beschäftigter Person aufrechtzuerhalten, indem sie einfach mehr von einer Kapitalart einsetzt. Ab einem bestimmten Punkt wird die Grenzproduktivität des Kapitals so niedrig, dass sich weitere Investitionen nicht mehr lohnen. Wie wir in Einheit 14 gesehen haben, werden Eigentümer:innen nur dann im Inland investieren, wenn die Rendite höher ist als beim Kauf von Anleihen oder bei Investitionen im Ausland, und gleichzeitig hoch genug, dass sie ihre Gewinne nicht einfach für Konsumgüter ausgeben wollen.

Ein nachhaltiges Wirtschaftswachstum erfordert einen technologischen Wandel, der die Grenzprodukte des Kapitals erhöht. Dadurch dreht sich die Produktionsfunktion nach oben und es wird rentabel, im Inland zu investieren, was zu einer höheren Kapitalintensität führt. Folgen Sie den Analyseschritten in Abbildung 16.2, um zu sehen, wie die Kombination aus technologischem Wandel und Investitionen die produzierte Menge pro beschäftigter Person steigert.

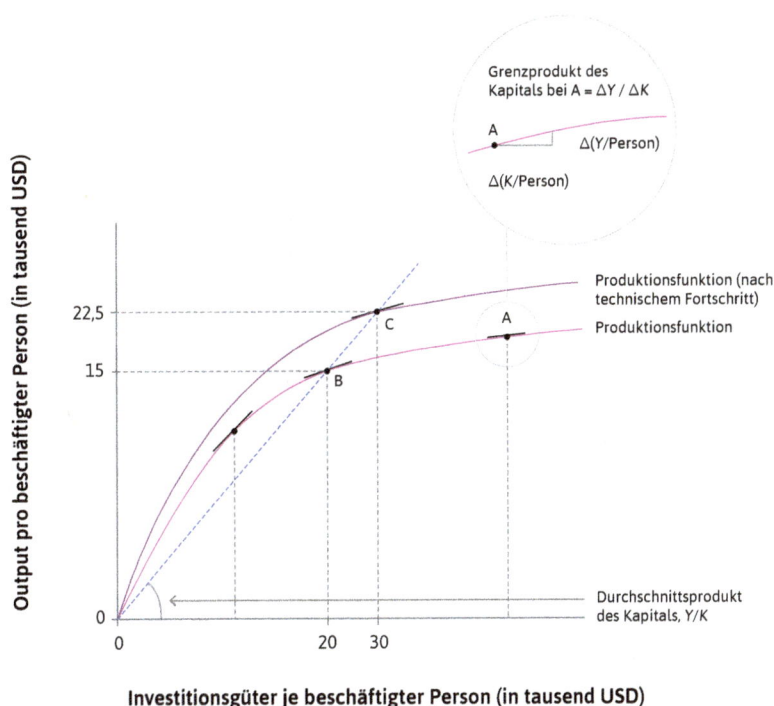

Abbildung 16.2 Die wirtschaftliche Produktionsfunktion und der technische Fortschritt.

1. Abnehmende Erträge des Kapitals
Die Produktionsfunktion ist durch abnehmende Erträge des Kapitals charakterisiert.

2. Das Grenzprodukt des Kapitals
Der vergrößerte Ausschnitt bei Punkt A zeigt, wie das Grenzprodukt des Kapitals berechnet wird: Es ist die Steigung der Tangente an der Produktionsfunktion bei A.

3. Höhere Kapitalintensität
Das Grenzprodukt des Kapitals sinkt entlang der Produktionsfunktion in Richtung höherer Kapitalintensität.

4. Technologischer Fortschritt
Dadurch wird die Produktionsfunktion nach oben versetzt.

5. Die ursprüngliche Produktionsfunktion
Bei Punkt B der ursprünglichen Produktionsfunktion beträgt das Kapital pro beschäftigter Person 20 000 USD und der Output pro beschäftigter Person 15 000 USD.

6. Nach technischem Fortschritt
Betrachten Sie Punkt C der neuen Produktionsfunktion (nach technischem Fortschritt), bei dem das Kapital pro beschäftigter Person auf 30 000 USD und die produzierte Menge pro beschäftigter Person auf 22 500 USD gestiegen ist.

7. Die Steigung der Produktionsfunktion
Wir haben den Punkt C so gewählt, dass die Steigung der Produktionsfunktion und damit das Grenzprodukt des Kapitals dasselbe ist wie bei Punkt B.

8. Das Durchschnittsprodukt des Kapitals
Die gestrichelte blaue Linie verläuft vom Ursprung durch die Produktionsfunktionen der alten und neuen Technologien. Ihre Steigung ist das Durchschnittsprodukt des Kapitals.

Taylorismus Innovation in der Unternehmensführung, die darauf abzielt, die Lohnkosten zu senken, zum Beispiel durch die Aufteilung qualifizierter Tätigkeiten in separate, weniger qualifizierte Aufgaben, um die Löhne zu senken.

John Habakkuk. 1967. *American and British Technology in the Nineteenth Century: The Search for Labour Saving Inventions.* England: Cambridge University Press.

Neue Technologien können sich auch auf neue Möglichkeiten der Arbeitsorganisation beziehen. Denken Sie daran, dass eine Technologie eine Reihe von Anweisungen für die Kombination von Inputs zur Erzeugung von Outputs ist. Der **Taylorismus**, eine Management-Revolution im frühen 20. Jahrhundert, ist ein gutes Beispiel dafür: Der Einsatz von Arbeit und Kapitalgütern wurde umorganisiert und neue Überwachungssysteme wurden eingeführt, um die beschäftigten Personen härter arbeiten zu lassen. Die Revolution der Informationstechnologie ermöglicht inzwischen, dass eine Ingenieurin oder ein Ingenieur mit Tausenden von anderen Ingenieurinnen und Ingenieuren sowie Maschinen auf der ganzen Welt verbunden ist. Die IKT-Revolution schiebt die Produktionsfunktion nach oben und die Steigung wird bei jeder Höhe an Investitionsgütern pro beschäftigter Person größer.

In Abbildung 16.2 sehen Sie eine gestrichelte blaue Linie vom Ursprung durch die Produktionsfunktionen für die alten und neuen Technologien. Die Steigung dieser Linie gibt die produzierte Menge pro Einheit von Investitionsgütern an dem Punkt an, an dem sie die Produktionsfunktion schneidet: Sie ist der Output pro beschäftigter Person geteilt durch die Investitionsgüter pro beschäftigter Person. Aus dem Diagramm geht hervor, dass die Punkte B und C der beiden Produktionsfunktionen den gleichen Output pro Einheit Investitionsgüter aufweisen.

Um zu sehen, wie technischer Fortschritt und Kapitalakkumulation die Welt geformt haben, konzentrieren wir uns auf die Länder, die in der Technologie führend waren. England war seit der Industriellen Revolution bis zum Ende des Ersten Weltkriegs technologisch führend, danach übernahmen die USA. In Abbildung 16.3 befindet sich das Kapital pro beschäftigter Person auf der horizontalen Achse und der Output pro beschäftigter Person auf der vertikalen Achse.

Wir können uns nun den Weg ansehen, den England und die USA im Laufe der Zeit zurückgelegt haben. Betrachtet man zunächst England, so beginnen die Daten im Jahr 1760 (untere Ecke des Diagramms) und enden 1990 mit einer wesentlich höheren Kapitalintensität und Produktivität. Die untere rechte Seite des Diagramms zeigt die gleichen Punkte in der bekannten Hockeyschläger-Grafik für das BIP pro beschäftigter Person. Während sich England im Laufe der Zeit auf dem Hockeyschläger nach oben bewegte, stiegen sowohl die Kapitalintensität als auch die Produktivität. Seit 1910 liegt die Produktivität der USA oberhalb der Produktivität Englands. Im Jahr 1990 wiesen die USA eine höhere Produktivität und Kapitalintensität auf als England.

Abbildung 16.3 zeigt, dass die Arbeitsproduktivität in den heute reichen Volkswirtschaften im Laufe der Zeit gestiegen ist, da sie kapitalintensiver geworden sind. Betrachtet man zum Beispiel die USA, so stieg das Kapital pro beschäftigter Person (gemessen in 1985 USD) von 4325 USD im Jahr 1880 auf 14 407 USD im Jahr 1953 und 34 705 USD im Jahr 1990. Parallel zu diesem Anstieg der Kapitalintensität stieg die Arbeitsproduktivität in den USA von 7400 USD im Jahr 1880 auf 21 610 USD im Jahr 1953 und 36 771 USD im Jahr 1990. John Habakkuk, Wirtschaftshistoriker, hat argumentiert, dass die Löhne für die beschäftigten Personen in den USA im späten neunzehnten Jahrhundert hoch waren, weil sie die Möglichkeit hatten, in den Westen des Landes zu ziehen: Daher hatten die Eigentümer:innen der Fabriken den Anreiz, arbeitssparende Technologien zu entwickeln.

Das Produktivitätswachstum hat den Arbeitseinsatz pro produzierter Einheit verringert. Als Folge befürchteten die Ludditen und der Autor des Werks „Das Ende der Arbeit", dass dies zu einem dauerhaften Verlust von Arbeitsplätzen führen würde.

Aus Abbildung 16.3 ist ersichtlich, dass die historischen Pfade dieser Volkswirtschaften nicht wie die einfache Produktionsfunktion in Abbildung 16.2 gekrümmt sind. Das liegt daran, dass sie eine Kombination aus Kapitalakkumulation und technischem Fortschritt erlebten. Erfolgreich wachsende Volkswirtschaften bewegen sich auf ähnlichen Pfaden wie die blau gestrichelte Linie zwischen B und C in Abbildung 16.2.

Aus Einheit 1 wissen wir, dass sich andere Volkswirtschaften zu sehr unterschiedlichen Zeiten entlang des Hockeyschlägers bewegt haben. Betrachten Sie Japan, Taiwan und Indien in Abbildung 16.3. Beachten Sie, dass 1990 das Kapital pro beschäftigter Person in Japan nicht nur höher war als in den USA, sondern auch fast doppelt so hoch wie in England. Japan hatte dieses Niveau in weniger als der Hälfte der Zeit erreicht, die England benötigte. Auch Taiwan war im Jahr 1990 kapitalintensiver als England. Der Vorsprung der USA in der Massenproduktion und in der wissenschaftsbasierten Industrie wurde durch Investitionen anderer Länder in Bildung, Forschung und die Übernahme amerikanischer Managementpraktiken reduziert.

Die Interpretation von Abbildung 16.3 anhand des Modells der Produktionsfunktion in Abbildung 16.2 zeigt, dass die Volkswirtschaften mit zunehmendem Reichtum kapitalintensivere Produktionsmethoden anwenden. Obwohl Japan und Taiwan einen beträchtlichen technischen Fortschritt erlebten, bedeutet die Tatsache, dass der Output pro

Richard R Nelson and Gavin Wright. 1992. 'The Rise and Fall of American Technological Leadership: The Postwar Era in Historical Perspective' (https://tinyco.re/2811203). *Journal of Economic Literature* 30 (4) (Dezember): pp. 1931–1964.

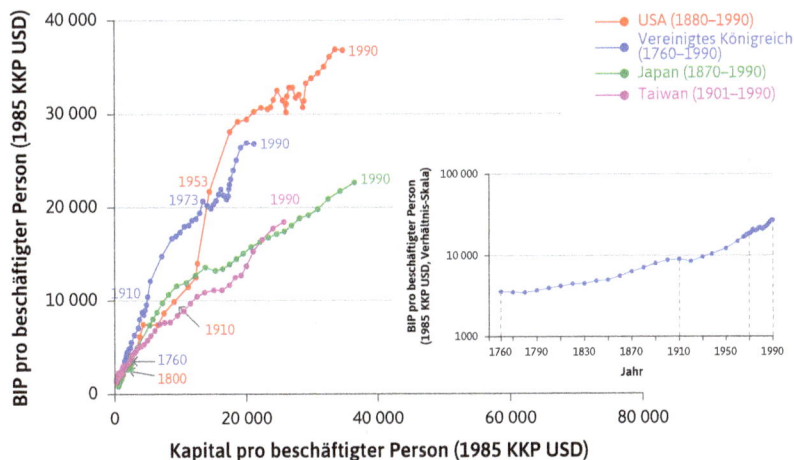

Abbildung 16.3 Die langfristigen Wachstumskurven ausgewählter Volkswirtschaften.

Betrachten Sie diese Daten bei OWiD
https://tinyco.re/4493012

Robert C. Allen. 2012. 'Technology and the Great Divergence: Global Economic Development Since 1820'. *Explorations in Economic History* 49 (1) (January): pp. 1–16.

1. England
Die Angaben beginnen im Jahr 1760 in der unteren Ecke des Diagramms und enden 1990 mit einer wesentlich höheren Kapitalintensität und Produktivität.

2. BIP pro beschäftigter Person
Die untere rechte Seite des Diagramms zeigt dieselben Punkte in dem bekannten Hockeyschläger-Diagramm für das BIP pro beschäftigter Person unter Verwendung der Verhältnisskala.

3. Die USA
Die Produktivität in den USA ist seit 1910 höher als in England.

4. Japan, Taiwan und Indien
Die Entwicklungen in Japan, Taiwan und Indien zeigen, dass der Weg entlang der Hockeystick-Kurve des Lebensstandards Kapitalakkumulation und die Einführung neuer Technologien erfordert.

beschäftigter Person unter dem Niveau der USA und Englands blieb, dass sie auf einer niedrigeren Produktionsfunktion blieben.

Zusammengefasst:

- *Der technische Fortschritt hat die Produktionsfunktion nach oben verschoben:* Er wurde durch die Aussicht auf Innovationsrenten angeregt.
- *Dies wog die abnehmenden Grenzerträge des Kapitals auf:* Die Kapitalproduktivität, gemessen an der Steigung eines Fahrstrahls vom Ursprung, blieb in den führenden Technologien im Laufe der Zeit in etwa konstant.

Der technische Fortschritt trug entscheidend dazu bei, dass durch die Akkumulation von Investitionsgütern und dadurch resultierende langfristige Verbesserungen der Produktivität stärker waren als die abnehmenden Erträge des Kapitals.

FRAGE 16.2 WÄHLEN SIE DIE RICHTIGE(N) ANTWORT(EN)

Das folgende Diagramm zeigt die Produktionsfunktion einer Volkswirtschaft vor und nach einem technischen Fortschritt:

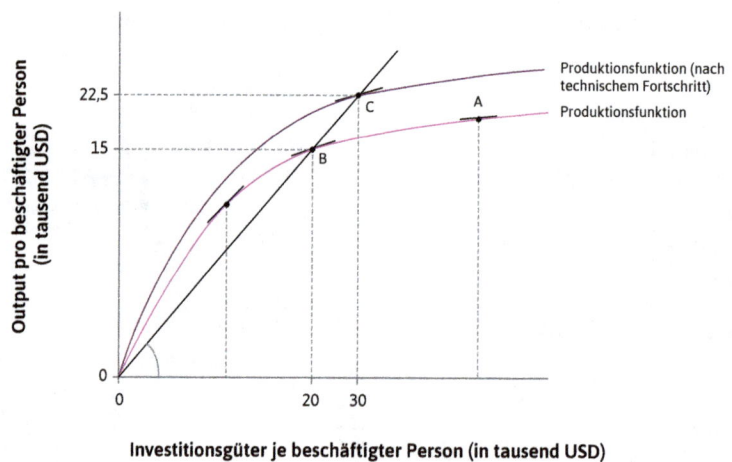

Welche der folgenden Aussagen ist richtig?

☐ Das Durchschnittsprodukt des Kapitals bei B ist 20 000 / 15 000 = 1,33.

☐ Das Grenzprodukt des Kapitals bei C ist (22 500 – 15 000) / (30 000 – 20 000) = 0,75.

☐ Die Konkavität der Produktionsfunktion deutet auf ein abnehmendes Grenzprodukt des Kapitals hin.

☐ Infolge des technischen Fortschritts steigt das Grenzprodukt des Kapitals, aber das Durchschnittsprodukt des Kapitals bleibt bei einem bestimmten Wert des Kapitals pro beschäftigter Person konstant.

16.2 DER PROZESS DER ENTSTEHUNG UND DES ABBAUS VON ARBEITSPLÄTZEN

Ein arbeitseinsparender technischer Fortschritt, wie er in den Abbildungen 16.2 und 16.3 dargestellt ist, ermöglicht es, mit einem gegebenen Arbeitsaufwand mehr zu produzieren, sowie zur Ausweitung der Produktion beizutragen. Indem der technische Fortschritt Anreize für Investitionen schafft, kompensiert er einen Teil der Arbeitsplätze, die aufgrund der arbeitssparenderen Technologien abgebaut wurden. Er kann sogar mehr Arbeitsplätze schaffen, als zuvor vorhanden waren. Wenn in einem bestimmten Jahr mehr Arbeitsplätze geschaffen als abgebaut werden, steigt die Beschäftigung. Wenn mehr Arbeitsplätze abgebaut als geschaffen werden, sinkt die Beschäftigung.

Wir wissen, dass es zu jedem Zeitpunkt einige Menschen gibt, die unfreiwillig arbeitslos sind. Sie würden lieber arbeiten, haben aber keine Anstellung. Die Zahl der Arbeitslosen ist eine **Bestands**variable, die ohne zeitliche Dimension gemessen wird. Sie ändert sich von Tag zu Tag oder von Jahr zu Jahr, da einige arbeitslose Personen eingestellt werden (oder die Arbeitssuche aufgeben), andere ihren Arbeitsplatz verlieren und wieder andere sich zum ersten Mal auf Arbeitssuche begeben (zum Beispiel junge Menschen, die die Schule oder Universität verlassen). Diejenigen, die keine Arbeit haben, werden manchmal als „Pool" von Arbeitslosen bezeichnet: Diejenigen, die eine Arbeit finden oder die Suche nach einer Arbeit aufgeben, verlassen den Pool, während diejenigen, die ihre Arbeit verlieren, in den Pool eintreten. Die Anzahl der Personen, die Arbeit finden und verlieren, ist eine **Fluss**variable.

Der gesamte Umverteilungsprozess von Arbeitsplätzen beinhaltet sowohl die Entstehung als auch den Abbau von Arbeitsplätzen. Die Differenz aus Entstehung und Abbau ist das Nettowachstum der Beschäftigung, welches üblicherweise klein und positiv ist.

Abbildung 16.4 zeigt den Abbau und die Entstehung von Arbeitsplätzen, sowie das Nettobeschäftigungswachstum in einigen Ländern. Man beachte, dass in England von 1980 bis 1998 mehr Arbeitsplätze abgebaut als entstanden sind: Das Nettobeschäftigungswachstum war negativ. In einer Reihe von Ländern mit unterschiedlichem Entwicklungsstand und unterschiedlicher Offenheit gegenüber internationalen Handel ist eine recht ähnliche Rate der Arbeitsplatzverlagerung zu beobachten. In den meisten Ländern wird jedes Jahr etwa ein Fünftel der Arbeitsplätze geschaffen oder abgebaut, trotz sehr unterschiedlicher Raten des Nettobeschäftigungswachstums.

Stellen Sie sich nun ein Wirtschaftssystem vor, in dem jedes Jahr 2 % neue Arbeitsplätze entstehen und der Abbau von Arbeitsplätzen verboten ist (das heißt, die Arbeitsplatzabbaurate ist gleich Null). Diese Wirtschaft würde ebenfalls ein Nettobeschäftigungswachstum von 2 % verzeichnen. Das könnte eine Wirtschaftsplanerin oder einen Wirtschaftsplaner versuchen zu erreichen. Aber Abbildung 16.4 zeigt, dass eine kapitalistische Wirtschaft in der Praxis so nicht funktioniert: Es gibt keine Wirtschaftsplaner:innen. Der Wettbewerb und die Aussicht auf die Erzielung ökonomischer Renten führen dazu, dass die Entstehung einiger Arbeitsplätze häufig mit dem Abbau anderer einhergeht.

Um zu verstehen, wie die Entstehung und der Abbau von Arbeitsplätzen in einer Industrie vonstatten gehen, betrachten wir die Auswirkungen der Revolution der Informationstechnologie im US-Einzelhandel seit den 1990er Jahren. Die Einführung von Systemen, die Registrierkassen elektronisch mit Scannern, Kreditkartenverarbeitungsgeräten und Managementsystemen für Inventare und Kundenbeziehungen verbinden, ermöglichte eine enorme Steigerung des Outputs pro beschäftigter Person. Man denke nur an das

Bestand Eine Menge, die zu einem bestimmten Zeitpunkt gemessen wird. Ihre Einheiten sind nicht von der Zeit abhängig. *Siehe auch: Flussgröße.*

Flussgröße Eine pro Zeiteinheit gemessene Größe, wie zum Beispiel das Jahreseinkommen oder der Stundenlohn.

Volumen der Einzelhandelstransaktionen, die pro Person an der Kasse in einer neuen Einzelhandelsfiliale abgewickelt werden können.

Die Forschung zeigt, dass der Anstieg der Arbeitsproduktivität im Einzelhandel ausschließlich auf produktivere Niederlassungen (wie Geschäfte oder Fabriken) zurückzuführen ist. Diese produktiveren Niederlassungen haben die weniger produktiven verdrängt (einschließlich älterer Einrichtungen desselben Unternehmens sowie Geschäfte und Anlagen im Besitz anderer Unternehmen, in denen Arbeitsplätze verloren gingen).

In Abbildung 7.1 der Einheit 7 haben wir die massive Ausweitung der Beschäftigung in dem US-amerikanischen Unternehmen Walmart dargestellt. Das Wachstum von Walmart beruhte zum Teil auf der Eröffnung effizienterer Filialen außerhalb der Städte, die durch neue Technologien im Einzel- und Großhandel ermöglicht wurde.

Für das verarbeitende Gewerbe zeigen detaillierte, bei allen Unternehmen der Wirtschaft erhobene Daten, wie das Produktivitätswachstum durch die Entstehung und den Abbau von Arbeitsplätzen zustande kommt. Die Daten für Finnland aus den Jahren 1989 bis 1994 zeigen beispielsweise, dass 58 % des Produktivitätszuwachses innerhalb der Unternehmen stattfand (ähnlich wie beim Beispiel Walmart). Das Ausscheiden von Unternehmen mit niedriger Produktivität trug zu einem Viertel des Anstiegs bei, und 17 % wurden durch die Verlagerung von Arbeitsplätzen und Produktion von Unternehmen mit niedriger zu solchen mit hoher Produktivität verursacht.

Die französische Bauindustrie ist ein weiteres Beispiel für die Verlagerung von Arbeitsplätzen von unproduktiv zu produktiven Unternehmen. Nach Angaben des französischen Nationalen Instituts für Statistik wurden in Unternehmen mit sehr niedriger Produktivität (untere 25 %) mehr Arbeitsplätze abgebaut als geschaffen. Zwischen 1994 und 1997 wurden in diesen Unternehmen 7,1 % der Arbeitsplätze neu geschaffen und 16,1 % abgebaut, das heißt, die Beschäftigung in diesen Unternehmen ging um 9,0 % zurück. Im Gegensatz dazu überstieg die Entstehung von Arbeitsplätzen den Abbau von Arbeitsplätzen (17,1 % gegenüber 11,8 %) in den produktivsten 25 % der Unternehmen des Baugewerbes.

John Haltiwanger, Stefano Scarpetta, und Helena Schweiger. 2014. 'Cross Country Differences in Job Reallocation: The Role of Industry, Firm Size and Regulations' (https://tinyco.re/2719834). *Labour Economics* (26): pp. 11–25.

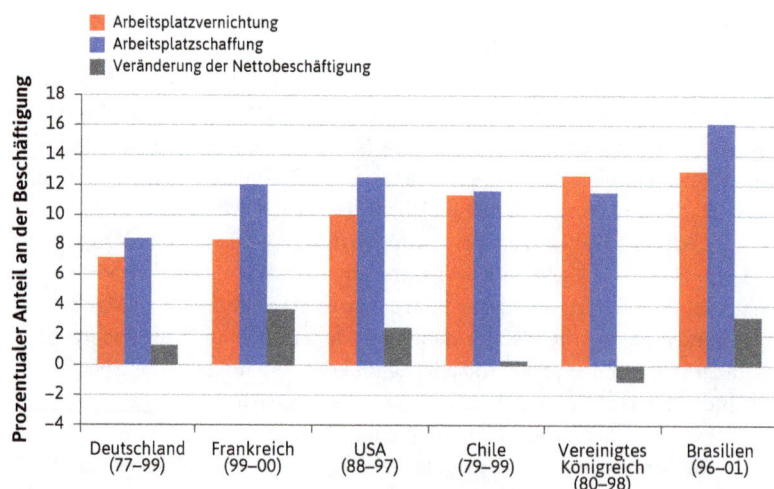

Abbildung 16.4 Arbeitsplatzabbau, Arbeitsplatzentstehung und Nettobeschäftigung in einzelnen Ländern.

ÜBUNG 16.2 ZURÜCK ZU SCHUMPETER

ÜBUNG 16.2 ZURÜCK ZU SCHUMPETER

1. In Einheit 2 haben wir erörtert, wie Joseph Schumpeter kapitalistische Volkswirtschaften durch den Prozess der „schöpferischen Zerstörung" charakterisiert hat. Erklären Sie in eigenen Worten, was dieser Begriff bedeutet.
2. Nennen Sie auf der Grundlage dieser Definition Beispiele für Zerstörung und Entstehung und benennen Sie die gewinnenden und verlierenden Personen in der kurz- und langfristigen Perspektive.

16.3 DIE BEVERIDGE-KURVE UND VERÄNDERUNGEN BEI FREIEN STELLEN SOWIE ARBEITSSUCHENDEN PERSONEN

Arbeitsplätze werden von Eigentümer:innen und dem Management geschaffen und abgebaut. Sie machen dies um Schumpetersche Innovationsrenten zu erzielen und als Reaktion auf den Wettbewerbsdruck auf den Absatzmärkten. Für die meisten Beschäftigten bedeutet dies, dass nichts von Dauer ist: Im Laufe eines Lebens wechseln die Menschen (oft nicht freiwillig) ihre Arbeitsplätze. Manchmal wechseln sie von einem Arbeitsplatz zum anderen, manchmal aber auch in die Arbeitslosigkeit hinein, beziehungsweise aus der Arbeitslosigkeit heraus.

In Einheit 5 haben wir uns die Entscheidungen eines Arbeitgebers (Bruno) und einer Arbeitnehmerin (Angela) über ihre Arbeitszeiten und ihre Vergütung angesehen. Nachdem Brunos Waffe durch ein Rechtssystem und Verträge ersetzt wurde, haben wir gesehen, dass die Annahme eines Arbeitsplatzes eine freiwillige Vereinbarung ist, die zum gegenseitigen Vorteil getroffen wird. Die **Verhandlungsmacht** mag ungleich verteilt gewesen sein, aber der Austausch war nichtsdestotrotz freiwillig.

Wenn eine beschäftigte Person ihren Arbeitsplatz verlässt, kann dies freiwillig geschehen. Es kann sich aber auch um eine unfreiwillige vorübergehende Entlassung handeln (die zum Beispiel durch geringe Nachfrage für das Produkt des Unternehmens bedingt ist) oder um eine Entlassung (der Arbeitsplatz wurde gestrichen).

Es entstehen aber auch Arbeitsplätze, wie die Entwicklung des Abbaus und der Entstehung von Arbeitsplätzen für die USA in Abbildung 16.5 gezeigt wird. Die Entstehung von Arbeitsplätzen ist stark **prozyklisch**: Das bedeutet, dass sie während Booms steigt und in Rezessionen fällt. Umgekehrt ist der Abbau von Arbeitsplätzen **antizyklisch**: er nimmt in Rezessionen zu. Wäre die Veränderung einer Variablen nicht mit dem Konjunkturzyklus korreliert, würde man sie **azyklisch** nennen. Im nächsten Abschnitt wird gezeigt, wie politische Maßnahmen mit Fluktuationen von Arbeitsplätzen und beschäftigten Personen zusammenhängen.

Verhandlungsmacht Der Vorteil einer Person, sich einen größeren Anteil an der ökonomischen Rente zu sichern, die durch eine Interaktion realisiert wird.

prozyklisch Entwickelt sich im Konjunkturzyklus tendenziell in dieselbe Richtung wie den gesamtwirtschaftlichen Output und die Beschäftigung. *Siehe auch: antizyklisch.*

antizyklisch Entwicklung im Konjunkturzyklus, die tendenziell entgegengesetzt zum gesamtwirtschaftlichen Output und zur Beschäftigung verläuft.

azyklisch Keine Tendenz, sich über den Konjunkturzyklus hinweg entweder in die gleiche oder in die entgegengesetzte Richtung des gesamtwirtschaftlichen Outputs und der Beschäftigung zu bewegen.

Mitversicherung Ein Mittel zum Zusammenlegen von Ersparnissen zwischen den Haushalten, damit ein Haushalt seinen Konsum aufrechterhalten kann, wenn sein Einkommen vorübergehend sinkt oder er höhere Ausgaben tätigen muss.

Beveridge-Kurve Das umgekehrte Verhältnis zwischen der Arbeitslosenquote und der Quote der offenen Stellen (jeweils ausgedrückt als Anteil an den Erwerbspersonen). Benannt nach dem gleichnamigen britischen Ökonomen.

Wir sind dem Konzept der Mitversicherung in Einheit 13 begegnet, als wir erklärt haben, wie Haushalte, die in einer bestimmten Periode Glück hatten, und ihre Ersparnisse nutzten, um einem vom Pech verfolgten Haushalt zu helfen. Außerdem sind wir der Mitversicherung in Einheit 14 begegnet, als wir erklärt haben, wie das korrelierte Risiko den Nutzen der Mitversicherung einschränkt, was dazu beiträgt, die Rolle der Regierung bei der Bereitstellung einer Mitversicherung durch ein System von Arbeitslosengeld zu erklären.

Arbeitsmarktgleichgewicht Die Kombination aus Reallohn und Beschäftigungsniveau, die durch den Schnittpunkt der Lohnsetzungskurve und der Preissetzungskurve bestimmt wird. Dies ist das Nash-Gleichgewicht des Arbeitsmarktes, da weder die Unternehmen noch die Beschäftigten durch eine Änderung ihres Verhaltens eine Verbesserung erreichen könnten. *Siehe auch: Gleichgewichtsarbeitslosigkeit, inflationsstabilisierende Arbeitslosenquote.*

Der Prozess der Reallokation von Arbeitsplätzen und die Fähigkeit der Regierung, eine **Mitversicherung** anzubieten, machten den englischen Ökonomen und Politiker Lord William Beveridge (1879–1963) zum Gründervater des Sozialversicherungssystems in England. Er ist den Ökonominnen und Ökonomen auch deshalb in Erinnerung geblieben, weil sie Beveridge wie Bill Phillips eine ihrer höchsten Ehrungen zuteil werden ließen: Sie benannten die **Beveridge-Kurve** nach ihm.

Die Beveridge-Kurve

Beveridge stellte eine einfache Beziehung zwischen der Leerstandsquote (die Anzahl der verfügbaren Arbeitsplätze) und der Höhe der Arbeitslosigkeit (die Anzahl der Arbeitssuchenden) her, ausgedrückt als Anteil an den Erwerbspersonen.

Beveridge stellte fest, dass bei hoher Arbeitslosigkeit die Leerstandsquote niedrig und bei niedriger Arbeitslosigkeit die Leerstandsquote hoch war:

- *In Rezessionen gibt es eine hohe Arbeitslosigkeit:* Wenn die Nachfrage nach den Produkten eines Unternehmens zurückgeht oder nur langsam wächst, können die Unternehmen mit ihrem derzeitigen Personal auskommen, selbst wenn einige von ihnen kündigen oder in den Ruhestand gehen. Infolgedessen schreiben sie weniger Stellen aus. Bei einer schwachen Nachfrage nach den Produkten der Unternehmen werden Menschen entlassen oder ihre Arbeitsplätze ganz abgebaut.
- *Während eines Booms geht die Arbeitslosigkeit zurück:* Die Zahl der von den Unternehmen ausgeschriebenen offenen Stellen nimmt zu, und es werden mehr Personen eingestellt, um die steigende Nachfrage nach Produkten bewältigen zu können.

Die abwärts gerichtete Beziehung zwischen der Leerstandsquote und der Arbeitslosenquote über den Konjunkturzyklus hinweg wird in Abbildung 16.6 veranschaulicht. Sie zeigt zwei Beispiele für die so genannte Beveridge-Kurve anhand von Daten aus Deutschland und den USA. Jeder Punkt steht für ein Quartal, von 2001 Q1 bis 2021 Q2.

Warum gibt es offene Stellen, die nicht besetzt werden, und gleichzeitig arbeitslose Personen, die einen Job suchen? Wir können uns bewusst machen, dass das Matching in vielen Bereichen des Lebens schwierig ist. Denken Sie zum Beispiel an unser Liebesleben: Wie oft sind wir auf der Suche nach einer perfekten Partnerschaft, finden aber keine passende Person?

Einige Faktoren verhindern, dass neu arbeitslose Menschen mit neu ausgeschriebenen Stellen zusammengebracht werden (wir nennen diesen Prozess **Matching auf dem Arbeitsmarkt**):

- *Eine Diskrepanz zwischen dem Ort sowie den Fähigkeiten der Arbeitssuchenden und den verfügbaren Stellen:* Das hängt manchmal mit den von den Unternehmen geforderten Qualifikationen und den Qualifikationen der Arbeitssuchenden zusammen. Ein Beispiel: Untersuchungen erklären, dass einer der Gründe für die Ineffizienz des US-amerikanischen Arbeitsmarktes in den letzten Jahren (https://tinyco.re/2991501) darin besteht, dass sich die offenen Stellen auf einige wenige Industrien konzentrieren. Die Ingenieurin und der Ingenieur, deren Stellen kürzlich gestrichen wurden, verfügen möglicherweise nicht über die erforderlichen Computerkenntnisse, um die freien Stellen in der Rechnungsabteilung des Unternehmens zu besetzen. Oder die entlassenen Personen und die freien Stellen befinden sich in verschiedenen Teilen des Landes. In ein anderes

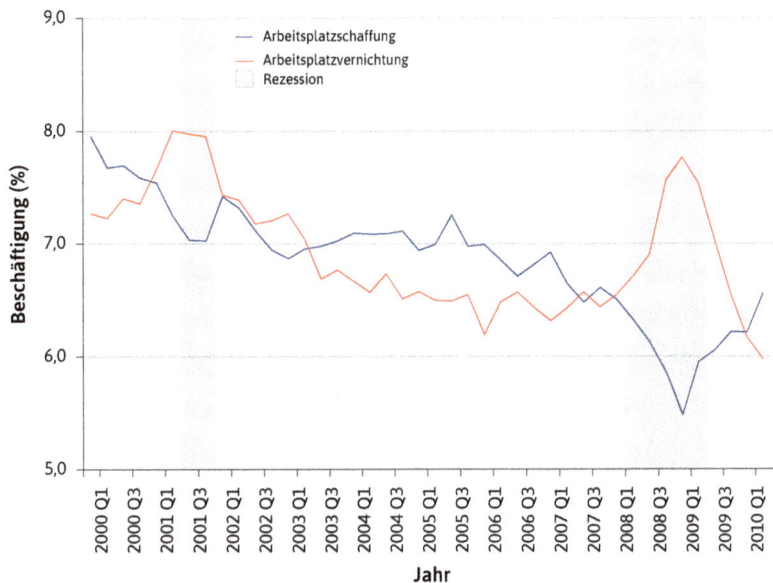

Steven J. Davis, R. Jason Faberman und John C Haltiwanger. 2012. 'Recruiting Intensity During and After the Great Recession: National and Industry Evidence' (https://tinyco.re/2991501). *American Economic Review* 102 (3): pp. 584–588.

Abbildung 16.5 Entstehung und Abbau von Arbeitsplätzen während der Konjunkturzyklen in den USA (2000 Q1–2010 Q2).

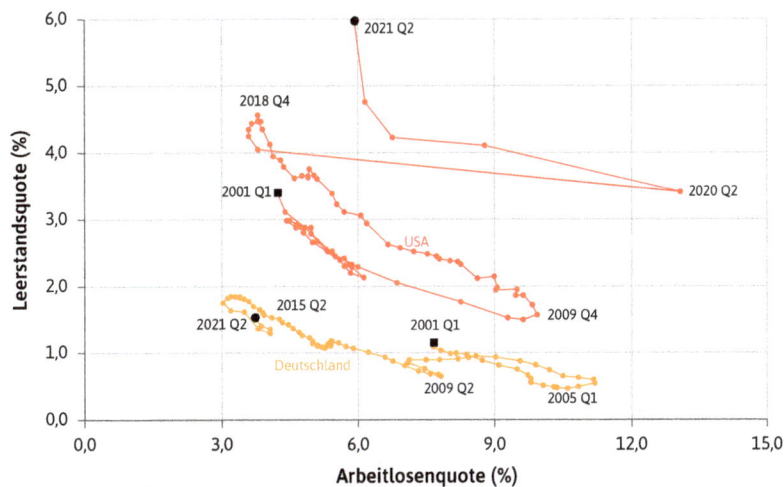

OECD Employment Outlook and OECD Labour Force Statistics: OECD. 2021. *OECD Statistics* (https://tinyco.re/9377362).

Abbildung 16.6 Beveridge-Kurven für die USA und Deutschland (2001 Q1–2021 Q2).

Gebiet zu ziehen, um einen Arbeitsplatz zu finden, würde bedeuten, dass die Beziehungen zur Nachbarschaft, zu Schulen und Verwandten abgebrochen werden.

Natasha Singer. 2014. 'In the Sharing Economy, Workers Find Both Freedom and Uncertainty' (https://tinyco.re/2844216). *The New York Times*. Aktualisiert am 16. August 2014.

- *Sowohl die Arbeitssuchenden als auch die einstellenden Unternehmen verfügen möglicherweise nicht über die notwendigen Informationen:* Wie wir in Einheit 6 gesehen haben, suchen Agierende in der Wirtschaft mit unterschiedlichen Fähigkeiten und Bedürfnissen—in diesem Beispiel Arbeitssuchende und Unternehmen—nach Möglichkeiten ihren Nutzen durch Handel zu vergrößern. Aber in diesem Fall wissen Unternehmen und die Arbeitsuchenden möglicherweise nichts voneinander. Obwohl wir wissen, dass das Internet (eine Technologie) diesen Informationsfluss verbessert.

Das Matching sollte einfacher sein, wenn es einen größeren Pool von Arbeitslosen gibt, aus dem man auswählen kann. Die Beobachtung einer Kombination aus hoher Arbeitslosigkeit und einer hohen Zahl offener Stellen ist ein Indikator für die Ineffizienz des Matching-Prozesses auf dem Arbeitsmarkt.

Bei den in Abbildung 16.6 dargestellten deutschen und amerikanischen Beveridge-Kurven sind drei Dinge zu beachten:

- *Beide Kurven sind erwartungsgemäß fallend:* Die US-Daten schwanken zwischen Leerstandsquoten von etwa 3 % und 5 % und Arbeitslosenquoten zwischen 3 % und 4 % (am Höhepunkt des Konjunkturzyklus) bis hin zu Leerstandsquoten von etwas über 2 % und einer Arbeitslosigkeit von etwa 6 % (am Tiefpunkt des Zyklus). Ein ähnliches Muster zeigt sich auch, wenn wir mehr Ausreißerdaten wie die von 2020 Q2 bis 2021 Q2 betrachten.
- *Die Lage der Beveridge-Kurve der einzelnen Länder ist unterschiedlich:* Der deutsche Arbeitsmarkt scheint besser in der Lage zu sein, arbeitssuchende Personen mit Unternehmen, die Arbeitskräfte suchen, zusammenzubringen. Dies lässt sich daran erkennen, dass die Quote der offenen Stellen in Deutschland in jedem Jahr niedriger ist als in den USA, obwohl beide Länder eine ähnliche Bandbreite an Arbeitslosenquoten aufwiesen. In Deutschland waren also weniger offene Stellen unbesetzt.
- *Beide Kurven haben sich im Laufe des Jahrzehnts verschoben:* Die deutsche Kurve, die den Zeitraum 2001 Q1 bis 2005 Q1 zeigt, wandte sich dem Ursprung zu und wurde eine neue Beveridge-Kurve für den Zeitraum 2009 Q2 bis 2012 Q1. Diese Beveridge-Kurve lag näher am Ursprung und wies in Summe geringere Leerstandsquoten und Arbeitslosenquoten auf als zuvor.

Michael Burda und Jennifer Hunt. 2011. 'The German Labour-Market Miracle' (https://tinyco.re/ 2090811). *VoxEU.org*. Aktualisiert am 2. November 2011.

Wie kam es zu dieser Verbesserung auf dem deutschen Arbeitsmarkt? Neue politische Maßnahmen, die so genannten Hartz-Reformen, scheinen gewirkt zu haben. Die Hartz-Reformen, die zwischen 2003 und 2005 in Kraft traten, boten den arbeitsuchenden Personen mehr Hilfestellung bei der Arbeitssuche und senkten die Höhe des Arbeitslosengeldes früher, um den Arbeitslosen einen stärkeren Anreiz zur Suche zu geben.

Auch in den USA verschob sich die Kurve. Aber im Gegensatz zu Deutschland verschlechterten sich die Bedingungen. Für den Zeitraum 2001 Q1 bis 2009 Q2 scheinen sich die USA entlang einer Kurve zu bewegen. Danach entfernt sich die Kurve vom Ursprung und scheint dann eine neue Kurve zu bilden, die oberhalb und rechts von der älteren Kurve liegt, was darauf hindeutet, dass der amerikanische Arbeitsmarkt beim Matching zwischen arbeitsuchenden Personen und offen Arbeitsplätzen an Effizienz verloren hat. Zwischen 2001 und 2008 wurden durch den Konjunkturzyklus landesweit in allen Industrien Arbeitskräfte auf die übliche Art und Weise entlassen, sodass es keine große geografische und qualifikatorische Diskrepanz zwischen arbeitssuchenden Personen und freien Arbeitsplätzen gab - warum also hat sich die Beveridge-Kurve verschoben?

- *Viele Entlassungen in einer Industrie:* Die globale Finanzkrise zwischen 2008 und 2009 und die darauf folgende Rezession betraf insbesondere den Immobilienbau. Es kam zu einer qualifikationsbedingten Nichtübereinstimmung zwischen den Arbeitslosen und den verfügbaren Stellen.
- *Der Zusammenbruch der US-Häuserpreise:* Als die Immobilienpreise fielen, saßen viele Hausbesitzende in einem Haus fest, das weniger wert war, als sie vorher bezahlt hatten. Sie konnten ihr Haus nicht verkaufen, um in einen anderen Teil des Landes mit mehr freien Stellen zu ziehen, was ihre Auswahl an verfügbaren Arbeitsplätzen einschränkte.

Das Ergebnis war, dass sich die Wirtschaft in eine Situation bewegte, in der es bei einer gegebenen Anzahl von offenen Stellen eine höhere Arbeitslosigkeit gab.

Vincent Sterk. 2015. 'Home Equity, Mobility, and Macroeconomic Fluctuations' (https://tinyco.re/ 2186300). *Journal of Monetary Economics* (74): pp. 16–32.

ÜBUNG 16.3 BEVERIDGE-KURVEN UND DER DEUTSCHE ARBEITSMARKT

Den Beveridge-Kurven zufolge gelingt es dem deutschen Arbeitsmarkt besser, die arbeitsuchenden Personen mit den offenen Stellen zusammenzubringen, aber in einigen Zeiträumen (zum Beispiel 2001 Q1 bis 2005 Q1) war die durchschnittliche Arbeitslosigkeit in Deutschland (Abbildung 16.6 (Seite 803)) höher als in den USA.

Überlegen Sie, welche Rolle die aggregierte Nachfrage spielen könnte (Abschnitt 13.2 über das Okunsche Gesetz und Abschnitt 14.10 über aggregierte Nachfrage und Arbeitslosigkeit). Welche Daten könnten verwendet werden, um Ihre Hypothese zu bestätigen?

FRAGE 16.3 WÄHLEN SIE DIE RICHTIGE(N) ANTWORT(EN)

Die Grafik zeigt den Verlauf der Beveridge-Kurven für die USA und Deutschland für den Zeitraum 2001 Q1 bis 2021 Q2. Welche der folgenden Aussagen ist richtig?

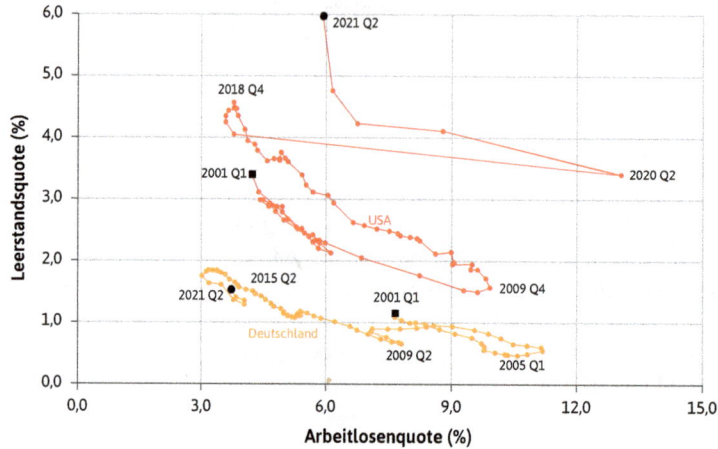

☐ Die Beveridge-Kurven zeigen die negative Beziehung zwischen der Leerstandsquote und der Beschäftigungsquote.

☐ Während der Finanzkrise 2008–9 gelang dem US-amerikanischen Arbeitsmarkt das Matching arbeitsuchender Personen mit offenen Stellen besser.

☐ Die Beveridge-Kurve in den USA hat sich nach der Finanzkrise verschoben, wodurch sich das Matching verbesserte.

☐ Das Matching in Deutschland verbesserte sich, nachdem sich die Beveridge-Kurve im Jahr 2007 verschoben hatte.

16.4 INVESTITIONEN, UNTERNEHMENSGRÜNDUNGEN UND DIE PREISSETZUNGSKURVE AUF LANGE FRIST

In Abbildung 16.1 haben wir die bemerkenswerte Divergenz der Arbeitslosenquoten in einzelnen Volkswirtschaften gesehen, die in den 1970er Jahren begann. Im jüngsten Zeitraum, der in der Abbildung dargestellt ist, verzeichneten europäische Länder wie Spanien, Griechenland oder Frankreich sehr hohe Arbeitslosenquoten, die von etwa 10 % in Frankreich bis zu mehr als 15 % in Spanien reichten, während in anderen Ländern, insbesondere in Ostasien (Südkorea, Japan) und in anderen Ländern Europas (Österreich, Norwegen, Niederlande, Schweiz und Deutschland), die Arbeitslosigkeit zwischen 5 und 6 % lag.

Um die wichtigsten Trends im Zeitverlauf und die Unterschiede in der Arbeitslosenquote zwischen den Ländern zu erklären, erweitern wir die Konzepte aus früheren Einheiten, um ein langfristiges Modell zu entwickeln. In diesem langfristigen Modell können sich Dinge, die sich nur langsam verändern und die in mittelfristigen oder kurzfristen Modellen als konstant angenommen werden—zum Beispiel die Größe des Kapitalbestands und die in der Wirtschaft tätigen Unternehmen—vollständig veränderte wirtschaftliche Bedingungen anpassen.

Die langfristigen Einflussfaktoren auf die Leistungsfähigkeit der Wirtschaft

Die Arbeitslosenquote wird langfristig davon abhängen, wie gut die Politik und die Institutionen eines Landes die beiden großen Anreizprobleme einer kapitalistischen Wirtschaft lösen:

- *Arbeitsanreize:* Beschäftigte müssen Arbeitseinsatz zeigen, auch wenn es schwierig ist, Verträge zu entwerfen und durchzusetzen, die dies erreichen (wie wir in Einheit 6 gesehen haben).
- *Investitionsanreize:* Die Eigentümer:innen von Unternehmen müssen in die Entstehung von Arbeitsplätzen investieren, selbst wenn sie im Ausland investieren oder sie ihre Gewinne einfach für den Kauf von Konsumgütern nutzen können und so gar nicht investieren würden. Wie wir in Einheit 14 gesehen haben, berücksichtigen Unternehmen bei ihren Investitionsentscheidungen nicht nur die Gewinnrate nach Steuern, sondern auch das Risiko nachteiliger Veränderungen, wie nachteilige Gesetze oder sogar die Beschlagnahmung ihres Eigentums, was als **Enteignungsrisiko** bezeichnet wird. So wie die Beschäftigten nicht zu harter Arbeit gezwungen werden können, sondern dazu motiviert werden müssen, so können auch die Unternehmen nicht gezwungen werden, neue Arbeitsplätze zu schaffen oder bestehende zu erhalten.

Eine gleichzeitige Lösung beider Probleme würde eine niedrige Arbeitslosigkeit bei gleichzeitig rasch steigenden Löhnen bedeuten. Aber die Art und Weise, wie eines dieser Probleme angegangen wird, kann die Lösung des anderen Problems erschweren. So können Maßnahmen, die zu sehr hohen Löhnen führen, zwar die Beschäftigten dazu veranlassen, hart zu arbeiten, jedoch den Eigentümer:innen von Unternehmen wenig Anreiz bieten, in die Schaffung neuer Produktionskapazitäten und Arbeitsplätze zu investieren.

Im nächsten Abschnitt werden wir sehen, dass sich die Länder darin unterscheiden, wie erfolgreich sie diese beiden Anreizprobleme adressieren.

Die **Lohnsetzungskurve**, die wir in den Einheiten 6, 9, 14 und 15 verwendet haben, zeigt, dass die Löhne höher sein müssen, wenn die Beschäftigten erwarten, dass sie leicht eine neue Stelle finden, oder wenn sie ein großzügiges Arbeitslosengeld erhalten, was beides die erwarteten Kosten des Arbeitsplatzverlustes verringert. Dies ist der Grund, warum die Lohnsetzungskurve positiv mit dem Beschäftigungsniveau zusammenhängt und warum eine Erhöhung des Arbeitslosengeldes die Kurve nach oben verschiebt.

Die notwendigen Anreize für Investitionen von Eigentümer:innen von Unternehmen werden durch die **Preissetzungskurve** im Arbeitsmarktmodell dargestellt (Einheit 9).

Wir werden das Arbeitsmarktmodell auf die lange Frist ausdehnen, indem wir zulassen, dass Unternehmen in den Markt ein- und austreten und Eigentümer:innen den Kapitalbestand ausbauen oder reduzieren können. Zur Vereinfachung nehmen wir an, dass alle Unternehmen eine bestimmte Größe haben und dass der Kapitalbestand einfach durch das Hinzufügen oder Abziehen von Unternehmen wächst oder schrumpft. Wir nehmen an, dass es konstante Skalenerträge gibt, sodass auf lange Frist ein prozentualer Anstieg der Beschäftigung einen gleichen prozentualen Anstieg des Kapitals bedeutet.

Wir definieren das langfristige Gleichgewicht auf dem Arbeitsmarkt als eine Situation, in der nicht nur die Reallöhne und das Beschäftigungsniveau, sondern auch die Zahl der Unternehmen konstant ist (denken Sie daran, dass das Gleichgewicht immer dadurch definiert ist, dass sich etwas nicht von selbst

Enteignungsrisiko Die Wahrscheinlichkeit, dass ein Vermögen (zum Bespiel eines Unternehmens) von der Regierung oder einem anderen weggenommen wird.

David G. Blanchflower und Andrew J. Oswald. 1995. 'An Introduction to the Wage Curve' (https://tinyco.re/2712192). *Journal of Economic Perspectives* 9 (3): pp. 153–167.

Lohnsetzungskurve Die Kurve, die den Reallohn angibt, der bei jedem gesamtwirtschaftlichen Beschäftigungsniveau erforderlich ist, um den Beschäftigten Anreize für harte und gute Arbeit zu bieten.

Preissetzungskurve Die Kurve, die den Reallohn angibt, der gezahlt wird, wenn die Unternehmen ihren gewinnmaximierenden Preis wählen.

ändert, es sei denn, es gibt irgendeine Kraft für Veränderungen, die im Modell nicht berücksichtigt wird).

Es gibt zwei Bedingungen, die bestimmen, wie sich die Zahl der Unternehmen verändern kann:

- *Ausstieg eines Unternehmens aufgrund eines niedrigen Preisaufschlags:* Eigentümer:innen können ihr Kapital abziehen oder sogar Unternehmen schließen, wenn der bestehende Preisaufschlag zu niedrig ist. Das heißt wenn die erwartete Gewinnrate nach Steuern im Vergleich zu den alternativen Verwendungsmöglichkeiten des Vermögens der Eigentümer:innen nicht attraktiv ist. Diese alternativen Verwendungszwecke könnten Investitionen in ausländische Tochtergesellschaften, die Auslagerung eines Teils des Produktionsprozesses, der Kauf von Staatsanleihen oder die Ausschüttung der Gewinne als Dividenden an die Eigentümer:innen sein. In diesem Fall sinkt die Zahl der Unternehmen.
- *Eintritt eines Unternehmens aufgrund eines hohen Preisaufschlags:* Wenn der Preisaufschlag hoch genug ist, zieht die daraus resultierende hohe Gewinnrate neue Unternehmen an, die in die Wirtschaft eintreten.

Wann ist ein Unternehmensausstieg aufgrund eines zu niedrigen Preisaufschlags wahrscheinlich? Das ist der Fall, wenn der Markt aufgrund einer großen Zahl konkurrierender Unternehmen sehr wettbewerbsintensiv ist. Dadurch ist die Elastizität der Nachfrage nach den Produkten des Unternehmens hoch, was zu einem geringen Preisaufschlag führt. Wenn es „zu viele" Unternehmen gibt, um einen ausreichend hohen Preisaufschlag aufrechtzuerhalten, werden Unternehmen aus dem Markt aussteigen, was den Preisaufschlag tendenziell erhöhen wird.

Wenn es nur wenige Unternehmen gibt, ist der Wettbewerb begrenzt, der Preisaufschlag hoch und die daraus resultierende Gewinnrate ausreichend, um neue Unternehmen anzulocken. Infolgedessen wird die Wirtschaft wettbewerbsintensiver und der Preisaufschlag sinkt.

Das bedeutet, dass der Preisaufschlag eine Tendenz zur Selbstkorrektur hat. Wenn er niedrig ist, werden Unternehmen aussteigen, woraufhin der Preisaufschlag steigen wird, und wenn er zu hoch ist, werden Unternehmen eintreten, woraufhin der Preisaufschlag sinken wird.

Abbildung 16.7a veranschaulicht diesen Prozess, indem sie zeigt, wie die Anzahl der Unternehmen mit dem gewinnmaximierenden Preisaufschlag zusammenhängt. Für jede Unternehmensanzahl gibt die fallende Linie den Gewinnaufschlag an, der die Gewinne des Unternehmens maximiert. Sie fällt, weil:

- Je mehr Unternehmen es gibt, desto stärker ist der Wettbewerb in der Wirtschaft.
- Das bedeutet, dass die Unternehmen beim Verkauf ihrer Produkte mit einer höheren Nachfrageelastizität konfrontiert sind (weniger „steile" Nachfragekurven).
- Der Preisaufschlag, der die Gewinne des Unternehmens maximiert, wird sinken, denn wie wir in Einheit 7 gesehen haben, ist der Preisaufschlag μ gleich 1/(Elastizität der Nachfrage).

Die andere Linie in der Abbildung ist waagerecht und zeigt den Preisaufschlag, der gerade ausreicht, um die bestehende Anzahl von Unternehmen zu erhalten.

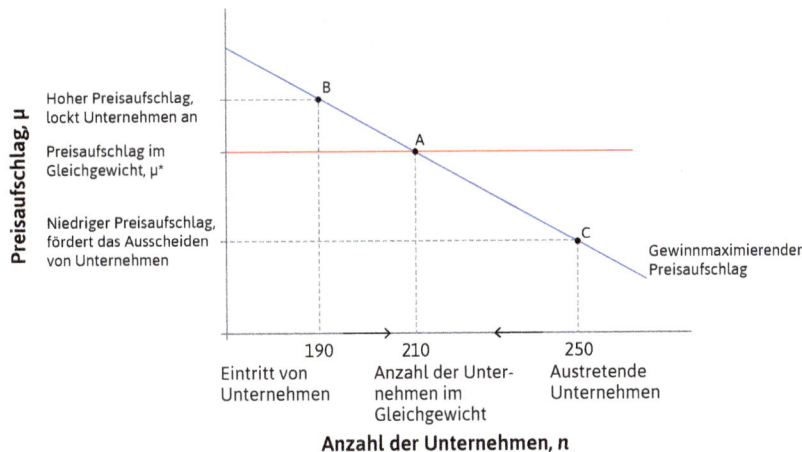

Abbildung 16.7a Eintritt und Austritt von Unternehmen und das Gleichgewicht des Preisaufschlag.

1. Der gewinnmaximierende Preisaufschlag

Die fallende Linie gibt den Preisaufschlag an, der den Gewinn des Unternehmens bei einer gegebenen Anzahl von Unternehmen maximiert. Die Anzahl der Unternehmen ist konstant und beträgt 210 bei dem Preisaufschlag μ^* im Gleichgewicht.

2. Wettbewerb und Anzahl der Unternehmen

Je mehr Unternehmen es gibt, desto wettbewerbsfähiger ist die Wirtschaft, was zu einer höheren Nachfrageelastizität und einem niedrigeren Preisaufschlag führt.

3. Austritt von Unternehmen

Bei 250 Unternehmen liegt der Preisaufschlag unter μ^* und die Unternehmen werden aussteigen.

4. Eintritt von Unternehmen

Bei 190 Unternehmen ist die Wirtschaft bei B und der Preisaufschlag übersteigt μ^*, sodass neue Unternehmen eintreten werden.

Wir nennen ihn μ^*. Befolgen Sie die Schritte der Analyse in Abbildung 16.7a, um zu sehen, warum die Anzahl der Unternehmen bei 210 stabil bleibt.

Überlegen Sie nun anhand von Abbildung 16.7a, was passieren würde, wenn infolge eines Regierungswechsels das Risiko der Enteignung von Privatbesitz durch die Regierung sinken würde. Dies ist eine Verbesserung der Bedingungen für den Betrieb eines Unternehmens und könnte Änderungen in der Gesetzgebung beinhalten, die die Wahrscheinlichkeit verringern, dass die Regierung Unternehmen übernimmt oder unvorhersehbare Änderungen in der Besteuerung durchführt. Bei besseren Geschäftsbedingungen ist ein niedrigerer Preisaufschlag für Unternehmen erforderlich, um in dieser Wirtschaft tätig zu sein. Folgen Sie den Schritten in Abbildung 16.7b, um zu sehen, wie dies zu einem Anstieg der Zahl der Unternehmen im Gleichgewicht führt.

Vom Preisaufschlag im Gleichgewicht zur Preissetzungskurve in der langen Frist

Sobald wir den Preisaufschlag μ^* und das Durchschnittsprodukt der Arbeit λ kennen, kennen wir auch den Reallohn w, der sich daraus ergeben muss: Der Reallohn ist der Anteil des Durchschnittsprodukts der Arbeit (oder, äquivalent, des Outputs pro beschäftigter Person), der nicht vom Unternehmen durch den Preisaufschlag beansprucht wird. Bei konstanten Skalenerträgen ist eine höhere Beschäftigung mit einem konstanten Output pro Person konsistent: die langfristige Preissetzungskurve ist flach. Wir stellen außerdem fest, dass in dem Modell die arbeitslosen und beschäftigten Personen identisch sind, da es im Arbeitsmarktgleichgewicht unfreiwillige Arbeitslosigkeit gibt.

Die langfristige Preissetzungskurve ist gegeben durch:

$$w = \lambda(1 - \mu^*)$$

Wie Abbildung 16.8 zeigt, ermöglicht diese Gleichung die Umrechnung des Preisaufschlag im Gleichgewicht in den gezahlten Reallohn. Der wiederum die Höhe der Preissetzungskurve widerspiegelt. Im linken Feld ist die Gleichung der Preissetzungskurve auf lange Frist als horizontale Linie dargestellt, mit dem Gewinnaufschlag im Gleichgewicht auf der horizontalen Achse und dem (Real-)Lohn auf der vertikalen Achse: Bei einem Preisaufschlag von Null ist der Lohn gleich dem Output pro beschäftigter Person; und wenn der Gewinnaufschlag gleich 1 (oder entsprechend 100 %) ist, ist der Lohn gleich Null.

Abbildung 16.8 zeigt auf der rechten Seite die Preissetzungskurve bei verschiedenen Werten des langfristigen Preisaufschlags im Gleichgewicht. Auf der horizontalen Achse im Langfristmodell sehen wir die Beschäftigung mit konstantem Kapital pro beschäftigter Person. Die Faktoren, die die Preissetzungskurve auf lange Frist verschieben, lassen sich anhand ihrer Auswirkungen auf den Output je beschäftigter Person oder den Preisaufschlag zusammenfassen.

Die langfristige Preissetzungskurve ist umso höher:

- je höher der Output pro beschäftigter Person ist
- je niedriger der Preisaufschlag auf lange Frist ist, bei dem die Ein- und Austritte von Unternehmen gleich Null sind.

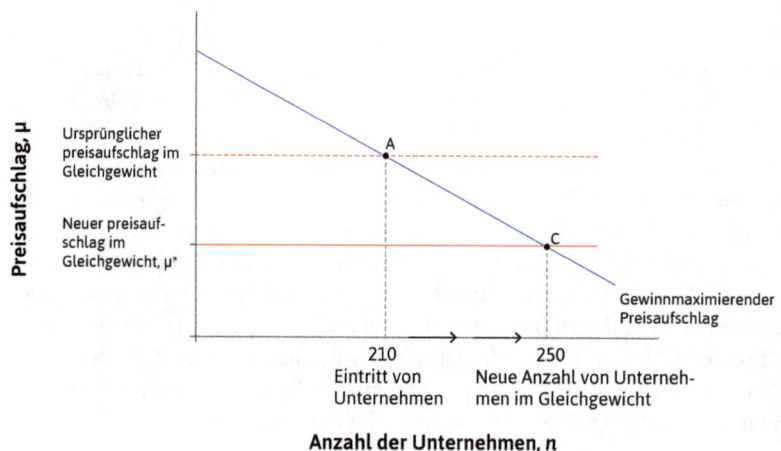

Abbildung 16.7b Eine Verbesserung der Bedingungen für Unternehmen: Eintritt und Austritt von Unternehmen und das Gleichgewicht des Preisaufschlag.

1. Verbesserte Bedingungen für Unternehmen
Niedrigerer Preisaufschlag im Gleichgewicht. Der bestehende Preisaufschlag bei A ist nun „zu hoch".

2. Neue Unternehmen treten ein
Die Wirtschaft wächst, bis es 250 Unternehmen gibt.

Was senkt den Preisaufschlag (bei dem Unternehmenseintritte und -austritte gleich Null sind)?

- höherer Wettbewerb
- geringeres Enteignungsrisiko für Eigentümer:innen in der Binnenwirtschaft
- hochwertigere Rahmenbedingungen für die Unternehmenstätigkeit: zum Beispiel besseres Humankapital oder bessere Infrastruktur
- Erwartete Senkung des Steuersatzes auf lange Frist
- geringere Opportunitätskosten des Kapitals (zum Beispiel ein niedrigerer Zinssatz für Anleihen)
- geringere erwartete Gewinne aus ausländischen Investitionen
- niedrigere erwartete langfristige Kosten für importierte Materialien

> **DIE LANGFRISTIGE PREISSETZUNGSKURVE**
>
> Sobald wir den Preisaufschlag im Gleichgewicht μ* und die Arbeitsproduktivität λ kennen, wissen wir, dass der Reallohn w gegeben ist:
>
> $$w = \lambda(1 - \mu^*)$$
>
> w ist der Output pro beschäftigter Person, der nicht von den Unternehmen durch den Preisaufschlag beansprucht wird.

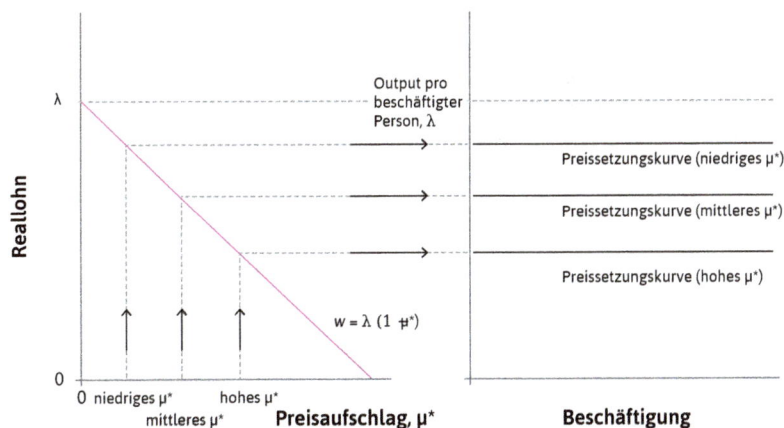

Abbildung 16.8 Veränderungen des langfristigen Preisaufschlags verschieben die Preissetzungskurve.

1. Die langfristige Preissetzungskurve
Im linken Teil der Abbildung ist die langfristige Preissetzungskurve als fallende Linie im Diagramm dargestellt, wobei der Preisaufschlag im Gleichgewicht auf der horizontalen Achse und der Lohn auf der vertikalen Achse liegt.

2. Ein niedriger Preisaufschlag
Ein niedriger langfristiger Preisaufschlag geht mit einer höheren langfristigen Preissetzungskurve einher.

3. Ein hoher Preisaufschlag
Langfristige Preissetzungskurven sind bei höheren Preisaufschlägen niedriger.

ÜBUNG 16.4 MESSUNG DER INVESTITIONSBEDINGUNGEN

Gehen Sie zur *Doing Business*-Datenbank der Weltbank (https://tinyco.re/2588313).

1. Sammeln Sie im Abschnitt „Topics" Daten für 20 Länder Ihrer Wahl (Download) zu drei Merkmalen des Unternehmensumfelds, die sich auf den langfristigen Gewinnaufschlag auswirken. Begründen Sie Ihre Wahl der Merkmale.

Gehen Sie nun zur Datenbank *DataBank* der Weltbank (https://tinyco.re/2009817).

2. Laden Sie die Daten zum Pro-Kopf-BIP für die 20 Länder Ihrer Wahl herunter. Erstellen Sie für jedes Merkmal ein Streudiagramm mit dem Merkmal des Unternehmensumfelds (Rang) auf der horizontalen Achse und dem Pro-Kopf-BIP auf der vertikalen Achse. Fassen Sie die Beziehung zwischen den beiden Variablen (falls vorhanden) zusammen.
3. Erklären Sie, warum ein gutes Unternehmensumfeld das Pro-Kopf-BIP erhöhen kann.
4. Warum könnte ein hohes Pro-Kopf-BIP die Rahmenbedingungen für Unternehmen verbessern?
5. Erläutern Sie anhand Ihrer Antworten auf die Fragen 3 und 4, welche Schwierigkeiten bei der Interpretation der Beziehung zwischen zwei Variablen mithilfe eines Streudiagramms auftreten können.

FRAGE 16.4 WÄHLEN SIE DIE RICHTIGE(N) ANTWORT(EN)

Abbildung 16.8 (Seite 811) zeigt die Graphen der langfristigen Preissetzungskurve und des Preisaufschlags, bei dem sowohl der Eintritt als auch der Austritt eines Unternehmens gleich Null ist.

Welche der folgenden Aussagen ist richtig?

☐ Eine Zunahme des Wettbewerbs in der Wirtschaft führt zu einer Senkung der Preissetzungskurve.
☐ Ein niedrigerer Zinssatz führt zu einer niedrigeren Preissetzungskurve.
☐ Eine geringere Produktivität der beschäftigten Personen führt zu einer höheren Preissetzungskurve bei einem gegebenen Preisaufschlag μ^*.
☐ Ein höheres Risiko der Enteignung von Unternehmen im Ausland führt zu einer höheren Preissetzungskurve.

FRAGE 16.5 WÄHLEN SIE DIE RICHTIGE(N) ANTWORT(EN)

Welche der folgenden Aussagen zum Modell des Arbeitsmarktes ist richtig?

☐ Im kurz- und mittelfristigen Modell ist die Kapitalmenge fix, während im langfristigen Modell die Kapitalmenge variieren kann.
☐ Der arbeitssparende technische Fortschritt erhöht die Arbeitslosigkeit sowohl kurz- als auch langfristig.
☐ Auf lange Frist treten Unternehmen in den Markt ein, wenn der Preisaufschlag niedrig ist.
☐ Auf lange Frist ist der Preisaufschlag unabhängig von der Zahl der Unternehmen.

16.5 NEUE TECHNOLOGIEN, LÖHNE UND ARBEITSLOSIGKEIT AUF LANGE FRIST

Wir haben gesehen, dass entgegen den Befürchtungen der Ludditen der ständige Anstieg der in einer Arbeitsstunde produzierten Menge nicht zu einer ständig wachsenden Arbeitslosigkeit geführt hat. Es sind die Löhne, die im Durchschnitt gestiegen sind, nicht die Arbeitslosigkeit.

In vielen Ländern hat die Kombination aus technischem Fortschritt und Investitionen, die den Kapitalbestand erhöhen, die Arbeitsproduktivität in jeder Generation ungefähr verdoppelt. Unser Modell zeigt das Ergebnis: ein Anstieg des Reallohns, der mit ausreichend hohen Gewinnen einherging, um die Eigentümer:innen von Unternehmen zu weiteren Investitionen zu motivieren, anstatt ihr Vermögen anderweitig zu verwenden.

Die Ludditen waren zu Recht besorgt über die Not derjenigen, die aus ihrem Job entlassen wurden. Was sie übersehen haben, ist, dass die zusätzlichen Gewinne, die durch die Einführung der neuen Technologien möglich wurden, eine Art Selbstkorrektur bewirkten: zusätzliche Investitionen, die früher oder später zur Entstehung neuer Arbeitsplätze führen würden.

Die nach oben verschobene Preissetzungskurve wird in Abbildung 16.9a veranschaulicht. Sie zeigt den Status quo („alte Technologie") mit dem langfristigen Gleichgewicht bei A und einem technologischen Fortschritt, der das langfristige Gleichgewicht nach B verschiebt. Bei Punkt B ist der Reallohn höher und damit auch die Beschäftigungsquote. Mit anderen Worten, die Arbeitslosenquote ist niedriger. Das Modell zeigt, dass der technische Fortschritt die Arbeitslosigkeit in der Gesamtwirtschaft nicht erhöhen muss.

Bevor wir die Erfahrungen mit der Arbeitslosigkeit in verschiedenen Ländern untersuchen, müssen wir verstehen:

- *Was bestimmt die Geschwindigkeit mit der die Arbeitsproduktivität gesteigert wird?* Das wird durch die Verschiebung der Preissetzungskurve nach oben erklärt.
- *Wie bewegt sich die Wirtschaft von A nach B?* Beides sind langfristige Gleichgewichte auf dem Arbeitsmarkt.

Neues Wissen und eine neue Technologie: Die Diffusionslücke der Innovation

Oft dauert es Jahre, wenn nicht Jahrzehnte, bis eine verbesserte Technologie in einer Volkswirtschaft großflächig eingeführt wird. Diese **Diffusionslücke** verursacht Unterschiede in der Arbeitsproduktivität zwischen den fortschrittlichsten Unternehmen und den Unternehmen, die technologisch zurückliegen.

In England hat eine Studie ergeben, dass die Spitzenunternehmen mehr als fünfmal so produktiv sind wie die Unternehmen am unteren Ende. Ähnliche Produktivitätsunterschiede wurden auch in Unternehmen in Indien und China festgestellt. In der indonesischen Elektronikindustrie—einer Branche die Teil des wettbewerbsintensiven globalen Marktes ist—zeigen Daten der späten 1990er Jahren, dass die Unternehmen am 75. Perzentil achtmal so produktiv waren wie die am 25. Perzentil.

Die Unternehmen mit niedriger Produktivität bleiben im Geschäft, weil sie ihren Beschäftigten niedrigere Löhne zahlen und in vielen Fällen auch eine geringere Gewinnrate auf das Kapital der Eigentümer:innen akzeptieren. Die Schließung von Diffusionslücken kann die Geschwindigkeit, mit der neues Wissen und neue Managementpraktiken verbreitet werden, erheblich erhöhen.

Diffusionslücke Die Zeitspanne zwischen der ersten Einführung einer Innovation und ihrer allgemeinen Nutzung. *Siehe auch unter: Diffusion.*

Dies kann der Fall sein, wenn eine Gewerkschaft die Löhne so aushandelt, dass gleichwertige Beschäftigte in der gesamten Wirtschaft gleich bezahlt werden. Eine Folge davon ist, dass die am wenigsten produktiven Unternehmen (die auch niedrige Löhne zahlen) Lohnerhöhungen hinnehmen müssen, was einige dieser Unternehmen unrentabel macht und sie in den Ruin treibt. Die Gewerkschaft könnte auch politische Maßnahmen der Regierung unterstützen, die ergänzend dazu beitragen, das Aussteigen unproduktiver Unternehmen zu beschleunigen, indem sie die durchschnittliche Produktivität in der Wirtschaft erhöhen und die Preissetzungskurve nach oben verschieben. In diesem Fall können die Gewerkschaften dazu beitragen, die schöpferische Zerstörung herbeizuführen, anstatt sich ihr zu widersetzen.

Eigentümer:innen können sich ebenfalls am Prozess der schöpferischen Zerstörung beteiligen, indem sie nicht versuchen, das Leben unproduktiver Unternehmen zu verlängern, da sie wissen, dass ihr Untergang Teil des Prozesses zur Vergrößerung des Kuchens ist. In vielen Fällen handeln die Beschäftigten und Eigentümer:innen der rückständigen Unternehmen jedoch nicht in diesem Sinne. Sie werden durch Subventionen, Zölle und Rettungsaktionen geschützt, die zumindest eine Zeit lang das Überleben des unproduktiven Unternehmens und seiner Arbeitsplätze garantieren.

Die Geschwindigkeit, mit der sich die Preissetzungskurve der Wirtschaft nach oben verschiebt, hängt davon ab, welche Einstellungen zum Prozess der schöpferischen Zerstörung vorherrscht. Die Volkswirtschaften unterscheiden sich in dieser Hinsicht stark.

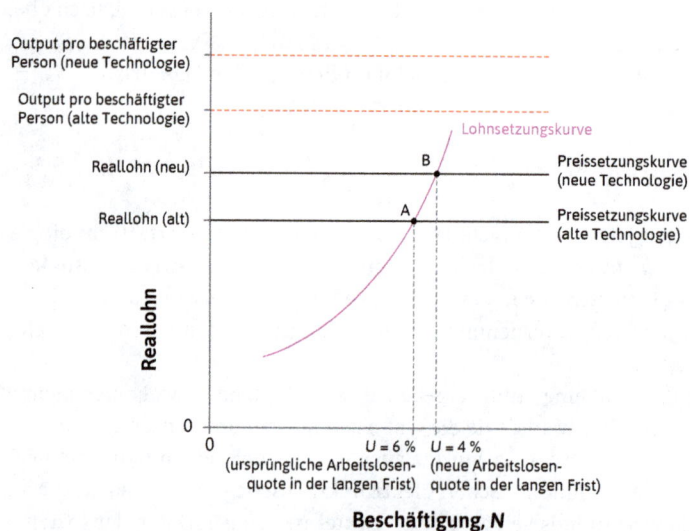

Abbildung 16.9a Die langfristige Arbeitslosenquote und eine neue Technologie.

1. Das langfristige Gleichgewicht vor Einführung der neuen Technologie
Das ist bei Punkt A.

2. Technischer Fortschritt
Dadurch verschiebt sich der Output pro beschäftigter Person und die Preissetzungskurve nach oben.

3. Die Auswirkungen des langfristigen Gleichgewichts auf die Beschäftigung
Bei Punkt B ist der Reallohn höher und die Arbeitslosigkeit niedriger.

Anpassung an den technologischen Wandel: Die Anpassungslücke von Beschäftigung und Lohn

Die Volkswirtschaften unterscheiden sich auch darin, wie sie den Weg vom Status-quo-Gleichgewicht (A) zu einem neuen Gleichgewicht (B), wie in Abbildung 16.9b, zurücklegen.

Erinnern wir uns daran, dass die Preissetzungskurve im langfristigen Modell der Wert des Reallohns ist, bei dem Unternehmen weder in die Wirtschaft eintreten noch sie verlassen werden. Der Übergang von Punkt A (bei 6 % Arbeitslosigkeit) zu Punkt B (bei 4 % Arbeitslosigkeit) erfolgte also, weil Unternehmen in die Wirtschaft eintraten, ein Prozess, der eine gewisse Zeit in Anspruch nimmt. Was ist auf dem Weg dorthin passiert? Folgen Sie den Schritten der Analyse in Abbildung 16.9b, um eine mögliche Entwicklung nachzuvollziehen.

War dies eine Reise, bei der alle gewinnen? Nein, nur wenn man den Start- und Endpunkt vergleicht oder einen ausreichend langen Zeithorizont hat. Die Zeit zwischen der Einführung einer neuen Technologie und dem neuen langfristigen Gleichgewicht wird normalerweise in Jahren oder sogar Jahrzehnten gemessen, nicht in Wochen oder Monaten. Jüngere Menschen

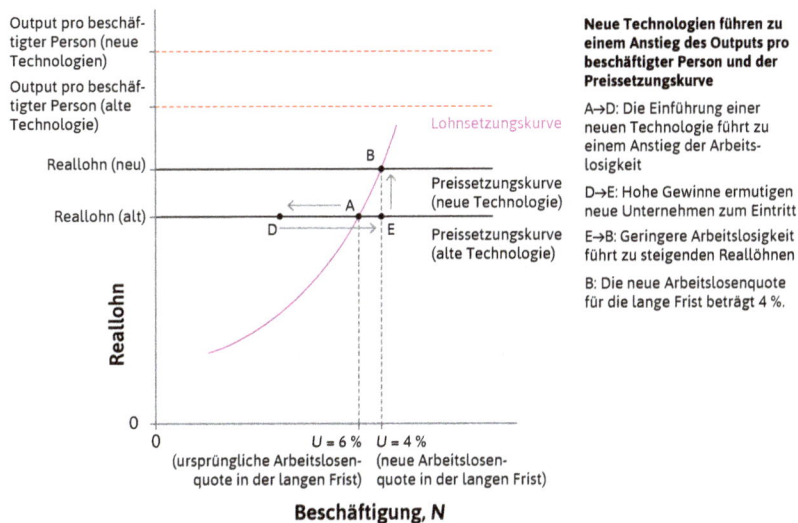

Abbildung 16.9b Die langfristige Arbeitslosenquote und neue Technologien.

1. Die Reaktion auf eine neue Technologie

Eine neue Technologie bedeutet, dass weniger Beschäftigte die gleiche Menge produzieren können. Wie passt sich die Wirtschaft an?

2. Die Einführung der neuen Technologie

Die neue Technologie verdrängt zunächst eine erhebliche Zahl Beschäftigter von ihren Arbeitsplätzen. Bei Punkt D ist der Lohn gleich, aber es gibt weniger Arbeitsplätze.

3. Wirtschaftliche Gewinne sind bei D hoch

Neue Unternehmen werden in die Wirtschaft gelockt und die Investitionen steigen. Die Arbeitslosigkeit geht schließlich zurück, wenn sich die Wirtschaft von D nach E bewegt.

4. Die Löhne steigen

Bei geringerer Arbeitslosigkeit müssen die Unternehmen höhere Löhne zahlen, um eine angemessene Anstrengung der Beschäftigten sicherzustellen. Die Löhne steigen.

5. Ein neues Gleichgewicht

Die Anpassung endet, wenn sich die Wirtschaft bei Punkt B befindet, mit höheren Reallöhnen und einer niedrigeren langfristigen Arbeitslosigkeit.

könnten von den eventuell höheren Löhnen und der Beschäftigung mehr profitieren, aber ältere Menschen könnten das Ergebnis bei B nie miterleben.

Beachten Sie auch, dass wir in Abbildung 16.9b davon ausgegangen sind, dass der Reallohn kurzfristig nicht sinkt. Sollte sich die Wirtschaft jedoch zu Punkt D bewegen, könnten die Unternehmen den Reallohn senken, sodass er auf der Lohnsetzungskurve bei dem neuen Wert der Arbeitslosigkeit liegt. Das ist wahrscheinlicher, wenn die neuen Investitionen, die die Wirtschaft zu Punkt E führen würden, nur langsam ankommen. In diesem Fall können die Löhne unter dem Druck der höheren Arbeitslosigkeit fallen, bevor sich die Beschäftigung nach oben anpasst.

Wir haben bereits gesehen, dass in England die Anpassung an den technischen Fortschritt im 18. und 19. Jahrhundert (die Industrielle Revolution) nicht schnell erfolgte. Es gab eine längere Verzögerung, bevor die Reallöhne ab etwa 1830 kontinuierlich zu steigen begannen.

Genau wie bei der Diffusionslücke können politische Maßnahmen, die Gewerkschaften und die Unternehmen die **Anpassungslücke** für Beschäftigung und Lohn beeinflussen. Die Politik kann dazu beitragen, die Beschäftigten in neue Unternehmen und Sektoren zu bringen, indem sie Arbeitsvermittlungs- und Umschulungsdienste anbietet und großzügige, aber zeitlich begrenzte Arbeitslosengelder bereitstellt. Dies hilft den Menschen, die aus gescheiterten Unternehmen entlassen werden, schnell in bessere Unternehmen zu wechseln.

Wie groß diese Anpassungslücken sind, hängt auch von Institutionen und politischen Maßnahmen ab, die die Entstehung von Arbeitsplätzen in neuen Sektoren erleichtern oder behindern können. Wenn der Lohn unterhalb der Preissetzungskurve liegt, reichen die Gewinne aus, um neue Investitionen zu tätigen und neue Unternehmen zu gründen. Das ist Teil des Prozesses der Anpassung an die schöpferische Zerstörung. Einige Länder verfügen über eine gut konzipierte Regulierung und Wettbewerbspolitik, die die Gründung neuer Unternehmen erleichtern. In anderen Ländern ist es den etablierten Unternehmen gelungen, den Markteintritt neuer Unternehmen zu erschweren, was den Übergang der Wirtschaft zu Punkt B verlangsamt oder sogar verhindert.

Wenn Sie sich Abbildung 16.1 ansehen, fragen Sie sich vielleicht, warum die Arbeitslosenquote in einer Welt mit kontinuierlichem technischem Fortschritt nicht stetig sinkt. Der Grund dafür ist, dass andere Kräfte in der Wirtschaft dazu führen, dass sich die Lohnsetzungskurve nach oben verschiebt. Die Gewerkschaften könnten für diese Verschiebung verantwortlich sein (wie in Einheit 9), aber es gibt auch andere Erklärungen:

- *Arbeitslosengeld:* Gewählte Politiker:innen der Regierung können großzügigere Arbeitslosengelder beschließen, wenn sich die Wirtschaft an die neue Technologie anpasst. Sie wollen die arbeitslosen Menschen unterstützen. Dies verbessert die Reservationsoption der Beschäftigten und verschiebt die Lohnsetzungskurve nach oben.
- *Löhne auf dem Land:* Technologische Verbesserungen auf dem Land und die mit der Einführung neuer Technologien im verarbeitenden Gewerbe verbundene Abwanderung vom Land in die Städte können die Einkommen auf dem Land erhöhen und damit die Reservationsoption der Beschäftigten steigern, was die Kosten für den Verlust eines Arbeitsplatzes im verarbeitenden Gewerbe senkt. Infolgedessen müssen die städtischen Unternehmen mehr zahlen, um Beschäftigte zum Arbeiten zu motivieren. Diese Situation könnte in Entwicklungsländern mit großen ländlichen Sektoren auftreten.

Anpassungslücke Die Zeitspanne zwischen veränderten Bedingungen auf dem Arbeitsmarkt und der Bewegung der Wirtschaft in die Nähe des neuen Gleichgewichts.

Wir werden diese Kräfte in Einheit 17 weiter untersuchen, wenn wir uns mit dem goldenen Zeitalter des Kapitalismus nach dem Zweiten Weltkrieg befassen.

Erkenntnisse aus der schöpferischen Zerstörung und der Konsumglättung

Vielleicht haben Sie inzwischen zwei wiederkehrende Themen in diesem Kurs bemerkt:

- *Schöpferische Zerstörung:* Die Verbesserung des Lebensstandards erfolgt häufig durch einen Prozess des technischen Fortschritts, bei dem Arbeitsplätze, Fertigkeiten, ganze Sektoren und Gemeinschaften überholt und aufgegeben werden. Wir untersuchen diesen Prozess in den Einheiten 1, 2, 16 und 21.
- *Konsumglättung:* Haushalte, die mit Einkommensschocks konfrontiert sind, versuchen, das Auf und Ab ihres Lebensstandards durch Darlehensaufnahme, Arbeitslosengeld, gegenseitige Unterstützung im Familien- und Freundeskreis und andere Formen der Mitversicherung auszugleichen. Wir haben diesen Prozess in den Einheiten 10, 13 und 14 untersucht.

Die beiden oben genannten Themen sind miteinander verbunden. Menschen, die von dem Abbau von Arbeitsplätzen betroffen sind, leiden weniger, wenn sie ihren Konsum glätten können. Die Volkswirtschaften unterscheiden sich stark darin, inwieweit Politik, Kultur und Institutionen eine Konsumglättung ermöglichen. In den Ländern, in denen dies gut gelingt, ist der Widerstand gegen die schöpferisch-zerstörerischen Kräfte des technischen Fortschritts wahrscheinlich gering. In den Ländern, in denen das nicht der Fall ist, werden Eigentümer:innen sowie Beschäftigte versuchen, Wege zu finden, sich dem Prozess der schöpferischen Zerstörung zu widersetzen (oder ihn aufzuhalten), und es vorziehen, das Vermögen ihres Unternehmens und die bestehenden Arbeitsplätze zu verteidigen.

Die Haltung der Gewerkschaften gegenüber dem Abbau von Arbeitsplätzen und der Entstehung von Arbeitsplätzen ist ein Beispiel dafür. In Ländern mit ausreichenden Möglichkeiten zur Konsumglättung neigen die Gewerkschaften dazu, nicht auf dem Recht der Beschäftigten zu bestehen, einen bestimmten Arbeitsplatz zu behalten. Stattdessen fordern sie angemessene neue Beschäftigungsmöglichkeiten und Unterstützung bei der Suche und Ausbildung für eine neue Arbeit.

In anderen Ländern versuchen die Gewerkschaften und die Regierung, das bestehende Matching von Arbeitsuchenden mit Arbeitsplätzen zu schützen, indem sie beispielsweise die Kündigung eines Arbeitsvertrags erschweren, selbst wenn die Leistung der beschäftigten Person unzureichend ist. Diese **Kündigungsschutzgesetze** können sich nachteilig auf die Leistungsfähigkeit des Arbeitsmarktes auswirken, indem sie die Diffusions- und Anpassungslücken vergrößern und den Prozess des technischen Fortschritts verlangsamen, während sie gleichzeitig die Lohnsetzungskurve nach oben schieben.

Diese unterschiedlichen Reaktionen auf die Chancen und Herausforderungen der schöpferischen Zerstörung werden uns helfen zu verstehen, warum einige Volkswirtschaften in der jüngeren Geschichte besser abgeschnitten haben als andere.

Kündigungsschutzgesetze Gesetze, die die Kündigung von Arbeitsplätzen für Unternehmen kostspieliger (oder sogar unmöglich) machen.

Samuel Bentolila, Tito Boeri, und Pierre Cahuc. 2010. 'Ending the Scourge of Dual Markets in Europe' (https://tinyco.re/2724010). *VoxEU.org*. Aktualisiert am 12. Juli 2010.

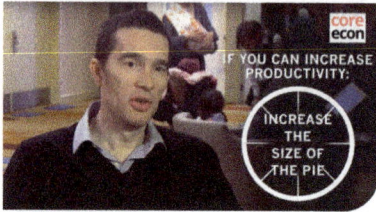

In unserem Video „Ökonominnen und Ökonomen in Aktion" erklärt John Van Reenen anhand des Spiels Cricket, wie die durchschnittliche Produktivität der Wirtschaft durch das Überleben von Unternehmen mit geringer Produktivität beeinflusst wird. https://tinyco.re/4455896

FRAGE 16.6 WÄHLEN SIE DIE RICHTIGE(N) ANTWORT(EN)

Sehen Sie sich unser „Ökonominnen und Ökonomen in Aktion" Video mit John Van Reenen über die Faktoren der Produktivität von Unternehmen an. Welche der folgenden Aussagen aus dem Video ist richtig?

☐ Die großen Produktivitätsunterschiede zwischen Ländern und Unternehmen sind auf unterschiedliche Managementpraktiken zurückzuführen.

☐ Die Offenheit eines Landes für ausländische Direktinvestitionen ist für die Verbesserung der Produktivität wichtiger als die schöpferische Zerstörung.

☐ Der „schöpferische" Teil der schöpferischen Zerstörung ist sowohl auf kurze als auch auf lange Frist produktivitätssteigernd.

☐ Die Offenheit eines Landes für Importe kann sich auf seine Produktivität auswirken.

FRAGE 16.7 WÄHLEN SIE DIE RICHTIGE(N) ANTWORT(EN)

Abbildung 16.9b (Seite 815) zeigt den langfristigen Anpassungsprozess auf dem Arbeitsmarkt nach einem technischen Fortschritt.

Welche der folgenden Aussagen ist richtig?

☐ Die neue Technologie führt weder auf kurze noch auf lange Frist zu einem Anstieg der Arbeitslosigkeit.

☐ Bei D erhöhen die Unternehmen die Investitionen und damit die Beschäftigung aufgrund des großen Abstands zwischen dem gezahlten Reallohn und der Lohnsetzungskurve.

☐ Eine geringere Arbeitslosigkeit bei E impliziert einen höheren Lohn, der erforderlich ist, um die Beschäftigten zu hohen Leistungen zu veranlassen, was zu dem höheren Reallohn bei B führt.

☐ Die Anpassung von Gleichgewicht A an das neue Gleichgewicht bei B erfolgt unmittelbar.

16.6 TECHNOLOGISCHER WANDEL UND EINKOMMENSUNGLEICHHEIT

kurze Frist (Modell) Der Begriff bezieht sich nicht auf einen bestimmten Zeitraum, sondern auf das, was exogen ist: Preise, Löhne, Kapitalbestand, Technologie, Institutionen *Siehe auch: Lohn, Kapital, Technologie, Institutionen, mittelfristiges Modell.*
lange Frist (Modell) Der Begriff bezieht sich nicht auf einen bestimmten Zeitraum, sondern auf das, was exogen ist. Eine langfristige Kostenkurve bezieht sich beispielsweise auf die Kosten, wenn das Unternehmen alle Inputs einschließlich seiner Investitionsgüter vollständig anpassen kann; Technologie und die Institutionen der Wirtschaft sind jedoch exogen. *Siehe auch: Technologie, Institution, kurze Frist (Modell), mittlere Frist (Modell).*

Was passiert mit der Einkommensverteilung in einer Volkswirtschaft, wenn eine neue Technologie eingeführt wird, die die Produktivität der Arbeit erhöht? Denken Sie an den Fall, den wir gerade in den Abbildungen 16.9a und 16.9b untersucht haben, wo wir den Kontrast zwischen den **kurzfristigen** unmittelbaren Auswirkungen und dem **langfristigen** Ergebnis hervorheben, das sich ergibt, wenn die durch die Innovation ermöglichten höheren Gewinne die Eigentümer:innen zu zusätzlichen Investitionen motiviert haben.

Kurzfristig bewegt sich die Wirtschaft von Punkt A zu Punkt D in Abbildung 16.9b. Die neue Technologie erhöht den Output je beschäftigter Person und verringert die Zahl der Beschäftigten. Für die Beschäftigten in D nehmen wir an, dass der Reallohn auf kurze Sicht nicht beeinflusst wird.

Wie wirkt sich das kurzfristig auf die Ungleichheit bei Punkt D aus? Die Ungleichheit nimmt aus zwei Gründen zu: erstens, weil die Zahl der nicht beschäftigten Personen mit geringem oder gar keinem Einkommen steigt, und zweitens, weil kurzfristig nur die Eigentümer:innen von Unternehmen von der neuen Technologie profitieren. Der Anteil der Eigentümer:innen am Wert des produzierten Outputs nimmt zu. Dies ist in der ersten Zeile von Abbildung 16.10 zusammengefasst. Wären die Löhne bei D gesunken, um die Lohnsetzungskurve bei der neuen Arbeitslosenquote zu erreichen, hätte dies natürlich den Anstieg der Ungleichheit noch verschärft.

Aber hier endet der Prozess nicht. Der Punkt D in Abbildung 16.9b ist kein Nash-Gleichgewicht, da die Unternehmen bei dem neuen Wert der Produktivität und dem alten Reallohn genügend Gewinne erzielen, um entweder neue Unternehmen in die Wirtschaft zu locken oder die bestehenden Unternehmen zur Ausweitung ihrer Produktion veranlassen. Ein Blick zurück auf Abbildung 16.9b zeigt, dass die Wirtschaft expandiert und mehr Menschen beschäftigt werden. Dadurch steigen auch die Löhne entlang der Lohnsetzungskurve an. Dieser Prozess setzt sich so lange fort, bis der Lohn so hoch ist, dass die Unternehmen nicht mehr expandieren oder in die Wirtschaft eintreten, das heißt bis die Wirtschaft den Punkt B, das neue Nash-Gleichgewicht, erreicht.

Vergleicht man das neue Nash-Gleichgewicht bei Punkt B mit dem ursprünglichen Gleichgewicht bei Punkt A, so profitieren sowohl die Beschäftigten als auch die Eigentümer:innen von Unternehmen von der neuen Technologie. Der Lohnanteil liegt wieder auf dem ursprünglichen Wert, und die Ungleichheit ist bei B geringer, weil die Arbeitslosenquote niedriger ist. Es ist zu beachten, dass der Lohnanteil bei B zwar nicht höher ist als bei A, die Reallöhne jedoch schon.

Die langfristige Auswirkung des technologischen Fortschritts reduziert die Ungleichheit, weil:

- der Anteil des Outputs, der an die Beschäftigten geht, hat aufgrund eines langfristigen Anstiegs der Reallöhne wieder den Wert erreicht, den er vorher hatte
- der höhere Reallohn ermöglichte den Eigentümer:innen von Unternehmen, die Motivation der Angestellten, viel Arbeitseinsatz zu zeigen, aufrechtzuerhalten, obwohl die Arbeitslosigkeit gering war

Um die Auswirkungen auf die Ungleichheit zu sehen, stellen wir die Ausgangssituation durch eine Lorenzkurve dar (die in Einheit 5 eingeführt und auch in den Einheiten 9 und 10 verwendet wurde) und sehen dann, wie sich ihre Form verändert. In Abbildung 16.11 sind die arbeitslosen Personen, die beschäftigten Personen und die Eigentümer:innen auf der horizontalen Achse dargestellt.

	In Abbildung 16.9b	Beschäftigung	Arbeits-losigkeit	Lohnanteil	Ungleichheit
Kurzfristig (Anzahl der Unternehmen und ihr Kapitalbestand ändern sich nicht)	A bis D	Abwärts	Aufwärts	Abwärts	Aufwärts
Langfristig (Ergebnis passt sich vollständig an das neue Nash-Gleichgewicht des Modells an, keine Veränderung der Lohnsetzungskurve)	A bis B	Aufwärts	Abwärts	Gleichbleibend	Leicht abwärts

Abbildung 16.10 Auswirkungen technologischer Verbesserungen auf das Arbeitsmarktmodell: Kurz- und langfristig.

Die durchgezogene Linie in Abbildung 16.11 ist die Lorenzkurve, die der Situation bei Punkt A in Abbildung 16.9b entspricht. Wenn die Arbeitslosigkeit zu D (auf der horizontalen Achse) ansteigt, verschiebt sich die Lorenzkurve nach außen zur gestrichelten Kurve. Der Verlauf ist niedriger, was den geringeren Lohnanteil bei Punkt D widerspiegelt. Langfristig sinkt die Arbeitslosigkeit auf B, und der Lohnanteil kehrt zu seinem ursprünglichen Wert zurück. Die Lorenzkurve verschiebt sich nach innen.

Folgen Sie den Schritten der Analyse in Abbildung 16.11, um zu sehen, wie sich die Lorenzkurve auf dem Weg zum neuen Gleichgewicht verändert.

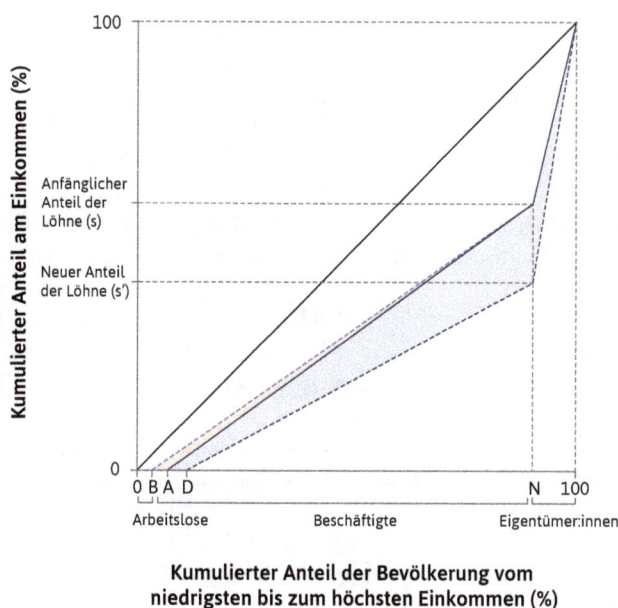

Abbildung 16.11 Auswirkungen einer neuen Technologie auf die Ungleichheit: kurz- und langfristig.

1. Arbeitslosigkeit vor der Einführung einer neuen Technologie

Die Wirtschaft befindet sich zu Beginn in einem langfristigen Gleichgewicht vor der neuen Technologie, mit einem Anteil A an der Bevölkerung, der arbeitslos ist (entsprechend Punkt A). Ein Anteil von N - A Personen ist beschäftigt, und der anfängliche Anteil des Outputs, der an beschäftigte Personen geht, ist s.

2. Die Einführung der neuen Technologie

Dadurch werden einige Beschäftigte von ihren Arbeitsplätzen verdrängt, sodass die Arbeitslosigkeit nun auf D ansteigt (was dem Punkt D in Abbildung 16.9b entspricht). Wir nehmen an, dass die Löhne für die verbleibenden Beschäftigten gleich bleiben. Da der Output pro beschäftigter Person gestiegen ist, sinkt der Anteil der Löhne am Wert des Outputs.

3. Die wirtschaftlichen Gewinne sind hoch

Neue Unternehmen werden in die Wirtschaft gelockt und die Investitionen steigen, sodass die bestehenden Unternehmen expandieren. Die Arbeitslosigkeit sinkt schließlich auf den bei Punkt B angegebenen Wert, das neue langfristige Gleichgewicht.

ÜBUNG 16.5 TECHNOLOGISCHER FORTSCHRITT UND UNGLEICHHEIT

In Einheit 9 wurde im Einstein gezeigt, dass sich der Gini-Koeffizient g aus den drei Personengruppen des gesamtwirtschaftlichen Arbeitsmarktes wie folgt berechnen lässt:

$$g = u + n - (1 - u)\frac{w}{\lambda}$$

Dabei steht u für den Anteil der arbeitslosen Personen, n für den Anteil der Erwerbspersonen an den Erwerbstätigen, die Menge 1 - n - u für den Anteil der Eigentümer:innen von Unternehmen an den Erwerbspersonen, w für den Reallohn und λ für den Output pro beschäftigter Person. Der Ausdruck w/λ ist der Anteil des gesamten Outputs, der mit den Löhnen der Beschäftigten gekauft werden kann, der so genannte Lohnanteil. Das ist klar, denn wn ist die Summe der gezahlten Löhne und λn ist der gesamte Output.

Nehmen wir an, in der ursprünglichen Lorenzkurve (vor dem technischen Wandel) gäbe es 6 arbeitslose Personen, 84 Beschäftigte und 10 arbeitgebende Eigentümer:innen, deren Löhne ausreichen, um 60 % des Outputs zu kaufen.

1. Zeigen Sie, dass der Gini-Koeffizient in diesem Fall 0,336 betragen würde.
2. Nehmen wir nun an, der technische Fortschritt führt dazu, dass vier Beschäftigte ihren Arbeitsplatz verlieren, während der Output konstant bleibt, und der Lohn der verbleibenden Personen ebenfalls konstant bleibt, sodass die Gewinne um den Betrag steigen, um den die Gesamtlohnsumme gesunken ist. Wie hoch ist der neue Lohnanteil? Wie hoch ist der neue Gini-Koeffizient?
3. Nehmen wir an, dass es langfristig 4 arbeitslose Personen, 86 Beschäftigte und 10 arbeitgebende Eigentümer:innen gibt und der Lohnanteil wieder bei 60 % liegt. Wie hoch ist der Gini-Koeffizient jetzt? Erläutern Sie in Ihren eigenen Worten, warum die Ungleichheit auf kurze Frist zu- und auf lange Frist abnimmt.

FRAGE 16.8 WÄHLEN SIE DIE RICHTIGE(N) ANTWORT(EN)

Führt die Einführung einer neuen arbeitssparenden Technologie ...?

☐ Kurzfristig zu einem höheren Lohnanteil am Output und einem höheren Gini-Koeffizienten.

☐ Kurzfristig zu einem niedrigeren Lohnanteil am Output und einem höheren Gini-Koeffizienten.

☐ Kurzfristig zu einem niedrigeren Lohnanteil am Output und einem niedrigerem Gini-Koeffizienten.

☐ Langfristig zu einer höheren Arbeitslosigkeit, einem niedrigeren Lohnanteil am Output und einem höheren Gini-Koeffizienten.

16.7 WIE LANGE DAUERT ES, BIS SICH ARBEITSMÄRKTE AN SCHOCKS ANPASSEN?

Wie lang ist die lange Frist? Im Jahr 1923 schrieb John Maynard Keynes:

John Maynard Keynes. 1923. *A Tract on Monetary Reform*. London, Macmillan and Co.

> Die lange Frist ist ein irreführender Maßstab für das aktuelle Geschehen. *Auf lange Frist sind wir alle tot.* Ökonominnen und Ökonomen machen es sich zu leicht und es ist unnütz, wenn sie uns in stürmischen Zeiten nur sagen können, dass das Meer wieder flach ist, wenn der Sturm vorbei ist. (*A Tract on Monetary Reform*)

Was Sie über das Zitat von Keynes denken, insbesondere über den kursiv gedruckten Teil, hängt vielleicht von Ihrem Alter ab (er war damals 40 Jahre alt und lebte noch weitere 23 Jahre). In Keynes Metapher ist das Meer im Gleichgewicht flach, aber wenn Sie an einer sicheren Schifffahrt interessiert sind, ist es vielleicht wichtiger, was beim Übergang von einem Gleichgewicht zum anderen passiert, mit anderen Worten, wie man durch den Sturm kommt. Keynes vertrat eine dynamische Sichtweise der Wirtschaft, das heißt eine Sichtweise, die sich auf Veränderungen konzentriert.

In Abschnitt 16.5 haben wir untersucht, wie ein neues langfristiges Gleichgewicht auf dem Arbeitsmarkt erreicht werden kann, wenn eine arbeitssparende Innovation den Arbeitsmarkt aus dem Gleichgewicht gebracht hat. Dabei konnten durch die Innovation verdrängte Arbeitskräfte zu höheren Löhnen wieder beschäftigt werden. Keynes interessiert sich dafür, wie die Wirtschaft von einem Gleichgewicht zum anderen gelangt. Das Verständnis dieses Prozesses sollte Grundlage einer guten Wirtschaftspolitik sein.

Viele Ökonominnen und Ökonomen haben jedoch seither den von Keynes als „einfach" bezeichneten Ansatz gewählt und sich nur auf ein oder mehrere Gleichgewichte konzentriert. Wenn sich etwas ändert (zum Beispiel durch eine neue Technologie), vergleichen sie das Gleichgewicht vor und nach der Veränderung. Dies wird als vergleichender statischer Ansatz bezeichnet (statisch bedeutet unveränderlich, es geht also darum, zwei Dinge zu vergleichen, die sich unterscheiden—das Vorher und das Nachher—, aber selbst statisch sind).

Hal Varian (1947–), ein bedeutender amerikanischer Wirtschaftstheoretiker, weist auf die Schwierigkeiten hin, zu wissen, was außerhalb des Gleichgewichts geschieht, und erklärt der Leserschaft seines populären Mikroökonomie-Buchs (https://tinyco.re/2912410): „Wir werden im Allgemeinen die Frage ignorieren, wie das Gleichgewicht erreicht wird, und uns nur auf die Frage konzentrieren, wie sich die Unternehmen im Gleichgewicht verhalten."

Varian hat Recht: Es ist wichtig zu wissen, was im Gleichgewicht geschieht und wie sich der Wert der Beschäftigung, der Löhne und der Gewinne, die im Gleichgewicht auftreten, je nach den Bedingungen und der Politik unterscheiden werden. Es stimmt auch nicht, dass „wir" in der langen Frist alle tot sind, es sei denn, die einzigen Menschen, die man als „wir" zählt, sind die jetzt Lebenden und nicht zukünftige Generationen, die nach uns leben und die langfristigen Auswirkungen der jetzt getroffenen Maßnahmen zu spüren bekommen werden. Wir wissen aus Einheit 4, dass sich die Menschen um das Wohlergehen anderer kümmern, sodass die lange Frist wichtig ist, selbst wenn sie sehr lang ist.

Wenn sich die Wirtschaft bei Veränderungen schnell von einem Gleichgewicht zum anderen bewegt, ist der von Varian vertretene vergleichende statische Ansatz sinnvoll. Wenn der Gleichgewichtsprozess lange dauert oder wenn wir nicht einmal sicher sein können, dass die

Wirtschaft in ein anderes Gleichgewicht übergeht (siehe „Gibt es Preisblasen?" in Einheit 11 (Seite 552)), dann scheint der Fokus Keynes auf die Dynamik des Anpassungsprozesses angemessen.

In Einheit 11 haben wir erläutert, dass ein Markt, der sich nicht im Gleichgewicht befindet, den Marktakteurinnen und -akteuren die Möglichkeit bietet, durch Änderung des Preises oder der Menge, die sie verkaufen oder kaufen, Vorteile zu erzielen. Diese so genannten Rent-Seeking-Aktivitäten sind Teil des Prozesses, durch den ein neues Gleichgewicht erreicht wird. Auf einem Fischmarkt beispielsweise bedeutet Rent-Seeking lediglich, einen anderen Preis anzubieten oder zu verlangen, und der Prozess der Herstellung eines neuen Gleichgewichts ist relativ schnell.

Aber auf dem Arbeitsmarkt wird der Prozess langsamer verlaufen. Der Grund dafür ist, dass das Rent-Seeking, das zu einem neuen Gleichgewicht führen kann, möglicherweise eine Weiterbildung erfordert, oder Sie müssen mit Ihrer Familie umziehen und an einem neuen Ort Arbeit suchen.

Die Debatte darüber, wie schnell sich die US-amerikanischen Arbeitsmärkte an den „Schock" der konkurrierenden Importe von Industriegütern aus China anpassen würden, ist ein typisches Beispiel dafür. Um die Jahrhundertwende, nach mehr als einem Jahrzehnt rapide steigender Importe aus China, herrschte unter den Ökonominnen und Ökonomen in den USA Einigkeit darüber, dass die Importe keine größeren negativen Auswirkungen auf Löhne und Beschäftigung hätten. Zum Teil deshalb, weil die Personen, die in den mit den Importen konkurrierenden Unternehmen arbeiteten, problemlos in andere Regionen abwandern könnten. In einem unserer früheren „Ökonominnen und Ökonomen in Aktion" Videos (https://tinyco.re/6012955) über globale Produktion und Outsourcing stellte Richard Freeman die Frage, ob die Löhne in den USA „in Peking festgelegt werden", und antwortete mit einem klaren „Nein".

Doch schon damals häuften sich die Anzeichen dafür, dass die Anpassung der US-Wirtschaft an den Schock aus China kein einfacher vergleichsweise statischer Sprung von einem Gleichgewicht zum anderen sein würde. Die meisten Ökonominnen und Ökonomen ahnten damals nicht, wie schnell und in welchem Ausmaß China die weltweite Produktion von Industriegütern dominieren würde: Nachdem es 1990 ein Zwanzigstel der weltweit produzierten Güter hergestellt hatte, produzierte China ein Vierteljahrhundert später ein Viertel des weltweiten Gesamtvolumens.

Doch das unerwartete Ausmaß des Schocks aus China machte den Optimismus vieler Ökonominnen und Ökonomen zunichte; da die Anpassung des Arbeitsmarktes nicht so schnell vonstatten ging, wie sie angenommen hatten.

Die Auswirkungen auf die US-amerikanischen Arbeitsmärkte waren geografisch konzentriert: Teile des Bundesstaates Tennessee, die auf die Möbelproduktion spezialisiert sind und mit China konkurrieren müssen, wurden hart getroffen, während das nahe gelegene Alabama, das auf die Schwerindustrie spezialisiert ist, kaum betroffen war, da China keine schweren Industriegüter exportierte. Die geografische Konzentration der Auswirkungen des China-Schocks hat es Ökonominnen und Ökonomen ermöglicht zu untersuchen, wie sich die Arbeitsmärkte angepasst haben.

Sie fanden heraus, dass die lange Frist auf den US-amerikanischen Arbeitsmärkten eine sehr lange Zeitspanne ist. Die „von China betroffen" Regionen erlitten große Verluste bei der Beschäftigung im verarbeitenden Gewerbe; viele der arbeitslosen Personen fanden vor Ort keine Arbeit und gaben auf, sie verließen den Pool der Erwerbspersonen. Nur sehr wenige verließen die Region. Die in den 1990er Jahren von der Importkonkurrenz getroffenen Orte waren auch im zweiten Jahrzehnt dieses Jahrhunderts von

Kathryn Graddy: Fischen nach perfektem Wettbewerb
https://tinyco.re/7406838

Richard Freeman: Verantwortung kann man nicht auslagern
https://tinyco.re/0004374

EconTalk. 2016. 'David Autor on Trade, China, and U.S. Labor Markets' (https://tinyco.re/2829759). Library of Economics and Liberty. Aktualisiert am 26. Dezember 2016.

David Autor und Gordon Hanson. *NBER Reporter 2014 Number 2: Research Summary. Labor Market Adjustment to International Trade* (https://tinyco.re/2846538).

der Krise betroffen. Zwischen 1999 und 2011 führte der China-Schock zu einem Verlust von 2,4 Millionen Arbeitsplätzen.

Die Schlussfolgerung einer großen Studie über den China-Schock bestätigte eher die Sichtweise Keynes anstatt die Sichtweise von Varian. Wollte man die Auswirkungen auf den US-Arbeitsmarkt abschätzen und sich dabei nur auf ein Standardlehrbuch der Volkswirtschaftslehre stützen, so würde man große Arbeitskräftebewegungen zwischen den US-Industrien vorhersagen, die exportieren oder mit Importen konkurrieren. Zum Beispiel von Bekleidung und Möbeln zu Pharmazeutika und Düsenflugzeugen. Man würde auch erwarten, dass es nur zu einer begrenzten Verlagerung von Arbeitsplätzen von handelbaren zu nicht-handelbaren Gütern kommt und dass es keine Nettoauswirkungen auf die Gesamtbeschäftigung in den USA gibt. Die Realität der Anpassung an den Handelsschock mit China sah jedoch ganz anders aus.

Die Anpassung an die Einführung von arbeitssparenden Maschinen, die wir in dieser Einheit untersucht haben, dürfte ähnlich langsam vonstatten gehen. In Einheit 18 kehren wir zu China in der Weltwirtschaft zurück und zeigen, dass die Reaktion auf den China-Schock in Deutschland ganz anders ausfiel.

16.8 INSTITUTIONEN UND POLITIK: WARUM SCHNEIDEN EINIGE LÄNDER BESSER AB ALS ANDERE?

Was verstehen wir unter „guter" Leistung oder einem „guten" Ergebnis? Die Antwort ist wichtig, denn die Bevölkerung, die Parteien mit unterschiedlichen Wirtschaftsprogrammen wählt, und politische Entscheidungsträger:innen, die versuchen, diese Programme zu verbessern, benötigen eine Vorstellung davon, was wünschenswert ist—entweder für den Einzelnen, die politischen Entscheidungsträger:innen oder die Nation.

Wie wir in Einheit 3 gesehen haben, schätzen die Menschen sowohl ihre freie Zeit als auch ihren Zugang zu Gütern. Wir sollten ihre Entlohnung pro Arbeitsstunde in unsere Bewertung der Ergebnisse einbeziehen. In einem bestimmten Jahr ist eine „gute" Leistung dann gegeben, wenn die Arbeitslosigkeit niedrig und der Reallohn pro Stunde hoch ist. Übertragen wir dies auf einen dynamischen Rahmen und bewerten eine Volkswirtschaft über viele Jahre hinweg, so beurteilen wir die Leistung als „gut", wenn ein Land ein schnelles Wachstum der Reallöhne pro Stunde für Beschäftigte mit einer niedrigen Arbeitslosigkeit kombiniert.

Natürlich gibt es noch andere langfristige Dimensionen der wirtschaftlichen Leistung, die den meisten Menschen wichtig sind. Es mag uns interessieren, ob die Verteilung der wirtschaftlichen Erträge fair ist oder nicht, ob das Verhältnis der Wirtschaft zur natürlichen Umwelt nachhaltig ist oder nicht, oder inwieweit die Haushalte durch Konjunkturzyklusschwankungen wirtschaftlicher Unsicherheit ausgesetzt sind. Hier konzentrieren wir uns jedoch ausschließlich auf die Entwicklung der Reallöhne pro Stunde und die Arbeitslosenquote.

Anhand des Modells des Arbeitsmarktes und der Beveridge-Kurve sehen wir, dass eine Volkswirtschaft, um eine gute Leistung zu erzielen, über zwei Fähigkeiten verfügen muss:

- *Sie muss die Preissetzungskurve erhöhen und die Aufwärtsbewegung der Lohnsetzungskurve aufhalten:* Damit sowohl das Wachstum der Stundenlöhne als auch die Beschäftigungsquote auf lange Frist hoch sind.
- *Sie muss sich schnell und vollständig anpassen:* Damit die gesamte Wirtschaft die Chancen des technologischen Wandels nutzen kann.

Technologischer Wandel bedeutet, dass in Unternehmen, in denen neue Technologien die Arbeitskräfte substituieren, Arbeitsplätze verschwinden. Arbeitsplätze verschwinden auch, wenn neue Unternehmen hinzukommen und diejenigen, die sich nicht an die neuen Bedingungen anpassen können, schließen. Die Beveridge-Kurve macht deutlich, wie wichtig das Zusammenbringen von Beschäftigten und offenen Stellen auf dem Arbeitsmarkt ist. In Abbildung 16.9b haben wir gesehen, dass neue Technologien zunächst dazu führen, dass Beschäftigte verdrängt werden: Die Beveridge-Kurve fasst die Fähigkeit der Wirtschaft zusammen, verdrängte Personen schnell wieder einzusetzen und so den Zeitraum zu verkürzen, den die Wirtschaft in der kurzfristigen Situation verbringt (Punkt D, Abbildung 16.9b).

Abbildung 16.12 zeigt die langfristige Entwicklung (über einen Zeitraum von 40 Jahren) für eine Gruppe von fortgeschrittenen Volkswirtschaften. Dabei werden die Kriterien Reallohnwachstum und Arbeitslosenquote verwendet. Wir untersuchen einen langen Zeitraum, weil wir nicht wollen, dass unsere Bewertung der langfristigen Leistung von der jeweiligen Phase des Konjunkturzyklus, in der sich ein Land befindet, beeinflusst wird. Wir verwenden die Löhne im verarbeitenden Gewerbe, weil sie auf eine Art und Weise gemessen werden, die zwischen den Ländern besser vergleichbar ist—obwohl dies nicht ideal ist, weil der Anteil der Beschäftigung im verarbeitenden Gewerbe im Laufe der Zeit abnimmt und von Land zu Land variiert.

Bei einer guten Leistung befindet sich ein Land mit hohem Lohnwachstum und niedriger Arbeitslosigkeit in der oberen linken Ecke der Abbildung 16.12; bei einer schlechten Leistung befindet sich ein Land in der unteren rechten Ecke. Da wir sowohl ein hohes Lohnwachstum als auch eine niedrige Arbeitslosigkeit schätzen, sind wir möglicherweise bereit, ein niedriges Lohnwachstum zu tolerieren, wenn es mit einem niedrigeren Wert der Arbeitslosigkeit verbunden ist. Dies bedeutet, dass wir die Indifferenzkurve der Bevölkerung als einen Strahl vom Ursprung aus darstellen können. Steilere Strahlen sind besser, und die Leistung eines Landes wird durch die Steigung eines Strahls vom Ursprung bis zur Beobachtung dieses Landes gemessen. Betrachten Sie Abbildung 16.12 und nehmen Sie Belgien (BEL) als Beispiel: Eine Person aus Belgien würde es vorziehen, auf einem steileren Strahl zu liegen, wie der von Deutschland (GER), mit geringerer Arbeitslosigkeit und höherem Lohnwachstum.

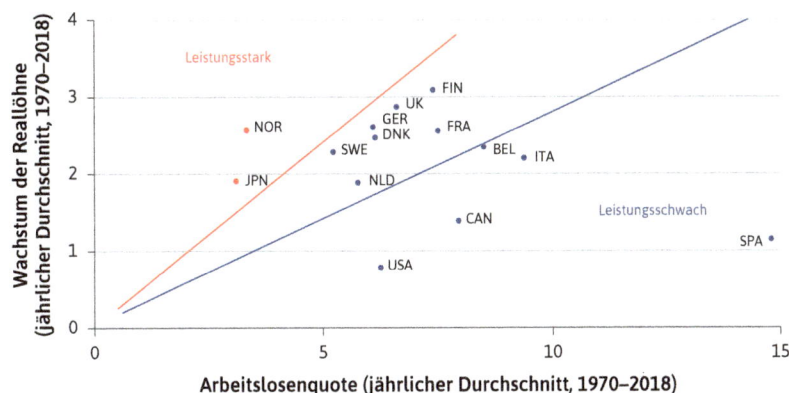

Aktuelle Daten bei OWiD anzeigen
https://tinyco.re/9247646

OECD. 2021. *OECD Statistics* (https://tinyco.re/9377362); BLS-Daten für spanische Reallöhne erst ab 1979 verfügbar. Das spanische Reallohnwachstum für 1970–1979 wurde daher anhand der Tabellen 16.25 und 16.5 aus Barciela López, Carlos, Albert Carreras und Xavier Tafunell geschätzt.
2005. *Estadísticas históricas de España: Siglos XIX-XX.* Bilbao: Fundación BBVA.

Abbildung 16.12 Langfristige Arbeitslosigkeit und Wachstum der Reallöhne in der OECD (1970–2018).

Die beiden Strahlen in Abbildung 16.12 unterteilen die Länder in drei Gruppen. Die Spitzenreiter im 40-Jahres-Zeitraum von 1970 bis 2018 sind Norwegen und Japan. Die Schlusslichter sind Belgien, Italien, die USA, Kanada und Spanien. Das schlechte Abschneiden der USA ist zum Teil darauf zurückzuführen, dass sie 1970 mit höheren Löhnen starteten, weil sie in diesem Zeitraum weltweit technologisch führend waren (wie wir in Abbildung 16.3 gesehen haben). Dies bedeutete, dass andere Länder davon lernen konnten und ihre Produktivität rasch steigerten. Ähnliche Argumente gelten für Kanada. Aus diesem Grund betrachten wir diese beiden Länder nicht als repräsentativ für die leistungsschwachen Länder, obwohl die Reallöhne in den USA viel langsamer gestiegen sind als die Produktivität, sodass der Großteil der Bevölkerung der USA in diesem Zeitraum nicht sehr stark vom Wirtschaftswachstum profitiert hat.

Es ist zu beachten, dass erfolgreiche Länder unterschiedliche Kombinationen von Maßnahmen und Institutionen eingesetzt haben. Einige der leistungsstärksten Länder (mit einem steileren Strahl vom Ursprung) wie Norwegen, Finnland, Schweden und Deutschland haben starke Gewerkschaften, während die nordischen Länder (einschließlich Dänemark) einige der großzügigsten Arbeitslosengelder der Welt haben.

Abbildung 16.13 gibt die Daten zur Arbeitslosigkeit aus Abbildung 16.1 (Seite 791) wieder, wobei jedoch zwei der leistungsstarken und zwei der leistungsschwachen Länder aus Abbildung 16.12 hervorgehoben sind. Die Unterschiede zwischen Japan und Norwegen einerseits und Italien und Spanien andererseits betreffen eher die Arbeitslosigkeit als das Wachstum der Reallöhne. In Abbildung 16.13 sehen Sie, wie unterschiedlich sich die Arbeitslosigkeit nach den Ölschocks der 1980er Jahre und nach der Finanzkrise verhielt.

Aktuelle Daten bei OWiD anzeigen
https://tinyco.re/0981244

Daten von 1960–2004: David R. Howell, Dean Baker, Andrew Glyn, und John Schmitt. 2007. 'Are Protective Labor Market Institutions at the Root of Unemployment? A Critical Review of the Evidence' (https://tinyco.re/2000761). *Capitalism and Society* 2 (1) (Januar). Daten von 2005 bis 2019: OECD harmonized unemployment rates, OECD. 2021. *OECD Statistics* (https://tinyco.re/9377362).

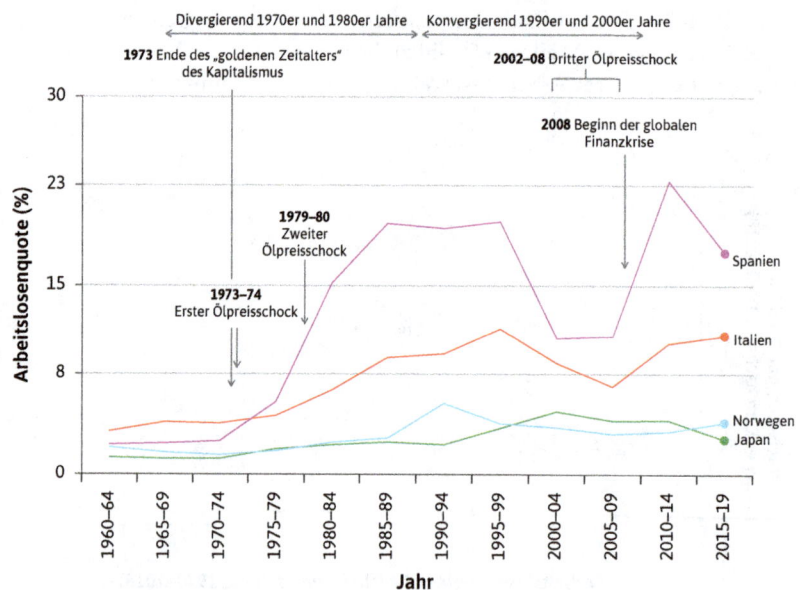

Abbildung 16.13 Arbeitslosenquoten von zwei leistungsstarken und zwei leistungsschwachen Arbeitsmärkten (1960–2019).

Wir werden sehen, dass das Modell dieser Einheit einen nützlichen Rahmen für das Verständnis der Leistungsstarken und der Leistungsschwachen auf dem Arbeitsmarkt bietet. Wir werden nun zeigen, wie das Modell verwendet werden kann, um zu erklären, wie Institutionen und politische Maßnahmen das Wachstum der Reallöhne und die Arbeitslosigkeit auf lange Frist beeinflussen.

ÜBUNG 16.6 SIE SIND DIE POLITISCHEN ENTSCHEIDUNGSTRÄGER:INNEN

Beziehen Sie sich auf Abbildung 16.12 (Seite 825), um die folgenden Fragen zu beantworten:

1. Zeichnen Sie auf denselben Achsen die Indifferenzkurven einer Person der Bevölkerung sowie einer politischen Entscheidungsträgerin oder einem Entscheidungsträger, die oder der sich nur für die Lohnentwicklung interessiert.
2. Welche Länder sind den Daten der Abbildung zufolge die Leistungsstärksten und welche die Leistungsschwächsten?
3. Zeichnen Sie auf denselben Achsen Ihre Indifferenzkurven ein, wenn Sie sich nur für die Arbeitslosenquote interessieren würden. Welche Länder wären in diesem Fall die Leistungsstärksten und welche die Leistungsschwächsten?
4. Zeichnen Sie auf denselben Achsen eine Indifferenzkurve, die auf Ihren persönlichen Präferenzen in Bezug auf Lohnwachstum und Arbeitslosigkeit beruht und begründen Sie Ihre Wahl.
5. In welchem der in der Abbildung dargestellten Länder würden Sie leben wollen, wenn Sie Ihre Präferenzen in Bezug auf andere wirtschaftliche Faktoren berücksichtigen, und warum? Erläutern Sie, welche wirtschaftliche Faktoren Sie bei Ihrer Entscheidung berücksichtigt haben.

FRAGE 16.9 WÄHLEN SIE DIE RICHTIGE(N) ANTWORT(EN)

In der folgenden Grafik wird das Wachstum der Reallöhne verschiedener Länder gegenüber ihrer Arbeitslosenquote dargestellt, gemittelt über den Zeitraum 1970–2011.

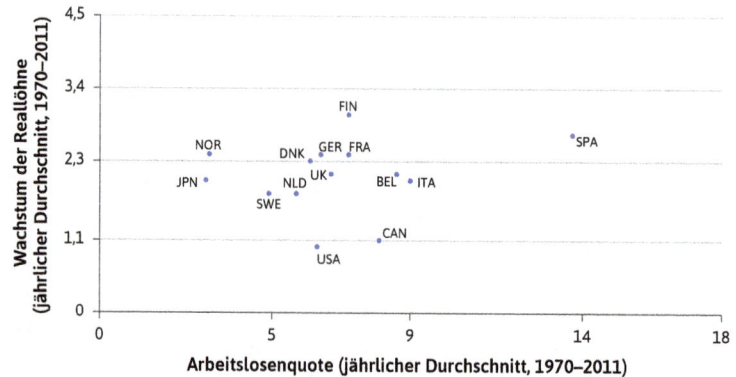

Welche der folgenden Aussagen ist auf der Grundlage dieser Informationen richtig?

☐ Wenn man sich nur um die Arbeitslosigkeit kümmern würde, dann ist Finnland das Land mit der besten Leistung.

☐ Wenn man nur auf das Lohnwachstum achtet, dann haben die europäischen Länder besser abgeschnitten als die nordamerikanischen Länder.

☐ Wenn man sowohl die Arbeitslosigkeit als auch das Lohnwachstum berücksichtigt, dann ist Spanien eines der Länder mit der besten Leistung.

☐ Wenn man sowohl auf die Arbeitslosigkeit als auch auf das Lohnwachstum achtet, dann hat Finnland eindeutig besser abgeschnitten als Norwegen.

16.9 TECHNOLOGISCHER WANDEL, ARBEITSMÄRKTE UND GEWERKSCHAFTEN

Politische Maßnahmen und Institutionen machen den Unterschied. Die Modelle geben Aufschluss über die Erfahrungen einiger der leistungsstärksten und leistungsschwächsten Länder. Wir nehmen drei Länder als Beispiele: Norwegen und Japan als leistungsstarke Länder und Spanien als leistungsschwaches Land.

In Norwegen und Spanien spielen die Gewerkschaften eine wichtige Rolle, nicht aber in Japan. In Norwegen ist mehr als die Hälfte aller Lohn- und Gehaltsempfangenden Teil einer Gewerkschaft, und die Tarifverträge der Gewerkschaften betreffen die meisten Beschäftigten in der Wirtschaft. In Spanien sind weniger als ein Fünftel der Beschäftigten gewerkschaftlich organisiert, obwohl Tarifverträge für die gesamte Wirtschaft wichtig sind.

Abbildung 16.14 gibt Aufschluss über die Bedeutung von gewerkschaftlichen Lohnabschlüssen und Arbeitslosigkeit. Auf der horizontalen Achse ist der prozentuale Anteil der Beschäftigten zu sehen, deren Löhne durch gewerkschaftliche Lohnabschlüsse bestimmt werden. Wie Sie sehen können, werden in einigen europäischen Ländern fast alle Beschäftigten von Gewerkschaftsverträgen erfasst. Und in den Ländern mit einer Tarifbindung von über 80 % reichen die Arbeitslosenquoten von weniger als 4 % (Island) bis fast 16 % (Spanien). Abbildung 16.14 deutet darauf hin, dass die Arbeitslosigkeit in den Ländern, in denen die Gewerkschaften einen größeren Einfluss auf die Lohnfindung haben, tendenziell nicht höher ist. Niedrige Arbeitslosigkeit findet sich in Ländern, die die ganze Bandbreite des gewerkschaftlichen Einflusses abdecken. Man vergleiche Südkorea und die Niederlande, Japan und Österreich oder die USA und Schweden.

So wie die Unternehmen nicht den niedrigstmöglichen Lohn anbieten, streben auch die meisten Gewerkschaften nicht den höchsten Lohn an, den sie in Verhandlungen erreichen können. Die Unternehmen bieten Löhne oberhalb des Mindestlohns an, weil sie nicht kontrollieren können, wie motiviert die Beschäftigten arbeiten. Die Gewerkschaften verhandeln nicht über den höchstmöglichen Lohn (den Lohn, bei dem den Eigentümer:innen nichts vom Kuchen übrig bliebe), weil die Gewerkschaften die Entscheidungen des Unternehmens über Einstellungen, Entlassungen und Investitionen nicht

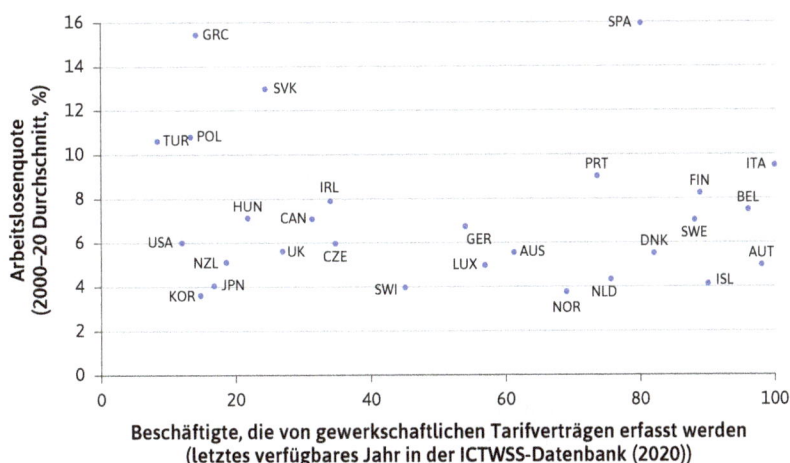

Abbildung 16.14 Tarifbindung der Gewerkschaften und Arbeitslosigkeit in der OECD (2000–2020).

Aktuelle Daten bei OWiD anzeigen
https://tinyco.re/2462743

OECD. 2021. *OECD Statistics* (https://tinyco.re/9377362). Labour force statistics. OECD und Amsterdam Institute for Advanced Labour Studies (AIAS). 2021. 'Institutional Characteristics of Trade Unions, Wage Setting, State Intervention and Social Pacts' (https://tinyco.re/9834258) OECD Publishing. Paris.

mittlere Frist (Modell) Der Begriff bezieht sich nicht auf einen Zeitraum, sondern auf ein exogenes Element. In diesem Fall sind Kapitalbestand, Technologie und Institutionen exogen. Produktion, Beschäftigung, Preise und Löhne sind endogen. *Siehe auch: Investitionsgüter, Technologie, Institution, kurze Frist (Modell), lange Frist (Modell).*

integrative Gewerkschaft Eine Gewerkschaft, die viele Unternehmen und Sektoren vertritt, welche die Folgen von Lohnerhöhungen für die Schaffung von Arbeitsplätzen in der gesamten Wirtschaft (in einer langen Frist) berücksichtigt.

Adrian Wooldridge. 2013. 'Northern Lights' (https://tinyco.re/2892712). *The Economist*. Aktualisiert am 2. Februar 2013.

Torben M Andersen, Bengt Holmström, Seppo Honkapohja, Sixten Korkman, Hans Tson Söderström, und Juhana Vartiainen. 2007. *The Nordic Model: Embracing Globalization and Sharing Risks* (https://tinyco.re/2490148). Helsinki: Taloustierto Oy.

kontrollieren können und höhere Löhne die Beschäftigung verringern können, weil sie die Gewinne des Unternehmens reduzieren.

Eine Gewerkschaft, die in vielen Unternehmen und Sektoren organisiert ist, wird nicht die gesamte Verhandlungsmacht, die sie besitzt, ausnutzen. Sie weiß, dass große Lohnzuwächse zu Folgendem führen werden:

- *Auf **mittlere Frist**:* Restriktive Politik der aggregierten Nachfrage, da die Regierung und die Zentralbank versuchen, die Inflation in der Nähe des Zielwerts zu halten (wie wir in Einheit 15 gesehen haben).
- *Auf **lange Frist**:* Das Aussteigen von Unternehmen und ein geringerer Bestand an Investitionsgütern, wodurch sich das Produktivitätswachstum verlangsamt.

Gewerkschaften, die auf diese Weise handeln, werden **integrative Gewerkschaften** genannt. Nicht-integrative Gewerkschaften können in ihrem eigenen Wirtschaftszweig hohe Löhne aushandeln, ohne die Auswirkungen auf andere Unternehmen oder Personen zu berücksichtigen, und zwar sowohl auf Beschäftigte als auch auf Arbeitslose. Unternehmensverbände, die die Interessen aller Unternehmen berücksichtigen, einschließlich derer, die in eine Industrie eintreten und mit den etablierten Unternehmen konkurrieren könnten, werden als integrative Unternehmensverbände bezeichnet. Wenn Gewerkschaften und Unternehmen in einer integrativen Weise handeln, ist es auch wahrscheinlicher, dass sich die Gewerkschaftsstimme positiv auswirkt. Wie in Einheit 9 erörtert, senkt dies den negativen Nutzen der Arbeit und trägt dazu bei, die Lohnsetzungskurve nach unten zu schieben.

Der nordische Fall: Integrative Gewerkschaften und Unternehmensverbände

Dieses integrative Verhalten ist genau das, was die Gewerkschaften und Unternehmensverbände in Norwegen (wie auch in den anderen nordischen Ländern) zwischen 2000 und 2020 an den Tag legten: Ihre zentralisierten Lohnverhandlungen bestanden auf einem gemeinsamen Lohn für eine bestimmte Art von Arbeit, wodurch Unternehmen mit geringer Produktivität der Zugang zu billigen Arbeitskräften verwehrt wurde und viele von ihnen aus dem Geschäft gedrängt wurden. Da die betroffenen Personen schnell in produktiveren Unternehmen eingesetzt wurden, führte dies vor allem zu einer Erhöhung der durchschnittlichen Arbeitsproduktivität, was die Preissetzungskurve nach oben trieb und höhere Löhne ermöglichte.

Integrative Gewerkschaften setzen sich auch für großzügige Einkommensuntergrenzen und eine hochwertige öffentliche Gesundheitsversorgung, berufliche Umschulung und Bildungsangebote ein— all dies verringert das Risiko, dem die meisten Menschen ausgesetzt sind. Dies führt dazu, dass die schöpferische Zerstörung des technologischen Wandels für das persönliche Leben der Menschen weniger destruktiv ist und dass sie generell offener für Veränderungen und die Übernahme von Risiken sind. Beide Eigenschaften sind für eine technologisch dynamische Gesellschaft unerlässlich.

Diese so genannten „aktiven arbeitsmarktpolitischen Maßnahmen" verbessern das Matching von arbeitsuchenden Personen mit freien Stellen. Dies hat zur Folge, dass Beschäftigte, deren Arbeitsplätze wegfallen (zum Beispiel durch das Scheitern von Unternehmen mit geringer Produktivität unter dem Druck der zentral ausgehandelten Einheitslöhne), schneller einen anderen Arbeitsplatz finden können. Das Ergebnis ist eine Beveridge-Kurve, die näher am Ursprung liegt und sowohl die deutsche als auch die amerikanische Beveridge-Kurve übertrifft (siehe Abbildung 16.6). Sie liegt deutlich weiter innerhalb der spanischen Kurve, wie in Abbildung 16.15 zu sehen ist.

Eine integrative Gewerkschaft weiß, dass die Wirtschaft die beiden großen Anreizprobleme einer kapitalistischen Wirtschaft beachten muss: die Schaffung von Anreizen sowohl für die Beschäftigten (zu arbeiten) und für die Unternehmen (zu investieren). In einigen Fällen—zum Beispiel in Schweden mit einem stark zentralisierten Gewerkschaftsbund—wusste die Gewerkschaft, dass ein Absenken der Lohnsetzungskurve auf lange Frist die Beschäftigung erhöht und die Löhne nicht senkt, und überzeugte die Beschäftigten in der Gewerkschaft davon.

Infolgedessen legten die Einheitsgewerkschaften der nordischen Länder (Norwegen, Schweden, Finnland und Dänemark) ihre Lohnforderungen in Abhängigkeit von der Produktivität der Arbeit fest. Wenn diese anstieg, forderten sie einen fairen Anteil. Aufgrund der niedrigen Arbeitslosigkeit, der hohen Angehörigenzahl und ihrer Fähigkeit, Lohnabschlüsse in der gesamten Wirtschaft durchzusetzen, verfügten sie über eine Verhandlungsmacht, die sie jedoch nicht dazu nutzten, die Lohnsetzungskurve nach oben zu verschieben, es sei denn, dies war durch das Produktivitätswachstum gerechtfertigt. Diese Gewerkschaften unterstützten auch Gesetze und politische Maßnahmen, die die Arbeit weniger beschwerlich machen, die Lohnsetzungskurve nach unten verschieben und die Beschäftigung auf lange Frist weiter ausbauen.

Der japanische Fall: Integrative Unternehmensverbände

Im Gegensatz zu den nordischen Ländern sind die japanischen Gewerkschaften schwach, aber die Beschäftigten sind in den großen Unternehmen gut organisiert. Die Unternehmensverbände sind stark und koordinieren die Lohnfestsetzung in den großen Unternehmen. Diese Verbände arbeiten also ähnlich wie die Gewerkschaften in Norwegen: Bei der Festlegung der Löhne werden die Auswirkungen der Lohnentscheidungen auf die Gesamtwirtschaft berücksichtigt. Insbesondere konkurrieren die Unternehmen bei der Einstellung von Personen bewusst nicht, um eine Erhöhung der Löhne zu vermeiden.

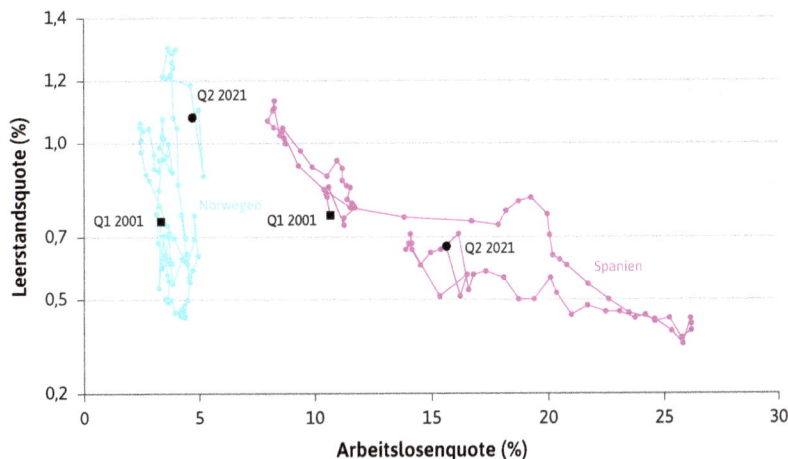

OECD Beschäftigungsausblick: OECD. 2021. *OECD Statistics* (https://tinyco.re/9377362).

Abbildung 16.15 Beveridge-Kurven für Spanien und Norwegen (2001 Q1 – 2021 Q2).

Der spanische Fall: Nicht-integrative Gewerkschaften

In Spanien schützen die Gewerkschaften die Arbeitsplätze, unterstützt durch die Politik der Regierung. Die Gewerkschaften in Spanien sind stark genug, um Macht auszuüben, aber sie sind nicht integrativ. Eine Kombination aus nicht-integrativen Gewerkschaften und einer Gesetzgebung der Regierung, die Arbeitsplätze schützt, kann dazu beitragen, die schlechte Leistung des spanischen Arbeitsmarktes zu erklären.

Auf der Grundlage des Modells würden wir eine hohe Arbeitslosigkeit in Spanien und eine niedrige Arbeitslosigkeit in Norwegen und Japan vorhersagen. Und genau das können wir in den Daten sehen.

Arbeitslosengeld und Arbeitslosigkeit

Die beschäftigungsfördernde Wirkung integrativer Gewerkschaften und staatlicher Mitversicherungen kann eine scheinbare Anomalie erklären: In Ländern mit großzügigen Arbeitslosengeldern sind die Arbeitslosenquoten nicht höher (siehe Abbildung 16.16).

Das ist kontraintuitiv, denn in unserem Modell würde eine Erhöhung des Arbeitslosengeldes *ceteris paribus* die Kosten des Arbeitsplatzverlustes für die Beschäftigten verringern und die Lohnsetzungskurve nach oben verschieben.

Der Kontrast zwischen Arbeitslosenquoten und -leistungen in den Niederlanden und Italien veranschaulicht diesen Punkt. In den Niederlanden erhält eine arbeitslose Person eine Leistung in Höhe von über 70 % des früheren Bruttoeinkommens, und die Arbeitslosigkeit ist niedrig; in Italien dagegen beträgt die **Bruttolohnersatzquote bei Arbeitslosigkeit** 30 %, wobei die Arbeitslosigkeit viel höher ist als in den Niederlanden. Daraus ergibt sich, dass Länder, die in der Lage sind, großzügige, aber gut konzipierte Arbeitslosenversicherungssysteme einzuführen, die mit Arbeitsvermittlungsdiensten und anderen aktiven arbeitsmarktpolitischen Maßnahmen koordiniert werden, niedrige Arbeitslosenquoten erreichen können. Wenn man den Menschen die Möglichkeit gibt, ihren Konsum zu glätten, sind sie möglicherweise eher bereit, neue Technologien anzunehmen, was die Preissetzungskurve nach oben verschiebt.

Bruttolohnersatzquote bei Arbeitslosigkeit Der Anteil des früheren Bruttolohns (vor Steuern) einer beschäftigten Person, den sie bei Arbeitslosigkeit erhält.

Aktuelle Daten bei OWiD anzeigen
https://tinyco.re/2762873

OECD. 2021. *OECD Statistics* (https://tinyco.re/9377362).

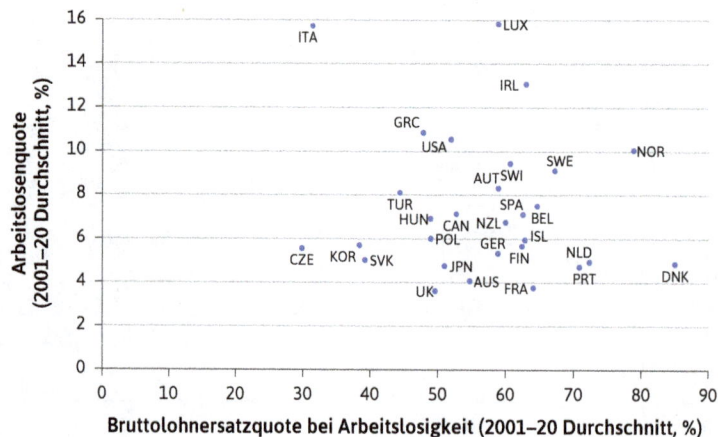

Abbildung 16.16 Großzügigkeit beim Arbeitslosengeld und Arbeitslosenquote in der OECD (2001–2020).

ÜBUNG 16.7 ARBEITSLOSENQUOTEN UND INSTITUTIONEN DES ARBEITSMARKTES

Einige haben argumentiert, dass die hohe Arbeitslosigkeit in einigen europäischen Ländern im Vergleich zu den USA während der 1990er und 2000er Jahre auf das Vorhandensein starrer Institutionen auf dem Arbeitsmarkt zurückzuführen ist (zum Beispiel starke Gewerkschaften, großzügige Arbeitslosengelder und strenge Kündigungsschutzgesetze).

1. Prüfen Sie anhand von Abbildung 16.1 (Seite 791), ob die Arbeitslosenquote in den meisten europäischen Ländern schon immer höher war als in den USA.
2. Beurteilen Sie auf der Grundlage der Erkenntnisse aus diesem Abschnitt und anhand der Abbildungen 16.1, 16.14 (Seite 829) und 16.16 (Seite 832) die Behauptung, dass die hohe Arbeitslosigkeit in Europa auf das Vorhandensein starrer Institutionen auf dem Arbeitsmarkt zurückzuführen ist.

Weitere Informationen über die Rolle der Institutionen bei der Arbeitslosigkeit in Europa finden Sie in diesen Artikeln.

Olivier Blanchard und Justin Wolfers. 2000. 'The Role of Shocks and Institutions in the Rise of European Unemployment: The Aggregate Evidence'. *The Economic Journal 110 (462) (March): pp. 1–33.

David R. Howell, Dean Baker, Andrew Glyn und John Schmitt. 2007. 'Are Protective Labor Market Institutions at the Root of Unemployment? A Critical Review of the Evidence' (https://tinyco.re/2000761). *Capitalism and Society* 2 (1) (January).

FRAGE 16.10 WÄHLEN SIE DIE RICHTIGE(N) ANTWORT(EN)

Die folgende Grafik zeigt die Arbeitslosenquote und die Gewerkschaftsdichte für den Zeitraum 2000–2012. Die Gewerkschaftsdichte ist definiert als der Anteil der Beschäftigten, die in einer Gewerkschaft sind.

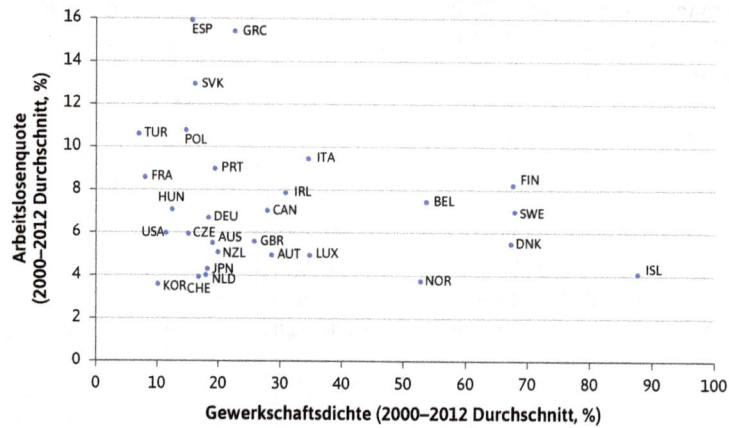

Land	Arbeitslosenquote (%)	Gewerkschaftsdichte (%)
AUS	5,5	19,2
AUT	4,8	29,5
BEL	7,8	54,6
CAN	7,1	27,4
CZE	7,1	16,3
DNK	5,4	67,7
FIN	8,3	69,5
FRA	8,3	7,7
DEU	7,9	19,2
GRC	13,4	23,1
HUN	8,1	13,3
ISL	4,2	87,1
IRL	8,3	32,4
ITA	9,0	34,9
JPN	4,5	18,4
KOR	3,5	10,1
LUX	4,5	36,7
NLD	4,1	18,9
NZL	5,3	20,7
NOR	3,6	53,7
POL	13,2	15,4
PRT	9,1	20,4
SVK	14,9	18,6
ESP	15,4	16,6

Land	Arbeitslosenquote (%)	Gewerkschaftsdichte (%)
SWE	7,0	70,3
CHE	3,6	17,5
TUR	10,2	6,2
GBR	6,1	26,8
USA	6,4	11,5

Welche der folgenden Aussagen ist auf der Grundlage dieser Informationen richtig?

☐ Eine hohe Gewerkschaftsdichte ist eine notwendige Bedingung für eine niedrige Arbeitslosenquote.
☐ Eine niedrige Gewerkschaftsdichte führt zu einer hohen Arbeitslosigkeit.
☐ Eine Betrachtung nur der nordeuropäischen Länder (Norwegen, Dänemark, Schweden und Finnland) deutet darauf hin, dass eine hohe Gewerkschaftsdichte zu einer niedrigen Arbeitslosenquote führt.
☐ In Anbetracht der Gewerkschaftsdichte deuten die relativen Arbeitslosigkeitsergebnisse darauf hin, dass die integrativen Gewerkschaften in Norwegen stärker ausgeprägt sind als in Belgien.

16.10 VERÄNDERUNGEN IN INSTITUTIONEN UND DER POLITIK

Wir haben gesehen, dass Unterschiede in den Institutionen und der Politik einen großen Unterschied für die Beschäftigung und das Lohnwachstum machen können. Institutionen zu verändern ist schwierig, weil dies unweigerlich Gewinnende und Verlierende hervorbringt.

Länder, die ihre Politik umgestalteten, veränderten ihre Wirtschaft. Sowohl in England als auch in den Niederlanden stiegen die Arbeitslosenquoten in den 1970er und frühen 1980er Jahren infolge des ersten und zweiten Ölpreisschocks (der die Preissetzungskurve nach unten verschob) und der zunehmenden Verhandlungsmacht der Beschäftigten (die die Lohnsetzungskurve nach oben verschob) stark an. Diese Auswirkungen werden in Abbildung 16.17 veranschaulicht. Doch eine Änderung der Politik führte schließlich zu einem Rückgang der Arbeitslosenquote. In England ging die Arbeitslosenquote von 11,6 % im Jahr 1985 auf 5,1 % im Jahr 2002 zurück, und in den Niederlanden sank sie im gleichen Zeitraum von 9,2 % auf 2,8 %.

Beide Länder haben ihre Wirtschaft umgekrempelt und die Lohnsetzungskurven nach unten verschoben, aber sie haben unterschiedliche Institutionen und Maßnahmen eingesetzt:

- *Im niederländischen Fall:* Die Institutionen wurden integrativer und bewegten sich einvernehmlich in eine nordische Richtung.
- *Im englischen Fall:* Die Politik reduzierte die Macht der nicht-integrativen Gewerkschaften und verstärkte den Wettbewerb auf den Arbeitsmärkten.

In den Niederlanden war ein Schlüsselelement eine Vereinbarung zwischen den Unternehmen und den Gewerkschaften aus dem Jahr 1982, das so genannte Wassenaar-Abkommen. Die Gewerkschaften boten Lohnzurückhaltung an (eine Verschiebung der Lohnsetzungskurve nach unten), und im Gegenzug erklärten sich die Unternehmen mit einer Arbeitszeitverkürzung einverstanden. Die Gewerkschaft stimmte zu, dass die Arbeitszeitverkürzung nicht zu einer Erhöhung der Arbeitskosten führen würde (und somit die Preissetzungskurve nicht nach unten verschieben würde).

Stephen Nickell und Jan van Ours. 2000. 'The Netherlands and the United Kingdom: A European Unemployment Miracle?' *Economic Policy* 15 (30): S. 136–180.

Aktuelle Daten bei OWiD anzeigen
https://tinyco.re/9341009

David R. Howell, Dean Baker, Andrew Glyn, und John Schmitt. 2007. 'Are Protective Labor Market Institutions at the Root of Unemployment? A Critical Review of the Evidence' (https://tinyco.re/2000761). *Capitalism and Society* 2 (1) (Januar). Daten von 2005 bis 2019: Harmonisierte Arbeitslosenquoten der OECD, OECD. 2021. *OECD Statistics* (https://tinyco.re/9377362).

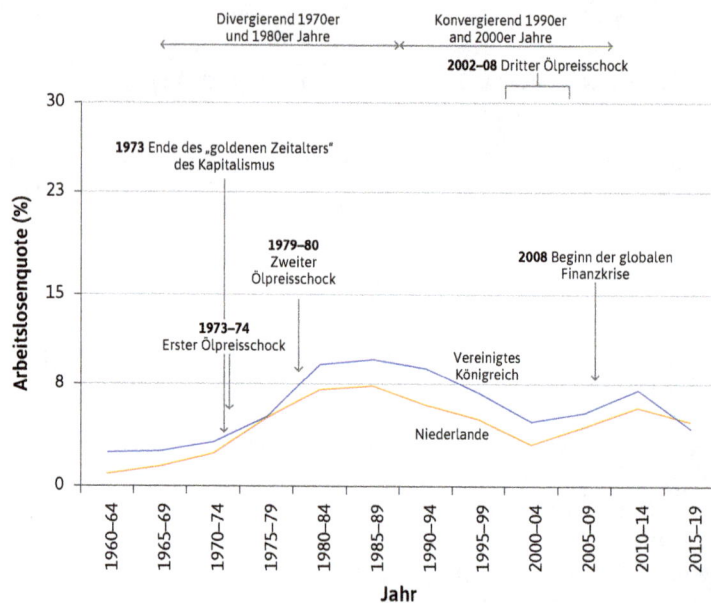

Abbildung 16.17 Verschiedene Wege, die Lohnsetzungskurve nach unten zu verschieben: Die Niederlande und England.

Im niederländischen Fall waren die Gewerkschaften und die Unternehmen in der Lage, die Lohnpolitik zu koordinieren, um ein besseres makroökonomisches Ergebnis zu erzielen. Sie waren so mächtig, dass sie sicherstellen konnten, dass sich ihre Zugehörigen an die Vereinbarung hielten. Die Gewerkschaften übten eine zurückhaltende Verhandlungsführung im Interesse einer besseren Leistung des Arbeitsmarktes und damit der Wirtschaft insgesamt aus.

In England verschob sich die Lohnsetzungskurve ebenfalls nach unten, aber in diesem Fall war dies auf einen Rückgang der Macht der Gewerkschaften zurückzuführen. Dieser wurde durch eine Änderung der Gesetzgebung für Arbeitsbeziehungen herbeigeführt, die die Fähigkeit der nicht-tarifgebundenen Gewerkschaften schwächte, Streiks zu organisieren.

ÜBUNG 16.8 DAS MODELL DES ARBEITSMARKTES

Erläutern Sie, wie das Arbeitsmarktmodell (Lohnsetzungskurve und Preissetzungskurve), wie in diesem Abschnitt besprochen, verwendet werden kann, um die Veränderungen auf dem Arbeitsmarkt in England und den Niederlanden von den frühen 1970er Jahren bis zu den frühen 2000er Jahren nachzuvollziehen. Der Artikel von Nickell und van Ours (2000), auf den oben verwiesen wird, ist eine gute Quelle für diese Frage.

16.11 LANGSAMERES PRODUKTIVITÄTSWACHSTUM IM DIENSTLEISTUNGSSEKTOR UND DIE SICH WANDELNDE ARBEITSWELT

Zunahme und Rückgang der Beschäftigung im verarbeitenden Gewerbe

Wie in Einheit 1 erläutert, wurde vor der Industriellen Revolution der größte Teil des Outputs der Wirtschaft innerhalb von Familien erwirtschaftet. Sie waren keine Beschäftigten, sondern unabhängige produzierende Personen, die Waren und Dienstleistungen sowohl für den Eigenbedarf (so genannte Eigenproduktion) als auch für den Verkauf herstellten. Mit der Industriellen Revolution und der Entstehung des kapitalistischen Wirtschaftssystems verlagerte sich die Arbeit von der Familie und dem Bauernhof zu den Unternehmen: Aus selbständig produzierenden Personen wurden Beschäftigte.

Aufgrund des technischen Fortschritts in der maschinellen Produktion wurden die hergestellten Waren günstiger. Infolgedessen wurden Textilien und Kleidung, die früher in Heimarbeit hergestellt worden waren, nun mit den Löhnen gekauft und bezahlt, die durch die Beschäftigung in der Industrie und in anderen Bereichen erwirtschaftet wurden. Das Ergebnis war ein anhaltender Anstieg der Beschäftigung in der Industriewirtschaft. In der **Industrie** macht das verarbeitende Gewerbe den größten Teil der Arbeitsplätze aus, und die Begriffe verarbeitendes Gewerbe und Industrie werden häufig als Synonyme verwendet.

> **Industrie** Warenproduzierende Wirtschaftstätigkeit: Landwirtschaft, Bergbau, verarbeitendes Gewerbe und Bauwesen. Das verarbeitende Gewerbe ist die wichtigste Komponente.

Durch arbeitssparende Innovationen wurde auch die Landwirtschaft produktiver. Und als die Menschen reicher wurden, gaben sie weniger von ihrem Budget für Lebensmittel aus. Daher sank der Anteil der Erwerbspersonen, die in der Landwirtschaft tätig waren.

Für viele bedeutete die Abkehr von der Landwirtschaft und die Zunahme der Beschäftigung im verarbeitenden Gewerbe eine Verbesserung der wirtschaftlichen Möglichkeiten. Vor allem als die Gewerkschaften und die Parteien für Arbeitende die Unternehmen zwangen, die Arbeitsbedingungen in der Industrie zu verbessern.

Dies hielt jedoch nicht ewig an. Abbildung 16.18 zeigt, dass die Ära der expandierenden Beschäftigung im verarbeitenden Gewerbe in den meisten großen Volkswirtschaften der Welt irgendwann im dritten Quartal des 20. Jahrhunderts endete. So wie das verarbeitende Gewerbe anfangs die Landwirtschaft als Hauptbeschäftigungszweig verdrängt hatte, wurde das verarbeitende Gewerbe durch die Produktion von Dienstleistungen und nicht von Waren ersetzt. Folgen Sie den Analyseschritten in Abbildung 16.18, um zu sehen, wie die großen Industrienationen zu verschiedenen Zeiten Phasen mit steigender und fallender Beschäftigung im verarbeitenden Gewerbe durchliefen.

Die Ökonomie des langsameren Produktivitätswachstums im Dienstleistungssektor

Der Anteil der in der Landwirtschaft beschäftigten Arbeitskräfte ist in allen in Abbildung 16.18 dargestellten Volkswirtschaften zurückgegangen. In den reichen Volkswirtschaften ist weniger als eine von 20 Beschäftigten in der Landwirtschaft tätig. In letzter Zeit hat sich die Arbeit stark von der Produktion von Gütern (verarbeitendes Gewerbe und Landwirtschaft) auf die Produktion von Dienstleistungen verlagert. Wir wissen, dass der Output

Aktuelle Daten bei OWiD anzeigen
https://tinyco.re/0246543

US Bureau of Labor Statistics. 2004.
International Labor Comparisons (ILC)
(https://tinyco.re/2780183). Aktualisiert
am 14. Oktober; International Labour
Association. 2021. *ILOSTAT Database*
(https://tinyco.re/3625463); The
Conference Board. *International
Comparisons of Annual Labor Force
Statistics, 2013* (https://tinyco.re/2640734).

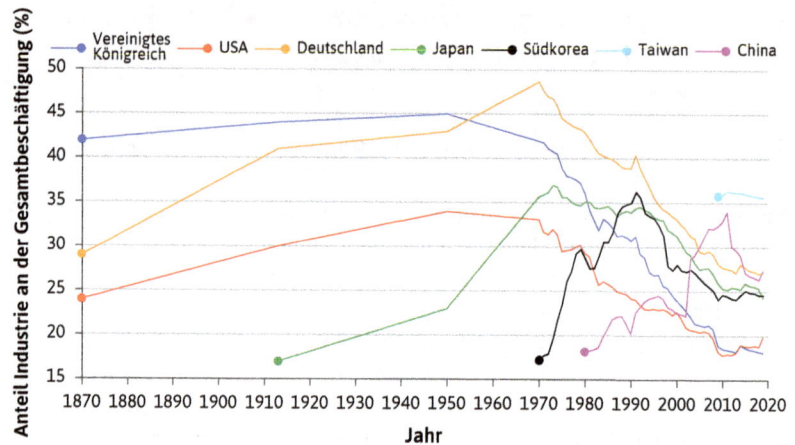

Abbildung 16.18 Die Zu- und Abnahme des Beschäftigungsanteils in der Industrie (1870–2019).

1. Die Reduzierung des Anteils der Beschäftigen in der Industrie
Den Anfang machten England und die USA um 1950, gefolgt von Japan und Deutschland etwa 20 Jahre später.

2. Der Aufstieg Südkoreas in die Industrie
Erst im letzten Viertel des zwanzigsten Jahrhunderts begann diese Entwicklung, doch der Anteil des verarbeitenden Gewerbes in Südkorea ging bereits am Ende des Jahrhunderts zurück.

3. Verarbeitendes Gewerbe in Taiwan und Deutschland
In Taiwan ist der Anteil der Erwerbspersonen im verarbeitenden Gewerbe inzwischen größer als in Deutschland.

4. Verarbeitendes Gewerbe in China
Im Gegensatz zu den anderen Volkswirtschaften in der Abbildung wurden in China im ersten Jahrzehnt des 21. Jahrhunderts weiterhin Arbeitskräfte in das verarbeitende Gewerbe gezogen.

pro Arbeitsstunde (Produktivität) bei Dienstleistungen langsamer wächst als im verarbeitenden Gewerbe. Das hat zwei Auswirkungen:

- *Eine Verlagerung der Beschäftigung:* Um die gleiche Mischung aus Waren und Dienstleistungen zu produzieren, wird jetzt weniger Arbeit für Waren und mehr für Dienstleistungen benötigt.
- *Eine Verlagerung des Konsums:* Die Kosten für die Produktion von Waren sind im Verhältnis zu den Kosten für die Bereitstellung von Dienstleistungen gesunken, sodass die Preise für Waren im Verhältnis zu den Preisen für Dienstleistungen gefallen sind. Dies veranlasst die Menschen, mehr Waren und weniger Dienstleistungen zu kaufen, als sie es sonst getan hätten.

Der erste dieser Effekte war stärker als der zweite.

Um zu sehen, wie dieser Prozess abläuft, wollen wir vereinfacht ein Modell verwenden, bei dem nur der erste Effekt auftritt. Wir gehen also davon aus, dass die Menschen ein bestimmtes Verhältnis von Waren (zum Beispiel Hemden) und Dienstleistungen (zum Beispiel Haarschnitte) verbrauchen. Die Beispiele veranschaulichen den Grund für das langsamere Produktivitätswachstum bei den Dienstleistungen: Es dauert heute etwa genauso lange, jemandem die Haare zu schneiden, wie vor 100 oder sogar 200 Jahren, aber für die Herstellung eines Hemdes braucht man viel weniger Zeit als vor 200 Jahren (wahrscheinlich weniger als ein Fünftel).

Abbildung 16.19 zeigt das Modell. Die Gesamtzahl der in der Wirtschaft beschäftigten Arbeitskräfte wird mit eins angenommen (sie könnten zum Beispiel eine Million Stunden arbeiten). Wenn all diese Arbeitskräfte für die Produktion von Gütern eingesetzt werden, wird eine Einheit von Gütern hergestellt. Dasselbe gilt für Dienstleistungen: Wenn alle Arbeitskräfte Dienstleistungen produzieren, dann wird eine Einheit Dienstleistungen produziert.

Die durchgezogene rote Linie ist die Machbarkeitsgrenze, die zeigt, welche Mengen an Gütern und Dienstleistungen mit den vorhandenen Technologien und der Menge der eingesetzten Arbeitskräfte produziert werden können. Wir gehen davon aus, dass die gleiche Anzahl von Einheiten an Waren und Dienstleistungen konsumiert wird, sodass in der Abbildung die Menge der Dienstleistungen und die Menge der konsumierten Waren in der ersten Periode jeweils eine halbe Einheit betragen. In der zweiten Periode steigt die Produktivität im verarbeitenden Gewerbe, während sie im Dienstleistungssektor konstant bleibt. Das bedeutet, dass die Kosten und damit der Preis von Waren im Vergleich zu Dienstleistungen sinken. Folgen Sie den Schritten der Analyse, um die Auswirkungen auf die Beschäftigung zu sehen.

Die Arbeit hat sich von der Güterproduktion auf den Dienstleistungssektor verlagert. Dieses Modell soll veranschaulichen, warum diese Verschiebung stattgefunden hat. Zwei Dinge, die in dem Modell nicht berücksichtigt wurden, haben zu dem verringert, und ein drittes hat sie verstärkt:

- *Produktivitätssteigerungen in einigen Dienstleistungsbereichen verringern die Verschiebung:* Wir sind davon ausgegangen, dass es keine Produktivitätssteigerung bei den Dienstleistungen gibt. Aber denken Sie an die Arten von Dienstleistungen, die wir in dieser Einheit besprochen haben, zum Beispiel die gemeinsame Nutzung von Musik oder anderen Formen digitaler Informationen, bei denen die Produktivitätsfortschritte groß waren. Wenn die Produktivität bei den Dienstleistungen zunimmt, dann würde dies in unserem Modell die Verlagerung der Arbeit zumindest teilweise ausgleichen. Wir werden jedoch weiter unten sehen, dass ein großer Teil des Dienstleistungssektors der Wirtschaft aus Dingen wie der Körperpflege besteht, die eher mit dem Haareschneiden als mit der Reproduktion von Musik zu vergleichen ist.
- *Die Substitution von Waren durch Dienstleistungen verringert die Verschiebung:* Wir erhöhen den Anteil der Güter, die wir konsumieren, wenn ihr relativer Preis sinkt. Indem wir davon ausgingen, dass sich das Verhältnis von Waren (Hemden) zu Dienstleistungen (Haarschnitte) nicht ändert, haben wir diesen Prozess ignoriert. Er würde den Rückgang der Beschäftigung im Güterbereich teilweise ausgleichen.
- *Ein Anstieg der relativen Nachfrage nach Dienstleistungen verstärkt die Verschiebung:* Wir haben auch die Möglichkeit außer Acht gelassen, dass die Menschen bei steigendem Einkommen einen größeren Teil ihres Budgets für Dienstleistungen ausgeben wollen. Denken Sie daran, dass zu den Dienstleistungen auch der Tourismus und andere Formen der Freizeitgestaltung gehören, aber auch Gesundheit, Bildung und Pflege, die nicht direkt aus dem verfügbaren Einkommen des Haushalts bezahlt werden. Dies würde die Verlagerung von Arbeit in den Dienstleistungssektor noch verstärken. Wir haben das schon einmal gesehen: Es entspricht der früheren Verlagerung von Arbeitskräften aus der Landwirtschaft, die stattfand, als der Anteil der Nahrungsmittel in den Haushaltsbudgets zurückging.

In den Ländern, in denen die Beschäftigung im Gütersektor im Vergleich zum Dienstleistungssektor zurückging, konnte der Nettoeffekt der von uns aus dem Modell ausgeschlossenen Faktoren die Deindustrialisierung der Arbeit jedoch nicht vollständig ausgleichen.

Ein weiterer komplizierender Faktor ist, dass einige Länder Nettoimporteure von Waren sind, während andere Nettoexporteure sind. Das bedeutet, dass viele Waren in einem anderen Land, und nicht in dem Land in dem es produziert wurden, gekauft werden. Dies ist eine der Erklärungen dafür, warum die in Abbildung 16.18 gezeigte buckelförmige Beziehung in den verschiedenen Ländern unterschiedliche Muster aufweist. Der internationale Handel und die damit einhergehenden Möglichkeiten der Spezialisierung beschleunigten den Rückgang des Anteils der produzierenden Personen an der Beschäftigung in einigen Ländern (zum

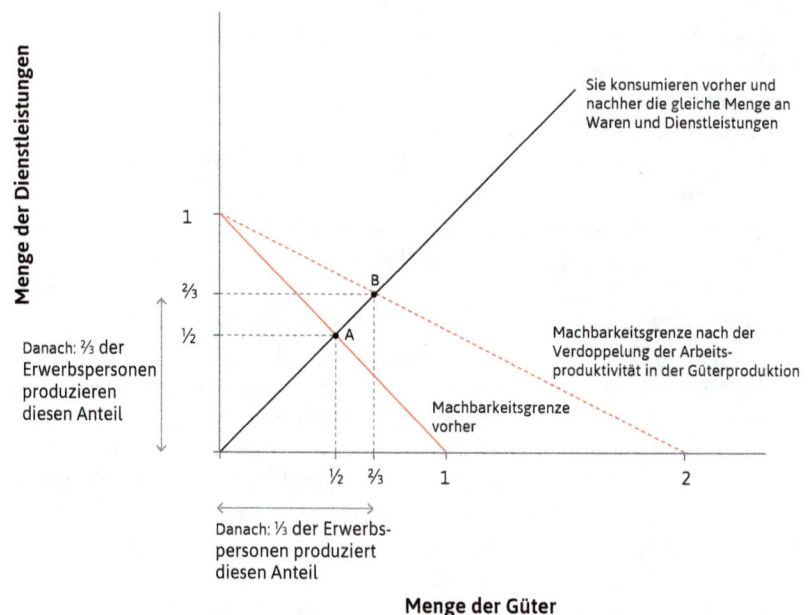

Abbildung 16.19 Höhere Produktivität in der Güterproduktion erhöht den Anteil der Beschäftigten im Dienstleistungssektor.

1. Die Machbarkeitsgrenze

Die durchgezogene rote Linie ist die Machbarkeitsgrenze und zeigt die Menge an Gütern und Dienstleistungen, die mit den vorhandenen Technologien und den verfügbaren Arbeitskräften produziert werden können.

2. Gleiche Aufteilung von Gütern und Dienstleistungen

Wir nehmen an, dass gleiche Mengen an Gütern und Dienstleistungen konsumiert werden: bei A ist die konsumierte Menge von jedem gleich 1/2.

3. Die Produktivität im verarbeitenden Gewerbe steigt

Die Arbeitsproduktivität in der Güterproduktion verdoppelt sich, aber die Produktivität im Dienstleistungssektor bleibt unverändert. Die neue Machbarkeitsgrenze wird durch die gestrichelte Linie dargestellt.

4. Mehr Güter, mehr Dienstleistungen

Wenn die Menschen weiterhin gleiche Mengen an Gütern und Dienstleistungen konsumieren, wird die Wirtschaft bei Punkt B mit einer Produktion und einem Konsum von jeweils 2/3 Einheiten sein.

5. Eine Verlagerung der Beschäftigung

Bei B hat sich die Arbeit von der Güterproduktion auf die Dienstleistungsproduktion verlagert: 1/3 der Arbeitskräfte produziert Waren und 2/3 produzieren Dienstleistungen.

Beispiel in den USA und England), verlangsamten ihn aber in anderen Ländern (Deutschland, Südkorea).

Chinas wachsender Anteil an der Beschäftigung im Gütersektor spiegelt die Kräfte wider, die in den anderen, jetzt reichen Ländern zu beobachten sind, sowie seine Spezialisierung auf den Export von Industriegütern. Der Einstein am Ende dieses Abschnitts veranschaulicht die Logik hinter Abbildung 16.19 und analysiert das Ergebnis einer Produktivitätssteigerung in der Güterproduktion.

EINSTEIN

Wie schnelleres Produktivitätswachstum in der Güterproduktion zu einer Verlagerung der Beschäftigung von Gütern zu Dienstleistungen führen kann

Dieser Einstein erläutert die Logik hinter Abbildung 16.19 und erklärt, warum ein Produktivitätsanstieg in der Güterproduktion die Beschäftigung zu Unternehmen verlagert, die Dienstleistungen produzieren. Wir definieren λ_s als die Produktivität der Arbeit im Dienstleistungssektor. Dann ist $\lambda_s = Q_s/L_s$, die Menge der Dienstleistungen geteilt durch die Menge der zu ihrer Produktion eingesetzten Arbeit. In unserem Modell gilt die folgende Gleichung:

$$\lambda_s L_s = Q_s = Q_g = \lambda_g L_g$$

- $\lambda_s L_s = Q_s$: Die Produktivität der Arbeit in Dienstleistungen multipliziert mit der Menge der Arbeit in Dienstleistungen ist gleich der Menge der produzierten Dienstleistungen.
- $Q_s = Q_g$: Der Output an Gütern muss gleich dem Output an Dienstleistungen sein. Das ist nicht immer der Fall, aber wir haben es in unserem Modell so definiert.
- $Q_g = \lambda_g L_g$: Der Output an Gütern ist gleich der Arbeitsproduktivität bei der Produktion von Gütern, multipliziert mit der Anzahl der bei der Produktion von Gütern beschäftigten Arbeitskräfte.

Wir können nun den ersten und den letzten Term der obigen Gleichung gleichsetzen. Dann erhalten wir einen Ausdruck für die Menge an Arbeit, die in den beiden Sektoren bei gegebenem Produktivitätsniveau in jedem Sektor beschäftigt werden muss, wenn sie eine gleiche Anzahl an Einheiten produzieren:

$$\lambda_s L_s = \lambda_g L_g$$

Wir schreiben diesen Ausdruck um, indem wir die Tatsache nutzen, dass die Gesamtsumme der Arbeit in den beiden Sektoren gleich 1 ist:

$$\lambda_s L_s = \lambda_g L_g = \lambda_g (1 - L_s)$$

Durch Umformung der Gleichung mit Hilfe des ersten und des letzten Terms erhalten wir einen Ausdruck für den Anteil der in der Dienstleistungsproduktion eingesetzten Arbeit:

$$L_s = \frac{\lambda_g}{\lambda_g + \lambda_s}$$

In der Abbildung war die Produktivität in beiden Sektoren 1, sodass der Anteil der in der Güterproduktion eingesetzten Arbeitskräfte 1/2 war. Wenn sich die Arbeitsproduktivität in der Güterproduktion verdoppelt ergibt sich:

$$L_s = \frac{2}{2+1} = \frac{2}{3}$$

Dies ist der Anteil der Arbeit, der für die Produktion von Dienstleistungen eingesetzt wird, nachdem die Produktivität der für die Produktion von Gütern eingesetzten Arbeit gestiegen ist.

FRAGE 16.11 WÄHLEN SIE DIE RICHTIGE(N) ANTWORT(EN)

Abbildung 16.18 (Seite 838) ist ein Diagramm, das den Anteil der Beschäftigung in der verarbeitenden Industrie in verschiedenen Ländern darstellt.

Welche der folgenden Aussagen sind richtig?

☐ Der Anteil der Beschäftigung in der Industrie ist in allen dargestellten Ländern zurückgegangen.
☐ Die Verlagerung der Beschäftigung aus der Industrie in andere Bereiche wurde um 1950 von England und den USA angeführt.
☐ In England ist der Anteil der Beschäftigten in der Industrie an der Gesamtbeschäftigung durchweg höher als in den USA.
☐ Die ostasiatischen Länder haben jetzt alle einen höheren Anteil der Beschäftigten in der Industrie als Deutschland, England oder die USA.

16.12 LÖHNE UND ARBEITSLOSIGKEIT AUF LANGE FRIST

Wir haben gelernt, dass sich Volkswirtschaften nicht nur darin unterscheiden, wie schnell sie sich an die Möglichkeiten anpassen, die der technologische Wandel und andere Veränderungen der Umstände bieten. Zudem gibt es auch Unterschiede hinsichtlich der Anpassungsmöglichkeiten der Löhne und der Beschäftigung, die sie auf lange Frist aufrechterhalten können.

Diese hängen von vielen der Merkmale der Volkswirtschaften ab, die wir in früheren Einheiten analysiert haben. Abbildung 16.20 fasst die Determinanten der Arbeitslosenquote und der Wachstumsrate der Reallöhne zusammen und verweist auf die Einheiten, in denen diese Konzepte behandelt werden.

Abbildung 16.21 baut auf Abbildung 16.20 auf und zeigt die Institutionen und politischen Maßnahmen, die das Wachstum der Reallöhne und der Arbeitslosenquote beeinflussen können.

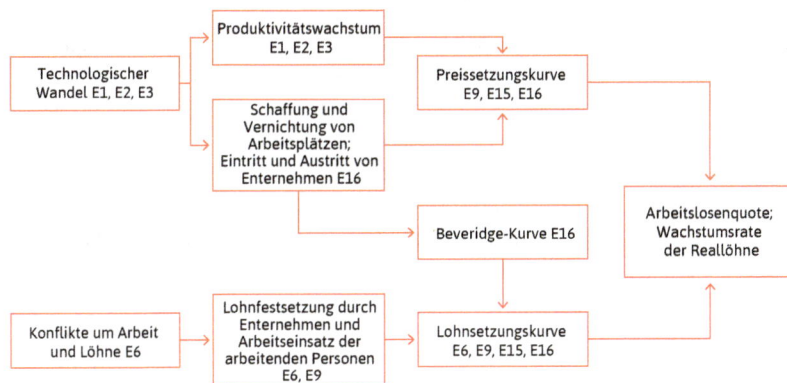

Abbildung 16.20 Determinanten der Arbeitslosenquote und der Wachstumsrate der Reallöhne auf lange Frist. (E steht für Einheit in diesem Buch)

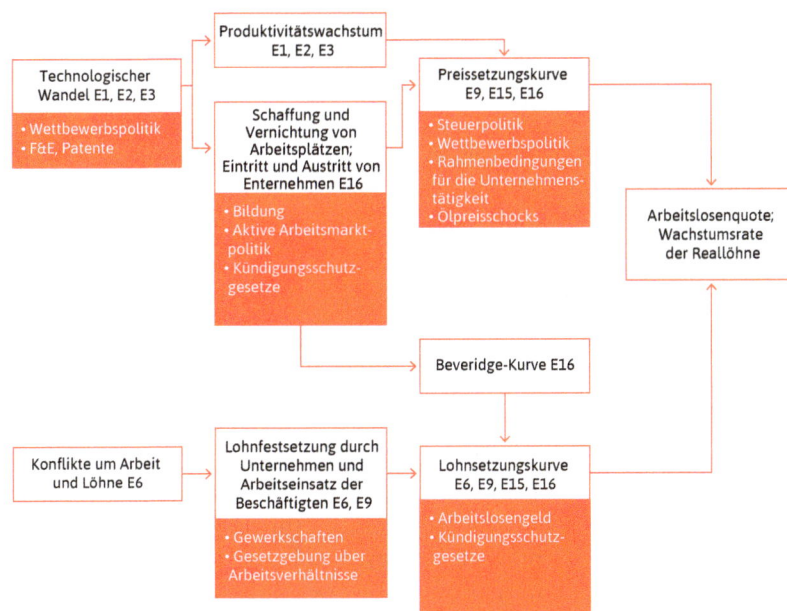

Abbildung 16.21 Die Institutionen, Politiken und Schocks, die Arbeitslosigkeit und Reallöhne beeinflussen können.

16.13 SCHLUSSFOLGERUNG

Arbeitslosigkeit ist ein Marktversagen: Sie bedeutet, dass es Menschen gibt, die bereit sind, zum aktuellen Marktlohn zu arbeiten, aber keinen Arbeitsplatz finden. Der Abbau von Arbeitsplätzen ist ein ständiges Merkmal kapitalistischer Volkswirtschaften, in denen technologische Veränderungen tendenziell die Produktivität erhöhen und einige Menschen arbeitslos werden lassen. Eine gut funktionierende Wirtschaft zeichnet sich jedoch auch durch hohe Investitionen aus, die dafür sorgen, dass Arbeitsplätze mindestens so schnell geschaffen werden, wie sie abgebaut werden.

Eines der grundlegenden Anreizprobleme einer kapitalistischen Wirtschaft ist die Gewährleistung, dass Unternehmen sowohl in den technischen Fortschritt als auch in die Entstehung von Arbeitsplätzen investieren. Ein weiteres Anreizproblem besteht darin, sicherzustellen, dass die Beschäftigten den Anreiz haben, sich ausreichend bei ihrer Arbeit anzustrengen. Wir haben diese Anreize anhand der Preissetzungskurve und der Lohnsetzungskurve analysiert, die jeweils den Höchstlohn, den Unternehmen zahlen müssen, um in der Industrie zu verbleiben, und den Minimallohn, der gezahlt werden muss, um ausreichende Motivation der Beschäftigten zu erreichen, aufzeigen.

Der Hauptunterschied zwischen den leistungsstarken Volkswirtschaften und den aufschließenden Volkswirtschaften besteht darin, dass in den leistungsstarken Volkswirtschaften die Institutionen und die Politik so funktionieren, dass die Anreize die Agierenden motivieren, den Kuchen zu vergrößern, anstatt Ressourcen für den Kampf um die Größe des Stücks zu verschwenden.

> *In Einheit 16 eingeführte Konzepte*
> Bevor Sie fortfahren, sollten Sie die folgenden Definitionen durchgehen:
>
> - Schöpferische Zerstörung
> - Grenzprodukt des Kapitals
> - Entstehung von Arbeitsplätzen, Abbau von Arbeitsplätzen
> - Abnehmendes Grenzprodukt des Kapitals
> - Beveridge-Kurve
> - Arbeitsmarkt Matching
> - Langfristige Preissetzungskurve
> - Gewinnaufschlag im Gleichgewicht
> - Diffusionslücke, Anpassungslücke

16.14 QUELLEN

Andersen, Torben M., Bengt Holmström, Seppo Honkapohja, Sixten Korkman, Hans Tson Söderström, und Juhana Vartiainen. 2007. *The Nordic Model: Embracing Globalization and Sharing Risks* (https://tinyco.re/2490148). Helsinki: Taloustierto Oy.

Autor, David, und Gordon Hanson. *NBER Reporter 2014 Number 2: Research Summary. Labor Market Adjustment to International Trade* (https://tinyco.re/2846538).

Bentolila, Samuel, Tito Boeri, und Pierre Cahuc. 2010. 'Ending the Scourge of Dual Markets in Europe' (https://tinyco.re/2724010). *VoxEU.org*. Aktualisiert am 12. Juli 2010.

Blanchard, Olivier, und Justin Wolfers. 2000. 'The Role of Shocks and Institutions in the Rise of European Unemployment: The Aggregate Evidence'. *The Economic Journal* 110 (462): pp. 1–33.

Blanchflower, David G., und Andrew J. Oswald. 1995. 'An Introduction to the Wage Curve' (https://tinyco.re/2712192). *Journal of Economic Perspectives* 9 (3): pp. 153–167.

Burda, Michael, und Jennifer Hunt. 2011. 'The German Labour-Market Miracle' (https://tinyco.re/2090811). *VoxEU.org*. Aktualisiert am 2. November 2011.

Carlin, Wendy und David Soskice. 2015. *Macroeconomics: Institutions, Instability, and the Financial System*. Oxford: Oxford University Press. Chapters 8, 15.

EconTalk. 2016. 'David Autor on Trade, China, and U.S. Labor Markets' (https://tinyco.re/2829759). Library of Economics and Liberty. Aktualisiert am 26. Dezember 2016.

Habakkuk, John. 1967. *American and British Technology in the Nineteenth Century: The Search for Labour Saving Inventions*. United Kingdom: Cambridge University Press.

Hobsbawm, Eric, und George Rudé. 1969. *Captain Swing*. London: Lawrence and Wishart.

Howell, David R., Dean Baker, Andrew Glyn, und John Schmitt. 2007. 'Are Protective Labor Market Institutions at the Root of Unemployment? A Critical Review of the Evidence' (https://tinyco.re/2000761). *Capitalism and Society* 2 (1).

Keynes, John Maynard. 1923. *A Tract on Monetary Reform*. London, Macmillan and Co.

Nelson, Richard R., und Gavin Wright. 1992. 'The Rise and Fall of American Technological Leadership: The Postwar Era in Historical Perspective' (https://tinyco.re/2811203). *Journal of Economic Literature* 30 (4) (December): pp. 1931–1964.

Nickell, Stephen, und Jan van Ours. 2000. 'The Netherlands and the United Kingdom: A European Unemployment Miracle?'. *Economic Policy* 15 (30) (April): pp. 136–180.

Rifkin, Jeremy. 1996. *The End of Work: The Decline of the Global Labor Force and the Dawn of the Post-Market Era*. New York, NY: G. P. Putnam's Sons.

Singer, Natasha. 2014. 'In the Sharing Economy, Workers Find Both Freedom and Uncertainty' (https://tinyco.re/2844216). *The New York Times*. Aktualisiert am 16. August 2014.

Sterk, Vincent. 2015. 'Home Equity, Mobility, and Macroeconomic Fluctuations' (https://tinyco.re/2186300). *Journal of Monetary Economics* 74 (September): pp. 16–32.

Wooldridge, Adrian. 2013. *Northern Lights* (https://tinyco.re/2892712). Aktualisiert am 2. Februar 2013.

GLOSSAR

abnehmender Ertrag Eine Situation, in der der Einsatz einer zusätzlichen Einheit eines Produktionsfaktors (Input) zu einem geringeren Anstieg der Produktion (Output) führt als der vorherige Anstieg um eine Einheit. *Auch bekannt als: Abnehmendes Grenzprodukt der Produktion.*

abnehmender Grenzertrag des Konsums Für eine Person nimmt der Wert einer zusätzlichen Einheit Konsum ab, je mehr Konsum die Person hat. *Auch bekannt als: abnehmender Grenznutzen.*

abnehmender Grenznutzen Eine Eigenschaft einiger Nutzenfunktionen, wonach jede zusätzliche Einheit einer bestimmten Variablen der Nutzenfunktion zu einem geringeren Zuwachs des Gesamtnutzens führt als die vorherige Einheit. *Auch bekannt als: abnehmender Grenzertrag des Konsums.*

abnehmendes Durchschnittsprodukt der Arbeit Eine Situation, in der das Durchschnittsprodukt der Arbeit typischerweise sinkt, je mehr Arbeit in einem bestimmten Produktionsprozess eingesetzt wird.

abnehmendes Grenzprodukt Eine Eigenschaft einiger Produktionsfunktionen, wonach jede zusätzliche Einheit an Input zu einem geringeren Zuwachs des Gesamtoutputs führt als die vorherige Einheit.

abnehmende Skalenerträge Sie treten auf, wenn die Verdoppelung aller Inputs in einem Produktionsprozess weniger als eine Verdoppelung des Outputs bewirkt. *Auch bekannt als: negative Skaleneffekte. Siehe auch: steigende Skalenerträge.*

Absicherungsfinanzierung Finanzierung, die von Unternehmen genutzt wird, um vertragliche Zahlungsverpflichtungen aus dem Cashflow zu erfüllen. Der Begriff wurde von Hyman Minsky in seiner Hypothese der finanziellen Instabilität geprägt. *Siehe auch: Spekulationsfinanzierung.*

absoluter Vorteil Eine Person oder ein Land hat einen absoluten Vorteil bei der Produktion eines Gutes, wenn die Inputs, die es zur Produktion dieses Gutes verwendet, geringer sind als bei einer anderen Person oder einem anderen Land. *Siehe auch: komparativer Vorteil.*

Abzinsung der Kosten und des Nutzens für künftige Generationen Ein Maß dafür, wie wir gegenwärtig die Kosten und Vorteile bewerten, die Menschen erfahren, die in der Zukunft leben werden. Es ist zu beachten, dass dies kein Maß für die Ungeduld des Einzelnen in Bezug auf die eigenen zukünftigen Vorteile und Kosten ist.

Abzinsungssatz Ein Maß für die Ungeduld der Person: wie sehr die Person eine zusätzliche Einheit Konsum jetzt im Vergleich zu einer zusätzlichen Einheit Konsum später bewertet. Es ist die Steigung der Indifferenzkurve der Person für den Konsum jetzt und den Konsum später, minus eins. *Auch bekannt als: subjektiver Abzinsungssatz.*

administrativ realisierbar Politiken, bei denen die Regierung über ausreichend Informationen und Personal für die Umsetzung verfügt.

adverse Selektion Das Problem, mit dem die Parteien eines Tauschgeschäfts konfrontiert sind, wenn die von einer Partei angebotenen Bedingungen dazu führen, dass einige Tauschpartner:innen aussteigen. Ein Beispiel ist das Problem der asymmetrischen Informationen bei Versicherungen: Wenn der Preis hoch genug ist, werden nur diejenigen eine Krankenversicherung abschließen wollen, die wissen, dass sie krank sind (die Versicherung weiß dies aber nicht). Dies wird zu weiteren Preiserhöhungen führen, um die Kosten zu decken. Dieses Problem wird auch als Problem der „versteckten Attribute" bezeichnet (der Zustand, bereits krank zu sein, ist das versteckte Attribut), um es vom Problem der „versteckten Aktionen" des moralischen Risikos zu unterscheiden. *Siehe auch: unvollständiger Vertrag, moralisches Risiko, asymmetrische Informationen*

Agglomerationsvorteile Die Vorteile, die Unternehmen dadurch haben, dass sie in der Nähe anderer Unternehmen derselben oder verwandter Industrien angesiedelt sind. *Siehe auch: Skaleneffekte.*

aggregierte Nachfrage Die Summe der Komponenten der Ausgaben in einer Volkswirtschaft, die zum BIP addiert werden: $Y = C + I + G + X - M$. Es ist der Gesamtbetrag der Nachfrage nach (oder der Ausgaben für) Waren und Dienstleistungen, die in der Wirtschaft produziert werden. *Siehe auch: Konsum, Investitionen, Staatsausgaben, Exporte, Importe*

Akkordarbeit Eine Form der Beschäftigung, bei der die beschäftigte Person für jede Einheit des hergestellten Produkts eine feste Bezahlung erhält.

Aktie Ein Teil des Vermögens eines Unternehmens, der gehandelt werden kann. Er gibt der Person, die die Aktie besitzt, das Recht, einen Teil des Gewinns eines Unternehmens zu erhalten und davon zu profitieren, wenn das Vermögen des Unternehmens an Wert gewinnt. *Auch bekannt als: Stammaktie.*

akzeptables Mindestangebot Im Ultimatumspiel das kleinste Angebot der vorschlagenden Person, das von der antwortenden Person nicht abgelehnt wird. In Verhandlungssituationen wird im Allgemeinen das ungünstigste Angebot gemeint, das angenommen werden würde.

Akzeptanzbereitschaft (ABS) Der Reservationspreis einer potenziell verkaufenden Person, die nur zu mindestens diesem Preis bereit ist, eine Einheit zu verkaufen. *Siehe auch: Zahlungsbereitschaft.*

Allokation Die Beschreibung, wer was tut, welche Folgen dieses Handelns hat und wer was als Ergebnis erhält.

Altruismus Die Bereitschaft, Kosten auf sich zu nehmen, um jemand anderem einen Vorteil zu verschaffen.

Angebotskurve Die Kurve, die die Menge des Outputs anzeigt, die zu einem bestimmten Preis produziert werden würde. Für einen Markt zeigt sie die Gesamtmenge, die alle Unternehmen zusammen zu einem bestimmten Preis produzieren würden.

Angebotspolitik Eine Reihe von wirtschaftspolitischen Maßnahmen, die darauf abzielen, das Funktionieren der Wirtschaft durch die Steigerung der Produktivität und der internationalen Wettbewerbsfähigkeit sowie durch die Senkung der Gewinne nach Steuern und der Produktionskosten zu verbessern. Zu den Maßnahmen gehören die Senkung der Gewinnsteuern, die Verschärfung der Bedingungen für den Bezug von Arbeitslosengeld, die Änderung der Gesetzgebung, um die Entlassung von Beschäftigten zu erleichtern, und die Reform der Wettbewerbspolitik, um Monopolmacht zu verringern. *Auch bekannt als: Reformen auf der Angebotsseite.*

Angebotsschock Eine unerwartete Veränderung auf der Angebotsseite der Wirtschaft, zum Beispiel ein Anstieg oder Rückgang der Ölpreise oder die Verbesserung einer Technologie. *Siehe auch: Lohnsetzungskurve, Preissetzungskurve, Phillipskurve.*

Angebotsseite Die Seite eines Marktes, auf die Personen/Unternehmen etwas als Gegenleistung für Geld anbieten (zum Beispiel Bäckerein auf dem Markt für Brot). *Siehe auch: Nachfrageseite.*

Angebotsseite (Gesamtwirtschaft) Die Art und Weise, wie Arbeit und Kapital eingesetzt werden, um Waren und Dienstleistungen zu produzieren. Dabei wird das Modell des Arbeitsmarktes verwendet (auch als Modell der Lohnsetzungskurve und der Preissetzungskurve bezeichnet). *Siehe auch: Nachfrageseite (Gesamtwirtschaft).*

angebotsseitiges Problem nan *Siehe auch: Angebotsseite.*

Angebotsüberhang Eine Situation, in der zum aktuellen Preis die angebotene Menge eines Gutes größer ist als die nachgefragte Menge nach dem Gut. *Siehe auch: Nachfrageüberhang.*

Anleihe Eine Art von finanziellem Vermögenswert, bei dem das emittierende Unternehmen oder Land verspricht, der Person, die die Anleihe hält, im Laufe der Zeit einen bestimmten Betrag zu zahlen. *Auch bekannt als: Anleihen von Unternehmen.*

Anpassungslücke Die Zeitspanne zwischen veränderten Bedingungen auf dem Arbeitsmarkt und der Bewegung der Wirtschaft in die Nähe des neuen Gleichgewichts.

Anreiz Ökonomische Belohnung oder Bestrafung, die den Nutzen und die Kosten von Handlungsalternativen beeinflusst.

antizyklisch Entwicklung im Konjunkturzyklus, die tendenziell entgegengesetzt zum gesamtwirtschaftlichen Output und zur Beschäftigung verläuft.

Arbeitsanreizmodell Ein Modell, das erklärt, wie Unternehmen die Löhne so festsetzen, dass die Beschäftigten eine ökonomische Rente (die so genannte Beschäftigungsrente) erhalten, die wiederum den Beschäftigten einen Anreiz bietet, hart zu arbeiten, um eine Kündigung zu vermeiden. *Siehe auch: Beschäftigungsrente, Effizienzlöhne.*

arbeitsintensiv Stärkerer Einsatz von Arbeit als Produktionsmittel im Vergleich zu Maschinen und anderen Produktionsmitteln. *Siehe auch: kapitalintensiv.*

Arbeitslosengeld Eine staatliche Transferzahlung, die eine arbeitslose Person erhält. *Auch bekannt als: Arbeitslosenversicherung.*

Arbeitslosenquote Das Verhältnis zwischen der Zahl der Arbeitslosen und der Gesamtzahl der Erwerbspersonen. (Beachten Sie, dass die Beschäftigungsquote und die Arbeitslosenquote nicht 100 % ergeben, da sie unterschiedliche Nenner haben). *Siehe auch unter: Erwerbspersonen, Beschäftigungsquote.*

Arbeitslosigkeit Eine Situation, in der eine Person, die fähig und willens ist zu arbeiten, nicht beschäftigt ist.

Arbeitslosigkeit, unfreiwillig Der Zustand, arbeitslos zu sein, aber lieber einen Arbeitsplatz zu den gleichen Löhnen und Arbeitsbedingungen zu haben wie die sonst beschäftigten Personen. *Siehe auch:Arbeitslosigkeit.*

Arbeitsmarkt Auf diesem Markt bieten die Unternehmen den Personen, die sich bereit erklären, unter dessen Leitung zu arbeiten, Löhne an. Ökonominnen und Ökonomen sagen, dass die Unternehmen auf der Nachfrageseite dieses Marktes stehen, während die potenziell Beschäftigten auf der Angebotsseite stehen. *Siehe auch: Erwerbspersonen.*

Arbeitsmarktgleichgewicht Die Kombination aus Reallohn und Beschäftigungsniveau, die durch den Schnittpunkt der Lohnsetzungskurve und der Preissetzungskurve bestimmt wird. Dies ist das Nash-Gleichgewicht des Arbeitsmarktes, da weder die Unternehmen noch die Beschäftigten durch eine Änderung ihres Verhaltens eine Verbesserung erreichen könnten. *Siehe auch: Gleichgewichtsarbeitslosigkeit, inflationsstabilisierende Arbeitslosenquote.*

Arbeitsproduktivität Gesamtproduktion geteilt durch die Zahl der Arbeitsstunden oder ein anderes Maß für den Arbeitseinsatz.

Arbeitsteilung Die Spezialisierung der produzierenden Personen auf verschiedene Aufgaben im Produktionsprozess. *Auch bekannt als: Spezialisierung.*

Arbitrage Die Praxis, eine Ware auf einem Markt zu einem niedrigen Preis zu kaufen, um sie auf einem anderen Markt zu einem höheren Preis zu verkaufen. Unternehmen, die Arbitrage betreiben, nutzen den Preisunterschied für dieselbe Ware zwischen zwei Ländern oder Regionen aus. Solange die Handelskosten niedriger sind als das

Preisgefälle, machen sie einen Gewinn. *Siehe auch: Preisgefälle.*

asymmetrische Informationen Informationen, die für die an einer wirtschaftlichen Interaktion beteiligten Parteien relevant sind, aber nur einem Teil der Parteien bekannt sind, anderen degegen nicht. *Siehe dazu: adverse Selektion, moralisches Risiko.*

Aufholwachstum Der Prozess, durch den viele (aber bei weitem nicht alle) Volkswirtschaften in der Welt die Lücke zwischen den Industrieländern und ihrer eigenen Volkswirtschaft schließen.

Ausfallrisiko Das Risiko, dass ein gewährter Kredit nicht zurückgezahlt wird.

ausländische Direktinvestitionen (FDI) Eigentum und wesentliche Kontrolle über Vermögenswerte in einem fremden Land. *Siehe auch: ausländische Portfolioinvestition.*

ausländische Portfolioinvestition Der Erwerb von Anleihen oder Aktien in einem fremden Land, wenn der Besitz des ausländischen Vermögens nicht groß genug ist, um eine wesentliche Kontrolle über das besessene Unternehmen zu erlangen. Ausländische Direktinvestitionen (FDI) hingegen setzen Eigentum und wesentliche Kontrolle über das eigene Vermögen voraus. *Siehe auch: ausländische Direktinvestitionen.*

Auslastungsgrad Ein Maß dafür, inwieweit ein Unternehmen, eine Industrie oder eine ganze Volkswirtschaft so viel produziert, wie es der Bestand an Investitionsgütern und der aktuelle Wissensstand zulassen würde.

Auszahlung Der Nutzen für jede Spieler:in, der sich aus den gemeinsamen Aktionen aller Spieler:innen ergibt.

automatische Stabilisatoren Merkmale des Steuer- und Transfersystems einer Volkswirtschaft, die dazu führen, dass eine Expansion oder Kontraktion der Wirtschaft ausgeglichen wird. Ein Beispiel dafür ist das System des Arbeitslosengeldes.

Automatisierung Der Einsatz von Maschinen, welche die Arbeitskraft von Menschen (Arbeit) substituieren.

autonome Nachfrage Komponenten der aggregierten Nachfrage, die vom laufenden Einkommen unabhängig sind.

autonomer Konsum Vom laufenden Einkommen unabhängiger Konsum.

azyklisch Keine Tendenz, sich über den Konjunkturzyklus hinweg entweder in die gleiche oder in die entgegengesetzte Richtung des gesamtwirtschaftlichen Outputs und der Beschäftigung zu bewegen.

Bank Ein Unternehmen, welches im Zuge der Kreditvergabe Geld in Form von Bankeinlagen schafft.

Bankenrettung Die Regierung kauft eine Eigenkapitalbeteiligung an einer Bank oder greift auf andere Weise ein, um sie vor dem Konkurs zu bewahren.

Bank Run Eine Situation, in der Einleger:innen Gelder von einer Bank abziehen, weil sie befürchten, dass diese Bank in Konkurs gehen und ihren Verbindlichkeiten nicht nachkommen könnte (das heißt die den Einleger:innen geschuldeten Gelder nicht zurückzahlen kann).

Basistechnologien Technologischer Fortschritt, der in vielen Sektoren angewendet werden kann und weitere Innovationen hervorbringt. Informations- und Kommunikationstechnologie und Elektrizität sind zwei gängige Beispiele.

Beschäftigungsquote Das Verhältnis zwischen der Zahl der Beschäftigten und der Bevölkerung im erwerbsfähigen Alter. *Siehe auch: Bevölkerung im erwerbsfähigen Alter.*

Beschäftigungsrente Die ökonomische Rente, die eine beschäftigte Person erhält, wenn der Nettowert des Arbeitsplatzes den Nettowert der nächstbesten Alternative (das heißt der Arbeitslosigkeit) übersteigt. *Auch bekannt als: Kosten des Arbeitsplatzverlustes.*

beschränktes Optimierungsproblem Probleme, bei denen eine Person, die eine Entscheidung treffen muss, die Werte einer oder mehrerer Variablen wählt, um ein Ziel (zum Beispiel Gewinnmaximierung) zu erreichen. Dabei unterliegt die Person einer Beschränkung, die die realisierbare Menge bestimmt. Ein Beispiel für eine solche Beschränkung ist die Nachfragekurve.

Bestand Eine Menge, die zu einem bestimmten Zeitpunkt gemessen wird. Ihre Einheiten sind nicht von der Zeit abhängig. *Siehe auch: Flussgröße.*

beste Antwort Die Strategie, die einem die höchste Auszahlung verschafft gegeben der Strategie der anderen Spieler:innen.

Beste-Antwort-Funktion der beschäftigten Person Die optimale Menge an Arbeit, die eine beschäftigte Person für jeden vom Unternehmen angebotenen Lohn zu leisten bereit ist.

Beveridge-Kurve Das umgekehrte Verhältnis zwischen der Arbeitslosenquote und der Quote der offenen Stellen (jeweils ausgedrückt als Anteil an den Erwerbspersonen). Benannt nach dem gleichnamigen britischen Ökonomen.

Bevölkerung im erwerbsfähigen Alter Eine statistische Konvention, die in vielen Ländern alle Menschen im Alter zwischen 15 und 64 Jahren umfasst.

Bilanz Eine Aufzeichnung der Vermögenswerte, der Schulden und des Nettovermögens einer wirtschaftlich agierenden Instanz, zum Beispiel eines Haushalts, einer Bank, eines Unternehmens oder einer Regierung.

biologische Überlebensbeschränkung Die biologische Überlebensbeschränkung zeigt alle Punkte, die biologisch realisierbar sind. *Siehe auch: biologisch realisierbar.*

biologisch realisierbar Eine Allokation die das Überleben der Beteiligten sichern kann, ist biologisch realisierbar.

BIP-Deflator Ein Maß für die Höhe der Preise für im Inland produzierte Güter. Es handelt sich dabei um das Verhältnis zwischen dem nominalen BIP (oder BIP zu den jeweils aktuellen Preisen) und dem realen BIP (oder BIP zu konstanten Preisen).

Börse Ein Finanzmarktplatz, auf dem Aktien (oder Wertpapiere) und andere finanzielle Vermögenswerte gehandelt werden. Er verfügt über eine Liste von Unternehmen, deren Aktien dort gehandelt werden.

Bretton Woods System Ein internationales Währungssystem mit festen, aber anpassbaren Wechselkursen, das am Ende des Zweiten Weltkriegs eingeführt wurde. Es ersetzte den Goldstandard, der während der Great Depression aufgegeben wurde.

Bruttoeinkommen Einkommen nach Abzug der gezahlten Steuern, einschließlich Wertminderung. *Siehe auch: Einkommen, Nettoeinkommen.*

Bruttoinlandsprodukt (BIP) Ein Maß für den Marktwert der Produktion von Endprodukten und Dienstleistungen in einer Volkswirtschaft in einem bestimmten Zeitraum. Die Produktion von Vorleistungsgütern, die als Input für die Endproduktion dienen, wird nicht berücksichtigt, um Doppelzählungen zu vermeiden.

Bruttolohnersatzquote bei Arbeitslosigkeit Der Anteil des früheren Bruttolohns (vor Steuern) einer beschäftigten Person, den sie bei Arbeitslosigkeit erhält.

Budgetbeschränkung Eine Gleichung, die alle Kombinationen von Waren und Dienstleistungen darstellt, die man erwerben könnte und die die eigenen budgetären Ressourcen (zum Beispiel das Vermögen) genau ausschöpfen.

Budgetdefizit Wenn der Saldo des Staatshaushalts negativ ist. *Siehe auch: Saldo des Staatshaushalts, Budgetüberschuss.*

Budgetüberschuss Wenn der Saldo des Staatshaushalts positiv ist. *Siehe auch: Saldo des Staatshaushalts, Budgetdefizit.*

Cap and Trade Eine Politik, bei der eine begrenzte Anzahl von Verschmutzungsgenehmigungen ausgegeben wird, die auf einem Markt gekauft und verkauft werden können. Sie kombiniert eine mengenmäßige Begrenzung der Emissionen mit einem preisbasierten Ansatz, der umweltschädliche Entscheidungen mit Kosten belegt.

ceteris paribus Ökonominnen und Ökonomen vereinfachen oft eine Analyse, indem sie Dinge beiseitelassen, von denen sie glauben, dass diese für die Frage, die sie interessiert, weniger wichtig sind. Die wörtliche Bedeutung des Ausdrucks ist „andere Dinge sind gleich". In einem ökonomischen Modell bedeutet dies, dass die Analyse „andere Dinge konstant hält".

Clubgut nan *Siehe auch: künstlich knappes Gut, öffentliches Gut.*

Collateralized Debt Obligation (CDO) Ein strukturiertes Finanzinstrument (ein Derivat), das aus einer Anleihe oder einem Schuldschein besteht, die durch einen Pool von Vermögenswerten mit festem Einkommen unterlegt sind. Der Wertverfall von Instrumenten dieser Art, die durch Subprime-Hypotheken gesichert waren, war ein wichtiger Faktor in der globalen Finanzkrise 2007-2008.

Commodities Physische Güter, die ähnlich wie Aktien gehandelt werden. Dazu gehören Metalle wie Gold und Silber, landwirtschaftliche Erzeugnisse wie Kaffee und Zucker, Öl und Gas. Manchmal wird der Begriff auch allgemeiner für alles verwendet, was zum Verkauf produziert wird.

Crowding Out Es gibt zwei ganz unterschiedliche Verwendungen des Begriffs. Der eine ist der beobachtete negative Effekt, wenn ökonomische Anreize die ethischen oder anderweitigen Motivationen der Menschen verdrängen. In Studien zum individuellen Verhalten können Anreize einen Crowding Out-Effekt auf soziale Präferenzen haben. Eine zweite Verwendung des Begriffs bezieht sich auf die Auswirkung einer Erhöhung der Staatsausgaben auf die Verringerung der privaten Ausgaben, wie sie beispielsweise in einer Volkswirtschaft mit voller Kapazitätsauslastung zu erwarten wäre, oder wenn eine fiskalische Expansion mit einem Anstieg des Zinssatzes verbunden ist.

Deflation Ein Rückgang des allgemeinen Preisniveaus. *Siehe auch: Inflation.*

demografischer Übergang Eine Verlangsamung des Bevölkerungswachstums, da ein Rückgang der Sterberate durch einen Rückgang der Geburtenrate mehr als ausgeglichen wird.

Demokratie Ein politisches System, das im Idealfall allen Bürger:innen die gleiche politische Macht verleiht, definiert durch individuelle Rechte wie Rede-, Versammlungs- und Pressefreiheit, faire Wahlen, bei denen praktisch alle Erwachsenen wahlberechtigt sind, und bei denen die Regierung ihr Amt verlässt, wenn sie Wahlen verliert.

demokratische Rechenschaftspflicht Politische Verantwortlichkeit durch Wahlen und andere demokratische Prozesse. *Siehe auch: Verantwortlichkeit, politische Verantwortlichkeit.*

Derivat Ein Finanzinstrument in Form eines handelbaren Vertrags, dessen Wert auf der Wertentwicklung von zugrunde liegenden Vermögenswerten wie Aktien, Anleihen oder Immobilien beruht. *Siehe auch: Collateralized Debt Obligation.*

differenziertes Produkt Ein Produkt, das von einem einzigen Unternehmen hergestellt wird und einige einzigartige Merkmale im Vergleich zu ähnlichen Produkten anderer Unternehmen aufweist.

Diffusion Die Verbreitung einer Erfindung in der gesamten Wirtschaft. *Siehe auch: Diffusionslücke.*

Diffusionslücke Die Zeitspanne zwischen der ersten Einführung einer Innovation und ihrer allgemeinen Nutzung. *Siehe auch unter: Diffusion.*

Disinflation Ein Rückgang der Inflationsrate. *Siehe auch: Inflation, Deflation.*

dominante Strategie Handlung, die für eine spielende Person den höchsten Ertrag bringt, unabhängig davon, was die anderen Spieler:innen tun.

Dominanzstrategiegleichgewicht Das Gleichgewicht eines Spiels, in dem jede spielende Person die dominante Strategie spielt. Das Dominanzstrategiegleichgewicht ist ein Spezialfall des Nash-Gleichgewichts.

dominierende Technologie Eine Technologie, die unabhängig von den Preisen der Inputs die gleiche Menge zu niedrigeren Kosten produziert als alternative Technologien. Sie ist in der Lage, die gleiche Menge an Output zu produzieren wie die alternative Technologie mit weniger von mindestens einem Input und nicht mehr von irgendeinem Input.

dominiert Wir beschreiben ein Ergebnis so, wenn mehr von etwas, das positiv bewertet wird, ohne weniger von etwas anderem, das positiv bewertet wird, erreicht werden kann. Kurz gesagt: Ein Ergebnis wird dominiert, wenn es eine Win-Win-Alternative gibt.

Durchschnittskosten Die Gesamtkosten der Produktion eines Unternehmens geteilt durch die Gesamtzahl der produzierten Einheiten.

Durchschnittsprodukt Gesamtoutput geteilt durch einen bestimmten Input, zum Beispiel pro Arbeitskraft (geteilt durch die Anzahl der Arbeitskräfte) oder pro Arbeitsstunde einer Arbeitskraft (Gesamtoutput geteilt durch die Gesamtzahl der geleisteten Arbeitsstunden).

effektiver Steuersatz auf den Gewinn Dieser wird berechnet, indem man die Gewinnrate vor Steuern nimmt, die Gewinnrate nach Steuern abzieht und das Ergebnis durch die Gewinnrate vor Steuern teilt. Dieser Bruch wird in der Regel mit 100 multipliziert und als Prozentsatz angegeben.

Effizienzlöhne Die Lohnzahlung eines Unternehmens, die über dem Reservationslohn einer beschäftigten Person liegt, um diese zu motivieren, sich am Arbeitsplatz mehr anzustrengen, als sie es sonst tun würde. *Siehe auch: Arbeitsanreizmodell, Beschäftigungsrente.*

Eigenkapital Die eigene Investition einer Person in ein Projekt. Diese wird in der Bilanz einer Person oder eines Unternehmens als

Eigenkapital ausgewiesen. *Siehe auch: Nettovermögen.*

Eigentum Das Recht, etwas zu nutzen und andere von der Nutzung auszuschließen, sowie das Recht, die Sache, die man besitzt, zu verkaufen.

Eigentumsrechte Rechtlicher Schutz des Eigentums, einschließlich des Rechts, andere auszuschließen und das Eigentum zu nutzen oder zu verkaufen.

Einkommen Der Betrag der erhaltenen Gewinne, Zinsen, Mieten, Arbeitseinkommen und sonstigen Zahlungen (einschließlich Transfers der Regierung) abzüglich der gezahlten Steuern, gemessen über einen bestimmten Zeitraum, zum Beispiel ein Jahr. Der Höchstbetrag, der bei unverändertem Vermögen konsumiert werden kann. *Auch bekannt als: verfügbares Einkommen. Siehe auch: Bruttoeinkommen.*

Einkommenseffekt Der Effekt, den zusätzliches Einkommen hätte, wenn sich der Preis oder die Opportunitätskosten nicht ändern würden.

Einkommenselastizität der Nachfrage Die prozentuale Veränderung der Nachfrage, die bei einer Erhöhung des Einkommens um 1 % eintreten würde.

Einkünfte Löhne, Gehälter und andere Einkommen aus Arbeit.

Endeinkommen Ein Maß für den Wert der Waren und Dienstleistungen, die ein Haushalt mit seinem verfügbaren Einkommen konsumieren kann. Dies entspricht dem verfügbaren Einkommen abzüglich der gezahlten Mehrwertsteuer und zuzüglich des Wertes der erhaltenen öffentlichen Leistungen.

endogen Wird innerhalb des Modells bestimmt und kommt nicht von außerhalb des Modells. *Siehe auch: exogen.*

Enteignungsrisiko Die Wahrscheinlichkeit, dass ein Vermögen (zum Beispiel eines Unternehmens) von der Regierung oder einem anderen weggenommen wird.

Entwicklungsstaat Eine Regierung, die eine führende Rolle bei der Förderung des wirtschaftlichen Entwicklungsprozesses durch öffentliche Investitionen, Subventionen für bestimmte Industrien, Bildung und andere öffentliche Maßnahmen übernimmt.

Erfindung Die Entwicklung von neuen Produktionsmethoden und neuen Produkten.

erwartete Inflation Die Meinung der Lohn- und Preissetzenden über die Höhe der Inflation in der nächsten Periode. *Siehe auch: Inflation.*

Erwerbspersonen Die Anzahl der Personen in der Bevölkerung im erwerbsfähigen Alter, die einer Arbeit außerhalb des Haushalts nachgehen oder nachgehen möchten. Sie sind entweder erwerbstätig (einschließlich selbständig) oder arbeitslos. *Siehe auch: Arbeitslosenquote, Beschäftigungsquote, Erwerbsquote.*

Erwerbsquote Das Verhältnis zwischen der Zahl der Erwerbspersonen und der Bevölkerung im erwerbsfähigen Alter. *Siehe auch: Erwerbspersonen, Bevölkerung im erwerbsfähigen Alter.*

Evolutionsökonomik Ein Ansatz, der den Prozess des wirtschaftlichen Wandels untersucht, einschließlich technologischer Innovationen, der Diffusion neuer sozialer Normen und der Entwicklung neuer Institutionen.

Existenzminimum Das Niveau des Lebensstandards (gemessen an Konsum oder Einkommen), bei dem die Bevölkerung weder wächst noch abnimmt.

exogen Von außerhalb des Modells kommend und nicht durch das Modell selbst bestimmt. *Siehe auch: endogen.*

exogener Schock Eine starke Veränderung der äußeren Bedingungen, die sich auf ein Modell auswirkt.

Exporte (X) Waren und Dienstleistungen, die in einem bestimmten Land produziert und an Haushalte, Unternehmen und Regierungen in anderen Ländern verkauft werden.

externe Grenzkosten (EGK) Die Kosten für die Produktion einer zusätzlichen Einheit eines Gutes, die von einer anderen Person als der produzierenden Person des Gutes getragen werden. *Siehe auch: private Grenzkosten, soziale Grenzkosten.*

externe Kosten Ein negativer externer Effekt: Eine negative Auswirkung von Produktion, Konsum oder anderen wirtschaftlichen Entscheidungen auf eine andere Person oder Partei, die nicht als Verbindlichkeit in einem Vertrag aufgeführt ist. *Auch bekannt als: negativer externer Effekt. Siehe auch: externer Effekt.*

externe Netzwerkeffekte Ein externer Effekt der Handlung einer Person auf eine andere, der dadurch entsteht, dass die beiden in einem Netzwerk miteinander verbunden sind. *Siehe auch: externer Effekt.*

externer Effekt Eine positive oder negative Auswirkung einer Produktion, eines Konsums oder einer anderen wirtschaftlichen Entscheidung auf eine oder mehrere andere Personen, die nicht als Nutzen oder Schaden in einem Vertrag angegeben ist. Sie wird als externer Effekt bezeichnet, weil der betreffende Effekt außerhalb des Vertrags liegt. *Auch bekannt als: Externalität. Siehe auch unter: unvollständiger Vertrag, Marktversagen, externer Nutzen, externe Kosten.*

externer Nutzen Ein positiver externer Effekt, das heißt eine positive Auswirkung einer Produktions-, Konsum- oder sonstigen wirtschaftlichen Entscheidung auf eine oder mehrere andere Personen, die nicht als Nutzen in einem Vertrag angegeben ist. *Auch bekannt als: positiver externer Effekt. Siehe auch: externer Effekt.*

Fairness Eine Art, eine Allokation auf der Grundlage der eigenen Vorstellung von Gerechtigkeit zu bewerten.

Faktorausstattung Die Faktoren einer Person, die sich auf ihr Einkommen auswirken können, wie zum Beispiel das physische Vermögen, das eine Person besitzt, das heißt Grund und Boden, Wohnraum oder ein Portfolio von Aktien. Dazu gehören auch das Niveau und die Qualität der Schulbildung, spezielle Ausbildungen, die Programmiersprachen in denen die Person arbeiten kann, Arbeitserfahrung in Praktika, die Staatsangehörigkeit, ob die Person ein Visum (oder eine Green Card) besitzt, dass eine Beschäftigung auf einem bestimmten Arbeitsmarkt erlaubt, die Nationalität und das Geschlecht der Person und sogar die Ethnie oder der soziale Hintergrund der Person. *Siehe auch: Humankapital.*

fehlender Markt Ein Markt, auf dem es eine Art von Austausch gibt, der, wenn er durchgeführt würde, für beide Seiten vorteilhaft wäre. Dies ist nicht der Fall, wenn asymmetrische oder nicht überprüfbare Informationen vorliegen.

finanzielle Deregulierung Politiken, die Banken und anderen Institutionen größere Freiheit bei der Art der finanziellen Vermögenswerte, die sie verkaufen können, sowie bei anderen Praktiken einräumen.

finanzieller Akzelerator Der Mechanismus, durch den die Fähigkeit von Unternehmen und Haushalten zur Kreditaufnahme steigt, wenn der Wert der Sicherheiten, die sie dem Darlehensgeber (häufig eine Bank) verpfändet haben, zunimmt.

Fire Sale Der Verkauf einer Sache zu einem sehr niedrigen Preis, weil die verkaufende Person oder das verkaufende Unternehmen dringend Geld braucht.

first copy costs Die Fixkosten für die Produktion einer wissensintensiven Ware oder Dienstleistung.

Fisher-Gleichung Die Beziehung, die den Realzinssatz als Differenz zwischen dem Nominalzinssatz und der erwarteten Inflation angibt: Realzinssatz = Nominalzinssatz - erwartete Inflation.

fiskalische Kapazität Die Fähigkeit einer Regierung, mit geringen Verwaltungs- und sonstigen Kosten erhebliche Steuern von der Bevölkerung zu erheben und einzutreiben. Ein Maß hierfür ist der eingenommene Betrag geteilt durch die Kosten für die Verwaltung des Steuersystems.

Fiskalpolitik Änderungen der Steuern oder Staatsausgaben zur Stabilisierung der Wirtschaft. *Siehe auch: fiskalpolitischer Stimulus, fiskalpolitischer Multiplikator, aggregierte Nachfrage.*

fiskalpolitischer Multiplikator Die gesamte (direkte und indirekte) Veränderung der Wirtschaftsleistung die durch eine anfängliche Veränderung der Staatsausgaben verursacht wird. *Siehe auch: fiskalpolitischer Stimulus, Fiskalpolitik, aggregierte Nachfrage.*

fiskalpolitischer Stimulus Der Einsatz der Fiskalpolitik durch die Regierung (durch eine Kombination von Steuersenkungen und Staatsausgabenerhöhungen) mit dem Ziel, die aggregierte Nachfrage zu erhöhen. *Siehe auch: fiskalpolitischer Multiplikator, Fiskalpolitik, aggregierte Nachfrage.*

Fixkosten Kosten, die nicht mit der Anzahl der produzierten Einheiten variieren.

Flussgröße Eine pro Zeiteinheit gemessene Größe, wie zum Beispiel das Jahreseinkommen oder der Stundenlohn.

Forschung und Entwicklung Ausgaben einer privaten oder öffentlichen Einrichtung für die Entwicklung neuer Produktionsmethoden, Produkte oder anderer wirtschaftlich relevanter neuer Erkenntnisse.

Free-ride Von den Beiträgen anderer zu einem Kooperationsprojekt zu profitieren, ohne selbst einen Beitrag zu leisten.

Fristentransformation Die Praxis, kurzfristig Geld zu leihen und es langfristig zu verleihen. Eine Bank nimmt zum Beispiel Einlagen entgegen, deren Rückzahlung sie kurzfristig oder ohne Vorankündigung verspricht, und vergibt langfristige Kredite (die über viele Jahre hinweg zurückgezahlt werden können). *Auch bekannt als: Liquiditätsumwandlung.*

Fundamentalwert *Siehe auch: Fundamentalwert einer Aktie.*

Fundamentalwert einer Aktie Der Aktienkurs basiert auf den erwarteten zukünftigen Einkünften und Risikoniveau.

Gebrauchsgüter (langlebig) Konsumgüter mit einer Nutzungsdauer von mehr als drei Jahren. Zum Beispiel Möbel, Autos und Kühlschränke.

Gefangenendilemma Ein Spiel, bei dem die Auszahlungen im Dominanzstrategiegleichgewicht für jede spielende Person und damit auch insgesamt geringer sind als bei Kooperation der spielenden Personen.

Gegenseitigkeit Eine Präferenz, freundlich zu sein oder anderen zu helfen, die freundlich und hilfsbereit sind, und anderen, die nicht hilfreich oder freundlich sind, Hilfe und Freundlichkeit vorzuenthalten. *Auch bekannt als: Reziprozität.*

Gegenwartswert Der heutige Wert eines Flusses zukünftiger Einkommen oder anderer Leistungen, wenn diese mit einem Zinssatz oder dem eigenen Abzinsungssatz verrechnet werden. *Siehe auch: Gegenwartswert.*

Geld Geld ist etwas, das den Austausch erleichtert (ein so genanntes Tauschmittel) und aus Banknoten und Bankeinlagen oder anderen Dingen besteht, die zum Kauf von Waren und Dienstleistungen verwendet werden können und im Allgemeinen von anderen als Zahlungsmittel akzeptiert werden, weil andere es für den gleichen Zweck verwenden können. Das „weil" ist wichtig und unterscheidet den durch Geld erleichterten Tausch vom Tauschhandel, bei dem Waren direkt getauscht werden, ohne dass Geld den Besitzer wechselt.

Geldlohn Der Geldbetrag, den ein Unternehmen an eine beschäftigte Person zahlt. *Auch bekannt als: Nominallohn.*

Geldmenge Der Bestand an umlaufender Geldmenge, definiert als die Summe aus Giralgeld und Zentralbankgeld die sich in den Händen der Nicht-Banken-Öffentlichkeit befindet. *Siehe auch: Giralgeld.*

Geldpolitik Maßnahmen der Zentralbank (oder der Regierung), die darauf abzielen, die Wirtschaftstätigkeit durch Änderung der Zinssätze oder der Preise von finanziellen Vermögenswerten zu beeinflussen. *Siehe auch: quantitative Lockerung.*

Geltungskonsum Der Kauf von Waren oder Dienstleistungen zur öffentlichen Darstellung des eigenen sozialen und wirtschaftlichen Status.

gemeinsame Wohlfahrt Die Summe der ökonomischen Renten aller an einer Interaktion Beteiligten. *Auch bekannt als: Nutzen aus Handel.*

Gemeinschaftsgut Ein rivales Gut, dessen Konsum man anderen nicht verwehren kann. *Auch bekannt als: Ressource des Gemeineigentums.*

geringe Kapazitätsauslastung Wenn ein Unternehmen oder eine Volkswirtschaft die Produktion steigern kann, indem es/sie die Beschäftigung erhöht und dabei die vorhandenen Investitionsgüter nutzt.

gesamte Wohlfahrt Der Gesamtnutzen aus dem Handel, den alle am Tausch beteiligten Parteien erhalten. Er wird als Summe der Konsumenten- und Produzentenrente gemessen. *Siehe: gemeinsame Wohlfahrt.*

Gesamtnutzenkurve Die Kombinationen aus der Innovationswahrscheinlichkeit und dem Gesamtnutzen der Innovation eines Unternehmens für die Gesellschaft, die den gleichen Gesamtnutzen ergeben.

gesamtwirtschaftlicher Output Die Gesamtproduktion einer Volkswirtschaft, über alle Sektoren und Regionen hinweg.

Gesetz des einheitlichen Preises Trifft zu, wenn ein Gut bei allen Transaktionen zum gleichen Preis gehandelt wird. Würde ein Gut an verschiedenen Orten zu unterschiedlichen Preisen verkauft, könnten Unternehmen oder Personen es an einem Ort billig einkaufen und an einem anderen zu einem höheren Preis verkaufen. *Siehe auch: Arbitrage.*

gesetzlicher Mindestlohn Ein gesetzlich festgelegter Mindestlohn für Beschäftigte im Allgemeinen oder für eine bestimmte Art von Beschäftigten. Mit einem Mindestlohn soll der

Lebensstandard von Geringverdienenden gesichert werden. Viele Länder, darunter das Vereinigte Königreich und die USA, setzen einen Mindestlohn durch Gesetze durch. *Auch bekannt als: Mindestlohn.*

gesetzliches Zahlungsmittel Münzen oder Banknoten, die zur Begleichung einer Schuld akzeptiert werden müssen.

Gewerkschaft Eine Organisation, die überwiegend aus Beschäftigten besteht und zu deren Haupttätigkeiten die Aushandlung von Löhnen und Arbeitsbedingungen für die Gewerkschaftsangehörigen gehört.

Gewinnmarge Die Differenz zwischen dem Preis und den Grenzkosten.

Gini-Koeffizient Ein Maß für die Ungleichheit einer beliebigen Größe wie Einkommen oder Vermögen, das von einem Wert von null (wenn keine Ungleichheit besteht) bis eins (wenn eine einzige Person alles erhält) reicht.

Giralgeld Geld in Form von Bankeinlagen, das von Geschäftsbanken geschaffen wird, wenn sie Kredite an Unternehmen und Haushalte vergeben.

Gleichgewicht Ein Modellergebnis, das sich selbst aufrechterhält. In diesem Fall ändert sich etwas von Interesse nicht, es sei denn, es wird eine äußere oder externe Kraft eingeführt, welche die Situation innerhalb des Modells verändert.

Gleichgewicht (eines Marktes) Ein Marktzustand, in dem sich die gekauften und verkauften Mengen oder der Marktpreis nicht ändern, es sei denn, die zugrundeliegenden Kosten, Präferenzen oder sonstigen Bestimmungsfaktoren für das Verhalten der Teilnehmenden am Markt ändern sich in irgendeiner Weise.

Gleichgewichtsarbeitslosigkeit Die Zahl der Arbeitssuchenden ohne Arbeit, die durch den Schnittpunkt von Lohnsetzungskurve und Preissetzungskurve bestimmt wird. Dies ist das Nash-Gleichgewicht des Arbeitsmarktes, bei dem weder die Unternehmen noch die Beschäftigten durch eine Änderung ihres Verhaltens eine Verbesserung erzielen könnten. *Siehe auch: unfreiwillige Arbeitslosigkeit, konjunkturelle Arbeitslosigkeit, Lohnsetzungskurve, Preissetzungskurve, inflationsstabilisierende Arbeitslosenquote.*

Gleichgewichtspreis Bei diesem Preis gibt es keinen Angebots- oder Nachfrageüberhang. *Siehe auch: Gleichgewicht.*

Gleichgewichtsrente Ökonomische Rente in einem Markt, der sich im Gleichgewicht befindet. *Auch bekannt als: stationäre oder persistente Renten.*

globale Finanzkrise Diese begann 2007 mit dem Zusammenbruch der Immobilienpreise in den USA. Dies führte zu einem Preiseinbruch bei Vermögenswerten, die auf Subprime-Hypotheken basierten. Als Folge stellte sich eine weit verbreiteten Unsicherheit über die Solvenz der Banken in den USA und Europa, die Kredite zum Kauf solcher Vermögenswerte aufgenommen hatten. ein. Die Auswirkungen waren auf der ganzen Welt zu spüren, da der Welthandel drastisch eingeschränkt wurde. Regierungen und Zentralbanken reagierten darauf mit umfangreichen Stabilisierungsmaßnahmen.

Globalisierung Ein Prozess, bei dem die Volkswirtschaften der Welt durch den freieren Fluss von Waren, Investitionen, Finanzmarkttransaktionen und in geringerem Maße auch von Arbeitskräften über nationale Grenzen hinweg zunehmend integriert werden. Der Begriff wird manchmal weiter gefasst und umfasst auch Ideen, Kultur und sogar die Ausbreitung epidemischer Krankheiten.

Globalisierung I und II Zwei getrennte Perioden zunehmender globaler wirtschaftlicher Integration: die erste erstreckte sich von vor 1870 bis zum Ausbruch des Ersten Weltkriegs 1914, die zweite vom Ende des Zweiten Weltkriegs bis ins 21. Jahrhundert. *Siehe auch: Globalisierung.*

Goldenes Zeitalter (des Kapitalismus) Die Periode hohen Produktivitätswachstums, hoher Beschäftigung und niedriger und stabiler Inflation, die sich vom Ende des Zweiten Weltkriegs bis in die frühen 1970er Jahre erstreckte.

Goldstandard Das in der Great Depression aufgegebene System fester Wechselkurse, bei dem der Wert einer Währung in Form von Gold festgelegt wurde, gegen das die Währung eingetauscht werden konnte. *Siehe auch: Great Depression.*

Great Depression Die Phase eines starken Rückgangs von Produktion und Beschäftigung in vielen Ländern in den 1930er Jahren.

Great Moderation Zeitraum mit geringer Volatilität des gesamtwirtschaftlichen Outputs in fortgeschrittenen Volkswirtschaften zwischen den 1980er Jahren und der Finanzkrise 2008. Der Name wurde von den Wirtschaftswissenschaftlern James Stock und Mark Watson vorgeschlagen und von Ben Bernanke, dem damaligen Vorsitzenden der Federal Reserve (Zentralbank-System der Vereinigten Staaten), populär gemacht.

Great Recession Die langanhaltende Rezession, die auf die globale Finanzkrise von 2008 folgte.

Green Adjustment Anpassung der volkswirtschaftlichen Gesamtrechnung des nationalen Einkommens, um den Wert des Naturkapitals einzubeziehen.

Grenzerlös Die Erhöhung der Einnahmen, die durch eine Erhöhung der Menge von Q auf $Q + 1$ erzielt wird.

Grenzkosten Die Auswirkung auf die Gesamtkosten der Produktion einer zusätzlichen Einheit des Outputs. Sie entspricht der Steigung der Gesamtkostenfunktion in jedem Punkt.

Grenznutzen Der zusätzliche Nutzen, der sich aus einer Erhöhung einer bestimmten Variablen um eine Einheit ergibt.

Grenzprodukt Die zusätzliche Produktionsmenge, die erzeugt wird, wenn ein bestimmter Input um eine Einheit erhöht wird, während alle anderen Inputs konstant bleiben.

Grenzproduktivität der Ausgaben für die Emissionsminderung Die Grenzrate der Transformation (GRT) von Minderungskosten in verbesserte Umweltbedingungen. Sie ist die Steigung der Machbarkeitsgrenze. *Siehe auch: Grenzrate der Transformation, Machbarkeitsgrenze.*

Grenzrate der Substitution (GRS) Der Trade-Off, den eine Person zwischen zwei Gütern einzugehen bereit ist. Dies die Steigung der Indifferenzkurve an jedem Punkt. *Siehe auch: Grenzrate der Transformation.*

Grenzrate der Transformation (GRT) Die Menge eines Gutes, die geopfert werden muss, um eine zusätzliche Einheit eines anderen Gutes zu erwerben. Sie ist die Steigung der Machbarkeitsgrenze an jedem Punkt. *Siehe auch: Grenzrate der Substitution.*

Gründer:in Eine Person, die neue Technologien, Organisationsformen und andere Möglichkeiten schafft oder sich frühzeitig aneignet. *Auch bekannt als: Entrepreneur:in.*

Gütermarktgleichgewicht Der Punkt, an dem der gesamtwirtschaftliche Output der aggregierten Nachfrage nach im Inland produzierten Waren entspricht. Die Wirtschaft wird weiterhin auf diesem Produktionsniveau produzieren, es sei denn, etwas ändert das Konsum- oder Investitionsverhalten. *Siehe auch: aggregierte Nachfrage.*

Handelsbilanz Wert der Exporte abzüglich des Wertes der Importe. *Auch bekannt als: Nettoexporte. Siehe auch unter: Handelsbilanzdefizit, Handelsbilanzüberschuss.*

Handelsbilanzdefizit Die negative Handelsbilanz eines Landes (es importiert mehr als es exportiert). *Siehe auch: Handelsbilanzüberschuss, Handelsbilanz.*

Handelsbilanzüberschuss Die positive Handelsbilanz eines Landes (es exportiert mehr als es importiert). *Siehe auch: Handelsbilanzdefizit, Handelsbilanz.*

Handelskosten Die Transportkosten, Zölle oder andere Faktoren, die beim Handel zwischen den Märkten zweier Länder anfallen und dazu führen, dass für die betroffenen Waren das Gesetz des einheitlichen Preises nicht auf jedem Markt gilt. *Siehe auch: Gesetz des einheitlichen Preises.*

hedonische Preisbildung Eine Methode, die verwendet wird, um den wirtschaftlichen Wert von nicht bepreisten Umwelt- oder wahrgenommenen Eigenschaften abzuleiten, die den Preis eines vermarkteten Gutes beeinflussen. Sie ermöglicht es einer forschenden Person schwer zu quantifizierende Eigenschaften zu bewerten. Die Schätzungen beruhen auf den offenbarten Präferenzen der Menschen, das heißt auf dem Preis, den sie für eine Sache im Vergleich zu einer anderen zahlen.

Heimatüberweisungen Geld, das von internationalen Gastarbeiter:innen an ihre Familien oder andere Personen im Heimatland geschickt wird. In Ländern, die entweder eine große Anzahl von Gastarbeiter:innen aufnehmen oder aus denen viele Gastarbeiter:innen kommen, ist dies ein wichtiger internationaler Fluss von Kapital.

Humankapital Der Bestand an Wissen, Fähigkeiten, Verhaltensmerkmalen und persönlichen Eigenschaften, die die Arbeitsproduktivität oder die Einkünfte einer Person bestimmen. Investitionen in diesen Bestand durch Bildung, Ausbildung und Sozialisation können diesen Bestand erhöhen, und solche Investitionen sind eine der Quellen des Wirtschaftswachstums. Es ist Teil der Faktorausstattung einer Person. *Siehe auch: Faktorausstattung.*

Hyperglobalisierung Eine extreme (und bisher hypothetische) Form der Globalisierung, bei der es praktisch keine Schranken für den freien Fluss von Waren, Dienstleistungen und Kapital gibt. *Siehe auch unter: Globalisierung.*

hypothekarisch gesicherte Wertpapiere (HGW) Ein finanzielles Vermögen, bei dem Hypotheken als Sicherheiten dienen. Die Anleger:innen erhalten Zahlungen, die sich aus den Zinsen und dem Kapital der zugrunde liegenden Hypotheken ergeben. *Siehe auch: Sicherheiten.*

Hypothek (oder Hypothekendarlehen) Ein Darlehen, das von Haushalten und Unternehmen zum Kauf einer Immobilie aufgenommen wird, ohne dass der Gesamtwert auf einmal bezahlt wird. Über einen Zeitraum von mehreren Jahren tilgt der oder die Kreditnehmer:in das Darlehen zuzüglich Zinsen. Die Schuld wird durch die Immobilie selbst gesichert, die als Sicherheit bezeichnet wird. *Siehe auch unter: Sicherheiten.*

implizites Wissen Wissen, das sich aus den Einschätzungen, dem Know-how und anderen Fähigkeiten der am Innovationsprozess Beteiligten zusammensetzt. Die Art von Wissen, die nicht genau niedergeschrieben werden kann. *Siehe auch: kodifiziertes Wissen.*

Importe (M) Waren und Dienstleistungen, die in anderen Ländern produziert und von inländischen Haushalten, Unternehmen und der Regierung gekauft werden.

Index Ein Maß für die Menge einer Sache in einem bestimmten Zeitraum, verglichen mit der Menge derselben Sache in einem anderen Zeitraum, der als Bezugszeitraum oder Basiszeitraum bezeichnet wird. Es ist üblich, den Wert in der Referenzperiode auf 100 zu setzen.

Indifferenzkurve Eine Kurve mit den Punkten, die die Kombinationen von Gütern angeben, die dem Einzelnen den gleichen Nutzen bringen.

Industrie Warenproduzierende Wirtschaftstätigkeit: Landwirtschaft, Bergbau, verarbeitendes Gewerbe und Bauwesen. Das verarbeitende Gewerbe ist die wichtigste Komponente.

Industrielle Revolution Eine Welle von technologischen Fortschritten und organisatorischen Veränderungen, die im 18. Jahrhundert in Großbritannien einsetzte und eine landwirtschaftliche und handwerkliche Wirtschaft in eine kommerzielle und industrielle Wirtschaft verwandelte.

Inflation Ein Anstieg des allgemeinen Preisniveaus in einer Volkswirtschaft. In der Regel über ein Jahr gemessen. *Siehe auch: Deflation, Disinflation.*

inflationsbereinigter Preis Preis, der die Veränderung des allgemeinen Preisniveaus berücksichtigt.

inflationsstabilisierende Arbeitslosenquote Die Arbeitslosenquote (bei dem Arbeitsmarktgleichgewicht), bei der die Inflation konstant ist. Ursprünglich als „natürliche Arbeitslosenquote" bekannt. *Auch bekannt als: nichtbeschleunigende Arbeitslosenquote, stabile Inflationsquote der Arbeitslosigkeit. Siehe auch: Gleichgewichtsarbeitslosigkeit.*

Inflationstargeting Geldpolitik, bei der die Zentralbank die Zinssätze ändert, um die aggregierte Nachfrage zu beeinflussen und die Wirtschaft in der Nähe eines Inflationsziels zu halten, das normalerweise von der Regierung vorgegeben wird.

inkrementelle Innovation Innovation, die ein bestehendes Produkt oder Verfahren kumulativ verbessert.

Innovation Der Prozess der Erfindung und Diffusion als Ganzes betrachtet.

Innovationsrenten Gewinne, die über die Opportunitätskosten des Kapitals hinausgehen, die eine Innovatorin oder ein Inovator durch die Einführung einer neuen Technologie, Organisationsform oder Marketingstrategie erzielt. *Auch bekannt als: Schumpetersche Renten.*

Innovationssystem Die Beziehungen zwischen privaten Unternehmen, Regierungen, Bildungsinstitutionen, einzelnen Wissenschaftler:innen und anderen Personen, die an der Erfindung, Veränderung und Diffusion neuer Technologien beteiligt sind, sowie die Art und Weise, wie diese sozialen Interaktionen durch eine Kombination von Gesetzen, Politiken, Wissen und sozialen Normen geregelt werden.

insolvent Ein Unternehmen ist insolvent, wenn der Wert seiner Vermögenswerte geringer ist als der Wert seiner Verbindlichkeiten. *Siehe auch: solvent.*

instabiles Gleichgewicht Ein Gleichgewicht, bei dem, wenn ein Schock das Gleichgewicht stört, die Tendenz besteht, sich anschließend noch weiter vom Gleichgewicht zu entfernen.

Institution Die Gesetze und informellen Regeln, die die sozialen Interaktionen und Interaktionen zwischen Menschen und der Biosphäre regeln, im Buch manchmal auch als Spielregeln bezeichnet.

integrative Gewerkschaft Eine Gewerkschaft, die viele Unternehmen und Sektoren vertritt, welche die Folgen von Lohnerhöhungen für die Schaffung von Arbeitsplätzen in der gesamten Wirtschaft (in einer langen Frist) berücksichtigt.

intergenerationale Elastizität Beim Vergleich von Eltern und erwachsenen Nachkommen der prozentuale Unterschied im Status der zweiten Generation, der mit einem 1%igen Unterschied im Status der Elterngeneration verbunden ist. *Siehe auch: intergenerationale Ungleichheit, intergenerationale Mobilität, intergenerationale Übertragung von wirtschaftlichen Unterschieden.*

intergenerationale Mobilität Veränderungen im relativen wirtschaftlichen oder sozialen Status zwischen Eltern und Kindern. Aufwärtsmobilität liegt vor, wenn der Status eines Kindes den der Eltern übersteigt. Abwärtsmobilität ist der umgekehrte Fall. Ein weit verbreitetes Maß für die intergenerationale Mobilität ist die Korrelation zwischen den Positionen von Eltern und Kindern (zum Beispiel in Bezug auf die Schulzeit oder das Einkommen). Ein weiteres Maß ist die intergenerationale Elastizität. *Siehe auch: intergenerationale Elastizität, intergenerationale Übertragung von wirtschaftlichen Unterschieden.*

intergenerationale Übertragung von wirtschaftlichen Unterschieden Die Prozesse, durch die sich die wirtschaftliche Stellung der erwachsenen Söhne und Töchter der wirtschaftlichen Stellung der Eltern annähert. *Siehe auch: intergenerationale Elastizität, intergenerationale Mobilität.*

intergenerationale Ungleichheit Das Ausmaß, in dem Unterschiede zwischen den Elterngenerationen an die nächste Generation weitergegeben werden, gemessen an der intergenerationalen Elastizität oder der intergenerationalen Korrelation. *Siehe auch: intergenerationale Elastizität, intergenerationale Mobilität, intergenerationale Übertragung von wirtschaftlichen Unterschieden.*

Inventar Waren, die sich im Besitz eines Unternehmens befinden, bevor sie verkauft oder verwendet werden, einschließlich Rohstoffen und halbfertigen oder fertigen Waren, die zum Verkauf bestimmt sind.

Investitionen (I) Ausgaben für neu produzierte Investitionsgüter (Maschinen und Anlagen) und Gebäude, einschließlich neuer Gebäude.

Investitionsfunktion (aggregiert) Eine Gleichung, die zeigt, wie die Investitionsausgaben in der Gesamtwirtschaft von anderen Variablen, nämlich dem Zinssatz und den Gewinnerwartungen, abhängen. *Siehe auch: Zinssatz, Gewinnmarge.*

Investitionsgüter Die langlebigen und kostspieligen Vorleistungen, die nicht der Arbeit dienen und in der Produktion eingesetzt werden (zum Beispiel Maschinen und Gebäude), mit Ausnahme einiger wesentlicher Vorleistungen, zum Beispiel Luft, Wasser, Wissen, die in der Produktion ohne Kosten verwendet werden.

irrationaler Überschwang Ein Prozess, durch den Vermögen überbewertet wird. Der Ausdruck wurde erstmals 1996 von Alan Greenspan, dem damaligen Präsidenten der US Federal Reserve (Zentralbank-System der Vereinigten Staaten), verwendet. Als wirtschaftliches Konzept wurde er von dem Ökonomen Robert Shiller populär gemacht.

Isogewinnkurve Eine Kurve, auf der alle Punkte den gleichen Gewinn bringen.

Isokostengerade Eine Gerade, die alle Kombinationen darstellt, die einen bestimmten Gesamtbetrag kosten.

Joule Eine Energie- oder Arbeitseinheit, ursprünglich definiert als die Energiemenge, die erforderlich ist, um einen kleinen Apfel senkrecht einen Meter hochzuheben.

junge Industrie Ein neuer Industriesektor in einem Land, der relativ hohe Kosten verursacht, weil er aufgrund seiner erst kürzlich erfolgten Etablierung kaum von Erfahrungen profitiert, aufgrund seiner geringen Größe keine Skaleneffekte erzielt oder aufgrund des Mangels an ähnlichen Unternehmen nicht von Agglomerationsvorteilen profitiert. Ein vorübergehender Schutz dieses Sektors durch

Zölle oder andere Maßnahmen kann die Produktivität einer Volkswirtschaft auf lange Frist erhöhen.

kapazitätsbeschränkt Eine Situation, in der ein Unternehmen mehr Aufträge hat, als es erfüllen kann. *Siehe auch: geringe Kapazitätsauslastung.*

Kapitalintensität (der Produktion) Die Menge der Investitionsgüter pro Arbeitskraft.

kapitalintensiv Stärkerer Einsatz von Investitionsgütern (zum Beispiel Maschinen und Anlagen) im Vergleich zu Arbeit und anderen Inputs. *Siehe auch: arbeitsintensiv.*

Kapitalisierungszins Die Rendite, die gerade hoch genug ist, um investierende Personen zu veranlassen, Aktien eines bestimmten Unternehmens zu halten. Sie ist hoch, wenn das Unternehmen mit einem hohen systematischen Risiko behaftet ist.

Kapitalismus Ein Wirtschaftssystem, in dem die wichtigste Form der wirtschaftlichen Organisation das Unternehmen ist. Wo Personen, die Investitionsgüter besitzen, Arbeitskräfte anstellen, um Waren und Dienstleistungen für den Verkauf auf Märkten mit der Absicht der Gewinnerzielung zu produzieren. Die wichtigsten wirtschaftlichen Institutionen in einem kapitalistischen Wirtschaftssystem sind also Privateigentum, Märkte und Unternehmen.

kapitalistische Revolution Rasche Verbesserungen der Technologie in Verbindung mit der Entstehung eines neuen Wirtschaftssystems.

Kapitalproduktivität Output pro Einheit Investitionsgüter. *Siehe auch: Arbeitsproduktivität.*

Kapitalwert Der aktuelle Wert eines zukünftigen Einkommensstroms abzüglich der damit verbundenen Kosten (unabhängig davon, ob die Kosten in der Gegenwart oder in der Zukunft liegen). *Siehe auch: Gegenwartswert.*

Kartell Eine Gruppe von Unternehmen, die sich absprechen, um ihre gemeinsamen Gewinne zu steigern.

Kartellrechtspolitik Politik und Gesetze der Regierung zur Begrenzung der Monopolmacht und zur Verhinderung von Kartellen. *Auch bekannt als: Wettbewerbspolitik.*

kategorische Ungleichheit Ungleichheit zwischen bestimmten sozialen Gruppen (zum Beispiel durch eine Kategorie wie Ethnie,

Nation, Kaste, Geschlecht oder Religion). *Auch bekannt als: Gruppenungleichheit.*

Kaufkraftparität (KKP) Eine statistische Korrektur, die es ermöglicht, die Menge der Güter zu vergleichen, die man in verschiedenen Ländern mit unterschiedlichen Währungen kaufen kann. *Siehe auch: konstante Preise.*

Kausalität Die Beziehung einer Ursache zu einer Wirkung, die besagt, dass eine Veränderung in einer Variablen eine Veränderung in einer anderen bewirkt. Während eine Korrelation einfach die Feststellung ist, dass sich zwei Dinge zusammen bewegt haben, impliziert die Kausalität einen Mechanismus, der für die Verbindung verantwortlich ist, und ist daher ein restriktiveres Konzept. *Siehe auch: natürliches Experiment, Korrelation.*

Kipppunkt Ein instabiles Gleichgewicht an der Grenze zwischen zwei Regionen, das durch unterschiedliche Bewegungen bei einer Variablen gekennzeichnet ist. Nimmt die Variable auf der einen Seite einen Wert an, bewegt sie sich in die eine Richtung; auf der anderen Seite bewegt sie sich in die andere Richtung. *Siehe auch: Vermögenswertpreisblase.*

Kipppunkt (Umwelt) Ein Zustand der Umwelt, bei dessen Überschreitung ein Prozess (in der Regel eine Verschlechterung) aufgrund positiver Feedback-Prozesse selbstverstärkend wird. Auf der einen Seite sind Prozesse der Umweltzerstörung selbstbegrenzend. Auf der anderen Seite führen positive Feedbacks zu einer sich selbst verstärkenden, unkontrollierbaren Umweltzerstörung. *Siehe auch: positive Rückkopplung (Prozess).*

Knappheit Ein Gut, das wertvoll ist und für das es bei dem Erwerb weiterer Einheiten Opportunitätskosten gibt.

Knappheitsproblem Bei diesem Problem geht es darum, wie wir angesichts unserer Vorlieben und Beschränkungen die besten Entscheidungen treffen, wenn die Dinge, die wir wertschätzen, knapp sind. *Siehe auch: beschränktes Optimierungsproblem.*

kodifiziertes Wissen Wissen, das in einer Form niedergeschrieben werden kann, die es anderen ermöglicht, es zu verstehen und zu reproduzieren. Zum Beispiel die chemische Formel für ein Medikament. *Siehe auch: implizites Wissen.*

komparativer Vorteil Eine Person oder ein Land hat einen komparativen Vorteil bei der Produktion eines bestimmten Gutes, wenn die Kosten für die Produktion einer zusätzlichen Einheit dieses Gutes im Verhältnis zu den Kosten für die Produktion eines anderen Gutes niedriger sind als die Kosten einer anderen Person oder eines anderen Landes für die Produktion der gleichen zwei Güter. *Siehe auch: absoluter Vorteil.*

Komplementärgüter Zwei Güter, bei denen eine Erhöhung des Preises des einen Gutes zu einem Rückgang der nachgefragten Menge des anderen Gutes führt. *Siehe auch: Substitute.*

konjunkturelle Arbeitslosigkeit Der Anstieg der Arbeitslosigkeit über die Gleichgewichtsarbeitslosigkeit hinaus, der durch einen Rückgang der aggregierten Nachfrage im Rahmen des Konjunkturzyklus verursacht wird. *Auch bekannt als: Nachfragebedingte Arbeitslosigkeit. Siehe auch: Gleichgewichtsarbeitslosigkeit.*

Konjunkturzyklus Abwechselnde Perioden mit schnelleren und langsameren (oder sogar negativen) Wachstumsraten. Die Wirtschaft wechselt vom Boom zur Rezession und wieder zurück zum Boom. *Siehe auch: kurzfristiges Gleichgewicht.*

konkave Funktion Eine Funktion zweier Variablen, bei der das Liniensegment zwischen zwei beliebigen Punkten der Funktion vollständig unterhalb der Funktion liegt (die Funktion ist konvex, wenn das Liniensegment oberhalb der Funktion liegt).

konstante Preise Preise, die um Preiserhöhungen (Inflation) oder Preissenkungen (Deflation) bereinigt sind, sodass eine Währungseinheit in verschiedenen Zeiträumen die gleiche Kaufkraft darstellt. *Siehe auch: Kaufkraftparität.*

konstante Skalenerträge Sie treten auf, wenn die Verdoppelung aller Inputs in einem Produktionsprozess zu einer Verdoppelung des Outputs führt. Die Form der Kurve der langfristigen Durchschnittskosten eines Unternehmens hängt sowohl von den Skalenerträgen in der Produktion als auch von den Auswirkungen der Skalenerträge auf die Preise ab, die sie für ihre Inputs zahlt. *Siehe auch: steigende Skalenerträge, abnehmende Skalenerträge.*

Konsum (C) Die Ausgaben für Konsumgüter umfassen sowohl kurzlebige Waren und

Dienstleistungen als auch langlebige Güter, die als langlebige Gebrauchsgüter oder nur Gebrauchsgüter bezeichnet werden.

Konsumentenrente Die Zahlungsbereitschaft der Verbraucher:innen für ein Gut abzüglich des Preises, zu dem diese Person das Gut gekauft hat, summiert über alle verkauften Einheiten.

Konsumfunktion (aggregiert) Eine Gleichung, die zeigt, wie die Konsumausgaben in der Volkswirtschaft als Ganzes von anderen Variablen abhängen. Im Multiplikatormodell sind die anderen Variablen beispielsweise das verfügbare Einkommen und der autonome Konsum *Siehe auch: verfügbares Einkommen, autonomer Konsum.*

Konsumgut Eine Ware oder Dienstleistung, die die Bedürfnisse der Verbrauchenden über einen kurzen Zeitraum befriedigt.

kontingente Bewertungsmethode Ein auf Befragungen basierendes Verfahren zur Bewertung des Wertes nicht dem Markt zur Verfügung stehender Ressourcen. *Auch bekannt als: Modell der angegebenen Präferenzen.*

Kooperation Die Beteiligung an einem gemeinsamen Projekt, das einen gegenseitigen Nutzen bringen soll.

Kooperative Ein Unternehmen, das größtenteils oder vollständig im Besitz der Beschäftigten ist. Das impliziert, dass die Beschäftigten das Management einstellen und entlassen.

Koordinationsspiel Ein Spiel, bei dem es zwei Nash-Gleichgewichte gibt. Es kann dabei sein, dass ein Gleichgewicht das andere Gleichgewicht Pareto-dominiert. *Auch bekannt als: Versicherungsspiel.*

Korrelation Eine statistische Assoziation, bei der die Kenntnis des Wertes einer Variablen Aufschluss über den wahrscheinlichen Wert der anderen gibt. Zum Beispiel hohe Werte einer Variablen, die häufig zusammen mit hohen Werten der anderen Variablen beobachtet werden. Sie kann positiv oder negativ sein (sie ist negativ, wenn hohe Werte, der einen Variablen mit niedrigen Werten der anderen Variablen beobachtet werden). Es bedeutet nicht, dass eine kausale Beziehung zwischen den Variablen besteht. *Siehe auch: Kausalität, Korrelationskoeffizient.*

Korrelationskoeffizient Ein Maß dafür, wie eng zwei Variablen miteinander verbunden sind und ob sie dazu neigen, ähnliche oder unähnliche Werte anzunehmen. Dieses reicht von einem Wert von 1, der anzeigt, dass die Variablen ähnliche Werte annehmen („positiv korreliert sind"), bis zu -1, der anzeigt, dass die Variablen unähnliche Werte annehmen („negative" oder „inverse" Korrelation). Ein Wert von 1 oder -1 bedeutet, dass die Kenntnis des Wertes einer der Variablen eine perfekte Vorhersage des Wertes der anderen Variable ermöglicht. Ein Wert von 0 bedeutet, dass die Kenntnis einer der Variablen keine Informationen über den Wert der anderen liefert. *Siehe auch: Korrelation, Kausalität.*

kreditbeschränkt Der Prozess, durch den Personen mit weniger Vermögen im Vergleich zu Personen mit mehr Vermögen Kredite zu ungünstigen Bedingungen aufnehmen. *Siehe auch: kreditunwürdig.*

Kreditrationierung Der Prozess, bei dem diejenigen, die über weniger Vermögen verfügen, im Vergleich zu denjenigen, die über mehr Vermögen verfügen, Kredite zu ungünstigen Bedingungen aufnehmen.

kreditunwürdig Eine Beschreibung von Personen, die nicht in der Lage sind, Kredite zu jedweden Bedingungen aufzunehmen. *Siehe auch: kreditbeschränkt.*

Kreditzins (Bank) Der durchschnittliche Zinssatz, den Geschäftsbanken Unternehmen und Haushalten in Rechnung stellen. Dieser Zinssatz liegt in der Regel über dem Leitzins. Die Differenz ist der Aufschlag oder die Spanne für kommerzielle Kredite. *Auch bekannt als: marktüblicher Zinssatz. Siehe auch unter: Zinssatz, Leitzins.*

Kündigungsschutzgesetze Gesetze, die die Kündigung von Arbeitsplätzen für Unternehmen kostspieliger (oder sogar unmöglich) machen.

künstlich knappes Gut Ein öffentliches Gut, von dem man einige Menschen ausschließen kann. *Auch bekannt als: Clubgut.*

Kurve der globalen Treibhausgas-Vermeidungskosten Sie zeigt die Gesamtkosten für die Verringerung der Treibhausgasemissionen durch Minderungspolitiken in einer Rangfolge vom kosteneffektivsten zum kostengünstigsten. *Siehe auch: Minderungspolitik.*

kurze Frist (Modell) Der Begriff bezieht sich nicht auf einen bestimmten Zeitraum, sondern auf das, was exogen ist: Preise, Löhne, Kapitalbestand, Technologie, Institutionen

Siehe auch: Lohn, Kapital, Technologie, Institutionen, mittelfristiges Modell.

kurzfristiges Gleichgewicht Ein Gleichgewicht, das herrscht, solange bestimmte Variablen (zum Beispiel die Anzahl der Unternehmen auf einem Markt) konstant bleiben. Bei dem wir aber erwarten, dass sich diese Variablen ändern, wenn die Menschen Zeit haben, auf die Situation zu reagieren.

Kurzfristigkeit Dieser subjektive Begriff bezieht sich auf den Fall, dass eine Person, den Kosten, dem Nutzen und anderen Dingen in der nahen Zukunft mehr Gewicht beimisst, als angemessen wäre.

lange Frist (Modell) Der Begriff bezieht sich nicht auf einen bestimmten Zeitraum, sondern auf das, was exogen ist. Eine langfristige Kostenkurve bezieht sich beispielsweise auf die Kosten, wenn das Unternehmen alle Inputs einschließlich seiner Investitionsgüter vollständig anpassen kann; Technologie und die Institutionen der Wirtschaft sind jedoch exogen. *Siehe auch: Technologie, Institution, kurze Frist (Modell), mittlere Frist (Modell).*

langfristiges Gleichgewicht Ein Gleichgewicht, das erreicht wird, wenn Variablen, die kurzfristig konstant gehalten wurden (zum Beispiel die Anzahl der Unternehmen auf einem Markt), sich anpassen können, da die Menschen Zeit haben, auf die Situation zu reagieren.

Learning by Doing Dies ist der Fall, wenn der Output pro Einheit Input mit zunehmender Erfahrung in der Produktion einer Ware oder Dienstleistung steigt.

Leerverkauf Der Verkauf eines geliehenen Vermögenswerts mit der Absicht, es zu einem niedrigeren Preis zurückzukaufen. Diese Strategie wird von Anleger:innen angewandt, die eine Wertminderung des Vermögenswerts erwarten. *Auch bekannt als: Shorting.*

leistungsbezogene Vergütung Ein Lohn, der zumindest teilweise mit der Leistung der Beschäftigten variiert. *Siehe auch: Akkordarbeit.*

Leistungsbilanzdefizit Der Überschuss des Wertes der Importe eines Landes über den kombinierten Wert seiner Exporte plus seiner Nettoeinkünfte aus Vermögen im Ausland. *Siehe auch: Leistungsbilanz, Leistungsbilanzüberschuss.*

Leistungsbilanz (LB) Die Summe aller Zahlungen an ein Land abzüglich aller

Zahlungen des Landes. *Siehe auch unter: Leistungsbilanzdefizit, Leistungsbilanzüberschuss.*

Leistungsbilanzüberschuss Der Überschuss des kombinierten Werts seiner Exporte und Nettoeinkünfte aus Vermögenswerten im Ausland über den Wert seiner Importe. *Siehe auch: Leistungsbilanz, Leistungsbilanzdefizit.*

Leitzins Der von der Zentralbank festgelegte Zinssatz, der für Banken gilt, die sich Zentralbankgeld untereinander und von der Zentralbank leihen. *Auch bekannt als: Leitzins, offizieller Zinssatz. Siehe auch: Realzinssatz, Nominalzinssatz.*

Leontief-Paradoxon Die unerwartete Feststellung von Wassily Leontief, dass die Exporte aus den USA arbeitsintensiv und die Importe kapitalintensiv waren. Ein Ergebnis, das im Widerspruch zu den ökonomischen Theorien steht, nämlich dass ein Land, das reich an Kapital ist (wie die USA), Güter exportieren würde, bei deren Herstellung viel Kapital eingesetzt wird.

Leverage nan *Siehe auch: Leverage Ratio.*

Leverage Ratio Der Wert der gesamten Verbindlichkeiten geteilt durch die gesamten Vermögenswerte.

Leverage Ratio (für Banken oder Haushalte) Der Wert der Vermögenswerte geteilt durch den Anteil des Eigenkapitals an diesem Vermögen.

Limit Order Eine angekündigte Preis- und Mengenkombination für einen Vermögenswert, die entweder verkauft oder gekauft werden soll.

lineare Regressionsgerade Diejenige Linie, die einen Datensatz am besten beschreibt.

liquide nan *Siehe auch: Liquidität.*

Liquidität Bei ausreichender Liquidität ist der Kauf oder Verkauf eines finanziellen Vermögenswerts zu einem vorhersehbaren Preis einfach möglich.

Liquiditätsrisiko Das Risiko, dass ein Vermögenswert nicht schnell genug in Bargeld umgetauscht werden kann, um einen finanziellen Verlust zu verhindern.

Lock-in Eine Folge der externen Netzwerkeffekte, die zu einem Winner-take-all-Wettbewerb führen. Der Wettbewerbsprozess führt zu einem Ergebnis, das nur schwer zu ändern ist, selbst wenn die Unternehmen eine alternative Innovation für überlegen halten.

logarithmische Skala Eine Art der Messung einer Größe auf der Grundlage der Logarithmusfunktion, f(x) = log(x). Die Logarithmusfunktion wandelt ein Verhältnis in eine Differenz um: log (a/b) = log a - log b. Dies ist sehr nützlich für die Arbeit mit Wachstumsraten. Wenn sich zum Beispiel das nationale Einkommen in einem armen Land von 50 auf 100 und in einem reichen Land von 1000 auf 2000 verdoppelt, beträgt die absolute Differenz im ersten Fall 50 und im zweiten Fall 1000, aber wenn man den natürlichen Logarithmus der Zahlen nimmt: log(100) - log(50) = 0,693 und log(2000) - log(1000) = 0,693. Das Verhältnis ist in jedem Fall 2 und log(2) = 0,693.

Lohnarbeit Ein System, in dem die Arbeitskräfte für die Zeit, die sie für ihre Unternehmen arbeiten, bezahlt werden.

Lohnarbeitsvertrag nan *Siehe auch: Lohnarbeit, Vertrag.*

Lohninflation Ein Anstieg des Nominallohns. Normalerweise über ein Jahr gemessen. *Siehe auch: Nominallohn.*

Lohn-Preis-Spirale Wenn auf einen anfänglichen Anstieg der Löhne in der Wirtschaft ein Anstieg des Preisniveaus folgt, auf den ein Anstieg der Löhne folgt und so weiter. Sie kann auch mit einem anfänglichen Anstieg des Preisniveaus beginnen.

Lohnsetzungskurve Die Kurve, die den Reallohn angibt, der bei jedem gesamtwirtschaftlichen Beschäftigungsniveau erforderlich ist, um den Beschäftigten Anreize für harte und gute Arbeit zu bieten.

Lorenzkurve Eine grafische Darstellung der Ungleichheit einer bestimmten Größe, zum Beispiel Vermögen oder Einkommen. Die Individuen sind in aufsteigender Reihenfolge danach geordnet, wie viel sie von dieser Menge besitzen, und der kumulative Anteil an der Gesamtmenge wird dann gegen den kumulativen Anteil an der Bevölkerung aufgetragen. Bei vollständiger Gleichheit des Einkommens wäre dies beispielsweise eine Gerade mit einer Steigung von eins. Das Ausmaß, in dem die Kurve unter diese perfekte Gleichheitslinie fällt, ist ein Maß für die Ungleichheit. *Siehe dazu: Gini-Koeffizient.*

Machbarkeitsgrenze Die aus Punkten bestehende Kurve, die die maximal realisierbare Menge eines Gutes für eine bestimmte Menge des anderen Gutes definiert. *Siehe dazu: realisierbare Menge.*

Macht Die Fähigkeit, Dinge, die man will, gegen die Absichten Anderer durchzusetzen (und zu bekommen), in der Regel durch Auferlegung oder Androhung von Sanktionen.

marginale Importquote Die Änderung der gesamten Importe, die mit einer Änderung des gesamten Einkommens einhergeht.

marginale Konsumquote (MKQ) Die Veränderung des Konsums, wenn sich das verfügbare Einkommen um eine Einheit ändert.

Marke Ein Logo, ein Name oder ein eingetragenes Design, das in der Regel mit dem Recht verbunden ist, andere davon auszuschließen, es zur Kennzeichnung ihrer Produkte zu verwenden.

Markt Eine Form des Austauschs von Gütern und Dienstleistungen, die auf direkter Gegenseitigkeit beruht (im Gegensatz zu Geschenken), freiwillig zum gegenseitigen Nutzen erfolgt (im Gegensatz zu Diebstahl, Besteuerung) und oft unpersönlich ist (im Gegensatz zu Übertragungen unter Freunden, Familie).

Markteintrittskosten Kosten für den Start einer Unternehmung, die entstehen, wenn ein Unternehmen in einen Markt oder eine Industrie eintritt. Dazu gehören in der Regel die Kosten für den Erwerb und die Ausstattung neuer Räumlichkeiten, für Forschung und Entwicklung, für die erforderlichen Patente sowie für die Suche und Einstellung von Beschäftigten

Marktgleichgewicht Ein Marktergebnis, bei dem alle Käufer:innen und Verkäufer:innen preisnehmend sind und bei dem zum vorherrschenden Marktpreis die angebotene Menge gleich der nachgefragten Menge ist.

Marktmacht Eine Eigenschaft eines Unternehmens, das ein Produkt zu unterschiedlichen Preisen verkaufen kann, sodass es davon profitieren kann, wenn es preissetzend (und nicht preisnehmend) auftritt.

Marktversagen Wenn Märkte Ressourcen auf eine Pareto-ineffiziente Weise aufteilen.

Matching (Arbeitsvermittlung) Die Art und Weise, wie Unternehmen, die auf der Suche nach zusätzlichen Beschäftigten sind (das heißt mit freien Stellen), auf Menschen treffen, die einen neuen Arbeitsplatz suchen.

Matching Markt Ein Markt, der Angehörige zweier verschiedener Personengruppen zusammenbringt. Jede Person auf dem Markt würde davon profitieren, mit der richtigen Person der anderen Gruppe verbunden zu sein. *Auch bekannt als: zweiseitiger Markt.*

Medianwähler:in Wenn sich die wählenden Personen entlang einer einzigen mehr-gegen-weniger-Dimension aufstellen lassen (zum Beispiel höhere oder niedrigere Steuern, mehr oder weniger Umweltschutz), liegt die oder der Medianwähler:in „in der Mitte". Das heißt (bei einer ungeraden Gesamtzahl von wählenden Personen) dass gleich viele Personen mehr und weniger bevorzugen als das, was die oder der Medianwähler:in tut. *Siehe auch: Medianwählermodell.*

Medianwählermodell Ein ökonomisches Modell des Standorts von Unternehmen, das auf die Positionen in Wahlprogrammen angewandt wird. Um die Anzahl der erhaltenen Stimmen zu maximieren, konkurrieren zwei Parteien miteinander um Positionen, welche die oder den Medianwähler:in ansprechen. *Siehe dazu: Medianwähler:in.*

mengenorientierte Umweltpolitik Politische Maßnahmen zur Umsetzung von Umweltzielen durch Verbote, Obergrenzen und Vorschriften.

meritorische Güter Waren und Dienstleistungen, die jeder Person zur Verfügung stehen sollten, unabhängig von ihrer Zahlungsfähigkeit.

Mietobergrenze Der gesetzliche Höchstpreis, den eine vermietende Person für eine Miete verlangen kann.

Minderung Praktiken zur Begrenzung oder Umkehrung von Umweltschäden. *Siehe auch: Minderungspolitik.*

Minderungspolitik Eine Politik, die darauf abzielt, Umweltschäden zu verringern. *Siehe dazu: Minderung.*

mittlere Frist (Modell) Der Begriff bezieht sich nicht auf einen Zeitraum, sondern auf ein exogenes Element. In diesem Fall sind Kapitalbestand, Technologie und Institutionen exogen. Produktion, Beschäftigung, Preise und Löhne sind endogen. *Siehe auch: Investitionsgüter, Technologie, Institution, kurze Frist (Modell), lange Frist (Modell).*

Mitversicherung Ein Mittel zum Zusammenlegen von Ersparnissen zwischen den Haushalten, damit ein Haushalt seinen Konsum aufrechterhalten kann, wenn sein Einkommen vorübergehend sinkt oder er höhere Ausgaben tätigen muss.

Momentum Handel Strategie für den Aktienhandel, die darauf beruht, dass neue Informationen nicht sofort in die Kurse einfließen, so dass die Kurse über kurze Zeiträume eine positive Korrelation aufweisen.

Monopol Ein Unternehmen, das als einziges Unternehmen ein Produkt ohne nahe Substitute verkauft. Bezieht sich auch auf einen Markt mit nur einem verkaufenden Unternehmen. *Siehe auch: Monopolmacht, natürliches Monopol.*

Monopolmacht Die Macht, die ein Unternehmen hat, den eigenen Preis zu kontrollieren. Je weniger enge Substitute für das Produkt verfügbar sind, desto größer ist die Macht des Unternehmens, den Preis zu bestimmen. *Siehe auch: Monopol.*

Monopolmarkt Markt, auf dem ein einziges Unternehmen alle Waren herstellt, die verkauft werden.

Monopolrenten Eine Form des wirtschaftlichen Gewinns, der aufgrund des eingeschränkten Wettbewerbs beim Verkauf des Produkts eines Unternehmens entsteht. *Siehe auch: wirtschaftlicher Gewinn.*

moralisches Risiko Dieser Begriff stammt ursprünglich aus der Versicherungsbranche, um das Problem auszudrücken, mit dem sich versichernde Unternehmen konfrontiert sehen: Eine Person, die eine Hausratversicherung abgeschlossen hat, achtet möglicherweise weniger darauf, Brände oder andere Schäden am Haus zu vermeiden. Dadurch erhöht sich das Risiko über das hinaus, was es ohne die Versicherung wäre. Dieser Begriff bezieht sich mittlerweile auf jede Situation, in der eine Partei einer Interaktion über eine Handlung entscheidet, die sich auf den Gewinn oder das Wohlergehen der anderen Partei auswirkt, die aber von der betroffenen Partei nicht durch einen Vertrag kontrolliert werden kann. Oft ist es eine Folge dessen, dass die betroffene Partei nicht über ausreichende Informationen über die Handlung verfügt. Dies wird auch als das Problem der „versteckten Aktionen" bezeichnet. *Siehe auch: versteckte Aktionen (Problem der), unvollständiger Vertrag, zu groß zum Scheitern.*

Multiplikator nan *Siehe auch: fiskalpolitischer Multiplikator.*

Multiplikatoreffekt Ein Mechanismus, durch den sich die direkten und indirekten Auswirkungen einer Veränderung der autonomen Ausgaben auf den gesamtwirtschaftlichen Output auswirken. *Siehe auch: fiskalpolitischer Multiplikator, Multiplikatormodell.*

Multiplikatormodell Ein Modell der aggregierten Nachfrage, das den Multiplikatoreffekt einschließt. *Siehe auch: fiskalpolitischer Multiplikator, Multiplikatoreffekt.*

Nachfragekurve Die Kurve, die die Menge angibt, welche die Verbraucher:innen bei jedem möglichen Preis kaufen werden.

Nachfrageschock Eine unerwartete Veränderung der aggregierten Nachfrage, zum Beispiel ein Anstieg oder Rückgang des autonomen Konsums, der Investitionen oder der Exporte. *Siehe auch: Angebotsschock.*

Nachfrageseite Die Seite eines Marktes, auf der die Teilnehmenden Geld als Gegenleistung für eine andere Ware oder Dienstleistung anbieten (zum Beispiel die Personen die Brot kaufen). *Siehe auch: Angebotsseite.*

Nachfrageseite (Gesamtwirtschaft) Die Art und Weise, wie Ausgabenentscheidungen die Nachfrage nach Waren und Dienstleistungen und damit die Beschäftigung und die Produktion erzeugen. Dabei wird das Multiplikatormodell verwendet. *Siehe auch: Angebotsseite (Gesamtwirtschaft).*

Nachfrageüberhang Eine Situation, in der die nachgefragte Menge eines Gutes größer ist als die zum aktuellen Preis angebotene Menge. *Siehe auch: Angebotsüberhang.*

Nachkriegsabkommen Eine informelle Vereinbarung (die in den einzelnen Ländern unterschiedliche Formen annimmt) zwischen Unternehmen, Regierungen und Gewerkschaften, die die Voraussetzungen für ein schnelles Wirtschaftswachstum in den fortgeschrittenen Volkswirtschaften von den späten 1940er bis zu den frühen 1970er Jahren schuf. Die Gewerkschaften akzeptierten die grundlegenden Institutionen des kapitalistischen Wirtschaftssystems und wehrten sich nicht gegen den technologischen Wandel - als Gegenleistung für eine niedrige Arbeitslosigkeit, die Duldung von Gewerkschaften und anderen Rechten sowie einen Anstieg der Realeinkommen, der dem Produktivitätsanstieg entsprach.

Nash-Gleichgewicht Eine Kombination von Strategien, eine für jede spielende Person im Spiel, so dass die Strategie jedes Spielenden eine beste Antwort auf die von allen anderen gewählten Strategien ist.

natürlicher Logarithmus nan *Siehe auch: logarithmische Skala.*

natürliches Experiment Eine empirische Studie, die natürlich vorkommende statistisch messbare Ereignisse ausnutzt, bei der die Forschenden nicht die Möglichkeit haben, die Teilnehmenden einer Treatment- und einer Kontrollgruppe zuzuordnen (wie es bei herkömmlichen Experimenten der Fall ist). Stattdessen können Unterschiede in der Gesetzgebung, der Politik, dem Wetter oder anderen Ereignissen die Möglichkeit bieten, dass Populationen so analysiert werden, als wären sie Teil eines Experiments gewesen. Die Gültigkeit solcher Studien hängt von der Voraussetzung ab, dass die Zuordnung der teilnehmenden Individuen zu den natürlich vorkommenden Treatment- und Kontrollgruppen plausibel als zufällig dargestellt werden kann.

natürliches Monopol Ein Produktionsprozess, bei dem die Kurve der Durchschnittskosten in einer langen Frist so stark fallend ist, dass der Wettbewerb zwischen den Unternehmen auf diesem Markt nicht aufrechterhalten werden kann.

negativer externer Effekt Ein negativer externer Effekt ist eine negative Auswirkung von Produktion, Konsum oder anderen wirtschaftlichen Entscheidungen auf eine andere Person oder Partei, die nicht als Verbindlichkeit in einem Vertrag festgelegt ist. *Auch bekannt als: externe Kosten, negativer externer Effekt. Siehe auch: externer Effekt.*

negative Rückkopplung (Prozess) Ein Prozess, bei dem eine anfängliche Veränderung einen Prozess in Gang setzt, der die anfängliche Veränderung dämpft. *Siehe auch: positive Rückkopplung (Prozess).*

negative Skaleneffekte Diese treten auf, wenn die Verdopplung aller Inputs in einem Produktionsprozess weniger als eine Verdopplung des Outputs bedeutet. *Auch bekannt als: abnehmende Skalenerträge. Siehe auch: Skaleneffekte.*

Nettoeinkommen Bruttoeinkommen abzüglich Wertminderung. *Siehe auch unter: Einkommen, Bruttoeinkommen, Wertminderung.*

Nettokapitalströme Die in der Leistungsbilanz erfasste Kreditaufnahme und -vergabe. *Siehe auch: Leistungsbilanz, Leistungsbilanzdefizit, Leistungsbilanzüberschuss.*

Nettovermögen Aktiva abzüglich Passiva. *Siehe auch: Bilanz, Eigenkapital.*

Netzwerk-Skaleneffekte Diese liegen vor, wenn eine Zunahme der Zahl der Nutzer:innen einer Produktion eines Unternehmens eine Zunahme des Wertes der Produktion für jeden von ihnen bedeutet. Der Wert für die Nutzer:innen steigt, weil viele andere Nutzer:innen das Produkt ebenfalls nutzen; sie sind quasi durch das Produkt verbunden.

New Deal Das 1933 von US-Präsident Franklin Roosevelt ins Leben gerufene Programm für öffentliche Notstandsarbeiten und Hilfsprogramme zur Beschäftigung von Millionen von Menschen. Es schuf die Grundstrukturen für moderne staatliche Sozialprogramme, Arbeitspolitik und Regulierung.

nicht ausschließbares öffentliches Gut Ein öffentliches Gut, bei dem niemand vom Zugang ausgeschlossen werden kann. *Siehe auch: künstlich knappes Gut.*

nicht erwerbstätige Personen Personen in der Bevölkerung im erwerbsfähigen Alter, die weder erwerbstätig sind noch aktiv nach einer bezahlten Arbeit suchen. Personen, die zum Beispiel zu Hause arbeiten und Kinder erziehen, gelten nicht als Erwerbspersonen und werden daher nicht als solche eingestuft.

nicht-rivales Gut Ein Gut, dass wenn es einer Person zur Verfügung steht, für jede andere Person ohne zusätzliche Kosten ebenfalls zur Verfügung steht. *Siehe auch: rivales Gut, nicht ausschließbares öffentliches Gut.*

Nominallohn Der tatsächliche Betrag, den man für seine Arbeit in einer bestimmten Währung erhält. *Auch bekannt als: Geldlohn. Siehe auch: Reallohn.*

Nominalzinssatz Der nicht um die Inflation bereinigte Zinssatz. Es handelt sich um den Zinssatz, der von den Banken angeboten wird. *Siehe auch: Realzinssatz, Zinssatz.*

normaler Gewinn Entspricht dem wirtschaftlichen Nullprofit und bedeutet, dass die Gewinnrate den Opportunitätskosten des

Kapitals entspricht. *Siehe auch: wirtschaftlicher Gewinn, Opportunitätskosten des Kapitals.*

Nullsummenspiel Ein Spiel, bei dem die Gewinne und Verluste der Individuen bei allen Kombinationen von Strategien, die sie verfolgen könnten, die Summe Null ergeben.

Nutzen Ein numerischer Indikator für den Wert, den man einem Ergebnis beimisst, so dass höher bewertete Ergebnisse den niedriger bewerteten vorgezogen werden, wenn beide realisierbar sind.

Nutzen aus Handel Der Nutzen, den eine Partei aus einer Transaktion zieht, verglichen damit, wie es ihr ohne den Austausch ergangen wäre. *Auch bekannt als: Wohlfahrtsgewinne aus Handel. Siehe auch: ökonomische Rente.*

offenbarte Präferenz Eine Methode zur Untersuchung von Präferenzen, bei der die Motive eines Individuums (die Präferenzen der Person) anhand von Beobachtungen der Handlungen der Person zurückverfolgt werden.

öffentliches Gut Ein Gut, dessen Nutzung durch eine Person seine Verfügbarkeit für andere nicht verringert. *Auch bekannt als: nicht-rivales Gut. Siehe auch: nicht ausschließbares öffentliches Gut, künstlich knappes Gut.*

öffentliches Übel Das negative Äquivalent eines öffentlichen Gutes. Es ist nicht rivalisierend in dem Sinne, dass der Konsum des öffentlichen Übels durch ein bestimmtes Individuum den Konsum anderer nicht beeinträchtigt.

Offshoring Die Verlagerung eines Teils der Aktivitäten eines Unternehmens außerhalb der nationalen Grenzen, in denen es ansässig ist. Offshoring kann innerhalb eines multinationalen Unternehmens erfolgen oder die Auslagerung der Produktion an andere Unternehmen beinhalten.

ökonomische Kosten Die Kosten, die durch eine Handlung entstehen, zuzüglich der Opportunitätskosten.

ökonomische Rente Eine Zahlung oder ein anderer Nutzen, der über das hinausgeht, was eine Person bei ihrer nächstbesten Alternative (oder Reservationsoption) erhalten hätte. *Siehe auch: Reservationsoption.*

ökonomische Verantwortlichkeit Verantwortlichkeit, die durch wirtschaftliche Prozesse erreicht wird, insbesondere durch den Wettbewerb zwischen

Unternehmen oder anderen Einrichtungen, bei denen die Nichtberücksichtigung der Betroffenen zu Gewinneinbußen oder zum Scheitern des Unternehmens führt. *Siehe auch: Verantwortlichkeit, politische Verantwortlichkeit.*

Okunscher Koeffizient Die Veränderung der Arbeitslosenquote in Prozentpunkten, die mit einer Veränderung des BIP um 1 % einhergehen soll. Ein Okunscher Koeffizienz von -0,4 bedeutet zum Beispiel, dass ein Rückgang der Produktion um 1 % mit einem Anstieg der Arbeitslosenquote um 0,4 Prozentpunkte einhergeht. *Siehe dazu: Okunsches Gesetz.*

Okunsches Gesetz Die empirische Regelmäßigkeit, dass das Wachstum des BIP negativ mit der Arbeitslosenquote korreliert ist. *Siehe auch: Okunscher Koeffizient.*

Oligopol Ein Markt mit einer kleinen Anzahl von Unternehmen, der jedem Unternehmen eine gewisse Marktmacht verleiht.

Opportunitätskosten Wenn die Durchführung einer Handlung den Verzicht auf die nächstbeste Handlungsalternative bedeutet, ist dies der Nettonutzen der aufgegebenen Alternative.

Opportunitätskosten des Kapitals Die Höhe der Erträge, die eine Person hätte erzielen können, wenn sie die Kapitaleinheit anderweitig investiert hätte.

Orderbuch Eine Aufzeichnung der von Käufer:innen und Verkäufer:innen gemachten, aber noch nicht erfüllten Limit Orders.

Pareto-dominant Die Allokation A dominiert die Allokation B, wenn mindestens eine Partei mit A besser dran wäre als mit B, und niemand schlechter gestellt wäre. *Siehe auch: Pareto-effizient.*

Pareto-effizient Eine Allokation mit der Eigenschaft, dass es keine alternative technisch mögliche Allokation gibt, bei der mindestens eine Person besser und niemand schlechter gestellt wäre.

Pareto-Effizienz Kurve Die Menge aller Allokationen, die Pareto-effizient sind. Sie wird oft als Vertragskurve bezeichnet, auch in sozialen Interaktionen, in denen es keinen Vertrag gibt, weshalb wir den Begriff vermeiden. *Siehe dazu: Pareto-effizient.*

Pareto-Kriterium Nach dem Pareto-Kriterium ist eine wünschenswerte Eigenschaft einer Allokation, dass sie Pareto-effizient ist. *Siehe auch: Pareto-dominant.*

Pareto-Verbesserung Eine Veränderung, von der mindestens eine Person profitiert, ohne dass jemand anderes schlechter gestellt wird. *Siehe dazu: Pareto-dominant.*

Patent Ein Recht auf ausschließliches Eigentum an einer Idee oder Erfindung, das für einen bestimmten Zeitraum gilt. Während dieses Zeitraums kann die Person oder das Unternehmen, welches das Patent innehat, effektiv als Monopol auftreten.

perfektes Wettbewerbsgleichgewicht Ein solches Gleichgewicht tritt in einem Modell auf, in dem alle Käufer:innen und Verkäufer:innen preisnehmend sind. In diesem Gleichgewicht werden alle Transaktionen zu einem einzigen Preis abgewickelt. Dies wird als Gesetz des einheitlichen Preises bezeichnet. Bei diesem Preis entspricht die angebotene Menge der nachgefragten Menge: Der Markt räumt. Keiner kann durch eine Änderung des eigenen Preises einen Vorteil erzielen. Alle sind preisnehmend. Aller potenzielle Nutzen aus dem Handel wird realisiert. *Siehe auch: Gesetz des einheitlichen Preises.*

Phillipskurve Ein umgekehrtes Verhältnis zwischen der Inflationsrate und der Arbeitslosigkeit.

Pigou'sche Subvention Eine staatliche Subvention zur Förderung einer wirtschaftlichen Aktivität, die positive externe Effekte hat. (Zum Beispiel die Subventionierung der Grundlagenforschung.)

Pigou-Steuer Eine Steuer, die auf Aktivitäten erhoben wird, die negative externe Effekte erzeugen, um ein ineffizientes Marktergebnis zu korrigieren. *Siehe auch: externer Effekt, Pigou'sche Subvention.*

politische Institutionen Die Spielregeln, die bestimmen, wer in einer Gesellschaft Macht hat und wie sie ausgeübt wird.

politische Rente Eine Zahlung oder ein anderer Vorteil, der über die nächstbeste Alternative des Einzelnen hinausgeht (Reservationsoption) und der sich aus der politischen Position des Einzelnen ergibt. Die Reservationsoption bezieht sich in diesem Fall auf die Situation des Einzelnen, wenn er oder sie keine privilegierte politische Position innehat. *Siehe auch: ökonomische Rente.*

politisches System Ein politisches System bestimmt, wie Regierungen ausgewählt werden und wie diese Regierungen Entscheidungen treffen und umsetzen, die alle oder die meisten Personen einer Bevölkerung betreffen.

politische Verantwortlichkeit Verantwortlichkeit, die durch politische Prozesse wie Wahlen, Aufsicht durch eine gewählte Regierung oder Konsultationen mit betroffenen Bürger:innen erreicht wird. *Siehe auch: Verantwortlichkeit, ökonomische Verantwortlichkeit.*

positiver externer Effekt Eine positive Auswirkung einer Produktions-, Konsum- oder sonstigen wirtschaftlichen Entscheidung, die nicht als Vorteil in einem Vertrag angegeben ist. *Auch bekannt als: externer Nutzen, positive Externalität. Siehe auch: externer Effekt.*

positive Rückkopplung (Prozess) Ein Prozess, bei dem eine anfängliche Veränderung einen Prozess in Gang setzt, der die anfängliche Veränderung verstärkt. *Siehe auch: negative Rückkopplung (Prozess).*

Präferenzen Eine Beschreibung des Nutzens oder der Kosten, die wir mit jedem möglichen Ergebnis verbinden.

Preisanpassungskosten Die Ressourcen, die bei der Festsetzung und Änderung von Preisen eingesetzt werden.

Preisaufschlag Der Preis abzüglich der Grenzkosten geteilt durch den Preis. Er ist umgekehrt proportional zur Elastizität der Nachfrage nach diesem Gut.

Preisdiskriminierung Eine Verkaufsstrategie, bei der für verschiedene Personen oder Personengruppen unterschiedliche Preise festgesetzt werden oder die Preise in Abhängigkeit von der Anzahl der gekauften Einheiten variieren.

Preiselastizität der Nachfrage Die prozentuale Veränderung der Nachfrage, die bei einer Preiserhöhung von 1 % eintreten würde. Wir drücken dies als positive Zahl aus. Die Nachfrage ist elastisch, wenn sie größer als 1 ist, und unelastisch, wenn sie kleiner als 1 ist.

Preisgefälle Die Differenz zwischen dem Preis einer Ware im Exportland und im Importland. Er umfasst Transportkosten und Steuern. Wenn sich die globalen Märkte im Marktgleichgewicht befinden, sind diese Unterschiede ausschließlich auf die Handelskosten zurückzuführen. *Siehe auch: Arbitrage.*

Preisnehmende Merkmal von produzierenden und verbrauchenden Personen oder Unternehmen, die keinen Nutzen daraus ziehen können, dass sie einen anderen Preis als den Marktpreis im Gleichgewicht eines Wettbewerbsmarktes anbieten oder verlangen. Sie haben keine Macht, den Marktpreis zu beeinflussen.

preisorientierte Umweltpolitik Eine Politik, die mit Hilfe von Steuern oder Subventionen die Preise beeinflusst. Das Ziel: die externen Effekte der Entscheidungen des Einzelnen auf die Umwelt zu internalisieren.

Preissetzungskurve Die Kurve, die den Reallohn angibt, der gezahlt wird, wenn die Unternehmen ihren gewinnmaximierenden Preis wählen.

Primärarbeitsmarkt Ein Markt, auf dem die Beschäftigten in der Regel durch Gewerkschaften vertreten sind und üblicherweise hohe Löhne und sichere Arbeitsplätze haben. *Siehe auch: sekundärer Arbeitsmarkt, segmentierter Arbeitsmarkt.*

Primärdefizit Das Defizit der Regierung (ihre Einnahmen minus Ausgaben) ohne die Zinszahlungen für ihre Staatsverschuldung. *Siehe auch: Staatsverschuldung.*

Primärmärkte nan *Siehe auch: Sekundär- und Primärmärkte*

Prinzipal–Agent-Beziehung Diese Beziehung besteht, wenn eine Partei (der Prinzipal) möchte, dass eine andere Partei (der Agent) auf eine bestimmte Art und Weise handelt oder eine Eigenschaft hat, die im Interesse des Prinzipals liegt und die nicht in einem verbindlichen Vertrag durchgesetzt oder garantiert werden kann. *Siehe auch: unvollständiger Vertrag. Auch bekannt als: Prinzipal-Agent-Problem.*

private Grenzkosten (PGK) Die Kosten, die dem Unternehmen durch die Produktion einer zusätzlichen Einheit eines Gutes entstehen, ohne Berücksichtigung der Kosten, welche die Produktion anderen auferlegt. *Siehe auch: externe Grenzkosten, soziale Grenzkosten.*

Privateigentum Etwas ist Privateigentum, wenn die Person, die es besitzt, das Recht hat, andere von Nutzen eines Gutes auszuschließen und das Gut mit anderen zu tauschen.

privater Grenznutzen (PGN) Der Vorteil (in Form von Gewinn oder Nutzen) der Produktion oder des Konsums einer zusätzlichen Einheit eines Gutes für das Individuum, welches beschließt, die zusätzliche Einheit zu produzieren oder zu konsumieren. Dabei wird der Vorteil, den andere erhalten, nicht berücksichtigt.

privates Gut Ein Gut, dass sowohl rivalisierend ist und von dem andere ausgeschlossen werden können.

Produktinnovation Eine Innovation, die eine neue Ware oder Dienstleistung zu einem Preis hervorbringt, der Käufer:innen anzieht.

Produktionsfaktoren Arbeit, Maschinen und Anlagen (in der Regel als Kapital bezeichnet), Grund und Boden und andere Inputs für einen Produktionsprozess.

Produktionsfunktion Ein grafischer oder mathematischer Ausdruck, der die Menge des Outputs beschreibt, die mit einer bestimmten Menge oder Kombination von Input(s) produziert werden kann. Die Funktion beschreibt unterschiedliche Technologien, mit denen dasselbe produziert werden kann.

Produzentenrente Der Preis, zu dem ein Unternehmen ein Gut verkauft, abzüglich des Mindestpreises, zu dem es bereit gewesen wäre, das Gut zu verkaufen, summiert über alle verkauften Einheiten.

progressiv (Politik) Eine Ausgabe oder ein Transfer, der das Einkommen von ärmeren Haushalten prozentual stärker erhöht als das von reicheren Haushalten. *Siehe auch: regressiv (Politik).*

Protektionismus Maßnahmen einer Regierung zur Begrenzung des Handels, insbesondere zur Verringerung der Importe in der Wirtschaft. Sie sollen die einheimische Industrie vor externer Konkurrenz schützen. Sie können verschiedene Formen annehmen, wie zum Beispiel Steuern auf Importe oder Quoten für Importe.

Prozessinnovation Eine Innovation, die es ermöglicht, eine Ware oder eine Dienstleistung zu niedrigeren Kosten herzustellen, als es die Konkurrenz kann.

prozessuale Beurteilung der Fairness Eine Bewertung eines Ergebnisses, die darauf beruht, wie die Allokation zustande gekommen ist. Es geht also nicht darum, wie fair oder unfair ein Ergebnis ist, sondern wie fair oder unfair der Prozess zur Erreichung des Ergebnisses ist. *Siehe auch: substanzielle Beurteilungen der Fairness.*

prozyklisch Entwickelt sich im Konjunkturzyklus tendenziell in dieselbe Richtung wie den gesamtwirtschaftlichen Output und die Beschäftigung. *Siehe auch: antizyklisch.*

quantitative Lockerung (QL) Käufe von finanziellen Vermögenswerten durch die Zentralbank mit dem Ziel, die Zinssätze für diese Vermögenswerte zu senken. Die Zentralbank setzt dieses Instrument ein, wenn die herkömmliche Geldpolitik unwirksam ist (zum Beispiel wenn der Leitzins nahe dem Zero Lower Bound liegt). *Siehe auch: Zero Lower Bound.*

Quote Eine von der Regierung auferlegte Begrenzung des Volumens an Importen, die während eines bestimmten Zeitraums in die Wirtschaft gelangen dürfen.

radikale Innovation Innovationen, die auf einem breiten Spektrum an Wissen aus verschiedenen Sektoren basieren und dieses Wissen neu kombinieren, um neue und sehr unterschiedliche Produkte zu schaffen.

Ratingagentur Ein Unternehmen, das Informationen sammelt, um die Kreditwürdigkeit von Einzelpersonen, Unternehmen oder Ländern zu berechnen, und das daraus resultierende Rating gegen eine Gebühr verkauft.

rationierte Güter Güter, die den kaufenden Personen durch einen anderen Prozess als den Preis zugeteilt werden (zum Beispiel durch Warteschlangen oder eine Lotterie). Häufig ist die Menge der rationierten Güter geringer als die Nachfrage.

realisierbare Menge Die Gesamtheit der Kombinationen der betrachteten Güter, die eine entscheidende Person unter Berücksichtigung der wirtschaftlichen, physischen oder sonstigen Beschränkungen, wählen könnte. *Siehe auch: Machbarkeitsgrenze.*

Reallohn Der Nominallohn, bereinigt um die Preisänderungen zwischen verschiedenen Zeiträumen. Er misst die Menge an Waren und Dienstleistungen, die eine Beschäftigte kaufen kann. *Siehe auch: Nominallohn.*

Realzinssatz Der um die Inflation bereinigte Zinssatz (das heißt der Nominalzinssatz abzüglich der Inflationsrate). Er gibt an, wie viele Güter man in der Zukunft, für die jetzt nicht konsumierten Güter erhält. *Siehe auch: Nominalzinssatz, Zinssatz.*

Rechte an geistigem Eigentum Patente, Marken und Urheberrechte. *Siehe auch: Patent, Marke, Urheberrecht.*

Regierung In einem bestimmten Gebiet die einzige Instanz, die den Menschen vorschreiben kann, was sie zu tun oder zu lassen haben, und die legitimerweise Gewalt anwenden und die Freiheit des Einzelnen einschränken kann, um dieses Ziel zu erreichen. *Auch bekannt als: Staat.*

Regierungselite Spitzenpersonen der Regierung wie die/der Präsident:in, Kabinettsangehörige sowie führende Vertreter:innen der Legislative, die durch ein gemeinsames Interesse, zum Beispiel die Angehörigkeit zu einer bestimmten Partei, verbunden sind.

regressiv (Politik) Eine Zahlung oder ein Transfer, der das Einkommen reicherer Haushalte prozentual stärker erhöht als das ärmerer Haushalte. *Siehe auch: progressiv (Politik).*

reine Ungeduld Dies ist eine Eigenschaft einer Person, die eine zusätzliche Einheit des Konsums jetzt gegenüber einer zusätzlichen Einheit zu einem späteren Zeitpunkt bevorzugt, wenn die Menge des Konsums jetzt und später gleich ist. Sie entsteht, wenn eine Person ungeduldig ist, jetzt mehr zu konsumieren, weil sie aus Kurzsichtigkeit, Willensschwäche oder aus anderen Gründen dem Konsum in der Zukunft weniger Wert beimisst.

relativer Preis Der Preis einer Ware oder Dienstleistung im Vergleich zu dem Preis einer anderen Ware oder Dienstleistung (normalerweise als Verhältnis ausgedrückt).

Rendite Die implizite Rendite, die eine kaufende Person für ihr Geld erhält, wenn sie eine Anleihe zu ihrem Marktpreis kauft.

Reservationsindifferenzkurve Eine Kurve, die Allokationen (Kombinationen) anzeigt, die genauso hoch bewertet werden wie die eigene Reservationsoption.

Reservationslohn Der Betrag, den eine beschäftigte Person in einer alternativen Beschäftigung, durch Arbeitslosengeld oder andere Unterstützungsleistungen erhalten würde, wenn sie nicht an ihrem derzeitigen Arbeitsplatz beschäftigt wäre.

Reservationsoption Die nächstbeste Alternative einer Person unter allen Optionen in einer bestimmten Transaktion. *Auch bekannt als: Fallback-Option. Siehe auch: Reservationspreis.*

Reservationspreis Der niedrigste Preis, zu dem jemand bereit ist, ein Gut zu verkaufen (das Behalten des Gutes ist die Reservationsoption der potenziell verkaufenden Person). *Siehe auch: Reservationsoption.*

Reserven (natürliche Ressource) Die Menge einer natürlichen Ressource, deren Gewinnung mit den vorhandenen Technologien wirtschaftlich möglich ist. *Siehe auch: Ressourcen (natürliche).*

Ressourcen (natürliche) Die geschätzte Gesamtmenge einer Substanz in der Erdkruste. *Siehe auch: Reserven (natürliche Ressource).*

Restemfänger:in Die Person, die das Einkommen erhält, das von einem Unternehmen oder einem anderen Projekt nach Zahlung aller vertraglichen Verpflichtungen (zum Beispiel Kosten für die Einstellung von Beschäftigten und die Zahlung von Steuern) übrig bleibt.

Rezession Das US-amerikanische National Bureau of Economic Research (eine private überparteiliche Nonprofit-Forschungsorganisation) definiert sie als eine Periode, in der die Wirtschaftsleistung rückläufig ist. Sie ist vorbei, wenn die Wirtschaft wieder zu wachsen beginnt. Eine alternative Definition ist eine Periode, in der das Produktionsniveau unter dem normalen Niveau (auch Produktionspotenzial genannt) liegt, auch wenn die Wirtschaft wächst. Sie ist erst dann beendet, wenn die Produktion so weit gestiegen ist, dass sie wieder das normale Niveau erreicht hat. Die letztgenannte Definition hat das Problem, dass das „normale" Niveau subjektiv ist.

rivales Gut Ein Gut, das, wenn es von einer Person konsumiert wird, einer anderen nicht zur Verfügung steht. *Siehe auch: nicht-rivales Gut.*

Sachmitteltransfers Öffentliche Ausgaben in Form von kostenlosen oder subventionierten Dienstleistungen für Haushalte und nicht in Form von Geldtransfers.

Saldo des Staatshaushalts Die Differenz zwischen den Steuereinnahmen der Regierung und den Staatsausgaben (einschließlich der Käufe von Waren und Dienstleistungen durch die Regierung, Investitionen und Ausgaben für Transfers wie Renten und Arbeitslosengeld). *Siehe auch: Budgetdefizit, Budgetüberschuss.*

Schock Eine exogene Änderung einiger der in einem Modell verwendeten Fundamentaldaten.

schöpferische Zerstörung Joseph Schumpeters Bezeichnung für den Prozess, bei dem alte Technologien und die Unternehmen, die sich nicht anpassen, von neuen verdrängt werden, weil sie auf dem Markt nicht konkurrenzfähig sind. Seiner Ansicht nach ist das Scheitern unrentabler Unternehmen schöpferisch, weil es Arbeit und Investitionsgüter für neue Tätigkeiten freisetzt.

Schumpetersche Renten Eine andere, gleichwertige Bezeichnung für Innovationsrenten. *Auch bekannt als: Innovationsrenten.*

segmentierter Arbeitsmarkt Ein Arbeitsmarkt, dessen einzelne Segmente als getrennte Arbeitsmärkte mit begrenzter Mobilität der Beschäftigten von einem Segment zum anderen funktionieren (auch aus Gründen der ethnischen oder sprachlichen oder anderer Formen der Diskriminierung). *Siehe auch: Primärarbeitsmarkt, sekundärer Arbeitsmarkt.*

sekundärer Arbeitsmarkt Beschäftigte mit typischerweise kurzfristigen Verträgen mit begrenztem Lohn und wenig Arbeitsplatzsicherheit. Dies kann auf ihr Alter zurückzuführen sein oder darauf, dass sie aufgrund ihrer ethnischen Zugehörigkeit diskriminiert werden. *Siehe auch: Primärarbeitsmarkt, segmentierter Arbeitsmarkt.*

Sekundär- und Primärmärkte Der Primärmarkt ist der Markt, auf dem Waren oder finanzielles Vermögen zum ersten Mal verkauft werden. Der erste Verkauf von Aktien durch ein Unternehmen an Personen oder Unternehmen (bekannt als Börsengang oder IPO) findet auf dem Primärmarkt statt. Der anschließende Handel mit diesen Aktien an der Börse ist der Sekundärmarkt. Die Begriffe werden auch verwendet, um den Erstverkauf von Eintrittskarten (Primärmarkt) und den Sekundärmarkt, auf dem sie gehandelt werden, zu beschreiben.

Selbstversicherung Sparen eines Haushalts, um den Konsum aufrechtzuerhalten, wenn das Einkommen vorübergehend sinkt oder höhere Ausgaben erforderlich sind.

sequentielles Spiel Ein Spiel, bei dem nicht alle Spieler:innen ihre Strategien gleichzeitig wählen und die Spieler:innen, die später wählen, die bereits gewählten Strategien der anderen Spieler:innen sehen können: Ein Beispiel ist das Ultimatumspiel. *Siehe auch: Simultanspiel.*

Short Side (eines Marktes) Die Seite (entweder Angebotsseite oder Nachfrageseite), auf der die Zahl der gewünschten Transaktionen am geringsten ist (zum Beispiel befinden sich die Unternehmen auf der short side des Arbeitsmarktes, da in der Regel mehr Arbeitskräfte Arbeit suchen, als Stellen angeboten werden). Das Gegenteil der Short Side ist die Long Side. *Siehe auch: Angebotsseite, Nachfrageseite.*

Sicherheiten Ein Vermögenswert, den eine kreditnehmende einer kreditgebenden Person als Sicherheit für einen Kredit verpfändet. Wenn die kreditnehmende Person nicht in der Lage ist, die versprochenen Zahlungen zu leisten, wird der Kreditgebende Eigentümer:in des Vermögenswerts.

Simultanspiel Ein Spiel, bei dem die Spieler:innen gleichzeitig Strategien wählen, zum Beispiel das Gefangenendilemma. *Siehe auch: sequentielles Spiel.*

Skaleneffekte Sie treten auf, wenn die Verdoppelung aller Inputs in einem Produktionsprozess den Output mehr als verdoppelt. Die Form der Kurve der langfristigen Durchschnittskosten eines Unternehmens hängt sowohl von den Skalenerträgen in der Produktion als auch von den Auswirkungen der Skalenerträge auf die Preise ab, die das Unternehmen für seine Inputs zahlt. *Auch bekannt als: steigende Skalenerträge, negative Skaleneffekte.*

solvent Ein Unternehmen oder eine Person, deren Reinvermögen positiv oder Null ist. Zum Beispiel eine Bank, deren Vermögenswerte höher als ihre Verbindlichkeiten (was sie schuldet) sind. *Siehe auch: insolvent.*

soziale Grenzkosten (SGK) Die Kosten für die Produktion einer zusätzlichen Einheit eines Gutes, wobei sowohl die Kosten für das Unternehmen als auch die Kosten für andere, die von der Produktion des Gutes betroffen sind, berücksichtigt werden. Die sozialen Grenzkosten sind die Summe aus den privaten Grenzkosten und den externen Grenzkosten.

soziale Interaktionen Situationen, in denen sich die Handlungen einer Person nicht nur auf ihre eigenen, sondern auch auf die Ergebnisse anderer Personen auswirken.

soziale Norm Ein den meisten Angehörigen einer Gesellschaft gemeinsames Verständnis darüber, was Menschen in einer bestimmten Situation tun sollten, wenn ihre Handlungen andere beeinflussen.

soziale Präferenzen Präferenzen, die dem, was anderen Menschen widerfährt, einen Wert beimessen, auch wenn dies zu einer geringeren Auszahlung für den Einzelnen führt.

sozialer Grenznutzen (SGN) Der Nutzen (in Form des Vorteils) der Produktion oder des Konsums einer zusätzlichen Einheit eines Gutes, wobei sowohl der Nutzen für die Person, die sich für die Produktion oder den Konsum entscheidet, als auch der Nutzen für alle anderen, die von der Entscheidung betroffen sind, berücksichtigt wird.

soziales Dilemma Eine Situation, in der die Verfolgung individueller Interessen zu einem Ergebnis führt, das alle schlechter stellt als eine kooperative Lösung.

Sozialversicherung Steuerfinanzierte Ausgaben der Regierung zur Absicherung gegen verschiedene wirtschaftliche Risiken (zum Beispiel Einkommensverluste durch Krankheit oder Arbeitslosigkeit) und zur Sicherung eines gleichmäßigen lebenslangen Einkommens der Bevölkerung. *Siehe auch: Mitversicherung.*

Sparen Wenn die Ausgaben für den Konsum geringer sind als das Nettoeinkommen, wird gespart und das Vermögen steigt. *Siehe auch: Vermögen.*

Sparparadoxon Wenn ein Einzelner weniger konsumiert, steigen seine Ersparnisse; wenn aber alle weniger konsumieren, kann das Ergebnis eher eine geringere als eine höhere Ersparnis sein. Der Versuch, das Sparen zu erhöhen, wird vereitelt, wenn eine Erhöhung der Sparquote nicht durch eine Erhöhung der Investitionen (oder einer anderen Quelle der aggregierten Nachfrage wie den Staatsausgaben für Waren und Dienstleistungen) ausgeglichen wird. Das Ergebnis ist ein Rückgang der aggregierten Nachfrage und einen niedrigeren gesamtwirtschaftlichen Output, so dass das tatsächliche Sparniveau nicht ansteigt.

Sparpolitik Eine Politik, bei der eine Regierung versucht, ihre Haushaltslage in einer Rezession zu verbessern, indem sie ihr Sparen erhöht. *Siehe auch: Sparparadoxon.*

Spekulationen Kauf und Verkauf von Vermögenswerten mit dem Ziel, von einer erwarteten Preisänderung zu profitieren.

Spekulationsfinanzierung Eine Strategie, die von Unternehmen angewandt wird, um Zahlungsverpflichtungen für Verbindlichkeiten mit Hilfe des Cashflows zu erfüllen, obwohl das Unternehmen das Kapital auf diese Weise nicht zurückzahlen kann. Unternehmen, die sich in dieser Lage befinden, müssen ihre Verbindlichkeiten verlängern, indem sie in der Regel neue Schuldtitel ausgeben, um die Verpflichtungen aus fällig werdenden Schuldtiteln zu erfüllen. Der Begriff wurde von Hyman Minsky in seiner Finanzinstabilitätshypothese geprägt. *Siehe auch: Absicherungsfinanzierung.*

Spezialisierung Dies ist der Fall, wenn ein Land, ein Unternehmen oder eine Person ein kleineres Spektrum an Waren und Dienstleistungen produziert, als es selbst konsumiert, und die Waren und Dienstleistungen, die es nicht produziert, durch Handel erwirbt.

Spiel Ein Modell der strategischen Interaktion, das die Spieler:innen, die realisierbaren Strategien, die Informationen, über die die Spieler:innen verfügen, und ihre Auszahlungen beschreibt. *Siehe auch: Spieltheorie.*

Spieltheorie Ein Teilgebiet der Mathematik, das sich mit strategischen Interaktionen befasst, das heißt mit Situationen, in denen jeder Teilnehmende weiß, dass der Nutzen, den er erhält, von den Handlungen aller abhängt. *Siehe auch: Spiel.*

staatliche Transfers Ausgaben der Regierung in Form von Zahlungen an Haushalte oder Einzelpersonen. Arbeitslosengeld und Renten sind Beispiele dafür. Transfers werden in den volkswirtschaftlichen Gesamtrechnungen nicht zu den Staatsausgaben (G) gezählt. *Siehe auch: Staatsausgaben.*

Staatsanleihe Ein von Regierungen ausgegebener finanzieller Vermögenswert, der die Zahlung von Geldströmen in bestimmten Zeitabständen verspricht.

Staatsausgaben (G) Ausgaben der Regierung für den Kauf von Waren und Dienstleistungen. Wenn sie als Bestandteil der aggregierten Nachfrage verwendet werden, umfassen sie nicht die Ausgaben für Transfers wie Renten und Arbeitslosengeld. *Siehe auch: staatliche Transfers.*

Staatsschuldenkrise Eine Situation, in der Staatsanleihen als so riskant eingestuft werden, dass die Regierung möglicherweise nicht mehr in der Lage ist, Kredite aufzunehmen. In diesem Fall kann die Regierung nicht mehr ausgeben, als sie an Steuereinnahmen erhält.

Staatsversagen Ein Versagen der politischen Verantwortlichkeit. (Dieser Begriff wird in vielfältiger Weise verwendet, jedoch nicht in strenger Analogie zum Marktversagen, für das das Kriterium die Pareto-Ineffizienz ist).

Staatsverschuldung Die Summe aller Anleihen, die die Regierung im Laufe der Jahre zur Finanzierung ihrer Defizite verkauft hat, abzüglich der fällig gewordenen Anleihen.

stabiles Gleichgewicht Ein Gleichgewicht, bei dem eine Tendenz zur Wiederherstellung des Gleichgewichts besteht, nachdem es durch einen kleinen Schock gestört wurde.

Stagflation Anhaltend hohe Inflation in Verbindung mit hoher Arbeitslosigkeit in der Wirtschaft eines Landes.

stationärer Zustand Ohne technischen Fortschritt würde der Grenzbeitrag zusätzlicher Investitionsgüter zur Produktionssteigerung schließlich so gering werden, dass der Wachstumsprozess zum Stillstand kommen könnte. John Stuart Mill begrüßte diese Aussicht als „eine sehr beträchtliche Verbesserung unseres gegenwärtigen Zustands".

steigende Skalenerträge Sie treten auf, wenn die Verdoppelung aller Inputs in einem Produktionsprozess den Output mehr als verdoppelt. Die Form der Kurve der langfristigen Durchschnittskosten eines Unternehmens hängt sowohl von den Skalenerträgen in der Produktion als auch von den Auswirkungen der Skalenerträge auf die Preise ab, die das Unternehmen für seine Inputs zahlt. *Auch bekannt als: Skaleneffekte, abnehmende Skalenerträge, konstante Skalenerträge.*

Steuerinzidenz Die Auswirkung einer Steuer auf den Wohlstand von Käufer:innen, Verkäufer:innen oder beiden.

Strategie Eine Handlung (oder ein Handlungsablauf), die eine Person vornehmen kann, wenn sie sich der gegenseitigen Abhängigkeit der Ergebnisse für sich und für andere bewusst ist. Die Ergebnisse hängen nicht nur von den Handlungen dieser Person ab, sondern auch von den Handlungen anderer.

strategische Interaktion Eine soziale Interaktion, bei der sich die teilnehmenden Personen der Art und Weise bewusst sind, wie sich ihre Handlungen auf andere auswirken (und wie sich die Handlungen der anderen auf sie auswirken).

strategische Komplemente Für zwei Tätigkeiten A und B gilt: Je mehr A ausgeführt wird, desto größer ist der Nutzen der Ausführung von B, und je mehr B ausgeführt wird, desto größer ist der Nutzen der Ausführung von A.

strategische Substitute Für zwei Aktivitäten A und B gilt: Je mehr A ausgeführt wird, desto geringer ist der Nutzen der Ausführung von B, und je mehr B ausgeführt wird, desto geringer ist der Nutzen der Ausführung von A.

Subprime-Hypothek Eine Hypothek, die an eine Person mit hohem Risiko vergeben wird, zum Beispiel an eine Person mit einer Vorgeschichte von Konkursen und verspäteten Rückzahlungen. *Siehe auch: Subprime-Kreditnehmender.*

Subprime-Kreditnehmender Eine Person mit einer niedrigen Bonität und einem hohen Ausfallrisiko. *Siehe auch: Subprime-Hypothek.*

substanzielle Beurteilungen der Fairness Beurteilungen, die auf der Allokation selbst beruhen (also zum Beispiel auf die Größe des Vermögens), nicht darauf, wie die Allokation zustande kommen (also wie die Person das Vermögen aufbauen konnte). *Siehe auch unter: prozessuale Beurteilung der Fairness.*

Substitute Zwei Güter, bei denen eine Erhöhung des Preises des einen Guts zu einem Anstieg der nachgefragten Menge des anderen Guts führt. *Siehe auch: Komplementärgüter.*

Substitutionseffekt Der Effekt, der nur auf Änderungen des Preises oder der Opportunitätskosten zurückzuführen ist, angesichts des neuen Nutzenniveaus.

systematisches Risiko Ein Risiko, das alle Vermögen auf dem Markt betrifft, so dass es den anlegenden Personen nicht möglich ist, ihr Risiko durch eine Kombination verschiedener Vermögenswerte zu verringern. *Auch bekannt als: nicht diversifizierbares Risiko.*

systemisches Risiko Ein Risiko, das das Finanzsystem selbst bedroht.

Tangente Wenn zwei Kurven einen Punkt gemeinsam haben, sich aber nicht kreuzen. Die Tangente an einer Kurve in einem bestimmten Punkt ist eine Gerade, die die Kurve in diesem Punkt berührt, sie aber nicht schneidet.

Taylorismus Innovation in der Unternehmensführung, die darauf abzielt, die Lohnkosten zu senken, zum Beispiel durch die Aufteilung qualifizierter Tätigkeiten in separate, weniger qualifizierte Aufgaben, um die Löhne zu senken.

technischer Fortschritt Eine Veränderung in der Technologie, die den Einsatz von Ressourcen (Arbeit, Maschinen, Land, Energie, Zeit) verringert, die für die Produktion einer bestimmten Menge des Outputs erforderlich sind.

technisch möglich Eine Allokation innerhalb der durch Technologie und Biologie gesetzten Grenzen.

Technologie Die Beschreibung eines Prozesses, bei dem eine Reihe von Materialien und anderen Inputs, einschließlich der Arbeit von Menschen und Maschinen, verwendet werden, um einen Output zu erzeugen.

Tragik der Allmende Ein soziales Dilemma, bei dem eigennützig handelnde Individuen eine gemeinsame Ressource aufbrauchen und damit die Auszahlungen für alle verringern. *Siehe auch: soziales Dilemma.*

Transaktionskosten Kosten, die den Verhandlungsprozess oder die Vereinbarung eines Vertrags behindern. Dazu gehören die Kosten für die Beschaffung von Informationen über das zu handelnde Gut und die Kosten für die Durchsetzung eines Vertrags.

Treibhausgas Gase - hauptsächlich Wasserdampf, Kohlendioxid, Methan und Ozon -, die in der Erdatmosphäre freigesetzt werden und zu einem Anstieg der atmosphärischen Temperatur und Veränderungen des Klimas führen.

Trennung von Eigentum und Kontrolle Die Eigenschaft einiger Unternehmen, dass die Personen des Managements eine von den Eigentümer:innen getrennte Gruppe sind.

Trilemma der Weltwirtschaft Die wahrscheinliche Unmöglichkeit, dass ein Land in einer globalisierten Welt gleichzeitig eine tiefe Marktintegration (über Grenzen hinweg), nationale Souveränität und demokratische Regierungsführung aufrechterhalten kann. Wurde erstmals von dem

Wirtschaftswissenschaftler Dani Rodrik vorgeschlagen.

Trugschluss der Komposition Fälschliche Schlussfolgerung, dass das, was für Teile (zum Beispiel einen Haushalt) gilt, auch für das Ganze (in diesem Fall die Wirtschaft als Ganzes) gelten muss. *Siehe auch: Sparparadoxon.*

überprüfbare Informationen Informationen, die zur Durchsetzung eines Vertrags verwendet werden können.

umgekehrte Kausalität Eine wechselseitige Kausalität, bei der sich A auf B auswirkt und B auch auf A.

umsichtige Politik Eine Politik, die einen sehr hohen Wert auf die Verringerung der Wahrscheinlichkeit eines katastrophalen Ergebnisses legt, selbst wenn dies durch den Verzicht auf andere Ziele teuer erkauft wird. Ein solcher Ansatz wird häufig befürwortet, wenn große Unsicherheit über die Bedingungen besteht, unter denen ein katastrophales Ergebnis eintreten würde.

Umverteilungspolitik Steuern, Geld- und Sachmitteltransfers der Regierung, die zu einer Verteilung des Endeinkommens führen, die von der Verteilung des Markteinkommens abweicht. *Siehe auch: Vorverteilungspolitik.*

Umweltkonsumindifferenzkurve Eine Kurve, auf der alle Punkte Kombinationen von Umweltqualität und Konsum sind, die von einer Person oder einem oder einer politischen Entscheidungsträger:in gleichermaßen geschätzt werden. Die Steigung der Indifferenzkurve ist das Verhältnis zwischen dem (negativen) Grenznutzen des entgangenen Konsums aufgrund der Kosten für die Minderung und dem Grenznutzen der Umweltqualität (ein öffentliches Gut, das von allen geteilt wird).

Ungeduld Jede Präferenz, den Konsum von der Zukunft in die Gegenwart zu verlagern. Diese Präferenz kann entweder aus reiner Ungeduld oder aus abnehmenden Grenzerträgen des Konsums resultieren.

Ungleichgewichtsprozess Eine wirtschaftliche Variable kann sich entweder ändern, weil sich die Faktoren, die den Gleichgewichtswert dieser Variable bestimmen, geändert haben (ein Gleichgewichtsprozess), oder weil sich das System nicht im Gleichgewicht befindet, sodass es Kräfte für Veränderungen gibt, die innerhalb des betreffenden Modells liegen (ein

Ungleichgewichtsprozess). Letzteres ist der Fall, wenn sich die Wirtschaft auf ein stabiles Gleichgewicht zubewegt oder sich von einem Kipppunkt entfernt (instabiles Gleichgewicht).

Ungleichgewichtsrente Die ökonomische Rente, die entsteht, wenn sich ein Markt nicht im Gleichgewicht befindet, zum Beispiel bei Nachfrageüberhang oder Angebotsüberhang auf einem Markt für eine Ware oder Dienstleistung. Im Gegensatz dazu werden Renten, die im Gleichgewicht entstehen, Gleichgewichtsrenten genannt.

Ungleichheitsaversion Eine Abneigung gegen Ergebnisse, bei denen einige Personen mehr erhalten als andere.

unsystematisches Risiko Ein Risiko, das nur eine kleine Anzahl von Vermögenswerten auf einmal betrifft. Anleger:innen können ihre Anfälligkeit für solche Risiken nahezu ausschalten, indem sie ein diversifiziertes Portfolio von Vermögenswerten halten, die von unterschiedlichen Risiken betroffen sind. *Auch bekannt als: diversifizierbares Risiko.*

Unterbietungswettlauf Selbstzerstörerischer Wettbewerb zwischen nationalen oder regionalen Regierungen, der zu niedrigeren Löhnen und weniger Regulierung führt, um ausländische Unternehmen in einer globalisierten Wirtschaft anzuziehen.

Unternehmen Eine wirtschaftliche Organisation, in der Investitionsgüter Privateigentum von Personen sind. Diese Personen stellen Arbeitskräfte ein und leiten sie an, Waren und Dienstleistungen zu produzieren, die auf Märkten verkauft werden. Das Ziel der Unternehmen ist das Erzielen eines Gewinns.

unternehmensspezifischer

Vermögenswert Etwas, das eine Person besitzt oder tun kann, das in ihrem derzeitigen Unternehmen mehr Wert hat als in ihrer nächstbesten Alternative.

unvollständiger Vertrag Ein Vertrag, in dem nicht alle Aspekte des Tausches, die die Interessen der Tauschparteien (oder anderer) betreffen, in einklagbarer Weise festgelegt sind.

Urheberrecht Eigentumsrechte an der Nutzung und Verbreitung eines Originalwerks.

Verantwortlichkeit Die Verpflichtung einer Person (oder einer Einrichtung), die eine Entscheidung trifft auf die Bedürfnisse und Wünsche der Menschen einzugehen, die von seinen oder ihren Entscheidungen betroffen sind.

Verbindlichkeit Alles, was einen Wert hat und geschuldet wird. *Siehe auch: Bilanz, Vermögenswert.*

Verbraucherpreisindex (VPI) Ein Maß für das allgemeine Preisniveau, das die Verbraucher:innen für Waren und Dienstleistungen zu zahlen haben, einschließlich der Verbrauchssteuern.

Verbundvorteile Kosteneinsparungen, die sich ergeben, wenn zwei oder mehr Produkte gemeinsam von einem einzigen Unternehmen hergestellt werden, anstatt sie in getrennten Unternehmen zu produzieren.

verfügbares Einkommen Einkommen, das nach Zahlung von Steuern und Erhalt von Transferzahlungen (von der Regierung) zur Verfügung steht.

Verhandlungslücke Die Differenz zwischen dem Reallohn, den die Unternehmen anbieten möchten, um den Beschäftigten Anreize zur Arbeit zu geben, und dem Reallohn, der den Unternehmen den Preisaufschlag ermöglicht, der angesichts des Wettbewerbsgrades die Gewinne maximiert.

Verhandlungsmacht Der Vorteil einer Person, sich einen größeren Anteil an der ökonomischen Rente zu sichern, die durch eine Interaktion realisiert wird.

Verlust der Biodiversität (anteilig) Anteil der Arten, die jedes Jahr aussterben.

Vermögen Bestand an Dingen, die man besitzt, oder Wert dieses Bestandes. Es umfasst den Marktwert einer Wohnung, eines Autos, eines Grundstücks, von Gebäuden, Maschinen oder anderen Investitionsgütern, die eine Person besitzt, sowie alle finanziellen Vermögenswerte wie Aktien oder Anleihen. Verbindlichkeiten (Schulden) werden abgezogen, zum Beispiel die Hypothek bei der Bank. Die Verbindlichkeiten gegenüber der Person werden hinzugerechnet.

Vermögenswert Alles, was einen Wert hat und sich im Besitz befindet. *Siehe auch: Bilanz, Verbindlichkeit.*

Vermögenswertpreisblase Anhaltender und signifikanter Anstieg des Preises eines Vermögenswerts, der durch die Erwartung künftiger Preissteigerungen genährt wird.

versteckte Aktionen (Problem der) Dies ist der Fall, wenn eine Handlung einer Tauschpartei nicht bekannt ist oder von der anderen Partei nicht überprüft werden kann. Zum Beispiel kann ein Unternehmen nicht wissen (oder nicht überprüfen), wie hart die eingestellte Person tatsächlich arbeitet. *Auch bekannt als: moralisches Risiko, versteckte Attribute (Problem der).*

versteckte Attribute (Problem der) Dies ist der Fall, wenn einige Eigenschaften der Person, die an einem Austausch teilnimmt (oder des Produkts oder der Dienstleistung, die bereitgestellt wird), den anderen Parteien nicht bekannt sind. Ein Beispiel dafür ist, dass die Person, die eine Krankenversicherung abschließt ihren eigenen Gesundheitszustand kennt, die Versicherungsgesellschaft jedoch nicht *Auch bekannt als: adverse Selektion, versteckte Aktionen (Problem der).*

verteilungsneutral Eine Politik, die weder progressiv noch regressiv ist, so dass sie die Verteilung des Einkommens nicht verändert. *Siehe auch unter: progressiv (Politik), regressiv (Politik).*

Vertrag Ein Dokument oder eine Vereinbarung, die eine Reihe von Handlungen festlegt, zu denen sich die Vertragsparteien verpflichten müssen.

Verursacherprinzip Ein Leitfaden für die Umweltpolitik, der besagt, dass diejenigen, die anderen negative Umwelteinflüsse aufbürden, durch Besteuerung oder andere Mittel für die von ihnen verursachten Schäden aufkommen müssen.

volkswirtschaftliche Gesamtrechnung Das System zur Messung der Gesamtproduktion und der Ausgaben in einem Land.

Volkswirtschaftslehre Die Lehre davon, wie Menschen miteinander und mit ihrer natürlichen Umgebung interagieren, um ihren Lebensunterhalt zu bestreiten, und wie sich dies im Laufe der Zeit verändert.

Vorsorgesparen Eine Erhöhung des Sparens, um das Vermögen wieder auf sein Zielniveau zu bringen. *Siehe auch: Zielvermögen.*

Vorverteilungspolitik Maßnahmen der Regierung, die sich auf die Faktorausstattung der Menschen und deren Wert auswirken, einschließlich der Verteilung des Einkommens auf dem Markt und der Verteilung des privaten Vermögens. Beispiele sind Bildung, Mindestlohn und Antidiskriminierungsmaßnahmen. *Siehe auch: Umverteilungspolitik.*

Währungsunion Eine Gruppe von Ländern, die die gleiche Währung verwenden. Das bedeutet, dass es nur eine Geldpolitik für diese Gruppe gibt. *Auch bekannt als: Währungsunion.*

Warenhandel Der Handel mit materiellen Produkten, die physisch über die Grenzen transportiert werden.

Wechselkurs Die Anzahl der Einheiten der heimischen Währung, die in eine Einheit der ausländischen Währung umgetauscht werden können. Die Anzahl der australischen Dollar (AUD), die benötigt werden, um einen US-Dollar (USD) zu kaufen, wird beispielsweise als Anzahl der AUD pro USD definiert. Ein Anstieg dieses Kurses bedeutet eine Wertminderung des AUD und ein Rückgang eine Aufwertung des AUD.

Wertminderung (im Rechnungswesen abgebildet über Abschreibungen) Der Wertverlust eines Vermögensgegenstandes, der entweder durch Gebrauch (Abnutzung) oder durch Zeitablauf (Veralterung) eintritt.

Wertschöpfung Bei einem Produktionsprozess ist dies der Wert des Outputs abzüglich des Wertes aller Vorleistungen (so genannter Zwischenprodukte). Die in der Produktion eingesetzten Investitionsgüter und Arbeitskräfte sind keine Zwischengüter. Die Wertschöpfung ist gleich dem Gewinn vor Steuern plus Löhne.

Wettbewerbspolitik Politik und Gesetze des Staats zur Begrenzung der Monopolmacht und zur Verhinderung von Kartellen. *Auch bekannt als: Kartellrechtspolitik.*

Wettbewerbsverbot Ein Arbeitsvertrag, der eine Bestimmung oder Vereinbarung enthält, nach der die beschäftigte Person nicht zu einem konkurrierenden Unternehmen wechseln kann. Dadurch kann sich die Reservationsoption der beschäftigten Person verringern, was den Lohn, den das Unternehmen zahlen muss, senkt.

wiederholte Spiele Ein Spiel, bei dem die gleiche Interaktion (gleiche Auszahlungen, Spieler, mögliche Aktionen) mehr als einmal vorkommen kann.

Willensschwäche Die Unfähigkeit, sich zu einer Handlung zu verpflichten (zum Beispiel eine Diät zu machen oder auf ein anderes gegenwärtiges Vergnügen zu verzichten), die man später bereuen wird. Sie unterscheidet sich von der Ungeduld, die ebenfalls dazu führen kann, dass eine Person gegenwärtige Vergnügungen bevorzugt, aber nicht unbedingt in einer Weise handelt, die sie bereut.

Winner-take-all-Wettbewerb Unternehmen, die als erste in einen Markt eintreten, können oft den gesamten Markt dominieren, zumindest vorübergehend.

wirtschaftlicher Gewinn Die Einnahmen eines Unternehmens abzüglich seiner Gesamtkosten (einschließlich der Opportunitätskosten des Kapitals).

wirtschaftlicher Nullprofit Eine Gewinnrate, die den Opportunitätskosten des Kapitals entspricht. *Siehe auch: normaler Gewinn, Opportunitätskosten des Kapitals.*

wirtschaftlich möglich Politiken, bei denen die gewünschten Ergebnisse ein Nash-Gleichgewicht darstellen, so dass private Individuen und Organisationen der Wirtschaft nach ihrer Umsetzung die gewünschten Effekte nicht rückgängig machen können.

Wirtschaftssystem Eine Art der Organisation der Wirtschaft, die sich durch ihre grundlegenden Institutionen auszeichnet. Zu den Wirtschaftssystemen der Vergangenheit und Gegenwart gehören: zentrale Wirtschaftsplanung (zum Beispiel in der Sowjetunion im 20. Jahrhundert), Feudalismus (zum Beispiel in weiten Teilen Europas im frühen Mittelalter), Sklavereiwirtschaft (zum Beispiel im Süden der USA und in der karibischen Plantagenwirtschaft vor der Abschaffung der Sklaverei im 19. Jahrhundert) und Kapitalismus (die meisten heutigen Volkswirtschaften der Welt).

Wohlfahrt, gemeinsam nan *Siehe: gemeinsame Wohlfahrt.*

Wohlfahrtsstaat Eine Reihe von Maßnahmen der Regierung, die den Wohlstand der Bürger:innen verbessern sollen, indem sie zur Glättung des Einkommens beitragen (zum Beispiel Arbeitslosengeld und Renten).

Wohlfahrtsverlust Ein Verlust der gesamten Wohlfahrt im Vergleich zu der gesamt möglichen Wohlfahrt einer Pareto-effizienten Allokation.

Zahlungsbereitschaft (ZBS) Ein Indikator dafür, wie sehr eine Person ein Gut schätzt, gemessen an dem Betrag, den sie maximal zahlen würde, um eine Einheit des Gutes zu erwerben. *Siehe auch: Akzeptanzbereitschaft.*

Zahlungsbilanz (ZB) Hier werden die Quellen und die Verwendung von Fremdwährungen erfasst. In dieser Bilanz wird der gesamte Zahlungsverkehr zwischen dem Inland und dem Rest der Welt erfasst. Sie ist in zwei Teile gegliedert: die Leistungsbilanz und die Vermögensübertragungs- und Kapitalbilanz. *Auch bekannt als: Zahlungsbilanzkonto.*

Zentralbank Die einzige Bank, die Zentralbankgeld schaffen kann. Normalerweise Teil der Regierung. Geschäftsbanken haben Konten bei dieser Bank, auf denen sie Zentralbankgeld halten.

Zentralbankgeld Bargeld, das von Haushalten, Unternehmen und Banken gehalten wird, sowie die Guthaben der Geschäftsbanken auf ihren Konten bei der Zentralbank, die so genannten Reserven. *Auch bekannt als: High-powered money, Basisgeld, monetäre Basis.*

Zero Lower Bound Dies bezieht sich auf die Tatsache, dass der Nominalzinssatz nicht negativ sein kann, wodurch der Nominalzinssatz, der von der Zentralbank festgesetzt werden kann, auf Null begrenzt wird. *Siehe auch unter: quantitative Lockerung.*

Zielvermögen Das Niveau des Vermögens, das ein Haushalt aufgrund seiner wirtschaftlichen Ziele (oder Präferenzen) und Erwartungen anstrebt. Wir gehen davon aus, dass die Haushalte versuchen, dieses Niveau des Vermögens angesichts von Veränderungen in ihrer wirtschaftlichen Situation beizubehalten, solange dies möglich ist.

Zinssatz Der Preis für die Vorverlegung der Kaufkraft in die Zukunft. *Siehe auch: Nominalzinssatz, Realzinssatz.*

Zinssatz (kurzfristig) Der Preis für das Ausleihen von Zentralbankgeld.

Zoll Eine Steuer auf ein in ein Land importiertes Gut.

zu groß zum Scheitern Ein Merkmal großer Banken, deren zentrale Bedeutung in der Wirtschaft sicherstellt, dass sie von der Regierung gerettet werden, wenn sie in finanzielle Schwierigkeiten geraten. Die Bank trägt also nicht alle Kosten ihrer Tätigkeit und ist daher eher bereit, größere Risiken einzugehen. *Siehe auch: moralisches Risiko.*

QUELLENVERZEICHNIS

Abel, Wilhelm. 1935. *Agrarkrisen und Agrarkonjunktur in Mitteleuropa vom 13. bis zum 19. jahrundert*. Berlin

Acconcia, Antonio, Giancarlo Corsetti, und Saverio Simonelli. 2014. 'Mafia and Public Spending: Evidence on the Fiscal Multiplier from a Quasi-Experiment'. *American Economic Review* 104 (7) (July): pp. 2185–2209.

Acemoglu, Daron, Simon Johnson, und James A. Robinson. 2005. 'Institutions as a Fundamental Cause of Long-Run Growth' (https://tinyco.re/2662186). In *Handbook of Economic Growth, Volume 1A.*, eds. Philippe Aghion und Steven N. Durlauf. North Holland.

Acemoglu, Daron, und James A. Robinson. 2012. *Why Nations Fail: The Origins of Power, Prosperity and Poverty*, 1st ed. New York, NY: Crown Publishers.

Acemoglu, Daron, und James A. Robinson. 2013. 'Economics versus politics: Pitfalls of policy advice' (https://tinyco.re/5915146). *The Journal of Economic Perspectives* 27 (2): pp. 173–192.

Ackerman, Frank. 2007. 'Debating climate economics: the Stern Review vs. its critics' (https://tinyco.re/5699873). Report to Friends of the Earth, July 2007.

Aesop. 'Belling the Cat'. In *Fables*, retold by Joseph Jacobs. XVII, (1). The Harvard Classics. New York: P. F. Collier & Son, 1909–14; Bartleby.com (https://tinyco.re/6827567), 2001.

Akerlof, George A., und Robert J. Shiller. 2015. *Phishing for Phools: The Economics of Manipulation and Deception*. Princeton, NJ: Princeton University Press.

Aleem, Irfan. 1990. 'Imperfect information, screening, and the costs of informal lending: A study of a rural credit market in Pakistan' (https://tinyco.re/4382174). *The World Bank Economic Review* 4 (3): pp. 329–349.

Allen, Robert C. 2009. 'The Industrial Revolution in Miniature: The Spinning Jenny in Britain, France, and India'. *The Journal of Economic History* 69 (04) (November): p. 901.

Allen, Robert C. 2011. *Global Economic History: A Very Short Introduction*. New York, NY: Oxford University Press.

Almunia, Miguel, Agustín Bénétrix, Barry Eichengreen, Kevin H. O'Rourke, und Gisela Rua. 2010. 'From Great Depression to Great Credit Crisis: Similarities, Differences and Lessons' (https://tinyco.re/7445896). *Economic Policy* 25 (62) (April): pp. 219–265.

Alvaredo, Facundo, Anthony B. Atkinson, Thomas Piketty, Emmanuel Saez, und Gabriel Zucman. 2016. 'The World Wealth and Income Database (WID)' (https://tinyco.re/5262390).

Andersen, Torben M., Bengt Holmström, Seppo Honkapohja, Sixten Korkman, Hans Tson Söderström, und Juhana Vartiainen. 2007. *The Nordic Model: Embracing Globalization and Sharing Risks* (https://tinyco.re/2490148). Helsinki: Taloustierto Oy.

Arnott, Richard. 1995. 'Time for Revisionism on Rent Control?' (https://tinyco.re/7410213). *Journal of Economic Perspectives* 9 (1) (February): pp. 99–120.

Arrow, Kenneth. J. 1978. 'A cautious case for socialism' (https://tinyco.re/4741014). *Dissent* 25 (4): pp. 472–480.

Arrow, Kenneth J., und F. H. Hahn. 1991. 'General Competitive Analysis', eds. C. J. Bliss und M. D. Intriligator. *Advanced Textbooks in Economics* Vol. 12. San Francisco: Holden-Day.

Atkinson, Anthony B., und Thomas Piketty, eds. 2007. *Top Incomes over the Twentieth Century: A Contrast between Continental European and English-Speaking Countries*. Oxford: Oxford University Press.

Auerbach, Alan, und Yuriy Gorodnichenko. 2015. 'How Powerful Are Fiscal Multipliers in Recessions?' (https://tinyco.re/3018428). *NBER Reporter 2015 Research Summary*.

Augustine, Dolores. 2013. 'Innovation and Ideology: Werner Hartmann and the Failure of the East German Electronics Industry'. In *The East German Economy, 1945– 2010: Falling behind or Catching Up?* by German Historical Institute, eds. Hartmut Berghoff and Uta Andrea Balbier. Cambridge: Cambridge University Press.

Ausubel, Lawrence M. 1991. 'The Failure of Competition in the Credit Card Market'. *American Economic Review* 81 (1): pp. 50–81.

Autor, David, und Gordon Hanson. *NBER Reporter 2014 Number 2: Research Summary. Labor Market Adjustment to International Trade* (https://tinyco.re/2846538).

Bakija, Jon, Lane Kenworthy, Peter Lindert, und Jeff Madrick. 2016. *How Big Should Our Government Be?* Berkeley: University of California Press.

Ball, Laurence, Daniel Leigh und Prakash Loungani. 2017. 'Okun's Law: Fit at 50?' (https://tinyco.re/5970004). *Journal of Money, Credit and Banking* 49 (7): pp. 1413-1441

Ball, Laurence, Davide Furceri, Daniel Leigh und Prakash Loungani. 2019. 'Does One Law Fit All? Cross-Country Evidence on Okun's Law' (https://tinyco.re/7744920). *Open Economies Review* 30: pp. 841-874

Ball, Philip. 2002. 'Blackouts Inherent in Power Grid' (https://tinyco.re/9262695). *Nature News*. Aktualisiert am 8. November 2002.

Ball, Philip. 2004. 'Power Blackouts Likely' (https://tinyco.re/7102799). *Nature News*. 20. January 2004.

Banerjee, Abhijit V., Paul J. Gertler, und Maitreesh Ghatak. 2002. 'Empowerment and Efficiency: Tenancy Reform in West Bengal' (https://tinyco.re/9394444). *Journal of Political Economy* 110 (2): pp. 239–280.

Barro, Robert J. 2009. 'Government Spending Is No Free Lunch' (https://tinyco.re/3208655). *Wall Street Journal*.

Basker, Emek. 2007. 'The Causes and Consequences of Wal-Mart's Growth' (https://tinyco.re/6525636). *Journal of Economic Perspectives* 21 (3): pp. 177–198.

Bentolila, Samuel, Tito Boeri, und Pierre Cahuc. 2010. 'Ending the Scourge of Dual Markets in Europe' (https://tinyco.re/2724010). *VoxEU.org*. Aktualisiert am 12. Juli 2010.

Berger, Helge, und Mark Spoerer. 2001. 'Economic Crises and the European Revolutions of 1848'. *The Journal of Economic History* 61 (2): pp. 293–326.

Berghoff, Hartmut, und Uta Andrea Balbier. 2013. 'From Centrally Planned Economy to Capitalist Avant-Garde? The Creation, Collapse, and Transformation of a Socialist Economy'. In *The East German Economy, 1945–2010 Falling behind or Catching Up?* von German Historical Institute, eds. Hartmut Berghoff und Uta Andrea Balbier. Cambridge: Cambridge University Press.

Besley, Timothy, und Anne Case. 1995. 'Does electoral accountability affect economic policy choices? Evidence from gubernatorial term limits' (https://tinyco.re/2599264). *The Quarterly Journal of Economics* 110 (3): pp. 769–798.

Besley, Timothy, und Torsten Persson. 2014. 'Why do developing countries tax so little?' (https://tinyco.re/3513621). *The Journal of Economic Perspectives* 28 (4): pp. 99–120.

Bessen, James. 2015. *Learning by Doing: The Real Connection between Innovation, Wages, and Wealth*. New Haven, CT: Yale University Press.

Bewley, T. 2007. 'Fairness, Reciprocity and Wage Rigidity'. *Behavioral Economics and its Applications*, eds. Peter Diamond und Hannu Vartiainen, pp. 157–188. Princeton, NJ: Princeton University Press.

Bewley, Truman F. 1999. *Why Wages Don't Fall during a Recession*. Cambridge, MA: Harvard University Press.

Blanchard, Olivier. 2012. 'Lessons from Latvia' (https://tinyco.re/8173211). *IMFdirect – The IMF Blog*. Aktualisiert am 11. Juni 2012.

Blanchard, Olivier, und Justin Wolfers. 2000. 'The Role of Shocks and Institutions in the Rise of European Unemployment: The Aggregate Evidence'. *The Economic Journal* 110 (462): pp. 1–33.

Blanchflower, David G., und Andrew J. Oswald. 1995. 'An Introduction to the Wage Curve' (https://tinyco.re/2712192). *Journal of Economic Perspectives* 9 (3): pp. 153–167.

Boldrin, Michele, und David K. Levine. 2008. *Against Intellectual Monopoly*. New York, NY: Cambridge University Press.

Bonica, Adam, Nolan McCarty, Keith T. Poole, und Howard Rosenthal. 2013. Why hasn't democracy slowed rising inequality? (https://tinyco.re/5838764) *The Journal of Economic Perspectives* 27 (3): pp. 103–123.

Boseley, Sarah. 2016. 'Big Pharma's Worst Nightmare' (https://tinyco.re/5692579). *The Guardian*, Aktualisiert am 5. Februar 2016.

Bosvieux, Jean, und Oliver Waine. 2012. 'Rent Control: A Miracle Solution to the Housing Crisis?' (https://tinyco.re/0599316). *Metropolitics*. Aktualisiert am 21. November 2012.

Bowles, Samuel. 2006. *Microeconomics: Behavior, institutions, und evolution (the roundtable series in behavioral economics)*. Princeton, NJ: Princeton University Press.

Bowles, Samuel. 2016. *The Moral Economy: Why Good Incentives Are No Substitute for Good Citizens*. New Haven, CT: Yale University Press.

Bowles, Samuel, und Arjun Jayadev. 2014. 'One Nation under Guard' (https://tinyco.re/6662441). *The New York Times*. Aktualisiert am 15. Februar 2014.

Bowles, Samuel, und Herbert Gintis. 2002. 'The Inheritance of Inequality' (https://tinyco.re/8562867). *Journal of Economic Perspectives* 16 (3): pp. 3–30.

Braverman, Harry, und Paul M. Sweezy. 1975. *Labor and Monopoly Capital: The Degradation of Work in the Twentieth Century*, 2nd ed. New York, NY: Monthly Review Press.

Brunnermeier, Markus. 2009. 'Lucas Roundtable: Mind the frictions' (https://tinyco.re/0136751). *The Economist*. Aktualisiert am 6. August 2009.

Burda, Michael, und Jennifer Hunt. 2011. 'The German Labour-Market Miracle' (https://tinyco.re/2090811). *VoxEU.org*. Aktualisiert am 2. November 2011.

Camerer, Colin, und Ernst Fehr. 2004. 'Measuring Social Norms and Preferences Using Experimental Games: A Guide for Social Scientists'. In *Foundations of Human Sociality: Economic Experiments and Ethnographic Evidence from Fifteen Small-Scale Societies*, eds. Joseph Henrich, Robert Boyd, Samuel Bowles, Colin Camerer, und Herbert Gintis. Oxford: Oxford University Press.

Campbell, C. M., und K. S. Kamlani. 1997. 'The Reasons For Wage Rigidity: Evidence From a Survey of Firms'. *The Quarterly Journal of Economics* 112 (3) (August): pp. 759–789.

Carlin, Wendy und David Soskice. 2015. *Macroeconomics: Institutions, Instability, and the Financial System*. Oxford: Oxford University Press.

Cassidy, John. 2010. 'Interview with Eugene Fama' (https://tinyco.re/4647447). *The New Yorker*. Aktualisiert am 13. Januar 2010.

Clark, Andrew E., und Andrew J. Oswald. 2002. 'A Simple Statistical Method for Measuring How Life Events Affect Happiness' (https://tinyco.re/7872100). *International Journal of Epidemiology* 31 (6): pp. 1139–1144.

Clark, Gregory. 2007. *A Farewell to Alms: A Brief Economic History of the World*. Princeton, NJ: Princeton University Press.

Clark, Gregory. 2015. *The Son Also Rises: Surnames and the History of Social Mobility*. Princeton, NJ: Princeton University Press.

Coase, Ronald H. 1937. 'The Nature of the Firm' (https://tinyco.re/4250905). *Economica* 4 (16): pp. 386–405.

Coase, Ronald H. 1992. 'The Institutional Structure of Production' (https://tinyco.re/1636715). *American Economic Review* 82 (4): pp. 713–19.

Collins, Daryl, Jonathan Morduch, Stuart Rutherford, und Orlanda Ruthven. 2009. *Portfolios of the Poor* (https://tinyco.re/8070650). Princeton: Princeton University Press.

Couch, Kenneth A., und Dana W. Placzek. 2010. 'Earnings Losses of Displaced Workers Revisited'. *American Economic Review* 100 (1): pp. 572–589.

Council of Economic Advisers Issue Brief. 2016. *Labor Market Monopsony: Trends, Consequences, and Policy Responses* (https://tinyco.re/6120587).

Cournot, Augustin, und Irving Fischer. 1971. *Researches into the Mathematical Principles of the Theory of Wealth*. New York, NY: A. M. Kelley.

Coyle, Diane. 2014. *GDP: A Brief but Affectionate History*. Princeton, NJ: Princeton University Press.

Crockett, Andrew. 2000. 'Marrying the Micro- and Macro-Prudential Dimensions of Financial Stability' (https://tinyco.re/5128318). Speech to International Conference of Banking Supervisors, Basel, 20–21 September.

Daly, Mary C., und Leila Bengali. 2014. 'Is It Still Worth Going to College?' (https://tinyco.re/5624488). Federal Reserve Bank of San Francisco. Aktualisiert am 5. Mai 2014.

Dauth, Wolfgang, Sebastian Findeisen, und Jens Südekum. 2017. *Sectoral employment trends in Germany: The effect of globalisation on their micro anatomy* (https://tinyco.re/2554801). *VoxEU.org*. Aktualisiert am 26. Januar 2017.

Davis, Mike. 2000. *Late Victorian holocausts: El Niño famines and the Making of the Third World*. London: Verso Books.

Deaton, Angus. 2013. *The Great Escape: Health, Wealth, and the Origins of Inequality*. Princeton, NJ: Princeton University Press.

DeLong, Bradford. 2015. 'Draft for Rethinking Macroeconomics Conference Fiscal Policy Panel' (https://tinyco.re/4631043). *Washington Center for Equitable Growth*. Aktualisiert am 5. April 2015.

Diamond, Jared. 1999. *Guns, Germs, and Steel: The Fates of Human Societies*. New York, NY: Norton, W. W. & Company.

Diamond, Jared, und James Robinson. 2014. *Natural Experiments of History*. Cambridge, MA: Belknap Press of Harvard University Press.

DiMasi, Joseph A., Ronald W. Hansen, und Henry G. Grabowski. 2003. 'The Price of Innovation: New Estimates of Drug Development Costs'. *Journal of Health Economics* 22 (2): pp. 151–85.

Dube, Arindrajit, T. William Lester, und Michael Reich. 2010. 'Minimum Wage Effects across State Borders: Estimates Using Contiguous Counties' (https://tinyco.re/5393066). *Review of Economics and Statistics* 92 (4): pp. 945–64.

Durante, Ruben. 2010. 'Risk, Cooperation and the Economic Origins of Social Trust: An Empirical Investigation' (https://tinyco.re/7674543). Sciences Po Working Paper.

Durlauf, Steven. 2017. 'Kenneth Arrow and the golden age of economic theory' (https://tinyco.re/9029504). *VoxEU.org*. Aktualisiert am 8. April 2017.

EconTalk. 2015. 'Martin Weitzman on Climate Change' (https://tinyco.re/7088528). Library of Economics and Liberty. Aktualisiert am 1. Juni 2015.

EconTalk. 2016. 'David Autor on Trade, China, and U.S. Labor Markets' (https://tinyco.re/2829759). Library of Economics and Liberty. Aktualisiert am 26. Dezember 2016.

Edgeworth, Francis Ysidro. 2003. *Mathematical Psychics and Further Papers on Political Economy*. Oxford: Oxford University Press.

Edsall, Thomas B. 2016. 'Boom or Gloom?' (https://tinyco.re/5275846). *New York Times*. Aktualisiert am 27. Januar 2016.

Ehrenreich, Barbara. 2011. *Nickel and Dimed: On (Not) Getting By in America*. New York, NY: St. Martin's Press.

Eichengreen, Barry, und Kevin O'Rourke. 2010. 'What Do the New Data Tell Us?' (https://tinyco.re/9442518). *VoxEU.org*. Aktualisiert am 8. März 2010.

Eisen, Michael. 2011. 'Amazon's $23,698,655.93 book about flies' (https://tinyco.re/0044329). *It is NOT junk*. Aktualisiert am 22. April 2011.

Ellison, Glenn, und Sara Fisher Ellison. 2005. 'Lessons About Markets from the Internet' (https://tinyco.re/4419622). *Journal of Economic Perspectives* 19 (2) (June): p. 139–158.

Engel, Jerome S. 2015. 'Global Clusters of Innovation: Lessons from Silicon Valley.' *California Management Review* 57 (2): pp. 36–65. University of California Press.

Eurostat. 2015. 'Quality of Life Indicators — Measuring Quality of Life' (https://tinyco.re/8771109). Aktualisiert am 5. November 2015.

Fafchamps, Marcel, und Bart Minten. 1999. 'Relationships and Traders in Madagascar'. *Journal of Development Studies* 35 (6) (August): pp. 1–35.

Falk, Armin, und James J. Heckman. 2009. 'Lab Experiments Are a Major Source of Knowledge in the Social Sciences'. *Science* 326 (5952): pp. 535–538.

Fehr, Ernest und Andreas Leibbrandt. 2011. 'A Field Study on Cooperativeness and Impatience in the Tragedy of the Commons'. *Journal of Public Economics* 95 (9–10): pp. 1144–55.

Flannery, Kent, und Joyce Marcus. 2014. *The Creation of Inequality: How Our Prehistoric Ancestors Set the Stage for Monarchy, Slavery, and Empire*. Cambridge, MA: Harvard University Press.

Fletcher, James. 2014. 'Spurious Correlations: Margarine Linked to Divorce?' (https://tinyco.re/6825314). *BBC News*.

Fogel, Robert William. 2000. *The Fourth Great Awakening and the Future of Egalitarianism*. Chicago: University of Chicago Press.

Freedom House. 2016. 'Freedom in the World 2016. Anxious Dictators, Wavering Democracies: Global Freedom under Pressure' (https://tinyco.re/9817968). Washington, DC.

Freeman, Sunny. 2015. 'What Canada can learn from Sweden's unionized retail workers' (https://tinyco.re/0808135). *Huffington Post Canada Business*. Aktualisiert am 19. März 2015.

Friedman, Milton. 1953. *Essays in Positive Economics*. Chicago: University of Chicago Press.

Friedman, Milton. 1968. 'The Role of Monetary Policy' (https://tinyco.re/8348372). *The American Economic Review* 58 (1): pp. 1–17.

Fujiwara, Thomas. 2015. 'Voting technology, political responsiveness and infant health: Evidence from Brazil' (https://tinyco.re/3783631). *Econometrica* 83 (2): pp. 423–464.

Gilbert, Richard J., und Michael L. Katz. 2001. 'An Economist's Guide to US v. Microsoft' (https://tinyco.re/7683758). *Journal of Economic Perspectives* 15 (2): pp. 25–44.

Gilens, Martin, Benjamin I. Page. 2014. 'Testing theories of American politics: Elites, interest groups, and average citizens' (https://tinyco.re/5699630). *Perspectives on politics* 12 (03): pp. 564–581.

Girardi, Daniele und Samuel Bowles. 2018. 'Institution shocks and economic outcomes: Allende's election, Pinochet's coup, and the Santiago stock market'. *Journal of Development Economics* 134: pp. 16-27.

Gordon, Robert J. 2016. *The Rise and Fall of American Growth: The US Standard of Living since the Civil War*. Princeton, NJ: Princeton University Press.

Graddy, Kathryn. 1995. 'Testing for Imperfect Competition at the Fulton Fish Market' (https://tinyco.re/8279962). *The RAND Journal of Economics* 26. (1): pp. 75–92.

Graddy, Kathryn. 2006. 'Markets: The Fulton Fish Market' (https://tinyco.re/4300778). *Journal of Economic Perspectives* 20 (2): pp. 207–220.

Graeber, David. 2012. 'The Myth of Barter' (https://tinyco.re/6552964). In *Debt: The First 5,000 years*. Brooklyn, NY: Melville House Publishing.

Gross, David, und Nicholas Souleles. 2002. 'Do Liquidity Constraints and Interest Rates Matter for Consumer Behavior? Evidence from Credit Card Data'. *The Quarterly Journal of Economics* 117 (1) (February): pp. 149–185.

Habakkuk, John. 1967. *American and British Technology in the Nineteenth Century: The Search for Labour Saving Inventions*. United Kingdom: Cambridge University Press.

Hall, Peter A., und David Soskice. 2001. *Varieties of Capitalism: The Institutional Foundations of Comparative Advantage*. New York, NY: Oxford University Press.

Hamilton, Alexander, James Madison, und John Jay. 1961. *The Federalist*. Middletown, Ct. Wesleyan University Press.

Hansmann, Henry. 2000. *The Ownership of Enterprise*. Cambridge, MA: Belknap Press.

Hardin, Garrett. 1968. 'The Tragedy of the Commons' (https://tinyco.re/4834967). *Science* 162 (3859): pp. 1243–1248.

Harding, Matthew, und Michael Lovenheim. 2013. 'The Effect of Prices on Nutrition: Comparing the Impact of Product- and Nutrient-Specific Taxes' (https://tinyco.re/9374751). SIEPR Discussion Paper No. 13-023.

Harford, Tim. 2010. 'Stimulus Spending Might Not Be As Stimulating As We Think' (https://tinyco.re/8583440). Undercover Economist Blog, *The Financial Times*.

Harford, Tim. 2012. 'Still Think You Can Beat the Market?' (https://tinyco.re/7063932). *The Undercover Economist*. Aktualisiert am 24. November 2012.

Harford, Tim. 2015. 'The rewards for working hard are too big for Keynes's vision' (https://tinyco.re/5829245). *The Undercover Economist*. First published by *The Financial Times*. Aktualisiert am 3. August 2015.

Hayek, Friedrich A. 1994. *The Road to Serfdom*. Chicago, Il: University of Chicago Press.

Heckman, James. 2013. *Giving Kids a Fair Chance: A Strategy That Works*. Cambridge, MA: MIT Press.

Helper, Susan, Morris Kleiner, und Yingchun Wang. 2010. 'Analyzing Compensation Methods in Manufacturing: Piece Rates, Time Rates, or Gain-Sharing?' (https://tinyco.re/4437027). NBER Working Papers No. 16540, National Bureau of Economic Research, Inc.

Hemphill, C. Scott, und Bhaven N. Sampat. 2012. 'Evergreening, Patent Challenges, and Effective Market Life in Pharmaceuticals'. *Journal of Health Economics* 31 (2): pp. 327–39.

Henrich, Joseph, Richard McElreath, Abigail Barr, Jean Ensminger, Clark Barrett, Alexander Bolyanatz, Juan Camilo Cardenas, Michael Gurven, Edwins Gwako, Natalie Henrich, Carolyn Lesorogol, Frank Marlowe, David Tracer, und John Ziker. 2006. 'Costly Punishment Across Human Societies' (https://tinyco.re/2043845). *Science* 312 (5781): pp. 1767–1770.

Henrich, Joseph, Robert Boyd, Samuel Bowles, Colin Camerer, und Herbert Gintis (editors). 2004. *Foundations of Human Sociality: Economic Experiments and Ethnographic Evidence from Fifteen Small-Scale Societies*. Oxford: Oxford University Press.

Hirsch, Barry T. 2008. 'Sluggish institutions in a dynamic world: Can unions and industrial competition coexist?'. *Journal of Economic Perspectives* 22 (1) (February): pp. 153–176.

Hirschman, Albert O. 1970. *Exit, voice, and loyalty: Responses to decline in firms, organizations, and states*. Cambridge, Mass: Harvard University Press.

Hobsbawm, Eric, und George Rudé. 1969. *Captain Swing*. London: Lawrence and Wishart.

Hotelling, Harold. 1929. 'Stability in Competition'. *The Economic Journal* 39: pp. 41–57.

Howell, David R., Dean Baker, Andrew Glyn, und John Schmitt. 2007. 'Are Protective Labor Market Institutions at the Root of Unemployment? A Critical Review of the Evidence' (https://tinyco.re/2000761). *Capitalism and Society* 2 (1).

International Monetary Fund. 2012. *World Economic Outlook October: Coping with High Debt and Sluggish Growth* (https://tinyco.re/5970823).

IPCC. 2014. 'Climate Change 2014: Synthesis Report'. Contribution of Working Groups I, II and III to the Fifth Assessment Report of the Intergovernmental Panel on Climate Change. Geneva, Switzerland: IPCC.

Jacobson, Louis, Robert J. Lalonde, und Daniel G. Sullivan. 1993. 'Earnings Losses of Displaced Workers'. *The American Economic Review* 83 (4): pp. 685–709.

Janeway, William H. 2012. *Doing Capitalism in the Innovation Economy: Markets, Speculation and the State*. Cambridge: Cambridge University Press.

Jappelli, Tullio, und Luigi Pistaferri. 2010. 'The Consumption Response to Income Changes' (https://tinyco.re/3409802). *VoxEU.org*.

Jayadev, Arjun, und Samuel Bowles. 2006. 'Guard Labor' (https://tinyco.re/4636800). *Journal of Development Economics* 79 (2): pp. 328–48.

Jensen, Jørgen Dejgård, und Sinne Smed. 2013. 'The Danish tax on saturated fat: Short run effects on consumption, substitution patterns and consumer prices of fats'. *Food Policy* 42: pp. 18–31.

Jensen, Robert. 2007. 'The Digital Provide: Information (Technology), Market Performance, and Welfare in the South Indian Fisheries Sector.' *The Quarterly Journal of Economics* 122 (3): pp. 879–924.

Kalla, Joshua L., und David E. Broockman. 2015. 'Campaign contributions facilitate access to congressional officials: A randomized field experiment' (https://tinyco.re/6564191). *American Journal of Political Science* 60 (3): pp. 1–14.

Kaufmann, Daniel, Aart Kraay, und Massimo Mastruzzi. 2011. 'The worldwide governance indicators: methodology and analytical issues'. *Hague Journal on the Rule of Law* 3 (2): pp. 220–246.

Kay, John. 'The Structure of Strategy' (Nachdruck von *Business Strategy Review* 1993) (https://tinyco.re/7663497).

Keynes, John Maynard. 1923. *A Tract on Monetary Reform*. London, Macmillan and Co.

Keynes, John Maynard. 1936. *The General Theory of Employment, Interest and Money* (https://tinyco.re/6855346). London: Palgrave Macmillan.

Keynes, John Maynard. 1963. 'Economic Possibilities for our Grandchildren'. In *Essays in Persuasion*, New York, NY: W. W. Norton & Co.

Keynes, John Maynard. 2004. *The End of Laissez-Faire*. Amherst, NY: Prometheus Books.

Keynes, John Maynard. 2005. *The Economic Consequences of Peace*. New York, NY: Cosimo Classics.

Kindleberger, Charles P. 2005. *Manias, Panics, and Crashes: A History of Financial Crises (Wiley Investment Classics)* (https://tinyco.re/9848004). Hoboken, NJ: Wiley, John & Sons.

Kletzer, Lori G. 1998. 'Job Displacement' (https://tinyco.re/8577746). *Journal of Economic Perspectives* 12 (1): pp. 115–136.

Kornai, János. 2013. *Dynamism, Rivalry, and the Surplus Economy: Two Essays on the Nature of Capitalism*. Oxford: Oxford University Press.

Koromvokis, Lee. 2016. 'Are the Best Days of the US Economy Over?' (https://tinyco.re/1182018). PBS NewsHour. 28. Januar 2016.

Koshal, Rajindar K., und Manjulika Koshal. 1999. 'Economies of Scale and Scope in Higher Education: A Case of Comprehensive Universities' (https://tinyco.re/8137580). *Economics of Education Review* 18 (2): pp. 269–277.

Krajewski, Markus. 2014. 'The Great Lightbulb Conspiracy' (https://tinyco.re/3479245). *IEEE Spectrum*. Aktualisiert am 24. September 2014.

Kremer, Michael, und Rachel Glennerster. 2004. *Strong Medicine: Creating Incentives for Pharmaceutical Research on Neglected Diseases* (https://tinyco.re/7475598). Princeton, NJ: Princeton University Press.

Kroszner, Randall S., und Louis Putterman (editors). 2009. *The Economic Nature of the Firm: A Reader*, 3rd ed. Cambridge: Cambridge University Press.

Krueger, Alan B., und Alexandre Mas. 2004. 'Strikes, Scabs, and Tread Separations: Labor Strife and the Production of Defective Bridgestone/Firestone Tires'. *Journal of Political Economy* 112 (2): pp. 253–289.

Krugman, Paul. 1987. 'Is Free Trade Passé?' *Journal of Economic Perspectives* 1 (2): pp. 131–44.

Krugman, Paul. 2009. 'The Increasing Returns Revolution in Trade and Geography'. In *The Nobel Prizes 2008*, ed. Karl Grandin. Stockholm: The Nobel Foundation.

Krugman, Paul. 2009. 'War and Non-Remembrance' (https://tinyco.re/8410113). Paul Krugman – *New York Times* Blog.

Krugman, Paul. 2012. 'A Tragic Vindication' (https://tinyco.re/6611089). Paul Krugman – *New York Times* Blog.

Landes, David S. 1990. 'Why are We So Rich and They So Poor?' (https://tinyco.re/5958995). *American Economic Review* 80 (May): pp. 1–13.

Landes, David S. 2000. *Revolution in Time*. Cambridge, MA: Harvard University Press.

Landes, David S. 2003. *The Unbound Prometheus: Technological Change and Industrial Development in Western Europe from 1750 to the Present*. Cambridge, UK: Cambridge University Press.

Landes, David S. 2006. 'Why Europe and the West? Why not China?'. *Journal of Economic Perspectives* 20 (2) (June): pp. 3–22.

Lasswell, Harold D. 1936. *Politics; who gets what, when and how*. New York: Whittlesey House.

Lazear, Edward P., Kathryn L. Shaw, und Christopher Stanton. 2016. 'Making Do with Less: Working Harder during Recessions'. *Journal of Labor Economics* 34 (S1 Part 2): pp. 333–360.

Leduc, Sylvain, und Daniel Wilson. 2015. 'Are State Governments Roadblocks to Federal Stimulus? Evidence on the Flypaper Effect of Highway Grants in the 2009 Recovery Act' (https://tinyco.re/3885744). Federal Reserve Bank of San Francisco Working Paper 2013–16 (September).

Lee, James, und Wang Feng. 1999. 'Malthusian models and Chinese realities: The Chinese demographic system 1700–2000'. *Population and Development Review* 25 (1) (March): pp. 33–65.

Leeson, Peter T. 2007. 'An–arrgh–chy: The Law and Economics of Pirate Organization'. *Journal of Political Economy* 115 (6): pp. 1049–94.

Leibbrandt, Murray, Ingrid Woolard, Arden Finn, Jonathan Argent. 2010. 'Trends in South African Income Distribution and Poverty since the Fall of Apartheid' (https://tinyco.re/8617393). OECD Social, Employment and Migration Working Papers, No. 101. Paris: OECD Publishing.

Levitt, Steven D., und John A. List. 2007. 'What Do Laboratory Experiments Measuring Social Preferences Reveal About the Real World?' (https://tinyco.re/9601240). *Journal of Economic Perspectives* 21 (2): pp. 153–174.

Lindert, Peter. 2004. *Growing Public: Social Spending and Economic Growth since the 18th Century*. Cambridge: Cambridge University Press.

Lorenz, Max O. 1905. 'Methods of Measuring the Concentration of Wealth' (https://tinyco.re/5844930). *Publications of the American Statistical Association* 9 (70).

Lucas, Robert. 2009. 'In defence of the dismal science' (https://tinyco.re/6052194). *The Economist*. Aktualisiert am 6. August 2009.

Malkiel, Burton G. 2003. 'The Efficient Market Hypothesis and Its Critics' (https://tinyco.re/4628706). *Journal of Economic Perspectives* 17 (1) (March): pp. 59–82.

Malthus, Thomas R. 1798. *An Essay on the Principle of Population*. London: J. Johnson, in St. Paul's Church-yard. Library of Economics and Liberty (https://tinyco.re/8473883).

Malthus, Thomas R. 1830. *A Summary View on the Principle of Population*. London: J. Murray

Marshall, Alfred. 1920. *Principles of Economics* (https://tinyco.re/0560708), 8th ed. London: MacMillan & Co.

Martinez-Bravo, Monica, Gerard Padró i Miquel, Nancy Qian, und Yang Yao. 2014. 'Political reform in China: the effect of local elections' (https://tinyco.re/6544486). NBER working paper, 18101.

Martin, Felix. 2013. *Money: The Unauthorised Biography*. London: The Bodley Head.

Marx, Karl. 1906. *Capital: A Critique of Political Economy* (https://tinyco.re/9166776). New York, NY: Random House.

Marx, Karl. 2010. *The Communist Manifesto* (https://tinyco.re/0155765). London: Arcturus Publishing.

Mazzucato, Mariana. 2013. 'Government – investor, risk-taker, innovator' (https://tinyco.re/2203568).

McNeill, William Hardy H. 1976. *Plagues and Peoples*. Garden City, NY: Anchor Press.

Mencken, H. L. 2006. *A Little Book in C Major*. New York, NY: Kessinger Publishing.

Mian, Atif, Amir Sufi, und Francesco Trebbi. 2013. 'The Political Economy of the Subprime Mortgage Credit Expansion' (https://tinyco.re/4522161). *Quarterly Journal of Political Science* 8: pp. 373–408.

Micklethwait, John, und Adrian Wooldridge. 2003. *The Company: A Short History of a Revolutionary Idea*. New York, NY: Modern Library.

Milanovic, Branko. 2007. *Worlds Apart: Measuring International and Global Inequality*. Princeton, NJ: Princeton University Press.

Milanovic, Branko. 2012. *The Haves and the Have-Nots: A Brief and Idiosyncratic History of Global Inequality*. New York, NY: Basic Books.

Miller, Grant. 2008. 'Women's suffrage, political responsiveness, and child survival in American history' (https://tinyco.re/5731666). *The Quarterly Journal of Economics* 123 (3): pp. 1287–1327.

Miller, R. G., und S. R. Sorrell. 2013. 'The Future of Oil Supply' (https://tinyco.re/6167443). *Philosophical Transactions of the Royal Society A: Mathematical, Physical and Engineering Sciences* 372 (2006) (December).

Mill, John Stuart. 1994. *Principles of Political Economy* (https://tinyco.re/9348882). New York: Oxford University Press.

Mill, John Stuart. 2002. *On Liberty* (https://tinyco.re/6454781). Mineola, NY: Dover Publications.

Minsky, Hyman P. 1975. *John Maynard Keynes* (https://tinyco.re/9354915). New York, NY: McGraw-Hill.

Minsky, Hyman P. 1982. *Can 'It' Happen Again? Essays on Instability and Finance*. Armonk, NY: M. E. Sharpe.

Mokyr, Joel. 2004. *The Gifts of Athena: Historical Origins of the Knowledge Economy*, 5th ed. Princeton, NJ: Princeton University Press.

Morduch, Jonathan. 1999. 'The Microfinance Promise' (https://tinyco.re/7650659). *Journal of Economic Literature* 37 (4) (December): pp. 1569–1614.

Moser, Petra. 2013. 'Patents and Innovation: Evidence from Economic History' (https://tinyco.re/7074474). *Journal of Economic Perspectives* 27 (1): pp. 23–44.

Moser, Petra. 2015. 'Intellectual Property Rights and Artistic Creativity' (https://tinyco.re/2212476). *Voxeu.org*. Aktualisiert am 4. November 2015.

Mowery, David C., und Timothy Simcoe. 2002. 'Is the Internet a US Invention?—an Economic and Technological History of Computer Networking'. *Research Policy* 31 (8–9): pp. 1369–87.

Murphy, Antoin E. 1978. 'Money in an Economy Without Banks: The Case of Ireland'. *The Manchester School* 46 (1) (March): pp. 41–50.

Naef, Michael, und Jürgen Schupp. 2009. 'Measuring Trust: Experiments and Surveys in Contrast and Combination' (https://tinyco.re/3956674). IZA discussion Paper No. 4087.

Nasar, Sylvia. 2011. *A Beautiful Mind: The Life of Mathematical Genius and Novel Laureate John Nash*. New York, NY: Simon & Schuster.

Nelson, Richard R., und Gavin Wright. 1992. 'The Rise and Fall of American Technological Leadership: The Postwar Era in Historical Perspective' (https://tinyco.re/2811203). *Journal of Economic Literature* 30 (4) (December): pp. 1931–1964.

Nickell, Stephen, und Jan van Ours. 2000. 'The Netherlands and the United Kingdom: A European Unemployment Miracle?'. *Economic Policy* 15 (30) (April): pp. 136–180.

Nordhaus, William D. 2007. 'A Review of the Stern Review on the Economics of Climate Change' (https://tinyco.re/9892599). *Journal of Economic Literature* 45 (3): pp. 686–702.

North, Douglass C. 1990. *Institutions, Institutional Change and Economic Performance*. Cambridge: Cambridge University Press.

Norton, Michael I., und Dan Ariely. 2011. 'Building a Better America–One Wealth Quintile at a Time' (https://tinyco.re/5038571). *Perspectives on Psychological Science* 6 (1): pp. 9–12.

Nuffield Foundation, The. 2010. 'Mirrlees Review of tax system recommends radical changes' (https://tinyco.re/6726989). Aktualisiert am 10. November 2010.

O'Brien, Patrick K., und Philip A. Hunt. 1993. 'The rise of a fiscal state in England, 1485–1815'. *Historical Research* 66 (160): pp.129–76.

OECD. 2010. *Employment Outlook 2010: Moving Beyond the Jobs Crisis* (https://tinyco.re/5607435).

OECD. 2015. Programme for International Student Assessment (https://tinyco.re/1018246).

OpenSecrets.org. 2015. 'Lobbying Spending Database Chemical & Related Manufacturing' (https://tinyco.re/8516286).

O'Reilly, Tim, und Eric S. Raymond. 2001. *The Cathedral & the Bazaar: Musings on Linux and Open Source by an Accidental Revolutionary*. Sebastopol, CA: O'Reilly.

Ostrom, Elinor. 2000. 'Collective Action and the Evolution of Social Norms' (https://tinyco.re/2301182). *Journal of Economic Perspectives* 14 (3): pp. 137–58.

Ostrom, Elinor. 2008. 'The Challenge of Common-Pool Resources' (https://tinyco.re/0296632). *Environment: Science and Policy for Sustainable Development* 50 (4): pp. 8–21.

Ostrom, Elinor, James Walker, und Roy Gardner. 1992. 'Covenants With and Without a Sword: Self-Governance is Possible' (https://tinyco.re/4967399). *The American Political Science Review* 86 (2).

Owen, Nick A., Oliver R. Inderwildi, und David A. King. 2010. 'The Status of Conventional World Oil Reserves—Hype or Cause for Concern?' (https://tinyco.re/9394545). *Energy Policy* 38 (8) (August): pp. 4743–4749.

Pareto, Vilfredo. 2014. *Manual of political economy: a variorum translation and critical edition*. Oxford, New York, NY: Oxford University Press.

Pencavel, John. 2002. *Worker Participation: Lessons from the Worker Co-ops of the Pacific Northwest*. New York, NY: Russell Sage Foundation Publications.

Phillips, A W. 1958. 'The Relation Between Unemployment and the Rate of Change of Money Wage Rates in the United Kingdom, 1861–1957' (https://tinyco.re/5934214). *Economica* 25 (100): p. 283.

Pigou, Arthur. 1912. *Wealth and Welfare* (https://tinyco.re/2519065). London: Macmillan & Co.

Pigou, Arthur. (1920) 1932. *The Economics of Welfare* (https://tinyco.re/2042156). London: Macmillan & Co.

Piketty, Thomas. 2014. *Capital in the Twenty-First Century*. Cambridge, MA: Harvard University Press.

Plant, E. Ashby, K. Anders Ericsson, Len Hill, und Kia Asberg. 2005. 'Why study time does not predict grade point average across college students: Implications of deliberate practice for academic performance'. *Contemporary Educational Psychology* 30 (1): pp. 96–116.

Plummer, Alfred. 1971. *Bronterre: A Political Biography of Bronterre O'Brien, 1804–1864*. Toronto: University of Toronto Press.

Pomeranz, Kenneth L. 2000. *The Great Divergence: Europe, China, and the Making of the Modern World Economy*. Princeton, NJ: Princeton University Press.

Porter, Michael E., und Claas van der Linde. 1995. 'Toward a New Conception of the Environment-Competitiveness Relationship' (https://tinyco.re/9888498). *Journal of Economic Perspectives* 9 (4): pp. 97–118.

Portes, Jonathan. 2012. 'What Explains Poor Growth in the UK? The IMF Thinks It's Fiscal Policy' (https://tinyco.re/8763401). *National Institute of Economic and Social Research Blog*. Aktualisiert am 9. Oktober 2012.

Przeworski, Adam, Fernando Limongi. 1993. 'Political regimes and economic growth' (https://tinyco.re/6669217). *The Journal of Economic Perspectives* 7 (3): pp. 51–69.

Rasul, Imran, Daniel Rogger. 2016. 'Management of bureaucrats and public service delivery: Evidence from the Nigerian civil service' (https://tinyco.re/9848716). *The Economic Journal*.

Rawls, John. (1971) 2009. *A Theory of Justice*. Cambridge, MA: Belknap Press of Harvard University Press.

Raychaudhuri, Ajitava. 2004. *Lessons from the Land Reform Movement in West Bengal, India* (https://tinyco.re/0335719). Washington, DC: World Bank.

Reinhart, Carmen M., und Kenneth S. Rogoff. 2009. *This Time Is Different: Eight Centuries of Financial Folly*. Princeton, NJ: Princeton University Press.

Reyes, Jose Daniel, und Julia Oliver. 2013. 'Quinoa: The Little Cereal That Could' (https://tinyco.re/9266629). *The Trade Post*. 22. November 2013.

Ricardo, David. 1815. *An Essay on Profits*. London: John Murray.

Ricardo, David. 1817. *On The Principles of Political Economy and Taxation* (https://tinyco.re/2109109). London: John Murray.

Rifkin, Jeremy. 1996. *The End of Work: The Decline of the Global Labor Force and the Dawn of the Post-Market Era*. New York, NY: G. P. Putnam's Sons.

Robbins, Lionel. 1984. *An Essay on the Nature and Significance of Economic Science* (https://tinyco.re/4002310). New York: New York University Press.

Robison, Jennifer. 2011. 'Happiness Is Love – and $75,000' (https://tinyco.re/6313076). *Gallup Business Journal*. Aktualisiert am 17. November 2011.

Rodrik, Dani. 2012. *The Globalization Paradox: Democracy and the Future of the World Economy*. United States: W. W. Norton & Company.

Romer, Christina D. 1993. 'The Nation in Depression' (https://tinyco.re/4965855). *Journal of Economic Perspectives* 7 (2) (May): pp. 19–39.

Roth, Alvin. 1996. 'Matching (Two-Sided Matching)' (https://tinyco.re/9329190). Stanford University.

Roth, Alvin E. 2007. 'Chapter 1: Repugnance as a Constraint on Markets' (https://tinyco.re/2118641). *Journal of Economic Perspectives* 21 (3): pp. 37–58.

Rustagi, Devesh, Stefanie Engel, und Michael Kosfeld. 2010. 'Conditional Cooperation and Costly Monitoring Explain Success in Forest Commons Management' (https://tinyco.re/3733299). *Science* 330: pp. 961–65.

Rysman, Marc. 2009. 'The Economics of Two-Sided Markets' (https://tinyco.re/4978467). *Journal of Economic Perspectives* 23 (3): pp. 125–43.

Sandel, Michael. 2009. *Justice*. London: Penguin.

Saxenian, AnnaLee. 1996. *Regional Advantage: Culture and Competition in Silicon Valley and Route 128*. Cambridge, MA: Harvard University Press.

Scheve, Kenneth, und David Stasavage. 2010. 'The conscription of wealth: mass warfare and the demand for progressive taxation'. *International Organization* 64 (04): pp. 529–561.

Scheve, Kenneth, und David Stasavage. 2012. 'Democracy, war, and wealth: lessons from two centuries of inheritance taxation' (https://tinyco.re/9000452). *American Political Science Review* 106 (01): pp. 81–102.

Scheve, Kenneth, und David Stasavage. 2016. *Taxing the rich: A history of fiscal fairness in the United States and Europe*. Princeton University Press.

Schmalensee, Richard, und Robert N. Stavins. 2013. 'The SO2 Allowance Trading System: The Ironic History of a Grand Policy Experiment' (https://tinyco.re/6011888). *Journal of Economic Perspectives* 27 (1): pp. 103–22.

Schor, Juliet B. 1992. *The Overworked American: The Unexpected Decline Of Leisure*. New York, NY: Basic Books.

Schumacher, Ernst F. 1973. *Small Is Beautiful: Economics as If People Mattered* (https://tinyco.re/3749799). New York, NY: HarperCollins.

Schumpeter, Joseph A. 1949. 'Science and Ideology' (https://tinyco.re/4561610). *The American Economic Review* 39 (March): pp. 345–59.

Schumpeter, Joseph A. 1962. *Capitalism, Socialism, and Democracy*. New York: Harper & Brothers.

Schumpeter, Joseph A. 1997. *Ten Great Economists*. London: Routledge.

Seabright, Paul. 2010. 'Chapter 1: Who's in Charge?'. In *The Company of Strangers: A Natural History of Economic Life* (https://tinyco.re/2891054). Princeton, NJ, United States: Princeton University Press.

Seabright, Paul. 2010. *The Company of Strangers: A Natural History of Economic Life* (Revised Edition). Princeton, NJ: Princeton University Press.

Sethi, Rajiv. 2010. 'The Astonishing Voice of Albert Hirschman' (https://tinyco.re/2899363). *Rajiv Sethi Blog*. Aktualisiert am 7. April 2010.

Sethi, Rajiv. 2011. 'The Self-Subversion of Albert Hirschman' (https://tinyco.re/2163474). *Rajiv Sethi Blog*. Aktualisiert am 7. April 2011.

Sethi, Rajiv. 2013. 'Albert Hirschman and the Happiness of Pursuit' (https://tinyco.re/5203731). *Rajiv Sethi Blog*. Aktualisiert am 24. März 2013.

Shiller, Robert. 2009. 'Animal Spirits' (https://tinyco.re/9820978). *VoxEU.org podcast*. Aktualisiert am 14. August 2009.

Shiller, Robert. 2010. 'Stimulus, Without More Debt' (https://tinyco.re/9857908). *The New York Times*. Aktualisiert am 25. Dezember 2010.

Shiller, Robert J. 2003. 'From Efficient Markets Theory to Behavioral Finance' (https://tinyco.re/3989503). *Journal of Economic Perspectives* 17 (1) (March): pp. 83–104.

Shiller, Robert J. 2015. 'The Stock Market in Historical Perspective' (https://tinyco.re/4263463). In *Irrational Exuberance*. Princeton, NJ: Princeton University Press.

Shin, Hyun Song. 2009. 'Discussion of "The Leverage Cycle" by John Geanakoplos' (https://tinyco.re/7184580). Discussion prepared for the 2009 NBER Macro Annual.

Shleifer, Andrei. 1998. 'State versus private ownership' (https://tinyco.re/4317440). *Journal of Economic Perspectives* 12 (4): pp. 133–150.

Shum, Matthew. 2004. 'Does Advertising Overcome Brand Loyalty? Evidence from the Breakfast-Cereals Market' (https://tinyco.re/3909324). *Journal of Economics & Management Strategy* 13 (2): pp. 241–272.

Silver-Greenberg, Jessica. 2014. 'New York Prosecutors Charge Payday Loan Firms with Usury' (https://tinyco.re/8917188). DealBook.

Simon, Herbert A. 1951. 'A Formal Theory of the Employment Relationship' (https://tinyco.re/0460792). *Econometrica* 19 (3).

Simon, Herbert A. 1991. 'Organizations and Markets' (https://tinyco.re/2460377). *Journal of Economic Perspectives* 5 (2): pp. 25–44.

Singer, Natasha. 2014. 'In the Sharing Economy, Workers Find Both Freedom and Uncertainty' (https://tinyco.re/2844216). *The New York Times*. Aktualisiert am 16. August 2014.

Skidelsky, Robert. 2012. 'Robert Skidelsky—portrait: Joseph Schumpeter' (https://tinyco.re/8488199). Aktualisiert am 1. Dezember 2007.

Smith, Adam. 1759. *The Theory of Moral Sentiments* (https://tinyco.re/6582039). London: Gedruckt für A. Millar, und A. Kincaid und J. Bell.

Smith, Adam. (1776) 2003. *An Inquiry into the Nature and Causes of the Wealth of Nations* (https://tinyco.re/9804148). New York, NY: Random House Publishing Group.

Smith, Noah. 2013. 'Why the Multiplier Doesn't Matter' (https://tinyco.re/7260376). *Noahpinion*. Aktualisiert am 7. Januar 2013.

Smith, Stephen. 2011. *Environmental Economics: A Very Short Introduction* (https://tinyco.re/9038928). Oxford: Oxford University Press.

Spaliara, Marina-Eliza. 2009. 'Do Financial Factors Affect the Capital–labour Ratio? Evidence from UK Firm-level Data'. *Journal of Banking & Finance* 33 (10) (October): pp. 1932–1947.

Statista. 2011. 'Willingness to pay for a flight in space' (https://tinyco.re/7817145). Aktualisiert am 20. Oktober 2011.

Stavins, Robert N., Gabriel Chan, Robert Stowe, und Richard Sweeney. 2012. 'The US Sulphur Dioxide Cap and Trade Programme and Lessons for Climate Policy' (https://tinyco.re/7237191). *VoxEU.org*. Aktualisiert am 12. August 2012.

Sterk, Vincent. 2015. 'Home Equity, Mobility, and Macroeconomic Fluctuations' (https://tinyco.re/2186300). *Journal of Monetary Economics* 74 (September): pp. 16–32.

Stern, Nicholas. 2007. *The Economics of Climate Change: The Stern Review* (https://tinyco.re/5785938). Cambridge: Cambridge University Press.

Stigler, George J. 1987. *The Theory of Price*. New York, NY: Collier Macmillan.

Stucke, Maurice. 2013. 'Is Competition Always Good?' (https://tinyco.re/8720076). OUPblog. Aktualisiert am 25. März 2013.

Sutcliffe, Robert B. 2001. *100 Ways of Seeing an Unequal World*. London: Zed Books.

Swarns, Rachel L. 2001. 'Drug Makers Drop South Africa Suit over AIDS Medicine' (https://tinyco.re/4752443). *New York Times*. Aktualisiert am 20. April 2001.

Swedberg, Richard. 1991. *Joseph A. Schumpeter, The Economics and Sociology of Capitalism*. Princeton, NJ: Princeton University Press.

The Economist. 1999. 'The grabbing hand' (https://tinyco.re/8993136). Aktualisiert am 11. Februar 1999.

The Economist. 2001. 'Is Santa a Deadweight Loss?' (https://tinyco.re/7728778). Aktualisiert am 20. Dezember 2001.

The Economist. 2003. 'Bush's Push' (https://tinyco.re/1194788). Aktualisiert am 6. Januar 2003.

The Economist. 2007. 'To Do with the Price of Fish' (https://tinyco.re/6300967). Aktualisiert am 10. Mai 2007.

The Economist. 2008. 'Economies of Scale and Scope' (https://tinyco.re/7593630). Aktualisiert am 20. Oktober 2008.

The Economist. 2009. 'A Load to Bear' (https://tinyco.re/9740912). Aktualisiert am 26. November 2009.

The Economist. 2009. 'Smooth Operators' (https://tinyco.re/7009658). Aktualisiert am 14. Mai 2009.

The Economist. 2012. 'New Cradles to Graves' (https://tinyco.re/8856321). Aktualisiert am 8. September 2012.

The Economist. 2012. 'The Fear Factor' (https://tinyco.re/6787148). Aktualisiert am 2. Juni 2012.

The Economist. 2013. 'Controlling Interest' (https://tinyco.re/7889919). Aktualisiert am 21. September 2013.

The Economist. 2013. 'In Dollars They Trust' (https://tinyco.re/3392021). Aktualisiert am 27. April 2013.

The Economist. 2014. 'Keynes and Hayek: Prophets for Today' (https://tinyco.re/0417474). Aktualisiert am 14. März 2014.

Tirole, Jean. 2017. 'Jean Tirole – Prize Lecture: Market Failures and Public Policy' (https://tinyco.re/2393310). Nobel Media AB 2014, 11 May.

Toynbee, Polly. 2003. *Hard Work: Life in Low-pay Britain*. London: Bloomsbury Publishing.

Veblen, Thorstein. 2007. *The Theory of the Leisure Class*. Oxford: Oxford University Press.

Vickers, John. 1996. 'Market Power and Inefficiency: A Contracts Perspective'. *Oxford Review of Economic Policy* 12 (4): pp. 11–26.

Wagner, Gernot, und Martin L. Weitzman. 2015. *Climate Shock: The Economic Consequences of a Hotter Planet* (https://tinyco.re/6928664). Princeton, NJ: Princeton University Press.

Waldfogel, Joel. 1993. 'The Deadweight Loss of Christmas' (https://tinyco.re/0182759). *American Economic Review* 83 (5).

Walras, Leon. (1874) 2014. *Elements of Theoretical Economics: Or the Theory of Social Wealth*. Cambridge: Cambridge University Press.

Walton, David. 2006. 'Has Oil Lost the Capacity to Shock?' (https://tinyco.re/8182920). *Oxonomics* 1 (1): pp. 9–12.

Walzer, Michael. 1983. *Spheres of Justice: A Defense of Pluralism and Equality*. New York, NY: Basic Books.

Webb, Baumslag, und Robert Read. 2017. *How Should Regulators deal with Uncertainty? Insights from the Precautionary Principle* (https://tinyco.re/7250222). Bank Underground.

Whaples, Robert. 2001. 'Hours of work in U.S. History' (https://tinyco.re/1660378). EH.Net Encyclopedia.

Wiggins, Rosalind, Thomas Piontek, und Andrew Metrick. 2014. 'The Lehman Brothers Bankruptcy A: Overview' (https://tinyco.re/8750749). Yale Program on Financial Stability Case Study 2014-3A-V1.

Wilkins, Barbara. 1974. 'Lead Poisoning Threatens the Children of an Idaho Town' (https://tinyco.re/5420273). *People.com*.

Williamson, Oliver E. 1985. *The Economic Institutions of Capitalism*. New York, NY: Collier Macmillan.

Witt, Stephen. 2015. *How Music Got Free: The End of an Industry, the Turn of the Century, and the Patient Zero of Piracy*. New York, NY: Viking.

Wood, Elisabeth Jean. 2000. *Forging Democracy from Below: Insurgent Transitions in South Africa and El Salvador*. Cambridge: Cambridge University Press.

Wooldridge, Adrian. 2013. *Northern Lights* (https://tinyco.re/2892712). Aktualisiert am 2. Februar 2013.

World Bank, The. 1993. *The East Asian miracle: Economic growth and public policy* (https://tinyco.re/3040506). New York, NY: Oxford University Press.

World Bank, The. 2011. 'The Changing Wealth of Nations' (https://tinyco.re/8096132).

World Bank, The. 2015. 'Commodity Price Data' (https://tinyco.re/9946436).

World Bank, The. 2015. 'World Development Indicators' (https://tinyco.re/8871968).

Wren-Lewis, Simon. 2012. 'Multiplier theory: One is the Magic Number' (https://tinyco.re/7820994). *Mainly Macro*. Aktualisiert am 24. August 2014.

URHEBERRECHTLICHE HINWEISE

INDEX

www.ingramcontent.com/pod-product-compliance
Lightning Source LLC
Chambersburg PA
CBHW081346190326
41458CB00018B/6094